Das zweite Leben der Filmstadt Babelsberg

DEFA-Spielfilme 1946 - 1992

Henschel Verlag Berlin 1994

Ralf Schenk (Red.)

Das zweite Leben der Filmstadt Babelsberg

DEFA-Spielfilme 1946-1992

mit Beiträgen von
Christiane Mückenberger
Ralf Schenk
Erika Richter
Klaus Wischnewski
Elke Schieber
Bärbel Dalichow
Susanne Brömsel
Renate Biehl

Gestaltung:
Gerhard Willmanowski

Herausgegeben vom Filmmuseum Potsdam

Die Deutsche Bibliothek – CIP-Einheitsaufnahme

Das zweite Leben der Filmstadt Babelsberg: DEFA 1946-92
hrsg. vom Filmmuseum Potsdam.
Red.: Ralf Schenk – 1. Aufl. – Berlin: Henschel, 1994
ISBN 3-89487-175-X
NE: Schenk, Ralf [Red.]; Filmmuseum <Potsdam>

© Filmmuseum Potsdam & Henschel Verlag GmbH Berlin 1994
2. Auflage 1994
Type Setting: Jan Sebastian Hermann
Bildreproduktionen, Druck und buchbinderische Verarbeitung:
DBC Druckhaus Berlin-Centrum
ISBN 3-89487-175-X

INHALT

ZUM GELEIT

I Was war die DEFA? Traumfabrik im Dienste der SED oder Refugium für nachdenkliche Filmbesessene? Ein Ort künstlerischer Wahrheitssuche oder, wie flotte Feuilletonisten behaupten, Honeckers Hollywood? Sammelpunkt von Leuten, die den Traum eines demokratischen Sozialismus träumten und ihn ehrlichen Herzens in die Realität befördern wollten, oder Hort von Opportunisten? Oder von allem ein bißchen? Das Buch versucht eine Antwort.

Nur wenige Monate nach dem Verkauf des Babelsberger Spielfilmstudios durch die Treuhand und der Löschung des Namens DEFA legt das Filmmuseum Potsdam hier zum ersten Mal eine Geschichte der »Deutschen Film-A.G.« vor. Die Autoren tauchen ein in das Geflecht aus bleibenden Kunstleistungen und tagesaktueller Agitation, Anpassung, Affirmation und Widerstand, Gleichklang und Dissenz zwischen Politikern und Künstlern. Filmgeschichte als Zeitgeschichte, auch als Geschichte des Landes, mit dem die DEFA – bis zu dessen Untergang – untrennbar verbunden war.

II Im Sommer 1992 schrieb Günther Rücker, dem die DEFA einige ihrer schönsten Filme verdankt: »Die DEFA wurde aufgekauft, sie wird, wie die Aufkäufer bekanntgeben, unter die Erde gebracht, denn ›der Name DEFA stinkt‹. Und die Deutsche Presseagentur meldete kürzlich, daß die Potsdam-Botschafterin Hildegard Knef ihre Karriere ›in den ehemaligen Ufa-Studios Babelsberg‹ begann. Kein Wort darüber, daß der Film *Die Mörder sind unter uns* hieß und bei der DEFA gedreht wurde. Man arbeitet Kunstgeschichte auf. Man wird nicht vierzig Jahre warten müssen, und die dann lebende Generation wird den Namen DEFA nicht mehr kennen.«

Dem allmählichen Vergessen, das auch mit bewußtem und unbewußtem Verdrängen zu tun hat, setzen wir diesen Band entgegen: ein Buch frei von Häme und Besserwisserei, aber auch keine nostalgisch verklärende Rückschau, dazu besteht kein Anlaß. Was das Buch stattdessen sein will: Eine Annäherung an die Widersprüche der Zeit und des Studios und die Konflikte jener Menschen, die fast fünfzig Jahre lang in ihm arbeiteten. Eine Geschichte guter, mittelmäßiger und schlechter Filme. Ein Kompendium der Aufbrüche, Erfolge, Irrtümer, der Hoffnungen und Niederlagen, der Verdikte, der Resignation und der immer wieder neuen Anfänge. Die Story einer – trotz allem – lebendigen Filmfabrik, die alle Gewerke unter einem Dach konzentrierte. Eine Filmfabrik, wie es sie heute in Deutschland kaum mehr gibt.

III Zum ersten Mal konnten dafür die Archive der SED, der DEFA und der Hauptverwaltung Film in großem Umfang genutzt werden. Daß schließlich nur ein Bruchteil der mit Film und Kino befaßten Dokumente Eingang in die Texte dieses Bandes fand, liegt an der Menge der mit der DEFA verbundenen schriftlichen Hinterlassenschaft: Berge von Papier, unüberschaubar, kaum zu durchdringen.

Freilich: Das Erbe ist von unschätzbarem Wert weit über die bloße Filmforschung hinaus; die Akten dokumentieren eine aufregende Epoche, die zweite Hälfte unseres Jahrhunderts, zahllose Tänze auf durchaus nicht erloschenen Vulkanen. Umso wichtiger, daß sie in einer DEFA-Stiftung endlich komplett erfaßt und ausgewertet werden und Wissenschaftlern uneingeschränkt zur Verfügung stehen.

Umfangreich ist auch die Sammlung von Zeitzeugen-Tonbandinterviews mit ehemaligen DEFA-Mitarbeitern im Archiv des Potsdamer Filmmuseums. Gemeinsam mit den Filmen bilden die Dokumente und Gespräche die Basis dieses Bandes.

IV Das Buch nähert sich der DEFA-Geschichte in sechs Kapiteln, die jeweils einen bestimmten Zeitraum zwischen 1946 und 1992 beleuchten. Zäsuren setzten dabei vor allem politische Ereignisse: unter anderem die Gründung der DDR 1949, der Mauerbau 1961, das 11. Plenum des Zentralkomitees der SED 1965, der Beginn der »Wende« 1989. Ereignisse, die sich existentiell auf die Filmentwicklung im Osten Deutschlands auswirkten. Kino unabhängig von Politik hat es in der DDR nie gegeben.

Der zweite Teil des Buches besteht aus einer kompletten Filmographie aller bei der DEFA hergestellten abendfüllenden Kinospielfilme und Kinderfilme. Jeder Film ist mit einer Liste wichtiger Stabmitarbeiter, einem Quellenverzeichnis wesentlicher Kritiken aus Ost und West, einer kurzen Inhaltsbeschreibung sowie dem Verweis auf publizierte Szenarien und Drehbücher erfaßt. Damit erfüllt der Band auch die Funktion eines Nachschlagewerks, auf dem die künftige DEFA-Forschung fußen kann.

V   Überhaupt: »Das zweite Leben der Filmstadt Babelsberg«, die erste »komplette« DEFA-Geschichte, erhebt nicht den Anspruch, alles zu belegen und zu erklären. Das Buch soll ein Anfang sein: Anregung für uns – das Potsdamer Filmmuseum – wie für andere Institutionen, einzelne Kapitel dieses »abgeschlossenen Sammelgebiets« DEFA detaillierter zu beleuchten. Wir jedenfalls sind gespannt auf eine entsprechende Kooperation mit der zu gründenden DEFA-Stiftung, mit dem Bundesarchiv-Filmarchiv, der Babelsberger Hochschule für Film und Fernsehen und mit anderen interessierten Partnern.

Und: Wir selbst bereiten Publikationen über Aspekte vor, die in diesem Band – aus Platzgründen – zu kurz gekommen sind oder gar nicht behandelt wurden: die Geschichte des DEFA-Kinderfilms oder der Aufstieg und Niedergang der satirischen Kurzfilmreihe »Das Stacheltier«. Wir werden Monographien zu wichtigen Babelsberger Regisseuren vorlegen sowie Sammlungen von Rezensionen einzelner Kritiker, die das DDR-Kino über Jahrzehnte begleiteten. Nicht zuletzt sollen dem DEFA-Dokumentarfilm und dem »Lichtspielwesen« der DDR einige der künftigen Bücher des Potsdamer Filmmuseums gewidmet sein – in Verbindung mit Ausstellungen des Hauses.
Deshalb sind wir für jede Anregung dankbar, für jeden Hinweis auf noch verborgene Quellen, für jede Fehlerkorrektur, für jedes Angebot, bestimmte Etappen der DEFA-Geschichte in Zusammenarbeit mit uns neu zu entdecken und weiter zu erhellen.

VI   Und die Zukunft des Film-Standorts Babelsberg? Als wir die Arbeit an diesem Buch begannen, sah es schlecht aus um ihn. Die Studios waren so gut wie leer, auf dem Gelände herrschte Totenstille. Inzwischen beginnt sich das Bild zu wandeln. Volker Schlöndorff hat es am Ende des Jahres 1993 in der Tat geschafft, einige wichtige Produktionen nach Babelsberg zu holen. Europäisches Kino soll von nun an hier gemacht werden, was immer das sein mag. Dazu gehören Großprojekte wie der dritte Teil der *Unendlichen Geschichte* (RE: Peter MacDonald) oder das Porträt des Wunderheilers *Mesmer* (RE: Roger Spottiswoode) während der Zeit der Französischen Revolution. Dazu gehören Margarethe von Trottas Liebesgeschichte *Jahre der Mauer*, Lienhard Wawrzyns Stasi-Story *Der Blaue*, für die Manfred Krug zum ersten Mal nach seiner Ausreise aus der DDR in seine frühere Heimat Babelsberg zurückkam, oder Jacques Doillons zwölfteilige Fernsehserie *Germaine et Benjamin*.

Aber auch DEFA-Regisseure arbeiten wieder in »ihren« Ateliers: Rainer Simon drehte *Fernes Land Pa-isch* über das Erwachsenwerden eines Sechzehnjährigen, der mit seiner dunkelhäutigen Halbschwester nach Afrika auswandern will, Peter Welz realisierte die Co-Produktion *Burning Life*, die Legende eines weiblichen Gaunerduos, das im neuen Deutschland dem alten Robin Hood nacheifert. Zwei Filme, in denen eine Tugend der »besseren« DEFA noch einmal lebendig wird: Kunst, die sich auf die Suche nach sozialer Gerechtigkeit begibt und, mit ganz unterschiedlichen Stilmitteln, die »Kraft der Schwachen« (Anna Seghers) beschwört. Kino, das sich nicht zuletzt auch als Lebenshilfe in kalten Zeiten behaupten könnte.

Das dritte Leben der Filmstadt Babelsberg ist tatsächlich nicht mehr ausgeschlossen.

Ralf Schenk
Filmmuseum Potsdam,
im Dezember 1993

Der erste Spielfilm der DEFA:
»Die Mörder sind unter uns« (1946).
Regisseur Wolfgang Staudte
mit seiner Hauptdarstellerin Hildegard Knef

Christiane Mückenberger

ZEIT DER HOFFNUNGEN

1946 bis 1949

Am Montag, dem 25. September 1944, trafen sich deutsche Emigranten im zweiten Stock des Hotels »Lux« in der Moskauer Gorkistraße beim Vorsitzenden der KPD, Wilhelm Pieck. Thema der Zusammenkunft, an der unter anderem auch Anton Ackermann, Walter Ulbricht, Erich Weinert und Alfred Kurella teilnahmen, war die Neugestaltung des kulturellen Lebens nach der Vernichtung des Nazistaates.

Für den Bereich Film sprach Hans Rodenberg; er galt aufgrund seiner mehrjährigen leitenden Tätigkeit bei Meshrabpom Film, dem Moskauer Studio der Internationalen Arbeiterhilfe (1928 bis 1936), als Filmfachmann. Eingeladen war auch Friedrich Wolf, der erwünschte Kontakte zu emigrierten deutschen Filmkünstlern in den USA hatte und dem das Kino durch die Adaption mehrerer seiner Dramen nicht fremd war. Sein Theaterstück »Zyankali« gegen den § 218 hatte auf Bühne und Leinwand in der Weimarer Republik großes Aufsehen erregt, »Professor Mamlock«, die Tragödie eines jüdischen Arztes nach der faschistischen Machtergreifung, und »Das Trojanische Pferd« über Widerstandsgruppen in Deutschland waren im Moskauer Exil verfilmt worden.

Das Hauptreferat hielt der Dichter und Dramatiker Johannes R. Becher, 1954 erster Kulturminister der DDR. Sein gedanklicher Ausgangspunkt war die nationale Frage, die Neubestimmung des nationalen Selbstverständnisses der Deutschen. »Die Totalniederlage erfordert eine Totalkritik auf allen Gebieten« [1], sagte er. Die Auseinandersetzung mit dem Faschismus könne nicht erst mit dem Jahr 1933 beginnen, sondern müsse die Umbewertung der gesamten deutschen Geschichte einschließen. Das neue Geschichtsbild sollte zu einer Auffassung vom Vaterland führen, die sich mit neuen positiven moralischen Wertvorstellungen verbindet. Becher hatte 1943 in seiner Schrift »Deutsche Lehre« dem negativen Bild des Deutschen, dem »Irrweg einer Nation« entgegengesetzt: »Wir nacherleben unsere Geschichte und zu vielem, zu überreichlich vielem, sagen wir nein, aber auch vieles bejahen wir und können stolz darauf sein.« [2] Gemeint war vor allem das humanistische Weltbild der deutschen Klassik, das für Becher die allgemeine und verbindliche Orientierung abgab. Diese von Georg Lukács stark beeinflußte Sicht wurde für die Literatur entwickelt, die aber nach damaligem kulturpolitischen Verständnis für alle anderen Künste Modellcharakter hatte. Maxim Vallentin, verantwortlich für den Bereich Theater, gab in der Diskussion indirekt eine Begründung: »Auf literarischem Gebiet jedenfalls kommen die Kommunisten reich nach Hause, und ihr Einfluß auf die künftige deut-

sche Literatur ist schon heute in starkem Maße gewährleistet. (...) Auf allen anderen Gebieten (Radio, Film, Theater, Musik, bildende Künste) stehen die Dinge nicht so gut. (...) Wir müssen nach dem Vorbild der Literatur uns eine Konzeption erarbeiten.« [3]

Seine Schilderung traf für den Filmbereich in der Tat zu. Bereits der Kreis der Anwesenden wies aus, daß nur wenige kompetente Filmfachleute zur Verfügung standen – selbst wenn man Gustav von Wangenheim, der in der Moskauer Emigration den Film *Kämpfer* (*Borzy*/1936) gemacht hatte, hinzuzählte. Das betraf nicht nur die sowjetische Emigration. Die Herausgeber der Emigrantenzeitschrift »Das Wort«, Brecht, Feuchtwanger und Bredel, hatten 1936 hingegen im Vorwort zur ersten Nummer mit Recht geschrieben: »Da das wahre deutsche Wort innerhalb der Grenzen des Dritten Reiches nicht leben darf, hüten und pflegen es die Berufenen außerhalb der Grenzen. Es wird, wenn die Verderber hinweggefegt sind, dem deutschen Volk rein und klar zurückgegeben werden können, ein wohlbehütetes Erbe.« [4] Ein solches wohlbehütetes Erbe, auf dem der neue deutsche Film hätte aufbauen können, gab es nicht. Die wenigen nennenswerten antifaschistischen Filme, die in der Emigration entstanden waren, entsprachen eher den Traditionen, den Produktions- und Rezeptionsgewohnheiten des jeweiligen Entstehungslandes.

Die Vorstellungen von Becher zielten entsprechend der politischen Vorgabe auf eine antifaschistisch-demokratische Umgestaltung. Die »revolutionär-demokratischen« Prozesse, mit denen auch die ungelösten Aufgaben der 48er Revolution zu Ende geführt werden sollten, setzten vor allem eine »universelle Bündnispolitik« voraus. Dieses Konzept verarbeitete auch die Lehren aus der dogmatisch verengten Sicht der KPD gerade auf diesem Gebiet und deren verhängnisvolle Auswirkung am Vorabend des Machtantritts Hitlers.

Ab Januar 1945 befaßte sich eine Arbeitskommission der KPD mit »ideologisch-kulturellen« Aufgaben. Ihr gehörten zwanzig Mitglieder an, unter anderem Paul Wandel, Anton Ackermann und Sepp Schwab, die in der Folgezeit wesentlichen Einfluß auf das Gebiet des Films haben sollten. Aber auch ihre Vorstellungen gingen über die allgemeine Grundorientierung nicht hinaus. Eines war indes ganz klar: Die entwickelten Konzeptionen mußte man mit jenen Menschen umsetzen, auf die man in Deutschland treffen würde ...

Am 28. April 1945, noch bevor der Krieg beendet war, erteilte der sowjetische Stadtkommandant von Berlin,

Oberst Bersarin, die Erlaubnis zur Eröffnung von Theatern und Kinos. Kurze Zeit später, in den ersten Maitagen, gingen frühere Mitarbeiter der Tobis in Berlin-Johannisthal daran, ihren durch Bombenangriffe und Kampfhandlungen schwer beschädigten Betrieb wieder herzustellen. Erst viel später, am 29. Mai, erhielten sie vom Treptower Bürgermeister den offiziellen Auftrag für die Aufräumungsarbeiten. Da waren Vorführungen und die Ateliers 3 und 11 bereits wieder betriebsbereit.

Die ersten Aufträge kamen von Oberstleutnant Ilja Fradkin für die sowjetische Verleihfirma Sojusintorgkino. Am 6. Juni begannen die Synchronarbeiten. Der erste Spielfilm, der in deutscher Sprache gezeigt werden sollte, war *Iwan der Schreckliche* (Iwan Grosny/1945) von Sergej Eisenstein. Wolfgang Staudte, der noch bis zum Kriegsende bei der Tobis gedreht hatte, wurde mit der Textfassung und der Synchronregie betraut.

Am 20. Juli hatte der sowjetische Dokumentarfilm *Berlin* (RE: Juli Raisman) seine Uraufführung, am 10. August *Iwan der Schreckliche* seine deutsche Premiere im Filmtheater Friedrichshain und im Marmorpalast am Kurfürstendamm. Diese Aktivitäten waren für eine zukünftige eigene deutsche Filmproduktion äußerst wichtig, weil dadurch ein Stamm von Fachleuten erhalten blieb, die bereits begonnen hatten, in andere Betriebe abzuwandern, zumal Produktionsarbeitern bedeutend bessere Lebensmittelkarten zustanden.

Die Gründerväter der DEFA

Am 9. Juni wurde die Sowjetische Militäradministration (SMAD) gebildet. Sie übte die oberste Regierungsgewalt in der Sowjetischen Besatzungszone (SBZ) aus. Etwa zwei Monate später entstanden als beratende Körperschaften der SMAD Deutsche Zentralverwaltungen mit einem begrenzten Aufgabenbereich. Am 25. August begann die Zentralverwaltung für Volksbildung, geleitet von Präsident Paul Wandel, ihre Arbeit. Wandel (geboren 1905) hatte in der sowjetischen Emigration unter anderem als Dozent an der Kominternschule gelehrt. Zuständig für die Unterabteilung Literatur und Kunst, zu der auch der Film gehörte, war Herbert Volkmann (1901-1983). Er war während der NS-Zeit in Deutschland geblieben und hatte für die illegale Gruppe Schulze-Boysen-Harnack-Havemann als Informator gearbeitet, wozu ihn auch seine Tätigkeit für die United Press of America prädestinierte.

Die erste Besprechung der beiden fand in einem von Pappfenstern verdüsterten Raum mit einem Küchentisch als einzigem Möbel in der Wilhelmstraße 68 statt. Später berichtete Volkmann, daß Wandel gefragt habe, womit seiner Meinung nach zu beginnen sei. Volkmann riet, sich zuerst auf das Massenmedium Film zu konzentrieren. Konzeptionelle Vorgaben hätte es nicht gegeben. Mit der Aufmunterung »Na, dann mach mal« habe Wandel ihn seiner Aufgabe im wesentlichen überlassen. Volkmann begann mit einer personellen Bestandsaufnahme, was sich als gute Vorarbeit erwies, da der Befehl Nr. 51 der SMAD vom 4. September 1945 den Leiter der Zentralverwaltung für Volksbildung verpflichtete, bis zum 1. Oktober »alle auf

dem Gebiet des Theaters, der Musik, des Tanzes, des Films und der bildenden Künste tätigen Personen zu erfassen«.

Als erster meldete sich am 22. September Werner Krien, erfahrener Ufa-Kameramann (unter anderem Co-Kameramann bei *Münchhausen*/1943/RE: Josef von Baky). Am 5. Oktober erschienen die beiden Szenenbildner Carl Haacker und Willy Schiller in der Wilhelmstraße, vier Tage darauf Dr. Kurt Maetzig, später Alfred Lindemann, Adolf Fischer und Hans Klering.

Carl Haacker (1890-1945) war seit 1920 beim Film. Von 1925 bis 1926 hatte er in Odessa das Atelier der Allukrainischen Staats-Kino-Verwaltung mit aufgebaut, wurde später Chefszenenbildner der proletarischen deutschen Filmgesellschaft »Prometheus« und wirkte 1929 an Filmen wie *Jenseits der Straße* (RE: Leo Mittler), *Mutter Krausens Fahrt ins Glück* (RE: Piel Jutzi) und 1932 an Dudows *Kuhle Wampe* mit. 1933 aus dem Reichsverband Bildender Künstler Deutschlands ausgeschlossen, gelang es ihm, als »freier Mitarbeiter« für Unterhaltungsfilme herangezogen zu werden.

Willy Schiller (1899-1973), ebenso wie Carl Haacker wegen seiner kommunistischen Parteizugehörigkeit vor 1933 nicht wohl gelitten, hatte – mitunter auch ohne Namensnennung – bis 1944 beim Film gearbeitet, fast ausschließlich für unverbindliche Unterhaltungsproduktionen.

Kurt Maetzig, geboren 1911, dessen Vater in Berlin-Lankwitz eine Kopieranstalt besaß, kam im Jahre 1933 als Regieassistent bei einem kleinen Produzenten zum Film. Als Sohn einer »nichtarischen Mutter« war das zugleich seine letzte Betätigung in diesem Beruf. Er hatte an der Sorbonne unter anderem Soziologie studiert und an der Münchner Technischen Hochschule ein Ingenieur- und Chemiestudium absolviert. Maetzig befaßte sich dann mit filmtechnischen Problemen, erwarb einige Patente auf dem Gebiet der fotografischen Chemie und arbeitete in der Kopieranstalt seines Vaters, wo er ein eigenes kleines Trickatelier aufbauen konnte. 1944 trat er der illegalen KPD bei.

Adolf Fischer (1900-1984) hatte bei Piscator als Schauspieler begonnen, war dann bei der Gruppe Junger Schauspieler in Stücken linker Dramatiker wie in »Zyankali« von Friedrich Wolf aufgetreten. 1932 spielte er in *Kuhle Wampe* als Partner von Ernst Busch eine der Hauptrollen. Danach ging er mit der Gruppe Junger Schauspieler auf eine Tournee durch die Sowjetunion. Nach Deutschland zurückgekehrt, schlug er sich in der Nazizeit recht und schlecht als Kleindarsteller, mitunter auch in Propagandafilmen, und als Produktionsleiter durch.

Alfred Lindemann (1902-1979) hatte mit 14 Jahren bei der May-Film-Gesellschaft als Hausdiener begonnen und war dann zum Filmvorführer, Kameraassistenten, Kameramann und Aufnahmeleiter avanciert. 1920 gehörte er zu den Mitbegründern von Piscators proletarischem Theater; bei der Gruppe Junger Schauspieler und der »Truppe 31«, einer Agitprop-Gruppe der KPD, wurde er schließlich kaufmännischer Leiter. Er arbeitete auch bei der Ufa-Kulturfilmabteilung. Nach 1933 wirkte er bei der Ufa als Elektrotechniker und Filmbeleuchter, wurde mehrfach verhaftet, unter anderem wegen seiner Tätigkeit für den

»Bund der Freunde der Sowjetunion« und wegen illegaler Arbeit zur Unterstützung der Familien von Inhaftierten.

Mitte Oktober 1945 meldete sich Hans Klering (1906-1988), der am 3. Oktober aus der Moskauer Emigration zurückgekehrt war, in der Zentralverwaltung. Der damals 39jährige hatte als Schauspieler bei Agitprop-Gruppen der Internationalen Arbeiterhilfe und der KPD begonnen, als Schrift- und Plakatmaler gearbeitet und war nach einem Gastspiel 1931 in der Sowjetunion geblieben. Er erhielt eine Grafik-Ausbildung bei Faworski und spielte in Filmen wie *Vorstadt* (*Okraina*/1933/RE: Boris Barnet), *Stschors* (1939/RE: Alexander Dowshenko) und eine Hauptrolle in *Regenbogen* (*Raduga*/1944/RE: Mark Donskoi).

Haacker, Schiller, Maetzig, Lindemann, Fischer und Klering waren die »Männer der ersten Stunde«: Mitglieder jenes »Filmaktivs«, das unter Aufsicht der Zentralverwaltung für Volksbildung und in enger Verbindung zum Zentralsekretariat der KPD eine neue deutsche Filmproduktion nach dem Kriege vorbereiten sollte.

Ende Oktober 1945 hatte kein Geringerer als Stalin dem Oberbefehlshaber der sowjetischen Besatzungsstreitkräfte und Leiter der SMAD, General Shukow, »prinzipiell« die Genehmigung zur Bildung einer deutsch-russischen Filmproduktionsfirma erteilt. Noch im Oktober erhielt das Filmaktiv den offiziellen Auftrag der SMAD, mit den vorbereitenden Arbeiten zu beginnen. Auf Beschluß des Zentralvorstandes (ZV) der KPD wurde Hans Klering Filmreferent in Volkmanns Abteilung und Leiter des Aktivs. Durch diese Personalunion unterstand das Aktiv der Zentralverwaltung ohne vertragliche Bindung der anderen Mitglieder.

Sicher ist es kein Zufall, daß alle Begründer des Filmaktivs Mitglieder der KPD waren. Becher hatte bei seiner zitierten Rede zwar von einem breiten Bündnis gesprochen, zugleich aber nachdrücklich auf die Funktion der Arbeiterpartei als »revolutionäre Ordnungsmacht« verwiesen. Andererseits bedurfte es keiner Parteiaufträge; alle Mitglieder des Aktivs hatten in den vergangenen zwölf Jahren das Ende des faschistischen Regimes ersehnt – und die Möglichkeit, wieder Filme nach eigenen Vorstellungen machen zu können. Für die Arbeit beim Film hatten sie sich alle aus eigenem Antrieb unverzüglich gemeldet.

Wie Kurt Maetzig seine psychische Verfassung schilderte, war nicht nur für ihn zutreffend: »Als ich 1945 kam, da war so viel angestaut, so viele Pläne, so viele gute Absichten, daß man einfach das Gefühl hatte, jetzt geht's los, jetzt geht's ungeheuer los. Und deshalb ist für mich die Zeit nach 45 auch nicht in erster Linie die Zeit der Sorgen, des Kummers, der Not und der Entbehrungen, obwohl es das alles war. Manchmal konnte man eben nicht weiter. Ich sehe mich noch sitzen im Büro von Klering, und eines Tages sage ich: ›Du, es geht nicht mehr, sieh zu, wie du ein Stück Butter herkriegst, sonst stehe ich von diesem Stuhl nicht mehr auf, ich kann einfach nicht mehr.‹ Und wir arbeiteten damals alle, das Filmaktiv (...) ohne Bezahlung, es gab noch kein Geld, aber essen mußte man eben. Es war eine Zeit der Entbehrungen, aber viel mehr war es eine Zeit der Entdeckungen, des Starts sozusagen in das Land der unbegrenzten Möglichkeiten.« [5]

1

2

3

1 Lizenzübergabe an die DEFA, 17. Mai 1946.
Von links nach rechts: Sergej Tulpanow,
Hans Klering, Alfred Lindemann, Willy Schiller,
Karl Hans Bergmann, Kurt Maetzig

2 Hans Klering (links) erhält die Lizenzurkunde

3 Deutsche und russische »Gründerväter«
der DEFA: Alfred Lindemann, Hauptmann
Barsky, Hans Klering, Alexander Dymschitz,
Ilja Fradkin, Slatan Dudow,
Karl Hans Bergmann (v.l.n.r.)

Auftakt im »Adlon«

Am 10. Oktober 1945 hatte sich bei Volkmann ein ihm
unbekannter Regisseur angemeldet. Sein Name war Wolfgang Staudte, und das Drehbuch, das er mitgebracht hatte,
hieß »Der Mann, den ich töten werde«. Auch Staudte wurde von niemandem geschickt. Seine Motivation war der
von Kurt Maetzig sehr ähnlich: »Diese Zeit, in der ich im
Dritten Reich gelebt habe, war meiner ganzen Einstellung
nach einfach eine Zeit, die ich überleben mußte. Und als
ich feststellte, daß ich sie überlebt hatte, kam natürlich ein
unbändiger Wille, das zu arbeiten, was ich arbeiten wollte
und was ich arbeiten kann. Und nicht das weiterhin tun
müssen, was man so aus Opportunität getan hat.« [6]
Mit seinem Drehbuch hatte Staudte bereits eine Odyssee
hinter sich. Nach der Kapitulation sei er weder »prosowjetisch oder proamerikanisch oder probritisch oder profranzösisch« gewesen. »Und ich bin naheliegenderweise, da
ich im britischen Sektor wohnte, mit meinem Exposé zu
den Engländern gegangen – ich mache es kurz -, zu den
Amerikanern gegangen, zu den Franzosen gegangen.« Niemand habe den Stoff gewollt. Peter van Eyck »war bei den
Amerikanern verantwortlicher Film-Offizier und hat mir
also in einem gebrochenen Deutsch, dafür aber in einer
ungeheuer gutsitzenden Uniform erzählt, daß in den nächsten zwanzig Jahren für uns Deutsche an Filme gar nicht
zu denken sei.« [7] »Nur der russische Kulturoffizier war an
meinem Projekt sehr interessiert.« [8] »Ich erinnere mich
noch genau, eines Nachts wurde ich zu dem Kulturoffizier
in die Jägerstraße bestellt, es gab keinen Strom, und wir
verhandelten bei Kerzenlicht. Er gratulierte mir und kannte
jede Stelle des Drehbuches auswendig.« [9]

Diese Episode ist auch ein Indiz für die unterschiedlichen
kulturpolitischen Konzeptionen der Besatzungsmächte. Die
Amerikaner sahen in einem Deutschland mit zwölfjährigem Nachholebedarf vor allem einen lukrativen Markt für
die eigene Filmindustrie. Natürlich waren auch sie an einer
Umerziehung der Bevölkerung interessiert, aber sie hatten
andere Vorstellungen: Die »reeducation« wollten sie selbst
übernehmen. Die sowjetische Besatzungsmacht setzte in
dieser Beziehung auf deutsche Partner, vornehmlich auf
solche, die aus Gefängnissen und Konzentrationslagern
oder aus der Emigration (vorzugsweise der sowjetischen)
zurückgekommen waren. Gerade zwischen Kulturoffizieren und deutschen emigrierten Künstlern gab es ein enges
Vertrauensverhältnis. Der Leiter der Abteilung Propaganda
und Information der SMAD, Oberst Tulpanow, im Zivilleben Hochschuldozent, oder Major Dymschitz, verantwortlich unter anderem für den Filmbereich, Germanist und mit
Deutschland vor 1933 wohl vertraut, hatten während des
Krieges im Hinterland und an der Front mit deutschen emigrierten Schriftstellern wie Erich Weinert, Friedrich Wolf
und Johannes R. Becher zusammengearbeitet, gemeinsam
Briefe Gefallener und Gefangener ausgewertet, um deren
Denkungsart und Empfindungen begreifen zu lernen und
wirksame Texte für Flugblätter schreiben zu können. Die
Zusammenarbeit war dann auch in Deutschland freundschaftlich und unbürokratisch: »Tulpanow war der erste,
der bei mir auftauchte«, erzählte zum Beispiel Volkmann.

»Er kam eines Morgens rein, so groß wie ein Schrank, er
füllte die Tür aus und sagte: ›Ich bin Tulpanow und wollte
zu Wandel.‹ ›Wandel ist weg, können wir uns mal unterhalten?‹ Dann haben wir uns unterhalten, den ganzen Vormittag lang bis zum Mittagessen. Von da ab war das Verhältnis
ausgezeichnet. Er schickte dann Dymschitz zu mir. Dymschitz war der Mann, der mir parallel in der Verwaltung der
SMAD saß. Wir haben dann gut zusammengearbeitet,
außerordentlich gut.« [10]

Am 17. November 1945 lud Herbert Volkmann Filmemacher, Schriftsteller und Kulturfunktionäre zur ersten
gemeinsamen Beratung über eine neue Filmproduktion für
Donnerstag, den 22. November, 10 Uhr, ins ehemalige
Hotel »Adlon« ein. Paul Wandel leitete die Diskussion,
Friedrich Wolf hielt eine Art programmatisches
Schlußwort. Eingeladen waren 36 Personen, darunter Hans
Fallada, Günther Weisenborn, Gerhard Lamprecht und
Wolfgang Staudte, Hans Deppe, Werner Hochbaum, Herbert Maisch, Peter Pewas und Boleslaw Barlog sowie die
Mitglieder des Filmaktivs (Maetzig war als Physiker und
Spezialist für Zeichenfilm ausgewiesen). Maetzigs damalige Frau Marion Keller, Physikerin und später Leiterin des
»Augenzeugen«, war dabei, von sowjetischer Seite kamen
zwei Vertreter von Sojusintorgkino, der sowjetische Hauptzensor, vier Offiziere der SMAD in Karlshorst, ein Journalist von der »Täglichen Rundschau«, dem Presseorgan der
Besatzungsmacht, vier Mitarbeiter der Zentralverwaltung
für Volksbildung, eine Vertreterin des Zentralsekretariats
der KPD und ein Vertreter des Magistrats.
Wandel wünschte sich Filme, »die einen neuen Geist
atmen, Filme mit humanistischem, antifaschistischem und
demokratischem Inhalt, die nichts gemein haben mit der
Tradition der Ufa.« In der Diskussion verwies Regisseur
Herbert Maisch besonders auf »das große geistige Erbe
unserer Klassiker« und Weisenborn auf den zeitnahen politischen Film. »Überhaupt war die Forderung nach dem
Bekenntnisfilm sehr stark.« [11]

Anschließend erarbeitete das Filmaktiv einen »Aufbauplan«, der im Dezember von der Zentralverwaltung
bestätigt wurde. Daraufhin erteilte die SMAD die offizielle
Erlaubnis zur Aufnahme der Arbeit, die de facto längst
begonnen hatte. Gemeint war eher die unmittelbare Vorbereitung der Produktion. Nach der Direktive der SMAD
sollte zuerst die Wochenschau in Angriff genommen werden. Die erste Klappe fiel dann aber für Dokumentaraufnahmen im Berliner S-Bahn-Tunnel unter der Spree für
den geplanten Spielfilm »Kolonne Strupp« über die ersten
schweren Arbeitstage von Mitarbeitern der Berliner Verkehrsbetriebe, für den Friedrich Wolf das Buch geschrieben hatte. Regie führte Wolfgang Staudte, Kameramann
war Reimar Kuntze. Die Aufnahmen, von denen nur wenige Fotos existieren, gelten als verschollen, der Film ist
nicht gedreht worden.
Im Januar 1946 wurde das Filmaktiv, bestehend aus den
Mitgliedern Lindemann, Maetzig, Fischer, Schiller und
Klering, offiziell nach bürgerlichem Recht als in die Zentralverwaltung für Volksbildung eingegliederte Gesellschaft eingetragen mit dem Auftrag, »eine deutsche

Filmindustrie im Bereich der SBZ ins Leben zu rufen.« [12] Sie hatte im Rahmen der Zentralverwaltung weitgehende Selbständigkeit. Carl Haacker, der für das geplante Unternehmen als Chefszenenbildner vorgesehen war und größtes Ansehen genoß, war bei einem Verkehrsunfall am 15. Dezember 1945 ums Leben gekommen.

Am 2. Januar 1946 wurde die Pressestelle des Filmaktivs gegründet, später die künstlerische, die Wirtschafts-, die technische, die Wochenschau- und die Kulturfilmabteilung. Bereits am 15. des Monats war der erste Drehtag für die erste deutsche Nachkriegswochenschau (damals noch als Monatsschau). Dem Leiter, Dr. Maetzig, standen zehn Mitarbeiter, eine Kamera und ein Dreiradmobil mit Holzkohlenantrieb zur Verfügung.

Am 6. Februar stellte das Filmaktiv ein Programm von elf Spielfilmprojekten vor, das von der französischen Operette (»Die schöne Helena«) bis zur russischen (»Der Revisor«) und deutschen Klassik (*Wozzeck*), von der Musikkomödie (»Ober, zahlen!«) bis zum Avantgardefilm, der sich am deutschen Filmexpressionismus orientieren sollte, alles enthielt. Es ließ nur vage ein inhaltliches Konzept nach bestimmter Vorgabe vermuten, eher die Zusammenstellung von zufällig Angebotenem. Die Filme, die dann wirklich als erste produziert wurden, waren zu diesem Zeitpunkt noch nicht aufgenommen.

Die ersten deutschen Filmaktivitäten hatten in allen Zonen großes Interesse geweckt. In einem Bericht des Filmaktivs heißt es, »täglich« gäbe es »Rückfragen und Besuche von prominenten Leuten der Filmindustrie«, jedoch hätten sich »in den letzten Wochen große Schwierigkeiten durch die noch nicht endgültige Gründung der Firma ergeben.« [13] Diese könne nur Anziehungspunkt für ganz Deutschland sein, wenn ihr die konkurrenzlose Priorität bewahrt bliebe. In den Westzonen, besonders in der amerikanischen, hatte man jedoch bereits erkannt, daß die möglichen wirtschaftlichen Vorteile ihrer Filmpolitik die politischen nicht aufwiegen würden. So versuchte man, nun den Tempoverlust aufzuholen.

Herbert Volkmann machte Paul Wandel in einem Brief vom 18. Februar 1946 nachdrücklich auf diesen Sachverhalt aufmerksam und empfahl »angesichts der Filmvorhaben im englischen und amerikanischen Sektor«, die Gründung der Filmfirma in der SBZ zu beschleunigen. Das Filmaktiv hatte mit einem Schreiben gleichen Datums Major Mogilewer in Karlshorst signalisiert, »daß wir uns unbedingt beeilen müssen (angesichts der) Gefahr, daß die bekanntesten Regisseure und Schauspieler sofort nach den anderen Zonen abwandern werden, weil sie auf Grund der zu langen Dauer unserer Gründung das Vertrauen für Berlin verlieren.« [14]

»Es geht nicht ohne Geld«

Aus Anlaß der ersten Vorführung der Wochenschau Nr. 1 in Karlshorst kam es zu einem Gespräch mit Tulpanow, Dymschitz und Mogilewer über den endgültigen Status der Gesellschaft, die als eine Deutsche Film Aktiengesellschaft vorgesehen war. »Ich erinnere mich«, erzählte Maetzig später, »daß bei den Diskussionen um den Namen unserer Produktionsgesellschaft der Architekt Willy Schiller vorschlug, sie ›Aurora-Filmgesellschaft‹ zu nennen. Er dachte dabei an die Morgenröte und an den Panzerkreuzer mit dem berühmten Startschuß. Der Vorschlag erschien uns zu romantisch. Es hätte jedoch durchaus sein können, daß wir heute ›Aurora‹ hießen. Vielleicht hätten wir uns daran gewöhnt.« [15] Man einigte sich dann auf DEFA (Deutsche Film AG) und auf das Firmenzeichen schwarzes DE auf dreimal perforiertem weißen Filmgrund und weißes FA auf schwarzem Grund, das Klering während der Debatten entworfen hatte.

Auch finanzielle Erwägungen drängten zu einer schnellen Gründung. An eine juristisch nicht existierende Gesellschaft konnte kein Geld gezahlt werden. Hie und da gab es Zuschüsse auf »zeitgemäßen Umwegen«. »Ende November, Anfang Dezember war der Zeitpunkt erreicht, wo man sagen mußte, es geht nicht ohne Geld«, resümierte Herbert Volkmann. Er suchte Hilfe bei der SMAD, der KPD, den Gewerkschaften. »Die sagten: jede Unterstützung, außer Geld. (...) Dann ging ich zurück zu Dymschitz, niedergeschmettert, und sagte, das und das ist das Ergebnis. Er war genauso niedergeschmettert« und versprach, eine Lösung zu finden. »Als ich ins Büro zurückkam, klingelte bei mir das Telefon, es meldete sich Sojusintorgkino. ›Genosse Volkmann, wir sind interessiert an einem Film über den Wiederaufbau Berlins, können Sie uns den herstellen lassen?‹ ›Ja, natürlich, selbstverständlich.‹ ›Was würde uns das ungefähr kosten?‹ Ich hatte keine Ahnung, was ein Film kostete, ich wußte bloß, ich brauche 200 000 Mark. Ich sagte ›200 000 Mark‹. ›Gut, akzeptiert!‹« Volkmann fuhr zum Büro Sojusintorgkino. »Es wurde auf einen Knopf gedrückt, etwas russisch gesagt, und dann kamen zwei Leute mit einem Waschkorb voller Geldscheine. Diese Geldscheine wurden gezählt (...) und dann in eine Aktentasche gesteckt, die wurde rund wie ein Schweinchen, dann wurden zwei Bindfäden darum gebunden.« Volkmann quittierte und kehrte per Straßenbahn ins Büro zurück. »Maetzig erklärte sich bereit, den Film zu machen, der dann *Berlin im Aufbau* hieß«. Bei der Abnahme hätten »die Herren von Sojusintorg vergnügt kommentiert: ›Ah, Wochenschau Nr. 3, Wochenschau Nr. 7‹ usw. Sie hatten alles wiedererkannt. Sie schüttelten uns die Hände und freuten sich über den schönen Film. Ich kam mir vor wie der Reiter über den Bodensee. Denn für diese 200 000 Mark haftete ich persönlich. Das war kein Geld, das der Deutschen Zentralverwaltung gegeben war, sondern mir als Filmunternehmer, der ich gar nicht war. So haben wir damals gearbeitet, anders ging es nicht.« [16]

Von einer anderen Finanzaktion berichtete Oberst Galperin vom Technischen Büro für Kinematografie (TBK), einer sowjetischen Einrichtung, zuständig für das Ufa-Gelände in Babelsberg. Galperin, später Dekan der Kamerafakultät der Moskauer Filmhochschule WGIK, hatte sich 1924 als 18jähriger nach Deutschland aufgemacht, um Fritz Lang bei Dreharbeiten zu beobachten und Guido Seeber kennenzulernen. Er war ein guter Kenner des deutschen Films und bemüht, dessen Neuanfang mit seinen Möglichkeiten zu unterstützen. Er erinnerte sich: »Eines Tages kamen zwei Soldaten zu mir. Sie hätten in einem Bunker Filme gefunden. Schachteln und Büchsen mit Negativmaterial türmten sich in meinem Büro. Was konnte das sein? Ich vermutete, es könne sich um *Die Fledermaus* handeln, die Geza von Bolvary noch in den letzten Tagen gedreht hatte. Dann holten wir eine Schnittmeisterin, die meine Annahme bestätigte. Der Film war jedoch nicht vollständig.« [17] Die Cutterin des Films, Alice Ludwig, erzählte, wie die Materialsammlung zustande gekommen war: »Bei grimmiger Kälte, ohne genügende Beleuchtung, sichteten wir viele Tausend Meter Negativ- und Positivstreifen. Die Bruchstücke von zahllosen alten und neuen, bekannten und noch nicht vorgeführten Spielfilmen ruhten unter Bergen von Dreck und Trümmern, sie hingen sogar in den Bäumen, lagen auf allen Wegen und ringsum auf den Dächern, wohin sie wohl durch den Luftdruck geschleudert worden waren. Drei Monate suchten wir so, (...) auch in verschiedenen Kopieranstalten, überall in Berlin, in Köpenick, in Tempelhof, im Jagdschloß Stern.« Laut Galperin lag noch fehlendes Material im Barrandov-Studio in Prag. »Die tschechische Seite gab es aber nicht heraus. Wir schickten einige Offiziere dorthin. Sie bekamen das Material ohne Schwierigkeiten.« Dann ging Alice Ludwig an die Sichtung. »Ich hätte die Arbeit nicht schaffen können, wenn ich nicht das Drehbuch nahezu auswendig beherrscht hätte. (...) Von unwesentlichen Einzelheiten abgesehen, ist es mir gelungen, den Film drehbuchgerecht wiederherzustellen, (...) einen geschlossenen, 2700 m langen Streifen zu kombinieren.« [18] Diese Arbeitsleistung konnte bezahlt werden. Das Technische Büro hatte die Möglichkeit, es in weit großzügigerem Maße zu tun als sonst üblich. Damit verfügte das Filmaktiv über 300 000 Mark, sehr viel Geld für diese Zeiten. [19]

Die Gründung der DEFA

Bereits vor Gründung der DEFA war die erste Klappe für den ersten deutschen Nachkriegsspielfilm gefallen. Das war am 4. Mai 1946. Staudte drehte erste Einstellungen zu seinem Film, der nun *Die Mörder sind unter uns* hieß, in der kleineren der beiden Hallen des Althoff-Studios in Potsdam-Babelsberg. Althoff war eine seit der Jahrhundertwende alteingesessene Schaustellerfamilie, die später eine nicht zur Ufa gehörende Privatfirma betrieb. Die DEFA verfügte laut Pachtvertrag über das Gelände, das nach SMAD-Befehl 124 vom 30. 10. 1945 requestriert und den Gemeinden zur provisorischen Verwaltung überantwortet worden war.
Am 13. Mai 1946 teilte Herbert Volkmann Paul Wandel mit, daß am Freitag, dem 17. Mai, vormittags 11 Uhr, in der großen Halle des Althoff-Ateliers die Gründungsfeier der DEFA stattfinden werde. Geladen waren dreihundert Gäste, Vertreter aller Besatzungsmächte und Filminteres-

sierte aus allen Zonen und Sektoren. Als Redner seien Sergej Tulpanow für die SMAD, der Oberbürgermeister der Stadt Potsdam und Hans Klering vorgesehen, der das Produktionsprogramm verkünden werde. Wandel solle bei der Begrüßung über die kulturelle Bedeutung dieses Ereignisses sprechen. Volkmann wollte die Mitglieder des Filmaktivs vorstellen, die bisher fast anonym gearbeitet hätten.
Am 16. Mai erteilte die SMAD der Zentralverwaltung für Volksbildung den Auftrag, eine Aktiengesellschaft zur Herstellung von Filmen zu gründen. Am selben Tag trat das Filmaktiv in gesellschaftlichen Verkehr unter der Firma »DEFA Deutsche Filmgesellschaft in Gründung«. Am 17. Mai erfolgte die feierliche Übergabe der Lizenz zur Herstellung von Filmen aller Art an die fünf Mitglieder des Filmaktivs. Sie erstreckte sich allerdings nicht auf den Filmverleih, für den auch weiterhin die sowjetische Verleihorganisation Sujusintorgkino (ab Ende 1946: Sovexport) das Monopol hatte.
»Was heute geschieht, ist keine Kleinigkeit«, sagte Paul Wandel in seiner Ansprache. »Als wir uns vor Monaten (...) zwischen den Trümmern des Hotels Adlon versammelten, um über das neue deutsche Filmschaffen zu beraten, da war bei den meisten Anwesenden (...) ein Zweifel, ob es überhaupt Sinn habe. (...) Der Film muß heute Antwort geben auf alle Lebensfragen unseres Volkes.« Wandel sprach von Lebensmut, den das Kino vermitteln müsse und von einer Ehrlichkeit, »die Wahrheit verkündet und das Gewissen aufrüttelt«. [20]
Tulpanow nannte als wichtigste Aufgabe der Gesellschaft den »Kampf um den demokratischen Aufbau Deutschlands und die Ausrottung der Reste des Nazismus und des Militarismus aus dem Gewissen eines jeden Deutschen, das Ringen um die Erziehung (...) besonders der Jugend im Sinne der echten Demokratie und Humanität, um damit Achtung zu erwecken für andere Völker und Länder.« Er hob die ersten *Augenzeugen* lobend hervor und wünschte sich große künstlerische Spielfilme. »Herr Präsident, Damen und Herren Filmkünstler des deutschen Films aus der Gesellschaft der DEFA! Im Namen der sowjetischen Militärverwaltung händige ich der DEFA die Lizenz für die Filmproduktion aus. Ich wünsche Ihnen erfolgreiche Arbeit und Erfüllung der ihnen gestellten ehrenvollen ideologischen und künstlerischen Aufgaben.« In keinem der Referate übrigens verwiesen die Redner auf das Vorbild der Sowjetunion, wie es in den fünfziger Jahren obligatorisch werden sollte.

Das Filmaktiv wurde aufgelöst, die Mitglieder bildeten – außer Adolf Fischer, der nun als Produktionsleiter arbeitete und durch den aus Schweizer Exil heimgekehrten Karl Hans Bergmann ersetzt wurde – die Leitung des Unternehmens (Lindemann: Gesamtleitung und Produktionschef, Klering: Künstlerische Leitung, Bergmann: Wirtschafts- und Personalabteilung, Maetzig: Leitung der Wochenschau und Regisseur, Willy Schiller: Chefarchitekt). Als künstlerischer Beirat wurde Slatan Dudow benannt, der kurz zuvor aus der Emigration zurückgekehrt war. Zu ihren Regisseuren zählte die DEFA: Lamprecht, Staudte, Maetzig, Deppe, Klingler, Wegener, zu den Kameraleuten Krien, Behn-Grund, Mondi, Kutz, Schulz, Krause, Jaworski,

F. A. Wagner und andere, zu den Dramaturgen Georg C. Klaren (Chefdramaturg), v. Gordon, Dr. Born, Barckhausen, Stenbock-Fermor, Kampendonck, Kuhlmey, Petersson, Dudow und Eggebrecht.

Abschließend wurden Glückwünsche zur DEFA-Gründung aus allen Zonen verlesen. Werner Finck hatte telegrafiert: »Ein ferner Wink/ von Werner Finck/ damit das Ding/ Euch wohl geling!« – Dann bekamen die Gäste Gelegenheit, Staudte im Atelier nebenan bei seinen Dreharbeiten zu *Die Mörder sind unter uns* zu beobachten. Unter den Besuchern war auch der amerikanische Filmoffizier Peter van Eyck.

Zu dieser Zeit machte Gerhard Lamprecht bereits Außenaufnahmen zu *Irgendwo in Berlin*, und Milo Harbich drehte in der Prignitz *Freies Land*. Diese ersten drei Arbeiten charakterisierten bereits das Profil der DEFA. DEFA-Filme der ersten Jahre wurden weder durch langfristige Planung noch durch Dekret festgelegt. Regisseure, Autoren und die Projekte, die sie machen wollten, bestimmten das Profil der Produktion. Wenn sich dabei eine Linie verfolgen läßt, die Bechers Konzept einer »Generaldurchforschung der deutschen Geschichte« entsprach, so lag das daran, daß sich in den Nachkriegsjahren Politiker, Kulturpolitiker und die meisten der Filmemacher in dem aufrichtigen Bemühen begegneten, Antwort auf die Frage zu finden: Wie wurden die Deutschen schuldig? Der Grad der Übereinstimmung in grundsätzlichen ideellen Fragen und in dem Bemühen um Filme mit aufklärerischem, bekennendem Impetus war nie mehr so hoch wie in jener Anfangsetappe.

Bruch mit der Vergangenheit

Bei einigen der angebotenen Stoffe handelte es sich um Vorhaben, die lange schon in der Schublade gelegen hatten, die weder in der Weimarer Republik noch nach 1933 hatten realisiert werden können und für die jetzt die Zeit gekommen schien. Staudte beispielsweise sagte über seinen Nachkriegserstling: »Ich mußte damals diesen Film machen. Er bedeutete eine innerliche Befreiung, die innere Auseinandersetzung mit der Nazizeit und all ihren Verbrechen. Inmitten der Grauen der letzten Kriegstage war es schon ein Akt der Selbstverständigung, der eigenen geistigen Abrechnung mit dem Faschismus und seiner Ideologie«. [21]

Wilhelm Pieck hatte am 4. Mai 1945 in seiner Rundfunkansprache anläßlich der Befreiung Berlins von dem quälenden Bewußtsein gesprochen, »daß sich das deutsche Volk nicht selbst von dieser Mörderbande befreite, sondern ihr bis zuletzt folgte und sie bei ihren Kriegsverbrechen unterstützte«. [22] Gerade darin lag die moralische Belastung, mit der die Mehrheit der Deutschen fertigwerden mußte. Filmemacher waren da nicht ausgenommen. Staudte reflektierte über seine Einstellung im Dritten Reich: »Meine etwas törichte Idee damals, ich bin gar nicht besonders stolz darauf, war nämlich die, unter allen Umständen zu vermeiden, sich aktiv an diesem Verbrechen beteiligen zu müssen. (...) Ich war damals sehr stolz, daß ich sagen konnte, ich habe in meinem Leben nie einen Schuß abgegeben. Heute würde ich sagen, es ist kein

1

2

3

Dreharbeiten zu den ersten DEFA-Filmen 1946:

1 »Die Mörder sind unter uns«:
  Wolfgang Staudte (links) und
  Kameramann Friedl Behn-Grund

2 »Freies Land«: Regisseur Milo Harbich

3 »Irgendwo in Berlin«:
  Regisseur Gerhard Lamprecht (2.v. rechts)

1

2

besonderer Grund, stolz zu sein. Ich wäre stolz, wenn ich ein paar Schüsse nach der richtigen Richtung abgegeben hätte.«[23]

Die Mörder sind unter uns, der erste deutsche Spielfilm nach der Befreiung, war eine Gegenwartsgeschichte, die in die Kriegszeit zurückreichte. Aber selbst diese Rückblenden waren 1946 so gegenwärtig, daß sich die Zeitebenen für den Betrachter ineinanderschoben. Staudte: Nach diesem Film »drängte sich mir die Frage förmlich auf – wie wurden die Deutschen schuldig? Sie wollten in einem politischen Raum unpolitisch leben.« Aus dieser Erkenntnis resultierte Staudtes Projekt *Rotation* (1949): »Ich wollte am Beispiel Hans Behnkes, eines einfachen deutschen Arbeiters, den politischen und weltanschaulichen Kampf seiner Zeit zeigen. (...) Ich wollte damit an die Erlebnisse und die geistige Haltung von Millionen indifferenter Deutscher anknüpfen, in diesem individuellen Schicksal Allgemeines reflektieren und schließlich den Wandlungsprozeß von einer passiven zur aktiven kämpferischen Lebenshaltung gestalten. (...) Die beiden Filme *Rotation* und *Die Mörder sind unter uns* gehören zusammen, sie waren beide notwendig zur inneren Auseinandersetzung mit der Hitlerzeit.«[24]

Zwischen diesen beiden Filmen lagen Jahre, in denen DEFA-Regisseure und -Autoren die deutsche Geschichte durchforschten, nach der Antwort auf die Frage, die nicht nur sie, sondern auch ihr Publikum bewegte: Wie kam es zu der nationalen Katastrophe und der eigenen Schuldverstrickung?

Ehe im Schatten (1947/RE: Kurt Maetzig) ging in das letzte Jahr der Weimarer Republik zurück, als alternative Entscheidungen noch möglich waren, die viele mit der illusionären Hoffnung auf ein nur vorübergehendes Dilemma verdrängten. Die eigene politische Fahrlässigkeit oder gar opportunistische Bequemlichkeit wurden mit Scheinoptimismus bemäntelt. In seinem Exposé »Es wird schon nicht so schlimm« spielte Hans Schweikart auf diese Problematik an. Er hatte sich seine Erinnerung an das Schicksal Joachim Gottschalks von der Seele geschrieben, der unter seiner Regie in dem Film *Das Mädchen von Fanö* (1940) aufgetreten war und sich kurz darauf mit seiner

jüdischen Frau, die er nicht mehr vor der Deportation hätte bewahren können, und dem gemeinsamen zwölfjährigen Sohn das Leben genommen hatte. Kurt Maetzig war aus ganz anderen persönlichen Motiven stark an dem Stoff interessiert. Seine Mutter war, um sich dem Zugriff der Gestapo zu entziehen, in den Freitod gegangen.

Gleichzeitig mit *Ehe im Schatten* kam *Wozzeck* ins Atelier, ein Film, mit dem die DEFA auf ihrer Suche nach Zusammenhängen am weitesten in die Vergangenheit vorstieß. Auch hier gab es eine persönliche Motivation. Georg Büchners Dramenfragment »Woyzeck«, das er kurz vor seinem Tode 1837 geschrieben hatte und das erst 1913 aufgeführt worden war, damals »als Dichtung früh genug, als Mahnung zu spät«, stand als »große antimilitaristische Klassik« bereits von Anbeginn im Produktionsprogramm der DEFA. Es handelte sich um ein Projekt von Georg C. Klaren, der schon in der Weimarer Republik vergeblich versucht hatte, den Stoff unterzubringen, in der Nazizeit keinen Vorstoß mehr wagte und nun die Zeit für einen *Wozzeck*-Film mit Recht gekommen sah, wollte er doch im deutschen Militarismus eine Prädisposition für faschistische Geisteshaltungen deutlich machen.

Auch ein Film zum 100. Jahrestag der Revolution von 1848, *Und wieder 48*, war ein fester Posten im ersten Programm. Schon 1946 hatte Wolff von Gordon, nach den Filmen befragt, »die wir drehen möchten«, dieses Projekt genannt. Gustav von Wangenheim wurde mit der Realisierung betraut. Er hatte in Moskau zum engeren Kreis der Emigranten gehört und genoß durch seine Arbeit mit Agitpropgruppen vor 1933 in Deutschland und durch den Film *Kämpfer* Achtung als filmkompetenter, politisch vertrauenswürdiger Kandidat. Sicher nicht unbeeinflußt von den Diskussionen in Emigrantenkreisen über die Geschichtskonzeption der KPD kristallisierte er seinen gedanklichen Ansatzpunkt heraus. Er wollte etwas tun gegen das »nihilistische Verhältnis« besonders junger Menschen zur Geschichte. Deshalb sei es ihm um das Andenken an die Barrikadenkämpfer und den 19jährigen Studenten Gustav Adolf Schlöffel zu tun gewesen, der in den revolutionären Kämpfen gefallen war und dessen Schicksal der Beurteilung der 48er Ereignisse als eine Farce der Geschichte widerspräche. Der aktuelle Aspekt, die Lehre aus dem Ver-

1

4

2

5

3

6

»Und wieder 48«

1 Gustav von Wangenheim bei den Dreharbeiten

2 Arbeitsfoto mit Willi Rose als Nante

3 Inge von Wangenheim und
  Ernst Wilhelm Borchert in den Hauptrollen

4 Robert Trösch in einer der
  historischen Szenen des Films

5 Die Frankfurter Nationalversammlung,
  nachgestellt im DEFA-Atelier

6 Barrikadenkämpfe 1848,
  inszeniert hundert Jahre »danach«

Seite 16:
1 »Ehe im Schatten« (1947):
  Regisseur Kurt Maetzig (vorn links)
  und Kameramann Eugen Klagemann

2 »Rotation« (1949):
  Kameramann Bruno Mondi (links)
  und Hauptdarsteller Paul Esser

gangenen für den heutigen Tag, war dabei die geistige Klammer zur Gegenwartsebene. Ein Plakat zum Deutschen Volksbegehren für die deutsche Einheit benannte die Moral von der Geschichte: »Was 1848 unvollendet blieb, müssen wir heute vollenden.«

Kurt Maetzigs Film *Die Buntkarierten* (1949) verfolgt die Geschichte einer deutschen Arbeiterfamilie vom wilhelminischen Kaiserreich bis in die Gegenwart. Den Stoff lieferte ein sehr erfolgreiches Hörspiel von Berta Waterstradt. »Kurz nach dem Kriege nahm ich an der Beerdigung einer alten Frau teil, die ihr Leben lang hart als Waschfrau arbeiten mußte«, erzählte sie; »Der Pfarrer sagte bei der Grabrede salbungsvoll: ›Und ist Dein Leben köstlich gewesen, dann ist es Mühe und Arbeit gewesen!‹ Dieser Widerspruch ließ in mir den Plan wach werden, einmal das Leben einer einfachen Frau zu schildern, (...) ein Leben ohne Pathos, wie es wirklich war. (...) Ich wollte zeigen, daß auch das Leben der Armen nur einen Sinn hat, wenn sie aus der Geschichte lernen und ihre Erkenntnis nutzen.«[25] Berta Waterstradt schrieb das Hörspiel »Während der Stromsperre«, ein Rundfunkdramaturg fand die Dialoge »ganz flott«, riet ihr aber, das Ganze ein Jahr lang liegen zu lassen. »Das erzählte ich unserer Zensorin, einer Russin, und gab es ihr zu lesen. Sie sagte: ›Natürlich kommt das.‹ Es wurde gemacht und hatte einen ungewöhnlichen Erfolg.«

Ein Filmexposé nach dem Stoff war bei der DEFA gerade abgelehnt worden, als Berta Waterstradt zufällig Kurt Maetzig im Kino traf. Ein Drehbuch für seinen geplanten Film über den spanischen Bürgerkrieg nach einem Roman von Eduard Claudius (»Grüne Oliven und nackte Berge«) hatte sich als unbrauchbar erwiesen, und er suchte nach einem Ersatz. So entschied er sich kurzerhand für *Die Buntkarierten*. Waterstradt: »Wenn ich damals nicht im Kino gewesen wäre und er nicht gerade einen Stoff gebraucht hätte, wären *Die Buntkarierten* nicht zustande gekommen. Zufall ist ja überhaupt viel im Leben.«

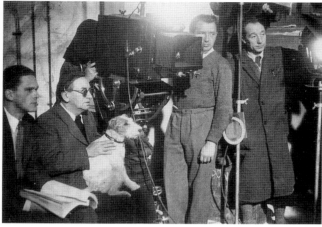

1

2

3

Seite 18:
Aufnahmen von den Dreharbeiten zu »Die Buntkarierten« (1949)

Regie-Routiniers drehen bei der DEFA ihren ersten Nachkriegsfilm

1 »Kein Platz für Liebe« (1947): Hans Deppe versucht sich an einem Gegenwartslustspiel über zwei »Ferngetraute«, die im Frieden Schwierigkeiten haben, zueinander zu kommen

2 »Razzia« (1947): Werner Klingler inszeniert einen an amerikanischen Action-Vorbildern geschulten Krimi

3 »Chemie und Liebe« (1948): Arthur Maria Rabenalt wagt sich auf die Klippen einer antiimperialistischen Komödie

Nach Exkursen in die fernere Vergangenheit befaßten sich DEFA-Filme immer wieder mit den zwanziger und dreißiger Jahren. *Affaire Blum* (1948) zum Beispiel geht auf einen authentischen Justizskandal in Magdeburg aus dem Jahre 1926 zurück. Es handelte sich um einen versuchten Justizmord an einem jüdischen Intellektuellen zugunsten des wirklich Schuldigen, der als Reichswehrangehöriger und »fast Regimentskamerad« des Kommissars alle Sympathie und das blinde Vertrauen der »unabhängigen« Richter genoß. Schließlich verdankten sie ihm das Hochgefühl, »eine Attacke gegen die Herren von links« reiten zu können. Diese mißtrauten nämlich dem Gerechtigkeitssinn des Justizapparates und hatten ihre Zweifel in der Öffentlichkeit verkündet.

Der Vorschlag zur Verfilmung stammte von Robert A. Stemmle. Ihm war der Vorfall, der seinerzeit in ganz Deutschland Aufsehen erregt hatte, aus seiner Heimatstadt Magdeburg noch in guter Erinnerung. Unter der Regie von Erich Engel wurde der Film einer der wenigen, die sich gleichermaßen hoher Anerkennung bei der Kritik in Ost und West erfreuten.

Die Entstehungsgeschichte von *Grube Morgenrot* (1948) zeigt am augenfälligsten, wie sich Intentionen von DEFA-Leitung und Filmemachern trafen. Der Film blendet ins Jahr 1930 zurück. Der gescheiterte Versuch, eine bankrotte Kohlengrube von den Bergleuten selbst betreiben zu lassen, ist Ausgangspunkt einer Argumentation, um 1947 die noch skeptischen Kumpel vom Modell volkseigener Betriebe zu überzeugen. Auch dieser Stoff war – ganz ähnlich wie im Falle *Wozzeck* – nicht neu, sondern eine alte Lieblingsidee des Autors, die sich jetzt endlich realisieren ließ: »Eines Tages lernte ich den Regisseur Slatan Dudow kennen«, erinnerte sich später Joachim Barckhausen, »der seinerzeit mit Bertolt Brecht den berühmten Film *Kuhle Wampe* gedreht hatte. Als ich ihm sagte, ich hätte ein paar Filmideen, lud er mich in den Künstlerklub ›Die Möwe‹ ein. Ich erzählte Dudow die tragische Geschichte einer schlesischen Steinkohlengrube, die im Jahre 1930 in Deutschland viel Staub aufgewirbelt hatte. Mein Versuch, den Stoff 1934 der Ufa anzudrehen, war rasch gescheitert. Man hatte begriffen, daß es mit den antikapitalistischen Tendenzen, die die Nazis anfänglich zur Schau gestellt hatten, nicht weit her war. (...) Dudow sprang auf und warf beinahe den Tisch um. ›Phantastisch!‹ rief er. ›Kennen Sie das Milieu der Bergarbeiter?‹ ›Nein. Ich habe nur einmal ein Salzbergwerk besichtigt, sozusagen als Tourist. Und da ich vor anderthalb Jahren durch Kriegseinwirkungen erblindet bin, werde ich kaum noch Gelegenheit haben, dies Milieu kennenzulernen ...‹ ›Wissen Sie, daß die DEFA den Schriftsteller Stenbock-Fermor engagiert hat, damit er uns einen Bergarbeiter-Film schreibt? Er hat ein Jahr vor Ort gearbeitet und sogar ein glänzendes Buch darüber verfaßt. (...) Ich mache Sie gleich miteinander bekannt. Zufällig sitzt Stenbock dahinten.« [26]

Alexander Graf Stenbock-Fermor, Sohn eines zaristischen Offiziers und livländischen Gutsbesitzers, der seinerzeit über die größten Ländereien Lettlands verfügte, Großneffe des Anarchisten Pjotr Kropotkin, hatte 16jährig in der weißgardistischen Landwehr gegen die Roten gekämpft,

1

2

1 »Affaire Blum« (1948): Regisseur Erich Engel,
unter anderem mit dem Schauspieler
Hans Christian Blech (rechts)

2 »Grube Morgenrot« (1948):
Regisseur Wolfgang Schleif, Kameramann E.W. Fiedler
und Co-Regisseur Erich Freund (v. links)

war 1920 nach Deutschland emigriert und Werkstudent und Bergarbeiter im Ruhrgebiet geworden. 1930 reiste er »kreuz und quer durch die proletarische Provinz«. Dort lernte er eine Welt der Armut, des Hungers und der Ausbeutung kennen und schrieb darüber ein Buch mit dem Titel »Deutschland von unten«, das 1931 erschien. Im selben Jahr machte er in der »Roten Fahne« sein Bekenntnis zum Kommunismus öffentlich. Der Ort ihrer späteren Begegnung, die »Möwe«, sei wohl so zufällig nicht gewesen, meinte Barckhausen: »In jenen mageren Zeiten war Stenbock immer dort zu finden, wo es markenfrei etwas Gutes zu essen gab. Aber schon nach fünf Minuten waren er und ich in eine so hitzige Diskussion verstrickt, daß wir darüber sogar das Essen vergaßen. So begann unsere Freundschaft und Zusammenarbeit.« [27]

**Hans Christian Blech und Gisela Trowe
in »Affaire Blum« (1948)**

**Hans Klering und Gisela Trowe
in »Grube Morgenrot« (1948)**

Schlechte Zeiten für Zensoren?

Durch diesen geschilderten Grundkonsens der ersten Jahre sind aus jener Zeit auch keine spektakulären Drehbuch- und Filmverbote durch die Zensurabteilung der Sowjetischen Militäradministration bekannt. Das lag natürlich auch daran, daß die Einflußnahme auf einzelne Projekte zu einem sehr frühen Zeitpunkt erfolgte. Seit dem 18. 8. 1945 gab es laut Befehl Nr. 29 eine Sektion für Propaganda und Zensur bei der Politischen Abteilung der SMAD, geleitet von Oberst Tulpanow, der bei Filmemachern ein geachteter Partner war. Dasselbe traf auf Major Dymschitz zu, den freundschaftliche Beziehungen mit Autoren und Regisseuren verbanden. Meinungsverschiedenheiten wurden in der Regel zwischen den Beteiligten direkt ausgetragen. Eine Tugend der frühen Jahre.

So schilderte beispielsweise Wolfgang Staudte sein »erstes Gespräch bei Kerzenlicht« mit Dymschitz über *Die Mörder sind unter uns*: »Der sowjetische Offizier war von dem Stoff begeistert, nur einen Einwand hatte er: ich sollte den Schluß ändern.« [28] Im Buch erschießt der Truppenarzt Mertens seinen ehemaligen Hauptmann, den er an der Ostfront nicht hatte überzeugen können, den Befehl zur Ermordung von Geiseln – darunter Frauen und Kinder – zurückzunehmen, und dem er nach dem Krieg als selbstzufriedenem erfolgreichen Kochtopfproduzenten wiederbegegnet. Dymschitz »lehnte diese Art von Selbstjustiz ab und malte mir die Folgen aus, die aus der Wirkung des Films entstehen könnten, wenn jeder hinging und jeden erschoß, so selbstverständlich dieser Wunsch auch sein mochte. Diese Menschen müßten ordentlichen Gerichten zur Aburteilung übergeben werden.« [29] Staudte ließ sich überzeugen. Es fiel ihm nicht schwer, die Argumente schienen plausibel.

Peter Pewas, Jahrzehnte später nach seinen Erfahrungen bei Dreharbeiten zu *Straßenbekanntschaft* (1948) befragt, bestätigte »ideale« Arbeitsbedingungen. »Nie zuvor und danach hatte ich so exzellente Produktionsbedingungen wie bei der DEFA. Ich bekam alles, was ich brauchte. Solange die Produktion lief, mischte sich die DEFA nicht in die künstlerische Arbeit ein. Das war ihr Prinzip. Die großen Hammerschläge kamen dann unter Umständen später. (...) Eine DEFA-Episode mit Hintergrund erlebte ich am Schluß dieses Films. Es ging um die Szene, in der der Heimkehrer Hindemith sich im stillen Schlafraum diesem merkwürdigen Mädchen gegenübersieht; es knistert. Draußen ist der Lärm der Gäste, man hört Musik. Das Mädchen kommt näher. Ich wollte die ganze Spannung von zwei Verliebten auch dadurch ausdrücken, daß ich ihrem Atmen eine besondere Bedeutung gab. Beide werden in einer Großaufnahme zusammengeführt; die Erregung von Mann und Frau, die sich in diesem stillen Raum anstarren, geht hörbar zum Publikum über. – Und ausgerechnet dieser Szene wegen kam der russische Dramaturg der Firma zu mir. ›Daas ist nicht Kuunst‹ sagte er langgezogen und mit dem Zeigefinger vor meiner Nase wedelnd, über seinen Zwicker hinweg, ›Pewas, das ist Natur!‹ Mißbilligend schüttelte er den Kopf, aber die Szene blieb.« [30] Erwähnenswert ist auch eine Kontroverse um Georg C. Klarens *Wozzeck*, der von einem Vertreter des Verleihs »Sovexport«

als »bürgerlich, dekadent und reaktionär« bezeichnet wurde. Dennoch gelangte der Film in die Kinos.

Es war keineswegs obligatorisch, Änderungswünsche der sowjetischen Seite in jedem Falle zu berücksichtigen, wie die Diskussion um *Die Buntkarierten* beweist. In dem sowjetischen Gutachten hieß es tadelnd, die Filmheldin, die Arbeiterin Schmiedecke, habe während des ersten Weltkrieges in der Munitionsfabrik völlig individualistisch beschlossen, »mit dem Granatendrehen aufzuhören. (...) Sie verläßt die Fabrik kampflos, ohne den Versuch zu machen, ihre Kolleginnen mitzureißen und vor ihnen gegen den imperialistischen Krieg zu protestieren.« Auch die Figur ihres Mannes Paul, des Gewerkschafters, fand eine kritische Bewertung: »Paul war sein ganzes Leben lang passiv und scheidet ebenso passiv aus dem Leben. Hier hätte dagegen ein starkes und heroisches Ende gefunden werden können. Wenn Paul auch nur im letzten Augenblick das Falsche seines Weges erkannt und vor seinem Tode seine alten Kameraden zum Kampf aufgerufen hätte, so würde diese Tragödie unvergleichlich stärker klingen, und das Scheiden aus dem Leben hätte aktiven Charakter gehabt.« [31] Keine dieser Stellen ist geändert worden. Auch über den Schluß gab es, wie die Autorin berichtete, »einen Streit. Man wollte, daß die alte Frau in einer Versammlung von ihrem Leben erzählen sollte. Aber so etwas hätte ihrem Charakter widersprochen. Man hat mir sehr zugesetzt, wie das so ist. Und ich mußte hartnäckig sein. Hätte ich nachgegeben, hätte das dem Film nur geschadet.« [32] Der Film wurde von der Presse gerade wegen der psychologischen Stimmigkeit seiner Figuren gelobt und hatte großen Erfolg beim Publikum.

Anders lag es bei *Rotation* (1949). Die Rotationsmaschine, von Wolfgang Staudte angesichts der erneuten Kriegsgefahr bewußt als Metapher der sich stets wiederholenden Ereignisse und der Unbelehrbarkeit der Menschen benutzt, widersprach dem gewünschten Geschichtsbild und vor allem der erwarteten aktivierenden Wirkung des Gezeigten. So mußte die Szene, in der das junge Paar am Ende des Films den suspekten Gedanken auch noch verbal ausdrückt, mit entgegengesetzter Aussage neu gedreht werden. Hier lenkte Staudte ein. Als er aber auch die Sequenz ändern sollte, in der Vater Behnke die Uniform seines aus der Kriegsgefangenschaft heimgekehrten Sohnes mit den Worten verbrennt: »Das war die letzte Uniform, die Du je getragen hast«, kam es zum Eklat. Staudte, damals, wie er sagte, »ein leidenschaftlicher Pazifist«, habe lange gebraucht, um einzusehen, daß es »nur darauf ankommt, welche Uniform man trägt, und daß es notwendig ist, die Waffe zu ergreifen, um (...) sich vor Unterdrückung zu schützen«. [33] Was man ihm damals nicht sagte, war der Umstand, daß die Volkspolizei in der Sowjetischen Besatzungszone aufgebaut werden sollte und man Uniformverdrossenheit am allerwenigsten gebrauchen konnte. Die DEFA-Leitung und die sowjetische Seite einigten sich, die Szene zu belassen, aber ohne den anstößigen Text. Als 1949 der neue DEFA-Direktor Sepp Schwab sein Amt übernahm, ließ er sich als erstes den Film vorführen und verfügte einen rigorosen Schnitt und das Nachdrehen der Szene. Staudte ging daraufhin verärgert nach Hamburg, kam allerdings kurz darauf zur DEFA zurück, wo er 1950/51 seinen Erfolgsfilm *Der Untertan* drehte.

3

4

1

2

5

**Wichtige Chargenspieler des deutschen
Tonfilms in frühen Arbeiten der DEFA:**

1 Aribert Wäscher in »Die Kuckucks« (1949)

**2 Ernst Legal und Elsa Wagner in
»Kein Platz für Liebe« (1947)**

**3 Blandine Ebinger (links) und
Maly Delschaft in »Affaire Blum« (1948)**

**4 Paul Henckels in »Die seltsamen Abenteuer
des Herrn Fridolin B.« (1948)**

**5 Wilhelm Bendow in
»Kein Platz für Liebe« (1947)**

**Schon 1931 schrieb Rudolf Arnheim über das
Spiel der Chargen: Es »umrandet das Spiel
der Helden wie ein Barockrahmen ein
Renaissancegemälde. (...) Der Chargenspieler
zeigt den Menschen, wie er ist, der Helden-
spieler zeigt ihn, wie man ihn gern möchte.«**

Zu treuen Händen

Der Vorfall signalisierte ein deutlich rauheres Klima. Was war in den wenigen Jahren anders geworden und wodurch? In der kurzen Zeit von 1946 bis 1949 hatte man in der Sowjetischen Besatzungszone Strukturen verändert, personelle Entscheidungen getroffen und Parteibeschlüsse gefaßt, die einen Richtungswechsel der Politik in entscheidenden Bereichen ankündigten bzw. bereits widerspiegelten. Nicht jeder mag bestimmte Vorgänge damals bereits als Tendenz, sondern eher als punktuelle Ereignisse wahrgenommen haben. Auf dem Gebiet des Spielfilms waren sie zudem vorerst weniger zu bemerken, anders als beispielsweise beim Dokumentarfilm oder bei der Wochenschau, die als mobilere Gattung die Auswirkungen der Tagespolitik viel schneller und intensiver zu spüren bekam. Aber auch im Spielfilm wurden in jener Zeit die Weichen für die fünfziger Jahre gestellt.

Die DEFA war bis 1947 ein deutscher Betrieb, anfänglich als eine AG in Gründung. Am 13. August 1946 fiel die Entscheidung für eine Deutsche Film GmbH mit Sitz in Berlin SW 68, Krausenstraße 38/39. Gesellschafter wurden Alfred Lindemann und Karl Hans Bergmann sowie Herbert Volkmann als von der Zentralverwaltung delegierter Gesellschafter. Das Stammkapital in Höhe von 20 000 Reichsmark wurde von der Zentrag, einem Betrieb der SED, gestellt.

Ab 25. Oktober 1946 standen der DEFA (neben den Babelsberger Althoff-Ateliers) laut Pachtvertrag nun auch die Studios der ehemaligen Tobis Filmkunst GmbH und der Tobis Syndikat GmbH zur Verfügung. Das Studiogelände der Ufa war der Sowjetunion durch die Potsdamer Konferenz zur Deckung von Reparationsansprüchen zuerkannt worden und vorerst der DEFA nicht zugänglich. Erst 1948 konnte für den Jugendfilm *1-2-3 Corona* (RE: Hans Müller) erstmalig auf dem ehemaligen Ufa-Standort in Babelsberg gedreht werden. Die sowjetische Kontrolle über das Gelände übte das »Technische Büro für Kinematographie« aus, eine Institution des Staatlichen Komitees für Kinematographie beim Rat der Volkskommissare der UdSSR. Es hatte seinen Sitz in den Räumen der ehemaligen Filmakademie. Daneben gab es die sowjetische Aktiengesellschaft »Linsa«, zu deren Kompetenzbereich die Filmunternehmen in allen von der Sowjetunion besetzten Gebieten gehörten (in den entsprechenden Staaten Osteuropas und Österreich) – einschließlich Verleih, Kopierwerke und Kinos. Die »Linsa« unterstand der Leitung der sowjetischen Aktiengesellschaften in Berlin-Weißensee.

Am 4. Juli 1946 hatte das Zentralsekretariat der SED einen Zentralen Kulturausschuß berufen, der aus 46 Personen bestand, alle Bereiche der Kunst und Kultur umfaßte und auch jeden DEFA-Film beurteilte. Kurt Maetzig und Hans Klering vertraten das Gebiet des Films in diesem Gremium. Meistens gingen die Aktivitäten über Ratschläge, den DEFA-Filmen zu einer intensiven Wirkung in der Öffentlichkeit zu verhelfen, nicht hinaus. Einfluß auf die Produktion oder die Zulassung von Filmen hatte der Kulturausschuß nicht. Er war keine Zensurinstanz.

1947 kam es dann zu bemerkenswerten strukturellen Veränderungen. Zu Beginn des Jahres hatte die Sowjetunion zweihundert Betriebe, die ihr als Reparationsleistung zugesprochen waren, von der Demontage ausgenommen und in Sowjetische Aktiengesellschaften (SAG) umgewandelt. Dieser Beschluß betraf auch die DEFA. Am 14. Juli 1947 verlegte die Deutsche Film GmbH ihren juristischen Sitz von Berlin nach Potsdam, und am 11. November 1947 erfolgte die Umwandlung der GmbH in eine sowjetisch-deutsche Aktiengesellschaft. Das gesamte Kapital der GmbH wurde durch den SED-Parteibetrieb Zentrag erworben. Am selben Tag wurde es von 20 000 auf 10 Millionen Reichsmark erhöht. Über die Kompetenzen der beiden Vertragspartner, die sich nach dem Beteiligungsverhältnis richteten, gab es zwei Vorschlagsvarianten. Im ersten Fall erhielt die deutsche Seite 55 Prozent, die sowjetische 45 Prozent. Für diesen Fall war vorgesehen, den sowjetischen Anteil und die personelle Besetzung »offen in Erscheinung« treten zu lassen. Der zweite Vorschlag ging vom umgekehrten Verhältnis aus. »In diesem Falle tritt der sowjetische Anteil nach außen hin nicht in Erscheinung. In diesem Falle würde der Aufsichtsrat in Übereinstimmung mit den sowjetischen Kapitalbesitzern aus Deutschen zusammengesetzt sein« bzw. »solchen, die als Deutsche bezeichnet werden können«. [34] Die Deutschen sollten die Mehrheit bilden und den Vorsitzenden stellen. Ein zu berufender Künstlerischer Rat würde aus sowjetischen und deutschen Mitgliedern zusammengesetzt sein.

Die Entscheidung fiel für die zweite Variante, die der Sowjetunion die Aktienmehrheit sicherte. Am 3. 11. 1947 kam es zum Vertragsabschluß zwischen den Gesellschaftern der Deutschen Film GmbH Herbert Volkmann, Alfred Lindemann und Karl Hans Bergmann und den sowjetischen Vertragspartnern Alexander Wolkenstein, Generaldirektor von Sovexport (vorher Sojusintorgkino) und dem sowjetischen Regisseur Ilja Trauberg, bekannt unter anderem durch seinen Film *Der blaue Expreß* (*Goluboi ekspres*/1929). Er war der Bruder von Leonid Trauberg. Von nun an firmierte die DEFA als eine »Sowjetisch-deutsche Aktiengesellschaft für Herstellung, Vertrieb und Verleih von Filmen aller Art«. Zur DEFA-Direktion gehörten nun auch Wolkenstein und Trauberg. Ersterer war völlig durch seine Funktion bei Sovexport und seine Aktivitäten auf dem Gebiet der Kopierwerke absorbiert und kümmerte sich wenig um Produktionsprobleme. Dafür war Trauberg zuständig, der als fachkundiger und keineswegs autoritärer Partner galt. Der Vorstand mit fünf Mitgliedern und der Aufsichtsrat mit neun Mitgliedern wurden nach dem Verhältnis der Aktienanteile besetzt. Der Künstlerische Rat bestand aus neun Personen. Bemerkenswert ist ein Zusatzvertrag [35], in dem beide Partner sich bereiterklären, einen Sonderausschuß, der beim Zentralsekretariat der SED gebildet worden war, als internes Organ der DEFA zu akzeptieren. Diesem Ausschuß mußten die Produktionsplanung und die Filme im Rohschnitt und in der Endfassung bekanntgemacht werden. Die Entscheidungen des Gremiums waren vom Vorstand und vom Aufsichtsrat als maßgeblich für die ideologische Arbeit anzuerkennen. »Die Personalpolitik der DEFA wird in Übereinstimmung mit der personalpolitischen Abteilung beim Zentralvorstand der SED durchgeführt«, heißt es unmißverständlich.

Dieses Sonderabkommen war ein Teil des Gründungsvertrages und konnte »weder durch Beschlüsse der Hauptverwaltung, des Aufsichtsrates und des Vorstandes geändert werden«. Am selben Tag bestätigten die Herren Trauberg und Wolkenstein, Kenntnis genommen zu haben, daß sich die deutschen Vorstandsmitglieder »den Weisungen des ZS der SED unterworfen haben« und erklärten sich mit dem Treuhändervertrag einverstanden.

Das von den deutschen Aktionären (statt Bergmann, der eine andere Funktion bekam, wurde kurz darauf Kurt Maetzig als Aktionär benannt) eingebrachte Kapital war vom Zentralvorstand der SED eingezahlt worden. Die Aktionäre hatten sich zu verpflichten, ihre Gesellschafterfunktion »unwiderruflich« lediglich als Treuhänder der SED auszuüben und sich »im Rahmen des Gesellschaftervertrages an deren Weisungen widerspruchslos zu halten«. In »allen Fragen von grundsätzlicher Bedeutung war jeweils die Entscheidung der Treugeberin einzuholen«. Zusätzlich wurde am 10. November 1947 auf Beschluß des Zentralvorstandes der Partei beim Zentralsekretariat der SED eine Filmkommission (auch DEFA-Kommission genannt) gebildet. Ihr gehörten Anton Ackermann vom Zentralvorstand der Partei, verantwortlich für Propaganda, als Vorsitzender an, daneben Otto Meier, ebenfalls ZV der SED, ehemals SPD, Erich Gniffke, Paul Wandel, Gustav von Wangenheim und andere. Alle personellen Veränderungen in leitenden Gremien der DEFA wurden auf Beschluß des ZV der SED in Übereinstimmung mit dieser Kommission getroffen.

Nach wie vor auf Gesamtdeutschland orientiert

Trotz struktureller und politischer Veränderungen hielt man offiziell nach wie vor am Konzept der deutschen Einheit, an einer auf ganz Deutschland orientierten Kultur- und Kunstpolitik fest. Im Juni 1947 fand in Babelsberg und Berlin »Der Erste Deutsche Film-Autoren-Kongreß« statt. Die DEFA veranstaltete ihn im Auftrage aller vier Besatzungsmächte, die auch vertreten waren. Erhofft wurden »Aussprachen zur Fundamentierung des deutschen Films, (...) die nicht an die Zonengrenzen gebunden sein sollten«. [36] Man entwarf in gemeinsamer Diskussion Filmdrehbuch- und Filmrechte-Verträge und debattierte über Tantiemenbeteiligung, als gäbe es ein einheitliches Land mit gleichen Rechts- und Eigentumsverhältnissen. Von Fritz Maurischat bis Alf Teichs, von Johannes Tralow bis Günther Weisenborn waren Filmfachleute und Schriftsteller aus allen Zonen gekommen. Als Hauptaufgabe hatte man sich »die Klärung der drängenden geistigen Probleme« gestellt. Die Diskutanten vermieden jede Konfrontation, nahmen die Anzeichen des Kalten Krieges auch in der Deutschlandpolitik nicht zur Kenntnis und schienen von einer damals bereits illusionären deutschen Gesamtstaatlichkeit auszugehen.

Schon ein gutes halbes Jahr später wurde »der besondere deutsche Weg«, wie ihn Anton Ackermann in seinem Artikel gleichen Titels 1946 selbst für das Fernziel Sozialismus noch in Aussicht gestellt hatte, nun zum »gefährlichen Irrtum« und zur »Gefahr, auf revisionistische Weise die Erfahrungen der KPdSU zu leugnen«. Ackermann selber mußte sich revidieren und sprach im Mai 1948 auf dem ersten Kulturtag der SED über »Marxistische Kulturpolitik«. Nach Einschätzung der Parteiführung hatte sich »der Klassenkampf verschärft«, eine »ideologische Offensive« wurde angekündigt. Vor allem ging es in den nächsten Monaten darum, die Wachsamkeit zu erhöhen, »da der Gegner vom Frontalangriff zu verdeckten Aktionen« [37] übergegangen sei. Vorbedingung, um den neuen Verhältnissen gewachsen zu sein, sei die kompromißlose Anerkennung der führenden Rolle der KPdSU (B), wurde mit drohendem Unterton verkündet.

Diese eindeutige Kursbestimmung erfolgte in einem entsprechenden internationalen Kontext: 1948 hatte sich Tito von Stalins Bevormundung befreit und einen eigenen Weg zum Sozialismus eingeschlagen, der ihm weitgehende Unabhängigkeit garantierte. Im Juni des Jahres verurteilte das Informationsbüro der kommunistischen und Arbeiterparteien diesen Schritt mit ungewöhnlicher Schärfe. Wachsamkeit gegenüber der geringsten Abweichung von der vorgeschriebenen politischen Linie, Kontrolle auf allen Gebieten hieß die Parole.

Am 6. Oktober 1948 wurden auf Beschluß des Zentralsekretariats der SED die bisherigen Vorstandsmitglieder der DEFA abberufen und durch Mitarbeiter des Parteiapparates (Grete Keilson, Alexander Lösche, Wilhelm Meißner) ersetzt. Fast zeitgleich begann die ideologische Offensive in der Kunst mit Beiträgen von Alexander Dymschitz in der »Täglichen Rundschau« über »Die formalistische Richtung in der Malerei«. [38] Die damit offiziell eingeleitete Auseinandersetzung, vom Parteiapparat in verschiedenen Kommissionen immer wieder angemahnt, hatte bis dahin im Osten Deutschlands nicht stattgefunden. Dabei waren in der Sowjetunion bereits 1946 die ersten »Beschlüsse des ZK der KPdSU zu Fragen von Literatur und Kunst« gefaßt worden, die gegen die liberalen Leningrader Zeitschriften »Swesda« und »Leningrad« zielten und zum Teil tragische Folgen für die betroffenen Künstler hatten. 1948 erschien der letzte dieser Beschlüsse. [39] In den Reden führender Kulturoffiziere der Sowjetischen Besatzungszone spielten sie nie eine Rolle. Nun aber konnte auch Dymschitz, der zu jener Zeit als Jude und wie andere Kulturoffiziere durch sehr gute Beziehungen zu »westlichen« Künstlern besonders gefährdet war, offensichtlich eine »Ergebenheitserklärung« nicht mehr hinauszögern. Für die Auswirkungen der Artikel waren die Gründe des Autors jedoch unerheblich.

Zeitgleich mit dem Entwurf für den Zweijahrplan im Sommer 1948 wurde die gesellschaftliche Aufgabenstellung für alle Künste genau benannt. Die SED erwartete ein »von den Erfordernissen der Wirtschaftsplanung ausgehendes Programm«, da die Kunst »ihren Beitrag zu leisten hatte, um Arbeitsfreude (...) zu wecken«. »Wenn wir keine Filme über den 5-Jahrplan drehen, weiß ich nicht, was wir überhaupt drehen sollen«, hieß es auf einer Arbeitstagung des Zentralsekretariats der SED. [40]

Anfang 1949 beschloß die Erste Parteikonferenz der SED unter anderem die »Entwicklung zur Partei neuen Typus«. Das, was hier parteiintern klang, bedeutete die Weichenstellung für alle Bereiche des gesellschaftlichen Lebens, die nun nach stalinistischem Muster zu funktionieren hatten. Das führte fast automatisch auch zu personellen Konsequenzen und wirkte sich auf den Umgang mit Parteimitgliedern aus, die sich nicht bedingungslos unterordneten.

Bereits im Jahr 1948 hatten Alfred Lindemann und der Wirtschaftsdirektor der DEFA, Günther Matern, die SBZ in Richtung Westen verlassen. Von den Hintergründen erfuhr die Öffentlichkeit nichts. Matern berichtete viel später von Anwerbebemühungen des NKWD, denen er sich nur durch die Flucht entziehen konnte. Am Ende des Jahres starb der 45jährige Ilja Trauberg an einer Herzschwäche nach »einer kleinen Party« in der Wohnung von Hans Klering. Es hielten sich die Gerüchte, die seinen Tod mit der Verhaftung des Kulturoffiziers Mosjakow, dem Begründer des Künstlerklubs »Die Möwe«, in Verbindung brachten, der gute Kontakte zu Künstlern in Ost und West gepflegt hatte. Trauberg, der davon erfuhr und in denselben Kreisen verkehrte, habe Selbstmord begangen, um sich dem Zugriff des NKWD zu entziehen. Selbst wenn es sich nur um Vermutungen handeln sollte, lassen sie Rückschlüsse auf das veränderte Klima im Lande zu.

Ilja Traubergs Stelle wurde 1949 durch Andrej Andrijewski besetzt. Auch er war Regisseur und, wie seine deutschen Partner bestätigen, durchaus umgänglich. Als entscheidender erwies sich die Umbesetzung an der Spitze der DEFA. Neuer Direktor wurde Sepp Schwab. Er stammte aus einer bayrischen Arbeiterfamilie, war während des Krieges für die Sendungen des Moskauer Rundfunks für Deutschland verantwortlich und verstand so gut wie nichts vom Film. Aber er »brachte eine weitere Klärung in die politische Orientierung unserer Arbeit. Er handelte aus vielfacher Erfahrung im illegalen politischen Kampf nach dem Prinzip, lieber etwas zuviel Mißtrauen als Leichtgläubigkeit.« [41]

Das, was hier als persönliche Eigenart vorgeführt wird, war zu dem Zeitpunkt bereits Zeichen der Zeit.

Wie soll der neue deutsche Film aussehen?

Wie standen in jenen gesellschaftlichen Umbruchzeiten die Chancen für künstlerische Entdeckungen? Und wie wurden sie genutzt? Am Beginn lag die Auseinandersetzung mit der Ufa-Tradition, besonders der jüngsten Vergangenheit. Kurt Maetzig nannte vor allem »die Unehrlichkeit der künstlerischen Mittel, (...) was uns an den Nazifilmen außer der verwerflichen ideologischen Grundlage stets so deutlich mißfiel.« [42]

Werner Hochbaum, vor allem bekannt durch seinen Film *Brüder* über den Hamburger Hafenarbeiterstreik von 1896, den er 1929 für die SPD gedreht hatte, wandte sich mit aller Entschiedenheit »gegen die überzuckerte Operettentorte (...) der Nazi-Filmfabriken, das uns so oft dargebote-

ne Zerrbild sozialer Problemstellungen«, und forderte, »den Problemen auf den Grund zu gehen«. Man müsse weh tun, »damit das alles von uns abfällt. (...) Einig sind wir uns darüber, wie der neue deutsche Film nicht aussehen soll« [43], resümierte er zutreffend. Das war auch der Tenor auf der ersten programmatischen Zusammenkunft im Hotel »Adlon«, November 1945.

Es lag nahe, daß auch die Meinung vertreten wurde, angesichts der Größe der Aufgabe, mit der Nazizeit abzurechnen, seien Formfragen unwesentlich. Andererseits gab es auch eine gewisse Scheu bei Kritik und Publikum, das Gesehene ästhetisch bewerten zu wollen. Ein Kritiker schrieb über *Ehe im Schatten*, den er als das »J' accuse der Leinwand« bezeichnete: »Dieser Film mag, vom Formalen her gesehen, kleine Mängel haben und nicht die letzte Vollendung erreichen. Aber im Grund interessiert mich das nicht, nicht mich, und, soweit ich beobachtet habe, auch kaum einen anderen Besucher. Denn im Inhalt, in der Anklage (...) und in der Wirkung ist er vollendet. (...) als der Vorhang fiel, gingen die Menschen schweigend und beschämt nach Hause. Ja, das war es: Sie schämten sich.« [44] In einer anderen Kritik hieß es, die moralische Anklage könnte sich künstlerisch und technisch noch viel anfechtbarer darbieten, ohne an unmittelbarer Wirksamkeit zu verlieren. Es wäre sogar »ein ganz abwegiges Unterfangen, diesem Werk mit vorwiegend ästhetischen Maßstäben zu Leibe zu rücken. (...) Der Film packt die Deutschen bei den verdrängten Erinnerungen. (...) Man hört wieder sein eigenes Herz klopfen.« [45] Gegen die Mißachtung künstlerischen Suchens wandte sich unter anderem Hochbaum und empfahl, sich an den großen Lehrmeistern Eisenstein und Pudowkin zu orientieren, an »der dialektischen Montage«. Er bestätigt »endlose Diskussionen« über »Formprinzipien«. »Jemand meinte, der neue deutsche Film müsse pathetisch sein. Das glaube ich nicht. Das deutsche Volk ist so übersättigt vom falschen Pathos der Nazis. (...) Dann fiel das Wort psychologischer Impressionismus.« [46]

Die Vorstellungen gingen extrem auseinander, von der Empfehlung, »die Primitivität, zu der uns heute die Wirklichkeit zwingt«, als Vorteil zu nutzen, um »tiefe Gedanken ohne großes Gepränge und ohne kostspieligen Aufwand« [47] auszudrücken, bis zur Warnung, man dürfe »mit der Armut nicht kokettieren«, weil sich darauf kein Stilprinzip gründen lasse. [48] Den naheliegenden Gedanken, »billig, billiger, am billigsten, möglichst mit wenigen Personen in wenigen Dekorationen, am besten wie (...) Siodmaks *Menschen am Sonntag*« zu produzieren, hielt Chefdramaturg Klaren zum Beispiel für falsch und empfahl, sich auf die »ureigenste Domäne des deutschen Films«, auf das Erbe des Expressionismus zu orientieren. [49]

Inspiriert vom Expressionismus

Klaren selbst versuchte, mit seinem Film *Wozzeck* ein Beispiel zu geben. Als »Avantgardefilm« ausgewiesen, war er der einzige, den bereits das erste Produktionsprogramm von der gestalterischen Seite her charakterisiert hatte. Als Szenenbildner verpflichtete Klaren Hermann Warm, einen der drei *Caligari*-Architekten, für die Kostüme Walter Schulze-Mittendorf, Mitarbeiter bei Fritz Langs *Metropolis* (1926), als künstlerischer Berater Paul Wegener (der vertraglich gebunden war, auch wenn er im Vorspann nicht erscheint). Selbst die Musik, bei den meisten DEFA-Filmen jener Jahre das konservativste Element, leistete sich »expressionistische Ausflüge in atonale Gefilde«. [50] Der Handlungsraum hat häufig Gleichnischarakter, bekennt sich zur konstruierten Wirklichkeit. Wenn Wozzeck beim Rohrschneiden zwischen den »Baumgespenstern« umherirrt, wird man an Werner Krauß erinnert, wie er in Georg Wilhelm Pabsts Debütfilm *Der Schatz* (1923) Wünschelruten schneidet, und an Lotte H. Eisners Beschreibung der Szene: Es »leuchten Weidenstümpfe fahl auf, Gestrüpp wird von einem Atelier-Mondschein übergossen, Äste werden in den Konturen überscharf akzentuiert, scheinen weiße Knochenarme gespenstig zu recken.« [51]
Die Kamera zeigte die Welt aus der Sicht des Helden, als Spiegel seines Seelenzustandes. Sie dämonisierte den Tambourmajor in der Szene auf dem Exerzierplatz zu einem monströsen Unhold und drückte die Kreatur Wozzeck so

nachdrücklich in den Schlamm, daß allein diese Einstellung die Lage der Wozzecks als endgültig in jener Gesellschaft sinnfällig macht. Die Montage unterstützte den expressiven Ausdruck durch extreme Lösungen, wenn sie zum Beispiel die Sequenz »auf ... nieder ..., so werden die Wozzecks gemacht«, in 1/2- und 1/3-Sekunden-Einstellungen atomisiert. Schulze-Mittendorf schließlich nahm durch Stilisierung dem Geschehen seine »biedermeierlich romantische Bindung und verlieh ihm Allgemeingültigkeit. Die Uniformen z.B. erhielten die Attribute des modernen Militarismus, wie Knobelbecher, Krätzchen, geschwungene SS-Reithosen usw.« [52] Beabsichtigt waren auch Assoziationen, die den mit Wozzeck experimentierenden Arzt zu seinen Nachfahren in faschistischen KZ in Beziehung setzten. In welchem Maße es, trotz ungewohnter Gestaltungsmittel oder vielleicht gerade durch sie unterstützt, gelungen war, Gegenwartsbezüge herzustellen, bezeugt die Erinnerung eines Kritikers anläßlich der Erstaufführung des Films in Westberlin 1964: »Winter 1948. Eine Stadt, irgendwo, in Mitteldeutschland: Wir hatten uns zusammengedrängt, eine zerschlagene Herde, Überbleibsel eines ›fanatischen Kampfes‹, die Reden der braunen Führer noch in den Ohren, vielleicht auch im Hirn. In uns klang noch das militärische Knallen der Stiefelabsätze, (...) wir mußten Treblinka und Buchenwald zur Kenntnis nehmen (...) – apathisch saßen wir zusammen, wo es warm war, im Winter 1948. (...) Und in dieser Atmosphäre von Mißtrauen, Hunger und Not (...) sah der Rezensent *Wozzeck*. (...) Es

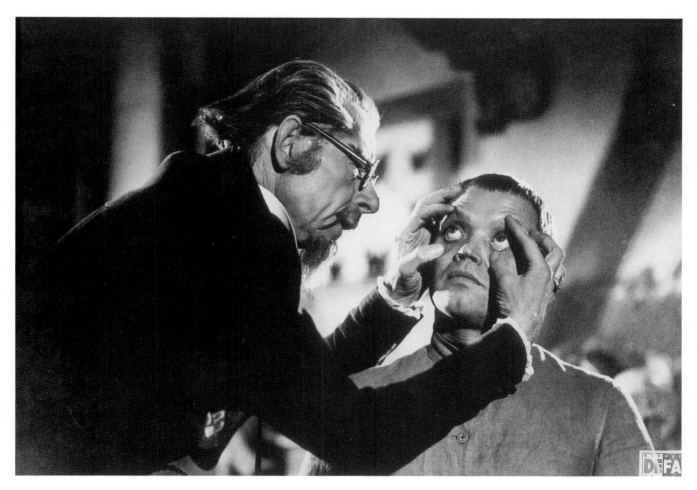

27

war ein schockierendes Erlebnis (...) von fast elementarer Kraft, (...) erdrückend durch die fast barbarische Bildsprache, (...) ein Film, der der geschundenen Kreatur ›Mensch‹ Ausdruck gab, (...) zerbrochen, wie wir alle. Es lag der Hauch tiefen, tödlichen Entsetzens über den Zuschauern, als das vertraute ›auf ... nieder ...‹ die Menschen in den Dreck warf. (...) Wir hatten damals genug, und wir fühlten uns angesprochen.« [53]

1

2

»Wozzeck« (1947)

1 Helga Zülch und Richard Häußler

2 Friedrich Gnass

Seite 29:
»Die Mörder sind unter uns« (1946)

1 Hildegard Knef und Robert Forsch

2 Hildegard Knef und Ernst Wilhelm Borchert

In der Tradition von Antikriegs- und Kammerspielfilm

Auch Staudte vertrat die Meinung, man könne nicht »in den alten, tausendmal ausgefahrenen Gleisen bleiben. Der Film braucht ein neues Gesicht.« [54] Er ging dabei aber nicht, wie Klaren, von theoretischen Erwägungen aus. Staudtes Zugang zu seinem Stoff *Die Mörder sind unter uns* war viel stärker emotional, der Film eine unmittelbare Reaktion auf Erlebtes. Staudte war in den letzten Kriegstagen von einem SS-Mann mit der Waffe bedroht worden, sein Kameramann Friedl Behn-Grund hatte kurz vor Kriegsende durch eine schwere Verwundung ein Bein verloren. Beide Männer arbeiteten gemeinsam noch unter faschistischer Bedrohung aus dem Empfinden ohnmächtiger Anklage an der Geschichte zu diesem Film. Die Gestaltungsmittel ergaben sich aus den Anforderungen des Stoffes und entsprachen der Gefühlslage der Autoren. Bewußt oder auch unbewußt wurden Vorlieben und Erfahrungen genutzt, die man zwölf Jahre lang hatte verdrängen müssen. Behn-Grund war vor 1933 an Filmen wie *Jenseits der Straße* (1929/ RE: Leo Mittler) und *Der Mörder Dmitri Karamasoff* (1931/ RE: Fedor Ozep) beteiligt. Seine Grunderlebnisse gingen auf die Zeit des Kammerspiels und des Expressionismus zurück. Szenenbildner Otto Hunte, eng mit dem Schaffen von Fritz Lang verbunden (*Die Nibelungen*/1925, *Metropolis*/1927, *Spione*/1928), war für die stilistische Konzeption der Handlungsräume der richtige Partner.

Sie alle gaben dem Film jene düstere Bedeutungsschwere, wie sie Staudtes Geschichte von Schuld und Sühne und seiner eigenen psychischen Verfassung entsprach. Rückblickend sagte der Regisseur, sein Werk sei »in einer bestimmten politischen Depression« entstanden und wirke auf ihn, »weil das ganze Problem nicht lösbar war, leicht pathetisch«. [55] Mit dem gefühlsbetonten expressiven Ausdruck entspricht das Klima des Films den großen Gefühlen von Haß, Vergeltung, Liebe und Katharsis. Staudte hat eine besondere Affinität zur Metapher und zu kontrapunktisch eingesetzten Gestaltungselementen im dramaturgischen Aufbau, bei der Kameraführung, beim Szenenbild und bei der Montage. Vorgänge und Aktionsorte erhalten eine zweite, kommentierende Ebene. Gegenständen gibt er einen Hintersinn und ist damit dem deutschen Kammerspielfilm nahe.

So findet die Geiselerschießung nicht an einem beliebigen Tage, sondern zu Weihnachten statt, ebenso die Abrechnung mit dem Mörder. Nach durchgeführter Exekution singen festlich gestimmte Offiziere nicht ohne Rührung von Gnade und Nächstenliebe. – Röntgenbilder, die dem Arzt Dr. Mertens in friedlichen Zeiten Erkenntnisse vermittelten, dienen ihm jetzt als Fensterscheibenersatz, der Aus- und Durchblick verhindert, seine verbitterte Abkehr von einem für ihn sinnlos gewordenen Beruf und die selbstgewählte Isolation sinnfällig machend.

Die Metaphorik entwickelt sich bei Staudte stets aus der realen Situation, ist Abbild und Sinnbild zugleich. In der polnischen Bauernstube, in der Mertens seinen Hauptmann auffordert, den Schießbefehl zurückzunehmen, hängt ein Kruzifix an der Wand, respektlos als »Gewehrablage«

benutzt. Assoziationen zur Christusfigur von George Grosz drängen sich auf, fixieren aber auch den Unterschied. Bei Grosz trägt Christus am Kreuze eine Gasmaske, diesen Grad der Überhöhung mit verfremdendem Effekt vermeidet Staudte. Auch wenn er die Silhouetten der Nachbarn im Flur beim Gespräch über Dr. Mertens' unverständliches Verhalten benutzt, um Figuren und Situationen zu charakterisieren, geht er nicht so weit wie Murnau in einer bedingt vergleichbaren Szene aus *Der letzte Mann* (1924). Dort werden die verzerrten Schattenrisse der übelwollenden Nachbarn zu fratzenhaften Nornen, bei Staudte bleiben sie Karikaturen, ironische Sinnbilder verleumderischer Tratschsucht.

Die Montage (Schnitt: Hans Heinrich) stellt zwischen örtlich getrennten Vorgängen kommentierende Beziehungen her. Einmal zum Beispiel taucht Mertens' Hand nach geglückter lebensrettender Operation an einem Kind, die er mit einem Küchenmesser vornehmen mußte, das »Instrument« in einen Wasserkübel. Die nächste Einstellung indes beginnt mit dem Kamerablick auf den beringten Finger an der Hand des Hauptmanns, der in animierter Damengesellschaft nach der Flasche in einem Sektkübel greift.

Behn-Grund »malt mit den Blenden im Raum« und erzielt mit seiner Ausleuchtung expressionistische Effekte; die naturalistische Ruinenlandschaft wird bei ihm zur dämonisierten Kulisse. Das Fensterkreuz auf den Gesichtern der Liebenden macht er ebenso zum Schicksalssymbol wie den erdrückenden Schatten des Rächers über der angstgekrümmten Gestalt des Mörders. Dazu zitiert Mertens lakonisch die exakten Angaben über den Munitionsverbrauch und die Zahl der exekutierten Frauen, Männer und Kinder. Gesichter durch Ausleuchten zu modellieren, vom Expressionismus kultiviert, wird hier genutzt, um psychisches Befinden zu verdeutlichen. Allerdings verrät der Umgang mit Licht und Maske besonders bei der Hauptdarstellerin häufig auch Ufa-Konventionen und Zugeständnisse an die Sehgewohnheiten jener Zeit (Friedl Behn-Grund wurde nachgesagt, er hätte das Ansinnen, Frauen nicht »vorteilhaft« aufnehmen zu sollen, mit schlechter Laune quittiert).

Für seine Heldin hatte Staudte die zwanzigjährige Hildegard Knef verpflichtet, die ihm bei Boleslaw Barlog am Theater aufgefallen war. Mit dieser ersten Hauptrolle begann ihre Karriere. Auch Ernst Wilhelm Borcherts Darstellung des Dr. Mertens gehört zu seinen überzeugendsten Leistungen. Er war kein Filmneuling, hatte sich in der Nazizeit aber nicht kompromittiert wie andere seiner Zunftkollegen; der zackige Marineoffizier in *U-Boote westwärts* (1941/RE: Günther Rittau) gehörte zu den noch zulässigen Kompromissen in der Branche. Vor der Premiere von Staudtes Film kam es zu einer »zeitgemäßen« Komplikation. Wegen falscher Angaben in seinem Fragebogen hatten die Amerikaner E.W. Borchert inhaftiert. Deshalb fehlt auch sein Bild auf dem Filmplakat. Nach Verhandlungen durfte er dann doch an der Premierenfeier teilnehmen. Leben und Kino berührten sich damals noch auf eigene Weise.

In der letzten Einstellung von *Die Mörder sind unter uns* klammert sich Brückner an das Gitter des Fabrikfensters, die Szene erinnert im Arrangement an eine vergleichbare Sequenz des Films *Dreyfuß* (1930/RE: Richard Oswald), den auch Behn-Grund fotografiert hatte. Brückners Schrei »Ich bin doch unschuldig« wird von Staudte mit einem Feld von Grabkreuzen und mit Kriegskrüppeln in Doppelbelichtung über der Szene kommentiert. Man assoziiert das Finale des amerikanischen Antikriegsfilms nach Remarques Roman *Im Westen nichts Neues* (*All Quiet on the Western Front*/1930/RE: Lewis Milestone). Er gehörte zu den kinematographischen Grunderlebnissen Staudtes in den dreißiger Jahren. Er hatte damals die Hauptfigur, den Bäumer, synchronisiert und die Attacken der Nazis gegen den Film erlebt. Es ist ein bezeichnender Zufall, daß die Rezension zu *Die Mörder sind unter uns* und der Leitartikel zur Vollstreckung der Todesurteile im Nürnberger Kriegsverbrecherprozeß in derselben Nummer des »Sonntag« erschienen. [56] Mit Recht verweist die Kritik in der »Täglichen Rundschau« auf den inneren Zusammenhang: »*Die Mörder sind unter uns* hieß der Film, mit dem noch einmal, am Vorabend der Vollstreckung des Nürnberg-Urteils, die deutsche Kunst und das deutsche Volk nachdrücklich Abrechnung mit den Verbrechen des Krieges und der Vorkriegszeit verlangen. Nicht, daß der Film inhaltlich in irgendeiner Weise auf den Prozeß Bezug nahm, aber jener Hauptmann Brückner (...) ist Fleisch vom Fleisch und Geist vom Geist jener Angeklagten, die auch nichts wissen wollten von der Schuld ihrer Taten und nur vollbracht zu haben behaupten, was ihre Pflicht gewesen sei.« [57]

1

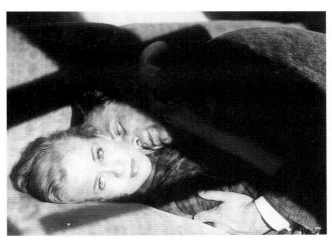

2

29

1

2

3

»Rotation« (1949), das Schicksal eines
unpolitischen Kleinbürgers im Dritten Reich

1 Regisseur Wolfgang Staudte mit Paul Esser
  und Irene Korb bei den Dreharbeiten

2 Paul Esser

3 Die Befreiung Berlins vom Faschismus

Bemühung um dokumentarischen Stil

Mit *Rotation* versuchte Staudte ästhetisch einen Gegenentwurf zu seinem Nachkriegserstling. Denn, so meinte er, »*Rotation* entstand aus einer ganz anderen Perspektive und besitzt überhaupt keine stilistischen Ähnlichkeiten mit *Die Mörder sind unter uns*. (...) an und für sich wollte ich mit *Rotation* ein Dokument schaffen.« [58] In Staudtes Vorgehen bei der Besetzung für diesen Film sah der Kritiker Herbert Ihering den Versuch, eine schauspielerische Tradition fortzusetzen, geprägt von der Gruppe Junger Schauspieler, die von Piscator kamen, der »Jungen Volksbühne« und Wangenheims »Truppe 31«. *Rotation* sei einer der wenigen Filme, in denen »neue Gesichter Typen prägen konnten«. [59] Ein solcher Typ war der Arbeiter Behnke, der erste Proletarier im DEFA-Film. Paul Esser, Theaterschauspieler, bewahrte ihn vor dem Klischee polternder oder heldischer, auf jeden Fall populistischer Hinterhof-Figuren. Er hatte keine Filmerfahrung, aber seine Art zu agieren, der auch der geringste Anflug von Sentimentalität fremd war, prägte wesentlich den unpathetischen Duktus von *Rotation*.

Auch die Figur des Kurt Blank, Behnkes Schwager, ein Kommunist und Widerstandskämpfer, der im KZ umkommt, war neu im DEFA-Film. Staudte besetzte ihn gegen alle Konventionen mit Reinhold Bernt, der vor allem durch komische Rollen bekannt war, angefangen mit dem Clown in *Der blaue Engel* (1930/RE: Josef von Sternberg) bis zum Partner von Karl Valentin und Liesl Karlstadt. Auch er kam (wie sein Bruder Gerhard Bienert) von Piscator und der Gruppe Junger Schauspieler und gehörte zu jenen, die ihre Geschichte, das Milieu, aus dem sie kommen, mitliefern. Diese Figur unterscheidet sich in ihrem Lakonismus, ihrem mit valentinscher Traurigkeit gepaarten Humor wohltuend von so vielen seiner Nachfolger. »Damals gab es Schauspieler, denen man einen Arbeiter nicht nur in einer menschlichen Situation glaubte, sondern auch in seiner Handhabung und im ganzen Umkreis seiner Tätigkeit. Reinhold Bernt kommt aus dieser Welt.« [60]

Bruno Mondis Kamera unterstützte Staudtes Absichten. Es gibt keine dräuenden Schatten wie in *Die Mörder sind unter uns*. So vertrug der Film die gegen Ende eingefügte Kampfszene aus dem sowjetischen Dokumentarfilm *Berlin* (1945/RE: Juli Raisman) ohne Stilbruch.

Dennoch zeichnet sich auch *Rotation* durch eine betonte Emotionalität aus. Der Film verzichtet nicht auf Sinnbilder, die bei allen gestalterischen Unterschieden zu *Die Mörder sind unter uns* Staudtes Handschrift prägten. In *Rotation* setzte er bestimmte Motive immer wieder metaphorisch ein: Die Kamera blickt durch Gitter in die ärmliche Kellerwohnung der Behnkes. Behnkes Sohn bekommt ein Laufgitter geschenkt, durch dessen Stäbe aus der Augenhöhe des Kindes die Kamera die triste Umwelt betrachtet. Behnke schaut verbittert durch den Zaun eines Vorgartens auf das sorglose Leben der Villenbewohner. Nach einer Protestdemonstration gerät Behnke hinter Gitter. Beim Wassereinbruch in den S-Bahntunnel unter der Spree versinnbildlicht ein Kanarienvogel im Käfig, der hilflos auf dem Wasser schaukelt, die hoffnungslose Lage Hunderter von Menschen, die dort ertranken.

Dieses dramatische Ereignis wurde in der großen Mittelhalle gedreht. Durch die beachtlichen Leistungen vor allem der Szenenbildner unter Leitung von Willy Schiller und der Trickabteilung der DEFA, erzielte Staudte einen so überzeugenden authentischen Effekt, daß oft angenommen wurde, der Regisseur habe seine ersten dokumentarischen Aufnahmen, die er Anfang 1946 am Ort des Geschehens gedreht hatte, verwendet. Diese Episode schilderte er ausführlich und detailgenau, während er den gesamten Kriegsverlauf nur mit vier Einstellungen erzählte: zu sehen sind Hitlerjungen bei der Ausbildung mit Übungshandgranaten, die Explosion einer Granate an der Front, marschierende Soldaten und ein Rollinsert, das Namen von Gefallenen in aller Herren Länder aufführt, bis der Krieg seine Richtung ändert: Stalingrad und immer wieder Stalingrad.

Eine Zuschauerin fragte an, ob die Namen fiktiv seien, sie hätte den ihres vermißten Mannes entdeckt. Eine unerwartete Bestätigung der angestrebten dokumentarischen Wirkung des Films. Aber Staudte hatte sein Publikum auch daran gewöhnt, Bilder zu deuten. Die jungen Verliebten treffen sich in der Nachkriegszeit an genau derselben Stelle wie weiland die Eltern des Jungen. Behnkes Sohn trägt sogar den Anzug des Vaters von damals, und das Paar folgt wie die Eltern einem Waldweg in den Bildhintergrund. Aufmerksame Zuschauer wollten von Staudte wissen, ob die Tatsache, daß die Jungen an der Weggabelung sich nicht wie die Eltern nach rechts, sondern nach links wenden, eine Bedeutung hätte. Der Regisseur antwortete verblüfft, er habe eine Assoziation nicht beabsichtigt, hätte aber gegen die angedeutete Auslegung nichts einzuwenden.

Sozialkritische Reminiszenzen

Gerhard Lamprecht setzte andere Mittel ein, seine Bilder sind eindeutig. Lamprecht kam aus einer Tradition, für die zeitgenössische Kritiker den ungenauen Terminus »Zille-Filme« prägten. Vor allem aber hatte er andere ideelle Ambitionen als Staudte. Ihm ging es »nicht mehr um die großen Sünden, nicht mehr Schuld und Sühne werden diskutiert, nicht Mörder gerichtet, sondern schwache Menschen angeprangert, Menschen wie du und ich.« [61]
Geboren 1897 als Sohn eines Gefängnispfarrers, hatte er bereits mit sechzehn Jahren Drehbücher geschrieben und war in den zwanziger Jahren für seine sozialkritischen Berlin-Filme bekannt geworden. Diese bemühten sich um genaue Schilderung des »Milljöhs«, dem Lamprecht entscheidenden Einfluß auf das Schicksal der Helden zubilligte. Prototypisch war seine Trilogie *Die Verrufenen* (1925), *Menschen untereinander* (1926) und *Die Unehelichen* (1926), Geschichten nicht ohne Melodramatik und stets mit Kindern im Mittelpunkt. 1931 gelang ihm mit *Emil und die Detektive* nach Erich Kästners Kinderbuch ein Welterfolg.

In seinem Nachkriegserstling *Irgendwo in Berlin* knüpfte er ganz deutlich an diesen Höhepunkt seiner Karriere an. Das betrifft die Grundkonstellation, das szenische Arrangement, die Typisierung von Figuren und die Auswahl der

Fritz Rasp in »Irgendwo in Berlin« (1946, mit dem Kinderdarsteller Charles Knetschke). Regisseur Gerhard Lamprecht hatte den Schauspieler bereits in seiner berühmten Erich-Kästner-Verfilmung »Emil und die Detektive« (1931) besetzt.

»Irgendwo in Berlin«:
Dreharbeiten in der Ruinenstadt

Szene mit Gerhard Haselbach als vom Krieg
in den Irrsinn Getriebener,
Hans Leibelt und Lotte Loebinger

Schauspieler. Lamprecht ging von Kästners Einfall aus: Berliner Kinder helfen einem Pechvogel aus Dresden-Neustadt bei der Jagd nach dem Dieb seiner Brieftasche. Das, was den Kästnerschen Kindern Spaß machte und spannend war, reduziert sich nun auf einen selbstlosen Solidaritätsbeweis. Lamprecht nutzt die Integrität von Kindern, ihre unverwüstliche Lebenslust, um Erwachsenen Mut zum Neuanfang zu vermitteln. In *Irgendwo in Berlin* wollen sie den aus der Gefangenschaft heimgekehrten Vater eines Spielkameraden überzeugen, seine zerstörten Garagen wieder aufzubauen. Diese hatten den Jungen bis dahin als Tummelplatz für ihre Kriegsspiele gedient. Doch Lamprecht fiel es schwer, seine Helden und sein Publikum zu überzeugen, daß Schutt wegzuräumen mehr Spaß macht als mit Sprengkörpern zu spielen. Er mußte drastische Argumente anführen, wie den tragischen Tod eines Jungen nach einer unsinnigen Mutprobe.

Die Sterbeszene, bei der Lamprecht auf Effekte zurückgreift, die er in einer ähnlichen Situation in *Die Unehelichen* genutzt hatte, erinnert an seine schwächste Seite: den Hang zu Sentimentalität und Melodramatik. Kameramann Werner Krien unterstützte vor allem durch die Ausleuchtung die Rührseligkeit der Szene, wie sie von der Inszenierung vorgegeben war. Ansonsten bemühte sich Krien um einen quasi Reportagestil; er vermied ungewöhnliche Kamerastandpunkte. Dort, wo er sie einsetzte, werden sie »begründet«: Eine extreme Draufsicht vom Dach eines Hauses auf das Marktgeschehen zwischen den Ruinen legitimiert er zum Beispiel durch Dachdecker, die hinunterschauen.

Lamprecht mißtraute offenbar der Tragfähigkeit seiner Grundidee, sie wird durch zu viele Episoden »angereichert«, die von der dramaturgischen Klammer nicht mehr zusammengehalten werden können. Fritz Rasp war auch hier wieder ein Taschendieb, und Paul Bildt fügte seinen Zille-Gestalten aus den zwanziger Jahren mit einer aktuellen Schieberfigur eine neue Variante hinzu.
Dennoch: Lamprechts Fähigkeit, mit Kindern umzugehen,

die psychologische Glaubwürdigkeit der Figuren, eine authentische Milieuschilderung, wirksame Spannungsmomente und Szenen fürs Gemüt verhalfen *Irgendwo in Berlin* zu einer großen Beliebtheit beim Publikum. Lotte H. Eisner stellte ihn »trotz mancher von der ökonomischen Situation bedingten Unzulänglichkeiten weit über den Film *Germania anno zero*« [62] von Roberto Rossellini (1948 mit technischer Unterstützung der DEFA in Berlin gedreht). Die Qualität seines Erfolgsfilms von 1931 hatte Lamprecht jedoch nicht wieder erreicht.

Kolportageelemente als Rückversicherung

Prototypisch für Filme, die Gegenwartsprobleme zwar anpackten, sie aber durch Kolportage-Geschichten entschärften, war *Die Brücke* von Artur Pohl. Der Film behandelt das Schicksal von Umsiedlern. Slatan Dudow hatte in seinem Gutachten zum Drehbuch gewarnt, daß es »gewisse Ressentiments aufwühlt, die nur Schaden stiften können. Im Hintergrund des Komplexes lauert die Frage: ›Warum Umsiedler? Woher und wohin?‹« [63] Die Formulierung ist bezeichnend: Die Frage »lauert«. Eine Frage als Bedrohung. Dabei war Pohl, der sich in Versatzstücken zeitloser Aktionsfilme vermutlich besser auskannte als in der Psyche Bunzlauer Töpfer, bereits in eine Dreiecksgeschichte ausgewichen, für die das Zeitgeschehen die Kulisse liefert: Die Gastwirtin des Ortes – liederlich, aber attraktiv, verliebt in des Bürgermeisters Neffen, der ihr jedoch ein Umsiedlermädchen vorzieht – läßt aus Rache die Brücke ansägen, die einzige Verbindung vom Umsiedlerlager zur Stadt. Als durch die Fahrlässigkeit der verschmähten Geliebten der halbe Ort in Flammen aufgeht, retten Umsiedler, die den Fluß durchschwimmen (obgleich der Vater des Mädchens auf der Brücke tödlich verunglückt war), die Stadt durch ihren mutigen Einsatz.
Nach dem selbstverschuldeten Tod der Intrigantin in den Flammen ihres Hauses und dem Happy-End erwartete kaum noch jemand die Antwort auf Fragen, wie sie der

Film in seinen Dialogen aufgeworfen hatte: »Nee, wir vergessen nicht so schnell, wie sie uns über die Grenze gejagt haben, wie räudige Köter«, hieß es da, oder: »... aber vielleicht kommt ihr schneller zurück, als ihr denkt. Es ist doch nur ein Zufall, daß wir hier und die drüben auf dem anderen Ufer sitzen.« Solche Sätze blieben übrigens die einzigen so unverblümten Worte zu dem Problem in DEFA-Filmen.

Auch ...*Und wenn's nur einer wär*... ist ein Film, der ein Tabu-Thema aufgriff, vor der letzten Konsequenz seiner Überlegungen aber durch eine gewaltsame Wendung der Geschichte auswich. Wolfgang Schleif, der mit *Grube Morgenrot* sein Regiedebüt gegeben hatte (vor 1945 war er vor allem bei Veit Harlan als Schnittmeister und Regieassistent beschäftigt) und Wolfgang Weyrauch als Autor, damals Redakteur der satirischen Zeitschrift »Ulenspiegel« im amerikanischen Sektor von Berlin, hatten nach einem Treatment der Schweizer Kinderpädagogin Sia di Scazziga ein Drehbuch über straffällige Jugendliche geschrieben. Nach den Intentionen der Autorin sollte die Geschichte über den Alltag in einem Jugendwerkhof »das Kernproblem unserer Zeit: Kampf um die Verwirklichung der zeit-

los immer wieder gefährdeten Demokratie« [64] zum Inhalt haben. Auch dem Dramaturgen des Films, Dr. von Gordon, ging es um »den alten Kampf zwischen Lakedemon und Athen«. [65] Die DEFA-Leitung wollte demokratische, die Persönlichkeit respektierende Erziehungsprinzipien und Eigenverantwortung mißachtende, diktatorische Methoden auf Synonyme für antifaschistische und faschistische Haltungen reduzieren.

Um Assoziationen entsprechend zu kanalisieren, wurde als Gegenpol zu dem Lagerleiter, der auf Selbstverwaltung gesetzt hatte, aber wegen fehlender Diplome entlassen werden mußte, ein verkappter SS-Mann bemüht, der den frei gewordenen Posten bekommt. Er führt ein brutales Unterdrückungssystem ein, Stacheldraht und scharfe Hunde ersetzen Freizügigkeit und gegenseitiges Vertrauen. Schließlich aber wird er von einem der Jungen entlarvt, dessen Freund, ein Flakhelfer, von jenem neuen Leiter in den Tod geschickt worden war.

Diese Kintopp-Konstruktion widersprach auch stilistisch dem Duktus des Films. Seine Stärke lag in den authentischen Gesichtern, Gesten, Verhaltensweisen der Jugendlichen, die besonders in den Anfangssequenzen eine

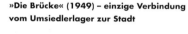

»Die Brücke« (1949) – einzige Verbindung vom Umsiedlerlager zur Stadt

1

2

3

Typisch für DEFA-Nachkriegsfilme:
Immer wieder symbolisieren Gitter und Verstrebungen
das Gefangensein der Individuen.

1 Ilse Steppat in »Die Brücke« (1949)

2 Bruno Poltarschitzki und Egon Schlarmann in
»...Und wenn's nur einer wär...« (1949)

3 Aribert Grimmer und Karl Hellmer in
»Grube Morgenrot« (1948)

Orientierung an dem sowjetischen Klassiker *Der Weg ins Leben* (*Putjowka w shisn*/1931/RE: Nikolai Ekk) vermuten ließen, was auch von der Montage und der Kamera unterstützt wurde. Der Produktionsleiter hatte sich die meisten seiner Hauptdarsteller direkt vom Polizeipräsidium am Schlesischen Bahnhof geholt. Zwischen ihm und »dem 16jährigen Bandenführer wurde ein regelrechter Anstellungsvertrag abgeschlossen (wohl das erste ›weiße Geschäft‹, das die Bengel machten), wobei sie gegenüber den Kinoleuten die Rückversicherung eingehen mußten, im Johannisthaler Filmgelände nichts zu klauen.« [66] Zudem hatten sich Schleif und sein Szenenbildner bei Verhandlungen in Gerichtssälen der 7. Strafkammer und im Bezirksjugendgericht in Moabit umgetan. Das Authentische der Atmosphäre des Films fand in Debatten mit Erziehern in Jugendwerkhöfen höchste Anerkennung. Einem speziellen Fall aus der Praxis, der bei Diskussionen nach dem Film zur Sprache kam, ging die Jugendzeitung »Start« mit Erfolg nach. Als Ergebnis seiner Recherchen und seiner Beschäftigung mit dem Film ...*Und wenn's nur einer wär* ..., den er einen »Lehrfilm für die Justiz« nannte, stellte der Reporter die These öffentlich zur Diskussion, »Jugendgefängnisse überhaupt abzuschaffen, was das Vernünftigste wäre«, [67] wobei er bereits auf einen entsprechenden Versuch in Treuenbrietzen verweisen konnte. Dort hatten andere Methoden zum Erfolg geführt.

»Freies Land«: ein Dokument?

Auch *Freies Land*, bis in die Mitte der fünfziger Jahre der einzige Film, der sich der Landproblematik widmete, gab so etwas wie einen Rechercheduktus vor. Aber die Frage, die er nach Auskunft einer der beiden Autoren beantworten wollte, »ob die Bodenreform zweckmäßig sei«, [68] konnte zu jener Zeit nur rhetorisch sein. So versuchte er denn auch eher eine Begründung für die eingeleitete Entwicklung zu geben und den gegenwärtigen Stand zu dokumentieren.

Von Regisseur Milo Harbich waren aus der Zeit vor 1945 zwei Inszenierungen – *Kriminalkommissar Eyck*/1940 und *Wie konntest du, Veronika*/1940 – und seine langjährige Tätigkeit als Schnittmeister bekannt. Von ihm stammen auch einige bemerkenswerte Filmplakate. – In den zwanziger Jahren, nach seiner Rückkehr aus Südamerika, hatte sich der Sohn deutscher Auswanderer dem Kreis um Schmidt-Rottluff und Otto Dix angeschlossen, ein besonderes Interesse für die neue Sachlichkeit gezeigt und sich bei Lamprecht als Kurzfilmregisseur versucht. Nach 1946 arbeitete er als künstlerischer Leiter der Gruppe Brandenburg für den »Augenzeugen« und machte Kulturfilme, meistens mit Spielfilmhandlung.

Das Exposé von Georg C. Klaren, eine Mischung aus Lehr- und Kulturfilm, wollte die Landpolitik von der Gründerzeit bis in die Gegenwart verfolgen. Dieser historische Exkurs, im Film drastisch verkürzt auf einen Rückblick in die jüngste Vergangenheit, dient nun der Rede des Bürgermeisters bei der Verleihung der Besitzurkunden an Neubauern als roter Faden. Die Geschichte, einzelne Situationen, Personen und ihre Namen sowie wörtliche Dialoge waren jedoch

»Freies Land« (1946), stilistisch durchaus verwandt
mit Filmen des italienischen Neorealismus

einem Buch des proletarischen Schriftstellers Paul Körner-Schrader entnommen. Dieser hatte als Sohn eines wegen seiner Zugehörigkeit zur SPD vom Gutsbesitzer wirtschaftlich ruinierten Stellmachers als Tagelöhner auf dem Lande gearbeitet, wurde 1919 wegen seiner Beteiligung an den mitteldeutschen Aufständen verurteilt und hatte sieben Jahre als Landarbeiter gelebt.

Mit seinem Roman »Die Hungerbauern« veröffentlichte er eines der ersten Bücher über die Bodenreform, die er als einen – spätestens seit der Revolution von 1848 überfälligen – Akt der Gerechtigkeit beschreibt und als die einzige Möglichkeit, Umsiedlern aus dem Osten einen Neuanfang auf eigenem Boden zu garantieren. So sind die Haupthelden auch eine Umsiedlerfrau und ihr aus der Kriegsgefangenschaft heimgekehrter Mann.

Harbich hatte die Ambition, einen dokumentarischen Film zu drehen. So wurde er auch vom Verleih angekündigt. Wenn auch die euphorische Pressemitteilung »Ein Dorf wird Filmstar« [69] der Realität nicht entsprach, so drehte Harbich doch ausschließlich an Originalorten und vor allem mit Laien. Die Hauptrollen waren allerdings mit Berufsschauspielern besetzt. Harbich schwebte wohl ein großes Bauernepos vor, einzelne Einstellungen erinnern an sowjetische Filme der zwanziger Jahre: nicht nur durch die simple Motivähnlichkeit der Frau, die sich vor den Pflug gespannt hat, sondern auch durch die Art, wie sie unter dem extrem hohen Himmel ins Bild gesetzt ist. Auch die Montage verweist auf Berührungspunkte.

Die Konflikte der Geschichte werden auf das Problem reduziert, den einzigen Großbauern des Dorfes von der

Richtigkeit der neuen Ideen zu überzeugen. Das gelingt mit dem Angebot, sein Hobby, die Pferdezucht, im Auftrag der gegenseitigen Bauernhilfe zu betreiben. Die Figur ähnelt fatal den üblichen Querköpfen alter Bauernschwänke. Heute ist der Film trotz aller Einschränkungen ein interessantes Dokument über die ersten Schritte zur Bodenreform und die Art der Argumentation in der damaligen Zeit.

Szene mit einem Laiendarsteller
aus »Freies Land«

1

2

3

»Straßenbekanntschaft« (1948) warnt vor
moralischem Verfall und Geschlechtskrankheiten

1 Hans Klering und Alice Treff

2 Siegmar Schneider und Gisela Trowe

3 Regisseur Peter Pewas bei den
   Dreharbeiten – mit Alice Treff

Auf dem Weg zur poetischen Sozialstudie

Der einzige Auftragsfilm jener Jahre war *Straßenbekannt-schaft*. Von ihm versprach sich die Zentralverwaltung für Gesundheitswesen aufklärerische Wirkung über die Gefahren der grassierenden Geschlechtskrankheiten. Regisseur Peter Pewas, nach dem Krieg einer der ersten Bezirksbürgermeister von Berlin, sah in dem Stoff eine gute Möglichkeit für eine soziale Studie. In seiner Jugend hatte er als Kesselflicker gearbeitet, Gedichte geschrieben, am Bauhaus studiert, Theater gespielt, in Moskau Meyerhold und in Berlin Piscator und Engel bei der Regiearbeit zugesehen. Er war dem Studenten Slatan Dudow begegnet und nannte sich selber »einen linken Knaben«. Zu Beginn der Nazizeit drehte er zunächst einen Dokumentarfilm, der den an Wertow orientierten Titel *Alexanderplatz überrumpelt* (1932/34) trug. Sein Spielfilm *Der verzauberte Tag* (1943/44) wurde verboten und der Regisseur an die Front geschickt.

Im Jahre 1947, als sich Pewas mit *Straßenbekanntschaft* befaßte, lernte er durch seinen Freund, den Grafen Treuberg, einen Schulkameraden aus der italienischen Schule, Roberto Rossellini kennen. In einer Privatvorführung sahen sie *Paisà* (1946) und *Rom offene Stadt* (*Roma città aperta*/1945). »Ich war hingerissen und so berührt, daß ich Rossellini spontan umarmte und ihm sagte: ›Sie haben verstanden, auf eine ganz neue Art und Weise die Wahrheit zu zeigen‹«. [70] Diese Begegnung wurde prägend für Pewas und bestätigte die Richtung seines Suchens nach einem neuen Filmstil. Seit seinem Filmdebüt bei der Tobis wollte er »immer die umgebende Welt einfangen (...), die Nebenwelt sollte immer präsent werden.« [71] Die soziale Charakteristik der Figuren durch ihren Lebensraum ist die spürbare Absicht, die er in *Straßenbekanntschaft* verfolgt. Nun versprach er sich aus der Zusammenarbeit mit dem Kameramann Georg Bruckbauer, der ihm durch seine Leistungen in *Romanze in Moll* (1943/RE: Helmut Käutner) aufgefallen war, ein interessantes Ergebnis. Pewas gehörte zu den Regisseuren, die mit einem genauen optischen Drehbuch arbeiteten. In Bruckbauer hatte er für diese Konzeption den idealen Kameramann gefunden. Sie begegne-

ten sich auch in ihrer beständigen Suche nach neuen Lösungen. Bruckbauer experimentierte zu jener Zeit mit dem Weitwinkelobjektiv, was die optische Grundidee bestimmte. »Er bestürmte mich während der Dreharbeiten, – immer wenn ich zweifelte, an dieser Lösung unbedingt festzuhalten.« [72] Bruckbauer prägte in der Tat den Stil, die Stimmung, die Atmosphäre des Films, der Szenen hat, die an den französischen poetischen Realismus erinnern, und solche, die den Blick auf die Realität späterer Berlin-Filme der DEFA andeuten. Bemerkenswert war Pewas' Gespür für Schauspieler, was er unter anderem mit der Entdeckung von Gisela Trowe bewies. Sie war ihm am Theater aufgefallen »mit ihren roten Haaren und ihrer stürmischen Art, einen einzufangen«. [73] In *Straßenbekanntschaft* kreierte sie einen Frauentyp, der im DEFA-Film selten war: sinnlich und voller Lebensgier, ohne gleich negativ belastet zu sein. Der Reiz des Films liegt vor allem in genauen Beobachtungen des sozialen Milieus und einer zeittypischen Atmosphäre. Herbert Ihering charakterisierte Pewas' Stil als »Synthese des französischen und des russischen Films – zwischen Renoir und Donskoi«. [74]

Eine ganz andere aufklärerische Absicht verfolgte die DEFA mit *Razzia*. Regisseur Werner Klingler verpackte das Thema Schwarzmarkt in einer gängigen Kriminalstory. Zudem war es der erste Film, der die neue Ordnungsmacht – hier auf dem Sektor Verbrechensbekämpfung – vorstellt. Man begegnet dennoch oder gerade deshalb zahlreichen alten Bekannten dieses Genres: dem schwachen Kriminalassistenten, der den Reizen der Barsängerin verfällt und ihr die Termine der Razzien verrät, seinem gewissenhaften Kollegen, der unter falschen Verdacht gerät, dann aber doch die Tochter des Kommissars bekommt. Als zeitgemäße Zugabe durfte der aus der Gefangenschaft heimgekehrte Kommissarssohn nicht fehlen, der zunächst auf die schiefe Ebene gerät, dann aber den Tod seiner Vaters rächt. Neu war, daß dem tüchtigen Kollegen, gespielt von Claus Holm, bei Dreharbeiten der Anzug gestohlen wurde.
Die Polizei zeigte sich unnachgiebig gegen die Drahtzieher des Schwarzmarktes und nachsichtig bei den kleinen Fischen, die hier und da ein Tauschgeschäft zum Überleben brauchten. Augenzwinkerndes Verständnis dafür signalisiert der Hauptkommissar mit seinem vielbestaunten Blumenstrauß für die Kommissarswitwe, dessen Herkunft betont unaufgeklärt bleibt. *Razzia* wurde »atmosphärische Dichte, die an die besten französischen Filme denken läßt« [75], ebenso bestätigt wie »Schieberkulisse und Gartenlaube«. [76] Und beide hatten recht. Weil das Thema jeden anging, das Publikum eine spannende Geschichte zu sehen bekam und *Razzia* trotz einiger Klischees etwas von der Berliner Nachkriegsrealität zeigte, war er nach *Ehe im Schatten* der bestbesuchte DEFA-Film jener Jahre.

Paul Bildt, Irene Korb, Ina Halley, Harry Hindemith, Viktoria von Ballasko und Inge Landgut in »Unser täglich Brot« (1949)

sich nach dem ungerechten Vorwurf des Vaters aus dem Fenster stürzt. Eine unbedachte Formulierung im Streit um »unser täglich Brot« spaltet die Familie Webers endgültig, nimmt dem Vater jedes gesunde Urteilsvermögen und bringt ihn in tödliche Gefahr. Die Überbetonung des Wortes läßt die Bildsprache verkümmern, besonders bei den Diskussionen am Tisch ist streckenweise die Einfallslosigkeit des Arrangements und der Kamera nicht zu übersehen. Für seine Absicht brauchte Dudow keine differenzierten Charaktere. Der moralische Frontverlauf ist endgültig. Übergelaufen wird nicht. Nur Vater Webers bekommt die Chance, sich zu verändern. Zwei Arbeiter, die an pointierten Stellen des Films ihre Skepsis mit Worten demonstrieren, sie aber zugleich durch die zupackende Tat ad absurdum führen, übernehmen den kommentierenden Part, der die Handlung anhält und dem Zuschauer Zeit läßt, das Geschehen zu überdenken. Packend ist der Film dort, wo Dudow seine starke Seite zeigt, mit einer Geste, einem Blick, dem unbewußten Alltagsverhalten einer Person ihr soziales Umfeld, ihre Position im Figurenensemble schlagartig zu erhellen, manchmal sogar etwas von ihrer Geschichte durchblicken zu lassen.

Ebenso wie in der vielzitierten Selbstmordszene von *Kuhle Wampe* mit der umsichtig zurückgelassenen Armbanduhr des jungen Arbeitslosen, bevor er sich aus dem Fenster stürzt, seine persönliche Tragödie, gesellschaftliche Situation und sein sozial geprägtes Verhalten deutlich gemacht werden, so bedarf es in *Unser täglich Brot* nur der stummen Geste der armen Verwandten, die sich über dem Ausguß in der Küche die Hände wäscht, um die psychische Verfassung des alten Webers zu charakterisieren. Dieser reagiert unverständlich aufgebracht: »Noch haben wir ein Badezimmer!«

Pate: der proletarische deutsche Film

Der einzige, der die Traditionen des proletarischen deutschen Films vor 1933 fortsetzte, indem er, ganz ähnlich wie Lamprecht, an seinen eigenen früheren Erfolg anzuknüpfen suchte, war Slatan Dudow. Sein Film *Unser täglich Brot* liegt am Ende des Untersuchungsabschnitts und weist bereits durch die Thematik und auch durch gestalterische Eigenarten ins nächste Jahrzehnt.

Dudow, gebürtiger Bulgare, seit den zwanziger Jahren in Deutschland, hatte sich in Moskau Eisensteins »die Psyche des Zuschauers umpflügende Kunst« zum Vorbild genommen und 1932 mit Bertolt Brecht *Kuhle Wampe* gedreht: einen sozial genauen Berlin-Film mit plastischen Figuren, ungewohnten epischen Strukturen und einer eindeutig marxistischen Weltsicht. *Kuhle Wampe* hatte mit der trotzigen Ankündigung geendet, diejenigen, denen die Welt nicht gefällt, würden sie verändern.

Ebenso wie in seinem Vorkriegsklassiker war auch in Dudows erstem Nachkriegsfilm wieder der Familientisch Austragungsort kontroverser politischer Debatten. Die Konfliktkonstellation hat das Übersichtliche eines Lehrstückes. Zwischen dem guten und dem bösen Sohn steht der alte Vater, der zu spät hinter dem Imponiergehabe des einen den moralischen Abgrund und hinter der scheinbaren Lebensuntüchtigkeit des anderen dessen Selbstlosigkeit erkennt. Dudows Filme setzen auf die Kraft des Wortes, es vermag zu töten wie in *Kuhle Wampe* Bönickes Sohn, der

Die Selbstverständlichkeit, mit der proletarische Gewohnheiten in seinen Lebensraum dringen, bedroht seine Welt, die er mit »Vatermörder« und »eigener Kaffeetasse«, Requisiten einer hierarchischen Ordnung, eigensinnig verteidigt. Die Normalität, die Alltäglichkeit des Verhaltens, trifft ihn offenbar empfindlicher als die Demonstration »proletarischer Denkweise« am Familientisch. Die Brecht-Schauspielerin Angelika Hurwicz in dieser Szene und Alfred Balthoff in der wie nebenbei erzählten Episode mit dem jüdischen Ingenieur, der durch Webers' Tochter an seine eigene erinnert wird, die er verloren hat, gehören zu den stärksten Eindrücken. Sie geben dem Film eine emotionale Ebene, die er in seinen »Hauptszenen« selten erreicht. Dudow hatte sich an einem neuen spröden Thema versucht – der Rechtfertigung volkseigener Eigentumsverhältnisse – und war dabei bemüht, auf erzählerische Konventionen zu verzichten. Die filmkünstlerische Revolution blieb jedoch aus, der Film zeigt eher eine gewisse Anfälligkeit für Anforderungen des sozialistischen Realismus. Ihm fehlte der Schwung und die Kraft, die Herbert Ihering in der Musik von Hanns Eisler entdeckt hatte. Er nannte sie »das Ereignis«, das ihn an die großen Zeiten des russischen und deutschen Films vor 1933 erinnert habe. »Sie griff an, sie packte zu, sie konzentrierte. Die übliche illustrierende Filmmusik, die wir von Hunderten von Filmen in den Ohren haben, war weggewischt.« [77]

»Unser täglich Brot«: Die ersten Traktoren
verlassen das wiederaufgebaute Werk.

1

2

»Ehe im Schatten« (1947),
nach dem Schicksal des Schauspieler-Ehepaars Gottschalk,
das im Dritten Reich gemeinsam mit seinem Sohn
in den Tod gegangen war

1 Regisseur Kurt Maetzig und seine
   Hauptdarstellerin Ilse Steppat

2 Alfred Balthoff, Darsteller des Kurt Bernstein,
   und Kurt Maetzig

Seite 41:
Paul Klinger in einer Szene
aus »Ehe im Schatten«

Genrekino mit großem Thema

Vergleicht man Handschriften, läßt sich kaum ein größerer Gegensatz denken als zwischen Dudows *Unser täglich Brot* und Maetzigs *Ehe im Schatten*. Als Bertolt Brecht 1948 aus amerikanischer Emigration nach Ostberlin zurückkehrte, ließ er sich den Film vorführen, von dem er gehört hatte, daß es der erfolgreichste deutsche Film jener Zeit war, der einzige, der in allen vier Sektoren Berlins gleichzeitig Premiere gehabt, ungewöhnliche Betroffenheit beim Publikum ausgelöst und der als bester deutscher Nachkriegsfilm den »Bambi« bekommen hatte. Sein Urteil war für den erfolgreichen Regisseur, wie Maetzig selbst erzählte, [78] so unerwartet wie irritierend. Brecht meinte nämlich, er wäre nicht im entferntesten darauf gekommen, daß man ein solches Thema so sentimental behandeln könne. Maetzig machte bewußt oder unbewußt tradiertes Genrekino, setzte auf bekannte Sehgewohnheiten, bot seinem Publikum das, was sie von einem Melodram erwarteten. Auch das mag zu der großen Wirkung beigetragen haben. Aber seine Sicht auf die Geschichte sprengt auch die Konventionen des Genres. Er verbirgt nicht die Mitschuld der Opfer, durch politische Abstinenz die Entwicklung nicht rechtzeitig erkannt und die Konsequenzen gezogen zu haben. Die Sterbeszene aus »Kabale und Liebe«, von den Helden auf der Bühne gespielt, schlägt den Mollton der Geschichte an und orientiert auf einen Tragödienstoff. Diesen Grundton hält Maetzig durch.

Maetzig ist weit davon entfernt, seine Figuren in Genreklischees zu pressen. Einige seiner Schauspieler brachten für ihre Rolle unverwechselbare eigene Lebenserfahrungen mit wie Willi Prager, der jüdische Arzt Onkel Louis, der, bis es zu spät ist, auf die Treue seiner Patienten zählt, oder der vom ehemaligen Kollegen denunzierte Schauspieler, gespielt von Alfred Balthoff. Maetzigs Figuren sind psychologisch genau gezeichnete Charaktere, vor allem vermeidet er eine Untugend in- und auch ausländischer Filme späterer Jahre, politische Gegner so zu überzeichnen, daß sie aus der Realität, aus der Umwelt des Alltags verschwinden. Bei Maetzig sind sie keine Monster, sie könnten Nachbarn von gegenüber sein, und, weit schlimmer, der Zuschauer könnte beim Betrachten Züge von sich selbst entdecken.

Nur mitunter gerät Maetzig an die Grenze zur Sentimentalität, was nicht unwesentlich durch die Besetzung der weiblichen Hauptrolle mit Ilse Steppat unterstützt wird (eine Gefahr, der sich Maetzig durchaus bewußt war), aber auch mitunter durch Friedl Behn-Grund, der nicht nur durch seine Kamera den Film des Regiedebütanten mitgeprägt hat, und durch die Musik. Behn-Grund entging nicht in jedem Falle Einflüssen eigener Arbeit aus Ufa-Zeiten. So ist die Sterbeszene des Films ähnlich fotografiert und arrangiert wie eine vergleichbare Sequenz in Liebeneiners *Ich klage an* (1941), bei dem Behn-Grund ebenfalls als Kameramann gearbeitet hatte. Das war sicher weder Behn-

1   2   3

Grund und schon gar nicht Maetzig bewußt, der besonders allergisch gerade auf diesen Film, eine Rechtfertigung faschistischer Euthanasiepolitik, reagiert hatte, was ein offener Brief an Liebeneiner belegt.

Noch gravierender war die Wahl des Komponisten. Maetzig arbeitete mit Wolfgang Zeller, ohne zu wissen, daß dieser für die Musik zu *Jud Süß* (1940) verantwortlich gewesen war. Filmemacher, die entnazifiziert oder gar nicht angeklagt waren, konnten anstandslos beschäftigt werden. Hinzu kam, daß Zeller keineswegs als Nazi galt, sondern eher als Prototyp eines »unpolitischen Künstlers«. [79] Er gehörte zu den erfahrensten deutschen Tonfilmkomponisten, der bereits in der Stummfilmzeit durch Kompositionen für Walter Ruttmann und Lotte Reinigers Silhouettenfilme berühmt geworden war. Seine Musik für *Ehe im Schatten* aber war ein Beispiel für »sinnentleerte, störende Konvention«. [80] Die Sterbeszene zum Beispiel gerät dadurch »in die Nähe eines theatralischen Trauerspiels«. [81]

Auch mit seinem zweiten Erfolgsfilm *Die Buntkarierten* orientierte sich Maetzig auf ebenso populäre Konventionen des Erzählkinos: auf die Generationsgeschichte, gleichermaßen beliebt in Literatur und Film. So wurden *Die Buntkarierten* auch sofort lobend von der Kritik mit dem englischen *Cavalcade* (1933/RE: Frank Lloyd) verglichen, einem der publikumswirksamsten Filme jener Zeit. Zugleich sind *Die Buntkarierten* ein Volksstück. Es wird geliebt, geboren und gestorben, und es gibt vor allem Szenen, denen man heute »Schauwert« bescheinigen würde. In Rixdorf schwoft nicht nur die Guste mit ihrem Paul, die Zuschauer bekommen auch eine Sondernummer des bekannten Tanzpaares Lieselotte Köster und Jockl Stahl geboten.

Das Geschehen wuchert mitunter aus, wird nicht auf eine maßvoll erzählte Geschichte verengt. Die Ereignisse erhalten durch die subjektive Sicht der Betroffenen ihr Gewicht. Die abgeschnittenen Zöpfe der Tochter erschüttern das Familienleben nicht weniger als die Zerschlagung der Gewerkschaften.

Das Publikum sieht bekannte Gesichter wie Werner Hinz als Maler Paul und Camilla Spira in einer Glanzrolle als Guste, daneben den beliebten Komiker Willi Rose, hier als kriegsverletzten pazifistischen Agitator, dem keiner beikommt, weil er sich auf seinen »Jagdschein« berufen kann, oder Carsta Löck, gewitzte Urberliner Kneipenwirtin mit der richtigen Nase fürs Geschäft und für den rechtzeitigen Wechsel des goldgerahmten Bildes über dem Stammtisch in politisch unübersichtlichen Zeiten. Es waren Akteure, die den *Buntkarierten* trotz einiger didaktischer Passagen und hie und da hölzerner Dialoge eine für DEFA-Filme erfreuliche Frische und Sinnlichkeit mit auf den Weg gaben.

»Die Buntkarierten« (1949)
– eine Galerie Berliner Köpfe:

1 Werner Hinz als Maler Paul Schmiedecke

2 Carsta Löck als Emma, die jüngere Tante seiner Frau Guste

3 Kurt Liebenau als Hans, Gustes und Pauls Sohn

4 Ursula Diestel als Frieda, Gustes ältere Tante

5 Hans Alexander als Gustav, Tante Emmas Mann

6 die Darstellerin der Lehrerin der kleinen Guste

4

5

6

»Die Buntkarierten«:

**Camilla Spira als Berliner Proletarierfrau Guste –
ein Lebensweg vom Ende des 19. Jahrhunderts
bis zum Neubeginn nach dem zweiten Weltkrieg.
In einer ihrer ersten Rollen
als Gustes Enkelin Christel: Brigitte Krause**

**Hans Christian Blech als Mörder Gabler
in »Affaire Blum« (1948)**

Der Film eines Präzisionsfanatikers

Was diese Tugend anbelangt, trafen sich *Die Buntkarierten* mit Erich Engels *Affaire Blum*. Engel, international bekannt durch seine Premiereninszenierung der »Dreigroschenoper« (1928), Partner von Bertolt Brecht, inszenierte parallel zu seinem Film im Berliner Ensemble »Mutter Courage und ihre Kinder«. Brecht nannte ihn einen »Regisseur des wissenschaftlichen Zeitalters«, er sich selbst »einen Marxisten bis auf die Knochen«.

Erkenntnisse zu vermitteln und sie zu gewinnen, sollte Spaß machen, Genuß bringen, das wünschte sich Engel im Theater ebenso wie im Film. Hier ist die Analyse gesellschaftlicher Erscheinungen in eine perfekt gebaute, spannend erzählte Kriminalgeschichte mit überraschenden Wendungen, guten Dialogen und prallen Figuren verpackt. Es gibt etwas zu lachen, zu bangen, zu hassen und zum Schluß ein Happy-End, das noch dazu den Vorzug hat, authentisch zu sein. Vor allem haben die Schauspieler etwas zu spielen. Für Hans Christian Blech begann mit dieser ersten Filmrolle seine Karriere, Gisela Trowe zeigt mit ihrer zweiten Filmrolle eine ihrer besten Leistungen vor der Kamera.

Kameramann Behn-Grund sprach bewundernd vom ungewöhnlichen Gespür seines Regisseurs für die Geheimnisse des Metiers. Er galt im Theater als Präzisionsfanatiker, was er auf seine Arbeit im Atelier übertrug. »Wie muß arrangiert werden, um nicht nur Stimmung zu verbreiten, sondern eine Fabel? Wie sehen Kostüme aus, die Illusionen vermeiden, aber Vorstellungen über die Figur wecken? (...) Wie kann ich über eine Figur mehr wissen, als die Figur selbst weiß, und sie trotzdem in ihrer Begrenztheit zeigen? Mit wie vielen Szenen verbraucht sich ein Requisit?« [82]

In *Affaire Blum* beweist Engel seinen meisterhaften Umgang mit Requisiten, in diesem Falle mit dem Fahrrad des Ermordeten. Es ist mehr als ein Beweisstück der Polizei, das für genregerechte Verwirrung und Aufklärung sorgt, für Engel hat es die Funktion einer Wünschelrute durch die Geschichte auf der Suche nach Menschen, ihren Motiven, ihren Lebensumständen und nach Situationen, die den Zustand einer Gesellschaft erhellen.

Engel verband seine »umwerfende Nüchternheit«, die man ihm nachsagt, mit einer diebischen Freude am Endecken der komischen Seiten seiner Figuren, mit der Lust an satirischer Überzeichnung. Aber nie läßt er einen im Zweifel, daß Gestalten aus *Affaire Blum* nicht nur jahrzehntelang den »Simplicissimus« bevölkert haben, sondern auch deutsche Gerichtssäle. Er versteht es auch, dem Betrachter klar zu machen, daß sich das Happy-End, der Sieg der Gerechtigkeit nur auf einen konkreten Fall bezieht, nicht auf den Fall der deutschen Justiz. Die Beunruhigung bleibt.

Was Erich Engel in *Affaire Blum* an einem großen dramatischen Stoff bewies, das konnte er auch im heiteren Fach. Er hatte lange nach einer Gegenwartskomödie gesucht, sich dann aber für einen Klassiker, die erprobte gute Geschichte mit einem zündenden Einfall entschieden: Gerhart Hauptmanns *Biberpelz*. Engel besetzte die Mutter Wolffen unkonventionell mit Fita Benkhoff, er entdeckte Edith Hancke fürs Kino und gab Erwin Geschonneck als Motes seine erste große Rolle. Engels Regie macht aus dem *Biberpelz* das komische Pendant zum dramatischen Stoff der *Affaire Blum*, aus dem vertrottelten kaiserlichen Staatsdiener Wehrhahn und seinen Nachfahren in der Weimarer Republik, den dünkelhaften Hütern von Gesetz und Ordnung, Brüder im Geiste. Er verschärft den Biß durch Übernahme einiger Passagen aus »Der rote Hahn« und liefert dabei bestes Unterhaltungskino.

Der Biberpelz hält die Spitze im DEFA-Unterhaltungsfilm jener Zeit. Mit Gegenwartsthemen fiel der heitere Umgang schwerer. Löste man sich lächelnd vom Alltag, vermißte die Kritik sogleich verärgert den Realitätsbezug. Mit *Die seltsamen Abenteuer des Herrn Fridolin B.* (RE: Wolfgang Staudte) und *Träum' nicht, Annette!* (RE: Eberhard Klagemann) griff die DEFA ziemlich glücklos auf »Überläufer« zurück, die schon vor 1945 in Produktion gegangen waren. Auf dem Gebiet des Lustspiels und der Groteske machte sich der Mangel an Tradition, der sich bis in die Anfänge des deutschen Films zurückverfolgen läßt, am gravierendsten bemerkbar, aber auch das Mißtrauen führender Funktionäre gegen die Wirkungsmechanismen und das Unverständnis für die Besonderheiten des Genres. DEFA-Direktor Sepp Schwab nannte unter anderem den *Biberpelz* als Beispiel für »bewußt gestartete Versuche, die DEFA-Filme ohne jede Aussage für die Gegenwart zu lassen und in eine Neutralität zwischen Ost und West zu drängen.« [83] Die vulgärsoziologische Auffassung leitender Funktionäre von der gesellschaftlichen Rolle des Films wirkte sich verstärkt im Übergang zu den fünfziger Jahren aus. Die Gründerjahre der DEFA gehören dagegen zu den glücklichsten. Sie waren voller Illusionen, von denen sich immerhin nicht wenige realisieren ließen.

Der neue deutsche Film erregte im In- und Ausland Aufmerksamkeit durch sein Bemühen, sich mit der Nazivergangenheit auseinanderzusetzen, eigene Schuld zu bekennen. Filmemacher wurden als Partner des Publikums

1

2

3

»Der Biberpelz« (1949)

1 Erwin Geschonneck (links) und Friedrich Gnass

2 Fita Benkhoff

3 Edith Hancke (links) und Fita Benkhoff

Regisseur Erich Engel (links) bei Dreharbeiten
zum »Biberpelz«

1

3

2

4

**1 Axel von Ambesser in »Die seltsamen
Abenteuer des Herrn Fridolin B.« (1948)**

2 Szene aus »Chemie und Liebe« (1948)

**3 Piet Clausen, Eva-Ingeborg Scholz und
Lutz Moik (v. l. n. r.) in »1-2-3 Corona« (1948)**

**4 Petra Peters (links) und Tilly Lauenstein
in »Das Mädchen Christine« (1949)**

verstanden. Sie folgten keinem anderen Auftrag als dem eigenen. Man spürte die Aufrichtigkeit der Haltung.

Die Abkehr von der verlogenen Ufa-Sicht auf die Realität drückte sich auch in einer Hinwendung zu authentischen Geschichten aus, die in den Jahren häufig waren, vor allem aber durch einen ungewohnten »Blick von unten« auf Geschichte und Gegenwart. Die Übereinstimmung zwischen Macht und Kunst über das Grundanliegen des Kinos, seine Mission, nur in den Jahren euphorischer Aufbruchstimmung denkbar, bestimmte weitgehend das unverwechselbare Klima jener Zeit. Auseinandersetzungen wurden noch (weitgehend) mit offenem Visier geführt. Die Bürokratie war in der Entwicklungsphase, der Zugriff der Partei auf die Künstler gering. Die Grenzen waren halt noch offen – in vielerlei Hinsicht. Die DEFA versammelte bedeutende Namen des deutschen Films: Regisseure, Kameraleute, Schauspieler, Szenenbildner, Schnittmeister. Eine eigenständige deutsche Filmentwicklung nach bester Tradition hatte hier eine Chance. Man arbeitete mit der Hoffnung auf eine gesamtdeutsche Zukunft und in der Illusion, die Welt zu verändern.

1) SAPMO (Stiftung Archiv der Parteien und Massenorganisationen der DDR im Bundesarchiv), früher: IML, ZPA, NL 36/499, zitiert nach: Klaus Jarmatz/Simone Barck/Peter Dietzel, Exil in der UdSSR. Leipzig: Reclam 1979, S. 131

2) Ebenda, S. 135

3) Ebenda, S. 131

4) »Das Wort«, Moskau 1936, 1. Jahrgang, Heft 1, S. 3

5) Kurt Maetzig im Gespräch mit der Autorin. Vgl. auch: Staatliche Filmdokumentation beim Staatlichen Filmarchiv der DDR, Sachdokumente: Geschichte der DEFA, 3. Prof. Dr. Kurt Maetzig, 1977

6) Margit Voss, Interview mit Wolfgang Staudte für den Berliner Rundfunk, 1966. In: Zur Geschichte des DEFA-Spielfilms 1946-1949. Eine Dokumentation. Studentenarbeiten des I. Studienjahres der Fachrichtung Film- und Fernsehwissenschaft, angeleitet, ergänzt und für den Druck bearbeitet von Dr. Christiane Mückenberger. Potsdam 1976, S. 94

7) Ebenda, S. 96f.

8) Ulrich Gregor, Wie sie filmen. Gütersloh: Sigbert Mohn Verlag, 1966, S. 22

1

2

3

1 Jenny Jugo und Karl Schönböck
in »Träum' nicht, Annette!« (1948)

2 Inge Keller und Arnold Marquis
in »Quartett zu fünft« (1949)

3 Heinz Schröder, Nils Peter Mahlau und
Ina Halley in »Die Kuckucks« (1949)

9) *Die Mörder sind unter uns. Ehe im Schatten. Die Buntkarierten. Rotation.* Vier Filmerzählungen nach bekannten DEFA-Filmen, herausgegeben von Ellen Blauert, Berlin: Henschelverlag 1969, S. 74 (im folgenden: E. Blauert, Vier Filmerzählungen)

10) Albert Wilkening, Geschichte der DEFA von 1945-1950. Herausgeber: VEB DEFA-Studio für Spielfilme, Potsdam 1981, S. 24 f.

11) M.R.: Der deutsche Film entsteht aufs neue. In: Deutsche Volkszeitung, Berlin, 6.12.1945

12) BArch P (Bundesarchiv Potsdam, früher ZStA – Zentrales Staatsarchiv – Potsdam), R-2, Nr. 1025, Bl. 63

13) Monatsbericht der Wirtschaftsabteilung des Filmaktivs für den Monat Januar 1946. BArch P, R-2, Nr. 1038, Bl. 11

14) Situationsbericht des Film-Aktivs der DVV über Filmvorhaben in den Westzonen. BArch P, R-2, Nr. 1038, Bl. 14

15) Wir hätten auch Aurora heißen können. Fred Gehler und Ullrich Kasten im Gespräch mit Kurt Maetzig. In: Film und Fernsehen, Berlin 1974, Heft 8, S. 14

16) Herbert Volkmann im Gespräch mit der Autorin

17) Prof. Dr. Alexander Galperin im Gespräch mit der Autorin

18) -lt: Eine Frau rettet vier Millionen. Wie es der Cutterin Alice Ludwig gelang, den Farbfilm *Die Fledermaus* wieder herzustellen. In: Berliner Zeitung, Berlin, 27.7.1946

19) *Die Fledermaus*, fertiggestellt von der DEFA und mit achtzig Kopien versehen, wurde am 16.8.1946 uraufgeführt. Weitere Überläuferproduktionen, die vor dem Ende des Dritten Reiches begonnen und danach von der DEFA ergänzt und komplettiert wurden, sind: *Via Mala* (RE: Josef von Baky / 51 Kopien), *Der stumme Gast* (RE: Harald Braun / 22 Kopien), *Fahrt ins Glück* (RE: Erich Engel / 50 Kopien), *Eine reizende Familie* (RE: Erich Waschneck / 56 Kopien), *Eine alltägliche Geschichte* (RE: Günther Rittau / 54 Kopien), *Ihr großer Fall* (RE: Karl Anton / 20 Kopien), *Ruf an das Gewissen* (RE: Karl Anton / 41 Kopien), *Die Kreuzlschreiber* (RE: Eduard von Borsody / 30 Kopien), *Freitag, der 13.* (RE: Erich Engels / 25 Kopien), *Jan und die Schwindlerin* (RE: Dr. Hans Weißbach / 35 Kopien) sowie *Titanic* (RE: Herbert Selpin und Werner Klingler / 51 Kopien).

20) Hans Klering, Das erste Jahr. Ein neuer Anfang. Unveröffentlichtes Manuskript 1951, S. 15

21) Wolfgang Staudte zu dem Film *Die Mörder sind unter uns.* In: E. Blauert, Vier Filmerzählungen, a.a.O., S. 74

22) Dokumente und Materialien zur Geschichte der Deutschen Arbeiterbewegung, Reihe 3, Bd. 1, Mai 1945 – April 1946, Berlin: Dietz-Verlag 1949, S. 7

23) Margit Voss, Interview mit Wolfgang Staudte, 1966, in: Zur Geschichte des DEFA-Spielfilms 1946-1949. Eine Dokumentation. A. a. O., S. 94

24) Wolfgang Staudte in: E. Blauert, Vier Filmerzählungen, a. a. O., S. 270 f.

25) Berta Waterstradt in: E. Blauert, Vier Filmerzählungen, a. a. O., S. 217

26) Alexander Stenbock-Fermor, Der rote Graf, Berlin: Verlag der Nation 1973, Epilog von Joachim Barckhausen, S. 464

1

2

3

1 »Quartett zu fünft« (1949):
Regisseur Gerhard Lamprecht (rechts)
mit seinem Assistenten Günter Reisch
und der Ateliersekretärin Ursula Pohle

2 »Figaros Hochzeit« (1949): Arbeiten am Modell
für die erste Opernverfilmung der DEFA

3 »Die blauen Schwerter« (1949):
Regisseur Wolfgang Schleif während der Proben
zum ersten historisch-biographischen Film der DEFA.
Sein Held: der Porzellanerfinder
Johann Friedrich Böttger

27) Ebenda

28) Wolfgang Staudte in: E. Blauert, Vier Filmerzählungen, a. a. O., S. 74

29) Ebenda

30) Ulrich Kurowski/Andreas Meyer, Der Filmregisseur Peter Pewas,
    Berlin: Verlag Volker Spiess 1981, S. 47f.

31) Andrej Andrijewski, Gutachten über das Drehbuch *Die
    Buntkarierten*. DEFA-Betriebsarchiv

32) Berta Waterstradt im Gespräch mit Erika und Rolf Richter.
    Unveröffentlichtes Manuskript, S. 4

33) Wolfgang Staudte in: E. Blauert, Vier Filmerzählungen, a. a. O.,
    S. 280

34) SAPMO, IV 2/22/61, Bl. 96-97

35) Ebenda, Bl. 116 ff.

36) Material siehe: Der deutsche Film. Fragen-Forderungen-Aussichten.
    Bericht vom Ersten Deutschen Film-Autoren-Kongreß 6. – 9. Juni
    1947 in Berlin. Berlin: Verlag Bruno Henschel und Sohn 1947

37) Geschichte der Deutschen Arbeiterbewegung, Bd. 6,
    Mai 1945 – 1949. Berlin: Dietz-Verlag 1966, S. 265

38) Alexander Dymschitz: Über die formalistische Richtung in der
    Malerei. In: Tägliche Rundschau, Berlin, 19. 11. 1948

39) Beschlüsse des Zentralkomitees der KPdSU (B) zu Fragen der
    Literatur und Kunst (1946–1948). Berlin: Dietz-Verlag 1952

40) Zentralsekretariat der SED, Abteilung Parteischulung, Kultur und
    Erziehung. Arbeitstagung vom 7. – 9. 9. 1948 (Diskussionsbeitrag
    von Grünberg), SAPMO, IV 2/1.01/97

41) Albert Wilkening, Geschichte der DEFA von 1945 – 1950.
    A. a. O., S. 128

42) Kurt Maetzig: Auferstehung des deutschen Films.
    In: Tägliche Rundschau, Berlin, 11. 5. 1946

43) Werner Hochbaum in: Tägliche Rundschau, Berlin, 19.8.1945

44) Herbert Geßner: Nachbetrachtungen zu einem Film.
    In: Die Weltbühne, Berlin 1947, Heft 23, S. 1018 – 1021

45) Walter Lennig: Ein filmisches Bekenntnis. In: Berliner Zeitung,
    Berlin, 5. 10. 1947

46) Werner Hochbaum in: Tägliche Rundschau, a. a. O.

47) Paul Wandel in seiner Rede am 17. 5. 1946 zur DEFA-Gründung.
    Zitiert nach: Hans Klering, a. a. O., S. 15

48) Georg C. Klaren: Transzendentaler Film. In: Aufbau, Berlin 1946,
    Heft 9, S. 965

49) Ebenda

50) Wolfgang Thiel, Unveröffentlichte Studie über Musik im DEFA-Film
    der Jahre 1946-1949, S. 34 ff.

51) Lotte H. Eisner, Die dämonische Leinwand. Frankfurt am Main:
    Fischer Taschenbuch Verlag 1980, S. 175

52) -lt.: Soldat Wutzig als Filmheld. In: Berliner Zeitung, Berlin, 18. 5. 1947

53) Hans-Georg Soldat: Visionen in Düsternis und Moder. In: Der Tagesspiegel, Berlin, 5.4.1964

54) Ulrich Gregor, Wie sie filmen. a. a. O., S. 45

55) Ebenda

56) Sonntag, Berlin, 16. 10. 1946

57) Die deutsche Filmkunst lebt wieder. Zur Uraufführung des ersten DEFA-Films *Die Mörder sind unter uns.* In: Tägliche Rundschau, Berlin, 19. 10. 1946

58) Ulrich Gregor, a. a. O., S. 45

59) Herbert Ihering: Mit Sauberkeit der Gesinnung. Berliner Zeitung, Berlin, 18. 9. 1949

60) Ebenda

61) H.U. Eylau: Um Deutschlands Jugend. In: Tägliche Rundschau, Berlin, 20. 12. 1946

62) Lotte H. Eisner, Die dämonische Leinwand. a. a. O., S. 334

63) Slatan Dudow, Gutachten zum Drehbuch *Die Brücke.* DEFA-Betriebsarchiv

64) Brief Sia di Scazzigas an die DEFA, 8.3.1948, DEFA-Betriebsarchiv

65) Wolff von Gordon, Gutachten zum Verwahrlosten-Film *...Und wenn's nur einer wär...*

66) Arhorst: *...Und wenn's nur einer wär ...* In: Junge Welt, Berlin, 30. 3. 1949

67) Klaus Petermann (Pseudonym für Joachim Herrmann): Gadebusch wurde geräumt. In: Start, Berlin, 22.4.1949

68) Bodenreform als Filmthema. In: Neues Deutschland, Berlin, 13. 11. 1946

69) Hannes Belt, Ein Dorf wird Filmstar. In: Berliner Zeitung, Berlin, 9. 6. 1946

70) Ulrich Kurowski/Andreas Meyer, Der Filmregisseur Peter Pewas. A. a. O., S. 49

71) Ebenda, S. 34

72) Ebenda, S. 48

73) Ebenda, S. 46

74) Ebenda, S. 8

75) Melis: *Razzia* – der neueste DEFA-Film erregt Aufsehen. In: Neues Deutschland, 6. 5. 1947

76) W. Lg.: Schieberkulisse und Gartenlaube. Der neue DEFA-Film *Razzia* in der Staatsoper aufgeführt. In: Berliner Zeitung, Berlin, 4. 5. 1947

77) Herbert Ihering: *Unser täglich Brot.* In: Berliner Zeitung, Berlin, 11. 11. 1949

78) Kurt Maetzig im Gespräch mit der Autorin

79) Wolfgang Thiel, a. a. O., S. 39

80) Ebenda

81) Ebenda

82) Manfred Wekwerth in: Erich Engel, Schriften über Theater und Film. Berlin: Henschelverlag 1971, S. 249

83) Sepp Schwab, in: Auf neuen Wegen. Fünf Jahre fortschrittlicher deutscher Film. Berlin: Deutscher Filmverlag 1951, S. 15

1

2

1 Willi Domgraf-Fassbaender (links) als Figaro und Mathieu Ahlersmeyer als Graf Almaviva in »Figaros Hochzeit«

2 Hans Quest (Mitte) in der Hauptrolle der »Blauen Schwerter«

49

Der schöne Traum: Weltfirma DEFA.
Links: Der langjährige DEFA-Direktor Albert Wilkening.
2. von rechts: Slatan Dudow

Ralf Schenk

MITTEN IM KALTEN KRIEG

1950 bis 1960

Am 15. Februar 1950 tagt die DEFA-Kommission, ein Gremium der SED, das für die Planung der Filmproduktion, die Abnahme der Drehbücher und die Zulassung fertiger Filme zuständig ist. In ihr sitzen leitende Mitarbeiter aus dem Parteivorstand der SED und dem Amt für Information. An diesem Tag sind Hermann Axen und Anton Ackermann, Gerhart Eisler, Wilhelm Meißner und Stefan Heymann anwesend. Doch was die Genossen zu hören bekommen, stimmt sie nicht gerade zuversichtlich: Die DEFA steckt in der Krise. Sowohl im Januar als auch im Februar konnte kein Stoff ins Atelier gegeben werden; und für alle Filme, die in den kommenden Monaten geplant sind, liegen die Drehbücher ebenfalls nicht komplett vor. Falk Harnack, der Künstlerische Direktor des Studios, führt dieses Dilemma auf die ungenügende Besetzung der Dramaturgie zurück; zudem stoße man bei »parteigenössischen Autoren« auf mangelndes Verständnis für jene Themen, die heute »wirklich notwendig« seien.

Als unerläßlich werden Filme deklariert, die aktuelle politische Prozesse nicht nur schlechthin widerspiegeln, sondern im Sinne der Partei in sie eingreifen; das Kino als Propagandainstrument, gleichsam als »kollektiver Agitator und Organisator« nach Leninschem Muster. Ein Traum, denn die Realität versagt sich den Wünschen, wie noch oft in den kommenden Jahrzehnten. – »Ein Film, der die Frage des nationalen Kampfes um die Einheit Deutschlands behandelt, ist geplant, jedoch liegen konkrete Vorschläge noch nicht vor« [1], heißt es im Protokoll der Sitzung; auch ein Opus über die »Maschinen-Ausleih-Stationen« auf dem Lande, »Stürmischer März«, dürfe kaum als gesichert gelten, da »dessen Drehbuchgestaltung trotz langer Bearbeitung noch immer nicht zum Abschluß gebracht werden konnte«. Das für das Projekt *Ernst Thälmann* gebildete Kollektiv schließlich habe nach dreivierteljähriger Tätigkeit »ein Exposé erarbeitet, das nach Ansicht der künstlerischen Leitung der DEFA nicht brauchbar ist«.

Die DEFA-Kommission sucht Auswege: Für den Stoff über die Nationale Front wird eine »angemessene Prämie« vorgeschlagen, die dazu beitragen soll, das fertige Werk noch im selben Jahr, unmittelbar vor den ersten Volkskammerwahlen am 15. Oktober 1950, in die Kinos zu bringen. Um dem Autorenmangel abzuhelfen, werden »die Genossen Becher, Arnold Zweig, Harald Hauser, Jürgen Kuczynski, Heinz Rein, Kuba, Marchwitza, Dudow und Lex Ende« umgehend zu einer Beratung gebeten; und um die vakante Stelle eines Chefdramaturgen endlich neu zu besetzen, soll sowohl mit dem Weimarer Theaterintendan-

ten Hans-Robert Bortfeldt als auch mit Bruno Henschel, dem Leiter des Henschelverlages, verhandelt werden. Bortfeldt, Mitglied der SED, tritt wenig später das Amt an; er sortiert die Hinterlassenschaften seines parteilosen Vorgängers Wolff von Gordon, der in internen Berichten immer wieder als politisch unzuverlässig klassifiziert wird.

Die beiden ersten DEFA-Premieren des neuen Jahrzehnts markieren krasse Gegensätze im politischen und ästhetischen Denken über Kunst im allgemeinen und Kino im besonderen. Babelsberg eröffnet die fünfziger Jahre mit Gustav von Wangenheims *Der Auftrag Höglers* (Arbeitstitel: »West-Östliche Hochzeit«), einem Aufruf zur Wachsamkeit gegenüber Industriespionen aus den Westzonen: Der Konzernherr Högler will in den Besitz eines neues Stahlverfahrens kommen, das in seinem ehemaligen Werk, der nunmehr volkseigenen Luisenhütte, entwickelt wurde. Das Pamphlet, schwarzweiß und ohne Zwischentöne gemalt, mit zahlreichen agitatorischen Sprechblasen, steigert sich zum Schluß zu einer Vision der deutschen Vereinigung: Ein westdeutscher Wissenschaftler geht in die DDR (»Das ist kein Weg vom Westen nach Osten. Das ist der Weg von den Höglers zum deutschen Volk«); die Agenten werden verhaftet; die Schlagbäume an der Zonengrenze öffnen sich; Gewerkschafter aus Ost und West reichen sich auf einer Brücke die Hände; und die Adenauer-Polizei, die zuvor von westdeutschen Arbeitslosen mit dem Satz bedacht worden war: »Wir hungern, und diesen Landsknechten geht's so gut«, steht der Verbrüderung der klassenbewußten Werktätigen machtlos vis-à-vis.

Schiffahrt, Musik und Raufereien –
eine publikumsträchtige Mixtur:
»Der Kahn der fröhlichen Leute«
(1950/RE: Hans Heinrich)

1 Petra Peters

2 Paul Esser

3 Nico Turoff

Seite 51:
Inge von Wangenheim und Fritz Tillmann
in »Der Auftrag Höglers«
(1950/RE: Gustav von Wangenheim)

Dazu flicht Wangenheim eine sentimentale Liebesgeschichte in die Handlung ein: Die ostdeutsche Funktionärin Maria Steinitz (blond und forsch: Inge von Wangenheim) und der westdeutsche Gewerkschafter Fritz Rottmann (Fritz Tillmann), beide einst Verfolgte des Naziregimes, fallen sich zu den Klängen des Volksliedes »Oh wie ist's möglich dann« in die Arme; und die Kamera schwenkt zum Dialogsatz »Von nun an gehören wir zusammen wie das Land« über die Hügel der schönen gesamtdeutschen Heimat.

Wesentlich weniger pathetisch gerät die zweite DEFA-Premiere des Jahres 1950, *Der Kahn der fröhlichen Leute*. Hans Heinrich, im Dritten Reich unter anderem Cutter von *Die drei Codonas* (1940/ RE: Arthur Maria Rabenalt) und *Ohm Krüger* (1941/ RE: Hans Steinhoff), nach 1945 Regieassistent und Cutter bei Wolfgang Staudte, stellt damit seinen ersten eigenen Spielfilm vor: die situationskomische, mitunter fast impressionistisch hingetupfte Geschichte einer neunzehnjährigen Frau, die ihren geerbten Elbkahn mitsamt einem zufällig aufgelesenen Musiker-Trio Richtung Hamburg steuert. Ein verspielter Unterhaltungsfilm fast ohne aktuelle Bezüge – ohne Zonengrenzen und Postulate zur deutschen Einheit. *Der Kahn der fröhlichen Leute* gilt der DEFA-Kommission denn auch als »kleinbürgerlich«, was die Zuschauer nicht abhält, sich dem Spaß zu widmen: Innerhalb kürzester Zeit meldet der Verleih die höchsten Besucherzahlen eines heiteren Gegenwartsfilms seit Gründung der DEFA.

Hans Heinrich, wie die meisten Babelsberger Regisseure in Westberlin lebend [2], läßt sich danach von der DEFA-Dramaturgie zu einem politischen Abenteuerstoff überreden: *Die letzte Heuer* nach dem gleichnamigen Roman von Ludwig Turek, die Odyssee des lungenkranken Seemanns Heini Holler, der 1935 in Griechenland abmustert und in Deutschland wegen seiner antifaschistischen Gesinnung verhaftet werden soll, aber dank der Solidarität von Freunden in die Sowjetunion flieht.– Was seinen Helden im Innersten bewegt haben könnte, erfährt Heinrich plötzlich am eigenen Leibe: Während der ersten Drehtage an der Ostsee wird der Regisseur unter dem (nicht beweisbaren) Vorwurf der Spionagetätigkeit festgenommen; seine Aufenthaltsgenehmigung war drei Wochen zuvor von einem Brandenburgischen Minister unterschrieben worden, der allerdings schon seit vier Wochen nicht mehr lebt! Nachdem das Mißverständnis aufgeklärt ist – der Minister hatte Blankoformulare unterschrieben –, legt Heinrich die Arbeit an der *Letzten Heuer* nieder, verzichtet auf 50 000 Mark Gage und kehrt erst 1956 auf Bitten von Albert Wilkening zur DEFA zurück, um *Alter Kahn und junge Liebe* zu inszenieren, ebenfalls ein Binnenschiffer-Lustspiel wie sein Debüt. Hans Heinrich vermutet, daß der Schauspieler und vormalige DEFA-Direktor Hans Klering, dem Kontakte zum sowjetischen Geheimdienst nachgesagt werden, maßgeblich an der Intrige gegen ihn beteiligt war: Klering interessierte sich stark für die Rolle des Seemanns; der Regisseur aber hatte Raimund Schelcher für diese Aufgabe favorisiert. [3] Die Regie der *Letzten Heuer* wird nach Heinrichs Ausscheiden von dem – ebenfalls Westberliner – Kameramann E.W. Fiedler übernommen, der Klering den Heini

Holler anvertraut; eine der wenigen Hauptrollen in dessen vorwiegend mit negativen Chargen gefüllter Laufbahn.

Die dritte DEFA-Premiere des Jahres 1950 führt schließlich zu einem Eklat. Bei der Suche nach unaufwendig zu adaptierenden Gegenwartsstoffen war die DEFA auf das Bühnenstück *Bürgermeister Anna* von Friedrich Wolf gestoßen. Wolf, Arzt und Schriftsteller, stand dem Medium Film schon in den zwanziger Jahren aufgeschlossen gegenüber; nach seiner Anregung hatte Wilhelm Prager den dokumentarischen Film *Wege zu Kraft und Schönheit* (1925) gedreht. 1945 aus sowjetischem Exil nach Berlin zurückgekehrt, entwarf Wolf das Projekt »Kolonne Strupp«, das die Tage der deutschen Kapitulation aus der Sicht Berliner Verkehrsarbeiter schilderte; der Autor und die DEFA bemühten sich dafür um Regisseure wie Leo Mittler, Leopold Lindtberg, Wilhelm Dieterle, Berthold Viertel und Roberto Rossellini; auch Staudte und Dudow waren im Gespräch – vergebens. 1949 begannen dann die Dreharbeiten zu zwei Wolf-Filmen: *Der Rat der Götter* und eben *Bürgermeister Anna*, deren Entstehung der Dichter aus der Ferne – als erster DDR-Botschafter in Polen – verfolgt.

Schon während des Arbeitsprozesses überkommt Wolf ein ungutes Gefühl, das sich freilich weniger auf den Inhalt seines Stücks als vielmehr auf die Art und Weise bezieht, wie die DEFA mit der Vorlage umgeht. Für die filmische Bearbeitung wurde Richard Nicolas herangezogen, ein versierter Handwerker mit großer Affinität zu Seefahrer-Stoffen, der unter anderem am Drehbuch zu *Große Freiheit Nr. 7* (1943/ RE: Helmut Käutner) beteiligt gewesen war. Als Regisseur engagiert die DEFA den aus Westfalen stammenden Hans Müller, der 1944 für die Terra mit *Aufruhr der Herzen* als Regisseur debütiert und 1948 in Babelsberg den Zirkusfilm *1-2-3-Corona* inszeniert hat. Müller, Schmalfilm-Autodidakt, später Kameramann bei der Wochenschau, gilt als Spezialist für Volksfestszenen.

In drei Wochen wird ein Drehbuch gezimmert, ein Konglomerat aus derbem bäuerlichem Schwank und Lehrstück. Wolf schreibt warnend an die Direktion der DEFA: »Ich habe den Eindruck, als wolle man den Film à tout prix zu einem kaum möglichen Termin durchpeitschen, um den Plan zu erfüllen. Das hieße in diesem Falle (...) die Qualität gegen die Quantität opfern. Ich glaube, dies ist weder bei uns noch irgendwo eine rechtverstandene Planerfüllung. Auch hier bitte ich dringend, dem Regisseur genügend Zeit zu lassen, die richtige Besetzung zu suchen und sorgfältig mit den Darstellern zu arbeiten; zumal es gerade in diesem Falle viel auf Psychologie und Feinheiten ankommt.« [4] Nichts dergleichen geschieht. Um den Plan des Studios zu erfüllen, wird Wolfgang Schleif (*Die blauen Schwerter*) gebeten, sich, ohne im Vorspann auftauchen zu müssen, mit Hans Müller in die Regie zu teilen. Müller dreht am Tage, Schleif nachts. Der einzige, der die jeweiligen Montageanschlüsse genau kennt, ist der Regieassistent Joachim Kunert – er tauscht seine Wohnung sechs Wochen lang mit einer Garderobe in Johannisthal. Der Filmarchitekt Wilhelm Vorwerg errichtet in einem 600-Quadratmeter-Atelier kurzfristig ein ganzes Dorf; nebenan, auf 400 Quadratmetern, baut er einen Wald. Um den Plan zum 31. Dezember

»Die letzte Heuer« (1951/RE: E.W. Fiedler) mit
Hans Klering (links) und Reinhard Kolldehoff

1949 zu erfüllen, wird sogar noch in der Nacht zu Silvester gemischt... [5]

Die Voraufführung am 8. März 1950, dem Internationalen Frauentag, und die Premiere zweieinhalb Wochen später verlaufen unspektakulär. Zwar ist Friedrich Wolf selbst mit der Arbeit unzufrieden: »Ein Dorffilm muß natürlich nach Mist und Getreide und Heu riechen; aber bei uns wurde im November/Dezember alles im Atelier gedreht; so riecht es für den Kenner nach Pappe; auch wollte ich eine ganz andere Anna (...), einen wirklich dörflichen Typ und so vieles mehr.« [6] Aber das Publikum scheint angetan von der volkstümlichen Geschichte um eine junge Frau, die als Bürgermeisterin die Männer des Dorfes zunächst gegen sich hat, sie durch Kraft und Mut am Ende jedoch von ihren Fähigkeiten überzeugt. Sogar der Ministerpräsident »Gen. Grotewohl, der bei der Premiere anwesend war, äußerte sich sehr anerkennend, vor allem daß es ein nützlicher Film sei, weil die Zuschauer bei der Behandlung dieser unsrer Probleme sich nicht langweilten, sondern auf fröhliche Art an die Probleme herangeführt würden«. [7]

Schon wenige Tage später dreht sich der Wind. In der vom Parteivorstand der SED herausgegebenen Halbmonatsschrift für aktuelle Fragen der Arbeiterbewegung, »Neuer Weg«, erscheint unter dem Titel »Was hat die DEFA mit Kommunalpolitik zu tun?« ein Artikel, der den Filmemachern politische Unreife vorwirft. Der Autor wendet sich scharf vor allem gegen jene Passagen in *Bürgermeister Anna*, in denen die Titelheldin mit ungewöhnlichen Methoden für ein Schulgebäude kämpft: Ihr Antrag wird im Landratsamt abgelehnt; sie entscheidet sich für einen Schwarzbau und macht letztendlich sogar ihrem Vorgesetzten die Notwendigkeit ihres etwas anarchistischen Weges deutlich. – Mit dieser Handlung, so der »Neue Weg«, plädiere der Film für eine »Selbstverwaltungsideologie«, fordere die Kommunen geradezu zu Etatnachschlägen auf und sei durchaus nicht dazu angetan, das »Staatsbewußtsein in den breitesten Schichten der Bevölkerung zu heben« [8].

1

2

3

»Bürgermeister Anna« (1950/RE: Hans Müller) nach
dem gleichnamigen Volksstück von Friedrich Wolf.

1 Eva Rimski in der Titelrolle und Reinhard
   Kolldehoff als Jupp Ucker, ihr Ehemann in spe

2 Gustav Püttjer, bei der DEFA auf die
   Darstellung gütiger alter Seeleute abonniert,
   hier als Ohm Willem, die Seele des Dorfes

3 Arno Paulsen als verschlagener
   Großbauer Lehmkuhl

Seite 55:
Szenen aus »Die Jungen von Kranichsee«
(1950/RE: Artur Pohl) mit Gunnar Möller als
Schulhelfer Heider und Eduard von Winterstein

Bereits in der folgenden Ausgabe publiziert die Redaktion einen ergänzenden Leserbrief. Eine »Genossin Erna Fleischer« kritisiert die bisher überwiegend freundlichen Rezensenten, konstatiert an *Bürgermeister Anna* gravierende inhaltliche »Mängel und Schwächen. Genosse Friedrich Wolf hat das Bühnenstück, nach dem der Film gedreht wurde, geschrieben, als wir noch keinen Wirtschaftsplan und keine Haushaltpläne hatten. Er wollte lediglich die tapfere, selbständig gewordene Frau herausstellen, die sich gegen alte Vorurteile durchsetzt. Das ist – im Jahre 1950 gesehen – aber auch das einzig sachlich Richtige an diesem Film. Die DEFA hat ihn gedreht, ohne die wirtschaftlichen und gesetzlichen Veränderungen seit 1945 im mindesten zu berücksichtigen.« Die Autorin resümiert: »...wenn das Textbuch veraltet ist – was um so schneller der Fall sein wird, je aktueller der Stoff ist –, kann man eben keinen Film danach drehen. Jeder Schriftsteller, der ernst genommen werden will, muß sich sehr gründlich mit dem Stoff seines Werkes befassen, muß studieren, ob das Leben mit ihm übereinstimmt, ob sein Buch gesellschaftlich bestehen kann. Das gilt erst recht für die Hersteller eines Films.« [9]

Es ist müßig, darüber zu spekulieren, wie der Brief – ein harscher Angriff auf die Entscheidungsträger der DEFA – zustande kam; vermutlich ähnelten sich die Muster der Entstehung dieser Zeilen und, zum Beispiel, jenes im November 1981 am Leitartikel-Platz des »Neuen Deutschland« gedruckten Vater-Pamphlets, mit dem die DEFA-Eiszeit der achtziger Jahre begann. Wolfs Einwände, das Stück spiele 1945 und nur der Schluß des Films sei unsinnigerweise bis ins Jahr 1950 gestreckt, helfen jedenfalls nichts; bald sind eilfertige, wachsame Pflichtgetreue zur Stelle, die öffentlich darüber nachdenken, daß der Film auch deshalb schädlich sei, weil er die positive Rolle der SED und der FDJ nicht berücksichtige. Ein Referent des Ministeriums für Volksbildung in Sachsen-Anhalt votiert in vorauseilendem Gehorsam sogleich für ein Aufführungsverbot des Lustspiels, weil die Fragen der Jahre nach 1945 jetzt »keine gesellschaftlichen Wahrheiten mehr« enthielten.

Der Fall *Bürgermeister Anna* ist freilich nur ein Baustein in der Kampagne gegen eine den neuen Dogmen nicht bis

ins I-Tüpfelchen entsprechende Kulturpraxis. Film, nach Lenin die »wichtigste der Künste«, soll von nun an strikt den parteiprogrammatischen Anforderungen gehorchen; für kleinbürgerliche Unterhaltung ist kein Platz mehr beim Kampf um den »neuen Menschen«. Stefan Heymann, 1949/50 Leiter der Abteilung Kultur und Erziehung des Zentralsekretariats der SED, der schon im April 1949 über »Die Gefahr des Formalismus« publiziert hatte, läßt in seinen »Kritischen Betrachtungen über die DEFA-Produktion« harsche, bisher nicht gekannte Töne über jüngere DEFA-Filme hören: *Die Kuckucks* (1949/ RE: Hans Deppe) verwandle »einen im Grunde richtigen Stoff – besseres Leben aus eigener Kraft – in sein Gegenteil (...), weil das bessere Leben eben doch nicht mit eigener Kraft ermöglicht wurde, sondern sehr entscheidend durch den ›edlen‹ Kapitalistensohn«. So gerate der Film zu einer »Predigt der gerade überwundenen ›Volksgemeinschaft‹ im nazistischen Sinne«. Und Arthur Maria Rabenalts *Das Mädchen Christine* (1949), eine Verkleidungs- und Verwechslungsgeschichte aus dem Dreißigjährigen Krieg, gehöre »zu einer Reihe übler Entgleisungen«, sei eine »Verherrlichung faschistischer Gedankengänge (...), ein Film, in dem das Landsknechtsleben als sympathisch und erstrebenswert dargestellt wird«. [10] Nicht zuletzt tragen Sentenzen wie diese dazu bei, daß einige Autoren und Regisseure – erfahrene Handwerker – der DEFA für immer Adieu sagen.

Kaum einer der »unterhaltsamen« Filme der kommenden Monate entgeht der tagesbezogenen ideologischen Kritik. *Die Jungen von Kranichsee* (Arbeitstitel: »Lehrer Heider«/ RE: Artur Pohl), die Geschichte eines Neulehrers, der die Herzen der Kinder in einem märkischen Dorf mit Freundlichkeit und unkonventionellen Lehrmethoden erobert, weise, so das Urteil der DEFA-Kommission, die gleichen Schwächen wie *Bürgermeister Anna* auf. Es fehle die »Erziehung zum Frieden und zur Demokratie (...). Das bewußte Handeln der Menschen fehlt ebenfalls. Er enthält nicht den fortschrittlichen Inhalt der demokratischen Schulreform.« Die Premiere des 1946/47 angesiedelten Films wird hinausgezögert und unter anderem die Auflage erteilt, den »Wert des Schulgartens zur Erarbeitung wissenschaftlicher Kenntnise mehr heraus(zu)stellen. Am Beispiel Mitschurin die Einwirkung des Menschen auf die Natur zeigen.

1

2

»Das kalte Herz« (1950/RE: Paul Verhoeven)
nach dem gleichnamigen Märchen von
Wilhelm Hauff – das Böse und das Gute:

1 Erwin Geschonneck als Holländer-Michel und
  Lutz Moik als armer Köhler Peter Munk

2 Paul Bildt als Glasmännlein

Zeigen, wie der Zweijahrplan in der Schule diskutiert wurde« [11]. Auch müsse man das »in einer Szene erwähnte Buch ›Onkel Toms Hütte‹, das aus unseren Schulbibliotheken entfernt wurde«, wegsynchronisieren.

Noch vor der Uraufführung weist Stefan Heymann den DEFA-Direktor Sepp Schwab an: »Aufgrund der Vorgänge bei den Filmen *Bürgermeister Anna* und *Lehrer Heider* ist ein Beschluß gefaßt worden, wonach die DEFA verpflichtet wird, daß alle Filme, die ein bestimmtes Fachgebiet betreffen, (...) nicht nur der DEFA-Kommission zuzuleiten sind, sondern vor Abfassung des Drehbuches mit der zuständigen Fachabteilung des Parteivorstandes besprochen werden müssen.« [12] Damit wird das Prinzip der doppelten Zensur eingeführt. Der Zentralrat der FDJ zieht in einem Brief an Hermann Axen nach: »Besonders durch den letzten DEFA-Film *Die Jungen von Kranichsee* sehen wir uns veranlaßt, folgenden Vorschlag zu machen: Wir halten es für notwendig, daß in Zukunft alle Drehbücher für Filme mit Jugendthemen vorher mit dem Zentralrat der FDJ durchgearbeitet werden.« [13]

Selbst ein Märchen wie *Das kalte Herz* (RE: Paul Verhoeven) und eine Opernadaption wie *Die lustigen Weiber von Windsor* (RE: Georg Wildhagen) sind dem zunehmend unsicheren DEFA-Vorstand plötzlich suspekt. Verhoeven, Schauspieler und Regisseur (*Der große Schatten*/ 1942, *Das kleine Hofkonzert*/ 1945), sollte 1949/50 für die DEFA eigentlich das Tanzmärchen »Aschenbrödel« über den Weg einer Ballett-Elevin zu einer gefeierten Primaballerina verfilmen – ein Projekt, das wegen seiner Ähnlichkeit zu Emeric Pressburgers und Michael Powells *Die roten Schuhe* (*The red shoes*/ 1948) aufgegeben wird. Gewissermaßen als Ersatz betraut ihn das Studio mit dem Märchen von Wilhelm Hauff »über den Segen der Arbeit und den Fluch des Geldes«, dem ersten DEFA-Farbfilm, der ursprünglich für Erich Engel reserviert worden war. Bruno Mondi, Farbexperte schon aus der Zeit seiner Zusammenarbeit mit Veit Harlan (von *Die goldene Stadt*/ 1942 bis *Kolberg*/ 1945), steht hinter der Kamera; der Trickspezialist Ernst Kunstmann, einer der Großen seiner Zunft, kümmert sich um die Spezialeffekte: den riesenhaften, bedrohlichen Holländer-Michel (Erwin Geschonneck) – mit seiner Schreckenskammer der aus den Menschen herausgetrennten, pochenden Herzen – und dessen humanistischen Widerpart, das Glasmännlein (Paul Bildt), sagenhafte Figuren des Schwarzwaldes.

Die DEFA ist auf bestem Weg, an den immensen Publikumserfolg des sowjetischen Märchenfilms *Die steinerne Blume* (*Kamennyi zwetok*/ 1946/ RE: Alexander Ptuschko) anzuknüpfen; weder Mühen noch Kosten werden gescheut, wenngleich die Schlußbilanz von 3,2 Millionen DM zu harscher Kritik führt (»Produktionsleiter Fritz Klotzsch wird keinen Film mehr von der DEFA erhalten«). Doch nicht deshalb gerät die Leitung ins Schwanken, sondern vielmehr, weil sich plötzlich aus der Belegschaft Stimmen erheben, die Verhoeven übertriebene optische Grausamkeiten vorwerfen. So läßt die DEFA-Kommission *Das kalte Herz* nur mit Bauchgrimmen in die Kinos: Naturalismus und Mystizismus überstiegen bei weitem das Fassungsvermögen von Kindern und seien im Endeffekt mit den Idealen einer fortschrittlichen Kunst unvereinbar.

Ideologische Probleme entstehen auch mit den *Lustigen Weibern von Windsor*. Kurz vor der Uraufführung wird das Finale des Films – die Versöhnung des adligen Sir John Falstaff und der beiden bürgerlichen Frauen Fluth und Reich – gekappt; anders als in der Oper soll das Kinostück mit der Vertreibung des ritterlichen Trunkenbolds durch die im Wald von Windsor versammelte Bürgerschaft enden: ein revolutionärer Akt. [14] Daß das Schlußterzett der klassischen Vorlage nicht einer engstirnigen Zensur zum Opfer fällt, dürfte vor allem dem früheren DEFA-Chefdramaturgen und Drehbuchautor der *Lustigen Weiber*, Wolff von Gordon, zu danken sein: Er appelliert in Telegrammen an den Vorstand, den Eingriff unter allen Umständen rückgängig zu machen. Dem wird Rechnung getragen: vermutlich weniger aus Einsicht als vielmehr aus Furcht, sich international zu blamieren. – Der in Hamburg lebende Regisseur Georg Wildhagen erklärt wenig später in der Bundesrepublik, die DEFA habe ihn in seiner künstlerischen Entwicklung gehemmt – ein ungerechtfertigter Vorwurf, hatte Babelsberg dem 29jährigen, filmunerfahrenen Inszenator immerhin *Figaros Hochzeit* (1949) und gleich darauf *Die lustigen Weiber von Windsor* anvertraut. Trotz seiner abfälligen Äußerungen hält ihm die DEFA Mitte der fünfziger Jahre noch einmal das Tor für Carl Orffs Oper »Die Kluge« auf; das ambitionierte Projekt scheitert aber an zu hohen finanziellen Forderungen des Musikverlages.

Besonders zwei Filme »retten« 1950 das Prestige der DEFA bei der Obrigkeit der neuen deutschen Republik: *Der Rat der Götter* und *Familie Benthin*. Letzterer, eine Auftragsproduktion des Parteivorstands, lange unter dem programmatischen Titel »Kalter Krieg« gehandelt, soll die gegensätzliche Entwicklung in beiden deutschen Staaten zwischen 1947 und 1949 anhand einer emotionalen Familiengeschichte plausibel machen. Der Wunsch der SED wird Anfang 1950 an die DEFA herangetragen; schon im Herbst muß der fertige Film für die Wahlpropaganda zur Verfügung stehen. Um den Manuskriptvorschlag von Johannes R. Becher, der im März vorliegt, auszubauen, verpflichtet die DEFA-Kommission die Schriftsteller Kurt Barthel (Kuba) und Ehm Welk sowie als dramaturgischen Berater Slatan Dudow. Um die Regie wird Wolfgang Staudte ersucht.

Anfang April, Staudte hat abgesagt, erhält der bisherige Regieassistent Otto Meyer den Auftrag, den Film zu realisieren. Der in Westberlin lebende Meyer bittet um kurze Bedenkzeit; schnell begreift er, daß es hier weniger um Kunst als um Agitation geht: Die Figuren sind holzschnittartig angelegt, scharf in Gut und Böse getrennt; der Westen besteht aus verbrecherischen Monopolisten, verblendeten Arbeitern und verführten DDR-Flüchtlingen, die sich in einem tristen Keller, einer Notunterkunft für gestrandete Arbeitslose, wiederfinden, während die DDR planmäßig und zum Wohle des Volkes aufgebaut wird. Meyer macht sich keine Illusionen, die Platitüden des Drehbuchs durch eine sensible Inszenierung wenigstens halbwegs ausmerzen zu können. Er verlangt, fast schwejkisch, einen von der DEFA finanzierten Arbeitsaufenthalt in Westdeutschland, weil er die Verhältnisse dort an Ort und Stelle begutachten müsse. Das aber lehnt der Vorstand ab; Meyer, der gern

1

2

3

**»Die lustigen Weiber von Windsor« (1950)
nach der Komischen Oper von Otto Nicolai**

1 Sonja Ziemann und Camilla Spira

**2 Paul Esser (Mitte) als Falstaff.
Im Hintergrund: Elfie Dugal**

**3 Regisseur Georg Wildhagen (Mitte) mit
Claus Holm (links) und Alexander Engel**

1

2

3

»Familie Benthin« (1950),
der erste politische Auftragsfilm der DEFA,
für den keiner der beteiligten Regisseure
seinen Namen hergeben wollte

1 Maly Delschaft

2 Szene im FDJ-Büro, mit Harry Hindemith
(2.v. links)

3 Ottokar Runze (rechts) versucht, auf dem
Schwarzmarkt seinen Hut zu versetzen

einen eigenen Film, aber nicht gerade diesen inszenieren möchte, ist aus dem Schneider. [15]

Mitte Mai wird Slatan Dudow mit der Regie beauftragt. Vergeblich erhebt er Protest, die Mängel des Drehbuchs sind ihm nur allzu bewußt. Als abzusehen ist, daß er – der bedächtige Inszenator – den Termin unmöglich halten kann, schaltet die DEFA-Leitung Kurt Maetzig ein, der später über seine Mitwirkung an *Familie Benthin* rekapituliert: »Ich habe einfach angeguckt, wie er (Dudow) das gemacht hat, und habe ein paar dieser Komplexe so gemacht, daß sie in seinen Inszenierungsstil hineinpaßten. (...) Und diese Aufnahmen, die vom Aufwand her und technisch ein bißchen schwierig (...) waren, habe ich für ihn inszeniert, habe aber mit dem Film als solchem gar nichts zu tun.« [16] Im Sommer beordert Sepp Schwab dann noch Richard Groschopp, Regisseur der in Dresden ansässigen »DEFA-Produktion Sachsen«, nach Berlin, vorwiegend um ein paar Nachtaufnahmen zu drehen. *Familie Benthin* wird mit 16 000 Überstunden allein im VEB Filmstudio Johannisthal durchgepeitscht; die Arbeiter, die dort von Mitte Januar bis Anfang Juni Däumchen drehen mußten, weil keine Stoffe in Produktion gegangen waren, geraten nun an den Rand ihrer physischen Kräfte.

Doch das Ergebnis ist künstlerisch mäßig. Maly Delschaft hat ein paar schöne Momente als Witwe Annemarie Naumann, die mehrere ihrer Kinder in den Wirren der Nachkriegszeit verliert; und einen filmischen Fluß weist besonders eine Szenenfolge auf, in der ein weißer Hut als begleitendes Symbol für den Abstieg des in die Westzonen geflüchteten Peter Naumann (Ottokar Runze) fungiert. Mit dem breitkrempigen, sehr amerikanisch und weltmännisch wirkenden Monstrum steht der Junge in der schier unendlichen Arbeitslosenschlange; während Peter tagsüber auf einer Parkbank schläft, liegt der Hut auf seinem Gesicht; schließlich versucht er ihn in der Pfandleihe zu versetzen, wobei er sich belehren lassen muß, daß getragene Hüte nicht beliehen werden. Der gescheiterte Peter fällt als Fremdenlegionär in Vietnam, sein Bruder Klaus und die Mutter reihen sich zu den Klängen der DDR-Nationalhymne in einen Demonstrationszug ein – das letzte Bild: die wehende Flagge des neuen Staates.

Einigermaßen pikant ist: Keiner der prominenten Regisseure möchte sich im Vorspann zu diesem ersten großen politischen Auftragsfilm der DEFA bekennen. Die DEFA-Kommission beschließt am 14. August, knapp vier Wochen vor der Premiere, daß vorsichtshalber drei Titel angefertigt werden: »1. Regie führte ein Kollektiv unter der Leitung von Slatan Dudow und Dr. Kurt Maetzig, 2. Ein Regiekollektiv unter der Leitung von Slatan Dudow, 3. Ein Regiekollektiv der DEFA« [17]. Am 16. August schreibt Anton Ackermann an Maetzig, lobt die Qualität des Films (»Er ist in jeder Beziehung ideologisch klar, realistisch und dabei interessant und spannend«) und fordert den Regisseur auf: »Ich bitte Dich als Genosse und als Freund dringend, Dein Einverständnis zu geben, in irgendeiner Form den Namen Dr. Kurt Mätzig als Mitregisseur dieses Films zu nennen. Dudow besteht darauf und ist trotz aller meiner Bemühungen nicht davon abzubringen, daß neben seinem auch Dein

1

2

»Der Rat der Götter« (1950/ RE: Kurt Maetzig)
über die Verfilzungen des IG-Farben-Konzerns,
der Nazis und US-amerikanischer Monopolisten

3

1 Fritz Tillmann als unpolitischer Chemiker Scholz

2 Der »Rat der Götter«,
  die Leitung des Konzerns.
  Mit Paul Bildt (5. v. links) als Geheimrat Mauch

3 Streng geheim: Gift für NS-Vernichtungslager

Name genannt wird. Die Antwort, die Du auf den Lippen
haben wirst, kenne ich auch: ›Ich habe an dem Film nur
gearbeitet unter der Bedingung, daß mein Name nicht
genannt wird.‹ Es ist Dir aber auch bekannt, daß Dudow
dieselbe Bedingung gestellt hat. Es ist ausgeschlossen, daß
bei einem so gut gelungenen Film die Regisseure anonym
bleiben und, lieber Kurt, Du bist auch so vernünftig einzusehen, daß wir Dudow in letzter Zeit tatsächlich viel zuge-
mutet haben. Wir haben ihn gezwungen, am Drehbuch mitzuarbeiten. Wir haben ihn gezwungen, in dem Film die Regie mit zu führen. Wir mußten ihm in diesem Zusammenhang die Regie des Films *Immer bereit* wegnehmen. Er hat
aber sehr an dieser Aufgabe gehangen. (...) Es ist aus allen
diesen Gründen unmöglich, die Dinge mit Gen. Dudow auf
die Spitze zu treiben. Ich bitte Dich deshalb nochmals dringend, Dein Einverständnis zu meinem Vorschlag zu geben.« [18] Maetzig zeigt Einsicht in die Notwendigkeit –
und entscheidet sich für die erste Variante des Titels.

Von anderem Format ist Maetzigs *Der Rat der Götter*, nach
einem Drehbuch von Friedrich Wolf und Philipp Gecht gewidmet »den Freunden des Friedens in aller Welt«: ein
großangelegtes, im Januar 1933 einsetzendes Epos über die
Verstrickungen rheinischer Großindustrieller in Faschismus und Krieg. Der Film gerät, vielleicht nicht einmal bewußt, zu einer Entgegnung auf Veit Harlans *Der Herrscher*
(1937), einem Hohelied auf den deutschen Großindustriellen, der seine Werke testamentarisch der faschistischen »Volksgemeinschaft« vererbt: »Denn wer zum Führer geboren ist«, deklamierte Emil Jannings in dem mit
dem Staatspreis 1937 ausgezeichneten Film, »braucht keinen Lehrer als sein eigenes Genie« – ein Satz, den Goebbels ins Drehbuch geschrieben haben soll. Im *Rat der Götter* übernimmt Paul Bildt, der selbst in einigen nationalsozialistischen Propagandaproduktionen mitgewirkt hatte, die
Rolle des Generaldirektors, dessen Anteil an der Machtergreifung und -festigung Hitlers ganz im Sinne der Dimit-
roffschen Faschismusdefinition herausgestellt wird.

Wolf, Gecht und Maetzig stützen sich auf die Protokolle
der Nürnberger Kriegsverbrecherprozesse gegen die Direktoren der IG Farben. Ihnen geht es aber nicht nur um die
historische Verfilzung von deutschem Großkapital und faschistischer Politik, sondern auch um aktuelle Verflechtungen der deutschen Wirtschaft mit amerikanischen Monopo-
len. Durch den Film zieht sich die Figur eines Abgesandten
des US-Konzerns Standard Oil, der seinen rheinischen
Partnern vor 1939 prophezeit: »Ein Krieg, denke ich, wird
unsere Geschäfte enorm beleben«, und der sich sogar mit
ihnen vergleicht: »Ich denke, unser beider Appetit hält sich
die Waage.« Nach Kriegsausbruch garantiert der Amerikaner, die IG-Farben-Werke für fünfzig Prozent des Gewinns
vom Bombardement auszunehmen; und nach 1945 läßt er
einen allzu gewissenhaften Anklagevertreter in Nürnberg
ablösen (»Wenn Sie im Bauch der deutschen Chemiein-
dustrie wühlen, legen Sie auch unsere Eingeweide bloß.«)
In solchen Momenten ist der *Rat der Götter* auf der Höhe
der Zeit des Kalten Krieges: die USA wird mit Hilfe eines
ihrer »typischen« Vertreter selbst als Hort latent faschistischer Machtpolitik charakterisiert.

»Sagt, wie soll man Stalin danken?
Wir gaben dieser Straße seinen Namen« –
Yvonne Merin und Albert Garbe in
»Roman einer jungen Ehe«
(1952/RE: Kurt Maetzig)

Weniger leitartikelhaft gerät die Figur des Dr. Hans Scholz
(Fritz Tillmann), eines bürgerlichen Chemikers, der sich
auf wissenschaftliche Neutralität beruft und nicht dafür interessiert, was mit den Ergebnissen seiner Forschungen geschieht. Scholz steht im Zentrum einer Wandlungsdrama-
turgie: Vor den Nürnberger Richtern bekennt er, daß er aufgrund dieser Haltung mitschuldig wurde am millionenfa-
chen Tod in den Gaskammern, und im Finale klärt er die
nach einer Explosion vor den Werktoren wartenden Menschen auf, daß erneut Sprengstoff, diesmal für den dritten
Weltkrieg, hergestellt werde: »Das ist die Wahrheit, die
volle Wahrheit, und keiner soll künftig mehr sagen können,
er habe es nicht gewußt.« – Freilich: Was heute wie eine
Anbiederung an die Propaganda der Zeit anmutet, entsprach damals durchaus den ehrlichen Befürchtungen der
Filmemacher: Einen Monat nach der Premiere des *Rates
der Götter* beginnt der Koreakrieg...

Kurt Maetzig, stets um filmsprachliche Innovationen bemüht, arbeitet im *Rat der Götter* mit »exzentrischen Totalen«, bei denen die Figuren auch in Naheinstellungen aus
der Mitte des Bildes an dessen Rand gerückt werden, um
unter Anwendung großer Tiefenschärfe den Hintergrund
mitspielen zu lassen. Und er läßt elektronische Musik ertö-
nen, die – von Hanns Eisler komponiert und von Oskar Sa-
la intoniert – unter anderem zu Aufnahmen vom Stalingra-
der Inferno erklingt: ein Kontrastmittel. Eisler: »Gegen die
Aufrüstungsmontage ist Schlachtenlärm gegenmontiert.
Zeigen die Bilder zum Beispiel den Stapellauf des Panzer-
kreuzers ›Eugen‹, so beschreibt der Klang bereits seinen
Untergang. Wird der Aufbau der Rüstungsindustrie gezeigt, so stellt der Klang den Schlachtenlärm dar.« [19]

Die Dokumentarszenen stammen sowohl aus Naziwochenschauen als auch aus sowjetischen Archiven. An den Schluß des Films setzt Maetzig Bilder der Berliner Antikriegsdemonstration vom 1. Mai 1950, die von einer im Winde wehenden Fahne mit dem Emblem der Friedenstaube überblendet werden.

Auch in seinem nächsten Film, *Roman einer jungen Ehe*, bündelt Kurt Maetzig seine enthusiastische Zustimmung zur jungen DDR in Massenszenen. Gemeinsam mit Co-Autor Bodo Uhse erzählt er die Liebesgeschichte der Schauspieler Agnes und Jochen zwischen 1946 und 1951/52, greift gleichsam die Figurenkonstellation von *Ehe im Schatten* noch einmal auf, führt das Paar aber diesmal, unter grundsätzlich anderen Verhältnissen, in ein glückliches Finale. Beide leben zunächst in den Westsektoren Berlins; Agnes aber will sich nicht für »kalt und herzlos gemachte« Stücke gegen den Osten (Sartres »Schmutzige Hände«) und schon gar nicht für »militaristisches« Theater (Zuckmayers »Des Teufels General«) hergeben – sie geht in den demokratischen Sektor, wo sie beim Richtfest in der Stalinallee ein von Kurt Barthel verfaßtes Poem auf den sowjetischen Parteichef vorträgt. Daß ihr Jochen schließlich in die DDR folgt, entspricht dem Kanon der DEFA-Dramaturgie: der schwankende Mann vollzieht den längst überfälligen Akt, nachdem ostdeutsche Friedensdemonstranten von Westberliner Schupos brutal zusammengeschlagen worden sind. Nicht nur diese plakative Lösung läßt *Roman einer jungen Ehe* heute als künstlerisch hanebüchenes, politisch aber hochinteressantes Zeitdokument erscheinen, sondern auch die Einbeziehung zahlreicher authentischer Fakten und Personen ins fiktive Geschehen: als Schlüsselfiguren treten, unter anderen Namen, sowohl Boleslaw Barlog und Wolfgang Langhoff als auch Veit Harlan (in seinem Nachkriegsprozeß) auf; und der Bau sowie die Einweihung der Stalinallee sind leitmotivisch in den Film geknüpft.

Kaum ein DEFA-Film der Jahre zwischen 1950 und 1953, der nicht mit einer Massenszene, oft mit einem volksdemokratischen Demonstrationszug, endet. Den Tenor hatte Slatan Dudow 1949 mit *Unser täglich Brot* vorgegeben, in dessen Finale die ersten in einem Volkseigenen Betrieb gebauten Traktoren das Werk verlassen, unter dem Jubel der Arbeiter und einem Transparent »Mehr Traktoren - mehr Brot«. Der Einzelne, suggerieren diese Motive, verweht wie ein Blatt im Wind; nur in der Gemeinschaft liegt die Kraft – und in unserer Gemeinschaft auch die Zukunft. Die Heldinnen aus Dudows *Frauenschicksalen* reihen sich in die Kundgebungen der III. Weltfestspiele 1951 in Berlin ein oder stehen zumindest winkend am Straßenrand. Am Schluß der *Jungen von Kranichsee* (RE: Artur Pohl) gehen der junge Neulehrer und sein alter bürgerlicher Kollege gemeinsam mit den Kindern auf sonnigen Wegen zur demokratischen Schule. Die DEFA-Filme wollen ihre Zuschauer mit ungebrochener Zuversicht entlassen.

Auch die Hoffnung auf und die Gewißheit über den Sieg der proletarischen Internationale wird auf die Wirklichkeit projiziert. Spielen die Filme in der Bundesrepublik, verstärkt sich ihr utopisch-revolutionärer Optimismus in den Schlußszenen zu Apotheosen einer antiimperialistischen

Volksfront: In *Die Sonnenbrucks* (RE: Georg C. Klaren) verabschiedet sich der von der heuchlerischen westdeutschen Politik enttäuschte Göttinger Universitätsprofessor (Eduard von Winterstein) von seinen studentischen Anhängern, die gewissermaßen im Chor versprechen, ihm in den Osten zu folgen: »Ich gehe jetzt meinen Abschied nehmen. Aber es wird nicht zu einem Abschied für immer sein. Ich weiß jetzt, wohin ich gehe. Dorthin, wo man nicht zweierlei Deutschland, zweierlei Menschen und zweierlei Rechte mehr kennt! Dort, wo Verträge nicht wie bei Hitler mit Füßen getreten werden. Wo Deutschland zur neuen Demokratie, nicht zum alten Militärstaat wieder aufgebaut wird, wo man den Krieg haßt und die Wissenschaft fördert, nicht zur Vernichtung, sondern einer friedlichen Zukunft zu dienen.«

Auffällig ist, daß Regisseur Georg C. Klaren in den ersten beiden Dritteln des Films, die den Zerfall einer bürgerlichen Familie während der Nazizeit zeigen, durchaus Gespür für Atmosphäre und Spannung beweist (wenn auch nicht die Kraft des *Wozzeck*); das letzte, deklamatorische Nachkriegsdrittel fällt demgegenüber unendlich ab. Erst mit seinem nächsten und letzten DEFA-Werk, *Karriere in Paris* (1952/ Co-RE: Hans-Georg Rudolph), einer Adaption des Romans »Vater Goriot« von Honoré de Balzac, zeigt Klaren wieder Stilwillen – und endet, dem Kanon widersprechend, mit dem Bild eines einsamen Mannes, der sich in Paris den Gepflogenheiten der herrschenden Kaste anzupassen versuchte, seine Ehre verlor und gescheitert die Stadt flieht, ohne Spuren zu hinterlassen.

Volksfrontpathos beherrscht dagegen das Finale des *Verurteilten Dorfes* (RE: Martin Hellberg), in dem die Bevölkerung eines ganzen Landstrichs – einschließlich des Pfarrers – den amerikanischen Besatzern und ihren deutschen Helfershelfern widersteht, die den Bau eines Militärflugplatzes und ihre Vertreibung von Haus und Hof planen. *Gefährliche Fracht* (RE: Gustav von Wangenheim) zeigt Hunderte von Hafenarbeitern, deren Solidarität verhindert, daß ein US-Frachter mit Napalmbomben gelöscht werden kann. Szenen, die der aus kämpferischen Weimarer Tagen in die neue Zeit hinübergeretteten Affinität einiger DEFA-Künstler zum Agitprop-Theater geschuldet sind wie bei Gustav von Wangenheim, einem unbedingten, selbst durch die Realität nicht getrübten Glauben an die Richtigkeit des volksdemokratischen und sozialistischen Weges – aber auch opportunistischer Anpassung oder dem Drang, Filme zu machen, koste es, was es wolle.

Der choristische Schluß ist jedenfalls bei der DEFA fast Standard; er findet sich in zeitgenössischen Lustspielen wie *Modell Bianka* (RE: Richard Groschopp), in dem sich die Vertreter zweier im Wettbewerb stehender Modebetriebe während der Leipziger Messe zu beiderseitigem Vorteil verbünden, in Literaturverfilmungen (*Corinna Schmidt* nach Fontanes »Frau Jenny Treibel«/ RE: Artur Pohl) ebenso wie bei historischen Stoffen (*Anna Susanna*/ RE: Richard Nicolas, *Schatten über den Inseln*/ RE: Otto Meyer), ja sogar im Märchen: Wolfgang Staudtes Rahmenhandlung der *Geschichte vom kleinen Muck* mündet in Szenen, in denen Dutzende Kinder den alten Muck auf ihren Schultern durch die Stadt tragen.

1

2

3

4

5

Georg C. Klaren und seine Filme:

1 Raimund Schelcher in
   »Die Sonnenbrucks« (1951)

2 Regisseur Georg C. Klaren (rechts) mit
   Eduard von Winterstein bei den Dreharbeiten
   zu »Die Sonnenbrucks«

3 Eduard von Winterstein als Professor
   Sonnenbruck und Hans-Georg Rudolph

4 Karl Paryla, Gast aus Wien, und Camilla Spira
   in »Semmelweis – Retter der Mütter« (1950)

5 Karl Paryla als Dr. Semmelweis

6

7

**»Karriere in Paris« (1952/Co-RE: Hans-Georg Rudolph)
nach dem Roman »Vater Goriot« von Honoré de Balzac**

8

6 Ernst Legal als Vater Goriot

7 Klaramaria Skala und Ernst Legal

8 Joachim Hildebrandt

Immer weniger Filme

Das alles korrespondiert durchaus mit den Anforderungen, die die SED-Führung an die DDR-Kunst stellt. Sowohl auf dem III. Parteitag im Juli 1950 als auch während der V. Tagung des ZK im März 1951 spielt die Kultur eine wesentliche Rolle; die Entschließung »Kampf gegen den Formalismus in Kunst und Literatur, für eine fortschrittliche deutsche Kultur«, der Ruf nach mehr »zeitnahen Filmen« und einer engeren Verbindung von Künstlern und Werktätigen wird zum Programm erhoben. Anton Ackermann fordert die DEFA auf, anstelle von Rand- oder historischen Themen »zentrale Themen der näheren Zukunft« aufzugreifen: den Kampf um und für die Einheit Deutschlands, den Kampf für den Frieden an Stelle des passiven Pazifismus, Sabotage. Er regt unter anderem einen »westdeutschen Staatsfilm« an: »In diesem Film soll ein Staatsmann (z.B. Tito oder Adenauer) gezeigt werden, der einen ganzen Staat verkauft.« [20]

Die Leitung der DEFA stimmt zwar prinzipiell mit solchen Forderungen überein, weiß aber gleichzeitig, daß die praktische Umsetzung über alle Maßen schwierig ist. Viele Autoren sehen sich nicht in der Lage, aus Transparenten Filme zu machen, zumal die politische Leitlinie von heute schon morgen oft der Schnee von gestern und die Arbeit umsonst ist. Viel später faßte der Regisseur Richard Groschopp die Stimmung bei der DEFA so zusammen: »Es gab große Unsicherheiten, Irrtümer, Mißverständnisse. Wollte ein Filmemacher einen Stoff realisieren, so durchschritt er gewissermaßen einen Gang mit geheimen Klingelkontakten. Und es klingelte, wenn er in die Nähe kam von: Formalismus, Praktizismus, Opportunismus, Revisionismus, Funktionalismus, kritischer Realismus, Surrealismus, Schematismus, Bürokratismus, Psychologismus usw. usw. Zu bedenken waren dazu noch das ›Typische in der Kunst‹ und die ›Konfliktlosigkeit im Sozialismus‹, die ›Kunst als scharfe Waffe‹ und die ›Erziehung unserer Menschen‹. Die vielen Ismen löschten zunächst viele schöpferischen Funken. Es gab kaum noch Einfälle und demzufolge keine Drehbücher.« [21]

Groschopp selbst hofft 1951, nach seinem Lustspieldebüt *Modell Bianka* einen Film im Stil von Vittorio de Sicas *Fahrraddiebe* (*Ladri di biciclette*/ 1948) drehen zu können: »Erikas Schuhe« (DB: Kurt Stern und Henryk Keisch). »Es ging um einen Taxifahrer, der seinem Töchterchen Erika neue Schuhe gekauft hat, die den ersten Regen nicht überstehen. Der Taxifahrer ist nicht gewillt, sich damit abzufinden und begibt sich mit Kind und Schuhen von Pontius zu Pilatus auf einen langen Instanzenweg.« [22] Aber die DEFA-Kommission lehnt entschieden ab: »Die Personen, die in diesem Film dargestellt werden, sind entweder Saboteure, Schieber, Bürokraten oder unfähige Menschen. Es ist ideologisch vollkommen unzufriedenstellend. Die Bewegung zur Qualität muß mehr zum Ausdruck kommen.« [23]

Die Produktion sinkt: Haben 1949 noch elf Filme Premiere, sind es 1950 zehn, 1951 acht, 1952 gar nur sechs und 1953 sieben - eine Entwicklung, die nicht zufällig Paralle-

»Ein Polterabend« (1955),
einzige DEFA-Regie des Schauspielers Curt Bois.
Mit Willy A. Kleinau als Guckkastenmann

len zu Erscheinungen in der Sowjetunion aufweist. Dort hatte Iwan Bolschakow, Leiter des Ministeriums für Kinematographie, schon 1948 die von Stalin inspirierte Losung ausgegeben, unter seiner Ägide würden zwar weniger Filme, aber dafür qualitätvollere hergestellt, worauf die Produktion 1951/52 bei jeweils neun oder zehn Filmen stagniert. – Erst 1954 ist mit elf DEFA-Premieren ein Aufwärtstrend zu beobachten, der 1955 mit vierzehn Uraufführungen unterstrichen wird.

Viel länger aber nimmt sich die Liste jener Titel aus, die, meist während der Treatment- oder Buchphase, aus unterschiedlichen Gründen aus dem Programm fallen. Gestrichen werden zum Beispiel Projekte, die – nach Wolfgang Schleifs *Die blauen Schwerter* (1949) über Böttger, den Erfinder des Meißner Porzellans, und Georg C. Klarens *Semmelweis–Retter der Mütter* (1950) – das Genre des historisch-biographischen Films fortsetzen sollten. *Semmelweis*, ein Opus über den Kampf des Wiener Frauenarztes gegen Dogmatiker und Bürokraten in den kaisertreuen eigenen Reihen, hatte die Hürden der Dramaturgie vor allem passiert, weil dessen Beteiligung an der Revolution 1848 breit herausgestellt werden konnte. »Carl von Ossietzky«, an dem erst Axel Eggebrecht, dann Alfred Kantorowicz und Hans Leonhard arbeiten, bleibt dagegen wegen der Gefahr pazifistischen Gedankenguts auf der Strecke. Die geplante Adaption von Heinrich von Kleists »Michael Kohlhaas« scheitert am Individualterror des Helden. Filme über den Chemiker Liebig, den Komponisten Lortzing, »Röntgen« (RE: Otto Meyer) und den Dichter François Villon (»Verhoeven interessiert sich«) kommen nicht zustande. Paul Verhoeven meldet auch sein Interesse für einen Störtebeker-Stoff an; durchs Studio geistert der Vorschlag des sowjetischen Beraters Tschekin, es wäre den Versuch wert, Hans Albers für die Titelrolle zu gewinnen.

»Ein Polterabend«, frei nach Ereignissen im
Leben des Berliner Satirikers Adolf Glasbrenner,
mit Charlotte Brummerhoff und Werner Peters

Barbara Berg, Brechts Tochter, als Hausmädchen
Guste in einer Szene aus »Ein Polterabend«

Ein schon 1949 eingereichtes Exposé von Theo Lingen, »Stettiner Sänger«, für das die DEFA »alle zur Zeit in Berlin anwesenden Lustspiel-Schauspieler zur Mitarbeit« heranziehen will, wird nicht weiterverfolgt, weil das »Zurückgehen auf die bewährte ›Klamottenkomik‹ für die Defa ein Armutszeugnis« sei. Auch ein Projekt über Schauspielstudenten scheitert, das Georg C. Klaren nach den *Sonnenbrucks* plant. Klaren nähert sich daraufhin einem Mozart-Film, den der Autor Peter Podehl eine Zeitlang auf der Basis Balzac'scher Unterlagen als Gleichnis über »das Genie im Gegensatz zu und in Abhängigkeit von der feudalistischen Klasse« vorbereitet (das Drehbuch schreibt dann Wolff von Gordon). Der Stoff, Mitte der fünfziger Jahre vage als Co-Produktion mit Österreich avisiert, wird endgültig ad acta gelegt, als Karl Hartl dort *Reich mir die Hand, mein Leben* (1955) vorstellt.

In den Dramaturgie-, Vorstands- und Kommissionsprotokollen jener Jahre ist manch bezeichnende Kuriosität zu entdecken. Am 17. Mai 1950 heißt es über das zur Verfilmung geprüfte Buch »Die Waffen nieder« von Bertha von Suttner: »Aus diesem Stoff spricht reiner Pazifismus. Nach Meinung von Frau Dr. Steinhauer (eine damals in Westberlin lebende, zwischen 1947 und 1961 für wesentliche DEFA-Projekte zuständige Dramaturgin; R.S.) müßte eine Nebenfigur eingefügt werden, um die Akzente im Stoff zu verlagern. Frau Dr. Steinhauer hat sich mit Elli Schmidt vom Demokratischen Frauenbund in Verbindung gesetzt, die diesen Stoff ablehnt und einen Stoff aus der Gegenwart, z.B. Kampf der Frauen in China vorschlägt.« – Am 12.5. 1951 heißt es zum Szenarium *Mutter Courage*: »Das Buch wird in vorliegender Form abgelehnt, da sein Inhalt pazifistisch ist. Ebenso trägt das Buch kosmopolitische Züge.« – Eine Adaption des Tolstoischen »Leinwandmesser«,

für den sich sowohl Wolfgang Schleif als auch Artur Pohl erwärmen, wird mit der Begründung abgeblockt: »Es erscheint nicht ratsam, dieses Thema als ersten und in diesem Jahr einzigen Film über die Sowjetunion bzw. das alte Rußland zu drehen, da es bei einem Teil des deutschen Filmpublikums an reaktionäre Vorstellungen über die Sowjetunion anknüpft.« – Nicht minder mißtrauisch nähert sich die DEFA-Kommission dem Vorschlag eines sowjetischen Beraters, Gogols »Revisor« zu verfilmen – mit Curt Bois in der Titelrolle.

Bois, bei der DEFA zwischen dem 1. April 1951 und dem 1. Oktober 1953 mit einer Monatsgage von 6600 Mark fest verpflichtet, hatte in diesem Stück 1932 seine letzte Rolle vor dem Exil gespielt; nach der Rückkehr aus den USA tritt er als Petersburger Beamter Chlestakow 1950 erstmals wieder vor deutsches Publikum, diesmal unter der Regie von Wolfgang Langhoff am Deutschen Theater Berlin. Der DEFA-Direktion ist der kleine, quirlige, so spitzzüngige wie schwer berechenbare Mann aber irgendwie suspekt: kein Wunder, sein Humor wirkt meist subversiv, nie affirmativ. So legt man ihn hochdotiert auf Eis, er verkörpert weder den Revisor noch sonst irgendeine Figur in einem DEFA-Film. Bois kommentiert lakonisch, daß damit sein alter amerikanischer Traum in Erfüllung gegangen sei: Geld und keine Arbeit. – Erst nach dem Ausscheiden aus der festen Verpflichtung gibt ihm Babelsberg eine Chance, freilich nicht vor, sondern hinter der Kamera: Er adaptiert 1955, nach seiner erfolgreichen Inszenierung am Deutschen Theater, die Berliner Posse *Ein Polterabend* fürs Kino, ein mit hübschen grotesken Filmtricks gespicktes, insgesamt aber völlig belangloses und dramaturgisch verworrenes musikalisches Lustspiel.

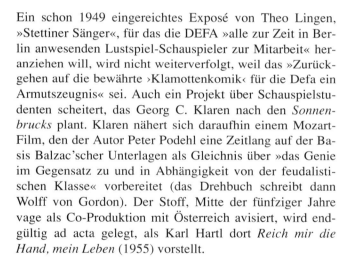

»Schatten über den Inseln« (1952):
Regisseur Otto Meyer (links) inszeniert
seinen ersten Film. Mit Gert Schäfer

»Schatten über den Inseln«:
Erwin Geschonneck in der Rolle des
wahrheitsliebenden Inselarztes Sten Horn

Anfang 1951 besteht die DEFA-Dramaturgie aus einer Stoffsuch-Abteilung (Leiter: Walter Jupé) und vier stofführenden Autoren-Gruppen mit jeweils einem betreuenden Dramaturgen. Chefdramaturg Bortfeldt soll sich unter anderem um Brecht, Bredel, Kantorowicz, Wolf und Eggebrecht kümmern, Frau Dr. Steinhauer um Julius Hay, Ludwig Turek, Wolfgang Weyrauch und Dinah Nelken. Kaum einer von ihnen wird tatsächlich einen DEFA-Film schreiben... – Falk Harnack, Künstlerischer Direktor, führt zudem einen Thematischen Plan mit den Hauptabteilungen Große politische Zeitfilme, Zeitfilme mit allgemeinen gesellschaftlichen Themen, Gesellschaftlich wahrhaftige Unterhaltungsfilme, Antifaschistische Filme, Biographische Filme, Verfilmung klassischer Stoffe und Musik- und Opernfilme ein. Die Liste, was in den einzelnen Abteilungen berücksichtigt werden müsse, nimmt erhebliche Ausmaße an: am längsten ist die Themen- und Milieuliste für kämpferische Gegenwartsfilme.

Schwierig gerät aber nicht nur die Autorenfindung, sondern auch die Suche nach Regisseuren. Für eine Vielzahl der Themen stehen Fachleute, die in Westberlin oder in der BRD leben, kaum zur Verfügung – aus politischen, künstlerischen und pekuniären Gründen: westdeutsche Filmfirmen locken mit finanziellen Überangeboten, noch dazu in harter Währung. Dabei scheut der Westen auch vor dubiosen Methoden nicht zurück. So wird dem mit seiner Familie im Osten lebenden Kameramann Bruno Mondi (*Das kalte Herz*), der für die Junge Film-Union in Hamburg-Bendestorf als Gast *Sensation in San Remo* (1951/ RE: Georg Jacoby) fotografieren soll, am Flugplatz Tempelhof die Ausreise in die Bundesrepublik durch die Westberliner Politische Polizei verboten. Erst nachdem der Produzent interveniert, der Kultursenator Tiburtius sich für den Künstler verbürgt und der festgesetzte, verunsicherte Mondi eine Erklärung abgibt, nie wieder für die DEFA zu arbeiten, darf er weiterreisen. Er bleibt im Westen.

Das Fehlen künstlerischer Kräfte beeinträchtige den Plan massiv, konstatiert der DEFA-Vorstand und beschließt un-

ter anderem Gespräche mit »politisch zuverlässigen« Dokumentarfilmregisseuren wie Andrew Thorndike, die in den Spielfilm herübergeholt werden sollen. Regieassistenten wie Otto Meyer und Franz Barrenstein erhalten Chancen: Meyer mit dem Projekt *Schatten über den Inseln* (1952), das, handwerklich sauber, die mit dem Ausbrechen einer tödlichen Seuche verbundene Konfrontation eines progressiven Arztes und eines profitgierigen Geschäftsmannes auf den dänischen Faröer-Inseln beschreibt – ein sozialkritischer Stoff, dessen Inszenierung vor allem vom Zusammenprall der beiden Vollblut-Schauspieler Erwin Geschonneck und Willy A. Kleinau profitiert. – Barrenstein indes enttäuscht mit dem hölzernen Rennfahrerfilm *Sein großer Sieg* (1952), in dem ein erfolgreicher DDR-Amateurradler (Claus Holm) in Westberlin die Abgründe des Profisports erfährt und reumütig in seine Heimat zurückkehrt.

Auch ein Stoff namens »Wettbewerb und Liebe«, verfaßt von Jan Koplowitz, wandert von Hand zu Hand – und immer wieder auf die Schreibtische der DEFA zurück. Es geht um die Auseinandersetzungen zwischen einer Männer- und einer Frauenbrigade im Stahlwerk Maxhütte. Die Frauen wollen mit Hilfe einer bescheidenen, aber wirkungsvollen technischen Neuerung – eines Transportkarrens – den Wettbewerb gewinnen; die Männer sehen ihnen spöttisch zu, ziehen schließlich aber den kürzeren. Zunächst ist der Co-Autor von Koplowitz, Fritz Weiss, als Regisseur vorgesehen, danach kommen Artur Pohl, Wolfgang Schleif und Falk Harnack ins Gespräch. Im Oktober 1951 buhlt die DEFA um den Intendanten des Deutschen Theaters, Wolfgang Langhoff. Der liest sich das Szenarium durch und teilt mit, er habe starke Bedenken gegen die künstlerischen Qualitäten des Stoffes. »Er ist der Meinung, daß man, wenn er sich für die Regie interessieren soll, eine sehr starke Überarbeitung durch einen erstklassigen Autor vornehmen lassen müßte. Ein solcher Autor von der hohen Qualität, wie sie Langhoff erwartet, steht uns leider noch nicht zur Verfügung.« [24] So kommt es dazu, daß der als Produktionsleiter schon aus der Zeit von vor 1933 erfahrene, als Regisseur jedoch arg dilettierende Eduard Kubat die Inszenierung übernimmt. Schon einmal, mit der Ost-West-Seemanns- und Agentenkolportage *Die Meere rufen* (1951), hat er einen DEFA-Film auf Sand gesetzt. Als sein zweites (und letztes) Opus unter dem Titel *Jacke wie Hose* im Frühjahr 1953 uraufgeführt wird, vergeht selbst wohlmeinenden Kritikern das Lächeln. Sarkastisch interpretieren einige von ihnen das Kürzel DEFA mit »**D**ürre **E**rnte **F**ür **A**mor«. – Kubat, erfahren in vielen Stürmen, trägt das Fiasko mit Fassung. Als er seinem zeitweiligen Regieassistenten Joachim Kunert, der die Dreharbeiten in Unterwellenborn nach wenigen Tagen fluchtartig verlassen hatte, später auf dem Studiogelände wiederbegegnet, teilt er ihm trocken mit: Ich habe mich gerächt. Auch Ihr Name steht im Vorspann.

Das Fehlen von Regisseuren macht die DEFA erpreßbar. Äußerst widerstrebend gesteht der Vorstand dem bisher nur als Autor hervorgetretenen Richard Nicolas zu, sein Versicherungsbetrugs- und Schiffbrüchigen-Drama *Anna Susanna* (1953) selbst zu inszenieren. Nicolas droht, er würde nie wieder für die DEFA schreiben, wenn er nicht Regie führen dürfe – und die DEFA hat Sorge, mit einer Absage an ihn auch andere »bürgerliche« Filmschaffende, auf die sie dringend angewiesen ist, zu verprellen. Die Arbeit zieht sich über ein Jahr lang hin, der Film muß umbesetzt werden, ist langatmig und psychologisch unstimmig; er wird ohne Premierenfeier gestartet. Danach legt Nicolas ein routiniertes, aber den Intentionen der Hauptdarstellerin Henny Porten völlig widersprechendes Drehbuch für *Carola Lamberti - eine vom Zirkus* und das Buch für eine banale Verwechslungsgeschichte (*Star mit fremden Federn*/ RE: Harald Mannl) vor. Dann stirbt er, nicht ohne einen Fluch auf den Lippen. Ein Geheimbericht rapportiert Nicolas' Äußerungen in dessen Berliner Lieblingsgaststätte, der »Niquet-Klause«. Der verärgerte Szenarist spricht zu vorgerückter Stunde von »Kunstpräservativen«, die man für die DEFA brauche; auch gleiche das Regime von Sepp Schwab einem »Kunstzuchthaus«. Die DEFA sei nunmehr chancenlos, die »Welt zu erobern« [25].

Das erste Verbot

Am 3. August 1950 bittet Falk Harnack im DEFA-Vorstand darum, *Das Beil von Wandsbek* nach Arnold Zweigs antifaschistischem Roman als Regiedebüt übernehmen zu dürfen; dem wird zugestimmt. Am 13. September beurlaubt man ihn aus diesem Grunde von seinen Funktionen als künstlerischer Leiter der DEFA und Mitglied des Vorstands. Zunächst hatte Wolfgang Staudte, der nach einem Ausflug zur Hamburger Real-Film (*Schicksal aus zweiter Hand*/ 1949) mit dem *Beil von Wandsbek* erneut an die DEFA gebunden werden sollte, am Drehbuch gearbeitet. Über zwei Jahrzehnte später und in Kenntnis der Dinge, die folgten, formulierte er als Ursache, das Projekt aus der Hand gegeben zu haben, politische Bedenken: Ihm sei es damals nicht gelungen zu vermeiden, daß man zum Schluß mit dem Henker Mitleid hat. [26] In seinen unveröffentlichten Arbeitserinnerungen erklärt Albert Wilkening den

1

2

3

Die Stunde der »alten« Neuen:

1 Eduard Kubat, versierter Produktionsleiter, dreht das Industrielustspiel »Jacke wie Hose« (1953). Mit Karin von Dassel (links)

2 Richard Nicolas (rechts), Autor vieler Drehbücher vornehmlich über die christliche Seefahrt, inszeniert »Anna Susanna« (1953)

3 Franz Barrenstein, bis dato Regieassistent, dreht den Rennfahrer-Film »Sein großer Sieg« (1952)

»Das Beil von Wandsbek« (1951)
nach dem gleichnamigen Roman von Arnold Zweig –
der erste verbotene Film der DEFA.
Mit Erwin Geschonneck und Käthe Braun.
Regie: Falk Harnack (unten), der daraufhin
das DEFA-Studio verläßt

Rückzug Staudtes jedoch wesentlich profaner: Da die Verhandlungen mit Heinrich Mann, dessen *Untertan* verfilmen zu dürfen, von Erfolg gekrönt waren und Staudte sich sehr dafür interessierte, habe er sich mit Harnack in einem gentlemen agreement über die Aufteilung der Projekte geeinigt. Für Harnack ist *Das Beil von Wandsbek* aus zweierlei Gründen wichtig: Zum einen bereitet er damit seinen Abschied von der zunehmend ungeliebten Funktion des Künstlerischen Direktors vor; er will kreativ tätig sein, nicht in Papieren ersticken (am 30. April 1951 scheidet er endgültig aus dem DEFA-Vorstand aus). Zum anderen interessiert ihn das Thema brennend: die Verstrickung deutscher Kleinbürger in die Verbrechen des faschistischen Regimes. Harnack, dessen zur Widerstandsorganisation »Rote Kapelle« gehörender Bruder Arvid im Dritten Reich hingerichtet worden war und der selbst in einem Prozeß gegen die »Weiße Rose« nur knapp einem Urteil entging, war 1943 aus der Wehrmacht desertiert und hatte sich griechischen Widerstandskämpfern angeschlossen.

Das Beil von Wandsbek über einen Hamburger Schlächtermeister, der sich in den ersten Jahren der Nazizeit als Scharfrichter verdingt und vier Antifaschisten köpft, ist für Harnack jedoch nicht nur ein historischer Stoff: Der Film »sollte jene Innensicht des Faschismus fortführen, mit der die DEFA ihre Arbeit begonnen hatte, nun freilich mit neuen Fragen: Die sozialökonomischen Wurzeln des Faschismus waren in der DDR im wesentlichen beseitigt, in West-

deutschland jedoch nicht. Aber auch in der DDR bildeten viele ehemalige PG und Nazi-Mitläufer noch eine soziale Kraft (die Brecht später, am 17. Juni 1953, wiedererkannte). Zwar suchten viele von ihnen nach einem Übergang in eine andere, neue Lebenshaltung; aber konnten sie wirklich für die Demokratie gewonnen werden, oder wurden sie zu ›neuen‹ Mitläufern? Bildeten sie ein latentes Potential für westdeutsch-konservative Kreise? Würden sie einen Neofaschismus in einem einheitlichen Deutschland konstituieren helfen? Der Film wollte hier öffentlich mitdiskutieren.« [27]

Während der Drehbucharbeit und des Drehens gibt es zahlreiche Detaileinwände. Am 19. September 1950 etwa verlangt die DEFA-Kommission, die Schuld des Henkers dürfe nicht nur als sein persönliches Versagen herausgestellt, sondern müsse als Schuld des faschistischen Systems deutlich werden. Unter keinen Umständen könne man etwa die ihn entlastende Sentenz »Du armer Hund« im Drehbuch belassen. Am 16. Januar 1951 heißt es im Protokoll der DEFA-Kommission: »Zweig ist mit vielen Darstellungen nicht einverstanden und es werden noch etliche Diskussionen mit ihm geführt werden. Termin des Filmes: Mitte März, da sehr viele Nachaufnahmen notwendig« [28] sind.
Während seiner Tätigkeit als Künstlerischer Direktor und während der Arbeit am Film wird Harnack häufig unter Druck gesetzt, er solle endlich nach Ostberlin umziehen. Innerhalb der Parteiüberprüfung 1950 gibt es auch darüber

Streit. Die Diskussion flammt in der DEFA-Kommission noch einmal am 4. April 1951 auf. Sepp Schwab erklärt, Harnack mache als Grund gegen einen Wechsel in den »demokratischen Sektor« geltend, daß seine Anwesenheit als SED-Genosse in der Nachbarschaft von politischer Wichtigkeit sei. Die Kommission legt fest, die entsprechende Westberliner Kreisleitung zu befragen: Sie soll bestimmen, ob Harnack die Koffer packt. Gleichzeitig heißt es im Protokoll: »In Anbetracht der Tatsache, daß er in der DEFA nur als Regisseur seit dem 1.4. 51 tätig ist, wird sein Umzug nicht als unbedingt notwendig erachtet.« [29]

Harnacks Regiedebüt kommt am 11. Mai 1951 auf die Leinwand. Am Tag danach berichtet der sowjetische Berater Tschekin, der das Projekt schon eine ganze Weile mißtrauisch beäugt, der DEFA-Kommission über eine Diskussion mit Genossen des ZK der Kommunistischen Partei der Sowjetunion in Moskau. Dort war man zu dem Schluß gekommen, es sei verfehlt gewesen, gerade diesen Roman von Arnold Zweig zu adaptieren, denn »der Film wird eine unerwünschte und schädliche Wirkung auf die Menschen in der DDR haben, da er nicht Haß gegen den Faschismus, sondern Mitleid mit den Mördern erzeugt. Gen. Tschekin schlägt vor, den Film vom Spielplan abzusetzen.« [30] Noch vergeht rund ein Monat, in dem etwa 800 000 Zuschauer den Film sehen; *Das Beil von Wandsbek* läuft sogar zur Eröffnung des Ersten deutschen Kulturkongresses in Leipzig; dann wird er tatsächlich zurückgezogen.

Öffentlich beginnen die Attacken gegen das *Beil von Wandsbek* am 20. Mai 1951, fünf Tage nach einer Sondervorführung im SED-Politbüro, mit einem Leserbrief der »Leipziger Volkszeitung«, in dem es heißt, der Film zeige einen Nazimörder als nationalen Helden. Zwei Tage später läßt ein Leser der »Berliner Zeitung« wissen, Harnacks Werk sei »verwirrend und gefährlich«, es verneine unbewußt die Verantwortung jedes einzelnen vor der Nation; sein Held, der Hamburger Schlächtermeister Teetjen, sei Gegenstand des Mitleids vieler Kinobesucher. – Noch ein Jahr danach, in der vom Politbüro des ZK der SED verabschiedeten Resolution »Für den Aufschwung der fortschrittlichen deutschen Filmkunst«, heißt es, *Das Beil von Wandsbek* sei ein schwerer Fehler der DEFA gewesen, weil er »nicht die Kämpfer der deutschen Arbeiterklasse zu den Haupthelden macht, sondern ihren Henker«. [31] Gewünscht ist kein Psychogramm eines vom Mitläufer zum Mittäter Gewordenen, sondern pauschaler Heroismus. Dennoch gibt es Verteidiger des Films, die ihn – mit Schnitten und nachgedrehten Szenen – erneut in die Kinos bringen wollen.

Arnold Zweig interveniert, bittet sogar Otto Grotewohl, sich *Das Beil von Wandsbek* anzusehen. Der Ministerpräsident der DDR reagiert umgehend und plädiert für eine Wiederaufnahme der Arbeit. In Diskussionen der Akademie der Künste macht Brecht bis kurz vor seinem Tod Vorschläge, wie das Material zu retten sei: unter anderem sollten, analog zum »Abgesang« des Romans, die ermordeten Widerstandskämpfer dadurch geehrt werden, daß in den Schlußszenen sowjetische Schiffe mit den Namen der Getöteten am Bug im Hamburger Hafen einlaufen. Hauptdarsteller Erwin Geschonneck wendet sich an Kulturminister Johannes R. Becher; in die Debatten greifen Anton Ackermann und Hans Rodenberg ein. Immer wieder lautet der Tenor, daß alle Szenen, die in irgendeiner Weise Mitleid mit dem Henker erzeugen, eliminiert werden müßten. Schließlich gelangt 1962 eine um zwanzig Minuten gekürzte Fassung in die Kinos; erst 1981 erfolgt die Restaurierung des kompletten Films. Damit erfüllt die Hauptverwaltung Film einen Wunsch Erwin Geschonnecks, den er zu seinem 75. Geburtstag ausdrücklich anmeldet.

Unbewiesen ist, ob mit dem scharfen Vorgehen gegen das *Beil von Wandsbek* wirklich nur der Film oder nicht auch sein Regisseur gemeint war. Harnack, der sich selbst als überzeugten Marxisten bezeichnete, hatte im griechischen Widerstand gekämpft und auf seinem Rückweg nach Deutschland die enge Bekanntschaft mit jugoslawischen Partisanen gemacht. Tito aber gehörte ab 1948 im sowjetischen Imperium zu den Unpersonen der Zeitgeschichte. – Wie auch immer: Nach schlaflosen Nächten kündigt Harnack den Vertrag mit der DEFA; er gerät in eine tiefe Lebenskrise, trägt sich sogar mit Selbstmordgedanken. Das hat nicht nur mit dem Verbot seines Regiedebüts zu tun, sondern auch mit dem, was die SED anschließend von ihm will: Er soll das antiamerikanische *Verurteilte Dorf* drehen und keinesfalls den »Michael Kohlhaas«, der ihm am Herzen liegt. *Das verurteilte Dorf* aber würde bedeuten, daß er sich im Westen kaum mehr blicken lassen kann... Harnacks Frau Käthe Braun, Hauptdarstellerin im *Beil von Wandsbek*, erinnert sich, daß er »das SED-Parteibuch

hin(schmiß), mit den Worten: Diesen Sozialismus habe ich nicht gemeint. (...) Vom Bruch mit der DEFA hat der Westen ungeheure Notiz genommen. Man stürzte sich auf Falk, wollte Interviews und erwartete natürlich, daß er eine Absage an den Osten macht. Er lehnte das ab, obwohl es für ihn beruflich von Vorteil hätte sein können. Doch es wäre eine Abwendung von den sozialistisch-humanistischen Ideen gewesen, die in seiner Familie fest verankert waren. Und er hätte damit die Motive seines Bruders Arvid fragwürdig gemacht, durch den Falks politischer Werdegang stark geprägt war. (...) Ich habe nie mehr eine so absolute, bedingungslose Treue erlebt, eine Treue, die nicht den geringsten Zweifel an den Handlungen und Ideen seines Bruders zuließ.« [32] Dem Thema des Widerstands und des Alltagslebens im Dritten Reich bleibt Harnack auch in vielen westdeutschen Arbeiten treu: *Der 20. Juli* (1955), *Unruhige Nacht* (1958), *Jeder stirbt für sich allein* (1962), *Peenemünde* (1970), *Der Verfolger* (1973).

Unmittelbar nach dem Verbot des *Beils von Wandsbek* wird die DEFA-Kommission vom Politbüro der SED verpflichtet, als »ideologische Kommission beim Vorstand der DEFA« ihre Kontrollfunktion noch intensiver wahrzunehmen: »Die DEFA-Kommission muß bereits Szenarien prüfen und ebenfalls die Durchführung der von ihr geforderten wesentlichen Änderungen der Drehbücher kontrollieren, indem alle Drehbücher, deren Umarbeitung beschlossen wurde, nochmals überprüft und in der Sitzung der DEFA-Kommission behandelt werden.« [33]

Die Untertanen sind unter uns

Einigermaßen skurril wirkt heute ein Brief Stefan Heymanns aus der Abteilung Kultur und Erziehung der SED an Sepp Schwab, in dem er mitteilt, daß die Partei nicht nur nichts gegen eine Beschäftigung des US-amerikanischen Regisseurs Erich von Stroheim bei der DEFA habe, sondern sogar die Möglichkeit erwäge, ihn den *Untertan* machen zu lassen. Bertolt Brecht war an Stroheim herangetreten und bei diesem auf Interesse gestoßen, in Babelsberg zu inszenieren. »Vom künstlerischen Standpunkt aus gesehen wäre ein Film unter der Regie von Erich von Stroheim zweifellos eine Weltsensation für die Defa und muß dementsprechend auch von Euch bewertet werden« [34], schreibt Heymann – vermutlich in völliger Unkenntnis des Genannten, der in Hollywood längst als enfant terrible galt, weil er sich kaum Forderungen der Produzenten unterwarf und alle Kalkulationen beständig und erheblich überzog.

Ob es tatsächlich Verhandlungen mit Stroheim gab, ist unbekannt; bald arbeiten Wolfgang und sein Vater Fritz Staudte an dem Projekt, das zunächst mit Arno Paulsen, dem Darsteller des Fabrikanten und Kriegsverbrechers Brückner aus *Die Mörder sind unter uns*, verfilmt werden soll. Als Paulsen nicht zur Verfügung steht, engagiert der Regisseur den viel jüngeren Werner Peters – für ihn wird Diederich Heßling, des Kaisers getreuer Spießbürger, die Rolle seines Lebens. Staudte plaziert ihn im Zentrum eines satirischen Feuerwerks, mit dem er den aus Angst, Gehorsam und Opportunismus gespeisten preußisch-deutschen militaristischen Geist entlarvt. Der Roman wird, ganz in Heinrich Manns Sinn, in einen Bilderreigen der Borniertheit und Eitelkeit verwandelt. Mit der Schlußeinstellung schlägt Staudte, angeregt von einem sowjetischen DEFA-Berater, sogar den Bogen aus dem vorigen Jahrhundert in die Zeit nach dem zweiten Weltkrieg: Nachdem die Einweihung des Kaiser-Denkmals durch ein Gewitter beendet worden ist und die Wolken verflogen sind, hat sich das Städtchen Netzig in eine zerbombte Ruinenlandschaft verwandelt; Trümmerfrauen klopfen Steine – ein in seiner Prägnanz und Einfachheit treffendes optisches Motiv für den Weg des deutschen Volkes in den letzten sechzig Jahren. *Der Untertan* ist ein Film von historischem Atem.

Und er ist eine Arbeit, die über weite Strecken den braven optischen Stil der Zeit verläßt. Staudte und sein Kameramann Robert Baberske bemühen sich um expressive Bilder: entlarvende Untersichten und Spiegelungen, gewagte Anschnitte, eine von vielen schlechten Geistern der Ufa befreite Fotografie. Der Lauf Diederich Heßlings neben des Kaisers Kutsche in Rom, die verzückten Verbeugungen vor der höchsten Obrigkeit werden auch optisch als Krönung ewigen Gehorsams transparent. Hinter vorgehaltener Hand tuscheln Dogmatiker zwar von Formalismus – öffentlich aber gibt es in der DDR keine gravierenden Attacken gegen den Stil des *Untertan*, der international schnell als Ruhmesblatt der DEFA anerkannt ist.

Doch bevor er ins Atelier gehen kann, beschäftigt sich die DEFA-Kommission mit Staudtes Einfällen, fordert den Regisseur auf, alle intellektuellen Überspitzungen und Entgleisungen in die »alte Ufa-Erotik« aus dem Drehbuch zu streichen und die in der Handlung agierenden Vertreter der Arbeiterklasse schärfer und kämpferischer zu gestalten.

Kurz vor Drehbeginn moniert Anton Ackermann: »Schlecht an dem Drehbuch ist die völlige Perspektivenlosigkeit. Das ganze Volk besteht nur aus Untertanen, außer einem jungen Arbeiter, der durch seinen Tod aus der Handlung ausscheidet. Das Drehbuch ist also nicht realistisch.« Ackermann argumentiert, daß es zur Zeit der Filmhandlung zum Beispiel Liebknecht gegeben habe, der gegen den Untertanengeist auftrat: »Die einzige Möglichkeit, dieses Drehbuch zu verfilmen, wäre, wenn die Arbeiter oder ein Arbeiter eine kämpferische Figur darstellen würde. (...) Wenn wir den Film zeigen, ohne das zum Ausdruck zu bringen, werden wir mit Recht schärfste Kritik erfahren.« [35] Diesmal ist es Sepp Schwab, der abwiegelt, die Arbeit könne nun nicht mehr gestoppt werden.

Durchaus zum Bild der Zeit gehört die Ablehnung des *Untertan* in westdeutschen konservativen Kreisen. Die Zeitschrift »Der Spiegel« druckt, was Bonner Ministerialbeamte denken, und artikuliert ebenso absurde Wünsche und

»Der Untertan« (1951/RE: Wolfgang Staudte):
für Werner Peters die Rolle seines Lebens

»Corinna Schmidt« (1951/RE: Artur Pohl)
mit Trude Hesterberg als Jenny Treibel (links)
und Ingrid Rentsch als Corinna Schmidt

Vorstellungen wie die DEFA-Kommission, nur eben um hundertachtzig Grad gedreht: *Der Untertan* sei ein »Paradebeispiel ostzonaler Filmpolitik: Man läßt einen politischen Kindskopf wie den verwirrten Pazifisten Staudte einen scheinbar unpolitischen Film drehen, der aber geeignet ist, in der westlichen Welt Stimmung gegen Deutschland und damit gegen die Aufrüstung der Bundesrepublik zu machen. Der Film läßt vollständig außer acht, daß es in der ganzen preußischen Geschichte keinen Untertan gegeben hat, der so unfrei gewesen wäre wie die volkseigenen Menschen unter Stalins Gesinnungspolizei es samt und sonders sind.« [36] Erst nach langen Verhandlungen des Berliner Filmkaufmanns Erich Mehl, einigen von Staudte selbst vorgenommenen Schnitten, die den Film um elf Minuten kürzen, und einem Vorspann, der auf den Einzelfallcharakter des Gezeigten hinweist, erlebt *Der Untertan* im März 1957 seine westdeutsche Premiere.

Parallel zu Staudtes Werk und mit ähnlichem historischem Hintergrund entsteht die Adaption des Fontaneschen Romans »Frau Jenny Treibel« (RE: Artur Pohl). Im Gegensatz zu Staudte verschiebt Pohl auf Geheiß der DEFA-Dramaturgie die Gewichte: Nicht mehr die bürgerlich-konservative Jenny Treibel steht im Mittelpunkt des Films, sondern die junge *Corinna Schmidt*, die den Abschied von ihrer Klasse immer mehr ins Auge faßt. Dramaturgischer Katalysator für ihre Wandlung ist der sozialdemokratische Redakteur Marcel Wedderkopp, der als »gefährlicher Sozialist« am Schluß des Films, begleitet von einer Solidaritätskundgebung seiner Genossen, außer Landes gewiesen wird – als Opfer des Sozialistengesetzes. »Ist mit dieser

Freiheit der Stoffbehandlung Fontane nicht Gewalt angetan?« fragt der DEFA-Pressedienst und antwortet gleich selbst: »Nein!« Vielmehr sei es »durchaus ›fontanisch‹ gedacht und gehandelt, wenn man bei der Verfilmung des Romans ›Jenny Treibel‹ die Welt der Arbeiter deutlicher sichtbar macht, als es im Roman geschieht.« [37]

Eine Filmkonferenz sucht Rat

Genau diese, eigentlich doch im Sinne der obwaltenden Doktrin vorgenommene »Aktualisierung« Fontanes wird nur ein Dreivierteljahr nach der Uraufführung strikt getadelt – ein Beleg für die von niemandem mehr rational erfaßbaren kulturpolitischen Schwankungen. In der Ende Juli 1952 publizierten Resolution des Politbüros der SED »Für den Aufschwung der fortschrittlichen deutschen Filmkunst« weist die Parteiführung darauf hin, »daß die Verfilmung von klassischen Stoffen mit der größten Verantwortung und nach sorgfältiger Auswahl auf Grund exakter wissenschaftlicher Forschung zu erfolgen hat. Das Politbüro warnt vor allen Tendenzen einer Vulgarisierung des Marxismus in bezug auf die Bearbeitung (...) des deutschen Kulturerbes...« [38]
Niemandem ist verborgen geblieben, daß die DEFA nach und nach verblutet. Die Filme, deren Drehbücher Dutzende Male geprüft, verworfen, umgeschrieben und noch einmal geprüft worden waren, lassen zunehmend Wünsche offen. Die Töne, die in der Resolution angeschlagen werden, sind notgedrungen kritisch und selbstkritisch: »Die Genossen im DEFA-Vorstand müssen lernen«, fordert die SED, »die

politisch-künstlerische Erziehung der Filmschaffenden mit den Mitteln einer zugleich prinzipiellen und kameradschaftlichen Überzeugung statt mit der Methode des Kommandierens und des bürokratischen Reglementierens zu leiten.« Kritisiert werden jene Schriftsteller, die die Ausarbeitung eines Drehbuchs als unter ihrer Würde ansehen. Die Autoren und überhaupt alle Filmschaffenden sollten »bestrebt sein, mit großer Genauigkeit und mit Liebe die Arbeit und den Kampf der Werktätigen zu studieren, und zwar, wie die sowjetische Filmkunst uns lehrt, am Platze der Arbeit und des Kampfes der Werktätigen selbst.«
Ablehnend steht das Politbüro dem von der DEFA angeblich eingenommenen »Standpunkt des kritischen Realismus« gegenüber und bemängelt, »daß die meisten Filme (...) sich im wesentlichen in der gesellschaftlichen Analyse und der gesellschaftlichen Kritik (erschöpfen), aber (...) kaum oder nur sehr ungenügend die Aufgabe der ›ideellen Umgestaltung, der Erziehung der arbeitenden Massen im Geiste des Sozialismus‹ « erfüllen. Der Aufbau der Grundlagen des Sozialismus in der DDR war auf der II. Parteikonferenz der SED vom 9. bis 12. Juli 1952 beschlossen worden – vierzehn Tage vor der Filmresolution.

Das Politbüro selbst sieht sich im Zugzwang, legt die nächsten Schritte für die DEFA fest: eine »systematische und freie Diskussion« unter den Filmschaffenden über die II. Parteikonferenz; die »Organisierung des systematischen Studiums und der Propagierung der Lehren von Marx, Engels, Lenin und Stalin zu den Fragen der Kunst im allgemeinen, des Inhalts und der Methoden der sowjetischen Filmkunst im besonderen«; die Herausgabe einer Zeitschrift, die »den sozialistischen Realismus propagiert und den Kampf gegen Kosmopolitismus und Formalismus« lehrt; die Ausarbeitung eines Perspektivplans der DEFA für die Zeit des Fünfjahrplans – und die Gründung eines »Staatlichen Komitees für Filmfragen« beim Ministerrat der DDR. Gleichzeitig wird für den 17. und 18. September 1952 eine Filmkonferenz nach Berlin einberufen. Ausgerechnet zwei der prinzipienfesten Genossen, deren nimmermüder Aufmerksamkeit das DEFA-Dilemma maßgeblich zu danken ist, haben weiterhin das Sagen: Sepp Schwab avanciert zum Leiter des Staatlichen Komitees für Filmwesen, dem zukünftig alle DEFA-Betriebe unterstellt sein werden, Hermann Axen hält vor rund zweihundertfünfzig Teilnehmern der Filmkonferenz das Referat »Über die Fragen der fortschrittlichen deutschen Filmkunst«.

Dort sind die Hauptthemen, die sich die SED im Kino wünscht, klar umrissen: »Zeigen Sie in Ihren Filmen das neue demokratische Antlitz, den demokratischen Charakter, die Volksverbundenheit unseres neuen Staatsapparates! Widerspiegeln Sie in Ihren Filmen den fortschrittlichen Inhalt und die tiefen Auswirkungen unserer demokratischen Gesetze! Geißeln Sie mit Scherz und Satire Bürokratismus und Trägheit! Gestalten Sie Filme, die die politische Wachsamkeit und die Verteidigungsbereitschaft der Werktätigen erhöhen! Verherrlichen Sie in Ihren Filmen die große revolutionäre Tatsache, daß bei uns nationale Streitkräfte geschaffen werden, daß es bei uns eine Polizei und staatliche Sicherheitsorgane gibt, die, von bewährten Kämpfern für

1

2

3

»Das verurteilte Dorf« (1952/RE: Martin Hellberg):

1 Helga Göring und Günther Simon

2 Eduard von Winterstein als Dorfpfarrer

3 Die Militärpolizei versucht, das Dorf zu räumen

die Sache des Volkes geführt, ausschließlich den Interessen des Volkes dienen. Zeigen Sie vor allem das neue Bewußtsein, das neue ideologisch-moralische Antlitz unserer Menschen. (...) Fangen Sie diese aufgehende Sonne der sozialistischen Arbeit, des sozialistischen Bewußtseins in Ihren Scheinwerfern und Kameralinsen auf!« [39]

Zwei Filme ziehen sich als Beispiele durch die Diskussionsbeiträge des Forums: Martin Hellbergs Debüt *Das verurteilte Dorf*, das über alle Maßen gelobt wird, und Slatan Dudows *Frauenschicksale*, der erhebliche Schelte erfährt. Hellbergs Arbeit (DB: Jeanne und Kurt Stern) führt in das westdeutsche Dorf Bärenweiler, in das während des Erntefestes die Nachricht platzt, daß der Ort für den Bau eines US-Militärflugplatzes geräumt werden müsse. Schnell formiert sich, von den umliegenden Gemeinden unterstützt, der Widerstand der Bauern. Bärenweiler bleibt standhaft – und gerät zum Fanal: Für die Kämpfenden engagieren sich bald Ruhrkumpel, Hamburger Werftarbeiter und Werktätige der DDR. Schließlich streiken auch die Bauarbeiter, die den Flugplatz errichten sollen. Am Schluß stehen sich Bauern und amerikanische Soldaten unversöhnlich gegenüber; die US-Militärs müssen sich geschlagen geben, denn eine Vertreibung unter Waffeneinsatz wagen sie nicht.

Der effektvoll inszenierte Film ist, nach Falk Harnacks Absage, die erste Kinoregie des aus Dresden geholten Theater-Generalintendanten Hellberg, der mit hoher, durchdringender Tenorstimme die Massen vor der Kamera dirigiert. Das Opus läßt wenig Raum für poetische oder psychologische Zwischentöne; alles prallt direkt und deutlich auf den Zuschauer herab. Schon die Szenen der Ankunft des aus sowjetischer Kriegsgefangenschaft heimkehrenden Helden Heinz Weimann (Günther Simon) in der Bundesrepublik charakterisieren das Westdeutschland-Bild der Filmemacher: Unter einem Schaufenster mit dem Slogan »Qualität bleibt Qualität« hockt ein Bettler; eine junge, schicke Frau läuft zu einem Besatzungssoldaten; die Auslagen eines Geschäftes locken mit Kriegsspielzeug, und am Kiosk hängen revanchistische Zeitschriften.

Die in der Mittagshitze friedlich erntende Bevölkerung des Dorfes wird von schwarzen Besatzerwagen am Horizont bedroht; der eiskalte, sonnenbebrillte US-Offizier (Wolf Kaiser) läßt sich auf keine Debatten ein: »Ich habe Befehle ... und die Macht!« Die ungeschminkte Aggressivität der Amerikaner schweißt die Dörfler – einschließlich des Pfarrers (Eduard von Winterstein) – zusammen; und ein Arbeiter kommt zu der alles andere als pazifistischen Einsicht: »Die Parole ›Krieg ohne uns!‹ genügt nicht mehr. Jetzt muß es heißen: ›Kampf für den Frieden – mit uns!‹« – *Das verurteilte Dorf* ist ein Ausdruck der tatsächlich vorhandenen Angst vor einem dritten Weltkrieg, der diesmal von den USA ausgehen und alles in Schutt und Asche legen könnte. Diese Furcht scheint legitim; die Zeichen der Zeit stehen auf Sturm. Allerdings beschwört der Film in völliger Verkennung der Realität eine revolutionäre Situation in der Bundesrepublik. Er erhält den Nationalpreis und den Weltfriedenspreis; damit sind auch die Autoren, die ein Ve-

to gegen die forsche, theatralische Regie Hellbergs eingelegt hatten und *Das verurteilte Dorf* noch einmal gedreht haben wollten, versöhnt.

Frauenschicksale von Slatan Dudow gerät indes ins Zentrum erbitterter Kontroversen. Zu einem der Hauptangriffspunkte auf der Filmkonferenz wird die Tatsache, daß Dudow keinen positiven Helden in den Mittelpunkt seines episodisch strukturierten Werkes stellt, sondern den Westberliner Frauenverführer Conny, »den Prototyp des Parasiten und kleinbürgerlichen Glücksritters, in dessen egoistischem Verhalten die bereits vollzogene Entwertung des Menschen sich ebenso offenbart wie in seiner Lebensmaxime: ›Man lebt ja nur einmal.‹« [40] Ausgerechnet dieser satirisch skizzierte Tunichtgut setzt die Geschichten des Films in Bewegung. Vier Frauen in ihrem Verhältnis zu Conny: die Jura-Studentin Barbara, die eine der ersten Richterinnen der DDR wird, zuvor aber an ihrer von Conny mißbrauchten Liebe fast zugrundegegangen wäre; die von ihm schwangere Modistin Anni, die wegen des Kindes ihren Arbeitsplatz in Westberlin verliert, nach dem Osten übersiedelt und in einem volkseigenen Textilbetrieb Modelle für die HO kreiert; das Mädchen Renate, das Conny gefallen will, Geld für ein neues blaues Kleid stiehlt, unter unglücklichen Umständen ihren Bruder tötet und als Freigängerin im offenen Strafvollzug Erfüllung in der Arbeit und in der Liebe findet; und schließlich die FDJlerin Ursula, die dem Gecken schon während ihrer ersten Begegnung einen Korb gibt. – Für Dudow sind die Frauen die (positiven) Helden, nicht der Mann; doch kaum jemand hört auf seine Argumentation.

Der Demokratische Frauenbund Deutschlands meldet sich zu Wort und kanzelt Dudow ab. Während der Filmkonferenz machen sich die Schauspielerin Steffie Spira und die DEFA-Dramaturgin Martha Führmann zu Sprecherinnen des Bundes und bemängeln, daß den *Frauenschicksalen* »das erste Merkmal für Filme des sozialistischen Realismus fehlt: typische Schicksale in typischen Situationen. (...) Die typischen Schicksale unserer Frauen sind die der Umsiedler, die aus einem anderen Land in unsere Dörfer gekommen sind, um hier eine neue Existenz aufzubauen. Denken wir an die Bäuerinnen, die den Hof übernehmen mußten, weil der Mann nicht zurückkam! Denken wir an das junge Mädchen, das die Sorge um die Geschwister auf sich nahm, weil die Eltern im Kriege umgekommen sind. (...) Denken wir auch an das Schicksal der Frauen, die um die Liebe ringen, aber um eine andere Liebe als in *Frauenschicksale*.« [41] Obwohl Slatan Dudow seinen Film verteidigt und auch Gerhart Eisler, Leiter des Amtes für Information, nicht mit Lob spart – der Film habe mit schöpferischer Kühnheit zum ersten Mal den Versuch gemacht, ein Problem der neuen Moral zu behandeln –, reglementiert Hermann Axen im Schlußwort der Konferenz: »Wir werden wohl keine *Frauenschicksale* in dieser Form wieder drehen. Wir werden viele andere positive Heldinnen darstellen. Wir werden uns vorbereiten, einer solchen Heldin wie Clara Zetkin ein würdiges Denkmal zu setzen.« [42] Der Geist des sowjetischen Chefideologen Andrej Shdanow schwebt über allen Wassern.

1

2

3

»Frauenschicksale« (1952/RE: Slatan Dudow):

1 Sonja Sutter als Renate

2 Anneliese Book als Richterin Barbara

3 Der Westen tanzt sich in den Untergang.
  In der Mitte: Frauenverführer Conny (Hanns Groth)

Was spielt es nach einem solchen Verdikt noch für eine Rolle, daß Dudow sich vor Drehbeginn in langwierigen Auseinandersetzungen mit der DEFA-Kommission zu Zugeständnissen bereiterklärt hatte: Eine papierne Gestalt wie die Genossin Hertha Scholz (Lotte Loebinger), die das faschistische KZ überlebte und nun als Rednerin auf Versammlungen unermüdlich das soziale Engagement der DDR und die neuen Familiengesetze preist, war zunächst nur als Randfigur gedacht. Jetzt, im fertigen Film, nimmt sie erheblichen Raum ein. Dafür mußten Szenen, die belegten, daß es auch in der DDR massive männliche Vorbehalte gegen eine weibliche Richterin gibt, auf ein Minimum reduziert werden.

Frauenschicksale bleibt trotz deklamatorischer und statuarischer Momente, die sich in der zweiten Hälfte massiv in den Vordergrund drängen, einer der wenigen »großen« Filme der frühen Fünfziger: ein sozial genaues Gesellschaftsbild mit Szenen, die cineastisch kraftvoller sind als der ganze Rest der DEFA-Jahresproduktion. Man denke nur an jene musikalisch strukturierte Sequenz auf dem Rummelplatz, in der der Verführer Conny sich anschickt, eine neue Eroberung zu machen – aufgenommen mit einer scheinbar frei im Raume schwebenden Kamera, ohne störende Schnitte, fast wie bei Max Ophüls...

Auf dem Weg durchs Tal

Ab 1. November 1952 fungiert Hans Rodenberg, bisher Leiter des Berliner Theaters der Freundschaft, als DEFA-Direktor; zum 31. Dezember 1952 wird die »Deutsche Filmgesellschaft mit beschränkter Haftung«, die unter ihrem Dach die gesamte Filmproduktion der DDR versammelte, aufgelöst und ab 1. Januar 1953 in eigenständige volkseigene Betriebe gesplittet: das DEFA-Studio für Spielfilme mit Sitz in Potsdam-Babelsberg, das DEFA-Studio für populärwissenschaftliche Filme mit Sitz ebenfalls in Babelsberg, das DEFA-Studio für Wochenschau und Dokumentarfilme in Berlin und andere. Damit ist ein Beschluß der Politbüro-Resolution in die Tat umgesetzt.

Die Probleme freilich bleiben. Rodenberg: »In bezug auf die kulturpolitische Richtung meiner Arbeit hatte ich zwar die allgemeinen Prinzipien der Partei, aber niemand sagte mir, wie ich leiten sollte, auf wen ich mich stützen könne. Nach etwa vierzehn Tagen meldete ich mich bei Sepp Schwab, der mein Vorgesetzter war, an, fuhr in die Jägerstraße. (...) Ich wollte mir Rat holen und fragte Sepp: ›Worauf soll ich mich stützen, was sind die Hauptakzente meiner Arbeit? Darüber müssen wir einmal sprechen.‹ Sepp Schwab stellte sich ans Fenster, sah auf die Jägerstraße hinunter, drehte sich dann um, sah mich an und antwortete: ›Wenn du mich so direkt fragst, mein lieber Hans, denke ich, du wirst genauso wursteln, wie ich wurstele.‹« [43]

Genau so kommt es – zumindest im ersten halben Jahr seiner Tätigkeit. Die Filmkonferenz trägt nicht zum Aufschwung bei, sondern ist nur ein weiterer Baustein der Stagnation. Die Angestellten sind in höchstem Maße unzufrieden: die Ateliers stehen leer, weil die Kontinuität der

Produktion nicht gewährleistet ist. Aber wo kaum Filme produziert werden, gibt es keine Prämien, die die schmalen Gehälter wenigstens ein bißchen aufbessern – und man braucht in der Konsequenz auch weniger Leute. Auf Anweisung von »oben« entläßt die DEFA Anfang 1953 vor allem Arbeiter mit Wohnsitz in Westberlin.

Die Kündigungswelle trifft einige Beschäftigte, die, im Osten tätig und »drüben« lebend, die offene Grenze nutzen, um ihr monatliches Salair aufzubessern: »Manche schoben auf Teufel komm raus, versteckten die Sachen am Körper – ich kann Ihnen gar nicht sagen, wo... « [44] Verschoben werden selbst Requisiten, die die DEFA nur ausgeliehen hat. Am 29. Februar 1952 beispielsweise findet eine Gerichtsverhandlung gegen Requisiteure von *Untertan* und *Corinna Schmidt* statt – obwohl durch Rundschreiben von Ende 1950 jeglicher Verkehr mit Westberliner Firmen grundsätzlich verboten ist, waren diverse Gegenstände dorthin »vermacht« worden.

Aber auch viele »Unschuldige«, Filmhandwerker, die das Babelsberger Studio schon seit Ufa-Zeiten als ihre Heimstatt betrachten, sind betroffen. Und: Die Entlassungen haben einen ungewollten Nebeneffekt. Angesehene künstlerische Mitarbeiter, parteilose Westberliner, bieten ebenfalls ihre Kündigung an: darunter die beiden Kameramänner und Nationalpreisträger E. W. Fiedler und Robert Baberske.

Als eklatantes Problem registriert die neue DEFA-Leitung die Komparserie. Kleindarsteller werden gewöhnlich während der Filmbörsen in Potsdam oder Berlin »eingekauft« – aber wen man sich da für Stunden oder Tage ins Studio holt, weiß eigentlich niemand so genau. Nach einer zweitägigen Untersuchung durch eine Abordnung des Staatlichen Komitees vermerkt das Protokoll beinahe resignierend: »Statt der zwei z.Zt. als Komparsenbetreuer abgestellten Betriebsschutzleute benötigten wir nicht nur zwanzig oder fünfzig, sondern hundert Leute. (...) Man müßte unter den Komparsen zuverlässige Leute haben, Komparsengruppen bilden von fünf bis zehn Mann und jeder Gruppe einen Verantwortlichen zuteilen. Aber nicht erst auf dem Gelände, sondern schon in der Filmbörse (...) muß eine Sichtung vorgenommen werden, müssen die Komparsen ständig kaderpolitisch erfaßt werden.« [45] Um unberechtigte Personen vom Studiogelände fernzuhalten, sei Stacheldraht für die Umzäunung vonnöten. Die Kaderleiterin Lea Grosse schlägt vor, anstelle der bisher engagierten vorwiegend Westberliner Kleindarsteller künftig vor allem auf Potsdamer Staatsrechtsstudenten zurückzugreifen.

In einem Zwischenbericht zur Umsetzung der Beschlüsse der Filmkonferenz vom 20. Januar 1953 zeigt sich die Partei unzufrieden über die politische Arbeit im Studio: »Die Genossen der Kreisleitung Potsdam haben sich bisher zuwenig um die ideologisch-politische Arbeit der Belegschaft (...) gekümmert. Sie fanden den Weg nur zur Parteiorganisation Babelsberg, wenn sie bestimmte Aufträge zur Ausgestaltung von Sälen, Kundgebung, Demonstration usw. hatten.« [46] Bemängelt wird, daß dadurch die »Arbeit des Klassengegners« selbst in den direkten Drehprozessen Erfolge zeitigen könne: So hätten die Westberliner Regie-

1

2

»Geheimakten Solvay« (1953/RE: Martin Hellberg):

**1 Raimund Schelcher und Harald Mannl
als Diversanten**

2 Die gerechte Strafe nebst erhobenem Zeigefinger

und Produktionsassistenten beharrlich versucht, entscheidende politische Stellen im Drehbuch des Spionagekrimis Geheimakten Solvay (RE: Martin Hellberg) »im negativen Sinne« zu verändern: »Besonders der Produktionsleiter, der westberliner parteilose Kollege Lehmann, war der Hauptsprecher für Abänderungen am Buch.« Als gravierend werden Schwachstellen und Störungen während der Arbeit am Haupt- und Staatsfilms des Jahres, Ernst Thälmann - Sohn seiner Klasse (RE: Kurt Maetzig), aufgelistet: Bei der Herstellung von Musterstreifen im Farbfilmkopierwerk Köpenick seien die letzten Muster »unfachgemäß entwickelt (...), so daß grauschwärzliche Filmkopien entstanden, deren farbige Leuchtkraft empfindlich beeinflußt war. Es konnte durch Fachleute des Thälmann-Filmdrehstabes nachgewiesen werden, daß die Bäder für die Kopien in falscher Mischung angesetzt waren in einem so hohen Grade, wie es noch nie vorgekommen ist.« Sabotage allerorten – teils tatsächlich, teils herbeigeredet.
Gelobt werden indes die Anstrengungen des Thälmann-Kollektivs, künstlerische und politische Fragen des Films

unter Anleitung erfahrener Genossen vom gesamten Drehstab diskutieren zu lassen. Ein Akt, der freilich nicht alle Imponderabilien ausschließt – das Papier weist mit erhobenem Zeigefinger darauf hin, daß das ideologische Niveau etwa des Hauptdarstellers Günther Simon durchaus zu wünschen übrigläßt: »Anläßlich der Verhaftung seines Schwiegervaters in Schwerin wegen Wirtschaftsvergehens erklärte er, daß er die Thälmann-Rolle nicht spielen könnte, wenn sein Schwiegervater nicht sofort auf freien Fuß gesetzt wird. Wie uns bekannt ist, wurde der Schwiegervater des Günther Simon inzwischen freigelassen.«

Hans Rodenberg begreift schnell, daß er nicht nur einen ideologischen Ameisenhaufen, sondern auch den Mangel verwaltet – die Forderung nach sparsamem Umgang mit Geld (vor allem Westgeld) und Material steht permanent auf der Tagesordnung. Wenn der Requisiteur der Geschichte vom kleinen Muck (RE: Wolfgang Staudte) für die Dekoration des Hochzeitssaales Apfelsinen, Pampelmusen oder Erdnüsse benötigt, geht das nur über einen Antrag ans Staatliche Komitee für Filmwesen, denn Südfrüchte gibt es im Westen und die benötigte Menge kostet dort 13,35 DM. Der sowjetische Maskenbildner des Thälmann-Films braucht für seine Versuche Gummimilch, die ebenfalls nur jenseits der Zonen- und Sektorengrenzen zu haben ist. Um den Beginn der Dreharbeiten nicht zu gefährden, besorgt Produktionsleiter Adolf Fischer über Verwandte in Hamburg das Gewünschte – für 34 DM. Demgegenüber kosten falsche Planungen unnötiges Geld: »...zum Beispiel, wenn in (...) Die Unbesiegbaren 30 Husaren-Uniformen bestellt werden, davon aber nur 15 gebraucht worden sind, sodaß ein unerhörter Mehrverbrauch an Material und auch Arbeitsstunden dadurch entstanden sind. Wenn auch in dem Film Kein Hüsung ein Kind mitspielt, das viermal neu angezogen wurde und man nach Wochen feststellt, daß das Kind nicht geeignet erscheint und wieder umbesetzt werden muß, so ist das auch ein Kosten- und Materialverteuernder Faktor.« [47]

Im ersten Halbjahr 1953 haben fünf Filme Premiere: vor allem Geheimakten Solvay, der nach authentischen Prozeßunterlagen vor westdeutschen, mit dem Kriegsverbrecherkonzern IG Farben liierten Wirtschaftsspionen warnt, und Die Unbesiegbaren (RE: Artur Pohl), ein großangelegtes Epos über die deutsche Sozialdemokratie in der Endzeit des Bismarckschen Sozialistengesetzes, werden als Erfolg für die DEFA verbucht. Geheimakten Solvay, ästhetisch durchaus mit einem Film wie Achtung! Feind hört mit! (1940/ RE: Arthur Maria Rabenalt) vergleichbar, verfügt über starke Momente innerer Spannung, die unter anderem auf einer genregerechten Schwarzweißfotografie – mit langen Schatten – und einer guten Besetzung basiert. Die Unbesiegbaren ist ein Projekt, das den Forderungen der SED gerecht wird, endlich auf Stoffe aus der Geschichte der revolutionären Arbeiterbewegung zurückzugreifen. Szenarist Heino Brandes hatte schon seit Beginn der fünfziger Jahre an einer entsprechenden Trilogie gearbeitet: Die Unbesiegbaren bildete dabei das Mittelstück, das seinen Intentionen entsprechend an einen Film über die Zeit des Erscheinens des Kommunistischen Manifestes und den Beginn der deutschen Industrialisierung (»Ein Gespenst geht um«) anknüpfen und mit einem dritten Teil fortgesetzt werden sollte, der die Entwicklung der SPD zwischen dem Tod Bebels und der Antikriegsrede Liebknechts auf dem Potsdamer Platz spiegelt. – Dieser Rahmen um *Die Unbesiegbaren* wird freilich nie inszeniert.

Es ist zu vermuten, daß Brandes und Pohl die beiden während der Nazizeit gedrehten Filme über Bismarck (*Bismarck*/ 1940, *Die Entlassung*/ 1942/ RE: Wolfgang Liebeneiner) kannten, in denen die Figur des ersten deutschen Reichskanzlers zum klugen und machtbewußten Vorläufer Hitlers stilisiert worden war, dessen Träume der »Führer« nun vollendete. *Die Unbesiegbaren* korrigiert diese Filme nach dem neuen Kanon und präsentiert in einem weit ausladenden Panorama die Arbeiterführer Bebel (Karl Paryla) und Wilhelm Liebknecht (Erwin Geschonneck) im Streit gegen den »traditionsgebundenen Junker« Bismarck (Walter Brandt), gegen Kaiser Wilhelm II. (Hanns Groth) und die Reformisten in den eigenen Reihen.

Damit artikuliert der Film die Ablehnung des Prinzips, innerhalb der bürgerlichen Demokratie, im Parlament, für Reformen eintreten zu wollen – »Mit dem kapitalistischen Staat paktieren wir nicht, den bekämpfen wir«, sagt Bebel an entscheidender Stelle, und: »Wir werden so lange kämpfen, bis der sozialistische Staat Wirklichkeit geworden ist.« Mit solchen Sentenzen geraten *Die Unbesiegbaren* zu einer Absage an die Politik der westdeutschen SPD, was vom »Neuen Deutschland« ausdrücklich hervorgehoben wird: »Der Verrat der rechten SPD-Führer an den Interessen der deutschen Arbeiterbewegung, wie er besonders in den jüngsten Erklärungen Ollenhauers und Carlo Schmids zum Ausdruck kam, hat bei allen Werktätigen, nicht zuletzt auch bei allen ehrlichen Berliner Sozialdemokraten, heftige Empörung ausgelöst. Die Berliner Arbeiter sind stolz auf ihre Traditionen, besonders aus der heroischen Zeit des Sozialistengesetzes. Sie denken nicht daran, diese fortschrittlichen Traditionen, den Kampfgeist August Bebels und Wilhelm Liebknechts als ›Ballast‹ über Bord zu werden, wie es Carlo Schmid formulierte.« [48]

Daß *Die Unbesiegbaren* dennoch nicht zu einer didaktischen Lehrstunde schrumpfen, ist neben Artur Pohls atmosphärischer Regie vor allem einem Darsteller zu danken: dem schwergewichtigen Willy A. Kleinau, Akteur vom Typ Heinrich Georges oder Emil Jannings' und bis dahin DEFA-Bösewicht vom Dienst. Er spielt den Lokomotivschlosser Schulz aus den Borsigwerken, der den illegalen Sozialdemokraten angehört, ins Gefängnis geworfen wird, sich nicht brechen läßt und am Schluß, wieder in Freiheit, vor allem anderen einer Bebel-Rede lauscht. Eine integre Gestalt, bodenständig und herzlich, ein Mensch. Der dramaturgische Kniff, fiktive Leute »aus dem Volk« als Identifikationsfiguren für den Zuschauer in eine auf authentischem Material basierende Polithandlung einzuflechten, erweist sich als äußerst erfolgreich und wird bei anschließenden historisch-biographischen Filmen zum Prinzip erhoben: das junge proletarische Paar Änne und Fiete in den beiden *Thälmann*-Teilen erfahren ein, zwei Jahre später eine ebenso kultische Verehrung wie der Arbeiterführer selbst.

1

2

»Die Unbesiegbaren« (1953)
erfüllt zum ersten Mal die Forderung der SED nach
Filmen über Geschichte und Tradition
der revolutionären deutschen Arbeiterbewegung –
ein Opus mit Starbesetzung

3

4

5

1 Regisseur Artur Pohl bei den Dreharbeiten

2 Willy A. Kleinau als Berliner Dreher Schulz

3 Erwin Geschonneck (links) als Wilhelm
  Liebknecht und Karl Paryla als August Bebel

4 Werner Peters (links) als Denunziant Köppke,
  mit Arno Paulsen (Mitte) und Gerhard Bienert

5 Hanns Groth (Mitte) als Kaiser Wilhelm II.

1

2

3

1 Regisseur Wolfgang Schleif (Mitte)
bei Dreharbeiten zu seinem Film
»Saure Wochen – frohe Feste« (1950)

2 »Saure Wochen – frohe Feste« mit
Brigitte Krause (3. v. links) und
Karla Runkehl (5. v. links)

3 Eine Szene aus »Die Störenfriede« (1953),
dem letzten Film Schleifs bei der DEFA

Nach zweieinhalbjähriger Pause präsentiert die DEFA im Frühsommer 1953 auch wieder einen Kinderfilm: *Die Störenfriede* (DB: Hermann Werner Kubsch und, zum ersten Mal, Wolfgang Kohlhaase). Ein pädagogisches Opus um zwei undisziplinierte Jungen einer siebenten Klasse, die von einer neuen Mitschülerin bei ihren Interessen gepackt und ins Kollektiv integriert werden. Kurz vor der Premiere verläßt der Regisseur das Studio: Wolfgang Schleif, der der DEFA seit 1947 eng verbunden war. Seinem Debüt *Grube Morgenrot* (Co-RE: Erich Freund), einer Rückblende auf Streikaktionen zu Beginn der dreißiger Jahre, hatten sich der Jugendwerkhof-Film *...Und wenn's nur einer wär...*, die stimmungsvoll inszenierten *Blauen Schwerter* und *Saure Wochen – frohe Feste* (1950) angeschlossen, ein situationskomisches Lustspiel, in dem eine Jugendbrigade mit einem Agitationskabarett die Höhen der »neuen« Kultur erklimmt, während die verspießerten Alten zum vierjährigen Bestehen ihres Großkraftwerks ausgerechnet die Operette »Gärtnerliesel« aufführen. Ein insgesamt recht schwacher, proletkultiger Versuch, mit dem Schleif aber immerhin zum ersten Mal im DEFA-Spielfilm wagte, Arbeitsprozesse in die Form einer dokumentarischen, »optischen Symphonie« (KA: E.W. Fiedler) zu gießen – ziemlich weit von Dsiga Wertow entfernt und dennoch auf dessen Spuren.

Schleif gilt als fachlich und politisch verläßlicher Handwerker, der zudem noch als Lehrer des DEFA-Nachwuchsstudios sein reiches Wissen bereitwillig jüngeren Kollegen zur Verfügung stellt. Sein Unbehagen an der mageren Jahresproduktion, den endlosen Debatten und Zensureingriffen hatte er indes schon 1950 artikuliert: »Ich habe immer politische Filme gemacht. Man muß dafür sorgen, daß solch ein Film in kürzester Frist herzustellen ist, denn sonst ist er nicht mehr aktuell. Ich mache im Jahr nur einen Film. Das ist zu wenig, es geht nicht auf die Dauer, immer wieder im Atelier von vorn anzufangen. Die Herren müssen sich mit der physischen Einstellung der Filmschaffenden befassen, wenn sie Direktoren der DEFA sind.« [49] Im gleichen Atemzug bekannte er sich zu der Freiheit, auch im Westen Stoffe annehmen zu dürfen.

Anfang 1953, nach den *Störenfrieden*, macht Schleif in mehreren Briefen an die DEFA-Leitung auf seine Situation aufmerksam: Er und seine Familie leben in Westberlin, aber als Gehalt erhält er von der DEFA vor allem DDR-Mark, für die im Westen ein Kurs von 1:7 gilt, und nur einen ungenügenden Anteil an harter Währung. Lebensmittel und andere Dinge könne aber aufgrund neuer Bestimmungen nur er besorgen; weder seine Frau noch seine Haushälterin hätten von den DDR-Behörden eine Genehmigung, im Osten während seiner bei Dreharbeiten unvermeidlichen Abwesenheit einzukaufen. Das jedoch sei existentiell notwendig. – Am 9. April, die Einkaufsbescheinigung für seine Frau ist noch immer nicht bewilligt, legt er die Regie des Films *Hexen* nieder, für den wochenlange Arbeiten im Thüringer Wald anstehen: »Ich bitte Sie, mir einen Film zu übergeben, der in Berlin gedreht werden kann, da Außenaufnahmen auch wegen der völlig unzureichenden neuen Spesensätze mit viel zu hohen persönlichen Unkosten verbunden sind.« Zudem fordert er einen neuen, der Situation entsprechenden Vertrag mit mehr Westmarkprozenten.

Wenig später gelingt es durch Vermittlung der DEFA-Leitung, daß die Einkaufsbescheinigungen für Schleif, Wolfgang Staudte, E. W. Fiedler und andere Westberliner Fachleute ab 1. Mai auf deren Frauen übertragen werden. Das ist laut Gesetz aber nur möglich, wenn die Männer selbst auf dieses »Privileg« verzichten. Am 11. Mai 1953 schreibt Schleif, resignierend, an Rodenberg: »Wenn auch meine Frau nunmehr einkaufen kann, so bleibt doch die Tatsache bestehen, daß ich selbst im demokratischen Sektor von Berlin als Regisseur der DEFA (einer Weltfirma) noch nicht einmal eine Schachtel Streichhölzer einkaufen kann. Ja, ich muß damit rechnen, daß mir Dinge, die ich zur Arbeit brauche, oder die ich mit mir führe, beschlagnahmt werden, weil ich keine Einkaufsbescheinigung vorweisen kann. (...) Man wird jetzt beinahe bei jeder S- oder U-Bahn-Fahrt am Grenzbahnhof über den Bahnsteig in ein Häuschen geführt und durchsucht. Wenn Sie das Tag für Tag, oder gar mehrmals am Tag haben über sich ergehen lassen, werden Sie schließlich so verzweifelt, daß Sie einen Ausweg suchen, koste es was es wolle. (...) Sie werden vielleicht sagen, ich hätte zu feine Nerven. Es ist aber meine Begabung, feine Nerven zu haben, und damit habe ich meine Filme bei der DEFA gemacht. (...) Meine Krankheit entspringt dem pausenlosen, enervierenden Nachdenken über diese Probleme, die ich nicht lösen kann. (...) Ich kann nicht weiter. (...) Herr Staatssekretär Schwab meinte in der Unterredung, bei der Sie auch zugegen waren, es könne mir leicht geholfen werden, wenn ich in die D.D.R. umziehen würde. Mir ist ganz klar, daß dann vieles leichter wäre, aber ich kann und will nicht umziehen. Eine Entscheidung muß getroffen werden, sonst bin ich zu keiner schöpferischen Arbeit mehr fähig; denn die zwei Jahre, die ich bei der DEFA ohne Regieaufgabe gewartet habe, sind auch nicht spurlos an mir vorüber gegangen. Ich nehme nun den in meinem Vertrag vorgesehenen, unbezahlten Urlaub bis zu einem Zeitpunkt, an dem die Schwierigkeiten, die uns jetzt so bedrücken, überwunden werden können.« [50]

Damit ist Schleifs Abschied von der DEFA besiegelt. Am 21. Mai weist die Leitung des Studios an, schon das Mai-Gehalt an ihn nicht mehr auszuzahlen. In einem erklärenden Brief ans Staatliche Komitee mutmaßt Rodenberg, daß sich der Regisseur vor Hexen, also einem weiteren zeitgenössischen Film, habe drücken wollen, um sich die Arbeitsmöglichkeiten im Westen nicht zu verbauen. Er sei längst in geheime Verhandlungen mit einer westdeutschen Firma getreten. Rodenberg kann sich einen bösen Nebensatz nicht verkneifen – eine Tatsache, die zwar viele kennen, die aber bisher nie ausschlaggebend war: »Außerdem ist bekannt, daß der faschistische Regisseur Veit Harlan (Jud Süß) mit Schleif enge persönliche Verbindungen unterhält.«

Der neue DEFA-Chef macht auf weitere »Verluste« aufmerksam: den Regisseur Otto Meyer, der »ohne unsere Erlaubnis einen Vertrag mit einer bürgerlichen Wiener-Film-Firma abgeschlossen« habe, den Produktionsleiter Robert Leistenschneider, den Kameramann Fritz Lehmann. »Aus alldem ist zu ersehen, daß von Westberlin oder Westdeutschland aus systematisch der Versuch gemacht wird,

(...) Spezialisten von uns abzuziehen und ihnen sofort erst einmal Arbeit in der Westberliner oder westdeutschen Filmindustrie zu geben. (...) Es ist für unser Studio von großem Interesse, unbedingt die Regisseure Staudte und Pohl, die Architekten Erdmann, Zander und Schneider, den Kostümbildner Schulze-Mittendorf sowie den Kameramann Baberske und einige andere Westberliner Spezialisten zu halten. Ich hatte mit Genossen Axen darüber eine Unterredung.« [51] In deren Folge werden unter anderem für die Genannten sowie den Regisseur Franz Barrenstein und den Produktionsleiter Werner Dau je zwei Einkaufsscheine bewilligt. Außerdem erhält die Staatliche Kommission für Handel und Versorgung den Auftrag, in Ostberlin schnellstens ein Spezialgeschäft zu eröffnen, in dem Westberliner Künstler bestimmte Artikel, die nicht auf diese Scheine erhältlich sind, erwerben können...

Schleif übrigens dreht in Westdeutschland einen Film nach dem anderen, später ist er ein gut beschäftigter Fernsehregisseur. Zu seinen Arbeiten gehören Ännchen von Tharau (1954) und Die Mädels vom Immenhof (1955), Rommel ruft Kairo (1958) oder Freddy, die Gitarre und das Meer (1959). Irgendwann schreibt er in einem Brief an seinen einstigen Regieassistenten Joachim Kunert sinngemäß: Bei der DEFA habe ich mich mit klugen politischen Köpfen herumgeschlagen, und hier schlage ich mich mit Zigarettenhändlern herum, die das Geld haben. [52]

Der Juni hinterläßt Spuren

Am 17. Juni 1953 dreht Wolfgang Staudte auf dem Freigelände der DEFA für seine Geschichte vom kleinen Muck, den Lieblingsfilm nicht nur von Ho Chi Minh, sondern auch von mehreren Generationen DDR-Zuschauern. Er arbeitet an jener Szene, in der Muck und der Schnelläufer des Sultans um den Brunnen des Palastes rasen. Staudte wird zunehmend nervöser: Von der Straße, die nach Berlin führt, dringt ständiger Lärm aufs Studiogelände. Wieso fahren denn da immerzu Traktoren, fragt er einen Aufnahmeleiter, schauen Sie doch mal nach, da müssen wir die Chaussee eben absperren lassen. Doch Staudte irrt: Draußen rollen Panzer. [53]

Auch bei der DEFA gibt es Unruhen. Einige der Beschäftigten verlangen, gemeinsam mit den Lokomotivwerkern von nebenan ins Potsdamer Zentrum zu ziehen – als Marschblock von viertausend Arbeitern. Man sammelt sich vor der Feuerwache. Eine Lautsprecheranlage wird installiert, es brodelt. Rodenberg ist in Berlin; von der Direktion befinden sich unter anderem Albert Wilkening und die neue Kaderleiterin Lea Grosse im Studio. Sie – eine Jüdin und Kommunistin, die mehrere Jahre in faschistischen Gefängnissen eingekerkert war und danach in der Sowjetunion lebte – hat als einzige den Mut, ans Mikrofon zu treten und die Menge um Ruhe zu bitten. Ihr Wortwechsel mit einem Stukkateur läßt die Situation umschlagen. Der Mann beleidigt sie als »Russenhure«, es fallen auch antisemitische Äußerungen. Sie wehrt sich. Plötzlich hilft ihr »ein Genosse aus dem Kopierwerk, ein Mann, der auf Parteiversammlungen nie große Worte geschwungen hat, nun aber all seinen Mut zusammennimmt: Schämt Ihr Euch nicht,

1

2

»Die Geschichte vom kleinen Muck«
(1953/RE: Wolfgang Staudte)
nach dem gleichnamigen Märchen von Wilhelm Hauff:
ein poetisches wie tricktechnisches Meisterwerk

1 Thomas Schmidt in der Titelrolle
   und Silja Lesny als Prinzessin Amarza

2 Heinz Kammer und die Eselsohren

3 Johannes Maus als altgewordener Muck

3

diese Frau zu beleidigen, ruft er, ist es denn in Deutschland wieder so weit, daß wir Juden anspucken?« [54] – Das Aufflammen faschistischer Hetztiraden bringt die Leute tatsächlich zur Besinnung.

Erst am Tag danach, am 18. Juni, als die Lage sich DDR-weit dank sowjetischer Panzer »beruhigt«, tritt Hans Rodenberg auf – zunächst im Freien, dann in der Mittelhalle. Er redet – er ist ein glänzender Rhetoriker, der kein Manuskript braucht –, und er hört sich die Forderungen der Beschäftigten an: kontinuierliche Arbeit, bessere Entlohnung, bessere soziale Bedingungen, bessere Einkaufsmöglichkeiten im Studio, eine Überprüfung des Normen- und Prämiensystems, weniger Überstunden. Probleme gibt es genug: Ein Teil der ohnehin schon niedrigen Löhne ist zum 1. Januar 1953 zurückgestuft worden. Die Potsdamer Kraftfahrer beschweren sich, daß sie zwei- bis dreihundert Mark weniger als ihre Berliner Kollegen verdienen. In den Malerwerkstätten ist man unzufrieden über das Prämialleistungsprinzip. Die Spesensätze für Außenaufnahmen sind zu gering.
Rodenberg argumentiert, beschwichtigt, verspricht. In seinen Erinnerungen schreibt er später verklärend: »Ich kann es heute nicht mehr exakt wiedergeben, was ich sagte. Ich wußte aber eines, so einfach es klingt: Wo ein Parteigenosse ist, das ist die Partei. (...) Wir haben ein Ziel, auf das wir hinarbeiten, es darf zu keinem Streik kommen, wir müssen arbeiten. (...) wir versprachen durchzusetzen, was wir durchsetzen können. So gingen wir auseinander. (...) Im Studio gab es keine Unruhen mehr, keine Exzesse. Ich sage es noch einmal, ich war sehr zufrieden, daß es so ausging. Wir fingen wieder mit der Arbeit an und setzten innerhalb der nächsten Monate einige notwendige Veränderungen durch.« [55] Neben produktionstechnischen Maßnahmen sorgt die Direktion dafür, daß eine Fleischverkaufsstelle sowie eine Näh- und Flickstube eingerichtet werden. Außerdem kommt es zum verstärkten Abschluß von Einzelverträgen, die künstlerische und technisch-wissenschaftliche Mitarbeiter – die Intelligenz – enger an die DDR binden sollen: mit außertariflichen Löhnen, einem erhöhten Kündigungsschutz, einer Förderung der Ausbildungsmöglichkeiten für Kinder oder Hilfe bei der Beschaffung von Wohnraum.

Der 17. Juni hinterläßt einen nachdenklichen Hans Rodenberg. Zum 60. Geburtstag Walter Ulbrichts dreizehn Tage später setzt er einen Brief auf, der davon Zeugnis ablegt: »Du kannst Dir denken, daß in einem Betrieb, wie unser Studio für Spielfilme es ist, gerade diese kleinbürgerliche Konterrevolution sich am Extremsten abzeichnet. Es ist mir mit großer Mühe gelungen, daß der Betrieb (...) nicht streikte, sondern am 18. nach einer von mir einberufenen Betriebsversammlung schnell wieder an die Arbeit ging. Wir werden schwere Jahre haben. Ich hätte viel zu sagen. Wir haben viel falsch gemacht, weil wir glaubten, das höchste Maß an Parteidisziplin besteht darin, Dinge durchzudrücken, von deren Notwendigkeit wir selbst nicht überzeugt waren.« [56] Aber er streut sich nicht nur Asche aufs Haupt, sondern macht nebenbei auch das, was er im sowjetischen Exil gut gelernt hat: er intrigiert. Selbst wenn seine

Kritik berechtigt ist – die Art und Weise, wie er sich von einem ungeliebten Vorgesetzten zu trennen versucht, spricht Bände für die Kameradschaftlichkeit führender Genossen: »Angenommen das Zentralkomitee wird sich einmal mit dem Genossen Schwab beschäftigen«, schreibt Rodenberg, »so wird es feststellen, daß der Genosse Schwab in der Stellung, die er jetzt ausfüllt, ein störender, zersetzender, meiner Meinung nach politisch zersetzter Faktor ist. Entsprechend sind seine Stellvertreter. Ich glaube, daß die Zeit gekommen ist, mutig, von unten nach oben, Menschen an verantwortliche Stellen zu setzen, d.h. den Leuten, die zuviel auf sich konzentrieren, Arbeit abzunehmen und auf mehrere zu verteilen. (...) Dir und Lotte sende ich meine herzlichsten, freundschaftlichsten, ergebensten Glückwünsche.« Ein gutes halbes Jahr später verläßt Sepp Schwab das Filmfach und wechselt in den diplomatischen Dienst.

Inzwischen gilt der »Neue Kurs«, der – nach Stalins Tod und einem Memorandum der neuen Sowjetführung – in einem Politbürokommuniqué vom 9. Juni 1953 beschlossen worden ist. Sein Kern: die Verbesserung der Lebensqualität in der DDR. Zwar sollen die Grundlagen des Sozialismus auch weiterhin planmäßig aufgebaut werden, aber langsamer, weicher, das heißt sozial verträglicher und mit weniger Reibung zwischen den staatlichen Organen und den »einfachen Leuten«. Auf der 15. Tagung des ZK im Juli 1953 geht es auch um die Kunst. Der sozialistische Realismus wird nicht in Frage gestellt; wohl aber ruft man nun zu Feinfühligkeit, Behutsamkeit und Toleranz auf. Gefordert werden unterhaltsame Kunstwerke; die Zusammenarbeit mit fortschrittlichen Kulturschaffenden Westdeutschlands soll intensiviert werden. Im Oktober 1953 trifft sich Otto Grotewohl mit »führenden« Künstlern der DDR, kündigt Subventionen in Millionenhöhe und die Bildung eines Kulturministeriums an.

Auch die DEFA ist im Gespräch. Der Chef des Besetzungsbüros, Erwin Reiche, geißelt die Filmkommission, sie würde jeden Satz, jede Einstellung, jedes Bild auf die Goldwaage legen. Martin Hellberg weist darauf hin, daß ein Kunstwerk die Zuschauer emotional packen solle und nicht mittels wissenschaftlicher Beweisführung. Rodenberg schließlich plädiert für vielfältigere und bunte Filme um die politischen Spitzenwerke herum, die aber nur gedreht werden könnten, wenn im Studio größere Freiheiten herrschten. In seinen »Zehn Thesen zum Neuen Kurs in der Filmkunst« [57], die Kurt Maetzig am 15. Februar 1954 in einer Sitzung der Sektion Darstellende Kunst der Akademie der Künste vorträgt, ist diese Forderung auf den Punkt gebracht: »(...) Unsere Filmkunst muß in bezug auf Thematik und Genres eine viel reichere Palette zeigen als bisher. Ausgeschlossen sein sollen nur solche Filme, die gegen unsere nationale Einheit oder gegen den Frieden gerichtet sind oder ein verzerrtes oder verlogenes Bild der Wirklichkeit bieten. (...) Ungehinderte freie Auseinandersetzung in Fragen der Kunst ist notwendig. Sie ist nützlich, wenn dadurch mehr und bessere Filme geschaffen werden. Sie ist schädlich, wenn sie zu einem Totreden der Projekte ausartet.«

83

1

2

Alltag im Osten – Alltag im Westen:

1 »Das kleine und das große Glück«
(1953/RE: Martin Hellberg):
friedlicher Wettbewerb im Straßenbau.
Mit Susanne Düllmann und Wilfried Ortmann

2 »Gefährliche Fracht«
(1954/RE: Gustav von Wangenheim):
Arbeiterfrauen im Widerstand gegen die
bundesdeutsche Polizei.
Mit Erika Dunkelmann

Seite 85:
Regisseur Martin Hellberg (oben),
Hauptdarsteller Ferdinand Anton (unten)
und der »Ochse von Kulm« (1955)

Der erste DEFA-Film, der nach der Verkündung des »Neuen Kurses« in die Kinos kommt (aber an dem zwei Jahre lang gearbeitet worden war), führt vor, wie es in Zukunft nicht mehr sein soll: *Das kleine und das große Glück* (RE: Martin Hellberg). Der sowjetische Regisseur Sergej Gerassimow wird ihn später als »deklaratives Ballett« bezeichnen. Ausgangspunkt der Fabel ist ein Exportboykott für Kupfer, zu dem die BRD-Regierung von den USA gezwungen worden war. Die DDR muß nun eigene Vorkommen abbauen, aber braucht zu einer entsprechenden Grube eine befestigte Straße. »Werke wachsen aus den Plänen, und wir wachsen kämpfend mit«, singt forsch eine Jugendbrigade.

Zur Baustelle wird ein Durchreißer als Schachtmeister abkommandiert: Dieser Aktivist Karl Schwalk (Wilfried Ortmann) ist zwar ungemein fleißig, aber auch ein Anarchist und ein »moralisch rückständiges Element«, was sich nicht nur an seinen diversen erotischen Abenteuern, sondern darüber hinaus an seinen Reithosen und den Schaftstiefeln ablesen läßt – in denen sieht er aus wie Willy Birgel. Natürlich wird er nach Mißverständnissen und einem schweren Rückschlag von einer Jugendbrigadierin (Susanne Düllmann) gebändigt; und der Schluß besteht wieder aus der unvermeidlichen Massenszene, in der sich Arbeiter und Regierungsvertreter auf der neuen Straße die Hände schütteln und das glücklich vereinte Paar vor sonnigem Himmel stolz in die Zukunft blickt. Das »Lied vom Glück«, verfaßt von Drehbuchautor Paul Wiens, klingt mit den Worten aus: »Wer das große, das Glück des Volkes vergißt,/ und schaut nur auf das eigene, kleine,/ er mag stark, er mag schlau und ehrgeizig sein –/ sein Leben bleibt leer, und er bleibt allein/ und kommt mit dem Glück nicht ins reine./ Denn das kleine und das große Glück,/ die wohnen als Brüder beisammen,/ und den Himmel, den holen wir uns herab,/ doch zusammen, zusammen, zusammen!«

Wie der poetisch gemeinte Liebesfilm in der Öffentlichkeit ankommt, verrät ein Brief, den Hellberg von fünf Leipziger Studentinnen erhält: »Wir waren und sind entsetzt! Während der Vorstellung mußten wir an uns halten, um nicht entweder lauthals zu lachen oder spornstreichs davonzulaufen. Wie schrecklich, sähe unsere Wirklichkeit so aus! Schemen, Puppen, Phrasen – oft Kitsch in höchster Potenz. (...) Filmexperten sind wir nicht, aber natürliches Empfinden und gesunder Menschenverstand sagen uns, daß der DEFA in ihrem Ringen um realistische Filmkunst der erste Liebesfilm total mißlungen ist.« [58] Dabei hatten Wiens und Hellberg nur berücksichtigt, was das »Neue Deutschland« im Schlußwort einer Leserdiskussion über die Notwendigkeit sozialistischer Liebesfilme postulierte: »Die Liebeskonflikte der sozialistischen Gesellschaft«, meinte das Zentralorgan der Partei in äußerst miserablem Deutsch, »entstehen im Wachstum der Menschen, (...) sind Konflikte der menschlichen Höherentwicklung überhaupt, während die bürgerlichen Lebenskonflikte solche des menschlichen Schrumpfprozesses darstellen. (...) Das ist das Typische für die menschlichen Beziehungen im Sozialismus, daß sie undenkbar sind ohne die innige Beziehung zur Gesellschaft. Persönliches Glück und gesellschaftliches Glück verschmelzen. (...) Eben in einer Aktivistenbrigade, eben im neuen Dorf spielen sich die für unsere Zeit typischen Liebeskonflikte ab.« [59] Veröffentlicht wird das am 5. Juni 1953 – und ist am 13. November, dem Tag der Premiere von *Das kleine und das große Glück*, schon hoffnungslos veraltet. Hellberg, in seiner Eitelkeit tief erschüttert, begeht einen Selbstmordversuch.

Andere Stoffe, die während der Proklamierung des »Neuen Kurses« noch nicht in Produktion gegangen sind, werden noch einmal kritisch durchforstet. Slatan Dudows Projekt »Singende Jugend« beschäftigt sich zum Beispiel mit einem jungen Mann, der aus Ost- nach Westdeutschland übersiedelt und dort bittere Erfahrungen macht. Der Osten leuchtet, der Westen, der vor allem aus Nachtbars, einer Polizeiaktion und einem Atombunker besteht, ist pechschwarz. In einer Sitzung des Künstlerischen Rats werden die Einwände artikuliert; Kurt Maetzig kritisiert, daß das »Leben bei uns wie mit Himbeersoße übergossen« scheine; Wolfgang Staudte konstatiert Simplifizierungen und schlußfolgert: »Im neuen Kurs habe ich mit Freuden vernommen, daß wir Filme machen wollen, die unsere Palette bereichern. Ich habe nicht das Gefühl, daß dies einer jener Filme ist, die das tun; ich habe das Gefühl, es ist ein Film aus der Materie des ›alten Kurses‹. (...) Als Freund und Kollege von Slatan Dudow müßte ich sagen, mache den Film nicht.« [60] Dudow läßt sich überzeugen und widmet sich einem Szenarium von Jeanne und Kurt Stern, *Stärker als die Nacht*, mit dem er dem »unbekannten Antifaschisten« ein filmisches Denkmal setzt.

Während Gustav von Wangenheim seinen in einer westdeutschen Hafenstadt spielenden antiimperialistischen Streikfilm *Gefährliche Fracht* mit einem Vorspann versieht, der Parallelen zu den DDR-Streiks vom 17. Juni von vornherein vorbeugen will, verschwinden aus den Thematischen Plänen einige der anderen in der BRD angesiedelten Projekte, die den Wunsch der DDR, »Deutsche an einen Tisch« zu bringen, torpedieren könnten, politisch also inopportun – und filmisch zudem noch schwer zu realisieren sind. Darunter die Bearbeitung einer Erzählung von Leonhard Frank, »Absturz«; sie war zuvor so annotiert worden: »Die Handlung spielt im heutigen Westdeutschland in einem D-Zug. Der letzte Wagen des Zuges koppelt sich während der Fahrt ab. Während er immer schneller die Kurven der Bergstrecke abwärts rast, der scheinbar unausbleiblichen Vernichtung entgegen, enthüllen sich die wirklichen Charaktere der Passagiere. Geldleute, Intellektuelle, ein bürgerlicher Bundestagsabgeordneter, Patrioten, ein Bauer, ein Arbeiter, ein Polizeispitzel, Angehörige der westlichen Besatzungsmacht sind der Querschnitt der westdeutschen Bevölkerung mit all ihren wirtschaftlichen und politischen Widersprüchen und Gegensätzen. In der Gefahr finden sich die Fortschrittlichsten unter der Führung eines besonnenen Arbeiters zusammen und helfen die Katastrophe abwenden.« [61]

Neu in den Plan aufgenommen wird allerdings *Der Ochse von Kulm* (RE: Martin Hellberg) nach einem satirischen Roman von W. K. Schweickert. Im Gegensatz zu früheren, in Westdeutschland spielenden Filmen verzichtet die DEFA nun auf das Traumbild einer Volksfront; stattdessen tritt

»Hexen« (1954/RE: Helmut Spieß),
ein filmisches Volksstück gegen den Aberglauben.
Mit Lisa Wehn und Heinz Triebel

Regisseur Helmut Spieß (rechts) bei Dreharbeiten
an »Tilman Riemenschneider« (1958)
mit Kameramann Eugen Klagemann

ein einzelner bayerischer Bauer, ein verschmitzter Sturschädel, aus der Masse heraus und verdeutlicht den Justizbehörden seines Freistaats, daß man mit »gesundem Menschenverstand« noch immer am weitesten kommt. Weil sein Ochse auf der Weide US-Besatzungssoldaten angeschnaubt hatte, soll Alois Tipfele hinter Gitter – und weiß das nicht nur geschickt zu verhindern, sondern aus dem Urteil auch noch Kapital zu schlagen. In der Begleitmusik läßt Hellberg bajuwarische Posaunentöne auf amerikanischen Rock'n'Roll treffen; auch sonst wirkt sein dritter Film, mit etlichen bayerischen Schauspielern besetzt, munter und durchaus nicht verbissen.

Die DDR-Provinz ist der Schauplatz der Komödie *Hexen* (SZ: Kurt Barthel), die nach dem Weggang von Wolfgang Schleif nun dem DEFA-Dramaturgen Helmut Spieß als Regiedebüt übergeben wird und interessante Wandlungen durchmacht. Das mysteriöse Schweineverschwinden in einem thüringischen Bergdorf soll, so sagen verängstigte Bauern, aufs Konto einer Hexe gehen; tatsächlich aber sind einheimische Viehdiebe am Werk. Ein junger Volkspolizist und eine Neulehrerin klären den Fall auf. – Vor dem »Neuen Kurs« war der Entwurf streckenweise zu einem Agitationsstück gegen Aberglauben mit starker Betonung der Rolle der Partei geraten; jetzt wird die SED aus dem Drehbuch fast vollständig eliminiert, man opfert die Figur einer Parteisekretärin aus der Kreisstadt und verwandelt die Gestalt des ehemaligen Ortsparteivorsitzenden in einen gutmütigen, weisen Onkel.

Der burleske und skurrile Film, ein überzeugender Talentbeweis des Regiedebütanten, stößt nach seiner Fertigstellung 1954 freilich auch auf Kritik, die den nach wie vor tief in den Köpfen sitzenden Postulaten des »Typischen« entspringt: das in dunklen Tönen gezeichnete Dorf sei nicht typisch für die DDR, die Bauern wären von vorgestern. Anton Ackermann, Leiter der Hauptverwaltung Film in dem am 7. Januar 1954 gebildeten Ministerium für Kultur, sagt in einer Sitzung des Künstlerischen Rates, er habe über viele Stellen des Films gelacht, aber sei ihm sehr böse

wegen seiner Tendenz. Kurt Barthel kontert: »Allgemeine Probleme interessieren mich hierbei nicht, sondern die besondere Episode. Auch wenn es nicht typisch ist.« Mit dem Einwurf »Dann höre ich auf zu schreiben« weist er die Kritik, er hätte die Gegenwart falsch gezeichnet, zurück. Wolfgang Staudte unterstützt ihn; er hält es nicht für möglich, daß der Film die Landbevölkerung der DDR beleidige: »Entweder sind die Bauern so modern und heutig, daß es absurd wäre, wenn sie sich davon angesprochen fühlten, oder sie sind wirklich so, und dann schadet es nicht.« Ackermann plädiert für Testvorführungen. [62] Schließlich wird der Film im September 1954 nach kleinen Korrekturen uraufgeführt – und vom Volke nicht mißverstanden.

Ein Spalt im Tor zum Westen

Als das neugeschaffene Ministerium für Kultur am 24. März 1954 seine Programmerklärung »Zur Verteidigung der Einheit der deutschen Kultur« vorlegt, hat die DEFA ihre Zusammenarbeit mit westdeutschen Künstlern längst intensiviert. Mit dem Westberliner Filmkaufmann Erich Mehl laufen Verhandlungen über eine Co-Produktion des neuesten Staudte-Projekts *Leuchtfeuer*; die im holsteinischen Ratzeburg lebende Schauspielerin Henny Porten wird mit offenen Armen empfangen, als sie der DEFA vorschlägt, in Babelsberg *Carola Lamberti – eine vom Zirkus* zu drehen. Beide sind den Kulturpolitikern der DDR auch willkommen, weil sie im Dritten Reich sehr viel mehr persönlichen Mut zeigten als viele andere ihrer Landsleute: die Porten hatte sich nicht von ihrem jüdischen Mann getrennt; und Mehl rettete in einem Husarenstreich den bedrohten, ebenfalls jüdischen Gatten einer Freundin aus einem KZ-Durchgangslager und versteckte beide in Berlin und Königs Wusterhausen.

Besonders der DEFA-Besetzungschef Erwin Reiche kümmert sich um Kontakte zu weiteren westdeutschen Schauspielern. Schon im Oktober 1953 trifft er sich auf dessen

Bitte mit Werner Fuetterer, dem 2. Vorsitzenden des Deutschen Verbandes der Filmdarsteller, der von Luise Ullrich geleitet wird und immerhin 260 Mitglieder hat. »Fuetterer sagte, daß ihn Unvoreingenommenheit und der dringende Wunsch zu mir geführt hätten, die Spaltung der deutschen Schauspieler in Ost- und Westschauspieler in der Praxis zu ignorieren und dem beschämenden Zustand ein Ende zu machen, daß Westschauspieler oft genug Bedenken tragen, ›im Osten‹ und bei der DEFA zu arbeiten. Fuetterer meinte, es sei doch selbstverständlich, daß deutsche Schauspieler sowohl in Ost wie auch in West arbeiten wollen und können. (...) Sein Ziel sei (...), den Verband zu einer kämpferischen Einstellung, zu einem aktiven Eintreten für die Sache der Einheit der deutschen Filmschauspielkunst zu bringen.« [63] Vermutlich weiß Fuetterer, was zum Beispiel Leny Marenbach geschehen ist, als sie bei der DEFA in *Geheimakten Solvay* auftrat: Die einzigen Arbeitsmöglichkeiten, die man ihr nach 1945 in Westberlin geboten hatte – sie sprach beim RIAS und synchronisierte –, gingen ihr daraufhin auch noch verloren.

Der ersten Begegnung zwischen Reiche und Fuetterer schließen sich weitere an, in denen Fuetterer sein Unbehagen über die steuerliche Behandlung der Filmdarsteller in der BRD zum Ausdruck bringt und darüber, daß zunehmend »deutschsprachige Ausländer« zu »staatsverbürgten« Filmen herangezogen und somit die Arbeitsmöglichkeiten einheimischer Akteure beschnitten würden. Gemeint sind unter anderen Hildegard Knef und Zarah Leander...

Gemeinsam mit Reiche blättert Fuetterer in der Mitgliederkartei seines Verbandes und gibt Tips, wen man für DEFA-Filme engagieren solle. Dieter Borsche etwa habe schon vor anderthalb Jahren mit Babelsberg verhandelt, sei aber durch »irgendeine angeblich schlechte Behandlung beim Grenzübertritt verängstigt gewesen«; Karl-Heinz Schroth, »ein etwas versponnener und ängstlicher Mensch, den ich für einen hervorragenden Darsteller halte und, wenn möglich, gern gewinnen würde« (Reiche), käme hervorragend – auch für Regie bei leichten Komödienstoffen – in Frage.

Am 15. Oktober, nach dem zweiten Gespräch, schreibt Reiche an Fuetterer: »Die DEFA und ihr Besetzungschef haben ständig und unbeirrbar die Linie verfolgt, auf der es keine West- und Ostschauspieler, sondern lediglich deutsche Schauspieler gibt. (...) Ich weiß – und das möchte ich hier noch einmal mit allem Nachdruck betonen – Ihre im Sinne des Deutschtums und zugleich einer Entwicklung der Kunst vorbildliche Initiative zu schätzen und würde mich außerordentlich freuen, wenn der Verband, dessen zweiter Vorsitzender Sie sind, diese Initiative zu der seinen machen und viele qualifizierte Kolleginnen und Kollegen veranlassen wollte, sich dem DEFA-Studio für Spielfilme zur Mitarbeit zur Verfügung zu stellen.« Zwei Wochen später begibt sich der Direktor der Atelierbetriebe, Hans-Joachim Schoeppe, auf eine Dienstreise nach Hamburg und München, verhandelt mit Regisseuren, Schauspielern und Kamerleuten, holt sich unverbindliche Zusagen von Rudolf Jugert, Rolf Meyer und Willi Winterstein.

In München begegnet er Artur Brauner, dem Chef der Westberliner CCC-Film, der gleich konkret wird. Er schlägt – durchaus nicht uneigennützig – vor, daß bei Zu-standekommen einer Co-Produktion die CCC »sämtliche Regisseure, Schauspieler, Buch und noch andere näher zu diskutierende Punkte« übernähme, die DEFA unter anderem die Atelierkosten und die »gemeinsame künstlerische Oberleitung«. Brauner bietet Babelsberg Verhandlungen über dreizehn Filmprojekte an: darunter »Wer einmal aus dem Blechnapf frißt« nach Fallada (RE: Staudte oder Baky), »Meine Schwester und ich« nach Ralph Benatzky (RE: Deppe, Paul Martin oder Kurt Hoffmann), einen Zirkusstoff (RE: Arthur Maria Rabenalt), die Geschichte der Geschwister Scholl (DB: Axel Eggebrecht, RE: Staudte) und einer Atombomben-Flugzeugbesatzung (RE: Géza von Radvanyi) sowie »Geschlecht in Fesseln« (DB: Georg C. Klaren, RE: Ingmar Bergman oder Falk Harnack). Brauners Elan wird von zwei Erfahrungen gespeist: Zum einen war er schon in den Anfangszeiten der DEFA mit ihr in gutem Kontakt – fürs allererste CCC-Opus *Herzkönig* (1947/ RE: Helmut Weiß) hatte er 2000 Meter Agfa Superpan-Filmmaterial aus Johannisthal erhalten; und im Sommer 1949 produzierte er in Babelsberg gleich einen ganzen Film, *Man spielt nicht mit der Liebe* (RE: Hans Deppe). Zum anderen quellen gerade 1953 seine Westberliner Ateliers vor Aufträgen über, und die Öffentliche Hand läßt ihn auf Ausbaukredite warten. [64] – Auch Luggi Waldleitner von der Roxy-Film und Walter Koppel von der Real-Film Hamburg sind gegenüber Co-Produktionen aufgeschlossen;

Henny Porten, die große alte Dame des deutschen Films, als »Carola Lamberti – eine vom Zirkus« (1954/RE: Hans Müller)

1   2   3

4   5

6   7

Westberliner, westdeutsche und österreichische Schauspieler als Gäste in Babelsberg:

1 Sonja Ziemann in
   »Die lustigen Weiber von Windsor« (1950)

2 Claus Holm in »Sein großer Sieg« (1952)

3 Lutz Moik in »Das kalte Herz« (1950)

4 Reinhard Kolldehoff in
   »Die letzte Heuer« (1951)

5 Peter Podehl in »Corinna Schmidt« (1951)

6 Erna Sellmer in »Karriere in Paris« (1952)

7 Eva Kotthaus in
   »Der Teufel vom Mühlenberg« (1955)

1

2

3

4

5

6

7

1 Götz George in
»Alter Kahn und junge Liebe« (1957)

2 Rudolf Wessely in
»Letztes Fach unten rechts« (1955)

3 Gerhard Frickhöffer in
»Die lustigen Weiber von Windsor« (1950)

4 Franz Kutschera in
»Saure Wochen – frohe Feste« (1950)

5 Kurt Schmidtchen in
»Das tapfere Schneiderlein« (1956)

6 Leny Marenbach in
»Wer seine Frau lieb hat...« (1955, mit Albert Garbe)

7 Gisela Uhlen und Walther Süssenguth in
»Robert Mayer – der Arzt aus Heilbronn« (1955)

Waldleitner avisiert den Roman *El Hakim* von John Knittel, das ehemalige KPD-Mitglied Koppel will zunächst »allerdings Untersuchungen anstellen, ob ihm politische Schwierigkeiten gemacht werden können«.

Die Skepsis ist begründet, denn die Bundesregierung legt nicht den geringsten Wert auf eine Zusammenarbeit westdeutscher Produzenten mit der DEFA. Allein schon der Firmenname ruft in Bonn kaltes Grausen hervor. 1950/51 waren die letzten DEFA-Filme – darunter *Die Kuckucks*, *Der Biberpelz* und *Der Kahn der fröhlichen Leute* – offiziell im Rahmen des »interzonalen Filmaustauschs« in die Bundesrepublik gekommen; danach ging das Licht für die DEFA, die von der Presse zunehmend attackiert, vom Publikum gemieden und von den Kinobesitzern boykottiert wurde, im Westen aus [65]. Als politisches Druckmittel auch gegen Babelsberg verwandte die Bundesregierung ihre 1950 etablierten Filmbürgschaften. Diese Finanzierungshilfe für die deutsche Filmwirtschaft [66] wurde zum Beispiel im Fall Wolfgang Staudtes mißbraucht, um den Regisseur zu erpressen, keine Arbeiten mehr bei der DEFA zu drehen. Staudte wollte nach dem *Untertan* in der Bundesrepublik den Kriminalstoff *Gift im Zoo* (1951) realisieren. Nicht bereit, der Forderung des Innenministeriums nachzukommen, legte er schließlich die Regie nieder; Hans Müller, bei der DEFA ebenfalls kein Unbekannter, setzte die Produktion fort. Staudte kommentierte: »Es zeigt sich hier besonders deutlich, daß es einzig und allein die von der Bonner Regierung nach dem Vorbild McCarthys geübten Praktiken der Diffamierung und Repressalien sind, die einer fruchtbaren künstlerischen Zusammenarbeit im Wege stehen.« [67]

Der Einsatz der Bundesbürgschaften zur politischen Kontrolle trieb gelegentlich auch groteske Blüten: 1951 verlangten die Bundesbehörden ausgerechnet von der über jeden Verdacht kommunistischen Gedankenguts erhabenen Marika Rökk und ihrem Ehemann und Regisseur Georg Jacoby, daß sie den Russen abschwören – nur weil sie in den sowjetisch geleiteten Wiener Rosenhügel-Ateliers *Das Kind der Donau* gedreht hatten! In einem untertänigen Schreiben ließen die zu Unrecht Verdächtigten flugs wissen: »Wir beide sind niemals Mitglied der kommunistischen Partei irgend eines Landes gewesen«...

Natürlich ist auch Hans Rodenberg vorsichtig; in einem Bericht über den »Stand der Verhandlungen« mit westdeutschen Produzenten argumentiert er, es sei »unbedingt notwendig, alle diese Vorschläge und sich anbahnenden Beziehungen auch politisch zu prüfen, damit keine von ihnen eine Tarnung für Pläne werden kann, unter dem Deckmantel von Filmproduktionen Agentenzentralen in der DDR« [68] zu installieren. Diese Vorsicht im Gepäck, reist er als Leiter einer Delegation im September 1954 nach München, tritt vor Journalisten auf und verhandelt mit führenden Köpfen der westdeutschen Filmwirtschaft. Im November 1954 treffen sich Vertreter der DEFA und des Verbandes Deutscher Filmproduzenten e.V. in Hamburg. Voller Optimismus schlägt man gegenseitig vor, im Jahre 1955 schon vier bis fünf Co-Produktionen herzustellen und je nach Erfolg diese Zahl in den darauffolgenden Jahren zu

steigern. Interessantestes Projekt sind *Die Buddenbrooks* nach dem gleichnamigen Roman von Thomas Mann; die Chefin der Gloria, Ilse Kubaschewski, bietet einen Co-Produktionsvertrag an.

Schon Monate vorher war die DEFA, dank einer Vermittlung ihres früheren Direktors und jetzigen Chefs des Berliner Aufbau-Verlages Walter Janka, an Thomas Mann herangetreten. Zu dessen 80. Geburtstag 1955 will sie *Die Buddenbrooks* verfilmen, als Hommage an den großen alten Mann der deutschen Literatur und gleichzeitig aus Dankbarkeit für die Offenheit, mit der der Dichter der DDR begegnet. Während der Filmfestspiele Locarno 1954, bei denen die DEFA unter anderem mit Staudtes *Geschichte vom kleinen Muck* reüssiert, besuchen ihn Rodenberg und Rudolf Böhm von der Hauptverwaltung Film in Zürich und Luzern. Thomas Mann legt sich auf 150 000 Schweizer Franken für die Rechte an den *Buddenbrooks* und auf eine gesamtdeutsche Produktion fest. Seine Tochter Erika soll Mitautorin des Drehbuchs sein; drei tragende Rollen müßten von westdeutschen Darstellern gespielt werden; als seinen Wunschregisseur benennt er Max Ophüls. Der steht wegen anderer Verpflichtungen aber erst Anfang 1956 zur Verfügung; Ilse Kubaschewski plädiert daraufhin für Harald Braun als Inszenator. Braun ist in der DDR kein Unbekannter – sein Bertha-von-Suttner-Film *Herz der Welt* (1952) gilt als mutige humanistische Friedensbotschaft.

Bei der DEFA wird gerechnet; ihr Anteil an der Co-Produktion soll sich schließlich auf 2,3 Millionen Mark belaufen. Eine erhebliche Summe, nicht geringer als die für andere Großprojekte, die zur gleichen Zeit vorbereitet werden: *Thomas Müntzer* sowie *Mutter Courage und ihre Kinder* kosten jeweils drei Millionen, *Zar und Zimmermann* 2,6 Millionen, der Spanienkriegsfilm *Mich dürstet* zwei Millionen und *Ernst Thälmann–Führer seiner Klasse* als Doppelprojekt fünf Millionen. Die Behörden der DDR stimmen der Co-Produktion zu.

Anders das Bonner Bundesministerium für Gesamtdeutsche Fragen. Staatssekretär Franz Thedieck spricht vom »geistigen Bankrott« der DEFA und lehnt jede Zusammenarbeit ab; kurz darauf wird scheinheilig behauptet, es gäbe keinerlei Rechtsgrundlage für eine Gemeinschaftsproduktion zwischen DDR und BRD. Die Firma Gloria steigt aus Gründen der Staatsräson aus; Thomas Mann wendet sich in einem Brief an die DEFA: »Ich hätte dies ›gesamtdeutsche‹ Unternehmen als einen kleinen Beitrag empfunden zur kulturellen Wiedervereinigung Deutschlands. Doch kann ich warten. Wir alle können das, und für meine Person halte ich mich überzeugt, daß wir es schließlich nicht vergebens getan haben werden.« [69]

Ein Jahr später, im Herbst 1955, Thomas Mann ist inzwischen tot, bemüht sich die Filmaufbau GmbH Göttingen um dasselbe Projekt. Hans Abich, deren Geschäftsführer, Hans Rodenberg und Katja Mann unterzeichnen am 13. Februar 1956 ein entsprechenden Vertrag. Im April jonglieren beide Firmen mit den Namen möglicher Beteiligter: Falls der noch immer favorisierte Harald Braun als Regisseur nicht zur Verfügung steht, könnte man sich auch auf den Schweizer Leopold Lindtberg oder Josef von Baky einigen; für die Kamera nominiert die DEFA Joachim Hasler, Robert Baberske, Götz Neumann oder Otto Merz, als Architekten Erich Zander, Alfred Hirschmeier oder Karl Schneider; als Besetzungsvorschläge werden für den Konsul unter anderen Willy Birgel, Werner Hinz und Willy A. Kleinau, für den Thomas O. W. Fischer, Erik Schumann oder Karheinz Böhm, für die Tony Maria Schell, Hannelore Schroth oder Liselotte Pulver, für die Gerda Ruth Leuwerik und für den Morten Hardy Krüger oder Gunnar Möller benannt. Die DEFA bittet zudem, Wilhelm Koch-Hooge und Hans-Peter Minetti zu berücksichtigen. Ein Reigen der Stars – ein Superprojekt.

Ein Vertrag vom Juni 1956 klärt die finanziellen Modalitäten: Die Filmaufbau übernimmt die Bezahlung der Weltverfilmungsrechte, der Drehbuchautoren, des Regisseurs und der Darsteller, sofern sie nicht ihren Wohnsitz in der DDR haben, sowie der Außenaufnahmen im Westen. Die DEFA trägt sämtliche Atelierleistungen, Kostüme, Requisiten und die Kosten für den Rohfilm. Die Arbeit am Drehbuch beginnt. – Aber bald stellt sich heraus, daß sowohl die Adaption der literarischen Vorlage ungemein kompliziert ist als auch die Finanzlage der Filmaufbau GmbH. Hans Abich sucht nach Partnern in der Bundesrepublik; einige Verleiher wollen den Film aber nur dann in die Kinos bringen, wenn er mit Zustimmung oder zumindest Tolerierung der Bonner Behörden produziert wird. Die Verhandlungen strecken sich, der ins Auge gefaßte Drehtermin – Juli bis September 1957 – platzt.

Am 14. März 1958 klagt Hans Abich in einem Brief an Erich Mehl, der sich ebenfalls für das Projekt engagiert, daß er nach Gesprächen in Bonn »erneut sehr negativ gestimmt« sei. Gleichzeitig möchte er »in diesem Zusammenhang nicht unerwähnt lassen, daß bestimmte innere Entwicklungen in der DDR – in Sonderheit seit dem gerichtlichen Vorgehen gegen den Leiter des dort das Thomas-Mann-Werk verlegenden Aufbauverlags – gewisse Beeinträchtigungen auch für die Züricher Lizenzgeber eingetreten sind« [70]. Walter Janka war als vermeintlicher Staatsfeind verhaftet worden, was Erika Mann erheblich mißbilligt. Staatssekretär Thedieck vom Bundesministerium für Gesamtdeutsche Fragen, schon einmal Oberbremser des Projekts, erklärt der Filmaufbau GmbH unmißverständlich, daß eine Co-Produktion unerwünscht sei: Die DEFA habe als »staatliches Filmunternehmen die Aufgabe (...), die Weltanschauung des historischen Materialismus zu propagieren, die bürgerliche Ordnung zu zerstören und die Diktatur des Proletariats vorzubereiten. Der gemeinsamen Produktion der *Buddenbrooks*-Verfilmung könne deshalb ›nicht das Wort geredet werden‹.« Man wolle keinen Präzedenzfall schaffen. [71]

Noch einmal versucht Hans Abich das scheinbar Unmögliche und bittet den Generalsekretär der CSU, Fritz Zimmermann, um Hilfe: »Wenn in Bonn keine bewußte, wenn vielleicht auch nur stille Tolerierung dieser einmaligen kulturellen Zusammenarbeit (...) herbeizuführen ist (...) (müssen) wir unverzüglich den Versuch machen (...), uns aus der vertraglich vorgesehenen Zusammenarbeit mit der Defa zurückzuziehen, was naturgemäß im juristischen und publizistischen Bereich seine Schwierigkeiten haben wird.« [72] Zimmermann wendet sich tatsächlich an den

1

2

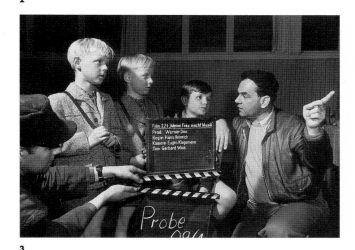

3

Gastregisseure aus der BRD:

1 Harald Mannl dreht
»Der Fall Dr. Wagner« (1954)

2 Eugen York dreht
»Das Fräulein von Scuderi« (1955)

3 Hans Heinrich dreht
»Meine Frau macht Musik« (1958)

**»Die Abenteuer des Till Ulenspiegel« (1957),
Co-Regie und Titelrolle:
der französische Star Gérard Philipe**

Bundesminister für Gesamtdeutsche Fragen, Lemmer, und erfährt von ihm, die abschlägige Antwort seines Hauses widerspräche »seinen eigenen politischen Ansichten, jeden menschlichen und kulturellen tendenzlosen Kontakt mit dem Osten zu suchen« [73]. Schöne Worte, die der Co-Produktion aber nicht mehr helfen; Abich entpflichtet die DEFA; man einigt sich, daß jeder *Die Buddenbrooks* in seiner Hemisphäre allein verfilmen dürfe. 1959 inszeniert Alfred Weidenmann den Film in der BRD, episch, konventionell, solide und gut besetzt, aber ohne jenen großen Atem, den eine Adaption dieses Buches benötigt hätte. Vermutlich hätte auch eine Co-Produktion nicht anders ausgesehen – es sei denn, der inzwischen verstorbene Max Ophüls wäre tatsächlich als Regisseur gewonnen worden.

Die DEFA verabschiedet sich von den *Buddenbrooks*. Das aufrichtige Bedauern, das nach außen hin geäußert wird, paart sich hinter den Kulissen mit einem gerüttelt Maß Erleichterung. Denn 1958/59 ist der »Neue Kurs« zu den Akten gelegt; die von den Co-Produzenten in der Mitte des Jahrzehnts geäußerte Absicht, die Tendenz des Buches gäbe allein die Tendenz des Kinostücks vor, reicht der Hauptverwaltung Film schon längst nicht mehr; das Tauwetter hat einer neuen Eiszeit Platz gemacht.

In der zweiten Hälfte der fünfziger Jahre scheitern auch andere Co-Produktionen zwischen beiden deutschen Staaten, so ein Remake des *Traumulus* (1935/ RE: Carl Froelich) mit Willy A. Kleinau in der Titelrolle, das Hans Müller inszenieren will. Verdeckte Gemeinschaftsfilme kommen nur über eine winzige Firma in Schweden, die Pandora, zustande. Der clevere Erich Mehl organisiert das Geschäft, ohne die Bundesbehörden fragen zu müssen; die meisten der als deutsch-schwedische Produktionen deklarierten DEFA-Filme (*Leuchtfeuer, Das Fräulein von Scuderi, Spielbank-Affäre, Die Schönste*) werden in Schweden niemals gezeigt. [74]

Zur ersten ost-westdeutschen Gemeinschaftsarbeit avancieren schließlich, viele Jahre später, *Die Heiden von Kummerow und ihre lustigen Streiche* (1967/ RE: Werner Jacobs) nach dem gleichnamigen Buch von Ehm Welk. Zwar zeichnet die DEFA noch immer nicht als Co-Produzent, ist aber mit Technik, Stabmitgliedern, Schneideräumen und Darstellern beteiligt. So näselt in einem kleinen Dorf bei Ueckermünde der berühmte Theo Lingen neben dem alerten Hans Klering – zwei Welten in der deutschen Provinz.

Szene aus »Die Abenteuer des Till Ulenspiegel«
mit Erwin Geschonneck und Gérard Philipe

Französische und andere Partner

Mit französischen Partnern ergeht es der DEFA besser.
Zwischen 1956 und 1959 entstehen vier Co-Produktionen
nach bedeutenden Büchern oder Stücken: *Die Abenteuer
des Till Ulenspiegel* (RE: Gérard Philipe, Joris Ivens), *Die
Hexen von Salem* (RE: Raymond Rouleau), *Die Elenden*
(RE: Jean-Paul Le Chanois) und *Trübe Wasser* (RE: Louis
Daquin). Die Anwesenheit weltbekannter Darsteller wie
Gérard Philipe, Simone Signoret, Yves Montand, Jean Ga-
bin, Bernard Blier und Bourvil in Babelsberg stärkt das
Selbstbewußtsein der DEFA und fördert das internationale
Renommee der DDR-Filmkunst.

Bei *Till Ulenspiegel* begegnen sich langjährige Intentionen
des französischen Gastes und der DEFA. Philipe will mit
dem Stoff an seinen Erfolg als *Fanfan der Husar* (*Fanfan
la tulipe*/ 1952/ RE: Christian-Jaque) anknüpfen; Babelsberg laboriert schon geraume Zeit, seit Ende 1947, an einer
Adaption der Ulenspiegel/Eulenspiegel-Geschichte, die
Autoren wie Günther Weisenborn und Bertolt Brecht, Alexander Graf Stenbock-Fermor und Joachim Barckhausen
ausführen sollen, und für die Regisseure wie Kurt Maetzig
und Erich Engel vorgesehen sind. – Während der Drehar-

Gespräch während der Dreharbeiten:
Co-Regisseur Joris Ivens, Erwin Geschonneck,
Elfriede Florin, Gérard Philipe, Marga Legal
und Wilhelm Koch-Hooge (v. l. n. r.)

1

2

3

»Die Hexen von Salem« (1957), eine Parabel
auf die Hexenjagden unter McCarthy.
Das Drehbuch schrieb Jean-Paul Sartre
nach einem Bühnenstück von Arthur Miller.

1 Yves Montand

2 Regisseur Raymond Rouleau

3 Mylène Demongeot (links) und
  Simone Signoret

1

2

3

4

5

»Die Elenden« (1959),
nach dem gleichnamigen Roman von Victor Hugo

1 Eine Szene mit Elfriede Florin

2 Jimmy Urbain als Gavroche und
  Serge Reggiani als Enjolras

3 Jean Gabin in der Rolle des Jean Valjean

4 Drehpause für den Hauptdarsteller

5 Regisseur Jean-Paul Le Chanois
  bei den Dreharbeiten

1 »Trübe Wasser« (1960/RE: Louis Daquin),
die letzte Co-Produktion zwischen DEFA und
französischen Filmfirmen.
Mit Jean-Claude Pascal (rechts) und Ekkehard Schall

2 »Italienisches Capriccio« (1961) mit
Rolf Ludwig als Carlo Gozzi und Dana Smutna

3 Der italienische Regisseur Glauco Pellegrini
mit Dana Smutna bei den Dreharbeiten zu
»Italienisches Capriccio«

beiten zu *Till Ulenspiegel* scheut die DEFA keine Anstrengung. So borgt sich das Studio für Außenaufnahmen bei Bitterfeld Pferde und Reiter von der Gesellschaft für Sport und Technik (GST) aus: »Die Aufnahmen werden den Kameraden ein interessantes Erlebnis bringen. Die Defa zahlt für Unterbringung und Verpflegung pro Mann 11 DM und pro Pferd 10,- DM Leihgebühr. (...) Hafer ist für die Pferde mitzubringen, Heu und Streu wird von der Defa gestellt.« [75] Später, bei den *Elenden*, agieren Grenzpolizisten als Komparsen und erbitten als Dank von der DEFA-Direktion sinnigerweise einen Zuschuß für die Anschaffung von zwei Fernsehapparaten, die in ihrem Kulturhaus aufgestellt werden sollen. [76]

Till Ulenspiegel entsteht aber nicht nur in der Nähe von Bitterfeld, sondern auch in Schweden, den Niederlanden und in Nizza. Bald bringt das aufwendige Projekt Probleme mit sich: Der holländische Dokumentarist Joris Ivens, der für die DEFA 1951 den Film über die III. Weltjugendfestspiele in Berlin, *Freundschaft siegt* (Co-RE: Iwan Pyrjew), und 1954 *Lied der Ströme* gedreht hat, spürt, daß er mit einer Spielfilmregie nur wenig anfangen kann. Er verabschiedet sich fast heimlich vom Set. Gérard Philipe aber, nun Hauptdarsteller und Regisseur in einer Person, scheitert an der riesigen Aufgabe: seine De-Coster-Adaption bleibt ungelenk und kühl; zudem vertragen sich die schalkhaften und tragischen Momente nur partiell.

Mit der Zeit wird das Verhältnis der Hauptverwaltung Film zu jenen DEFA-Leitungsmitgliedern, die die Zusammenarbeit mit den Franzosen enthusiastisch befördern, frostiger; im Kulturministerium stößt man sich zunehmend an der Tatsache, daß das politisch-ideologische Mitspracherecht an den Drehbüchern äußerst beschränkt ist – einem Autor wie Jean-Paul Sartre (er schreibt für die DEFA den dichten, beklemmenden Film *Die Hexen von Salem* nach Arthur Millers Bühnenstück »Hexenjagd«, eine im 19. Jahrhundert angesiedelte Parabel auf die McCarthy-Zeit und jegliche ideologische Indoktrination) kann man keine Vorschriften machen. Kritisiert wird der mangelnde Einsatz von DDR-Schauspielern durch die – im übrigen ausnahmslos linken – Regisseure. Außerdem beschwert man sich bei den französischen Partnern, diese würden sich im westeuropäischen Ausland nicht genügend für eine Propagierung des Anteils der DEFA einsetzen; einige der Filme laufen etwa in der Bundesrepublik als rein französische Produktionen.

An den episch breiten, zweiteiligen *Elenden* (1959) entzünden sich zwischen DDR-Verantwortlichen die unerfreulichsten Kontroversen. Die HV Film bemängelt in scharfen Tönen gegenüber der DEFA, daß die vorgeführte historische Situation politisch unklar bleibe und die beim Zuschauer ausgelösten Gefühle in eine »falsche, uns nicht nützliche« Richtung gingen: »Die Filmschöpfer bezogen Hugos für damalige Verhältnisse bedeutenden Standpunkt eines allgemein-menschlichen Humanismus mit einer starken Tendenz zur christlich-bürgerlichen Ideologie und einer idealistischen Grundkonzeption. (...) In der dramaturgischen Auseinandersetzung ist keine kritische Wertung der Klassik zu spüren. (...) Die Frage nach der Freiheit des Gewissens bleibt völlig unbeantwortet, da hier nicht die Ge-

genfrage ›für wen?‹ gestellt wird.« [77] *Die Elenden* müssen im Studio noch einmal durch die Mangel, der Schlußkommentar wird geändert, das »Neue Deutschland« beauftragt, sich in seiner Rezension »prinzipiell« mit dem Film auseinanderzusetzen.

Auch solche Querelen führen am Ende des Jahrzehnts dazu, daß die Beziehungen mit französischen Firmen einfrieren. Spätere Pläne wie eine durch Louis Daquin angeregte Adaption von Zolas »Zusammenbruch«, ein von Vladimir Pozner 1962 angebotenes Projekt über Max Lingner oder die von der DEFA initiierte Arthur-Miller-Verfilmung »Brennpunkt« scheitern an künstlerischen, pekuniären oder Rechtefragen.

Fast ausnahmslos versanden auch andere geplante Co-Produktionen mit nicht-deutschsprachigen Partnern. 1955 ist eine Zusammenarbeit mit Indien an einem Tierfilm im Gespräch; 1957/58 soll Kurt Maetzig ein opulentes deutsch-französisch-chinesisches Projekt namens »Schanghai-Story« realisieren – unter anderem mit Simone Signoret, Bernard Blier und Willy A. Kleinau, vielleicht auch dem Moissejew-Ensemble und dem sowjetischen Clown Oleg Popow. Günther Weisenborn schreibt das Buch, fürs Szenenbild wird Alfred Hirschmeier vorgesehen. Der erste Fabelentwurf ist verkrampft: Ein französisches Filmteam erschwindelt sich mit einem fingierten Szenarium die Einreisegenehmigung in die Volksrepublik China, um dort einen Film »über Dschunken, Peking-Oper und asiatische Vielweiberei« zu machen. Die Realität des fernöstlichen Landes belehrt sie jedoch eines besseren. Selbst der Regisseur wird in Schanghai von seinem ewigen Drang zu Seitensprüngen geheilt und verliebt sich erneut in die eigene Frau, die gleichzeitig seine Hauptdarstellerin ist und ihn mit dem chinesischen Partner eifersüchtig macht. Die fiktive Premiere in Paris wird ein rauschender Erfolg – aber Weisenborns Fabel fällt bei der DEFA mit Pauken und Trompeten durch.

Italienische Autoren entwerfen 1957/58 eine Geschichte über den Bau des *Simplon-Tunnels*, die dabei offen zutage getretene, verbrecherische Ausbeutung der Arbeiter und deren wachsende Solidarität. Carlo Lizzani soll den Stoff in Zusammenwirken mit Babelsberg verfilmen. Diesmal verhindern finanzielle Forderungen der Italiener eine Co-Produktion; Gottfried Kolditz, der mit dem satirischen Tanzfilm *Der junge Engländer* (1958) nach Wilhelm Hauff debütiert hat, einer Attacke gegen die Nachahmer amerikanischer »Unkultur«, inszeniert *Simplon-Tunnel* 1959 als reine DEFA-Produktion: ein steifes Kulissendrama. – Ungleich munterer, doch von kaum zu überbietendem dramaturgischen Dilettantismus ist 1961 der zweite und letzte Versuch mit italienischen Künstlern: Glauco Pellegrini, Mitglied der Kommunistischen Partei seines Landes, dreht nach deren in Berlin vorgetragener Bitte, man möge ihm doch eine Arbeit verschaffen, *Italienisches Capriccio*, eine Anekdote aus dem Leben Goldonis. Ein trauriger Abgesang auf die Kooperation mit westeuropäischen Partnern: grellbunt und laienhaft.

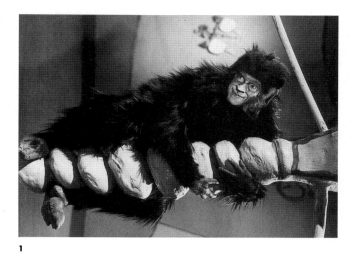

1

2

3

»Der junge Engländer«
(1958/RE: Gottfried Kolditz),
ein satirisches Tanzmärchen nach Wilhelm Hauff:
Ein Affe bringt die neue Mode in die Stadt

1 Jean Soubeyran

2 Dr. Caligari läßt grüßen

3 Rita Zabekow und Jean Soubeyran

»Das Fräulein von Scuderi« (1955/RE: Eugen York):
eine Glanzrolle für Henny Porten (rechts)

Der Besuch der alten Dame

Das spektakulärste Gastspiel einer in Westdeutschland lebenden Aktrice bei der DEFA gibt Henny Porten, die an
Sepp Schwab und Hans Rodenberg mit der Bitte herantritt,
einen Stoff zu prüfen, der ihr sehr am Herzen liegt: *Carola
Lamberti - eine vom Zirkus*. Die Porten ist in der Bundesrepublik nahezu vergessen; nur in einem einzigen Film trat
sie nach dem Ende des zweiten Weltkrieges auf: *Absender
unbekannt* (1949/ RE: Akos von Ratony). Die ersten Gespräche zu *Carola Lamberti* fallen in die Tage des Aufstands im Juni 1953. Um die große alte Dame des deutschen Stummfilms unbehelligt von West- nach Ostberlin
zu bringen, erwirkt die DEFA beim sowjetischen Stadt-
kommandanten eine Durchfahrtgenehmigung durchs Brandenburger Tor, das eigentlich gesperrt ist. Doch der Westberliner Taxifahrer stoppt, aus Angst vor den russischen
Panzern, bereits an der Siegessäule; die Porten muß aus
dem Auto steigen und mit ihren Koffern zu Fuß über
die Sektorengrenze. »Im Defa-Haus war schon alles versammelt, alles wartete auf mich, und mit einem großen Jubel wurde ich dann dort empfangen, und der Vorsitzende
des Staatlichen Filmkomitees nahm mich in die Arme, be-

grüßte mich und sagte dann nur: ›Liebste Henny Porten,
seien Sie willkommen bei uns, und wir alle sagen Ihnen
nur eines: Wir sind stolz auf Sie.‹« [78]
Die Porten strahlt: »Ich habe in Babelsberg alte Bekannte
wiedergetroffen, Bühnenarbeiter, Beleuchter, Aufnahmeleiter. Es war ein herzliches Wiedersehen, und ich bin sehr
froh, wieder arbeiten zu können. Jeder Tag, an dem ich im
Atelier stehe, ist für mich immer noch ein Feiertag.« [79]
Joachim Barckhausen, Co-Autor ihres zweiten DEFA-
Films *Das Fräulein von Scuderi* (1955/ RE: Eugen York),
fühlt sich indes an ein Hollywood-Drama von Billy Wilder
erinnert: »Nach dem Krieg lief in den westdeutschen
Lichtspielhäusern (...) *Sunset Boulevard* mit Gloria Swan-
son in der Hauptrolle. Sie verkörperte auf erschütternde
Weise die Tragik ihres eigenen Lebens: die des gealterten,
längst vergessenen Filmstars, süchtig nach dem Ruhm, den
man ihr entzogen hat wie eine Droge. An diesen Film mußten wir denken, als wir Henny Porten näher kennenlernten.
Stets trug sie einen kleinen Koffer mit sich herum, der mit
vergilbten Kritiken und alten Fotos gefüllt war – den Stationen ihres Ruhms. Tränen des Glücks konnten ihr in die
Augen steigen, wenn wir auf Spaziergängen einem alten
Bauern begegneten, der plötzlich wie angewurzelt stehen-
blieb und ausrief: ›Das ist doch die Porten?‹« [80]

»Zar und Zimmermann« (1956/RE: Hans Müller)
mit Bert Fortell (oben links) und Günther Haack
sowie Willy A. Kleinau (unten)

»Mazurka der Liebe« (1957/RE: Hans Müller)
mit Bert Fortell und Susanne Christian
sowie Albert Garbe (unten)

Ist *Carola Lamberti - eine vom Zirkus* überinterpretiert,
wenn man in ihm einen Schlüssel für die Aufbruchstimmung des »Neuen Kurses«, einen Beleg für die Harmonie-
bedürftigkeit der Deutschen zu finden glaubt? Henny Porten spielt eine Kunstreiterin und Zirkusdirektorin, die das
Familienunternehmen durch alle Höhen und Tiefen zu führen gedenkt. Doch sie provoziert mit ihrer unerbittlichen
Haltung gegenüber den drei Söhnen, die sich an der Geschäftsführung der Zirkus beteiligen wollen, die Trennung
der Kinder von der Mutter. Sie zieht sich in eine Pension
für gealterte Artisten zurück. Erst als eine verpatzte Aus-
landstournee den Zirkus in Schwierigkeiten bringt, rufen
die Jungen, die zudem noch von einer Akrobatin gegeneinander ausgespielt worden waren, ihre alte Dame heim. Das
Unternehmen hat nur eine Zukunft, wenn die Familie gemeinsam agiert.

Ein solches Finale steht jenen DEFA-Filmen der vorangegangenen vier Jahre, in denen Familienbeziehungen eine
zentrale dramaturgische Funktion einnehmen, diametral
gegenüber: Von *Unser täglich Brot* an gab es weder in *Familie Benthin* noch in *Die Sonnenbrucks* eine Möglichkeit,
die Gräben zu schließen, die von den Ideologien aufgeris-
sen wurden. Nun, in einem scheinbar unpolitischen Unter-

haltungsfilm, dessen Geschichte noch dazu aus der Gegenwart in die Konjunkturzeit der Weimarer Republik zurück-
katapultiert wird, geschieht das Unfaßbare: »Es siegt nämlich am Schluß keine Generation, weder die Söhne, noch
die Mutter, sondern es siegt (...) die Gemeinschaftsaufgabe,
die alle auseinanderstrebenden Individualitäten immer wieder zusammenhält« [81], begründet die Dramaturgin Marieluise Steinhauer, weshalb der Stoff für die DEFA tragbar
sei.

Im übrigen kümmert sie sich nicht nur um die Personen-
und Fabelführung, sondern auch um den Regisseur. Der
von der DEFA eingeladene Gerhard Lamprecht hatte abgelehnt. Nun steht Hans Müller ganz oben auf der Liste. Mit
ihm, schreibt die Steinhauer, »verhandeln wir über die Regie seit Wochen. Herr Dr. Wilkening und ich hatten lange
Gespräche mit ihm, die immer wieder darauf hinausliefen,
daß Müller wohl Lust hätte, die Regie zu übernehmen;
aber er fürchtete die Folgen, die das in Westdeutschland für
ihn haben könnte. Diese schwankende Haltung Müllers
galt bis gestern. Jetzt haben wir den Autor A. Arthur Kuhnert hier (...), der Stoff hat ihn bereits fasziniert. Aus dieser
Stimmung heraus hat Kuhnert zweimal mit Hans Müller,
der gegenwärtig in Hamburg ist, telefoniert. Müller war zuerst wieder schwankend, dann hat Kuhnert ihm gesagt:

99

›Wenn ich das mache, kannst Du das auch machen.‹ Darauf hat Müller geantwortet: ›Meinst Du wirklich? Also schön, ich mache mit, das gilt bindend.« [82]

Hans Müller inszeniert bis 1957 bei der DEFA: dem passablen Zirkusopus folgt die farbige, die Arien, Duette und Chöre geschickt in den filmischen Fluß einbeziehende Oper *Zar und Zimmermann* (1956) und eine in Cinemascope gedrehte, wesentlich holprigere, fast fragmentarisch wirkende Operettenadaption des »Bettelstudent«, *Mazurka der Liebe* (1957). In den Ateliers der DEFA trifft er auf seinen Westberliner Kollegen Hans Heinrich, der nach Babelsberg zurückgekehrt ist, um *Alter Kahn und junge Liebe* (1957) mit dem jungen Götz George in einer der Hauptrollen zu drehen, dann den ersten Revuefilm der DEFA: *Meine Frau macht Musik* (1958). Der Münchner Harald Mannl ist der einzige Regiegast von »drüben«, der, neben einem Verwechslungslustspiel (*Star mit fremden Federn*/ 1955), einen prononciert politischen Film macht: *Der Fall Dr. Wagner* (1954). Darin wird ein Chemiker von anonymen Anrufern bedroht, flieht in den Westen und erkennt dort seinen Irrtum. – Auch der in Hamburg lebende Eugen York kommt nach Babelsberg, dreht mit Henny Porten und Willy A. Kleinau *Das Fräulein von Scuderi* nach einer Kriminalerzählung E.T.A. Hoffmanns und beweist dabei gutes Gespür für prunkvolles Interieur.

Die Produktionen der nicht in der DDR ansässigen Regisseure sind im besten Fall konventionelle Unterhaltung, ohne den Drang zu »Höherem« – weder filmsprachlich noch politisch. Das weiß die DEFA-Direktion und will es auch so. Aber trotz »Neuem Kurs« und der Förderung ost-westdeutscher Zusammenarbeit bleibt die Hauptverwaltung Film wachsam; die Sorge, es könne an ideologischen Grundfesten gerüttelt werden, besteht latent. So geschieht es, daß selbst eine gediegene Literaturadaption wie *Das Fräulein von Scuderi* erhebliches Stirnrunzeln provoziert. Vor allem Anton Ackermann, der Leiter der HV, äußert Bedenken: Schon die Stoffwahl sei fragwürdig. Der Dichter E.T.A. Hoffmann, keinesfalls mit den großen russischen Realisten vergleichbar, deute in seiner im französischen 17. Jahrhundert angesiedelten Novelle soziale Bezüge nur an und ergebe sich einem fragwürdigen Mystizismus. Der Pariser Goldschmied Cardillac morde aus krankhaftem Hang zu den eigenen Kreationen. Im Film käme dazu das Motiv pathologischer Rache für seine von einem Adligen verführte, irre gewordene Mutter. Das rufe statt uneingeschränkter Ablehnung Mitleid und sogar Sympathie hervor. Richtiger wäre aber gewesen, sich das klassische literarische Erbe kritisch anzueignen und zu zeigen, daß die Grausamkeiten Cardillacs in seiner klassenmäßigen Stellung als Vertreter der unerhört grausamen jungen Bourgeoisie wurzelten. Zudem entspräche die Darstellung des jovialen und verführerischen Ludwigs XIV. und dessen Hofstaats nicht der historischen Wahrheit, die das marxistische Weltbild über den französischen Absolutismus gerade zur Zeit des Sonnenkönigs vermittle.

Nach langer Debatte einigt sich die Abnahmekommission darauf, *Das Fräulein von Scuderi* trotz der gravierenden Einwände zuzulassen. Man verzichtet auf Schnite, weil »eine solche Maßnahme (...) zur Verärgerung aller an diesem Film Beteiligten führen« [83] und das künstlerische Niveau der Arbeit beschädigen würde. Nur an einer Stelle sei die musikalische Untermalung zu löschen: wenn die Polizei ausgerechnet zu Motiven aus der Marseillaise »zweifelhafte Mädchen und Nachtbummelanten« verhaftet.

Im *Fräulein von Scuderi* und in anderen Filmen westdeutscher Regisseure, aber auch in den meisten Arbeiten ihrer DDR-Kollegen gastieren westdeutsche und österreichische Schauspieler: Angelika Hauff, Bert Fortell und Mathieu Ahlersmeyer, Dorothea Wieck, Alexander Engel und Eva Kotthaus, Sonja Sutter, Gisela Trowe und Wolfgang Stumpf, Peter Pasetti und Gertud Kückelmann, Leny Marenbach und Rudolf Forster. Es gibt Alt-Stars, die von sich aus Kontakt zu Babelsberg aufnehmen – wie Olga Tschechowa. Sie bietet der DEFA 1955 eine Filmnovelle an, ohne daß es zu einer Zusammenarbeit kommt [84]. Manche westdeutsche Schauspieler werden nicht angesprochen, weil ihre Gagen zu hoch sind. Manche, die im Kino des Dritten Reiches fester als andere verwurzelt waren – Heinz Rühmann oder Ilse Werner –, werden aus Prinzip nicht gefragt. Manche, die die DEFA gern in ihre Ateliers geholt hätte, lehnen ab. »Frau Horney ist in keinem Fall gewillt (...), bei uns zu arbeiten. Ich hatte an Frau Horney auf Wunsch des Herrn Staudte geschrieben« [85], teilt Besetzungschef Reiche zum Beispiel dem Produktionsleiter Teichmann mit. Und Gustav Knuth, für die Rolle des *Ernst Thälmann* im Gespräch, hält sich bedeckt.

Aber auch das passiert: Die Schauspielerin Gisela Uhlen trifft, nach einer Odyssee über Wien und Prag, am 22. April 1954 mit ihrem Partner Wolfgang Kieling und der Tochter Barbara aus vorheriger Ehe in Berlin-Schönefeld ein und bittet um Asyl. In der Bundesrepublik würde sie das Sorgerecht des Kindes an ihren geschiedenen Mann verlieren; hier, im Osten, glaubt sie sich sicher. »Es wurde uns ein Häuschen angeboten zu einer sagenhaft geringen Miete. Die Weiterführung des Sorgerechtsprozesses in München wollte der prominente Ostberliner Strafverteidiger Professor Kaul für uns übernehmen. (...) Wolfgang und ich erhielten feste Verträge, zunächst über zwei Jahre.« [86]
Der Westen nimmt übel, viele Zeitungen deklarieren den privaten als politischen Schritt. »In schmachtenden Artikeln wurde von unserer totalen Demoralisierung berichtet, als Ende aller skandalumwitterten Ereignisse. Zur Untermalung war ich als ›Lulu‹ abgebildet, verkommen und süchtig mit geschminkten, tiefumränderten Augen. (...) Den Lesern sollte damit weisgemacht werden, daß ich in Wahrheit nur noch dahinvegetiere.« [87] Als die Uhlen vier Jahre später und nach ansehnlichen DEFA-Rollen die DDR wieder verläßt, ist die einstige Flucht kaum noch ein Thema. – Henny Porten aber erlebt herbe Enttäuschungen, auch wegen ihres DEFA-Engagements. In der Bundesrepublik, aus der sie trotz eines Angebots nicht gen DDR übersiedeln will, erhält sie nie wieder eine Filmrolle. Ihr Ratzeburger Hauswirt drängt sie aus der Wohnung, ihr Mann verliert seine Arztpraxis. Für ihre Memoiren, die sie ab Anfang 1958 auf Tonband spricht, findet sich kein Ver-

leger. Sie stirbt im Oktober 1960 in Berlin, nachdem ihr der Senat mit einem Ehrensold über finanzielle Engpässe hinweggeholfen hat.

Abschied von Mutter Courage

»Wer mir einen solchen Auftrag gibt«, sagt Wolfgang Staudte, als die DEFA ihm *Die Geschichte vom kleinen Muck* offeriert, »der muß wissen, daß ich ein Entzauberer bin. Wir leiden immer noch an den Folgen einer falschen Pädagogik. Wenn wir heute Märchen gestalten, dürfen wir nicht die Poesie zerstören, aber die Dämonie, das Brutale usw. müssen wir herausnehmen.« [88] Staudtes farbenprächtiger Film, für den die Kulissen aus Tausendundeiner Nacht in den märkischen Sand gezaubert werden, gerät zum Welterfolg – und war doch nur eine Art Verlegenheitslösung. Denn eigentlich sollte der Regisseur 1952/53 Brechts *Mutter Courage und ihre Kinder* drehen, ein Projekt, an dem die DEFA schon seit Sommer 1949 laborierte. Zunächst war Erich Engel als Regisseur dafür ins Auge gefaßt worden; doch wegen anderer Termine und weil ihm die filmische Umsetzung des Stücks unerhört kompliziert erschien, schied er aus. Auch die DEFA verabschiedete sich aus prinzipiellen ideologischen Gründen zeitweilig von dem Vorhaben: »Der Autor wendet sich gegen Kriege schlechthin und setzt dem Krieg den Pazifismus entgegen. (...) Der Autor differenziert nicht zwischen gerechten und ungerechten Kriegen. (...) Die Bedeutung der nationalen Befreiungskämpfe für den Fortschritt der Menschheit wird jedoch an dem heldenhaften Kampf des koreanischen Volkes am deutlichsten offenbar. (...) Die Bedeutung des 30jährigen Krieges für die deutsche Entwicklung wird den Menschen nicht nahegebracht. Die Rolle des deutschen Volkes, die vom Autor völlig ignoriert wird, gibt dem Zuschauer keine Veranlassung, lehrreiche Schlüsse zu ziehen. Der Autor ergreift nicht Partei. Es existiert in dem Buch nirgends eine gesunde aktive Kraft. Sofern das einfache Volk aktiv auftritt, ist es ebenso hartherzig wie die Söldner aller kriegführenden Parteien. (...) Teils zynische, teils lebensverneinende Äußerungen geben dem Buch ein negatives, defaitistisches Gepräge« [89], heißt es im Mai 1951 über das von Brecht und dem Münchner Autor Emil Burri entwickelte Drehbuch.

Mit der zweiten Fassung ist die DEFA 1952 schließlich einverstanden; diesmal scheitert der Film an Kontroversen zwischen dem Dichter, der die wichtigsten Rollen mit Schauspielern des Berliner Ensembles besetzt sehen will, und Staudte, der ein internationales Darstellerteam verpflichten möchte – inklusive Anna Magnani als Yvette [90]. Staudte dreht daraufhin den *Kleinen Muck* und 1954 das soziale, in dunkle Töne gehaltene Gleichnis *Leuchtfeuer*, ein moralisierendes Opus über winterliche Hungersnöte auf einer kleinen, nicht näher bestimmten Insel im Atlantischen Ozean, deren Bewohner fast zu Mördern werden. Ein seltsam im luftleeren Raum schwebender, schwerfälliger Film. Währenddessen wird versucht, *Mutter Courage* als italienische Co-Produktion zu realisieren. Luchino Visconti und Giuseppe de Santis lehnen die Regie ab; wieder

**»Mutter Courage und ihre Kinder« (1955).
Für die Rolle der Lagerhure Yvette
engagiert Wolfgang Staudte
die französische Schauspielerin Simone Signoret.
Und während der Dreharbeiten
verliebt er sich in sie...**

101

Simone Signoret in
»Mutter Courage und ihre Kinder«

läßt sich Staudte, dem jetzt ein in den Besetzungsfragen moderater Brecht gegenübersteht, auf das Projekt ein. Der DEFA gelingt, Simone Signoret als Lagerhure und Bernard Blier als Feldkoch zu verpflichten, dazu die Weigel in der Hauptrolle, Erwin Geschonneck als Feldprediger und Ekkehard Schall als Eilif. Ende August 1955 fällt die erste Klappe.

Da aber haben die neuen Schwierigkeiten schon begonnen. Brecht erhebt Einwände gegen die Figurinen und Modelle, die ihm erst vierzehn Tage vor dem geplanten Drehstart vorgelegt werden. Er »lehnte nicht nur die Kostüme als konventionell, operettenhaft ab, er verwarf auch die Entwürfe des französischen Filmarchitekten Max Douy, der als Grundlage eine Sand-Landschaft vorgesehen hatte. Filmleute schwärmen heute noch von den enormen optischen Wirkungen, die sich ergaben, während Brecht und seine Mitarbeiter (...) meinten, daß die *Mutter Courage* nicht in einer ›Wüste‹ spiele.« [91] – Der Dichter kann sich ebenfalls nicht mit dem Gedanken eines opulenten Farbfilms anfreunden; er verlangt, daß er nach Abschluß der Dreharbeiten entscheiden könne, ob *Mutter Courage* in Farbe oder Schwarzweiß gezeigt werden müsse – eine For-

derung, die nun wiederum Staudte in Rage bringt. Brechts Intentionen tendieren keinesfalls in Richtung eines soghaft-emotionalen Monumentalfilms, sondern zielen eher auf Abstraktion, Verfremdung, Distanz. Nur ein Indiz dafür ist, daß er eine Zeitlang gegen Außenaufnahmen plädiert; der Film solle vielmehr mit Landschaftsnachbildungen arbeiten.

Zu den künstlerischen Differenzen, deren Ausbruch nach Drehbeginn umso erstaunlicher ist, als Brecht und Staudte sich während der Buchphase nähergerückt schienen, kommen Mißverständnisse und Verärgerungen auf beiden Seiten. Brecht nimmt Staudte übel, daß dieser in der unmittelbaren Vorbereitungszeit des Films nicht anwesend war; er inszenierte im Juli in den Niederlanden *Ciske - ein Kind braucht Liebe (Ciske - de Rat)*. – Der Autor, der seinen Mitarbeiter Manfred Wekwerth ins Studio beordert, erfährt, daß die Komparserie gänzlich unmöglich sei. Der Regisseur wiegelt ab: Wekwerth habe die Kleindarsteller von *Zar und Zimmermann*, der im Nachbaratelier gedreht werde, fälschlicherweise für Mitwirkende an *Mutter Courage* gehalten; dabei seien sie in den Pausen nur zum Set Staud-

102

tes geeilt, um der berühmten Simone Signoret zuzuschauen. – Dann interveniert Helene Weigel höchstpersönlich. Sie fühlt, daß das Schwergewicht des Films von ihrer Rolle auf die Yvette der Signoret (in die sich Staudte unsterblich verliebt hat) verschoben wird. Außerdem könne sie nicht sechs, wie infolge der knappen Drehzeit von Simone Signoret disponiert, sondern bestenfalls viereinhalb Tage pro Woche in Babelsberg zur Verfügung stehen, da sie in Berlin ja auch noch Theater spielen müsse. Sie wolle, zur eigenen Kontrolle, abgedrehte Sequenzen sehen. Und: das Nachsynchronisieren intimer und emotionell schwieriger Szenen, die unverständlicherweise in einem Atelier mit starkem Hall aufgenommen wurden, käme für sie nicht in Frage.

Die Lage eskaliert. Ein Protokoll von Albert Wilkening [92] hält die Entwicklung minutiös fest: Am Donnerstag, dem 8. September, wirft Staudte das Handtuch und legt die Regie nieder. Am Freitag erklärt sich Brecht mit einer Unterbrechung des Films einverstanden. Am Samstag, 9.45 Uhr, ruft Brecht bei Wilkening an und zieht dieses Einverständnis zurück: »Der Film darf unter gar keinen Umständen abgebrochen werden. Wenn H. Staudte sich nicht den Bedingungen unterwerfen wolle, dann könne man H. Cavalcanti nehmen. (Abfällige Bemerkungen über St., der statt den Film vorzubereiten, in Holland Geld verdienen wollte.)« Dennoch werden eine Viertelstunde später die Schauspieler vom vorläufigen Ende der Arbeit informiert. Um 13.20 Uhr meldet sich Anton Ackermann, der in der Angelegenheit sofort zu Minister Becher nach Bad Saarow fahren will. Nachmittags um vier erklärt Becher, auch er halte den Abbruch für nötig, und regt eine filmische Aufnahme der Bühneninszenierung an. – Daß der Konflikt längst den Rang einer Staatsaktion angenommen hat, signalisiert ein sonntäglicher Anruf von Kurt Maetzig bei Wilkening. »Er teilt mir mit, daß er gestern mit W. Ulbricht gesprochen habe + daß am Montag 9.15 bei ihm eine gemeinsame Aussprache mit Defa + Staudte, jedoch ohne den Autor, stattfinden soll, um zu klären, wie die Defa die investierten Mittel retten kann.«

Am Montag, dem 12. September, läßt sich Staudte noch einmal überreden, den Film fortzuführen, allerdings nur unter seinen Bedingungen. Die Weigel, die aus strategischen Gründen ihren Vertrag noch gar nicht unterschrieben hatte, tritt von der Titelrolle zurück; fieberhaft sucht die DEFA nach einem Ersatz. Staudte schlägt Berta Drews vor, doch sie ist vertraglich ans Schiller-Theater gebunden und erhält keine Genehmigung der Westberliner Behörden. Therese Giehse weigert sich, anstelle von Helene Weigel zu spielen; Brecht verbeugt sich in einem Brief: »Liebe Therese, ich konnte Dir nicht zuraten, die Rolle der Courage bei der Defa zu übernehmen. (...) Hab Dank für deine feste Haltung!« [93] – Françoise Rosay, vermutlich von der Signoret und Blier ins Gespräch gebracht, wird von der DEFA abgelehnt, »da schon allein mit Ablösung aus ihren Theaterverpflichtungen und ihrer Gage rund 40 Millionen ffrcs erforderlich wären, und die Besetzung der Hauptrollen mit einem so starken französischen Anteil gegebenenfalls nur bei einer französischen Coproduktion zu vertreten gewesen wäre«. [94] – Die mütterliche Erika Dunkelmann

»Mutter Courage und ihre Kinder«:
**Simone Signoret mit Ekkehard Schall (oben)
und Bernard Blier**

hingegen stößt bei Staudte auf erhebliche Skepsis, die ihn in die kuriose Lage bringt, den ihm mittlerweile ziemlich verhaßten Dichter gegenüber der DEFA in Schutz nehmen zu müssen: Die Dunkelmann entspräche nicht der Konzeption Brechts und könne im schlimmsten Fall bewirken, daß sich eine falsche politische Aussage (Mitleid mit der Courage) in den Film einschleiche. In einem unter anderem von Wilkening und dem Produktionsleiter Teichmann unterschriebenen Memorandum vom 22. September klingt Staudte resigniert: »Der Regisseur ist bereit, den zu erwartenden künstlerischen Prestigeverlust zu tragen, sofern eine Fortführung des Filmes unter den angegebenen Bedingungen noch zweckmäßig erscheint.« [95] Dann werden die Arbeiten endgültig eingestellt.

Noch einmal, im nächsten Frühling, denkt die DEFA über die *Courage* nach, nun wieder unter der Regie von Erich Engel, eventuell mit französischen Partnern. Nach dem Tod Brechts im August 1956 wird während einer Besprechung im Berliner Ensemble festgelegt, daß alle Inszenierungen des Dichters abzufotografieren sind und diese Arbeiten dem DEFA-Studio übertragen werden. Erich Engel soll dafür ein Regiekollektiv bilden und leiten. Doch es vergehen drei Jahre, bis die Brecht-Schüler Manfred Wekwerth und Peter Palitzsch wenigstens die klassische, weltberühmte Inszenierung der *Mutter Courage* auf Zelluloid bannen, schwarzweiß, ganz wie der Meister es wollte. Das Resultat kann als wichtiges kunstgeschichtliches Dokument gewertet werden; ein dem Dichter und dem Stück angemessener Film ist es nur in Maßen.

Wolfgang Staudte verabschiedet sich von der DEFA. Er bleibt einzelnen Babelsberger Mitarbeitern freundschaftlich verbunden, ohne neue Arbeitskontakte aufzunehmen. »Der Grund, warum es zu keiner Zusammenarbeit mehr kam«, überlegt er fast zwanzig Jahre danach, »hing wohl damit zusammen, daß es inzwischen bei der DEFA Nachwuchsregisseure gab (...) Das akzeptiere ich auch, aber es kann sein, daß es doch noch mal zu einem Projekt bei der DEFA kommt.« [96] – Erich Engel dreht statt der *Mutter Courage* 1958 einen anderen Antikriegsfilm: *Geschwader Fledermaus*, ein ambitioniertes Psychogramm von Halunken, Zynikern und Träumern, die als Mitglieder eines privaten amerikanischen Transportgeschwaders 1954 im Auftrag der französischen Kolonialmacht Waffen und Munition durch Vietnam fliegen. Mit seinen lakonischen Dialogen und der kontrastreichen Schwarzweißfotografie erinnert der vorwiegend im Studio realisierte Film an klassische Vorbilder: allen voran Henri-Georges Clouzots *Lohn der Angst* (*La salaire de la peur* / 1952).

Stimme und Faust der Nation

Während Wolfgang Staudte sich von Babelsberg verabschiedet, ist Kurt Maetzig, der andere bedeutende Vertreter der ersten DEFA-Regiegeneration, auf der Höhe seines Erfolgs. 1954 und 1955 haben die beiden Teile des *Ernst Thälmann*-Epos, *Ernst Thälmann - Sohn seiner Klasse* und *Ernst Thälmann - Führer seiner Klasse*, Premiere, Arbeiten, mit denen die DEFA ebenso lange schwanger ging wie mit *Mutter Courage*: Die Idee, den von den Faschisten im KZ Buchenwald ermordeten einstigen Vorsitzenden der KPD mit einem biographischen Film zu ehren, datiert aus dem Jahre 1949.
Für das Szenarium werden zwei aus dem Exil in ihre Heimat zurückgekehrte Autoren herangezogen: der 1901 in Hamburg geborene Arbeitersohn Willi Bredel, Mitglied des Spartakusbundes, Spanienkämpfer und in der UdSSR Mitbegründer des Nationalkomitees »Freies Deutschland«, sowie der aus bürgerlichem Elternhaus stammende Michael Tschesno-Hell, 1902 in Wilna geboren, 1922 Mitglied der Kommunistischen Partei, Exulant unter anderem in Frankreich und der Schweiz. Beide erhalten den Parteiauftrag, ihre gesamte Arbeitskraft und -zeit in die literarische Gestaltung des Treatments und der Drehbücher zu investieren. Das Politbüro entbindet sie von anderen beruflichen, gesellschaftlichen und politischen Verpflichtungen. Als Grundlage des Films dient Willi Bredels 1949 edierte Thälmann-Biographie, die mit einem Vorwort von Wilhelm Pieck und einer Gedenkrede von Walter Ulbricht ausgestat-

tet war. Bredel entwirft auf dieser Basis nun Szenen von epischem Format; er schreibt bis zu zwanzig Seiten am Tag; Tschesno-Hell verdichtet die Sequenzen des romanhaften Skripts auf mitunter jeweils nur einen einzigen metaphorischen Satz.

Von Anfang an gilt dem Projekt allerhöchste Aufmerksamkeit: die Führung der SED betrachtet den Stoff, für den Ende 1949 bereits Kurt Maetzig als Regisseur im Gespräch ist, als »vordringliche Parteiaufgabe«; Walter Ulbricht, der die Arbeitsergebnisse begutachtet, streicht gelegentlich »einige Formulierungen, die zu eng sind«, mit roter Tinte an. Der Film soll »Genosse(n) Thälmann als Führer und Organisator der deutschen Arbeiterklasse im Kampf um Frieden, Demokratie und Sozialismus (zeigen), als Führer der Partei, die heute der Vortrupp des deutschen Volkes und die entscheidende Kraft in der DDR ist« [97]. Als ästhetische Vorbilder werden die sowjetischen Stalinepen *Der Schwur* (*Kljatwa* / 1946) und *Der Fall von Berlin* (*Padenije Berlina* / 1948) sowie, etwas später, *Das unvergeßliche Jahr 1919* (*Nesabywajemyi 1919 – j god* / 1952), drei Filme von Michail Tschiaureli, auserkoren; wenn den an *Thälmann* beteiligten Künstlern vielleicht auch manche Überhöhung dort unangenehm aufstößt, pocht die Parteiführung doch auf die vom Kreml initiierte politisch-ästhetische Vorgabe.

Überhaupt hat *Der Schwur*, der sowjetische Geschichte von Lenins Tod bis zum Ende des Großen Vaterländischen Krieges ganz im Zeichen des Personenkults illustriert und 1946 von Kurt Maetzig und Erich Freund deutsch synchronisiert worden war, immensen Einfluß auf die Ikonographie des DEFA-Spielfilms um 1950. Wenn der industrielle Fortschritt sich bei Tschiaureli im Motiv der vom Fließband rollenden Traktoren bündelt, so wiederholt sich das, gleichsam als Zitat, in Dudows *Unser täglich Brot*. Das sozialistische Aufbaupathos des *Schwurs* mit seinen Massenszenen, in denen Menschen zu Ornamenten der Macht erstarrt sind, findet sich in *Roman einer jungen Ehe* ebenso gut wie in *Das kleine und das große Glück*. Und die satirisch überspitzte Darstellung eines französischen Ministers, der lieber mit einer schönen Frau eine Pariser Nachtbar besucht als mit sowjetischen Diplomaten eine Anti-Hitler-Koalition zu schmieden, korrespondiert durchaus mit der abfälligen Präsentation amerikanischer Politiker in Maetzigs *Rat der Götter* – allerdings mit einem grundsätzlichen Unterschied: Tschiaureli versteigt sich zu einem widerlichen Antisemitismus (der verlotterte und verlogene Minister hat eine »typisch jüdische« Hakennase); solche Töne sind Maetzig wie überhaupt der DEFA völlig fremd.

Schon die ersten Entwürfe des *Thälmann*-Epos bereiten Kopfzerbrechen, denn in einem zwei mal zwei Stunden langen Film können beileibe nicht alle Handlungslinien skizziert werden, die das Politbüro anmahnt. So zeigen Bredel und Tschesno-Hell zwar ausführlich die Begegnungen Thälmanns mit französischen Kommunisten, bleiben aber der Rolle der Sowjetunion und namentlich »des Genossen Stalin« viele Szenen schuldig. Die DEFA-Kommission erkennt die Schwierigkeit an, Stalin in einem deut-

1

2

3

4

5

6

Die Thälmann-Filme (1954/55/RE: Kurt Maetzig):

1 Während der Dreharbeiten besucht
Wilhelm Pieck, der Präsident der DDR, das
DEFA-Spielfilmstudio. Rechts neben ihm Albert
Wilkening und Hans Rodenberg (2. v. rechts)

2 Festliche Uraufführung von »Ernst Thälmann –
Sohn seiner Klasse« am 9. März 1954 im
Berliner Friedrichstadt-Palast.
Wilhelm Pieck reicht Günther Simon,
dem Darsteller des Thälmann, die Hand.

3 Günther Simon und Hans-Peter Minetti (rechts
hinter ihm) begrüßen in den Schützengräben
des ersten Weltkrieges die Oktoberrevolution

4 Thälmann redet – wie so oft in den beiden Filmen

5 Michel Piccoli (2.v. links) als französischer Kommunist in
»Ernst Thälmann – Führer seiner Klasse«

6 Thälmanns Widersacher:
Kurt Wetzel als Göring, Fritz Diez als Hitler und
Hans Stuhrmann als Goebbels (v. l. n. r.)

1 Günther Simon mit Erika Dunkelmann
als Arbeiterfrau Martha Vierbreiter

2 Erich Franz als Arthur Vierbreiter

3 Günther Simon

schen Film auftreten zu lassen, fordert jedoch, ihn »zumindest indirekt durch seine Worte, durch Briefe, Botschaften usw.« ins Drehbuch aufzunehmen. Schließlich erscheint Stalin kurz im ersten Teil (in Lenins Arbeitszimmer, mit Nachrichten von der Front) und wird im zweiten Teil mehrfach namentlich genannt. All diese Szenen und Dialogpassagen verschwinden später aus dem *Thälmann*-Film: allerdings nicht gleich nach dem XX. Parteitag der KPdSU, sondern erst durch Schnittauflagen 1961/62 – eine bezeichnende »Verspätung«. – In derselben Stellungnahme vom Spätsommer 1951, die eine Berücksichtigung Stalins fordert (gez. Axen), weist die DEFA-Kommission auf einen anderen Schwachpunkt des Entwurfs hin: Der Kampf der illegalen Partei werde niemals in Gestalt des Thälmannschen ZK, der Genossen Pieck, Ulbricht, Florin usw. vorgeführt.

Beide Einwände belegen, worauf es der SED, genauso wie in den *Unbesiegbaren*, vor allem ankommt: ein Opus zu drehen, das nicht nur schlechthin ein historisches Denkmal setzt, sondern vor allem ihre aktuelle Politik legitimiert. In ersten Skizzen wollen Bredel und Tschesno-Hell den Film bis ins Jahr 1949 führen, um anhand des Vereinigungsparteitags der SED und der Gründung der DDR zu beweisen, daß »Teddys« Vermächtnis hier erfüllt wird. Obwohl Thälmann, Stimme und Faust der Nation, dies nicht mehr miterlebt, soll nicht der geringste Anflug von historischem Pessimismus aufkommen. Stattdessen lautet der Tenor, die Geschichte zum ersten Mal vom Kopf auf die Füße zu stellen: nicht aus der Sicht der ausbeutenden Klassen, sondern »von unten«, aus der Perspektive des kämpferischen Proletariats zu beleuchten. *Thälmann* – ein Film, der »dem deutschen Volke nützt«.

An die tatsächlichen historischen Details hält sich das Epos indes nur bedingt. Thälmann wird von vornherein kaum eine Entwicklung, bestenfalls eine gewisse Bescheidenheit zugestanden; schon in den ersten Szenen, in den Schützengräben der deutschen Westfront von 1918, ist er der Tribun, um den sich seine Kameraden scharen, entwirft ein Flugblatt (»Dreht um die Gewehre!«) und reißt einem Offizier die Schulterstücke von der Uniform (»Es lebe die Revolution!«). Wenig später marschiert er in Hamburg an der Spitze des Trauerzuges für die ermordeten Gründer der KPD, Karl Liebknecht und Rosa Luxemburg; seine Rede mündet in die Erkenntnis, daß die Tragödie der Revolution im Fehlen einer revolutionären Massenpartei bestehe. Nächtelang studiert er Lenin; er entwirft Schlagzeilen für die Zeitung, tröstet Bauern, organisiert schließlich, im Oktober 1923, den Hamburger Aufstand. Brecht notiert in seinem Arbeitsjournal sarkastisch: »sie machten (...) einen feldherrn im hauptquartier aus ihm, während er auf dem fahrrad von betrieb zu betrieb fuhr, von der polizei gesucht sich in der öffentlichkeit versteckend.« [98] *Ernst Thälmann - Sohn seiner Klasse* verklärt seinen Helden romantisch. Hamburg übrigens, das als Drehort nicht zur Verfügung steht, wird in Dresden-Neustadt und – was die Werftszenen betrifft – in Rostock »nachempfunden«.

Zweiter physischer Kraftakt für Kurt Maetzig und sein Team ist *Ernst Thälmann - Führer seiner Klasse*, bei dem das Politbüro eine Zeitlang überlegt, ob man ihn nicht nur in Farbe und Stereoton, sondern auch im neuen Cinemascope-Format drehen soll (was dann wegen der erheblichen technischen Probleme etwa während der Massenszenen im Freien verworfen wird). Jetzt hat sich der Held endgültig auf der Ebene des Mythos, des Göttlichen etabliert. In der Ouvertüre tritt Thälmann zunächst nicht selbst auf, sondern sein proletarischer Mitstreiter Fiete Jansen, der sich von seiner Frau das Berliner Untermieterzimmer zeigen läßt, in dem der Vorsitzende der KPD lebt: »Hier wohnt er«, sagt Änne, ein zärtliches Geigenmotiv erklingt und die Kamera macht einen Rundschwenk durch Thälmanns einfach möblierte Behausung. – Der Film reicht vom Beginn der dreißiger Jahre bis zu Thälmanns Kerkerhaft 1944, die schließlich in ein siegesgewisses Finale mündet: »Teddy« wird abgeführt; der reale Hintergrund, der Gang des Gefängnisses, verschwindet, hinter Thälmann weht nun eine rote Fahne, und aus dem Off erklingt der berühmte Satz aus dem Roman »Wie der Stahl gehärtet wurde«, daß dem Menschen das Leben nur einmal gegeben und es die höchste Erfüllung sei, sein ganzes Tun in den Dienst der Befreiung der Menschheit zu stellen.

Beide Teile des *Thälmann*-Epos, für Hans Rodenberg ein Meilenstein in der Entwicklung der internationalen Filmkunst, werden in der DDR ein triumphaler Erfolg. Arbeitskollektive und Schulklassen besuchen gemeinsam die Kinos; oft nicht nur einmal. Das nimmt gelegentlich groteske Züge an; eine Zeitung schreibt: »Selbstverständlich gibt es auch negative Beispiele, wie z.B. die Feinjute. In diesem großen Betrieb wurden bis jetzt 43 Karten bestellt. Der BPO-Sekretär, Genosse Schuster, erklärte dazu, daß er von nichts gewußt habe. Diese Stellungnahme ist nicht nur lächerlich, sondern zeugt von einer mangelnden Verantwortlichkeit. (...) Auch in den städtischen Krankenanstalten und im Krankenhaus für Psychiatrie hat die Betriebsparteiorganisation keine Vorbereitungen zum organisierten Besuch des Films getroffen. In beiden Anstalten sind nur insgesamt 30 Karten bestellt worden.« [99]
Thälmann, Pflichtveranstaltung für Millionen, prägt sich ins Bewußtsein der Zuschauer ein. Viele brauchen die Leuchtgestalt, aus vielen Gründen. Und sei es, um die eigene Vergangenheit im Dritten Reich, das Mitlaufen und Mit-Schuldig-Werden, zu verdrängen. Dank dramaturgischer Kniffe und Verkürzungen erscheint das deutsche Volk, bis auf wenige einzelne Missetäter, im letzten Drittel des Films fast ausschließlich als Opfer und im Widerstand. Deutschland reduziert sich auf Hitler, dessen schurkische industrielle Hintermänner und ein paar Soldaten, die zur Roten Armee überlaufen, sowie ein Konzentrationslager, dessen Insassen sich auf die Selbstbefreiung vorbereiten. Bilder, die den Deutschen – zumindest den Ostdeutschen, die aus der Vergangenheit gelernt haben – eine Generalabsolution erteilen. Demgegenüber entsprechen auch die Schuldzuweisungen, die der *Thälmann*-Film präsentiert, der aktuellen Politik der SED: Schuldig sind die rechten Führer der SPD, die die Arbeiter schon zu Zeiten der Novemberrevolution verrieten; und schuldig sind die amerikanischen und ihre Marionetten, die deutschen Monopolisten, die wahren Hintermänner des Naziregimes. Das schließt

Karla Runkehl und Hans-Peter Minetti
als Thälmanns Mitstreiter Änne und Fiete Jansen:
Identifikationsfiguren für den Zuschauer

ein, daß von einer Anti-Hitler-Koalition keine Rede ist; die Bezwinger des Faschismus kommen allesamt aus dem Osten.

Auf taube Ohren treffen Kurt Maetzigs Vorschläge, dem Helden individuelle Züge zu verleihen, intimere Episoden zuzuordnen; seine Frau Rosa tritt beispielsweise nur wenig in Erscheinung. Zu Thälmann, der im szenischen Arrangement häufig ins Zentrum des Bildes plaziert wird, meist umgeben von andächtig lauschenden Mitstreitern, sollen die Zuschauer wie zu einem Tribun aufblicken können – doch dazu darf man ihn weder mit Zweifeln noch mit kleinlichem Privatkram belasten. So spielt Günther Simon die Rolle: ein offener, freier Blick in eine imaginäre glückliche, sprich sozialistische Zukunft; die Hand zur Faust geballt; und stets mit einem schlagkräftigen Argument auf den Lippen. Maetzig kommentiert in einem Brief an seinen Hauptdarsteller: »Es ist nicht so, daß wir der Wirklichkeit eine Propaganda gegenüberstellen, sondern im Gegenteil, unser Film ist so realistisch, so sehr Wirklichkeit, daß es in menschlicher Beziehung mehr Wirklichkeit ist als das uns umgebende Leben. Es ist gewissermaßen ein Destillat des Edelsten, Wahren und Guten, was uns beschäftigt, wenn wir das Wort Sozialismus aussprechen.« [100] Simon, zu Beginn der Dreharbeiten »noch in pazifistischen Anschauun-

107

**Wolfgang Stumpf in einer Szene aus
»Thomas Müntzer« (1956/RE: Martin Hellberg)**

**»Thomas Müntzer«: Letzte Handgriffe an einem
zur Ergänzung einer vorhandenen Burgruine
hergestellten Modellvorsatz**

gen befangen« (eine Zeitlang war übrigens Wilhelm Koch-Hooge für die Hauptrolle vorgesehen), bittet nach der Premiere um Aufnahme in die SED, weil ihn das Publikum in den Gesprächen immer als Genosse angeredet habe und es ihm peinlich sei zu erklären, daß er gar keiner sei...

Erst nach dem XX. Parteitag der KPdSU und der Kritik am Personenkult werden, sehr zaghaft, auch in der DDR kritische Töne gegenüber *Thälmann* artikuliert. In einem Interview antwortet Slatan Dudow auf die Frage, worin seiner Meinung nach die Hauptschwierigkeiten bei der Schaffung eines starken realistischen Films lägen: »In der Gestaltung des Menschen. (...) Den Fehler, der uns soviel Ärgernis bereitet, finden wir sogar bei einigen Filmen unserer Spitzenproduktion. Ich möchte hier vor allem *Ernst Thälmann* nennen. Ohne die Bedeutung dieses großen und sehr wichtigen Films zu verkennen, möchte ich jetzt nur auf einige Fehler und Schwächen hinweisen. (...) Wir wären froh gewesen, wenn manche Szene in diesem Film lebendiger, echter und dadurch überzeugender gewesen wäre. Der Monumentalstil verführte die Schöpfer. Bei der Überhöhung vergaßen sie den Menschen, er ging ihnen oft dabei verloren. Uns allen fehlte der Mut zu einer offenen und fruchtbaren Diskussion. Wir schwiegen uns gemeinsam aus, und das Schweigen rächte sich bald.« [101]

Dudow meint unter anderem einen Film, der ein halbes Jahr nach dem zweiten *Thälmann*-Teil Premiere hat und

dessen Entstehungsprozeß vom Politbüro mit ähnlicher Aufmerksamkeit verfolgt wurde: *Thomas Müntzer* (RE: Martin Hellberg). Während der Buchphase kreisten die Debatten vor allem darum, wie das Verhältnis zwischen den Massen und der Einzelpersönlichkeit darzustellen sei, und wie man Luther, der ja bekanntlich die Bauern verraten habe, begegnen könne. In einem Dokument vom Juli 1953 heißt es: »Man muß in Deutschland die Vorstellung zerschlagen von Luther als dem kühnen Revolutionär; er war ideologisch das Panier der Leute, die die Bauern über die Klinge gehen ließen (politisch die Rolle Goebbels' im Dritten Reich); er hat abgewürgt.« [102] Ein Verdikt, das Kurt Hager zur Warnung veranlaßt, es sei nicht richtig, ihn negativ in Erscheinung treten zu lassen, »das würde uns in breiten Kreisen Abbruch tun«. Friedrich Wolf, der Drehbuchautor, erwidert, in der letzten Etappe der Bauernkriege dürfe man ihn aber auch nicht als nationalen Heros zeigen. – Am Ende einigt man sich darauf, Martin Luther nur indirekt ins Spiel zu bringen, als einer, der sich den Fürsten untertan macht und so das Ende der Bauernaufstände mit auf dem Gewissen hat.

Thomas Müntzer ist eine Melange aus totalen Massen- und Schlachtsequenzen, die imposant, wie lebende Gemälde inszeniert sind (Hunderte von Volkspolizisten werden dafür in historische Uniformen gesteckt), und meist halbtotalen, theatralischen Debattierszenen. Der filmunerfahrene Ham-

**Schlachtszene aus »Thomas Müntzer« –
die Burg sieht aus wie echt...**

burger Darsteller Wolfgang Stumpf agiert mit großen Gesten und nachdenklich gerunzelter Stirn – ein Intellektueller, der plötzlich an der Spitze einer Klasse steht, die nicht
die eigene ist. Müntzers Wirken gipfelt, nach seinem Tod,
in die von einem Mitstreiter verlesene Botschaft: »Die Bösewichter müssen dran. (...) Ihr müßt den Brüdern überm
Main die Hand reichen. Ganz Deutschland muß ins Spiel
kommen.« Pathetik pur oder, wie ein Kritiker schreibt, »eine Tat von nationaler Wirksamkeit«.

Kurt Maetzig selbst hat schon beim Drehen des zweiten
Thälmann-Teils kritischen Abstand zur Methodik und Stilistik seines Films gewonnen. Das beweist seine nächste Arbeit, der zweiteilige *Schlösser und Katen* (1957), für ihn in
jeder Beziehung ein Schritt nach vorn. Nach dem Szenarium von Kurt Barthel, der jahrelang Studien auf dem Lande
betrieben hatte, entwirft der Regisseur ein Panorama der
Entwicklung in einem ostdeutschen Dorf von 1945 bis
1953. Das Figurenensemble ist breit und differenziert:
Maetzig will vermeiden, daß der Gesamteindruck der
Dorfchronik einfach nur als Summe der Einzelschicksale
erscheint; er strebt eine dialektische Verdichtung des Materials und einen freien Umgang mit heiklen Fragen an. So
gibt es Szenen des 17. Juni 1953 (nahezu einmalig im DE-
FA-Œuvre!) oder der verdrängten, vergessenen Hungerpe-
riode zwischen 1945 und 1947, Bilder »republikflüchtiger«

Groß- und Mittelbauern und deutliche Verweise auf ihre
Gründe: Der Satz des SED-Funktionärs Kalle, »Drücken,
nur ein bißchen drücken, und der ganze Eiter kommt heraus«, wird durchaus kritisch in den Dialog eingeflochten.
Schlösser und Katen geht sensibel mit der Tatsache um,
daß Neubauern ihr soeben erst erworbenes Stückchen Land
nicht sogleich wieder in eine Produktionsgenossenschaft
einbringen wollen; Kubas und Maetzigs Arbeit beweist, jedenfalls zu weiten Teilen, psychologisches Feingefühl. In
einer zeitgenössischen Kritik wird hervorgehoben, daß niemals ein Gegenwartsfilm der DEFA so frei von Konstruk-
tionen und Schematismen gewesen sei. [103]
Bemerkenswert ist, daß der XX. Parteitag der KPdSU, der
Beginn der Auseinandersetzung mit dem Personenkult und
dessen Folgen, stattfindet, als der Film bereits mitten im
Drehprozeß steckt – *Schlösser und Katen* ist also nicht vordergründig eine künstlerische Antwort auf das politische
Tauwetter, sondern einer seiner Bestandteile. Dabei wirkt
der Film parteilich und offensiv: Vor allem mit der Figur
des Gutsverwalters Bröker (Erwin Geschonneck), der sich
vom treuen Diener seiner Herrschaft zum Saatgutinspektor
verwandelt und dabei ein schlitzohriger Intrigant bleibt, ist
das Feindbild personifiziert: eine realistische Gestalt.
Maetzig und Kuba gelingt darüber hinaus ein seltener
Kunstgriff: der hochpolitische Stoff wird durch einen tri-
vialen Fabelstrang »gefällig« gemacht, ohne daß er zum

1

2

»Schlösser und Katen« (1957/RE: Kurt Maetzig)

1 Karla Runkehl und Ekkehard Schall

2 Erwin Geschonneck
  und Raimund Schelcher in seiner Glanzrolle
  als »Krummer Anton«

Illustriertenroman verkommt. Annegret (Karla Runkehl), eine junge Frau, die glaubt, daß der Krumme Anton, ein Tagelöhner, ihr Vater sei, ist in Wirklichkeit die Tochter des Grafen. Nur ihre Mutter und der Krumme Anton wissen das – und schweigen, denn ein Erbschein verspricht fünftausend Mark und sechs Bettbezüge am Tage der Hochzeit. Daraus resultieren tragische Verwicklungen und mühselige Reifeprozesse. – Der Krumme Anton, von Raimund Schelcher mit faszinierendem biographischem Hinterland gespielt, ein Getretener und Verstoßener, der nur schwer den Weg in die neue Zeit und Ordnung findet, stand als zentrale Figur übrigens nicht von vornherein fest. Ein ursprünglicher, dann zum Glück abgelegter Entwurf von Kuba sah stattdessen die Konfrontation zweier gleichwertiger Bauern – eines fortschrittlichen und eines zurückgebliebenen – vor.

Die Stunde der Jungen

1954 erfüllt das DEFA-Spielfilmstudio zum ersten Mal seinen Plan. Hans Rodenberg, der Prinzipal, in dessen Händen alle Fäden zusammenlaufen, ist sich nicht zu schade, dafür Tage und Nächte im Büro zu verbringen. Er hat inzwischen längst begriffen, daß er sich nicht nur auf die »großen Männer« der ersten DEFA-Generation und ein paar Gäste aus dem Westen stützen darf, sondern eine kontinuierliche Steigerung der Produktion nur mit jungen, unverbrauchten, dem Aufbau der DDR positiv und unverkrampft gegenüberstehenden Leuten zu schaffen ist. Die Chancen, schnell zu einem eigenen Film zu kommen und schnell auch den zweiten und dritten anzuschließen, sind für den »Nachwuchs« nur selten so gut wie in der Mitte der fünfziger Jahre.

In dieser Zeit etabliert sich die sogenannte zweite Generation: zwischen 1920 und 1932 geboren; nach 1945 von den antifaschistisch-demokratischen Reformen begeistert und so in die DDR hineingewachsen. Eine Ausnahme unter den Jungen ist Konrad Wolf, der mit seinen Eltern als Kind in die UdSSR emigriert war und nun als Absolvent der Moskauer Filmhochschule WGIK in die fremde Heimat zurückkehrt. Frank Beyer studierte, wie Ralf Kirsten und Konrad Petzold, an der Prager FAMU. Gerhard Klein, gelernter Trickfilmzeichner, kommt vom Kurz- und populärwissenschaftlichen Film, wie wenig später Heiner Carow. Joachim Kunert war seit 1946 Regieassistent unter anderem bei Maetzig und Schleif; Günter Reisch, Siegfried Hartmann und János Veiczi besuchten eine Zeitlang das DEFA-Nachwuchsstudio und absolvierten mehrere Assistenzen. Zu den neuen Regisseuren zählen Herbert Ballmann, der sich beim Dokumentarfilm Meriten erworben hat (*Blaue Wimpel im Sommerwind*/ 1952) sowie die theatererprobten Kurt Jung-Alsen und Helmut Spieß.

Auffällig ist, daß sich alle, mehr oder weniger erfolgreich, mit ihrem jeweiligen Spielfilmeinstieg der Gegenwart zuwenden. Herbert Ballmann legt sein Debüt innerhalb der Produktionsgruppe für Kinder- und Jugendfilme vor, die im Dezember 1953 auf Beschluß des Politbüros der SED gegründet worden war und deren erster Leiter er ist. *Das geheimnisvolle Wrack* (1954) gerät zum Hohelied auf die

1

2

3

4

5

Joachim Kunert und seine Filme:

1 Der Regisseur dreht »Ehesache Lorenz« (1959)
  mit Manja Behrens

2 Erika Müller-Fürstenau in
  »Besondere Kennzeichen: keine« (1956)

3 Rudolf Ulrich (links) und Hartmut Reck
  in »Tatort Berlin« (1958)

4 Erwin Geschonneck (links) und Jochen Thomas
  in »Der Lotterieschwede« (1958)
  nach Martin Andersen Nexö

5 Martin Flörchinger (rechts) und Karl Kendzia
  in »Seilergasse 8« (1960)

1

2

3

4

5

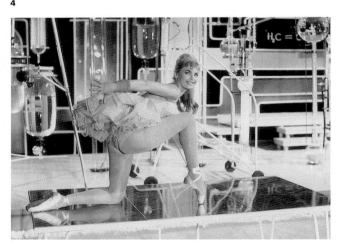

6

Günter Reisch und seine Filme:

1 Der Regisseur bei den Dreharbeiten zu
»Maibowle« (1959)

2 Ulrich Thein in dem Agentenkrimi
»Spur in die Nacht« (1957)

3 Herbert Richter im Landwirtschaftslustspiel
»Junges Gemüse« (1956)

4 Maria Besendahl in »Junges Gemüse«

5 Albert Hetterle (links) und Erich Franz
in der musikalischen Familiengeschichte
»Maibowle« (1959)

6 Christel Bodenstein in deren Fortsetzung
»Silvesterpunsch« (1960),
einer Eisrevue im Chemie-Ambiente

Arbeit der Volkspolizei an der Ostseeküste; dort wird Westagenten mit Hilfe wachsamer Minderjähriger das Handwerk gelegt. Gerhard Kleins in derselben Produktionsgruppe inszenierter *Alarm im Zirkus* (1954/ DB: Wolfgang Kohlhaase, Hans Kubisch), ein Jugendkrimi, ist mindestens ebenso abenteuerlich, aber sozial schärfer konturiert. Er eröffnet, ungeplant, eine Reihe von Berlin-Filmen des Teams, die später als wichtige zeitgenössische Zeugnisse der fünfziger DEFA-Jahre gelten.

Ein Teil der potentiellen Debütanten kommt mit eigenen Stoffen, ohne daß die Projekte bis zum fertigen Film reifen – ein normaler Vorgang. Interessant ist jedoch, welche thematischen und stilistischen Ambitionen damit verbunden sind. Joachim Kunert etwa hofft, einen Zyklus nach den kritisch-realistischen Romanen und Erzählungen von Martin Andersen Nexö drehen zu dürfen: »Pelle der Eroberer«, »Morten der Rote« und »Jeanette«. Als Fingerübung will der Regisseur zunächst den unaufwendigeren *Lotterieschweden* adaptieren. Das gelingt ihm freilich erst im dritten Anlauf 1958; zuvor entstehen *Besondere Kennzeichen: keine* (1956) und der Krimi *Tatort Berlin* (1958). Die anderen Nexö-Stoffe, »Pelle der Eroberer« liegt schon als Drehbuch vor, werden offiziell aus Finanzgründen gestoppt; Kunert vermutet [104], daß die ausbleibende Genehmigung namentlich für »Pelle« mit der unerwünscht positiven Darstellung der Sozialdemokratie zu tun gehabt haben könnte.

Besondere Kennzeichen: keine ist das Porträt der Berlinerin Gerda, deren Mann in Rußland fällt und die ihre beiden Kinder nach dem Krieg allein großziehen muß. Zunächst Trümmerfrau, wird sie Näherin in einer Textilfabrik und dann zum Lehrerstudium delegiert; ein alter Traum, den ihr die Eltern, ein kleinbürgerliches Tabakwarenhändlerpaar, nicht erfüllen konnten. Schließlich findet Gerda auch einen Mann: einen älteren, kinderlosen Abteilungsleiter. – Die DEFA-Leitung bietet Kunert den unspektakulären Stoff, den zuvor Artur Pohl, E. W. Fiedler und Andrew Thorndike abgelehnt haben, auf Bitten der Autorin Berta Waterstradt an; sie will einen jungen Regisseur. Das Szenarium wirkt neuartig: im Zentrum keine Heldengestalt, kein »Sieger der Geschichte«, sondern ein individuelles Schicksal, eine vom Leben gebeutelte, oft einsame, zeitweise resignierende junge Frau – offen zur Identifikation für viele.

Die Erzählweise ist impressiv, ohne starke dramatische Höhepunkte; das Szenarium sieht dem Leben bei der Arbeit zu, erinnert an italienische neorealistische Vorbilder. Dem entspricht der fertige Film dann nur bedingt: namentlich Hans Rodenberg drängt auf stärkere pädagogische Elemente, eine deutlichere Korrespondenz der privaten mit der gesellschaftlichen Entwicklung. [105] So wird *Besondere Kennzeichen: keine* ein bemerkenswerter Zwitter, der auch stilistisch Neuland betritt: mit dem Primat des Bildes und einer temporeichen, elliptischen Erzählweise (vor allem im Eröffnungsdrittel). Leider erkennen viele Rezensenten die Innovation, die in Kunerts Erstling steckt, nicht; sie kritisieren, ähnlich wie nach Richard Groschopps Bauerngeschichte *52 Wochen sind ein Jahr* (1955), eine angeblich wenig filmgemäße Epik und »idyllische« Zwischentöne.

Günter Reisch, langjähriger Regieassistent bei Kurt Maetzig, möchte 1954 das elf Tage nach dem 17. Juni 1953 in den Kammerspielen des Deutschen Theaters uraufgeführte Schauspiel von Heinar Kipphardt, »Shakespeare dringend gesucht«, verfilmen. Eine satirische Komödie, in der sich der Dramaturg eines Stadttheaters auf die Suche nach einem realistischen, nicht schöngefärbten Zeitstück begibt und auf Gewinn- und politische Gefallsucht, Eitelkeiten und Borniertheiten trifft. – Maetzig selbst hatte sich diesen Stoff gewissermaßen als Erholung zwischen den beiden *Thälmann*-Filmen ausgesucht, war dann aber verpflichtet worden, unverzüglich den zweiten Teil des Monumentalopus in Angriff zu nehmen. Reisch will, mit Johannes Arpe als Dialogregisseur an seiner Seite, in die Bresche springen; aber auch er muß als Assistent zu *Thälmann* zurück, und danach ist das Kipphardt-Stück von der Tagesordnung verschwunden.

Es mag Zufall sein, aber es charakterisiert die Zeit: Als Ersatz für die plötzlich freien Studiokapazitäten von »Shakespeare dringend gesucht«, mit dem sich die DEFA nicht zuletzt selbstironisch dem eigenen, oft verbiesterten Umgang mit Autoren und ihren Vorschlägen genähert hätte, kommt 1955 *Der Fackelträger* ins Atelier, eine dumpfe, satirisch gemeinte Attacke auf einen Westberliner Oberstaatsanwalt, der einen politischen Sensationsprozeß gegen einen vermeintlichen Ostberliner »Menschenräuber« anstrengt, um eine freigewordene Stelle beim Bundesgerichtshof zu ergattern. Das Debüt des Schauspielers und Synchronregisseurs Johannes Knittel (DB: Friedrich K. Kaul und Walter Jupé) ist denkbar ungelenk und wird von der Hauptverwaltung Film bis Oktober 1957 zurückgehalten. Selbst dann startet man den *Fackelträger* wohlweislich nicht in Berlin und in den Randgebieten, die unmittelbar an die Westsektoren grenzen.

Günter Reisch dreht statt der Satire ein Lustspiel: *Junges Gemüse*, zugleich das Filmdebüt von Autor Günther Rücker und Szenenbildner Alfred Hirschmeier, eine Variante des Gogolschen »Revisor«: Der Leiter eines Volkseigenen Gemüse-Aufkauf-Betriebes frisiert die Planerfüllungsziffern, boykottiert den Weißkohlanbau und wird von einer resoluten jungen LPG-Buchhalterin, nicht zuletzt mittels eines riesigen Kohlkopfberges, der die Fenster und Türen seines Hauses verschließt, eines besseren belehrt. Die dritte Hauptrolle spielt ein Schriftsteller; er soll einen Filmstoff übers Landleben in der DDR recherchieren; im Dorf hält man ihn fälschlicherweise für einen Instrukteur des Ministeriums. Reisch und Rücker sind ungebrochen optimistisch und verarbeiten, in Maßen frech, eigene Erfahrungen mit Dogmatikern und Dogmen: In *Junges Gemüse* tritt ein Dramaturg auf, der dem Autor gute Ratschläge gibt, was beim Drehbuchschreiben alles beachtet werden müsse: »Vor allem überlasten Sie das Thema nicht. Schreiben Sie über nicht mehr als über das neue Bewußtsein, verbunden mit dem neuen Sein, den Kampf des Einen gegen das Andere, damit verbunden Kritik und Selbstkritik. (...) Optimismus ohne Schönfärberei, heiter, und doch nicht ohne Ernst, Hemmnisse, die beseitigt werden, die Jugend, das Alter, das Gestern, das Heute, das Morgen, der Nachwuchs, die Kader. Aus! Nicht überlasten!

Ralf Schenk

Auf keinen Fall mehr. Denken Sie immer daran: das Ohr am Herz der Massen, die Hand am Puls der Zeit.«
Als die Frau des Gemüseerfassers ihrem Mann einen Schlips umbindet, erklärt er: »Weg damit, reiner Sozialdemokratismus«; auch das zunehmend pervertierte Prinzip von Kritik und Selbstkritik wird mit einem Monolog Amanns ironisch durchleuchtet: »(...) Ich stelle mich in Verbindung mit dem zuerst Gesagten vorbehaltlos und in voller Schärfe..., nein, mit vollster Schärfe hinter die Erlasse zur weiteren Festigung, Hebung und Verbesserung der Gewährleistung der Sicherung der Versorgung der Bevölkerung. – Der Satz ist ausgezeichnet. Schön wär' ja hier ein Zitat... (Er geht an der langen Reihe der Klassiker-Bände in seinem Bücherregal vorbei.) Zitat – schwer, sehr schwer... Es wäre falsch..., es ist falsch anzunehmen, meine Fehler hätten keine Gründe. Nein! Im Gegenteil sogar – ich habe meine Gründe für meine Fehler. Das heißt, meine Gründe haben ihre Fehler, oder besser: Meine Fehler haben ihre Gründe. Aber – und das muß ich hier mit aller Schärfe und kompromißloser Deutlichkeit aussprechen: Fehler sind da, um gemacht zu werden... – Verdammt scharf. So etwas kann mir leicht als Radikalismus ausgelegt werden. Besser wäre vielleicht: Nun, Freunde, Fehler sind da, um aus ihnen zu lernen. Überhaupt: die Rede macht sich. Da ist alles drin.«

In der Hauptverwaltung Film gibt es über das Ergebnis unterschiedliche Meinungen. *Junges Gemüse* sei ein mutiger Schritt nach vorn, sagen die einen; Reischs Debüt weise beträchtliche Schwächen auf, konstatieren die anderen. Gemeint sind vor allem die spitzen Dialoge: Sätze wie: »Wer anderen Instrukteure schickt, ist selbst bald dran« treffen auf hellhörige Ohren. Kritisiert wird die starke Ausstrahlung von Herbert Richter als Gemüseerfasser Amann, der »nach allen Seiten publikumswirksame Hiebe und Stiche aus(teile), wobei manche überspitzten Formulierungen uns eher schaden als nützen« [106]. Sechzehn Dialogstellen sind zu ändern, nicht zuletzt aufgrund von Forderungen des Staatssekretariats für Erfassung und Aufkauf. Später zieht sich Reisch durch eine winzige Retourkutsche den Zorn des HV-Chefs Anton Ackermann höchstpersönlich zu. Nachdem der Satz »Von ›Thomas Müntzer‹ ist Blumenkohl abzuholen, ›Karl Marx‹ hat schon geliefert« beanstandet worden war, stichelt der Regisseur gen Obrigkeit, indem er an die Stelle der »Klassiker« unter anderem den Namen Ackermanns einfügt: »Von Ackermann sind Gurken abzuholen.« In einem Brief an die Studioleitung schreibt Reisch: »›Karl Marx‹ und ›Thomas Müntzer‹ sollen durch andere Namen ersetzt werden. Der Autor weigert sich entschieden, das zu tun. Es wird hier zwar nicht die Axt an die Wurzel der Satire gelegt; aber doch fällt eine Blüte des gleichen Baumes. Es ist eben schade.« Vorsorglich weist er in Klammern darauf hin: »Mit Ackermann ist der LPG-Vorsitzende der Genossenschaft ›Roter Oktober‹ gemeint.« Im selben Brief kommentiert Reisch ironisch die Auflage der Hauptverwaltung, die Sentenz »Es gibt zu viel große Männer in unserer Zeit« zu tilgen: »Amanns Reden ernstnehmen kann nur er selber. In der HV Namen: Es ist geschnitten.« [107] – Der Film wird vom Publikum freundlich aufgenommen.

Reischs zweites Opus, der Agentenkrimi *Spur in die Nacht* (1957), ist gegenüber *Junges Gemüse* vergleichsweise unanstößig, obwohl der HV hier die Rock'n'Roll-tanzenden Jugendlichen ins Auge stechen. Die nächsten Versuche des Regisseurs im heiteren Genre, *Maibowle* (1959) und *Silvesterpunsch* (1960), erweisen sich im großen und ganzen als freundliche Lobpreisungen der sozialistischen Menschengemeinschaft und des Chemieprogramms der DDR, das dem Publikum mit Hilfe einer Eisrevue inklusive tanzenden Reagenzgläsern und heiteren Schlagern über Polyäthylen und Kalziumkarbid schmackhaft gemacht werden soll. Was nicht heißt, daß die Filme problemlos durch die staatliche Abnahme rutschen: Vor allem bei *Maibowle* bemängelt man die starke karikaturistische Anlage einiger Figuren, so des Fernsehteams, das die Wirklichkeit nach seinem Gusto »stellt«, des beschnapsten Postboten, des unkonventionellen Staatssekretärs und der egozentrischen Frau eines Mitarbeiters im Staatsapparat (»Es gibt solche Typen, aber was nützen sie uns?«).

Auch Konrad Wolf interessiert sich, wie Kunert und Reisch, zunächst für einen anderen Stoff als den, den er dann macht. Zumindest annonciert der Produktionsplan 1954 des DEFA-Spielfilmstudios ein von ihm vorgesehenes Projekt unter dem programmatischen Titel »Weg in die Heimat«. Walter Gorrish konzipierte die Geschichte, Wolfgang Kohlhaase beteiligte sich am Gedankenspiel um das Szenarium. Hauptfigur ist ein zehnjähriger Junge, der durch Kriegsereignisse von seiner Mutter getrennt wurde und 1945 im zerbombten Dresden, beim Organisieren von Lebensmitteln, mit sowjetischen Soldaten in Kontakt kommt. »Einer der Soldaten schließt den heimatlosen Jungen ins Herz, nimmt ihn in seine ukrainische Heimat mit. Dort wächst er heran. Nach anfänglichen Schwierigkeiten wird er ein guter Komsomolze und erwirbt sich durch seine Arbeit als Traktorist die Freundschaft und Achtung der Jugend. 1952 kommt die Nachricht, daß die Mutter des Jungen gefunden ist und ihren Sohn zurückwünscht. (...) Als Stiefsohn des Groß-Bauern, als Fremder in der Heimat, als neuer Mensch, der in eine in Umwandlung befindliche Gesellschaftsordnung gestellt wird, steht Peter vor Schwierigkeiten, gerät in Konflikte. Zusammen mit der Mutter, die sich von ihrem Manne trennt, zusammen mit den guten, neuen Kräften des Dorfes, findet Peter seine Aufgabe, findet er Liebe, Freundschaft und einen Platz in seiner Heimat.« [108]

Das Sujet taucht handschriftlich und in russischer Sprache auch in Konrad Wolfs Arbeitsheft aus dem Jahr 1954 auf – unter dem Titel »Petka« [109]. Hier ist der Ausgangspunkt zwar derselbe, aber die in der Sowjetunion spielenden Teile werden völlig ausgespart; die Story wirkt psychologisch differenzierter und weniger veräußerlicht, der Schauplatz bleibt Dresden nach dem Krieg. Der sowjetische Soldat tritt als extremer »Deutschenhasser« in die Handlung ein; sein ukrainisches Heimatdorf wurde fast vollständig liquidiert, Frau und Sohn sind dem faschistischen Terror zum Opfer gefallen. Erst durch die Begegnung mit dem ausgemergelten Jungen ändert sich sein Verhalten gegenüber den »Fritzen«: er besorgt dem Kind Essen, Kleidung und Schu-

114

he. Als schließlich die Truppe abgezogen wird, »will sich (keiner) von Petka trennen, doch die Mehrheit der Soldaten versteht, daß es keinen anderen Weg gibt, denn Petkas Heimat ist Deutschland«.

Der Stoff, autobiographisch geprägt wie später andere wichtige Filme von Konrad Wolf (*Ich war neunzehn/* 1968), gelangt nicht zur Drehreife; an Gorrishs Entwurf stört die DEFA-Leitung vermutlich das Mitnehmen des Kindes durch die Rote Armee in die Sowjetunion; Wolfs realistischere Variante könnte unter Umständen zu realistisch gewesen sein (die Figur des Soldaten hat Ähnlichkeiten mit der Gestalt eines verbitterten russischen Ingenieurs aus *Sonnensucher/*1958, die ebenfalls scharfe Auseinandersetzungen bewirkt). – Stattdessen inszeniert der Regisseur ein musikalisches Gegenwartslustspiel namens *Einmal ist keinmal*, in dem ein junger Düsseldorfer Klavierspieler und Komponist Bekanntschaft mit dem schönen Erzgebirge macht. Das farbige Werklein kann als Hommage an einen der Lehrmeister Wolfs am WGIK, den sowjetischen Kino-Musical-Veteranen Grigori Alexandrow (*Wolga-Wolga/* 1938) begriffen werden, vielleicht auch als Annäherung an eine ihm fremde Mentalität und Landschaft, durch die der Hauptdarsteller Horst Drinda tolpatschig und naiv stolpert – übrigens mitunter an Harold Lloyd erinnernd. Konrad Wolf ergeht es nicht anders als diesem Helden, der seine Affinität zu Sinfonien und Rhapsodien, zur »tiefen und wahren Musik« zurückstellt, um auch einmal in die Gefilde der Tanzmusik einzutauchen. Aber im Œuvre des Regisseurs bleibt es bei dieser Einmaligkeit: bereits der nächste Film entspricht dem ernsthaften, grüblerischen, nach historischer Wahrheit forschenden Künstler sehr viel mehr.

Genesung (1956/ SZ: Karl Georg Egel und Paul Wiens nach ihrem gleichnamigen Hörspiel) zeigt »Deutschland und die Deutschen zwischen Vergangenheit und Gegenwart; Menschen in Entscheidungen, die ihnen von den Umständen angeboten oder aufgezwungen werden, von denen ihr und anderer Leben abhängen kann und mehr; (...) das Problem der faktischen und moralischen Schuld des einzelnen, die Frage seiner Verantwortung und Verantwortungsfähigkeit«. [110] Der Film erzählt von einem Mann, der, durch den Krieg aus seinem Medizinstudium gerissen, nach 1945 mit falschen Papieren praktiziert. In ihm brechen Konflikte auf, als er einer früheren Geliebten wiederbegegnet; während der Nazizeit hatte er auf ihre Bitten hin einen aus dem KZ entflohenen Antifaschisten gerettet. Nun ist seine neue Identität in Frage gestellt: Soll er den Behörden die Wahrheit gestehen oder nicht?

Der Film schwankt noch unentschieden zwischen Pathos und Lakonie; erst *Lissy* (1957), auf dem gleichnamigen Roman von F.C. Weiskopf basierend, wird nach den beiden Gesellenstücken zum ersten Meisterwerk Konrad Wolfs. Er dringt, wie vorher Staudte (*Rotation*) oder Harnack (*Das Beil von Wandsbek*), in die Psyche des deutschen Kleinbürgers ein, der zum Mitläufer und Handlanger Hitlers wurde. Mit der Gestalt des arbeitslosen Angestellten und späteren SA-Sturmführers Fromeyer porträtiert Wolf einen Vertreter jener Millionen von Deutschen, die sich 1932/33 von der NSDAP einen Aufschwung der Wirtschaft und die Teilha-

be daran, sprich: privaten Wohlstand, versprachen. Als Gegenfigur baut der Film die Frau Fromeyers, Lissy, auf: Zunächst infolge der tatsächlichen Verbesserung ihrer äußeren Lebensumstände politisch blind, trennt sie sich schließlich von ihrem Mann. Doch während Lissy in der literarischen Vorlage zu den Kommunisten findet, entläßt sie Konrad Wolf, vorsichtig gegenüber plakativen Lösungen, ins Ungewisse: der »arge Weg der Erkenntnis«, der sowohl in den Widerstand als auch in die Selbstaufgabe münden könnte, hat gerade erst eingesetzt.

Auch *Sterne* (1959) endet dort, wo viele andere DEFA-Filme beginnen: bevor sich der Held – vielleicht – den Partisanen anschließt. Der deutsche Unteroffizier Walter (Jürgen Frohriep), in Leningrad verwundet und nun, 1943, im sonnigen Bulgarien stationiert, verliebt sich in eine griechische Jüdin. Der Krieg hat ihn zum Nihilisten gemacht; die Zivilisation bewegt sich seiner Meinung nach auf jenes Stadium ihrer Entwicklung zu, in dem sie sich bereits vor zwei Millionen Jahren befand; Schimpansen seien den Menschen voraus: »Jetzt ist das Zeitalter des allgemeinen Idiotismus hereingebrochen.« Sein »Kamerad«, der Leutnant Kurt (Erik S. Klein), bestätigt diese Haltung: ein eiskalter, feister Landser, der mit den Stiefelabsätzen ungerührt die heimlich ins jüdische Durchgangslager geschmuggelten Chininampullen zertritt. Erst die Begegnung mit der jüdischen Lehrerin Ruth (Sascha Kruscharska), die mit Hunderten ihrer Landsleute nach Auschwitz transportiert werden soll, erinnert Walter an humanistische Ideale: Am Ende des poetischen, eindringlichen Films versucht er das Mädchen zu retten, aber er kommt zu spät – die verriegelten Güterwagen verschwinden in einem Tunnel, Symbol für die Hölle, den Tod. Der Stern steht nicht mehr am Himmel, er liegt im Schlamm, ein abgerissenes Stück Stoff, ein »Judenstern«.

Zum ersten Mal entwerfen Wolf und Kameramann Werner Bergmann ein optisches Drehbuch. Jede Einstellung, jede Fahrt ist ausgeklügelt: viele Bilder gerinnen zu Symbolen. Das Karussell, von dem die Kamera auf sich nach Vergnügung sehnende Bulgaren links und marschierende deutsche Soldaten rechts schwenkt. Der Schrei eines neugeborenen Kindes aus dem Off, dazu die Überblendung des Gesichts von Ruth mit dem Motiv eines Wasserquells und des klaren Himmels. Die dräuenden Wolken während des ersten nächtlichen Spaziergangs von Walter und Ruth. Das fiese Grinsen Kurts und die Gesichter der gedemütigten Juden auf dem Appellplatz. Der Tunnel. – Während man vor Drehbeginn im Ministerium für Kultur der DDR über die Gefahr sinniert, *Sterne* könnte zum sentimentalen Melodram zwischen einem Wehrmachtsangehörigen und einer Jüdin werden, runzeln nach Abschluß der Arbeiten einige bulgarische Funktionäre die Stirn: unter anderem hatten Wolf und sein Autor Angel Wagenstein auch das tabuisierte Thema der einheimischen Kollaboration in die Geschichte eingeflochten. Die Einwände verstummen, als *Sterne* während der Festspiele in Cannes 1959 den Sonderpreis der Jury erhält. Übrigens muß der Film dort unter dem Druck der Hallstein-Doktrin als rein bulgarische Produktion gezeigt werden...

1

2

3

Konrad Wolf und seine Filme:

1 »Genesung« (1956) mit Wolfgang Kieling

2 Konrad Wolf bei Dreharbeiten zu seinem
  ersten DEFA-Film und einzigen Lustspiel
  »Einmal ist keinmal« (1955)

3 »Einmal ist keinmal« mit Horst Drinda

4

5

6

4 »Lissy« (1957) mit Sonja Sutter und
Hans-Peter Minetti

5 »Sterne« (1959) mit Sascha Kruscharska

6 »Sterne« mit Jürgen Frohriep

Das große Thema: Antifaschismus

Lissy und *Sterne* sind Höhepunkte der antifaschistischen Traditionslinie, der einzigen thematischen Linie, die die DEFA seit ihrem Bestehen konsequent, wenn auch mit unterschiedlichen künstlerischen Resultaten pflegt. Mitte der fünfziger Jahre kommt diesem Thema, vor allem im deutsch-deutschen Kontext, eine neue Bedeutung zu: In der Bundesrepublik sind die »alten Herren« des nationalen Militärs längst erneut en vogue; im Kino wird die soldatische Ehre der Wehrmachtsangehörigen, die von den Nazis lediglich mißbraucht worden sei, mit großem Aufwand rehabilitiert. Parallel zu Adenauers Politik der Wiederbewaffnung erscheinen auf den Leinwänden *Canaris* (1954/ RE: Alfred Weidenmann) und *Des Teufels General* (1954/ RE: Helmut Käutner), *Der Stern von Afrika* (1956/ RE: Alfred Weidenmann) und *Taiga* (1958/ RE: Wolfgang Liebeneiner), dazu *Der Arzt von Stalingrad* (1958/ RE: Géza von Radvanyi) und *Rommel ruft Kairo* (1958/ RE: Wolfgang Schleif).

Die DEFA hält dagegen. Unabhängig von Alter und persönlichen Erfahrungen betrachten Autoren, Dramaturgen und Regisseure das antifaschistische Engagement als ihre ureigene Sache; darin wissen sie sich mit den verantwortlichen Kulturfunktionären einig – der einzige Konsens, der, trotz aller Differenzen (und der ihm auch innewohnenden Problematik, daß vielen »führenden« Antifaschisten zugleich auch der Stalinismus in Fleisch und Blut übergegangen war), zwischen Künstlern und Politikern über mehrere DEFA-Jahrzehnte besteht. Slatan Dudow dreht 1954, parallel zu Maetzigs *Thälmann*, einen antifaschistischen Film »von unten«: *Stärker als die Nacht.* Zum ersten Mal werden kommunistische Arbeiter und Widerstandskämpfer ins Zentrum einer Filmhandlung gestellt, nicht bürgerliche oder kleinbürgerliche Helden, die im Laufe des Films eine Wandlung vom unpolitischen Mitläufer zum Antifaschisten zu absolvieren haben. Das Paar Gerda und Hans Löning (Helga Göring und Wilhelm Koch-Hooge) bleibt auch unter widrigsten Umständen standhaft; die Drohung während der Haftentlassung 1939, »Beim nächsten Mal kostet es den Kopf«, kann Hans nicht davon abhalten, gegen den Krieg und den Überfall auf die Sowjetunion zu opponieren und zu organisieren. Dudow und seine Autoren Kurt und Jeanne Stern skizzieren die Nazigegner als kleine, konspirative, täglich aufs neue bedrohte Gruppe; ihr Mut wächst aus ihrer Gesinnung und aus der Liebe: »Auch wenn ich nicht da bin, bin ich doch bei Dir«, steht auf dem Zettel, den Hans aus dem Gefängnis nach Hause schickt und den Gerda wie ein Juwel aufbewahrt. Der französische Dichter Vercors schreibt: »Dieser Wille, an nichts und an niemandem zu verzweifeln, gibt in meinen Augen diesem Film seine ergreifendste Farbe.« [111] Ein Motiv, das sehr viel später von Günther Rücker und Günter Reisch in *Die Verlobte* (1980) noch einmal aufgenommen wird.

Stärker als die Nacht verzichtet weitgehend auf tönernes Pathos; die Montage ist bisweilen eindrucksvoll: Parallel zu Folterszenen zeigt Dudow beispielsweise die Geburt eines Kindes. Im Finale liest Gerda einigen Genossen den Abschiedsbrief ihres zur Hinrichtung geführten Mannes

vor (»Denke nicht an meinen Tod, denke an unser Leben...«); stockend beschwört sie ihre Hoffnung und Zukunftsgewißheit: »Vor mir sehe ich greifbar nah unser Ziel..., die strahlend neue Welt, die frei sein wird von Haß und Krieg...« Und zu dem Trauermarsch »Unsterbliche Opfer« blendet nun auch *Stärker als die Nacht* die obligatorischen Gegenwartsbilder ein: volkseigene Fabriken, Studenten vor der Humboldt-Universität, wogende Felder, das Meer – der sozialistische Weg zum unabwendbaren Naturereignis stilisiert.

Dudows nächster Film, *Der Hauptmann von Köln* (1956), entspricht der Affinität des Regisseurs zum Genre der Groteske – eine Leidenschaft, der er mit Theaterkomödien wie »Der Feigling« (1939/40) oder »Das Narrenparadies« (1943) frönte, die er aber bei der DEFA bisher nur in Ansätzen entfalten konnte. Sein Nachkriegsprojekt »Der Weltuntergang«, eine mit Werner Hinz, Käthe Haack und Aribert Wäscher prominent besetzte Groteske auf die Angst des Kleinbürgers vor gesellschaftlichen Veränderungen, war 1948/49, zunächst aus Finanzgründen, dann aus Angst der DEFA-Direktion vor formalistischen Tendenzen, kurz vor Drehbeginn ad acta gelegt worden. [112] Bei den folgenden Filmen kam Dudow bestenfalls in Nebenlinien seinem Hang zur Satire nach: mit der Zeichnung kriegslüsterner »Biertischstrategen« in *Familie Benthin*; mit dem verzerrten Westberliner Bar-Ambiente in *Frauenschicksale*; und mit der Darstellung dümmlich-treudeutscher Nachbarn der Lönings in *Stärker als die Nacht*.

Nun gibt er seinem Affen Zucker: *Der Hauptmann von Köln* ist eine stilistisch konsequente antifaschistische Satire auf die bundesdeutsche Gegenwart, in der er Zeitungsmeldungen verarbeitet, die er in einer dicken Mappe mit der Aufschrift »Wunderliches aus dem Land des Wirtschaftswunders« gesammelt hat. Aufgefallen waren ihm vor allem zwei Meldungen, deren Inhalte er als symptomatisch für die Entwicklung der BRD interpretierte: Der Vorsitzende der Sudetendeutschen Landsmannschaft, Abgeordneter des Bundestages, hatte dort vehement für die Amnestie von Kriegsschuldigen plädiert – bis bekannt wurde, daß er selbst Hauptstellenleiter im Reichspropagandaministerium gewesen war, sich nach dem Krieg einen falschen Namen zulegte und seine eigene »Witwe« heiratete. Die zweite Meldung betraf einen vermeintlichen Spätheimkehrer, der angab, Sturmbannführer gewesen und aus einem französischen Gefängnis geflohen zu sein. Der Mann wurde in Bad Kreuznach von »alten Kameraden« mit Geschenken überschüttet, im besten Haus am Platze untergebracht und mit Vorträgen über seine »Leidenszeit« beauftragt – hier war man einem schlichten Bäckergesellen auf den Leim gegangen. Dudow und die Autoren Henryk Keisch und Michael Tschesno-Hell verknüpften beide Geschichten zu einer: Ein stellungsloser Kellner namens Albert Hauptmann (Rolf Ludwig) wird für den »Kriegshelden« Hauptmann Albert gehalten und klettert in der mit Altnazis durchsetzten BRD-Wirtschaft und -Politik schnell auf der Karriereleiter nach oben. Zur dramatischen Umkehr der Handlung kommt es, als sich der Kellner dazu hergibt, im Bundestag ein Gesetz über die Amnestie von Kriegsverbrechern zu befördern – nun kann der wahre Hauptmann (Erwin Ge-

**Slatan Dudow (links) dreht »Stärker als die Nacht« (1954).
Darunter eine Szene mit den Hauptdarstellern
Helga Göring und Wilhelm Koch-Hooge**

**Marie-Luise Etzel und Rolf Ludwig in Slatan Dudows
Satire »Der Hauptmann von Köln« (1956)**

schonneck) aus seinem Versteck hervorkriechen. Der Falsche wird vor Gericht gezerrt, der Echte findet Einlaß in allerhöchste Kreise: eine bittere Farce mit grimmigen kabarettistischen Überspitzungen.

Dudows Arbeiten laufen im DDR-Kino neben anderen antifaschistischen DEFA-Filmen – und haben viele Zuschauer auf ihrer Seite. Ästhetisch eher bieder ist das theatralische Debüt des Bühnenregisseurs und Schauspielers Carl Balhaus, *Der Teufelskreis* (1956), das, nach dem gleichnamigen Stück von Hedda Zinner, ins Jahr 1933 blendet und zwei Ziele verfolgt: Zum einen erinnert es an den Reichstagsbrandprozeß und das mutige Auftreten des bulgarischen Kommunisten Georgi Dimitroff; zum anderen beschreibt es die schuldhaften Verstrickungen der deutschen Sozialdemokratie, die – laut Aussage des Films – den Machtantritt Hitlers durch ihre Politik erst ermöglichte. Während der SPD-Reichstagsabgeordnete Lühring seine politische Bewußtwerdung mit dem Tod bezahlt, erweitert Dimitroff in der Schlußszene ein Zitat Galileo Galileis: Und die Erde »bewegt sich doch..., und wird sich drehen bis zum endgültigen Sieg des Sozialismus«. – Balhaus' nächster Film, *Damals in Paris* (1956), die erste Co-Pro-

duktion mit dem Deutschen Fernsehfunk, ist ein in weiten Teilen dichtes, psychologisch ausgefeiltes Kammerspiel, eine Episode aus dem Kampf der französischen Résistance. Ein Traktat über Mut, Standhaftigkeit und Verrat, mit Gisela Trowe und Wolfgang Kieling ausgezeichnet besetzt.

Nicht zuletzt gehören zur Reihe antifaschistischer DEFA-Produktionen Mitte der fünfzig Jahre erstmals Arbeiten, die den Spanienkrieg beleuchten: *Mich dürstet* (1956), bei dem der österreichische Schauspieler Karl Paryla, der DEFA-*Semmelweis* und Bebel aus den *Unbesiegbaren*, Regie führt; und *Wo du hin gehst...* (1957/ RE: Martin Hellberg), eine uninspirierte, schlampig inszenierte Adaption des Romans »Grüne Oliven und nackte Berge« von Eduard Claudius, bei der weder die Psychologie der Hauptfiguren noch Szenenanschlüsse stimmen. »Grüne Oliven und nackte Berge« sollte 1949 schon einmal von Kurt Maetzig verfilmt werden; das Projekt scheiterte damals aber an geplanten Außenaufnahmen in Jugoslawien; die Kominform hatte gerade beschlossen, die Beziehungen zu dem »abtrünnigen« Land und dem »Arbeiterverräter« Tito auf Eis zu legen. – Interessant ist, daß die DEFA das Thema Spanien zu einem Zeitpunkt neu aufgreift, an dem parallel in der Bun-

1

2

3

»Der Teufelskreis« (1956) nach dem
gleichnamigen Schauspiel von Hedda Zinner –
ein Film über den Reichstagsbrandprozeß

1 Kurt Steingraf (links) und
Regisseur Carl Balhaus

2 Jochen Brockmann als bulgarischer KP-Führer
Georgi Dimitroff

3 Fred Delmare als Marinus van der Lubbe

desrepublik auch ein Film über dieses Vorspiel zum zweiten Weltkrieg entsteht: *Solange du lebst* (1955/ RE: Harald Reinl). Die Legende einer Franco-Anhängerin, die einem abgestürzten Flieger der Legion Condor das Leben rettet, entspringt einer unverkennbar profaschistischen Geisteshaltung.

Die DEFA-Filme thematisieren natürlich nicht jene zahllosen Widersprüche, die es innerhalb der antifaschistischen »Front« gegen Franco gegeben hat; sie führen stattdessen geradlinige Lernprozesse vor: *Mich dürstet* begleitet den Weg des anfangs reichlich tumben Bauernjungen Pablo, der mit Hilfe einer aufs Land geschickten Medizinstudentin Schreiben und Lesen lernt und auch deshalb im Bürgerkrieg kämpft, um ihren durch deutsche Bomben bewirkten Tod zu rächen. Bezeichnend, daß die »geordnete« Revolution von außen in das zu bekehrende Volk hineingetragen wird; die ursprünglichen Ausbrüche der einfachen Leute gegen die Tyrannen sind allenfalls Anarchie. Der Film, zunächst als Co-Produktion mit Polen geplant, beginnt ausdrucksstark: mit dem Blick auf ein Kruzifix inmitten verdorrter Felder. Pablo zerkrümelt die trockene Erde zwischen seinen Fingern; dazu erklingt die Stimme Parylas aus dem Off, der das titelgebende Christus-Zitat deklamiert. Dann montiert der Regisseur Dokumentaraufnahmen aus der Zeit der spanischen Volksfront. – Sehr bald aber krankt *Mich dürstet* an seiner Didaktik sowie am Gegensatz zwischen Dokumentarszenen und dominierender Studiorealität; die Schauspieler agieren in ihren Verkleidungen merkwürdig fremd, allen voran Edwin Marian als Pablo, dessen Dumpfheit ebenso überzeichnet ist wie sein spontanes »Erwachen«

Wo du hin gehst... beschreibt die Liebesgeschichte zwischen einem deutschen Kommunisten (Wolfgang Stumpf) und einer unpolitischen Schweizer Ärztin (Gisela Trowe), die sich während der Berliner Olympiade 1936, dann in Frankreich und Spanien finden, verlieren und wiederfinden. Der Film führt nicht aufgrund seiner schlechten Qualität zum Eklat, sondern weil Martin Hellberg eine Bordellszene einbaut und die Kamera zu nah an Oberschenkeln und Busen einer Tänzerin postiert. Das bringt ihm den Vorwurf der nicht zum Thema passenden Erotik und Schnittauflagen ein, gegen die er sich vehement zur Wehr setzt.

Zu einer Besonderheit und zum Glücksfall unter den antifaschistischen Filmen der DEFA wird 1957 *Betrogen bis zum jüngsten Tag* nach der Novelle »Kameraden« von Franz Fühmann, den Kurt Jung-Alsen inszeniert, Schauspieler und vor seinem DEFA-Lustspieldebüt *Wer seine Frau lieb hat* (1955) Intendant der Landestheater Altenburg und Halle. Das außerordentliche Ereignis, das der Fabel zugrundeliegt, trägt sich im Juni 1941 an der deutschlitauischen Grenze zu. Drei Wehrmachtsangehörige, wegen ihrer guten Schießergebnisse im Sonderurlaub, töten während der Jagd im Schilf versehentlich die Tochter ihres Hauptmanns und versenken die Leiche im Sumpf. Gefreiter Lick, einer der Beteiligten und Sohn eines SS-Generals, informiert seinen alten Herrn, der sogleich Rat weiß: »Wir suchen für alles die Lösung – und wir finden sie.« Am Tag des Überfalls auf die UdSSR wird das tote Mädchen »entdeckt«, mit einem russischen Bajonett. Ihr verzweifelter

1

2

3

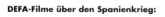
DEFA-Filme über den Spanienkrieg:

1 Edwin Marian als Bauernsohn Pablo in
»Mich dürstet« (1956/RE: Karl Paryla)

2 »Wo du hin gehst...«
(1957/RE: Martin Hellberg):
Die Revolutionäre retten sich vor den Verfolgern ins Bordell
(mit Marianne Wünscher).

3 »Wo du hin gehst...«: Gisela Trowe als Ärztin,
die ihrem Geliebten nach Spanien folgt

1

2

»Betrogen bis zum jüngsten Tag« (1957)

1 »Kameraden« an der Ostfront:
  Wolfgang Kieling, Rudolf Ulrich und
  Hans-Joachim Martens

2 Regisseur Kurt Jung-Alsen (links)
  mit dem Autor des Films, Kurt Bortfeldt,
  und dem Regieassistenten Hans-Joachim Kasprzik

Vater läßt Geiseln erschießen; einer der beteiligten Soldaten, Oberschütze Paulun, gesteht seinem Vorgesetzten die
Wahrheit und wird von Lick umgebracht.

Betrogen bis zum jüngsten Tag ist einer der überzeugendsten Filme, die die DEFA in den fünfziger Jahren dreht:
das Sujet wird nicht mit agitatorischem Pomp aufbereitet,
sondern sachlich, dialogarm, lakonisch und zugleich mit
großem Gedankenbogen. Der schließt Friedrich Nietzsches
Theorie vom Übermenschen, von Lick genüßlich zitiert,
ebenso ein wie die Pervertierung der Begriffe Kamerad-
schaft und Gemeinschaft. Die Schuld des einzelnen Soldaten ist untrennbar mit der Schuld des deutschen Volkes ver-
knüpft. »Eine knappe Metaphorik unterstützt behutsam,
unaufdringlich. Die Szenerie der Tat – eine Sumpf- und
Moorlandschaft. So wie die Soldatenstiefel im klebrigen
Modder herumpatschen, verstricken sich die Drei in den
Folgen des Verschweigens und Vertuschens. Der unberühr-
te Teller in der Wirtschaft als Zeichen dafür, daß ein Gewissen aufbricht. (...) Visuell suggestiv die Sequenz des
Gasalarms. Die durch Masken deformierten menschlichen
Gesichter. (...) Gasplanen bedecken die Körper wie Lei-
chentücher. Auf dem Appellplatz unförmige, schwankende
Gebilde. Keiner ist mehr kenntlich. Der Mensch ist un-
kenntlich geworden.«[113]

Jung-Alsens Film, seine beste Arbeit bei der DEFA, läuft
1957 während der Festspiele in Cannes. Auf Betreiben
Bonns, das auf seinem Alleinvertretungsanspruch beharrt,
darf er nicht im Wettbewerb gezeigt werden. »Dies ist besonders bedauerlich«, schreibt daraufhin die Londoner »Ti-
mes«, »weil das, was Westdeutschland zu bieten hatte, eine
altmodische, ziemlich unangenehme Fassung von Hauptmanns *Rose Bernd* ist, langweilig inszeniert von Wolfgang
Staudte und in fast hysterischer Manieriertheit von Maria
Schell als der sich selbst bedauernden, charakterschwachen
Heldin gespielt. Dagegen ist der ostdeutsche Film *Betrogen
bis zum jüngsten Tag* ein knappes und starkes Sinnbild der
deutschen Armee bei Ausbruch des Krieges gegen die
Sowjetunion. Die Regie von Kurt Jung-Alsen ist ausgezeichnet, straff, mit einer herben Poesie.«[114]

Der Film, in anderen Rezensionen mit Andrzej Wajdas
ebenfalls in Cannes vorgeführtem *Kanal* (1957) verglichen, wird noch im selben Jahr in elf Länder verkauft, darunter Großbritannien, Dänemark und die Sowjetunion.
Aber auch er ist vor übervorsichtigen DDR-Bürokraten
nicht gefeit. 1962 äußert der Sektor Filmabnahme und
-kontrolle der HV Film Bedenken »gegen die Verlängerung
der Zulassung (...). Der Film stellt dem absolut negativ gezeichneten SS-General einen durchaus loyalen Hauptmann
der Wehrmacht gegenüber und betont die Distanzierung
der Wehrmacht von der SS. Damit kommt der Film ungewollt in die Nähe der Argumente, wie sie heute zur Popula-
risierung des Militarismus in Westdeutschland üblich
sind.(...) Man muß auch befürchten, daß der Film bei Teilen unserer Bevölkerung gewisse pazifistische Tendenzen
stärkt.«[115] Das Problem wird bis Anfang 1963 mehrfach
beraten, bis schließlich Hans Rodenberg, nunmehr Filmminister, entscheidet: *Betrogen bis zum jüngsten Tag* bleibt
zugelassen.

Kein Haus im Feuer

Dennoch ist Jung-Alsens beklemmende Studie kein Auftakt für eine Reihe thematisch ähnlicher Produktionen, die die Psyche der Mitläufer und -täter beleuchten. Der autobiographische Report *Gewissen in Aufruhr* von Rudolf Petershagen, in dem der einstige Stadtkommandant von Greifswald seinen Weg der Erkenntnis beschreibt, findet trotz des Engagements von Martin Hellberg bei der DEFA nicht genügend Fürsprache, wird 1961 von den Regisseuren Günter Reisch und Hans-Joachim Kasprzik fürs DDR-Fernsehen adaptiert und nach einigen Monaten Verzögerung auch ausgestrahlt. – Franz Fühmanns vor *Betrogen bis zum jünsten Tag* gestarteter Versuch, Johannes R. Bechers lyrisch-dramatisches Schauspiel »Winterschlacht« in ein Szenarium zu verwandeln, mißlingt in der Phase des Exposés.

Ein anderes spannendes Projekt scheitert in mehreren Etappen. 1958 will Herbert Ballmann den Roman von Harry Thürk, »Die Stunde der toten Augen«, unter dem Titel *Haus im Feuer* verfilmen. Ballmann, Jahrgang 1924, war 1942 zur Wehrmacht eingezogen worden, geriet 1945 für viereinhalb Jahre in sowjetische Kriegsgefangenschaft und besuchte eine Antifa-Schule in Moskau. Der Film korrespondierte also direkt mit seiner Biographie: »Das war für mich der wichtigste Stoff, den ich je hatte. Alles Vorherige sind dagegen Fingerübungen gewesen. *Haus im Feuer* besaß die Brisanz und das Format von Konrad Wolfs *Sonnensuchern*. Und genau wie Konni stieß auch ich an die Grenze der Toleranz der politischen Aufsichtsgremien. – Mit dem Projekt war ich zwei Jahre befaßt, bis ich im Sommer 1959 plötzlich in die Direktion zitiert wurde. Da hieß es dann: Die Produktionsgenehmigung ist entzogen. Es wäre ein Schlüsselfilm meiner Generation geworden, die mit 17, 18 Jahren in der zweiten Hälfte des zweiten Weltkrieges an die Front kam.« [116]

Haus im Feuer ist die 1944 in Ostpreußen angesiedelte Geschichte eines jungen Soldaten in einer Fallschirmjäger-Spezialeinheit. Kleine Gruppen dieser Formation werden regelmäßig, in russischen Uniformen, hinter die sowjetischen Linien geflogen, mit dem Auftrag, dort Eisenbahnen, Brücken und Munitionslager zu sprengen. Der Held des Films, der Obergefreite Thomas Bindig (Ulrich Thein), ist wie alle Soldaten in einem ostpreußischen Gehöft untergebracht, in dem noch eine Frau (Inge Keller) und ein taubstummer Knecht leben. Durch einen Zufall bekommt Bindig die wahre Identität dieses Mannes heraus: hinter der Maske des Schweigens verbirgt sich ein Offizier der Roten Armee, der beim Frontwechsel verwundet in Feindesland zurückblieb und von der Bäuerin gepflegt wurde. Diese Frau, Anna, in die sich der Junge verliebt, bittet ihn zu vergessen. – Nach dem nächsten Einsatz, bei dem Bindig nur knapp mit dem Leben davonkommt, hat sich der Frontverlauf erneut verändert: das Dorf liegt nun auf russischer Seite. Bindig beobachtet, wie sein verhaßter Unteroffizier das Gehöft mit einer Panzerfaust angreifen will und erschießt ihn – aus Liebe zu Anna. Auf der Flucht aus dem Dorf wird er, noch immer in der Uniform der Sowjetarmee, von heranrückenden deutschen Flammerwerfer-Panzern getötet.

1

2

3

Der unvollendete Film »Haus im Feuer«
(1959/RE: Carl Balhaus)
nach dem Kriegsroman »Die Stunde der toten
Augen« von Harry Thürk.
Schon das Buch war aufgrund der harten,
realistischen Schilderungen einer faschistischen
deutschen Fallschirmjäger-Einheit
angegriffen worden.

In den Hauptrollen: Ulrich Thein (oben),
Inge Keller und Hans-Peter Minetti.

Schon Harry Thürks Buch mußte sich wegen der scheinbaren Neutralität des Erzählers, die zur teilweisen Glorifizierung der Wehrmacht führe, und des »harten, amerikanischen Schreibstils« heftige Attacken gefallen lassen; mit der vergleichsweise »positiven« Darstellung eines deutschen Soldaten – Gegenpol zu Berufstotschlägern – kommt man nun auch bei der geplanten Verfilmung ideologisch nicht zurecht. Nachdem Ballmann der Stoff entzogen worden ist, versucht die DEFA einen zweiten Anlauf mit dem Regisseur Carl Balhaus. Das Drehbuch erfährt Verwandlungen; die Figur des sowjetischen Offiziers wird verstärkt; er erhält mehr Raum für seine Agitation: Bindig soll sich freiwillig in Gefangenschaft begeben. Außerdem denkt man über die zusätzliche Gestalt eines Antifaschisten nach, der die Tötung sowjetischer Soldaten verhindert – bei ihm müsse das Schwergewicht liegen, nicht bei Thomas Bindig. Im November 1959 stehen die Signale zum Drehbeginn tatsächlich auf Grün; aber die Scheinwerfer verlöschen schon zwei Monate später. Dennoch glaubt das Team über den Produktionsstop hinaus, im Herbst 1960, nach erneuten gravierenden Veränderungen, weitermachen zu dürfen; Hauptdarstellerin Inge Keller bittet den Kulturprofessor Alfred Kurella brieflich um Unterstützung.

Dessen Antwort zerschlägt alle Hoffnungen: Er hält das Drehbuch »für ausgesprochen (...) mißglückt. (...) Die vorliegende Fabel ist mit allen Einzelheiten in einem Maße lebensfremd und lebensunwahr, daß dieses Werk unmöglich einen auch nur erträglichen Film abgeben kann. Ich habe zwei Kriege mitgemacht und bin im letzten an und hinter den Fronten des Kampfes auf dem Boden der Sowjetunion gewesen. Nur ein Mensch, der von der Wirklichkeit auch nicht den geringsten Schimmer hat, konnte eine Handlung und Situation erfinden, wie sie das Drehbuch anbietet. (...) Ich kann mir nicht denken, wie das überhaupt zu spielen wäre. Es stimmt einfach überhaupt nichts, weder in den äußeren Umständen noch im Verhalten der Menschen.« [117] Allerdings kennt Kurella nur die Neufassung des Drehbuchs, nicht die ursprüngliche Variante, die Inge Keller in einem zweiten Brief vehement verteidigt: »Darum kann ich nicht umhin, in der Unterbrechung dieses Filmes mangelnden Mut der DEFA gegenüber den konfliktreichen Problemen der im Faschismus erzogenen Jugend zu sehen; ein Vorwurf, den ich ungern, aber über diesen Film hinaus überhaupt der DEFA machen muß.« [118] Erst fünf Jahre später, mit *Die Abenteuer des Werner Holt* (RE: Joachim Kunert), dringt erneut ein DEFA-Film ins Themengeflecht von *Betrogen bis zum jüngsten Tag* und *Haus im Feuer* ein – mit erheblicher Publikumsresonanz.

Herbert Ballmann verläßt im November 1959 die DDR. Äußerer Anlaß ist die Ehe mit Gisela Uhlen, die inzwischen am Westberliner Schiller-Theater spielt (und von Boleslaw Barlog für die Hauptrolle in *Haus im Feuer* gesperrt wurde). Ballmann, Staatsbürger der DDR, befürchtet, seine Frau nicht mehr regelmäßig besuchen zu dürfen: im Studio erklärt man ihm klipp und klar, daß die Ost-West-Verbindung unerwünscht sei. Ballmann hat aber noch mehr Gründe, mit der DEFA zu brechen; der Umgang mit seinen Filmen war von Mal zu Mal engstirniger geworden: Heimste die tricktechnisch aufwendige, mit revolutionärem Gedan-

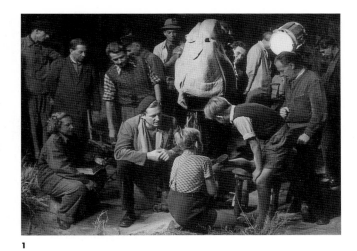

1

2

3

1 Regisseur Herbert Ballmann (Mitte) bei
Dreharbeiten zu seinem ersten DEFA-Spielfilm
»Das geheimnisvolle Wrack« (1954)

2 Raimund Schelcher (links) und Gerhard Bienert
in »Der Prozeß wird vertagt« (1958)
nach einer Novelle von Leonhard Frank

3 Gisela Uhlen in einer Szene aus
»Der Prozeß wird vertagt«
(RE: Herbert Ballmann)

Oben:
Josef Sieber und Max Reichhoff in »Tinko«
(1957/RE: Herbert Ballmann) nach dem
gleichnamigen Jugendbuch von Erwin Strittmatter

Unten:
Willy A. Kleinau (links), Eva Kotthaus
und Hans-Peter Minetti in
»Der Teufel vom Mühlenberg«
(1955/RE: Herbert Ballmann)
nach einer Harzer Sage

125

kengut gespickte Harzer Bauernsage *Der Teufel vom Müh-lenberg* (1955) noch Lob ein, geriet schon *Das Traumschiff* (1956) ins Kreuzfeuer ideologischer Kritik. Die Fabel um zwei Berliner Kinder, deren Mutter, eine Kriegswitwe, sich einen neuen Mann sucht, zu dem die Sprößlinge erst all-mählich Vertrauen gewinnen, wird von der HV Film als kleinbürgerlich abgetan. Noch gravierender sind die Ein-wände bei *Tinko* (1957), den Ballmann auf den Generati-onskonflikt zwischen einem alten, eigenbrötlerischen Ein-zelbauern und dessen Sohn, einen Kriegsheimkehrer, kon-zentriert, zwischen denen der bei seinem Großvater aufge-wachsene Junge Tinko steht. »Wir entpolitisierten Strittmatters Roman mit dessen Einverständnis, nahmen den ganzen aufgesetzten Pionierquatsch raus. Davon wollte der Autor allerdings nichts mehr wissen, als die vernich-tende Kritik des ›Neuen Deutschland‹ erschien, in der es hieß, das Buch sei verbürgerlicht worden. Bei den Angrif-fen kam es zu geradezu grotesken Dingen. So behauptete man, Josef Sieber, der Darstellers des Großvaters, habe be-wußt schlecht gesprochen, um der DEFA zu schaden.« [119] Unproduktiver Streit entzündet sich schließlich an Ball-manns *Der Prozeß wird vertagt* (1958) nach der Erzählung »Michaels Rückkehr« von Leonhard Frank: Die Hauptfi-gur, ein Remigrant, erschießt den in Westdeutschland le-benden Mörder seiner jüdischen Schwester. Der bewußte Akt von Selbstjustiz wird bei der DEFA aber zu einem Zu-fallstreffer aus Notwehr, was den Film entschärft und die Essenz der Erzählung zerstört.

Nach dem Verbot, *Haus im Feuer* zu drehen, legt die Stu-dioleitung Herbert Ballmann drei Stoffe vor; für einen da-von müsse er sich innerhalb der nächsten sechs Wochen entscheiden, sonst würde automatisch sein Vertrag erlö-schen. »Bis dahin hatte ich niemals einen Stoff gemacht, der mir vorgeschlagen wurde; ich hatte alle selbst mit Au-toren und Dramaturgen entwickelt. Nun entschied ich mich für den harmlosesten, *Ein Sommertag macht keine Liebe*, die Geschichte zwischen einem Abiturienten und einer Kranführerin, die ihm sozialistisches Bewußtsein beibringt. Während der Dreharbeiten kam es zu einer feucht-fröhli-chen Feier im Haus der Deutsch-Sowjetischen Freund-schaft in Stralsund. Wir waren ungeheuer frech, ohne Strümpfe, in Sandalen, bis mich ein Oberst der NVA an-sprach, ob das die sozialistische Kultur wäre, die wir als Kulturschaffende verkörpern. Da hab ich gesagt, wissen Sie, wenn darin die sozialistische Kultur besteht, daß wir uns einen Schlips umbinden und Socken anziehen, dann ist es aber traurig bestellt. Daraufhin beschwerte sich das Bezirksparteisekretariat von Rostock in Berlin über uns. – Bald darauf kriegte ich die erste und dann die zweite Ver-warnung. Wilkening holte mich zu sich ins Büro und sagte, hör auf mit deinen Fahrten nach Westberlin, der Staatsan-walt interessiert sich für dich. Im Studio, an einem Sams-tag nachmittags um drei, bestellte mich der Parteisekretär zu sich. Ich ahnte, dort wartet die Stasi auf mich. Ich ver-ließ die DEFA über den Hintereingang und fuhr mit der S-Bahn nach Westberlin.« [120]
Daß dieser Schritt tatsächlich ziemlich spontan erfolgt sein muß, belegt ein Zitat aus dem Jahre 1958, in dem Ball-mann die Auffassung vertrat, die DEFA sei von manchem

Regisseur Gerhard Klein inszeniert seinen zweiten Berlin-Film, »Eine Berliner Romanze« (1956)

Regiekollegen nur ausgenutzt worden: »(...) eine Schar von Leuten (...) wußte(n), daß sie bei der DEFA viel Zeit und viel Geld haben und künstlerisch sauber arbeiten können. Sie hofften, sich auf diese Weise ein Sprungbrett in die westliche Filmproduktion verschaffen zu können. (...) Ich vermisse (...) die Beantwortung der Frage, warum das möglich war und geduldet wurde. Nicht die sozialistischen Künstler im DEFA-Studio, sondern die Leute, die wirklich unverbindliche Geschichten machten und sehr intensiv nach dem Westen schielten, galten als die wahren Künstler und wir nur als ›Hilfsarbeiter‹.« [121] – Ende 1959 wird Ballmann von der DEFA auf 50 000 DM Strafe wegen Ver-tragsbruch verklagt, die er jedoch nicht bezahlen muß, weil Westberlin ihn als »politischen Flüchtling« anerkennt. Sein ehemaliger Mitstreiter in der Kinder- und Jugendfilmpro-duktion, Gerhard Klein, bringt *Ein Sommertag macht keine Liebe* 1961 zu Ende; Ballmann avanciert in den darauffol-genden Jahren zu einem vielbeschäftigten Film- und Fern-sehproduzenten mit Firmensitz am Kurfürstendamm.

Berlin zwischen den Fronten

»Wir müssen irgendwas Politisches angeben, warum wir abgehauen sind«, sagt Kohle in Westberlin zu seinem Freund Dieter. Beide, Hauptfiguren in Gerhard Kleins und Wolfgang Kohlhaases *Berlin-Ecke Schönhauser* (1957), haben ihren Kiez am Prenzlauer Berg fluchtartig verlassen, im Glauben, am Tod eines anderen Jungen schuld zu sein. Widerstrebend gibt Dieter im Auffanglager an, der FDJ-Sekretär seines Betriebes habe ihn zwingen wollen, in die Nationale Volksarmee einzutreten; der Verhörer suggeriert ihm darüber hinaus, daß ihn doch auch sein Bruder, ein Volkspolizist, politisch bedroht haben könnte. In Ostberlin trifft sich indes der Bruder mit dem FDJ-Sekretär: »Wir hätten uns doch mehr mit Dieter auseinandersetzen sollen«, sinniert dieser, worauf Dieters Bruder antwortet: »Zusammensetzen wäre besser gewesen.«

Ein knapper, lakonischer Dialog, der den Grundtenor von *Berlin-Ecke Schönhauser* charakterisiert, neben *Schlösser und Katen* vielleicht der wichtigste DEFA-Gegenwartsfilm der fünfziger Jahre. Sein Arbeitstitel lautete »Wo wir nicht sind...«, erster Teil einer von einem Volkspolizisten geäußerten Sentenz, an den sich die eindeutige Folgerung anschließt: »...sind unsere Feinde«.

Die Geschichte wird schnell, innerhalb weniger Wochen im Sommer 1956, entwickelt; die beiden Autoren legen dafür andere Projekte ad acta: Klein wollte einen Film über junge Lichtenberger Arbeiter in der Zeit des Kapp-Putsches drehen; Kohlhaase beschäftigte sich mit einem Stoff über die Nationale Volksarmee. Ihr neues Sujet indes greift in den unmittelbaren Berliner Alltag ein: Es geht um ein paar Jugendliche, die sich in ihrer Freizeit am liebsten unter der Brücke des U-Bahnhofs an der Schönhauser Allee aufhalten, auf der Suche nach Ungebundenheit, einer imaginären Freiheit und zugleich nach Geborgenheit. Sie tanzen Rock'n'Roll; Kohle (Ernst-Georg Schwill) schmeißt, für eine von Karl-Heinz (Harry Engel) gebotene Westmark, eine Straßenlaterne ein; Angela (Ilse Pagé) bekommt von Dieter (Ekkehard Schall) ein Kind. Alle fliehen ihre unwirtlichen Elternhäuser: Angelas Mutter, eine Kriegerwitwe, schickt ihre Tochter nach unten, wenn ihr Liebhaber, der Abteilungsleiter, sie besuchen kommt. Kohle wird vom betrunkenen Stiefvater verprügelt. Karl-Heinz hat seine stockbürgerlichen Eltern satt, die immer nur von Westflucht reden, aber wegen zweier geerbter Häuser im Osten bleiben. Und Dieter mag die pädagogischen Auslassungen seines volljährigen Bruders – ihre Eltern sind im Krieg umgekommen – nicht mehr hören: »Warum kann ich nicht leben, wie ich will? Warum habt Ihr lauter fertige Vorschriften? Wenn ich an der Ecke stehe, bin ich halbstark. Wenn ich Boogie tanze, bin ich amerikanisch. Und wenn ich das Hemd über der Hose trage, ist es politisch falsch.«

Im Ansatz entspricht *Berlin-Ecke Schönhauser* einigen Jugend- und Straßenfilmen, die zur gleichen Zeit in West-Kinos Furore machen: zum Beispiel *Die Halbstarken* (1956) und *Endstation Liebe* (1957) von Georg Tressler, die wiederum von amerikanischen Produktionen – etwa der Regisseure Elia Kazan, Richard Brooks und Nicholas Ray – beeinflußt worden waren. Klein und Kohlhaase sind wie Tressler dem Lebensgefühl junger Leute auf der Spur; aber anders als er suchen sie nach sozialen Wurzeln für deren Verhalten, nach gesellschaftlichen Fehlentwicklungen, beschreiben den Einfluß, den Eltern, Staatsorgane und Politik auf diese Generation haben oder nicht haben. Sie nehmen die Verlockungen des Westens (Kohle: »Ich hab' drüben schon über hundert Filme gesehen«) ebenso ernst wie manche Phrasendrescherei im Osten; eine entscheidende Rolle spielt der nur in wenigen Szenen auftretende, nachdenkliche VP-Wachtmeister (Raimund Schelcher), der dem zweimal sitzengebliebenen Kohle eine Arbeitsstelle beschaffen will und am Ende, nach Kohles Tod, dem nach Ostberlin zurückgekehrten Dieter nicht in die Augen sehen kann. Er sitzt mit dem Rücken zum Jungen (und zum Zuschauer) an seiner klapprigen Schreibmaschine, schickt ihn nach Hause; aus dem Off kommen seine Worte, mit die letzten Worte des Films, sehr nachdenklich, sehr ehrlich: Ich bin schuld und du bist schuld. – Die eigene Schuld steht an erster Stelle!

Berlin-Ecke Schönhauser ist das Resultat langjähriger Bemühungen der beiden Autoren um soziale Genauigkeit und poetischen Realismus bei der Beschreibung des Alltags und der Menschen im Hexenkessel der geteilten Stadt. Schon 1952/53 war Gerhard Klein, geboren 1920 in Berlin, während der Suche nach einem Stoff für seinen ersten Spielfilm auf den Autor Wolfgang Kohlhaase gestoßen; gemeinsam mit dem Dramaturgen Hans Kubisch hatten sie, auf der Basis von Vernehmungsprotokollen und Gerichtsakten und nach der Begegnung mit einigen Bandenmitgliedern im Gefängnis, einen tatsächlichen Vorfall verarbeitet: Der ehemalige Besitzer des Zirkus Barlay war in Ostberlin enteignet worden und hatte versucht, die Pferde seines einstigen Unternehmens in den Westen zu holen. Die authentischen Fakten werden mit einer fiktiven Abenteuergeschichte verflochten: Zwei Westberliner Jungen, Klaus und Max, die davon träumen, Europameister im Boxen zu werden, geraten in die Fänge der mit der Aktion betrauten Ganoven, die ihnen das Geld für die Boxhandschuhe und den Beginn einer Sportlerkarriere versprechen.

In *Alarm im Zirkus* prallen die Welten aufeinander: Westberlin ist Heimstatt undurchsichtiger Gestalten; ein US-Sergeant wirkt als spiritus rector des Verbrechens; viele Jugendliche werden durch ihren Hang zum amerikanischen Lebensstil – sie nennen sich Jimmy, Boogie oder Catcher – und durch Groschenhefte verdorben; die Polizei ist korrupt; und die Chancen, Lehrstellen zu bekommen, sind für Arbeiterjungen wie Klaus und Max gering. Anders der Osten: Helli, ein Mädchen, das die beiden im Zirkus kennenlernen, spricht, obwohl ebenfalls Arbeiterkind, ganz selbstverständlich von ihrem künftigen Studium. Und der »Arbeiter und Bauernstudent, den Ulrich Thein verkörpert, wird durch seinen wissenschaftlichen Eifer und durch seine mutige Entschlossenheit zum Vorbild der jungen Zuschauer« [122]. Aus solchen Handlungslinien und Figuren zu schlußfolgern, daß der Film ganz dem propagandistischen Schwarzweiß-Kanon der Zeit verhaftet sei, wäre freilich zu kurz gegriffen: In ihm verdichtet sich die ehrliche Besorgnis über die Entwicklung im Westen und der Stolz auf das, was die DDR vom Kapitalismus positiv unterscheidet.

1

2 3

Gerhard Klein und seine Filme:

1 Ulrich Thein (links), Annekathrin Bürger und
   Uwe-Jens Pape in »Eine Berliner Romanze«

2 Ernst-Georg Schwill (links) und Hans Winter in
   »Alarm im Zirkus« (1954)

3 Uwe-Jens Pape in »Alarm im Zirkus«

4

5

6

»Berlin-Ecke Schönhauser...« (1957)

**4 Eine Szene, gedreht unter den
U-Bahn-Bögen im Prenzlauer Berg**

5 Helga Göring (links) und Ilse Pagé

**6 Ekkehard Schall (links) und
Ernst-Georg Schwill**

Und: *Alarm im Zirkus*, ein krasser Gegenentwurf zu verlogenen Produktionen á la *Das kleine und das große Glück*, bringt wie kein anderer Film in seinem Umfeld frischen ästhetischen Wind in die DEFA. Klein und Kohlhaase lieben ihre Heimatstadt und haben einen Nerv für sie. »Sie kamen beide aus (...) proletarischen Verhältnissen, waren stark beeinflußt von ihren Erlebnissen, sie waren voll von ihnen. Sie lebten nicht in einem Niemandsland, sondern gingen unter die Menschen, in die Kneipen und Kaschemmen, holten sich dort ihre Anregungen. Klein und Kohlhaase hatten beide keine Hochschule besucht, dadurch hatten sie beide etwas Originäres, Unverbildetes. Hier liegt die Wurzel für ihre große Kreativität.« [123] Berlin mit den Mitteln von gestern auf Zelluloid zu bringen, kommt für sie nicht in Frage. Sie wollen realistisch sein, im großen Ganzen und im Detail. Dazu verlassen sie das Atelier, arbeiten mit Laiendarstellern, lakonischen Dialogen und dem Rhythmus einer Reportage. Werner Bergmanns Kamera löst die Story in scharf konturierte Schwarzweißtöne auf; gedreht wird nicht auf dem gebräuchlichen, weichzeichnenden Spielfilmmaterial Superpan, sondern auf grobkörnigem Ultrarapid, dem Material für Wochenschauen. Wie kaum eine andere DEFA-Arbeit vorher ist *Alarm im Zirkus* beeinflußt vom italienischen Neorealismus. Kohlhaase: »Die neorealistischen Filme waren für uns die wichtigsten Filme jener Jahre, (...) haben uns motiviert. Sie haben mir zu dem Mut verholfen, aus den Geschichten, die ich eventuell erzählen konnte, Filme zu drehen. Und zwar Filme, die mit Alltäglichkeit umgingen und sie als Sujet begriffen. (...) Wenn Klein über irgendwelche spezifischen Fragen nachdachte, über die Optik, über die Kamera, über Schnitt, dann korrespondierte das oft mit bestimmten neorealistischen Haltungen und Vorlieben. Diese Filme entsprachen seinen stilistischen Ambitionen.« [124]

Der zweite Film des Teams, *Eine Berliner Romanze* (1956), erzählt von der Liebe zwischen der 17jährigen Uschi, einer Verkäuferin in einem HO-Bekleidungshaus, und dem nur wenig älteren Hans, einem arbeitslosen Westberliner Autoschlosser. Die geteilte Stadt wird mit ihren Augen gesehen; ihre Empfindungen spiegeln sich in den Bildern: Die Schaufenster des Westens erscheinen dem jungen Mädchen durchaus anziehender als der nur langsam verschwindende Grauschimmer des Ostens. *Eine Berliner Romanze* fordert die Zuschauer zugleich auf, hinter die Kulissen, ins Herz der jeweiligen Stadthälfte zu blicken. So entscheidet sich das Paar am Schluß für Ostberlin – wo es keine Arbeitslosigkeit gibt und menschliche Wärme noch nicht dem Run aufs große Geld gewichen ist.

Das impressionistische Szenarium, das die Fabel oft nur andeutet und kaum über dramatische Höhepunkte verfügt, ruft wegen seines differenzierten, aus der Sicht der Figuren subjektiv gebrochenen Westberlin-Bildes Einsprüche von Seiten der Hauptverwaltung hervor: »Ich muß fragen, wie es möglich ist, daß dieser Stoff bis zum Szenarium entwickelt wurde«, leitet Anton Ackermann eine Diskussion ein. »Welchen Eindruck und Einfluß würde dies auf unsere Jugend haben? Keinen erzieherisch positiven! Es wirkt als eine Aufforderung, nach Westberlin zu gehen. Die Jugend will Abenteuer erleben – und hier wird gezeigt, daß man in Westberlin ›große‹ Abenteuer erleben kann.« [125]

Die Debatten um *Eine Berliner Romanze* sind freilich nur ein winziger Vorgeschmack auf jenen Streit, der dann *Berlin-Ecke Schönhauser* begleitet. In der Hauptverwaltung Film wird das Szenarium ausführlich beredet; ein paar Funktionäre einigen sich auf die Meinung, daß die Autoren ausschließlich »die negativen, problematischen, eine kritische Auseinandersetzung geradezu verlangenden Erscheinungen unseres Lebens« in den Mittelpunkt gerückt hätten: »Es ist sicher nicht uninteressant, daß das gerade zu einer Zeit geschah, in der viele unserer Künstler glaubten, jetzt mit allen ihnen zu Gebote stehenden Mitteln das zeigen zu müssen, was bei uns der Kritik bedarf und was, wie sie glaubten, jahrelang verschwiegen werden mußte. (...) Nur einer solchen Konzeption konnte ein Stoff entspringen, der Kritisches maßlos überspitzt, der durch Anhäufung und Konzentration da Probleme schafft, wo keine sind, und dessen Geschichte im Negativen sich entwickelt und durch eine Unvollständigkeit dessen, was ausgesagt wird, in der Depression stecken bleibt.« [126] Die HV warnt das Studio. Dennoch machen Klein und Kohlhaase weiter; am 10. September 1956 erhält die vorgesetzte Behörde ein Drehbuch, dessen Prüfung ergibt, »daß unsere Bedenken und Hinweise in keiner Weise beachtet wurden«. Daraufhin bleibt die Produktionsbestätigung aus; doch die Dreharbeiten beginnen am 1. Oktober auch ohne diese – eigentlich notwendige – Zusage.

Als eine Besichtigung des Rohschnitts ansteht, verweigert Gerhard Klein den HV-Mitarbeitern die Teilnahme. Der fertige Film wird von der vorgesetzten Behörde denn auch schärfstens mißbilligt: »Da nicht Einzelheiten, sondern die Grundkonzeption falsch sind, haben auch die verschiedenartigsten Änderungen, Abschwächungen und Verbesserungen, die der Regisseur bis heute laufend vornahm, nichts ändern können. Wie angetan der Film ist, den Feinden unserer Republik in ihrer Hetze zu helfen, zeigt sich darin, daß der RIAS eine der Szenen (sie wurde in der Zwischenzeit durch die Direktion geändert) original übertrug. Da wir den Film für ein Musterbeispiel einer neuen Form des Dogmatismus halten und da wir davon überzeugt sind, daß er schädlich auf unsere Menschen wirken wird, sind wir der Meinung, daß es unverantwortlich wäre, ihn so zuzulassen, und werden auch Testvorführungen in dieser Form nicht zustimmen können.« – Doch nicht nur der Stoff ist den Beamten widerwärtig, sondern auch die Besetzung: »Ekkehard Schall (...) gab (...) der Rolle in einer gewissen mimischen Starrheit und einer Mischung von Verbitterung, negierender Ironie und Laschheit noch viel schärfer, als es das Buch erkennen ließ, alle negativen Züge, die möglich waren. (...) Ebenfalls verwunderte es uns sehr, warum man für die Rolle der Angela eine junge Westberlinerin verpflichtete, für deren Schauspiel-Nachhilfestunden wir Valutamittel zahlen mußten.«

Am 14. Juni 1957 wird *Berlin-Ecke Schönhauser* im FDJ-Zentralrat vorgeführt. Hier ist das Ergebnis der Debatte sehr viel freundlicher als die Meinung der HV; Hans Modrow erkennt in dem Film das positive Gegenstück zu den westdeutschen *Halbstarken*, Joachim Herrmann begreift, »daß wir an vielen Stellen sind, aber noch nicht überall«; und der Filmkritiker der »Jungen Welt«, der spätere DEFA-

Regisseur Günter Stahnke, resümiert: »Bei der Masse wird der Film richtig ankommen. Er wird ein Signal sein, mitzuhelfen.« [127] Sechs Tage später läßt die Hauptverwaltung *Berlin-Ecke Schönhauser* zähneknirschend zu; der Film startet am 30. August und hat nach drei Monaten schon über anderthalb Millionen Zuschauer.

Das ist aber nicht das Ende. Auf der zweiten Filmkonferenz der SED im Juli 1958 und vorbereitenden Parteiversammlungen im Studio, die sich über das erste Halbjahr 1958 hinziehen, rückt *Berlin-Ecke Schönhauser* erneut ins Zentrum der Kritik: So heißt es, »anormale oder gar abnorme Figuren« entsprächen »der Kunstauffassung der bürgerlichen Dekadenz«, der Film mache »eben zu große Konzessionen an die Betrachtungs- und Gestaltungsweise des italienischen Neorealismus« [128].

Die zweite Filmkonferenz

Mit der zweiten Filmkonferenz wird der »Neue Kurs« von 1953, seither je nach politischer Großwetterlage und subjektiver Haltung der DDR-Politiker modifiziert, für den Bereich der Filmkunst endgültig zurückgenommen. Das ist kein plötzlicher Einfall, sondern der Höhepunkt eines langandauernden, von Ambivalenzen geprägten Prozesses. Schon Mitte 1955, nachdem die Bundesrepublik die Pariser Verträge unterzeichnet hatte und Mitglied der NATO geworden war, wurde beispielsweise die Zusammenarbeit mit westdeutschen Filmschaffenden nicht mehr ausdrücklich forciert; die im Dezember 1955 eingeführte Hallstein-Doktrin – der Grundsatz der westdeutschen Außenpolitik, zu keinem Staat diplomatische Beziehungen aufzunehmen, der die DDR anerkennt – belastete auch das Verhältnis der DEFA zu potentiellen Partnern in der Bundesrepublik. Zugleich warnte die SED, wieder einmal, vor kleinbürgerlichen und neutralistischen Einflüssen und erinnerte vehement an den sozialistischen Realismus als oberstes Gestaltungsprinzip.

Die Hauptverwaltung Film mit immerhin rund achtzig Planstellen hält in diesen Jahren die Zügel mal fester, mal lockerer, aber gibt sie nie aus der Hand. Sie begutachtet Thematische und Produktionspläne des Studios, Exposés und Szenarien, Drehbücher und fertige Filme – in »besseren« Zeiten auch nur die Pläne und die Filme, die deshalb aber noch lange nicht vor dogmatischen Einsprüchen geschützt sind, wie unter anderem *Junges Gemüse* oder *Eine Berliner Romanze* belegen. Das Politbüro des ZK der SED verlangt regelmäßig Rechenschaft.

Im Januar 1956 bringt eine Kontrollkommission des Ministerrates, der davon Kenntnis erhalten hatte, daß bei der DEFA Grundsätze der Sparsamkeit mißachtet würden, erhebliche Unruhe: Man stellt fest, »daß die Aufgabe des Studios, ideologisch und künstlerisch wertvolle Filme herzustellen, die erzieherisch auf das Bewußtsein der Massen einwirken, nicht erreicht und sogar in einer großen Anzahl von Filmen gröblichst verletzt wurde« [129]. Indiz dafür sei unter anderem die Tatsache, daß im April 1955 täglich mehr als 60 000 Mark von Bewohnern des demokratischen Sektors in Westberliner Filmtheatern ausgegeben

worden wären und westdeutsche Filme auch in DDR-Kinos grundsätzlich höhere Einspielergebnisse hätten als Arbeiten der DEFA. – Nach dem XX. Parteitag der KPdSU im Februar 1956 scheint die argwöhnische Beaufsichtigung der DEFA noch einmal etwas nachzulassen. Am 6. April werden die Mitglieder der SED-Betriebsparteiorganisation über die Geheimrede Chruschtschows informiert – Konrad Wolf hat diese Aufgabe übernommen; in der Diskussion tritt Gerhard Klein für einen postumen Parteiausschluß Stalins ein.

Einen Monat später manifestiert sich die neue Aufbruchstimmung in einer außerordentlichen Leitungssitzung der DEFA, die nun – nach dem Ausscheiden des schwer erkrankten Hans Rodenberg im März – von Albert Wilkening geleitet wird. Der Tenor der Beratung ist, daß sich das Studio endlich von der HV emanzipieren solle; Anton Ackermann überfordere sich schlicht, wenn er darauf bestehe, daß die Genehmigung jedes Films von seinem Schreibtisch ausgehen müsse, und das bei angepeilten dreißig Filmen im Jahr. Kurt Maetzig plädiert für Unterhaltungsstoffe fernab des Klischees; Slatan Dudow kritisiert die Restriktionen im Zulassungsprozeß der HV; ein paar Tage später, während einer Parteiversammlung, faßt Herbert Ballmann zusammen, was vielen seiner Kollegen auf den Nägeln brennt: »Selbstverständlich werde ich nicht aufhören, den menschenfeindlichen Krieg anzugreifen, deshalb aber nicht vergessen, das, was bei uns unmenschlich und unhuman ist, anzuklagen. Wir müssen das gute Gewissen unseres Volkes sein.« [130]

Am 29. Juli 1956 wird Anton Ackermann rehabilitiert: Ulbricht hatte ihn im Sommer 1953 sämtlicher SED-Ämter enthoben, weil er der angeblich parteifeindlichen Zaisser-Herrnstadt-Fraktion angehört habe. Auch das läßt manche Filmemacher aufatmen, die davon ausgehen, daß ihr oberster »Chef« nun eine tolerante Haltung an den Tag legen könne. Tatsächlich geht Ackermann auf die Anregungen des Studios zur Vereinfachung der Kontroll- und Zensurwege ein, bis hin zum entscheidenden, von Kurt Maetzig favorisierten Vorschlag der Bildung unabhängiger, eigenverantwortlicher Produktionsgruppen. Nur Filme, die der Verfassung, den Gesetzen und Interessen der DDR widersprächen oder künstlerisch mehr als unterdurchschnittlich seien, dürften nicht das Licht der Leinwand erblicken...

Im zweiten Halbjahr 1956 agiert die neue Studiodirektion – Albert Wilkening und Rudolf Böhm, zuvor stellvertretender Leiter der HV Film, der nun an der Spitze der Dramaturgie steht – bereits ziemlich eigenverantwortlich. Manche Filme brauchen nur noch rund zwölf Monate von der Idee bis zur Premiere. Man produziert gleichsam mit frischem Wind, bedarf auch kaum mehr jener »Planerfüller«, die 1954/55, meist zum Jahresende, übereilt in Produktion gegeben wurden, um – unter anderem – die Prämien für die zweitausendköpfige Belegschaft nicht zu gefährden. So war zum Beispiel ein bieder abgefilmtes Theaterstück wie *Hotelboy Ed Martin* (1955/ RE: Ernst Kahler, Karl-Heinz Bieber) entstanden, ebenso der ästhetisch reizvollere, stilisierte *Richter von Zalamea* (1956), den Martin Hellberg nach seiner Volksbühneninszenierung drehte, und *Der Teufelskreis*.

Regisseur Martin Hellberg verfilmt klassisches
Theater: »Der Richter von Zalamea« (1956)
mit Hansjoachim Büttner in der Titelrolle (oben)
und »Kabale und Liebe« (1959)
mit Karola Ebeling als Luise.

In den fünfziger und sechziger Jahren hoffte
Hellberg, weitere großangelegte Filmprojekte
nach klassischen Stücken realisieren zu können.
Doch die DEFA-Leitung lehnte sowohl seinen
»Wallenstein«- als auch seinen »Faust«-Plan ab.

Die Aufbruchsstimmung im Studio wird, wie ähnlich motivierte Diskussionen in Verlagen und Theatern, von einzelnen wachsamen Mitarbeitern des Parteiapparates, der HV und auch der Studioleitung mit Mißbehagen verfolgt. Der Ungarnaufstand, die Ereignisse in Polen und die Suez-Krise scheinen jenen recht zu geben, die die Konterrevolution auch im DDR-Kulturbereich marschieren sehen. Die neue Eiszeit steht nicht mehr nur vor der Tür, sondern dringt durch deren Ritzen schon in den Raum ein. Das 30. ZK-Plenum (30. 1. bis 1. 2. 1957) schlägt den Ton an: Die Revisionisten sind unter uns. Die Verhaftung Walter Jankas, Wolfgang Harichs und anderer Intellektueller soll als abschreckendes Beispiel dienen. Im Mai bittet ZK-Sekretär Paul Wandel die Leitung der DEFA und der HV zu sich und erklärt die Produktion des Spielfilmstudios bis auf wenige Ausnahmen als abseitig und abwegig: In den Filmstoffen spielten kaum Schwerpunkte des gesellschaftlichen Lebens eine Rolle; es gäbe noch immer keinen DEFA-Film über die Volksarmee, stattdessen komme die Jugend aus Erziehungsheimen und Flüchtlingsbaracken. Außerdem würden mehrere in der DDR angesiedelte Stoffe von westdeutschen Autoren und Regisseuren bearbeitet, deren Einblick in charakteristische Erscheinungen der sozialistischen Entwicklung denkbar gering sei.

Das ist der Wink mit dem Zaunpfahl. Auf der Kulturkonferenz im Oktober 1957, die Thesen »Für eine sozialistische deutsche Kultur« verabschiedet, wird eine gesonderte Tagung zur DEFA beschlossen: die zweite Filmkonferenz. Zunächst soll sie im Februar 1958 stattfinden, aber das Kulturministerium und die SED verschieben sie bis zum Juli. Mittlerweile ist im ganzen sozialistischen Lager eine neue Marschrichtung angesagt: die I. Internationale Filmkonferenz der Sozialistischen Länder in Prag (Dezember 1957) will dem »Revisionismus« den Garaus machen. Die Parteileitung der DEFA schließlich ruft im Frühjahr 1958 fünf Parteiaktivtagungen ein, auf denen Tacheles geredet wird. [131]

Die Atmosphäre ist äußerst gespannt. Zwischen den Funktionären aus dem Parteiapparat und den meisten der SED angehörenden Künstlern gibt es zwar Übereinstimmung darüber, daß die Beschäftigung mittelklassiger westdeutscher Filmemacher dem Studio insgesamt nicht gut bekommen sei; aber viele SED-Mitglieder unter den DEFA-Regisseuren und Teile der Direktion, besonders Rudolf Böhm, wehren sich dagegen, daß die »eigenen« Arbeiten – die Berlin-Filme oder die Klassikeradaptionen Martin Hellbergs, die laut Parteiapparatschiks in Form eines Trojanischen Pferdes Kritisches über die DDR hätten aussagen wollen – an den Pranger gestellt werden. In den verbalen Widerstand mischen sich aber bereits Selbstzweifel. Vielleicht hat man dem Gegner doch einen Fußbreit ideologischen Boden überlassen? Im März 1958 wird der Chefdramaturg des Studios, Rudolf Böhm, von seiner Funktion entbunden; an seine Stelle tritt Konrad Schwalbe, der soeben am Institut für Gesellschaftswissenschaften des ZK der SED zum Thema »Die Gestalt des Arbeiters im Film« promoviert hat.

Die 2. Filmkonferenz findet vom 3. bis 5. Juli 1958 in Berlin statt. Unter den rund fünfhundert Delegierten sind Filmemacher, Funktionäre, Gäste aus der volkseigenen Industrie und der genossenschaftlichen Landwirtschaft. Das Grundsatzreferat hält Alexander Abusch, Staatssekretär und 1. Stellvertreter des Ministers für Kultur. Zu dessen Kernsätzen gehört eine Bemerkung über die Folgen des XX. Parteitags: »Manche Filmschaffenden«, so doziert er, »haben die prinzipielle Kritik der Kommunistischen Partei der Sowjetunion an den schädlichen Auswirkungen, die der Personenkult um Stalin auch in der Literatur und Kunst hervorrief, mißverstanden und in jeder Hinsicht vulgarisiert. Sie haben die Kritik an einzelnen dogmatischen und schematischen Erscheinungen maßlos übertrieben und sich eingebildet, damit den Schlüssel zur Gestaltung hervorragender Filme errungen zu haben. Die künstlerische Praxis hat in einer Reihe von Filmen schnell bewiesen, daß diese Auffassung auf ein Abirren ins Zwielichtige, Undeutliche, Ungenaue, ins politisch Unverbindliche hinauslief. Dieses Verwischen ihres parteilichen Standpunktes hat manche Filmschaffende auch künstlerisch geschwächt und in der Entfaltung ihres Talents entscheidend behindert.« [132)]

Gemeint ist nahezu alles, was die DEFA in den vergangenen beiden Jahren produzierte und vorbereitete: Hellbergs *Der Richter von Zalamea* und *Emilia Galotti* (1958) beispielsweise frönten laut Abusch einer klerikal-religiösen Propaganda; die Kinderfilme *Die Fahrt nach Bamsdorf* (1956/ RE: Konrad Petzold), *Abenteuer in Bamsdorf* (1958/ RE: Konrad Petzold) und *Fiete im Netz* (1958/ RE: Siegfried Hartmann) flüchteten in die Idylle und klammerten die Pionierorganisation aus; das Märchen *Das singende, klingende Bäumchen* (RE: Francesco Stefani) sei idealistisch; mehrere Produktionen blieben in einer kleinbürgerlichen Opposition zu kapitalistischen Verhältnissen stecken (so der Rennfahrerfilm *Rivalen am Steuer*/ 1957/ RE: E. W. Fiedler oder die Hochstaplergeschichte *Die Millionen der Yvette*/ 1956/ RE: Martin Hellberg) und seien zudem noch künstlerisch schwach (*Spielbank-Affäre*/1957/ RE: Artur Pohl und *Die Schönste*/ RE: Ernesto Remani).

Hinter den Kulissen gibt es längst auch ein Tauziehen um den ersten geplanten Science-fiction-Film der DEFA, den Kurt Maetzig nach dem Buch »Planet des Todes« von Stanislaw Lem realisieren möchte. Vor allem Herbert Volkmann, dem ökonomischen Direktor des Studios, haben sich in das Szenarium zu viele ideologische Unverbindlichkeiten eingeschlichen: So starte das Rauschiff nicht in der sozialistischen Wüste Gobi, sondern in der neutralen Sahara; zudem würde die UdSSR auch dadurch kompromittiert, daß Frankreich neben Polen als Co-Produktionspartner angesprochen und ein französischer Autor engagiert worden sei. Die von Maetzig favorisierte Schwedin Ulla Jacobsson in einer der Hauptrollen – ihr *Sie tanzte nur einen Sommer* (*Hon dansade en sommar*/ RE: Arne Mattsson/ 1952) war auch in der DDR ein Hit – lehnt Volkmann kategorisch ab. So wird die für 1958 geplante Produktion des Films verschoben; erst 1959 erscheint die Geschichte des Raumschiffs Venus nach neuem Drehbuch unter dem Titel *Der schweigende Stern* und mit gebührender Aufmerksamkeit für die führende Rolle der Sowjetunion in den Kinos. Kurt

1

2

3

**Szenen aus Klassikerverfilmungen
von Martin Hellberg:**

1 »Der Richter von Zalamea« (1956)
 nach Pedro Calderon de la Barca:
 Hansjoachim Büttner (links) und Albert Garbe

2 »Emilia Galotti« (1958) nach Gotthold Ephraim Lessing:
 Gerhard Bienert als Vater Galotti und
 Karin Huebner in der Titelrolle

3 »Kabale und Liebe« (1959) nach Friedrich Schiller:
 Otto Mellies (links) als Ferdinand und
 Willi Schwabe als Hofmarschall von Kalb

133

Dem »Singenden, klingenden Bäumchen« (1957/RE: Francesco Stefani) werden idealistische Grundpositionen vorgeworfen.

Mit Eckart Dux als Prinz, Richard Krüger als Zwerg und Christel Bodenstein als Prinzessin.

Maetzig »rehabilitiert« sich inzwischen mit dem balladesken *Lied der Matrosen*, einer unter enormem Zeitdruck gedrehten Auftragsproduktion zum 50. Jahrestag der deutschen Novemberrevolution und des Matrosenaufstands in Kiel. Für diesen Film, der mit zwei Kameras zugleich in Normalformat und Cinemascope aufgenommen wird, wendet sich Maetzig der Ebene der Offiziere und Admiralität zu, während sein Co-Regisseur Günter Reisch die Szenen der »einfachen« Seeleute, der Mannschaften und Heizer inszeniert. *Das Lied der Matrosen* ist immer dann eindrucksvoll, wenn seine Autoren konkrete Lebensbedingungen beschreiben: etwa die miserable Verpflegung auf den Kriegsschiffen. Ansonsten bleibt der Film dem Kanon der Zeit verhaftet: entgegen der historischen Wahrheit stilisiert er den Matrosenaufstand zur kleinen Oktoberrevolution und überbetont die Rolle des Spartakusbundes.

Auch Kurt Maetzig war zuvor von den Vorwürfen der Filmkonferenz hart getroffen worden. Das von Abusch verlesene Verdikt richtet sich nämlich vor allem gegen jene Arbeiten, die kritische-realistische Töne bei der Beschreibung des DDR-Alltags anschlagen und nichts anderes als einen »besseren«, lebenswerten Sozialismus wollen. Dazu gehört die sympathische Tragikomödie *Vergeßt mir meine Traudel nicht* (1957) von Maetzig und Kurt Barthel, in der ein Volkspolizist und ein Lehrer ein aus dem Jugendheim geflohenes Waisenmädchen (Eva-Maria Hagen) bei sich aufnehmen und ihr – den Gesetzen nicht unbedingt Folge leistend – den Weg ins Leben ebnen. Heiner Carows *Sheriff Teddy* (1957) mit seinem unbestechlichen Blick auf die Realität des geteilten Berlin wird kritisiert: das liebevolle, sozial genaue Porträt eines Jungen, dessen Eltern aus dem Westen nach dem Osten übersiedeln und der mit seiner aus Groschenheften gespeisten Phantasie zunächst keine Freunde findet. – In diesem Zusammenhang tadelt die Filmkonferenz auch den schwächeren *Ein Mädchen von 16 1/2* (1958/ RE: Carl Balhaus), der einen – allerdings reichlich geschönten – Blick hinter die Mauern eines Jugendwerkhofs wirft.

Solchen Filmen setzt Abusch seine Vorstellungen von DEFA-Helden entgegen: »(...) die einprägsame, packende, parteiliche Darstellung positiver Gestalten unserer Arbeiterklasse, (...) die Gestalt des sozialistischen Kämpfers in seinen Schicksalen, Leiden und Freuden, Niederlagen und Siegen, in seinem geschichtlich notwendigen Aufstieg gegen die zum Untergang verurteilten Mächte der alten kapitalistischen Gesellschaft (...) ist und bleibt unsere Hauptaufgabe.« [133] So mahnt er, unter anderem, die längst überfälligen historisch-biographischen Produktionen über Karl Marx und Karl Liebknecht, Friedrich Engels und Clara Zetkin an, den »positiven Helden« in allen Lebenslagen. Und er mißbilligt die Zuneigung zum italienischen Neorealismus: »Ein Filmkünstler der Deutschen Demokratischen Republik muß jedoch vestehen, daß die schöpferische Methode der italienischen Neorealisten, welche die antagonistischen, unlösbaren Widersprüche innerhalb der kapitalistischen Ordnung bloßlegt und die Menschen in Opposition gegen den kapitalistischen Staat bringt, nicht übertragen werden kann auf die Gestaltung von Filmwerken, die in einem Arbeiter- und- Bauernstaat spielen, in dem die Arbeiterklasse unter der Führung ihrer Partei den Sozialismus aufbaut, nichtantagonistische, lösbare Widersprüche vorübergehender Art in der sozialistischen Entwicklung auftreten und der einfache Mensch nicht in Opposition zum Staat steht, weil dieser Staat der werdenden sozialistischen Gesellschaft sein eigener Staat ist. Um die Dialektik dieser Entwicklung künstlerisch zu erfassen, muß man die schöpferische Methode des sozialistischen Realismus anwenden. Mit der Methode des kritischen Realismus kommt bei einer Darstellung unserer neuen Wirklichkeit nur eine oberflächliche Pseudowahrheit heraus.« [134]

So werden die Postulate der ersten Filmkonferenz von 1952 wiedergekäut, obwohl die Zeit längst ein neues Denken erfordert gemacht hätte. War die erste Konferenz aber nur einer von vielen Bausteinen einer filmkulturellen Stagnation, setzt die zweite einen verhängnisvollen Riegel vor eine nach vielen Seiten hin blühende Entwicklung. Der Juli 1958 ist ein ähnlich tragisches Datum für die DEFA wie später der Dezember 1965 mit seinem 11. Plenum.

Nana Schwebs in »Ein Mädchen von 16 1/2«
(1958/RE: Carl Balhaus)

Willi Schrade in »Reportage 57«
(1959/RE: János Veiczi)

Eine Szene aus »Tatort Berlin«
(1958/RE: Joachim Kunert)

»Das Lied der Matrosen«
(1958/RE: Kurt Maetzig und Günter Reisch),
ein Film über die deutsche Novemberrevolution 1918.
Mit Hilmar Thate und Raimund Schelcher (oben)
sowie Ekkehard Schall

1

2

3

Günther Simon in Filmen von Kurt Maetzig:

1 mit Eva-Maria Hagen und Horst Kube in
»Vergeßt mir meine Traudel nicht« (1957)

2 mit Hilmar Thate in »Das Lied der Matrosen«
(1958/Co-RE: Günter Reisch)

3 in dem ersten Science-fiction-Film der DEFA,
»Der schweigende Stern« (1960)

**Kurt Maetzig (rechts) und sein Kameramann Joachim Hasler
während der Dreharbeiten zum »Schweigenden Stern«**

Auf der Konferenz sprechen Kurt Stern und Konrad Wolf, Michael Tschesno-Hell und Martin Hellberg, Wolfgang Kohlhaase und Gerhard Klein, Heiner Carow, Herbert Ballmann und viele andere. Sie nehmen die Kritik entgegen, stimmen zu, wehren sich maßvoll und machen Vorschläge. Nach den Parteiaktivtagungen im Studio ist der Widerspruchsgeist freilich so gut wie verschwunden. – Viel später resümierte Wolfgang Kohlhaase: »Wir waren, glaube ich, betroffen. Wir waren gutwillig, Kritik zu überlegen, und wir waren andererseits nicht verunsichert, an dem festzuhalten, was wir über das Filmemachen und über die Wirklichkeit zu wissen glaubten. Man muß auch sagen: Wenn in solchen Diskussionen Entmutigendes steckte, so gab es zugleich immer auch Ermutigendes. Also es war nicht etwa eindeutig. Und ich muß Ihnen sagen, ich hatte immer das Gefühl der relativen Bedeutung dieser Dinge. (...) Ich war nicht bereit, etwas einzusehen, was mir nicht einleuchtete. Und zwar nicht unter dem Motto: ›stolzer Charakter‹. Aber ich kann mir doch die Haltung, aus der ich arbeite, nicht beschädigen lassen. Wir haben unsere Filme nicht leichtfertig gemacht und nicht ohne gesellschaftliche Motivation.« Und: »Die Fronten waren nicht so simpel, daß auf der einen Seite die Filmemacher saßen, die stets das Beste wollten, und auf der anderen Seite die Kunstverwalter, die stets das Übelste wollten. Sondern es ging quer durch. Du konntest in den Feldern der politisch Verantwortlichen, auch fürs Kino, immer auch Leute treffen, die sagten, wir müssen doch Film für die Leute machen, es muß eine bestimmte Art von Wahrheit ins Kino, es müssen die Genres bedient werden usw. Und du konntest andererseits auch diesen und jenen Kollegen treffen, der sich mit den Klischees wunderbar einrichtete, weil ihm das ja eine Menge Verantwortung abnahm. Es war manchem schmalerem Talent oder auch manchem schmalerem Gewissen durchaus angemessen.« [135]

Und Heiner Carow erinnerte sich: »Die Filmkonferenz war meine erste Konfrontation mit solchen Dingen. Wir haben lange Zeit versucht zu glauben, irgendwas muß ja dran sein, wenn die uns so kritisieren. Erst nachdem *Die Russen kommen* verboten wurde, begriff ich, daß sie nicht recht haben. Sie haben nicht recht, wenn sie dich loben, und sie haben nicht recht, wenn sie dich tadeln. – Slatan Dudow hat irgendwann mal zu mir gesagt: Es war ein Fehler, wir haben geschwiegen. – Bei uns ist sehr viel geschwiegen worden.« [136]

Blick zurück, auch im Zorn

In den ideologischen Auseinandersetzungen nach 1956 endet die DEFA-Karriere eines Mannes, der hier in den zurückliegenden Jahren einige wichtige Produktionen realisiert hatte und mit *Die Unbesiegbaren* auch zum Nationalpreisträger avanciert war: Artur Pohl. Am 1. Mai 1947 hatten seine Arbeitskontakte mit der DEFA begonnen; sein Vertrag sah vor, daß er in Babelsberg als Autor, Regisseur und Schauspieler tätig sein sollte. Pohl, Jahrgang 1900, Sohn eines sozialdemokratischen Schriftsetzers in Görlitz, ausgebildet an der Kunstakademie in Breslau und der Hochschule für Bildende Künste in Berlin, dann Bühnenbildner und Theaterregisseur in Darmstadt, Düsseldorf und an der Krolloper, war von Kritikern schon früh eine Affinität zum Kino bescheinigt worden: »Kein Drama im eigentlichen Sinne!«, schrieb ein Rezensent über seine im Januar 1929 aufgeführte Inszenierung von Brechts »Eduard II.« in Düsseldorf. »Filmmäßig jagen die einzelnen Szenen über die Bühne, in einer Fülle von Stoff, im geilen Auftrieb menschlicher Leidenschaften.« [137] Während des Dritten Reiches verdingte sich Pohl bei der Ufa, der Terra, der Tobis und anderen Filmgesellschaften – er war Mitverfasser des antibolschewistischen *Weiße Sklaven* (1937/ RE: Karl Anton), den Goebbels als Gegenentwurf zu Eisensteins *Panzerkreuzer Potemkin* (*Bronenosez Potemkin*/ 1925) geplant hatte, aber auch der beiden Richard-Eichberg-Filme *Der Tiger von Eschnapur* (1938) und *Das indische Grabmal* (1938). 1946 aus amerikanischer Gefangenschaft entlassen, kam Pohl zur DEFA.

Hier ist er ein ebenso unbequemer wie geschätzter Mitarbeiter. Fortwährende ideologische Einsprüche an seinen Filmen halten ihn nie davon ab, weiterzumachen. Er ist sich nicht zu fein, unausgereifte Drehbücher unter die Fittiche zu nehmen, steht, wie bei dem historisch-biographischen *Robert Mayer – der Arzt aus Heilbronn* (1955/ RE: Helmut Spieß), als Berater zur Verfügung und dreht einen von einem anderen Regisseur in den Sand gesetzten Film (*Kein Hüsung*/ 1954) neu. Sein Einzelvertrag vom März 1952 legt fest, daß er, in Berlin-Charlottenburg lebend, zehn Prozent des Gehalts in DM-West bekommt.

In Pohls Œuvre schält sich, vielleicht unbewußt, ein Thema heraus: das Eigene und das Fremde, der Umgang mit den »anderen«. Seine Filme plädieren für Solidarität, menschliche Wärme und Vernunft. In *Die Brücke* (1949) sind es die Umsiedler aus den ehemaligen deutschen Ostgebieten, die von den Einheimischen diesseits der Oder erst nach einer die Existenz beider Seiten bedrohenden Katastrophe anerkannt werden. In *Die Jungen von Kranichsee* (1950) steht ein Neulehrer mit seinen »fortschrittlichen Methoden« allein gegen die Übermacht der hartgesottenen

Dorfbevölkerung. *Corinna Schmidt* (1952) und *Die Unbesiegbaren* (1953) porträtieren Vertreter der jungen Sozialdemokratie, die sich gegen die starke, regressive Macht adliger Junker und korrupter, neureicher Bürger durchsetzen. *Pole Poppenspäler* (1954) konfrontiert einen durch die Lande ziehenden Puppenspieler und dessen Tochter mit der Borniertheit der so seßhaften wie spießigen Einwohner einer norddeutschen Kleinstadt. Pohls Sympathien gelten in jedem Fall den Beargwöhnten und Ausgepowerten, den Einzelnen, Einsamen.

Die Qualität der Filme ist unterschiedlich, aber nie versagt das Handwerk: In *Die Jungen von Kranichsee* sind die Kinder vorzüglich frisch geführt; *Die Unbesiegbaren* glänzen durch eine faszinierende Schauspielerbesetzung; in dem erdenschweren *Kein Hüsung* entspricht die herbe Schwarzweißfotografie Joachim Haslers der balladesken Erzählweise, die das Land und den Himmel zu wichtigen Mitwirkenden werden läßt; *Corinna Schmidt* verfügt über eine Ballsequenz, in der Kamera und Montage die Figuren im Rhythmus der Musik in Beziehung setzen. *Pole Poppenspäler*, der erste Farbfilm Pohls, ist zwar betulich, aber durchaus stimmungsvoll. Artur Pohl mit seinem Hang zur gediegenen Literaturadaption gilt für die DEFA als eine »sichere Bank«.

So soll es auch bleiben. Während der Regisseur am 30. 3. 1955 einen Vertrag über das Projekt »Geld ist eine kalte Sache« unterzeichnet, denkt er schon über weitere Stoffe nach. Ihn interessieren »Die Kurve« von Leonhard Frank, »Ein Prolet erzählt« von Ludwig Turek und vor allem »Spartacus« nach dem gleichnamigen, 1953 in deutscher Sprache erschienenen Roman des Stalin-Preisträgers Howard Fast. Um dieses Projekt für die DEFA möglich zu machen, verzichtet Pohl in ersten Entwürfen fast völlig auf Massenszenen; er folgt Fasts Idee, die Geschichte des Sklavenaufstands mit Hilfe subjektiver Rückblenden aus der Sicht einiger Mitglieder der herrschenden Sklavenhalterklasse und – am Schluß – eines Mitkämpfers zu erzählen. Die komplizierte, intellektuelle Dramaturgie erinnert fern an *Citizen Kane* (1941/ RE: Orson Welles) oder *Die barfüßige Gräfin* (*Barefoot Contessa*/ 1954/ RE: Joseph L. Mankiewicz); das Drehbuch klingt, trotz des Todes des Helden, optimistisch aus; dem ideologischen Kanon der DEFA entsprechend, daß auch Niederlagen Siege in sich tragen. Aber keines der Vorhaben wird mehr von Pohl realisiert, *Spartacus* entsteht 1959/60, nachdem Fast dem Kommunismus abgeschworen hat, in Hollywood (RE: Stanley Kubrick).

In den Jahren 1954/55 dreht Artur Pohl
zwei Filme nach literarischen Vorlagen:
»Kein Hüsung« nach der Verserzählung von Fritz Reuter
(oben, mit Eva Kotthaus und Rudolf H. Krieg)
sowie »Pole Poppenspäler« nach der Novelle
von Theodor Storm (mit Wolfgang Schwarz)

»Geld ist eine kalte Sache«, bald unter dem Titel *Spielbank-Affäre* annonciert, bleibt das Schlußkapitel im Verhältnis des Regisseurs zur DEFA. Wieder in Zusammenarbeit mit dem Filmkaufmann Erich Mehl, der dafür seine schwedische Pandora aktiviert, soll das opulente und unterhaltsame Opus um finstere Machenschaften in westdeutschen Spielbanken die Märkte in Westeuropa für die DEFA öffnen helfen. Man beschließt, in Farbe und auf Cinemascope zu drehen – etwa parallel zu dem anderen geplanten Cinemascope-Film *Mutter Courage und ihre Kinder* und geraume Zeit vor der »Bettelstudent«-Adaption *Mazurka der Liebe*. Acht westdeutsche und österreichische Schauspieler sollen in tragenden Rollen auftreten: Mehl engagiert und bezahlt unter anderen Rudolf Forster (24 000 DM), Peter Pasetti (13 000 DM) und Gertrud Kückelmann (44 000 DM). Indes werden in der DEFA-Dramaturgie, mal lauter, mal leiser, ideologische Vorbehalte gegen den Stoff artikuliert; Hans von Oettingen, ehemaliger Pressechef der Wiesbadener Spielbank und Chefredakteur der Zeitschrift »Casino-Revue«, hat in seinen dem Szenarium zugrundeliegenden Bericht keinen Vertreter der fortschrittlichen Klasse eingearbeitet, der die Geldmänner und Halsabschneider zum Teufel jagt. Das tun sie bestenfalls gegenseitig.

Das Drehbuch macht diverse Metamorphosen durch, bis ins Atelier hinein. Später erinnerte sich Kameramann Joachim Hasler: »Pohl kommt am ersten Tag zu mir in die Garderobe und sagt: Paß mal auf, nimm mir's nicht übel, wenn ich jetzt immer was anderes drehe, als im Drehbuch steht. Ein von Mehl engagierter Amerikaner, Mr. Rosenthal, hat uns ein paar Bemerkungen reingelegt, wie wir den Film machen müssen, damit er im Westen möglich ist. – Pohl änderte den Film also klammheimlich an der Firma vorbei. An manchen Tagen wußte ich nicht mehr, was das für eine Szene war, und der Regisseur auch nicht. Dann hatte Pohl einen Verkehrsunfall. Ich beriet mich mit der Dramaturgin Dr. Steinhauer und sagte zu ihr, wissen Sie, nun müssen Sie bitte mal Farbe bekennen, daß wir hier einen Film machen, den die Direktion gar nicht kennt. – Das hätte zu der Zeit Gefängnis für sie bedeutet.« [138] Dem hatte Marieluise Steinhauer allerdings längst mit diversen, positiv argumentierenden Mitteilungen an Albert Wilkening und Rudolf Böhm vorgebeugt: »Ich würde also dazu raten, den Dingen zunächst ihren Lauf zu lassen. Ich werde versuchen, den Kontakt zu Pohl während der Dreharbeiten diesmal so eng wie möglich zu halten, und Sie gleich unterrichten, sowie Änderungen auftauchen sollten, die nicht tragbar erscheinen.« [139]

Nicht nur Artur Pohl verunglückt während der Dreharbeiten; schon zuvor, im Juli 1956, setzt Peter Pasetti seinen weißen Opel-Kapitän auf einer Wochenendfahrt nach München an einen steinernen Brückenpfeiler, zieht sich Kopfverletzungen, einen Oberschenkelbruch und eine Gehirnerschütterung zu. Im Studio munkelt man, die Wiesbadener Spielbanken-Mafia sabotiere den DEFA-Blick hinter ihre Kulissen – ein unbewiesener Verdacht. Die Dreharbeiten verzögern sich; die Kückelmann steht erst im März 1957 wieder zur Verfügung. Als Pasetti einigermaßen wiederhergestellt ist, kann er nur im Sitzen und mit Sonnenbrille

»Spielbank-Affäre« (1957/RE: Artur Pohl),
ein Farbfilm, der in der DDR nur in
Schwarzweiß gezeigt werden darf.

1 Jan Hendriks als junger Journalist, der einen
  millionenschweren Spielbank-Betrug aufklären will.

2 Peter Pasetti in der Rolle eines zwielichtigen
  Rechtsanwalts verführt eine junge
  Schauspielstudentin (Gertrud Kückelmann),
  die für ihn falsche Chips in Umlauf bringen soll

3 Gauner unter sich: die Spielbank-Haie
  (Willy A. Kleinau – links – und Rudolf Forster)

spielen. Pohl, der sich einen schweren Hüftgelenkbruch
und Rippenbrüche zugezogen hat, liegt derweil noch immer im Berliner Oskar-Helene-Krankenhaus. So inszeniert
Joachim Hasler den Film zu Ende, irgendwie »frei Schnau-
ze«, denn die Vorlage ist in der Tat fast nur Makulatur.
In der Zwischenzeit hat sich der politische Wind gedreht.
Spielbank-Affäre mit seinem Nierentisch-Ambiente, den
flotten Mannequins (von denen das eine – Gertrud Kückelmann – für Spielfälschungen mißbraucht werden soll) und
sonnigen Aufnahmen aus Lugano bringt die Hauptverwaltung Film ins Grübeln: Könnte es passieren, daß sich das
Publikum der DDR von der attraktiven Mode, den schnellen Autos und den schönen Landschaften angezogen fühlt?
Die DEFA-Direktion wird getadelt: Im Thematischen Plan
des Studios habe einst gestanden, »dieser Film solle das
antihumanistische Gangstertum des Kapitalismus entlarven. Es ist schädlich, daß durch einen DEFA-Film die ganze Vorstellung vom goldenen Westen noch gestützt wird.«
Als Test regt man Kontrollvorführungen hauptsächlich in
Großbetrieben an: »Die Diskussionen werden dann vor allem im Kreise von Parteimitgliedern, aber auch mit dem
allgemeinen Publikum geführt.« Aber ganz gleich, was dabei herauskäme – letztenendes blieben sowieso nur zwei
Varianten des Umgangs mit der *Spielbank-Affäre* übrig:
»1. Der Film wird angenommen und der Westpropaganda
Vorschub geleistet. 2. Der Film wird abgelehnt, und wir
beschwören einen politischen Skandal herauf.« [140]
Zumindest sollen zwei Schlüsse, einer für den Westen, einer für den Osten, montiert werden: Das West-Finale, auf
dem Co-Produzent Mehl besteht, beschwört den Glauben
an die Demokratie: die Spielbank-Haie entgehen der Polizei und der Justiz nicht. – Für den DDR-Zuschauer sei das,
so meinen HV-Mitarbeiter, allerdings kaum möglich: Die
Filmfigur des Journalisten, der mit seiner Artikelserie den
Skandal an die Öffentlichkeit bringen will, muß erkennen,
daß Pack sich schlägt und wieder verträgt. Und alles beim
alten bleibt. – Und noch ein Einfall wird in den Abnahme-
runden geboren: In der DDR soll die *Spielbank-Affäre* in
Schwarzweiß laufen, ohne die Leuchtkraft der kunterbun-
ten Bilder sei er nur halb so verhängnisvoll.

Inzwischen brechen im inneren Leitungszirkel der DEFA
Kontroversen nicht nur über den – künstlerisch im übrigen
miserablen – Film, sondern auch über Artur Pohl selbst
auf. Wirtschaftsdirektor Herbert Volkmann, dem die ganze
Tendenz der Zusammenarbeit mit Westdeutschen nicht
paßt, sträubt sich, einen neuen Einzelvertrag für ihn auszu-
fertigen. Mit Albert Wilkening vereinbarte Zahlungen an
Pohl werden von Volkmann zurückgehalten, obwohl der
Regisseur längst am Drehbuch zur »Kurve« arbeitet. Nach
mehreren Interventionen schreibt Pohl schließlich aus der
Kur an Ackermann, am 6. Juni 1957 habe er »dem Studio
mitgeteilt, daß ich nun endgültig das Gefühl hätte, meine
weitere Mitarbeit sei für die Defa ohne Interesse. (...) Mein
Ausscheiden aus dem Studio in Babelsberg ist also ein Protest gegen den stumpfen Fanatismus, der sich jetzt hinter
dem ehemaligen Schreibtisch Hans Rodenbergs breit-
macht. Bedenken Sie bitte, daß die Defa ihre Verträge mit
Leuten schließt, die nicht allzu robust in geschäftlichen
Dingen sind und die Vertrauen zum Betrieb haben müssen.

1

1

2

3

2

Abschied vom »bürgerlichen Kino«:
Nach der 2. Filmkonferenz wird »Die Schönste«
(1958/RE: Ernesto Remani) endgültig verboten.

1 Jürgen Büttner

2 Willy A. Kleinau (links) und
 Siegfried Schürenberg

3 Gerhard Bienert und Gisela May

Nur unter Schwierigkeiten gelangt der erste Revuefilm
der DEFA zur Premiere.
»Meine Frau macht Musik« (1958/RE: Hans Heinrich)
wird kleinbürgerliche Spießigkeit vorgeworfen.
Der Regisseur, ein Westberliner, habe keine Ahnung
vom wahren Leben in der DDR.

1 Evelyn Künneke und Günther Simon

2 Lore Frisch

141

(...) Sie werden sicher nicht annehmen, daß ich leichten Herzens von der Defa weggegangen bin. Eine Position, die man sich in fast zehn Jahren geschaffen hat, und die mir viele interessante Aufgaben brachte, gibt man nicht so schnell auf. Sie werden sicher nicht sagen wollen, daß ich ein sehr bequemer Mitarbeiter war, aber ganz bestimmt werden Sie mir Aufrichtigkeit nicht absprechen... «[141] Erst am Schluß des Briefes drückt Pohl sein Unverständnis darüber aus, daß die Arbeitskopie der *Spielbank-Affäre* umgeschnitten wurde, ohne vorher mit ihm darüber zu reden. Und er wendet sich vehement gegen den Vorschlag eines Ost- und eines West-Schlusses.

Der herbstlichen Uraufführung im Ostberliner Kino »Colosseum« bleiben Pohl und die meisten der Mitwirkenden fern; weil sie auch ihre Namen aus dem Vorspann gestrichen haben wollten, läuft *Spielbank-Affäre* anonym, nun schwarzweiß und in Normalformat. Eine triste graue Soße, bar jeder Gefahr, jemanden zur Westflucht zu animieren... – Ein paar Tage später erklärt der Regisseur im Norddeutschen Rundfunk, er werde nie mehr in Babelsberg arbeiten; bundesdeutsche Journalisten stürzen sich auf ihn wie Geier. Noch einmal äußert sich Pohl schriftlich über die DEFA, in einem Brief an den Hamburger Produzenten Walter Koppel, bei dem er um einen Regieauftrag nachsucht: »Meine Sympathie für die Filmleute in Babelsberg ist unvermindert. Daß Presse und Funk die ganze Angelegenheit weidlich ausgeschlachtet haben, war von mir nicht zu verhindern. Wenn in Babelsberg dadurch vielleicht Ressentiments entstanden sein sollten, so würde das niemand mehr bedauern als ich.«[142] Pohl, durch den Unfall schwer geschädigt und ständig unter Schmerzen, dreht im Westen nie wieder einen Kinofilm; er lebt zurückgezogen und in bescheidenen Verhältnissen, bietet Stoffe an, inszeniert zwischen 1960 und 1963 vier Fernsehspiele, schreibt danach für Vorabendserien der Regionalprogramme. Am 15. Juni 1970 stirbt er, in Filmkreisen nahezu vergessen, an einer Herzattacke.

Mit ihm hat der letzte langjährig verpflichtete West-Regisseur die DEFA verlassen. Das Studio trennt sich wenig später auch von Hans Heinrich, dem für seine Revue *Meine Frau macht Musik* eine falsche, kleinbürgerlich verzerrte Darstellung des DDR-Alltags vorgeworfen wird. *Meine Frau macht Musik* erinnert bestenfalls durch ein Grotewohl-Porträt im Arbeitszimmer einer der Hauptfiguren, eine Totale des Alexanderplatzes und der kurz im Bild auftauchenden Zeitung »Sonntag« daran, daß der Film in der DDR spielt. Sonst sieht er den einschlägigen bundesdeutschen Kreationen absolut ähnlich – mit ihrem süßlichen Drang zu Harmonie und der in Tanzszenen offenbarten Sehnsucht nach einem Urlaub im sonnigen Süden. Heinrich besaß zudem die »Unverfrorenheit«, Evelyn Künneke als erotische Beilage zu präsentieren, die mit einer Calypso-Parodie ausgerechnet aus der Feder des Kommissarischen Leiters der Abteilung für Unterhaltungsmusik beim Feindsender RIAS auftreten wollte – ein Sakrileg! – Der musikalische Jugendfilm »Trompete gesucht« wird Hans Heinrich danach mit der Begründung aus der Hand genommen, einen DDR-Stoff könne nur ein in der DDR verwur-

zelter Regisseur bearbeiten. Aber der Zufall will, daß der Österreicher Gerhard Klingenberg damit betraut wird. Nun heißt das Stück *Guten Tag, lieber Tag* (1961).

Kurz nach der Kulturkonferenz 1957 setzt die DEFA auch dem für *Die Schönste* engagierten Ernst Rechenmacher einen Stuhl vor die Tür, der unter dem Namen Ernesto Remani, ebenfalls in Co-Produktion mit Erich Mehls Pandora-Firma, einen sozialkritisch gemeinten Unterhaltungsfilm über die Brüchigkeit familiärer Beziehungen hinter den Kulissen des Wirtschaftswunders gedreht hat. Noch einmal wittern die Abnahmebehörden schlimme politische Abgründe: der »versöhnliche«, die Klassenfrage ausklammernde Schluß in der Story um eine westdeutsche Kaufmannsfamilie sei nicht dazu angetan, dem Kapitalismus die Maske vom Gesicht zu reißen. Der Film entlarve nicht, er entschuldige, und er huldige einer Volksgemeinschafts-Ideologie.

Auch mit der handwerklichen Qualität ist man höchst unzufrieden. In einem Abnahmeprotokoll heißt es: »Remani ist alles andere als ein Regisseur, den wir brauchen können. Es steht fest, daß er nicht im geringsten auf unserem Boden steht, daß er sich nicht darüber im klaren ist, was wir mit unseren Filmen wollen. Seine Inszenierung ist in einem Stil gehalten, der noch nicht einmal den mäßigsten, mittleren Unterhaltungsfilmen im UFA-Charakter entspricht. Sie wird gekennzeichnet durch Oberflächlichkeit, Schnoddrigkeit und Belanglosigkeit.«[143] Nach mehreren Umschnitten versuchen der Schriftsteller Heinz Kahlau und der Regisseur Walter Beck im Auftrag der Direktion, das »spießige Traumfabrik-Produkt« wenigstens ideologisch durch einen agitatorischen Handlungsrahmen zu retten, aber fast zwei Jahre nach Drehbeginn, im März 1959, kommt von der HV das endgültige Aus.[144] *Die Schönste*, immerhin gut besetzt (Willy A. Kleinau, Gisela May, Gerhard Bienert), wird als einer der wenigen verbotenen DEFA-Filme auch nach 1989 nicht aus den Archiven geholt.

Mit der Trennung von Pohl, Heinrich und Remani ist die DEFA 1959/60 fast »westfrei«. Aber erst nach dem Mauerbau entläßt man die letzten »bürgerlichen« Mitarbeiter. Am 19.12. 1961 heißt es in einem Schreiben ans Ministerium für Kultur: »(...) Zur Information teilen wir mit: Künstlerische und technische Arbeitskräfte aus Westberlin, die im Studio noch tätig waren, sind mittlerweile ausgeschieden bis auf: 1. Kameramann Eugen Klagemann, scheidet per 31. 3. 1962 (vertraglicher Kündigungstermin) aus, 2. Kameramann Brömmer, scheidet am 31. 12. 1961 aus, 3. Architekt Arthur Günther, scheidet per 20. 1. 1962 aus, 4. beim Schauspieler, Genossen Fredy Barten, besteht – wenn es die Bezirksleitung genehmigt – die Absicht, in die DDR umzuziehen. (...)«[145] Sätze, die versteckt sind mitten in einem Rapport über noch vorhandene Abhängigkeiten von westdeutschem Filmmaterial, von westdeutschen technischen Apparaturen, Perückenfedern, Künstlerpinseln, antistatischen Wischtüchern oder Spezialsägeblättern für den Dekorationsbau. Über dem Brief steht, kurz und knapp, »Störfreimachung«.

Schlingern in der Gegenwart

Der Abschied von den westdeutschen und Westberliner Regisseuren fällt der zweiten DEFA-Regiegeneration leicht – und nicht nur das: Man begrüßt ihn sogar, weil man mit den Filmen der »drüben« lebenden Künstler thematisch und stilistisch wenig anzufangen weiß und Konkurrenten, die zudem noch von der Studioleitung oft bevorzugt behandelt wurden, jetzt los ist. Nun sucht man die »neuen Ufer«, will in der Praxis dem entgegenkommen, was die Spielfilmkonferenz fordert. Trotz gegensätzlicher Ansichten im Detail besteht zwischen nahezu allen DEFA-Regisseuren und der Parteiführung Einigkeit darüber, daß der Film den Aufbau des DDR-Sozialismus zu unterstützen habe, mit Arbeiten, in denen positive Helden an den Brennpunkten des Geschehens agieren: der sozialistischen Industrie mit ihren Großbaustellen, der zunehmend genossenschaftlichen Landwirtschaft, der Volksarmee.

Der quantitative Aufwärtstrend der DEFA-Produktion ist ungebremst. Im Juli 1957 war das Studio sogar in die kuriose, noch nie dagewesene Situation gekommen, zu viel und zu schnell zu drehen. Das Protokoll einer Direktionssitzung vermerkt: »Aufgrund des bisherigen Erfüllungsstandes müßte damit gerechnet werden, ab Oktober die Arbeiten im Atelier zu stoppen, um nicht die Planauflage von 21 Spielfilmen zu überschreiten. Diese Tatsache würde dem Betrieb erhebliche Schwierigkeiten verursachen, da auch bei Nichtauslastung der Ateliers ca. 60 % der Kosten anfallen würden. Hieraus ergibt sich die Forderung, daß mit allen Mitteln versucht werden muß, eine Erhöhung der Planauflage zu erreichen.« [146] Zwar beugen dem bald die neuen ideologischen Korsettstangen vor; etliche produktionsreife Drehbücher werden über Nacht im Archiv abgelegt. – Aber die Planvorgaben, die nun niemand erhöhen muß, schrumpfen auch nicht. Und 1958 steuert die DEFA bereits einen Jahresausstoß von 24 Filmen an.

Also müssen Schnellschreiber ans Werk, vor allem, um »sozialistische Gegenwartsfilme« zu erfinden, die flott wie nie aus dem märkischen Sand sprießen. Das Gros von ihnen freilich ist kraft- und saftlos, eine Bebilderung parteioffizieller Thesen. Mit Arbeiten wie *Zu jeder Stunde* (1960/ RE: Heinz Thiel) soll die Wehrbereitschaft der Jugend gestärkt werden. *Kapitäne bleiben an Bord* (1959/ RE: Martin Hellberg) wirbt ebenso wie der im Braunkohlentagebau angesiedelte *Erich Kubak* (1959/ RE: Johannes Arpe) oder der in einer Hausgemeinschaft spielende *Musterknaben* (1959/ RE: Johannes Knittel) für die Kraft des Kollektivs. Schwankhafte filmische Aufrufe zum Beitritt in die LPG sind *Kein Ärger mit Cleopatra* (1960/ RE: Helmut Schneider), *Senta auf Abwegen* (1959/ RE: Martin Hellberg) oder *Alwin der Letzte* (1960/ RE: Hubert Hoelzke). Die meisten dieser Geschichten beruhen auf Irrtümern oder Mißverständnissen; existentielle Konflikte kommen nicht in Betracht, weil es laut offizieller Philosophie in der DDR keine antagonistischen Widersprüche mehr gibt.

Nur wenigen Regisseuren gelingt es, in solchem Klima qualitativ konstant gut zu arbeiten; zu ihnen gehört der parteilose Joachim Kunert (»Ich hatte das Glück, zu bestimm-

1

2

3

Die neuen Helden der DEFA:

1 »Kapitäne bleiben an Bord«
(1959/RE: Martin Hellberg).
Mit Johannes Arpe (links) und
Alexander Papendiek

2 »Erich Kubak« (1959/RE: Johannes Arpe).
Mit Raimund Schelcher (links) und
Hans-Edgar Stecher

3 »Zu jeder Stunde« (1960/RE: Heinz Thiel).
Mit Reinhold Stövesand (links) und
Manfred Borges

1

2

3

**Die DEFA als ideeller Begleiter auf dem Weg
zur vollgenossenschaftlichen Landwirtschaft.
Das Thema als Lustspielstoff:**

1 »Kein Ärger mit Cleopatra«
(1960/RE: Helmut Schneider).
Mit Gerd Ehlers

2 »Senta auf Abwegen«
(1959/RE: Martin Hellberg).
Mit Ruth-Maria Kubitschek und Wolf Kaiser

3 »Alwin der Letzte« (1960/RE: Hubert Hoelzke).
Mit Karl Kendzia (links) und Gerhard Bienert

ten Versammlungen nicht eingeladen zu werden; so gingen einige Sachen an mir vorüber«[147]). Er inszeniert mit *Ehesache Lorenz* (1959) eine Kammerspiel-Komödie um ein älteres, gesellschaftlich arriviertes Ehepaar – sie ist Scheidungsrichterin, er Abteilungsleiter in einem Maschinenbaubetrieb –, das durch den Seitensprung des Mannes in eine schwere Krise gerät. Danach folgt der Kriminalfilm *Seilergasse 8* (1960/ Co-DB: Günter Kunert), der die Utopie einer »sozialistischen Menschengemeinschaft« an der Realität überprüft und, zumindest im Ansatz, eine Studie der Entfremdung liefert. Hier geht es um die Ermordung einer jungen Frau, in deren Mehrfamilienhaus kaum jemand den anderen kennt, und um Probleme zwischen dem ermittelnden Vater, einem Kommissar, und seinem Sohn, dem ehemaligen Freund der Toten.

Abgesehen davon versackt die Gegenwart in einem Babelsberger Tief. Das ist nicht zuletzt dem Verschwinden eines Films geschuldet, der 1958 in allen Beziehungen Neuland erobert hätte. Obwohl kaum jemand mehr darüber redet, hängt das Verbot von Konrad Wolfs *Sonnensuchern* wie ein Damoklesschwert über den Köpfen der engagierten DEFA-Künstler[148]. Karl Georg Egel und Paul Wiens hatten seit 1955 daran gearbeitet; das Szenarium lag im Januar 1957 vor, die Aufnahmen begannen im April. Konrad Wolf entwirft das Panorama höchst differenziert gezeichneter Figuren im Wismut-Uranbergbau. Er erzählt die Geschichte des Mädchens Lutz, das von der Fürsorge in die Grube zwangsverpflichtet wird, des robusten Kumpels, Antifaschisten und ehemaligen Zirkusartisten Jupp König, seiner Freundin Emmi, des einarmigen Obersteigers Beier, der früher Angehöriger der SS war, und des sowjetischen Ingenieurs Sergej, dessen Frau von den Nazis ermordet wurde. Diese Figurenkonstellation impliziert eine Auseinandersetzung mit deutscher und Weltgeschichte; ebenso der Schauplatz: Uran wird zur Herstellung von Atomwaffen verwandt.

Die Einsprüche gegen den Film kamen diesmal zunächst von sowjetischer Seite, die ursprünglich als Co-Produzent eingeladen worden war: mit der Begründung, die Rollen entsprächen nicht den freundschaftlichen Beziehungen zwischen dem sowjetischen und dem »friedliebenden deutschen« Volk, wird im April 1957 der Einsatz von UdSSR-Schauspielern abgelehnt. Wolf verhandelt, geht auf Wünsche der sowjetischen Funktionäre ein, die unter anderem darin bestehen, »alle mit der Ausbeutung zusammenhängenden Probleme des Stoffes« völlig zurückzudrängen und Szenen »der Kontrolle der deutschen Arbeiter durch die Sowjetmenschen, des Abtransports des Urans, des Stacheldrahtes«[149] zu streichen. – Nach der ersten Rohschnittvorführung ist die Wismut, die die Dreharbeiten tatkräftig unterstützt hatte, verschnupft. Ihr Betrieb sähe aus wie eine Goldgräberstadt im Wilden Westen...

Sonnensucher nimmt im Frühling 1958 wesentlichen Raum in den Parteiaktivtagungen der DEFA ein. Anton Ackermann, der Monate zuvor das Szenarium hochgelobt hatte, stellt nun den »größten Fehlschlag« fest, den die DEFA seit ihrer Existenz aufzuweisen habe. »Seine Grundthese hieß, der Film würde die Vorwürfe des Klassengegners ge-

1

2

»Sonnensucher« (1958),
Konrad Wolfs realistischer Film über den
Uranbergbau in der Wismut, wird nach
einem Einspruch der sowjetischen Regierung
verboten und erst zu Beginn
der siebziger Jahre uraufgeführt.

3

1 Ulrike Germer und Günther Simon

2 Viktor Awdjuschko (links),
   Wladimir Emeljanow und Günther Simon

3 Willi Schrade (links) und Erwin Geschonneck

»Zwei Mütter« (1957), der Debütfilm von Frank Beyer.
Mit Helga Göring (links) und Françoise Spira

Gisela May und Erich Franz in Frank Beyers
zweitem Film »Eine alte Liebe« (1959)

genüber der SED und der DDR geradewegs bestätigen.
Ackermann: Wie man den Parteisekretär Weihrauch sieht...
haargenau alles, was der Klassengegner unserer Partei täglich vorwirft, ist in diesen Parteisekretär an Krankheiten
und negativen Eigenschaften hineingepreßt. (...) Weiter behauptet der Klassengegner, die SED sei von den Massen
isoliert, sie würde von den Massen verachtet. Und im Film
hebt bei der Ansprache des Parteisekretärs auf dem Bahnhof eine Frau die Röcke und zeigt ihm den Hintern... Oder:
Ein Arbeiter bekommt eine Wohnungszuweisung. Der Parteisekretär streckt ihm die Hand hin. Der Arbeiter dreht
sich kühl um und geht weg. Dutzende solcher Details im
Film zeigen also, wie die Partei isoliert ist.« [150] Gegen die
Vorwürfe verwahrt sich nicht zuletzt der Darsteller des
Jupp König, Erwin Geschonneck, der erklärt, zum ersten
Mal zeige der Film Kommunisten als Menschen.

Nach selbstkritischen Worten von Konrad Wolf werden für
Mai und Juni 1958 Nachaufnahmen angesetzt, die die Figur des Jupp König verstärken. Wenig später beginnt Wolf
die Dreharbeiten für *Sterne*; die Diskussionen um *Sonnensucher* verstummen, der Film bleibt im Regal. Erst am 24.
Juni 1959 schaut sich das Politbüro mitsamt Walter Ulbricht *Sonnensucher* an, formuliert noch ein paar Einwände, gibt im Prinzip grünes Licht für eine Premiere. Eine
Pressevorführung findet statt, mit außerordentlich guter
Resonanz. Plötzlich aber legt der sowjetische Botschafter
sein Veto ein, aus Sorge, daß die Westmächte aus der Darstellung des Uran-Abbaus die Schlußfolgerung ziehen
könnten, die UdSSR drohe mit ihrer Atommacht. Offiziell
heißt es, die politische Entwicklung sei über diesen DEFA-
Film hinweggegangen. – Erst 1971/72 kommt *Sonnensucher* heraus.

Wolfs nächste Arbeit – nach *Sterne* – ist auch eine Folge
dieser Erfahrungen: *Leute mit Flügeln* (1960), vom selben
Autorenteam geschrieben, die Odyssee eines kommunistischen Flugzeugmechanikers zwischen 1933 und den ersten
Jahren des Aufbaus einer sozialistischen Flugzeugindustrie
in der DDR, scheitert künstlerisch an seinem plakativen
Gestus: Der Film, der die Existenz der DDR aus der antifa-

schistischen Vergangenheit ihrer Führungskräfte legitimie-
ren will, ergeht sich in den Niederungen des didaktischen
Thesenkinos. *Leute mit Flügeln* fällt beim Festival in Karlovy Vary sang- und klanglos durch und verschwindet bald
auch aus den DDR-Lichtspielhäusern. Der »symbolschwe-
re Einfall, das Image eines sozialistischen Flugzeugwerkes
zur Metapher der Siege des Sozialismus zu machen«, erweist sich als tückisch, als wenig später der Flugzeugbau
der DDR eingestellt wird: »Die Realität der Metapher war
zusammengebrochen, schneller und totaler als die Metapher selbst.« [151]

Nach der politischen Reglementierung scheitern auch andere Regisseure an der Gegenwart: Frank Beyer hatte mit
dem leisen, eindringlichen Antikriegsfilm *Zwei Mütter*
(1957) debütiert – eine Französin und eine Deutsche streiten um ein Kind, das in einer Bombennacht der »falschen«
Mutter ins Bett gelegt worden war und bei ihr aufgewachsen ist. Seine von aktuellen ideologischen Zwängen unge-
trübte, humanistische Grundhaltung bewies er dabei unter
anderem mit der Figur eines amerikanischen Offiziers, der
seine tiefe Sorge um das Schicksal des Kindes zum Ausdruck bringt. »Eine Feststellung, die dem Leben und der
Praxis der amerikanischen Besatzungsoffiziere im Prinzip
widerspricht«, kommentierte die HV und erteilte Beyer eine Abfuhr: »In der Diskussion begründete der Regisseur
seinen Standpunkt wie folgt: ›Ich wollte ja einen Film gegen den Krieg machen, aber nicht gegen einzelne Menschen!‹« [152] Die Figur mußte geändert werden. – Danach
dreht Beyer *Eine alte Liebe* (1959), den mißglückten Versuch, die tragende Rolle einer Frau bei der Kollektivierung
der Landwirtschaft zu umreißen. Wie einige andere DEFA-
Produktionen zur Landthematik (*Senta auf Abwegen*, *Was
wäre, wenn...*, *Sommerwege*/ 1960/ RE: Hans Lucke, den
man gleich gar nicht erst aufführt) wird der Film 1960/61
zurückgezogen – nunmehr sind nahezu alle Bauern, die
nicht die Flucht in den Westen antraten, auch Mitglieder
der LPG; der DEFA-Mohr hat in dieser politischen Tages-
frage seine Schuldigkeit getan.

146

»Was wäre, wenn...« ein DDR-Dorf zwecks Grenz-Begradigung in die Bundesrepublik ausgelagert würde?

»Was wäre, wenn...« (1960/RE: Gerhard Klingenberg). Mit Hans Knötzsch (links) und Ernst Kahler.

Unter den Landwirtschaftsfilmen ragt heute zumindest einer, wenn auch nur als Kuriosum, heraus: *Was wäre, wenn...* (1960/ RE: Gerhard Klingenberg) nach dem im Oktober 1959 in der Berliner Volksbühne aufgeführten Stück von Hedda Zinner. Beschrieben wird das Verhalten von Bewohnern einer nahe der Grenze zur BRD gelegenen Gemeinde, in der das Gerücht aufkommt, das Dorf werde wegen Gebietsaustauschs demnächst an Westdeutschland fallen. Einige feiste Einzelbauern – im Gasthof unter dem aus dem gräflichen Schloß geklauten Bild einer Sauenjagd sitzend – sind davon sehr angetan; die fortschrittlichen Kneipenbesucher, deren Stammtisch sich unter einem Grotewohl-Porträt befindet, natürlich nicht. Diese haben bald in Erfahrung gebracht, woher die Gerüchte stammen – die DEFA will, gewissermaßen inkognito, für einen Spielfilm das abgewrackte Grafenschloß als Kulisse herrichten; die elegant gekleideten Vertreter der Filmfirma reisen in einem Mercedes und mit einer Landkarte auf den Knien an; daraufhin schossen die Vermutungen ins Kraut. Nun aber belassen die Genossen des Dorfes alle anderen in ihrem Glauben; sie testen, was im Falle des Falles passieren könnte (gewissermaßen eine Vision dessen, was 1990 tatsächlich geschieht!) und erfahren so von allerlei Rückversicherern und Feiglingen, Katzbucklern, aber auch »feindlichem Denken«, das am Schluß – nach der Aufklärung – einer Ernüchterung und Beschämung weicht. Noch hat »das Gute« mit überlegenem Lächeln gesiegt.

Der anderthalbstündige Schwank, schnell und fast nur im Atelier inszeniert, überdreht gespielt und nach der Methode der Stichwort-Dramaturgie ziemlich vordergründig montiert (von einem Löwen ist die Rede, eine Katze kommt ins Bild), wird in der Hauptverwaltung hin- und herdiskutiert. Die Gegner des Films meinen, der ideologische Umwandlungsprozeß der bäuerlichen Bevölkerung sei nicht realistisch erfaßt, *Was wäre, wenn...* spräche »gegen unsere eigene Agitation und Aufklärung«; die positiven Figuren seien blaß, die meisten im Film dargestellten Menschen wirkten angesichts der scheinbar bevorstehenden Ausgliederung nach Westdeutschland äußerst labil. Und die DEFA-Leute würden als Außenseiter präsentiert.

Das Tauziehen dauert einige Monate, bis *Was wäre, wenn...* im September 1960 gestartet werden kann – in kleinen Kinos am Rande der Stadt. Das Aus erfolgt schon kurze Zeit später. Regisseur Gerhard Klingenberg heute: »Wir zeigten gewissermaßen ein Röntgenbild vom inneren Zustand der DDR. Beim leisesten Anstoß kippen Dreiviertel des Dorfes sofort um. Das hatten die Leute von der Partei schon begriffen. Albert Wilkening tröstete mich, nachdem *Was wäre, wenn...* abgesetzt worden war: Das macht nichts, eines Tages wird es heißen, Sie haben den ersten satirischen Film über die DDR gedreht.« [153] Klingenberg, ein Österreicher, der als junger Regisseur Mitte der fünfziger Jahre zu Brecht nach Berlin gekommen war, verläßt seine zeitweilige Wahlheimat DDR vierzehn Tage nach dem Bau der Mauer.

Während sich sein Kollege Martin Hellberg nach ein paar miserablen Gegenwartsfilmen und dem Stop eines überdimensionalen »Wallenstein«-Projekts nur noch mit der Adaption von Klassikern beschäftigt (*Kabale und Liebe/* 1959), präsentiert Kurt Jung-Alsen (*Betrogen bis zum jüngsten Tag*) unter anderem den Kinderfilm *Der kleine Kuno* (1959), der das nächtliche Berlin während der Vorbereitungen zum Jahrestag der Republik beobachtet: mit einer Paradeübung der Nationalen Volksarmee, Journalisten bei der Vorbereitung einer Sonder-Jubelausgabe und Schwermaschinenbauern mit einer vorfristig fertiggestellten D-Zug-Lokomotive. – Wie Jung-Alsen verliert auch János Veiczi an Format: Sein erstes Opus *Zwischenfall in Benderath* (1956) war eine gut inszenierte, eindringliche Warnung vor neuem Antisemitismus in der Bundesrepublik; danach bietet er mit *Reportage 57* (1959) einen schwächeren kriminalistischen Nachklapp auf die *Berlin*-Filme; mit *Schritt für Schritt* (1960) verheddert er sich jedoch in den Fangstricken der sozialistischen-nichtrealistischen Kolportage: eine Vater-Sohn-Geschichte, die die Notwendigkeit der NVA belegen soll. – Selbst der erfahrene Kameramann Joachim Hasler enttäuscht nach seinem expressiven, eine Kindheit im Wilhelminischen Kaiserreich beleuchtenden, dichten Regiedebüt *Gejagt bis zum Morgen* (1957) mit einem blassen, pädagogisierenden Kleinstadtporträt: *Wo der Zug nicht lange hält* (1960).

Und auch Heiner Carow schlingert nach dem kritisierten *Sheriff Teddy*: Menschlich und stilistisch überzeugend ist noch einmal *Sie nannten ihn Amigo* (1959), das Porträt eines dreizehnjährigen Berliner Jungen, der im Geräteschuppen einen entflohenen KZ-Häftling entdeckt, ihm hilft und dafür ins KZ geworfen wird. Zunächst hatten sich der Regisseur und seine Autoren Wera und Claus Küchenmeister einen dem volksliedhaften Duktus des Films entsprechenden poetischen Schluß ausgedacht: Ein Blick auf die Berliner Hinterhöfe; es ist Frieden; Amigo, nun erwachsen geworden, kauft in einer Bäckerei frische Brötchen... – Doch das Finale scheint ihnen nach all den ideologischen Turbulenzen als zu wenig kämpferisch. So lassen sie Amigo, der die Hölle überlebt hat, in der neuen Zeit als Panzerfahrer der Nationalen Volksarmee dienen. Eine Szene, die sich in ihrer grellen Plakativität fast wie ein Verrat an dem ansonsten leisen, emotionalen Film ausnimmt. Carow selbst ist nicht sonderlich glücklich über diesen Schluß – schon bald darauf nutzt er jede Gelegenheit, die Kopien eigenhändig von ihm zu »befreien«.

Mit *Das Leben beginnt* (Arbeitstitel »Probleme der Jugend«/ 1960) beginnt auch eine mehrjährige Schaffenskrise des Regisseurs: Die Liebesgeschichte zweier junger Leute, die nach der Republikflucht der Familie des Mädchens Schwierigkeiten haben, zueinander zu kommen – der Junge muß nach einem heimlichen Besuch im Westen die Oberschule verlassen –, bleibt dürftig beschriebenes, raschelndes Papier. Carow: »Ich habe mich mit dem Film furchtbar gequält und hatte das Gefühl, daß das alles nicht stimmt. Eigentlich war *Das Leben beginnt* von Kurt und Jeanne Stern für Slatan Dudow geschrieben worden. Dudow aber lehnte es ab, den Stoff zu machen. Am Ende der Dreharbeiten bin ich dann zu ihm gegangen und habe ihn gebeten, mir zu erklären warum. Sieh mal, antwortete er, das ist ein unmenschlicher Vorgang. Wenn ein Mann ein Mädchen liebt, muß er zu ihr gehen können; was soll der ganze Sozialismus, wenn man in ihm nicht jederzeit seine Liebe erfüllen kann. Deswegen hab' ich den Film nicht gemacht. Ich erwiderte: Um Gottes Willen, warum hast Du mir das nicht gesagt? Darauf er: Da hättest Du selbst drauf kommen müssen. Er hatte recht. – Aber man soll sich mit dem Wissen von jetzt nicht einbilden, daß man, in dieser Zeit lebend, ständig zu einer Souveränität fähig gewesen wäre, von heute auf morgen, in der man all diese Zusammenhänge begreift...« [154] Erst mit dem Kinderfilm *Die Reise nach Sundevit* (1966) befreit sich Heiner Carow aus der Krise; sein darauffolgender Film *Die Russen kommen* (1968) wird verboten...

Der einzige, der um 1960 herum die Gemüter der Zuschauer in Wallung bringt, ist wieder und noch einmal Slatan Dudow. *Verwirrung der Liebe* (1959) heißt sein komödiantischer Gegenentwurf zu all den blutleeren Thesenfilmen, die um ihn herum das Publikum einschläfern oder scharenweise vor die neuen, bequem zu Hause aufzustellenden Fernsehapparate treiben. Dudow will das Lebensgefühl der jungen, selbstbewußten, in der DDR aufgewachsenen und

1

2

3

»Gejagt bis zum Morgen« (1957) –
das Regiedebüt des Kameramannes Joachim Hasler:
Genrebilder aus dem alten Berlin

1 Manja Behrens

2 Siegfried Schürenberg

3 Friedrich Gnass

148

»Gejagt bis zum Morgen«, die Geschichte
einer Kindheit im Wilhelminischen Deutschland.
Mit den Kinderdarstellern Wolfgang Obst,
Petra Denardy und Ulrich Gorgler

1

2

3

Heiner Carow und seine Filme:

1 »Sheriff Teddy« (1957) mit Gerhard Kuhn

2 »Sie nannten ihn Amigo« (1959)
  mit Ernst-Georg Schwill

3 »Das Leben beginnt« (1960) mit Doris Abeßer

sich zu ihr bekennenden Generation beschreiben; sein ungebrochenes Ja zu diesem Staat soll sich dabei aber nicht aus einer gängigen Gut-Böse-Dramaturgie (einer geht in den Westen, der andere bleibt hier) oder aus Leitartikelsätzen ergeben, die notdürftig in den Dialog geflochten werden.

Helden sind vier junge Leute: der in seinen Gefühlen unsichere Medizinstudent Dieter und seine Freundin, die grüblerische Kunststudentin Sonja; der handfeste Maurer Edy und die naive Angestellte Siegi, die »mit ihm geht«. Während eines Künstlerfaschings lernt Dieter den Backfisch Siegi kennen; beide verlieben sich ineinander; man tauscht die Freunde; am Ende jedoch, allerdings erst vor dem Standesamt, ergibt sich wieder die ursprüngliche Konstellation: Es kommt zu einer Doppelhochzeit mit dem – hoffentlich – richtigen Partner.

Verwirrung der Liebe, von Dudow unter aufreibenden physischen Bedingungen inszeniert – er überzieht, wie immer, alle Drehpläne und erfährt dafür heftige Schelte –, wird bereits in der Hauptverwaltung Film heiß debattiert; schließlich sind die von Walter Ulbricht auf dem V. Parteitag der SED vorgetragenen »Zehn Grundsätze der sozialistischen Ethik und Moral« gerade erst ein Jahr alt, und Dudow läßt es sich nicht nehmen, dem insgesamt außerordentlich prüden DEFA-Durchschnitt ein sinnenfrohes, selbst auf eine Nacktbadeszene nicht verzichtendes Opus entgegenzusetzen. Schon in *Kuhle Wampe* (1932) hatte der deutsche Zensor angesichts nackter, am Strand ballspielender junger Leute nach der Schere gegriffen; auch fast dreißig Jahre später und unter grundsätzlich anderen gesellschaftlichen Bedingungen machen Mitarbeiter der HV moralische Bedenken geltend, die sich auch auf die Kußszene des Studentenfaschings, das ausgiebig zelebrierte »Castell d' amore« beziehen. – Man diskutiert auch den Schluß: Was wollte Dudow wohl damit sagen, daß der Student wieder zur Studentin, der Arbeiter zur kleinen Angestellten findet? – Problematischer ist aber der Vorwurf, Dudow habe sich mit einer leichten, lockeren Liebesgeschichte den drängenden Fragen der Zeit kaum gestellt.

Nach der Premiere erscheinen in den Zeitungen der DDR Leserbriefe. »Müßte man nicht auch bei aller ›Lustigkeit‹ das Typische, Charakteristische der Studenten unserer Zeit darstellen?« wird in der FDJ-Zeitung »Junge Welt« gefragt, und gleich kommentiert: »Ich hatte recht oft den Eindruck, als würden wir die Konflikte von Studenten einer bürgerlichen Gesellschaft erleben, wo der ›Papa‹ finanziert und das Kind ›gebildet werden muß‹. (...) Doch das ist nicht unser Verhalten, das ist nicht unser Leben, das sind wir nicht.« [155] – Andere Leser und die meisten Kritiker schlagen sich indes vehement auf Dudows Seite, auch der Rezensent der »Jungen Welt«: »Slatan Dudow meinte in einer Unterhaltung über seinen Film, auch ›die Freude ist ein Politikum‹. Die Freude über unser Leben, über die Schönheit unserer Errungenschaften und das Glück unserer Jugend geben diesem Film erst seinen richtigen und bedeutungsvollen Gehalt.« [156]

Winfried Junge schreibt im »Forum«, Dudow habe versucht, »an dieser Liebe darzustellen, welch ein neues, höheres Lebensgefühl sich unter der jungen Generation durchsetzt. Unter der fortschrittlichen jungen Generation wohlgemerkt, und das heißt (...), daß die lederbejackten Eckensteher diesmal nicht von Interesse sind. Man verläßt das Kino nicht mit deprimierenden Zweifeln (›ja, die Jugend von heute ist gefährdet. Aber kann man etwas dagegen tun?‹), sondern mit dem sicheren optimistischen Gefühl, daß all jene Dieters, Sonjas, Edys und Siegis mit ihren Problemen schon fertig werden und den richtigen Weg ins Leben finden.« [157] – Wolfgang Kohlhaase schließlich, mit solcher Polemik direkt gemeint, läßt im »Sonntag« über *Verwirrung der Liebe* wissen, Dudow habe »das Schweigen durchbrochen, in das in letzter Zeit so mancher unserer Filme eingegangen ist. (...) Möglicherweise löst dieser Film nicht alle Fragen, die er aufwirft. Das halte ich für keinen Nachteil. Denn es geht nicht darum, ein Gespräch zu beenden, sondern es zu beginnen.« [158]

Das ist in der Tat bitter nötig, denn ein, zwei Jahre nach der Filmkonferenz ist niemand mehr zufrieden mit dem, was der DEFA-Spielfilm produziert. Selbst jene Funktionäre, die durch ihre seit 1950 nicht gewandelten, anachronistischen Forderungen am Niedergang der Qualität erheblichen Anteil tragen, wenden sich nun öffentlich und mit Entsetzen von den meisten Arbeiten des Studios ab. Die Besucherzahl der DEFA-Filme sinkt von durchschnittlich 1,5 Millionen 1959 auf nur noch etwa 828 000 im Jahr 1960. Einigermaßen konstant bleibt fast nur der Zuspruch zu den gut unterhaltenden, formal wenig inspirierten Genreproduktionen, die Richard Groschopp nach Szenarien von Lothar Creutz und Carl Andrießen dreht: dem Spionageopus *Sie kannten sich alle* (1958), dem Schmugglerkrimi *Ware für Katalonien* (1959), der Satire *Bevor der Blitz einschlägt* (1959) und dem sommerlichen Lufthansa-Lustspiel *Die Liebe und der Co-Pilot* (1961).

Viele DEFA-Künstler sind über sich selbst betroffen, nicht zuletzt, weil sie wissen, wie sich das Kino weltweit und auch in den sozialistischen Nachbarländern entwickelt: *Die Kraniche ziehen* (*Letjat shurawli*/ 1957/ RE: Michail Kalatosow) setzt ebenso Maßstäbe wie *Der letzte Schuß* (*Sorok perwyi*/ RE: Grigori Tschuchrai), *Asche und Diamant* (*Popiol i diament*/ 1958/ RE: Andrzej Wajda) oder die ungarischen Meisterwerke von Zoltan Fabri. Mit am schärfsten äußert sich Slatan Dudow, der im »Neuen Deutschland« das Fazit zieht: »Nachdem wir mit knapper Not an der Klippe des Revisionismus vorbeigesegelt sind, suchten wir Schutz in der windstillen Bucht des Schematismus. ›Hier können wir lange bleiben!‹ sagten wir, und wir blieben lange. (...) Aus der windstillen Bucht des Schematismus verscheucht, sind wir jetzt im Hafen der Mittelmäßigkeit gelandet. Wir werfen schon Anker der Hoffnung, hier lange bleiben zu können. (...) Wir sind in der Filmkunst um Jahre zurück.« [159]

Der Schriftsteller Günter Kunert bemerkt: »Gewisse Forderungen an den Film enthalten bereits den Schematismus, mit dem die Forderungen erfüllt werden. (...) Der bisherige Held des Films (...) durfte bestenfalls einige Flecken haben (...) und agierte in einer Umwelt, die auf ihn zugeschnitten war, also in einer Fiktion. Ein fertiger Held in Situationen, die er heldisch überwindet, machen einen Handlungsablauf vorausschaubar; Pseudokonflikte werden diesen adäquat

1

2

3

Sinnenfreude bei Slatan Dudow:
»Verwirrung der Liebe« (1959)

1 Angelica Domröse und Willi Schrade

2 Angelica Domröse und Annekathrin Bürger

3 Angelica Domröse,
Willi Schrade, Annekathrin Bürger und
Stefan Lisewski (v. l. n. r.)

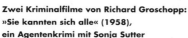

Zwei Kriminalfilme von Richard Groschopp:
»Sie kannten sich alle« (1958),
ein Agentenkrimi mit Sonja Sutter

»Ware für Katalonien« (1959) über den
Schmuggel optischer Geräte.
Mit Heinz-Dieter Knaup (oben links) und Fritz Diez

gelöst...« [160] – Und Kurt Maetzig antwortet in einem »Sonntag«-Gespräch: »Mir scheint, daß wir solche Begriffe wie ›das Typische‹ in der Vergangenheit sehr vulgarisiert haben. Durch die Vulgarisierung solcher Begriffe (...) sind wir schließlich dazu gekommen, statt des Typischen nur einen statistischen soziologischen Durchschnitt, nämlich soziologische Typen, zu schaffen: den Mittelbauern, den Kleinbauern, den Großbauern, den schwankenden Intellektuellen, den fortschrittlichen Arbeiter, den Parteisekretär usw. usw. Und diese Gestalten, diese Typen kehrten in immer neuen Variationen in unseren Filmen wieder. Sie hatten nur immer andere Mützen auf und andere Namen (...). Wir haben den Zuschauer oft zu niedrig eingeschätzt, zu primitiv.« [161]

Ende 1960 gibt es in Babelsberg eigentlich nur eine filmische Schwalbe am Horizont: Frank Beyers *Fünf Patronenhülsen*. Wieder eine Arbeit über den Spanienkrieg (DB: Walter Gorrish), diesmal in Form eines Western: Fünf Interbrigadisten, von Feinden umzingelt, schlagen sich unter extremen Bedingungen zum Stab durch. »Bleibt zusammen, dann werdet Ihr leben«, ist das Credo des dialogarmen, bildstarken Films, der seine »zentrale Qualität (...)

aus der äußerst intensiven Schilderung der physischen Anstrengungen der Gruppe (bezieht), des Kampfes mit den eigenen körperlichen Bedürfnissen, der schwieriger zu bestehen ist als der Kampf mit den faschistischen Feinden. Hier gelingen Beyer einprägsame Szenen: die Durst-Phantasien des Russen Wasja, eine Traum-Montage-Sequenz aus inkohärenten Erinnerungs-Fetzen, immer wieder der verzweifelte Versuch, Wasser zu finden. Der wahre Hauptdarsteller des Films ist die öde, menschenfeindliche Landschaft: trostlose, sonnendurchglühte Gesteinsebenen, steile Berghänge, von Felsbrocken übersät.« [162] Als Kameramann fungiert Günter Marczinkowsky; Alfred Hirschmeier baut in Bulgarien und in der Nähe der Stadt Altenburg spanische Landschaften; in den Hauptrollen spielen Erwin Geschonneck, Armin Mueller-Stahl, Manfred Krug.

Nicht von ungefähr setzt die ästhetische Erneuerung des DEFA-Films mit diesem und anderen antifaschistischen Arbeiten ein: 1961 folgen *Der Fall Gleiwitz* von Gerhard Klein und *Professor Mamlock* von Konrad Wolf. Eine ebenbürtige Darstellung der Gegenwart scheint »gefahrvoller«, braucht länger, läßt auf sich warten.

**»Fünf Patronenhülsen« (1960), ein Film über
den spanischen Bürgerkrieg.**

**Mit Armin Mueller-Stahl (oben links),
Manfred Krug (oben rechts), Ulrich Thein (unten links)
und Edwin Marian. Regie: Frank Beyer.**

Wichtig auf dem Weg dahin wird in der DEFA eine alte, schon in den frühen fünfziger Jahren geborene, nach den politischen Turbulenzen 1956 allerdings wieder verworfene Idee Kurt Maetzigs: die Bildung Künstlerischer Arbeitsgruppen, wie sie in Polen und in der ČSSR bereits erfolgreich tätig sind. Schon 1959 entstehen die Gruppen »Roter Kreis« und »Berlin«; im »Roten Kreis« arbeiten unter Maetzigs Vorsitz beispielsweise Frank Beyer und Günter Reisch; in »Berlin« unter Dudows Leitung Heiner Carow, Gerhard Klein und Joachim Kunert. Bis 1961 kommen weitere Gruppen hinzu, so »Heinrich Greif« mit Konrad Wolf als Künstlerischem Leiter, »Gruppe 60« (Alexander Lösche), »konkret« (Werner Beck) und »Solidarität« (Siegfried Kabitzke). Zunächst geht es in den Teams um produktive Auseinandersetzungen zwischen Leuten, die »miteinander können«; im Laufe der nächsten Jahre werden die Gruppen immer selbständiger; unter Leitung des neuen DEFA-Direktors Jochen Mückenberger, des neuen Chefdramaturgen Klaus Wischnewski, des neuen Parteisekretärs Werner Kühn und des neuen Filmministers Günter Witt erlebt das Studio nach 1961 eine Dezentralisierungs- und Demokratisierungsphase wie nie zuvor.

Bis 1965 das 11. Plenum tagt – aber das ist schon ein anderes, langes und für die DEFA tragisch endendes Kapitel.

153

1) Niederschrift über die Sitzung der Defa-Kommission vom 15. Februar 1950. Bestand SED-Zentralkomitee-Kultur. SAPMO IV 2/906/208

2) Albert Wilkening: »1950 waren an der Gestaltung der 10 Spielfilme 6 Regisseure aus der BRD beteiligt. Viele künstlerisch interessante Aufgaben wurden westberliner und westdeutschen Schauspielern anvertraut und mancher westdeutsche und westberliner Schauspiel-Debütant bestand in einem DEFA-Film die Feuerprobe. Auch die Mehrzahl der an der 1950er Produktion beteiligten Produktionsleiter, Kameramänner und Szenenbildner kamen aus Westberlin. Und das, obwohl nicht wenige Künstler, die in unserem Staate lebten, auf eine gleiche Chance warteten.« In: Betriebsgeschichte des VEB DEFA Studio für Spielfilme. Teil 2. Herausgeber: Betriebsparteiorganisation der SED im VEB DEFA Studio für Spielfilme. Potsdam-Babelsberg 1984, S. 36

3) Hans Heinrich in einem Gespräch mit dem Autor, Berlin 1992. Filmmuseum Potsdam, Archiv

4) Zitiert nach: Friedrich Wolf und der Film. Aufsätze und Briefe 1920 – 1953. Besorgt von Ruth Herlinghaus. Beiträge zur Film- und Fernsehwissenschaft, Berlin 1988, Heft 33, S. 139

5) Joachim Kunert in einem Gespräch mit dem Autor, Berlin 1992

6) Friedrich Wolf an Konrad Wolf, ohne Datum 1950, zitiert nach: Friedrich Wolf und der Film, a.a.O., S. 148

7) Friedrich Wolf an Alexander Abusch, 14.6.1950, zitiert nach: Friedrich Wolf und der Film, a.a.O., S. 149

8) Willi Barth, Was hat die DEFA mit Kommunalpolitik zu tun? In: Neuer Weg, Berlin 1950, Heft 8

9) Erna Fleischer, Der Fall Bürgermeister Anna ist auch ein Fall Filmkritik in unserer Parteipresse. In: Neuer Weg, Berlin 1950, Heft 9

10) Stefan Heymann, Von allen Kunstarten die Wichtigste. Kritische Betrachtungen über die DEFA-Produktion. In: Neuer Weg, Berlin 1950, Heft 10. Heymanns Artikel »Die Gefahr des Formalismus« erschien in: Einheit, Berlin 1949, Heft 4.

11) DEFA-Vorstandssitzung 19.9.1950. Protokoll DEFA-Kommission (Unterlagen Anton Ackermann). DEFA-Betriebsarchiv, AE 6102

12) Stefan Heymann an Sepp Schwab, 23.6. 1950, SAPMO IV 2/906/203

13) Horst Brasch an Hermann Axen, 24.10.1950, DEFA-Betriebsarchiv, AE 6102

14) Georg Wildhagen in einem Gespräch mit dem Autor, Berlin 1989

15) Otto Meyer in einem Gespräch mit dem Autor, Berlin 1993. Filmmuseum Potsdam, Archiv

16) Kurt Maetzig: Filmarbeit. Gespräche, Reden, Schriften. Herausgegeben und mit einer Studie versehen von Günter Agde. Berlin: Henschelverlag 1987, S. 69

17) DEFA-Kommissionssitzung 14.8.1950, DEFA-Betriebsarchiv, A 025

18) Anton Ackermann an Kurt Maetzig, 16.8.1950, DEFA-Betriebsarchiv, ebenda

19) Hanns Eisler, Filmkomponist bei der Arbeit, Berliner Zeitung, Berlin, 4.5.1950

20) Hans-Robert Bortfeldt referiert über diese Forderungen Ackermanns auf einer Dramaturgiesitzung der DEFA am 17.8. 1950. Siehe: Nachlaß Albert Wilkening, Dramaturgieprotokolle. Filmmuseum Potsdam, Archiv

21) Richard Groschopp, Faszination Film. Ein Gespräch. Aufgezeichnet von Ralf Schenk. Aus Theorie und Praxis des Films. Herausgeber: Betriebsschule des VEB DEFA Studio für Spielfilme Potsdam-Babelsberg 1987, Heft 3, S. 28

22) Ebenda, S. 39

23) DEFA-Kommissionssitzung 3.10. 1950, SAPMO IV 2/906/208

24) Aktennotiz Hans-Robert Bortfeldts an Sepp Schwab, 16.10.1951. DEFA-Betriebsarchiv, A 049 (Vertragsstelle)

25) Aktennotiz 7.2.1953, SAPMO IV 2/906/211, zitiert nach: Thomas Heimann, DEFA, Künstler und SED. Zum Verhältnis von Kulturpolitik und Film in der SBZ/DDR 1945 bis 1958. Inaugural-Dissertation, Typoskript. Mannheim 1993, S. 102

26) Wolfgang Staudte. Redaktion: Eva Orbanz. Berlin: Verlag Volker Spiess, S. 70

27) Günter Agde, Der Fall Beil von Wandsbek. In: Die Weltbühne, Berlin 1990, Heft 26

28) DEFA-Kommissionssitzung 16.1.1951, DEFA-Betriebsarchiv, A 025

29) DEFA-Kommissionssitzung 4.4.1951, ebenda

30) DEFA-Kommissionssitzung 12.5.1951, ebenda

31) Neues Deutschland, Berlin, 27. 7.1952, zitiert nach: Günter Agde, Die Wandsbek-Debatte. In: Zwischen politischer Vormundschaft und künstlerischer Selbstbestimmung. Protokoll einer wissenschaftlichen Arbeitstagung vom 23. bis 24. Mai 1989 in Berlin. Herausgegeben im Auftrag der Akademie der Künste zu Berlin von Irmfried Hiebel, Hartmut Kahn und Alfred Klein. Berlin 1989, S. 14 ff. – Weitere umfassende Materialien zur Entstehungs- und Zensurgeschichte des Beiles von Wandsbek siehe die Aufsätze von Regina Breitkopf, Erika Pick und Käthe Rülicke-Weiler in: Beiträge zur Film- und Fernsehwissenschaft. Herausgegeben von der Hochschule für Film und Fernsehen der DDR. Potsdam-Babelsberg 1984, Heft 2 und 5

32) Zu Fuß zurück nach Deutschland. Ein Gespräch mit Käthe Braun. Aufgezeichnet von Ralf Schenk. In: Neues Deutschland, Berlin, 2.3.1993

33) DEFA-Betriebsarchiv, A 025

34) Stefan Heymann an Sepp Schwab, 2.2.1950, SAPMO IV 2/906/203

35) DEFA-Kommissionsprotokoll 10.2.1951, DEFA-Betriebsarchiv A 025

36) Der Spiegel, Hamburg, 12.12.1951, zitiert nach: Egon Netenjacob, Ein Leben gegen die Zeit. In: Eva Orbanz, Hans Helmut Prinzler (Herausgeber): Staudte. Berlin 1991, S. 43

37) DEFA-Pressedienst, Heft 8/1951, zitiert nach: Heinz Kersten, Das Filmwesen in der Sowjetischen Besatzungszone Deutschlands. I. Textteil. Herausgegeben vom Bundesministerium für Gesamtdeutsche Fragen, Bonn/Berlin 1963, S. 78

38) Für den Aufschwung der fortschrittlichen deutschen Filmkunst. Resolution des Politbüros des ZK der SED. In: Neue Filmwelt, Berlin 1952, Heft 9, S. 6

39) Hermann Axen, Über die Fragen der fortschrittlichen deutschen Filmkunst. In: Für den Aufschwung der fortschrittlichen deutschen Filmkunst. Berlin: Dietz-Verlag 1953, S. 25

40) Hermann Herlinghaus, Slatan Dudow. Berlin: Henschelverlag 1965, S. 35

41) Für den Aufschwung der fortschrittlichen deutschen Filmkunst. A.a.O., S. 137 f.

42) Ebenda, S. 164

43) Hans Rodenberg, Protokoll eines Lebens. Auf der Grundlage von Tonbandprotokollen bearbeitet und herausgegeben von Rolf Richter. Berlin: Henschelverlag 1980, S. 176

44) Lea Grosse, Kaderleiterin der DEFA von Ende 1952 bis 1954, in einem Gespräch mit dem Autor, Berlin 1993. Filmmuseum Potsdam, Archiv

45) DEFA-Betriebsarchiv, A 069 (Beschlußprotokolle von Direktionssitzungen)

46) Übersicht über die politische Lage in den Filmbetrieben, außer dem Staatlichen Komitee für Filmwesen, 20.1.1953, SAPMO IV 2/906/218

47) Mitteilung der Kostümabteilung an Hans Rodenberg, 22.12. 1952, DEFA-Betriebsarchiv, A 117

48) Neues Deutschland, Berlin, 5.11.1953

49) Protokoll einer Produktionsbesprechung vom 30.9.1950, DEFA-Betriebsarchiv, A 022

50) Briefe Wolfgang Schleifs vom 3. 3. 1953 an Albert Wilkening, 9. 4. 1953 an Hans Rodenberg, 11. 5. 1953 an Hans Rodenberg, DEFA-Betriebsarchiv, A 069

51) Hans Rodenberg an Rudi Müller, Stellvertreter Vorsitzender des Staatlichen Komitees für Filmwesen, 22.5.1953, DEFA-Betriebsarchiv, A 069

52) Joachim Kunert in einem Gespräch mit dem Autor, a.a.O.

53) Siegfried Hartmann in einem Gespräch mit dem Autor, Berlin 1992. Filmmuseum Potsdam, Archiv

54) Nach Erinnerungen von Lea Grosse, a.a.O., und Joachim Hasler, in einem Gespräch mit dem Autor, Wensickendorf 1992. Filmmuseum Potsdam, Archiv

55) Hans Rodenberg, a.a.O., S. 181 f.

56) Hans Rodenberg an Walter Ulbricht, 30. 6. 1953, DEFA-Betriebsarchiv, A 061

57) Kurt Maetzig, Filmarbeit, a.a.O., S 249f.

58) Martin Hellberg, Mit scharfer Optik. Erinnerungen eines Filmmenschen. Berlin: Henschelverlag 1982, S. 109f.

59) Neues Deutschland, Berlin, 5.6. 1953

60) Protokoll einer Besprechung im Künstlerischen Rat der DEFA, 30.11.1953. DEFA-Betriebsarchiv, A 6102/3

61) Im Jahre 1954 für den Produktionsplan 1955 abzugebende literarische Szenarien. SAPMO, Bestand Anton Ackermann, NL 109/96

62) Protokoll einer Sitzung des Künstlerischen Rates, 15.5. 1954. DEFA-Betriebsarchiv, A 6102/3

63) Erwin Reiche an Albert Wilkening, 9.10.1953, DEFA-Betriebsarchiv, A 061

64) Vgl.: Claudia Dillmann-Kühn, Artur Brauner und die CCC. Filmgeschäft, Produktionsalltag, Studiogeschichte 1946–1990. Deutsches Filmmuseum Frankfurt am Main 1990, S. 43f. und 70

65) Vgl.: Peter Stettner, Vom Trümmerfilm zur Traumfabrik. Die »Junge Film-Union« 1947–1952. Georg Olms Verlag Hildesheim-Zürich-New York 1992, S. 54ff. und 83ff.

66) Zu den Filmbürgschaften und zum »Fall« Gift im Zoo vgl.: Peter Stettner, a.a.O., S. 141ff.; Jürgen Berger, Hans-Peter Reichmann, Rudolf Worschech (Hrsg.), Zwischen Gestern und Morgen. Westdeutscher Nachkriegsfilm 1946-1962. Deutsches Filmmuseum Frankfurt am Main 1989, S. 80ff.; Eva Orbanz (Red.), Wolfgang Staudte, a.a.O., S. 31ff.

67) Neues Deutschland, 12.12. 1953, zitiert nach: Eva Orbanz, Wolfgang Staudte, a.a.O., S. 32

68) Hans Rodenberg, 17.9. 1954, DEFA-Betriebsarchiv, A 061

69) Hans Rodenberg, Briefe aus unruhigen Jahren. Herausgegeben und mit einem Vorwort von Rolf Richter. Berlin: Henschelverlag 1985, S. 82

70) Hans Abich an Erich Mehl, 14.3.1958. Nachlaß der Filmaufbau GmbH Göttingen bei der Gesellschaft für Filmstudien. Historisches Seminar der Universität Hannover, Nr. 162

71) Bundesministerium für Gesamtdeutsche Fragen an Filmaufbau GmbH Göttingen, 13. 2.1958. Zitiert nach: Susanne Fuhrmann, Findbuch zum Nachlaß der Filmaufbau GmbH Göttingen, 1993, ebenda, S. 18

72) Hans Abich an Fritz Zimmermann, 14. 4. 1958. Nachlaß der Filmaufbau GmbH, a.a.O., Nr. 162

73) Fritz Zimmermann an Hans Abich, 19.4. 1958, ebenda

74) Erich Mehl in einem Gespräch mit dem Autor, Berlin 1993

75) Gesellschaft für Sport und Technik, Zentralvorstand, Hauptabteilung Diensthundewesen, Pferdesport, Sporttauben, an die Bezirksleitung der GST Erfurt, 24. 5. 1956. DEFA-Betriebsarchiv 0332

76) Protokoll der Direktionssitzung 7.8. 1957, DEFA-Betriebsarchiv A 039

77) Protokolle der HV Film zu den Elenden, 6. 8. 1958, 23 .8. 1958, 14. 11. 1958, Bundesarchiv-Filmarchiv, Nr. 355

78) Henny Porten, Tonbandaufzeichnungen. In: Helga Belach, Henny Porten. Der erste deutsche Filmstar 1890-1960. Berlin: Haude & Spenersche Verlagsbuchhandlung GmbH 1986, S. 149

79) A.H.B.: Eiliges Interview am Wannsee. In: Berliner Zeitung, 27. 7.1954, zitiert nach: Helga Belach, Henny Porten, a.a.O., S. 146

80) Joachim Barckhausen, Epilog. In: Alexander Stenbock-Fermor, Der rote Graf. Autobiographie. Berlin: Verlag der Nation 1973, S. 482f.

81) Marieluise Steinhauer, Stellungnahme, 24. 2. 1954. DEFA-Betriebsarchiv 0619

82) Marieluise Steinhauer an Hans Rodenberg, 7. 12. 1953, ebenda

83) Zulassungsprotokolle 204/1955 vom 3. 6. 1955 und 253/1955 vom 17. 6. 1955 der HV Film, Abt. Filmproduktion. Bundesarchiv-Filmarchiv, Berlin

84) Erhalten ist zumindest ein Antwortbrief von Rudolf Böhm an Olga Tschechowa, 23.9.1955, DEFA-Betriebsarchiv, A 061, erstmals abgedruckt in: Film-Materialien. Herausgegen von Hans Michael Bock und Wolfgang Jacobsen. Heft 4: Olga Tschechowa. Redaktion: Renate Helker, Claudia Lenssen. Hamburg/ Berlin 1993, S. 20

85) Erwin Reiche an Willi Teichmann, 6. 1. 1954, DEFA-Betriebsarchiv, A 061

86) Gisela Uhlen, Mein Glashaus. Roman eines Lebens. Frankfurt/Main, Berlin: Ullstein-Verlag 1991, S. 151f.

87) Ebenda, S. 155

88) Protokoll des Künstlerischen Rates, 6. 12. 1952, DEFA-Betriebsarchiv, 6102/3

89) Entwurf einer Stellungnahme der DEFA-Kommission anhand des Protokolls der DEFA-Kommissionssitzung vom 12. 5. 1951, DEFA-Betriebsarchiv, A 025

90) Detaillierte Angaben zu Brechts und Staudtes *Mutter Courage*-Projekt finden sich in: Wolfgang Gersch, Film bei Brecht, Berlin: Henschelverlag 1975, S. 268ff.

91) Ebenda, S. 290

92) handschriftliches Manuskript von Albert Wilkening. Nachlaß Albert Wilkening. Filmmuseum Potsdam, Archiv

93) Bertolt Brecht an Therese Giehse, 5. 10. 1955, Faksimile in: Therese Giehse, »Ich hab nichts zum Sagen«. Gespräche mit Monika Sperr. Berlin: Henschelverlag 1977, S. 114f.

94) Albert Wilkening, Wolfgang Staudte, Willi Teichmann u.a.: Memorandum vom 22. 9. 1955, handschriftlich im Nachlaß Albert Wilkening, a.a.O.

95) Ebenda

96) Wolfgang Staudte. Redaktion: Eva Orbanz. a.a.O., S. 74

97) Stellungnahme der DEFA-Kommission zum Drehbuch des *Thälmann*-Films von Willi Bredel und Michael Tschesno, 20. 8. 1951, DEFA-Betriebsarchiv, A 025

98) Bertolt Brecht, Arbeitsjournal 1938-1955, Berlin: Aufbau Verlag 1977, S. 512

99) Märkische Volksstimme, zitiert nach: Die Welt, Hamburg, 20. 3. 1954. Selbst wenn das Zitat dort aus propagandistischen Zwecken nur erfunden sein sollte, ist es doch ziemlich nahe an der Realität.

100) Kurt Maetzig an seinen Hauptdarsteller Günther Simon, 7. 7. 1955, zitiert nach: Kurt Maetzig, Filmarbeit, a.a.O., S. 256

101) Slatan Dudow: Menschengestaltung, Lebensnähe und Standort des Künstlers. In: Deutsche Filmkunst, Berlin 1957, Heft 12, S. 356

102) Protokoll der 2. Besprechung des Exposés *Thomas Müntzer* im Rat beim Komitee für Filmwesen, 6. 7. 1953. Friedrich-Wolf-Archiv der Akademie der Künste zu Berlin, Band 78

103) Klaus Wischnewski: Lebenswahrheit und Parteilichkeit. In: Deutsche Filmkunst, Berlin 1957, Heft 3, S. 68f.

104) Joachim Kunert in einem Gespräch mit dem Autor, a.a.O.

105) Detaillierte Angaben zur Entwicklungsgeschichte von *Besondere Kennzeichen: keine* in: Thomas Heimann, DEFA, Künstler und SED. A.a.O., S. 192ff.

106) Protokolle der HV Film zu *Junges Gemüse*, Bundesarchiv-Filmarchiv Berlin, Nr. 624

107) Günter Reisch an Albert Wilkening, 7. 2. 1956. DEFA-Betriebsarchiv, AE 1923

108) Produktionsplan 1954 des VEB DEFA-Studio für Spielfilme Potsdam-Babelsberg, S. 10. SAPMO IV 2/906/218

109) Petka. Tatsachenmaterial, Idee, Sujet. In: Konrad Wolf, Direkt in Kopf und Herz. Aufzeichnungen, Reden, Interviews. Herausgegeben von Aune Renk. Berlin: Henschelverlag 1989, S. 21f.

110) Klaus Wischnewski in: Konrad Wolf, Selbstzeugnisse, Fotos, Dokumente. Berlin: Henschelverlag 1985, S. 17

111) zitiert nach: Hermann Herlinghaus, Slatan Dudow, a.a.O., S. 38

112) Vgl. Ralf Schenk: »Der Weltuntergang« fand nicht statt. In: Film und Fernsehen, Berlin 1983, Heft 1, S. 4ff.

113) Fred Gehler: Die Amoral des Übermenschen. Erinnerung an *Betrogen bis zum jüngsten Tag* (1957). In: Film und Fernsehen, Berlin 1985, Heft 1, S. 26f.

114) zitiert nach: Horst Knietzsch, Film gestern und heute. Gedanken und Daten zu sieben Jahrzehnten Geschichte der Filmkunst. Leipzig, Jena, Berlin: Urania-Verlag, 3. Auflage 1967, S. 250

115) Brief des Sektors Filmabnahme und -kontrolle der HV Film an Hans Rodenberg, Stellvertreter des Ministers für Kultur, 16. 1. 1962. Bundesarchiv-Filmarchiv, Akten der HV Film

116) Herbert Ballmann in einem Gespräch mit dem Autor, Berlin 1992. Filmmuseum Potsdam, Archiv

117) Alfred Kurella an Inge Keller, 24. 6. 1960, SAPMO IV 2/2026/78

118) Inge Keller an Alfred Kurella, 17. 7.1960, ebenda

119) Herbert Ballmann in einem Gespräch mit dem Autor, a.a.O.

120) Ebenda

121) Herbert Ballmann: Klarheit in der Zusammenarbeit mit Autoren und Schauspielern. In: Deutsche Filmkunst, Berlin 1958, Heft 11, S. 359

122) Joachim Plötner: Zwei neue Filme für unsere Jugend. In: Deutsche Filmkunst, Berlin 1954, Heft 5, S. 21

123) Albert Wilkening: Er war ein Politiker, dessen Sprache der Film war. In: Hannes Schmidt, Werkstatterfahrungen mit Gerhard Klein. Gespräche. Aus Theorie und Praxis des Films, Herausgeber: Betriebsakademie des VEB DEFA Studio für Spielfilme, Potsdam 1984, Heft 2, S. 46

124) Wolfgang Kohlhaase: Er suchte die Poesie, die in den Dingen steckt. Ebenda, S. 8f.

125) Besprechung in der HV Film, 1.4. 1955, DEFA-Betriebsarchiv A 1922; hier zitiert nach: Thomas Heimann, DEFA, Künstler und SED. A.a.O., S. 196

126) Protokoll der HV Film, ohne Datum, ohne Unterschrift, Bundesarchiv-Filmarchiv, Akten der HV Film. Alle nachfolgenden Zitate zu *Berlin-Ecke Schönhauser* entstammen ebenfalls diesem Protokoll.

127) Protokoll der Diskussion vor Mitgliedern des Zentralrats der FDJ. 14. 6. 1957, ebenda

128) Alexander Abusch: Aktuelle Probleme und Aufgaben unserer sozialistischen Filmkunst. Referat der Konferenz des VEB DEFA Studio für Spielfilme und des Ministeriums für Kultur der DDR. In: Deutsche Filmkunst, Berlin 1958, Heft 9, S. 267

129) ZKK – Arbeitsgruppe Kultur und Erziehung: Bericht über die Themen- und Produktionsplanung sowie die Verpflichtung von Künstlern im VEB DEFA Studio für Spielfilme in Potsdam-Babelsberg, 19. 3. 1956. SAPMO, IV 2/ 2026/ 77 (Büro Alfred Kurella)

130) Protokoll über die SED-Mitgliederversammlung am 1. 6. 1956, zitiert nach: Thomas Heimann, DEFA, Künstler und SED. A.a.O., S. 247

131) Eine ausführliche Zusammenfassung der Diskussionsbeiträge der fünf Aktivtagungen findet sich in: Thomas Heimann, DEFA, Künstler und SED. A.a.O., S. 295ff.

132) Alexander Abusch, Aktuelle Probleme und Aufgaben unserer sozialistischen Filmkunst. A.a.O., S. 266

133) Ebenda, S. 270

134) Ebenda, S. 267f.

135) Das erste Kohlhaase-Zitat stammt aus: Hannes Schmidt, Werkstatterfahrungen mit Gerhard Klein, a.a.O., S. 24f. – Das zweite Zitat ist eigentlich bezogen auf die Folgen des 11. Plenums 1965, trifft aber ebenso auf die Filmkonferenz 1958 zu. Kohlhaase spricht darüber in: Kino zwischen Gefangenschaft und Aufbruch. 3. Teil: Kahlschlag. Ein Fernsehessay von Fred Gehler und Ullrich Kasten. Ostdeutscher Rundfunk Brandenburg 1993

136) Heiner Carow in einem Gespräch mit dem Autor, Potsdam-Babelsberg 1993. Filmmuseum Potsdam, Archiv

137) Zeitungsausriß, undatiert, im Besitz von Artur Pohls Witwe Renate Pohl, Ablichtung im Filmmuseum Potsdam, Archiv

138) Joachim Hasler in einem Gespräch mit dem Autor, Berlin 1992. A.a.O. Hintergründe zum Fall *Spielbank-Affäre* siehe auch: Babelsberg. Ein Filmstudio. 1912-1992. Redaktion: Helga Belach, Wolfgang Jacobsen. Berlin: Argon Verlag 1992, S. 279 ff.

139) Marieluise Steinhauer an Albert Wilkening und Rudolf Böhm, 8. 6. 1956. DEFA-Betriebsarchiv, AE 1923

140) A-Protokoll Nr. 248/1957 vom 7. 5. 1957. Bundesarchiv-Filmarchiv, Akten der HV Film

141) Artur Pohl an Anton Ackermann, 20. 7. 1957, im Besitz von Renate Pohl. Eine Ablichtung befindet sich im Filmmuseum Potsdam, Archiv

142) Artur Pohl an Walter Koppel, 5. 12. 1957, ebenda

143) Anne Pfeuffer an Kollegen Lange, HV Film, Abt. Filmabnahme, 12. 7. 1957. Bundesarchiv-Filmarchiv, Akten der HV Film

144) Eine detaillierte Beschreibung des Zensurvorgangs *Die Schönste* findet sich bei Thomas Heimann, DEFA, Künstler und SED. A.a.O., S. 272ff.

145) Jochen Mückenberger, Studiodirektor, an Hans Rodenberg, Stellvertreter des Ministers für Kultur, 19. 12. 1961. DEFA-Betriebsarchiv, A 227

146) Protokoll der Direktionssitzung, 10. 7.1957, DEFA-Betriebsarchiv, A 039

147) Joachim Kunert in einem Gespräch mit dem Autor, a.a.O.

148) Die ausführliche Entstehungs- und Zensurgeschichte der *Sonnensucher* beschreibt Reinhard Wagner in: Konrad Wolf. Neue Sichten auf seine Filme. Beiträge zur Film- und Fernsehwissenschaft, Potsdam 1990, Heft 39, S. 34

149) Ebenda, S. 43

150) Ebenda, S. 47

151) Fred Gehler, Das Sammeln von Alibis. In: Konrad Wolf. Neue Sichten auf seine Filme. A.a.O., S. 78

152) Entwurf Entschließung zu Fragen der Entwicklung unserer nationalen sozialistischen Filmkunst. Nachlaß Anton Ackermann. SAPMO NL 109/93

153) Gerhard Klingenberg in einem Gespräch mit dem Autor, Berlin 1992. Filmmuseum Potsdam, Archiv. Vgl. auch die Abnahmeprotokolle vom 11. 5. 1960 und 4. 7. 1960. Bundesarchiv-Filmachiv, Akten der HV Film.

154) Heiner Carow in einem Gespräch mit dem Autor, a.a.O.

155) Junge Welt, Berlin, 11. 12. 1959

156) Junge Welt, Berlin, 5. 12. 1959

157) Winfried Junge: Sind wir so? In: Forum, Berlin 1959, Heft 49, S. 15

158) Wolfgang Kohlhaase: Der Schablone haben wir zwar gekündigt. In: Sonntag, Berlin 1960, Heft 2, S. 3

159) Slatan Dudow: Die Filmkunst vor großen Entscheidungen. In: Neues Deutschland, Berlin, 30. 3. 1961

160) Günter Kunert in der Umfrage »Schriftsteller über den Film«. In: Deutsche Filmkunst, Berlin 1961, Heft 5, S. 156

161) Kurt Maetzig: Filme für Erwachsene. In: Sonntag, Berlin, 2. 4. 1961

162) Hans C. Blumenberg: Frank Beyer. Die unzerstörbare Menschenwürde. In: Film in der DDR. Reihe Film 13. Herausgegeben von Peter W. Jansen und Wolfram Schütte. München/Wien 1977: Carl Hanser Verlag, S. 106

**Melania Jakubisková in »Fräulein Schmetterling«
(1965/66/RE: Kurt Barthel) – einer jener Filme,
die nach dem 11. Plenum verboten wurden.
Das Drehbuch schrieben, gemeinsam mit dem Regisseur,
Christa und Gerhard Wolf.**

Erika Richter

ZWISCHEN MAUERBAU UND KAHLSCHLAG

1961 bis 1965

Man kann es nicht anders als eine Ironie der Geschichte bezeichnen, daß die DDR zerfallen und verschwinden mußte, und in deren Folge auch die DEFA, damit man das DEFA-Spielfilmschaffen der sechziger Jahre in seiner Gesamtheit betrachten konnte. Denn erst nach der Wende vom Herbst 1989 wurden durch die aufopferungsvolle Arbeit einer Kommission des Verbandes der Film- und Fernsehschaffenden der DDR jene DEFA-(und Fernseh-) Filme, die in der Folge des 11. Plenums des ZK der SED (Dezember 1965) verboten worden waren und deren Kenntnis uns bisher fehlte, der Öffentlichkeit zugänglich gemacht.

Es ergibt sich ein erstaunliches Bild. Einerseits zeigt sich, daß die »Verbotsfilme« keine spektakulären Sonderfälle waren, sondern organisch aus der Gesamt-Entwicklung des Spielfilms herauswuchsen, daß sie inhaltliche und stilistische Vorgänger haben, auf die sie sich beziehen bzw. mit denen sie sich auseinandersetzen. Zur Ausnahmeerscheinung wurden sie erst durch das Verbot, das sie eliminierte und insofern auf eine traurige und von den Filmemachern nicht gewollte Weise hervorhob. Andererseits erweist sich der Spielfilm bis zum Einschnitt von 1965/66 als im Vergleich zu späteren Jahren verblüffend vielgestaltig an Themen, Gegenständen und stilistischen Varianten. Immer wieder wurde zeitlich und räumlich der Lebensraum der DDR überschritten, man interessierte sich für Schicksale und Begebenheiten in Westdeutschland und in anderen Teilen der Welt. Vor allem gab es eine Vielzahl von Unterhaltungsfilmen: Musikfilme, sowohl ernst (Oper) als auch heiter (Musical), Kriminalfilme, Lustspiele, sogar Satiren. Offensichtlich waren die frühen sechziger Jahre für viele Regisseure und Autoren eine Zeit des unbefangenen Ausprobierens ihrer Möglichkeiten und Kräfte, und sie wagten sich an eigenartige und risikoreiche Unternehmungen. Der Eingriff des 11. Plenums, der sich ja vordringlich gegen die Gegenwartsfilme richtete, hat nicht nur die Auseinandersetzung mit der Realität für lange Zeit gebremst oder zumindest reduziert, sondern auch die Lust am Experimentieren mit filmischen Formen getötet. Das thematische und stilistische Spektrum des DEFA-Films wurde generell enger.

Zur Experimentierlust der frühen sechziger Jahre gehört, daß Schauspielern, denen man gerne zusah und die für sich genommen schon eine Attraktion darstellten, zum Beispiel Angelica Domröse, Jutta Hoffmann, Marita Böhme sowie Erwin Geschonneck, Manfred Krug, Rolf Herricht, Horst Drinda, Armin Mueller-Stahl, Ulrich Thein in verschiedensten, vor allem auch komischen und überhaupt unterhaltenden Genres Raum zur Entfaltung gegeben wurde, so daß sie sich zu wirklich populären Akteuren entwickelten und ein funktionierender Kontakt zum Publikum aufgebaut werden konnte. All dies brach nach dem Plenum weitgehend ab, was nicht bedeutet, daß nicht immer wieder gute Filme entstanden, die von den Zuschauern angenommen wurden, und gute Schauspieler gute Rollen erhielten. Aber die Basis des populären Kinos, die in den sechziger Jahren in der DEFA existierte, ging verloren.

Alles in allem kann man sagen, daß sich die Isolierung des Landes DDR durch die Errichtung der Mauer (1961) weniger in Richtung einer inhaltlichen und stilistischen Provinzialisierung der Filmkunst auswirkte als der Angriff des 11. Plenums auf die Kunst. Erst allmählich, und in aller Konsequenz erst nach 1989, wurde von uns allen verstanden, daß das eine mit dem anderen zusammenhängt. Nur in einem Land, das urplötzlich von der Umwelt abgeschottet werden kann, ist auch ein solch brutaler Eingriff in die Kunstentwicklung, wie es das 11. Plenum darstellt, möglich. Der Gedanke: Jetzt sind wir unter uns, können uns kritisch mit uns selbst auseinandersetzen und uns mit unseren Filmen am Aufbau eines demokratischen Gemeinwesens beteiligen, der nach 1961 in den verschiedensten Varianten immer wieder geäußert wurde, erwies sich als illusorisch. Aus späteren Erfahrungen mit der weiteren Entwicklung der DDR und der anderen sozialistischen Länder wurde uns klar, daß er einfach falsch war. Es war nichts anderes als eine Hilfskonstruktion, die uns erlaubte, unseren Weg im Film – und generell – mit gutem Gewissen weiter zu verfolgen.

Die sechziger Jahre sind das DEFA-Dezennium mit den krassesten Brüchen, in dem die Weichen für lange Zeit gestellt wurden. Es war die Zeit, in der die überwiegende Mehrheit der Filmleute aller Professionen jung oder im besten Alter war und mit dem Selbstvertrauen der Jugend und dem Selbstbewußtsein einer offensiven politischen und philosophischen Haltung und einer sich Platz schaffenden Kreativität ans Werk ging. Und es war die Zeit der Kehrtwendung zur Defensive, einer um sich greifenden Resignation, die gewissermaßen unterirdisch, dem einzelnen mehr oder weniger bewußt, schwelte. Lange Zeit als die unergiebigsten und langweiligsten des DEFA-Spielfilms betrachtet, erweisen sich heute die Sechziger vielleicht als die interessantesten überhaupt. Möglicherweise waren es diese Jahre, die über unser aller Schicksal, und nicht nur über den Film, entschieden haben.

**Eine Szene aus »Steinzeitballade«
(1961/RE: Ralf Kirsten)**

**Doris Abeßer und Ulrich Thein in
»Septemberliebe« (1961/RE: Kurt Maetzig)**

Das DEFA-Kinojahr 1961

Auf welche Situation im Filmwesen des Landes traf der
Bau der Mauer? Gab es Filme, die eine solche Entwicklung vorausahnten, gleichsam mit vorbereiteten? Oder
waren andere geistig-philosophische Entwicklungsprozesse
wirksam, auf die die Abgrenzung des Landes von einem
großen Teil der Welt wie ein Donnerschlag wirken mußte?

Das DEFA-Kinojahr 1961 begann mit Ralf Kirstens *Steinzeitballade* (nach Ludwig Tureks Roman »Anna Lubitzke«), einem filmisch ambitionierten Rückblick auf den
Überlebenskampf der Trümmerfrauen in der unmittelbaren
Nachkriegszeit. Kirsten, der nach seinem Studium an der
FAMU in Prag bisher zwei mehr oder weniger unauffällige
Kinderfilme gemacht hatte, ging an sein drittes Projekt mit
energischem Stilwillen heran. Er verzichtete auf eine qua-
sidokumentarische Beschreibung der Nachkriegswirklich-
keit, benutzte charakteristische Details in einer stilisierten
Welt und setzte kommentierende Songs ein. Er wollte der
Darstellung eines im DEFA-Film bereits oft behandelten
Realitätsausschnittes etwas Neues hinzufügen und dafür
die in unserem Land präsenten künstlerischen Erfahrungen,
etwa die Überlegungen Brechts, verwenden. Kirsten ver-
wirklichte seine Vorstellungen mit naiver Direktheit, wurde dafür kritisiert und der Film sowohl von der Kritik als
»mißverstandener Brecht« als auch vom Publikum abgelehnt. Aber von heute aus ist wichtig, daß Kirsten mit einer
frischen, unverbrauchten, experimentierfreudigen Haltung
antrat, die er in seinen nächsten Filmen auf eine für deutsche Verhältnisse verblüffende Weise weiterentwickelte.
Steinzeitballade gehört für mich zu den notwendigen Irrtümern.

Einer der wichtigsten Gegenwartsfilme des Jahres 1961 ist
Kurt Maetzigs *Septemberliebe*, der sich mit der offenen
deutschen Grenze auseinandersetzt und damals wie heute
äußerst zwiespältige Gefühle erzeugt. Es ist eine merkwürdige Liebesgeschichte, merkwürdig deshalb, weil es nicht

so sehr um die Liebe zwischen zwei Menschen geht, sondern weil mit dieser Liebe zugleich eine viel wichtigere,
höhere, edlere, nämlich die Liebe zur guten Sache, zum
Sozialismus und zur DDR gemeint ist. Der Film will suggerieren, daß, wenn in der DDR zwei anständige Menschen
einander lieben, sie auch die DDR lieben oder umgekehrt,
daß die DDR der Raum der Menschlichkeit und Liebe und
der Westen der Raum der Gefahr und der Verbrecher ist.
So ist es für das Mädchen Franka (Doris Abeßer) ein Liebesbeweis, daß sie, als ihr Freund in die Fänge eines westdeutschen Agentenringes gerät, dieses der Staatssicherheit
meldet, seine Flucht nach Westberlin verhindert und ihn
aus allen zwielichtigen Dingen befreit.
Zugegeben, so sarkastisch sah ich diesen Film damals
nicht, aber der unangenehmen, unklaren Gefühle, die er in
mir hervorrief, erinnere ich mich noch gut. Er nimmt die
Spannung der individuellen Geschichte aus der Spannung
der beiden Deutschland, unterstützt die DDR bedingungslos wegen ihrer Gegenposition zur BRD und rechtfertigt
mit seiner Sicht im Grunde genommen im Vorhinein den
Mauerbau. Maetzig bestätigte dies indirekt, als er sich daran erinnerte, »wie die vom Westen angeheizte Atmosphäre
bei uns um sich griff und wie uns das auf den Nägeln
brannte. Es wurde deutlich, daß es in dieser Frage zu
irgendeiner Art von Konfrontation kommen mußte, daß
man diesem Prozeß des Abgleitens, der damals zu spüren
war, nicht tatenlos zusehen konnte.« [1] Maetzig stellt Überlegungen an, ob man in der Gesellschaft schwärende Wunden zudecken oder sie vielleicht besser offen diskutieren
solle und kommt zu dem Schluß: »Ich meine, man sollte
den Problemen in der Wirklichkeit offen ins Auge sehen,
denn der Realismus in der Kunst hängt vom realistischen
Blick des Künstlers auf die Wirklichkeit, von seinem politischen Realismus ab." [2] Er akzeptierte es, daß sein Film
vor allem bei jungen Leuten eine heftige, teilweise extrem
ablehnende Reaktion hervorrief, und war sich darüber
klar, daß eine Tat wie die der Franka im Bewußtsein vieler
Leute, die in einem latenten Gegensatz zum Staat lebten,
unter den Begriff »Denunziantentum« [3] fiel. Jedenfalls

**Ulrich Thein (links) und Horst Drinda
in »Der Traum des Hauptmann Loy«
(1961/RE: Kurt Maetzig)**

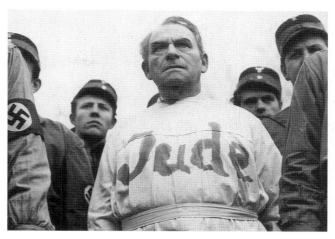

**Wolfgang Heinz als »Professor Mamlock«
(1961/RE: Konrad Wolf)**

hatte der Film provoziert, Denkanstöße, wenn vielleicht auch anders als gedacht, vermittelt. Das mag für den Aufklärer Maetzig ein Grund gewesen sein, diesen Film auch später bei allem Zwiespältigen als gerechtfertigt zu betrachten.

Nur ein dreiviertel Jahr darauf kam Kurt Maetzigs nächster Film auf die Leinwand, *Der Traum des Hauptmann Loy*, ein politischer Abenteuerfilm, der spannend einen vom NATO-Oberkommando geplanten provokativen Flug einer amerikanischen, mit Zivilisten besetzten Militärmaschine über sowjetischem Hoheitsgebiet beschreibt. Allerdings ermöglichen das schnörkellos gehandhabte Genre des Abenteuerfilms, von dem man weder eine realistische Darstellung der Welt noch psychologische und philosophische Tiefe erwartet, und die Konzentration auf das Flugzeug und seine Insassen einen weit ungetrübteren Genuß als *Septemberliebe*, dessen viel zu kurzschlüssige Verknüpfung der Zustimmung zur sozialistischen Gesellschaft mit der Glorifizierung einer äußerst fragwürdigen individuellen Handlung einem heute geradezu Schmerzen bereitet.

Wesentlich im ersten Halbjahr 1961 war *Professor Mamlock* von Konrad Wolf, eine Verfilmung des Theaterstückes von Friedrich Wolf, mit der der Regisseur nach dem künstlerischen Flop von *Leute mit Flügeln* (1960) Qualität und Strenge zu halten versuchte. Konrad Wolf laborierte noch immer an dem Verbot seines leidenschaftlichen Gegenwartsfilms über die Wismut, *Sonnensucher* (1958), um dessen Veröffentlichung in quälenden, sich über die Jahre hinziehenden Debatten letztlich erfolglos gekämpft worden war. *Professor Mamlock* bedeutete sicher auch einen Liebesbeweis gegenüber seinem Vater. Aber die ausgeklügelte Kamerasprache gab dem Film etwas Angestrengtes, es fehlte der Wind, der durch die Bilder wehte, alles wirkte wie ein längst abgeschlossenes, wenig persönliches Kapitel. Konrad Wolf schien mit diesem Film an einem vorläufigen Endpunkt seiner Entwicklung angekommen zu sein, man konnte auf das, was kommen würde, gespannt sein.

Bis dahin verlief das Kinojahr 1961 also im üblichen Rahmen, und auch der Bau der Mauer hatte zunächst auf Filmspielplan und -produktion kaum Auswirkungen. Aufgeführt wurden nach dem 13. August jene Filme, die ohnehin aufgeführt worden wären, und die öffentlichen Reaktionen auf sie wären sicher ohne die »Grenzsicherungsmaßnahmen« auch nicht viel anders ausgefallen.

Allerdings gibt es eine Ausnahme: Der Märchenparabel *Das Kleid* von Konrad Petzold, dessen Buch Egon Günther nach Hans Christian Andersens »Des Kaisers neue Kleider« geschrieben hatte, schnitt der Mauerbau die Lebenslinie durch. Die handfeste und spielerische, ganz auf den Mutterwitz der Volksfiguren setzende filmische Version des Märchens, die sich kräftig über den hirnlosen Kaiser (brillant: Wolf Kaiser) lustig macht, wurde von der verunsicherten DEFA-Leitung mehr und mehr beargwöhnt und schließlich endgültig in den Keller geschickt. Die Auswirkungen der Kritik des Märchenfilms an Willkür, Luxusbedürfnis und Geistlosigkeit des Herrschers, die keinerlei konkrete Anspielung auf aktuelle Verhältnisse enthielt, schienen den Offiziellen nicht kalkulierbar zu sein, so daß sie das Risiko nicht tragen wollten und den Film eliminierten. Es ist sicher nicht ganz zufällig, daß etwa zur gleichen Zeit im Moskauer Theater »Sowremennik« (Zeitgenosse) dasselbe Märchen in der Fassung von Jewgeni Schwarz aufgeführt wurde: »Der nackte König«. An die Premiere schloß sich ein lange Zeit unentschieden hin- und herschwankender Kampf um das Verbot bzw. die Aufhebung des Verbotes der Inszenierung an. Die Aufführung wurde viele Male untersagt, aber in dieser Frühzeit der Chruschtschow-Ära konnte dieses Verbot immer wieder durchlöchert werden.

Bei uns war das nicht so. Einmal verboten – immer verboten. *Das Kleid* erlebte erst 1991 im Berliner Kino Babylon seine Premiere, in einer Zeit und Kinolandschaft, in der alle ehemaligen Intentionen der Macher hilflos verpufften.

1

2

3

»Das Kleid« nach Hans Christian Andersens
Märchen »Des Kaisers neue Kleider«,
1961 gedreht, 1991 uraufgeführt

1 Regisseur Konrad Petzold (Mitte vorn)
und Autor Egon Günther (dahinter)
mit Hauptdarsteller Wolf Kaiser (rechts)

2 Werner Lierck, Wolf Kaiser und
Horst Drinda (v.l.n.r.)

3 Die Stelzen-Soldaten, die des Kaisers Macht
zu erhalten suchen

Unmittelbar nach dem Mauerbau, am 24. August 1961, kam *Der Fall Gleiwitz* von Gerhard Klein, Wolfgang Kohlhaase und Günther Rücker heraus, die minutiös rekonstruierte Darstellung des Überfalls auf den Sender Gleiwitz. Ein Film über Möglichkeiten und Techniken von Provokationen, von Manipulierung von Tatsachen und Meinungen, also ein Film, der absolut im Trend der Zeit mit ihrer permanent sich steigernden Spannung zwischen den beiden Supermächten und ihrem jeweiligen Lager lag und mit dieser Intention auch erdacht wurde. Der Mauerbau, offiziell damit begründet, daß so friedensgefährdende Provokationen unterbunden würden, hätte diesem Film – naiv gedacht – eine interessierte öffentliche Anteilnahme verschaffen müssen. Aber dem war nicht so, denn Erzählweise und Form des Films verstörten nicht nur die »Offiziellen«, sondern auch das Massenpublikum. Der Film versuchte, das Prinzip des Faschismus, die Massen mit Perfektion zu beherrschen und sie durch Organisation, Ordnung und Gewaltandrohung für Krieg und Welteroberung gefügig zu machen, filmisch zum Ausdruck zu bringen, in der Bildstruktur erlebbar werden zu lassen.

Die Planung und Realisierung des Überfalls ist ein sachlicher Vorgang, Teil einer monumentalen Organisierung eines ganzen Volkes. Die im Film dargestellten Massenveranstaltungen der Nazis riefen durch eine auf Symmetrie und Betonung der Geraden ausgerichtete Bildsprache eine beklemmende, abstoßende, auf jeden Fall zu einer distanzierten Haltung führende Wirkung hervor. In einem totalen Mißverständnis sahen manche Kritiker darin eine Verherrlichung der Organisationsfähigkeiten der Nazis und vermißten in deren Visualisierungen generell die Widerstandsbewegung. Die außergewöhnlich erhellende filmische Kraft dieser auf Erkenntnis und Durchschaubarmachung gerichteten Form wurde nicht erkannt und der Film bald nur noch in kleineren und in Kunstkinos gezeigt. Seine unsentimentale und moderne Art, sich mit dem Faschismus auseinanderzusetzen, die ihm damals den Weg zu einem breiteren Verständnis versperrte, ließ den *Fall Gleiwitz* jung bleiben. Bis heute gehört er zu den wesentlichen Arbeiten der DEFA und behauptet seinen Platz in einer antifaschistischen Weltfilmkunst.

Unter den mehr oder weniger belanglosen Gegenwartsfilmen, die im zweiten Halbjahr 1961 zur Aufführung kamen, stechen zwei hervor, die wesentliche Gegenstände behandeln und deren Wirkung sich durch die Befestigung der Grenze sicher veränderte. *Der Mann mit dem Objektiv* von Frank Vogel und Paul Wiens erzählt in lockerer, verspielter, angenehm ironischer Weise – ungewöhnlich und kostbar im DEFA-Film – eine utopische Gegenwartsgeschichte. Durch ein technisches Mißgeschick wird der Bewohner eines anderen Sternes, der bereits im 21. Jahrhundert und selbstverständlich im Kommunismus lebt, in nacktem Zustand in eine Kleinstadt der DDR verschlagen. Das einzige, was er zur Beglaubigung seiner seltsamen Existenz vorweisen kann, ist ein kleiner Gegenstand, mit dem er die Gedanken anderer lesen kann. Diese Idee des kleinen Lügendetektors nahmen später Helga Schütz und Egon Günther mit eindeutig gesellschaftskritischer Absicht in *Wenn du groß bist, lieber Adam* wieder auf und scheiterten nach dem 11. Plenum damit prompt.

1

2

3

»Der Fall Gleiwitz« (1961/RE: Gerhard Klein) –
die minutiöse Rekonstruktion des Überfalls
auf den Sender Gleiwitz, der von Hitler fingiert
worden war, als Anlaß für den Krieg mit Polen...

1 Hilmar Thate als namenloser KZ-Häftling

2 Herwart Grosse als Gestapochef Müller

3 Hannjo Hasse als SS-Hauptsturmführer Naujocks

Die Geschichte des *Mannes mit dem Objektiv* ist harmlos, weit entfernt von Gesellschaftskritik. Aber es hat einen unschuldigen Reiz, wenn einer, der weder weiß, was Geld ist und warum man es braucht, noch versteht, daß man ihm seine Geschichte nicht glaubt, dem sämtliche kleinen und großen Alltagslügen fremd sind, in die DDR platzt. Rolf Ludwig spielt den liebenswert-naiven Außerirdischen mit Charme und Unschuld und gibt auch seinem Doppelgänger, einem etwas miesen, eitlen und dummen Provinzschauspieler, die notwendige Leichtigkeit. Wenn man dann im Abspann liest, daß trotz der Unwahrscheinlichkeit der Handlung eines sicher sei, nämlich daß wir im 21. Jahrhundert im Kommunismus leben werden, weiß man heute nicht, ob man weinen oder lachen soll. Natürlich ist dies komisch übertrieben, aber der feste, unumstößliche Kinderglauben an eine glücklichere Gesellschaft tritt einem aus dem gesamten Film entgegen. Es ist anzunehmen, daß dieses fröhliche Selbstbewußtsein, diese offensive Überzeugung des Menschenfreundes und Dichters Paul Wiens, an der richtigen Sache teilzunehmen, durch die eben erlebte Abschottung der DDR einen, wenn auch vielleicht zunächst sofort wieder verdrängten, Knacks bekommen hat.

Auch Joachim Haslers *Der Tod hat ein Gesicht* hebt sich heute für mich aus dem DEFA-Angebot des Jahres 1961 als bemerkenswert heraus. Es geht um einen Chemieunfall in einem großen westdeutschen Chemiekonzern, der in der Nazizeit an der Giftgasherstellung beteiligt war. Dort arbeitet man an der Entwicklung einer sofort tödlichen chemischen Substanz, deren erste Probe bei einem Autounfall aus einem schützenden Behälter verloren wird, im Rinnstein einer belebten Straße liegenbleibt und schließlich ein Kind tötet. Der ältere der beiden an der Entwicklung beteiligten Chemiker (Friedrich Richter) stirbt nach dem Autounfall. Er hat sich aber schon lange gequält, vermochte die moralische Last dieser unheilvollen Entwicklung, an der er beteiligt ist, kaum noch zu tragen. Den Stachel der Beunruhigung gab er an den jüngeren, zunächst moralisch ziemlich unbedarften Kollegen (Günther Simon) weiter. Dieser versucht, die Öffentlichkeit vor jener bis zum Tod des Kindes unentdeckt bleibenden Substanz zu warnen, führt einen Kampf, der ihn trotz Unterstützung

von mehreren Seiten hinter die Gitter eines Irrenhauses führt.

Der Film ist spannend und partiell menschlich bewegend. Zweifelsohne folgt er ein wenig zu direkt soziologischen Verallgemeinerungen über die gesellschaftlichen Mechanismen in der Adenauerschen Nachkriegs-Bundesrepublik. Neue Erfahrungen mit der Bundesrepublik des Jahres 1993 belegen, daß die Beschreibung des Ineinandergreifens von Industrie und Politik, von alter und neuer Wirtschaftsführung und ihres ungebremsten Profitstrebens nicht übertrieben ist. Das gesamte Geflecht der Vermittlungen funktioniert in der Realität freilich unmerklicher und feiner, was gerade deswegen im Film schwierig zu fassen ist. Hasler, ein Regisseur mit einem untrüglichen Sinn für Kinowirkung, nimmt die Vergröberung in Kauf, weil er sich ihrer Anziehungskraft auf ein großes Publikum bewußt ist. Trotzdem wurde *Der Tod hat ein Gesicht* seinerzeit nur am Rande wahrgenommen. Je länger die Mauer stand und je unzugänglicher die Welt dahinter wurde, umso argwöhnischer wurden die Filme, die sich mit dieser Welt befaßten, betrachtet. Die Unmöglichkeit der Kontrolle des Wahrheitsgehaltes minderte ihre Wirkung. Erst jetzt, da wir in derselben, nur unwesentlich variierten Realität leben, wie sie Haslers Film beschreibt, und da wir realistische westdeutsche Filme über diese Gesellschaft zum Vergleich zur Verfügung haben, vermögen wir den Wert zu erkennen.

Lebensstoff Mauerbau

Der Bau der Mauer, offiziell als gesellschaftliches Ereignis bezeichnet, das den Frieden sicherte, und auch von vielen der DDR wohlgesonnenen Menschen zunächst als Maßnahme akzeptiert, die das Land vor Ausverkauf und Ausbluten schützte, war natürlich auch ein Stoff fürs Kino, zunächst für den Dokumentarfilm, bald ebenso für den Spielfilm.

Bereits im August 1962 kam der erste Mauer-Film ins Kino: *... und deine Liebe auch*, inszeniert von Frank Vogel und geschrieben von Paul Wiens, also realisiert von denselben Leuten, die 1961 den sympathischen spielerischen *Mann mit dem Objektiv* vorgestellt hatten. Erzählt wird eine Dreiecks-Geschichte: Die aus der Provinz stammende

1

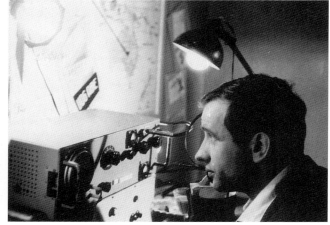

2

3

»Mauer«-Filme der DEFA:

1 Eine Szene aus »...und deine Liebe auch«
   (1962/RE: Frank Vogel)

2 Armin Mueller-Stahl in
   »...und deine Liebe auch«

3 Manfred Krug in »Der Kinnhaken«
   (1962/RE: Heinz Thiel)

Seite 164:
»Der Mann mit dem Objektiv«
(1961/RE: Frank Vogel) –
mit Rolf Ludwig als unfreiwilligem Erdenbesucher
aus einer fernen Galaxie,
Heinz Schubert als Leiter eines HO-Bekleidungs-
hauses und Marianne Wünscher als Verkäuferin

1

2

1 Frank Vogel und Kameramann Günter Ost drehen
  »...und deine Liebe auch«
  mit Kati Székely und Ulrich Thein

2 Heinz Thiel bei den Dreharbeiten zu »Der Kinnhaken«
  mit Dietlinde Greiff und Jürgen Frohriep

Briefträgerin Eva (Kati Székely) lernt an einem Sonnabend im August 1961 die Stiefbrüder Klaus (Ulrich Thein), der in Westberlin als Taxifahrer arbeitet, und Ulli (Armin Mueller-Stahl), Elektromonteur in einem volkseigenen Betrieb, kennen. Am nächsten Tag will Klaus wie üblich nach Westberlin, aber es ist der 13. August! Sein Bruder Ulli steht als Mitglied der Kampfgruppe an der neu befestigten Grenze Wache. Später bereitet Klaus seine Flucht nach Westberlin von dem Friedhof aus, wo seine Mutter liegt, vor, die aber, auch durch Ullis Eingreifen, mißlingt. Ulli und Eva kommen zusammen.

Selbst wenn man einmal von Qualität oder Nicht-Qualität des Filmes absieht, grenzt es an ein Wunder, in so kurzer Zeit eine Fabel zu erfinden, zu drehen und in Jahresfrist auf die Leinwand zu bringen. Der Film lebt zuallererst von der dokumentarisch erfaßten Atmosphäre des Sommers 1961 in Ostberlin. Die Kamera Günter Osts beobachtet genau, feinfühlig und humorvoll das alltägliche Leben der Menschen auf den Straßen, Bahnsteigen, in den Bussen, Straßen- und S-Bahnen, besonders in der Gegend um die Warschauer Straße herum, und vermittelt das lebendige Fluidum dieser Stadt. An diesen dokumentarischen Momenten freut man sich noch heute. Die Vorgänge zwischen Eva, Klaus und Ulli werden in eine festgelegte Konstellation eingefügt und profitieren von der Ausstrahlung der Schauspieler – Ulrich Thein ist der etwas grobe, die materiellen Werte bevorzugende Arbeiterjunge, Armin Mueller-Stahl glaubt man den verständnisvollen, guten Menschen, der sich für Welt und Politik interessiert und für allgemeinere Dinge aufopfert, und Kati Székely mit ihrer dicken Brille strahlt die Vertrauensseligkeit des Provinzmädchens ebenso aus wie eine wachsende innere Festigkeit, wenn sie sich Klaus zu widersetzen beginnt.

Aber warum sie sich zunächst Klaus zuwendet, später von ihm weggeht und dennoch so lange braucht, um mit Ulli überein zu kommen – die Autoren machen sich gar nicht erst die Mühe, diese Entwicklungen psychologisch zu begründen. Dieses Unfertige hatte seine Ursachen: Autor und Regisseur arbeiteten zum Zeitpunkt des Mauerbaus an einer ganz anderen Dreiecks-Geschichte über Fernfahrer, »absolut gebunden an die Existenz der offenen Grenze zwischen den beiden deutschen Staaten«. 4) Nun wurde versucht, die Geschichte der neuen Situation anzupassen. Frank Vogel und Kameramann Günter Ost begannen noch Ende August, mit kleinem (Dokumentarfilm-) Team in den Straßen Ost-Berlins zu drehen und blieben den Ereignissen runde vier Monate auf der Spur, bis sie im Januar, Februar 1962 die von Paul Wiens neu geschriebenen Spielszenen im Atelier aufnahmen. Sie versuchten, das Unausgearbeitete der Figurenbeziehungen durch Monologe der Protagonisten auszugleichen. Diese Monologe sind poetische Kommentare des Autors Paul Wiens zur Zeitgeschichte, die über die konkreten Begebenheiten hinausreichen und zum Ausdruck bringen, daß auf unserer Seite ein sinnvolles, friedliches menschliches Leben möglich ist und daß man alle Menschen für uns – der Arbeitstitel lautete »Bei uns« – gewinnen muß. Es ist, als ob sich Paul Wiens immer wieder selbst versichern wollte, daß der Bau der Mauer moralisch und politisch gerechtfertigt sei. Diese Texte wirken heute teilweise angestrengt und schwülstig, nur die Tatsa-

che, daß sie von Paul Wiens stammen, einem integren Dichter, der, ohne selbst in der SED zu sein, mit all seinen Kräften an die humanistischen Potenzen dieses anderen Deutschland glaubte, stimmen versöhnlich.

Verglichen mit diesem – trotz aller Einwände – ambitionierten Film ist der in kurzem Abstand folgende *Kinnhaken* (1962) von Heinz Thiel (Regie), Horst Bastian (Buch) und Manfred Krug (Buch und Hauptdarsteller) simpel, einfallslos, künstlerisch unerheblich. Ein hübsches Mädchen, bisher in einer Westberliner Bar angestellt, will am 13. August zu ihrer Arbeitsstelle. Einer aus der Kampfgruppeneinheit, auf die sie an ihrem alten Grenzübergang trifft, verspricht, ihr beim illegalen Grenzübertritt zu helfen. Sie merkt bald, daß er gar nicht daran denkt, sie in den Westen gehen zu lassen. Trotz ihrer Empörung über seine anfängliche Lüge beginnt sie ihn gernzuhaben. Schließlich errettet er sie sogar aus einer dummen Erpressergeschichte, die mit der Westberliner Bar zusammenhängt, und sie werden ein glückliches Paar. Manfred Krug spielt die Rolle eines gutmütigen, aber prinzipienfesten Werktätigen und Kampfgruppenmitglieds mit der ihm eigenen Nonchalance und sympathischen Ausstrahlung, was dem Film aber auch nicht zu Substanz verhilft.

Ein Jahr später, im Sommer 1963, erschien *Sonntagsfahrer* von Gerhard Klein, Karl Georg Egel und Wolfgang Kohlhaase, der einzige gründlich durchdachte und genau gearbeitete Film zum Bau der Mauer. Trotzdem ein – wenn auch hochinteressanter und aufschlußreicher – Irrtum. Einige Leipziger Familien realisieren am Vortag des 13. August mit mehreren PKW die gemeinsam geplante Republikflucht. Die Reise verläuft mit verschiedenen Abenteuern und Pannen über weite Strecken amüsant und spannend. Die Gruppe besteht aus sehr unterschiedlichen Menschen, die mit ganz verschiedenen Motiven nach dem Westen gehen. Der Anführer, ein erfolgloser Innenarchitekt, leidet an einem wütenden Haß auf die DDR und alles Sozialistische und erweist sich im Verlaufe der Reise mehr und mehr als Kriegsfanatiker und verhinderter Militär. Ein Professor von der Leipziger Universität wird von seiner unbefriedigten Frau, die davon träumt, im Westen einen größeren Lebensgenuß zu haben, in die Fluchtaktion hineingetrieben. Beide Familien nehmen ihren Sohn bzw. ihre Tochter mit, die in Leipzig studieren, ihren Eltern äußerst widerwillig folgen und unterwegs immer wieder versuchen, die Sache aufzuhalten oder wenigstens zu verlangsamen. Ein alter Arzt verläßt die DDR, immer wieder zögernd, weil er fürchtet, daß sie eines Tages vom Westen militärisch aufgerollt wird und weil er nie wieder etwas mit Krieg zu tun haben will. Der dicke Friseur ist politisch indifferent.

In dieser Gruppe kommt es zu substantiellen Auseinandersetzungen, vieles Richtige und Kritische wird zur DDR, zum Sozialismus und auch zum Westen gesagt, es gibt schöne erhellende Episoden, zum Beispiel wenn die jungen Leute mit dem alten Arzt in ein Dorf fahren, um Benzin zu holen, dabei in ein Dorffest geraten, in der Tombola gewinnen und der Arzt noch einen Verletzten versorgt. Aber der Film krankt an seinem Gegenstand und der bewußt

**Vorbereitungen zur Flucht in den Westen:
Harald Halgardt, Gerd Ehlers und
Herwart Grosse (von oben nach unten)
wollen sich absetzen –
in »Sonntagsfahrer« (1963/RE: Gerhard Klein)**

gewählten komischen Haltung zu diesem. Diejenigen, die unbedingt in den Westen wollen, allen voran der Innenarchitekt, werden als unsympathische, egoistische, oberflächliche Menschen, als Ewiggestrige und Militaristen dargestellt, so daß wir uns über jede Panne, jede Gegenaktion der Jungen freuen und über das Scheitern der Aktion höhnisch-zufrieden lachen. Aber die Darstellung der Republikflucht-Gierigen als unangenehme Menschen ist eine ebenso unzulässige Vereinfachung, wie die Freude über ihr Scheitern aufgrund des Mauerbaus eigentlich absurd ist, denn der Zuschauer lacht letztlich über seine eigene Einmauerung. Sicher haben das die Filmemacher damals noch nicht in dieser Konsequenz gesehen, aber das allgemeine Volksempfinden spürte das deutlich. Der Film war ein Flop.

Unternommen wurde die künstlerische Rechtfertigung einer Sache, die man aus der Zeit heraus verstehen und politisch begründen konnte, jedoch niemals in der Kunst. Die moralische Zweiteilung in Positives und Negatives verhinderte auch die angestrebte Komödie. Sie hätte verlangt, daß an allen Figuren Lächerliches entdeckt und über unser aller Scheitern gelacht wird. Aber die Autoren wollten sich ja gerade nur über die eine Seite lustig machen. Darin lag der Irrtum des Films, der zum Schaden für die weitere Entwicklung unserer Filme und unserer Kunstdiskussion niemals auf seine Konsequenzen überdacht, sondern bald schamvoll versteckt wurde.

Kohlhaase sagte 1984 zu *Sonntagsfahrer* : »Es ist, meiner Meinung nach, das einzige Mal, daß ich mich grundsätzlich geirrt habe, was die Verbindung von Realität und Genre betrifft. Ich glaube, es ist grundsätzlich falsch gewesen, sich diesem sehr komplizierten Vorgang, der die verschiedensten Betroffenheiten erzeugt hat, der Probleme beendete und andere Probleme eröffnete, im Stil einer Komödie nähern zu wollen. Komödie setzt voraus, daß man sich mit seinem Zuschauer über den Punkt, von dem aus eine Sache komisch ist, verständigt. Ich glaube, wie immer man zu diesem Vorgang steht, daß der komische Blick auf ihn nicht möglich war. Wir dachten, wir können etwas zur Erhellung und Entkrampfung beitragen, in dem bescheidenen Maße natürlich, in dem ein Film überhaupt direkt eingreift in öffentliche Gefühlslagen. Das war ein Irrtum. Der Film ist elementar mißglückt, nicht etwa handwerklich.« [5]

Das sind die drei Spielfilme über den Bau der Mauer – eine angesichts der historischen Tragweite dieser Aktion kleine Zahl. Ein künstlerisch gelungener ist nicht darunter, nicht einmal ein im Sinne der Kulturpolitik der DDR repräsentativer. Der Lebensstoff »Mauer« war in einem positiven Sinne von der Filmkunst nicht zu bewältigen. Später, 1967, nach dem Desaster der Spielfilmproduktion in der Folge des 11. Plenums, gab es einen letzten Versuch, mit dem Episodenfilm *Geschichten jener Nacht* den Mauerbau in einem heroischen Licht darzustellen und eine zusammenfassende Rechtfertigung zu versuchen. Gedacht als eine Art Ergebenheitserklärung an den VII. Parteitag, sollte er deutlich machen, daß es Filmschaffende gab, auf die sich die Parteiführung verlassen konnte. Typischerweise waren unter den Regisseuren der vier Episoden auch Frank Vogel und Gerhard Klein, deren Arbeiten *Denk bloß nicht, ich*

1

2

3

Jugend im Osten:

1 Günter Junghans, Peter Dommisch und Doris
  Abeßer in »Verliebt und vorbestraft« (1963).
  Das – zu Unrecht vergessene – Regiedebüt
  des Prager FAMU-Absolventen Erwin Stranka
  erinnert in seiner dokumentaren Poesie
  und lakonischen Frische an frühe Filme
  von Regisseuren des »Prager Frühlings«.

2 Gisela Büttner und Manfred Borges in
  »Drei Kapitel Glück« (1961/RE: Walter Beck)
  über die Liebe eines Medizinstudenten
  und einer Verkäuferin

3 Ernst-Georg Schwill, Peter Reusse,
  Horst Jonischkan, Günter Junghans und
  Peter Sindermann als »Rabauken-Kabarett«
  (1961/RE: Werner W. Wallroth), das einen
  Schieferbergbau-Betrieb in Schwung bringt

1

2

3

»Beschreibung eines Sommers«
(1963/RE: Ralf Kirsten)
nach dem gleichnamigen Roman von Karl-Heinz Jakobs

1 Christel Bodenstein und Manfred Krug

2 Günter Grabbert und Christel Bodenstein

3 Hans-Peter Reinecke, Marita Böhme und
  Peter Reusse

heule bzw. *Berlin um die Ecke* nach dem 11. Plenum verboten worden waren. In der DEFA gab es im Prinzip keine Teilung in Staatstreue und Dissidenten, Widerstand und Anpassung vermischten sich in ständig wechselnden Relationen.

In den folgenden Jahren wurde die Teilung Deutschlands mehr und mehr aus dem öffentlichen Bewußtsein verbannt und in Tabuzonen abgedrängt. Erst der Fall der Mauer 1989 machte es möglich, daß sie auch vom Osten aus künstlerisch entdeckt werden konnte. Jürgen Böttcher schuf mit *Die Mauer* (1990) ein faszinierendes poetisches Dokument über Abbruch und Zersetzung der Berliner Mauer zwischen Potsdamer Platz und Brandenburger Tor von November 1989 bis Ende 1990, eine Metapher über unser Jahrhundert, die mit ihrer filmischen Wucht und ihrem sensuellen Zauber diesem Monstrum der Weltgeschichte auch künstlerisch gerecht wird.

Für einen streitbaren Gegenwartsfilm

Immer wieder hörte man 1990 von den Schöpfern der »Verbotsfilme«, daß sich nach 1961, bei allem Bedrückenden der Mauer, unter ihnen die Überzeugung entwickelte, daß sie sich jetzt der kritischen Auseinandersetzung mit den eigenen Lebensproblemen zuwenden könnten. Seit dem XX. Parteitag der KPdSU (1956) hatten sich in den anderen sozialistischen Kinematographien wesentliche Veränderungen ergeben. Anfang der sechziger Jahre kamen in der Sowjetunion, die für die DDR-Filmleute immer die entscheidende Rolle spielte, so wesentliche Filme wie *Neun Tage eines Jahres* (*Dewjat dnej odnowo goda*/ 1962) von Michail Romm, *Als die Bäume groß waren* (*Kogda derewja byli bolschimi*/ 1961) von Lew Kulidshanow, *Friede dem Eintretenden* (*Mir wchodjaschtschimisja*/ 1962) von Alexander Alow und Wladimir Naumow, *Klarer Himmel* (*Tschistoje nebo*/ 1961) von Grigori Tschuchrai, *Ein Brief, der nicht abgeschickt wurde* (*Neotprawlennoje pismo*/ 1959) von Michail Kalatosow, *Iwans Kindheit* (*Iwanowo detstwo*/ 1962) von Andrej Tarkowski in die Kinos. In ihnen wurde ein unverbrauchter, sehr menschlicher Blick auf Gegenwart und Vergangenheit, besonders die des Krieges, geworfen. Auch die so lange erstarrte Filmsprache, nach Kalatosows Paukenschlag *Die Kraniche ziehen* (*Let-*

jat shurawli/ 1957) wieder in Bewegung gekommen, entwickelte sich in vielfältigen persönlichen Handschriften weiter und führte zu neuer filmischer Plastizität.

Dieser Erneuerung, die auch an den Filmen der anderen sozialistischen Ländern zu sehen war, wollten die Filmemacher der DDR ihren Beitrag hinzufügen. Entsprechend der Kleinheit unserer Kinematographie entwickelte sich ein vielgestaltiger Strom des Gegenwartsfilms, der mit den für 1965 und 1966 geplanten Filmprojekten auf seinen vorläufigen Höhepunkt zusteuerte.

Es begann im Herbst 1962 mit Günter Reischs Lustspiel *Ach, du fröhliche…*, einer von Hermann Kant besorgten Filmadaption des damals in der ganzen sozialistischen Welt gespielten Theaterstückes »Und das am Heiligabend« von Vratislav Blažek, ein – verglichen mit zeitgleich entstandenen sowjetischen, ungarischen oder polnischen Produktionen – harmloser komischer Versuch über ein Familienweihnachtsfest. Der Vater ist Direktor für Arbeit in einem Dresdner Betrieb, ersehnt sich ruhige Feiertage und muß erleben, daß seine Tochter Anne einen Mann mitbringt, den sie heiraten will und von dem sie ein Kind erwartet, der nicht seinen Vorstellungen entspricht. Dieser Thomas durfte nicht studieren, arbeitet als Möbelpacker, sieht mit kritischem Blick auf seine Umwelt und widerspricht auch Vater Lörke. Das wird locker und mit manchem komischem Wortgeplänkel erzählt. Der Vater verläßt schließlich am Weihnachtsabend die Wohnung, sucht Leute, die Thomas kannten, um den Jungen verstehen zu lernen, es gibt Streit – auch zwischen den Liebenden – und Versöhnung. Schließlich akzeptiert der Vater den jungen Mann. Der erklärt, voller Respekt für die menschliche Haltung seines Schwiegervaters, auf die Seite seines »Gegners« überzuwechseln.

»Ach, du fröhliche…«
(1962/RE: Günter Reisch) nach einem
Theaterstück von Vratislav Blažek, mit
Erwin Geschonneck (links) sowie
Karin Schröder und Arno Wyzniewski

171

Die allzu eilfertige Auflösung der nicht unerheblichen Widersprüche verstimmt; bei einer so konsequent aufgebauten Figur wie Thomas, dem Arno Wyzniewski einen genauen Gestus und Habitus gibt, ist das unglaubhaft. Trotz dieser Abschwächung, die letztlich deutlich macht, daß man das wirkliche Ausmaß der Konflikte zwischen den Generationen nicht wahrhaben wollte, und die möglicherweise der Grund dafür ist, daß der Film im Unterschied zu der sehr erfolgreichen Volksbühnen-Inszenierung des Blažek-Stückes kein Publikumserfolg wurde, ist *Ach, du fröhliche...* wichtig für die Entwicklung einer künstlerisch substantiellen Auseinandersetzung mit der eigenen Gesellschaft.

Wesentlich wurde auch *Beschreibung eines Sommers* von Ralf Kirsten, nach dem damals von vielen Leuten geradezu verschlungenen Roman von Karl-Heinz Jakobs. Äußerlich gesehen geht es um eine Liebesgeschichte auf der Großbaustelle Schwedt, wo das Erdölverarbeitungskombinat gebaut wird. Die verheiratete Grit, wie Tausende andere Jugendliche aus Begeisterung für den Sozialismus und aus Lust am Abenteuer auf dieser Baustelle angelangt, und der Bauingenieur Tom Breitsprecher, den das Aufbau-Pathos der jungen Leute nicht interessiert, der nur möchte, daß der Beton im richtigen Verhältnis gemischt und überhaupt alles so gemacht wird, damit ein solider Bau entsteht, verlieben sich ineinander. Das führt zu Auseinandersetzungen, die Brigade will das Mädchen nach Hause schicken, auch Tom will gehen, aber die beiden glauben an ihre Liebe und bleiben – vielleicht – zusammen. Wesentlich an dem Film ist seine klare menschliche Haltung. Tom mit seiner Lakonie, der die großen Sprüche der anderen durch sein Bestehen auf ordentlicher Arbeit einfach platzen läßt, ist unser Held. Aber die Filmemacher verfallen nicht in den Fehler, die übrigen Figuren, die jungen Leute, die aus den verschiedensten Berufen kommen und keine Ahnung vom Bauen haben, abzuwerten. Das betrifft vor allem Grit, FDJ-Sekretärin der Baustelle, die sich zuerst gegen Toms rüden Ton wehrt und ihn zum Sozialisten erziehen will. Tom kann sich über ihre Worte, die er weitestgehend als Phrasen empfindet, nur lustig machen. Trotzdem akzeptieren wir Grit so, wie sie ist, und daraus ergibt sich die Spannung der Liebesgeschichte, die überzeugend und mit schönen filmischen Einfallen erzählt wird. Ganz besonders prägt sich die Szene ein, als beide an einem freien Tag durch die weite Wiesenlandschaft wandern und dabei mit nicht nachlassender Begeisterung zusammen einen Kanon singen. Der Heiterkeit dieser Szene, der einfachen, elementaren Freude aneinander, kann man sich nicht entziehen. Die Wirkung wird dadurch gesteigert, daß die Feuerwehrsirene ertönt, schließlich viele Autos sie überholen, voll besetzt mit jungen Leuten, die einen Waldbrand löschen wollen. Die beiden Liebenden sind so in sich und ihren Gesang versunken, daß sie das zunächst überhaupt nicht bemerken.

Beschreibung eines Sommers lebt von den kräftigen und schönen Individualitäten der beiden Protagonisten, Manfred Krug und Christel Bodenstein. Dieser Ingenieur, der die Menschen versteht, sich aber aufgrund seiner Klarsicht und seiner sachlichen Haltung nirgends festbindet, immer

der Einzelne bleibt, ist von programmatischer Bedeutung. Hier wird ein Menschenbild der Selbständigkeit und der Eigenverantwortlichkeit entwickelt, das später mit der Figur des Balla in *Spur der Steine* seine organische Fortsetzung findet. Nicht vergessen werden darf, daß *Beschreibung eines Sommers* sehr schön fotografiert ist. Die Landschaften und die Baustelle, aber auch die intimen Szenen zwischen den Menschen werden in einem plastischen Schwarz-Weiß erfaßt, mit vielen differenzierten Zwischentönen, die Bildausschnitte zielen auf das Wesentliche, haben aber auch viel Zufälliges. Dadurch sind sie lebendig, wirken nicht ausgedacht. Damals haben wir diesen Film durchaus als Widerschein unserer eigenen Vorstellungen und Empfindungen von der Realität aufgenommen, aber weniger geschätzt, als er es verdient hätte. Der Roman, der natürlich ein viel reicheres Spektrum der Figuren und Beziehungen enthält und der in unser aller Bewußtsein und Gefühlen war, richtete sich gewissermaßen gegen den Film. Heute, da man den Film im Gesamtzusammenhang der sechziger Jahre sehen kann, behauptet er sein Gewicht.

Eine noch weitergehende Neubewertung verlangt der eigenwillige, original für die Leinwand entwickelte Film *Das zweite Gleis* (1962) von Günter Kunert (Buch) und Joachim Kunert (Regie), der aus dem öffentlichen Gedächtnis über DEFA-Filme vollständig verschwunden ist. Mit einer überraschenden und erschütternden Geschichte nähert er sich der unter der Oberfläche des normalen DDR-Alltags schwelenden unbewältigten, ja unbearbeiteten Vergangenheit. Brock, Fahrdienstleiter auf dem Güterbahnhof, entdeckt zufällig, wie zwei Männer aus einem der Waggons etwas stehlen, und glaubt, einen der beiden erkannt zu haben. Aber bei der Überprüfung aller Mitarbeiter des Güterbahnhofes, gemeinsam mit der Kriminalpolizei, schaut er diesen ihm verdächtigen Mann, den Schlosser Runge, zwar lange an, sagt aber dann, er habe sich geirrt. Dies sei nicht der Dieb. Von diesem Moment an verhält sich Brock (Albert Hetterle), schon immer schweigsam und einzelgängerisch, merkwürdig, will sich versetzen lassen, schiebt das geplante Studium seiner

Albert Hetterle als Fahrdienstleiter Brock in
»Das zweite Gleis« (1962/RE: Joachim Kunert)

**Für »Das zweite Gleis« suchte der vom Dokumentarfilm
kommende Kameramann Rolf Sohre
nach außergewöhnlichen, expressiven Motiven**

Tochter vor, die es aber – wie sich herausstellt – damit gar nicht so eilig hat. Runges Mittäter, der junge Schlosser Frank (Horst Jonischkan), soll herausfinden, warum Brock Runge nicht angezeigt hat, sucht deshalb Kontakt zu Brocks Tochter, findet das schöne und sympathische Mädchen (Annekathrin Bürger) mehr und mehr anziehend. Auch ihr ist Frank nicht unsympathisch, und sie wundert sich, daß ihr Vater ihr den Kontakt mit diesem Jungen verbieten will, ohne irgendetwas zu erklären.

Allmählich baut sich eine unheimliche Stimmung auf. Die seltsam heftigen, teils unkontrollierten Reaktionen ihres Vaters bringen Vera zu der Überzeugung, daß er, ein guter, anständiger, ordentlicher Mann, etwas mit sich herumtragen muß, was schwer auf ihm lastet. Gemeinsam mit Frank findet sie schließlich durch einen Besuch in dem Kinderheim, in dem sie nach dem Krieg einige Jahre zubrachte, das Geheimnis heraus: Als ihr Vater im Krieg einen Tag Urlaub erhält, entdeckt er im Keller einen von seiner Frau versteckten KZ-Häftling und ist nicht in der Lage, dem Nazi-Funktionär Runge, der im gleichen Haus wohnt, dies zu verbergen. Damit ist nicht nur der KZ-Häftling verloren, sondern auch Veras Mutter. In einer Gedenkstätte für die Opfer des Faschismus finden Frank und Vera unter den Hingerichteten auch ihren Namen. Frank, der

sich vollständig von Runge und seinen Machenschaften gelöst hat, wird von diesem durch eine bewußt falsch gestellte Weiche getötet, Brock kommt dazu, kann den Mord aber nicht mehr verhindern. Langsam und zögernd gehen Vater und Tochter auf dem nächtlichen, von vereinzelten Lampen schwach erhellten Güterbahnhof über eine weite Distanz aufeinander zu. Ob der Vater jetzt reden wird?

Die filmische Erzählweise erzeugt eine sogartige, schließlich erschütternde Wirkung. Es wird wenig geredet. Die kontrastreiche Schwarzweiß-Kamera (Rolf Sohre) erzeugt mit den parallelen, diagonalen und einander überkreuzenden Linien auf dem Güterbahnhof, mit den unheimlichen Schatten und Lichtern des Ortes, die die Verfallenheit und Verlassenheit der Häuser und Straßen der kleinen Stadt hervortreten lassen, eine zunehmend beklemmende Stimmung. Nimmt man am Anfang die stilbewußte optische Gestaltung des Films noch als etwas Gemachtes, das sich zwischen Erlebnis und Zuschauer stellt, deutlich wahr, so lebt man sich bald in diese nahezu expressionistische Licht- und Schatten-Welt so ein, daß man ein starkes und geschlossenes Erlebnis gewinnt. Was mag da noch alles an nicht Ausgesprochenem, nicht Verarbeitetem aus der Zeit des Faschismus in den Leuten sitzen, wovon sie sich unter dem pragmatischen Druck der Realität nicht haben reinigen können, was sie quält und verkrüppelt. Meines Wissens ist *Das zweite Gleis* der einzige DEFA-Film, der die Verquickung von Gestern und Heute, das nur flüchtig Zugedeckte, nicht Bewältigte, im Alltag der DDR behandelt. Ein bemerkenswerter und radikaler Film.

Einen radikalen Ansatz ganz anderer Art machte 1963 Slatan Dudow mit *Christine*, in dem er seinen Lieblingsgegenstand, Emanzipation und Selbstverwirklichung der Frau, auf provokative Weise weiterentwickeln wollte. Bekanntlich konnte der Film durch Dudows Unfall-Tod nicht beendet werden. Uns liegen ein filmischer Torso und Varianten des Drehbuchs vor. Deutlich wird, was mehr oder weniger charakteristisch für alle Nachkriegs-Dudow-Arbeiten ist: Mit dem groß gedachten Entwurf kann die Realisierung nicht Schritt halten. Dudow dachte an eine Parabel: Christine sucht in der Nachkriegszeit Liebe, also einen Mann, sie begegnet einem Schausteller auf dem Rummel, der aber weiterzieht. Sie bekommt ein Kind und läßt es im Heim, weil sie glaubt, daß ihre Chancen, einen Mann zu finden, sich mit Kind verringern. Dazu kommen ihre schlechten Wohnverhältnisse auf einem ehemaligen Gut, die schwere Arbeit als Landarbeiterin, ihre Sehnsucht, sich zu qualifizieren. Sie lernt einen zweiten Mann kennen, und alles verläuft nach dem Muster des ersten. So geht es immer weiter, bis sie endlich, zusammen mit den von ihr nun nicht mehr versteckten vier Kindern – so will es das Buch – den Richtigen trifft. Der Film – die vorliegende Fassung zeigt es – vermag kein organisches Verhältnis zwischen Konstruktion und Psychologie der Hauptfigur zu entwickeln. Christine bleibt über die Jahre das junge, ansehnliche, naive und unschuldige Ding, bei dem weder die erlebten Enttäuschungen, noch die Leiden und das schlechte Gewissen, welches das Weggeben der Kinder zwangsweise mit sich bringt, Spuren zurücklassen. Die – letztlich – komische Konstruktion verletzt – angesichts realistisch angelegter Erzählweise – die Psychologie der Figur. Trotzdem wäre *Christine*, hätte Dudow den Film vollenden und in die Öffentlichkeit bringen können, durch seine zugespitzte Fragestellung ein anregender Beitrag für die Auseinandersetzung um Ausbruch und Aufbruch der Frauen gewesen.

Kurze Zeit darauf meldete sich Egon Günther mit *Lots Weib* (1965), seiner ersten eigenen Regiearbeit, zum Frauen-Thema zu Wort und sorgte für die Aufregung, die Dudow leider nicht mehr vergönnt war. Einen Gerichtsfall aufnehmend – die authentische männliche Hauptfigur hat später viele Male versucht, den Film wegen angeblicher Verunglimpfung seiner Person verbieten zu lassen –, wird von Frau Lot erzählt, einer Lehrerin, die ihren Mann, einen Kapitän, nicht mehr liebt, an der Leere ihrer Ehe leidet, aber ihren Mann nicht zur Scheidung bewegen kann. Erst ein sinnloser Diebstahl gibt ihr die Freiheit, denn das gesellschaftliche Prestige ihres Mannes läßt es nicht zu, mit einer Diebin verheiratet zu sein. Der Film verbindet die Probleme der Befreiung der Frau direkt mit der Existenz einer gesellschaftlichen Hierarchie und damit einhergehenden Normen und Verkrustungen des Denkens und Fühlens. Er brachte damals durch seine freche Erzählweise, seinen

Marita Böhme und Günther Simon in »Lots Weib« (1965), dem Regiedebüt von Egon Günther

leichten Umgang mit schwerem Geschütz Freude und Erneuerung in unsere Filmlandschaft und hat seine heitere Ausstrahlung bis heute bewahrt.

Eine für deutsche Verhältnisse erstaunliche Kraft und Gelassenheit des Komischen bewies Frank Beyer mit seinem Lustspiel *Karbid und Sauerampfer* (1963). Ein etwas außergewöhnlicher Aktivist der ersten Stunde, nämlich der Arbeiter und Vegetarier Kalle, muß Karbid besorgen, damit sein Betrieb in Dresden wieder in Gang kommt. Eine Odyssee durch das (Ost)Deutschland des Frühjahrs 1945. Erwin Geschonneck spielt diesen starken, empfindsamen Mann mit so viel Vitalität und Lockerheit, daß man trotz vieler ernster, manchmal lebensbedrohlicher Situationen sich von Herzen freuen kann. Ein Kabinettstück des Komischen ist die Szene, in der er mit seinen Karbidfässern ein Stück auf der Elbe fährt und dabei – die Elbe war teilweise Grenzfluß – einmal in amerikanisches und dann wieder in sowjetisches Hoheitsgebiet gerät und versucht, jeweils angemessen zu reagieren. Es war das erste Mal, daß im ostdeutschen Film ein heiter-souveräner Blick auf die deutsche Teilung geworfen wurde, und man konnte nach den Erfahrungen dieses Filmes Hoffnungen schöpfen, daß nun die kritische Auseinandersetzung mit den Problemen der Gegenwart mit größerem Selbstbewußtsein betrieben werden kann.

Allerdings machte die Diskussion um diesen Film auch auf Widerstände aufmerksam. Sie bewegte sich im wesentlichen um die Frage, ob für eine im Deutschland des Jahres Null spielende Geschichte das Lustspiel oder Volksstück – als das Frank Beyer seinen Film auch bezeichnete – die angemessene Genre-Form sei. Hermann Herlinghaus fragte Beyer, ob dies nicht eher der Ausgangspunkt für eine Komödie mit tragischem Akzent sei und warum die Grenze zwischen dem Volksstück als Lustspiel und der Komödie im Film so klar gezogen sei. Das Tragische sei zurückgenommen, und deshalb werde die Geschichte im letzten Drittel »zähflüssig«. Er meint, die Ursache dafür, daß die Autoren das Lustspiel nicht konsequent zu Ende führten, läge »an der Geschichte selbst und am ideellen Standpunkt des Autors und Regisseurs, die den gesellschaftlichen Imperativ des Themas, den historischen, belasteten Gegenstand so bewahren wollten, daß er von den Mitteln des Lustspiels nicht überlagert wurde; denn das hätte entscheidende Abstriche am Wahrheitsgehalt und in der Wertung ergeben.« Bei seinen Forderungen nach der Komödie ginge es ihm nicht darum, »dem Tragischen das Wort zu reden, sondern darum, den Konflikt des Komischen tiefer im Widerspruch dieser Zeit angesiedelt zu wissen.« [6]

Diesen Einwänden konnte man im Prinzip nichts anderes entgegnen als Frank Beyer es tat, der es ablehnte, Komödie und Lustspiel, etwa Molière und Goldoni, einander gegenüberzusetzen. Heute, die künftige Entwicklung kennend, lese ich aus der Kritik am Lustspiel nicht nur die berechtigte Sehnsucht nach dem höheren oder tieferen Ausdruck des Komischen heraus, sondern ebenso ein Unbehagen daran, daß – um es zugespitzt zu sagen – ein hehrer Stoff, nämlich die Katastrophe von 1945 und die aufopferungsvollen Handlungen der Antifaschisten der ersten Stunde, durch triviale Formen des Komischen, Lustspiel oder Volksstück, beschädigt werden könnten, daß etwas, was rein gehalten werden soll, durch Lachen in die Niederungen des jedermann Zugänglichen gezerrt werden könnte. Hinter der Forderung nach den tiefer erfaßten Widersprüchen steckte die Furcht vor dem Sakrileg, die aber angesichts des großen Erfolgs des Films nicht offen geäußert wurde.

Eine solche Zurückhaltung gab es wenig später bei dem Film *Der geteilte Himmel* (1964) von Konrad Wolf, nach dem Roman von Christa Wolf, nicht. Schon Christa Wolfs Buch war unverblümt angegriffen worden. Man warf ihr vor, daß sie einen falschen Standpunkt in der nationalen Frage habe, nämlich daß sie die Teilung Deutschlands und nicht das Wiedererstehen des westdeutschen Imperialismus für ein nationales Unglück halte, und daß sie den sozialistischen Alltag und die Genossen der Partei falsch, durch eine Anhäufung von Problemen, Konflikten und Verletzungen darstelle. Die scharfe Kritik am Buch, auch von zentraler Stelle im »Neuen Deutschland«, hatte aber – und das wirft ein bezeichnendes Licht auf den Geist dieser Jahre – keinen Einfluß auf die Entscheidungen der Filmverantwortlichen, und so entstand der Film *Der geteilte Himmel*, eine der wesentlichsten DEFA-Arbeiten zur Gegenwart überhaupt. Die Liebe zwischen der Lehrer-Studentin Rita und dem Chemiker Manfred endet unglücklich, weil Manfred nach verschiedenen Fehlschlägen in seiner Arbeit die DDR verläßt und Rita nicht fähig ist, ihm zu folgen, trotz offener Grenze. Der Film macht dieses »Liebesversagen« der Heldin verständlich, weil er zeigt, wie Rita – als Praktikantin in einem Hallenser Waggonbetrieb – verschiedene Leute mit ihren Arbeitsproblemen kennenlernt, mehr und mehr Einsicht in den gesamten Produktionsmechanismus erhält und dabei merkt, daß manche Leute, zum Beispiel ihr Brigadier Meternagel, sich aufopferungsvoll für die Arbeit, für den Betrieb, letztlich für den Sozialismus engagieren. Sie gewinnt gewissermaßen die Gesamtheit dieses Organismus lieb. Deshalb kann sie nicht weg, was sie fast ihr eigenes Leben kostet. Denn an Manfred, der diese Welt

anders, nämlich ohne innere Anteilnahme sieht und deshalb immer nur die Unverhältnismäßigkeit der Anstrengungen wahrnimmt, hängt sie ja ebenso sehr. So wie das Land Deutschland und die Welt und der Himmel geteilt sind, so ist auch Rita geteilt, und diese Teilung reißt sie fast auseinander. Sie braucht lange, um sich von diesem Schlag zu erholen. Der Film erzählt – aus der Sicht der langsam genesenden Rita – von einer reflektierenden Ebene aus, in die die Vorgänge eingefügt sind. Diese epische Anlage, die dem Roman folgt – andere Varianten waren von den Filmleuten wieder verworfen worden –, brachte dem Film den Vorwurf ein, die Heldin sei passiv, zeige Schwäche, sei nicht so überzeugend wie die anderen Figuren. Obwohl das einerseits als ein dem bürgerlichen Bildungsroman entlehntes Prinzip akzeptiert wurde, spürte man in den Debatten, daß man sich eigentlich energischere, schneller eingreifende Entscheidungen der Heldin gewünscht hätte. Das Nachdenkliche und genau Prüfende erregte ein nicht genau definiertes Unbehagen.

Faszinierend war und bleibt, daß der Film durch seine überlegte, auf Verdichtung und Metaphorisches zielende, fast expressionistische Bildsprache, durch die Plastizität des Schwarz-Weiß in uns ein Gefühl für die Gefährdung der Welt, für die Zerbrechlichkeit unseres Zuhauses, für die innere Weltspannung wachsen läßt. Die in den Film integrierten Bilder von Juri Gagarins erstem Weltraumflug unterstreichen dies. Im *Geteilten Himmel* wird über Politik, Wirtschaft und Philosophie, über Liebe und Leid viel und ernsthaft gesprochen, mit einem starken, naiven Glauben daran, daß Gespräch nützlich und Veränderung (der Menschen, der Gesellschaft) möglich ist, dennoch ist er vor allem optisch präsent. Hat er damals mit seiner nachdenklichen Gesamtanlage die konsequenteste Problemsicht auf das Innere der DDR geboten, so ist er heute eines der aufschlußreichsten Dokumente, das die Gedanken und Gefühle, die so viele Menschen so lange mit der DDR verbunden haben, verständlich macht, und zwar für In- wie für Ausländer.

Die Kette der bemerkenswerten Erkundungen gegenwärtigen Lebens in der ersten Hälfte der sechziger Jahre schließe ich ab mit Günther Rückers Regie-Erstling *Die besten Jahre* (1965), der Geschichte eines Arbeiters, der, aus dem Krieg zurückgekehrt, dazu überredet wird, Neulehrer zu werden. Kaum ist er Neulehrer, soll er an der Oberschule unterrichten, und so geht es immer weiter. Ausgestattet mit ungenügenden Kenntnissen, mit mangelndem Selbstbewußtsein, jedoch voller ernsthafter Begeisterung für die neue Gesellschaft, wird er von Stufe zu Stufe hochgetrieben. Gesundheit und Privatleben bleiben auf der Strecke. Beeindruckend an dem Film ist nach wie vor seine etwas schwerblütige Gründlichkeit und Genauigkeit. Man spürt, daß dies alles von Rücker erlitten und erlebt wurde und daß er sich – wie sein Held – immer wieder selbst überzeugen mußte, daß diese persönliche Tortur, die natürlich auch Momente des Triumphes und der Befriedigung enthielt, im Interesse »der Sache« notwendig ist.

Reflektiert wird das prägende Erlebnis einer Generation, die – aus dem Krieg heimgekommen, mit nichts als den eigenen Enttäuschungen und Verzweiflungen im Kopf – in

»Karbid und Sauerampfer« (1963),
die Odyssee eines findigen Organisators
(Erwin Geschonneck) durchs gespaltene
Nachkriegsdeutschland.

Foto unten links: Regisseur Frank Beyer

»Der geteilte Himmel«
(1964/RE: Konrad Wolf)
nach dem gleichnamigen Roman
von Christa Wolf.
In den Hauptrollen:
Renate Blume und Eberhard Esche

der Nachkriegszeit allmählich alle wesentlichen Funktionen und Positionen einzunehmen lernte. Das war die Generation, die die DDR aufbaute und sich weitestgehend mit ihr identifizierte. Allerdings denkt der Film das Gefühl der Enttäuschung zu zaghaft an, das sich bei den lebendigen schöpferischen Geistern in der Realität der höheren Etagen der Verwaltung und Regierung nur zu bald regte, und beschreibt den Aufstieg als einen, wenn auch schwierigen, Weg nach oben. Da fehlte entweder die erzählerische oder stilistische Konsequenz – auch mit den im Film benützten Fakten hätte man komödisch umgehen können – oder der politische Wille, die Probleme in den »oberen Etagen« wahrhaben zu wollen. Nichtsdestotrotz bleibt *Die besten Jahre* der wesentliche Film über die DDR-Gründer-Generation.

Königskinder und Verführte

Deutsche Geschichte war für die DEFA stets hauptsächlich die Periode des Faschismus, die zu allen Zeiten und von allen Generationen filmisch entdeckt wurde. Antifaschismus ist der Lebensnerv des DEFA-Spielfilms, der sich über die Jahre immer wieder erneuerte und die größte Zahl künstlerisch wertvoller Filme hervorgebracht hat, die Bestand haben werden. Auch in den sechziger Jahren entstand Bemerkenswertes zu dieser Problematik, aber der Hauptstrom der Entwicklung drängte zur Gegenwart.
Frank Beyer führte seine Auseinandersetzung mit dem Faschismus, die er mit dem Spanien-Film *Fünf Patronenhülsen* (1960) begonnen hatte, mit *Königskinder* und *Nackt unter Wölfen* weiter. Später wurden diese Arbeiten einmal

links: Günther Rücker inszeniert sein Regiedebüt »Die besten Jahre« (1965), mit Kameramann Peter Krause

unten: Hans Hardt-Hardtloff (links) und Horst Drinda in »Die besten Jahre«

als Trilogie bezeichnet, was aber Beyer wegen der Zufälligkeit der Aufeinanderfolge nicht akzeptierte.

Königskinder ist eine schlichte, spröde Geschichte aus dem Berliner Norden: Magdalena und Michael lieben einander seit der Kindheit, und sie sind schon immer mit Jürgen befreundet. Michael und Jürgen suchen Anfang der dreißiger Jahre Arbeit, es geht ihnen schlecht, sie haben keine Perspektive. Das macht Jürgen gefügig für die Parolen der Nazis, er tritt in die SA ein und nimmt trotz schlechten Gewissens an einer Jagd auf Michael und Magdalena teil, die Flugblätter verteilen und Plakate kleben. Michael wird verhaftet, kommt ins KZ, später in ein Strafbataillon an die Ostfront. Da ist Jürgen sein Unteroffizier. Nach dramatischen und gefährlichen, kaum durchschaubaren Situationen gelingt es Michael überzulaufen, und auch Jürgen gerät in sowjetische Gefangenschaft und hat in Michael einen trotz allem fairen Fürsprecher. Michael fliegt nach Moskau. Auf dem Flugplatz macht sich in dem Moment seiner Ankunft Magdalena bereit, um hinter die deutsche Frontlinie zu fliegen. Sie nehmen einander nur für einen Moment unbewußt wahr. Das Motiv des Volksliedes, das den Film begleitet, legt nahe, daß es sich um eine unerfüllte Liebe handelt, und der Film versucht von Anfang an, uns mit sorgfältig gebauten, dichten Bildern diese Liebesgeschichte sinnlich erfahren zu lassen: Die Liebenden (Annekathrin Bürger und Armin Mueller-Stahl) treffen sich seit der Kindheit an einem Brunnen, sie laufen durch Alleen, kommen eine große Treppe herauf oder herunter. Man versteht sehr schnell, daß es sich um eine verläßliche Beziehung handelt, die nie gefährdet ist. Aber das dramatische Moment des Films liegt in der Beziehung zwischen den beiden Männern. Die Szenen des gegenseitigen Belauerns an der Front und die Auseinandersetzungen zwischen dem Antifaschisten und dem SA-Mann hinter den sowjetischen Linien – das ist spannend und suggestiv und deutet, gerade weil lakonisch und phrasenlos geredet wird, auf das Ungeordnete und Unklare unter den Deutschen, aus dem der Faschismus seine Kraft saugen konnte. Bei der Darstellung der sowjetischen Seite wird jegliches falsches Pathos vermieden.

Danach drehte Frank Beyer *Nackt unter Wölfen* (1963) nach dem gleichnamigen Bestseller von Bruno Apitz. Es ist der erste DEFA-Spielfilm über das Leben im KZ. Der grauenhafte Alltag wird durch die bewegende Geschichte des ins Lager geschmuggelten Kindes gewissermaßen gebündelt und erträglich gemacht. Einerseits kompliziert sich das Lagerleben durch diesen unerwarteten »Fremdkörper« fast bis ins Unerträgliche, andererseits ergibt sich durch die Existenz des Kindes und seine von vielen Häftlingen als notwendig akzeptierte Rettung auch so etwas wie ein Motiv und ein Lebensziel für zahlreiche Beteiligte. Der Film beeindruckt durch seinen internationalen Geist und sein menschliches Klima. Die Hauptfigur, Krämer, der Kopf der illegalen Widerstandsorganisation im Lager, wird von Erwin Geschonneck, aus eigenem Wissen und Erleben heraus, mit einer faszinierenden Ausstrahlung der Kraft, manchmal sogar der Gewalttätigkeit, aber auch der Überlegenheit gespielt. Rings um ihn gibt es starke und schwache Menschen, gemeine und aufopferungsvolle, sympathi-

»Königskinder« (1962/ RE: Frank Beyer) –
mit Armin Mueller-Stahl und Annekathrin Bürger
in den Hauptrollen

179

1

sche und abstoßende, die aus den verschiedensten Ländern kommen, die sich – bei einem so großen Ensemble ist das eine Voraussetzung der Wirkung – deutlich voneinander abheben. Eine Figur wie der kleine Pippig zum Beispiel, dargestellt von Fred Delmare, wurde eine Volksgestalt, blieb im öffentlichen Bewußtsein lange lebendig. Auch die faschistische Seite wird differenziert dargestellt. Frank Beyer hat später in *Jakob der Lügner* (1974), veranlaßt durch die tragikomische Grundidee, eine stilistisch komplexere Erzählweise für die unmenschlichen Vorgänge in einem faschistischen Ghetto gefunden, aber *Nackt unter Wölfen* blieb eine wesentliche Basis für ihn und für die Bearbeitung dieses Themas im DEFA-Spielfilm.

Einen neuen, überraschenden Ton traf Joachim Kunert mit *Die Abenteuer des Werner Holt* (1965) nach dem ersten Teil des gleichnamigen, ebenfalls überaus erfolgreichen Romans von Dieter Noll. Der Film hatte auf Anhieb eine ungeheure Resonanz, die über die Zeiten andauert. Es ist die Geschichte einer Gymnasialklasse, die noch zum Schluß des Krieges sinnlos verheizt wird. Zentrum ist die Freundschaft zwischen dem intelligenten, feinfühligen, nachdenklichen Werner Holt (Klaus-Peter Thiele) und dem energischen, die Anforderungen der Schule verachtenden, aus einer Offiziersfamilie stammenden Gilbert Wolzow (Manfred Karge), der besessen ist von dem Gedanken zu kämpfen und selbst dann noch, als sich alles auflöst und die Russen da sind, Holt und andere Übriggebliebene dazu zwingen will, den absurden Kampf fortzusetzen. Holt erfährt von Anfang an von verschiedenen Seiten Dinge, die den Glanz des Nationalsozialismus trüben und ihn nachdenklich machen, etwa daß sich ein Mädchen nach einer Beziehung mit einem HJ-Führer umbrachte und daß ihr Vater spurlos verschwand, nachdem er den Mann anzeigen wollte. Er merkt, daß einige sympathische Erwachsene mit dem baldigen Zusammenbruch rechnen. In einem Gespräch mit seinem Vater, zu dem er nach der Scheidung der Eltern kaum noch Verbindung hat und der eine einflußreiche Stellung in einem Chemiekonzern ohne Begründung aufgab, erfährt er von den Vergasungen in den KZ. All dies nimmt er wahr, kann aber keine Konsequenzen daraus ziehen, zu fest verbunden ist er mit allem und allen und besonders auch mit Wolzow. Erst nach eigenen

2

schrecklichen Erfahrungen mit der barbarischen Kriegs-
führung der Deutschen im Osten kann er sich in letzter
Minute von Wolzow trennen. Und als er schon ein Stück
weg ist und ihm einer nachschreit, daß die SS, angeführt
von demjenigen, den sie einst wegen des toten Mädchens
erpreßten, Wolzow erhängen wird, rennt Holt noch einmal
zurück. Aber er kann Wolzow nicht mehr retten und tötet
in einem verzweiflungsvollen Amoklauf mit einer Maschi-
nengewehrgarbe alle, die sich noch bewegen, als ob er sich
mit diesem Gewaltakt von all dem Alten, Falschen, dem
Freund, dem Vaterland und seinem Krieg befreien könnte.
Zum ersten Mal war in der DDR-Nachkriegsliteratur die
kriegsbegeisterte Jugend, die Generation von 1927, die
1945 achtzehn war, so genau beschrieben worden, und
auch der Film betrieb diese Abrechnung konsequent.
Es ist aufschlußreich, daß die Langwierigkeit und
Schmerzhaftigkeit des Holtschen psychologischen Ent-
wicklungsprozesses während der Arbeit am Film von
Beteiligten mit Sorgen wahrgenommen und offenbar als
zu kritisierende Passivität und Schwäche – ähnlich wie bei
Rita im *Geteilten Himmel* – verstanden wurde. 7) Der Film
berührte etwas, was bisher nie öffentlich ausgedrückt worden war, nämlich die Unfähigkeit der Deutschen, von einer
verschwindenden Minderheit abgesehen, sich selbständig
vom Nationalsozialismus zu lösen. Er stieß in eine Tabuzo-
ne vor, ging auf dem Weg weiter, den Frank Beyer mit der
Figur des SA-Mannes Jürgen begonnen hatte. *Die Abenteuer des Werner Holt* hatte nicht nur eine große Resonanz
von seiten jener Generation, von der die Rede war, sondern
traf ebenso auf ein großes Interesse der Jüngeren, die sich
eine Aufklärung über die so häufig verschwiegene
Geschichte ihrer Väter erhofften. Dieser erstmaligen Formulierung eines bedrängenden Tatbestandes, der aus der
Seele heraus mußte, ist es sicher geschuldet, daß – verglichen mit späteren Filmen über Nazizeit und Krieg – viel
gesprochen wird, die Denkweise der Figuren auch klar in
ihren Worten zum Ausdruck kommt. Der aufklärerische
Duktus des Films scheint einem heute, da wir aus Memoiren, schöner Literatur und Film so viel über die Nazizeit
wissen, etwas übertrieben. Aber die leidenschaftliche
Ernsthaftigkeit, die persönliche Betroffenheit, die einem
entgegentritt, läßt dies als untergeordnet verschmerzen.
Roman und Film gehörten später zum Literaturlehrstoff der
höheren Schulklassen. Dabei wurde über die Jahre immer

deutlicher, daß sich die nachfolgenden Generationen
zunehmend für die Gestalt des Wolzow interessierten, daß
kritisch gemeinte Momente der Grausamkeit mit Beifall
aufgenommen wurden. Aufmerksame Beobachter hätten
aus solchen »falschen« Reaktionen frühzeitig Schlußfolgerungen über wesentliche Gefühls- und Gedankendefizite
eines Teils der Jugend der DDR ziehen können. Doch so
etwas wollte man nicht wahrhaben, es erschien zu unge-
heuerlich.

**Klaus-Peter Thiele als Werner Holt und
Arno Wyzniewski als Sepp Gomulka in
»Die Abenteuer des Werner Holt«
(1965/RE: Joachim Kunert) nach dem
gleichnamigen Roman von Dieter Noll**

Seite 180:
**1 Kameramann Günter Marczinkowsky,
Autor Bruno Apitz und Regisseur Frank Beyer
bei den Dreharbeiten zu
»Nackt unter Wölfen« (1963)**

2 Eine Szene aus »Nackt unter Wölfen«

181

Ein schöner Außenseiterfilm sei noch erwähnt: *Mord ohne Sühne* (1962) von Carl Balhaus über den bekannten Justizirrtum an dem polnischen Landarbeiter Jakubowski. Er wird zu Unrecht des Mordes an seinem Kind bezichtigt, glaubt an die Fairness des deutschen Justizwesens, seine Unschuld wird durch einen rechtschaffenen Polizisten nachgewiesen, und trotzdem wird Jakubowski im präfaschistischen Deutschland hingerichtet. Der Film folgt dem Roman von Theo Harych »Im Namen des Volkes«, erzählt bewegend von dem Polen, der sich nicht zu wehren versteht, der sogar zunächst sein Alibi verschweigt, weil er die Frau, bei der er war und die er liebt, im Dorf nicht ins Gerede bringen will. Auch die parallel dazu verfolgte Geschichte des Oberlandjägers Heinz Lippert (Günther Simon) ist interessant. Er verhaftet Jakubowski, findet aber keine Ruhe, weil er fühlt, daß der Falsche im Gefängnis sitzt. Nach und nach erfaßt ihn eine Besessenheit, dieses Verbrechen aufzuklären. *Mord ohne Sühne* ist die letzte szenaristische Arbeit der beiden renommierten DEFA-Szenaristen von altem Schrot und Korn, Joachim Barckhausen und Alexander Graf Stenbock-Fermor, die ein sicheres Gefühl für Wirkung und soziale Genauigkeit haben. Haltung und Blick Jakubowskis, von Wojciech Siemion verkörpert, gehen einem lange nicht aus dem Kopf. Nur die Schlußsequenz, die in der Nazi-Zeit spielt, ist wegen ihrer allzu eindimensionalen Schlüssigkeit zu kritisieren: Der Oberlandjäger geht in den antifaschistischen Untergrund, und der Staatsanwalt Becker avanciert zum Oberstaatsanwalt. Selbst wenn es sich wie im Fall Becker um Fakten handelt, wehrt man sich gegen die implizierte Schlußfolgerung, daß alle anständigen Menschen Anti-Nazis waren und alle Karrieristen Nazis. Trotzdem bleibt der Film ein optisch einprägsamer, wahrhaftiger Bericht über das Elend und das Ausgeliefertsein der Ärmsten der Armen im Deutschland der späten Weimarer Republik.

Die Lust am Genre-Kino

In den frühen sechziger Jahren gehen viele Filmemacher mit Unbefangenheit auf die Zuschauer zu. Später hat es in der DEFA nie mehr eine solche publikumsfreundliche Haltung und eine vergleichbare Vielfalt an filmischen Formen gegeben. Der Opernfilm (*Der fliegende Holländer*/ 1964/ RE: Joachim Herz) stand neben Klassiker-Verfilmungen (*Minna von Barnhelm*/ 1962, *Viel Lärm um nichts*/ 1964/ beide RE: Martin Hellberg), dazu kamen Operette (*Die schöne Lurette*/ 1960/ RE: Gottfried Kolditz) und Musical (*Der Dieb von San Marengo*/ 1963/ RE: Günter Reisch), Lustspiele und Kriminalfilme. Ein großer Teil dieser Genre-Versuche war stümperhaft, ein Meisterwerk ist nicht darunter, aber einige Filme sind doch bemerkenswert.
Typisch für die DEFA war, daß auch für die Unterhaltungsgenres stets ernsthafte Gegenstände gewählt wurden. Die Lustspiele befaßten sich hauptsächlich mit der eigenen Realität, während die Versuche im Kriminalbereich – im weitesten Sinne – ihre Gegenstände vor allem in der westdeutschen bzw. spätbürgerlichen Gesellschaft überhaupt fanden.

1

2

3

Liaison zwischen DEFA und Richard Wagner:
die Opernverfilmung »Der fliegende Holländer« (1964)

1 Regisseur Joachim Herz
   mit seinem Filmberater Peter Ulbrich (rechts)

2 Fred Düren als »Der Holländer«

3 Anna Prucnal als Senta

1

1

2

2

3

3

Liaison zwischen DEFA und klassischem Theater:

1 Regisseur Martin Hellberg (rechts) bei den Dreharbeiten zu seinem letzten DEFA-Film »Viel Lärm um nichts« (1964) nach William Shakespeare

2 Gerhard Bienert (links) und Rudolf Ulrich in »Viel Lärm um nichts«

3 Marita Böhme als »Minna von Barnhelm« (1962/ RE: Martin Hellberg) und Christel Bodenstein als deren Dienerin Franziska

Liaison zwischen DEFA und musikalischem Lustspiel:

1 Stefan Lisewski in »Eine Handvoll Noten« (1961/RE: Otto Schneidereit und Helmut Spieß)

2 Manfred Krug in »Revue um Mitternacht« (1962/RE: Gottfried Kolditz)

3 Szene aus »Nichts als Sünde« (1965/RE: Hanus Burger), ein Musical sehr frei nach Shakespeares »Was ihr wollt«

1

2

3

Eine erfolgreiche Partnerschaft: der Regisseur
Ralf Kirsten und sein Star Manfred Krug

1 bei den Dreharbeiten zu
»Beschreibung eines Sommers« (1963)

2 Manfred Krug und Marita Böhme in
»Auf der Sonnenseite« (1962)

3 Manfred Krug in »Mir nach, Canaillen!« (1964)
auf den Spuren von Fanfan, dem Husar

Seite 185:
Rolf Herricht als »Geliebte weiße Maus«
(1964 / RE: Gottfried Kolditz – oben)
und als »Der Reserveheld«
(1965 / RE: Wolfgang Luderer)

Die bemerkenswerteste Erscheinung im Lustspiel war das gemeinsame Auftreten des Regisseurs Ralf Kirsten und des Schauspielers Manfred Krug in den beiden Filmen *Auf der Sonnenseite* (1962) und *Mir nach, Canaillen!* (1964). Es gibt keine rationale Erklärung dafür, daß sich plötzlich zwei junge Leute finden, der Regisseur knapp über Dreißig, der Schauspieler Mitte zwanzig, gemeinsam den Film *Auf der Sonnenseite* produzieren, der auf autobiographischen Fakten Manfred Krugs gründet – sein Weg vom Stahlschmelzer zur Schauspielschule – , und auf Anhieb das Zeitgefühl des jungen Kinopublikums treffen. *Auf der Sonnenseite* wird ein Riesenerfolg. Krug, dieser anarchische Kerl, groß und massig wie ein Baum, der stur seinem eigenen Schädel folgt, sich nicht vereinnahmen läßt, der sich widersetzt und kratzbürstig ist, über Witz und die sprichwörtliche Berliner Schnoddrigkeit, Lakonie und entsprechendes Understatement verfügt, kann zugleich ein zarter Mensch sein. Man muß ihn gernhaben, vor allem wenn er anfängt zu singen. Seine etwas belegte Stimme mit dem unvergleichlichen Timbre zog uns alle in ihren Bann.

Krug hatte in Frank Beyers Spanienfilm *Fünf Patronenhülsen* (1960) bereits eine große Rolle gespielt, aber hier bei Kirsten entfaltet er zum ersten Mal die spezifischen Wirkungen eines potentiellen Stars, der nicht nur ein sehr guter Schauspieler sein, sondern vor allem über eine Persönlichkeitsausstrahlung verfügen muß, die der Zuschauer als die verdichtete Verkörperung seiner eigenen Sehnsüchte empfindet. Genau das passierte in *Auf der Sonnenseite*. Ein Massenpublikum identifizierte sich mit diesem Martin Hoff alias Manfred Krug. Ein Jahr später kam *Beschreibung eines Sommers*, in dem er sein schauspielerisches Handwerkszeug vervollkommnete, seine Wirkungsmöglichkeiten ausbaute und einen psychologisch differenzierten Charakter schuf, und wieder ein Jahr darauf erschien *Mir nach, Canaillen!*, wo schon bei der Erarbeitung des Szenariums – nach dem heiteren Roman »Eine Sommerabenddreistigkeit« von Joachim Kupsch – durch Kupsch und Ulrich Plenzdorf ganz offensichtlich mit der starken und eigenartigen Wirkung des jungen Stars gerechnet wurde. Notwendige praktische Fähigkeiten – Reiten und Fechten – eignete sich Krug schnell an, sie ließen die Gestalt des armen Hirten Alexander zur glanzvollen Wirkung kommen. Obwohl der Film zu Zeiten August des Starken spielt, hat er – wie sein unerreichtes Vorbild *Fanfan, der Husar* (*Fanfan la tulipe*/ 1952/ RE: Christian-Jaque) mit dem unvergeßlichen Gérard Philipe in der Hauptrolle – einen ganz und gar zeitgenössischen Ton. Wie der einfache Hirte, der starke, gefühlvolle, ungebildete, aber witzige, geschickte und ansehnliche Alexander die Großkopfeten überrumpelt, sein Glück macht und dabei in allen Situationen einen ungebremsten Lebensgenuß ausstrahlt – das machte den Leuten einen Riesenspaß, baute ihr Selbstwertgefühl auf und stabilisierte es. Ralf Kirsten inszenierte mit einer zupackenden Freude an der Bewegung, den Abenteuern, den Kämpfen und dem unsentimentalen Liebreiz der beiden Liebenden (neben Manfred Krug Monika Woytowicz) frisch, temporeich, ohne Zaghaftigkeit. Man konnte dem jungen Regisseur zu diesen drei kurz aufeinander folgenden lebendigen, leichten, aber nicht seichten Filmen

nur gratulieren. Umso trauriger, daß es danach so ganz anders weitergegangen ist. Kirsten und Krug hatten zusammen das Zeug, zum großen Erfolg zu kommen. Aber wie so oft in der Geschichte des DEFA-Films brach diese Linie abrupt und ohne erkennbare Ursache ab. Manfred Krug spielte noch gute und interessante Rollen, die wichtigste war der Balla in Frank Beyers *Spur der Steine*. Selbst nach dem 11. Plenum gab es für ihn noch interessante Aufgaben, zum Beispiel in dem Fernsehfilm von Martin Eckermann *Wege übers Land* (1968) oder in den DEFA-Filmen *Das Versteck* (1977) von Frank Beyer und *Feuer unter Deck* (1977) von Herrmann Zschoche. Aber der faszinierende, atemberaubende Aufstieg zum Star, der sich Anfang der sechziger Jahre in einer so seltenen Übereinstimmung mit einem Regisseur andeutete, war vorbei. Der Moment war verpaßt.

Etwa zur gleichen Zeit wurde ein anderer Komiker für das Kino entdeckt: Rolf Herricht, die komische Variante des verschreckten, ängstlichen Kleinbürgers, der sich überall durchmogelt, nur manchmal aufbegehrt, eigentlich ein friedlicher, harmloser Geselle ist. Im Unterschied zum anarchischen Krug, der gewissermaßen die Inkarnation der Freiheits-Sehnsucht des kleinen Mannes war, konnte man Herricht als Visualisierung des eigenen unbedeutenden Selbst auffassen. Er hatte einen großen Erfolg als Verkehrspolizist in *Geliebte weiße Maus* (1964) von Gottfried

1

2

3

Kolditz und als komischer Schauspieler, der als Reservist eingezogen wird, in *Der Reserveheld* (1965) von Rudi Strahl und Wolfgang Luderer. Ich habe damals *Geliebte weiße Maus* als mißlungen bezeichnet, weil dem Film kein komisches Prinzip zugrunde liege – was stimmt – und weil Rolf Herricht, der Publikumsliebling, keine komische Figur zu schaffen in der Lage sei. Damit verhielt ich mich zu Herrichts Persönlichkeit, seiner spezifischen Ausstrahlung und Begabung ignorant. [8] Heute begreife ich, etwa beim Sehen des Films *Der Reserveheld*, daß dieser Schauspieler, klein, ungeschickt, eitel, schwierigen Situationen nicht gewachsen – wie wir – , eine unvergleichlich reine Ausstrahlung hat, die die Menschen anrührte und ihm ihre überwältigende, nie versiegende Sympathie einbrachte. Genau das kommt in den Filmen zum Ausdruck. Deshalb wäre es wichtig gewesen, die komischen Versuche fortzusetzen, trotz der Kritik, die oft – wie am eigenen Beispiel angedeutet – die unvollkommenen Versuche an komischen Meisterwerken maß und so immer nur das Mißlungene sah und das ihrige dazu getan hat, den Regisseuren den Spaß an den populären Formen auszutreiben.

Einige Kriminalfilme setzten sich in der ersten Hälfte der sechziger Jahre mit beunruhigenden Tendenzen vor allem innerhalb der westdeutschen Gesellschaft auseinander. Auf Joachim Haslers *Der Tod hat ein Gesicht* folgte zum Beispiel *Freispruch mangels Beweises* (1962), den Richard Groschopp inszenierte: Ein erfolgreicher Journalist mit gesellschaftskritischen Ambitionen will in München ein neues Magazin mit einer parteiinternen (CSU-)Skandalgeschichte starten. Er wird von den Kollegen, seinem Sohn, seiner Freundin gewarnt, sich mit der CSU anzulegen, aber er fühlt sich im Recht und innerhalb der bürgerlichen Demokratie ganz sicher. Der Film verfolgt minutiös den Mechanismus der Intrigen, mit denen er zu Fall gebracht wird. Ein Tabu verletzt man nicht ungestraft. Der Film ist genau gearbeitet und wirkt glaubwürdig, wir verfolgen die Demontage des Mannes mit Interesse. Dennoch berührt uns sein Schicksal nur wenig, und der Film gewinnt trotz des schließlichen Freitodes des Helden keine dramatische Wucht.

Ähnliches gilt für *Jetzt und in der Stunde meines Todes* (1963), von Konrad Petzold inszeniert und Egon Günther geschrieben: ebenfalls die Geschichte einer erfolgreichen, kritischen Journalistin, die am Eichmann-Prozeß in Israel teilnimmt, verzweifelt wegfährt, weil sie das nicht aushalten kann und nun in (West)Deutschland von ihrem Magazin den Auftrag erhält, einen zweifachen Mord mit rechtsradikalem Hintergrund zu recherchieren, dessen ein junger Mann angeklagt wird. Sie ist mutig und einfallsreich, findet in einem Kriminalisten einen verständnisvollen, demokratisch intendierten Partner, entdeckt die Unschuld des Angeklagten im ersten Mordfall. Damit bricht das Beweismaterial der Anklage zusammen, der junge Mann wird freigelassen. Aber für die Frau ist der Fall nicht zu Ende, sie interessiert sich für die Verquickung von Politik, Wirtschaft und ehemaligen Nazis und spürt dem zweiten Mord nach, durch den offenbar ein zum Sicherheitsrisiko gewordener ehemaliger hoher Nazi-Offizier beseitigt wurde. Schließlich wird sie von dem jungen Mann, der ihr die

Freiheit verdankt und der den Nazi umbrachte, ermordet. Auge in Auge mit dem Täter, an ihrer Schreibmaschine arbeitend, kann sie in ihre Maschine tippen, wer sie tötet. Auch hier ist die Aufdeckung des Netzes der Verquickungen und Verwicklungen interessant, der Kriminalfall entwickelt sich übersichtlich, aber unser Mitgefühl mit der Heldin, die von der sehr schönen und eindrucksvollen Inge Keller dargestellt wird, hält sich trotz ihrer zunehmenden Gefährdung und ihres schließlichen Todes in Grenzen. Dies sind Aufklärungsfilme, Darstellungen von Systemen der Korruption und der Geschäftemacherei, interessant, richtig, aber begrenzt in der Wirkung.

Anders verhält es sich mit zwei Filmen von Joachim Hasler zu ähnlicher Thematik: *Nebel* (1963) und *Chronik eines Mordes* (1965). Beide gewinnen über die Aufklärung politischer Zusammenhänge hinaus tragisches Gewicht. *Nebel* spielt in einer kleinen englischen Hafenstadt. In ihrer Nähe sank im Krieg ein Schiff, das Kinder aus der Kriegszone herausbringen sollte. Zum Gedenken an dieses Unglück wurde eine Glockenboje im Meer befestigt, deren klagende Töne nie verstummen. Eines der Kinder, die sich damals retten konnten, ist Bill Smith (Eberhard Esche), der jetzt als Taucher arbeitet. Der kleine Hafen gerät in Unruhe, weil eine Gruppe hoher englischer Offiziere gemeinsam mit einem Deutschen eintrifft und es sich herumspricht, daß hier ein gemeinsamer Militärhafen gebaut werden soll. Bill entdeckt, daß der anwesende Deutsche, Wedel, Kapitän jenes U-Boots war, durch das die »Princesse of India« beschossen wurde. Am nächsten Tag wird Wedel tot aufgefunden, und der Verdacht fällt auf Bill. Der Prozeß bringt die Aufklärung über den wirklichen Tathergang, Bill wird freigesprochen, der Militärhafen gebaut.

Hasler hat ein genaues Gefühl für die Entwicklung von Spannung. Lange bleiben wir im Ungewissen über die wirklichen Zusammenhänge des Schiffsunglücks, das noch immer wie ein großer Schatten auf der Stadt lastet. Wir wissen zunächst nicht genau, warum Bill Wedel verfolgt, ahnen etwas Schreckliches, vermuten aber, daß es ihm um die Verhinderung des NATO-Stützpunktes geht. Erst während des Prozesses begreifen wir das Ausmaß der Schiffskatastrophe und der Bestialität Wedels, der von seinen eigenen Leuten auf die Unmenschlichkeit des Vorgangs hingewiesen wurde. Die Szenen des Schiffsuntergangs mit den aufgeregten Kindern sind so schrecklich und berührend, daß sie lange in unserem emotionalen Gedächtnis haften bleiben.

Noch eindrucksvoller ist Haslers *Chronik eines Mordes*, eine von Angel Wagenstein geschriebene Filmfassung von Leonhard Franks Roman »Die Jünger Jesu«. Das ist die Geschichte einer Besessenheit, eines leidenschaftlich verfolgten Anspruchs auf Gerechtigkeit. Ruth Bodenheim, deren Familie durch die Nazis, unter ihnen ist der SA-Mann Zwischenzahl, getötet wurde und die selbst in einem Wehrmachtsbordell landete, setzt nach dem Krieg alles daran, eine Verurteilung Zwischenzahls zu erreichen, der sich ohne jede Scham als Biedermann wieder in die Politik des Landes mischt. Alle ihre Vorstöße enden damit, daß man ihr rät, mit den Akten, die sie zusammengetragen hat, sich um eine Wiedergutmachung zu bemühen. Aber sie

Hans-Peter Minetti in dem Agentenkrimi »Reserviert für den Tod« (1963/RE: Heinz Thiel)

Seite 186:
Alltag im Westen, aus DEFA-Sicht:

1 Gerd Ehlers in »Jetzt und in der Stunde meines Todes« (1964/RE: Konrad Petzold) über latenten Faschismus in der Bundesrepublik

2 Herwart Grosse und Paul Berndt in »Freispruch mangels Beweises« (1962/RE: Richard Groschopp) über unsaubere Parteienfinanzierung und die »freie« Presse

3 Günther Simon und Fred Ludwig in »Der Tod hat ein Gesicht« (1961/RE: Joachim Hasler) über die Gefahr neuer Massenvernichtungsmittel

Eberhard Esche (links) und Helmut Schreiber
in »Nebel« (1963/RE: Joachim Hasler)

will kein Geld, sondern Sühne, verlangt eine öffentliche Auseinandersetzung mit den Verbrechen der Vergangenheit. Schließlich greift sie zum letzten Mittel, um dies zu erreichen: An dem Tag, an dem Zwischenzahl zum Bürgermeister gewählt wird, erschießt sie ihn.

Der Film beginnt mit dem Mord, um uns sodann in strenger Zwangsläufigkeit die Ursachen des Verbrechens vor Augen zu führen. Der starke, beklemmende und aufrüttelnde Eindruck rührt vor allem von der Hauptgestalt, die von Angelica Domröse mit seltener innerer Intensität und Kraft verkörpert wird. Lange Zeit, nachdem sie aus dem Wehrmachtsbordell entlassen ist und sich im Chaos des Kriegsendes in Richtung Heimatstadt bewegt, bleibt ihr Gesicht starr, unbeweglich. Wie eine antike Rachegöttin verfolgt sie unbeirrbar ihr Ziel: Rache, nein Sühne. Auch wenn sie sich durch die Liebe ihres alten Freundes Dr. Martin ein wenig lockern kann, Züge eines sich im Alltag normal

bewegenden Menschen wiedergewinnt, empfindet man, daß sie Schäden davongetragen hat, die nicht zu heilen sind. Hasler gelang in der Form eines Kriminalfilmes ein strenger, würdiger Beitrag zu einem der blamabelsten Kapitel der damaligen bundesdeutschen Gegenwart, der heute angesichts der uns permanent anempfohlenen Aufarbeitung unserer DDR-Vergangenheit wieder eine ganz neue Brisanz gewinnt.

Der berühmteste Kriminalfilm der DEFA aus dieser Zeit ist *For eyes only* (1963) von János Veiczi. Er verfolgt die Abenteuer eines DDR-Geheimdienstlers, der an hoher Position in den amerikanischen CIA eindringt, dort einen wichtigen Plan des Hauptquartiers der US-Army entwendet und in die DDR zurückkommt. Diesen Film über die Abenteuer eines direkten Mitarbeiters von Markus Wolf sieht man auch heute noch mit Spaß, wenn auch der naive Glau-

1

2

3

»Chronik eines Mordes« (1965) nach dem
Roman »Die Jünger Jesu« von Leonhard Frank:
Eine Jüdin, während des Krieges von den
Faschisten in ein Bordell verschleppt, kehrt nach
1945 in ihre westdeutsche Heimatstadt zurück.

1 Angelica Domröse als Ruth Bodenheim

2 Regisseur Joachim Hasler (Mitte)
  mit Angelica Domröse

3 Jiři Vrstala

1

2

»For eyes only« (1963/RE: János Veiczi)

3

1 Alfred Müller als Kundschafter der DDR-Staats-
sicherheit im Geheimdienst der US-Army

2 der in der DDR lebende kanadische
Protestsänger Perry Friedman als MID-Major

3 Hans Lucke als MID-Colonel Rock und
Peter Marx auf dem Verhörstuhl

1

1

2

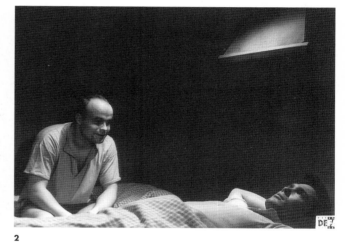

2

»Die Glatzkopfbande« (1963 / RE: Richard Groschopp):
Rowdies in der DDR

1 Rock' n' Roll mit Irene Fischer und
  Karl-Richard Schmidt

2 Klaus Gendries als Kripo-Leutnant Hansen,
  der die Bande dingfest macht

»Entlassen auf Bewährung« (1965 / RE: Richard Groschopp):
über die Wiedereingliederung ehemaliger Strafgefangener

1 Der Regisseur (rechts) bei den Dreharbeiten

2 Volkmar Kleinert (links) und Heinz Klevenow

be an die moralische und damit historische Überlegenheit des Sozialismus, der dem Film aus jedem Knopfloch blitzt, ohne viel Federlesens von der Geschichte hinweggefegt wurde.

Erwähnt werden müssen zwei Kriminalfilme Richard Groschopps zu Jugendproblemen im eigenen Land. Vor allem *Die Glatzkopfbande* (1963) war wichtig, deutete auf soziale Probleme hin, die von der Gesellschaft verdrängt wurden. Es ist die Geschichte eskalierender Brutalität in einer Gruppe Jugendlicher, die stark von bestimmten anarchischen Moral- und Freiheitsvorstellungen des Westens, der für sie nun unerreichbar geworden ist, geprägt sind, sich Glatzen scheren, mit ihren Motorrädern durch die Gegend rasen, auf dem Zeltplatz in Usedom die anderen Urlauber terrorisieren und schließlich in die offene Krimi-

nalität abgleiten. Wesentlich war die genaue Darstellung einer sich aufschaukelnden Gruppendynamik, die dem einzelnen bald gar keine Alternativen mehr ließ. Bedauerlicherweise wirkte der enorme Publikumserfolg des Films unter jungen Leuten verstörend auf die Filmverantwortlichen, so daß sie den Film vom Spielplan absetzten. Die sich in diesem Interesse manifestierenden unterschwelligen Probleme wollte man nicht wahrhaben. Groschopp drehte danach eine Art Fortsetzung, *Entlassen auf Bewährung*, (1965), über die schwierigen Bemühungen eines Jungen der Bande, der aus dem Gefängnis entlassen wird, einen ordentlichen Weg gehen will, und dem es damit im DDR-Alltag schwer gemacht wird. Ein sympathischer bescheidener Film, der aber bei weitem nicht an die Brisanz und ungehobelte Leidenschaftlichkeit der *Glatzkopfbande* herankommt.

Regisseure der DEFA:

1 Walter Beck dreht das Gegenwartslustspiel
»Drei Kapitel Glück« (1961)

2 Horst E. Brandt, hier als Kameramann des
Kriminalfilms »Reserviert für den Tod« (1963),
den sein späterer langjähriger Regie-Partner
Heinz Thiel inszenierte

3 Siegfried Hartmann probt für
»Das verhexte Fischerdorf« (1962),
mit Kameramann Hans Heinrich

4 Johannes Knittel und Kameramann
Günter Eisinger drehen den
»Arzt von Bothenow« (1961)

5 Und noch ein Arztfilm: Lutz Köhlert
mit Günter Eisinger bei Aufnahmen
zu »Ärzte« (1962)

6 Gottfried Kolditz bringt Rolf Herricht als
»Geliebte weiße Maus« (1964) auf Trab

7 Hans Lucke (rechts), eigentlich Schauspieler
und Autor, inszeniert »Sommerwege« (1960).
Der Film erblickte nie das Licht der Leinwand.

8 Hanns Anselm Perten, Theaterregisseur
und -prinzipal, versucht sich zum ersten und
einzigen Mal an einer Filmregie:
»terra incognita« (1965), nach einem
dramatischen Poem von Kuba

9 Werner W. Wallroth (links) und
Kameramann Günter Ost drehen
»Das Rabauken-Kabarett« (1961)

1

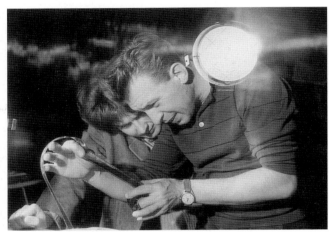

2

3

4

7

5

8

6

9

Aufbruch und Abbruch

Die Bemühungen um den Gegenwartsfilm verdichteten sich in den Jahren 1964 und 1965. Eine solche Konzentration auf das Heute hatte es vorher bei der DEFA nicht gegeben. Eine weitere Besonderheit: Es handelte sich – mit wenigen Ausnahmen – um Arbeiten junger Leute. Die erste Absolventen-Generation der Filmhochschulen Babelsberg, Moskau und Prag trat zum ersten Mal geschlossen auf den Plan: die Autoren Helga Schütz, Manfred Freitag und Joachim Nestler, Ulrich Plenzdorf, die Dramaturgin Christel Gräf, dazu ihre Generationsgefährten Christa und Gerhard Wolf, Manfred Bieler, Wolfgang Kohlhaase, Klaus Poche; die Regisseure Kurt Barthel, Frank Beyer, Jürgen Böttcher, Ralf Kirsten, Frank Vogel, Herrmann Zschoche, zu denen Egon Günther, Gerhard Klein, Günter Stahnke und Hans-Joachim Kasprzik kamen, die einen anderen Weg zum Film hatten; die Kameraleute Roland Gräf, Peter Krause, Claus Neumann, Günter Ost, zu denen sich der etwas ältere Erich Gusko gesellte. Eine altersmäßige Ausnahme war Kurt Maetzig (Jahrgang 1911), der nach seinen wesentlichen und schönen Filmen der fünfziger Jahre, *Schlösser und Katen* (1957) und *Vergeßt mir meine Traudel nicht* (1957) Verschiedenes, etwa den ersten Science-fiction-Film der DEFA oder Abenteuerfilme ausprobiert hatte, aber allmählich zu der Erkenntnis gelangte, daß er als Künstler in eine Sackgasse geraten war. Als ihm das Manuskript von Bielers Roman *Das Kaninchen bin ich* gegeben wurde, wußte er sofort, daß er etwas in den Händen hielt, was er unbewußt schon lange suchte. Sie alle, die Jungen und der Ältere, arbeiteten an ihren Projekten und Filmen, ohne sich untereinander zu verständigen. Sie wußten von den Vorhaben der anderen, wie man das in der DEFA immer mehr oder weniger genau wußte. Ihre Vorhaben lagen in einer allgemeinen Zeitstimmung, einem Trend, der genauso in der Literatur und im Theater, in der Bildenden und sogar in der Angewandten Kunst zu spüren war, der auch von Funktionären in verschiedenen Ebenen der Verwaltung teilweise mitgetragen wurde.

In filmwissenschaftlichen Veröffentlichungen jener Zeit tritt einem eine allgemeine Unzufriedenheit mit flachen, konfliktlosen, affirmativen Filmen entgegen und die Sehnsucht nach wahrhaftiger künstlerischer Erkundung der verschlungenen Wege des Menschen. Michail Romms These »Der Mensch ist kompliziert« – bereits Anfang der sechziger Jahre in die Welt gesetzt – geisterte durch Köpfe und Herzen. Klaus Wischnewski, damals zunächst Chefdramaturg der DEFA, erinnert sich an eine Zeit der Gespräche, der Offenheit, des Streits und des gemeinsamen Suchens. »Die Jahre von 1961 bis 1965 sind in meiner Erinnerung voller Energie, Risiko und Selbstbewußtsein. In Theorie und Praxis haben wir viel gewonnen, und wir waren gleichzeitig, aus späterer Sicht betrachtet, von einer bestürzenden Naivität.« [9] Der durch die Ausbreitung des Fernsehens verursachte Zuschauerrückgang verlangte nach einer neuen, die Lebensprobleme der Menschen ernstnehmenden, den Zuschauer als Partner (damals eine häufig gebrauchte Vokabel) akzeptierenden Kinematographie. Die

Unzufriedenheit mit der Situation fand ihren Ausdruck auch in der Kritik der in der DDR gezeigten Filme. Der Filmminister Günter Witt wandte sich in seiner Rede anläßlich der Heinrich-Greif-Preisverleihung 1964 an *Nackt unter Wölfen* gegen den Ankauf unpolitischen kleinbürgerlichen Schundes aus dem Westen und meinte, daß es notwendig sei, »ernstzunehmende Kunstwerke, Problemfilme mit beachtlichem sozialkritischem Akzent (...), geschaffen von humanistischen Künstlern«, in den Einsatz zu bringen, auch wenn diese Filme manchmal »widersprüchlich in ihrer Philosophie« sind oder in ihrer realistischen Aussage »Grenzen« aufweisen. [10] Tendenzen einer Demokratisierung des öffentlichen Lebens zeigten sich in einem neuen Rechtspflegeerlaß, der den Justizbereich für demokratische Formen wie etwa Konfliktkommissionen, Vertreter von Betrieben etc. öffnete, und in einem Jugendkommuniqué, das der Jugend größere Freiräume und mehr Verantwortung zusicherte.

Die Filmprojekte entwickelten sich im Rahmen der DEFA-Mechanismen. Es gab die üblichen zähen Kämpfe um Stoffe oder erzählerische Teillösungen, nur daß die Filmemacher vielleicht mit mehr Hoffnung, Energie, Selbstbewußtsein und Mut zugange waren als vorher. Um die Ambivalenz der Situation zu veranschaulichen, sei kurz auf die Entstehungsgeschichte der beiden »Flaggschiffe« der Bewegung, nämlich von *Das Kaninchen bin ich* und von *Denk bloß nicht, ich heule* hingewiesen. Aus den umfangreichen Akten zu beiden Projekten geht hervor, daß zu dieser Zeit nicht klar abgegrenzte Kompetenzen, unentschiedene Machtverhältnisse zwischen dem DEFA-Studio für Spielfilme, der Hauptverwaltung Film im Kulturministerium und der Kulturabteilung im ZK der SED herrschten, innerhalb derer auf beiden Seiten taktiert und um Kompromisse gerungen wurde. Diese Kämpfe verliefen unterschiedlich erfolgreich. Maetzig, ein Mann von Renommé und mit großem Bekanntenkreis unter der Prominenz, beriet sich, als er an dem *Kaninchen*-Stoff arbeitete, mit vielen Leuten, auch aus dem Justizwesen, bezog sich auf den erwähnten, eben verabschiedeten Rechtspflegeerlaß. Die politische Sprengkraft lag ja in der Figur des Richters, der, heuchlerisch, feige, doppelzüngelisch, Recht nach den wechselnden Anweisungen der Partei spricht. Gegen diese Figur wurden schwerwiegende Bedenken vorgebracht, die Maetzig auszuräumen versprach.

Der zugrundeliegende Roman Manfred Bielers war von der Hauptverwaltung Verlage nicht zur Veröffentlichung zugelassen worden. Daß die DEFA trotzdem an der Verfilmung arbeitete, war ungewöhnlich und charakterisierte die Eigenart der Situation. Die Kulturabteilung des ZK der SED verfolgte dieses Vorhaben mit äußerstem Mißtrauen, traute sich aber augenscheinlich nicht, offen dagegen anzugehen. Nachdem Heinz Kimmel, Leiter der Abteilung Film in der Kulturabteilung, das Drehbuch gelesen hatte, schrieb er am 11.1.1965 an Witt einen kurzen drohenden Brief, daß es beim Film *Das Kaninchen bin ich* notwendig sei, »mit großem Verantwortungsbewußtsein die Entscheidung zu treffen« [11] und daß er von ihm eine persönliche Stellungnahme erwarte. Witt schrieb daraufhin eine kritische Stellungnahme zum Drehbuch an den Studiodirektor, Jochen Mückenberger, was aber keine Auswirkungen auf die praktischen Vorbereitungen des Films im Studio hatte. Die Kulturabteilung versuchte, Künstler gegen das Drehbuch zu mobilisieren. Als das nicht gelang, wurde eine Sitzung organisiert, bei der der stellvertretende Generalstaatsanwalt und ein Vertreter der Abteilung Staats-und Rechtsfragen beim ZK anwesend waren, die schwerwiegende Einwände gegen das Drehbuch vorbrachten. Maetzig verbürgte sich in dieser Diskussion dafür, daß er die Einwände entkräften werde und pochte auf seine Reputation als Schöpfer der *Thälmann*-Filme. Die Kulturabteilung forderte wenig später von Günter Witt eine Stellungnahme nun zur 2. Fassung des Drehbuches. In ihr formulierte Witt aufs neue ernste Einwände, gab aber zur gleichen Zeit die Produktionsgenehmigung. Es war ganz offensichtlich eine Patt-Situation.

Zur gleichen Zeit vollzogen sich harte Kämpfe um die Veröffentlichung des bereits fertigen Filmes *Denk bloß nicht, ich heule*, die sich über das ganze Jahr 1965 hinzogen und zu ständigen Korrekturen am Film, Umschnitten, Nachdreharbeiten, neuen Mischungen führten. Auch Testvorführungen, die begeisterte Zustimmung junger Leute zum Film, aber ebenso beleidigende Beschimpfungen der anwesenden Filmemacher durch Funktionäre aus Partei und FDJ mit sich brachten, führten nicht zur staatlichen Zulassung. Bis zum Herbst jedoch schien noch alles offen. So wie Witt, Mückenberger, Maetzig, Vogel und all die anderen den offenen Bruch scheuten – sie glaubten sich in Übereinstimmung mit der generellen Linie der Partei –, trauten sich auch Heinz Kimmel und die anderen Funktionäre aus der Kulturabteilung nicht, definitive Entscheidungen gegen Witt oder Mückenberger, Maetzig und Vogel durchzusetzen.

Dann hieß es im Bericht des Politbüros an das 11. Plenum des ZK der SED unter anderem: »In einigen während der letzten Monate bei der DEFA produzierten Filme, *Das Kaninchen bin ich* und *Denk bloß nicht, ich heule*, im Manuskript des Bühnenwerkes ›Der Bau‹, veröffentlicht in ›Sinn und Form‹, in einigen Fernsehproduktionen und literarischen Veröffentlichungen zeigen sich dem Sozialismus fremde, schädliche Tendenzen und Auffassungen. In diesen Kunstwerken gibt es Tendenzen der Verabsolutierung der Widersprüche, der Mißachtung der Dialektik der Entwicklung, konstruierte Konfliktsituationen, die in einen ausgedachten Rahmen gepreßt sind. Die Wahrheit der gesellschaftlichen Entwicklung wird nicht erfaßt. Der schöpferische Charakter der Arbeit der Menschen wird negiert. Dem einzelnen stehen Kollektive und Leiter von Parteien und Staat oftmals als kalte und fremde Macht gegenüber. Unsere Wirklichkeit wird nur als schweres, opferreiches Durchgangsstadium zu einer illusionären schönen Zukunft – als ›die Fähre zwischen Eiszeit und Kommunismus‹ (Heiner Müller: ›Der Bau‹) angesehen. (...)« [12]

Nach dem Angriff der Parteiführung unter anderem gegen die beiden Filme, die am Vortag den Delegierten und Gästen des Plenums gezeigt worden waren, änderte sich

Peter Reusse in »Denk bloß nicht, ich heule« (1965/90/RE: Frank Vogel)

alles. Heinz Kimmel hatte schon am 14. 12. 1965 in einem von ihm geforderten Bericht über die Entstehung von *Das Kaninchen bin ich* geschrieben: »All diese Vorgänge veranlaßten uns bereits im Juni, die Vorgänge im Filmwesen gründlich zu analysieren, den Standpunkt der Abteilung auszuarbeiten, um es dem Politbüro vozulegen, weil wir damals schon sahen, daß wir mit unseren Auffassungen im ideologischen Streit weder bei den Leitungen noch bei den Künstlern (...) durchkommen.« [13] Die »Kunstdebatte« auf dem 11. Plenum beendete den Zustand der relativen Balance zwischen verschiedenen Richtungen in der Partei und stellte wieder eindeutige Herrschaftsverhältnisse her.

**Horst Schön (links) und Eberhard Mellies in
»Der Frühling braucht Zeit« (1965)**

Seite 197:
**Regisseur Günter Stahnke bei Dreharbeiten zu
»Der Frühling braucht Zeit«**

Es ist hier nicht der Platz, ausführlich auf dieses Ereignis einzugehen. Kurz beschrieben sei, wie sich das Autodafé der beiden Filme auf die übrigen halbfertigen oder in Produktion befindlichen Arbeiten sowie die Entwicklung der DEFA auswirkte. Direkt nach dem Plenum setzte ein fieberhaftes Umdenken zunächst der betroffenen Funktionäre ein. Das Schicksal der beiden auf dem Plenum verurteilten Filme war klar. Sofort wurde auch Günter Stahnkes Film *Der Frühling braucht Zeit* (1965), der seit wenigen Tagen gezeigt wurde und die Ursachen eines Betriebsunfalls mit der mangelnden Kompetenz der Leitung, ihrem Mißtrauen gegenüber einem (parteilosen) Fachmann und der Ineffektivität des gesamten Leitungssystems begründete, aus den Kinos genommen. In einer Kette von Versammlungen wurde versucht, den DEFA-Mitarbeitern die Auffassungen der Parteiführung verständlich zu machen und sie zur Zustimmung zu bewegen. Solche »Auswertungen« fanden in allen Bereichen der Kultur statt. Ich erlebte sie an der Filmhochschule, wo die Verantwortlichen der Zeitschrift »film – Wissenschaftliche Mitteilungen«, die als mitschuldig an der Filmentwicklung galt, und einige Filmwissenschaftler fristlos entlassen wurden.

Die verantwortlichen Funktionäre, vom Kulturminister Hans Bentzien, über den Filmminister Günter Witt, den Studiodirektor Jochen Mückenberger bis hin zum Parteisekretär des Studios, Dr. Werner Kühn, wurden entfernt. Es gab Disziplinarverfahren gegen Regisseure und Dramaturgen. Am 5. Januar 1966 veröffentlichte das »Neue Deutschland« Kurt Maetzigs Diskussionsbeitrag vor der Abteilungsparteiorganisation 1 des Spielfilm-Studios, in dem er seine Intentionen, mit *Das Kaninchen bin ich* zu einer produktiven Entwicklung der DDR und zur Durchsetzung der Politik der Partei beitragen zu wollen, als Irrtum bezeichnete. Maetzig war der Meinung, daß, wenn er als der Bekannteste der Filmemacher sich schuldig bekennt, von den anderen Schaden abgewendet und einer kommenden Verhärtung der Kulturpolitik entgegengewirkt werden könne. Eine Fehlkalkulation. Letztlich war bereits seine »Selbstkritik« der Anfang vom Ende, der durch den Antwort-Brief Ulbrichts an ihn (im »Neuen Deutschland« vom 23.1.1966), scheinbar freundlich und versöhnlich, besiegelt wurde. Dieser Brief ist »ein Resümee des 11. Plenums, soweit es sich mit Kunst und Kultur beschäftigt hat. Der Brief formuliert einen Verhaltenskodex für die zukünftigen Beziehungen zwischen Künstlern und Partei, ja zwischen Intellektuellen und Partei. Es ist ein charakteristisches Dokument zum stalinistischen Verhältnis von Geist und Macht.« [14] Nach den in diesem Brief formulierten Regeln vollzog sich alles weitere.

Kleinere Probleme bereinigte man im Studio sofort. Der Diplomfilm von Egon Schlegel und Dieter Roth, *Ritter des Regens*, eine Co-Produktion zwischen der Filmhochschule und dem DEFA-Spielfilm-Studio, wurde abgebrochen und verschwand sang- und klanglos. Rainer Simon stand unmittelbar vor Drehbeginn seines ersten Films, einer Adaption des Romans »Die Moral der Banditen« von Horst Bastian. Am ersten Tag nach dem Plenum wurden die geplanten Probeaufnahmen abgesetzt und der Drehstab aufgelöst. [15] Generell setzte ein von heute aus nur als irrational zu bezeichnender Prozeß der Beargwöhnung der eigenen Arbeit ein. Man versuchte teilweise, sich vorzustellen, was die – nun zum größten Teil neuen – Kulturfunktionäre unter dem Blickwinkel des Plenums an den fast fertigen Filmen oder auch an Szenarien problematisch finden könnten, um Einwendungen zuvorzukommen. Unsicherheit herrschte auf allen Seiten. Nach und nach wurde ein Film nach dem anderen von der DEFA-Leitung – mit erleichterter Zustimmung der HV Film – abgebrochen bzw. die schon vorher geäußerte Bitte um staatliche Zulassung zurückgenommen. Der Prozeß des allmählichen Tötens der Filme zog sich unter qualvollen Zuckungen des Widerstandes der betroffenen Filmemacher wie auch ihrer Bemühungen, sich mit der Parteilinie in Übereinstimmung zu bringen, ohne sich selbst aufzugeben, bis in den Herbst des Jahres 1966 und verlief ausschließlich innerhalb des Filmbereichs. Nur einmal noch, bei *Spur der Steine*, mischte sich die Parteiführung direkt ein.

Alle verbotenen Filme wurden samt der aus ihnen herausgeschnittenen Bild- und Tonteile sorgfältig im Staatlichen Filmarchiv der DDR gelagert. Abgesehen von *Der verlorene Engel* von Ralf Kirsten, der 1970 bearbeitet wurde und 1971 in die Filmkunstkinos kam, und *Berlin um die Ecke* von Gerhard Klein und Wolfgang Kohlhaase, 1987 in einer Rohschnittfassung vom Staatlichen Filmarchiv in seinem Kino, der »Camera«, mit minimaler Öffentlichkeit aufgeführt, blieben die Filme verschwunden. Selbst für Forschungszwecke standen sie nicht zur Verfügung. Aber sie rumorten im Untergrund, bei manchen Gelegenheiten, zunehmend seit 1985, wurde davon gesprochen, daß man sie sich ansehen und die Aufführungsmöglichkeit neu prüfen müsse. Kurz nach dem 7. Oktober 1989 wurde der Druck einiger Filmemacher und Filmwissenschaftler so stark, daß die Filmverantwortlichen der Meinung zustimmten, die Verbote seien unrechtmäßig gewesen, und ihr Einverständnis erklärten, daß sich auf Vorschlag Rolf Richters eine Kommission des Verbandes der Film- und Fernsehschaffenden der DDR bildete. Diese holte die Filme aus dem Keller, sah sie sich gemeinsam mit den Machern an und sorgte – in den Fällen, wo es nötig war – dafür, daß Mittel bereitgestellt wurden, damit sie fertiggestellt und zur Aufführung gebracht werden konnten. Anfang Februar 1990 wurden diese Arbeiten von 1965/66 in einer Veranstaltungsreihe der Akademie der Künste

(DDR) und gleich darauf auf dem 20. Internationalen Forum des Jungen Films auf der Berlinale mit großem Erfolg gezeigt. Danach kamen sie regulär in die Kinos der noch existierenden DDR. Das Interesse des Publikums, am Anfang geradezu berauschend, flaute in dem Maße ab, als neue Lebensprobleme auf die Menschen zukamen. Die Filme verfehlten also trotz dieser späten Rettungsaktion ihr Publikum. So verläuft Filmgeschichte. Film ist das Medium des Augenblicks. Nur *Spur der Steine* konnte sich über Monate eines triumphalen Erfolgs in Ost- wie in Westdeutschland erfreuen.

Filme und Schicksale

Worum handelte es sich eigentlich bei diesen Filmen? Was war das Gefährliche an ihnen? Ich zitiere Rolf Richter, der 1990 in einem Gespräch mit Hannes Schmidt sagte: »Salopp ausgedrückt, sagte Kurt Maetzig in *Das Kaninchen bin ich*: Mit solchen Richtern und Funktionären nicht! Der junge Günter Stahnke meinte mit *Der Frühling braucht Zeit*: Mit solchen Wirtschaftsfunktionären und Betriebsdirektoren nicht! Herrmann Zschoche sprach es in *Karla* aus: Mit solch einer Schule und den entsprechenden Funktionären nicht! Das setzt sich vergleichbar in allen anderen Filmen fort.« [16] Und in einem Gespräch mit Kurt Maetzig im Frühjahr 1990: »In allen Filmen, die damals verboten wurden, (...) sind Signale gesetzt: Diesen Haltungen muß man sich in Zukunft verweigern. Ihr habt ganz deutlich gezeigt, wo die Grenze liegt. So etwas hat es danach in der Geschichte der DEFA nicht mehr gegeben, so ohne ›Wenn und Aber‹.« [17]

Hier einige der Geschichten, Probleme, Umstände und Schicksale der Filme und ihrer Macher. Günter Stahnke, mit Wera und Claus Küchenmeister mitten in der Bucharbeit an einer Adaption des Romans »Die Entscheidung« von Anna Seghers, war von Vertretern der DEFA gebeten worden, zuerst einen ihnen dringlich scheinenden Stoff über einen Betriebsunfall zu drehen, der nach Materialien der von Hermann Matern geleiteten Parteikontrollkommission von den Autoren Hermann Otto Lauterbach und Konrad Schwalbe geschrieben worden war. In *Der Frühling braucht Zeit* geht es um einen Zweikampf zwischen einem fachlich kompetenten, parteilosen Ingenieur und einem karrieresüchtigen Betriebsleiter, einem »Durchreißer«, der mit seinem Werk Wettbewerbssieger werden will und die Schuld an einem Betriebsunfall einem Unschuldigen in die Schuhe schiebt. Der Ingenieur will die wirklichen Ursachen zur Sprache bringen, landet im Gefängnis, begegnet jedoch einem Staatsanwalt, der für die Durchsetzung einer neuen Art der Wirtschaftsleitung Verständnis und Interesse hat. Die Autoren bezogen sich auf Konflikte, die bei der Durchsetzung eines effektiveren Wirtschaftssystems, das damals unter dem Namen »Neues ökonomisches System der Planung und Leitung« von der SED propagiert wurde, in der Realität auftraten. Günter Stahnke hatte vor Drehbeginn »Bedenken ob des naturalistischen Sachverhaltes in dieser Geschichte« und erklärte, daß er »auf jegliche naturalistische Detailschilderungen möglichst verzichten werde«. Seine künstlerische Umsetzung zielte auf ein »Psychogramm der Agierenden«. [18)]

Er erzählt den Fall in einer stilisierten Form, interessiert sich für das Prinzipielle des Geschehens. Der Film wurde im Studio mit viel Zustimmung abgenommen, aber Günter Witt in der Hauptverwaltung zögerte Monate, ihn staatlich zuzulassen. Erst nach von Witt geforderten Schnittveränderungen fand am 25. November 1965 die erfolgreiche Premiere im Berliner »Colosseum« statt, wonach der Film jedoch in Berlin sofort wieder aus dem Kino genommen wurde. In anderen Städten blieb er im Spielplan. Die Kritik war kontrovers, es gab auch positive Stimmen. Vor allem die Funktionäre in Partei, Gewerkschaft, FDJ fühlten sich von diesem Film tief getroffen. Interessant ist das vom Bezirksvorstand Dresden der Gewerkschaft Kunst nach einem Lehrgang über aktuelle Probleme der Kulturpolitik Ende November 1965, also noch vor dem Plenum, formulierte Papier zu dem Film. Die Definition von »Konflikten« in diesem Papier hat in ihrer parteichinesischen Verklausulierung programmatischen Charakter: Sie »entstehen, wenn die Methoden der Planung, die ihnen entsprechende Leitungstätigkeit zur Durchführung und Kontrolle der Planaufgaben und die Mängel in der Anwendung der wirtschaftlichen Rechnungsführung sowie der Formen der materiellen Interessiertheit nicht dem objektiven Stand der Entwicklung entsprechen, d.h. wenn die wissenschaftliche Erkenntnis hinter dem sich entwickelnden Leben zurückbleibt.« Das heißt im Klartext: Es gibt keine Kämpfer und keine Behinderer, keine persönlichen Motive wie Ehrgeiz, Karrierestreben, Machtgenuß oder Anstand, Aufrichtigkeit, Wahrheitsliebe, also auch keine Schuldigen und Unschuldigen. Alle persönliche Verantwortung wird den Menschen abgesprochen. Alles ist objektiv gegeben. Eine Figurenkonstellation, die – wie im Film – den Guten, der unten leidet, dem Bösen, der oben leitet, gegenüberstelle, führe zur Illustration der Vorurteile des Künstlers gegenüber der Wirklichkeit. Hier haben wir die klassische Begründung der Theorie der Konfliktlosigkeit. [19)]

Der Frühling braucht Zeit war Günter Stahnkes dritter verbotener Film. 1962 war er wegen der zum zehnjährigen Bestehen des DDR-Fernsehens gesendeten, zunächst von der Fernsehleitung mit großer Zustimmung aufgenommenen Fernsehoper *Fetzers Flucht* (Buch: Günter Kunert) von Walter Ulbricht vernichtend kritisiert worden, der

anhand dieses Films nach Chruschtschowschem Vorbild in der DDR eine Formalismus-Debatte anregen wollte. Daraufhin wurde Stahnkes zweiter, ebenfalls gemeinsam mit Günter Kunert realisierter Film *Monolog für einen Taxifahrer*, der fertig vorlag und dessen Sendetermin feststand, zurückgezogen. *Der Frühling braucht Zeit* entschied nun über Stahnkes weiteres Schicksal. Am 23. Dezember 1965 gab der noch amtierende Filmminister Günter Witt dem Studiodirektor der DEFA, Jochen Mückenberger, die Anweisung, ein Disziplinarverfahren gegen den Regisseur Günter Stahnke mit dem Ziel seiner fristlosen Entlassung einzuleiten. Dagegen erhebt der Studiodirektor am 28. Dezember 1965 Einwände: *Der Frühling braucht Zeit* war »staatlich zur öffentlichen Vorführung zugelassen worden und ist auch in den öffentlichen Einsatz gelangt. Aus diesem Grunde ist es nicht möglich, von der nach § 32 GBA erforderlichen schwerwiegenden Verletzung der staatsbürgerlichen Pflichten oder der sozialistischen Arbeitsdisziplin zu sprechen.« Im gleichen Brief äußert Mückenberger jedoch die Absicht, aufgrund von Stahnkes Gesamtleistungen bei den Filmen *Monolog für einen Taxifahrer*, *Fetzers Flucht* und *Vom König Midas*, ihm einen Aufhebungsvertrag zum 31. 3. 1966 vorzuschlagen und, sollte Stahnke bis 4. 1. 1966 nicht zustimmen, ihm fristgemäß zu kündigen. [20)] So geschah es. Damit war der junge, experimentierfreudige Günter Stahnke am Ende seiner Laufbahn als Spielfilmregisseur angelangt. Er hat sich später mit Musicals, Serien und Lustspielen beim DDR-Fernsehen durchgeschlagen. Erst als wir seine frühen Filme sehen konnten, wurde uns klar, welchen Verlust die Filmkultur der DDR erlitten hatte.

Das Kaninchen bin ich von Kurt Maetzig ist eine Liebesgeschichte. Die 19jährige Kellnerin Maria Morzeck, die Slawistik studieren wollte, dies aber nicht durfte, da ihr Bruder – warum, weiß Maria nicht – ins Gefängnis kam, begegnet dem viel älteren Paul Deister, zunächst ohne zu wissen, daß er der Richter ihres Bruders ist. Auch er kennt diese Zusammenhänge nicht. Es ist ihre erste große Liebe. Für Deister bedeutet die Beziehung zu diesem unverblümt, dabei feinfühlig reagierenden Berliner Mädchen eine Verjüngung seiner Lebensgeister, obwohl er keinen Moment daran denkt, sich Marias wegen von seiner Frau zu trennen. Später lernt Maria diesen Paul näher kennen, erfährt auch, daß er ihren Bruder verurteilte, und die Harmonie zwischen ihnen gerät zunehmend ins Wanken. Ihr wird klar, daß Paul Deister ein schwacher Mensch ist, der dem geringsten Druck von oben nachgibt, daß er auch in der Liebe, überhaupt als Mensch nicht verläßlich ist. Sie schreit zwar ihrem Bruder, als der sie, aus dem Gefängnis entlassen, wegen ihres Verhältnisses zu Deister schlägt, wild entgegen: Ich liebe ihn! Aber da weiß sie schon, daß sie sich von Deister trennen wird. Mit einem Handwagen zieht sie am Schluß durch Berlin – in Gedanken den Fragebogen der Bewerbungsunterlagen für das Studium beantwortend –, um ein neues, selbständiges Leben zu beginnen.

Maetzig wollte sich mit der kritischen Darstellung der Figur des Richters und darüber hinaus mit der Einbeziehung eines weiteren Gerichtsfalles an der Debatte um die Verbesserung der Rechtspflege in der DDR beteiligen, die

**Kurt Maetzig (rechts) bei den Dreharbeiten zu
»Das Kaninchen bin ich« (1965/90)**

**Seite 199:
Angelika Waller (rechts) als Maria Morzeck
und Ilse Voigt als Tante Hete in
»Das Kaninchen bin ich«**

ihn als Teil einer notwendigen Demokratisierung der Gesellschaft sehr interessiert hat. Aber meines Erachtens war es vor allem die Gestalt der Maria Morzeck, die seine kreativen Kräfte wieder zur Entfaltung brachte. Allerdings kann man sich heute eines gewissen Unbehagens angesichts ihrer Liebe zu einem so unangenehmen Zeitgenossen nicht erwehren und empfindet einen unbestimmten Bruch. Trotzdem beeindruckt einen dieses kräftige und zärtliche Berliner Mädchen stark, das adäquat mit der jungen Angelika Waller besetzt wurde. Als Waise bei der alten Tante Hete aufgewachsen, ist sie struppig und zugleich voller Sehnsucht nach Liebe, Zärtlichkeit, Geborgenheit, empfindlich gegen jeden falschen Ton und voll unbändiger Lust zu leben. Die Darstellung dieses Charakters und die realistische Beschreibung von Marias Alltag in Kneipen, Wohnungen, im Theater, auf den Straßen Ostberlins bedeutete für Maetzig eine Fortsetzung seiner Bemühungen um das Volksstück, die zu so schönen Filmen wie *Die Buntkarierten* (1949), *Schlösser und Katen* (1957) und *Vergeßt mir meine Traudel nicht* (1957) geführt hatten. Er fand für *Das Kaninchen bin ich* einen modernen, phrasenlosen Erzählton mit wirkungsvoller Montage von Wort und Bild. Man merkt es dem Film an, daß Maetzig ihn unbedingt machen wollte. Unter seinen späteren Arbeiten gibt es nichts Vergleichbares. Der kostbare Stoff der künstlerischen Kraft versiegte nach dieser Katastrophe.

Frank Vogel, Manfred Freitag und Joachim Nestler sowie der Kameramann Günter Ost erzählen in *Denk bloß nicht, ich heule* mit leidenschaftlicher Ungeduld, kompromißlos und ruppig im Ton, von einem gegen Heuchelei revoltie-

renden Oberschüler, der aus der Schule fliegt, sein vom Vater geerbtes Geld sinnlos ausgibt, herumstreunt und durch ein Mädchen, das ihm zugetan ist und versteht, daß er leidet und nicht weiß wohin, in seiner Verweigerungshaltung gestoppt wird. Dieses Team hatte vorher den Film *Julia lebt* (1963) realisiert. Darin wird das inhaltsleere Leben eines Mädchens aus wohlhabenden Verhältnissen mit den Auffassungen eines jungen Grenzsoldaten, der im Schutz der DDR-Grenze einen Sinn sieht und dabei erschossen wird, und der Haltung einer jungen Krankenschwester, die sich für andere aufopfert, konfrontiert. Der Film tippte Fragen einer sich andeutenden Sinnkrise bei jungen Leuten an, nahm deren Dringlichkeit aber durch den Tod des Jungen an der Grenze wieder zurück. Heute scheint es nur noch für den Historiker interessant, daß dieser Tod an der Grenze erst nach einem authentischen Vorfall auf einen Vorschlag Konrad Wolfs in die Handlung einbezogen wurde, um der »kleinen« Geschichte ein größeres Gewicht zu geben. Ein Film, den man heute trotz einzelner interessanter Momente als künstlich und gewaltsam empfindet und den auch Frank Vogel 1990 zurückhaltend unter Filme einordnete, »die Brücken bauen. (...) Wir lernten uns kennen, sammelten Material, spürten, daß wir miteinander konnten, mehr wollten«. [21]

Dieses »Mehr« war dann *Denk bloß nicht, ich heule*, für dessen Vorbereitung die Autoren unter jungen Leuten, Schülern, Lehrlingen, Arbeitern recherchierten und über Monate jeweils die Wochenenden im Jugendwerkhof Lehnin verbrachten. Sie stützten sich bei der Entwicklung der Fabel, der Realisierung des Films und beim Kampf um die staatliche Zulassung auch auf Funktionäre, die das kurz vorher verabschiedete Jugendkommuniqué der SED ernstnahmen, in dem darauf verwiesen wurde, daß die DDR-Jugend auf anderem Weg zum Sozialismus komme als ihre Väter, daß ihre Probleme und Konflikte ernstgenommen werden müssen. Aber überall gab es auch Verhinderer. Als die Filmemacher beim Leiter der Jugendkommission des ZK, Kurt Turba, Unterstützung suchten, ließ er nach einer internen Vorführung wissen: »Dies ist ein Kollektiv, das Filme machen kann. Aber wir haben im Zentralkomitee derartige Schwierigkeiten mit unserem Jugendkommuniqué, mit der Durchsetzung unserer Jugendpolitik, wenn wir uns jetzt noch vor diesen Film stellen, sind wir erledigt. Ihr überschätzt das Niveau der mittleren Funktionäre, ihr unterschätzt ihre Macht.« [22]

Die Vorwürfe gegen den Film: Verzerrung, nicht typisch, Rolle der Partei unklar, der Film löst nichts, der Held ist anarchistisch und nihilistisch. »Der Film wühlt in der Abfallgrube der Republik.« Als besonders empörend wurde eine Szene empfunden, die letztlich zur Besinnung des Helden führt. In der Sauckelburg, einer berühmten Weimarer Naziruine, will Peter seinem Direktor all seine Enttäuschung und Wut entgegenschreien. Als aber seine »Freunde« den Mann niederschlagen, verteidigt ihn Peter und wird selbst verprügelt. Eine solche Zuspitzung des Konflikts war ungewohnt und verstörend. Mit geradezu mittelalterlicher Furcht vor dem Abbild des Gefürchteten wurde nicht nur der Film, sondern auch die dem Konflikt zugrundeliegende Realität, in diesem Falle die potentielle Existenz rechtsradikaler Tendenzen, negiert. Horst Schumann,

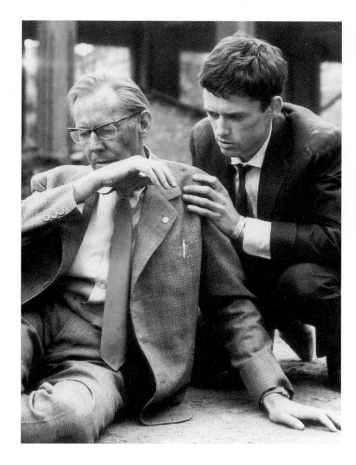

»Denk bloß nicht, ich heule« (1965/90):

links: Herbert Köfer und Peter Reusse

oben: Regisseur Frank Vogel (links) und
Kameramann Günter Ost

erster Sekretär der FDJ und Mitglied des ZK, sagte auf dem 11. Plenum: »Es ist ein Film gegen uns, gegen unsere Partei, gegen unsere Republik und gegen unsere Jugend.« Aus dem Abstand von 25 Jahren spürt man, daß der Film etwas Theoretisches, im Kopf Erdachtes hat, daß er weniger aus dem künstlerischen Einfall als dem dringenden politischen Bedürfnis, der Gesellschaft eine scharfe Kritik entgegenzuschleudern, entstanden ist. Frank Vogel sagte 1990: »Manches ist sehr verbal, aber dadurch auch sehr direkt. Das macht ihn aktuell. In unserer Zeit sind direkt ausgesprochene Wahrheiten wichtig, Karriere/Heuchelei oder Erziehung zur Aufrichtigkeit.« [23] Bis heute beeindruckt das leidenschaftliche Pathos des Films, das zum Verständnis der Jugend und zum Dialog mit ihr auffordert.

Diese drei Filme lagen zum Zeitpunkt des 11. Plenums vor. Alle folgenden Arbeiten befanden sich in verschiedenen Stadien der Fertigung und wurden – mit Ausnahme von *Spur der Steine* – erst nach dem Herbst 1989 zu Ende gebracht. Darunter *Karla*, für mich einer der schönsten, menschlich berührendsten Verbotsfilme, die Geschichte einer jungen Lehrerin, die nach dem Studium an eine Oberschule im Norden des Landes kommt. Auf der Hochschule hatte sie Anfang der sechziger Jahre Vokabeln wie »eigene Meinung«, »Meinungsstreit« gehört und auch, daß die Jugend der »Hausherr von morgen« sei. Nun versucht sie, die Schüler ernstzunehmen und in einer Atmosphäre gegenseitiger Kritik und gegenseitigen Respekts zu ermutigen, selbstständige Menschen zu werden. Sie findet Freunde und Feinde, und sie findet auch einen Mann, der, ehemals Journalist, über Stalins Verbrechen schreiben woll-

te und sollte und dann doch nicht durfte und der sich seitdem verweigert und im Sägewerk arbeitet. Er sagt ihr, daß das, was sie will, nicht gut gehen wird. Und obwohl er recht behält, ist es doch sie, die ihn wieder lebendig macht, so daß er ihr, als sie strafversetzt wird, folgt.

Das Erlebnis dieses Films ist Jutta Hoffmann als Karla. Sie strahlt eine reine, kristallklare menschliche Kraft aus, Glauben an die Möglichkeit, aufrecht, nicht anpasserisch durchs Leben zu gehen, Vertrauen in die jungen Leute. Man konnte und kann diesen Film nicht anders als mit großer innerer Bewegung sehen. Herrmann Zschoche bezeichnet die Figur in einem Gespräch von 1990 zurecht als eine Heilige Johanna. [24] Er führte Jutta Hoffmann, mit der er damals verheiratet war, so, daß sie einerseits streng und stark wirkt, keine Feder im Wind, sondern ein junges Mädchen mit Charakter. Zugleich gibt es viele intime, spontane kleine Reaktionen in Sprache und Gestus, durch die man das Gefühl einer Begegnung mit einem Zauberwesen hat. Das Anrührende dieser Figur geht über spezifische DDR-Erfahrungen hinaus. Bei der Aufführung des Films im Forum 1990 wurde von Diskussionsteilnehmern aus dem Westen immer wieder geäußert, daß sie ihre eigenen Erfahrungen und Erlebnisse in Karlas Schicksal wiederfänden.

Das Aus für den Film kam während der ersten Synchrontage. Hier einige Vokabeln aus dem Antrag auf »Ausbuchung«, der am 4. März 1966 vom neuen Studiodirektor Franz Bruk an den neuen Filmminister Dr. Maaß gestellt wurde: pessimistische und skeptizistische Grundhaltung, verbunden mit einer teilweise falschen Geschichtsbetrachtung; die Hauptfigur kämpfe unablässig um Ehrlichkeit

1

2

3

»Karla« (1966/90):

1 Regisseur Herrmann Zschoche (links)
   bei den Dreharbeiten

2 Jutta Hoffmann als Karla und
   Jürgen Hentsch als Kaspar

3 Jutta Hoffmann mit Inge Keller und
   (von hinten) Hans Hardt-Hardtloff

und Wahrheit und käme damit in Widerspruch zu den Vertretern der Staatsmacht; künstlicher Widerspruch zwischen Ideal und unvollkommener Wirklichkeit; Grundprinzipien des sozialistischen Realismus aufgegeben, Position der Parteilichkeit verlassen.

Mit *Berlin um die Ecke* wollten Gerhard Klein und Wolfgang Kohlhaase an ihre drei Berlin-Filme der fünfziger Jahre anknüpfen – Arbeitstitel war »Berlin Kapitel IV« – und sich gewissermaßen von »der Ecke« verabschieden, was heißen sollte, daß sie nun älter geworden und dabei waren, dem Lebensmaterial der Ecke als Synonym für Treffpunkt der Jungen zu entwachsen. Zugleich ging es ihnen darum, nun, da das Berliner Alltagsleben nicht mehr von der alles überschattenden offenen Grenze bestimmt wurde, die Konflikte junger Leuten zu beschreiben, ihre spezifischen Schwierigkeiten im Leben, in der Arbeit, in der Liebe.

Im Zentrum steht Olaf, seine Zuneigung zu Karin, die verheiratet ist, aber sich gerade von ihrem Mann trennt, seine Freundschaft zu Horst, mit dem er in einem Werk in Schöneweide in einer Brigade zusammen ist. Die Jungen stört vieles im Betrieb, sie werden nicht ernstgenommen, angemeckert, sie wehren sich, auch unfein. In ihrer Halle gibt es einen alten Kollegen, der davon besessen ist, ordentlich zu arbeiten, nichts zu verschwenden, mit allem hauszuhalten. Er haßt Phrasen und verzweifelt fast wegen der im Betrieb herrschenden Schlamperei. Dieser Mann wird zur Kur geschickt, nach seiner Rückkehr stirbt er im Betrieb. Die Jungen kommen auch mit einem anderen alten Mann, dem Redakteur der Betriebszeitung, in Kontakt, einem alten Kommunisten, der immer gleich losbullert, sie ständig kritisiert. Olaf fühlt sich von ihm so gekränkt, daß er ihm eines Abends im Hausflur auflauert und ihn schlägt. Aber merkwürdigerweise ist das der Beginn einer feinen Annäherung, der Alte läßt ihn, als er danach bei ihm klingelt, zwar widerstrebend, eintreten. Beide fühlen sich irgendwie schuldig.

Es gibt keine dramatische Handlung, die Szenen sind lose miteinander verbunden. Die Bilder – in Schwarzweiß – vermitteln einen sinnlichen Genuß am Rhythmus und den kleinen und großen Ereignissen des Alltags. Dieser Spielfilm ist ein genaues, stilles, tief berührendes menschliches Dokument östlichen Arbeiterlebens aus der Mitte der sechziger Jahre. Man spürt, daß den Autoren dieses Leben nahe ist. Der alte Arbeiter, abweisend und aufopferungsvoll zugleich, von Erwin Geschonneck mit der ganzen Kraft seiner Persönlichkeit ausgestattet, hat etwas von einem Porträt von Kohlhaases Vater, der sein ganzes Leben in diesem Betrieb gearbeitet hat. Kohlhaase antwortete auf die Frage, warum in diesem Film die alte Generation ein solches Gewicht erhält: Es ist uns eben zu den Alten plötzlich mehr eingefallen. Über das Persönliche hinaus informierten sie sich gründlich, sahen sich zum Beispiel vor den Dreharbeiten Dokumentarfilme, etwa Böttchers *Stars* (1963) und *Ofenbauer* (1962), an.

Da sie sich im Arbeitermilieu bewegten, dachten sie – genau wie Frank Beyer –, daß ihr Film auch nach dem 11. Plenum eine Chance hätte. Kohlhaase: »Wir hatten durchaus mit einer kontroversen Diskussion gerechnet, aber mit

einer orientierenden, in die Realität eingreifenden Diskussion, nicht mit einer Negierung des ganzen Films.« [25] Doch *Berlin um die Ecke* wurde komplett abgelehnt. In einer Stellungnahme der Abteilung Filmproduktion der HV Film vom 29. September 1966, unterzeichnet von Dr. Jahrow, heißt es, daß dieser Film mit am eindeutigsten die auf dem 11. Plenum kritisierten Positionen einnimmt. Er unterstelle einen Generationskonflikt, an dem die Älteren schuld seien. Wörtlich heißt es unter anderem: »Dummheit und Arroganz, besonders der Vertreter der älteren Generation, kapitalistische Unmoral, Verindividualisierung des Menschen, fehlende kollektive Beziehungen, Oberflächlichkeit der Gefühle, Anarchismus in der Arbeit, Unfähigkeit Verantwortlicher, Egoismus (der Hausbewohner, des Ehemanns der Freundin Olafs), Gewinnsucht, Unehrlichkeit, Betrug, Doppelzüngelei und ähnliche ›menschliche Eigenschaften‹ beherrschen in diesem Film, der vorgibt, unsere sozialistische Wirklichkeit nachzuzeichnen, das Bild.« Darin liege seine »verlogene und antisozialistische« Aussage. Das Bild vom Menschen unserer Zeit werde »herabgewürdigt«, die Grundhaltung sei »pessimistisch und subjektivistisch«, er enthalte sich jeder Parteinahme. Das Papier endet: »Die großzügigen Möglichkeiten, die die Studioleitung angeboten hatte, den Film konzeptionell zu ändern (im Sinne der auf dem 11. Plenum geübten Kritik) wurden überhaupt nicht wahrgenommen. Hierin zeigt sich, daß sich die Schöpfer des Films bis zuletzt uneinsichtig gegenüber der Kritik gezeigt haben, die auch an ihrem Film geübt wurde und die sie spätestens bei der Auseinandersetzung um den Film *Spur der Steine* hätten begreifen müssen.« [26]

Der Film wurde im Zustand des Rohschnitts, also ungemischt, ohne Musik, abgebrochen und eingelagert. 1990 wurde er dann beendet, und zwar so, daß – wie Kohlhaase sagte – die Wunden seiner Entstehung deutlich sichtbar bleiben sollten.

Dieter Mann (links) und Kaspar Eichel in
»Berlin um die Ecke«
(1966/90/RE: Gerhard Klein)

1

2

3

»Wenn du groß bist, lieber Adam« (1965/90):

1 Regisseur Egon Günther und Gerry Wolff
als Adams Vater Sepp Tember

2 Stephan Jahnke als Adam

3 Manfred Krug als sehr weltlicher
Pfarrer Konstantin und Marita Böhme

Einen völlig anderen Ton schlug das spielerische philosophische Märchen *Wenn du groß bist, lieber Adam* von Helga Schütz und Egon Günther an. Adam, etwa zehn Jahre alt, verbringt viel Zeit allein, weil seine Mutter einen Qualifizierungslehrgang besucht und sein Vater, Sepp Tember, Ingenieur in einem großen Dresdner Elektro-Betrieb ist, der ewig in Planschulden steckt. Adam liest viel, zum Beispiel Texte des hellenistischen Philosophen Plotin (etwa 205 – 270 n.Chr.) über die Natur des Lichts, und ist über alle wesentlichen wissenschaftlichen Sachverhalte der Gegenwart bestens informiert. Eines Tages wird ihm von einem anhänglichen Schwan eine Taschenlampe geschenkt, die – Adam und sein Vater entdecken es durch Zufall – über Wunderkräfte verfügt: Richtet man ihren Strahl auf einen sprechenden Menschen, erhebt sich dieser, wenn er lügt, ein Stück in die Luft. Je krasser die Lüge, desto höher steigt er in die Luft.

Die Alltagsrealität gerät durch die vielen durch die Luft fliegenden Menschen geradezu in komische Rebellion. Aber bald mischt sich in den Spaß vor allem bei Sepp Tember Nachdenklichkeit, es entwickelt sich ein ernsthaft-spaßiges Nachdenken darüber, ob es gut und sinnvoll ist, immer zu wissen, ob jemand die Wahrheit spricht. Natürlich ist der Gedanke verlockend, einiges von dem, was beispielsweise im Betrieb oder von der Politik verkündet wird, oder etwa das Gelöbnis in der Armee auf seinen Wahrheitsgehalt zu überprüfen. Das Spiel mit der Lampe, diesem kleinen Lügendetektor, könnte also ziemlich gefährlich werden. Ein Filmteam reist an, um der Sache auf den Grund zu gehen. Manche wollen die Lampe besitzen, andere, wie etwa ein Liebespaar aus Vaters Betrieb, die durch den Lampeneffekt unglücklich wurden, wollen sie vernichten, andere wiederum sehen in der serienmäßigen Produktion der Wunderlampe die Rettung für die ökonomische Situation des Betriebes. Schließlich steckt Sepp Tember die Zauberlampe kurz entschlossen unter die vielen anderen Taschenlampen, Serienprodukte seines Betriebes, ohne magische Kraft, und ist hoch erleichtert, als er sicher sein kann, daß die Wahrheitslampe nicht mehr herausfindbar ist, törichtem Zugriff entzogen. Wie sollten die Menschen wohl mit ungetarnter Lüge leben können?

Wenn du groß bist, lieber Adam hat Humor, Ironie, Leichtigkeit und für einen deutschen Film erstaunlichen Charme. Er geht mit seiner durchaus ins Prinzipielle zielenden Fragestellung listig und zugleich kindlich-naiv um. Die Beziehungen zwischen dem Vater (Gerry Wolff) und dem naseweisen, aber lieben Adam sowie dem Freund beider, dem aufgeklärten Pfarrer Konstantin (Manfred Krug), werden in einer komisch-ernsthaften Weise erzählt. Das familienähnliche Klima in Sepp Tembers Betrieb wird durch die Wirkung der Lampe entlarvt und auf die Realität der wirklichen Machtverhältnisse und die Beziehung der einzelnen Kollegen zur Macht zurückgeführt, aber auch das geschieht nicht eifernd, sondern immer spielerisch. Viele komische Einfälle, etwa die Liebesnacht in einem Weinberg, ein kleiner Dresdner Sommernachtstraum, oder die burleske Szene mit dem Filmteam, das die Wirkung der Lampe filmen will, tragen zum Schweben des Films zwischen Realität und Märchen bei.

Wenn du groß bist, lieber Adam setzt unsere Assoziationen ins Prinzipielle in Gang – anders als etwa *Der Mann mit dem Objektiv*, der die Wirkung des Lügendetektors nur für begrenzte Zusammenhänge benutzt –, vermeidet jedoch direkte politische Dimensionen. Trotzdem reichte dies, um ihn in den Keller zu befördern. In einer Stellungnahme Dr. Schauers aus der Abteilung Filmproduktion der HV Film vom 10. Februar 1966 heißt es: »Der Film ist sehr intellektuell aufgebaut, deshalb tritt bei ihm die weltanschaulich-philosophische Fragestellung des Wahrheitsproblems in einer weitergehenden Verallgemeinerung in Erscheinung. Er propagiert eine undialektische, relativistische Auffassung von der Wahrheit und muß deshalb fast durchgängig die Lauterkeit und Ehrlichkeit unserer Mitmenschen, aber auch führender Kräfte unserer Gesellschaft objektiv offen in Frage stellen.« [27] Als die Materialien im Herbst 1989 aus dem Archiv geholt werden konnten, stellte Egon Günther, nach langer Abwesenheit zum ersten Mal wieder in Babelsberg, fest, daß in mehreren Szenen wichtige Dialog-Teile auf den Tonbändern fehlten. Sie waren unauffindbar. Daraufhin setzte er an diesen Stellen Inserts mit dem jeweils im Drehbuch stehenden Text ein. Zunächst als Hilfskonstruktion für das Verständnis der Handlung gedacht, erwies sich dies als eine wunderbare, den spielerischen, ironischen Charakter des Films unterstreichende Verfremdung. Nie wieder gab es im DEFA-Film eine solch unverkrampfte und arglose Komik, nicht einmal in Egon Günthers eigenen Arbeiten, die immer spielerische Momente hatten.

Spur der Steine ist der bekannteste und populärste der Verbotsfilme, der nach der Wende die größte und am längsten während Öffentlichkeit in Ost- wie Westdeutschland erfahren hat. Er hatte insofern eine günstige Ausgangssituation, als mehrere komplette Kopien im Filmarchiv lagen. Bereits zum Tag der Künste am 28. Oktober 1989 konnte er im Berliner Johannes R. Becher-Club zum ersten Mal nach 1966 öffentlich gezeigt und schon am 23. November 1989 mit großer Premiere im Berliner Kino »International« gestartet werden. Er war also in den Monaten des Umbruchs sofort präsent, ein Objekt der Leidenschaft und eines großen öffentlichen Interesses. Aber es lag natürlich vor allem an dem Film selbst, daß er 23 Jahre nach seiner Herstellung einen so unmittelbaren Sog entwickelte.

Bekanntlich erzählt er die Geschichte zwischen dem neu auf die Großbaustelle kommenden Parteisekretär Horrath (Eberhard Esche), dem Brigadier Balla (Manfred Krug) und der Ingenieurin Kati Klee (Krystyna Stypulkowska). Horrath will auf der Baustelle Produktivität, Effektivität und ein anständiges menschliches Klima durchsetzen. Sein Vorhaben und sein Mut, sich schwierigen Situation und der Auseinandersetzung mit den Arbeitern zu stellen, bringen ihm den Respekt Ballas ein, der von seinen Raubrittermethoden, mit denen er sich und seiner Brigade bisher auf Kosten anderer gute Arbeitsergebnisse und gutes Geld erstritt, langsam abgeht. Doch gleichzeitig wird Balla von Horrath enttäuscht, weil dieser nicht die Kraft findet, zu seiner Liebe zu Kati, die ein Kind von ihm erwartet, zu stehen. Zu sehr ist er einer dogmatischen Moralauffassung

1

2

3

»Spur der Steine« (1966):

1 Regisseur Frank Beyer

2 Ballas Brigade

3 Manfred Krug als Brigadier Balla

»Hände hoch – oder ich schieße!« (1965):
Regisseur Hans-Joachim Kasprzik (oben) und
Rolf Herricht in der Rolle des
Kleinstadtpolizisten Holms

»Fräulein Schmetterling« (1966):
Regisseur Kurt Barthel (oben 2. v. rechts) bei den
Dreharbeiten sowie Melania Jakubisková und
Christina Heiser als Schwestern Helene und Asta

seiner Partei und seiner Gesellschaft verhaftet. Obwohl Horrath das Richtige gewollt und in großem Maße auch getan hat, muß er die Baustelle als ein Geschlagener verlassen, auch das Mädchen geht. Und Balla, dessen Liebe sie abgewiesen hat, der alles durchschaut, bleibt zurück als der große Einsame, der weiß, daß politische Bindungen große, nicht zu akzeptierende Kompromisse verlangen, was seine Sache nicht sein kann.

Spur der Steine ist vielleicht der schwungvollste, hinreißendste Gegenwartsfilm der DEFA überhaupt. Er hat einen zupackenden Rhythmus, die Auseinandersetzungen werden bis zum Äußersten getrieben, und trotz des traumhaft sicheren Gespürs des Regisseurs für eine wirkungssichere Erzählweise verläßt er keinen Moment den Boden des Echten, bleibt stets im Erfahrungsbereich wirklich erfahrener Lebensprobleme. Ein innerhalb der DEFA-Geschichte einmaliger Fall.

Dieser Film hat seine besondere Verbots-Geschichte. Die Schöpfer waren überzeugt davon, ein Werk produziert zu haben, das von der Partei auch nach dem Plenum akzeptiert werden könnte. *Spur der Steine* wurde nach dem Plenum gewissermaßen »zum Flaggschiff, an dem sich ent-

scheiden sollte, ob's wieder geht. (...) Und so hat Frank Beyer ungeheuer zäh, aber auch sehr umsichtig an Schnitten und Änderungen gearbeitet, wir haben uns offen gezeigt und flexibel, aber gleichzeitig auch sehr beharrlich, wo es ans Eingemachte ging. Nach der Abnahme glaubten wir, die Schlacht sei gewonnen.« [28] Auch der Filmbeirat beim Minister für Kultur stimmte der Aufführung mit großer Mehrheit (gegen zwei Stimmen) zu. Der Film lief ab 15. Juni 1966 zu den Arbeiterfestspielen in Potsdam eine Woche lang im ausverkauften Kino. Er wurde für das staatliche Prädikat »Besonders wertvoll« vorgeschlagen und zum Filmfestival Karlovy Vary gemeldet. Er sollte am 30. Juni 1966 mit 56 Kopien (für die DDR eine immens hohe Zahl) in allen Bezirksstädten und in Berlin gestartet werden. Zwei Tage vorher tagte das Politbüro. Punkt 3 der Tagesordnung hieß: »Über den Film *Spur der Steine*. Berichterstatter Walter Ulbricht.« Am 29. Juni 1966 trat das Sekretariat des ZK zusammen und beriet die Maßnahmen »zur kurzfristigen Beendigung des Einsatzes des Spielfilms *Spur der Steine* in Lichtspieltheatern und zur sofortigen Einstellung der Werbung für diesen Film«: Reduzierung der Werbung und der Laufzeit auf maximal eine Woche, keine Rezension mit Ausnahme des »Neuen Deutschland«, keine Festivalnominierung, keine Premierenfahrten, Zuschauergespräche etc. [29] Am 30. Juni wurden Telegramme entsprechenden Inhalts an alle ersten Bezirkssekretäre der Partei geschickt. Die Berliner Premiere, auch andere Vorführungen, wurden von bestellten FDJ-Mitgliedern, Leuten von Kampfgruppen, Jugendschulen, Parteischulen ausgepfiffen. Da Frank Beyer trotz beschwörender Beeinflussungsversuche auf mehreren Parteiversammlungen nicht dazu bereit war, einzugestehen, einen schädlichen Film gemacht zu haben, wurde er aus der DEFA entfernt. Man legte ihm nahe, eine Arbeit weit weg von Berlin und Potsdam aufzunehmen. Er ging ans Dresdner Theater. [30]

Auch *Fräulein Schmetterling*, die Geschichte eines phantasievollen jungen Mädchens in Berlin, in der sich Traumvorstellungen und Alltagsrealität miteinander verbinden, geschrieben von Christa und Gerhard Wolf und als Debüt inszeniert von Kurt Barthel, wurde im Rohschnittstadium abgebrochen, ebenso das Lustspiel *Hände hoch – oder ich schieße!*, in dem Rolf Herricht einen Kriminalpolizisten spielt, dem die Kriminalfälle ausgegangen sind und der sich folglich nach einem spektakulären Ersatz umsieht, von Rudi Strahl geschrieben und Hans-Joachim Kasprzik inszeniert. Beide Filme wurden auf Wunsch der Regisseure nicht für eine öffentliche Kinovorführung 1990 vorbereitet. Sie fanden sie nicht gut genug, um nach so langer Zeit und unter spektakulären Umständen noch ins Kino geschickt zu werden.

Der einzige Nicht-Gegenwartsfilm unter allen vom 11. Plenum gebeutelten Arbeiten war *Der verlorene Engel*, nach Franz Fühmanns Erzählung »Das schlimme Jahr« von Ralf Kirsten geschrieben und inszeniert. Ein stiller, strenger, stilsicherer Film über einige Tage im Leben Ernst Barlachs im Jahre 1935, als sein Mahnmal für die Gefallenen des ersten Weltkriegs, der schwebende Bronze-Engel mit den Gesichtszügen Käthe Kollwitz', von den Nazis aus dem Güstrower Dom gerissen und verschleppt wird. Die Reflexionen des einsamen Künstlers werden überzeugend ins Optische transformiert, in den Bildern von der Landschaft, der Stadt Güstrow, den wenigen Menschen, denen Barlach begegnet, den einsamen Spaziergängen sinnlich erfahrbar gemacht.

Nur der Absurdität halber sei aus der Stellungnahme der HV Film, wiederum von Dr. Jahrow formuliert, zur Nicht-Abnahme vom 29. September 1966 zitiert: »Der Film klagt ganz allgemein den Gegensatz zwischen Kunst und Diktatur (Totalitarismus) an. Er kann demzufolge auch als Anklage gegen die staatliche Macht allgemein (also auch gegen die sozialistische Staatsmacht) aufgefaßt werden. Der Film irritiert, statt zur klaren antifaschistischen Parteinahme im Sinne der historischen Gesetzmäßigkeit zu erziehen. Mit dieser Position hätte dieser Film ebensogut in einem beliebigen imperialistischen Staat produziert werden können. Selbstverständlich ist Barlach in seinem Leben nur zu begrenzten, klassenindifferenten Erkenntnissen gekommen. Das berechtigt jedoch sozialistische Filmkünstler

Fred Düren als Bildhauer Ernst Barlach in
»Der verlorene Engel« (1966/71/RE: Ralf Kirsten)

nicht, sich selbst in diesen Grenzen zu bewegen.« [31] Eine solche Ignoranz und Arroganz, wie sie uns aus Papieren wie diesem entgegentritt, darf einfach nicht vergessen werden. Für den Film wurde, wie bereits erwähnt, 1970 eine Bearbeitung zugelassen, die Ralf Kirsten gemeinsam mit Manfred Freitag und Joachim Nestler vornahm. 1971 kam er still, ohne Aufhebens, in die Filmkunsttheater.

Am Ende der Verbote steht Jürgen Böttchers erster und einziger Spielfilm *Jahrgang 45*, der nach einem Szenarium entstand, das die Dramaturgin Christel Gräf gemeinsam mit Klaus Poche, hier zum ersten Mal fürs Kino tätig, entwickelt hatte, und dessen Produktion im Frühjahr 1966, also nach dem 11. Plenum begonnen wurde. Dieser Film unterscheidet sich grundsätzlich von allen hier vorgestellten. Er repräsentiert eine eigene filmische Ästhetik. Es geht um ein junges Ehepaar, Al und Li, er Autoschlosser, sie Krankenschwester, beide etwa 20, eben Jahrgang 45, die drauf und dran sind, sich zu trennen. Al zieht aus, erst in seine alte Bude, dann zu seiner Mutter und dem Großvater, weiß mit sich nichts anzufangen, geht trotz Urlaubs wieder arbeiten, hat ein ungewisses Gefühl, daß es noch etwas

»Jahrgang 45« (1966/90):
der einzige Spielfilm des Malers und Dokumentaristen
Jürgen Böttcher (links), mit Rolf Römer

anderes geben müßte als das, was sein Leben bestimmt. Schließlich kehrt er wieder zu Li zurück, die er ja liebhat und die an seinem Unbehagen nicht schuld ist.

Kausale Handlungszusammenhänge interessieren Böttcher nicht. Er ist vielmehr fasziniert von einer Art Lebenssinn oder Lebensgenuß oder Lebenssehnsucht, die sich in Als Haltung, so wie Rolf Römer ihn verkörpert, ausdrückt, in seinen Gesten, seinem Genuß an einem bestimmten Rhythmus, einer Bewegung, einem Gang, einer Musik, einem Licht, einer Stimmung, auf jeden Fall in etwas Nonverbalem. Leider ist nicht der Platz, einige der wunderbaren Szenen des Films, seine klare und zugleich ungewiß schwebende Schönheit, seinen einmaligen Zauber zu beschreiben. Die unbestimmte Sehnsucht des Helden, in der seine Rebellion gegen den ihn umgebenden Alltag steckt, vermittelt sich im rein Gestischen. Es gibt keinerlei auf Bedeutung dringende Gespräche. Selbst die Worte Moguls, eines alten Arbeiters, eines Antifaschisten, der über Al wohnt, ihn mag und ihm eigentlich hin und wieder einen kleinen Rat geben möchte, sind nur andeutend, ungefähr. Das, was gesagt wird, ist nur die erste, einfachste Schicht der Szenen, dahinter stecken andere Gedanken und andere

Gefühle, die die Grenzen des Verbalen überschreiten. Aus Böttchers sinnlichem Film- und Weltverständnis, das sich mit dem Filmverständnis einer ganzen Gruppe traf, die an der Filmhochschule zusammen studiert hatte, entstand ein origineller Film. Das Team empfand die Vibrationen der Zeit ähnlich, aber Böttcher strukturierte dies auf seine ganz persönliche Art, so daß Roland Gräf Ende 1989, als er *Jahrgang 45* zum ersten Mal wieder sah, voller Verwunderung über sich selbst war und sich überhaupt nicht mehr vorstellen konnte, daß er derjenige war, der diesen Film auf diese unvergleich sensuelle Weise fotografiert hatte. [32]
Jahrgang 45 ist der welthaltigste Film dieser Verbotsserie. Er erfaßte die Gefühle der Zwanzigjährigen im Prenzlauer Berg sozial und regional konkret und zugleich in einer elementaren filmischen Weltsprache. Es ist, als ob er mit der Zeit mitgewachsen wäre. Man empfindet ihn auch heute als absolut zeitgenössisch.

Das Verbot dieses Films steht am Ende der Liste. Rolf Richter beschreibt die damalige Situation so: »Als ich 1966 Böttchers *Jahrgang 45* sah, gab es schon keinen Zweifel: der Film würde nicht aufgeführt werden. Wir, eine Gruppe von Filmleuten, Kritikern, standen nach der Vor-

**Rolf Römer und Monika Hildebrand
in »Jahrgang 45«**

führung noch zusammen und gaben Sätze von uns, die das zu erwartende Verbot erstaunt kommentierten. Warum wurde auch noch dieser Film verboten, diese so gar nicht vordergründig-politische Geschichte? Was gab es gegen diesen wunderbaren Fluß der Bilder, gegen die gestische Welt, die der Schauspieler Rolf Römer entwickelt, einzuwenden? Er tastete sich zu einer Lässigkeit vor – verspielt, unsicher und schon ein wenig verzweifelt. Würde er (sein Al) noch die Kraft finden, auszubrechen; ist es noch das Spiel eines unbewußten Widerstandes, oder ist er schon dabei, sich anzupassen und Stück für Stück seines Protestes aufzugeben?« [33)]

In der Stellungnahme Dr. Jahrows von der Abteilung Filmproduktion zum Ausbuchen und Einbunkern des Rohschnitts heißt es unter anderem: »So wie die Menschen in der Umwelt Als und Lis indifferent, nichtssagend, verworren und auf keinen Fall als Vertreter unserer gesellschaftlichen Ordnung gezeichnet wurden, ist auch das gesellschaftliche Milieu weit ab von den charakteristischen Merkmalen unserer sozialistischen Wirklichkeit. Trist, unfreundlich, schmutzig und ungepflegt wirken die verschiedenen Gebäude, Straßenzüge, Wohnungseinrichtun-

gen usw. Ein Hinterhof, eine Keller-›wohnung‹, Brandmauern, ein öder, von Unkraut bewachsener Schuttberg, eine einsame Straße usw. beherrschen das Bild. (...) Al (...) ist bewußt als ein indifferenter, gedankenloser und unreifer junger Mann gezeichnet, der seine Arbeit macht, dann aber ohne Phantasie und Initiative seine Freizeit verbringt (...) der Typ eines Jugendlichen, der in unserer Republik mehr und mehr verschwunden ist. Al wirkt in seinem Habitus nahezu asozial. (...) Personen und Umwelt sind vielmehr so gestaltet, daß sie eher der kapitalistischen als der sozialistischen Lebenssphäre zugerechnet werden könnten. Da der Film jedoch eindeutig vorgibt, einen Ausschnitt aus unseren gesellschaftlichen Verhältnissen zu reflektieren, wird er zutiefst unwahr. Seine zur Schau gestellte ›unverbindliche Objektivität‹ führt zu Aussagen, die gegen die sozialistische Gesellschaft gerichtet sind.«

Dr. Jahrow kommt zu dem Schluß, daß sich diese Tendenz eindeutig aus Böttchers Inszenierungsstil ergebe, der die Möglichkeiten einer positiven Aussage im Buch ausgeschaltet, ja den Film gegen das Buch inszeniert habe. Dr. Jahrow wörtlich: »*Jahrgang 45* hätte ein sauberer sozialistischer Gegenwartsfilm werden können, der unserer

Jugend durchaus gültige und unserer Ordnung entsprechende Erkenntnisse vermittelt. Mit seiner Inszenierung hat sich der Regisseur gegen diese Absicht des Buches und der Regiekonzeption gestellt und damit zugleich die wesentlichen Erkenntnisse und Lehren aus der Diskussion des 11. Plenums des ZK unserer Partei – der er angehört – mißachtet.« Dr. Jahrow entwickelt einige Schlußfolgerungen, zum Beispiel: »2. Es muß eine feste staatliche Ordnung eingeführt werden, die klare Verantwortlichkeiten bei der Entwicklung und Produktion eines Filmes für alle Beteiligten festlegt. Diese Verantwortlichkeiten müssen gewährleisten, daß die literarische Vorbereitung eines Films und seine Produktion der ständigen und gewissenhaften Anleitung und Kontrolle unterliegt, die Einflußnahme der staatlichen Leiter in jedem Entwicklungsstadium sichert und andererseits den schöpferischen Prozeß der künstlerischen Kader nicht behindert.« [34]

Diese Gedanken, nicht im Konkreten, jedoch generell, bestimmten die weitere Filmentwicklung maßgeblich und trugen dazu bei, daß sich eine Situation wie die von 1965/66 nie wieder entwickeln konnte.

Jahrgang 45 blieb Jürgen Böttchers einziger Spielfilm. Er hat in der Folge, unter ständiger Behinderung und Beargwöhnung, wesentliche Dokumentarfilme der DEFA realisiert, darunter *Wäscherinnen* (1973), *Martha* (1978), *Verwandlungen* (1981), *Rangierer* (1984), *Kurzer Besuch bei Hermann Glöckner* (1985), *Die Küche* (1986), *In Georgien* (1987), *Die Mauer* (1990). Er hat sein ganzes Leben lang gemalt und erfuhr nach der Wende weltweite Anerkennung als Maler. Trotzdem sehnte sich Böttcher stets danach, Spielfilme zu machen. Mir scheint, daß der DEFA-Spielfilm mit Böttchers erzwungener Abstinenz seinen einschneidendsten Verlust erlitten hat.

1) Kurt Maetzig, Filmarbeit. Gespräche, Reden, Schriften. Herausgegeben und mit einer Studie versehen von Günter Agde. Berlin: Henschelverlag 1987, S. 112

2) Ebenda, S. 113

3) Ebenda, S. 138

4) »Es war schon ein Bruch in meinem Leben, die Themen wurden kleiner und verschlüsselter«, Gespräch mit Frank Vogel, geführt von Hannes Schmidt. In: 20. Internationales Forum des Jungen Films 1990, Informationsblatt Nr. 17

5) Hannes Schmidt, Werkstatterfahrungen mit Gerhard Klein. Aus Theorie und Praxis des Films. Herausgeber: Betriebsakademie des VEB DEFA Studio für Spielfilme. Potsdam 1984, Heft 2, S. 37

6) Der Künstler – weder Staatsanwalt noch Verteidiger. Frank Beyer im Interview mit Hermann Herlinghaus. In: film – Wissenschaftliche Mitteilungen, Berlin 1964, Heft 2, S. 277 ff.

7) Vgl. Günter Karl: Dialektische Dramaturgie. Ein Versuch zu Gestaltungsproblemen des Films *Der geteilte Himmel*. In: film – Wissenschaftliche Mitteilungen, Berlin 1964, Heft 4, S. 943

8) Erika Richter: Angst vor dem Genre. In: film – Wissenschaftliche Mitteilungen, Berlin 1964, Heft 3, S. 853 ff.

9) Hoffnungen, Illusionen, Einsichten. Klaus Wischnewski im Gespräch mit Wieland Becker. In: Film und Fernsehen, Berlin 1990, Heft 6, S. 35 ff.

10) Günter Witt, Von der höheren Verantwortung hängt alles ab. In: film – Wissenschaftliche Mitteilungen, Berlin 1964, Heft 2, S. 261

11) DEFA-Betriebsarchiv

12) Bericht des Politbüros an die 11. Tagung des Zentralkomitees der Sozialistischen Einheitspartei Deutschlands, 15.-18. Dezember 1965, Berichterstatter: Genosse Erich Honecker. Berlin: Dietz Verlag 1966, S. 56 f.

13) SAPMO, IV A 2/ 906/4

14) Rolf Richter: Weder Willkür noch Zufall. Motive und Positionen der Macht zur Zeit des 11. Plenums. In: Film und Fernsehen, Berlin 1990, Heft 6, S. 41 ff.

15) Vgl.: Ich hätte meine Filme auch woanders gemacht. Rainer Simon im Gespräch mit Erika und Rolf Richter. In: Film und Fernsehen, Potsdam 1992, Heft 3, S. 7

16) »Kritik ist nur wirksam, wenn sie umfassend ist«, Gespräch mit Rolf Richter, Filmwissenschaftler und Vorsitzender der Kommission »Verbotene Filme« des Verbandes der Film- und Fernsehschaffenden der DDR. In: 20. Internationales Forum des Jungen Films 1990, Informationsblatt Nr. 15

17) Auferstehung des Kaninchens. Mit Kurt Maetzig sprach Rolf Richter. In: Film und Fernsehen, Berlin 1990, Heft 5, S. 13

18) Vgl.: Verbotener Frühling, Notizen für ein entstehendes Buch, von Günter Stahnke. In: 20. Internationales Forum des Jungen Films 1990, Informationsblatt Nr. 19

19) Ebenda

20) DEFA–Betriebsarchiv

21) »Es war schon ein Bruch in meinem Leben...«, a.a.O.

22) Gedächtnisprotokoll einer »Testveranstaltung« von Manfred Freitag und Joachim Nestler, ebenda

23) »Es war schon ein Bruch in meinem Leben…, a.a.O.

24) »Bei unserer ersten gemeinsamen Arbeit, einem Autorenfilm, wurde Plenzdorf und mir die Stimme abgeschnitten«, Gespräch mit Herrmann Zschoche, geführt von Hannes Schmidt. In: 20. Internationales Forum des Jungen Films 1990, Informationsblatt Nr. 20

25) Hannes Schmidt, Werkstatterfahrungen mit Gerhard Klein, a.a.O., S.40

26) Stellungnahme zu *Berlin um die Ecke*, DEFA–Betriebsarchiv

27) Stellungnahme zu den Filmvorhaben *Fräulein Schmetterling*, *Karla* und *Wenn du groß bist, lieber Adam*, ebenda

28) Hoffnungen, Illusionen, Einsichten. A.a.O., S. 38

29) SAPMO, IV A2/906/124

30) Vgl.: Arbeiten für das Fernsehen in DDR und BRD. Frank Beyer im Gespräch mit Hans Müncheberg. In: Film und Fernsehen, Potsdam, Heft 6/1992+1/1993, S. 15 – 23

31) Stellungnahme zu *Der verlorene Engel*, in: DEFA–Betriebsarchiv

32) Begegnung mit dem Originären. Gespräch mit Christel und Roland Gräf. In: Presseinformation des Progress-Filmverleih zu *Jahrgang 45*

33) Rolf Richter: Das andere, nicht gelebte Leben. Ebenda

34) Stellungnahme zu dem DEFA-Spielfilm *Jahrgang 45*. In: SAPMO, IV A 2/ 906/6

Entspannung? Szene mit Helga Čočková aus »Nichts als Sünde« (1965/RE: Hanus Burger)

Jaecki Schwarz in »Ich war neunzehn«
(1968/RE: Konrad Wolf)

Klaus Wischnewski

TRÄUMER UND GEWÖHNLICHE LEUTE
1966 bis 1979

Im wellenartigen Auf und Ab der Babelsberger DEFA-Filmproduktion war mit dem Jahresende 1966 der dramatische Tiefpunkt herbeigeführt worden. Nach dem öffentlichen Gericht über zwei Filme auf dem 11. Plenum des SED-Zentralkomitees im Dezember 1965 hatten Überprüfungen, Gutachten, Anweisungen von außen und oben, Parteiverfahren, nachvollziehende Selbstzensur und Einsichten der Leitenden im Studio von der Jahresproduktion 1966 drei Kinderfilme, den ersten DEFA-Indianerfilm und fünf weitere Filme übriggelassen. Von nun an war die anleitende und kontrollierende Administration (Parteiapparat und Hauptverwaltung Film im Ministerium für Kultur) gehalten und entschlossen, öffentlichen Abbrüchen im Drehprozeß oder gar der Zurückziehung von Filmen aus dem Spielplan durch vorausschauende Vorsicht, zensorische Strenge und umsichtige Risikominimierung vorzubeugen. Das war die konsequente Umkehrung der Haltung und Tendenz zwischen 1962 und 1965 und hatte natürlich lähmende Folgen.

Man wird aber DEFA-Geschichte – wie überhaupt die Entwicklung in den Künsten, der Alltagskultur und weiten Bereichen des geistigen Lebens in der DDR – nicht verstehen, wenn man die objektiv widersprüchlichen und eigengesetzlichen Wirkungen übersieht oder bewußt ausklammert, die sich aus dem programmatisch, rechtlich und materiell fixierten Kulturauftrag des Staates für die Gesellschaft und den daraus entwickelten Strukturen herleiteten. Als Anfang 1990 die verbotenen Filme von 1965/66 in der Akademie der Künste der DDR aufgeführt wurden, sagten der Regisseur und Schriftsteller Egon Günther *(Wenn du groß bist, lieber Adam)* und der Autor Klaus Poche *(Jahrgang 45)* übereinstimmend in einer Diskussion, es habe trotz aller absurden und verheerenden Verdikte immer jenes Studio gegeben, die DEFA Babelsberg, mit fachkundigen Filmleuten, mit finanziellen Mitteln, um Filme zu erfinden und zu produzieren, mit einer meist überalterten, aber immer brauchbaren Technik, einen Ort, wo sich zwangsläufig immer wieder neu Partnerschaften fanden und für neue Versuche, Angebote, Herausforderungen engagierten; diese Vereinigung von Denk-, Streit- und Produktionsort müsse den deutschen Filmemachern, frei von ideologischer Instrumentalisierung und Restriktion, erhalten bleiben. Günther und Poche, nach 1976 ständig in westdeutschen Studios arbeitend, wußten, wovon und wofür sie redeten.

Film war im Kulturkonzept der DDR kein Wirtschafts-, sondern ein Kulturfaktor, als Kunstgattung anderen Künsten und öffentlichen Institutionen wie Oper, Schauspieltheatern und Museen gleichberechtigt. Als, nach einem zu viel und zu lange zitierten Lenin-Wort, »wichtigste der Künste« genoß der Film besondere Aufmerksamkeit, was ihm nicht guttat. Schwächen und Leiden der DEFA liegen jedoch nicht in dieser historisch wie aktuell positiv zu bewertenden Zuordnung begründet, sondern im totalen Führungsanspruch von Parteispitze und -apparat und den entsprechend hierarchischen administrativen Praktiken in allen Lebensbereichen.

Die Haltung zur Kunst – ähnlich wie auch zur Wissenschaft – in der SED-Führung war, auch von Traditionen der Arbeiterbewegung her, merkwürdig schizophren geprägt: Ehrlicher Respekt und oft pathetisch begründete Erbe-Verantwortung einerseits, Mißtrauen bis Haß gegenüber Individualität und »klassenfremden« Seh- und Denkweisen, Angst vor unkontrollierbaren Wirkungen andererseits. Nichts machte so unruhig wie ein spontaner Massenerfolg im Kino wie *Die Legende von Paul und Paula* (1973). Das Wunschbild einer großen Kunst, die verbal überprüfbar, propagandistisch instrumentalisiert, massenwirksam und zugleich international anerkannt ist, blieb unrealisierbar. Von intelligenten pragmatischen Funktionären wurden deshalb in den Disziplinierungsversammlungen Kriterien wie »Mut zur Konvention« [1] empfohlen; das ging bis zur Frage des Kulturministers im Sommer 1966, warum man nicht Filme machen könne wie *Kolberg* (1945/RE: Veit Harlan) – »nur für uns«... [2] Auch in moralischen wie ästhetischen Bereichen wurden Werte und Ideale des Sozialismus früh unterschritten, aber Beteiligte wie Betroffene verbuchten das lange als vom Klassenkampf aufgezwungene Belastungen.

Überall werden von Auftraggebern und Konsumenten Filme gewünscht, die nett sind, angenehm, bestätigend oder ablenkend, am besten beides. Überall gibt es Leute, die dem gern entsprechen. Die Unterhaltungsindustrie schafft periodisch neue, gelegentlich auch originale Varianten der Grundkonvention. Der DEFA gelang das nie. Die Versuche bereits vor 1965 und forciert in den Jahren nach dem 11. Plenum beweisen es, die wenigen Ausnahmen in vielen Jahren bestätigen es. Die Jahresproduktion – erst 1955 das Dutzend überschreitend, 1959 und 1961 die Spitze von 26 bzw. 27 Premieren erreichend und sich nach dem Einbruch 1965/66 in den siebziger und achtziger Jahren um 15 Filme einpegelnd – war zu schmal, um Genre-Professionalität zu trainieren. Vor allem aber widersprach eine solche Tendenz der Motivation und Haltung der meisten DEFA-Leute und einem gesellschaftlichen und politischen Grundkonsens mit Leitung und Apparat, der lange Zeit und über viele Konflikte und Enttäuschungen hinweg hielt. Auch in den Konfrontationen traf man sich noch lange in der Übereinstimmung, daß Film Gesellschaft reflektieren und beeinflussen, dabei durchaus auch aufklärerisch wirken solle.

Berühmte gute und viele mittelmäßige DEFA-Filme sind von diesem Credo bestimmt. Erst allmählich wurde diese Basis zersetzt. Die immer tieferen Differenzen betrafen logisch sowohl die Sicht auf die Realität und deren Interpretation als auch die Reflexions- und Wirkungsweisen von Kunst. Sie sind nachzuvollziehen über fast dreißig Jahre, vom Streit um Slatan Dudows *Frauenschicksale* (1952) zum zähen Ringen um die Aufführung von Rainer Simons *Jadup und Boel* zwischen 1980 und 1988. Aber in der Kontinuität der Konfrontationen vollzog sich, mit den Erfahrungen der Älteren und mit dem Eintritt der »dritten« Generation von Regisseuren, Kameraleuten, Autoren und Dramaturgen in das Babelsberger Studio um 1970, eine Differenzierung und Veränderung der Motivationen und Haltungen und damit der Beziehungen und Reaktionen. An die Stelle der Illusion der Einheit trat die Realität wachsender Entfremdung, begleitet auch von zunehmender Isolierung der Filmemacher untereinander und latentem Mißtrauen zwischen den Generationen.

Wolfgang Kohlhaase beschreibt Wechsel und Zustand: »Was wir immer wieder brauchen, wäre produktiver Umgang mit unseren guten und schlechten Erfahrungen. Ich vermisse auch ein bestimmtes Generations- und Gruppenbewußtsein. Es gab in der DEFA eine Zeit der Versuche, gemeinsame Vorstellungen von den Möglichkeiten des Films zu gewinnen. Man hat miteinander gearbeitet und sich geholfen, ohne einander ähnlich zu sein oder es anzustreben. Statistisch gesehen hat sich so viel nicht geändert: Wir haben in zwei Jahren zwei oder drei gute Filme. Das war nur selten besser und ist relativ normal bei unserer niedrigen Jahresproduktion. Aber im Gegensatz zu früher sind das heute Einzelstücke. Sie beziehen sich kaum aufeinander, kein gemeinsamer Impuls scheint sie zu verbinden, im Publikum entsteht keine kontinuierliche Aufmerksamkeit, der eine Film bringt nicht den anderen ins Gespräch. Im Grunde verblaßt unser Markenzeichen. Auch die mißglückten Filme sind selten Fehlversuche von allgemeinem Interesse. Es sind einsame Reinfälle, gelegentlich auch Erfolge per Behauptung, wenig wird dabei aufgeklärt.« [3] Dies sind, resümiert 1987, Langzeitfolgen des Anschlages auf die DEFA, verübt durch jenes 11. Plenum und die ab 1966 folgenden Maßnahmen.

Auch Rainer Simons Statement in einem Gespräch 1992 hat damit zu tun: »Ich sehe ziemlich neutral zurück, denn DEFA, das sind die Filme, die ich gemacht und die ich nicht gemacht habe. Es ist kein wehmütiger Rückblick, aber ich kann auch nicht sagen, daß ich mit der jetzigen Situation zufrieden bin. Im Prinzip ist es mir egal, wo ich Filme mache. Ich habe bei der DEFA gearbeitet, weil es die einzige Produktionsstätte für Kinofilme in der DDR war. Ich hätte Filme auch woanders gemacht und würde auch jetzt woanders arbeiten.« [4]

Das war für die fünfziger und bis weit in die sechziger Jahre hinein noch keine symptomatische Position in Babelsberg. Man sah und wollte es anders. Man sah sich, geschichtlich und biographisch bedingt, durchaus in gemeinsamer Verantwortung für eine deutsche Alternative, die für die meisten ursächlich das soziale/sozialistische Engagement als Bedingung für nationales »Anders-werden« (Johannes R. Bechers poetisches Reflexionsthema) einschloß. Man wollte Deutschland anders und wollte dafür in der ehemaligen Babelsberger Ufa-Stadt andere deutsche Filme machen. Die historische wie biographische Legitimität dieser Position ist ebenso unbestreitbar wie die Kontinuität und Qualität vieler DEFA-Filme, die in Babelsberg entstanden und offiziell unter dem Begriff »antifaschistische Thematik« subsumiert wurden – von *Die Mörder sind unter uns* (1946) bis *Der Aufenthalt* (1983), von *Ehe im Schatten* (1947) bis *Die Verlobte* (1980), von *Rotation* (1949) bis *Ich war neunzehn* (1968), von *Stärker als die Nacht* (1954) bis *Dein unbekannter Bruder* (1982). Hier entstand, immer wieder erweitert und variiert durch Autoren und Regisseure der folgenden Generation, ein deutsches Filmkompendium zur eigenen Zeit-Geschichte, der nationalen Selbstkritik und persönlichen Identitätssuche. Daß DEFA-Geschichte, wie DDR-Geschichte, passiv wie aktiv, Teil der deutschen Geschichte ist, in Wurzeln und Motiven weit hinter 1945 zurückreichend, wird gerade an diesen Filmen unabweisbar deutlich. Diese zeit- und figurengeschichtliche Dimension ist auch in bedeutenden Gegenwartsfilmen ein wiederkehrendes wichtiges Denk- und Handlungsmoment seit Dudows *Unser täglich Brot* (1949), so in *Sonnensucher* (1958), *Der geteilte Himmel* (1964), *Die besten Jahre* (1965), *Denk bloß nicht, ich heule* (1965), *Karla* (1966), *Spur der Steine* (1966), *Berlin um die Ecke* (1966), *Zeit zu leben* (1969), *Der nackte Mann auf dem Sportplatz* (1974), *Jadup und Boel* (1980).

Aufgabe 1967: Rehabilitierung

In Deutschland gibt es traditionell ein ständig abrufbares intelligenz- und kunstfeindliches Potential. Wie andere Erbübel hat die DDR-Hierarchie in vierzig Jahren auch dieses angeeignet und instrumentalisiert. Das funktionierte gegen kritische Studenten und Professoren, eigensinnige Künstler und »falsche« Musik (zeitweise) und kritische Bücher (stellenweise). Es funktionierte auch innerhalb der DEFA, übrigens 1966 **und** 1990. [5] Aber die DEFA in Babelsberg war Studiobetrieb und Werkstatt für Filmideen und Drehbücher. Die ganze Institution war 1965 verfemt und 1966 gelähmt worden und mußte sich wieder gesellschaftsfähig machen.

Im Kinobetrieb füllte man die Lücken schnell mit bekannten oder neuen Importen. Die Zuschauer hatten die Babelsberger Katastrophe kaum bemerkt. Die Kinder freuten sich 1966 über *Die Söhne der großen Bärin*, über *Alfons Zitterbacke* und *Hamida*, über Heiner Carows *Die Reise nach Sundevit* (nach Benno Pludra), einen Film von eindringlicher Schönheit und nachhaltiger Wirkung auf kleine und große Zuschauer. In den Bezirksstädten konnte man den Skandal um *Spur der Steine* erfahren. Sonst amüsierten

1

4

2

5

3

6

DEFA-Premieren 1966, im Jahr »danach«:

1 »Reise ins Ehebett« (RE: Joachim Hasler),
ein Filmmusical mit Frank Schöbel

2 »Alfons Zitterbacke« (RE: Konrad Petzold)
nach einer Erzählung von Gerhard Holtz-
Baumert. In der Titelrolle: Helmut Rossmann

3 »Flucht ins Schweigen«
(RE: Siegfried Hartmann),
ein Kriminalfilm mit Dieter Wien

4 »Die Reise nach Sundevit« (RE: Heiner Carow)
nach dem Kinderbuch von Benno Pludra,
mit Ralf Strohbach

5 »Schwarze Panther« (RE: Josef Mach),
ein Zirkusfilm mit Horst Kube, Helmut Schreiber
und Angelika Waller (von links)

6 »Lebende Ware« (RE: Wolfgang Luderer),
über bestialische Geschäfte eines SS-Führers
in Ungarn. Mit Peter Sturm

»Die Fahne von Kriwoj Rog« (1967) –
Regisseur Kurt Maetzig (links) mit Erwin Geschonneck
als Mansfelder Bergmann Otto Brosowski

sich die Leute über die Schlager, Tänze und Witze, mit deren Hilfe ein moralisch schlagseitiger Bootsmann in die Ehe und eine verwilderte Schiffscrew zur Raison gebracht wurden (*Reise ins Ehebett*/ RE: Jo Hasler). Wenige sahen die restlichen drei Filme, darunter *Lebende Ware* von Friedrich K. Kaul und Walter Jupé, Regie Wolfgang Luderer. Der Film dokumentierte mit Spielfilmmitteln das Schicksal jener Budapester Juden des Jahres 1944, die Opfer des LKW-Geschäfts der SS wurden.

Das Studio mußte seine Position im öffentlich-offiziellen Bereich der Gesellschaft »rehabilitieren« und gleichzeitig Filme machen, die der Apparat zuließ, der Zuschauer annahm und die von einer in- und ausländischen Fachwelt respektiert wurden. Das war die Quadratur des Kreises.
Zunächst gelingt ein Kraftakt: die Produktionsauslastung des Studios. 1967 gibt es 16 DEFA-Premieren; darunter sind vier Kinderfilme, der nun obligate Indianerfilm und *DEFA 70*, ein von Kameramann Werner Bergmann realisierter Demonstrationsfilm, der die in Babelsberg eigenentwickelte 70 mm-Kamera vorstellt. Das Repertoire weist drei situationstypische Akzente aus: Information, Affirmation, Versuche in unterhaltenden Genres. Information und Affirmation heißt Inhalte vermitteln und Zustände bestätigen, die der offiziellen Darstellung und Wertung entsprechen. Dieser Aufgabe dienten oft dramatisierte Ereignisse aus der Geschichte der Arbeiterbewegung und dem Widerstand gegen die Nazis.

Kurt Maetzig verfilmt 1967 den Roman *Die Fahne von Kriwoj Rog* von Otto Gotsche, dem Sekretär Walter Ulbrichts, der im Kulturleben der DDR oft eine ungute Rolle gespielt hat. Seine karg geschriebenen Bücher enthalten reales Beobachtungsmaterial und Fakten über Leben und Kämpfe der Arbeiterfamilien im mitteldeutschen Industrierevier, natürlich sortiert und gewertet nach der parteioffiziellen Geschichtsschreibung. [6] Hans-Albert Pederzani als Szenarist und Kurt Maetzig arrangierten die deutsche Überlebens-Geschichte der Familie Brosowski und ihrer Kumpel zwischen 1925 und 1945 im Mansfeldischen in Schwarzweiß und weitgehend dokumentarem Stil, trotz manch oft gehörter agitatorischer Parts aufrichtig und glaubhaft. Auch hier: Deutsche Geschichte von unten, mit Retuschen aus der neuen Sicht von oben.
Das Tal der sieben Monde (RE: Gottfried Kolditz) bleibt seinem interessanten Thema und Sujet durch schwerfällige Dramaturgie, schwache Führung der Hauptdarsteller und durch Brüche zwischen legendenhafter Überhöhung und direkter Erzählung trotz starker Schwarzweiß-Bilder (KA: Erwin Anders) eine adäquate Form schuldig. Es geht um die Liebe eines »Volksdeutschen« zu einem jüdischen Mädchen und seine Gewissensentscheidung.
Deutsche Kriegsgeheimnisse und -aktionen waren auch in der DDR Reizthemen von starker Attraktivität. Ruth Krafts Roman über Wernher von Brauns Raketenwerkstatt in Peenemünde auf Usedom, »Insel ohne Leuchtfeuer«, ist seit Jahrzehnten ein (gesamt-)deutscher Bestseller. So war dem aufwendigsten DEFA-Projekt 1967, *Die gefrorenen Blitze*, Erfolg vorauszusagen. Harry Thürk (Autor) und János Veiczi (Regie) bauten ein breit ausladendes, zeitweise ins Undeutliche verschwimmendes Opus in zwei Teilen (»Target Peenemünde«, »Password Paperclip«), unter Benutzung eines neueren Dokumentarberichts von Julius Mader. Ausgehend von der in London lange ignorierten anonymen Warnung vor deutscher Atom- und Raketenentwicklung wird mit Hilfe einer »Oben-Unten-Dramaturgie« der Weg

zur V 2 und das der Produktionsstruktur folgende Mosaik der Informations- und Sabotageaktionen quer durch Europa verfolgt. Die Geschehnisse reichen bis zur Bomberoffensive der Alliierten, der Verlagerung nach Thüringen und münden schließlich in die von Allan Dulles' OSS vorbereitete Übernahme der Braun-Equipe durch die Amerikaner. Wesentliche Handlungslinie ist die moralische Konfliktsituation eines deutschen Wissenschaftlers (Alfred Müller). Der dokumentarisch fundierte und mit Mitteln der Reportage, des Gesellschafts- und Abenteuerfilms inszenierte und gespielte Film leidet unter der zeittypischen Unentschiedenheit zwischen Film-Komposition und Fernseh-Fortsetzungsdramaturgie, die in diesen Jahren eskaliert, um am Schluß der achtziger Jahre im Serien-Totalitarismus zu enden. Formstrenge wird als veraltet erklärt, was für Film wie Fernsehen gleichermaßen negative Folgen hat.

Viermal visiert die DEFA 1967 Heiterkeit an. Erwin Geschonneck, Angelica Domröse und Marianne Wünscher geben Günter Reischs Heiratsschwindlerstory *Ein Lord am Alexanderplatz* ein gewisses komödiantisches Klima, können aber über dramaturgische Wirrnisse nicht hinweghelfen. Darunter leidet auch *Meine Freundin Sybille* von Rudi Strahl (RE: Wolfgang Luderer), in dem der beliebte Komiker Rolf Herricht, ein typisiertes DDR-deutsches Touristenensemble und die Szenerie schöner südlicher Reisebilder (die im DEFA-Film dieser Jahre bezeichnend zunehmen) freundlichen Spaß in Maßen erlauben. Horst Seemanns Spielfilmdebüt *Hochzeitsnacht im Regen* wirkt zwiespältig. Die Story ist verrückt und banal: Eine Pferdenärrin will Jockey werden, heiratet wegen der Wohnung in Berlin einen ihr nahezu unbekannten Mann und kämpft sich gegen Hindernisse zum Außenseiter-Sieg sowie Happy-End durch. Große Ansprüche werden annonciert – Selbstbestimmung und Gleichberechtigung, Schau-Opulenz und Musical. Aber die hektische Erzählweise und der forcierte Witz verschütten die bemerkenswerten Momente, in denen Bildphantasie und Musikalität zur Synthese, zu persönlichem filmischem Ausdruck drängen.

Ralf Kirsten versucht in *Frau Venus und ihr Teufel*, deutsches Mittelalter und Gegenwart zu konterkarieren, um einen Leichtfuß in Sachen Liebe (Manfred Krug) die höheren Werte heutiger Liebesfreiheit durch Frau Venus (Inge Keller) an der Wartburg schätzen zu lehren. Doch der interessante und konzeptionell anspruchsvolle Entwurf ist zähflüssig und undeutlich realisiert, der Film erreicht nicht annähernd Niveau und Wirkung des Kirsten-Krug-Opus *Mir nach, Canaillen!* von 1964.

Deutlich wird der generelle Versuch der DEFA, mit leichter Kost Gegenwart freundlich zu umspielen, konventionell zu verschönen oder ihr in undeutliche Historie auszuweichen. Es wird im folgenden Jahrzehnt nur wenige Lichtblicke im heiter-unterhaltenden Genre geben, ein Mangel an Professionalität, kluger komödischer Konstruktion und Inszenierung, an sozialem Biß und souveränem Witz belastet in Variationen die meisten Arbeiten. Die quälenden, wortklauberischen, politisch-puristischen Debatten vor und nach der Produktion, ehe ein heiterer Film die Öffentlichkeit erreichte, haben jede Chance auf Behebung dieser Mängel nachhaltig verhindert.

»Die gefrorenen Blitze« (1967/RE: János Veiczi) – ein großangelegtes Opus über Peenemünde und die Raketenentwicklung im Dritten Reich. Die Trickabteilung der DEFA läßt Flugkörper starten...

1

2

3

4

1 Rolf Ludwig als Schreiber Licht in
»Jungfer, Sie gefällt mir« (1969)
2 Herwart Grosse als Friedrich II. in
»Die gestohlene Schlacht« (1972)

3 Rolf Hoppe in
»Die Hosen des Ritters von Bredow« (1973)
4 Erwin Geschonneck in
»Ein Lord am Alexanderplatz« (1967)

Horst Seemann liefert 1968 eine abenteuerlich-soziologi-sche Mixtur aus Louis Stevenson-Motiven (*Schüsse unterm Galgen*), Günter Reisch und Jurek Becker bieten 1969 eine grobe und verjuxte Version von Kleists »Der zerbrochene Krug« (*Jungfer, Sie gefällt mir*), Werner W. Wallroth dreht 1968 eine *Canaillen*-Variante, die gefällige, aber umständliche Geschichte eines *Hauptmann Florian von der Mühle* (Manfred Krug), der in Wien Forderungen aus dem Befreiungskrieg ertrotzt. Dann Preußen und die Mark: Erwin Stranka inszeniert Komisches um ungarische *Husaren in Berlin* (1971) und macht aus Egon Erwin Kischs Komödie »Die gestohlene Stadt« den wenig komischen, grob erzählten Film *Die gestohlene Schlacht* (1972), allerdings mit Herwart Grosse als Alter Fritz, einem schönen Otto Gebühr-Kontra, sowie einem plebejisch-pfiffigen Meisterdieb Käsebier von Manfred Krug. Konrad Petzold verfilmt 1973 *Die Hosen des Ritters von Bredow* von Willibald Alexis, leider mit forcierter Komik und trotz treffender Besetzung (Rolf Hoppe, Lissy Tempelhof) ohne Feingefühl und Charme. Die Chancen des Genres und des historischen Assoziationsfelds wurden im Komödischen fast völlig vertan, im Gegensatz zu jenen DEFA-Filmen, die sich mit tragischen Werken und Biographien auseinandersetzen. Das

deutsche Nicht-Verhältnis zum Komischen ist gesellschaftsindifferent zählebig.

So sind auch 1967 für Leitungen und offizielle Öffentlichkeit die wenigen ernsten Gegenwartsprojekte mit der magisch beschworenen »zentralen Thematik« – einem dauerhaften Mißverständnis, das die »kulturpolitische Lenkung und Leitung« bis zum Ende der DDR begleitete – die eigentlich ausschlaggebenden Posten. Ein Film, der nach dem sensiblen und klugen Günther Rücker-Regiedebüt *Die besten Jahre* (1965) nicht mehr hätte entstehen dürfen, wurde *Brot und Rosen* (DB: Gerhard Bengsch, RE: Heinz Thiel, Horst E. Brandt). Ein Delegierter zum VII. Parteitag der SED, zu dessen Ehren das Opus entstand, rekapituliert sein Leben seit der Heimkehr aus dem Krieg. Szenen werden Belegbilder für verbale Selbstbestätigung; Selbstbestätigung jedoch nicht eines Menschen, einer Kunstfigur, sondern der abstrakten Losung. Affirmation schlägt in Apologetik um.

Kurt Maetzig stellt Anfang 1967 einen Film vor, den er bereits vor dem 11. Plenum mit dem jungen Rundfunkjournalisten Ralph Knebel vorbereitet hatte: *Das Mädchen auf dem Brett*. Ein Schwarzweiß-Film, dokumentarisch recher-

»Geschichten jener Nacht« (1967),
ein Episodenfilm über den Tag des Mauerbaus.
Mit Hans Hardt-Hardtloff und Werner Lierck in
der Episode »Phönix« (RE: Karlheinz Carpentier)

chiert im Kontakt zu einer Meisterschwimmerin, ihre Komplexe und Konflikte um einen außerordentlichen Sprung verallgemeinernd zur Reflexion über Angst, Selbstbewußtsein, Verantwortung und Motivation. Maetzig, der oft Sucher und Vorreiter war, der unter dem *Kaninchen*-Verdikt seiner Partei litt, inszenierte mit dem aufmerksamen und sensiblen Kameramann Erich Gusko und der Leistungssportlerin Christiane Lanzke einen auf reale Beobachtung und psychologische Sondierung orientierten Film.

Wichtigstes und ehrgeizigstes Projekt der DEFA 1967 war ohne Zweifel der Episodenfilm *Geschichten jener Nacht*. Die assoziierte Nacht ist die des 13. August 1961, also des Mauerbaus in Berlin. Die Geschichten der vier Episoden kreisen um politische und moralische Motivationen, um Erinnerungen an deutsche Grenzen und deutsche Schüsse auf Deutsche 1933 (»Phönix«) um Kriegselend und Aufbau, Pazifismus und 17. Juni (»Materna«), um Liebe und Vertrauen (»Die Prüfung«) und um das Komische in einer welthistorischen Sekunde (»Der große und der kleine Willi«). Alle Episoden münden in die rationale, emotionale und historische Begründung für den Schutz der DDR, den Bau der Mauer und die persönliche Beteiligung daran. Der

Film ist von bekannten Künstlern mit Sorgfalt gearbeitet, darunter nicht wenige Betroffene aus Verbotsfilmen 1965/66, zum Beispiel die Hauptdarstellerin aus *Das Kaninchen bin ich,* Angelika Waller, Peter Reusse aus *Denk bloß nicht, ich heule,* Eberhard Esche und Johannes Wieke aus *Spur der Steine,* Erwin Geschonneck, Dieter Mann, Hans Hardt-Hardtloff aus *Berlin um die Ecke* und zwei Regisseure: Frank Vogel und Gerhard Klein.
Man kann davon ausgehen, daß niemand gezwungen wurde, sondern sich mit zumindest beruflichem Engagement beteiligte. Ministerium und Studioleitung waren ihrerseits beauftragt und interessiert, Wunden zu heilen, Harmonie zu befördern und Einheit zu beweisen. Man muß das als Normalität, als Ausdruck der Verkehrsformen und des Konsens in der DDR-Gesellschaft zu diesem Zeitpunkt, ähnlich gültig in allen sozialen Bereichen, begreifen und als historischen Fakt zur Kenntnis nehmen.

Nur eine der vier Episoden hat die ästhetische Dimension des geschichtlichen Stoffes, gesehen und gewertet aus einer bestimmten Position: »Der große und der kleine Willi«. Autor Helmut Baierl (bekannt seit »Frau Flinz« an Brechts Berliner Ensemble; für die DEFA schreibt er unter ande-

»Geschichten jener Nacht«:
Erwin Geschonneck und Jaecki Schwarz als
»Der große und der kleine Willi« (RE: Gerhard Klein)

rem *Unterwegs zu Lenin/*1970 oder *Lachtauben weinen nicht/*1979) sieht den dramatischen weltpolitischen Moment komisch und findet darin eine gemäße Begebenheit: Der »kleine Willi« (Jaecki Schwarz) will sich in Kampfgruppenuniform ein- und »rüber«schleichen, wird vom proletarischen und klassenkämpferisch langzeitig vorbelasteten »großen Willi« (Erwin Geschonneck) erwischt und nicht nur festgesetzt, sonder vor Ort »umerzogen«. Das Kommunistische Manifest spielt eine Rolle: »Ein Gespenst geht um in Europa, und das sind zur Zeit wir.«

Die Episode wird von Gerhard Klein inszeniert, dessen *Berlin um die Ecke* 1966 abgebrochen worden war. Damals hatte er, noch vor dem Verbot, in einem Interview gesagt: »Was werden die Menschen in fünfzig Jahren über uns denken, wenn sie Filme betrachten, für die wir heute, um sie zu kaufen oder herzustellen, große Summen ausgeben, und an denen die Filmschaffenden oft jahrelang arbeiten? Ob wir es wollen oder nicht: Die Menschen in fünfzig Jahren werden sich unter anderem auch aus unserer Produktion von Filmen, aus unseren Konsumwünschen im Kino, ein genaues Bild über uns machen können, ein Bild unserer menschlichen Reife, unserer Klugheit, unserer Haltung zum Leben überhaupt. (...) In fünfzig Jahren werden Menschen in den Sesseln eines Filmmuseums sitzen und sich auch mit Hilfe der Kunstkonserve ›Film‹ ein Bild über unser Leben machen. Lassen Sie uns heute schon im Geiste ihre Plätze einnehmen, gemeinsam – Produzent und Konsument. Es wird uns von Nutzen sein.« [7]

Ein Gedanke, eine Vision, die so vielleicht nur unter den Bedingungen einer DEFA-Babelsberg gedacht wurden... Mit Recht sah Klein die Episode von Baierl für sich in diesem Zusammenhang. Die drei anderen kamen über Rechtfertigung und Bestätigung kaum hinaus, teils karg, teils langatmig. Auch diese war eindeutig affirmativ, doch sie setzte eine Position in Handlung mit Witz um, woran es sonst so oft mangelte. Aber im ganzen Film fehlte die kontrapunktische Entsprechung. Es war das Satyrspiel, doch wo war die Tragödie? Nach dem 13. August sagte Slatan Dudow – ein knappes Jahr später verunglückte er tödlich –

am Rande einer Versammlung: »Ich war in der Bernauer Straße. Da stand eine alte Frau, still, stumm, und weinte. Ich kann keinen Film über diesen Tag machen ohne diese Frau und ihr Weinen.« Diese Tränen jedoch gab es in *Geschichten jener Nacht* nicht. Das war undenkbar, wurde nicht gesucht, gefordert – wenn gedacht, wurde es unterbunden. Der historische Moment fand keine ästhetische Entsprechung. Man verharrte im provinziellen Selbstverständnis der Weltgeschichte.

Einige Filme dieses Jahres »danach« errangen Achtungserfolge beim Zuschauer oder in der offiziellen Bewertung. Allseits herrschte Erleichterung, daß produziert wurde. Aber der Bannkreis der Verurteilung und Verunsicherung, des Mißtrauens und der lähmenden Kontrolle war nicht aufgebrochen.

Phänomen Indianerfilm

Von 1966 bis 1979 stellt Babelsberg zwölf Indianerfilme in Co-Produktion mit Studios in Jugoslawien, Rumänien, der Sowjetunion, Bulgarien und Kuba her. Es ist die einzige kontinuierliche Erfolgsserie in einem Genre, mit einem Thema, mit sich herausbildenden Teams und Typenbesetzungen. Mit Ausnahme des letzten Films (*Blauvogel/* RE: Ulrich Weiß), der eine besondere Position einnimmt, entstehen alle in der Gruppe »Roter Kreis«, haben meist einen Dramaturgen (Hans-Joachim Wallstein), einen Szenenbildner. Fünf Kameramänner: Otto Hanisch, Eberhard Borkmann, Hans Heinrich, Helmut Bergmann, Wolfgang Braumann. Der erste Film hat zwei Dramaturgen als Autoren: Margot Beichler und Hans-Joachim Wallstein. Viermal erscheint Günter Karl, dreimal Wolfgang Ebeling als Autor.

Elf Filme haben sieben Regisseure: der Tscheche Josef Mach und Richard Groschopp sind die »Pioniere«, Gottfried Kolditz und Konrad Petzold drehen je drei, Hans Kratzert, Werner W. Wallroth und Claus Dobberke 1972, 1975 und 1978 je einen, polar in Situation und Konflikt, Höhepunkt und Auslaufen der Serie signalisierend: Der Indianer als Politiker (*Tecumseh*), der weiße Deserteur und Renegat als neuer Held an der Seite der Indianer (Dean Reed in *Blutsbrüder*), Gojko Mitic (*Severino*) als Heimkehrer und Agitator der Seßhaftigkeit, wider Willen in die alten Kämpfe verwickelt.

Der erste Indianerfilm der DEFA hatte am 18. Februar 1966 Premiere: *Die Söhne der großen Bärin*. Noch war nicht abzusehen, wie wenige Premieren es in jenem Jahr geben würde. Noch war von Serie nicht die Rede. Der Film nach dem beliebten, auch wissenschaftlich anerkannten Roman von Liselotte Welskopf-Henrich sollte das Angebotsspektrum im thematisch schwergewichtigen DEFA-Plan erweitern. Seit 1962 war Karl May Kassenfüller in westdeutschen Kinos; DDR-Väter und ihre Kinder aber konnten allenfalls in einem Prager Lichtspielhaus Winnetou und Old Shatterhand begegnen. Indianerromantik in Deutschland hatte immer auch Ersatzfunktion, in ihr kompensierten sich nationale wie gesellschaftliche Defizite, Verluste, Verdrängungen ebenso wie Ideale und Träume.

Begeisterung für Indianer schien wertfrei, grenzen- und folgenlos, stand dem nationalen Jüngling ebenso an wie dem verhinderten Rebellen. Der Unterschied zwischen Cooper und Karl Mays ahistorischer Idyllisierung blieb weitgehend unbemerkt, historisch fundiertes Material erreichte nur eine Minderheit.

Die Dakota-Trilogie von Liselotte Welskopf-Henrich bot eine alternative Möglichkeit für den deutschen Indianerfilm: Ethnische und kulturhistorische Treue, geschichtliches Umfeld und reale materielle Interessenkonflikte waren die Basis für Erfindung und Fabel. Eine andere Haltung zum Fremden, Fernen war angesagt: »Wir wollen keine Indianerschlachten, sondern einzelne Menschen hervorheben. Die Indianer sind die Helden dieser Geschichte: Unser Hauptanliegen war, diese Proportionen richtigzustellen.« [8] *Die Söhne der großen Bärin* enthält einige Szenen, die fast Kulturfilmcharakter haben, aus dem Bemühen, die durch die Weißen vernichtete indianische Kultur zu respektieren und nahezubringen. Andererseits litt der Film unter Unsicherheiten, Längen und Vereinfachungen. Die Parteinahme für die Indianer führt zu Verzeichnungen der anderen Seite. Dem sensationellen Erfolg tat das keinen Abbruch.

Während zwischen Frühling und Herbst 1966 ein Gegenwartsfilm nach dem anderen abgebrochen oder nicht zugelassen wurde, war der nächste Indianerfilm beschlossene Sache: Babelsberg hatte eine Rettungsboje. Sie war nicht nur zuverlässig, sondern auch ehrenhaft. Der thematische Plan gewann eine sichere »antiimperialistische« Position, die Finanzbilanz ein erfolgssicheres Projekt, DEFA und Publikum trafen sich auf der Ebene »unterhaltend – spannend – und trotzdem lehrreich«. Jährlich zu den »Sommerfilmtagen« auf Freilichtbühnen der Städte und in den Urlaubsgebieten ritten die Indianer.

Der zweite Film 1967 greift auf den klassischen Indianerstoff der Zeit um 1740 zurück. Nach Motiven aus Coopers »Wildtöter« entsteht *Chingachgook, die große Schlange*, in der Regie Richard Groschopps ein sorgfältiger und gediegener Film, dem Historischen der frühen »reinen« Zeit stärker verpflichtet als dem abenteuerlich Effektvollen. Erst der letzte, der Serie nicht zuzurechnende Film *Blauvogel* (1979) des jungen, vom Dokumentarfilm kommenden Ulrich Weiß geht wieder so weit zurück. Seine auf den Kulturaspekt und die Einzelfigur orientierte Geschichte eines von Irokesen geraubten und bei ihnen aufwachsenden englischen Siedlerjungen spielt im Siebenjährigen Krieg 1756–63. Der durch den Sieg der Engländer »befreite« und zur Familie zurückgekehrte *Blauvogel* muß sich zwischen zwei Welten entscheiden: Damit wird, wenn auch noch teilweise unbeholfen, ein anderes Genre und Weltbild anvisiert.

»Spur des Falken« (1968/RE: Gottfried Kolditz),
der dritte Indianerfilm der DEFA.
Mit Gojko Mitic als Häuptling Weitspähender Falke
und Rolf Hoppe als Bösewicht Bashan

Die anderen Filme greifen Situationen aus dem späteren 19. Jahrhundert auf, da die romantisch-heroischen Illusionen der klassischen Indianerkriege längst gestorben sind, erzählen Vorfälle, in denen die Verfilzung von Kapitalakkumulation und Regierungspolitik, Militäraktion und Banditentum den Alltag des Westens und der Grenze beherrscht. Dabei wird der Unterschied zwischen Indianer-

**Der Chefindianer der DEFA: Gojko Mitic,
der sich erste Sporen in westdeutschen »Winnetou«-Filmen
verdient hatte, als Häuptling Ulzana in
»Apachen« (1973/RE: Gottfried Kolditz)**

und Abenteuerfilm undeutlich. In *Weiße Wölfe* (1969/ RE: Konrad Petzold) und *Tödlicher Irrtum* (1970/ RE: Konrad Petzold) kommt es dabei zu interessanten Differenzierungen und Konfliktverschärfungen unter den Weißen, unter anderem durch die Figur des »guten Sheriffs«, der Opfer der Herren und Gesetze von der Ostküste wird. Das wiederholte und variierte historische Spielmodell, nach dem die Indianer mit Gewalt, Betrug und selbstherrlich erlassenen Gesetzen von ihrem reichen Boden vertrieben und in immer ärmere Reservate gezwungen wurden und die legendäre »frontier« immer mehr »westward« gerückt wurde, ist direkt oder indirekt Ausgangs- und Bezugspunkt der Fabelkonstruktionen.
Die Söhne der großen Bärin, Spur des Falken (1968/ RE: Gottfried Kolditz) und *Weiße Wölfe* erzählen Vertreibung und Ende der mächtigen Dakotas. Ähnliches geschieht den Apachen, nachdem der Sieg über Mexiko 1848 den USA nördlich des Rio Grande freie Hand gibt (*Apachen*/1973 und *Ulzana*/1974/RE: Gottfried Kolditz). Der Häuptling-Held, wie immer dargestellt von dem jugoslawischen Schauspieler Gojko Mitic, der 1963 in den *Winnetou*-Filmen begonnen hatte, versucht, eine kleine Gruppe des Stammes vor der Vernichtung zu bewahren und im Zug

nach Norden und in seßhafter Bodenwirtschaft Rettung und Zukunft zu gewinnen. Der im Grunde immer gleiche Held wird in freundschaftliche und gefährliche Beziehungen zu Weißen gestellt, in persönliches Unglück gestürzt und in die Rolle des Rächers getrieben, so in *Die Söhne der großen Bärin* und *Weiße Wölfe*, wobei man in letzterem sogar riskierte, den Identifikationshelden sterben zu lassen.

Einen Grenzfall stellt der Film *Tecumseh* (1972/ RE: Hans Kratzert) dar, der ehrgeizigste und konzeptionell konsequenteste Versuch in Richtung eines historischen Films, der die tragische Ausweglosigkeit indianischer Selbstbehauptungs- und Rettungsversuche im Schicksal des Shawnee-Häuptlings und britischen Brigadegenerals Tecumseh gestaltet. Tecumsehs Idee von einem großen Bund »aller Indianer östlich des Mississippi« geht 1811 im Gemetzel von Tippecanoe durch Verrat und Hinterlist blutig unter. Viele Stämme schließen sich im Krieg 1812/13 den Amerikanern an, Tecumseh verbündet sich mit den Engländern und fällt 1813 in der Schlacht an der Themse. Der Film erfaßt die widersprüchlichen Hintergründe und Zusammenhänge der Politik und erreicht eindringliche Charakterisierungen der weißen und indianischen Hauptakteure. Er sentimentalisiert die Liebesbeziehung zwischen Tecumseh und der Weißen Eileen (Annekathrin Bürger), aber er differenziert die Interessenlagen und Motivationen und erreicht so starke Emotionalität. Er entgeht allerdings nicht der Gefahr der Überfülle an Information, was die Wirkung bei Kritik wie jungem Publikum beeinträchtigte. Bereits ein Jahr zuvor war ein anderer Führer eines legendären Indianeraufstandes zum Titelhelden erkoren worden: *Osceola* (RE: Konrad Petzold). Die politischen Dimensionen und die Charaktere der Hauptfiguren sind hier zwar schwächer profiliert, aber eine deutliche Differenzierung der Nebenfiguren auf beiden Seiten gibt der Handlung Dichte und Lebendigkeit und macht die Kompliziertheit der Konflikte einsichtig. Interessant die Gegensätze zwischen liberaler und Sklavenhaltermentalität und die Solidarität zwischen um ihre Freiheit kämpfenden Indianern und aus der Sklaverei entflohenen Schwarzen.

Die historischen Fakten und die überlieferten Geschichten der Eroberung Nordamerikas und der Vernichtung der Indianer kamen den gesellschaftskritischen Vorstellungen und der Selbst-Legitimation in der DDR und in der DEFA ideal entgegen. Die Dreieinheit von Fortschritt, Genozid und Profit tritt offen und unbestreitbar zutage – und kann selten so kinowirksam vorgeführt werden. Die treffsichere Charakterisierung des DEFA-Indianerfilms als »Synthese von Karl Marx und Karl May« durch die Filmkritikerin Renate Holland-Moritz war dennoch insofern ungenau, als zwar die amerikanische Variante der ursprünglichen Akkumulation mit Karl Marx leicht zu erkennen war und entsprechend dargestellt wurde, Karl May jedoch in zweifacher Hinsicht eher abwesend blieb. Zum einen sah man sich ja im Affront zu ihm und kam auch fast ohne seine verlogene Idylle und deren weiße Sentimentalität aus. Zum anderen aber fehlten den DEFA-Filmen die Fabulierfülle, die Spinn-Phantasie des Karl May, der in unbekümmerter Ignoranz Figuren, Eigenschaften und Eigenheiten erfand, die sich in entsprechenden Situationen und Vorgängen zu bescheidenen, aber dennoch einprägsamen Gestalten mauserten.

Der DEFA-Indianerfilm war nur im Moment des Beginns und nur theoretisch offen für geistige und ästhetische Innovation. Er schloß zeit- und traditionsbedingt sofort den Kompromiß zwischen Genrekonvention und historisch-materialistisch belegter Didaktik. Aber er hat eine sehr landestypische Gratwanderung vollbracht zwischen Annäherung an historische Wahrheiten auf einem Gebiet, wo Lügen und Legenden verbreitet sind, und der Routine eines Genres, das bedient werden wollte. Er hat nie das Niveau der wenigen nordamerikanischen Filme erreicht, die das Frontier- und Westernklischee durchbrechen. Aber er wurde doch ein Unikat in der Filmproduktion der real-sozialistischen Länder mit unleugbarer Langzeitwirkung.

Ein Moment Statistik

Für Praktiker wie Theoretiker ist erwiesen, daß Filmwirkungen langfristig beobachtet und differenziert gewertet werden müssen und daß dabei Kriterien gelten, die häufig einander entgegengesetzt zu sein scheinen. Beim Indianerfilm schienen alle Widersprüche aufgehoben und in Harmonie versöhnt zu sein: Alt und Jung, Kasse und Kunst, Bedeutsamkeit und Massenunterhaltung, Ablenkung und Aufklärung, Politik und Abenteuer. Von 1966 bis 1976 wird die Spitze der jährlichen DEFA-Erfolgsliste des Progress-Filmvertriebs vom Indianerfilm des Jahres besetzt; nur 1972 rangiert *Tecumseh* hinter dem Lustspielerfolg *Der Mann, der nach der Oma kam* (RE: Roland Oehme) auf Platz zwei. Derartige Bilanzen sind Trendbefunde, sie ermöglichen Vergleich und Rückblick, markieren Stagnation oder Bewegung im Produzenten- und Rezipientenverhalten. Seit 1960 steigt mit dem Rückgang der Besucherzahlen generell der Anteil der Kinder und Jugendlichen am Kinobesuch und folglich an der Erfolgsstatistik. Indianerfilme treten ab 1966 in der Spitzenliste an die Stelle der Märchenfilme.

Politisch oder künstlerisch bedeutende Filme an Spitzenpositionen gab es 1963 – *For eyes only* (RE: János Veiczi), gefolgt von *Frau Holle* (RE: Gottfried Kolditz) und Frank Beyers *Nackt unter Wölfen* – und 1965 – *Die Abenteuer des Werner Holt* (RE: Joachim Kunert), gefolgt von dem Karl Liebknecht-Film *Solange Leben in mir ist* (RE: Günter Reisch) und *König Drosselbart* (RE: Walter Beck). Der künstlerisch und in seiner gesellschaftlichen Signalwirkung bedeutendste Film nach 1966, Konrad Wolfs *Ich war neunzehn*, steht 1968 an dritter Stelle, nach *Spur des Falken* und Jo Haslers Musikfilm *Heißer Sommer*; Heiner Carows großer Erfolg *Die Legende von Paul und Paula* (SZ: Ulrich Plenzdorf) erreicht 1973 hinter *Apachen* den zweiten Platz.

Filme, die für die wechselvolle DEFA-Entwicklung in den Sechzigern wichtig waren und nachhaltig wirksam blieben wie *Der geteilte Himmel, Karbid und Sauerampfer, Lots Weib, Die besten Jahre, Abschied*, auch die ersten Filme der neuen Regie-Generation, *Dr. med Sommer II* (RE: Lothar Warneke), *Mein lieber Robinson* (RE: Roland Gräf),

Humor 1968: Chris Doerk und Frank Schöbel in dem publikumsträchtigen Ferien-Musical »Heißer Sommer« (RE: Joachim Hasler) – heute eine Art »Kultfilm«

Kennen Sie Urban? (RE: Ingrid Reschke), *Männer ohne Bart* (RE: Rainer Simon), erscheinen in solchen Listen nicht.

Mitte der fünfziger Jahre hatten die Besucherzahlen der Kinos den Höchststand erreicht. 1972 sind sie auf ein Viertel gesunken. Das Abwärtstempo ist RGW-Spitze. In der DDR gibt es 4,8 Millionen Fernsehgeräte, gegenüber einer Million 1960. 1955 gab es 307 Film-Sendestunden im DDR-Fernsehen, 1971 bereits 1640, fast vier Stunden am Tag, die Westkanäle nicht gerechnet.

Dennoch gelingt es gelegentlich, DEFA-Filme ins öffentliche Gespräch zu bringen, sobald sie sich souveräner aufregenden Geschichten und Problemen zuwenden und den Ton der Zeit und der Leute treffen können und – dürfen. Doch die Angst in den Führungsetagen vor spontanen Massenerfolgen lenkt solche Aufbrüche immer wieder in die ruhigen Gefilde der Stagnation. Immerhin können 1980, zum 1. Nationalen Spielfilmfestival in Karl-Marx-Stadt, einige Filme des Jahrgangs 1978/79 Zuschauerzahlen aufweisen, die zehn Jahre später, geschweige denn heute, undenkbar wären: *Sieben Sommersprossen* 1,3 Millionen; *Bis daß der Tod euch scheidet* 850 000; *Sabine Wulff* 790 000; *Anton der Zauberer* 800 000. *Solo Sunny* war gerade auf dem Weg zur Million.

Science-fiction-Versuche der DEFA mit immensem
Material- und Trickaufwand:

Obere Reihe: »Signale – ein Weltraumabenteuer«
(1970/RE: Gottfried Kolditz),
mit Gojko Mitic, Irena Karel und Helmut Schreiber

Mittlere Reihe: »Eolomea«
(1972/RE: Herrmann Zschoche),
mit Cox Habbema und Iwan Andonow (links)
sowie Rolf Hoppe

Untere Reihe: »Im Staub der Sterne«
(1976/RE: Gottfried Kolditz),
mit Ekkehard Schall (links) und Alfred Struwe

1

2

3

**Szenen aus dem DEFA-Operettenfilm
»Orpheus in der Unterwelt« (1974)**

1 Fred Düren als Höllenhund Styx

2 Regisseur Horst Bonnet mit Helga Piur als Diana

3 Rolf Hoppe als Göttervater Jupiter

Zweimal Goethe im DEFA-Atelier:

**Oben: Hans-Jürgen Wolf als Werther
in »Die Leiden des jungen Werthers«
(1976/RE: Egon Günther)**

**Unten: Beata Tyszkiewicz und Hilmar Thate
in »Wahlverwandtschaften«
(1974/RE: Siegfried Kühn)**

Künstlerfilme und Literatur

Aus der Situation Ende der sechziger Jahre, bedingt durch die Restriktionen, aber auch befördert durch Ausbildung, Zeiterfahrung und Weltpolitik, erweitert sich das Spektrum der Reflexion im DEFA-Film mit Hilfe bemerkenswerter »Künstlerfilme« und filmischer Adaptionen bezeichnender Werke der deutschen Literatur. Die Neigung galt deutlich immer Gestalten und Werken, für die, modifiziert, die unübertreffliche Heine-Charakterisierung durch Hans Mayer in seiner Leipziger Vorlesung anwendbar schien, die wie vieles andere für Künstler und Wissenschaftler in der DDR Denk- und Wertprovokation geworden war: »Heine war ein europäisches Ereignis und ein deutscher Skandal.« Gegenfragen, Gegendenken, Anderssein, Subversivsein gegen Ewiges – Suchen und Wollen waren im Dissens zu altem national-deutschen wie parteilichem sozialistischen Weltbild, aber vermittelt als Aneignung kulturellen Erbes.

Der junge Regisseur Siegfried Kühn (Jahrgang 1935), ausgebildet in Babelsberg und am WGIK Moskau, setzt sich 1973/74 mit Goethes *Wahlverwandtschaften* auseinander, findet aber keine überzeugende filmische Denk- und Erzählstruktur. Nach dem Volksbuch und der Filmerzählung von Christa und Gerhard Wolf entsteht 1975 Rainer Simons *Till Eulenspiegel* mit Winfried Glatzeder in der Titelrolle. Simon hatte bereits zwei Grimm-Märchen sehr eigenwillig und einfallsreich verfilmt und großen Erfolg bei Kindern und Erwachsenen erzielt (*Wie heiratet man einen König* nach »Die kluge Bauerntochter«/1969; *Sechse kommen durch die Welt*/1972).
Eulenspiegel ist die extremste Gestalt in dem bunten, differenzierten und vitalen Figurenensemble dieser Filme, die für die DEFA eine neue, ihr a priori eigentlich gemäße Sicht und Haltung postulieren (zeitversetzt hatte sich das spätestens seit der »Faust«-Inszenierung am Deutschen Theater Berlin 1968 in DDR-Theatern und -Dramatik zu Wort gemeldet): das Plebejische als Kraft, List, Spaß und Zorn des Volkes, das Anarchische als Abwehr ewiger und allgegenwärtiger Ordnung von oben, die Naivität von Träumen.
Diese Inhalte prägen die Strukturen, die Filme sind krude und vital, szenisch ausgespielt mit komödiantischen Akteuren, gezielt aggressiv gegen »die« Mächtigen. *Till Eulenspiegel* wurde ein Erfolg. Wenn Simon sich danach auch anderen Genres und Figuren zuwendet, wird man wesentliche Elemente dieser Arbeit dort wiederfinden, wie zum Credo gehörend.

Egon Günther dreht 1975 und 1976 zwei Filme, die vielfache Gelegenheit boten, sich deutscher Vergangenheit und Kunst zu nähern und Eigenes zu ihrer Realität und ihren Klischees zu artikulieren. *Lotte in Weimar*, überzeugend besetzt mit der sehr bewußt spielenden Lilli Palmer, war die erste und einzige DEFA-Produktion nach einem Werk Thomas Manns. Günther setzt souverän die feine, liebevolle Ironie und Altersweisheit des Romanciers um in die Charakterisierungskunst seiner vorzüglichen Schauspieler und erlaubt sich und dem Zuschauer noch den genußvollen direkten Draufblick auf Weimar und deutsche Atelierwelt

ewiger Bürgerlichkeit und Klassikattitüde. Ein Film von beneidenswert undeutscher Leichtigkeit, Selbstironie und gleichzeitigem Selbstbewußtsein – man war gelegentlich schon sehr weit im deutschen Selbst- und Kinoverständnis. Auf den alten, vermittelten Goethe (vorzüglich: Martin Hellberg) folgte der junge, originale: *Die Leiden des jungen Werthers*. Die leidenschaftlich geschriebene, zugleich klug kalkulierte Liebesgeschichte, biographisch, historisch und zeitlos in einem, die elementare Glut und Über-Nervigkeit der Gefühle und Reaktionen erfährt eine kulturvolle, sensibel komponierte filmische Formung. Gewaltige und liebliche Natur, bürgerliche Idylle und kleinfeudale Welt werden zu Partnern im Geschehen. Große Szenen prägen sich ein, wie Werthers erste Begegnung mit Lotte. Katharina Thalbach ist eine unübertreffliche Lotte, sensibel, hoch erotisch und durch Natur gewordene Erziehung beherrscht; nur der junge Hausdiener Rudolf artikuliert das Außer-sich-sein der Welt, wenn er die Nachricht von Werthers Selbstmord überbringt (Simone Frost). Der Werther von Hans-Jürgen Wolf ist leiser, gefaßter, zurückgenommener, als man es von Gestalt und Handlung erwartet; seine Darstellung betont, daß von Liebeskrankheit im spießbürgerlichen Verständnis hier nicht die Rede ist.

In einer oft unerträglich angespannten, unnormalen deutschen (und weltpolitischen) Situation lebend, suchten Filmemacher Partner in einer über Schulbuchtitel und offizielle Leitbilder hinausreichenden Vergangenheit und fanden erstaunliche Nähe, bestürzende Dauer, ermutigende Beispiele. Was sie entdeckten, hatte Anna Seghers 1935 in Paris beschrieben: »Bedenkt die erstaunliche Reihe der jungen, nach wenigen übermäßigen Anstrengungen ausgeschiedenen deutschen Schriftsteller. Keine Außenseiter und keine schwächlichen Klügler gehören in diese Reihe, sondern die Besten: Hölderlin, gestorben im Wahnsinn, Georg Büchner, gestorben durch Gehirnkrankheit im Exil, Karoline Günderode, gestorben durch Selbstmord, Kleist durch Selbstmord, Lenz und Bürger im Wahnsinn. Das war hier in Frankreich die Zeit Stendhals, später Balzacs. Diese deutschen Dichter schrieben Hymnen auf ihr Land, an dessen gesellschaftlicher Mauer sie sich die Stirnen wund rieben.«[9]

Schon 1965/66 hatte Ralf Kirsten die Novelle »Barlach in Güstrow« von Franz Fühmann adaptiert. Sein Film *Der verlorene Engel* erzählt den Tag im »schlimmen Jahr 1937«, der dem mitternächtlichen Raub des Engels mit den Gesichtszügen der Käthe Kollwitz aus dem Güstrower Dom folgte. Der optisch und musikalisch dicht komponierte, stark monologisch strukturierte und mit Fred Düren als Barlach hervorragend besetzte Film wurde verboten und erst 1971 nach einschneidenden Kürzungen einige Male aufgeführt. Der Vorwurf, die Barbarei der Nazis würde hier verallgemeinernd für eine Kunst-Macht-Polemik mißbraucht, charakterisiert die Situation, das Niveau und den Geist der Administratoren.[10]
Im gleichen Jahr, 1966, lag Angel Wagensteins Szenarium für einen *Goya*-Film nach Lion Feuchtwangers Roman vor, den Konrad Wolf drehen wollte, nachdem Walter Janka von Martha Feuchtwanger die Filmrechte für die devisen-

1

2

3

Rainer Simon und seine Filme:

1 Der Regisseur während der Arbeit an
   »Zünd an, es kommt die Feuerwehr« (1979),
   mit Winfried Glatzeder und Renate Krößner

2 Jiři Menzel und Olga Strub in dem Märchenfilm
   »Sechse kommen durch die Welt« (1972)

3 Günter Junghans, Kurt Böwe, Rolf Ludwig
   und Jürgen Gosch (v. l. n. r.) in der Groteske
   »Zünd an, es kommt die Feuerwehr«

4

5

6

4 Alfredo Lugo und Käthe Reichel in
»Wie heiratet man einen König« (1969)
nach Motiven der Gebrüder Grimm

5 Szene aus »Till Eulenspiegel« (1975),
einem ebenso opulenten wie umstrittenen Film
nach dem gleichnamigen Volksbuch

6 Cox Habbema und Eberhard Esche in
»Wie heiratet man einen König«

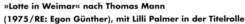

**»Lotte in Weimar« nach Thomas Mann
(1975/RE: Egon Günther), mit Lilli Palmer in der Titelrolle**

Jutta Hoffmann als Adele Schopenhauer

arme DEFA erwirkt hatte. Aber dieser Plan konnte erst 1970/71 realisiert werden. Im Krisenjahr 1966 fehlten die Finanzmittel für eine derart aufwendige Produktion, vor allem aber war die Konfrontation Künstler – Gesellschaft auch im spanischen Kostüm nicht opportun. *Goya* wird 1971 in mehrfacher Hinsicht ein Erfolg. Der Versuch, künstlerischen und intellektuellen Anspruch, von Feuchtwanger angeboten und herausgefordert, mit Wirkungsmitteln des Ausstattungs- und Schaufilms einem großen Kinopublikum nahezubringen, gelang. Und das Babelsberger DEFA-Studio konnte seine künstlerische und technische Leistungsfähigkeit an einem anspruchsvollen Projekt beweisen.

In einer Zeit, da Reflexion und Darstellung von Geschichte, Politik und Kunst immer gröber, marktschreierisch und machttaktisch betrieben werden, bleiben die dialektische Helligkeit, der analytische Facettenreichtum und die psychologische Differenziertheit auf den Spuren Lion Feuchtwangers frisch, aktuell und aufschlußreich. Der historische Film ist voll zeitnaher Entdeckungen, ohne zu kokettieren. Das Filmgenre wird bedient, aber es deckt nicht den Gehalt zu. Donatas Banionis als Goya ist immer dramatische Charakterfigur, nie das Leinwandgenie. Der Glanz der Szenerie – eine hervorragende Arbeit des Szenenbildners Alfred Hirschmeier, eines ständigen Partners von Konrad Wolf – ist reich und mächtig und zugleich gebrochen, wie in Goyas Bild der königlichen Familie. Mit Rolf Hoppe und

Tatjana Lolowa als Königspaar, Mieczyslaw Voit als Großinquisitor, Martin Flörchinger als Otero, Wolfgang Kieling als Godoy, mit Olivera Katarina als Alba, Fred Düren als kritischem Freund und Diener und Ernst Busch als Politiker Jovellanos ist Goya/Banionis in einem Spannungsraum, in dem die existentielle Künstlerproblematik jenseits oberflächlicher Polemik zur grotesk-bösen Tragik zugespitzt werden kann. Im Finale verläßt der Regisseur das Genre und bringt, mit Goyas »Caprichos« und »Desastres de la Guerra«, Chaos und Grauen der Zeit und Gnade und Strafe der künstlerischen Existenz in eine metaphorische Bilder-, Szenen- und Musikmontage ein, die grenz- und zeitüberschreitend wirken will.

Des Regisseurs Verhältnis zu Thema und Genre findet sehr bald die andere Variante: *Der nackte Mann auf dem Sportplatz* (1974), die zweite Zusammenarbeit mit Wolfgang Kohlhaase nach *Ich war neunzehn* (1968). Der Film wirkt wie der Kontrapunkt zu *Goya*. Erzählt werden einige Tage des Bildhauers Kemmel, am Rande Ost-Berlins, betont leise, langsam, nah durch ruhige Beobachtungen, zugleich in einer Distanz, die Nachdenken erlaubt und Indiskretion ausschließt. Arbeit am Material, Familienalltag, eine Arbeit endet im Spritzenhaus statt auf dem Dorfplatz, eine andere Frau wird besucht, Nachdenken an Ravensbrück, von der Stelle aus, wo immer Leute lebten und wegguckten; Ärger über den Zeichenlehrer des Sohnes, eine Arbeit

»Lotte in Weimar«: Martin Hellberg, langjähriger DEFA-Regisseur,
in der Rolle Johann Wolfgang von Goethes

Katharina Thalbach als Ottilie von Pogwisch

gelingt und scheitert doch, eine andere wird fertig und ein-
geweiht: Peinlichkeit und Spaß um den nackten Mann auf
dem Sportplatz im Heimatdorf. Kemmel und Goya: das
ganz andere und ewig gleiche. Ohne Eifer auch ein Plädoyer für Geduld im Umgang mit der Realität und mit der
Kunst. Und eine große Momentaufnahme jenes Landes um
Berlin und zwischen Ostsee und Thüringen, unaufgeregt
und mit verhaltener Zärtlichkeit.

Der Name des Dichters Günter Kunert erschien einige Male im Vorspann von DEFA-Filmen: *Seilergasse 8* (1960)
und *Das zweite Gleis* (1962/RE: Joachim Kunert), *Vom König Midas* (1963/RE: Günter Stahnke), *Abschied*
(1968/RE: Egon Günther), *Unterwegs nach Atlantis*
(1977/RE: Siegfried Kühn). 1962 waren zwei Fernsehfilme
von Kunert und Stahnke ideologisch verdammt und verboten worden, *Fetzers Flucht* und *Monolog für einen Taxifahrer*. Zwischen 1971 und 1975 produzierte der DDR-Rund-
funk drei Hörspiele, deren jedes einen großen deutschen
Künstler im Konflikt mit Gesellschaft und Mächtigen vorstellt: Albrecht Dürer, Heinrich Heine, Heinrich von Kleist.
In dieser Zeit entsteht der Film *Beethoven – Tage aus einem Leben* von Günter Kunert und Regisseur Horst Seemann (1976). Nach professionellen Fingerübungen im satirischen »Stacheltier«-Kurzfilm, im Komödischen und
Abenteuerlichen (*Hochzeitsnacht im Regen*/1967, *Schüsse
unterm Galgen*/1968), war Seemann 1969 mit *Zeit zu leben*

bei Offiziellen und Zuschauern groß herausgekommen und
hatte die Erfolgsstrecke mit *Liebeserklärung an G. T.*
(1971) und *Reife Kirschen* (1972) fortzusetzen versucht.
Jetzt eigentlich bewies er die Substanz seines Talents.
Donatas Banionis, der Goya bei Konrad Wolf, ist nun auch
Beethoven. Noch weniger wird hier der historisch-biographische Held verlangt. Für Kunert, Seemann und Banionis
ist Beethoven nicht der Filmheld seiner aufbereiteten Biographie, sondern Partner einer Auseinandersetzung, die sie
alle bewegt und die endlos scheint. Über die Musikalität
und die Intimität der Szenen, durch Heran- und Herausho-
len alles Nahen, Zeitüberschreitenden wird die Identifikation mit einem Zeitgenossen fast zwingend. Noch 1968 waren der Film *Abschied*, vor allem aber die »Faust«-Insze-
nierung von Wolfgang Heinz und Adolf Dresen am
Deutschen Theater Berlin wegen Demontage der jeweiligen klassischen Normen scharf kritisiert worden. Inzwischen hatten die Dammbrüche von Helsinki und Moskau
und die Anpassung des VIII. SED-Parteitages an veränderte Innen- und Außenrealitäten Kriterien und Methoden modifiziert, zumindest moderatere Phasen ermöglicht. Nur
das gab dieser Beethoven-Sicht eine Chance.
Der Film beginnt mit Szenen der Uraufführung von »Wellingtons Sieg oder Die Schlacht bei Vittoria«, unterschnit-
ten mit realistischen Schlachtbildern, und endet mit
Beethovens ärmlichem Umzug in die vierte Wiener Wohnung, der plötzlich im Ostberliner Zentrum am Alex ver-

231

1

2

3

Konrad Wolf inszeniert »Goya« (1970)
nach Lion Feuchtwanger, eine Parabel
über das Verhältnis von Kunst und Macht:

1 mit Donatas Banionis als Goya

2 mit Ernst Busch als Jovellanos

3 mit Carmela als Maria Rosario

Seite 233:
»Goya« mit Tatjana Lolowa als Königin Maria Luisa,
Rolf Hoppe als König Karl IV.
und Donatas Banionis als Goya

läuft. Nicht Gag, nicht Apotheose, sondern leise drängende Frage »Was wäre, wenn...«. Nähe, Forderung, Prüfung. Das soziale Klima, die Problemsolidarität der Leute in der DDR machte diesen Schluß möglich, sinnfällig und tragfähig. Im Westen wäre er vermutlich als Attitüde verpufft. Der Beethoven-Film ist einer der bedeutenden Filme der DEFA, der beste des Regisseurs Horst Seemann, ein bleibendes künstlerisches Dokument der geistigen und moralischen Befindlichkeiten in der Zeit.

Johannes Kepler (1974/ RE: Frank Vogel) und *Jörg Ratgeb – Maler* (1977/ RE: Bernhard Stephan) suchten in Sujet- und Figurenwahl ebenfalls die relevante Entscheidungszeit und Prüfungssituation, fanden jedoch nicht aus dem historisch-biographischen Genre zur überzeugenden eigenen Frage und Form. Dabei ist für Frank Vogel und seine Partner Manfred Freitag und Joachim Nestler die persönliche Identifikation mit dem Ketzer- und Bekennerkonflikt offenbar eher ein Hindernis gewesen, zur Souveränität im Stoff zu gelangen. Sie gehörten als »Schuldige« am Film *Denk bloß nicht, ich heule* zu den ersten Opfern des 11. Plenums und nutzten nach dem VIII. SED-Parteitag die erste –- scheinbare – Chance, den gesellschaftlichen und persönlichen Schock künstlerisch zu bewältigen.

Merkwürdig erscheint, daß 1972/73 plötzlich zwei sehr unterschiedliche Werke der deutschen Romantik verfilmt werden: E. T. A. Hoffmanns bitter-phantastische *Elixiere des Teufels* (RE: Ralf Kirsten, SZ: Brigitte Kirsten) und Joseph von Eichendorffs *Aus dem Leben eines Taugenichts* (RE: Celino Bleiweiß, SZ: Wera und Claus Küchenmeister). Beide Filme bieten starke Momente und Bilder, aber Kirsten kann den Widerspruch zwischen dramaturgischer Rationalisierung und der irrationalen Phantastik als Basis des Stoffs nicht lösen; Bleiweiß' Film – mit dem in die DDR übergesiedelten US-amerikanischen Sänger Dean Reed in der Hauptrolle – verharrt mehr in schönen Stimmungen und Milieu, als das elementare Weltgefühl des Dichters in der Bildgeschichte zu realisieren und damit durchaus aktuelle Gefühle und Bedürfnisse zu treffen.

Einer der entschiedenen Vertreter der »dritten« DEFA-Generation – der ersten Absolventen der Filmhochschule in Babelsberg, die ab 1965 im Studio zu arbeiten beginnen – nähert sich mit seinem sechsten Film deutscher Geschichte und den von Anna Seghers beschworenen Tragödien deutscher Dichter und Revolutionäre: Lothar Warneke realisiert ein Büchner-Szenarium von Helga Schütz, *Addio, piccola mia* (1979). Er entdeckt den Studenten der »Gesellschaft für Menschenrechte«, den dichtenden Politiker und politisierenden Dichter, den philosophischen Poeten, den scheiternden Visionär. Entdeckt wird Nähe zu fernen Brüdern, Kontinuität deutscher revolutionärer Vergeblichkeit. So entsteht ein Film eindringlicher Bilder, tiefer Stimmungen (Kamera: Claus Neumann), historisches Selbst-Gefühl und Nachdenken anregend, aber mit dieser Stimmungslage dem tragischen Forte des Büchnerschen Denkens, Schreibens, Scheiterns auch etliches schuldig bleibend. Nicht zuletzt dadurch jedoch wird der Film auch ein aufschlußreiches Teil im Mosaik künstlerischer Protokolle über Befindlich-

DEFA-Frage 1973:
Wie nah ist uns die deutsche Romantik?

Oben: Dean Reed und Hannelore Elsner in
»Aus dem Leben eines Taugenichts«
(RE: Celino Bleiweiß)
nach Joseph von Eichendorff

Unten: Benjamin Besson (links) und
Andrzej Kopiczynski in
»Elixiere des Teufels« (RE: Ralf Kirsten)
nach E. T. A. Hoffmann

keit und Denken in jenen Jahren, das die wichtigsten DE-FA-Filme dieser Zeit überliefern.

Es ist aufschlußreich, für welche Persönlichkeiten und Situationen sich Autoren und Regisseure der DEFA im dann folgenden Jahrzehnt interessieren: *Hälfte des Lebens* (1985) nähert sich Friedrich Hölderlin, den die Restauration bitter, verzweifelt, irre machte; *Fallada – letztes Kapitel* (1988) porträtiert den Dichter, der zu keiner Sorte »Sieger der Geschichte« fand, *Treffen in Travers* (1989) den verlorenen deutschen Jakobiner Georg Forster, *Die Besteigung des Chimborazo* (1989) schließlich Alexander von Humboldt, den Weltbürger aus Preußen. Da das offizielle und populistische Geschichtsbild der Deutschen zunehmend restaurativ und apologetisch besetzt ist, können all diese Filme, die deutsche Vergangenheit mit dem »Blick von unten« sehen und aus der Gegenwart her befragen, dem deutschen Gedächtnis bei manch klaffender Lücke und vielen weißen Flecken aufhelfen.

Der Film des Vaterlandsverräters

In einem Gesprächsforum während der X. Weltfestspiele der Jugend und Studenten 1973 in der Akademie der Künste der DDR zu Berlin stellte sich Konrad Wolf, Filmregisseur und Akademiepräsident, mit dem Satz vor: »Ich, liebe Freunde, war ein Vaterlandsverräter.« So hatte es im Herbst 1945 an einer Tafel der Universität Halle gestanden. Unter einem gezeichneten Galgen: »Vaterlandsverräter«. »Ich stellte mich vor diese Tafel und sprach, so gut ich konnte, über das, was ich mir damals unter den Perspektiven der deutschen Jugend vorstellte. Damals war ich zwanzig.« [11]
Der Sohn des berühmten Arztes und Schriftstellers Friedrich Wolf war im Moskauer Exil aufgewachsen, hatte sich nach dem deutschen Überfall auf die Sowjetunion freiwillig gemeldet und war als Leutnant der Sowjetarmee in seine unbekannte, feindselige, innerlich und äußerlich zerstörte Heimat Deutschland zurückgekehrt. Ab 1956 ist er Regisseur bei der DEFA. Unter lauter Fremden verbindet er sich mit dem gleichaltrigen Kameramann Werner Bergmann, der als PK-Operateur in Rußland (PK = Propagandakompanie der Wehrmacht) den rechten Arm verloren hat, an einem Frontabschnitt, wo beide aufeinander hätten geschossen haben können... Die Bindung hält über ein Vierteljahrhundert. Der leidenschaftliche Kameramann Werner Bergmann begleitet den unebenen Weg des Regisseurs: »Ich wollte nicht viele Filme gut fotografieren, sondern einige gute Filme richtig fotografieren«, war sein persönliches Credo. Dem folgte er von Wolfs Debüt *Einmal ist keinmal* über *Lissy* und *Sonnensucher, Sterne* und *Professor Mamlock* (Bernhard Wicki: »Zu gut fotografiert«), zu *Goya* und *Der nackte Mann auf dem Sportplatz* – höchst verschiedenen und eigenartigen Filmen, die Anpassung und neue Erfindung verlangten, nie Selbstverleugnung. [12] Was über diese Partnerschaft gesagt wird, gilt für Grundsätzliches. Der Status des DEFA-Studios Babelsberg machte es normal, daß gute Kameraleute Mitarbeiter von Regisseuren und als solche nicht abrufbare Handlanger,

1

2

In den siebziger Jahren wird die DEFA-Tradition der historisch-biographischen Filme mit mehreren Arbeiten fortgesetzt.
Meist geht es um den Zusammenprall von »Ketzern« mit einer alles beherrschenden Ideologie...

1 Mit »Johannes Kepler« (1974)
   versuchen Regisseur Frank Vogel und die Autoren
   Manfred Freitag und Joachim Nestler,
   ihre traumatischen Erfahrungen
   nach dem 11. Plenum zu verarbeiten.
   In der Titelrolle: Reimar Joh. Baur.

2 »Copernicus« (1973/RE: Ewa und Czeslaw Petelski)
   wird als Co-Produktion mit Polen realisiert.
   Als Copernicus: Andrzej Kopiczynski.

sondern Arbeitspartner vom Drehbuch an und von Film zu Film werden konnten. Die Filmographien der Regisseure sind dafür aussagefähig.

Die Arbeiten Konrad Wolfs von 1956 an sind objektive Dokumente einer ununterbrochenen geistigen Auseinandersetzung, umgesetzt in künstlerische Arbeit, mit Deutschland, den Deutschen, mit dem Verhältnis zwischen Deutschen und den Einwohnern der Sowjetunion, die von Hitler zu Untermenschen erklärt und von SS und Wehrmacht so behandelt worden waren, mit der eigenen Lebensposition. »Auf der Suche nach dem Lebenszentrum« hat er einmal ein Leitmotiv benannt. Golo Mann summierte die Beschreibung der Haltungen der bürgerlichen deutschen Juden in die vier Worte: »Es gab nichts Deutscheres.« Es gab in der DDR – und vermutlich auch in ganz Deutschland – keinen »deutscheren« Regisseur als diesen Sowjetleutnant und deutschen, jüdischen Kommunisten aus Hechingen am Fuße der Hohenzollern-Burg. Das Fragen und die Scham, die den Deutschen 1945 anstanden und die er »nicht nötig« hatte, machte er zu seinem Thema; offene Fragen, die ihm neu oder fremd waren, nahm er in *Der geteilte Himmel* und *Solo Sunny* als seine Probleme an, so wie er als Akademiepräsident die zunehmend unversöhnlichen Widersprüche zwischen Kunst und Macht, Propaganda und Wahrheit, Apparat und Persönlichkeiten bis zum Zerreißen in sich austrug und öffentlich auszugleichen, produktiv zu machen suchte. Der Ausbruch der Krankheit und sein früher Tod 1982, sechsundfünfzigjährig, sind der Intensität und Anspannung dieses Einsatzes gewiß auch geschuldet.

Konrad Wolf erfuhr schwere Vorwürfe wegen seiner Rolle in den sechziger Jahren und nach dem 11. Plenum. Er ließ sich nur disziplinieren mit dem Argument der »Einheit und Geschlossenheit der Partei« und der Gefährdung und Schwächung gegenüber dem Klassenfeind. Freunde machten ihm deutlich, wie wichtig seine Position als Akademiepräsident war. Sein Film 1968 war danach nicht nur notwendig für die DEFA, er war lebenswichtig für ihn. [13] Es war genau der Zeitpunkt, auf das gehütete Tagebuch von 1945 zurückzugreifen.
Ich war neunzehn hatte am 1. Februar 1968 Premiere. Mit diesem Datum wird die DEFA wieder zu einem Markenzeichen und für ernstzunehmende Leute wieder Autorität und Partner im Land. Wolf machte sein persönliches Tagebuch zur Outline eines Films über Deutschland 1945. Und er suchte Wolfgang Kohlhaase, der damals ein Vierzehnjähriger in Berlin-SO war, als Partner einer nüchternen, unnachsichtigen und nachdenkenden Erinnerung und Reflexion. Das Ergebnis war einer der wenigen großen deutschen Filme über die Deutschen 1945.
Der Held Gregor Hecker (Jaecki Schwarz) und sein Mentor Wadim, der jüdische Germanist aus Kiew (Wassili Liwanow), entdecken Deutschland und die Deutschen, zwischen dem 16. April und dem 3. Mai 1945, auf dem Kampfweg von der Oder bis zu einem Gehöft westlich von Berlin, an der Chaussee nach Hamburg: in Bernau das Mädchen, das Angst hat, und der Major, der sich telefonisch in die Gefangenschaft abmeldet; bei Sachsenhausen der Soldat und

1

2

3

Horst Seemann und seine Filme:

1 Der Regisseur bei Dreharbeiten zu »Beethoven – Tage aus einem Leben« (1976) mit seinem Hauptdarsteller Donatas Banionis

2 Leon Niemczyk in »Zeit zu leben« (1969)

3 Günther Simon und Helga Raumer in »Reife Kirschen« (1972)

4

5

6

4 Die Schlußszene aus
»Beethoven – Tage aus einem Leben«:
der Komponist im sozialistischen Berlin

5 Traudl Kulikowsky und Gerhard Bienert in
»Suse, liebe Suse« (1975)

6 Erika Pelikowsky (links) und
Eva Krzyszewska in
»Liebeserklärung an G.T.« (1971)

1

2

3

1 Jaecki Schwarz in »Ich war neunzehn«
(1968/RE: Konrad Wolf)

2 Gert Krause-Melzer in »Die Russen kommen«
(1968/87/RE: Heiner Carow)

3 Peter Prager (links), Eberhard Kirchberg und
Ive Kostova-Neuwirth in »Mama, ich lebe«
(1977/RE: Konrad Wolf)

die Rotarmisten, die ihn erschießen werden, weil sie eben das Grauen des Konzentrationslagers gesehen haben; der Landschaftsgestalter in seiner Villa in der Nähe des Lagers, der so gebildet über Kant redet; der einsame blinde deutsche Soldat, der auf seine Kameraden wartet, die nie kommen werden; die Festung Spandau, ihr pensionsreifer Kommandant aus der Reserve und sein undurchsichtiger fescher Adjutant; das Pelmeni-Essen in Sanssouci und die »anderen« Deutschen, aus dem Konzentrationslager Befreite; den einen setzen sie in einem Dorf als Bürgermeister ab und spielen ihm nochmal das Lied von der Jarama-Front, gesungen von Ernst Busch. Schließlich, am 3. Mai, ihr letzter Einsatz, um deutsche Soldaten zu retten und sinnlosen Tod zu vermeiden, der Überfall durch ausbrechende SS-Mannschaften, ein deutscher Unteroffizier schießt neben Gregor auf sie, um dann in Gefangenschaft zu gehen; aber am Boden liegt Sascha, der blonde Oberleutnant, der Grammophonplatten sammelte, tot im letzten Moment des Krieges. Die Worte, die Gregor den abziehenden Mördern nachschreit, verdienen es, fünfundzwanzig Jahre nach der Uraufführung, achtundvierzig nach Kriegsende, zitiert zu werden:
»Ich vergesse euch nicht. Ich werde hinter euch her sein, bis ihr verreckt seid..., bis kein Platz mehr für euch ist, kein Stück Land auf dieser Erde... Bis ihr nicht mehr schießen könnt, ihr Verbrecher...« Und die letzten Worte des Films: »Ich bin Deutscher. Ich war neunzehn Jahre alt.«

Ich war neunzehn durchbrach den Bannkreis um die DEFA. Er wurde von allen angenommen. Alte und Junge spürten die persönliche Aufrichtigkeit, die Wahrheit des Geschehens und die Herausforderung. »Man war von Film und Fernsehen doch ein anderes Bild gewöhnt, da oft die tatsächlichen Widersprüche und tragischen menschlichen Konflikte heroisch aufgehoben und verallgemeinert oder gar in einer manipulierten Fabel bagatellisiert wurden.« [14] Der Film löste viele Gespräche aus, Fragen der Jungen an Ältere und Eltern. Die historische und biographische Dimension des Jahres 1945 und seiner Vorgeschichte wurde für manchen erstmals wieder real aussprechbar, für viele Junge erstmals erfaßbar. Der Bild- und Erzählstil des Schwarzweiß-Films unterschied sich radikal von den vorangegangenen Arbeiten Konrad Wolfs und Werner Bergmanns. Es herrscht der leise, sachliche, nachdenkliche Ton des Tagebuchs, die innere Spannung der einzelnen Stationen und Episoden schafft die Dramatik des großen Augenblicks. Die Kamera zeichnet das überzeugende Bild der Wirklichkeit von damals, aber sie folgt keinem Kult des Dokumentarischen, suggeriert nicht Echtheit.
Konrad Wolf wird nach *Ich war neunzehn* bis zu seinem frühen Tod 1982 noch vier Spielfilme drehen, drei davon in der eben begonnenen neuen Partnerschaft mit Wolfgang Kohlhaase, den letzten, in den Augen mancher so unerwartet oder gar unpassend für ihn, mit einem anderen Kameramann als dem alten Partner Werner Bergmann, mit dem jungen Eberhard Geick: *Solo Sunny* (1980). Zum Stoffkreis von *Ich war neunzehn* kehrt er noch einmal zurück: *Mama, ich lebe* (1977) ist ein Stoff von Wolfgang Kohlhaase, die Geschichte von vier deutschen Soldaten im sowjetischen

Antifa-Lager, die plötzlich vor der Frage stehen, statt mit einem Agitationslautsprecher mit der Waffe im Hinterland der deutschen Front zu operieren. Alle allergischen Punkte gerade für junge Leute in der deutschen Situation schienen hier berührt und getroffen. Aber die jungen Leute lehnten die Übersetzung ab und artikulierten heftig ihre Forderung nach riskanter, offener Gegenwartsauseinandersetzung. Auch das beförderte *Solo Sunny*. Bildhauer Kemmel sagt im *Nackten Mann auf dem Sportplatz*: »Erwartet von meinen Figuren nicht immer nur, was Ihr gerade erwartet. Verzichtet nicht auf das Vergnügen, verwundert zu sein.« Für keinen galt das so wie für Konrad Wolf.

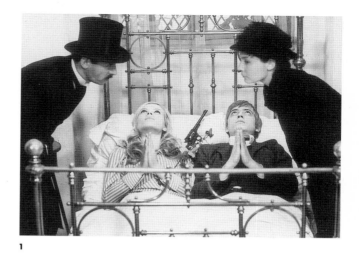

1

Alte Methode und Suche nach Neuem

Wie schwach der Kredit bei DDR-Politikern blieb, den *Ich war neunzehn* für die DEFA erworben hatte, kann man für 1968 gleich an drei Fällen studieren. Egon Günther hatte nach einem Szenarium von Günter Kunert Johannes R. Bechers autobiographischen Roman *Abschied* inszeniert, mit Rolf Ludwig als verbissen nationalistischem Aufsteiger-Staatsanwalt und Jan Spitzer als ausbrechendem Sohn, hitzig, frech und zerrissen. Deutsche Bürgerwelt mit scharfem, verfremdendem Blick abgeurteilt, Sinnsuche in gärenden Verhältnissen, Verstrickung in Liebe, Wahn und Mord. Dabei nur eine Klarheit: die Absage an den Krieg. Der Film erfährt eine glanzvolle Abnahme, erhält das Prädikat »Besonders wertvoll«, wird zur Premiere mit Staatsbesuch vorbereitet – kurze Zeit danach ergeht die Weisung, ihn aus dem Spielplan zu nehmen. Es erscheinen ablehnende Leserbriefe, Analysen, Schuldzuweisungen: Modernismus, Skeptizismus, Zersetzung des Becherschen revolutionären Pathos. Die Umstände deuten auf Subjektivismus und Selbstherrlichkeit des Staatsoberhaupts. Der hochinteressante, nicht durchweg gelungene, manchmal hektisch undeutliche, aber formbewußte und vor allem in seiner Antibürgerlichkeit und antiautoritären Energie suggestive Film ist in kein normales Programm mehr gekommen. Die Akten zeigen Zynismus; der Minister legt fest: »Der Film gilt nicht als verboten.« [15)]

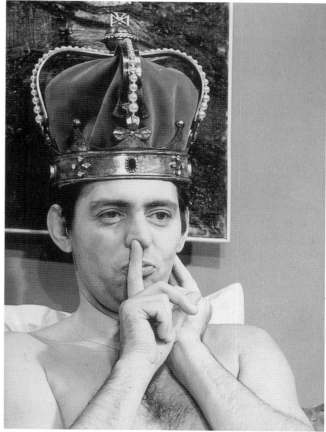

2

1 Rolf Ludwig, Heidemarie Wenzel, Jan Spitzer und Katharina Lind in der Verfilmung von Johannes R. Bechers Entwicklungsroman »Abschied« (1968 / RE: Egon Günther)

2 Rolf Ludwig als »Seine Hoheit, Genosse Prinz«, ein Lustspiel, das in den Mühlen der Zensur fast zerrieben wurde (1969 / RE: Werner W. Wallroth)

Zur gleichen Zeit dreht Heiner Carow *Die Russen kommen*, in Zusammenarbeit mit Wera und Claus Küchenmeister. Es geht um den Gewissenskonflikt eines Hitlerjungen im April 1945, der an der Jagd auf einen jungen »Ostarbeiter« beteiligt war, in die Entdeckung und Ermordung des Russen verstrickt ist und sich vor dem sowjetischen Kommandanten rechtfertigen muß. Carow hat das traumatische Erlebnis in expressive Bilder und eine drängende wie retardierende Montage gebannt. Er schafft Zeitszene von innen heraus, krankhaft, unwirklich, dann wieder ganz ruhig. Der Film gibt das Gegenbild zu *Ich war neunzehn*, ganz aus dem Nibelungen-Selbstmord-Qualm erwachsen. Ein Glücksfall für ein Studio und eine Kulturszene, an dessen Beseitigung in diesem Fall der Apparat eiligst arbeitete. Sofort wurde nach neuen Untersuchungen gerufen, die modernistische Verseuchung der DEFA aufzudecken. Carow erarbeitet 1970/71 mit Hermann Herlinghaus den Film *Karriere*, in dem der Held als erwachsener Mann in Westdeutschland um seines Aufstiegs in die Mitteletage willen vor eine Gewissensentscheidung gestellt wird, die durch unterschnittenes Material aus *Die Russen kommen* vertieft wird. Doch *Karriere*, für Carow später ein Verrat an seinem ursprünglichen, nun verbotenen Film, bleibt trotz stimmiger Details und einer feinfühligen und berührenden Darstellung (Horst Hiemer) geklittert und didaktisch.

Das dritte traurige Beispiel des Jahres 1968 betrifft ein Lustspiel mit einem assoziationsträchtigen und politisch relevanten Einfall: Rudi Strahl versetzt einen harmlosen Genossen in die Ge- und Verlegenheit, als DDR-Bürger sehr feinem Adel im Süddeutschen entsprossen und also zugehörig zu sein. Aus der »Was wäre, wenn...«-Situation entwickeln sich Pointen, Spitzen, klamottige und nachdenkliche Szenen. Strahl und sein Regisseur Werner W. Wallroth werden mehrfach, bis zum Minister hinauf, mit Listen zu streichender Wörter und Sätze versehen, der fertige Film *Seine Hoheit, Genosse Prinz* ist fast nur noch lustig, ohne Biß und soziale Schärfe. Autor Rudi Strahl versichert, sich nunmehr vom heiteren Film zurückziehen zu wollen.

Die Absolventen der Babelsberger Filmhochschule, die sich um ihre Regiedebüts bemühen, haben zum Teil bereits eigene Erlebnisse mit der Zensur hinter und die Gerüchte um die neuen Beispiele um sich. Die Gegenwart ist für jeden Ziel und Dilemma. Darin treffen sich die »alten« Regisseure mit den »Jungen«. Neue Filme machen spürbar: ein Sujetwandel vollzieht sich, der Veränderungen in Ästhetik und Haltung annonciert. Die politische und soziologische Relevanz, das »direkte Eingreifen« ist nicht mehr primär wichtig. Es geht intimer, indirekter, privater zu.

Rückzug? Vorsicht? Bescheidung? Nicht auch neue Erfahrung und Erkenntnis über das, was Kunst kann und sollte? Der Ruf nach der unverstellten Wirklichkeit, der nicht konstruierten Darstellung impliziert den Abschied vom alles bestimmenden, zwangsläufig überindividuellen Betriebs-, Zeit-, Gesellschaftsproblem. Die Aufmerksamkeit für den einen, die zwei oder drei Menschen, für den Alltag als Welt erbringt eine Reihe sympathischer, lebensbejahender, menschenfreundlicher Filme, die wegen ihrer undramatischen Dramaturgie noch heute viele Details und viel reales Lebensklima jener Jahre vermitteln. Ihre Titel benennen oft schon ihre Sujets. *Leben zu zweit* (SZ: Gisela Steineckert, RE: Herrmann Zschoche) – Liebe und Unabhängigkeit einer Frau, die große Tochter, der Geliebte, wechselseitige Geheimhaltungen; *Wir lassen uns scheiden* (SZ: Ulrich Plenzdorf, RE: Ingrid Reschke) – gesehen, erzählt und kommentiert vom achtjährigen Sohn, ein sehr leichter, doch nachdenklicher Film; *Das siebente Jahr* (RE: Frank Vogel, KA: Roland Gräf) – eine siebentägige Bilanz einer belasteten Ehe zwischen beanspruchter Chirurgin und bekanntem Schauspieler (Jessy Rameik, Wolfgang Kieling), über das kinowirksame Milieu hinaus nach Beruf und Welt, Familie und Liebe und der Kraft für alles fragend; *Weite Straßen – stille Liebe* (SZ: Ulrich Plenzdorf, RE: Herrmann Zschoche) – Fernstraßenbegegnungen, die drei junge Leute (Manfred Krug, Jaecki Schwarz, Jutta Hoff-

mann) zwischen Selbstbefragung und Selbstdarstellung zusammenführt.

Die Geschichten wirken leicht, neu ist, wie Leben jetzt und hier selbstverständlich und normal, nicht als historische Aufgabe und permanente Kampagne für Höheres verstanden wird. Aber das Leichte ist latent auch nahe dem Unerheblichen. Viel später formuliert Wolfgang Kohlhaase: »Haben wir nicht zu oft redliche Geschichten, die man glauben kann, aber nicht wissen muß?«[16] Zur neuen Generation gehört eine Frau im Regiestuhl, Ingrid Reschke, die ihr Debüt mit dem Kinderfilm *Daniel und der Weltmeister* (1964) gegeben hatte. Nach *Wir lassen uns scheiden* und *Der Weihnachtsmann heißt Willi* (1969), einer teils turbulenten, teils besinnlichen, mit Wahrheit und Lüge, Märchen und Alltag spielenden Geschichte, wird der wieder mit Ulrich Plenzdorf gearbeitete Film *Kennen Sie Urban?* (1971) ein spielerisches, scheinbar saloppes Plädoyer für die Suche nach sinnvollem Leben, ein Road-movie made in DDR, mit komisch ernsthafter Suche nach einem gefundenen und verschwundenen Vorbild und einem tiefen Gefühl für Land und Leute. *Kennen Sie Urban?* ist Ingrid Reschkes letzter Film, sie wird kurz danach Opfer eines Autounfalls.

Rainer Simon beteiligt sich 1970 an dem heterogenen und synthetisch wirkenden Episodenfilm *Aus unserer Zeit* mit der schönen Skizze »Gewöhnliche Leute« (nach Werner Bräunig) und setzt dann in einem leider etwas diffus gebauten Film, *Männer ohne Bart* (1971), mit dem in die Ferien zur Großmutter fahrenden Schüler Otto Hinz Signale für ihm Wichtiges: Phantasie und Träume, unbürgerliche Unbekümmertheit, die Macht der naiven Beharrlichkeit. Er hatte das mit seinem Kameramann Claus Neumann schon 1969 überzeugend und kinowirksam mit der Märchenadaption *Wie heiratet man einen König* etabliert.
Aber der Tribut an die Gegenwart und das Absolventenkonzept war für jeden nötig, die möglichen Erfahrungsräume mußten ausgeschritten werden, umso mehr, als das Terrain unwirtlich war und voller Fallgruben. Mißverständnisse, Irrwege und vor allem Zeitverluste durch Warten, Abbruch und Neubeginn von Projekten sind unübersehbar für die Gruppe der »Neuen«, die sehr bald keine Gruppe mehr bildeten, aber auch als Einzelne deutlich anders waren, sahen und dachten als die »Alten«, die, von Maetzig (Jahrgang 1911) bis Carow (Jahrgang 1929), für mindestens zwei Generationen standen.
Ohne Zweifel hätten sie schneller mehr und bedeutendere Filme machen können, wenn sie mehr verstanden, angenommen und gefordert worden wären und nicht mißtrauisch geduldet. Letztlich teilten sie diese Lage mit ihren Vorgängern. Dennoch: Sie hatten eine Basis, zu erfinden, zu streiten und zu kämpfen, zu drehen. Und selbst nach einer Niederlage erneut zu beginnen. Auch der 1966 aus der DEFA ausgesperrte Frank Beyer drehte ab 1969 wieder, allerdings – »Kaderpolitik«! – als Vertragspartner des Fernsehens, nicht der DEFA. Das war die Babelsberger Chance, der der deutsche Film bis 1990 eine Reihe beachtlicher Titel und Werke verdankt, meist nicht gerade Marktrenner, aber Zeitzeugen – und manches Mal Filmkunst.

1

3

2

4

Die Aufmerksamkeit für den Alltag als Welt
erbringt eine Reihe sympathischer, lebensbejahender, menschenfreundlicher Filme.

1 Berndt Renne (links) und Harald Wandel in
»Kennen Sie Urban?«
(1971 / RE: Ingrid Reschke)

2 Dieter Wien (links) und Martin Grunert in
»Wir lassen uns scheiden«
(1968 / RE: Ingrid Reschke)

3 Manfred Böhm und Barbara Döbel in
»Männer ohne Bart« (1971 / RE: Rainer Simon)

4 Marita Böhme und Alfred Müller in
»Leben zu zweit«
(1968 / RE: Herrmann Zschoche)

5 Jessy Rameik und Wolfgang Kieling in
»Das siebente Jahr« (1969 / RE: Frank Vogel)

5

1

3

4

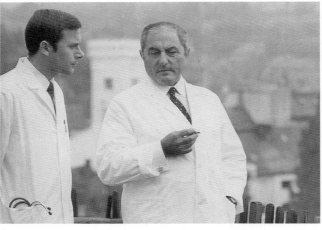

2

5

Lothar Warneke und seine Filme:

1 »Addio, piccola mia« (1979)
mit Hans-Otto Reintsch (links) und
Hilmar Eichhorn als Georg Büchner

2 »Dr. med Sommer II« (1970)
mit Werner Tietze in der Titelrolle (links) und
Martin Flörchinger

3 Lothar Warneke (auf dem Fahrrad) dreht
»Die unverbesserliche Barbara« (1977).
Im Wagen: Kameramann Jürgen Lenz

4 Christian Steyer und Katharina Thalbach in
»Es ist eine alte Geschichte...« (1972)

5 Eberhard Esche und Cox Habbema in
»Leben mit Uwe« (1974)

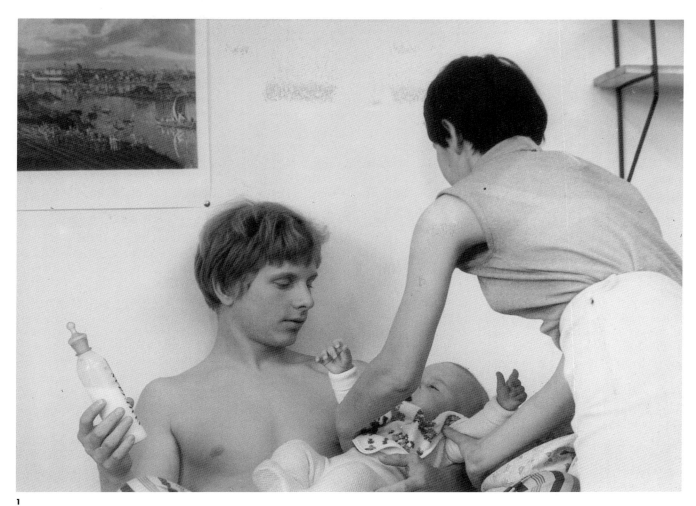

1

2

3

Roland Gräf und seine Filme:

1 Jan Bereska und Gabriele Simon in
»Mein lieber Robinson« (1971)

2 Carl Heinz Choynski (links) und Erwin Geschonneck in
»Bankett für Achilles« (1975)

3 Roland Gräf bei den Dreharbeiten zu
»Die Flucht« (1977) mit Armin Mueller-Stahl

Der Frühling ist kurz

Die Jahre 1969 bis 1973 werden wichtig und interessant fürs DDR-Kino. Start und Profilierung der neuen Regisseure bringen neue Haltungen, Farben, Töne, die Themenskala wird weiter. Mit *Dr. med. Sommer II* (1970) beginnt Lothar Warneke eine bemerkenswert kontinuierliche Reihe von Gegenwartsfilmen, die das erklärte Primat der Wirklichkeit und ihrer detailgenauen Beobachtung mit der inneren Dramatik und Spannung in den Alltagsbeziehungen zu verbinden suchen. Der Blick in die freundlich glatte Routine und Hierarchie eines Kreiskrankenhauses mit den Augen eines »Neuen« entdeckt Probleme der Ethik und Verantwortung in den menschlichen Beziehungen (SZ: Hannes Hüttner), die für Warnekes Filmarbeit motivisch wesentlich werden. Dem Prinzip »dokumentarer« Erzählweise folgt am radikalsten *Es ist eine alte Geschichte...* (1972), mit atmosphärisch aufschlußreichen Beobachtungen einer Gruppe von Medizinstudenten in Leipzig, noch unernst im Rollenspiel von Lerneifer und Verliebtheit, mit der jungen Katharina Thalbach – ein Film mit kostbaren Momenten, aber zu gleichgültig gegenüber dem Zuschauer, ihn ratlos lassend. Die Fabel wird dann markanter in *Leben mit Uwe* (1974) und *Die unverbesserliche Barbara* (1977) – Ehe und Beruf, Gleichberechtigung und Selbstbehauptung werden hinterfragt, unter den gegebenen Bedingungen sozialen Gesichertseins.

Je stärker diese neuartigen Filme den einzelnen Menschen erschließen, desto intensiver und wirksamer werden sie. Roland Gräf, der in den sechziger Jahren mehr als zehn Filme als Kameramann mitgeschaffen hat und 1971 sein Regiedebüt mit *Mein lieber Robinson* gibt, sagt in einem Gespräch mit der Zeitschrift »Forum« 1972 dazu: »Jetzt im nachhinein erscheint es mir so, als wäre das erste Ziel dieser sogenannten Alltagsfilme nicht die Schilderung unseres alltäglichen Lebens gewesen, sondern die möglichst totale Erfassung eines Charakters, einer Figur unter den konkreten Bedingungen unserer Gesellschaft. Es sind in diesen Filmen eine ganze Reihe nicht alltäglicher Leute vorgeführt worden, von Vogels Herzchirurgin über Zschoches Fernfahrer, Warnekes Dr. Sommer II bis zum Robinson. Ich glaube, man wird diesen Filmen besser gerecht, wenn man sie ihrer Zielstellung nach als Porträtfilme und nicht als Alltagsfilme bezeichnet.« [17]

Gräf und sein Autor Klaus Poche, die schon 1966 an Jürgen Böttchers Spielfilmdebüt *Jahrgang 45* gemeinsam gearbeitet hatten, skizzieren im *Robinson* das liebevolle und liebenswürdige Psychogramm eines Jungen (Jan Bereska), Krankenhelfer in Berlin, schmal, weich, zart, scheinbar unkonzentriert, fast noch Kind, aber schon Vater. Dem eigenen Vater sagt er nichts davon, er lebt doppelt, bis das Mädchen, das er liebt (Gabriele Simon), ihn zur Klarheit zwingt, die ihm längst selbstverständlich ist. Im Besonderen der komischen Situation ist hier die unbewußte Befindlichkeit junger Leute erfaßt, im Verhältnis zum Vater (Alfred Müller) und zum älteren Kollegen (Dieter Franke) sind auch die Unterschiede und Grenzüberschreitungen in Konvention und Moral und die offene Frage nach neuen Übereinkünften festgehalten.

Gräfs nächster Film – 1975, nach einer nicht freiwilligen Regie-Pause – wird eines der wenigen Arbeiterporträts im deutschen Spielfilm: *Bankett für Achilles*. Kein Heldentum, keine Historie und Politik. Stattdessen der Tag, an dem ein Meister in Bitterfeld in die Rente verabschiedet wird. Das Da- und So-Sein des Achilles (Erwin Geschonneck) vermittelt Arbeitergeschichte und wache, reale DDR-Bilanz: die verwundete Landschaft, der Kampf um ein paar blaue Blumen, der Mensch als Teil dieser Natur, weil er in ihr arbeitet, nicht erst im Sozialismus.

Noch einmal schien es in der DDR Hoffnung und Auftrieb für ein offenes geistiges Klima und damit für die Künste zu geben. Nur zu gern glaubte man neuen kulturpolitischen Versicherungen und Appellen auf dem VIII. Parteitag der SED 1971 und dem 6. ZK-Plenum 1972. Es war die Zeit der internationalen Verträge über Deutschland und West-Berlin, die DDR wurde diplomatisch anerkannt, der Helsinki-Prozeß (KSZE) begann, beide deutsche Staaten wurden UNO-Mitglieder (1973). Doch der Widerstreit zwischen Weltoffenheit und zwanghaft gesteigertem Sicherheitsbedürfnis der DDR-Führung belastet in der Folge zunehmend das innenpolitische Verhalten, bringt widerspruchsvolle und wetterwendische Entscheidungen hervor. Im Bereich der Medien, Künste und Wissenschaften wirken spürbar zwei Konzepte gegeneinander. Das 9. ZK-Plenum macht 1973 mit seinen altgewohnten Verdikten zu Volker Braun, Ulrich Plenzdorf und anderen die vorangegangenen positiven Sprüche zu Makulatur. Die Filmkünstler spüren die Folgen, direkt oder vermittelt, sofort oder zeitversetzt.

Aber zunächst war Aufschwung angesagt. 1969 kreiert Horst Seemann, der seine Bildphantasie in zwei Genrefilmen annonciert hatte, eine DEFA-Variante in der Spur der parteioffiziell »Heißer Sommer« benannten Fernseherfolge jener Jahre (*Die Geduld der Kühnen*/ 1967/ RE: Lothar Bellag, *Zeit ist Glück*/ 1968/ RE: Lothar Bellag, *Die Zeichen der Ersten*/ 1969/ RE: Lothar Bellag, und andere). Ein neuer Typ Gegenwartsfilm entsteht. Statt hölzerner Verbalagitation schiebt sich die vehement agitatorische Überredungskraft der Bilder in den Vordergrund, die politische Affirmation wird geadelt durch ewige Emotionen, Liebe, Krankheit, Tod. Lineares Gesellschaftsverständnis legitimiert sich aus dem Zitieren einer revolutionshistorischen Szenerie, die Harmoniesuggestion funktioniert mittels Montagedynamik: *Zeit zu leben* (1969). Ein alter Kommunist übernimmt als Todkranker ein marodes Werk und führt es in die moderne Produktivität der aktuellen Wirtschaftsstrategie (die wenig später vom VIII. Parteitag abgebrochen werden wird...). In Seemanns nächstem Film *Liebeserklärung an G. T.* (1971) soll eine junge Wissenschaftlerin ein großes internationales Forschungsprojekt leiten, sieht sich vor dem Konflikt zwischen beruflicher Entfaltung und privater Erfüllung und entscheidet mit Sicherheit und Optimismus, daß Aufgabe, Ehe und Kind vereinbar sein werden. Dann *Reife Kirschen* (1972) – ein Baubrigadier in Thüringen (Günther Simon in seiner letzten Filmrolle), seine Familie, ein spätes Kind, Perspektive Atomkraftwerk und neue Stadt an der Ostsee, ein Unfalltod, eine am Egoismus gescheiterte Liebe, am neuen Ort der Horizont für alle Lösungen... Und schließlich *Suse, liebe Suse* (1975) – ein Landarbeitermädchen (Traudl Kulikowsky) auf dem Wege von unten bis zur Qualifizierung in der Sowjetunion und vom falschen Geliebten und Kindesvater zur wahren Liebe.

Zeit zu leben wurde ein überraschender Erfolg, offenbar als Kinoereignis faszinierend und identitätsstiftend, konfliktvoll und immer angenehm, der sehr seltene Fall der Übereinstimmung von offiziellem Wohlwollen und Wohlbefinden der Zuschauer. *Reife Kirschen* erzielte seine Wirkung durch Milieu, Gefühlsdruck und populäre Besetzung. Horst Seemanns Fabuliertalent und sein Drang zur optischen Opulenz fanden aber erst in originalen Stoffen eigenwilliger Autoren ihren angemessenen Gegenstand: Günter Kunerts *Beethoven – Tage aus einem Leben* (1976), später 1978 Dinah Nelkens *Fleur Lafontaine* (in Zusammenarbeit mit Hans Albert Pederzani eine Produktion des DDR-Fernsehens), das seltene Beispiel eines unterhaltenden und anspruchsvollen politischen Films über das Leben einer Frau in dreißig Jahren Geschichte zwischen 1918 und 1948. Am Ende der siebziger Jahre entdeckt Seemann die poetische und tragische Welt des Johannes Bobrowski im europäischen Osten: seine Romanverfilmung *Levins Mühle* gerät zu einer vitalen optisch-mukikalischen, wenn auch teilweise verwirrend überladenen Adaption.

Bemerkenswert in dieser Zeit sind – nach den negativen Erfahrungen von 1965/66 – die erneuten Bemühungen um Filme, in denen Biographien und Wirtschaftsprozesse, individueller Konflikt und Arbeitsleben ineinandergreifen. Das entsprach einem verbreiteten Selbstverständnis über Funktion und Gegenstand von Kunst in der Gesellschaft, das sich nur langsam zersetzte oder aufhob, da es ja sowohl Realitäten wie Idealen gemäß zu sein schien. Ralf Kirsten erzählt in *Netzwerk* (1970) vom physischen Zusammenbruch eines alten Meisters (Fred Düren), der tiefe psychische Verunsicherung in ihm und kritisches Nachfragen bei seiner Ehefrau, den Kollegen und Vorgesetzten auslöst: Innehalten im Getriebe, Entfremdung und Konsequenzen, Höhe der Theorie und Technik sowie Routine der Beziehungen. Wie weit sind die gedachten Horizonte und wie eng die Bedingungen – was ist der Mensch in der modernen Industrie, wenn Sozialismus sein soll? Handlungs- und Gedankenführung wirken in *Netzwerk* teilweise unübersichtlich, auch rhetorisch, dem nachdenklichen Film bleibt der breite Erfolg versagt, den *Zeit zu leben* mit der Sieger-Verve errang, gegen die hier vermutlich polemisiert wurde. Ähnliches widerfuhr Siegfried Kühns *Im Spannungsfeld* (1970), der den Zeit-Konflikt auf der Leitungsebene austrägt: gewachsene Strukturen und Arbeitserfahrungen und die Computer-Konzeption; der Mensch als Objekt oder Zweck – die störende Frage, die immer wieder in sozialistischer Kunst aufgeworfen wurde... Kühn wählt ein Wort des Physikers Max Steenbeck als Motto, stellt es dem Film voran: »Wie soll, wie kann die Welt aussehen, wenn unsere Enkel so alt sind wie wir heute? Bis dahin müssen die gesellschaftlichen Entwicklungen entschieden sein; denn mehr Zeit läßt uns die wissenschaftlich-technische Revolution mit ihrem sich überstürzenden Tempo nicht, um ihre Möglichkeiten sinnvoll anwenden und beherrschen zu lernen.«

1

2

Der Mensch in der wissenschaftlich-technischen Revolution:

1 »Im Spannungsfeld« (1970/RE: Siegfried Kühn)
mit Ekkehard Schall (links) und Martin Trettau

2 »Netzwerk« (1970/RE: Ralf Kirsten)
mit Wolfgang Greese

Die Lösung wird am Ende mehr behauptet als begründet. Der Film hat die Fehler seines Computer-Helden, er bleibt theoretisch und abstrakt; die in der Gesellschaft – nach wie vor – ungelöste Frage konnte im Kino weder real gestellt noch etwa beantwortet werden. Daraufhin wendet sich der Regisseur einem intimen Sujet zu: *Zeit der Störche* (1971), der Ausbruch aus eingefahrenen Konventionen durch die Begegnung mit einem ungewohnten Menschen.

Auch Kurt Maetzig versucht die filmische Darstellung eines grundsätzlichen Zeitproblems in einer individuellen Konstellation. *Januskopf* (1972) wird die emotional dramatisierte Debatte mit einem Biogenetiker, der sich aus den USA und Westdeutschland in die DDR zu kleiner, begrenzter Arbeit zurückgeflüchtet hat und für die Rückkehr in die große genetische Arbeit, nun auf der »richtigen« Seite, gewonnen werden soll. Angesichts der Herkunft des Films ist der Ausgang von Anbeginn klar, und die gute Besetzung kann nichts retten. Autor war hier und einige Male bei Wissenschaftlerthemen (*Im Spannungsfeld*, *Liebeserklärung an G. T.*) Helfried Schreiter.

Unerwartete Erfolge

Zum Besonderen dieser Zeitspanne gehört, daß der DEFA ein Erfolgsschub auch in Genres zuteil wird, in denen sie traditionell glücklos war. 1972 ereignet sich der wohl größte Lustspielerfolg: *Der Mann, der nach der Oma kam*, nach einer Erzählung von Renate Holland-Moritz inszeniert von Roland Oehme (Szenarium von Lothar Kusche und Maurycy Janowski, der als Autor sowie Dramaturg unermüdlich und unverdrossen für den Spaß bei der DEFA focht). Oehme verschrieb sich fortan dem heiteren Genre, was ihm oft Blessuren und eine bittere Miene eintrug, Niederlagen entweder mit Stoffen oder amputierten Filmen. Bei der *Oma* jedoch ist alles in kinogerechter Balance, aus der die Pointen, Anspielungen, Gags und Frechheiten abgewogen und locker, nie verbissen, abgeschossen werden können. Trotz des Exquisit-Milieus (die Hauptfiguren, ein Schauspieler und eine Sängerin, leben in einer Neubau-Großraum-Wohnung mit Dachgarten) schafft die Story im Kino soziale Identifikation, befördert von der populären Besetzung: Rolf Herricht, Marita Böhme, Herbert Köfer und die Neuentdeckung jener Jahre, Winfried Glatzeder. Er ist der Mann, der die in ein neues Eheglück entschwundene Oma ersetzt, den Künstlerhaushalt aus Chaos und etlichen Verwirrungen führt und natürlich, im Sozialismus, kein Arbeitssuchender ist, sondern sich als Soziologe im Praktikum entpuppt. Der Film hat in vierzehn Tagen 250 000 Zuschauer, bleibt ein Dauerrenner – freilich zeitweise gesperrt wegen des DDR-Abschieds von Glatzeder, wie in allen derartigen Fällen üblich.

Ein Zeitdokument anderer Art liefert der seit vielen Jahren einzige ernstzunehmende Kriminalfilm: *Leichensache Zernik*, ein Fall aus dem Berlin von 1948. Ein Frauenmörder nützt die Sektorengrenzen. Ermittlungen und Verfolgung durch die Kripo werden durch die Spaltung der Berliner Polizei blockiert: nach Einführung der D-Mark in den Westsektoren wird dort ein eigenes Polizeipräsidium installiert. Ein Polizeianwärter (Alexander Lang) lernt und behauptet sich unter diesen erschwerten Bedingungen. Der Film spiegelt Zeitgeschichte und Politik indirekt, indem er Alltag und die Aufdeckung eines Falls erzählt und die Beteiligten psychologisch und sozial genau beobachtet und in dramatischen und komischen Szenen vorstellt. Die Kamera von Claus Neumann ist genregerecht aktiv, bewegt und gibt ein atmosphärisch stimmiges Bild von Zeit und Ort, ohne historisierende Schnörkel oder Stilisierung. Der Stoff geht auf wirkliche Ereignisse zurück, Gerhard Klein kannte sie von damals und wollte diesen besonderen Berlin-Film jetzt drehen. Doch er starb kurz nach Drehbeginn im Mai 1970; es ist der dritte Verlust in diesem Jahrzehnt unter den DEFA-Regisseuren: Dudow, Ingrid Reschke, Klein...

So wurde *Leichensache Zernik* von dem jungen Regisseur Helmut Nitzschke, der bei Klein assistiert hatte, 1971/72 mit einem gekürzten Buch, einem anderen Stab und mit völlig neuer Besetzung produziert. Er verkörpert die einzige Art von Krimi, die der DEFA offenbar gelingen konnte: wenn das Genre nur die Form, das Transportmittel ist, Zeit und Gesellschaft zu entdecken. Erich Engels und Robert A. Stemmles *Affaire Blum* hatte früh Richtung und Maßstab vorgegeben.

1

2

Roland Oehme und seine Filme:

1 »Ein irrer Duft von frischem Heu« (1977)
  mit Peter Reusse und Ursula Werner

2 »Einfach Blumen aufs Dach« (1979)
  mit Lars Jung (links) und Martin Trettau

3

4   5

3 »Der Mann, der nach der Oma kam« (1972)
  mit Winfried Glatzeder

4 Roland Oehme (links) dreht
  »Ein irrer Duft von frischem Heu«.
  Neben ihm Kameramann Jürgen Lenz

5 »Wie füttert man einen Esel« (1974) mit
  Manfred Krug und Karla Chadimová

Gegenwartsfilme erreichen ungekannte Höhepunkte. Im Frühjahr 1972 tanzt Jutta Hoffmann als Margit Fließer »Bandiera rossa« singend über die Leinwand, revolutionären FDJ-Elan naiv ausspielend und verfremdend, ein Mädchen, das aus der inbrünstig angenommenen Diakonissen-Schule fortgegangen ist, aus dem Glauben ins Wissen-Wollen; zwei Männer, zwei Verluste, zwei Kinder. Ein »richtiger« Beruf, aber offene Fragen, Einsamkeit. *Der Dritte*, geschrieben von Günther Rücker nach einer Reportage von Eberhard Panitz und gedreht von Egon Günther (seit dem *Abschied*-Skandal und zwei Fernsehproduktionen, *Junge Frau von 1914*/ 1970, nach Arnold Zweig, sowie *Anlauf*/ 1971, seine erste neue Arbeit bei der DEFA). Achtzehn Jahre Leben dieser Frau, erzählt auf zwei Zeitebenen, intensiv und spielerisch. In der Gegenwart der Entschluß und die Aktion Margits, sich selbst den dritten Mann, den Richtigen (Rolf Ludwig) zu holen, weil sonst doch nichts wird. Der Film erringt Preise in Karlovy Vary und Venedig, sein Frauen- und Weltbild wird als Signal verstanden und vom Zuschauer angenommen.

Der Stoff hatte gelegen, war hin- und hergewendet worden. Die Frau erschien den Filmfunktionären nicht geheuer. Aber Rücker war erfahren, nicht erst seit *Der Fall Gleiwitz (1961)*, der angeblich von der SS hätte gedreht sein können... »Der Realismus hat noch immer gesiegt«, erklärte er, als *Der Dritte* heraus war. [18]

Ein Jahr später stürmten die Leute die Kinos wegen eines Liebespaars: *Die Legende von Paul und Paula* von Ulrich Plenzdorf und Heiner Carow. Das – sehr schöne! – Aschenputtel aus der Halbruine (Angelica Domröse) und der hoffnungsvolle Aufsteiger aus dem Neubau (Winfried Glatzeder), die kuschelige Ehe und die absolute Liebe, die Schranken und die Normen und die feinen Kompromisse, in deren Neu-Bürgerlichkeit alles Neue, Andere erstickt, der Kampf der Ordnung um den ordentlichen Paul, der Sieg der Paula-Liebe total: Wenn Paul den Kampfgruppenanzug ablegt und ins blumengeschmückte Liebesbett steigt, ist Jubel im Kino angesagt. Und Zorn im Auge der Wachsamen: War da nicht vor ein paar Jahren erst ein Film, in dem ein Uniformierter in den Löschteich fiel... (*Spur der Steine*)? Die durchgängig komödische und latent tragische, traurig-trotzige Geschichte entsprach dem Lebensgefühl und dem, was viele mit dem Begriff Sozialismus positiv verbanden.

Jutta Hoffmann in »Der Dritte« (1972/RE: Egon Günther):
Achtzehn Jahre Leben einer Frau
zwischen Diakonissenschule und
Suche nach dem dritten, »richtigen« Mann.

Viel soziale Potenz und moralische Energie zeigte sich in diesen Reaktionen, war in der Poesie, den Liedern, Filmen, Theaterstücken und Büchern der Zeit, in Jugend- und Singeclubs. Sie wurden nicht herausgefordert und genutzt, sondern mißtrauisch überwacht und administrativ kanalisiert. Dabei war die Situation so einfach zu handhaben: Die drei beliebtesten DEFA-Filme 1973 hießen 1. *Apachen*, 2. *Die Legende von Paul und Paula*, 3. *Nicht schummeln, Liebling*, ein musikalisch-choreographisches Lustspiel von Jo Hasler. Jeder mittlere Medien-Manipulator kann mit dieser gesellschaftstypischen Konstellation umgehen. Aber spätestens nach dem beunruhigend spontanen und massenhaften Besuch von Carows *Legende* gewinnen die Hardliner an Macht, wird gebremst, zurückgepfiffen. Das 9. ZK-Plenum mit seinen Kulturattacken ist knapp vier Wochen

Fred Delmare, Winfried Glatzeder und Angelica Domröse in
»Die Legende von Paul und Paula« (1973/RE: Heiner Carow),
einer der erfolgreichsten DEFA-Filme aller Zeiten

Gert Gütschow und Lissy Tempelhof in
dem Krimi »Leichensache Zernik«
(1972/RE: Helmut Nitzschke)

später. Statt aus dem *Dritten* und der *Legende*, aus den Filmen der neuen Regisseure und Kameraleute, aus der wertvollen neuen Qualität der souveränen Erzählerhaltung zur eigenen Welt maximal Gewinn und Ermunterung zu holen, sind Rauhreif und Feinfrost angesagt. Projekte werden abgebrochen, auch knapp vor Drehbeginn. So Klaus Poches *Die zweite Haut*, die Bestandsaufnahme einer Ehe, deren Partner sich prüfen, befragen, entdecken. Roland Gräf wollte sie als zweite Regiearbeit nach *Mein lieber Robinson* realisieren.

Im Vergleich zu den Ritualen von 1965/66 ist es pikant, daß man jetzt vom Abbruch in der Kantine beim Mittagessen erfährt. Man kann es als Rückschritt zur zynischen Kumpanei oder als Fortschritt zu ziviler Gemeinsamkeit interpretieren, man muß es qualifizieren als Abstieg ins Kleine und Miese. Als heutiger Kritiker kann man auch fragen, ob solcher Mechanismus dem normalen Standard mancher westlichen Anstalt ähnlicher wurde, wie manches in der Industrie im Gefolge der sogenannten zweiten technisch-wissenschaftlichen Revolution – außer der Produktivität. Klaus Poche jedenfalls ließ sein Thema nicht los: 1978 drehte Frank Beyer nach einem Buch des Autors den thematisch ähnlichen Fernsehfilm *Geschlossene Gesellschaft* und löste einen folgenschweren Skandal aus. Und 1981 konnten Poche und Beyer *Die zweite Haut* im WDR-Fernsehen realisieren.

Aus den Projekten verschwindet Günter de Bruyns Roman »Buridans Esel« von 1968. Herrmann Zschoche kann ihn erst 1980 herausbringen, mit den Beschädigungen und Verlusten einer solchen Verspätung. Rainer Simon bemüht sich während und nach *Till Eulenspiegel* (1975) unter anderem um drei Stoffe – Brigitte Reimanns nachgelassenen Roman »Franziska Linkerhand«, Wolfgang Landgrafs »Kreuzzug der Kinder«, Bernd Schirmers »Doktorspiel«. Vergeblich. Seine Kommentare dazu weisen über den Einzelfall hinaus: »Helden, die ihren eigenen Weg gehen, sind bei uns nicht sehr beliebt«; und zum »Kreuzzug der Kinder«, bei dem es um westliche Co-Partner ging: »Es war naiv von mir, eine schöne Utopie, zu hoffen, von irgend jemand Geld für den Stoff zu bekommen, der sich mit solcher Vehemenz gegen die mächtige Ideologie der katholischen Kirche richtet, ›unser aller Nährboden‹. Später, als ich Michel Tourniers ›Erlkönig‹ verfilmen wollte, mußte ich nochmals die Erfahrung machen, daß bestimmte Themen international tabuisiert sind.« [19]

Die »Linkerhand« wird lange Jahre blockiert, 1980 dreht Lothar Warneke nach dem Stoff *Unser kurzes Leben*, der die Tiefe des Romans und die Härte seiner Fragestellungen ziemlich moderat übersetzt. Simon hat nach der Episode »Gewöhnliche Leute« und *Männer ohne Bart*, seinen Gegenwartsarbeiten, aus dem Grimmschen Märchen *Sechse*

Jutta Hoffmann und Jaecki Schwarz in
»Die Schlüssel« (1974/RE: Egon Günther)

kommen durch die Welt (1972) einen deftigen, kräftigen, »plebejischen« Film gemacht, nicht speziell für Kinder, sondern wie aus dem Erinnerungsschatz des Volkes, für Große und Kleine, aus dem Wissen um die Dauer von Oben und Unten, um Gewinn und Verlust, Macht und Menschen; sarkastisch, aber unverkrampft, mit einer Phalanx exzellenter Darsteller, die ihre Spielfreude wie in einem Volkstheater sichtlich in den Film einbringen. Rainer Simon gelingt es, für eine der Hauptrollen den tschechischen Regisseur Jiři Menzel zu verpflichten, einen der wesentlichsten Filmemacher des »Prager Frühlings« – ein deutlicher Verweis auf künstlerische und politische Affinitäten. Nach dem *Eulenspiegel* droht Simon Stagnation, und er dreht eine recht schwache deutsche Genrehistorie: *Zünd an, es kommt die Feuerwehr* (1979), ehe ihm, nach einer Früh- und Vor-Erfahrung mit spekulierenden bankrotten Westpartnern des DEFA-Studios, Paul Kanut Schäfers inhalts- und folgenschwere *Jadup und Boel*-Geschichte angeboten wird.

Die schleichende Stagnation ab 1972/73 bedeutet nicht, daß in Babelsberg keine interessanten Filme mehr entstehen. Selbst der Kahlschlag von 1966 wurde mit der Kreativität eines existierenden Denk- und Produktionszentrums nicht fertig. Viel weniger war das jetzt möglich, da im UNO-akzeptierten Staat kein Autodafé mehr stattfand. Die tatsächlichen Verletzungen und Verluste sind schlimm genug.
1974 kommt Egon Günthers und Helga Schütz' *Die Schlüssel* heraus, an dem sich Geister scheiden und Fronten verhärten. Günther wird anschließend, nach zwei außergewöhnlichen Gegenwartsproduktionen, nur noch Thomas Mann und Goethe für die DEFA und Zweig und Keller für das DDR-Fernsehen verfilmen und danach bis 1990 in der Bundesrepublik arbeiten. *Die Schlüssel* bieten eine neue Variante souveränen filmischen Umgehens mit dem Lebensstoff einer unbürgerlichen Societät an – wobei das »Unbürgerliche« elementar in der Realität gelebt wurde, primär jedoch in der Sicht und Machart des Films liegt. Das Verhältnis von Mann und Frau und eine konkrete Liebe, die Entdeckung, was das ist, ein anderes Land: Polen und Deutsche, intellektuelles und vitales Selbstverständnis – alles wird locker, impressionistisch exponiert, ernsthaft verhandelt, umspielt, genossen und reflektiert, um plötzlich mit dem zufälligen, dem tragisch zufälligen Tod einen »Carpe diem«-Gestus zu beschwören, der so völlig ausgeklammert, weggespielt schien. *Die Schlüssel* waren ein ganz eigenes ästhetisches Angebot des Kunst-Verhaltens in einem nicht mehr intakten, offenen und fließenden Werte- und Interpretationssystem. Aber eine Fortsetzung war nicht möglich, wie es ja auch kein Weitergehen von *Paul und Paula* zu Plenzdorfs Edgar Wibeau – Heiner Carow plante eine Verfilmung der »Neuen Leiden des jungen W.« – geben durfte.

Im administrativ erzeugten Klima der Vorsicht und Beschränkung entstehen dennoch interessante Arbeiten, wach, kritisch, auf Neues aus. Bernhard Stephan dreht 1973/74 einen frischen und anrührenden Film über ein junges Mädchen, ihre ersten und zweiten Schritte und Stolperer ins richtige Leben. Erwachsenenpose und kindliches Reagieren, ein ehrliches Mosaik von DDR-Kleinstadtbeobachtungen: *Für die Liebe noch zu mager?*

Von Heiner Carow gibt es 1975 *Ikarus* nach einer Erzählung von Klaus Schlesinger, mit einem intensiven, unnachsichtigen Kinderblick auf die Welt der Erwachsenen, die einfachste Solidarität mit dem eigenen Kind einfordernd.– Ralf Kirsten (*Beschreibung eines Sommers*/1962) kehrt mit *Eine Pyramide für mich* (1975) zu Karl-Heinz Jakobs zurück. Vom Sujet her wird damit der Weg geöffnet zu einem Film wie Simons *Jadup und Boel*, dessen Odyssee die achtziger Jahre charakterisieren und belasten wird. *Eine Pyramide für mich* beginnt als kritische Rückbesinnung und Nachfrage, mißt ursprüngliche Vorstellungen an der Wirklichkeit. Ort und Bezugspunkt ist die Talsperre Sosa, die Zeit ihres Baus und der daran beteiligten Jugendbrigaden. Die »zuständige« Generation beginnt in der schnelllebigen und verdrängungsfreudigen, an unaufgeklärten und verdeckten Widersprüchen reichen Periode zu spät und wird eher gehindert als gefordert. Das gilt für die Helden und die Macher der Filme. Aus der Erinnerungs-Pyramide ragt die Figur des Bauern Balanschin (Rolf Ludwig) hervor, dem sie Land wegnahmen und der auf ihren Bankrott wartet, bis er tot sein wird...

Eine Kostbarkeit muß genannt werden: *Das zweite Leben des Friedrich Wilhelm Georg Platow* (1973), der stärkste Film des Regisseurs Siegfried Kühn, sozial genau beobachtet und mit liebevoller Komik aufgeschrieben von Helmut Baierl, ideal besetzt mit Fritz Marquardt in der Titelrolle. Ein sechzigjähriger Schrankenwärter, durch die Modernisierung von seinem Bahnübergang vertrieben, gibt sich als sein vierzigjähriger Sohn aus und geht zum Lehrgang, um den anderen, vor allem aber sich selbst zu beweisen, daß nichts zu Ende ist. Ein tief menschlicher Film, heute noch anrührend und nachdenklich machend, heute sogar auf damals nicht gedachte Weise... Der junge Kameramann Roland Dressel bewies sich hier als einfühlsamer und pointierter Erzählpartner. Aber *Das zweite Leben des Friedrich Wilhelm Georg Platow* darf, nach politischen Querelen über eine »falsche« Sicht auf die Arbeiterklasse, nur mit wenigen Kopien gestartet und nur in Studiokinos gezeigt werden. Es gibt keine offizielle Premiere, keine Rezensionen – dafür aber ein Exportverbot.

Fritz Marquardt in
»Das zweite Leben des Friedrich Wilhelm Georg Platow«
(1973/RE: Siegfried Kühn)

Regisseure der DEFA:

1 Rainer Bär inszeniert den Kinderfilm
»Kaule« (1967)

2 Werner Bergmann bei Dreharbeiten
zu »DEFA 70« (1967).
Mit Yvy Cant und Gunter Schoß

3 Celino Bleiweiß bei der Arbeit an
»Mein blauer Vogel fliegt« (1975).
An der Kamera: Günter Jaeuthe

4 Günter Meyer (links) und Kameramann
Wolfgang Braumann bei Dreharbeiten zu
»Die Squaw Tschapajews« (1973)

5 Helmut Nitzschke inszeniert den Krimi
»Nebelnacht« (1969)

6 Ingrid Reschke (rechts) dreht ihren letzten Film
»Kennen Sie Urban?« (1971)

7 Erwin Stranka und Manfred Krug
bei Dreharbeiten zu
»Die gestohlene Schlacht« (1973)

8 Der DEFA-Dokumentarist Kurt Tetzlaff
inszeniert seinen einzigen Spielfilm
»Looping« (1975)

9 Der Schauspieler und Regisseur Ulrich Thein
dreht die Episode »Die Prüfung« für
»Geschichten jener Nacht« (1967).
Mit Jenny Gröllmann und Dieter Mann

1

2

3

4

7

5

8

6

9

Der historische Blick der Siebziger

Die hoffnungsvollen, dann stagnierenden und neu belebten siebziger Jahre bringen zwar auffallend wenige gute, dafür aber einige herausragende Filme zur deutschen Geschichte, zur Jahrhundertschande und -aufgabe hervor. Natürlich sind jene Produktionen mitzudenken, über die im Zusammenhang mit Literaturadaptionen und Künstlerproblematik gesprochen wurde. Allerdings gibt es einige zum Teil unerlaubt schwache Arbeiten wie *Eine Handvoll Hoffnung* (1978/RE: Frank Vogel), *Am Ende der Welt* (1975/RE: Hans Kratzert), auch das Weinert-Opus *Zwischen Nacht und Tag* (1975/RE: Horst E. Brandt) und der Versuch, Krieg heiter-ironisch zu erzählen: *Meine Stunde Null* (1970/RE: Jo Hasler).

1968 verfilmt Joachim Kunert Anna Seghers' Roman *Die Toten bleiben jung*, an dem sie schon in den letzten Kriegsjahren gearbeitet hatte und den sie 1949 veröffentlichte. Im Kontext des DEFA-Programms hat der Film jetzt auch den Charakter einer großen Vorgeschichte zu jenem Jahr 1945, das der Held Gregor in *Ich war neunzehn* entdeckt. Deutsche Schicksale zwischen 1918 und 1945: Ein Kommunist wird von Freikorpsleuten erschossen, im Berliner Hinterhaus bringt seine Freundin seinen Sohn zur Welt. Der Film erzählt in starken Figuren und klaren, bildkräftigen Szenen die Wege der Angehörigen der Ermordeten und der Mörder, deutscher Täter und Opfer, Aufsteiger und Verlierer. Adel und Bürger, Militärs und Arbeiter in Inflation und den Kämpfen von der Ruhr bis Mitteldeutschland, auf dem Weg zu Hitler und in neuen Krieg, zu neuem Gewinn und schlimmeren Verlusten.

Der Realismus der Seghers kommt auch in episodischen Momenten und Figuren voll zur Geltung, die Fülle wird nicht zur Flächigkeit, es entsteht ein episches Panorama, eine seismographische Analyse. Kunerts Werk steht, damals und heute, überzeugend und unterhaltend gegen alte und neue Zerrbilder unserer Vorgeschichte(n). Der Regisseur vertraut bewährten Erzähl- und Darstellungsmitteln und der Kraft eines guten Schauspielerensembles: Barbara Dittus, Günter Wolf, Klaus-Peter Pleßow, Klaus Piontek, Dieter Wien, Erika Pelikowsky, Volkmar Kleinert. Zu den Co-Autoren des Drehbuchs gehört Christa Wolf.

Zeitgerecht zum 100. Geburtstag Lenins erscheint 1970 *Unterwegs zu Lenin* (RE: Günter Reisch), die etwas betuliche Verfilmung eines Erinnerungsbüchleins von Alfred Kurella. Erzählt wird die Fahrt eines jungen Boten der Münchener Räterepublik 1919 nach Petrograd; als er die Rückreise antritt, herrscht wieder Ordnung in Bayern. *Unterwegs zu Lenin* ist gediegen im Detail, leidet aber unter Elementen der Belegdramaturgie, der arrangierten Wirklichkeit. Davon wird auch Günter Reischs zweiter Film über Karl Liebknecht, *Trotz alledem!* (1972), zwangsläufig belastet. Die Abhängigkeit vom parteioffiziellen Geschichtskanon drängt ins historische Panorama, zur Typisierung im Wertungssystem, zur Totalität auf Kosten der Intensität. Dennoch ist der Film, der die Zeit von 1916 (Zuchthaus Luckau) bis zum Mord an Rosa Luxemburg und Karl Liebknecht behandelt, sachlicher, realer und unpathetischer als sein Vorläufer (*Solange Leben in mir ist*/1965), er ist atmosphärisch überzeugend und – unter den genannten Bedingungen – bemerkenswert lebendig und wirkungsvoll inszeniert und gespielt. Auch hier muß darauf verwiesen werden, daß der andere, unübliche Blick »von unten« solche Werke wertvoll und informativ macht. Es war das Dilemma nicht nur der DEFA, daß dieser andere Blick zum Blick von oben umfunktioniert wurde, was ihn oft ein- und blauäugig werden ließ.

Von beträchtlicher Wirkung ist 1971 ein Film, mit dem ein Tabu gebrochen wird: *KLK an PTX – Die Rote Kapelle* (RE: Horst E. Brandt). Wera und Claus Küchenmeister hatten die erreichbaren Dokumente recherchiert und ein dokumentarisch weitgehend gesichertes, aber fiktiv strukturiertes Szenarium geschrieben. Die aktive Spionage, Sabotage und der Funkverkehr mit Moskau sind Teil der Handlung, wichtiger aber werden im Film Motive, Argumente, Beziehungen. Bild und Gestus betonen einerseits das Bedeutsame, andererseits das Milieu, bürgerliche Normalität in Deutschland unter Hitler, was für junge Zuschauer überraschend und interessant war.

Jahrelang geht Günther Rücker mit der Absicht um, einen Film um den berühmten deutschen Anarchisten, Rebellen und Kommunisten Max Hoelz zu machen, im Kontext zu geschichtlichen Erfahrungen und Zeitströmungen. Doch *Wolz – Leben und Verklärung eines deutschen Anarchisten*

**Erwin Geschonneck und Vlastimil Brodsky in
»Jakob der Lügner« (1975/RE: Frank Beyer)
nach dem gleichnamigen Roman von Jurek Becker.
Für diesen Film erhielt die DEFA zum ersten und
einzigen Mal eine Oscar-Nominierung.**

**Seite 254:
links: Michail Uljanow als Lenin und
Gottfried Richter in »Unterwegs zu Lenin«
(1970/RE: Günter Reisch)**

**rechts: Horst Schulze als Karl Liebknecht
in einer Szene aus dem zweiten
Liebknecht-Film der DEFA, »Trotz alledem!«
(1972/RE: Günter Reisch)**

1

2

3

Der historische Blick der DEFA:

1 »Die Toten bleiben jung« (1968 / RE: Joachim Kunert)
nach dem gleichnamigen Roman von Anna Seghers –
ein opulenter Bilderbogen vom Ende des ersten
Weltkriegs bis zum Ende der Nazizeit.
Mit Barbara Dittus

2 »KLK an PTX – die Rote Kapelle«
(1971 / RE: Horst E. Brandt) –
Erinnerung an den bürgerlichen Widerstand
gegen das Naziregime.
Mit Jutta Wachowiak und Klaus Piontek

(1974/RE: Günter Reisch) wirkt, trotz dialektischer Sicht, Respekt und ästhetischen Schönheiten, zwiespältig: zu spät für Auseinandersetzung, zu früh vielleicht für Weisheit.

Acht Jahre nach *Spur der Steine* dreht Frank Beyer 1974/75 wieder für die DEFA. Eine Co-Produktion mit dem DDR-Fernsehen, wo Beyer die mehrteiligen Fernseh-produktionen *Rottenknechte* (1971) und *Die sieben Affären der Doña Juanita* (1973) inszeniert hat. Der Stoff liegt seit 1965 vor, ist inzwischen als Roman erschienen und berühmt: *Jakob der Lügner* von Jurek Becker. Frank Beyer hatte früh Blick und Sinn für den originalen, fabel-tragenden Einfall und die stringente Fabelstruktur ent-wickelt. Insofern war seinerzeit die breit ausufernde Handlung von *Spur der Steine* nicht eigentlich »sein« Stoff gewesen. Die Geschichte des Juden Jakob, der mit den täglich neu ersonnenen Nachrichten seines unbedacht erfundenen Radios seinen Leidensgenossen im Ghetto Hoffnung und Haltung gibt, bis zum Transport, ist indes ein solcher Stoff: Eine Geschichte erzählt eine Botschaft, die ihr immanent ist, nicht umgekehrt. Der Film – mit Vlastimil Brodsky und Erwin Geschonneck in den Haupt-rollen, von Günter Marczinkowsky streng fotografiert, manchmal mit dem Licht des Märchens – wird als Oscar-Kandidat nominiert, zum ersten und einzigen Mal in der Geschichte der DEFA.

Was die DEFA sein könnte

Die von außen oktroyierte Stagnation erzeugt Unmut und Unruhe, die sich vielerorts artikulieren. Konrad Wolf sagt Anfang 1977 in einem Interview: »...ich bin fest davon überzeugt, daß jenes immer wieder ins Feld geführte Argument: ›Das können wir dem Zuschauer nicht anbieten, das ist zu kompliziert, zu scharf, zu heiß, zu kritisch‹, großen Schaden anrichtet. Ich habe das sichere Gefühl – ich könnte das auch belegen –, daß die Zuschauer unsere Filme ge-rade noch – ich sage: noch – dulden, aber sie werden mit Recht ungeduldig. Sie erwarten, sie fordern, daß wir uns endlich offener und direkter ihren Problemen zuwen-den.« [20]

Neue Chefs in der Hauptverwaltung Film und in Babels-berg sollen 1977 erneut die Quadratur des Kreises in Serie vollbringen und müssen binnen kurzem Objekt und aus-führendes Subjekt der gegebenen und immer neu reprodu-zierten Systemzwänge werden.

Zunächst ist Bewegung angesagt, Freigabe eingefrorener Projekte und Ideen, die oft beschworene schöpferische At-mosphäre. Ende des Jahres kommt Roland Gräfs *Die Flucht*, mit Armin Mueller-Stahl als unzufriedenem Arzt, der sich in den Westen absetzen will. Das Thema ein Tabu-Bruch, die Ausführung schwach, weil sie dem »negativen« Helden das realistische Figurenrecht echter Gründe und Motive nimmt.

Roland Oehme und der unverdrossene Lustspielautor Rudi Strahl können zwei Filme hintereinander machen: *Ein irrer Duft von frischem Heu* (1977) – ein Hauch von Don Ca-millo und Peppone weht zwischen Dorfpfarrer und wun-dertäter-verdächtigem Parteisekretär; *Einfach Blumen aufs*

4

5

6

3 »Wolz – Leben und Verklärung eines deutschen
  Anarchisten« (1974/RE: Günter Reisch)
  folgt den Spuren von Max Hoelz

4 Eine Szene aus »Lützower«
  (1972/RE: Werner W. Wallroth):
  Episoden aus den Befreiungskriegen 1813

5 Alfred Müller als Karl Marx in
  »Mohr und die Raben von London«
  (1969/RE: Helmut Dziuba)

6 Kurt Böwe als Erich Weinert in
  »Zwischen Nacht und Tag«
  (1975/RE: Horst E. Brandt)

Jutta Hoffmann
in Frank Beyers »Das Versteck« (1978)

Dach (1979) mit einer uralten Repräsentationslimousine Marke »Tschaika« in der Hauptrolle, um DDR-Hierarchiegehabe zu ironisieren. Günter Reisch hat großen Erfolg mit der Charakterkomödie *Anton der Zauberer* (1978): Anton, das Unternehmertalent zwischen Hochstapelei und Sozialismus, Gefängnis und Funktion, Improvisations- und Beschaffungsgenie, liefert mit seiner wendereichen und liebesträchtigen Biographie Wiedererkennungseffekte und reale DDR-Erfahrung komisch und leicht satirisch. Ein Publikumsliebling, den kurz zuvor noch Rotstifte verhindert hätten.

Der enorme Erfolg von Herrmann Zschoches *Sieben Sommersprossen* (1978) über Shakespeares »Romeo und Julia« und eine erste Liebe mit Vierzehn und Fünfzehn, überwältigt Filmemacher, Pädagogen und Eltern. Frank Beyers und Jurek Beckers *Das Versteck* (1978), ein ausgezeichneter Problemfilm um Prüfung, Streit, Suchen und Liebe eines geschiedenen Ehepaares, wird in seinem Kinoeinsatz behindert, als die Hauptdarsteller Jutta Hoffmann und Manfred Krug in die Bundesrepublik übersiedeln.

Es gibt einen Schneeballeffekt. Auch Filme, die es sonst schwer hatten, werden jetzt des Themas und Problems wegen stärker angenommen als vorher, der Zuschauer rechnet mit Ehrlichkeit und Entdeckungen, auch mit Identifikation und Hilfe. Ein bißchen und für einen Moment gewinnt das Zeichen DEFA moralische Autorität. *Sabine Wulff* (1978/RE: Erwin Stranka): eine Nichtanpasserin aus dem Jugendwerkhof im Clinch mit dem ordentlichen DDR-Alltag und seinen ordentlichen Bürgern. Roland Gräfs Held *P. S.* (1979) kommt aus dem Heim und geht die ersten Schritte in die Unabhängigkeit, erlebt eine heftige und komplizierte Liebe mit seiner wesentlich älteren Sozialbetreuerin und muß lernen, sich allein zu behaupten.

Zweimal wird in jener Zeit der Problemkreis Solidarität thematisiert: Der chilenische Regisseur Orlando Lübbert kann 1978 eine herbe Fluchtgeschichte aus seiner Sicht und Erfahrung erzählen, über das Verlassen eines Landes, in dem es ums Leben geht – *Der Übergang*. Das sorgfältig gearbeitete Regiedebüt von Gunther Scholz, *Ein April hat 30 Tage* (1979), ist in der DDR angesiedelt und handelt von einer leidenschaftlichen, ehrlichen, aber nicht dauernden Liebe zwischen einer deutschen Frau und einem lateinamerikanischen Emigranten. Der Mangel an Stoffen zu derartigen Themen internationalen Charakters verweist auf eine Reihe situationstypischer Defizite, sowohl institutioneller wie individueller.

Jetzt wird auch »Buridans Esel« verfilmt, der Ehe-, Liebes-, Moral- und Berlin-Roman von Günter de Bruyn: *Glück im Hinterhaus* (1980); Ulrich Plenzdorf schreibt das Szenarium, Herrmann Zschoche inszeniert. Jahre zu spät, spannungsärmer als nötig, eher privat als intim, aber mit hervorragend gearbeiteten Szenen – ein Teil des generellen Erfolgs.

Im breiteren Spektrum gibt es auch wieder Arbeiter und Arbeiterinnen auf der Leinwand. Ralf Kirsten führt Regie bei *Lachtauben weinen nicht* (1979), einem milieugenauen, etwas unübersichtlich geführten, aber konfliktscharfen

1

2

3

Hoffnung auf frischen Wind:

1 Ulrich Thein und Anna Dymna in »Anton der Zauberer« (1978/RE: Günter Reisch)

2 Kareen Schröter und Harald Rathmann in »Sieben Sommersprossen« (1978/RE: Herrmann Zschoche)

3 Franziska Troegner, Andrzej Pieczynski und Sigrid Röhl-Reintsch (v.l.n.r.) in »P.S.« (1979/RE: Roland Gräf)

1 »Der Übergang« (1978) über die Flucht
dreier Männer aus dem faschistischen Chile
über die Anden nach Argentinien.
Regie: der chilenische Exilregisseur Orlando Lübbert.

2 Jurie Darie, Roland Kubenz und Angelika Waller in
»Ein April hat dreißig Tage« (1979/ RE: Gunther Scholz),
über die Liebe eines Emigranten aus Uruguay und
einer DDR-Bürgerin.

3 Ernst-Georg Schwill, Jörg Panknin, Eugeniusz
Priwiezienew, Uwe Kockisch und Gert Gütschow in
»Lachtauben weinen nicht« (1979/RE: Ralf Kirsten)

Film über den Zusammenstoß zwischen Betriebsleitung und Stahlschmelzer-Brigade, in dem es um Rechte, Demokratie, Mitbestimmung geht oder um die Kunst, Industrie und Sozialismus zu verbinden. Regisseurin Iris Gusner dreht mit *Alle meine Mädchen* (1980) die turbulente und doch realistisch selbstverständlich erzählte, episodische Geschichte um eine Frauenbrigade im Narva-Glühlampenwerk Berlin, die von einem Filmstudenten »studiert« wird. DDR- und Frauen-Alltag werden offen und souverän dargestellt. Iris Gusner, nach Bärbl Bergmann und Ingrid Reschke dritte Frau in einem DEFA-Regiestuhl, hatte einen unglücklichen Start, noch mitten in der Euphorie von 1972/73. Ihr erster Film *Die Taube auf dem Dach,* die herb-poetische Geschichte einer nach Erfüllung nicht nur im Beruf, sondern auch im Privatlebenden suchenden jungen Bauingenieurin (Heidemarie Wenzel) und eines älteren Meisters, der von einer »Großbaustelle des Sozialismus« zur anderen zieht und doch nicht glücklich ist (Günter Naumann), wurde nicht freigegeben und so das erste Opfer der nächsten Wachsamkeitskampagne. Iris Grusner dreht zwei Arbeiten fürs Fernsehen, 1976 kommt ein spielerisch leichter, schön hintersinniger Märchenfilm (*Das blaue Licht*/ SZ: Dieter Scharfenberg). Nach einer recht schwachen Story im Gewand des Kriminalfilms (*Einer muß die Leiche sein*/1978) wird *Alle meine Mädchen*, gestützt auf die sorgfältig recherchierten und aufgeschriebenen Episoden, ihr überzeugendster Talentbeweis.

Frauen treten immer stärker ins Zentrum von DEFA-Filmen, die gesellschaftlich begründete Tendenz verstärkt sich in den achtziger Jahren. Ein Stoff, der lange hin- und hergeredet und geändert wurde (Günther Rücker: »Das ist schon richtig, da ist schon viel daran gearbeitet worden, aber letztlich ist der Ton härter geworden«[21]), avanciert zu einem großen, umstrittenen Erfolg: *Bis daß der Tod euch scheidet* (1979). Heiner Carows Regie ergibt einen harten, herausfordernden Film, der die schwelenden Lebensfragen und die Gefühle der Zuschauer tief trifft und aufstört: die Geschichte einer jungen Ehe, deren unerwarteter Sturz aus Blütenträumen in Fremdheit und Feindschaft die Frau zum Tötungsversuch an ihrem Mann treibt.

Wieder bringen DEFA-Filme die Öffentlichkeit in Bewegung. Wenig später eröffnet *Solo Sunny* (1980) von Konrad Wolf und Wolfgang Kohlhaase die achtziger Jahre. Berlin-Prenzlauer Berg und die DDR-Tanzsaal- und Barsphäre sind das Milieu, die Schlagersängerin Ingrid Sommer, genannt Sunny (Renate Krößner), ist die Heldin. Es geht, in ganz anderem Ton und Stil, um das gleiche wie bei Paula, ums Ganze, um ganze Liebe, richtiges Arbeiten, um Akzeptanz und – um das Recht auf ein Solo im Leben. Das wird leise und provokativ gefordert, lakonisch erzählt und ausgezeichnet gespielt. Der Film trifft Sehnsüchte und Träume, aber er trifft auch ein etabliertes Ordnungsdenken, das längst eine neue Art von Bürgerlichkeit an die Stelle von Visionen, Alternativen und Bewegung gesetzt hat. Die Zeitschrift »Die Weltbühne« reflektierte damals: »Fronten und harte Widersprüche wurden deutlich, die sonst verdeckt bleiben. Schockierende Haltungen, die eigenes Maß von Ordnung und Sauberkeit (›Wenn ich schon den Herd sehe!‹), Beruf und Liebesanspruch zum Maß der Dinge, des Menschlichen und vor allem des Sozialistischen machen. (...) Mit ihnen muß man rechnen, und sie gehören, nicht als Maß, sondern als Faktor, in unsere Filme. Aber man muß sich auch fragen: Was machen denn diese Zeitgenossen mit den Lebensansprüchen und -gewohnheiten von Menschen, die tausend oder zehntausend Kilometer entfernt von ihnen leben und auch die Welt verändern wollen, wenn sie schon den Hinterhof in Berlin-Prenzlauer Berg exkommunizieren?« 22)

Das Jahr 1980 wird einen weiteren völlig unerwarteten DEFA-Erfolg bringen. Antifaschistische Thematik, Widerstand, Zuchthaus – und eine unerfüllte große Liebe, deren Nichterfüllung ungeahnte Energien zum Widerstehen, Überleben und Weitergeben freisetzt: Das erzählen, nach einem autobiographisch motivierten Buch von Eva Lippold, Günther Rücker und Günter Reisch und ihre Hauptdarstellerin Jutta Wachowiak so anders als gewohnt. *Die Verlobte* ist intensiv und einfach, menschlich in unmenschlichsten Verhältnissen, daß alle Vorurteile und Gewohnheiten, jahrelang verkrustet, aufbrechen. – Wenn die DEFA nur ihren ersten und jene drei Filme gemacht hätte, schon dann hätte niemand das Recht, dieses deutsche Filmunternehmen aus der Filmgeschichte zu streichen. 23)

Wie aber weiter? Publikumsecho und Debatten zu den besten neuen DEFA-Filmen – setzen sie neue Energien frei oder verschreckt Sunny den Apparat so wie Paula? Im September 1977, nach der Ablehnung des Buches »Schlaflose Tage« von Jurek Becker, schreibt Frank Beyer in einem Brief an Generaldirektor Hans Dieter Mäde: »Ich habe keine Lust mehr, im Namen der Zukunft Vergangenheitsbewältigung zu betreiben und mich damit an der Bewältigung der Gegenwart vorbeizudrücken. Ich habe auch keine Lust mehr, die Erfahrungen einer älteren Generation, die nicht die meinen sind, weiterzugeben, sondern ich möchte meine Erfahrungen weitergeben, verbündet mit Schriftstellern meiner Generation. Ein wesentlicher, interessanter Teil von DDR-Literatur war bisher immer aus den Studios der DEFA und des Fernsehens ausgesperrt. Die Frage ist, ob das so bleiben darf, ob die Studios sich nicht entschließen müssen, die DDR-Literatur in ihrer Gesamtheit, in allen ihren Farben zu akzeptieren. (...) Einer meiner westdeutschen Kollegen beschrieb mir kürzlich seine Lage so: wenn ich einen Film anfange, bin ich am Ende. Meine besten Kräfte habe ich in einem zermürbenden Kampf um die Finanzierung des Projekts verausgabt. Ich fand, daß ich in diesem Punkt gut dran bin. Dann begann ich darüber nachzudenken, ob ich auch am Ende bin, wenn ich einen Film anfange. Meine besten Kräfte habe ich in einem zermürbenden Kampf mit den Instanzen um die Genehmigung des jeweiligen Projekts verbraucht. – Ich wünsche mir, Filme zu drehen, statt Briefe zu schreiben.« 24)

Das beschreibt Vergangenheit und immer erneute Gegenwart. Beyer wie Egon Günther, Jurek Becker, Klaus Poche und andere weichen aus und arbeiten im Westen, versuchen, Türen offenzuhalten. Es dauert nicht lange, wenn auch länger als früher, bis die Hardliner zu einem neuen Schlag ausholen. Am 17. November 1981 steht im »Neuen Deutschland« der Brief eines Genossen Vater aus Erfurt, der seinen Unwillen über die »jüngsten Filme« zum Ausdruck bringt und fragt: »Wo sind die Kunstwerke, die das – ich nenne es so – Titanische der Leistung bewußt machen, die in der Errichtung, im Werden und Wachsen unseres stabilen und blühenden Arbeiter-und-Bauernstaates besteht?« 25) Die Premiere des neuen Films von Rainer Simon, *Jadup und Boel*, die nach einjährigem quälenden Hin und Her zwischen Filmteam und Leitern endlich bestätigt ist, wird sofort abgesetzt. Der Film wartet acht Jahre auf seine erste Aufführung.

Jadup und Boel hätte als nächster Film an die Spitze der jüngsten Erfolgsbilanz treten und die thematische wie stilistische Erneuerung fortsetzen können. Doch die kritische Selbstbefragung unserer Biographien und dieses Landes war nicht erwünscht. Genau hier wurde abgebrochen, es waren der Erfolge zu viele.

Das letzte Jahrzehnt der DEFA hatte begonnen.

Heiner Carow inszeniert »Ikarus« (1975).
Peter Welz, Darsteller des kleinen Mathias,
wird sechzehn Jahre später
sein Regiedebüt bei der DEFA geben...

1) Rainer Simon, Rebellen, Träumer und »gewöhnliche Leute«. Werkstattgespräch und Dokumentation. Herausgeber: Betriebsschule des DEFA Studio für Spielfilme GmbH »im Aufbau«, Potsdam 1990, Heft 1, S. 19

2) Zitiert nach persönlichen Versammlungsnotizen. Als Minister für Kultur hatte Klaus Gysi den vom 11. Plenum kritisierten Hans Bentzien abgelöst.

3) Apropos Kino... Wolfgang Kohlhaase im Gespräch mit Klaus Wischnewski. In: Film und Fernsehen, Berlin 1988, Heft 1, S. 10 ff.

4) Ich hätte meine Filme auch woanders gedreht. Rainer Simon im Gespräch mit Erika und Rolf Richter. In: Film und Fernsehen, Potsdam 1992, Heft 3, S. 2 ff.

5) Für 1990 sei verwiesen auf: Regisseur Joachim Hasler – Erfahrungen eines wechselvollen Lebens für den Film. In: Neues Deutschland, Berlin, 10. 3. 1993. Darin heißt es unter anderem: »Uns Regisseure, Dramaturgen, Szenaristen hat nicht die Treuhand gefeuert. Das ist eine Lüge. Uns haben die Arbeiter der DEFA aus dem Studio gejagt. Von einer bestimmten marktwirtschaftlichen Phase nach der Wende an glaubten die, wenn man die sogenannten Eierköppe, das meint die Regisseure, Schauspieler usw., los wird, könne man als Atelierbetrieb überleben. Ich konnte mir im Studio ein Wort erlauben, weil die Arbeiter meine Filme mochten und ich mit vielen als Lehrling angefangen hatte. Mit Musikfilmen könne man Geld machen, meinten sie, nicht mit Produktionen, die es höchstens auf 200 000 Zuschauer bringen. Ich habe ihnen gesagt, daß DEFA die guten und die schlechten Filme sind. Und gut oder schlecht hing nicht so sehr davon ab, ob die Nägel gerade in die Dekorationen gekloppt worden waren. Dafür erhielt ich natürlich Buhrufe von denen, die sich als die Garanten der DEFA sahen. Natürlich war angreifbar, daß wir am Schluß 32 Regisseure waren, aber nur 15 Filme gedreht wurden. So wurden in der Nachwendezeit alle Regisseure auf die Straße gesetzt. Den Niedergang des Studios hat es nicht abwenden können. Und heute sind auch die meisten Arbeiter entlassen.«

6) Otto Gotsche antwortete in einer Umfrage der Zeitschrift »film-Wissenschaftliche mitteilungen«, Berlin 1965, Heft 2, auf die Frage »Suchen Sie für Ihr persönliches Leben nach Vorbildern?«: »Nein! Richtschnur für mein persönliches Verhalten und meine Arbeit ist seit Jahrzehnten die Linie, die von meiner Partei festgelegt wurde. In der Durchführung der Parteibeschlüsse sehe ich den Sinn meiner politischen und künstlerischen Arbeit. Das macht Vorbilder im Sinne Ihrer Fragestellung überflüssig.«

7) Gerhard Klein in: Brandenburgische Neueste Nachrichten, Potsdam, 5. 2. 1966. Zitiert nach: Hannes Schmidt, Werkstatterfahrungen mit Gerhard Klein. Gespräche. Aus Theorie und Praxis des Films. Herausgeber: Betriebsschule des VEB DEFA Studio für Spielfilme, Potsdam 1984, Heft 2, S. 38 f.

8) Bericht über ein Gespräch mit jungen Zuschauern. In: Junge Welt, Berlin, 20. 3. 1966

9) Anna Seghers, Rede auf dem I. Internationalen Schriftstellerkongreß zur Verteidigung der Kultur, Paris, 21.–25. Juni 1935. Zitiert aus: Glauben an Irdisches. Essays. Herausgegeben von Christa Wolf. Leipzig: Reclam Verlag 1969, S. 12

10) Siehe auch die entsprechenden Akten der Hauptverwaltung Film im Bundesarchiv-Filmarchiv

11) Konrad Wolf am 1. 8. 1973 im Akademiegespräch »Künstler im antifaschistischen Widerstandskampf«. Zitiert nach: Sag' Dein Wort. Dokumentation – eine Auswahl – Zusammenstellung: Hermann Herlinghaus. Aus Theorie und Praxis des Films. Herausgeber: Betriebsschule des VEB DEFA Studio für Spielfilme, Potsdam 1982, Sonderdruck, S. 10

12) Siehe auch: Werner Bergmann, Erinnerungen und Fragen eines Kameramanns. In: Film und Fernsehen, Berlin 1978, Hefte 2, 5, 7 und 12 sowie 1979, Heft 3

13) Konrad Wolf war Initiator für die Bildung der Künstlerischen Arbeitsgruppe »Heinrich Greif« und deren Integrationsperson. Die Gruppe wurde 1966 administrativ aufgelöst. Neben Spur der Steine gingen weitere Verbotsfilme und -projekte auf ihr Konto. Konrad Wolf hat sich vor allem deutlich für Frank Beyers Spur der Steine ausgesprochen, unter anderem in einem Brief Mitte Juli 1966 an die SED-Grundorganisation im Studio, in dem er mit den offiziellen Vorwürfen polemisiert. Am 15. 9. informiert ZK-Sekretär Kurt Hager das Politbüro über diesen Brief und über den Verlauf einer Sitzung der »Zentralen Parteileitung« in Babelsberg am 7. 9. 1966 mit Konrad Wolf. Nach scharfer Kritik an seiner Haltung in der Auseinandersetzung um Spur der Steine reagiert Konrad Wolf mit einer selbstkritischen Erklärung, weil er die Gefahr sieht, »daß durch meine Haltung rückständige Kräfte und auch gegnerische Kräfte in die Lage versetzt würden, ihre eigene Suppe zu kochen«. Er versucht, auf Probleme zu verweisen und Auseinandersetzung wachzuhalten, bittet um die Möglichkeit, »die noch ungeklärten Fragen in einer sachlichen, nicht mit Unterstellungen belasteten Atmosphäre klären zu können«. Der Bericht (»gez. Mader«) über die makabre Sitzung schließt: »In der Diskussion wurde Genosse Wolf aufgefordert, klar zu sagen, ob er bereit ist, den Beschluß der Leitung in der Öffentlichkeit offensiv zu vertreten, und wie er selbst seine bisherige Haltung einschätze. Der Hinweis auf angebliche Unterstellungen wurde scharf zurückgewiesen. Die Parteileitung faßte einstimmig einen Beschluß, in dem der Schritt des Genossen Wolf auf die Position der Partei begrüßt, seine Haltung verurteilt und gefordert wurde, daß Genosse Wolf in Zukunft konsequent und ohne Zögern die Politik der Partei vertritt. Genosse Wolf wurde die Mißbilligung der Leitung ausgesprochen. Konrad Wolf stimmte diesem Beschluß zu.«

14) Gerhard Wolf, Fakten und Überlegungen zur Dramaturgie des Films Ich war neunzehn. In: Der Film Ich war neunzehn. Arbeitsheft 1 der Deutschen Akademie der Künste zu Berlin, 1968, S. 64

15) Bundesarchiv-Filmarchiv, Akten der HV Film

16) Vgl. Anmerkung 3

17) Zitiert nach: Roland Gräf, Gedanken beim Filmemachen. Dokumentation: Ugla Gräf, Rolf Richter. Aus Theorie und Praxis des Films. Herausgeber: Betriebsschule des VEB DEFA Studio für Spielfilme, Potsdam 1987, Heft 4, S. 194.

18) Günther Rücker, Geschichte begreifen... Aus Theorie und Praxis des Films. Herausgeber: Betriebsschule des VEB DEFA Studio für Spielfilme, Potsdam 1980, Heft 5–6, S. 40 ff. Ergänzend zu Der Fall Gleiwitz: Der notierte Vorwurf war Kern der Verurteilung des Films durch die Kulturkommission beim Politbüro der SED unter Vorsitz von Alfred Kurella. Der Film, 1961 produziert, erfuhr, ähnlich wie später Abschied, eine glanzvolle »staatliche Abnahme«, wurde als DDR-Beitrag für das Moskauer Festival nominiert, dann nur zur Informationsschau geschickt und nach der DDR-Premiere Ende August im »Neuen Deutschland« prinzipiell kritisiert. Günther Rücker: »Man zog den Film still und leise aus dem Programm und lud uns zu einer Aussprache in die Kulturkommission beim Politbüro ein. Man sagte uns dort, die SS-Traditionsverbände würden uns Dankestelegramme senden. Veit Harlan hätte diesen Film nicht besser drehen können, man warf uns formale Affereien vor, zum Beispiel die drehende Kamera im Augenblick des Todes, scheußlicher Naturalismus, perverser Formalismus. So ging es eine gute Stunde. Was ist Formalismus im Film?, fragte der Regisseur. Alles, was zwar die Kamera, aber nicht das menschliche Auge sehen kann. – Aber das bedeutet ja nichts anderes, als daß ich die Kamera auf einen Meter achtzig zu stellen habe, in starrer Totale, und die Handlung vor dem Objektiv spielen lasse. – Warum fragen Sie, wenn Sie es wissen. – Wenn das ernst gemeint ist, kann ich keinen Film mehr drehen... – Dann werden wir ohne Sie auskommen. Wir standen noch lange zusammen. Was tun? Jeder machte sich an die Arbeit für den nächsten Film. Der Fall Glei-

witz sprach sich unterdes herum. Das Ausland fragte nach ihm, das Fernsehen, der Verleih schickte ihn schließlich still und heimlich wieder in die Kinos, und im Laufe der Jahre sahen ihn eine Million Besucher. Später wurde er genannt, wenn von Filmen die Rede war, die der DEFA zur Ehre gereichten.« Vgl.: Eine Nacht im August – Ein Mörder, ein DEFA-Film und eine Einladung. In: Wochenpost, Berlin, 27. 8. 1992

19) Vgl. Anmerkung 1

20) Konrad Wolf, Über bequeme Sessel und unbequeme Filme. Interview. Aufgeschrieben von Günter Netzeband. In: Film und Fernsehen, Berlin 1977, Heft 7, S. 8 ff.

21) Günther Rücker, a. a. O., S. 81

22) Peter Ahrens: Aufforderung zum Nachdenken. In: Die Weltbühne, Berlin 1980, Heft 32, S. 995

23) Günther Rücker, Wochenpost, 27. 8. 1992: »Die DEFA wurde aufgekauft, sie wird, wie die Aufkäufer bekanntgeben, unter die Erde gebracht: denn ›der Name DEFA stinkt‹. Und die Deutsche Presseagentur meldete kürzlich, daß die Potsdam-Botschafterin Hildegard Knef ihre Karriere ›in den ehemaligen Ufa-Studios Babelsberg‹ begann. Kein Wort darüber, daß der Film *Die Mörder sind unter uns* hieß und bei der DEFA gedreht wurde. Man arbeitet Kunstgeschichte auf. Man wird nicht vierzig Jahre warten müssen, und die dann lebende Generation wird den Namen DEFA nicht mehr kennen.«

24) Kopie des Schreibmaschinen-Manuskripts, im Besitz des Autors

25) Neues Deutschland, Berlin, 17. 11. 1981, S. 2

Katrin Saß und Martin Seifert in Heiner Carows
»Bis daß der Tod euch scheidet« (1979),
der letzte große DEFA-Erfolgsfilm der siebziger Jahre

**Jörg Gudzuhn als Erfinder Stannebein
in Rainer Simons »Das Luftschiff« (1983)**

Elke Schieber

ANFANG VOM ENDE
ODER KONTINUITÄT DES ARGWOHNS

1980 bis 1989

Der Beginn der achtziger Jahre erscheint hoffnungsvoll. Die Rückkehr des Reiterstandbildes Friedrichs II. von Christian Daniel Rauch an seinen angestammten Platz Unter den Linden in Berlin könnte Zeichen für endlich errungenes Selbstbewußtsein des Arbeiter-und-Bauern-Staates sein. Das DEFA-Kinojahr wird erfolgreich mit der Premiere des Films *Solo Sunny* eröffnet. In wenigen Wochen sehen Hunderttausende die letzte Spielfilmarbeit Konrad Wolfs im Berliner Kino »International«. Auf der Berlinale erregt *Solo Sunny* Aufmerksamkeit wegen seiner auf individuellen Lebensanspruch beharrenden Heldin und seiner realistischen Ostberliner Milieubilder. Die Hauptdarstellerin Renate Krößner und der Kameramann Eberhard Geick werden wenige Jahre später die DDR verlassen.

Auf der internationalen Schau des Jungen Forums erwirbt die Debütarbeit Evelyn Schmidts, *Seitensprung*, Anerkennung – die vierte Regiegeneration scheint auf dem Vormarsch. Eine Frau als Regiedebütantin, das erfüllt das Studio mit besonderem Stolz. Herrmann Zschoches Jugendfilm *Und nächstes Jahr am Balaton* leitet den Kinosommer ein, avanciert in den kommenden Jahren zum Publikumsliebling auch der Fernsehzuschauer. Auf dem XXII. Internationalen Festival in Karlovy Vary erringt *Die Verlobte* von Günther Rücker und Günter Reisch den Grand Prix, ein Jahr darauf beim Internationalen Festival in Sydney den ersten Preis.

Mit Iris Gusners Frauenfilm *Alle meine Mädchen* wird das erste Nationale Spielfilmfestival der DDR in Karl-Marx-Stadt eröffnet. Das »Neue Deutschland« widmet dem Ereignis eine Seite und resümiert unter dem Titel »Gemeinsam auf dem Wege zur Erkundung von Lebenswahrheit«: »Die auf dem Festival aufgeführten Filme bestätigten, daß in den vergangenen Jahren mehrere Werke von hoher Qualität produziert wurden, die mit der Wirklichkeit verbunden sind. Ein bemerkenswerter Zuwachs an Meisterschaft ist feststellbar...« [1] Es scheint, als führte der vielzitierte, von Erich Honecker auf dem 4. Plenum des ZK der SED 1971 geäußerte Satz: »Wenn man von festen Positionen des Sozialismus ausgeht (...), kann es meines Erachtens auf dem Gebiet von Kunst und Literatur keine Tabus geben« [2], wie der Leitungswechsel im Bereich der Filmproduktion zu diesem von Publikum, Kritikern und Partei begrüßten Aufschwung.

Seit 1977 ist Hans Dieter Mäde Generaldirektor des Studios, das mit dieser Position Industriekombinaten der DDR gleichgestellt ist. Im gleichen Jahr übernahm Professor Ru-

dolf Jürschik das Amt des Chefdramaturgen; ein Jahr zuvor war Horst Pehnert mit der Funktion des Leiters der Hauptverwaltung Film im Kulturministerium betraut worden. Wie sehr man geneigt war, sich immer wieder neuen Hoffnungen und Illusionen hinzugeben und dabei Tatsachen zu verdrängen, bekundet die Einstellung vieler Filmemacher im nachhinein. Ein halbes Jahr vor Beginn des schwungvollen Starts waren neun Autoren aus dem Schriftstellerverband der DDR ausgeschlossen worden. Unter ihnen auch solche, die für die DEFA gearbeitet hatten: Klaus Poche, Karl-Heinz Jakobs. Alles, was an Manfred Krug erinnerte, der DEFA-Star hatte nach der Ausweisung des Liedermachers Wolf Biermann die DDR verlassen, wurde verboten, seine Schallplatten wurden vernichtet. In den Jahren 1977 bis 1979 hatte Frank Beyer, der Schöpfer von *Geschlossene Gesellschaft* (DDR-TV / 1978) und *Das Versteck* (1977), gegen Verleumdung und Diskreditierung gekämpft. Der Regisseur wandte sich erfolglos in vielen Briefen an das Präsidium des Verbandes der Film- und Fernsehschaffenden, an den Generaldirektor des Spielfilmstudios, den Vorstand der Gewerkschaft Kunst.

Im Brief an den Verband heißt es: »(...) der Unfehlbarkeitsgestus dieser ›Einschätzung‹, mit der den Schöpfern des Films *Geschlossene Gesellschaft* zunächst die politische Ehre abgeschnitten wird, anschließend die künstlerischen Fähigkeiten abgesprochen werden, wird noch übertroffen durch den Zynismus des Schlußsatzes, in dem die Hoffnung ausgesprochen wird, daß der Film durch Sendezeit und Plazierung von möglichst wenig Zuschauern gesehen wurde. (...) auf Diskussion sind die Verfasser dieser Einschätzung offenbar gar nicht aus. Vermutlich meinen sie, die Drohgebärde müsse nur massiv genug sein, um Unterwerfung unter das Verdikt zu erzwingen.« [3] Der Brief, mitunterzeichnet von Klaus Poche, Jutta Hoffmann und Armin Mueller-Stahl, löste intern großen Wirbel aus, handelte es sich doch um einen Angriff auf die Leitung des Fernsehens der DDR und damit auf direkte Vertreter der Abteilung Agitation des ZK der SED. Die so provozierten Adressaten versuchten gemeinsam, den Provokateur zu besänftigen. Interne wie offene Briefe verschwanden in den Akten.

Die Folgejahre beweisen, daß Frank Beyer mit seinen 1979 geäußerten Zweifeln an einer »wirklichen Wende nach dem VIII. Parteitag« [4] recht hatte. Die ausgestandenen Kämpfe um Heiner Carows *Bis daß der Tod euch scheidet* (1979) – der Regisseur wird in den folgenden Jahren keinen Film drehen –, *Glück im Hinterhaus* (1980) von Herrmann

1

3

2

4

Iris Gusner und ihre Filme:

1 Die Regisseurin mit Kameramann Roland Dressel
bei Dreharbeiten zu »Kaskade rückwärts« (1984)

2 Ursula Werner und Lissy Tempelhof in
»Wäre die Erde nicht rund...« (1981)

3 Barbara Schnitzler, Lissy Tempelhof, Madeleine Lierck,
Evelin Splitt, Monica Bielenstein und Andrzej Pieczynski (v.l.n.r.) in
»Alle meine Mädchen« (1980)

4 Cornelia Schmaus und Amina Gusner in
»Ich liebe dich – April! April!« (1988)

Zschoche und andere wie die anhaltenden Auseinandersetzungen um Rainer Simons *Jadup und Boel* (1980), die im Verbot des Films enden werden, dringen kaum an die Öffentlichkeit.

Nur knapp eineinhalb Jahre nach der lobenden Einschätzung des »Neuen Deutschland« anläßlich des I. Spielfilmfestivals erscheint auf der Kommentarseite des Zentralorgans der SED der Leserbrief des Genossen Hubert Vater mit der Überschrift »Was ich mir mehr von unseren Filmemachern wünsche«. Darin heißt es nun: »Vom Thema und auch von der künstlerischen Ausdruckskraft her finde ich kaum einen unserer jüngeren Filme bemerkenswert. (...) Ich spüre darin zu wenig Stolz auf das, was die Arbeiterklasse und ihre Partei im Bunde mit allen Werktätigen unseres Landes an Großem vollbracht hat in den Jahrzehnten bis heute. Wo sind die Kunstwerke, die das – ich nenne es so – Titanische der Leistung bewußt machen, die in der Errichtung, im Werden und Wachsen unseres stabilen und blühenden Arbeiter-und-Bauernstaates besteht? (...) Probleme tauchen auf, die jeden von uns bewegen. Wie löst man sie mit dem Blick nach vorn? Welche verdichteten Erfahrungen aus dem Leben des Volkes, welche politische

und moralische Entscheidungshilfe – wenn man das so bezeichnen kann – leisten unsere Filme?« [5] Der Brief, als dessen Verfasser viele den Landesvater persönlich vermuten, schockiert Künstler und Kritiker, führt zu verstärkter Zensur der sich stets rückversichernden kulturpolitisch Verantwortlichen und zur Selbstzensur der Filmschaffenden.

Sie verloren überdies mit dem Tod Konrad Wolfs im Frühjahr 1982 einen wichtigen Rückhalt. Der Regisseur und Präsident der Akademie der Künste der DDR galt, da von Partei- und Staatsführung seiner Herkunft und Vergangenheit wegen geschätzt, von Kollegen aufgrund seiner künstlerischen Fähigkeit und menschlichen Integrität geachtet, als Hoffnungsträger für alle, die an die Reformierbarkeit des real existierenden Sozialismus glaubten.

Beschwört man 1982 auf dem IV. Kongreß der Film- und Fernsehschaffenden einerseits noch das »gewachsene Vertrauen zwischen Filmemachern und ihren Leitungen« [6] – es scheint, als wolle man gemeinsam gegen die Initiatoren des »Vater-Briefes« und für »unbequeme Filme« [7] zu Felde ziehen –, ist der Aufruf zu Loyalität aller, die den Sozialismus wollen, unüberhörbar. Von Wirtschaftskrieg und atomarer Drohpolitik des Imperialismus ist die Rede, nicht aber von den Aufbrüchen im Osten. Am 16. 9. 1980 war in Polen die erste unabhängige Gewerkschaft eines sozialistischen Landes gegründet worden. Der Slogan der achtziger Jahre – der kürzeste, von allen verstandene Witz – lautet: »Die internationale Lage nimmt immer mehr zu.« – Hinter diesem Bonmot verbarg sich der Konflikt zwischen Einsicht, Disziplin, Aufbegehren, Resignation und Weitermachen. Ulrich Weiß, der in den achtziger Jahren nach *Dein unbekannter Bruder* nur noch einen Film im Studio drehen konnte, aber mit Versprechungen vertröstet und mit Beschäftigungen an Projekten hingehalten wurde: »In unseren Filmen gab es eigentlich keinen dialektischen Materialismus, vielmehr Idealismus. Der Sozialismus beinhaltet doch nur uralte Träume und Ideen. Spannend ist, ob sie Utopien bleiben müssen oder ob man davon etwas realisieren kann. Viele haben im Erinnern an diese Werte die Wirklichkeit kritisiert. Das war das schwierigste.« [8]

Frauen – das starke Geschlecht

Mit den Frauenfilmen, die zu Beginn des Jahrzehnts in die Kinos kommen, festigt das Studio seinen guten Ruf, den es mit Arbeiten wie *Die Legende von Paul und Paula* (1973), *Für die Liebe noch zu mager* (1974), *Sieben Sommersprossen* (1978), *Sabine Wulff* (1978) und *Bis daß der Tod euch scheidet* (1979) erwerben konnte. In den Geschichten über das Erwachsenwerden, über Familien- und Partnerschaftsprobleme dominiert der Alltag, dessen ehrliche Abbildung eine Kommunikation in der Öffentlichkeit befördert, die die journalistischen Medien nicht leisten. Erfüllt die Darstellung von Frauen nebenbei auch den propagandistischen Zweck eines Belegs für sich durchsetzende Emanzipation im Sozialismus, fordert doch die Wirklichkeit immer neuen Zugriff auf die Wahl von »Heldinnen« heraus. Berichten in den Medien zufolge sind zwei Drittel der Anrufer der in Großstädten eingerichteten »Telefone des Vertrauens« Frauen. Ehe- und Partnerschaftsprobleme, mangelndes Selbstvertrauen sowie Ängste, alltägliche Anforderungen und Pflichten in Beruf und Familie nicht erfüllen zu können, werden von Psychologen als Hauptursachen für Konflikte und Verzweiflung genannt.

Während noch zu Beginn der achtziger Jahre das Thema Selbstfindung und Emanzipation der Frau in der Gesellschaft des real existierenden Sozialismus ziemlich unumwunden in Erscheinung tritt – *Seitensprung* (1980) und *Das Fahrrad* (1982) von Evelyn Schmidt, auch *Kaskade rückwärts* (1984) von Iris Gusner lassen erkennen, wie langwierig und mit Rückschlägen behaftet dieser Prozeß ist – zeigen Arbeiten der späten achtziger Jahre wie *Die Alleinseglerin* (1987) von Herrmann Zschoche, *Ich liebe dich – April! April!* (1988/ RE: Iris Gusner) oder *Liane* (1987) von Erwin Stranka eher Berührungsängste, privatisieren Konflikte oder schweifen ins Allgemeine ab.
Das Thema Gleichstellung der Frau begann allmählich zum Reizthema zu werden. Sah man doch das Problem seitens der Parteiführung als »gelöst« an, wobei in den Erfolgsmeldungen nie zum Ausdruck kam, daß Frauen zum

Marion Wiegmann in »Kaskade rückwärts« (1984/RE: Iris Gusner)

entscheidenden Wirtschaftsfaktor geworden waren, und zwar im Betrieb wie in der Familie, wo sie das allgemein niedrige Einkommen der Männer aufbesserten. Ohne Zweifel nahm im Prozeß zunehmender Berufstätigkeit von Frauen ihr Selbstverständnis, im beruflichen und gesellschaftlichen Leben eine Rolle zu spielen, zu, obwohl immer mehr auffiel, daß die entscheidenden Positionen Männer besetzten. Ein Spiegelbild dieses Widerspruchs boten die DEFA-Studios selbst: der Anteil der Frauen im Regieberuf blieb verschwindend gering; Frauen waren vor allem als Dramaturginnen, Schnittmeisterinnen, Kostüm- und Maskenbildnerinnen tätig.

Auch in der Kaufhalle oder im Postamt – die Arbeitsstätten stellen einen wichtigen Hintergrund der Dreiecksgeschichte in *Seitensprung* dar – sind Männer die Chefs. Bilder von Frauen auf dem Weg von der Arbeit nach Hause, wie die der von ihrem Mann betrogenen Edith – zuerst in die Kaufhalle, dann mit schweren Taschen in den Kindergarten, das sich sträubende Kind an der Hand hinter sich herzerrend –, assoziieren täglichen Streß, symbolisieren die Frau als das Lasttier der Familie. Ediths Autoritätsgläubigkeit gegen-

267

Evelyn Schmidt und ihre Filme:

1 Die Regisseurin mit Kameramann Claus Neumann
bei Dreharbeiten zu »Felix und der Wolf« (1988)

2 Uwe Zerbe in »Seitensprung« (1980)

3 Till Kretzschmar und Kay Weber in
»Auf dem Sprung« (1984)

4 Ulrike Krumbiegel, Nico Wohllebe und
Joachim Lätsch (v.l.n.r.) in »Felix und der Wolf«

über ihrem Mann wird erschüttert, als sie bemerkt, wie unfähig er ist, Entscheidungen zu treffen. Von nun an nimmt sie ihr Schicksal in die eigenen Hände. Während die Entwicklungsdramaturgie in *Seitensprung* impliziert, die Gesellschaft lasse der Frau freien Spielraum, es komme vor allem auf ihr Durchsetzungsvermögen an, beschreibt Iris Gusner in *Kaskade rückwärts* eher die Grenzen der Emanzipation, als deren Ursachen ein Normenkodex gesellschaftlicher Konventionen in Erscheinung tritt. Die bei der Bahn angestellte Maja macht sich auf den Weg zu erproben, ob einer Frau erlaubt ist, was ein Mann täglich, ohne Anstoß zu nehmen, tut. Allein der Besuch einer Bar belehrt sie eines Besseren. Wie in *Alle meine Mädchen* (1980) und *Wäre die Erde nicht rund...* (1981) besteht die Stärke auch dieses Films von Iris Gusner in atmosphärischen, den Alltag beschreibenden Bildern. Maja, deren Geschichte Satire, Groteske, Tragikomödie hätte werden können, bleibt eher Mittlerin für eine Zustandsschilderung der Gesellschaft. Dieser Mangel bildet keine Ausnahme. Kaum ausgeprägte Figurenkonflikte, eine Scheu vor Überhöhung kennzeichnen zunehmend die Filme der Achtziger. Die Beschreibungsdramaturgien bedeuten sowohl Ausweichen wie Widerstand gegen Schönfärberei, wobei der Verzicht auf das

Eigene in Kauf genommen wird. Iris Gusner kann den Erfolg von *Alle meine Mädchen*, einem Gruppenporträt junger Arbeiterinnen in einem Berliner Großbetrieb, in späteren Filmen nicht fortsetzen. Von der DEFA als gelungener Produktionsfilm gelobt, berührt der Film durch seine dokumentare Poesie in der Darstellung der Arbeitswelt und der Schicksale von Frauen.

Der nüchtern beobachtete Arbeitsalltag, offenkundig zusätzliche Strapaze, weil notwendiger Gelderwerb, läßt aber auch das Gefühl aufkommen, daß Arbeit Kommunikation mit anderen ermöglicht, daß darum Beruf und Familie als zum Leben notwendig empfunden werden. Einander nicht zuzuhören, den Kummer der Kollegin neben sich nicht zu spüren, gilt dabei als moralisch verwerflich. Wie in *Bürgschaft für ein Jahr* oder *Die Beunruhigung* (1982) wird Gleichgültigkeit gegeneinander als eigentliche Ursache für die Verzweiflung der Frauen angesehen.

Die Frauenfilme der DEFA wollten Seismographen gesellschaftlicher Zustände sein. Indem Frauen in diesen Filmen gegen tradiertes Denken, gegen Gleichgültigkeit und den Rückzug ins Private auftraten, unterstützten sie einen Prozeß, in dem allmählich immer mehr Bürgern bewußt wurde, in einem stagnierenden System zu leben, das gerade das Tradierte zum Überleben braucht. Während Sunny in Konrad Wolfs *Solo Sunny* und Susanne in Evelyn Schmidts *Das Fahrrad* individuellen Freiraum, das Recht des einzelnen auf individuellen Glücksanspruch und Möglichkeiten seiner Realisierung fordern und damit an den Grundfesten des Kollektiven rühren, begnügt sich allerdings die Mehrzahl der revoltierenden Frauen mit der Aufforderung, miteinander zu reden, tolerant und mitfühlend zu sein. Wurde jedoch die Premiere von *Solo Sunny* in Anwesenheit der Partei- und Staatsführung am 17. 1. 1980 im Berliner Premierenkino »International« festlich begangen, findet die Uraufführung des zweiten Films der hoffnungsvollen Debütantin Evelyn Schmidt am 22. 7. 1982 im Berliner »Colosseum« an der Schönhauser Allee statt. Ein Schicksal, das auch, zwei Monate zuvor, *Dein unbekannter Bruder* erfahren hatte.

Es wäre zu einfach, den Umgang mit *Das Fahrrad* allein in der offiziellen Kulturpolitik zu suchen, die in dem berüchtigten »Vater-Brief« zum Ausdruck gekommen war. Die Geschichte um die alleinstehende Mutter mit Kind, die sich der unbequemen und allzu schlecht bezahlten Arbeit an einer Stanze entledigt, Liebe und Vergnügen sucht, Betrug um ein Fahrrad begeht, den arrivierten Ingenieur Thomas, mit dem »Ordnung« in ihr Leben kommen könnte, zurückweist, stößt auf ehrliches Mißverständnis aller Kritiker. Ihr Urteil in der DDR-Presse scheint nahezu einhellig. Als befremdlich wird Susannes Haltung zur Arbeit empfunden, die den Alltag als unzumutbare Bürde erscheinen lasse. Ihre Vorwürfe gegenüber Thomas, dem sie ihre Schuld bekennt und der versucht, die Sache so schnell wie möglich irgendwie zu bereinigen, damit er, der aufstrebende pflichtbewußte Kader, nicht ins Gerede kommt, werden als ungerechtfertigt zurückgewiesen. »Über die Merkwürdigkeiten stolpert der Betrachter. Er ist damit mehr beschäftigt, als mit den moralischen Entgleisungen der Heldin. Das kriminelle Delikt, der Betrug, verläuft so normal, seine Aufdeckung so ohne Spannung ab, daß sich weder Entrüstung noch Erschütterung einstellen. Weder die Heldin noch wir werden durch das Fegefeuer der Angst und der Läuterung geschickt. Und so kommt der gesellschaftlichen Hilfe auch nicht der Rang zu, den sie verdiente.« [9)] Ehe *Das Fahrrad* 1988 auf dem V. Kongreß der Film- und Fernsehschaffenden der DDR als eine der konsequentesten Arbeiten des Nachwuchses bezeichnet wird, bemühen sich die Filmclubs der DDR um die Vorführung des Films und Ge-

Heidemarie Schneider in »Das Fahrrad«
(1982/RE: Evelyn Schmidt)

Ankunft im Alltag: Karin Düwel als »Sabine Wulff«,
das Mädchen aus dem Jugendwerkhof
(1978/RE: Erwin Stranka)

spräche mit der Regisseurin. »Da kam zum Ausdruck, wie viele davon träumten, von einer inneren Freiheit zu leben, wie sie Susanne behauptet. Daß im Film keine Lösung in diesem gesellschaftlichen Umfeld angeboten wird, verstanden die Leute. Ich hatte keine und sie auch nicht.« [10]

Die Studioleitung, die *Das Fahrrad* zunächst als gelungenen Sprung der Debütantin zum zweiten Film gelobt hatte, zog sich im Verlauf der staatlichen Zulassungsprozedur von dieser Arbeit zurück. Alle, die in diesem Prozeß etwas zu sagen hatten, waren Männer: der Generaldirektor, der Leiter der HV Film, der Direktor des nationalen Spielfilmfestivals der DDR. Die Hauptdarstellerin Heidemarie Schneider war ihnen nicht schön genug, die Selbstbehauptung der etwa dreißigjährigen Susanne zu feministisch angehaucht (einer Jüngeren hätte man dieses Verhalten als jugendlichen Irrtum nachgesehen). Evelyn Schmidt: »Meine Sicht wurde nicht als andere, sondern als falsche Sicht begriffen. (...) Bei jeder folgenden Abnahme wurde mir *Das Fahrrad* zum Vorwurf gemacht. (...) Das zog sich über die Jahre hin bis 1989, als Mäde das Studio verließ.« [11] Einladungen der Regisseurin mit dem Film nach Wien, London

oder anderswo lehnt die HV Film mit Begründungen ab wie: Solche schlechten Filme zeigen wir im Ausland nicht. – Ohne Scheu allerdings verkauft man den Film ans Zweite Deutsche Fernsehen der BRD, das ihn 1985 zeigt, wonach, wie häufig in der DDR, sein Ansehen bei Zuschauern und Kritikern steigt.

Obgleich *Solo Sunny*, an dessen realistischer Stimmung der Debütkameramann Eberhard Geick entscheidenden Anteil hat, ebenso wie *Das Fahrrad* für das Recht auf eine eigene Lebensauffassung plädiert, verteidigt man Konrad Wolfs Arbeit beim geringsten Angriff von offizieller Seite her. Mit einem Leserbrief im »Sonntag« beschäftigt sich das Präsidium des Verbandes der Film- und Fernsehschaffenden auf mehreren Sitzungen. Die Kritik, der Zwiespalt des Films bestünde in »seinem gespreizten Anspruch zwischen dokumentarem Realismus, Ehrlichkeit und biederer Unterhaltung samt Happy end« [12] erregt die Gemüter; man denkt an disziplinarische Maßnahmen gegen den »Anpinkler«, der sich zudem auch noch hinter einem Pseudonym verberge. Als die Darstellerin der Sunny, Renate Krößner, später die DDR verläßt, wird alles unternommen, um den weiteren Einsatz des Films zu garantieren. Welche Hintergründe mag es für dieses Verhalten gegeben haben?
Zumindest signalisiert ein scheinbar belangloser Brief aus dem Büro des Mitglieds des Politbüros und Sekretariats des ZK der SED, Joachim Herrmann, verantwortlich für Agitation, an den »Präsidenten der Akademie der Künste der DDR, Genossen Konrad Wolf« [13], Disharmonie in bezug auf *Solo Sunny*. Dem frostigen Anschreiben, das von Herrmann nicht persönlich unterzeichnet ist, liegen drei westliche Kritiken zum Film bei, in denen es heißt, es handele sich um die Darstellung einer Subkultur im Berliner Stadtbezirk Prenzlauer Berg, der Film appeliere gegen Gleichgültigkeit, Mittelmäßigkeit, gegen Kälte im Umgang mit den Mitmenschen, wie man sie im Alltag der DDR sehr häufig bemerke, Sunny sei kein positiver Held im Sinne des sozialistischen Realismus usw. usf. Nach dem Fall der Mauer spricht man auch in der Öffentlichkeit davon, es habe zwei einander bekämpfende Kulturpolitiken in der DDR gegeben – eine liberalere, von Kurt Hager, Chef der Kultur, vertretene, und eine dogmatisch-stalinistische, die Joachim Herrmann, dem das Fernsehen der DDR übrigens direkt unterstellt war, durchzusetzen suchte.

Was auch dem Zuschauer in der DDR eigentlich als moralisch negatives Potential erscheinen muß – die weiblichen Figuren in den herausragenden Filmen zu Beginn der achtziger Jahre stehen ziemlich weit unten auf der sozialen Stufenleiter, verstoßen gegen moralische Regeln, vernachlässigen ihre Kinder, stehlen, trinken, verweigern sich dem ehernen Gesetz der Gesellschaft, die Arbeit zum hauptsächlichen Lebensinhalt erhebt –, kehrt sich in der Wirkung von *Solo Sunny, Das Fahrrad, Bürgschaft für ein Jahr* eher zum Vorbildlichen. Nina, geschieden, Mutter von drei Kindern, begehrt auf wie Sunny und Susanne. »Sie wird zur Inkarnation eines vitalen Lebensprinzips – anarchisch, chaotisch, aber dynamisch. Sie will nicht den ›leisen Tod vor dem Bildschirm‹ sterben. Sie will kein Dasein ›immer im gleichen Takt‹. Sie sucht etwas anderes, rebel-

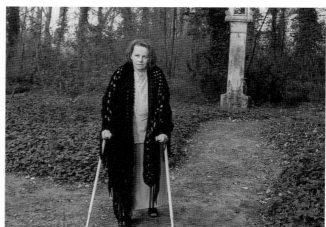

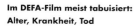

Im DEFA-Film meist tabuisiert:
Alter, Krankheit, Tod

Simone Frost als Franziska Linkerhand in
»Unser kurzes Leben«
(1981/RE: Lothar Warneke)

Katrin Saß (oben) und Gudrun Ritter in
»Heute sterben immer nur die andern«
(1991/RE: Siegfried Kühn)

1

2

Männerfilme über Frauen:

**1 Katrin Saß in »Bürgschaft für ein Jahr«
(1981/RE: Herrmann Zschoche)**

**2 Renate Geißler in »Dach überm Kopf«
(1980/RE: Ulrich Thein)**

3

5

4

6

3 Christina Powileit in »Die Alleinseglerin«
(1987/RE: Herrmann Zschoche)

4 Kathrin Funke (links) und Arianne Borbach in
»Liane« (1987/RE: Erwin Stranka)

5 Christine Schorn in »Die Beunruhigung«
(1982/RE: Lothar Warneke)

6 Karin Düwel in »Die Stunde der Töchter«
(1981/RE: Erwin Stranka)

liert gegen kleinbürgerlichen Mief. (...) Sie stößt sich an Haltungen und Auffassungen, die ihr Gleichmaß verordnen.« [14] Der Film von Herrmann Zschoche wird in Ost und West gleichermaßen gelobt wegen seiner Freundlichkeit. Verknöcherte Sozialhelfer und andere Mitbürger erhalten die Chance, sich zu wandeln, sich toleranter gegenüber der »Außenseiterin« zu zeigen. Auch hier spielt der Realismus des Details eine überragende Rolle.

Nicht allein die Sprache, in der der Dialekt sich durchsetzt, vor allem die Authentizität des Drehorts kennzeichnet diese Produktionen.

Die Suche nach dem genauen Abbild setzt Lothar Warneke mit *Die Beunruhigung* fort. Der Kameramann Thomas Plenert, der wie Eberhard Geick nach Abschluß des Studiums an der Babelsberger Hochschule sein Talent im Dokumentarfilm unter Beweis gestellt hatte, bringt das Gefühl dafür mit. Der Film um die krebskranke Psychologin Inge Herold ist in zweierlei Hinsicht auffallend: Gedreht wird in Schwarzweiß und in kleiner Drehstabbesetzung ausschließlich an Originalschauplätzen. Es gelingt später nicht wieder, einen Low-Budget-Film im Studio zu realisieren. – Krankheit und drohender Tod bestimmen den Lauf der

Handlung, die Lothar Warneke allerdings hoffnungsvoll enden läßt. Erst am Anfang des nächsten Jahrzehnts thematisiert Siegfried Kühn das Sterben: In *Heute sterben immer nur die andern* (1991) erliegt die Heldin ihrem qualvollen Leiden. Warneke: »Daß Inge Herold an dem Tag, als sie die Diagnose erfährt, alle prüft – den Sohn, die Freundin, nun erfolgreiche Biochemikerin in Westberlin (...) –, und fast alle versagen, hat mir als Realität ausgereicht. Auf der anderen Seite wollte ich Leuten Mut machen. Das war immer mein moralischer Impetus.« [15] In *Die Beunruhigung* ging es, so gesehen, wiederum um die Darstellung von moralischem Versagen und um den Aufruf an alle, sich zu bessern.

Mut machen wollte der Regisseur auch mit seinem zuvor gedrehten Film *Unser kurzes Leben* (1981) nach dem DDR-Erfolgsroman »Franziska Linkerhand« von Brigitte Reimann (seit 1974 kam es zu sechs Neuauflagen). Erzählt wird, wie sich die junge Architektin Franziska gegen Gleichgültigkeit, Resignation und die »Weisheit der Väter« bei der Konzipierung eines Neubaugebietes zu behaupten sucht. Die junge Frau, aus bürgerlichem Hause stammend, die zunächst mit kompromißloser Ehrlichkeit für die Sanierung des alten Stadtzentrums kämpft, zeigt sich schließlich entgegenkommend, da sie bemerkt, wie alle ihre Argumente verstehen, diese aber aus ökonomischer und sozialer Verantwortung heraus nicht akzeptieren können. Anders als Peter Kahanes *Architekten*, der nach der Wende Premiere hat und in dem ein vierzigjähriger Architekt allmählich in dem festgefügten hierarchischen System und an den dogmatischen Autoritäten scheitert, an Ignoranz und Feigheit zugrundegeht, erscheint die Welt in *Unser kurzes Leben* veränderbar. Die Botschaft lautet hier, es liege an je-

Renate Krößner in »Solo Sunny« (1980),
Konrad Wolfs letztem Spielfilm

dem selbst, etwas aus sich zu machen, allerdings dürfe er den Blick für das Machbare nicht verlieren. Franziskas Entwicklung vollzieht sich nebenbei auch noch von der bürgerlich angehauchten Intellektuellen zur Vertreterin einer Intelligenz, die der Arbeiterklasse und ihren Bedürfnissen nahesteht. Wie schwierig das Projekt dennoch durchzusetzen gewesen ist, läßt der spätere Angriff auf Herrmann Zschoches *Insel der Schwäne* (1983) ahnen, in dem ein Neubaugebiet als Ort der Handlung wesentlich das Verhalten der Figuren bestimmt. Die Realisierung des »Linkerhand«-Stoffes war, trotz des Bucherfolges, immer wieder verschoben worden, denn nur der geringste Zweifel am Wohnungsbauprogramm, mit dem man in den achtziger Jahren ein soziales Hauptproblem zu lösen versprochen hatte, galt als Angriff auf die Arbeiterklasse und ihre Führung.

Franziska Linkerhand steht auch für weibliche Figuren in Filmen der achtziger Jahre, die im Grunde wenig oder gar nichts mit dem Thema Emanzipation zu tun haben. Im Gegensatz zum männlichen Pendant in *Märkische Forschungen* (1982), *Das Luftschiff* (1983) oder *Fallada – letztes Kapitel* (1988) beispielsweise, das gegen Windmühlenflügel zu kämpfen scheint, wobei es an Kraft verliert, gar zerbricht, gehen Frauen gestärkt und voller Zuversicht aus Umständen hervor, die auch für ihre Selbstbehauptung wenig glücklich sind. Die historisch-biographischen Porträts über die Künstlerin Käthe Kollwitz (*Käthe Kollwitz – Bilder eines Lebens*/ 1987/ RE: Ralf Kirsten), die durch persönliches Leid zu gesellschaftlichem Engagement findet, und die Politikerin und Frauenrechtlerin Clara Zetkin (*Wo andere schweigen*/ 1984/ RE: Ralf Kirsten), die autobiographisch geprägten Geschichten der Kommunistin und Kundschafterin Sonja (*Sonjas Rapport*/ 1982/ RE: Bernhard Stephan), über Hella Lindau (*Die Verlobte*/ 1980/RE: Günther Rücker und Günter Reisch) oder Hilde (*Hilde, das Dienstmädchen*/ 1986/ RE: Günther Rücker und Jürgen Brauer) erzählen von Mut, Opferbereitschaft, Selbstüberwindung. Es entstehen idealisierte, romantische Frauenfiguren, die ihre Kraft – und dies unterscheidet sie wesentlich von den Männern – aus der Fähigkeit zu lieben schöpfen. Der nationale wie internationale Erfolg von Günter Reischs und Günther Rückers Film *Die Verlobte* mutet angesichts der Ermüdung der Zuschauer gegenüber Geschichten der nationalsozialistischen Vergangenheit und den stets guten und siegreichen Helden zunächst merkwürdig an. Aber die Art und Weise der Heldin – realistisch überzeugend dargestellt von Jutta Wachowiak –, die Liebe als Hauptmotiv zu überleben, als Lebenssinn überhaupt, die Festigkeit, mit der moralische Werte wie Ehrlichkeit, Menschlichkeit, Treue zum Tragen kommen, mögen den Erwartungshaltungen von Zuschauern nahe gekommen sein, die immer stärker nach Orientierungen angesichts einer bedrohten Welt zu suchen begannen.
Die Verlobte wirkte offenkundig angesichts zunehmender Verunsicherungen über den Wert des real existierenden Sozialismus in allen Schichten wie eine Vergewisserung und Beschwörung, daß Ideale noch nicht gänzlich verloren sind.

1

2

3

1 Jutta Wachowiak als »Die Verlobte«
(1980/RE: Günther Rücker und Günter Reisch)

2 Jutta Wachowiak in der Titelrolle von
»Käthe Kollwitz – Bilder eines Lebens«
(1987/RE: Ralf Kirsten)

3 Gudrun Okras als Clara Zetkin in
»Wo andere schweigen«
(1984/RE: Ralf Kirsten)

Regisseure der DEFA:

1 Claus Dobberke bei den Dreharbeiten zu
»Ein Katzensprung« (1977)

2 Gunter Friedrich inszeniert den Kinderkrimi
»Unternehmen Geigenkasten« (1985)

3 Georgi Kissimov dreht das letzte
Rolf-Herricht-Lustspiel der DEFA,
»Der Baulöwe« (1980)

4 Hans Kratzert während der Aufnahmen zum
Märchen »Hans Röckle und der Teufel« (1974)

5 Dieter Scharfenberg, langjähriger
DEFA-Dramaturg, dreht
»Die vertauschte Königin« (1984)

6 Egon Schlegel inszeniert
»Die Schüsse der Arche Noah« (1983)

7 Gunther Scholz mit Jutta Wachowiak bei den
Arbeiten an »Ab heute erwachsen« (1985)

8 Hannelore Unterberg und Kameramann
Michael Göthe arbeiten an dem Märchenfilm
»Verflixtes Mißgeschick!« (1989)

9 János Veiczi, mit Kameramann
Eberhard Borkmann, inszeniert
»Anflug Alpha 1« (1971)

1

2

3

4

7

5

8

6

9

1

2

3

»Glück im Hinterhaus« (1980) nach dem Roman
»Buridans Esel« von Günter de Bruyn

1   Während der Dreharbeiten:
     Kameramann Günter Jaeuthe,
     Szenarist Ulrich Plenzdorf,
     Regisseur Herrmann Zschoche und
     Hauptdarsteller Dieter Mann (v.l.n.r.)

2, 3 Dieter Mann und Ute Lubosch in den
      Hauptrollen

Der Fall Jadup und andere

Den »positiven Helden«, die zwar mit Irrtümern und Charakterschwächen behaftete, aber dennoch vorbildliche »sozialistische Persönlichkeit«, wie sie in den sechziger Jahren vorherrschend war, findet man in den Filmen der endsiebziger und der achtziger Jahre kaum noch. Beherrschen einerseits »Außenseiter« mit individuell stark ausgeprägtem Profil aus Gegenwart oder Vergangenheit die Leinwand, bezeugen Figurendarstellungen und Dramaturgien andererseits nun auch die kleinen Entwürfe, in denen man Vorsicht spürt. So erscheint Kritik an gesellschaftlichen Zuständen mehr oder weniger verschlüsselt im privaten Bereich von Familie oder Partnerbeziehungen. *Glück im Hinterhaus* erzählt die Sittengeschichte um den Genossen Bibliotheksleiter Erp zwischen zwei Frauen. Der Ausbruch aus dem geregelten, kleinbürgerlichen Familienleben in die trostlose Hinterhofwohnung der Bibliothekarin Fräulein Broder endet mit Rückkehr und Ausblick, einen Posten im Ministerium zu besetzen. Der Film ist mehr eine Charakteranalyse Erps, dessen Handlungen vor allem privat motiviert und nicht als Resultat allgemein sanktionierter Entwicklungswege leitender Kader dieser Generation erscheinen. (In *Das Fahrrad* vertritt Susannes Freund, der Jungingenieur Thomas, diesen Typ in der nachfolgenden Generation.) Allerdings erfährt der Betrachter, daß Erps Bildungsweg über FDJ und ABF (Arbeiter- und Bauern-Fakultät) verlief – auch der dogmatische und machtbesessene Kleinbürger und Historiker Menzel in *Märkische Forschungen* ging durch diese Kaderschmiede der Partei –, was der DDR-Zuschauer seit Herrmann Kants kritischem Roman »Die Aula« in allgemeinere Zusammenhänge zu bringen wußte. Günter de Bruyns Erzählung »Buridans Esel«, 1968 erschienen, lag bereits seit 1973 in der DEFA-Schublade, als der neue Studiochef Hans Dieter Mäde, angeblich mit gutem Beispiel voranschreitend, den Stoff 1978 in den Produktionsplan aufnahm.

Als Außenseiter interpretiert wurden Figuren häufig, weil ihr Schicksal oder das Umfeld, in dem sie agieren und das in Episoden oft wichtiger wird als die Hauptfigur selbst, in den Medien der DDR nicht vorkam. – Das im Heim lebende Waisenkind Sabine in *Sabine Kleist, 7 Jahre...* (1982/ RE: Helmut Dziuba) durchstreift den Alltag und entdeckt Leid, Intoleranz, Gleichgültigkeit. Der zehnjährige Flori in *Der Dicke und ich* (1981/RE: Karl Heinz Lotz) wehrt sich gegen die Erwachsenen, welche die Scheidung der Eltern, seine Trennung vom Vater und dessen mangelnde Zuwendung entschuldigen und als normal, weil üblich hinstellen. Die DDR gehörte zu den Ländern mit der höchsten Scheidungsrate. – Stefan Kolbe in *Insel der Schwäne* (1983/RE: Herrmann Zschoche), der mit den Eltern vom Dorf in die Stadt zieht, begegnet Erwachsenen und Gleichaltrigen in einem trostlosen Neubaugebiet und signalisiert Härte und Brutalität im Umgang miteinander. Elisabeth in *Erscheinen Pflicht* (1984/RE: Helmut Dziuba), Tochter des Ratsvorsitzenden einer Kreisstadt, opponiert gegen die Vätergeneration, überprüft die Symbole der herrschenden Ideologie auf ihren wirklichen Wert in der Gesellschaft, indem sie ihre eigene Position zu bestimmen sucht.

1

4

2

5

3

6

Gegenwartsgeschichten über junge Leute:

1 »Schwierig sich zu verloben« (1983/RE: Karl-Heinz Heymann)
über Teenager in einer DDR-Kleinstadt.
Mit Ulrike Krumbiegel und Werner Tritzschler

2 »Einer vom Rummel« (1983/RE: Lothar Großmann):
vom Rummelplatz in die sozialistische Produktion.
Mit Dirk Nawrocki (links) und Jens-Uwe Pröse

3 »Ab heute erwachsen« (1985/RE: Gunther Scholz):
der 18. Geburtstag als Sprungbrett in ein neues Leben.
Mit David C. Bunners und Jutta Wachowiak

4 »Der Haifischfütterer« (1985/RE: Erwin Stranka):
die letzten zehn Tage vorm Einrücken in die Armee.
Mit Andreas Herrmann und Gabriele Naumann

5 »Vernehmung der Zeugen«
(1987/RE: Gunther Scholz):
Mord aus Eifersucht? Mit René Steinke

6 »Mit Leib und Seele«
(1988/RE: Bernhard Stephan):
Anarchie und Liebe.
Mit Andrea Lüdke und Mathias Noack

1

2

3

Filme nicht nur für Kinder...

1 »Sabine Kleist, 7 Jahre...«
(1982/RE: Helmut Dziuba)
mit Petra Lämmel und Peter Cwielak:
Einsamkeit in der Großstadt

2 »Das Eismeer ruft« (1984/RE: Jörg Foth)
mit Oliver Karsitz:
der Versuch, in die Welt zu fahren

3 »Isabel auf der Treppe«
(1984/RE: Hannelore Unterberg)
mit Teresa Polle (rechts) und Irina Gallardo:
Warten auf Post aus der chilenischen Heimat

Über das Schicksal des chilenischen Mädchens Isabel in *Isabel auf der Treppe* (1984/ RE: Hannelore Unterberg) wird das Verhältnis zwischen Deutschen und Ausländern, die in der DDR Zuflucht gefunden haben, angedeutet. Solidarität, offiziell als allerorts geübte Praxis gelobt – der Solidaritätszins wurde monatlich vom Gehalt abgezogen –, erweist sich als nur behauptet. In Wirklichkeit interessiert sich niemand für die Fremden und ihr Schicksal. Der Junge Til in *Mein Vater ist ein Dieb* (1983/ RE: Dietmar Hochmuth) entdeckt nicht nur, daß sein Vater als Futtermeister in der Genossenschaft regelmäßig Korn für den privaten Hühnerstall abzweigt, er beobachtet, wie überhaupt privater Vorteil auf Lüge und Betrug beruht.

Auch die jüngere Regiegeneration sah im Streben nach sozialer Genauigkeit in Figuren und Milieu die einzige Möglichkeit, ihre Sicht auf die DDR-Wirklichkeit auszudrücken. So soll der Dokumentarfilmkameramann Heiner Sylvester – ebenfalls der Generation von Eberhard Geick und Thomas Plenert zugehörig – wirklichkeitsnahe Bilder zum Umfeld der Figuren garantieren. Am Originalschauplatz von *Schwierig sich zu verloben* (1983/ RE: Karl-Heinz Heymann) pflegt man den Kontakt zu den ansässigen Jugendlichen, um so viel wie möglich von ihrer Stimmung, ihrem Umgangston einzufangen. Auf das »stimmige Detail aufbauend, soll die Geschichte von innen her zum Leuchten« gebracht werden. [16] Wie in anderen Fällen wird dem Regisseur der Wunschkameramann Sylvester versagt; offenbar fürchtet man das Resultat einer Zusammenarbeit Gleichaltriger, in dem andere Lebenserfahrungen und Ansichten als die der etablierten Generation sich ausdrücken könnten.

Die Liebesgeschichte in *Schwierig sich zu verloben* dient letztlich dazu, Lebensansprüche Jugendlicher und die Grenzen ihrer Realisierbarkeit vorzuführen. Die Fabel endet wie die meisten dieser Regiegeneration – *Ete und Ali* (1985/ RE: Peter Kahane), *Das Eismeer ruft* (1984/ RE: Jörg Foth), *Einer vom Rummel* (1983/ RE: Lothar Großmann) –, indem Auf- oder Ausbrechende an ihren Ausgangspunkt zurückkehren. In *Schwierig sich zu verloben* zum Beispiel schneidet Brita ihrem Freund Wolfgang die langen Haare ab, denn am nächsten Tag wird er pflichtgemäß seinen Dienst in der Nationalen Volksarmee antreten.

Zeigen die Filme der beginnenden Achtziger hinsichtlich ihrer Themenwahl einen gewissen Zuwachs an Terrain, bleiben Tabus stets gegenwärtig. Tod und Sterben gelten als unliebsame Vorkommnisse wie Konfrontationen mit christlicher Religion und Ethik. *Einer trage des anderen Last...* (RE: Lothar Warneke) wird nach mehr als zehn Jahren Schubladendasein 1987 gedreht. In Erwin Strankas *Die Stunde der Töchter* (1981) begegnet der Held des Films auf der Suche nach einem Arbeitsplatz für seine Tochter dem Leiter eines Erholungsheims der Gewerkschaft im katholischen Eichsfeld bei einer Prozession. Auf die Frage, ob er die Partei und den lieben Gott so ohne weiteres zusammenbringe, folgt der Dialog: »Hast du schon mal was mit der Leber gehabt? – Nee. – Dann rede nicht.« In dem Kinderfilm von Egon Schlegel, *Die Schüsse der Arche Noah*

(1983), angesiedelt im letzten Jahr des Krieges, findet die Hauptfigur in einem polnischen Kloster Rettung. Wie wenig Kinder mit der biblischen Geschichte anzufangen wissen, beschreiben Protokolle nach Testvorführungen mit Heranwachsenden unterschiedlichen Alters. [17] Während die Kinder über die Verfolgung und Ermordung der Juden in Deutschland während der Nazi-Zeit gut informiert sind, kennen nur wenige die Saga von der Arche Noah – und die auch nur aus einer amerikanischen Fernsehserie, die ein Sender der BRD ausgestrahlt hatte.

Auch in dem 1987 in die Kinos gekommenen Jugendfilm *Mit Leib und Seele* (RE: Bernhard Stephan) gerät zur Sensation, daß die Freundin des sechzehnjährigen Jonas, der sich um seinen todkranken Vater sorgt, Rat bei einem Pfarrer sucht. Auf das Kreuz um den Hals des Mädchens blickend, sagt der junge Geistliche: »Ihr laßt Kreuze baumeln wie Spielzeug« – und mit Blick auf die Zensoren dann: »Frage vor allem dich selbst«.

Nach der Zulassung von *Eine sonderbare Liebe* (1984/ RE: Lothar Warneke) wird vom Leiter der HV Film angewiesen, den Satz: »Die Leiche liegt schon acht Tage in der Wohnung« aus der ersten Rolle der Kopien zu entfernen. [18] So gesehen, war der Erfolg von *Solo Sunny* oder *Die Beunruhigung* auch darin begründet, daß Sterben und die Reflexion darüber nicht ausgespart wurden. Abgesehen von der tröstenden Wirkung, zu der sich Lothar Warneke bekennt – ein anderer Schluß, der Tod der Krebskranken, so die Dramaturgin Erika Richter, wäre nicht möglich gewesen: »Die Kunst sollte doch immer unmittelbar Lebensfreude und Optimismus ausstrahlen.« [19] Ein Fall, der dies bestätigt: Die Leitung des Fernsehens der DDR verlangte, die acht Sekunden lange Fotosequenz über den Tod der Eltern am Anfang des Films *Sabine Kleist* für die Ausstrahlung im Fernsehen (I. Programm, 20.00 Uhr) aus »Rücksicht auf die besondere psychologische Situation der Zuschauer und im Interesse der Publikumswirksamkeit zu schneiden.« [20]

Beschränken sich die meisten Gegenwartsfilme darauf, Erscheinungen des Alltags auf der Leinwand abzubilden – daß dies immer schwieriger wird, beweisen *Insel der Schwäne* und *Erscheinen Pflicht* –, stoßen *Jadup und Boel* (1980/ RE: Rainer Simon) und *Märkische Forschungen* (1982/ RE: Roland Gräf) zum Wesen der Dinge vor. Der eine verschwindet für sieben Jahre im Regal, der andere kommt – merkwürdigerweise – durch. Weder die Geschichte um den Bürgermeister Jadup noch die um Pötsch, Lehrer einer Dorfschule, waren von den Filmschöpfern als genereller Angriff auf den Sozialismus gedacht. Allein seine reale Existenz in den festgeschriebenen Strukturen erschien ihnen kritikwürdig. Nach gescheiterter Arbeitsvorführung und Abnahme innerhalb der Dramaturgengruppe im Mai 1980, bei der den Autoren in der Diskussion Geschichtsbewußtsein, Erfahrung und Erkenntnisvermögen für die Zusammenhänge zwischen Wesen und Erscheinung sowie Dialektik, Parteilichkeit und eine marxistische Weltsicht abgesprochen wurden, äußert Paul Kanut Schäfer, Autor von *Jadup und Boel*: »Wie sollte das nicht einen treffen, der sich identifiziert mit den Zielen der

Konfliktfall »Insel der Schwäne«
(1983/RE: Herrmann Zschoche).
Mit Axel Bunke als Stefan,
der aus der ländlichen Idylle
nach Berlin-Marzahn zieht (oben),
und Sven Martinek als dessen Widersacher Windjacke.
Die Schlußszene (Foto unten)
mußte verändert werden.

Partei. (...) Mit ihren unermüdlichen, eindringlichen Appellen an die Ehrlichkeit eines jeden; ihren Aufforderungen an unseren persönlichen Mut, jeglicher Gleichgültigkeit, Hilflosigkeit, Routine leidenschaftlich entgegenzuwirken und in vielen Dingen nachzudenken und umzudenken. Aus dieser Identifikation, die wesentlich mein Leben bestimmt, habe ich den Film geschrieben.« [21]

Von Mai 1980 bis zum endgültigen Verbot im April 1983 geht das Tauziehen der Institutionen und Personen auf verschiedenen kulturpolitischen Entscheidungsebenen. Unter den Dokumenten sind besonders jene interessant, die den Gang der Dinge auf höherer Ebene ahnen lassen. Als der Generaldirektor im September 1980 in Abstimmung mit dem Leiter der HV Film per Anweisung die weitere Arbeit am Film aussetzt – eine Reihe von Änderungsvorschlägen ist bereits realisiert –, teilt er diese Entscheidung und daß der Film in den Produktionsplan 1981 übernommen werde, Professor Kurt Hager, Mitglied des Politbüros und Sekretär des ZK der SED, mit. Gleichzeitig läßt er wissen, wie sich »prinzipielle, beharrliche Argumentation und ein stets abgestimmtes Vorgehen« bewährt hätten: »Die Erwartung Simons (und seiner Hintermänner), größere Gruppen von Studio-Mitarbeitern für seine Konzeption zu mobilisieren, haben sich nicht erfüllt. (...) Allerdings hat der Verlauf der Ereignisse auch erwiesen, daß der Prozeß der politischen Meinungsbildung über den Charakter, das Stadium, die Hauptmethoden unserer Revolution und die politischen und künstlerischen Schlußfolgerungen, die sich für unsere Verantwortung daraus ergeben, sich nach wie vor unter komplizierten Widersprüchen vollzieht. Um weitere Klärungen muß während der Parteiwahlen und der gesamten Parteitagsvorbereitung gekämpft werden.« [22] Im weiteren Verlauf des Briefes beruhigt Mäde seinen Dienstherrn, indem er auf Filme verweist, die unter dem Blickpunkt des im April 1981 geplanten X. Parteitages der SED konzipiert und produziert wurden. Das Studio erfülle seine Verpflichtungen anläßlich des Parteitages durchaus.

Nach erfolgreicher Studioabnahme im März 1981 bittet der Generaldirektor den Leiter der HV Film um einen Brief an den Kulturminister, in dem diesem der komplizierte Sachverhalt um *Jadup und Boel* mitgeteilt werden soll. Er entwirft den Brief selbst, wie Horst Pehnert seinerseits Minister Hoffmann im Mai darum ersucht, eine schriftliche Mitteilung, die nun er verfaßt, an Professor Kurt Hager zu schicken. [23]

Im Oktober richtet der Leiter der HV ein Schreiben an den Kulturminister, in dem er um Zustimmung zur Zulassung des Films mit acht Kopien für Filmkunsttheater bittet. Unterdessen und weiterhin schreiben Rainer Simon und am Film Beteiligte Briefe an Minister Hans-Joachim Hoffmann, Professor Kurt Hager, an das Präsidium des Verbandes der Film- und Fernsehschaffenden und schließlich, am 28. 3. 1983, an den Vorsitzenden des Staatsrates und Generalsekretär der Partei, Erich Honecker. Die Antworten bleiben wie im Falle des Büros Hager aus oder lassen erkennen, daß man Zeit gewinnen will. Anfang April geht ein Schreiben mit der Forderung, nun eine Entscheidung zu treffen, aus dem Büro des Staatsrates an das Büro des Kul-

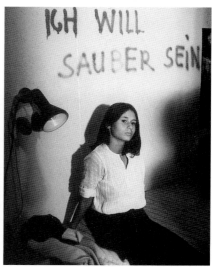

Oben: Vivian Hanjohr und Uwe Kockisch in
»Erscheinen Pflicht« (1984/RE: Helmut Dziuba).
Zunächst von der FDJ für einen breiten Einsatz
in den Kinos vorgesehen, wurde der Film
nach Einsprüchen aus dem Parteiapparat
als »unerwünscht« abgestempelt.

Unten: Kurt Böwe (links) und Hermann Beyer in
»Märkische Forschungen« (1982/RE: Roland Gräf).
Die bittere Satire nach einer Erzählung
von Günter de Bruyn
passierte die Abnahmeprozeduren
wie durch ein Wunder unbeschädigt.

1

2

3

**»Jadup und Boel« – 1980/81 gedreht,
1988 uraufgeführt**

1 Kurt Böwe als Bürgermeister Jadup

2 mit Regisseur Rainer Simon

**3 mit Franciszek Pieczka als
Dorfchronist Unger**

4

5

6

4 mit Gudrun Ritter als Jadups Frau Barbara

5 Katrin Knappe als Boel

6 Käthe Reichel als Boels Mutter, zu Hause
   auf der Müllhalde...

turministers. Daraufhin teilt Minister Hoffmann umgehend mit, die Angelegenheit sei erledigt. Am 26. April sendet der Leiter der HV Film eine Kopie der Begründung für den Entzug der staatlichen Zulassung für *Jadup und Boel* an das Büro des Kulturministers. Sieben von acht der bereits hergestellten Kopien werden daraufhin abgewaschen, eine Kopie und das Negativ archiviert.

Worum geht es eigentlich in der Geschichte um den Bürgermeister? Jadup, vielleicht Jahrgang 1930, fällt beim Abriß eines alten Hauses das Buch von Friedrich Engels, »Die Entwicklung des Sozialismus von der Utopie zur Wissenschaft«, in die Hände, das er 1945 dem Mädchen Boel, welches mit anderen in die Kleinstadt geflüchtet war, mit einer Widmung versehen geschenkt hatte. Das Buch erinnert ihn an den Beginn einer neuen Zeit, an sein Versagen, seine Schuld gegenüber einem Menschen. Am Anfang also stand bereits Feigheit, der eigene Vorteil im Vordergrund, kaschiert durch laute Töne, der gemeinsamen großen Sache zu dienen. Auf dem Wege der Erkenntnis, was aus den Idealen geworden ist, begegnet Jadup einem dogmatischen Kreissekretär, vergnatzten Verkäuferinnen in einer überfüllten Kaufhalle mit langweiligem Angebot, dressierten Schülern, die wegen der guten Zensuren alles nachplappern, was die Erwachsenen ihnen eintrichtern, einem Chronisten – Mann der ersten Stunde wie er selbst, dem es nicht gelingen will, für die Stadtchronik zu formulieren, was eigentlich geschehen ist. Und obschon Jadup sich zum verantwortungsbewußten Mann wandelt, die hellsichtige Tochter des Chronisten Anpassung verweigert und auch Jadups Sohn auf ihre Seite zieht, reichte dieser hoffnungsvolle Ausblick zu Beginn der achtziger Jahre nicht aus. Der Film erlebt seine Premiere schließlich im Mai 1988.

Von den meisten Kritikern der DDR als Zeitsatire oder bittertraurige Komödie gelobt, erhält Roland Gräfs *Märkische Forschungen* nicht nur Preise auf dem 2. Nationalen Spielfilmfestival in Karl-Marx-Stadt, sondern ebenso 1983 den Kritikerpreis für den besten DEFA-Spielfilm des Jahres 1982. Nach Günter de Bruyns gleichnamiger Erzählung gedreht, ist »der Film eine der schnellsten (...) und glücklichsten Adaptionen von DDR-Prosa«. [24] Die Sicht auf den Film im »Neuen Deutschland«, nur mit kritischer Ironie, mit Distanz könne man den Entwicklungsprozessen in der DDR nicht beikommen, hat keine erkennbaren Auswirkungen.

Menzel, der in der Erkenntnis Pötschs, es handele sich beim Revolutionär und Vertreter der alten Ordnung um ein und dieselbe Person, einen Angriff auf die herrschende Ideologie sieht, als deren Hüter er Ansehen und gutes Auskommen genießt, bedient sich aller Mittel, daß diese These nicht an die Öffentlichkeit dringt. Ob eher Komödie oder mehr Tragödie: der Amateurforscher und Schullehrer Pötsch gibt am Ende nicht auf, sucht – allerdings in nahezu verrückt-verzweifelter Aussichtslosigkeit – nach dem Beweis für seine These in der Auseinandersetzung um den Dichter und Gutsherren Max von Schwedenow, die er mit dem renommierten autoritären Historiker Menzel weiter auszutragen gedenkt.

Historische Kinderfilme von Helmut Dziuba:

1 »Rotschlipse« (1978)

2 »Als Unku Edes Freundin war...« (1981)
   mit Axel Linder und Jacqueline Ody

3 »Jan auf der Zille« (1986)
   mit Peter Scholz und Christoph Engel

Werden machtbesessene Kleinbürger und Opportunisten wie Menzel auch in anderen Systemen zu Autoritäten, so bezog man doch diese Erscheinung ausschließlich auf die DDR. Auch das Publikum sah in dieser Geschichte eine Parabel auf das herrschende System, das keinen Zweifel an Leitbildern dulden wollte. In Menzels Mitarbeitern, die dem Treiben ihres Chefs nichts entgegenzusetzen wissen als Ironie, Resignation, Unterwürfigkeit und offene Feigheit, erkannte es sich selbst. Das Verhältnis zwischen Menzel und Pötsch, in dem Tritte und kumpelhaftes Schulterklopfen den geradlinigen Dorfschullehrer in Verzweiflung und zu eigensinnigem hoffnungslosem Widerstehen, aber auch zum Ausharren und Weitermachen bringen, kam ihm bekannt vor.

Ulrich Weiß beschreibt diese Atmosphäre auf die Wirklichkeit des Studios bezogen so: »Es war permanent eine Situation von Streicheln und Schlagen. (...) Das Schlimmste dabei war, daß die Leute sich ihrer Gefühle nicht sicher waren. (...) Sie haben die Schere zwischen moralischen, ideologischen Dingen, die sie meinten propagieren zu müssen, und ihren Emotionen nicht zusammengekriegt. So habe ich es empfunden.«[25]

Als der Regisseur das Szenarium nach Willi Bredels Buch *Dein unbekannter Bruder* – die Geschichte um eine antifaschistische Widerstandsgruppe, in die ein Spitzel der Nazis eingeschleust wird – dahingehend ändert, daß der Verräter aus den eigenen Reihen kommt, schickt die Studioleitung es zur Begutachtung in die Abteilung Kultur des ZK der SED. Die Antwort lautet, der Verräter dürfe am Ende aber nicht erschossen werden. »Mäde sagte, die seien alle sehr froh und wollten den Film, aber man wolle den Terror unter den Linken in der DDR nicht propagieren. Es ging da wohl um die Terroranschläge von Mitgliedern der Rote-Armee-Fraktion in der BRD. Ich merkte, daß er große Angst hatte. (...) Während des Drehens guckte er sich laufend Muster an und brüllte, auch während der Rohschnittabnahme tobte er. Meine Schnittmeisterin, die katholisch ist, betete für mich. Sie machte sich Sorgen, wenn ich wieder nicht geändert hatte. (...) Eine durchgehende Atmosphäre fürchtete man mehr als einen einzelnen Satz, den ließ man schon mal durchgehen. Ich mußte zwei Szenen allein deswegen wiederholen, weil kein Wort gesprochen wurde, die Figuren sich nur über Körpersprache einander mitteilten. (...) Die Abnahmen im Studio und in der HV waren dann hervorragend.«[26]

Dein unbekannter Bruder wird für das Max-Ophüls-Festival in Saarbrücken ausgewählt, nach der Aufführung dort erhält der Film eine Einladung nach Cannes, was im »Neuen Deutschland« groß angekündigt wird. Das Studio bereitet eilends eine englisch untertitelte Fassung vor. Doch weder Film noch Regisseur gehen auf die Reise. Später erfährt Ulrich Weiß in einem privaten Gespräch mit dem Leiter der HV Film, daß Hermann Axen, Mitglied des Politbüros, nach einer Vorführung in Wandlitz geäußert habe: So waren wir nicht. Dies sei durchgesickert, worauf die unteren Ebenen gemeint hätten, sie müßten gegen den Film vorgehen. Während des 3. Nationalen Spielfilmfestivals erfinden die Veranstalter, da man den Hauptpreis nicht an

Dein unbekannter Bruder vergeben soll, einen Spezialpreis für besondere Leistungen von Kamera und Szenenbild.

Nach der Premiere im Berliner Kino »Colosseum« fordern RIAS und SFB ihre Zuhörer auf, sich diesen Film anzusehen. In Kirchen liegen Handzettel aus, in denen Inhalt und Daten seiner Aufführung bekanntgegeben werden. Es ist die Zeit, in der sich Andersdenkende – Pazifisten, Umweltschützer, vor allem Jugendliche – unter dem Dach der Kirche zu sammeln beginnen. Sie verstehen diese Sicht auf die Vergangenheit, die um Angst und Gewissenskonflikte von Menschen kreist, die anders denken und darum verfolgt werden, als Parabel auf die Gegenwart. In der »Jungen Welt« heißt es dagegen: »Keiner unserer jungen Regisseure hat doch am eigenen Leib gespürt, was Faschismus wirklich heißt. Trotzdem erwarten wir von ihnen Filme über Menschen aus jener Zeit, die, von kommunistischen Idealen geprägt, besonders jungen Leuten in den Kämpfen unserer Tage politisch-moralischen Halt geben. Diese gesellschaftliche Dimension bleibt der Film jedoch weitgehend schuldig.« [27] Zur Eröffnung der FDJ-Kulturkonferenz im Oktober 1982 zeigt man Juan Antonio Bardems kämpferisches Porträt über Georgi Dimitroff, *Die Mahnung*, eine aufwendige Co-Produktion der DEFA mit der Sowjetunion und Bulgarien. Im Referat unter dem Titel »Die Verantwortung der FDJ für Kultur und Kunst in den Kämpfen unserer Zeit« äußert der Sekretär des Zentralrates der FDJ, Hartmut König, über *Dein unbekannter Bruder*: »Leider ist dies nicht der einzige Fall, wo ausgereifte literarische Vorlagen nicht zu gleichermaßen gelungenen Filmwerken führten, und wir fragen uns, wie solche Dinge auf die Dauer künstlerisch und ökonomisch zu vertreten sind.« [28] – Nach Jahren erfährt Ulrich Weiß, wiederum in einem vertraulichen Gespräch mit dem Leiter der HV Film, daß Hermann Axen sehr bestürzt über das Vorgehen gegen den Film gewesen sei. Er habe lediglich einem spontanen Gefühl Ausdruck gegeben.

Ulrich Weiß dreht noch einen Film, *Olle Henry* (1983); es ist wieder ein Stoff der Vergangenheit. Danach erklärt der Generaldirektor, daß ein Gegenwartsstoff für ihn nicht in Frage käme. Kollegen und Freunde erzählen ihm später, man sei aufgefordert worden, keinerlei Projekte mit ihm zu verhandeln. Weiß: »Ich habe ihnen ihr Spielzeug kaputt gemacht – die Genres zerstört, die Traditionslinie der DEFA im Kinderfilm gebrochen, den antifaschistischen und den Nachkriegsfilm entheiligt.« [29]

Während die Diskussionen um *Dein unbekannter Bruder* 1982 in der Öffentlichkeit beginnen, bereiten sich die für Abnahme und Zulassung Verantwortlichen offensichtlich auf den nächsten Schlag vor: Wird das von Ulrich Plenzdorf verfaßte Szenarium für den Film *Insel der Schwäne* nach Benno Pludras gleichnamigem Buch 1981 noch ohne Auflagen abgenommen, deuten sich bereits zu Beginn des Jahres 1982, als erste Materialsichtungen im Studio gemeinsam mit Vertretern der HV Film anberaumt werden, Schwierigkeiten an. Plötzlich fällt auf, daß die Geschichte vom Jungen im Neubaugebiet auf der Leinwand eine bedenkliche Dramatik annimmt. Der Konflikt mit dem Vater,

dem Hausmeister, dem Rowdy »Windjacke« scheint im Umfeld des authentischen Neubaugebietes als Ort der Handlung zu ungeahnten Schlußfolgerungen zu führen. Was in späteren von unterschiedlichen Personen verfaßten Stellungnahmen der HV Film vor der Zulassung, die immer wieder verschoben wird, zum Ausdruck kommt – es handele sich um einen schwärenden Generationskonflikt, und die vorgeführte Filmwirklichkeit, die ein »Betontrauma« erzeuge, mute an, als hätte man es mit einer tiefgreifenden Fehlentwicklung zu tun, die auf die Preisgabe aller kommunistischen Ideale hinauslaufe [30] – deutet sich in den Auflagen vorerst nur an.

Man kritisiert das Vater-Sohn-Verhältnis als nicht glaubhaft gestaltet. Dialoge und Musikeinsatz werden geändert. Der Sturz »Windjackes« in den Fahrstuhlschacht wird als für jugendliche Zuschauer zu brutal abgelehnt. Doch die dramaturgischen Basteleien am gedrehten Material können offensichtlich Grundsätzliches nicht mehr verändern: es bleibt der Eindruck vom Vorhandensein existentieller Widersprüche in der gesellschaftlichen Entwicklung. Da es diese laut Ideologie nicht geben darf, muß der Film »falsch« sein. »Wenn Plenzdorf die Nähe des auch international geführten Klassenkampfes zu den Auseinandersetzungen in unserem Lande um eine schöpferische und humanistische Lebensweise meint, so berechtigt ihn dies noch nicht zu der unproduktiven, weil aufhaltenden Arbeit, Schützengräben auszuheben, wo keine Fronten verlaufen.« [31] Obgleich der Autor der Abnahme am 16. 12. 1982 mit der Begründung fernbleibt, er habe mit dieser Version des Films nichts mehr zu tun, erregt *Insel der Schwäne* weiterhin alle Hüter der herrschenden Ideologie. Der Bund der Architekten sieht diffamiert, was er vertritt. In der »Jungen Welt« werden Leserzuschriften beleidigter Werktätiger aus Wohnungsbaukombinaten abgedruckt.

Die Äußerungen zum Film reichen von härtester, politisch formulierter Kritik wie in der »National-Zeitung« (Tageszeitung der Blockpartei NDPD) oder in der »Jungen Welt« bis zu differenzierter kritischer Betrachtung im Berliner Rundfunk, in der CDU-Presse »Neue Zeit«, der »Tribüne«, Organ des Freien Deutschen Gewerkschaftsbundes, oder im »Jugendstudio 64«. Den schärfsten Ton schlägt das »Neue Deutschland« an. Unter der Überschrift »Verstellte Sicht auf unsere Wirklichkeit« richtet sich auch hier die Schelte hauptsächlich gegen den Szenaristen Ulrich Plenzdorf, der als »ahnungsloser, borniert, neurotischer Zeitgenosse« bezeichnet wird, »der die Leistungen vieler herabwürdigt, und die Freude jedes nomalen Menschen beim Umzug in eine moderne Wohnung als Durchleben eines Konfliktes auf Leben und Tod beschreibt in einer kaputten (...) Welt, (...) die nicht die unsere ist.« [32]

Sowohl Herrmann Zschoches *Insel der Schwäne* als auch Helmut Dziubas *Erscheinen Pflicht* werden auf dem 4. Nationalen Spielfilmfestival Auszeichnungen verweigert. Trotz eindringlicher Proteste gelingt es auch der Publikumsjury nicht, ihren Preis, den »Findling«, an einen der Filme zu vergeben. Es heißt, *Erscheinen Pflicht* sei nur im Programm geblieben, weil sich der Generaldirektor und der Leiter der HV Film in gemeinsamer Absprache mit

1

2

3

Ulrich Weiß und seine Filme:

1 mit Kameramann Otto Hanisch bei
   den Dreharbeiten zu »Blauvogel« (1979),
   einem ungewöhnlichen Indianerfilm

2 Jutta Hoffmann und Robin Jaeger in
   »Blauvogel«

3 Michael Gwisdek als gescheiterter
   Profiboxer in »Olle Henry« (1983)

dem Ersten Sekretär der Bezirksleitung Karl-Marx-Stadt der SED für den Film eingesetzt hätten. Im Bezirk Dresden kommt es zu keiner einzigen Vorführung von Helmut Dziubas Arbeit, die – so die offizielle Formulierung – »zum begrenzten Einsatz mit Diskussion« freigegeben ist. Die Chefredakteure wichtiger Zeitungen und Zeitschriften empfangen eine Nachricht, in der es heißt, *Erscheinen Pflicht* sei kritisch zu besprechen. Ein von mir und Ralf Schenk bereits für den Druck in der Fachzeitschrift »Film und Fernsehen« vorbereitetes Interview zur Arbeit des Regisseurs Helmut Dziuba sowie die beiden Rezensionen von Ingeborg Pietzsch und Günther Wirth verschwinden auf mysteriöse Weise in allen Exemplaren. Erst nach der Wende »findet sich« eine Durchschrift an, die angeblich im Panzerschrank des Chefredakteurs gelegen hat.

Worum es eigentlich ging, zeigt die Gratwanderung vom Szenarium bis zur Endfertigung des Films, die sich zwischen wahrheitsgetreuer Schilderung der politischen Befindlichkeit Jugendlicher und gleichzeitiger Rücknahme von Kritik an der Elterngeneration bewegt. Immer wieder werden Dialoge verändert wie: »Wenn man's genau nimmt, Onkel Kraft (...), von euch haben wir doch nur das Beifallklatschen gelernt (...) und Fähnchen winken« – oder Bilder und Szenen korrigiert: Kreuze auf dem Leichenwagen, mit dem der Ratsvorsitzende zu Grabe gefahren wird, oder von weither kommendes Glockengeläut einer Kirche müssen entfernt werden. Eine Szene in der S-Bahn, in der Elisabeth, Tochter des Ratsvorsitzenden, die ihr von ihren Mitschülern boshaft aufgehalste FDJ-Fahne gegen angetrunkene und sie anpöbelnde Männer verteidigen muß, darunter ein Bauarbeiter und ein Soldat in der Uniform der Nationalen Volksarmee, wird zum besonderen Reizpunkt. Sätze wie »Eine richtige kleine FDJ-Idiotin! – Auf deine Partei scheiß ich, Freundschaft« werden in einem frühen Stadium des Projekts getilgt, wobei die Szene in ihrer Konstellation bis zum fertigen Film erhalten bleibt. Andererseits werden Szenen hinzuerfunden, die den offensichtlichen Generationskonflikt entschärfen. Im Gespräch zur staatlichen Zulassung am 20. 12. 1983 lobt man schließlich die realistische Beschreibung politischer Befindlichkeit von Jugendlichen in der DDR und bestätigt gleichzeitig, daß es, da Elisabeth die Prüfung und Herausforderung bestehe, gelungen sei, die Integrität des Vaters in seiner politischen Verantwortung als Ratsvorsitzender wieder herzustellen. Damit sei das politische Klima entscheidend zum Positiven hin beeinflußt. [33]

Die ersten »Testvorführungen«, die der Generaldirektor in solchen Fällen anberaumt, fallen gut aus. Der FDJ-Zentralrat und die Abteilung Jugendfragen beim ZK der SED schlagen vor, *Erscheinen Pflicht* zum zentralen Treffen der FDJ-Jugend zu schicken. Mit dem Film komme endlich etwas ins Kino, worüber man nachdenken könne, heißt es. Der Absturz beginnt während einer Vorführung in der Parteihochschule der SED in Berlin, als einer der Professoren demonstrativ den Raum verläßt. Nach Aussagen von Dozenten der Hochschule habe dieser sofort Verbindung zu Erich und Margot Honecker wie zu Egon Krenz aufgenommen.

**»Dein unbekannter Bruder«
(1982 / RE: Ulrich Weiß) mit Uwe Kockisch:
Angst und Verrat in den Reihen
des antifaschistischen Widerstands.**

Die scharfen Reaktionen auf *Insel der Schwäne* und *Erscheinen Pflicht*, die zudem ja auch noch auf Mißverständnissen beruhten – denn es ging den Schöpfern lediglich darum, auf den »richtigen« Umgang mit Jugendlichen aufmerksam zu machen, wenn man sie für die Sache des Sozialismus begeistern will –, sind aus den allgemeinen politischen Umständen in der DDR und den beginnenden Veränderungen in Polen, der Sowjetunion, Ungarn zu erklären. Am 25. Juni 1984 kommt es zur vorübergehenden Schließung der Ständigen Vertretung der BRD in der DDR, da sich dort fünfzig Bürger aufhalten, die ihre Ausreise erzwingen wollen. Im gleichen Jahr sieht sich die DDR-Führung genötigt, Erleichterungen im Reiseverkehr zuzulassen. Danach dürfen Rentner und Personen, die Verwandte ersten Grades in der BRD haben, zu Besuchen ausreisen, Jugendliche können in Gruppen im Rahmen von organisierten Reisen des FDJ-Reisebüros »Jugendtourist« ins westliche Ausland fahren. Ihre Anzahl bleibt allerdings äußerst begrenzt. Die heiteren Reisefilme der DEFA spiegeln im Laufe der Jahre diesen neuralgischen Punkt zunehmend mit bitterem Unterton.

Ende des Lachens

Mit dem Film *Und nächstes Jahr am Balaton* von Herrmann Zschoche war dem Studio 1980 ein Publikumsrenner geglückt. Millionen, vor allem Jugendliche, strömten im Laufe der Jahre in diesen Film, bei dessen Ausstrahlung im Fernsehen man hoher Einschaltquoten sicher sein konnte. Dabei war die Reisekomödie von der Kritik zwar freundlich, doch auch mit verstecktem Vorwurf aufgenommen worden. Ein Rezensent meinte: »Diese Geschichte um Sommer, Sonne und Liebe schrieb Inge Wüste-Heym nach Motiven des Buches von Joachim Walther ›Ich bin nun mal kein Yogi‹, einer Lieblingslektüre junger Leute, als Pop-Musical bereits für die Bühne erfolgreich dramatisiert. Mit erstaunlicher Sicherheit eliminierte die Autorin gedanklichen Tiefgang und weltanschauliche Aspekte der literarischen Vorlage, in der Jonas (...) nach Rumänien aufbricht, um bei einer Hochwasserkatastrophe zu helfen.« [34]

Tatsächlich erfolgte im Laufe von acht Jahren die Verwandlung des Stoffes aus einer konfliktträchtigen Geschichte um einen jungen Mann, der angesichts der Lebensumstände in seiner Heimat und in der Welt seine Haltung zum Leben überprüft, in einen lockeren Reise-Report, in dem die Konfrontationen in bezug auf die nun mal unüberwindlichen Grenzen liebevoll ironisch gelöst werden. Zwischen den Abnahmeprotokollen befindet sich ein Brief ohne Adressat und ohne Unterschrift, in dem es heißt: »Das Buch ist auch bei aufsässigen Kindern intellektueller Genossen beliebt.« [35] Bedeutete dies Warnung oder Fürsprache? Am Ende des Films jedenfalls kehrt der Held, der auszog, Großes zu leisten, zurück. Ein wenig traurig, aber in der Hoffnung, daß ihm die gesammelten Erfahrungen nun von Nutzen sein können. Regisseur Herrmann Zschoche: »Der Schluß sollte eine Mischung aus Resignation und Trost sein. Es ist zwar ein Ausbruch – und darauf reagierten die jungen Leute im Kino –, wenn auch ein beschränkter. Weiter als nach Rumänien oder Bulgarien ging

1

2

3

Die Ferne als Verlockung und Trauma –
»Reisefilme« der DEFA:

1 »Und nächstes Jahr am Balaton« (1981/RE: Herrmann Zschoche)
   mit René Rudolph (rechts):
   beim Trampen durch Osteuropa.

2 »Bockshorn« (1984/RE: Frank Beyer)
   mit Jeff Dominiak und Bert Löper: Auf der Suche nach Glück
   und Geborgenheit – eine Parabel im Phantasieland.

3 »In einem Atem« (1988/RE: Dietmar Hochmuth)
   mit Steffen Mensching: Ein Bauarbeiter erfährt in den Rhodopen,
   daß seine Freundin zu Hause einen anderen heiraten will.

es eben nicht. Hans Dieter Mäde verstand diesen Schluß wie übrigens auch die Geschichte um *Ete und Ali*, die fünf Jahre später ins Kino kam, als eine Art Ventil.« [36)] Heraus aus der engen DDR, etwas erleben, die Welt sehen, arbeiten, wo es etwas nützt, wo man gebraucht wird – das waren die zentralen Themen nicht nur Jugendlicher. Der Lacher nach dem Dialog »Andy sagt, da kann man tauchen wie im Mittelmeer. – Muß Andy ja wissen, wie man im Mittelmeer tauchen kann« war verläßlich.

Auch der Erfolg von Peter Kahanes Debüt *Ete und Ali* ist in der Geschichte um zwei junge Leute begründet, die, gerade aus dem Pflichtdienst der Nationalen Volksarmee entlassen, ihre wiedergewonnene Freiheit genießen, das Leben und die Welt kennenlernen wollen – und am Ende scheitern, selbstverständlich ohne zu verzweifeln. Zunächst wird dem großen Traum schon dadurch ein Ende gesetzt, daß die beiden keine Personalausweise besitzen, was Reisen im Lande unmöglich macht. Also kehren sie zurück in die langweilige Kleinstadt, in der Ete seine junge Frau und einen bösen Schwiegervater zurücklassen mußte. Was immer sie anstellen, um daheim zu einem glücklichen Leben zu kommen, mißlingt. Und als Ali, sich seines Traums erinnernd, zu Ete, der inzwischen »Fern«fahrer geworden ist, in den klapprigen LKW steigt, endet die Fahrt in Zwickau, einer Stadt im Süden der DDR.

Die verhinderten Ausbrüche, die immer wieder mißlingenden Versuche der Filmhelden, individuelle Lebensansprüche zu verwirklichen, trafen das Lebensgefühl von immer mehr Menschen in der DDR. Die heiter-traurigen Filme der jungen Regisseure wie *Das Eismeer ruft* (1984) von Jörg Foth, *In einem Atem* (1988) von Dietmar Hochmuth, die den Reisefilmen zugehörig sind, oder die Gruppenporträts von Schülern einer Kleinstadt, *Vorspiel* (1987) von Peter Kahane, bzw. von jungen Intellektuellen, *Die Entfernung zwischen dir und mir und ihr* (1988) von Michael Kann, sind auch als parabelhaft verschlüsselte Signale von Gefühlen der Ratlosigkeit und Ohnmacht einer ganzen Generation zu verstehen. Ausbrechen ja, aber wie und mit welchem Ziel?

In der Einschätzung zum Szenarium *In einem Atem* heißt es: »Im Einzelfall ist der Fakt, was ein Mann alles für eine aussichtslose Liebe ausheckt, sicher filmträchtig. Auch gibt es eine Traditionslinie im komischen Genre, die dies thematisiert, doch dann mit Zielpunkt Happy-End. Im DEFA-Spielfilm jedoch wird die Aussichtslosigkeit derzeit mehrfach filmtragend thematisiert. Da triumphiert weder der Mann, noch die Frau, noch die Liebe.« [37)] Im Epilog des Films mündet der Kampf des Helden um die ideale Frau in die »Geborgenheit« des Alltäglichen: die Fahrt von Mann, Frau und Kind im Trabi endet an der Ampel vor der Straßenkreuzung. Das Signal steht auf Rot.

In *Vorspiel* wird das Komische erheiternde Zugabe zu einem Problemfilm, in dem sich Jugendliche in einer trostlos wirkenden Kleinstadt langweilen. Die Bilder sind grau in grau, nur die Leuchtschrift »Aktivist« über dem Kino knallt rot in die triste Landschaft. Eine Szene, ein Bild, ziemlich am Anfang des Films: Tom und Golem warten vorm Haus, in dem Corinna, eine neue Mitschülerin, die

aus der Großstadt kam, mit ihrem Vater wohnt. Der einzige Farbfleck in diesem Bild ist ein Blumenstrauß, den Tom der Begehrten, die seinem Leben Sinn und Abenteuer geben soll, überreichen will. Allerdings handelt es sich, wie sich herausstellt, um einen Blumenstrauß aus Papier. Die falschen Töne locken ein ironisches Lachen hervor. Man wartet auf den großen »Knall«, der das tägliche Einerlei, in dem weder große Freuden noch Katastrophen zu vermelden sind, etwas aufmuntern soll. Aber am Ende scheint wenigstens die Liebe in Erfüllung zu gehen. Günter Reisch, dessen Boulevard-Komödie *Wie die Alten sungen*, die er selbst als »viel zu sehr harmonisierend« [38)] bezeichnet, im gleichen Jahr ins Kino kommt, sagte zu Kahanes Kleinstadtmelodram: »Beim neuen Film von Peter Kahane kommt ein ganz merkwürdiger DDR-Vorgang zum Vorschein. Da stehen sich die Kontrahenten gegenüber – sie müßten eigentlich zuschlagen und können es nicht mehr.« [39)]

Forderungen von Kritikern und Zuschauern, die Widersprüche im sozialistischen Alltag auf den komischen Punkt zu bringen, aber auch die lockere Unterhaltung nicht zu vergessen, verhallen scheinbar ungehört. Für das Mißlingen des einen und des anderen kommen in den achtziger Jahren unterschiedliche Gründe in Betracht. Das Gewicht der DEFA-Produktion lag von jeher bei Filmen, die Werte vermitteln sollten – das entsprach der Tradition des Nachkriegskinos, die sowohl von Kulturpolitikern wie Filmschöpfern vertreten wurde. Differenzen gab es nicht im Hinblick auf das allgemeine Ziel, sondern darum, was man als notwendig darzustellen erachtete und auf welche Weise es in Erscheinung treten sollte. Dabei spielte natürlich eine Rolle, daß die Verantwortlichen immer ängstlicher und vorsichtiger reagierten, die Filmemacher sich verkrampfter und unzufriedener gaben, aber dennoch genügsam schienen mit kleinen Erfolgen, die sie unter argwöhnischen Augen ertrotzten.

Thomas Putensen (links) und Jörg Schüttauf in »Ete und Ali« (1985 / RE: Peter Kahane)

291

1

Peter Kahane und seine Filme:

1 »Vorspiel« (1987) mit Hendrik Duryn

3

2 »Weiberwirtschaft« (1984) mit Käthe Reichel und Mirko Haninger

3 Der Regisseur während der Aufnahmen zu »Ete und Ali«

Im Falle von *Ete und Ali* zeigt sich an zwei Aktenstücken, wie die Definition vom sozialistischen Filmwerk verinnerlicht und ausgelegt wurde. Die Einschätzung der HV Film vom 9. 5. 1984 zum Drehbuch hätte den Stoff möglicherweise zu Fall bringen können, zumindest starke Eingriffe zur Folge gehabt, wäre das Drehbuch nicht durch einen Formfehler bestätigt worden. »Für eine tragfähige Geschichte über junge Leute, die ihren gemeinsamen Weg ins Leben suchen und bei dem gescheiterten Versuch doch wenigstens für sich ein Stück menschlichen Zuwachs gewonnen haben, reicht die Fallhöhe der aufgezeigten Konflikte nicht aus. (...) Die vier Hauptpersonen haben alle kein genügend ausgeschriebenes Hinterland sowohl was ihre Charaktere betrifft als auch ihre Sozialstruktur, sie werden nicht entwickelt, (...) sie sind am Ende mehr oder weniger dieselben unreifen Bengel wie am Anfang (und das mit rund 22 Jahren). (...) Dazu kommt ein gewisser homophiler touch in der Beziehung zwischen Ete und Ali. (...) Meine Fragen an das Buch erstrecken sich bis auf solche Details wie das von Ete und Ali wieder auf die Beine gebrachte private Fuhrunternehmen, was mir an der Realität etwas vorbei zu gehen scheint, wenn ich an die Notwendigkeit des Verlagerns von Transporten auf die Schiene

denke u. a. (...)« [40] In der Einschätzung des Progreß-Filmverleihs zum Film heißt es dann später: »Es ist hervorzuheben, daß das komische Element nie auf Kosten des Realitätsbezuges geht. Es bleibt immer – auch im Detail – eine sozial genau bestimmte Geschichte, die den Anspruch erheben kann, ein Stück DDR-Alltag gültig widerzuspiegeln.« [41] Das Lob hatte den Einsatz von *Ete und Ali* mit einer hohen Kopienzahl zur Folge. Realismus im Detail als oberstes Gebot? Wie also sollte Komisches oder Tragisches, das ohne Überhöhung nicht darstellbar ist, wirklich Eingang in den DEFA-Film finden?

Michael Kanns *Die Entfernung zwischen dir und mir und ihr* setzt ein Spiel um Dreißigjährige in Gang, deren frühere Enttäuschungen und Frustrationen im Privaten wie im Beruflichen für Lebenshaltungen heute ins Feld geführt werden. Hilflosigkeit, Sprachlosigkeit, Angst, Gefühle einzugestehen und sie auszuleben, sind bezeichnend für diese Intellektuellen, deren »Leiden« die Autoren aus ironischem, fast sarkastisch anmutendem Blickwinkel sehen. Die komischen Brüche, die die Dramaturgie bestimmen – anders als gemeinhin in DEFA-Komödien –, geben einen absurden Zustand zu erkennen, in dem die Menschen ein fremdes Ich zu leben scheinen, manipuliert durch die Medien, sich allem verweigernd, reduziert in ihren Wünschen. Hoffnungen und Ideale kommen nicht mehr vor. Allerdings scheint die Sache so ernst, daß ein locker-lakonisches Spiel zwischen den Figuren am Ende nicht durchgehalten wird.

In der Forderung nach dem Bild, das der Wirklichkeit wie ein Spiegel entsprechen soll, und gleichzeitig der Angst vor ihm, drückt sich die Schizophrenie eines Maßstabes in der Kunst aus, der vor allem von der Ideologie bestimmt scheint. Bloßer Ulk war zu wenig, Lachen mit Hintersinn nur bedingt erlaubt.

Wie wenig das Löcken wider den Stachel im komischen Genre möglich war, zeigt Roland Oehmes vierzehn Tage vor Drehbeginn gescheiterter Versuch, das Projekt »Der radlose Mann« zu produzieren. Die Geschichte eines Mannes, der aus dem Knast kommt und mit geborgtem Trabi eine Reise durch den DDR-Alltag antritt, ist dem Ministerium des Innern nicht genehm. Oehme: »Der Eingriff war für mich eine bittere Erfahrung. Am schlimmsten waren die anonymen Gegner, mit denen man nicht argumentieren konnte. (...) Das betraf Weisungen aus dem ZK beispielsweise. Im Falle von ›Der radlose Mann‹ hatten wir es immer nur mit dem Pressesprecher des Ministeriums des Innern zu tun. Er nahm unsere Argumente entgegen, sagte: Sie hören von mir, wenn wir das bei uns geklärt haben. Beim nächsten Mal gab er dann die Meinung Dritter wieder.«[42] Als Ersatz drehte Roland Oehme *Meine Frau Inge und meine Frau Schmidt* (1985). Weder dieser noch der vorangegangene Film, *Asta, mein Engelchen* (1981) oder der nachfolgende *Je t' aime, chérie* (1986), konnten an die in den siebziger Jahren gedrehten Komödien beziehungsweise Lustspiele anknüpfen. *Der Mann, der nach der Oma kam* (1972), der Millionen ins Kino und an den Fernsehschirm lockte, blieb Oehmes größter Erfolg.

Die Handlung um *Meine Frau Inge und meine Frau Schmidt* rankt sich um einen in glücklicher Ehe lebenden Mann, den eine geschiedene Frau als Erzeuger ihres Kindes auserwählt, was schließlich dazu führt, daß Karl Lehmann mit zwei Frauen und vier Kindern in gleichberechtigter, nichtehelicher Partnerschaft lebt. Die Abnahmeprotokolle bezeugen die Verkrampfungen in der Arbeit an einem lustvollen Spaß mit Hintersinn. »Ist es so normal und alltäglich, daß sich die schwangere Ehrfrau mit der schwangeren Freundin des Mannes anfreundet, daß es keiner Erklärung bedarf? Was bewegt die beiden Frauen, eine ›Ehe zu dritt‹ einzugehen, um sich später doch einen Liebhaber zu halten? (...) In Anbetracht der Scheidungsquoten in der DDR stellt man sich die besorgte Frage, in welche Richtung, auf welche Werte dieser Film orientieren will. (...) Da es nicht gelungen ist, (...) eine Distanz zur Realität zu schaffen, ist zu erwarten, daß diesem Film der Vorwurf der Amoralität gemacht wird, daß Kriterien sozialistischer Familienpolitik und sozialistischer Lebensweise mißachtet bzw. angegriffen werden.«[43] Mit folgenden Bemerkungen, aber ohne Auflagen, nimmt der Generaldirektor das Rohdrehbuch ab: »Überarbeitung der Scheidungsszene mit dem Ziel, der Dittus als Richterin ein größeres Maß an Souveränität zu verleihen (...), der ›Schluckauf‹ ist über-

1

2

3

Unermüdlich um Komödien- und Lustspielstoffe
bemüht: Regisseur Roland Oehme

1 »Asta, mein Engelchen« (1980)
   mit Annemone Haase und Erwin Geschonneck

2 »Meine Frau Inge und meine Frau Schmidt« (1985)
   mit Viola Schweizer, Walter Plathe
   und Katrin Saß (v. l. n. r.)

3 »Je t' aime, chérie« (1986)
   mit Marie Gruber und Peter Kube

Indianerfilme – der Ausklang:

»Atkins« (1985/RE: Helge Trimpert)
mit Oleg Borissow und Colea Rautu
sowie
»Der Scout« (1983/RE: Konrad Petzold)
mit Gojko Mitic

flüssig und beschädigt die Figur.« [44] Das Ergebnis, so stellten am Ende kulturpolitische Leiter wie Filmemacher fest, sei unbefriedigend. In einem handschriftlichen Protokoll ohne Unterschrift über eine Begegnung in der HV Film heißt es: »Roland hat mit Wut im Bauch (Der radlose Mann †) inszeniert. All solche Imponderabilien können wir dem Zuschauer nicht mitliefern! Was kann man noch tun?« [45]

Werner Beck, viele Jahre Leiter der Dramaturgengruppe, die sich der Kinder- und Genre-Filme angenommen hatte, sagt 1991: »Alles tendierte zum Problemfilm. Das Lustspiel hatte kein Ansehen unter den Kollegen. Komödie ging nicht, weil sie einen konsequenten Konflikt mit Hintersinn braucht. Alles war auf das kleine Land DDR bezogen. Das allgemein Menschliche war verpönt, und so blieben auch die Genre-Filme auf der Strecke.« [46]

Vergeblich versucht das Studio, mit *Der Scout* (1983/ RE: Konrad Petzold) und Gojko Mitic an die Indianer-Erfolgsfilme der siebziger Jahre anzuknüpfen. *Atkins* (1985/ RE: Helge Trimpert), in dem die tragische Geschichte eines beinahe gelungenen friedlichen Zusammenlebens um einen Weißen und Indianer erzählt wird, verzichtet bewußt auf die übliche Dramaturgie, in der die Handlung durch Hinterlist und Kampf vorangetrieben wird, und erfüllt ebenfalls die Erwartungen der Zuschauer nicht.

Mit dem Musical *Zille und ick* (1983/ RE: Werner W. Wallroth) wagt sich die DEFA zu Beginn der achtziger Jahre auf ein kaum betretenes Terrain – *Hochzeitsnacht im Regen* (1967/ RE: Horst Seemann) und *Heißer Sommer* (1968/ RE: Jo Hasler) waren bis zu diesem Entschluß fast die einzigen originalen Filmmusicals des Studios geblieben. Die Diskussion um diesen Stoff hatte sich über Jahre hingezogen. Horst Bonnet, Opernregisseur und bekannt durch den opulenten und in Maßen wider die Obrigkeit löckenden DEFA-Operettenfilm *Orpheus in der Unterwelt* (1974), ursprünglich für die Regie vorgesehen, trat 1979 zurück. Das vorliegende Szenarium schien ihm zu realistisch ausgerichtet – »eine genaue Schilderung des Milieus und damit des sozialen Hintergrunds. (...) Die Überhöhung ins ›Spiel‹ lag mir immer näher.« [47] Der Musiktheoretiker und Komponist Wolfgang Thiel lobt Werner W. Wallroths Film als »sozialkritisches Bild des Berliner Nordens, in dem der Maler und Zeichner Zille gewirkt hatte«, »ohne Wachparaden-Seligkeit, Dirnenromantik und Poesiealben-Sentimentalität.« [48] Filmkritiker und Zuschauer folgen dieser Einschätzung nicht. Hier hatte man unbeschwerte Heiterkeit im Berliner Operettenklamauk erwartet, fühlte man sich doch im Laufe der achtziger Jahre von den Gegenwartsfilmen mit ihren dem wirklichen Leben nur andeutungsweise nahekommenden Alltagsbeschreibungen schon genug genervt.

1

2

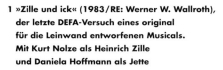

3

1 »Zille und ick« (1983/RE: Werner W. Wallroth),
der letzte DEFA-Versuch eines original
für die Leinwand entworfenen Musicals.
Mit Kurt Nolze als Heinrich Zille
und Daniela Hoffmann als Jette

2 Der Berg kreißte und ein Mäuslein ward
gebor'n: Regisseur Franz Antel (rechts)
inszeniert in Babelsberg
»Johann Strauß – der ungekrönte König« (1987),
eine Co-Produktion zwischen der DEFA
und einer österreichischen Firma.
Mit Oliver Tobias in der Titelrolle
und Rolf Hoppe als Herzog Ernst

3 Oliver Tobias und Zsa Zsa Gabor im
DEFA-Atelier

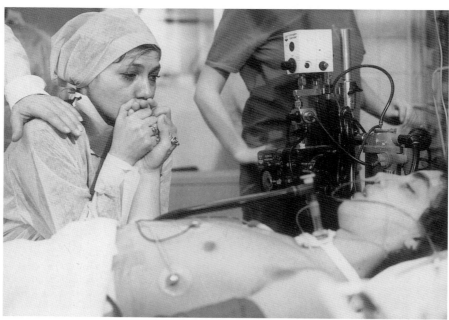

Filme von Horst Seemann:

**Oben: Christian Grashof und Ionka Iliewa in
»Levins Mühle« (1980) nach dem
gleichnamigen Roman von Johannes Bobrowski**

**Unten: Judy Winter und Daniel Jacob in
»Ärztinnen« (1984) nach dem Schauspiel
von Rolf Hochhuth:
einer der größten DEFA-Publikumserfolge
der achtziger Jahre**

Noch keine Spur von Glasnost:
Eine der letzten Co-Produktionen zwischen der DEFA und Mosfilm:
»Der Sieg« (1985/RE: Jewgeni Matwejew).

Mit Ramas Tschchikwadse als Stalin,
Georgi Menglet als Churchill und Algimantas Masjulis als Truman.

Gegenwart als Resultat der Geschichte

Die Regisseure Frank Beyer, Rainer Simon, Roland Gräf, Lothar Warneke und andere, die sich nun rund zwei Jahrzehnte im Auf und Ab von Hoffnung und Resignation zurechtzufinden suchen, wenden sich nach 1982 fast ausschließlich Stoffen der Vergangenheit zu. Filme wie Beyers *Der Aufenthalt* (1983), Simons *Die Frau und der Fremde* (1985) und *Das Luftschiff* (1983), auch Gräfs *Das Haus am Fluß* (1986) basieren auf Literaturvorlagen. In diesen Geschichten geht es vor allem um die Frage von Schuld und Opfer, moralische und politische Verantwortung des Individuums unter existentiellen Bedingungen wie Krieg, Faschismus, Nachkriegszeit. So sehr die Autoren mit den dargestellten Schicksalen und Konflikten ihrer meist psychologisch genau gezeichneten Helden gegenwärtiges Unbehagen über die Verstrickung des einzelnen in die Strukturen der Macht treffen – er wird mißbraucht, gebraucht die Macht aber auch für sich –, sie erreichen ihr Publikum vor allem in Filmclubs. Den interessierten Zuschauer in der DDR locken die Filme auch durch ihre hervorragenden Besetzungen: Kathrin Waligura, Jutta Wachowiak, Katrin Saß, Corinna Harfouch, Hermann Beyer, Kurt Böwe, Jörg Gudzuhn, Sylvester Groth.

Frank Beyers *Der Aufenthalt* erhält offiziell das Prädikat »Besonders wertvoll« wegen seiner psychologischen Genauigkeit, der differenzierten Sicht auf die unmittelbare Nachkriegszeit, einer ungeschönten Darstellung deutschpolnischer Beziehungen – kurz: aufgrund seiner gesamten künstlerischen Qualität. Wolfgang Kohlhaase hatte aus Hermann Kants Roman die Novelle um den Verdacht gegen den jungen Mark Niebuhr, bei einem Massaker in Lublin mitgemordet zu haben, herausgelöst. Als der Irrtum sich aufklärt, begreift der junge Deutsche, daß er sich selbst nie mehr als unschuldig bezeichnen kann. In polnischer Gefangenschaft findet Mark Niebuhr durch die Begegnung mit Polen und deutschen faschistischen Offizieren zu neuem Selbstverständnis und bewußter antifaschistischer Haltung.

Mit großen Hoffnungen wird der Film im Januar 1981 für die 33. Berlinale vorgeschlagen und von dort nach Ansicht offiziell eingeladen; der Platz im Programm ist bereits festgelegt. Nur wenige Tage danach richtet der Generaldirektor dringliche Briefe an die HV Film und die Abteilung Kultur des ZK der SED, den Vorwürfen der »polnischen Seite«, der Film habe eine falsche ideologische Stoßrichtung, er sei antipolnisch, nicht nachzugeben, da dies nicht den Tat-

297

**Sylvester Groth in »Der Aufenthalt« (1983):
ein kriegsgefangener deutscher Soldat
allein in einem polnischen Gefängnis**

sachen entspreche und außerdem im Falle eines Rückzuges die DDR als einziges sozialistisches Land ohne Festivalbeitrag auf der Berlinale dastehe.

Zur Premiere dürfen die polnischen Darsteller nicht in die DDR reisen. Um die offensichtlichen Mißverständnisse auszuräumen, versucht man über die Verbände der Film- und Fernsehschaffenden der DDR und Polens Kontakte herzustellen. Da aber aufgrund der politischen Entwicklungen seit 1981 die Verbindungen gestört sind – der Ehrenpräsident des polnischen Verbandes, Andrzej Wajda, beabsichtigt eine Neugründung ohne kommunistische Vorherrschaft, was gleichzeitig Distanzierung von den Verbänden der übrigen sozialistischen Länder bedeutet –, mißlingen alle Versuche. Die Nominierung des Films für die Berlinale wird zurückgezogen. Im Laufe späterer Gespräche mit dem Präsidenten des polnischen Verbandes Jerzy Kawalerowicz stellt sich heraus, daß kein polnischer Filmschaffender den Film je gesehen hat, es aber Einwände aus dem ZK, von Vertretern der Armee und des Kulturministeriums gegeben habe, die zudem sehr differenziert gewesen seien. Vorbehalte bestanden offensichtlich gegen die Darstellung des polnischen Wachpersonals im Gefängnis. So würde das wirkliche Bild der Nachkriegszeit entstellt, was den gefal-

lenen und ermordeten Polen Unrecht zufüge, denn die Verbrechen der Faschisten sehe man im Film nicht. Obgleich sich so bekannte Filmschaffende wie Regie-Altmeister Jerzy Bossak in die Diskussion einmischen und die Filmschöpfer verteidigen, kommt man bis in die Mitte der achtziger Jahre immer wieder auf diesen Fall zurück. Dabei wird der Film in Ost und West längst als Meisterwerk und die Entdeckung des Schauspielers Sylvester Groth fürs Kino gefeiert. [49)]

In der Einschätzung zu Simons Szenarium *Das Luftschiff* über den deutschen Erfinder Stannebein, der sich selbst behauptend und doch angepaßt und manipuliert in den Mühlen der Mächtigen zerrieben wird, meldet die HV Film noch Bedenken an: durch die verschlüsselte Erzählweise rücke der Gesamteindruck in die Nähe der Allegorie, womit versteckt auf jede x-beliebige Ordnung hingewiesen würde. Später nimmt man den Film laut Protokoll erst einmal glanzvoll ab. Die »Sorge« aber – Rainer Simon begebe sich nach dem Schicksal von *Jadup und Boel* erneut in eine bedenkliche Situation, da man in der BRD einen Erfolg organisieren könne, der ihm in der DDR versagt bleibe [50)] –, teilen offensichtlich alle kulturpolitischen Leiter. Der

Film wird keinem Festival angeboten. Fragen des Regisseurs bleiben unbeantwortet.

Erfolg zu haben, erlaubt man dem neben Ulrich Weiß wohl konsequentesten Vertreter des DDR-Autoren-Kinos erst mit seiner folgenden Arbeit *Die Frau und der Fremde* nach Leonhard Franks Novelle »Karl und Anna«, der auf der 35. Berlinale der »Goldene Bär« zuerkannt wird. Die Flucht des in Gefangenschaft geratenen deutschen Soldaten Karl aus der sibirischen Steppe nach Hause stellt eine Metapher für ein Sich-Nichtabfinden dar. Wie in seinen nächsten Filmen *Wengler & Söhne* (1987), *Die Besteigung des Chimborazo* (1989) und *Der Fall Ö.* (1991) sucht der Regisseur in verschiedenen Schicksalen seiner Figuren die Komplexität menschlichen Daseins zu erfassen: nicht allein dem historischen und sozialen Umfeld, sondern vor allem der Psyche der Helden – Bewußtem und Unbewußtem – gilt sein Interesse. Die Intensität, mit der in die historischen Figuren hineingeleuchtet wird, die Orientierung an ihrer Lebensgeschichte, ohne in allgemeinhistorische Zusammenhänge abzugleiten, Licht und Farben, wie sie der Kameramann Roland Dressel erzeugt, Überhöhungen wie die graphischen Überzeichnungen durch Lutz Dammbeck in den Bildern des Films *Das Luftschiff* überbrücken die Distanz der Jahre des Geschehens zur Gegenwart. Rainer Simon: »Ich versuche immer, hinter die Identität meiner Figuren und damit hinter das eigene Leben zu kommen.« [51]

In der »Weltbühne« nimmt Peter Ahrens 1985 den Film *Die Frau und der Fremde* zum Anlaß, die zu mahnen, die kulturpolitische Verantwortung tragen: »Aus solchen Werken kommt auch Hilfe gegen die Gefahren des Dilettantismus, der dramaturgischen und inszenatorischen Hilflosigkeit und, vor allem, der selbstzufriedenen Borniertheit, die von Halbheit zu Halbheit unverdrossen voranschreitet. Voran? Die Gefahren sind längst nicht mehr nur am Horizont zu ahnen, sondern deutlich auf unseren Kinoleinwänden zu bemerken. Um so wichtiger das Beispiel, das Rainer Simon gibt.« [52] In einer Analyse zum DEFA-Spielfilm aus dem gleichen Jahr, in der ein kontinuierlicher Besucherrückgang beklagt wird, sieht man die Ursachen dafür in diplomatischen und politischen Rücksichten, Vorsichten, Ängstlichkeiten, die dazu führten, daß Atem und Fragestellungen kaum über die Landesgrenzen hinausreichten – weder inhaltlich noch künstlerisch. [53]

Regisseur Frank Beyer (Mitte) und Szenarist Wolfgang Kohlhaase bei den Arbeiten zu »Der Aufenthalt« – nach dem gleichnamigen Roman von Hermann Kant. Als Mark Niebuhr: Sylvester Groth.

Das Verbot von *Jadup und Boel*, öffentliche Angriffe auf *Dein unbekannter Bruder, Insel der Schwäne, Erscheinen Pflicht* begriff die Studioleitung als Signal für das Ende einer Tendenz. »Arbeiten wie *Solo Sunny, Die Beunruhigung* oder *Märkische Forschungen* waren nicht zum Ausgangspunkt von Filmen über ethische Grundfragen der Zeit, über gesellschaftliche Fehlentwicklungen im Sozialismus und damit verbundene Konflikte einzelner und gesellschaftlicher Gruppen geworden, sondern Endpunkte. (...) Es gibt keine Tabus in der Kunst, wenn man von festen sozialistischen Positionen ausgeht – dieser Satz von Erich Honecker (...), aus dem viele Hoffnungen geschöpft hatten, erwies sich im nachhinein als teuflisch. Damit war letztlich alles wieder ins Belieben genommen; es fand wieder keine Dis-

1

2

3

**Preisgekrönt mit dem Goldenen Bären
der Berliner Filmfestspiele 1985:
Rainer Simons »Die Frau und der Fremde«
nach der Erzählung »Karl und Anna«
von Leonhard Frank**

1 Szene mit Kathrin Waligura

2 Peter Zimmermann (links) und Joachim Lätsch

3 Joachim Lätsch und Kathrin Waligura

kussion über das Werk selber und seine Qualitäten statt. (...) Es ging immer mehr darum, was man grundsätzlich für eine Auffassung von der Gesellschaft hat.«[54] – so Professor Rudolf Jürschik, Chefdramaturg des Studios im Gespräch 1991.

Wurde einerseits in der Öffentlichkeit der Mangel an Stoffen und Autoren als Grund für ungenügende Relevanz und mäßige Kinowirksamkeit der Filme benannt, so gab es doch eine Reihe von Projekten, die gerade deswegen auf der Strecke blieben, weil sie wichtige, globale Themen in den Mittelpunkt stellten. Zu den unbeliebten Sujets gehörte zum Beispiel die Zweistaatlichkeit Deutschlands. In *Familienbande* von Horst E. Brandt (1982), einem Kriminalfilm, in dem zwei ehemalige DDR-Bürger ihren in der DDR lebenden Bruder zu Antiquitätendiebstahl überreden wollen, kommt die Zweistaatlichkeit zwar vor, wird aber weder historisch noch psychologisch hinreichend reflektiert. Einer von drei geplanten Stoffen über das deutsch-deutsche Verhältnis, *Verfehlung* (1991/ RE: Heiner Carow), wurde erst nach der Wende realisiert. Eine Liebesgeschichte von Regine Kühn und »Von ganzem Herzen dein«, ein Regieprojekt Joachim Haslers, kamen nie in den Produktionsplan.

Das Szenarium zu »Paule Panke« von Heiner Carow und Rolf Richter wurde im Studio abgenommen, scheiterte dann aber in der HV Film. Der kinoträchtige Stoff, für den die in der DDR beliebte Rockgruppe »Pankow« den Hintergrund abgeben sollte, stolperte über den Konflikt zwischen Vater (Staatssekretär) und Sohn (Rockmusiker). Ein Film, in dem junge Leute sich ihren etablierten Vätern verweigern, schien staatsgefährdend. Mitte der achtziger Jahre war man nicht mehr bereit, den Kampf bis zum fertigen Produkt aufzunehmen, das dann möglicherweise im Archiv verschwindet. Aber nicht nur Gegenwartssujets scheiterten in diesem Stadium. Beargwöhnt wurden Stoffe und Themen, die Problembewußtsein wecken wollten, sich einer schematischen Schwarzweiß-Darstellung und bloßer Illustration von Geschichte entsprechend ideologischer Vorgaben zu entziehen suchten. »Elisabeth, das Hitlermädchen«, Regieprojekt von Evelyn Schmidt oder »Tanz im Volkshaus« (Ulrich Weiß), ein Rückblick auf die fünfziger Jahre in der DDR-Provinz, blieben in den Schreibtischschubladen. *Der Lude* (1984/ RE: Horst E. Brandt), eigentlich als Horst-Wessel-Geschichte konzipiert, verkam zu einer platten Kriminalstory.

Heiner Carows jahrelange Arbeit am Simplicissimus-Stoff führte ins Nichts. Ob es allein finanzielle Gründe waren, die das ohne Zweifel teuerste Projekt des Studios zu Fall brachten, ist fraglich. Gemeinsam mit dem Fernsehen der DDR wäre, hätte man den Film wirklich gewollt, eine Finanzierung möglich gewesen. Aber der Name des Regisseurs hatte nach *Die Legende von Paul und Paula*, *Ikarus* und *Bis daß der Tod euch scheidet* in den Ohren der führenden Genossen keinen guten Klang. Vor allem nicht in der Agitationsabteilung des ZK der SED. Überdies schien eine Diskussion über philosophisch-ethische Grundfragen angesichts der Bewegungen in den sozialistischen Ländern nicht opportun, fühlte man doch die Instabilität und wollte sie nicht noch bildlich vorgeführt bekommen.

1

2

3

Filme von Rainer Simon:

1 »Das Luftschiff« (1983) mit Jörg Gudzuhn

2 »Wengler & Söhne – Eine Legende« (1987) mit Christoph Engel

3 »Die Besteigung des Chimborazo« (1989) mit Jan-Josef Liefers

Rainer Simons Bemühungen um die Adaption von Michel Tourniers »Erlkönig«, der Autor hatte dem Projekt zugestimmt, schlugen ebenso fehl. Diese andere Sicht auf Faschismus, die Verallgemeinerung von Fragen nach der Faszination von Ideologie und Manipulation, nach psychischen Mechanismen, die Leute befähigen, in einer Zeit der Diktatur normal zu leben, beschwor offensichtlich nicht nur bei Künstlern Assoziationen gegenwärtiger Realität herauf.

Ob es sich um einen Film, dem die »Chronik des Michael Kohlhaas« zugrunde liegen sollte, oder um ein Porträt über Rosa Luxemburg handelte, war gleichgültig, wichtig war, daß es in solchen Sujets um die »richtige« Auseinandersetzung mit unterschiedlichen Lebenspositionen und Weltanschauungen ging. Rainer Simon und andere Filmemacher entdeckten nach der Wende, wie lückenlos man sich ihrer Person, ihren Freunden, ihrer Arbeit von staatswegen angenommen hatte.

Siegfried Kühn, der 1980 mit *Don Juan, Karl-Liebknecht-Str. 78* einen sehr persönlichen Film über einen Opernregisseur in der Midlifecrisis vorgelegt hatte, was ihm den Vorwurf des Subjektivistischen einbrachte, kämpft 1982 um die Realisierung eines Projekts, in dem es um einen Fotografen geht, der in der Auseinandersetzung mit Schwarzweiß- und Farbfotografie nach seinen eigenen ehrlichen Möglichkeiten zu arbeiten sucht. In der Geschichte um diesen Mann, die auf der Großbaustelle eines künftigen Kernkraftwerkes angesiedelt ist, sollte der Konflikt zwischen Faszination des technisch-wissenschaftlichen Zeitalters und der Sehnsucht nach dem einfachen Leben, wie es eine in der Nähe der Baustelle lebende Fischerfamilie verkörpert, erzählt werden. Auch ein zweiter Stoff des Regisseurs, »Geschenk für Kinder«, über einen Mann und eine Frau, deren Schicksal und moralische Entscheidungen in den historischen Prozeß von dreißig Jahren DDR-Entwicklung gestellt werden, erfährt Ablehnung.

Kühn wendet sich nun in einem Brief an Kurt Hager, in dem er eindringlich darlegt, wie er sich durch seine Partei aufgefordert sehe, die »echten Konflikte und die großen Themen unserer Gesellschaft zu entdecken und im Spielfilm zu gestalten« [55], daß diese Stoffe aber dann, wenn sie vorlägen, nicht gemacht würden. Eine Antwort darauf erfolgt nicht. Der Regisseur scheidet 1982 aus der Kampfgruppe des Studios und aus der SED aus. Dies, aber auch Kühns Parteinahme für den Mann an der Spitze von Solidarnosc, Walesa, während des nationalen polnischen Spielfilmfestes 1980, wo die erste freie Gewerkschaft der Filmemacher eines sozialistischen Landes gegründet wird, führen schließlich zur Eröffnung des Vorgangs, in dem der »bisher kontrollierte Regisseur des VEB DEFA-Studios für Spielfilme, Kühn, Siegfried (...) wegen des Verdachtes der Begehung von Straftaten gemäß §§ 99 und 100 StGB operativ bearbeitet« werden soll. [56] Kühn wird von nun an als eine der »kompliziertesten Künstlerpersönlichkeiten des Studios«, der neben Simon »die skeptischste Position zum realen Sozialismus vertritt«, von der Staatssicherheit beobachtet. [57]

Gab es vor der Wende keine genauen Kenntnisse über Gründe von Verboten und die Bespitzelung von Personen,

1

2

Siegfried Kühn und seine Filme:

1 Der Regisseur bei Dreharbeiten zu »Die Schauspielerin« (1988), mit Kameramann Peter Ziesche

2 Hilmar Thate in »Don Juan, Karl-Liebknecht-Str. 78« (1980)

so fühlte man dennoch immer deutlicher, wie die allgemeine Verunsicherung zunahm, ohne einen Ausweg formulieren zu können. In dieser Stimmung betrat die vierte Regiegeneration der DEFA die Bühne des Geschehens. 1991 sagt Michael Kann stellvertretend für seine Altersgruppe: »Ich habe zehn Filme gedreht, allerdings nur in meinem Kopf.« [58]

Außerhalb und mittendrin

Nach dem IV. Kongreß der Film- und Fernsehschaffenden der DDR 1982, in dessen Verlauf sich Absolventen der Hochschule für Film und Fernsehen »Konrad Wolf« zur Lage des Nachwuchses in den Studios des Fernsehens der DDR und der DEFA-Betriebe äußern, kommt es am 28. Oktober 1982 zu einem Treffen von etwa siebzig Studenten, vor allem aber Absolventen der Studienrichtungen Regie, Kamera, Produktion und Filmwissenschaft im Berliner Haus der Ungarischen Kultur. Die Konferenz, mit Unterstützung des Film- und Fernsehverbandes organisiert, dient dem Ziel, ein während des IV. Kongresses verabredetes

3

5

4

6

3 Horst Rehberg und Grit Stephan in
   »Romeo und Julia auf dem Dorfe« (1984)

4 Marie Gruber (links) und Katrin Saß in
   »Der Traum vom Elch« (1986)

5 Corinna Harfouch als
   »Die Schauspielerin« (1988)

6 Carmen-Maja Antoni und Marc Poser in
   »Kindheit« (1987)

Gespräch zwischen jungen Filmemachern und Kurt Hager, das im Dezember stattfinden soll, vorzubereiten. Im wesentlichen geht es in dieser Anhörung – es kommt zu keiner Diskussion, da man in prinzipiellen Fragen übereinstimmt – um die Qualität von Vorlesungen, um Bevormundung und Gängelei in der Themenwahl und bei der Produktion, um kleinliche schulische Disziplin und um den Mangel an geistigem schöpferischem Klima. Kritisiert werden die Zuweisung von Arbeitsplätzen nach dem starren Delegierungsprinzip (man muß in den Betrieb zurückkehren, in dem man ein Volontariat absolvierte), kaum vorhandene Möglichkeiten, eigene Ideen zu verwirklichen, Behinderungen bei der Besetzung des Drehstabes.

Herwig Kipping, der mit seinen Studentenarbeiten als begabter Querdenker und Spielfilmregisseur auf sich aufmerksam gemacht hatte und nun gemäß des Delegierungsprinzips in den Bereich Publizistik des Fernsehens der DDR zurückgekehrt ist, gebraucht deutlichere Worte als die meisten seiner sich auf das »Machbare« beschränkenden Kollegen: Das Fernsehen stecke bis zum Hals in Provinzialismus und Mittelmäßigkeit, es mache keinen Sinn,

daß die Jungen, die grundsätzlich für den Sozialismus eintreten würden, nur wiederkäuen dürften, was die »Väter« formulierten; man müsse sich als Generation artikulieren, dürfe eigene Ideen und eigene Überzeugungen nicht verschweigen. Dabei sollten nicht nur Opportunismus in den eigenen Reihen benannt, sondern die Ursachen aufgedeckt werden, die in den Strukturen dieser Gesellschaft zu suchen seien. Kipping wird später aus der SED ausgeschlossen, entlassen, quasi zur Unperson erklärt. Kein Studio eröffnet ihm bis zur Wende die Möglichkeit, einen Film zu realisieren.

Die Atmosphäre während des Treffens bleibt trotz vieler Klagen optimistisch. Man vertraut darauf, durch solide Argumentation an die Vernunft höchster Politiker zu appellieren – die Autoritätsgläubigkeit scheint ungebrochen. »Mißtöne« – Michael Kann erinnert an die prinzipiellen Angriffe auf *Dein unbekannter Bruder* während der gerade zu Ende gegangenen Kulturkonferenz der FDJ – werden sogar als störend empfunden. Über aufgeworfene Fragen nach Gründen für Diskontinuität in der Produktionsgeschichte des DEFA-Spielfilmstudios kommt es ebensowenig zu einer Diskussion wie über die Tabus im Zusammenhang mit dem 17. Juni 1953 oder dem Einmarsch der Armeen des Warschauer Paktes in die ČSSR 1968. Schließlich wählen die Anwesenden achtzehn Vertreter, die die wichtigsten Diskussionspunkte, Argumente und Forderungen schriftlich zusammenfassen sollen. Ob das »Hager-Papier«, wie es später überall genannt wird, jemals sein Ziel erreichte, ist letztlich bedeutungslos – die Angriffe auf Dozenten, Leiter der Studios, die ja von der Partei- und Staatsführung eingesetzt worden waren, die Forderungen nach künstlerischer Freiheit mußten allen, die Verantwortung trugen, als Mißachtung ihrer Person und Gefährdung der Autorität von Partei und Staat erscheinen.

Die Kontrolle aller Vorgänge, die mit dem Treffen in Zusammenhang stehen, liegt offiziell in den Händen des Verbandes der Film- und Fernsehschaffenden, dessen Sekretariat laufend unterrichtet: den Parteisekretär der Filmhochschule, die Bezirksleitung der SED in Potsdam, die Abteilung Kultur des ZK der SED. Die Gründung einer Parteiaktivgruppe innerhalb des »Achtzehnerrates« wird als ungesetzlich erklärt und verhindert. Etwa ein Jahr später kommt es zur Neukonstituierung der Kommission Nachwuchs, die prinzipiell seit Anfang der siebziger Jahre im Verband besteht, aber nie arbeitsfähig oder arbeitswillig gewesen ist. Wenige Jahre später scheitert auch diese Kommission aus Mangel an Erfolg.
Über Arbeitsgruppen in den einzelnen Studios versuchen die »jungen Leute«, die Kommunikation untereinander aufrecht zu erhalten; man diskutiert Szenarien und Filme, doch der mangelnde Einfluß auf die Produktion demotiviert die Mitglieder zusehends. Die Abhängigkeit von einer Leitung (des einzigen Spielfilmproduzenten der DDR), der die Problemsichten unabhängig ihres politischen Kontrollauftrages auch noch unerklärlich schienen – Rudolf Jürschik: »Das Engagement, das ich für Roland Gräfs Stoffe an den Tag gelegt habe, gelang mir bei den Jüngeren nicht. Ich hab' zu wenig drin gesehen« [59] – lähmte den anfänglichen Elan von Jörg Foth, der den Vorsitz der Kommission nach wenigen Jahren aufgab. »Eine grundsätzliche, ehrliche und konstruktive Analyse wurde ignoriert, unter den Tisch gekehrt, obwohl von sofort an überall eine beinahe aufgeregte Aufmerksamkeit für Fragen der Kategorie Nachwuchs zu herrschen begann. Von hieran ging es uns wie den Frauen in der DDR. Alibis, Nachweise, Maßnahmen, Förderung mußten geschaffen (...) werden. In Wahrheit aber gab es immer noch die mehr oder weniger heimliche Verwunderung darüber, daß es uns gibt, daß uns dies nicht genügt und wir überall Probleme sehen.« [60]

In der Vorbereitung des V. Kongresses des Verbandes der Film- und Fernsehschaffenden, der ein Jahr später als geplant im April 1988 und anders als üblich, versteckt im Kultursaal eines Werkes in der Berliner Industriegegend Schöneweide unter Ausschluß der ausländischen Presse stattfinden wird – man befürchtet nach dem Verbot sowjetischer Filme und der Zeitschrift »Sputnik« in der DDR Diskussionen über Perestroika –, werden die Verfasser des »Manifestes der Nachwuchsgruppe der Sektion Spielfilm« mit Versprechungen, man wolle nach dem Kongreß über

alle Probleme reden, jetzt gefährde man womöglich die künftige Produktion, bedrängt, ihr Papier nicht zu verlesen. Noch einmal läßt sich die Gruppe verladen. Die Abstimmung untereinander fällt mehrheitlich zu Gunsten des Leiters der Hauptverwaltung Film, des Generaldirektors und des Parteisekretärs des Studios aus. Daß jede kleinste Regung während des Kongresses wahrgenommen und später vom Verbandssekretariat pflichtgetreu dem ZK berichtet wurde, zeigt folgender Abschnitt aus der »Information über den Kongreß«: »Einige Redner, besonders aus den Reihen der jungen Delegierten, bezogen die schöpferische Atmosphäre des Kongresses beeinträchtigende Positionen. Sie artikulierten sich durch gezielte politische Beifalls- und Mißfallensäußerungen. Dies ist umso ernsthafter zu werten, als daran auch Mitglieder unserer Partei beteiligt waren. Als einziger Diskussionsredner forderte der DEFA-Dokumentarist Joachim Tschirner die Anwendung von ›Glasnost‹ und ›Perestroika‹ auf die gesellschaftliche Entwicklung in der DDR.« [61] Weiterhin wird der Auftritt des Schauspielers Erwin Geschonneck als politisch negativ bezeichnet, weil er die Forderung nach Aufführung einiger DEFA-Verbotsfilme erhoben hatte.

Doch 1988 liegt schon längst etwas in der Luft, was die versteinerten Gesichter höchster Vertreter der politischen Führung auf dem Kongreß erklären läßt. Ein Delegierter aus der Sowjetunion bemerkt: Zwar sei der Deckel noch auf dem Topf, aber man könne schon hören, wie es im Innern brodelt. Im Januar 1988 hatten Teilnehmer der alljährlich stattfindenden Demonstration zur Erinnerung an die Ermordung von Rosa Luxemburg und Karl Liebknecht Transparente mit der Forderung »Freiheit ist immer die Freiheit der Andersdenkenden« entrollt. Gegen die Verbote der sowjetischen Zeitschrift »Sputnik« und einiger sowjetischer Filme in der DDR schrieben auch Filmemacher und Chefredakteure Protestbriefe an den Verband und das ZK.
So ist nicht allein aus dem Rückzug Hans Dieter Mädes aus dem Amt des Generaldirektors (aus gesundheitlichen Gründen) zu erklären, daß Filme wie Andreas Höntschs *Der Straß* (1991), Evelyn Schmidts *Der Hut* (1991), Karl Heinz Lotz' *Rückwärtslaufen kann ich auch* (1990), Jörg Foths *Biologie!* (1990) und Peter Kahanes *Architekten* (1990) nach teilweise jahrelangem Warten in den Produktionsplan aufgenommen werden. Bereits am 1. Januar 1990, zu diesem Zeitpunkt rechnet man im Studio noch mit dem Weiterbestehen der DDR und des Betriebes in gegebener Form, beginnt ein Zwölferrat unter der Leitung von Thomas Wilkening, der zur Achtzehnergruppe von 1982 gehörte, mit einem Fonds in Höhe von immerhin einem Zehntel der Spielfilmsubventionen eigenverantwortlich zu arbeiten. Die »alten Neuen« – inzwischen haben sich Vertreter der nachfolgenden Regiegeneration bemerkbar gemacht – hoffen auf ihre Chance. Doch ein neuer Zensor greift mit der politischen Wende und dem Anschluß der DDR an die BRD ein: das Geld. Was bleibt, ist das Fazit Jörg Foths: »Der Arbeitsbeginn der um das Jahr 1949 geborenen Regisseure hat im krassen Gegensatz zu früheren Impulsen in der DEFA-Geschichte zu keiner produktiven Auseinandersetzung auf der Leinwand und im Publikum geführt. Unsere Welle war keine.« [62]

Wie kein anderer Film vorher beschreibt Peter Kahanes und Thomas Knaufs *Architekten* die Hoffnungen, Sehnsüchte, Bemühungen und die Resignation der Generation der Vierzigjährigen in der DDR. Einer Generation, die angetreten war, in den verfilzten und verkrusteten Strukturen der Gesellschaft ihren eigenen Weg zu finden, sich eine Heimat zu schaffen – und wie sie zerrieben, zerstört und vertrieben wurde.

Chronikartig erzählt der Film die Geschichte einer Gruppe junger Architekten, die mit einem Großprojekt innerhalb eines Neubaugebietes betraut wird. Im Laufe der Arbeit fallen immer mehr Ideen und Vorschläge dem Rotstift zum Opfer. Diesen allmählichen Prozeß begleiten mal tröstende, mal bedauernde Worte über die ökonomische Lage, auch Täuschungen, gar Drohungen aus ignoranter und machthungriger Position der Väter-Generation heraus. Sollte sich die Hauptfigur noch im Szenarium, das vor der Wende die Abnahme passieren mußte, nicht unterkriegen lassen, erfahren Figur und Fabel im Drehprozeß, der in die Wende hineinreicht, Veränderungen. Daniel Brenner, dessen Projekt am Ende kaum noch das Eigene erkennen läßt, bricht an der Tribüne, auf der er anläßlich der Einweihung feierlich präsentiert werden soll, zusammen. Frau und Kind haben ihn und die DDR verlassen. Bilder des Milieus sind von beklemmender Trauer und Verzweiflung. Eine Party bei Freunden auf einem Berliner Hinterhof wird plötzlich von der traurigen Musik einer Akkordeonspielerin bestimmt; der Blick der Kamera vom Balkon über das Neubauviertel, in dem die Brenners wohnen; der Abschied vom Kind; über einer Fahrt an der Mauer entlang erklingt die Strophe eines Liedes, das jedes Schulkind in der DDR kennt: »Unsere Heimat, das sind nicht nur die Städte und Dörfer.«

Alles, was in den vorangegangenen Arbeiten der »Neuen« Andeutung bleiben mußte, tritt in den *Architekten* als exemplarische Lebensproblematik einer Generation hervor. Die Geschichte der Architekten ist auch die Geschichte der hoffnungsvollen Regiedebütantengruppe, von der man zu Beginn der achtziger Jahre – als das Ende mit dem Verbot von *Jadup und Boel* bereits eingeleitet war – Anderes in der Sicht auf die Wirklichkeit forderte und doch nur das Bekannte, Vertraute, das »Richtige« meinte. Nur zwei der Debütanten erhalten im Laufe der Jahre einen Regievertrag, die übrigen bleiben Regieassistenten auf Abruf. Sie sind dem Direktor für Produktion, der jederzeit über ihren Einsatz als Assistenten verfügen kann und sogar aus ökonomischen Gründen dazu verpflichtet ist, unterstellt. Evelyn Schmidts »Rausschmiß«, der ihr nach dem Kinderfilm *Felix und der Wolf* (1988) droht, kann durch das Engagement des »Künstlerischen Rates« in eine Verlängerung des Regieassistentenvertrages gemildert werden.

Eine Generation wird zerrieben:
Kurt Naumann und Rita Feldmeier als
Daniel und Wanda Brenner
sowie Judith Richter als Tochter in
»Die Architekten« (1990/RE: Peter Kahane)

Die Filme von Jörg Foth, Lothar Großmann, Karl-Heinz Heymann, Dietmar Hochmuth, Peter Kahane, Michael Kann, Karl Heinz Lotz und Evelyn Schmidt unterscheiden sich in ihrer Vorliebe für authentische Details und beschreibende Vorgänge, für die das Umfeld der Figuren von entscheidendem Aussagewert ist, nicht von den übrigen Filmen der DEFA in den Achtzigern. Das Dramatische, Außergewöhnliche tritt zugunsten genauer Wirklichkeits-

Die vierte Generation:
»Nachwuchsregisseure« der DEFA,
die in den achtziger Jahren
ihre ersten Filme drehen

1 Rainer Behrend inszeniert
  »Der Magdalenenbaum« (1989)
  mit Thomas Redlich

2 Maxim Dessau bei Dreharbeiten zu
  »Erster Verlust« (1990)

3 Jörg Foth dreht »Dschungelzeit« (1988),
  eine Co-Produktion mit Vietnam.
  Links Kameramann Günter Jaeuthe,
  rechts Hauptdarsteller Hans-Uwe Bauer

4 Lothar Großmann bei den Aufnahmen zu
  »Einer vom Rummel« (1983)
  mit Renate Krößner

5 Karl-Heinz Heymann (rechts) und Kameramann
  Günter Haubold bei den Arbeiten an
  »Schwierig sich zu verloben« (1983)

6 Dietmar Hochmuth und sein Darsteller
  Mario Klaszynski während der Dreharbeiten zu
  »Motivsuche« (1990)

7 Michael Kann probt für
  »Die Entfernung zwischen dir und mir und ihr« (1988),
  mit Hauptdarstellerin Silvia Rieger

8 Karl Heinz Lotz und Kameramann Michael Göthe
  drehen »Der Eisenhans« (1988)

9 Helge Trimpert inszeniert den Episodenfilm
  »Wie wär's mit uns beiden« (1981).
  Mit Autor Jurij Koch (links) und
  Kameramann Hans-Jürgen Kruse

1

2

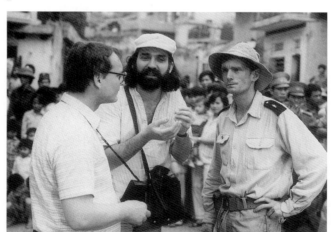

3

4

7

5

8

6

9

Filme von Michael Kann:

Oben:
»Stielke, Heinz, fünfzehn...« (1987)
mit Marc Lubosch

Unten:
»Die Entfernung zwischen dir und mir und ihr« (1988)
mit Silvio Hildebrandt, Jörg Simonides
und Silvia Rieger (v. l. n. r.)

abbildung in den Hintergrund. Unspektakuläre Bilder, Sujets aus dem Alltäglichen und Helden, die wie du und ich sind, vielleicht ein wenig aufmüpfiger gegen herrschende Normen, Unmoral, Schlamperei, Gleichgültigkeit und Kleinbürgerlichkeit – ob in Familie oder Berufsleben –, durchbrechen die Mitte weder im Ästhetischen noch hinsichtlich politischer Forderungen.

Die Helden der Filme bleiben zwischen Anpassung und Verweigerung unterwegs, gleich in welcher Manier sie vorgeführt werden: heiter wie in *Ete und Ali* oder *Vorspiel*, ironisch, beinahe zynisch in *Stielke, Heinz, fünfzehn...* und *Die Entfernung zwischen dir und mir und ihr*, tragikomisch wie in *In einem Atem*, oder in resignativ-realistischen Zustandsbeschreibungen wie in *Mein Vater ist ein Dieb* und *Schwierig sich zu verloben* oder *Junge Leute in der Stadt* (1985/ RE: Karl Heinz Lotz), einer aufwendig ausgestatteten und mit Dokumentarfilmmaterial montierten Geschichte über die Ausweglosigkeit im Leben einer Gruppe junger Leute im Berlin der Weimarer Republik. Überhaupt erscheinen Filme wie dieser oder *Stielke, Heinz, fünfzehn...* und *Das Eismeer ruft*, deren Sujets in der Vergangenheit angesiedelt sind, grundsätzlicher in ihren Botschaften als die Gegenwartsfilme, von Ausnahmen wie *Das Fahrrad* abgesehen. Am Ende stellen sich Fragen danach, warum das Leben so geworden ist, woher das melancholische Lebensgefühl kommen mag, von dem die Helden in den Gegenwartsfilmen geprägt sind. Heinz Stielke, der germanisch aussehende jüdische Junge, der im letzten Kriegsjahr in einer Napola-Schule landet und im Endkampf beinahe in Gefangenschaft gerät, benennt mit seiner provokant klingenden Aufforderung in die Kamera, »Und immer die natürliche Deckung bewahren!«, den schizophrenen Zustand nicht nur junger Intellektueller in der DDR, deren Erfahrungen darauf beruhen, daß die Resultate ihrer Arbeit in der Öffentlichkeit (zu recht) als im geistigen Ansatz zu klein [63], ihre Entwürfe aber hinter verschlossenen Türen als staatsfeindlich kritisiert werden.

Die Vorgänge um den Film *Schnauzer*, der bis heute in keiner Verbotsliste des DEFA-Studios vorkommt, können als Gleichnis gelten. Am 12. 11. 1981 bekundet Maxim Dessau in einem Brief an den Generaldirektor sein Interesse am Stoff *Schnauzer* nach dem gleichnamigen Roman von Manfred Pieske, weil er sich für die Arbeitswelt, in der der Held beinahe scheitert, interessiere. Da die DEFA-Direktion ständig nach Stoffen über die Werktätigen der DDR sucht und nach Regisseuren, die sie freudig realisieren wollen, nimmt man das Angebot eines zudem jungen Künstlers an. Während der Romanautor Szenarien entwickelt, legen der Regisseur und sein Kameramann Peter Badel Arbeitsthesen vor, die sich zwar auf den Roman beziehen, aber bereits deutlich machen, was sich in späteren Drehbuchfassungen der beiden bis hin zum Filmfragment zeigen wird: daß dem Helden keineswegs der eigene Charakter im Wege steht. Offensichtlich vertraut die Studioleitung dem üblichen Weg der Disziplinierung bis hin zur Produktionsfreigabe.

In Pieskes Szenarien wird der Abteilungsleiter eines ökonomisch außerordentlich wichtigen Maschinenbaukombinats mit den Mühen der Ebene nicht fertig. Hirzek arbeitet

viel, hat aber, das ist sein Fehler, die Verbindung zur Praxis
– zu den Arbeitern – verloren. Ein Federfuchser, der nur
noch Zahlen sieht, umgeben von Kollegen, die dem selbst-
herrlichen Generaldirektor zu Munde reden. Devot, zynisch oder resigniert erscheinen die Figuren um Hirzek auf
dem Papier. Als ein Auftrag, der dem Werk Ansehen und
der DDR Devisen bringen soll, Chaos auslöst, weil nun
erst recht nicht funktioniert, was ansonsten seinen alltäglichen schlampigen Gang geht, muß Hirzek den schweren
Weg der Erkenntnis antreten. Der Selbsterkenntnis, denn
hätte er mehr Mut, wäre er weniger pragmatisch, setzte
mehr Vertrauen ins Kollektiv, auf die Erfahrungen der Arbeiter an der Basis, die Probleme ließen sich lösen. Es
kommt, was kommen muß: ein alter Arbeiter macht den
entscheidenden Vorschlag, Hirzek erkennt rechtzeitig den
richtigen Weg. Am Ende ernennt ihn die Partei zum Direktor. Ferner taucht alles auf, was man von einem DEFA-Pro-
blemfilm erwarten kann: Frauen, überlastet durch Beruf
und Kinder, aber stark und ehrlich; Sex ohne Liebe; Alkohol. In Dialogen wird verhandelt, was Bilder nicht zeigen.

Die erste Fassung des Drehbuches von Dessau und Badel
stellt einen generellen Bruch gegenüber diesen Entwürfen
dar. Randfiguren sind reduziert; alles, was geschieht, wird
aus dem Blickwinkel des Mitgefühls für Hirzek erzählt.
Unentwegt ist dieser unterwegs – im Auto, in der Straßenbahn, im Zug –, durcheilt endlose fensterlose Gänge. Ganz
anders auch die Beziehungen in der Familie: Hirzek mit
Tochter Kati auf dem Sofa beim Mittagsschlaf zeigen einen
liebevollen Vater; zärtliches Miteinander beschreiben Szenen zwischen Ehefrau Rieke und Hirzek. Dialoge gibt es
kaum. Die Geschichte wird in Rückblenden erzählt: am
Anfang steht Hirzeks Zusammenbruch, am Ende der Text:
»Womit halte ich zurück, was mich zerquetscht. Womit
halte ich zusammen, was mich auseinanderreißt. (...) Ich
suche, was die Richtung ist. Puffer für Raum und Zeit.«
Das erhalten gebliebene Film-Fragment bezeugt trotz un-
entwegter Änderungsauflagen (das Drehbuch wird in der
dritten Fassung abgenommen, Szenen wie die einer betrunkenen Lehrerin und Kollegin von Rieke sowie Dialoge fallen dem Rotstift des Generaldirektors zum Opfer) den zärt-
lich-traurigen, ironisch-bitteren Atem, in dem die Drehbücher gehalten sind. Die Schauspieler agieren oft am Rande des Bildes, blicken aneinander vorbei ins Leere. Hirzeks
Zusammenbruch inszeniert Dessau lakonisch – der Mann
fällt, sein Körper verschwindet beinahe lautlos hinter dem
Schreibtisch. Sprünge und Brüche in der Montage geben
eine Konzentration auf das Wesentliche zu erkennen. Einmal tritt aus einem Bild das erhabene Gefühl der Schönheit
des Lebensraumes und des möglichen Glücks hervor, wenn
Hirzek mit Tochter Kati einen Hochwald durchschreitet,
durch den ein Sonnenstrahl fällt. Niemand wird verurteilt,
doch alle scheinen gefangen in einem fein gesponnenen
Netz, in dem sie zugrunde gehen müssen.

Während Generaldirektor Mäde die Drehbuchfassungen
korrigiert, bemüht er sich gleichzeitig um die Durchsetzung des Projekts bei der Bezirksleitung der SED und der
Kombinatsleitung in Karl-Marx-Stadt. Beide stimmen zu,
auch erteilt die Kombinatsleitung die Zustimmung für

»Junge Leute in der Stadt«
(1985/RE: Karl Heinz Lotz)
mit Mirko Haninger und Ulrike Krumbiegel.
Ereignisse aus der Weltwirtschaftskrise
als Gleichnis auf das Leben in der DDR.

Abgebrochen und vernichtet: der Debütfilm
von Maxim Dessau, »Schnauzer« (1984).
Mit Gerd Preusche (Mitte) und Elvira Grecki

Dreharbeiten am Ort sowie für die Mitwirkung von Beschäftigten des Werkes. Der Film soll mit Schauspielern vom hiesigen Theater und mit Leuten aus dem Betrieb besetzt, ausschließlich mit Originalton an Originalschauplätzen von einem kleinen Stab gedreht werden. – »Wir wollten nicht nur eine andere Stilistik, wir wollten auch eine neue Ethik des Arbeitens.« [64]

Nach dem Wechsel des Produktionsleiters während der Drehvorbereitungen nehmen die Dinge einen anderen Verlauf: man erklärt das Projekt zum »Zentralen Jugendobjekt«, womit den Debütanten die Besetzung des Stabes aus der Hand genommen wird. Der Produktionsleiter bläst den Stab außerdem auf die üblichen rund dreißig Mitarbeiter auf. Das gedrehte Material unterliegt in Abwesenheit der Filmemacher ständiger Kontrolle im Studio. Nach wenigen Tagen untersagt der Generaldirektor die Benutzung von Objektiven mit großer Tiefenschärfe, dabei fällt der Satz: »Wir wollen keine polnischen Filme.« Als etwa zwei Drittel des Films abgedreht sind, erfolgt eine Sperrung des Materials wegen angeblicher Farbschwankungen. Die Begründung ist fadenscheinig, da das Orwo-Filmmaterial ständig solche Fehler aufweist. Um über die Fortsetzung der Dreharbeiten zu entscheiden, ordnet Hans Dieter Mäde die Herstellung einer Schnittfassung zur Begutachtung an.

Nach der Ansicht am 24. Januar 1984, anwesend sind auch der 1. Sekretär der Zentralen Parteileitung, der Sekretär der Abteilungs-Parteiorganisation, der FDJ-Sekretär,

der Chefdramaturg und die vier Hauptdramaturgen, entscheidet die Mehrheit der Teilnehmer für Weitermachen. Dessau und Badel werden nach immer neuen Veränderungen auf dem Papier weiter ermuntert, nicht aufzugeben. Schließlich bittet Mäde den Leiter der HV Film, den derzeitigen Drehbuchvorschlag und die bisher geschnittenen rund 1800 Filmmeter zur Kenntnis zu nehmen, um gemeinsam zu einem Urteil zu kommen.

Am 25. Juni 1984 weist der Generaldirektor die Einstellung des Projekts *Schnauzer* an, da weitere Arbeiten Kosten von etwa einer Million Mark auslösen würden. Der Produktionsleiter Gerrit List verliest an diesem Tag eine Stellungnahme der Bezirksleitung Karl-Marx-Stadt der SED, in der nun äußerst kritische Töne angeschlagen werden. Noch am selben Tag hat sich der Kameramann Peter Badel bei seinem Abteilungsleiter als Kameraassistent zurückzumelden und fährt anschließend mit dem Bullerwagen zur Beförderung schwerer Kamerastative durch das DEFA-Gelände. Versuche, solidarischen Beistand zu erwirken, scheitern. Auch in der Arbeitsgruppe Nachwuchs des Spielfilmstudios gibt es nur wenige positive Stimmen. Drei Kameraleute verfassen, nach Aufforderung des Generaldirektors, eine Beurteilung über die Arbeit Peter Badels. [65] Die Kamerabewegungen im vorliegenden Fragment seien auffällig, manchmal unruhig, die Bildausschnitte und die Lichtgestaltung wären insgesamt unbefriedigend, auch sei der Rat erfahrener Kameraleute wenig gefragt gewesen. Man habe den Eindruck, die Grundlagen der Filmarbeit würden bewußt ignoriert. Außerdem verstärke die Kameraarbeit die Tristesse der literarischen Vorlage.
Gerüchte über die Unfähigkeit der beiden Debütanten werden gezielt im Studio und unter den Filmkritikern verbreitet. Daß Peter Badel später als Kameramann arbeiten darf, verdankt er zunächst dem Zuspruch und dem taktischen Geschick seines Kollegen Werner Bergmann. Maxim Dessau sagt über diese Zeit: »Ich war so kaputt; ich dachte selbst, ich hätte den letzten Dreck gemacht.« [66] Später arbeitet er am Theater, auch fürs Fernsehen.

Ende 1988 werden das Negativ und sämtliche Restmaterialien des Films vernichtet. Ein Jahr später, als die Wende eingeleitet ist, sehen sich die Filmemacher, Rolf Richter (Vorsitzender der Kommission zur Untersuchung der Vorgänge um verbotene DEFA-Filme beim Vorstand des Verbandes der Film- und Fernsehschaffenden) und der Dramaturg des Films, Andreas Scheinert, das Fragment *Schnauzer* an. In einem Brief der Kommission an Horst Pehnert heißt es: »Wir waren überrascht, wie problemsicher und sozial genau der Film Dinge aufgreift, die für die Gesellschaft von großer Bedeutung waren. (...) Auf uns beide wirkten Thema und Gestaltung so überzeugend, daß wir für eine aufführbare Fassung des Fragments eintreten. (...) Wir erleben ein wichtiges Sozio- und Psychogramm, das aufbewahrt werden muß. Auch um zu zeigen, daß Filmleute und gerade junge Filmleute sich durchaus den wichtigen Fragen gestellt haben.« [67]
In einer Aktennotiz des Chefdramaturgen Rudolf Jürschik, wahrscheinlich vom Frühjahr 1990, kommt zum Ausdruck, daß mit der Herstellung einer vorführbaren Kopie des

Die Erschöpfung ist grenzenlos:
Gerd Preusche und Angelika Ritter in »Schnauzer«

Fragments und mit seiner Aufführung die Rehabilitierung der Schöpfer einhergehen soll, die sie vom Makel des Vorwurfs befreit, der Abbruch der Dreharbeiten sei von ihrem künstlerischen Unvermögen verursacht worden. Im Mai 1990 wird den Filmemachern dagegen mitgeteilt, daß das Fragment aus Kostengründen nicht bearbeitet werden könne, da ohnehin kein Absatzmarkt bestünde. In einem letzten Brief an Rudolf Jürschik fordern Maxim Dessau und Peter Badel am 28. 6. 1990 die Korrektur der Entscheidung von 1984, ihre Rehabilitierung in der Öffentlichkeit unter Offenlegung der wahren Gründe, die zum Abbruch geführt haben, und außerdem die Abnahme des Fragments *Schnauzer* unter der Film-Nr. 00/0756. [68] – In den Wirren des Umbruchs kümmert sich niemand mehr um dieses Anliegen. Das Gerücht über die Unfähigkeit der beiden Filmemacher in bezug auf die gescheiterte Debütarbeit behauptet sich bis heute.

Zeit für Bilanzen

Nicht allein im Rückblick auf kulturpolitische Aktivitäten scheint es, als sollte die Mauer in der Mitte des Jahrzehnts Türen und Fenster bekommen. Nicht am Abriß, wohl aber an jederzeit verschließbaren Öffnungen arbeitete man von beiden Seiten aus. Zwischen der DDR und der BRD wird 1986 ein Kulturabkommen unterzeichnet, in dessen Folge bereits im November 1987 Ausstellungen unter den Titeln »Positionen – Malerei aus der Bundesrepublik« und »Menschenbilder – Kunst aus der DDR« in Berlin und Bonn gezeigt werden. In der ehemals preußischen Hochburg Potsdam, darum von Partei und Staatsführung besonders beargwöhnt, eröffnet die Exposition »Friedrich II. und die Kunst« ihre Pforten, mit der erstmals eine Reflexion im Sinne differenzierter Wertung des »preußischen Geistes« verbunden ist. Vor der Berliner Nationalgalerie auf dem Marx-Engels-Platz warten täglich Hunderte darauf, die Werke des deutschen Expressionismus und der Avantgarde zu betrachten.

Im Jubiläumsjahr der DEFA finden unter anderem DDR-Filmtage in London, Paris und Oslo statt. In den Medien erinnert man an die in vierzig Jahren entstandenen großen Filme des Babelsberger Studios. Doch wohl nicht zufällig beruft sich der Generaldirektor in der Öffentlichkeit auf die nationale und internationale Anerkennung der Traditionslinie des »kämpferisch-antifaschistischen Films«, beschwört indirekt die Wachsamkeit, die erforderlich sei, wenn Künstlern weitgehende Freiheiten eingeräumt würden: »Sein Plädoyer für Weite und Vielfalt aller schöpferischen Möglichkeiten, für eine größere Spannweite der Themen, Inhalte, Stile, Formen und individuellen Handschriften, bekräftigte den sozialistischen Realismus als schöpferische Methode und orientierte auf die gewachsene Differenzierung künstlerischer Bedürfnisse, auf die Notwendigkeit, viele Seiten und Erscheinungen des Lebens zu durchdringen und anzueignen. Mit Freiheit und Spielraum erhöhte sich zugleich die persönliche Verantwortung des Künstlers für sein Wirken im Sozialismus.« [69] Unter den Filmen, die Hans Dieter Mäde nennt, sind nicht *Märkische Forschungen*, *Das Fahrrad* oder *Jadup und Boel, Insel der Schwäne* oder *Erscheinen Pflicht*. Hervorgehoben werden Produktionen der sogenannten Parteitagsstaffel wie *Blonder Tango* von Lothar Warneke, Roland Gräfs *Das Haus am Fluß*, *Der Hut des Brigadiers* von Horst E. Brandt und *Drost* (RE: Claus Dobberke), die Geschichte eines Offiziers der Volksarmee, der, nach fünfundzwanzigjähriger Dienstzeit ins Zivilleben entlassen, Bürgermeister in dem Dorf wird, in das es ihn als jungen Burschen im letzten Kriegsjahr verschlagen hatte. Die Produktion des Films, von vornherein als Staatsauftrag gekennzeichnet, unterliegt besonderer Kontrolle: Die Hauptabteilung I des Ministeriums für Kultur (ihre Mitarbeiter tragen militärische Dienstgrade) und das Ministerium für Nationale Verteidigung wachen gemeinsam mit den üblichen Institutionen darüber, daß am Ende herauskommt, was der Wehrerziehung, der positiven Einstellung Jugendlicher gegenüber der Armee dient.

In diesem Falle findet die Abnahme des Films durch Generaloberst Heinz Keßler vor der Sitzung der staatlichen Zulassungskommission statt. Herausgekommen ist nach all den Prozeduren, den Änderungen an Buch und fertigem Film die Geschichte über einen unglücklichen, vom Schicksal getroffenen Menschen, der dennoch seinen Idealen – für die Gesellschaft da zu sein – treu bleibt, und dies in einer Umgebung stupider, kleinlicher, borniert Dorfbewohner. Drost war als junger Bursche unter Alkohol zur Kasernierten Volkspolizei gedrängt worden, um die eingeborenen Dorfjungen davor zu »retten«; später scheitert seine Ehe, weil die Armee keine Einschränkung des Dienstes erlaubt, auf Persönliches keine Rücksicht nimmt; die seit der Bombardierung Dresdens psychisch kranke Mutter muß in einem Heim dahindämmern. Trotz aller Bemühungen der Zensoren, *Drost* »in den Griff zu kriegen«, ändert sich am Gesamtbild tiefer Bedrücktheit kaum etwas. Es gelingt zwar, Drost als Vater-Figur stärker hervorzuheben – durch verständnisvolle Haltung bringt er den aufmüpfigen, aber intelligenten Sohn seines Freundes, der vor allem materiellem Wohlstand nachhetzt, zur Räson –, doch auch dies ändert die Wirkung nicht. Die glanzlose Jahrestagsfeier anläßlich der DDR-Gründung auf dem Dorfanger, wo sich nur wenige um den neuen Bürgermeister versammelt haben, vermittelt ein durchaus realistisches Stimmungsbild von Desinteresse und Aversion. Am Ende ist *Drost* weder Propagandafilm noch rigoros genug in seiner Sicht auf ein Thema, das in der DDR nur hinter Kirchentüren diskutiert

wird. Filmkritiker würdigen auf alle Fälle den Ansatz, ein Tabu zu brechen: »Was mich eingenommen hat für den Film: Er stellt viele Fragen, über die zu streiten sich lohnt, ohne gleich passende, glatte, oberflächliche Antworten zu liefern.« [70]

Hans Dieter Mäde hält auch in internen Diskussionen wie dem Slatan-Dudow-Seminar, das in regelmäßigen Abständen von der Sektion Theorie und Kritik des Verbandes der Film- und Fernsehschaffenden organisiert wird, an der Position fest, es käme nur darauf an, daß der einzelne mehr persönliche Verantwortung übernehmen müsse, daß die Darstellung der Arbeiterfiguren in den Filmen der achtziger Jahre (*Der Hut des Brigadiers*, *Der Haifischfütterer*) und die Problematisierung von Krieg und Frieden (*Drost*) ideelle Errungenschaften darstellten. Dagegen benennen Filmemacher und Filmwissenschaftler Ursachen für rückläufiges Publikumsinteresse deutlich. Die Filme enthielten lediglich Realitätspartikelchen, manipulierten ihre Helden nach politischer Themenvorgabe. All die Fehler spiegelten die Unfähigkeit der Gesellschaft, öffentlich über anstehende Probleme und Widersprüche nachzudenken. Man artikuliert das Gefühl, daß alles Reden keinen Sinn habe: »Als ob Sagen und Tun voneinander getrennt wären. (...) Man hat die Dinge vor Augen und steht dennoch vor einem Abgrund.« [71] Damit ist ein Zustand beschrieben, in dem man auf Reformen drängt und doch weiß, daß sie unter den gegebenen Umständen nicht durchzusetzen sind. So ergehen sich die Gegenwartsfilme unabhängig von den gewählten Sujets in melancholischer Betrachtung des DDR-Alltags, reflektieren über moralische Verluste von Arbeitern auf einer Baustelle in *Der Hut des Brigadiers* oder erzählen von Menschen, denen der Möbelwagenfahrer Stephan, der sich verantwortungsbewußt für einen dreijährigen Armeedienst entschieden hat, in *Der Haifischfütterer* (1985/ RE: Erwin Stranka) begegnet.

Mit *Blonder Tango* (1986) unterbricht Lothar Warneke diese Einbahnstraße der Produktion Mitte der achtziger Jahre. Nach einem Roman des Exilchilenen Omar Saavedra Santis dreht er die Geschichte um den Schauspieler Rogelio, der mit dem, was hierzulande üblich ist, kaum zurechtkommt. Der Mutter daheim verschweigt er seine Einsamkeit. Die dokumentare Kamera von Thomas Plenert beobachtet unprätentiös, gleitet aber nie ab in die üblichen Alltagsbeschreibungen, die häufig sich selbst, nicht aber der Geschichte und dem Thema genügen. *Blonder Tango* wird wegen der intensiven Bilder und Gefühle und vor allem seiner weltumfassenden Gedanken, die auch in die eigene Historie zurückreichen, von der Kritik hoch gelobt: »(...) es gibt dabei auch wunderbare Texte, und der Alte sagt, was ich wünschte, jedem sagen zu können, der bei uns als Fremder lebt: ›Wenn du deinen Mund nicht aufmachst, um auch auf unsere Probleme einzugehen, entziehst du uns die fremden Augen, die manchmal mehr sehen als unsere eigenen, läßt uns allein in einer Provinz, und wenn das geschieht, glauben womöglich einige, daß das hier schon die Welt ist, und wir ihr Nabel...‹« [72]

1

3

2

4

1 »Blonder Tango« (1986/RE: Lothar Warneke)
mit Alejandro Quintana Contreras

2 »Das Haus am Fluß« (1986/RE: Roland Gräf)
mit Corinna Harfouch

3 »Drost« (1986/RE: Claus Dobberke)
mit Klaus Schleiff und Anneliese Matschulat

4 »Der Hut des Brigadiers« (1986/RE: Horst E. Brandt)
mit Roman Kaminski

Nach siebenjährigem erzwungenen Schweigen meldet sich mit *So viele Träume* (1986) Heiner Carow erneut zu Wort. Es ist der Film einer Lebensbilanz in der DDR und somit eine Bestandsaufnahme von individuellen und gesellschaftlichen Möglichkeiten, gemessen an Träumen und Idealen. Wie in den Arbeiten der siebziger und frühen achtziger Jahre steht eine Frau im Mittelpunkt, deren Biographie offenbar Konturen schärfer sichtbar werden läßt, als dies eine Männerbiographie könnte. Materielle Unabhängigkeit und soziale Errungenschaften wurden, so die Fragen des Films, womöglich mit bleibenden Verlusten für das eigene Leben, aber auch für kommende Generationen erkämpft. Sich aus traditionellen Wertvorstellungen befreiend – was einer Frau zukommt und was sie auszuhalten hat: elterlichen Zwang, einen ungeliebten Mann zu heiraten, ein ungewolltes Kind –, geht Christine ihren Weg. Sie verläßt Mann und Tochter, lernt, arbeitet, heiratet ein zweites Mal. Wird erneut unglücklich. Am Tage, als sie mit einem der höchsten Orden der DDR für hervorragende Leistungen als Hebamme geehrt wird, begegnet sie ihrer inzwischen erwachsenen Tochter aus erster Ehe. Frauen zweier Generationen, die ihr Leben im Sozialismus lebten und leben, prallen aufeinander, prüfen Schuld. Egoismus, neue Konventionen,

Sehnsucht nach Glück, Ängste und Einsamkeit sind ihnen gemeinsam. Sind sie Opfer einer Fortschrittsgläubigkeit, die keinen Zweifel erlaubt? Am Ende entscheidet sich Christines um Jahre jüngerer Lebenspartner, mit dem ein neues Glück für sie beginnen könnte, für die Tochter. Mit dem stummen Sohn, der gewissermaßen die nachfolgende Generation symbolisiert, bleibt die Frau allein zurück.
Die Entwicklung des Drehbuchs begleitet der Generaldirektor mit ängstlicher Aufmerksamkeit: »(...) weil ich als kulturpolitischer Leiter vielleicht deutlicher spüre, was von uns und speziell von Dir, als einem der führenden Genossen Regisseure erwartet wird.« [73] In diesem Brief an Heiner Carow analysiert Hans Dieter Mäde das Buch hinsichtlich der Lebensverhältnisse der Hauptfigur, der Dialektik von Persönlichem und Gesellschaftlichem nach fünfunddreißig Jahren Sozialismus, und kommt zu dem Schluß: es werde zu viel geweint, getrunken, geschlagen, die Gewinne seien zu gering, die Verluste zu groß: »(...) Wer, wenn nicht sie, könnte uns etwas von der Weite des Begriffes vermitteln, von der Liebe zum Partner, über die zum Kind, die zu Freunden, zur Arbeit, hin zu der zum Land, zur ›Sache‹?! (...)« [74]. In Briefen, die das Drehbuch begleiten, alarmiert Mäde das ZK der SED, den Minister für Kultur,

313

**Zwischen Traum und Wirklichkeit –
die Wiederkehr des Regisseurs Heiner Carow:
»So viele Träume« (1986).
Mit Jutta Wachowiak, Peter René Lüdicke
und Dagmar Manzel**

den Leiter der HV Film und bittet um Entscheidung darüber, mit welcher Schärfe und Konsequenz der Konflikt mit Heiner Carow nach der Misere »Simplicissimus« und »Paule Panke« geführt werden soll. Das Ergebnis zeigt, daß man sich auf einen gemäßigten Kurs eingelassen hat, berücksichtigend wohl auch, daß der Regisseur sowohl Mitglied der Akademie der Künste der DDR als auch der Akademie der Künste in Berlin (West) ist.

Der Erfolg des Films ist mäßig. Mancher Zuschauer freut sich zwar, endlich wieder einen Film Heiner Carows in den Kinos zu sehen, besondere Aufregung löst er nicht aus. Die Atmosphäre ist gespannt, viele erwarten anderes, Grundsätzlicheres.

Die Übertragungen im Fernsehen vom Staatsbesuch Erich Honeckers in der BRD sieht man mit gemischten Gefühlen aus Stolz und Skepsis. Man hofft einerseits auf normale Verhältnisse, auf Reisefreiheit vor allem, und fürchtet die Festigung von Machtpositionen der alten Männer, die sich weiterhin den Reformen im Osten verschließen.

Das Verbandssekretariat der Film- und Fernsehschaffenden schickt Berichte über Demokratisierungsbestrebungen des sowjetischen Verbandes an das ZK der SED, plädiert aber gleichzeitig für die Delegierung von zuverlässigen Mitgliedern, um die Vorgänge nicht aus den Augen zu verlieren. In der Vorbereitung des V. Kongresses streiten die Präsidiumsmitglieder auf mehreren Sitzungen darüber, ob die von Erwin Geschonneck artikulierte Meinung, das Vertrauensverhältnis zwischen Schöpfern und staatlichen Leitern sei gestört, in die Politbürovorlage, die zur Entscheidung über den Kongreß vorgelegt werden muß, aufzunehmen ist oder nicht. [75] Immer wieder versucht die Verbandsleitung, von einigen Stimmen abgesehen, die Äußerung zu ignorieren, indem man permanent auf andere Probleme, »Prozedere«- und Formfragen ablenkt (offenbar ein beliebtes Spiel). Schließlich einigt man sich in der inhaltlichen Konzeption zum V. Kongreß auf eine abgeschwächte Formulierung, um die Adressaten nicht vor den Kopf zu stoßen (das Gremium folgt Hinweisen, daß man Formulierungen finden müsse, die die führenden Genossen »verstehen« könnten): Vereinbarungen seien zu treffen, die das vertrauensvolle Miteinander fördern sollen. [76]

Die Vorlage für das Politbüro mutet wie der strategische Stabsplan zur allseitigen Kontrolle an. Dort heißt es unter anderem: »Die Abteilungen Kultur, Agitation und Kaderfragen legen dem Sekretariat des ZK bis zum 15. März 1988 Vorschläge für die leitenden Kader des neu zu wählenden Vorstandes zur Bestätigung vor. – Den Sekretariaten der Bezirksleitungen Berlin, Dresden und Potsdam wird empfohlen, die Vorbereitung des Kongresses parteimäßig zu unterstützen und zu kontrollieren. (In den genannten Städten befanden sich die DEFA-Studios für Dokumentarfilme, Trickfilme bzw. Spiel- und Dokumentarfilme, Anm. d. A.) (...) Das Sekretariat des Verbandes arbeitet einen mit der Agitationskommission des ZK abgestimmten Presse- und Publikationsplan aus, der den Genossen Hager und Herrmann (...) zur Bestätigung vorzulegen ist. (...)« [77]

1

2

3

»Coming out« (1989):
ein junger Lehrer bekennt sich
zu seiner Homosexualität

1 Regisseur Heiner Carow (rechts) und
  Kameramann Martin Schlesinger

2 Mathias Freihof

3 Mathias Freihof und Dirk Kummer

Otto Sander, Rolf Hoppe und Götz George in
»Der Bruch« (1989/RE: Frank Beyer), eine
prominent besetzte Nachkriegs-Kriminalkomödie

Thesen der Sektion Spielfilm des Verbandes [78], verfaßt in der Vorbereitung des V. Kongresses, spielen in der Diskussion keine Rolle. Überaus kritische Anmerkungen, die eigenen Filme seien zu peripher, zu klein, zu ängstlich, zu wenig aufregend oder unterhaltend, tauchen in den Papieren an die Obrigkeit nicht auf. Die Hoffnung vieler Filmemacher, ihre Forderungen würden über ihren Verband nach oben dringen, erwies sich vor allem im nachhinein als eine von unzähligen Illusionen.

Nationale wie internationale Aufmerksamkeit erregen zum Ende der achtziger Jahre hin, abgesehen von Heiner Carows *Coming out* (1989), dessen Premiere in der Nacht gefeiert wird, als die Mauer fällt, Filme, deren Sujets in der Vergangenheit angesiedelt sind. Rainer Simon dreht 1986 nach siebenjähriger Mitarbeit am Buch *Wengler & Söhne – Eine Legende*, die Geschichte einer Arbeiter- und Angestelltenfamilie von 1870/71 bis zum Ende des zweiten Weltkrieges. Ursprünglich war an die Verfilmung des Werdegangs der international renommierten Firma Carl Zeiss Jena, zu DDR-Zeiten »Kombinat Carl Zeiss Jena« gedacht. Da sich herausstellte, daß das Fernsehen der DDR einen entsprechenden Mehrteiler plante, zog die Kombinatsleitung ihre dem DEFA-Studio zugesagte Unterstützung zurück; aus dem erhofften Staatsauftrag wurde also nichts. Seit der Mitarbeit des Regisseurs am Stoff wandelt dieser sich in einen Film, in dem es wieder um das Verhalten eines einzelnen geht, der unter bestimmten gesellschaftlichen Konstellationen sein Glück zu machen sucht.
Fragen nach der Möglichkeit, Ideale zu verwirklichen, den eigenen Lebensanspruch durchzusetzen, stehen auch im Zentrum der *Besteigung des Chimborazo*, einer für die DEFA aufwendigen Produktion über die Reise Alexander von Humboldts nach Südamerika. Simon entwirft die Figur Humboldts als positives Pendent zu Stannebein in *Das Luftschiff*. Obgleich auch Humboldt scheitert, verkörpert er doch den Rebell gegen traditionelle Werte, gegen Institutionen und Familie. Der dokumentarische Stil setzt sich vor allem durch die Mitwirkung der Indianer in Ekuador gegen

metaphorische Überhöhung durch – Riten, Sprache, Gestus und Kleidung werden für die Aufnahmen nicht verändert, die Kamera folgt den Bewegungen der Laien, betont das Gegenwärtige: »(...) In einer Zeit, wo zu viel auf Anpassung hinausläuft, scheint es mir wichtig, jungen Leuten mit dieser Figur zu sagen: Laßt euch nicht eure Träume nehmen, versucht sie zu verwirklichen.« [79]
Im allgemeinen überzeugen die historischen Filme durch Szenenbild, Ausstattung, Kamera und nicht zuletzt durch die Darsteller. Frank Beyer zum Beispiel besetzt seinen *Bruch* (1989), eine vergnügliche, lakonisch und sozial prägnant erzählte Geschichte über einen Millionen-Coup nach einem authentischen Fall in der sowjetischen Besatzungszone, mit Stars aus beiden deutschen Staaten: Götz George, Otto Sander und Rolf Hoppe.

Mit dem Regiedebüt des Schauspielers Michael Gwisdek, *Treffen in Travers* (1989), gelingt noch einmal die Nominierung eines DEFA-Films für Cannes; er wird in der Sektion »Der besondere Blick« gezeigt. Der Beitrag der DEFA zum 200. Jahrestag der französischen Revolution, ein Melodram um die Ehe des aus Deutschland verbannten Revolutionärs Georg Forster, findet Zustimmung in Ost und West. Wird allerdings im »Neuen Deutschland« die Darstellung des ungebrochenen Revolutionärs hervorgehoben, bekundet man ansonsten Zustimmung zu einem Mann, der als überzeugter Revolutionär an der Revolution als taugliches Mittel, »Veränderungen im Menschengeschlecht hervorzubringen«, und an der Humanität der Revolutionäre zu zweifeln beginnt. »Dies ist der politischste Film, den die DEFA in letzter Zeit gedreht hat, und es ist der privateste Film, der seit langem in Babelsberg entstand.« [80]

Die Tatsache, daß viele DEFA-Regisseure in die Vergangenheit ausweichen, könnte zu der Annahme führen, historischen Stoffen wäre weniger aufmerksame Kontrolle gewidmet worden. Doch das war weder in den Achtzigern noch zuvor der Fall. Fühlte sich die Kulturpolitik der DDR auch in gewisser Weise zur Aneignung des humanistischen künstlerischen Erbes verpflichtet, stand im Mittelpunkt doch die Prüfung des Stoffes nach den richtigen weltanschaulichen Fragen und Antworten. Was also will das Studio mit einer Künstlerpersönlichkeit wie *Fallada*, der ein »neutrales Verhältnis« zur Gesellschaft hat, der »nur sieht, wie Menschen leben, leiden und lieben«, der labil, von Drogen, Alkohol und Tabletten abhängig ist. Kann man »über die Figur Falladas in einem Spielfilm« etwas »Gültiges zum Verhältnis Künstler und Gesellschaft aus marxistisch-leninistischer Sicht sagen?« [81]
Am Schluß der Bemerkungen des stellvertretenden Leiters der HV Film zum Projekt *Fallada* heißt es: »›Aufmerksame‹ Beobachter des DEFA-Schaffens könnten sich möglicherweise gar veranlaßt sehen, eine ›Linie‹ zu entdecken: die extremen Helden! *(Dein unbekannter Bruder, Das Luftschiff, Fariaho, Olle Henry, Fallada).*« [82] Mit den »aufmerksamen« Beobachtern deutet der Verfasser auf die »Feinde« jenseits der Mauer hin, die die DEFA belauerten, um der DDR Schaden zuzufügen. Leser dieser Zeilen wußten die Zeichen zu deuten. Der Krieg um das Projekt, auch ausgefochten zwischen Chefdramaturg und Generaldirek-

1

4

2

5

3

6

Authentische und fiktive Helden der achtziger Jahre –
allesamt gebrochene Männer:

1 Ulrich Mühe als Friedrich Hölderlin in
»Hälfte des Lebens«
(1985/RE: Herrmann Zschoche)

2 Jörg Gudzuhn in der Titelrolle von
»Fallada – letztes Kapitel« (1988/RE: Roland Gräf)

3 Hermann Beyer (Mitte) als Georg Forster in
»Treffen in Travers« (1989/RE: Michael Gwisdek).
Mit Uwe Kockisch und Corinna Harfouch

4 Gian Maria Volonté als Johann Heinrich
Pestalozzi in »Pestalozzis Berg«
(1989/RE: Peter von Gunten),
eine Co-Produktion mit der Schweiz

5 Christian Grashof als Van Gogh in
»Besuch bei van Gogh«
(1985/RE: Horst Seemann).
Mit Grazyna Szapolowska

6 Franciszek Pieczka in »Fariaho«
(1983/RE: Roland Gräf)

Jörg Pose (links) und Manfred Möck in Lothar Warnekes
»Einer trage des anderen Last...« (1988):
Marx, Stalin und die Bibel in trautem Stelldichein

tor, dauerte jahrelang. Rudolf Jürschik verfaßt 1985 ein siebzehn Seiten umfassendes Plädoyer [83] für den Stoff, der 1986 zur Produktion freigegeben wird. – Roland Gräf: »In *Fallada* geht es eben um Anpassung und um den Preis, den man dafür zahlt. Da gab es im nachhinein auch politische Verleumdungen.« [84]

Noch einmal Hoffnung

Ein Vierteljahr vor der Premiere des Films *Fallada – letztes Kapitel* kommt Lothar Warnekes *Einer trage des anderen Last...* in die Kinos. Zur Premiere im Berliner »International« erscheinen Kurt Hager und weitere Politbüromitglieder sowie Repräsentanten von Kirchen- und Religionsgemeinschaften, darunter Bischof i. R. D. Dr. Albrecht Schönherr sowie der Exarch des Moskauer Patriarchen der Russischen Orthodoxen Kirche für Berlin und Mitteleuropa, der Stellvertreter des Leiters des Sekretariats des Bundes der Evangelischen Kirchen in der DDR, der Generalsekretär der Katholischen Berliner Bischofskonferenz. Nicht nur in Berlin stellt man sich in den nächsten Wochen nach Karten für einen DEFA-Film an. In den Zeitungsredaktio-

nen häufen sich Leserzuschriften aus allen Teilen des Landes: »Wann haben Besucher eines Filmes mit solcher Andacht und Spannung einen Film erlebt, daß man eine Stecknadel hätte fallen hören können?« [85] – »Es geht um Frieden und Menschenwürde und um ein gutes Miteinander von solchen, die unterschiedliche Anschauungen von der Welt haben. Wir leben alle in einem Land, das wir lieben, weil es unsere Heimat ist.« [86] In all diesen Zuschriften ist von Ermutigung die Rede. Man hofft, daß beide Seiten aufeinander zugehen. Der Film, auf der Berlinale als Sensation in aller Munde, stellt ein Politikum dar.

Der Berliner »Tagesspiegel« meldet eine erneute positive Rezension in der Parteizeitung »Neues Deutschland« nach Abschluß der Synode des DDR-Teils der Evangelischen Kirche von Berlin-Brandenburg, in der es heiße, der Sozialismus brauche alle. »Diplomaten und politische Beobachter werteten es als außergewöhnlich, daß der Film (...) auf der Kommentarseite (...) erneut rezensiert wurde. Unter dem Eindruck der Beschlüsse der Synode, die der Bundesrepublik eine gewisse Mitverantwortung an der Ausreiseproblematik in der DDR vorwarf, versuche die DDR-Führung offenbar, die in jüngster Zeit aufgetretenen Meinungsverschiedenheiten mit der Kirchenführung zu ver-

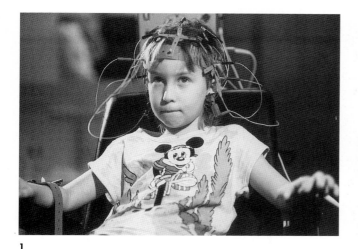

1

2

3

4

1 »Rückwärtslaufen kann ich auch«
(1990/RE: Karl Heinz Lotz). Mit Peggy Langner

2 »Rückkehr aus der Wüste« (1990/RE: Bernhard Stephan).
Mit André Hennicke

3 »Biologie!« (1990/RE: Jörg Foth).
Mit Stefanie Stappenbeck

4 »Das Mädchen aus dem Fahrstuhl« (1991/RE: Herrmann Zschoche).
Mit Rolf Lukoschek und Barbara Sommer

mindern. (...) Die SPD hat unterdessen den Vorwürfen der evangelischen Kirche widersprochen und will diese Differenzen möglichst bald in einem gemeinsamen Gespräch klären.« [87])

Einige Rezensenten werten *Einer trage des anderen Last...* nach dem Erscheinen des Films in den Kinos der Bundesrepublik weniger wohlwollend und schon gar nicht als das Zeichen, als das der Film in der DDR gilt. »Die Welt« wirft den Autoren Schwindel vor, sei es doch in den fünfziger Jahren, in der die Handlung spielt, zu Massenverhaftungen von Pfarrern und Mitgliedern Junger Gemeinden gekommen, zur Beschlagnahmung von Kirchenbesitz, zu Diffamierungen von Christen in den Medien. »Ein übervorsichtiger, ein feiger Film« [88]), heißt es da, und ein Jahr später – nach der Maueröffnung –, vor der Ausstrahlung von *Einer trage des anderen Last...* im ZDF, stellt »Die Welt« unter dem Titel »Stalin gegen Jesus als DDR-Komödie« den Zusammenhang mit Ereignissen des Jahres 1988 her, die bezeugten, wie Andersdenkende verfolgt wurden. »(...) Als der Film schließlich im Januar 1988 in die Kinos kam, gab es die Festnahmen am Rande der Liebknecht-Luxemburg-Demonstration. Kurz darauf wurden Gottesdienstbesucher behindert und Kirchenzeitungen zen-

siert.« [89]) Daß es in den DDR-Medien 1988 einhellige Zustimmung gibt, liegt in diesem Fall nicht an der Zensur, sondern an einer Stimmung, in der man die Hoffnung auf mehr Freiraum geradezu beschwört. Bis zum Erscheinen dieses Films gab es in DEFA-Filmen, wie bereits erwähnt, kaum positiv gewertete Darstellungen von Menschen mit christlicher Weltanschauung.

Egon Günthers *Der Dritte* (1972) und der Kinderfilm *Die Schüsse der Arche Noah* bildeten Ausnahmen. *Engel im Fegefeuer* (1965) von Herrmann Zschoche, in dem ein junger Soldat im Ersten Weltkrieg an seinem katholisch geprägten Weltbild zu zweifeln beginnt, trug mehr der Trennung von Staat und Kirche in der DDR Rechnung. Obwohl im Sinne sozialistischer Ideologie, kam es nicht zur groß angekündigten Jugendweiheveranstaltung im Berliner »International«, da Walter Ulbricht gerade mit Bischof Mitzenheim über einen Konsens zwischen Kirche und Staat verhandelte. – Der lange Weg des Projekts *Einer trage des anderen Last...* bestätigt den schweren Gang der Partei, eine durch die Wirklichkeit erzwungene Annäherung zuzugeben. Das Szenarium lag bereits 1973 vor. Kurz nachdem es die HV Film einem politisch-fachlichen Berater zuge-

1

2

3

4

5

6

Die Kinder- und Märchenfilmproduktion der DEFA
gilt auch international als vorbildlich:

1 Regisseur Rolf Losansky (rechts) mit
 Kameramann Helmut Grewald (links) und
 Szenenbildner Jochen Keller bei den
 Dreharbeiten zu »Abschiedsdisco« (1990)

2 »Das Schulgespenst« (1987/RE: Rolf Losansky),
 eine gelungene Symbiose aus Real- und
 Trickfilm. Mit Ricardo Roth

3 Regisseur Walter Beck bei den Proben zu
 »Froschkönig« (1988). Mit Jens-Uwe Bogadtke

4 »Der Prinz hinter den sieben Meeren«
 (1982/RE: Walter Beck), ebenfalls nach
 den Brüdern Grimm. Mit Marina Krogull
 und Erik Schmidt

5 Jürgen Brauer inszeniert den romantischen
 Märchenfilm »Gritta von Rattenzuhausbeiuns« (1985)
 nach Gisela und Bettina von Arnim.
 Mit Nadja Klier und Ilja Kriwoluzky

6 »Pugowitza« (1981/RE: Jürgen Brauer):
 die ersten Nachkriegsmonate aus der Sicht eines
 Kindes. Mit Axel Griesau und Kurt Böwe

schickt hatte, erfolgte die Streichung aus dem Produktionsplan für das Jahr 1974. Lothar Warneke zog sich aus dem Vorhaben zurück, worauf man Iris Gusner als Regisseurin gewann. Da aber ihr Debütfilm *Die Taube auf dem Dach* (1973) von der HV Film kurz zuvor verboten worden war, akzeptierte die Hauptverwaltung diese Entscheidung des Studios nicht. Über Jahre ruhte der Stoff, bis man das Thema Ende der siebziger Jahre erneut auf den Plan setzt. 1986 befürwortet die HV Film die überarbeitete Fassung des Szenariums im Sinne einer Koalition der Vernunft. Da offensichtlich auch das Sekretariat für Kirchenfragen der DDR dem Stoff zustimmt, beginnt Lothar Warneke 1987 mit den Dreharbeiten.

Wie hoch der Film von vornherein angesiedelt ist, geht aus der Einleitung zur Einschätzung anläßlich der staatlichen Zulassung hervor: »(...) philosophisch-gedankliches und praktisch-politisches Konzept dieses Friedenskampfes (der Staaten mit sozialistischer Gesellschaftsordnung, Anm. der A.) haben angesichts der Bedrohung durch die aggressivsten Kräfte des Imperialismus die unvorstellbare Größenordnung eines Kämpfens um die Unsterblichkeit der Menschheit auf der Erde angenommen. Die todernsten Auseinandersetzungen um die Überlegenheit sozialistischer Weltanschauung und Politik haben begonnen, auch die sittlichen Fragen des Zusammenlebens von Völkern, Nationen, Menschen unterschiedlicher Gesinnung, Rassen, Religionen zu Fragen auf Leben und Tod zu erheben. Dank der beharrlichen dramaturgischen Betreuung durch Dieter Wolf wurde das von Wolfgang Held vor Jahren angebotene Filmszenarium Vorlage für einen dem Bündnisgedanken zutiefst nachgehenden historischen Film. Aus persönlichem Erleben der Zeitgeschichte gewachsen, vermag das Sujet in seiner filmliterarischen Durchdringung von revolutionärem Pathos der Gründung der DDR (und Bibelmythen) das zu leisten, was uns nottut: die sittlichen Grundsätze des Miteinander von Atheisten und Christen in der sozialistischen Gesellschaft auszusprechen als Grundsätze unserer weltweiten sozialistischen Friedenspolitik. (...)« [90]

Mit Beginn des Jahres 1989 geht eine Reihe von Filmen in Produktion, die seit Jahren auf ihre Realisierung wartet. Daß daraus keine Sensationen erwachsen, liegt an den völlig veränderten politischen Verhältnissen zum Zeitpunkt, als sie ins Kino kommen. Rolf Losanskys Szenarium zum Jugendfilm *Abschiedsdisco*, der hauptsächlich in einem sorbischen Dorf spielen soll, das dem wichtigsten Energielieferer in der DDR, dem Braunkohlentagebau, geopfert wird, war 1983 verboten worden. Erst 1989 wird das Projekt nach verschiedenen Bearbeitungsstufen bestätigt. In der abgenommenen Fassung begegnet der fünfzehnjährige Henning nun nicht nur glücklosen, abgestumpften Erwachsenen, sondern auch positiven Verhaltensweisen der älteren Generation: der Vater beginnt sich für den Erhalt der Landschaft einzusetzen, ein alter Mann des Dorfes verkörpert das Gewissen der verantwortlichen Menschheit. Als *Abschiedsdisco* 1990 erscheint, spielen sowohl Mut als auch Kompromißbereitschaft der Filmemacher keine Rolle mehr. Die Aufmerksamkeit des Publikums ist auf anderes gerichtet.

Ein Schicksal, das auch weitere »Tabu-Brecher« teilen: *Biologie!* von Jörg Foth, einziger Umweltfilm der DEFA, *Rückwärtslaufen kann ich auch* von Karl Heinz Lotz, das erste Sujet, in dem Behinderte als Hauptdarsteller vorkommen, *Verbotene Liebe* von Helmut Dziuba über die Liebe zwischen einer Dreizehnjährigen und einem wenige Jahre älteren Jungen. Maxim Dessau kann nach dem Eklat von *Schnauzer* nun seinen Spielfilm *Erster Verlust* drehen, der in den letzten Kriegsjahren in einem kleinen deutschen Dorf spielt, und in dem es Helden weder auf der einen noch auf der anderen Seite der Front gibt.

Insgesamt drehen die Regisseure der vierten Generation 1989 mehr Filme als je zuvor. Die Vierzigjährigen stellen auch die größte Gruppe in den seit Beginn des Jahrzehnts existierenden Oppositionsgruppen dar, die nun, nach den Kommunalwahlen im Mai, öffentlich von Wahlfälschung sprechen. Ab August versuchen vor allem Angehörige dieser Generation, aber auch viele Jüngere, über die ungarisch-österreichische Grenze in den Westen zu gelangen. Als Ungarn am 11. September die Grenze öffnet, reisen innerhalb von drei Wochen etwa zwanzigtausend DDR-Bürger aus. Am 18. September demonstrieren nach dem seit Jahren traditionellen Montagsgebet in Leipzig eintausendfünfhundert Menschen. Ende September dürfen auf Betreiben des Außenministers der BRD dreitausendfünfhundert DDR-Bürger, die sich in der Prager Botschaft verschanzt haben, diese verlassen und in die BRD einreisen. Während Michail Gorbatschow, Ehrengast zum 40. Jahrestag der Gründung der DDR, am 7. Oktober Partei- und Staatsführung mahnt, sich dem Reformkurs anzuschließen – »Wer zu spät kommt, den bestraft das Leben!« – werden hunderte Demonstranten in mehreren Städten festgenommen und mißhandelt. Von nun an finden jeden Montag in Leipzig Demonstrationen statt, wo nach und nach fünfhunderttausend Menschen auf die Straße gehen. Am 18. Oktober löst Egon Krenz den Staats- und Parteichef Erich Honecker ab. Als die Mauer am 9. November fällt, ist das Ende der DDR im Grunde besiegelt. Doch die Hoffnungen vieler auf einen deutschen demokratischen Sozialismus dauern bis in das Jahr 1990.

Die Sektion Spielfilm des Verbandes der Film- und Fernsehschaffenden der DDR reagiert am 18. Oktober mit einer Konferenz auf eine Erklärung Kurt Hagers, die dieser tags zuvor auf der zentralen Parteileitungssitzung des Spielfilm-Studios abgegeben hatte. Seine Äußerung, die Ursachen für die krisenhafte Entwicklung wären in den letzten Monaten zu suchen, weisen die Filmschöpfer entschieden zurück. Im Protokoll, das später auf der 5. Tagung des Vorstandes des Verbandes verlesen wird, heißt es, daß die Zeit der Folgenlosigkeit vorbei und das Vertrauensverhältnis zur Partei grundsätzlich gestört sei. Gefordert werden unter anderem ein demokratisches Pressegesetz, Aufhebung der Bestimmungen, nach denen einige reisen dürfen, die Mehrheit aber nicht, innerparteiliche Demokratie. Die Partei habe sich von jetzt an von allen Formen des Stalinismus abzugrenzen. Jahrtausendalte Werte von Humanismus und Demokratie seien gegen jahrelange Denunziation wiederherzustellen. Und auf das Studio bezogen lautet die Forde-

»Erster Verlust« (1990/RE: Maxim Dessau)
mit Julia Jäger (oben), Uta Koschel und Pawel Sanajew:
Zwei deutsche Frauen und ein russischer Kriegsgefangener
im Sommer 1942.

rung: »Die überholte (...) Struktur unseres Studios, in der unsere Filme entstehen, muß auf künstlerische und ökonomische Effektivität überprüft und mit dem Ziel aufgebrochen werden, daß *wir* entscheiden, welche Filme gemacht werden und von wem, ohne daß eine Vielzahl von Instanzen innerhalb und außerhalb des Studios befragt werden muß.« [91]

In der Vorstandstagung redet man unumwunden über Versäumtes, auch, wie man sich schrittweise die Freiheit habe nehmen lassen. Man beschließt die Bildung einer Kommission, die alle Verbotsfilme des Studios und des Fernsehens prüfen soll. Doch nicht in allem ist man einer Meinung. Einige Regisseure verteidigen die Genossen der Hauptverwaltung Film, mit deren Hilfe ihre Arbeiten gegen den Willen des Generaldirektors zustandegekommen seien. Andere heben aus gleichem Grunde Hager hervor, wieder andere erwähnen den Einsatz des Generaldirektors. Für das Verbot sowjetischer Filme in der DDR, in dessen Folge es auch zu Auseinandersetzungen im Verband gekommen war, macht man Erich Honecker verantwortlich. Als gefordert wird, das Papier der Spielfilmleute zu veröffentlichen, wehrt das Sekretariat des Verbandes ab, wendet sich außerdem energisch gegen den Vorwurf, in seinen Medien habe es Zensur gegeben.

Am 2. November beruft die Gewerkschaftsleitung des DEFA-Spielfilmstudios eine Vollversammlung ein: »Als freier deutscher Gewerkschaftsbund wollen wir uns für ein sinnerfülltes, gutes Leben im Sozialismus einsetzen, ohne daß jemand einen Führungsanspruch stellt. (...)« [92] Der amtierende Generaldirektor Gerd Golde ruft zum sofortigen Handeln auf, wobei keine Meinung ausgegrenzt werden dürfe, wenn sie auf sozialistischen Positionen und der Verfassung beruhe. Im Verlaufe der Diskussion geht es den Mitarbeitern des technischen Bereichs vor allem um ökonomische Forderungen: gerechte Entlohnung, Anrechnung der Fahr- und Überstunden, bessere Auslastung bestimmter Berufsgruppen, gerechtere Behandlung bei der Unterbringung und Versorgung am Drehort.

Vor allem künstlerische Angestellte fordern die Überprüfung des Produktionsplans, die Trennung von Partei- und Studioleitung. Angriffe auf den Generaldirektor, den Leiter der HV Film, der anwesend ist, und eine Resolution für die sofortige Absetzung Kurt Hagers werden lange unter den Aspekten Schuld und eigene Verantwortung hin und her gewendet. Applaus unterbricht Heiner Carows Worte: »Wir haben in einer Machtstruktur gearbeitet und gelebt, wo Sich-Herausbewegen ganz schön schwer war. (...) Was jetzt passiert, ist nicht das Ende des Sozialismus, aber es ist das Ende des Stalinismus. (...) Die Frage muß heißen: Wie formuliert sich der, daß ich ihm glauben kann, daß er mitmachen will. Dazu gehört, daß man kritisch spricht über das, was war und auch zu erkennen gibt, daß man es auch nicht weiß und Fragen an das Volk hat: Wie wollen wir es machen? (...)« [93] Über die großen Fragen kehrt man immer wieder zum Eigenen zurück.

Es war ein lautes, aber noch unentschiedenes Murren, das sich auf Veränderung, nicht aber auf das Ende des »ersten deutschen Arbeiter-und-Bauern-Staates« bezog. *Coming out*, der mit der Selbstfindung und dem Bekenntnis in der

Öffentlichkeit zur Selbstbehauptung, anders zu sein, ein Tabu im Gegenwartsfilm bricht, gerät angesichts der Ereignisse zur Metapher. Die Premierenfeier in Berlin geht über in den Jubel der Menge am Brandenburger Tor; die DDR als selbstbewußter Staat, der keine Mauer mehr nötig hat – dieses Ziel scheint nun wirklich erreichbar.

Daß sich die Stimmung nach der Öffnung der Mauer allmählich zu verändern beginnt, aggressiver wird, zeigt der Brief der »Gewerkschaftsgruppe Aufnahmeleiter« vom 4. 12. 1989, in dem die Bestrafung des ehemaligen Generaldirektors Mäde, als einem der »schärfsten Betreiber und Befürworter der Berufsverbots- und Diskriminierungspolitik der Honecker und Hager nach dem 11. Plenum 1965«, und ein sofortiger Produktionsstop für die Filmvorhaben der »Privilegiertensöhne Hochmuth und Dessau«[94] gefordert werden. Doch während Dietmar Hochmuth seinen dritten Film *Motivsuche* und Maxim Dessau *Erster Verlust* zu Ende drehen, bleibt ein Projekt auf der Strecke, dessen Sujet in den ersten Jahren nach dem Krieg angesiedelt ist. »Volks Entscheid« (SZ: Karl Mickel) sollte sich mit dem Abschied von einem System befassen – der Bezug zur gegenwärtigen politischen Situation lag auf der Hand. Der Stoff gehörte seit langem zum Fundus der DEFA-Dramaturgie, als Siegfried Kühn ihn 1987/88 aufnimmt und die Produktionsfreigabe 1989 durchsetzt. Obgleich – so der Regisseur – man sich seitens der Studioleitung immer wieder auf den Protest der Aufnahmeleiter berief und zu bedenken gab, man könne in dieser unruhigen Zeit keine Maidemonstration mit alten Transparenten und Losungen auf Hallenser Straßen inszenieren, sind andere Gründe für den Stop des Films zu vermuten. Kühn: »Es war ja die Zeit, wo sie ihren eigenen Abschied noch nicht richtig zur Kenntnis genommen hatten. Es war noch nicht klar, wie es lang gehen würde. Man wollte keine Selbstdemontage, nicht den eigenen Abgang dokumentieren, glaube ich.«[95]

Weder Richtigstellungen noch eine Aufklärung über das Anliegen des Films durch Siegfried Kühn oder den Filmpublizisten Rolf Richter in der »DEFA-Blende«, der studioeigenen Zeitung, führten zu einer Veränderung der Situation. »Die getroffene Entscheidung geht von der eingeschätzten gegenwärtigen Lage innerhalb und außerhalb des Studios aus und zielt darauf, eine administrative sofortige Durchsetzung des Projektes unter übergeordneten gesamtbetrieblichen Interessen zu vermeiden. (...) Der Produktionsleiter und der Kameramann teilten die Einschätzung der Leitung und bestätigten die damit verbundenen Sorgen (...)«[96], heißt es in der abschließenden Mitteilung des amtierenden Generaldirektors.

Das Jahr 2000

Ein Jahr vor dem IX. Parteitag der SED im Mai 1976 war es dem Vertrauensmann Siegfried Kühn und seinem Stellvertreter Rainer Simon gelungen, die Gewerkschaftsgruppe der Regisseure des Studios zusammenzutrommeln für ein den Besuch Kurt Hagers im Studio vorbereitendes Gespräch. Alle anstehenden Probleme und Konflikte in der Filmproduktion wurden auf den Tisch gelegt. Später, so Siegfried Kühn, sei es nie wieder vorgekommen, eine solidarische Gemeinschaft Gleichgesinnter zu bilden. Auch zu den Abnahmegesprächen erschienen immer weniger Kollegen. Mit Hans Dieter Mädes Machtantritt hatte die Zeit der »Vier-Augen-Gespräche« begonnen, in denen der Generaldirektor sein jeweiliges Gegenüber beschwichtigte, lobte, tadelte, mit Versprechungen tröstete. Sein analytischer Verstand galt als unbestritten, seine ideologischen Fußnoten, die alles ins Gegenteil verkehren konnten, erregten sogar Mitleid.

Entschieden über die Entwicklung eines Stoffes Dramaturgen und Hauptdramaturgen, traten der Chefdramaturg und der Leiter des Lektorats, in dem mit einem Jahreshaushalt von etwa 1,6 Millionen Mark kontinuierlich Stoffe gesammelt, eingeschätzt und Verbindungen zu Verlagen geknüpft wurden, im Stadium des Szenariums in den Prozeß der Abnahmen ein. Ob ein Projekt in den Produktionsplan aufgenommen wurde oder nicht, entschied allein der Generaldirektor, zumindest, was die Hierarchie im Studio anbetraf. Im Normalfall ging das Szenarium an die HV Film, wo ein Dramaturg aus dem Stab der Abteilung »Künstlerische Produktion« eine Einschätzung zu verfassen hatte. Gab es keine gravierenden Einwände, erfolgte die Freigabe innerhalb von vierzehn Tagen. Zu den Rohschnitt- und Studioabnahmen erschien wiederum der stoffführende Dramaturg der HV, so daß nach auch positiver Einschätzung die Möglichkeit des eleganten Rückzugs für den Leiter der HV offen blieb. So stellte sich nach außen der über viele Formulare hin sichtbare Pfad von der Idee bis zum fertigen Film auf der Kinoleinwand dar.

Wie viele Beispiele zeigen, wies dieser Pfad zahlreiche Verästelungen, Umwege und Sackgassen auf. Parteiinstanzen von der Betriebsparteiorganisation bis zum Zentralkomitee und Politbüro, FDJ-Leitungen, die Führungsebenen der Gewerkschaft, Ministerien, Künstlerverbände, Kommissionen wie die bei der Abteilung Volksbildung oder für Jugendarbeit beim ZK, Abteilungen der Nationalen Volksarmee, die Vereinigung der Verfolgten des Naziregimes, Juristen usw. usf. – alle schätzten und wandten ein, verständigten und warnten einander. Der Wirrwarr der Verknüpfungen wurde zwar partiell wahrgenommen, überschauen konnte es, verwoben in dieses Knäuel, niemand. Darüber hinaus verlief ein Teil der Wegstrecke durch Kanäle unter der Oberfläche, die erst nach der Wende beleuchtet werden konnten. So gingen die mit Bemerkungen versehenen Szenarien oder Drehbücher vom Büro Hager nicht an den Generaldirektor des Studios zurück, sondern passierten zuvor die Potsdamer Bezirksbehörde der Staatssicherheit. Der dort zuständige Angestellte gab das Paket an den Verantwortlichen für Staatssicherheit im Studio weiter, der es schließlich dem Generaldirektor und Mitglied des ZK der SED aushändigte. Dieser hatte nun die Anweisungen, für die es keine Begründungen gab, an die entsprechenden Personen weiterzuleiten. Wie, das war ihm überlassen. Wie viele informelle Mitarbeiter der Staatssicherheit neben dem hauptamtlich im Studio beschäftigten tätig waren, ist bis heute nur zum Teil bekannt.

Aus dem letzten vom Studio aufgestellten »Kaderentwicklungsplan« vom Februar 1989, dem eine Analyse der rund zweitausend Beschäftigten hinsichtlich ihres Alters, Geschlechts und ihrer Parteizugehörigkeit zugrunde liegt, ist auch ersichtlich, wie auf offiziellem Wege ideologische Kontrolle ausgeübt wurde. In der Einleitung dieses Papiers geht es um Maßnahmen, die zur weiteren »marxistisch-leninistischen und beruflich-fachlichen Bildung der Führungs- und Leitungskader« notwendig erscheinen. Vorgesehen ist unter anderem eine »weitere klassenmäßige Stärkung der Leitungsebene 4 (Produktionsleiter, Hauptabteilungs- und Abteilungsleiter) durch die Erhöhung bzw. Sicherung des Anteils von Mitgliedern der SED – Erhöhung des Anteils von jüngeren Kadern, die selbst in der Filmproduktion tätig waren bzw. ihrer sozialen Herkunft nach Arbeiter sind«. [97] Die zahlenmäßige Aufschlüsselung der Beschäftigten nach Leitungsfunktionen und Beruf bis zum Jahre 2000 erlaubt dem Leser eigene Schlußfolgerungen, wobei die Zahlen von 1990 bis 2000 den personellen »Austausch« in den jeweiligen Funktionen bezeichnen:

	insges.	SED	Frauen	1990	1995	2000
Generaldirektor/ Direktoren/ Hauptbuchhalter	7	7	2	1	5	1
Hauptdramaturgen u. Leiter d. Lektorats	5	5	1	1	1	2
Hauptabteilungsleiter u. Abteilungsleiter	44	26	3	5	5	9
Produktionsleiter	21	11	2	3	3	3

(...)

Künstlerische Mitarbeiter

	insges.	SED	Frauen	1990	1995	2000
Regisseure	35	21	3	2	10	10
Szenaristen	22	16	8	5	0	5
Dramaturgen	21	12	13	–	1	3
Kameramänner	29	6	–	1	9	9
Filmszenenbildner	22	4	1	4	6	7
Kostümbildner	15	1	10	6	3	10
Chefmaskenbildner	16	1	4	1	3	4
Schnittmeister	25	2	24	4	4	11
Tonmeister	32	1	4	4	10	7
Filmarchitekten	35	5	10	5	2	7
Regieassistenten	32	11	16	1	1	2
Maskenbildner	31	1	28	2	6	8
Kunstmaler	11	–	1	–	1	1
Schauspieler	11	3	1	5	3	1

Während der Parteieinfluß in den Berufsgruppen der Regisseure, Szenaristen, Dramaturgen und Regieassistenten als gesichert angesehen wird, soll unter anderem in den Sparten Kameramänner, Filmszenenbildner, Schnittmeister und Tonmeister der Parteieinfluß erhöht werden. Mit dem Fall der Mauer ist der Plan freilich Makulatur.

Der Regisseur Jörg Foth (laut Kaderplan allerdings noch immer Regieassistent), dessen Satire *Letztes aus der DaDaeR* 1990 in die Kinos kommt, sagt im nachhinein: »Im Studio hat sich genau das abgespielt, was sich im ganzen Land abgespielt hat – nur im kleineren Rahmen. Wir glaubten immer, daß man, wenn man sich durchsetzt, Sinnvolles tun kann, daß man bestimmte Dinge in Kauf nehmen muß, aber daß es letztlich die Heimat ist.« [98]

Im Jahr 1991 stellt die ehemalige Potsdamerin, Studentin der Babelsberger Filmhochschule und Angestellte des DEFA-Spielfilmstudios Sybille Schönemann in der Stadt, in der sie vorgehabt hatte zu leben und zu arbeiten, ihren Dokumentarfilm *Verriegelte Zeit* (1990) vor. »Hier wollten wir Filme machen. Filme, in denen sich die Menschen wiedererkennen. Von Heiterkeit und Trauer wollten wir erzählen, von der Langeweile und dem Eingeschlossensein. Ein Vorschlag nach dem anderen wurde abgelehnt, und uns wurde klar, daß solche Filme nicht gewollt und nicht gebraucht werden«, heißt es im Kommentar. Kurz nachdem das Ehepaar Schönemann (Hannes Schönemann, ebenfalls Regieabsolvent der Hochschule und Regieassistent im Studio) einen Ausreiseantrag gestellt hatte, war es verhaftet und schließlich nach knapp einem Jahr in die BRD abgeschoben worden.

1) Horst Knietzsch, Präsident der Fachjury: Gemeinsam auf dem Wege zur Erkundung von Lebenswahrheit. In: Neues Deutschland, Berlin, 29. 4. 1980

2) Zitiert nach: Neues Deutschland, Berlin, 18. 12. 1971

3) Frank Beyer: An das Präsidium des Verbandes der Film- und Fernsehschaffenden der DDR, 25. 5. 1979. Akten des Verbandes der Film- und Fernsehschaffenden der DDR. Filmmuseum Potsdam, Archiv

4) Frank Beyer: Offener Brief an den Generaldirektor des DEFA-Studios für Spielfilme, 23. 9. 1977, Akten des Verbandes der Film- und Fernsehschaffenden der DDR. A.a.O.

5) Hubert Vater: Was ich mir mehr von unseren Filmemachern wünsche. In: Neues Deutschland, Berlin, 17. 11. 1981

6) Günter Reisch: IV. Kongreß der Film- und Fernsehschaffenden der DDR, 15.–17. 9. 1982, Protokoll II, S. 260

7) Wolfgang Kohlhaase: ebenda, Protokoll I, S. 47

8) Ulrich Weiß in einem Gespräch mit der Autorin, 1992. Filmmuseum Potsdam, Archiv

9) Margit Voss: Ein zweiter Anlauf. In: Film und Fernsehen, Berlin 1982, Heft 8, S. 14

10) Evelyn Schmidt in einem Gespräch mit Gabriele Zellmann, 1991, Filmmuseum Potsdam, Archiv

11) Ebenda

12) Ingrid Winter, Lehrerin, Berlin. In: Sonntag, Berlin 1980, Heft 9

13) Brief an Konrad Wolf, 6. 3. 1980, Akademie der Künste Berlin, Konrad-Wolf-Archiv

14) Fred Gehler: Bürgschaft für ein Jahr. In: Sonntag, Berlin 1981, Heft 41

15) Lothar Warneke in einem Gespräch mit Bärbel Dalichow, 1991. Filmmuseum Potsdam, Archiv

16) Karl-Heinz Heymann: Konzeption zum Film *Schwierig sich zu verloben*. DEFA-Betriebsarchiv, AE 1063

17) Berichte über Publikumsreaktionen nach der Vorführung von *Die Schüsse der Arche Noah*. DEFA-Betriebsarchiv, AE 1064

18) Aktenvermerk zum Protokoll zur Zulassung *Eine sonderbare Liebe*. Bundesarchiv-Filmarchiv, Berlin. Akten der HV Film

19) Erika Richter in einem Gespräch mit der Autorin, 1992. Filmmuseum Potsdam, Archiv

20) Brief an Generaldirektor Hans Dieter Mäde. DEFA-Betriebsarchiv, AE 1063

21) Paul Kanut Schäfer: Zu *Jadup und Boel*. 14. 5. 1980. In: Rainer Simon, Rebellen, Träumer und »gewöhnliche Leute«. Werkstattgespräch und Dokumentation. Aus Theorie und Praxis des Films, Potsdam 1990, Heft 1.

22) Hans Dieter Mäde an Kurt Hager, Mitglied des Politbüros und Sekretär des ZK der SED. Bundesarchiv-Filmarchiv, Berlin. Akten der HV Film

23) Sämtliche hier zitierten Briefe, mit Ausnahme der erwähnten Briefe von Rainer Simon selbst, befinden sich im Bundesarchiv-Filmarchiv, Berlin, Akten der HV Film. Die Briefe von Rainer Simon sind abgedruckt in: Rainer Simon, Rebellen, Träumer und »gewöhnliche Leute«. A. a. O.

24) Klaus Wischnewski: Abschweifungen zum Thema. In: Film und Fernsehen, Berlin 1982, Heft 5, S. 17

25) Ulrich Weiß in einem Gespräch mit der Autorin, 1992. Filmmuseum Potsdam, Archiv

26) Ebenda

27) Raymund Stolze: Fragen zu einem neuen DEFA-Film. In: Junge Welt, Berlin, 14. 5. 1982

28) Hartmut König: Die Verantwortung der FDJ für Kultur und Kunst in den Kämpfen unserer Zeit. Kulturkonferenz der Freien Deutschen Jugend. 21. bis 22. Oktober 1982 in Leipzig. Herausgeber: Zentralrat der Freien Deutschen Jugend, Abteilung Agitation. Berlin: Verlag Junge Welt, 1982

29) Ulrich Weiß in einem Gespräch mit der Autorin, 1992. A.a.O.

30) Stellungnahme zur vorliegenden Filmfassung von Eberhard Ugowski. Bundesarchiv-Filmarchiv, Berlin. Akten der HV Film

31) Presseauswertung zum Film *Insel der Schwäne*, verfaßt von Beatrix Langner. Bundesarchiv-Filmarchiv, Berlin. Ebenda

32) Horst Knietzsch: Verstellte Sicht auf unsere Wirklichkeit. In: Neues Deutschland, Berlin, 4. 5. 1983

33) Einschätzung zur staatlichen Zulassung zum Film *Erscheinen Pflicht*, Bundesarchiv-Filmarchiv, Berlin. Akten der HV Film

34) Hans-Dieter Tok: Trampen nach Süden. In: Wochenpost, Berlin 1980, Heft 29

35) DEFA-Betriebsarchiv, AE 8571

36) Herrmann Zschoche in einem Gespräch mit der Autorin, 1993. Filmmuseum Potsdam, Archiv

37) Einschätzung zum Film *In einem Atem*. Bundesarchiv-Filmarchiv, Berlin. Akten der HV Film

38) Günter Reisch: Protokoll der Vorstandstagung, 30. 4. 1987. Akten des Verbandes der Film- und Fernsehschaffenden der DDR. A.a.O.

39) Ebenda

40) Einschätzung des Drehbuches zum Film *Ete und Ali*. Bundesarchiv-Filmarchiv, Berlin. Akten der HV Film

41) Einschätzung zum Film durch den Progreß-Filmverleih. DEFA-Betriebsarchiv, AE 2353/2

42) Roland Oehme in einem Gespräch mit Bärbel Dalichow, 1992. Filmmuseum Potsdam, Archiv

43) *Meine Frau Inge und meine Frau Schmidt*. Vorgetragen am 21. 5. 1984. Bundesarchiv-Filmarchiv, Berlin. Akten der HV Film

44) Einschätzung zum Rohdrehbuch *Meine Frau Inge und meine Frau Schmidt*. Ebenda

45) Einschätzung zum Rohschnitt *Meine Frau Inge und meine Frau Schmidt*. Ebenda

46) Werner Beck in einem Gespräch mit der Autorin, 1992. Filmmuseum Potsdam, Archiv

47) Horst Bonnet an Hans Dieter Mäde, 9. 2. 1979. DEFA-Betriebsarchiv, AE 1064

48) Wolfgang Thiel: *Zille und ick* – Bemerkungen zu einem DEFA-Musical. In: Aus Theorie und Praxis des Films. Herausgeber: Betriebsschule des VEB DEFA Studio für Spielfilme, Potsdam 1986, Heft 1

49) Lina Schneider: Mit Mut zur Ehrlichkeit. In: Hannoversche Allgemeine Zeitung, Hannover, 1. 11. 1984

50) Gedanken zum Szenarium *Das Luftschiff*. Bundesarchiv-Filmarchiv, Berlin. Akten der HV Film

51) »Film hat für mich auch etwas mit dem Abenteuer eines Forschungsreisenden zu tun«. Gespräch mit Rainer Simon am 4. April und 4. Mai 1989 in Potsdam. In: Rainer Simon, Rebellen, Träumer und »gewöhnliche Leute«. A. a. O.

52) Peter Ahrens: »Karl und Anna« als Film. In: Die Weltbühne, Berlin 1985, Heft 12, S. 366

53) Analyse zum DEFA-Spielfilm, 1985. Erstellt von der Sektion Spielfilm des Verbandes der Film- und Fernsehschaffenden. Akten des Verbandes. A.a.O.

54) Rudolf Jürschik in einem Gespräch mit der Autorin, 1992. Filmmuseum Potsdam, Archiv

55) Siegfried Kühn an Kurt Hager, 11. 1. 1982. Archiv Siegfried Kühn

56) Eröffnungsbericht zum OV »Regisseur«, Ministerium für Staatssicherheit, Abteilung XX/7, Potsdam, den 15. 2. 1983. Ebenda

57) Ebenda

58) Michael Kann in einem Gespräch mit Bärbel Dalichow, 1992. Filmmuseum Potsdam, Archiv

59) Rudolf Jürschik in einem Gespräch mit der Autorin. A a. O.

60) Jörg Foth: Forever young. In: Filmland DDR. Köln: Verlag Wissenschaft und Politik 1990, S. 101 f.

61) Information über den Kongreß des Verbandes der Film- und Fernsehschaffenden der DDR. Filmmuseum Potsdam, Archiv. Akte: VS/VD-2, Schriftverkehr Abt. Kultur des ZK der SED

62) Jörg Foth: Diskussionsbeitrag auf dem V. Kongreß des Verbandes der Film- und Fernsehschaffenden der DDR 1988, Protokoll I, S. 202

63) Klaus Wischnewski: Anpassung oder Widerstand. In: Film und Fernsehen, Berlin 1988, Heft 9, S. 5 ff.

64) Maxim Dessau und Peter Badel in einem Gespräch mit der Autorin, 1992. Filmmuseum Potsdam, Archiv

65) Günter Ost: Mitteilung, Babelsberg, 16 .7. 1984. Kopie: Archiv Maxim Dessau

66) Maxim Dessau und Peter Badel in einem Gespräch mit der Autorin. A. a. O.

67) Kommission zur Untersuchung verbotener und zurückgezogener DEFA- und Fernsehfilme an den Stellvertreter des Ministers für Kultur und Leiter der HV Film, Horst Pehnert, 3. 12. 1989, Kopie im Besitz von Maxim Dessau

68) Brief an die Leitung des DEFA-Studio für Spielfilme, Babelsberg, 28. 6. 1990. DEFA-Betriebsarchiv, AE 302

69) Hans Dieter Mäde: Realitätseroberung und Kunstgewinn. Nachdenken im vierzigsten Jahr. In: Film und Fernsehen, Berlin 1986, Heft 4, S. 8 ff.

70) Jürgen Bretschneider: Ein starker Mensch wie Sie. In: Film und Fernsehen, Berlin 1986, Heft 5, S. 4

71) Rolf Richter: Diskussionsbeitrag auf dem Slatan-Dudow-Seminar, Berlin, 26. 6. 1986

72) Regine Sylvester: Blonder Tango. In: Sonntag, Berlin 1986, Heft 16

73) Hans Dieter Mäde an Heiner Carow, 18. 8. 1985. Bundesarchiv-Filmarchiv, Berlin. Akten der HV Film

74) Ebenda

75) Protokoll der 19. Sitzung des Präsidiums, 25. 5. 1987. Akten des Verbandes der Film- und Fernsehschaffenden der DDR. A.a.O.

76) Konzeption zur Vorbereitung und Durchführung des V. Kongresses des Verbandes der Film- und Fernsehschaffenden der DDR 1988. Ebenda

77) Vorlage für das Politbüro des ZK der SED. Berlin, 9. 10. 1987. Ebenda

78) Andreas Scheinert: Thesen zur Vorbereitung des V. Kongresses, 25. 4. 1987. Ebenda

79) Fred Gehler und Hannes Schmidt: Alles Traum. Gespräch mit Rainer Simon vor der Premiere des DEFA-Films Die Besteigung des Chimborazo. In: Sonntag, Berlin 1989, Heft 37

80) Heinz Kersten: Treffen in Travers – ein neuer DEFA-Film über Georg Forster. In: Der Tagesspiegel, Berlin, 30. 4. 1989

81) A. Ugowski: Bemerkungen zum Szenarium »Fal(l)ada, der du hangest...«, 6. 1. 1984. Bundesarchiv-Filmarchiv, Berlin. Akten der HV Film

82) Ebenda

83) Rudolf Jürschik: Filmvorhaben »Fal(l)ada, der du hangest...«, 28. 5. 1985. Bundesarchiv-Filmarchiv, Berlin. Akten der HV Film

84) Roland Gräf in einem Gespräch mit Bärbel Dalichow, 1992. Filmmuseum Potsdam, Archiv

85) Max Otto Schmidt, Pfaffendorf: In: BZ am Abend, Berlin, 1. 3. 1988

86) Leserzuschrift. In: »für dich«, Illustrierte Frauenzeitschrift, Berlin, 11. 2. 1988

87) Auch »Neues Deutschland« würdigt kritischen DDR-Film. In: Der Tagesspiegel, Berlin, 15. 4. 1988

88) Günter Zehm: Häwelmann fährt durch die Nacht. In: Die Welt, Berlin, 22. 10. 1988

89) Dieter Deul: Stalin gegen Jesus als DDR-Komödie. In: Die Welt, Berlin, 20. 12. 1989

90) Einschätzung zu Einer trage des anderen Last... zur staatlichen Zulassung am 30. 10. 1987. Bundesarchiv-Filmarchiv, Berlin. Akten der HV Film

91) Zusammenfassendes Protokoll der Vollversammlung der Sektion Spielfilm am 18. 10. 1989. Akten des Verbandes der Film- und Fernsehschaffenden der DDR. A.a.O.

92) Tonbandaufnahme vom 2. 11. 1989 im DEFA-Spielfilmstudio. Archiv Maxim Dessau

93) Heiner Carow, ebenda

94) Offener Brief der Gewerkschaftsgruppe Aufnahmeleiter, DEFA-Spielfilmstudio, 4. 12. 1989. Archiv Siegfried Kühn

95) Siegfried Kühn in einem Gespräch mit der Autorin und Ralf Schenk, 1993. Filmmuseum Potsdam, Archiv

96) Mitteilung von Gerd Golde, Babelsberg, 21. 12. 1989. Archiv Siegfried Kühn

97) Kaderentwicklungsplan 1989, DEFA-Betriebsarchiv, AE 3027

98) Jörg Foth in einem Gespräch mit Bärbel Dalichow, 1991. Filmmuseum Potsdam, Archiv

Eine Szene aus »Die Architekten«
(1990/RE: Peter Kahane)

Abschied ohne Tränen?
Hans-Eckardt Wenzel (links)
und Steffen Mensching
in »Letztes aus der DaDaeR«
(1990 / RE: Jörg Foth)

Bärbel Dalichow

DAS LETZTE KAPITEL
1989 bis 1993

Die Zeitenwende zwischen verendendem Sozialismus und heraufziehendem Kapitalismus war von irrationalen Hoffnungen und Ängsten, von blindem Aktionismus und bleierner Lethargie bestimmt.

Am 1. Juli 1990, dem Tag der Währungsunion, mußte sich der Volkseigene Betrieb DEFA-Studio für Spielfilme in die Kapitalgesellschaft »DEFA-Spielfilm GmbH i. A.« verwandelt haben. Hatte kurz vor diesem historischen Datum in Direktionssitzungen noch die Valutabeschaffung auf der Tagesordnung gestanden: jetzt war die Westmark da, mit allen Folgen. Quasi über Nacht mußte gelernt werden, was die Kürzel AG, GmbH, GbR bedeuten. Ein kompliziertes Rechtssystem hielt Einzug, das zum Teil noch von der verklausulierten Sprache kaiserlicher Bürokraten gezeichnet war. Gleichzeitig wurden technologisch veraltete Fabrikationsstätten schutzlos der Konkurrenz einer auf Hochtouren laufenden westlichen Warenproduktion zum Fraß vorgeworfen. Die Verheerungen waren abzusehen, sie erzeugten potentielle Untergeher, entwertete Menschen und überforderten selbst die überlebenswilligsten Ostler.

Die DEFA gehörte nun wie alle anderen volkseigenen Betriebe per Treuhandgesetz vom 17. Juni 1990 der Treuhandanstalt, die das Eigentum der Deutschen Demokratischen Republik an private Unternehmer verkaufen sollte. Die Führung der Geschäfte war künftig mit den Beauftragten der Treuhand abzustimmen. Bis zur Jahresmitte 1990 hatte die DEFA so viele Filme wie selten zuvor produziert. Für die Zeit danach gab es keinerlei Sicherheiten.

Die Geschäftsführer der DEFA, Gerd Golde und Bernhard Nowak, führten im Zusammenhang mit der Privatisierung im Kulturministerium Gespräche mit Wolfgang Gersch, dem Abteilungsleiter Film und Video, der erklärte, die DEFA könne nicht mehr wie bisher mit rund dreißig Millionen Mark subventioniert werden, es stünden bestenfalls neun Millionen DM zur Verfügung, eher weniger. Bisher hatte das Fernsehen der DDR bzw. der Deutsche Fernsehfunk zirka 45 Prozent der Produktionskapazität des Studios für etwa 25 Fernsehfilme pro Jahr genutzt. Auch mit diesen Aufträgen konnte durch die sich abzeichnende Abwicklung des DFF nicht mehr gerechnet werden. Der Untergang der DEFA schien besiegelt. In dieser Situation intervenierten die Geschäftsführer der GmbH beim Kulturminister Herbert Schirmer, der der Firma für das 2. Halbjahr eine Unterstützung von 18 Millionen DM für geplante Filmprojekte zusagte. Die Beschaffung des Geldes gestaltete sich abenteuerlich. Die Zuwendung traf im September 1990 als letzter Gruß der sich verabschiedenden DDR-Regierung auf den Konten des Studios ein.

Im Dezember 1989 war eine »Arbeitsgruppe Strukturkonzept« gegründet worden, zu der neben der Studioleitung auch Gewerkschafter und Vertreter aller Fachsparten gehörten. Diese Gruppe war die DEFA-Variante der kurzlebigen Superdemokratie, die um die Jahreswende 1989/90 überall in Ostdeutschland an runden Tischen aufleuchtete. Man entwickelte bis Ende Juni das Modell einer Holding mit selbständigen Tochtergesellschaften. Profit-Center sollten als kleinere Einheiten wirtschaftlich selbständiger und damit beweglicher handeln und miteinander kooperieren können. Zu den Töchtern sollten unter anderem die »DEFA-Kopierwerk GmbH« und die »DEFA-Filmstadttour-GmbH« gehören, die Ateliers sollten vermietet, Film- und Fernsehfirmen auf dem Gelände angesiedelt werden. Wie bei anderen deutschen Studio- und Ateliergesellschaften stellte man sich die künftigen Länder sowie öffentlich-rechtliche und private Fernsehanstalten als Eigentümer bzw. Auftraggeber vor.

Immer wieder betonten Politiker, Treuhandsprecher, Film- und Fernsehfachleute und Journalisten, das eigentliche Kapital des Spielfilmstudios seien neben dem wertvollen Grundbesitz die hochspezialisierten Mitarbeiter. Am 30. Juni 1990 standen 2400 Beschäftigte auf den Lohnlisten der DEFA. Zu ihnen gehörten Autoren, Dramaturgen, Regisseure, Kameraleute, Produktions- und Aufnahmeleiter, Szenenbildner, Kostümbildner, Trickspezialisten, Maskenbildner, Bühnenmeister, Beleuchter, Tonmeister, Techniker, Schnittmeister, Kopierwerksarbeiter, Maler, Stukkateure, Tischler, Fundusbetreuer, die Musiker des DEFA-Symphonieorchesters, Archivare, aber auch Verkäufer, Kindergärtnerinnen, ein Mitarbeiter des Generaldirektors für Landesverteidigung, Gewerkschaftsfunktionäre und Feuerwehrleute.

Zum Jahresende 1990 wurde die Hälfte von ihnen entlassen. Diese erste große Kündigungswelle traf das filmspezifische Fachpersonal und DDR-typische Bereiche wie Materialwirtschaft und die Abteilung Neue Technik. Man versicherte den Entlassenen, daß der freie Markt, auf dem sie künftig ihr Brot würden verdienen müssen, unter anderem durch die bevorstehende Privatisierung der DEFA-Betriebe wachsen würde. Einige wenige Mitarbeiter hatten bereits Kontakte zu westlichen Film- und Fernsehproduzenten knüpfen können, es gab vereinzelte Firmengründungen, die Mehrzahl rettete sich vorübergehend in Arbeitsbeschaffungsmaßnahmen, mehr als dreihundert Beschäftigte wurden Rentner oder Vorruheständler. In den folgenden Monaten gab es gestaffelte Kündigungstermine für diejenigen, die noch an Filmen arbeiteten.

Zum 30. 6. 1991 wurden die 74 Musiker des DEFA-Symphonieorchesters entlassen, da es in zähen Verhandlungen zwischen dem Land Brandenburg und der Stadt Potsdam gelungen zu sein schien, ein Brandenburgisches Symphonieorchester aus der Taufe zu heben, das die DEFA-Musiker mit denen des städtischen Hans-Otto-Theaters zusammenführt. Das neue Orchester mit 117 Musikern hielt den wiederholten Rechnungen der Finanzbeamten nicht stand. Im Frühjahr 1993 spielen die DEFA-Musiker wiederum im Rahmen einer Arbeitsbeschaffungsmaßnahme gemeinsam mit dem Rundfunk-Tanzorchester Berlin als »Filmorchester Babelsberg«. Potsdam plant nunmehr die Gründung einer »Brandenburgischen Philharmonie und Musiktheater GmbH«, die günstigstenfalls die Aufstockung des eigenen Orchesters von 77 auf 96 Musiker ermöglichen könnte.

Der französische Konzern CGE, der die DEFA 1992 über die Treuhand erwarb, übernahm eine Beschäftigungsgarantie für siebenhundert Mitarbeiter bis Jahresende 1994. Die im Januar 1993 verbliebenen sechshunderteinundzwanzig Mitarbeiter werden zwar bezahlt, aber überwiegend nicht beschäftigt. Im Frühjahr 1993 kündigt die Geschäftsführung der CIP dem Arbeitsamt bis zu zweihundert Kurzarbeiter mit null Stunden Arbeitszeit an. Beim Arbeitsamt sind außerdem zweiundachtzig frühere DEFA-Mitarbeiter für die Filmtour und zwei Bibliothekarinnen in Arbeitsbeschaffungsmaßnahmen registriert.

Gegen die Massenentlassungen gab es keine Streiks, keine Demonstrationen, keine Bündnisse zu Aktions- oder Notgemeinschaften, kaum juristische Gegenmaßnahmen einzelner Beschäftigter. Die Aussonderung wurde als unabwendbares Schicksal hingenommen. Jeder starb für sich allein.

Die Studios Babelsberg – sagte der CIP-Geschäftsführer Volker Schlöndorff – sind nicht die Heimat der Brandenburger, sondern der Tüchtigsten aus Europa. Bleibt abzuwarten, wer dazu gehört. Daß die Filmleute das eigentliche Kapital der Filmstadt seien, war die begleitende Psychodroge zur Privatisierung, bis schließlich fast nur noch demotivierte, schulterzuckende oder zum Zynismus neigende Restbestände des einstigen Stammpersonals übrigblieben, die der Dinge harren, die da kommen mögen. Bei florierender Auftragslage geht das EwGAT-Konzept, von dem Berliner Anwalt Peter Schiwy für die Treuhandanstalt erstellt, von rund vierhundert festangestellten Mitarbeitern aus, das CGE-Ziel liegt bei dreihunderfünfzig, die Bavaria – gegenwärtig in weitaus besserer Position als die Studios Babelsberg – leistet sich dreihunderfünfundsechzig Beschäftigte mit unbefristeten Verträgen.

1

2

»Trillertrine« (1991)

1 Regisseur Karl Heinz Lotz
  mit Hauptdarstellerin Maria Ferrens

2 Die Begegnung des Waisenkindes mit dem Genie:
  die Trillertrine trifft Mozart (Wilfried Loll, Mitte)

Die Hoffnungen von gestern

»Mit den Menschen über ihr Leben und ihre Probleme zu reden – das war wohl das Schönste am DEFA-Film, abgesehen davon, daß nicht alles gelang. Aber diese enge Verbindung zu den Menschen, das war das Besondere«, so der künstlerische Leiter des DEFA-Studios für Spielfilme, Rudolf Jürschik, bei einem Interview im Mai 1990. [1]
Zwischen dem Herbst 1989 und dem Sommer 1990 überstürzten sich politisch brisante Ereignisse. Die Hoffnung von heute war morgen schon der Schnee von gestern. Im Verhältnis zu dieser Realität bewegte sich die Filmproduktion langsam wie ein sterbender Saurier. Filmentwürfe büßten ihre Aktualität innerhalb weniger Wochen ein, auch wenn beim Drehen fortlaufend geändert wurde. Während technische Mitarbeiter davon träumten, all ihr Können und sämtliche finanziellen Ressourcen in einem aufsehenerregenden Großfilm zu vereinen, entschieden Studioleitung und künstlerischer Rat unter Vorsitz von Roland Gräf über die Filmprojekte, die man tatsächlich realisieren wollte.

Volker Ranisch in »Miraculi«
(1992/RE: Ulrich Weiß),
eine skurrile Parabel auf das Verschwinden eines Landes

Mit der lapidaren Feststellung, die DEFA könne nur das produzieren, was sie habe, traf der Leiter des Lektorats, Wolfgang Predel, den Nagel auf den Kopf. Die Entscheidung für acht Filme fiel demokratisch, d. h. nach gelernten, durch die aktuellen Umstände modifizierten Mustern. Unerwartete Neuerungen blieben aus. Es gab grünes Licht für *Trillertrine* (RE: Karl Heinz Lotz), *Zwischen Pankow und Zehlendorf* (RE: Horst Seemann), *Miraculi* (RE: Ulrich Weiß), *Stein* (RE: Egon Günther), *Das Land hinter dem Regenbogen* (RE: Herwig Kipping), *Der Verdacht* (RE: Frank Beyer), *Verfehlung* (RE: Heiner Carow) und *Farßmann oder Zu Fuß in die Sackgasse* (RE: Roland Oehme). Die Wahl war ausgewogen und damit – als Vorgriff auf die Zukunft – gremienreif: Staatsgeld war gerecht an Themen und Hoffnungsträger verteilt. Die Regisseure Seemann und Oehme standen für den Wunsch nach kinowirksamer Unterhaltung, Carow und Beyer waren als bekannteste lebende DEFA-Regisseure beinahe Markennamen für realistische, solide inszenierte DEFA-Filme, Lotz und Kipping gehörten der gehandicapten Generation der Nachkriegskinder an, die in der DEFA nie recht daheim waren. Kipping hatte trotz ausgewiesener Filmleidenschaft bis dahin keinen Kinospielfilm inszenieren können, Weiß war als widersetzlicher Autorenfilmer stets Pfahl im Fleisch der Firma gewesen, und Günther verließ Ende der siebziger Jahre die DDR, nachdem er die Hoffnung auf eine Wende zur Vernunft aufgegeben hatte.

Die Mehrzahl der drehreifen Stoffe war lange vorbereitet worden, erfunden für das Publikum eines Landes, das eben im Verschwinden begriffen war. Die Künstler, die ihre Projekte durchsetzen wollten, glaubten zum Teil aus Selbstschutz an die Notwendigkeit einer offenen Auseinandersetzung mit der Geschichte der DDR und hofften auf ein Bündnis mit gleichgestimmten Zuschauern. Ihre positivsten Erfahrungen entsprachen denen von Rudolf Jürschik, denn in den Sternstunden der DEFA gab es erregte Filmdiskussionen in vollen Sälen. Filmemacher und Filmbesucher sprachen miteinander über Lebensentwürfe und Politik. Dieser Traum war bald ausgeträumt.

Unbekannter deutscher Film?

Eine akademische Grenzziehung zwischen Filmen des
VEB DEFA-Studios 1990 und denen der DEFA-Spielfilm
GmbH i. A. ist kaum sinnvoll. Zu den letzten DEFA-Filmen
gehören jene, die zwischen dem 1. Juli 1990 und dem
1. Juli 1992 von der DEFA hergestellt, mit von der DEFA
beschafftem Geld finanziert und überwiegend von DEFA-
Mitarbeitern gestaltet wurden. *Letztes aus der DaDaeR,
Das Land hinter dem Regenbogen* und *Banale Tage* wurden
von der künstlerischen Gruppe »DaDaeR« produziert,
die ab 1993 »Thomas Wilkening Filmgesellschaft mbH«
heißt. Acht weitere Filme waren Gemeinschaftsproduktionen
mit anderen Film- und Fernsehgesellschaften, fast alle
wurden, wie in Deutschland üblich, über die Filmförderung
des Bundes und der Länder mitfinanziert.

Zu den Filmen, deren Schicksal symptomatisch für die le-
thale Phase der DDR ist, gehört zweifellos *Der Tangospieler*. Der gleichnamige Roman von Christoph Hein zählte
zu jenen Büchern, bei denen Gewißheit bestand, daß sie
bei Erscheinen sofort vergriffen sein würden. Hein war
neben Christa Wolf einer der bedeutendsten Autoren der
DDR. Seine Bücher und Stücke wiesen sich durch sprach-
liche Meisterschaft und durch Provokationen gegen jedes
festgefügte Weltbild aus. Im *Tangospieler* thematisierte
Hein erstmals zwei DDR-Obertabus: den Staatssicherheitsdienst und die Niederschlagung des Prager Frühlings 1968.
Wider Erwarten erhielt Regisseur Roland Gräf auf sein
März-Angebot an die Studioleitung, ein Drehbuch nach
Heins Text zu schreiben, bereits im Mai 1989 die Zustim-
mung. Für die Dreharbeiten war Frühlingswetter notwendig, sie begannen also zum Winterausgang 1989/90. Am
letzten Drehtag, dem 1. Juli 1990, bekamen die Mitarbeiter
ihre Tagesspesen erstmals in DM. Die Endfertigung des
Films dauerte bis zum Herbst. Die Premiere fand am
18. Februar 1991 auf der Berlinale statt. Im Sommer erhielt
Gräf einen Bundesfilmpreis, der Hauptdarsteller Michael
Gwisdek bekam den Preis für seine Darstellerleistung. Der
Progreß-Filmvertrieb vermeldete gute Aussichten für die
Auswertung auf ehemaligem DDR-Gebiet, denn die meisten Bezirksfilmdirektionen signalisierten Interesse. Genau
in dieser Zeit privatisierte die Treuhandanstalt die Kinos.
Die Bestellungen für den *Tangospieler* wurden storniert,
amerikanische Filme traten ihren Triumphzug durch Ost-
deutschland an.

Ein Mann kommt aus dem Gefängnis. Er hatte aushilfswei-
se Klavier bei einem Studentenkabarett gespielt, dessen
Texte als staatsgefährdend angesehen wurden. Aber Hans-
Peter Dallow war daran unbeteiligt, nur der Tangospieler ...
Das Ansinnen der Stasimänner »Müller« und »Schulze«,
ihm bei entsprechender Gegenleistung wieder zu einem
Arbeitsplatz an der Universität zu verhelfen, wehrt er zwar
ab, aber ein Oppositioneller ist er wirklich nicht. Befrem-
det und antriebslos stolpert er durch Zeiten und Räume.
Die Menschen, die er kannte, gehen ihn nichts an; Zuneigung, die ihm eine Frau schenkt, kann er nur halb erwidern. Die düstere Farce endet schließlich damit, daß er –
wider alle Hoffnungen der Zuschauer – auf den Platz eines
übereifrigen linientreuen Akademikers springt, der aus

1

2

**»Faßmann oder Zu Fuß in die Sackgasse« (1991)
nach Erzählungen von Hermann Kant**

**1 Michael Gwisdek, nach der »Wende«
der am meisten beschäftigte Akteur der DEFA,
in der Titelrolle eines Buchhalters,
der für die DDR ein Valutaprojekt verwalten soll**

2 Regisseur Roland Oehme mit Chris Howland als Mr. Osbar

**Seite 333:
Michael Gwisdek als »Tangospieler« (1991/RE: Roland Gräf)**

Unkenntnis der Lage die Meldungen vom Einmarsch der Truppen des Warschauer Paktes in der ČSSR als üble Feindpropaganda abtut und deshalb geschaßt wird. Lähmende, triste Atmosphäre und die geringe Neigung der Protagonisten zu aufbegehrendem Heldentum einen Buch und Film. Dennoch geriet Gräfs Adaption gedanklich weniger scharf und daher weniger böse als der Roman. Das von Hein erzeugte Entsetzen über Ausweglosigkeit ermattet zur Beschreibung einer engen, von Opportunismus durchtränkten Welt, zu der alle gehören und gehören werden, aus der ein Ausstieg undenkbar scheint.

Die unspektakuläre, leise ironische Distanziertheit des Films ist zugleich Stärke und Schwäche. 1991 hatten Ostdeutsche wenig Lust, in diesen Spiegel zu sehen, wurden sie doch ohnehin täglich als faulenzende, rückständige Schwächlinge ohne Eigeninitiative verhöhnt. Im Westen fühlte sich niemand angesprochen. Eine spektakuläre Abrechnung mit dem System oder ein aufwühlendes Widerstandsepos hätte eventuell Gnade vor den Augen der Rezensenten gefunden. Den *Tangospieler* nannte man »so ehrenwert wie harmlos« (Berlinaletip), einen »schemenhaft unpointierte(n), in Selbstmitleid badende(n) Vorgang der Leidenschaftslosigkeit« (Frankfurter Rundschau) oder bezichtigte ihn gar der »verlogenen Nostalgie« (TAZ). Der an genaues Hinsehen und gründliches Nachdenken gewohnte Fred Gehler verglich die Gestalt des Dallow hingegen mit Franz Biberkopf aus »Berlin Alexanderplatz«, empfand ihn als »eine exemplarische Figur der deutschen Geschichte«. [2]

Man kann Dallow wie andere Hauptfiguren aus Gräfs früheren Filmen nicht lieben und nicht verachten, die lautlose Auszehrung erzeugt keine Wut, nur stummes Wiedererkennen. Zehn Jahre früher hätte der Film – damals mit Sicherheit zensiert – in der DDR und außerhalb als treffendes Zeitbild Furore gemacht. Zehn Jahre später aber kam er zehn Jahre zu spät und kann in Filmkunsttheatern für die Sparte »Unbekannter deutscher Film« vorgesehen werden.

Die Abschlußarbeiten zum *Tangospieler* überlagerten sich mit den Vorbereitungen zu Gräfs nächstem Film *Die Spur des Bernsteinzimmers*. Als kostenlose und unbeabsichtigte Vorabwerbung übertrafen sich Regenbogenpresse und seriöse Zeitungen durch einander widersprechende Meldungen zu Suchexpeditionen und angeblich zuverlässigen Informationen über das während des letzten Weltkrieges verschollene Bernsteinzimmer. Das Szenarium zum Thema von Thomas Knauf, bereits seit 1988 bei der DEFA auf dem Stapel der bestellten und bezahlten Bücher, fiel bei der Suche nach kinoträchtigen Stoffen auf. Obwohl der abwägende, eher zurückhaltende Gräf selbst bekannte, weder passionierter Schatzsucher noch Krimispezialist zu sein, gelang ihm durch hervorragende Schauspielführung und temporeiche Regie ein halbes Kinostück, in der zweiten Hälfte des Films zerfasern jedoch Konflikt und Spannung. Die alte DEFA-Krankheit der zeitbezogenen Spruchbeutelsammlungen bricht in den Figurentexten aus;

333

1

die Liebe zu schönen Landschaften mit Opernmusikunter-
malung und zur Einfügung von skurrilen Nebenhandlungen
beschädigt das anvisierte Genre.

Die Spur des Bernsteinzimmers gräbt sich weniger tief in
die Erinnerung ein als die des *Tangospielers*. Genrekino
war nie eine Stärke der DEFA. Die applizierten kritischen
Sätze und Bilder im *Bernsteinzimmer* sind erlernte Reflexe
aus einer Zeit, als realistische, eingreifende Filme erstrebenswert und wichtig schienen. Charakterstarke und ältere
DEFA-Künstler haben Mühe, ihre kulturelle und soziale
Prägung abzuschütteln. Ohne das Komplott mit möglichen
Sympathisanten im Kino stehen sie auf verlorenem Posten.
Während es Gräf mit dem *Tangospieler* und Helmut Dziuba mit *Jana und Jan* wenigstens gelang, Inszenierungs-
qualitäten, die man aus ihren früheren Filmen erwarten
konnte, zu halten, enttäuschten Heiner Carows *Verfehlung*
und Frank Beyers *Verdacht* durch Kraftlosigkeit und allzu
platte politische Abrechnungen.

Nach zwölf Jahren Leben und Arbeit im Westen kehrte der
Regisseur Egon Günther in eine vertraute Fremde zurück,
um noch einmal bei der DEFA zu drehen (*Stein*). Sein Held
Ernst Stein, ein alternder Schauspieler, ist verrückt, stellt
sich verrückt, »spielt« verrückt. Er lebt in seiner Villa bei
Berlin wie auf einem in Schönheit verfallenden Narren-
schiff. Kinder und junge Leute, die wie Stein mit dem sich
in Erosion befindenden Land DDR hadern, von ihren

2

»Stein« (1991), Egon Günthers Rückkehr in die
Babelsberger Studios und zugleich sein Requiem
auf eine verlorene Menschheitsperspektive:

1 Rolf Ludwig in der Titelrolle

2 Regisseur Egon Günther bei den Dreharbeiten

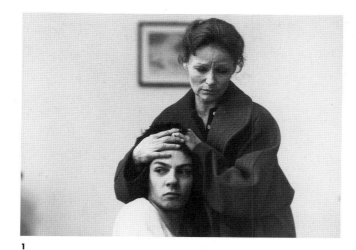

1

2

»Verfehlung« (1992/RE: Heiner Carow):
Die Liebesgeschichte zwischen einer
DDR-Frau und einem westdeutschen Mann,
die an den Verhältnissen scheitert.
Ein greller Totentanz.
Zum ersten Mal nach ihrem Weggang aus der DDR spielt
Angelica Domröse wieder bei der DEFA:

1 mit Dirk Kummer

2 mit Gottfried John

Eltern verlassen wurden oder ein Aussteigerleben führen, kommen und gehen. Stein und die Jungen verbindet Zärtlichkeit, Traurigkeit, gegenseitige Duldsamkeit. Erst im Verlaufe der Handlung wird deutlich, daß Stein, einst gefeierter Bühnenstar, wegen des Einmarsches der sich sozialistisch nennenden Armeen in Prag im Jahre 1968 jede weitere Teilnahme am öffentlichen Leben verweigerte, mitten in einer »König Lear«-Generalprobe verstummte und für immer von der Bühne abging.

Der große Komödiant Rolf Ludwig hält in der Rolle des Stein die Schwebe zwischen geistigem Verfall und hellseherischer Wachheit, zwischen kauziger Verschlagenheit und bedeutungsschwangerer Groteske. Er gibt die Figur als liebebedürftig und autistisch, als geistig abständig und wissend zugleich. Die Wirklichkeit, die in Form von Schüssen von der nahegelegenen Mauer oder dem sowjetischen Schießplatz, in Gestalt seiner wechselnden Besucher und seiner sehr jungen Geliebten Sara in sein Haus vordringt, scheint er nach Belieben wahrzunehmen oder zu ignorieren. Der leidende, listige Narr paktiert mit den Jungen, deren Spiel und Unverbrauchtheit schon in Günthers Film *Die Leiden des jungen Werthers* (1976) als Hoffnungsbild erschien. Auf der Suche nach Sara, um die er sich ängstigt, verläßt Stein seinen Fluchtraum und irrt durch die Realität der Polizeiaktionen im Herbst 1989.

So fremd wie Stein diese Realszenen erscheinen mögen, stehen sie im Film. Als die Kinder bemerken, daß Stein eine Selbstverbrennung vorbereitet, tauschen sie Benzin gegen Wasser – die verzweifelte Geste gerät zur Farce. Den Abgesandten der Akademie der Künste, die Stein nunmehr gern als Dissidenten und einen der ihren vorführen möchten, entzieht er sich. Stein, in schwarz gehüllt, steigt, Katzen fütternd, in römische Katakomben. Ein Stück Berliner Mauer wird von einem Bagger emporgehoben. Stein stirbt zugleich mit dem Land.

Mit *Stein* schuf Egon Günther ein Sinnbild für die raren Refugien der Selbstbewahrung in einer Gesellschaft der kontrollierten Gemeinschaften. Er erzählt die wahre Mär der defensiven und brüchigen Nischen, in denen Menschen behutsamer miteinander umgingen, gerade weil die Umgebung Individualisten nicht freundlich gesonnen war. Günther und seine Szenaristin Helga Schütz unterscheiden sich von all denen, die mutig den toten Hund schlagen. Deshalb wünscht man, der Regisseur möge die realen und surrealen Elemente seiner Erzählung auf seiltänzerische Weise beherrschen. Aber zuweilen verliert Günthers Film durch platte Metaphern und Wahrsprüche, denen die Großartigkeit mißlingt. Dennoch fängt diese kaleidoskopartige Oper mit Rezitativen die Gefühlsmischung aus Melancholie, Lebenssucht und Hoffnungssplittern ein, die die Zersetzung und Implosion der DDR begleiteten. Damit hebt sich *Stein* weit über die Mattigkeit vieler Nachwendefilme hinaus.

Stein ist wie Rainer Simons *Der Fall Ö.* und *Miraculi* von Ulrich Weiß eine Parabel. Der Grad der Verschlüsselung steigt von Film zu Film. Eine ähnliche Reihe findet sich bei den Spielfilmdebütanten Andreas Höntsch, Peter Welz und Herwig Kipping. Hier heißt die Reihe der fortschreitenden Verschlüsselung *Der Straß, Banale Tage* und *Das Land hinter dem Regenbogen.*

Die Produktionen der letzten beiden DEFA-Jahre siedeln zwischen traditionellem Problemfilm in realistischen Formen und theatralischer Postmoderne, zwischen *Jana und Jan / Der Verdacht* und *Miraculi / Das Land hinter dem Regenbogen.* Die Problemfilme waren Teil der DDR-Kunst als »moralische Anstalt«. Die Stoffe der Nachwendefilme entstanden überwiegend in den belastenden Jahren vor dem Zusammenbruch der DDR und wirken, da das Kleinholz weggeschwemmt ist, an dem sie zündeln wollten, als Relikte vergangener Zeiten. Die ernsthaften Mahner ahmen sich gleichsam selbst nach, indem sie aussprechen, was sie früher dachten. Ihre Munition ist entschärft, die Selbstzitate tönen hohl.

Als Grenzgänger zwischen Tradition und Postmoderne versuchen auch Carow, Kühn und Brauer aus geglättetem Realismus auszubrechen. Vor allem Weiß, Foth, Höntsch, Welz und Kipping streben – mit unterschiedlicher Begabung und Intensität – nach unüblicher Stilistik. Jetzt, wo es keine äußeren Schranken mehr zu geben scheint, will man endlich sehr laut, sehr still, sehr gefühlsstark, sehr ironisch, sehr grell und sehr böse sein, wie Klimow oder Lynch oder Greenaway. Die monolithische Gesellschaftsstruktur des Ostblocks, die den Völkern relativ einheitliche Lebensbedingungen bescherte und deshalb ostblockweiten Kunstaustausch ermöglichte, zersplitterte. Ausgewählte Splitter werden nun aufgesammelt, der filmische Korb wird aufgefüllt mit Schnäppchen aus dem Warenhaus der Weltkulturen. Die neue Freiheit führt zum Wüten im Zitat, auch zu blindem Greifen nach Verwendbarem. Die Folge ist Ornamentsalat, Symbolismus – zum Teil plattester Art. Die Montagen sind inspiriert vom Flippern an der Fernbedienung. Realitätssprengsel und ästhetische Versatzstücke aus allen Künsten schaffen eine DDR-kritisch gemeinte Gemengelage, in der sich die Pressionen von jahrelang auf Selbstreflexion eingeschränkten Filmemachern austoben. Der Freilauf der Phantasien führt zu Eklektizismus und Effekthascherei. Erzählstrukturen werden überfrachtet und zerstört. Berührende Bilder ertrinken in Zitaten, Musik-, Kamera- und Lichtorgien. So entstehen Patchwork-Decken, die niemanden wärmen.

Die Explosionen, so erklärlich sie sind, lassen die bombardierten Zuschauer unfroh und ratlos zurück. Was kann man sehen in *Letztes aus der DaDaeR*, in *Banale Tage*, in *Der Straß* oder *Das Land hinter dem Regenbogen*? Exzentrik um beinahe jeden Preis. Zitate, Zitate, Zitate. Farcen und Grotesken. Angesichts von *Banale Tage* bemüht der Kritiker des »Neuen Deutschland« Karl Kraus: »Man muß nicht nur keine Ideen haben, man muß auch unfähig sein, sie auszudrücken.« [3] Diese erfrischende Frechheit tut zwar mindestens Peter Welz, Ulrich Weiß, Wenzel und Mensching – Protagonisten und geistige Urheber von Foths Film *Letztes aus der DaDaeR* – unrecht, aber sie verhilft zu Abstand, Draufsicht und Kraft, die angesichts der überbordenden Verquasungen zu versiegen droht. Fast allen Nachwendefilmen sieht man den Wunsch an, der sich rasant verändernden Wirklichkeit irgendwie gerecht zu werden.

1

2

3

Debüt nach der »Wende« (I):

1 Regisseur Peter Welz (mit gestrecktem Arm) dreht »Banale Tage« (1992)

2 In den Hauptrollen: Florian Lukas und Christian Kuchenbuch

3 Kurt Naumann (links) und der Dichter Ronald M. Schernikau, der in den achtziger Jahren aus der BRD in die DDR übergesiedelt war und kurz nach den Dreharbeiten starb

336

1

1

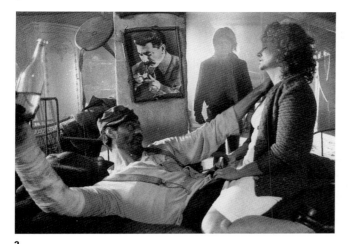

2

2

3

3

Debüt nach der »Wende« (II):

1 Regisseur Herwig Kipping, für die Leitungen
von DEFA und DDR-Fernsehen
jahrelang ein Enfant terrible

2 Winfried Glatzeder, Sebastian Reznicek und
Swetlana Schönfeld in Kippings DEFA-Debüt
»Das Land hinter dem Regenbogen« (1991/92)

3 im gleichen Film, einer grellen Abrechnung
mit dem Stalinismus: Franciszek Pieczka
und Ildiko Vollner-Kippingne

Debüt nach der »Wende« (III):

1 Regisseur Andreas Höntsch mit
Hauptdarstellerin Sylvia Franke
als Schlangentänzerin Miss Albena
während der Dreharbeiten zu
»Der Straß« (1991)

2 Thomas Pötzsch in »Der Straß«

3 eine Szene aus demselben Film

Langsam begreifen die Filmemacher, Traditionalisten wie Pseudoavantgardisten, daß beide Wege Sackgassen sind. In ihrem Kreuzungspunkt steht das Denken. In beiden Fällen dienen Bilder und Gefühle in unterschiedlicher Form als Zuschlagstoffe. Beide Male bekommt der Zuschauer statt eines Erlebnisses eine mittelschwere Denkfigur, die ihn zur Rückschau anhalten soll. Anders als die DDR-Rockbands und die gewandelten DDR-Kabaretts haben die DEFA-Leute bei ihrer Rückschau keine ausverkauften Vorstellungen und kein begeistertes Publikum, das sich ein letztes Mal im »Wir-Gefühl« badet. Figuren von mäßigen, nachdenklichen Widerständlern oder Halbverrätern lösten mit Verlöschen der Zukunftshoffnung die kraftvollen Frauen ab, die als Paula und Sunny einst im Kino Lust auf Identifikation verbreiteten.

Der neue Heldentypus trägt in *Dein unbekannter Bruder* (1982/ RE: Ulrich Weiß), im *Tangospieler*, im *Verdacht* und in *Farßmann oder Zu Fuß in die Sackgasse* das von widersprüchlichsten Gedanken und Gefühlen zermürbte und sich durch Ironie schützende Gesicht des unterdessen fünfzigjährigen Schauspielers Michael Gwisdek. Die Ironie ist nicht nur für Gwisdek ein Mittel vorgeblicher Souveränität und des Selbstschutzes vor Lebensangst. Sie ist vielmehr Reaktion auf Verhältnisse, mit denen niemand mehr sicher umgehen kann. Die Ironie östlicher Prägung trägt einen selbstquälerischen Zug, während die Ironie westlicher Prägung fröhlich dem Weltuntergang zusieht, den man durch sinnlose Kasteiung auch nicht verhindert.

Die DEFA-Modernisten sind in einer schlimmen Lage: Zu DDR-Zeiten galten sie als gefährliche Ruhestörer, nun, wo sie die Leinwände mit den angestauten Bildern fluten dürfen, sieht ihnen niemand mehr zu. Die Zerstörung alter Formen, die bis Mitte des Jahrhunderts im Westen, im Osten bis 1989, als revolutionierend auch im gesellschaftlichen Kontext stand, ist überholt. Die Provokationen von Marquis de Sade bis Buñuel sind Kunstgeschichte, also hoffähig. A. R. Penck holt höchstens noch das Geld der Millionäre hinter dem Ofen hervor. Ästhetische Montagen sind Teil des Benetton-Alltags von Otto-Normalverbraucher. Galt einst die Kopplung von Leninbüste und Geschlechtsakt als staatsgefährdend, so trägt sie heutzutage als Abweichung von bisher Gesehenem höchstens noch die Spur einer Möglichkeit zur Unterhaltung in sich. Die Wahrnehmung hat sich mit der Lebensart verändert. Die Abweichler von gestern sind die Integrierten von heute. In einem anderen, aber durchaus vergleichbaren Zusammenhang schrieb Volker Siebel: »... beides, Information und Deformation, wird mit den gleichen Mitteln betrieben: mit Bildern, die für das Auge zusehends ununterscheidbar werden. Hier korrespondiert die Krise des Dokumentarfilms mit der Krise aller anderen ikonischen Künste, sei es Spielfilm, Fotografie oder Malerei. Da es keinen unmittelbaren Zugang zu den Bildern mehr gibt, sondern nur noch Bilder von Bildern, die wir bereits im Kopf haben, erleben wir momentan eine einzige gegenseitige Selbstaufhebung von Bildern. Die Gefahr besteht durchaus, daß diese Orientierungslosigkeit den Bilderkonsumenten in ein neues Gattungswesen transformiert, das nicht mehr in der Lage ist, sich von den Dingen ein eigenes festes Bild zu machen, und dessen Gattungsmerkmal die Handlungsunfähigkeit ist.« [4]

Das öffentliche Echo der letzten 26 DEFA-Filme entsprach dem Echo der übrigen subventionierten Filme in der Bundesrepublik Deutschland: Sie sind da, aber niemand merkt es; die Millionen sind verpulvert, aber niemand weint; die Revitalisierung des deutschen Films wird nicht erwartet; das Gejammer über dessen Zustand hängt selbst den Beteiligten zum Halse heraus. Es wird weiter gefilmt, aber keiner weiß, warum.

Der DEFA-Film verröchelte leider auch an geistiger und emotionaler Dürre. Mit Gegenstand und Adressat verschwinden nunmehr neben Autoren und Regisseuren auch die Kameraleute, Dramaturgen und Schnittmeisterinnen in einem dunklen Loch. Zu grandiosem Abschied fehlte den DEFA-Leuten, wie allen DDR-Bürgern, Kraft, Abstand und eine erstrebenswerte Lebensaussicht. Niemand filmte ein verrücktes sozialistisches Utopia, niemand gab eine Liebeserklärung an Aufrührer ab oder träumte von einer anderen Welt. Die letzten DEFA-Filme, unter ihnen wie immer auch solide bis mäßige Kinder- und Jugendfilme in angemessener Zahl, waren kein Durchatmen, kein zorniges Ende, kein wirbelnder Anfang, sondern ein Nachklapp auf Vergangenes, positiv ausgedrückt: eine Fortsetzung der Tradition.

Obgleich es nach diesem Fazit wahnwitzig klingt: Filmzuschauer und Filmemacher im Osten haben mit der DEFA mehr verloren als einen Filmbetrieb. Sie verloren den gemeinschaftlichen Wunsch nach Weltverbesserung an eine Gesellschaft, in der sich jeder selbst der Nächste ist. Die DEFA war die Filmfirma Ostdeutschlands gewesen. Plusquamperfekt.

DEFA-Stiftung in Gründung

Zeitgleich zur »Arbeitsgruppe Strukturkonzept«, die um eine neue Organisationsform rang, sorgten sich Künstler und Studioleitung um die filmische Hinterlassenschaft der DEFA. Sollten die Künstler Rechte an ihren Filmen bekommen? Könnte deren Verwertung durch das Studio erfolgen und so eine Einnahmequelle für neue Produktionen sein? Wäre die Gründung einer Stiftung, die das Erbe schützt und Verkäufe entsprechend steuert, ein möglicher Weg? Im Kulturministerium war das Filmerbe, eines unter vielen DDR-Kulturgütern, in Gefahr, daher bemühte man sich intensiv um die Durchsetzung eines Stiftungsgesetzes.

Der Filmautor und Publizist Rolf Richter und die Regisseurin Helke Misselwitz beteiligten sich im Frühsommer 1990 gemeinsam mit dem Abteilungsleiter Film und Video, Wolfgang Gersch, an den Vorbereitungen zur Errichtung einer DEFA-Stiftung. Öffentlich verbreitete Nachrichten von Filmverkäufen an einen westdeutschen Filmhändler durch den DEFA-Außenhandel - es ging um mehrere hundert DEFA-Produktionen - empörten die Filmleute und machten den Schutz der Filme besonders dringlich. Zur Berlinale 1990 demonstrierten Künstler vor dem Stand des DEFA-Außenhandels gegen die unkontrollierte Verschleu-

Was passiert, wenn man sich selbst die Wurzeln ausreißt?
Der Versuch eines poetisch-metaphorischen Films:
»Sehnsucht« (1990 / RE: Jürgen Brauer)
nach der Erzählung »Der Kirschbaum« von Jurij Koch.
Szenen mit Ulrich Mühe und Ulrike Krumbiegel.

1

2

3

Verlorene Landschaft, versunkene Jugend?

1 Kristin Scheffer in »Jana und Jan«
  (1992/RE: Helmut Dziuba),
  die Liebesgeschichte zweier gestrauchelter
  Jugendlicher, die während der Wirren
  der »Wende« aus dem Werkhof
  ins Niemandsland fliehen

2 Frank Stieren in »Tanz auf der Kippe«
  (1991/RE: Jürgen Brauer):
  das Scheitern eines auf Ehrlichkeit bedachten Jungen
  vor dem Hintergrund der Feiern
  zum 40. Jahrestag der DDR

3 Nico Wohllebe und Davia Dannenberg in
  »Versteckte Fallen« (1991/RE: Rainer Behrend),
  eine Parabel auf zerrissene Familienbeziehungen

derung ihrer Werke. Der umstrittene Durniok-Vertrag, der Auswertungsrechte für West- und Südeuropa für 250 DEFA-Filme umfaßte, wurde durch das DDR-Kulturministerium storniert, der Käufer bekam als Ausgleich die Rechte für fünfundzwanzig Filme.

Die Stiftung sollte zugleich mit einem länderübergreifenden Modell der Filmförderung installiert werden, denn allen Beteiligten war klar, daß jede Splittung limitierter Finanzen das Überleben der Spielfilm- und Dokumentarfilmstudios der DEFA gefährdete. Natürlich obsiegten auch auf diesem Feld eingeführte bundesrepublikanische Strukturen. Obwohl seit dem 3. Oktober 1990 ganz Berlin bedacht werden mußte, blieb die Berliner Filmförderung konstant bei 21,3 Millionen DM. Brandenburg installierte eine Filmförderung, die 1991 und 1992 15 Millionen DM betrug und 1993 auf 13,5 Millionen begrenzt wurde. Die Zusammenführung der Fördergelder in einer Film-Board GmbH Berlin-Brandenburg blieb trotz mehrfacher Ankündigung bisher aus. Der anfängliche Ost-Bonus, den unter anderem Hamburg und Nordrhein-Westfalen gewährten, hat sich 1993 nahezu ins Gegenteil verkehrt.

Die Bürokratien, in den letzten Monaten der DDR wahre Hochleistungszentren der Kreativität und Arbeitsamkeit, erreichten in der Sommerpause 1990, die es nicht gab, eine Einigung zwischen Justiz-, Finanz- und Kulturressort. Am 12. September beschloß der Ministerrat der Deutschen Demokratischen Republik unter der Registriernummer 30/18/90 die Errichtung einer DEFA-Stiftung. Am 13. September erließ die Volkskammer ein Stiftungsgesetz. Die vertauschte Reihenfolge war verhängnisvoll. Der Beschluß zur DEFA-Stiftung war rechtlich anfechtbar und damit ungültig, im übrigen widersprachen einzelne Bestimmungen der Stiftungsurkunde und des Stiftungsstatuts gesetzlichen Festlegungen. Das Dokumentarfilmstudio Berlin erhob am 25. September 1990 Klage gegen die Stiftungsgründung, weil die Filmemacher ihre Filme selbst verwerten wollten und den Ministerratsbeschluß als Enteignung ansahen. Die Spielfilmer, die die Stiftungsgründung immer befürwortet hatten, begannen nun ebenfalls schwankend zu werden. Nur die Dresdner Trickfilmer – die 1993 eine eigene sächsische Lösung schufen – blieben standhaft. Die idealistische Idee eines Schutzraumes für alle DEFA-Produkte verkam zu einem quälenden juristischen Vorgang, der wie alle bürokratischen Akte Frust, Ohnmacht und Desinteresse im Schlepptau führt.

Nach Eingliederung der DDR in die Bundesrepublik am 3. Oktober 1990 hatten das Bundesinnenministerium und die mit dem Aufbau ihrer Kulturverwaltungen laborierenden neuen Länder zunächst andere Sorgen, als die Gründung der DEFA-Stiftung voranzutreiben. Der Progreß-Filmverleih und der DEFA-Außenhandel, beide der Treuhand-Anstalt unterstellt, blieben – mit jeweils halbjährlicher Verlängerung des Besitzstandes durch die Treuhand – bis heute Eigentümer der DEFA-Filmrechte. Der DEFA-Außenhandel hätte wie die anderen Außenhandelsbetriebe laut Einigungsvertrag längst aufgelöst werden müssen, aber wegen der ausstehenden Lösung für die DEFA-Filme wurde die Liquidation immer wieder hinausgeschoben.

Zwischenzeitlich favorisierten Berlin und Brandenburg, auf deren Gebiet die wichtigsten DEFA-Firmensitze liegen, die Gründung der Stiftung durch die neuen Länder. Da Mecklenburg-Vorpommern, Thüringen und Sachsen-Anhalt wenig Interesse zeigten, reduzierte man das Modell auf Brandenburg, Berlin und Sachsen. Wolfgang Gersch, inzwischen Angestellter im Bundesinnenministerium, fühlte sich weiter für die DEFA-Stiftung verantwortlich. Ein Beamter der Senatsverwaltung für Kulturelle Angelegenheiten Berlin zog dessen Legitimation in Zweifel und wies darauf hin, daß die DEFA Ostberliner Sache sei, Berlin nun aber aus Ost und West bestünde. Die Verstrickung in Rechtsfragen lähmte mehr und mehr die Energie aller an der Stiftung interessierten Menschen.

Um festzustellen, wie das mögliche Stiftungsvermögen überhaupt zu bewerten sei, wurden exakte Zahlen vom Progreß-Filmverleih und vom DEFA-Außenhandel verlangt. Die Bewertung komplizierte sich dadurch, daß wesentliche Teile der Spielfilmrechte vom früheren Generaldirektor des DEFA-Außenhandels auf Vorkasse verkauft worden waren, weil die DDR auf jede denkbare Weise konvertierbare Währung zur Zahlung ihrer Schulden beschaffte. In einer Pressekonferenz im August 1989 hatte Helmut Diller von achttausend Lizenzverkäufen in einhundertfünf Länder seit Gründung des Betriebes 1953 berichtet und stolz verkündet, daß Ausstrahlungsrechte für DEFA-Klassiker an Satelliten- und Kabelfernsehstationen in Westeuropa und Übersee veräußert worden seien. Tatsächlich sind wichtige Rechte für rund sechzig Filme bis 1999 außer Haus, Film- und Videorechte – für etliche Filme zum Teil bis 2010 – nicht verfügbar. War das Filmvermögen auf diese Weise 1991 scheinbar auf nahe Null gesunken, steigerte sich sein Marktwert enorm, als Gerüchte auftauchten, sowohl Kirch als auch die Ufa-Film GmbH aus der Bertelsmann-Gruppe, deren erwogene Niederlassung in Babelsberg mit dem Blick auf terrestrische Fernsehfrequenzen für RTL II und DEFA-Verwertungsrechte verbunden wurde, wären an der Auswertung des DEFA-Filmstocks interessiert.

Im Frühsommer 1993 besagten die letzten Meldungen aus dem Bundesinnenministerium, die DEFA-Stiftung werde alsbald als Stiftung des Bundes errichtet werden. Sitz der Stiftung soll Berlin unter der Bedingung sein, daß der Progreß-Filmverleih sein schönes Haus am Spreeufer gegenüber der Nationalgalerie behalten und die Stiftung dort ihren Sitz nehmen kann. Darüber hinaus gibt es in Berlin eine Stiftungsaufsichtsbehörde, die in Brandenburg fehlt. Der DEFA-Außenhandel soll 1993 aufgelöst werden, seine Filmrechte werden auf den Progreß-Filmverleih übertragen, der als Teil der DEFA-Stiftung die praktische Auswertungsarbeit übernehmen soll. Für Progreß wird ein »interessanter Käufer« gesucht, der genügend Know-how und entsprechendes Eigeninteresse an strategisch günstigen, gewinnbringenden Verkäufen hat. Die Stiftung soll alle Spiel-, Trick- und Dokumentarfilme der DEFA betreuen, mit Ausnahme der Wochenschauen und der politischen Auftragsfilme, deren Verwertung voraussichtlich dem Bundesarchiv-Filmarchiv zufällt. Die geplante Arbeitsweise

Regisseur Helmut Dziuba dreht
»Verbotene Liebe« (1991): Sexualität und Dogma

der Stiftung orientiert sich am Modell der Murnau-Stiftung, die den filmischen Ufa-Nachlaß verwaltet. Es geht um Rechteerhalt, Auswertung, um Werbestrategien für das Filmpaket und um Gewinne, die zum Teil ostdeutscher Filmproduktion zufließen sollen.

Foto- und Schriftgutarchive sowie andere Teile der archivalischen Hinterlassenschaft der DEFA – beim DEFA-Verkauf ausdrücklich aus den Verhandlungen ausgeklammert – werden dem Bundesarchiv eingegliedert. Bundesarchiv-Filmarchiv, DEFA-Stiftung und Filmmuseum Potsdam, das sich ebenfalls dem DEFA-Erbe zuwendet, werden beweisen müssen, ob sie in der Lage sind, durch sinnvolle, gemeinsame Aktivitäten dem DEFA-Film ein Leben nach dem Tode zu bescheren.

Das Studio – Sanierung oder Privatisierung?

Nach dem 3. Oktober 1990 gehörte die Treuhandanstalt der Bundesrepublik Deutschland. In fortwährendem Auf- und Umbau begriffen, fiel ihr die Aufgabe zu, die Betriebe der aufgelösten DDR zu sanieren, zu verkaufen oder zu liquidieren. Der Präsident der Anstalt, Detlef-Carsten Rohwedder, erklärte die DEFA-Betriebe, von denen das DEFA-Spielfilmstudio der größte Brocken war, zur Chefsache, weil er erkannte, daß Kulturbetriebe als empfindliches Gut im Mittelpunkt der Medienbeobachtung stehen. Im Januar 1991 wandte sich der stellvertretende Verwaltungsratsvorsitzende der Treuhand, Otto Gellert, an Dr. Peter Schiwy, der um diese Zeit als Intendant der ARD-Anstalt Norddeutscher Rundfunk aus dem Amt schied.

Gellert wollte Schiwy als Medienfachmann gewinnen, denn die Treuhand suchte ein Konzept für die Zukunft der DEFA. Am 28. Februar 1991 fand in der Treuhandanstalt eine Anhörung zum Thema DEFA statt, an dem neben Treuhand-Managern und Peter Schiwy prominente Vertreter der öffentlich-rechtlichen Fernsehanstalten und der Filmindustrie teilnahmen. Es schien Einmütigkeit darüber zu bestehen, daß die DEFA es wert sei, erhalten zu werden.

In den folgenden Wochen diskutierten Gellert, Rohwedder und Schiwy. Rohwedder favorisierte die Sanierung der DEFA und ihre Fortführung als Staatsbetrieb über drei bis fünf Jahre, ähnlich wie es nach dem Kriege mit dem Volkswagenkonzern geschehen war. Gellert und Schiwy hielten einen Verkauf für sinnvoller. Schiwy verabredete sich mit Rohwedder für den 11. April 1991 in Babelsberg zu einem gemeinsamen Gang über das Gelände. Am 2. April wurde Rohwedder erschossen. Zu seiner Nachfolgerin wurde Birgit Breuel bestimmt. Peter Schiwy erhielt den Auftrag, innerhalb von sechs Monaten, von Mai bis September 1991, ein Konzept für den Verkauf der DEFA zu erarbeiten. Das zu erarbeitende Modell sollte auf Mediennutzung zielen, nicht in erster Linie Grundstücksverwertung betreiben, und die Einbindung von möglichst vielen DEFA-Mitarbeitern vorsehen. Schiwy war vom 21. April an beauftragt, die Entwicklungsgruppe im Auftrage der Treuhandanstalt für die DEFA, EwGAT genannt, zu leiten. Ihm stand ein Budget von 1,5 Millionen DM zur Verfügung. Das Sanierungsmodell war spätestens im Juli 1991, also ein Jahr nach der Umwandlung der DEFA in eine GmbH, gänzlich vom Tisch. Die durchaus verständlichen Argu-

**»Verbotene Liebe«: Julia Brendler
und Hans-Peter Dahm**

mente gegen dieses Modell kamen von Vertretern der
Film- und Fernsehunternehmen, zu deren Konkurrenz die
DEFA hätte werden können, unter ihnen Peter Schiwy, der
durch seine Intendantenzeit dem Studio Hamburg verbun-
den war und darüber hinaus die Interessen der Berliner
Film- und Fernsehproduzenten unterstützte.

Die staatlich finanzierte Modernisierung allein des Spiel-
filmbetriebes wurde auf 100 Millionen DM geschätzt. Die
sanierte Firma hätte bei entsprechendem politischen Willen
zum nationalen Zentrum der Kinospielfilmproduktion und
zum Zentrum der Filmproduktion der Fernsehanstalten
werden können. Als Subventionsbetrieb im Übergang zum
Privatunternehmen hätte sie besonders günstige Preise bieten können, wäre attraktiv geworden für Produzenten aus
Europa und Übersee.
Doch anders als bei der Ufa-Gründung und während des
DEFA-Aufbaus gab es diesmal keine politischen Interessen
eines zentral gelenkten Staates für ein solches Modell. In
der BRD ist der deutsche Spielfilm das ungeliebte Sorgenkind der Länder und der Filmförderung des Bundes, die die
Länderförderung ergänzt. Die Kulturhoheit der Länder, die
den deutschen Film betreffend seit zwanzig Jahren auch
ihre negativen Seiten erkennen läßt, wurde nie wirklich in
Frage gestellt.
Man überwälzte auf die neuen Länder ein funktionsuntüch-
tiges System aus Mangel an Tatkraft, Phantasie und Visionen. Wie bei der DEFA-Spielfilmproduktion der letzten
beiden Jahre wurde auch beim Umgang der Treuhandanstalt und der Politik mit den DEFA-Betrieben die Chance
eines gründlichen Neubeginns verspielt.

War die Treuhand anfangs noch guten Glaubens, ein Spielfilmstudio, in dem jährlich vierzig bis fünfzig Filme hergestellt worden waren, würde Interessenten aus aller Welt
anziehen, mußte diese Illusion bald begraben werden. Weil
die Zeit verging, ohne daß sich wirkliche Veränderungen
im Studio abzeichneten, begann die Filmproduktion zu
verebben. Die berühmte Mittelhalle, 1991 Metropolis-Hal-
le genannt, anläßlich der Felix-Verleihung im Dezember
1992 in Marlene-Dietrich-Halle umgetauft, wurde zeitweilig als Malsaal genutzt. Das Studiogelände verwandelte
sich nach und nach in eine Geisterstadt. Fremdproduktio-
nen zahlten Mieten, beschäftigten aber überwiegend mitge-
brachtes Personal. Nur die Ausstattungsabteilung konnte
mit zum Teil fachfremden Tätigkeiten eine gute Auftragslage vermelden. Die Vergleiche der Kostensituation zwischen anderen deutschen Studiobetrieben und der DEFA,
die Peter Schiwy im Rahmen seiner Vertragsverpflichtun-
gen anstellte, fielen wegen der technischen und infrastruk-
turellen Rückständigkeit der DEFA erwartungsgemäß zu
ihren Ungunsten aus. Auf der Haben-Seite blieben große
Film-Ateliers, ein weitläufiges Freigelände, reichbestückte
Funden, versierte, an Improvisation gewöhnte Filmfachleute und die Fama vergangenen Ruhmes.

Ende August 1991 stellte Schiwy erste Arbeitsergebnisse
vor, um Treuhandanstalt, Medienwirtschaft und Politik von
seinen Ideen zu überzeugen. Sein Konzept ging von einer
Trennung in Besitz- und Betreibergesellschaft aus. Die
Besitzgesellschaft, als deren Gesellschafter er die Länder
Brandenburg und Berlin sowie die Treuhandanstalt – also
den Bund – sah, sollte Eigner des DEFA-Grundstücks wer-

»Letztes aus der DaDaeR« (1991):

1 Regisseur Jörg Foth (rechts) und
  Darsteller Steffen Mensching

2, 3 und 4
  Szenen aus dem ultimativen Abschiedsfilm der DEFA:
  die kabarettistische Odyssee zweier Clowns.
  Ihre Stationen: Industrieruinen, Mülldeponien,
  Ordensverleihungen, die Walpurgisnacht.

5 der Dichter Christoph Hein als Müllmann

6 Irm Hermann, bekannte Fassbinder-Aktrice,
  als Gefängniswärterin Margot

den. Als solcher sollte sie über Minderheitsbeteiligungen oder mittels Investitionsförderung Firmengründungen ermutigen. Die Betreibergesellschaft stellte sich Schiwy zusammengesetzt aus Film- und Fernsehproduzenten sowie mediennahen Dienstleistern und standortergänzenden Unternehmen wie Hotels etc. vor, die, nach Vorplanung durch eine Entwicklungsgesellschaft der Eigentümer, systematisch in Babelsberg angesiedelt werden sollten. Bei diesem Denkmodell hätten sowohl kleine Produzenten als auch Niederlassungen großer Unternehmen Platz in Babelsberg gefunden.

Schiwy vertrat im August 1991 deutlich Babelsberger Interessen, weil er die Auflösung des Deutschen Fernsehfunks als – durchaus fragwürdige – Leistung zugunsten des Kulturföderalismus würdigte und die Aufgabe von Adlershof als Medienstandort forderte. Brandenburger und Berliner Politiker hätten zwischen beiden Standorten zu wählen, da die Region nicht zwei Medienunternehmen dieser Größe vertrüge. Bis zum Sommer 1993 ist keine eindeutige Entscheidung in dieser Sache bekanntgeworden. Das egoistische Gezänk hält an, obwohl andererseits die Länderehe geschlossen werden soll.

Das erste Schiwy-Konzept war ebenso wie Rohwedders Sanierungs-Konzept nicht undurchführbar. In beiden Fällen bewies die Politik, die zeitweilig mit diesen Ideen liebäugelte, Mangel an Courage. Beide Konzepte hätten der – durch sich abzeichnende Rezession und Vereinigungsfolgen knapper werdenden – öffentlichen Mittel bedurft; in beiden Fällen hätten den Politikern und ihren Behörden konkrete Arbeit oder Prüfung von Arbeit das Leben sauer gemacht.

Der Treuhandanstalt schien das Schiwy-Konzept offenbar zu kleinteilig gedacht. Ihr Wunschkandidat war der große unbekannte Investor, der aus eigenen Mitteln den Umbau des Studios vorantreiben, ein europäisch dimensioniertes Filmzentrum schaffen und so Bund und Länder von ihrer Verantwortung für die DEFA erlösen würde.

In seinem Abschlußbericht, der Präsentation der EwGAT in der Treuhandanstalt am 21. 10. 1991, faßte Schiwy die Ergebnisse seiner Bemühungen zusammen. Er stellte fest, daß sein ursprünglicher Auftrag, der alle DEFA-Betriebe betraf, auf das DEFA-Spielfilmstudio eingegrenzt worden war. Der anfangs erklärte Wille der Treuhandanstalt, die Entwicklung des Studios zu unterstützen, sei während der Zeit seiner Tätigkeit immer mehr geschrumpft, so daß seine im August gemachten Vorschläge ihre Praktikabilität bereits weitestgehend eingebüßt hätten. Auch bei der Struktur- und Personalplanung und bei Investitionsanträgen, unter anderem für die DEFA-Tour, kam von der Treuhandanstalt keine Unterstützung. Das anfänglich hohe Interesse ansiedlungswilliger Unternehmer sei abgeflaut, da die Treuhandanstalt auf Angebote nicht reagierte.

Neben seriösen Anbietern, zum Beispiel für das Kopierwerk und andere Filmgewerke, auf die Schiwy hinwies, meldeten sich auch Betreiber von Ärztehäusern oder Waffenhändler, die Lagerkapazität suchten. Für das Kerngeschäft Film hatte er keine ernstzunehmenden Interessenten zu bieten. Schiwy wies darauf hin, daß sich das Studio nur

mittels langfristig verläßlicher Partner aus dem Fernsehbereich rentieren würde. Er warnte nochmals davor, das Gelände zu zerstückeln, denn »Größe« sei eines der Trümpfe von Babelsberg. Nur diese Größe garantiere die Möglichkeit zur Ansiedlung einander ergänzender Unternehmen, die einen Synergieeffekt zu erzeugen in der Lage wären und Babelsberg die Chance eröffneten, sich zu einem außergewöhnlichen Medienstandort zu entwickeln. Aus diesem Grunde hielt er das dem Rundfunk Brandenburg zugesagte Gelände für überdimensioniert. Die Babelsberger Hochschule für Film und Fernsehen kam in seinem Konzept nicht vor. Den verbliebenen DEFA-Bereichen, mit damals noch achthundertfünfzig Beschäftigten, räumte er bis auf wenige Ausnahmen nur eine geringe Überlebenschance ein.

Nach einem halben Jahr Arbeit lieferte Schiwy ein mögliches grobes Strukturmodell und eine alphabetische Liste aller Interessenten, mit denen er Kontakt hatte. Obwohl er bereits wußte, daß dies illusorisch war, schlug er wiederum die Gründung einer Entwicklungsgesellschaft unter Beteiligung öffentlicher Geldgeber vor, die logischerweise nur ganz ähnliche Aufgaben wie die EwGAT haben konnte. Wer anders als Schiwy hätte sich wohl für eine Schlüsselposition oder als wichtiger Berater dieser Gesellschaft geeignet?

Diese Arbeitsbeschaffungsmaßnahme des gehobenen Bedarfs funktionierte nicht. Peter Schiwy erbeutete die Radiofrequenz des Berliner Senders RIAS II und betreibt sie als Privatsender r.s.2. Mit den Nachfolgern der DEFA hatte er noch ein Mal zu tun, nämlich als er Regina Ziegler, Sprecherin der Berliner Film- und Fernsehproduzenten, im März 1992 begleitete, um von den voraussichtlichen Siegern des DEFA-Deals zu erfahren, ob es für die Berliner innerhalb der neuen Konstellation Platz gäbe. Die Reise verlief ergebnislos, ließ aber immerhin vermuten, daß Schiwy den Berliner Produzenten schon während seiner EwGAT-Zeit gewogen war.

Seit Juli 1990 wurden zwar nicht die DEFA-Betriebe saniert, dafür aber die immer gleichen Berater der Branche. Im Spätsommer 1991 war von Treuhand-Manager Klinz die amerikanische Investitionsbank Credit Swiss First Boston beauftragt worden, nach Käufern für die DEFA-Spielfilmstudios zu suchen. Die brandenburgische Landesregierung fürchtete weiteren Entscheidungsverzug und bat die Treuhand, den Auftrag auf rasche Erkundung der internationalen Marktchancen einzuschränken. Die Bank arbeitete ohne Beziehung zur EwGAT und sollte neun Monate tätig sein. Von einem lebensfähigen Produkt dieser Tätigkeit ist nichts bekannt.

Die Arbeit der Bank, der EwGAT, der Arbeitsgruppe Strukturkonzept im VEB DEFA-Studio und die ebenfalls letztlich fruchtlosen eigenen Anstrengungen der Brandenburgischen Landesregierung, ein Modell für die DEFA zu entwickeln, sind Teil einer grandiosen Energieverschwendung während und nach der Wende. In der Rückschau hält Peter Schiwy auch die Treuhandanstalt für eine hoffnungslos überforderte Fehlkonstruktion. Aus seiner Sicht wäre der Unternehmensverkauf über branchenerfahrene Banken mit abgestimmten Sozialplänen und vereinbarten Gewinn-spannen der verlustärmere und durchschaubarere Weg gewesen.

Die Treuhand sicherte sich mit der Beauftragung unter-schiedlicher Partner nach mehreren Seiten hin ab. Der stei-nige Weg des eigenen Engagements, den man anfangs hatte gehen wollen, erwies sich als zu mühsam. Ab Juli 1991 ging es darum, die DEFA loszuwerden, so schnell als möglich, im Stück und am liebsten mit Gewinn. Die Pres-seerklärungen blieben allerdings weiterhin blumig.

ORB – vom DEFA-Untermieter zum Immobilienbesitzer

Die Auflösung des Deutschen Fernsehfunks in Adlershof war zum 31. 12. 1991 politisch verfügt worden. Den Mitar-beitern des Senders halfen weder Umstrukturierung noch Wechsel in den Chefetagen oder gute Sendungen mit hohen Einschaltquoten. Der Osten sollte nicht mit einheit-licher Stimme sprechen, ihm wurde das Proporzdenken der BRD aufgedrückt. Ergebnis des Parteiengeklüngels war, daß sich Sachsen, Sachsen-Anhalt und Thüringen zum Mitteldeutschen Rundfunk zusammenschlossen, Ostberlin dem Sender Freies Berlin zugeschlagen wurde und Meck-lenburg-Vorpommern an den Norddeutschen Rundfunk ging, während das vergleichsweise winzige, sozialdemo-kratisch regierte Brandenburg allein einen Sender gründe-te, nachdem die Dreiländeranstalt Nordostdeutscher Rundfunk nicht zustande gekommen war. Der Landessen-der Brandenburg sollte natürlich im Land ansässig sein, damit war die Wahl des Standortes Babelsberg quasi vor-gegeben.

Der Gründungsbeauftragte des Senders, Freiherr Friedrich Wilhelm von Sell, versuchte bereits im August 1991 mit der Treuhandanstalt über den Kauf eines Grundstückes zu verhandeln, um Planungssicherheit für den Aufbau des Rundfunks in Brandenburg – später Ostdeutscher Rund-funk Brandenburg – zu erreichen. Für den Rundfunk Bran-denburg, das ZDF-Studio und die Niederlassung der Telecom waren von der Treuhand bei Verhandlungen am 2. Oktober 1991 70 000 m² des insgesamt 460 000 m² großen Geländes vorgesehen. Noch im Januar sprach der unterdes-sen zum Intendanten des ORB gewählte Hansjürgen Rosenbauer von 60 000 m², die verabredungsgemäß von der Treuhandanstalt erworben werden sollten. Doch wie in anderen Fällen auch hielt die Treuhandanstalt den potenti-ellen Käufer hin. Ohne Gefühl für die Geschichte des Ortes war dem ORB ein Grundstück versprochen worden, in dem das sogenannte Haus 31 der DEFA lag. Dem Gebäude einer ehemaligen Kunstblumenfabrik war 1912 ein Glas-hausatelier angefügt worden, hier drehte Regisseur Urban Gad mit dem Stummfilmstar Asta Nielsen den ersten Babelsberger Film. Das Haus war die Keimzelle der Bios-cop-Ufa-DEFA-Filmfabrik, zählte eindeutig zum Kernbe-reich der historisch bedeutsamen Gebäude, die für jeden Investor, der von der Historie des Ortes profitieren wollte, von höchstem Interesse sein mußte.

Als Besitzer von unermeßlichen Flächen in Ostdeutschland hielt sich die Treuhandanstalt mit dererlei Feinheiten nicht auf. Sie schlug vielmehr dem ORB gerade diesen Gelände-teil vor, tat aber – trotz der Zusicherung des ORB, genaue Grenzziehungen mit jedem späteren Besitzer abstimmen zu wollen – nichts, um den Kauf zu ermöglichen. Die Hinhal-tetaktik war die bevorzugte Form der Tätigkeit der Treu-handanstalt. Wiederholte Kaufversuche des Senders scheiterten. Im Verlaufe des ersten Halbjahres 1992 wurde deutlich, daß die Absicht bestand, das DEFA-Gelände als Ganzes zu verkaufen, der ORB wurde damit getröstet, daß man den Erwerber verpflichten werde, dem ORB nunmehr 50 000 m² zum Einstandspreis zu überlassen.

Da der ORB sein Fernsehprogramm bereits seit dem 1. Januar 1992 aus Babelsberg sendete, war er gezwungen, als Untermieter der DEFA erhebliche Investitionen zu täti-gen. Das Haus 31 wurde entkernt und mit Fernsehtechnik ausgestattet – als Studio A ist es das mit den teuersten Installationen ausgestattete Nervenzentrum des Fernse-hens. Mit insgesamt 16 Millionen DM Investitionen wurde der belächelte Zwergensender ORB 1991 zum aktivsten Investor in Babelsberg.

Im September 1992 wurde dem ORB von der Treuhand-anstalt ein Auszug des Kaufvertrages mit dem neuen Besitzer von Babelsberg zugeleitet, aus dem hervorgeht, daß dem Besitzer die Möglichkeit der Verlegung des ORB-Grund-stücks eingeräumt wurde. Der Sender kündigte der Treu-handanstalt am 23. 9. 1992 Schadensersatzansprüche für den Fall an, daß dem tatsächlichen Bedarf nicht entspro-chen würde. Da ein Vertrag zwischen ORB und Treuhand-anstalt einen Erwerb des Geländes bis zum 31. Dezember 1992 garantierte, drohte der Sender, seine Erwerbsan-sprüche ebenfalls gerichtlich zu erstreiten, falls nicht sofort gehandelt würde.

Am 27. Januar unterzeichneten der ORB-Intendant und der französische Geschäftsführer der neuen Eignerin von Babelsberg einen »Letter of intent« – also eine verbindli-che Absichtserklärung. Anstatt 70 000, 60 000 oder 50 000 m² – wie zuletzt im Vertrag der CIP mit der Treuhandan-stalt vorgesehen – werden nur 30 000 m² an den ORB ver-kauft. Mit 415 DM/m² hat der ORB erheblich mehr als den Einstandspreis des Grundstücksbesitzers zu zahlen, auch wesentlich mehr als die von der Treuhandanstalt festgeleg-ten 250 DM/m². Die Schrumpfung des Geländes auf die Hälfte der in Aussicht genommenen Fläche ist die Gegen-leistung für die Einbeziehung des Studios A in das ORB-Grundstück. Der Bodenpreis wird mit zu erwartenden Erschließungskosten begründet.

Der ORB wünschte sich ein großes Grundstück, um für die vom Medienstaatsvertrag festgelegte zukünftige Gemein-samkeit mit dem SFB in einer guten Position zu sein. Das mit Stichtag zum 1. Januar 1993 mit Vertrag vom 25. März 1993 erworbene Areal ist groß, aber nicht groß genug.

Für die Ansiedlung der Hochschule für Film und Fernse-hen auf dem DEFA-Gelände, die die Landesregierung Brandenburg sich wünscht, laufen ebenfalls Verhandlungen mit den neuen DEFA-Besitzern. ORB und HFF werden alle Bauvorhaben mit deren Wünschen abzustimmen haben. Diese Koordinierung wird kaum leichter sein als die Verhandlungen zum Grunderwerb. Babelsberg bleibt Zank-apfel verschiedener Interessengruppen.

Der Verkauf des DEFA-Spielfilmstudios

Natürlich rief ein Grundstück von 460 000 m² mit S-Bahn- und Autobahnanbindung nach Berlin, in der Umgebung von Villenvierteln, auch Immobilienhaie auf den Plan. Das Studiogelände als Immobilie zu veräußern, hätte für die Treuhand sicher die gewinnträchtigste und einfachste Möglichkeit bedeutet, wenn die Auflösung der DEFA politisch durchsetzbar gewesen wäre. Insider verständigten sich augenzwinkernd über die Top-Lage des Grundstücks, nahmen aber achselzuckend die Fixierung der Brandenburgischen Landesregierung auf ein Medienzentrum zur Kenntnis.

Während die EwGAT-Gruppe ihren Abschlußbericht vorbereitete, gab es im Herbst 1991 Sondierungsgespräche zwischen dem französischen Mischkonzern Companie General des Eaux – CGE – und der Treuhandanstalt. Die CGE ist unter anderem Monopolist der französischen Wasserwerke, handelt mit Immobilien, engagiert sich im Eigenheim- und Städtebau, unterhält Freizeitparks, besitzt die Pariser Filmstudios de Boulogne und Billancourt und hält einen Anteil von 22,7 Prozent am Pay-TV Canal Plus. Am 1. Oktober 1991 unterbreiteten Herbert Küppers, Geschäftsführer einer Düsseldorfer Bank in CGE-Besitz, als Wirtschaftsfachmann, und Bernd Schaeffers, bei der Entwicklung des Media-Parks Köln aktiv, aber nicht rühmlich hervorgetreten, als Filmfachmann, der Treuhandanstalt im Namen der CGE ein erstes Angebot, das sie am 26. 11. 1991 konkretisierten.

Die Offerte aus Frankreich hatte endlich die lang ersehnte europäische Anmutung. Die Fata Morgana eines milliardenschweren Konzerns, der seine Geldquellen sprudeln lassen würde, um französische Lebensart und französische Filmerfolge mit deutschem Bienenfleiß und deutscher Tüchtigkeit zu vermählen, und Babelsberg zu Weltruhm aufsteigen ließ, erschien am Treuhand-Himmel. Wie bei jedem Geschäft dieses Kalibers spreizte sich der Käufer, um seine Eigenschaften in den schönsten Farben schillern zu lassen. Man deutete an, daß sofort nach erfolgreichem Abschluß des Vertrages große Filmproduktionen von Paris nach Babelsberg umgelenkt würden, da das Studio Billancourt wegen Umbaus nicht zu nutzen sei. DEFA-Mitarbeiter würden zur Weiterbildung nach Frankreich entsandt, geplante 30 Millionen Eigenkapital für Filmproduktionen würden sich mit Hilfe des dadurch aquirierten Kapitals zu 300 Millionen für Filmproduktionen im Studio addieren.

Das Angebot war verführerisch, wenngleich sowohl die Treuhand-Anstalt als auch involvierte Vertreter Brandenburgs, Berlins und Bonns mögliche Gefahren durchaus witterten. Der Wunschtraum der Brandenburgischen Landesregierung war die Ansiedlung von zwei bis drei europäisch orientierten, medienerfahrenen Unternehmen, die miteinander in Konkurrenz stehen, sich auf Kooperationen verständigen und so die Studios Babelsberg als Medienbetrieb wieder flott machen würden. Nun bot ein Monopolist an, Babelsberg zu kaufen. Jeder Monopolist kann seine Firmenstrategie, die allerdings erst im Verlaufe seiner Tätigkeit wirklich sichtbar wird, ungehindert durchsetzen. Gutachter warnten, daß es sich bei dem Angebot

der CGE um ein verdecktes Immobiliengeschäft handeln würde und die filmbezogenen Arabesken Teil der Lockwerbung seien. Es gab Gerüchte, die französische Regierung unterstütze die CGE, um mit ihrer Hilfe den Ruin der Babelsberger Studios zu lancieren, damit das zentrale europäische Medienzentrum unangefochten nahe Paris installiert werden könne.

Die CGE kämpfte indes mit ihren Mitteln um Babelsberg. Sie ließ verlauten, daß sie an vielen Orten investieren könne und sich bei einem öffentlichen Bietungsverfahren durch die Treuhandanstalt von ihrem Kaufangebot distanzieren würde. Zur Imageverbesserung schickte sie bekannte westdeutsche Regisseure wie Wim Wenders und Volker Schlöndorff ins Rennen. Peter Fleischmann, der für den Verband europäischer Regisseure (FERA) arbeitete, mobilisierte alle, die in Europas Film Rang und Namen haben. Deutsche Filmemacher und ihre europäischen Kollegen waren keineswegs gekaufte Strohmänner. Sie sorgten sich ernsthaft um den europäischen Film und waren bereit, selbst mit dem Teufel zu paktieren, um die desolate Lage ihrer auf industrielle Basis angewiesenen Kunst zu beenden.

Die FERA machte eigene Vorschläge zur Zukunft von Babelsberg: ähnlich dem deutschen Modell der Villa Massimo in Italien sollte in Babelsberg eine Villa Visconti als kreatives Zentrum für Filmemacher aus Europa entstehen, hier sollte es eine Filmschule für begabte Europäer geben, die durch das Babelsberger Studio die Möglichkeit zu praktischer Arbeit bei Meistern des Fachs hätten, man wollte Geld von der EG beschaffen, um 1995 eine große europäische Ausstellung zum 100. Geburtstag des Films zu präsentieren und mit EG-Mitteln vorher schon helfen, die Studios auf technischen Höchststand zu bringen.

In den Augen der Medienmogule waren diese Ideen Pläne liebenswerter Spinner, die nie auf eigenes Risiko arbeiteten. Da aber das Engagement der FERA-Leute dem DEFA-Deal ein schöpferisches Flair verlieh, förderte man ihre Mitwirkung. Die einzige Gruppe, die sich vehement gegen den DEFA-Verkauf an die CGE wandte, waren Berliner Produzenten unter Führung von Regina Ziegler. Sie schrieben an die Treuhandchefin Birgit Breuel, an den Brandenburgischen Ministerpräsidenten Manfred Stolpe, an den Regierenden Bürgermeister von Berlin Eberhard Diepgen und wandten sich an die Medien, weil sie fürchteten, von einem Konzern vor den Toren Berlins vernichtet zu werden. Sie sahen einen Kampf um die für sie existenznotwendigen Filmfördermittel und um Fernsehaufträge voraus, der zu ihren Ungunsten ausgehen würde. Sie boten an, in Gemeinschaft mit einem Werbefilmunternehmen, dem Filmhaus München, selbst einen Teil des DEFA-Geländes zu erwerben, um ihre mittelständischen Unternehmen nach Babelsberg zu verlagern.

Am 4. Mai 1992 schrieben Peter Fleischmann namens der FERA und Volker Schlöndorff, der bereits als Filmfachmann für die Geschäftsführung der CGE in Babelsberg vorgesehen war, einen zehn Seiten langen Offenen Brief an den Bundesverband Deutscher Fernsehproduzenten/Sektion Berlin, in dem es unter anderem hieß: »Tatsächlich wirkt die ganze fieberhafte Presseaktivität wie das Trommeln von Stammeshäuptlingen, die ihr Revier gegen Eindringlinge verteidigen wollen. Daß Eure Vorsitzende Regina Ziegler dabei seit Monaten mit der falschen Behauptung arbeitet, (...) es ginge dem französischen Konzern CGE in erster Linie um die Immobilie, der Film sei nur das Deckmäntelchen, veranlaßt uns heute (...) zu diesen Zeilen.« Alle Argumente von Schlöndorff und Fleischmann waren von der Faszination durch die Idee eines europäischen Hollywood getragen. Die Eurostudios Babelsberg, schrieben sie, würden von der ersten Stunde an auch Filme unabhängiger Produzenten cofinanzieren und sofort ein Kreativzentrum der europäischen Filmprojektentwicklung werden. Man sei keineswegs darauf aus, an Fernsehaufträgen oder an der Filmförderung zu partizipieren, weil man dererlei Kleinkram nicht nötig haben würde. Sogar die ignorierten DEFA-Filmer, die Schlöndorff sonst kaum wahrnahm, weil sie ihm nicht als gewichtige Gruppierung entgegenkamen, waren in diesem Zusammenhang gut genug, erwähnt zu werden. Er und Fleischmann rühmten das CGE-Angebot als einziges, das den Tatbestand einbezieht: »... daß in Brandenburg, um Babelsberg konzentriert, viele wichtige und begabte Filmemacher der DEFA leben und arbeiten und weiterarbeiten wollen, denen nicht einfach gönnerhaft entgegengekommen werden muß, sondern die mit ihren Ideen und Projekten gebraucht werden und Anspruch auf eine Produktionsstätte haben.«

Die öffentlichen Schlachten um Babelsberg lieferten sich nicht etwa Politik und Wirtschaft, sondern Filmemacher untereinander. Die Frage: »Wollt ihr dem amerikanischen Film eine wettbewerbsfähige Alternative entgegensetzen?« war für Schlöndorff und Fleischmann identisch mit der Frage: »Wollt ihr die CGE?« Wer konnte dazu schon nein sagen. Die Treuhand und die Landespolitiker Berlins und Brandenburgs konnten es jedenfalls nicht, zumal kein zweites vergleichbares Kaufangebot für die DEFA vorhanden war. Das Filmhaus München in Gemeinschaft mit den Berliner Produzenten hatte zwar ebenso wie die Cine-Fox unter Dieter Geißler ihre Interessen mit Angeboten deutlich gemacht, aber die Treuhandanstalt traute keinem der beiden Gruppen die Finanzkraft und den Sachverstand zur Bewältigung dieser Aufgabe zu. In Brandenburg befürworteten Politiker die Einbeziehung der Ufa-Film GmbH aus dem Bertelsmann-Konzern in Kooperation mit der CGE. Die Ufa wollte aber nicht als Käufer auftreten, sondern unter günstigen äußeren Bedingungen, zu denen die Verwertung der DEFA-Filmrechte, die terrestrische Frequenz für RTL II, Beteiligung des Käufers an Film- und Fernsehproduktionen der Ufa sowie annehmbare Mietkonditionen gehörten, eventuell die Berliner Ufa-Film GmbH Niederlassung nach Babelsberg verlegen. Die Idee der FERA, eine Holding in öffentlicher Hand zu gründen, um die DEFA nach und nach an europäische Interessenten zu verkaufen, glich viel zu sehr der Rohwedder-Variante.

Der einzig mögliche Gegenentwurf zum Verkauf an die CGE wäre der Kauf des Grundstücks durch das Land Brandenburg gewesen. Medienunternehmen hätten Erbpachtverträge erhalten können, Randflächen hätten mit Auf-

lagen, aber gewinnbringend, weil zum Verkehrswert weiterverkauft werden können – so hätte das Land Brandenburg Geld für Investitionen in die Infrastruktur gewonnen. Der ORB hätte unter solchen Umständen direkt von der Treuhandanstalt – also wesentlich günstiger – sein Grundstück erwerben können, die Ansiedlung der Hochschule für Film und Fernsehen wäre problemlos gewesen. Für dieses Modell gab es keine Lobby und keinen Verhandlungsführer. Ein Konjunktiv reiht sich an den anderen, denn es fehlte am Regisseur für diesen brandenburgischen Abenteuerfilm. Der Monetarismus siegte über den Etatismus, das Verwaltungsdenken über die Lust am Risiko. Ein quasi verbeamteter Studiokoloß, geteilt in Besitz- und Betriebsgesellschaft, war von der Treuhandanstalt bereits mit den EwGAT-Vorschlägen abgelehnt worden. Die Treuhandanstalt scheute überdies den Präzedenzfall.

Die Treuhand war auf das CGE-Angebot fixiert, und nun ging es um Detailverhandlungen, also um Menschen, um Millionen und um ein riesiges Grundstück. Der Abschluß des Vertrages wurde zum Jahresende 1991 in Aussicht genommen. Danach wollte die Treuhandanstalt im Frühjahr die Öffentlichkeit mit der Vollzugsmeldung erfreuen. Wiederum warteten Presse und DEFA-Leute umsonst. Ostern sollte definitiv das Resultat der Verhandlungen vorliegen. Das Fest verging ohne diese Nachricht. Ende April gab es statt eines Ergebnisses neuen Ärger: ein Anwalt, der bei der EwGAT tätig gewesen war, beriet auch die CGE-Tochter CIP und die Ufa bei der Erarbeitung ihres »Letters of intend«, in dem ihre zukünftige Zusammenarbeit festgeschrieben wurde. Dies war als sogenannte Insider-Problematik für die Treuhandanstalt, die sowieso im öffentlichen Kreuzfeuer stand, untragbar. Der Abschluß des Vertrages wurde wieder hinausgeschoben, obwohl die Verhandlungen eigentlich schon beendet waren. Von Bernd Schaeffers hatte sich die CGE inzwischen verabschiedet. Herbert Küppers führte die Verhandlungen bis zum Ende und verschwand danach von der Bildfläche.
Die Firmenleitung in Paris war vom Verhandlungsergebnis bezüglich der Übernahme von siebenhundert DEFA-Mitarbeitern bis Ende 1994, von zugesagten Investitionen und vom ausgehandelten Preis von 130 Millionen DM – obgleich sie diese Modalitäten akzeptierte – nicht begeistert. Nach Bekanntwerden der Konditionen des DEFA-Kaufs fielen die CGE-Aktien an der Börse rapide. Küppers widmet sich nach Erhalt einer in diesen Fällen üblichen reichlichen Abfindung anderen Geschäften. Die neuen Männer für Babelsberg hießen im Sommer 1992 Pierre Couveinhes und Volker Schlöndorff. Wiederum spannte man einen Wirtschaftsfachmann und einen Filmfachmann zusammen in der Hoffnung, auf diese Weise Solidität in beiden Bereichen anzuzeigen.

Als das DEFA-Spielfilmstudio am ersten Tag des Jahres drei nach Auflösung des Gemeineigentums einen neuen Besitzer hatte, war es namenlos. Der Schriftzug DEFA war erworben worden, um ihn auszulöschen. [5] Bis Jahresende 1992 war die offizielle Umbenennung nicht vollzogen, wechselweise nannte man sich Babelsberg Studios oder Studio Babelsberg.

1

2

3

Neue Filme von DEFA-Regisseuren, die in der Ära
Mäde beargwöhnt und bespitzelt worden waren:

1 »Der Hut« (1991/RE: Evelyn Schmidt),
ein musikalisch-ironisches Emanzipationsmärchen,
mit Rita Feldmeier

2 »Der Fall Ö.« (1991/RE: Rainer Simon),
eine im zweiten Weltkrieg angesiedelte Parabel
über Schuld und Sühne, mit Sebastian Hartmann

3 »Die Lügnerin« (1991/92/RE: Siegfried Kühn)
über den Versuch einer Frau,
aus dem Alltagstrott auszubrechen.
In der Titelrolle: Katharina Thalbach

1

2

3

4

5

6

Szenen aus einigen der letzten Kinderfilme der DEFA:

1 »Der Drache Daniel« (1990 / RE: Hans Kratzert)

2 »Olle Hexe« (1991 / RE: Günter Meyer)
   mit Anne-Else Paetzold

3 »Elefant im Krankenhaus« (1992 / RE: Karola Hattop)
   mit Andrej Jautze

4 »Das Licht der Liebe« (1991 / RE: Gunther Scholz)
   mit Sven Jansen

5 »Anna annA« (1993 / RE: Greti Kläy und Jürgen Brauer)
   mit Lea und Wanda Hürlimann und Ernst-Georg Schwill

6 »Zirri – das Wolkenschaf« (1993 / RE: Rolf Losansky)
   mit Dietmar Richter-Reinick,
   Babett Ikker und Walfriede Schmitt

Der 1. Juli 1992 war der buchhalterische Stichtag der Übernahme der Studios durch die CGE; am 25. August 1992 wurde endlich der Kaufvertrag unterzeichnet, obgleich man in der Öffentlichkeit glaubte, dies sei längst geschehen; erst am 10. 12. 1992 wurde der Vertrag mit der Unterschrift des Bundesfinanzministers rechtsgültig; am letzten Tag des Jahres zahlte die französische Firma den vereinbarten Preis von 130 Millionen DM, den sie vorher hätte auch nicht zahlen können, denn ganz anders als bis dahin dargestellt, war man nicht flüssig. Hatte nicht vor allem die Finanzkraft des Großkonzerns den Zuschlag für die CIP gebracht? Erklärte Küppers in einem Interview im Juni noch, die CIP Companie Immobilière Phénix Deutschland GmbH, die nunmehr als Käuferin auftrat, sei eine hundertprozentige Tochter der CGE [6], entsprach dies bald nicht mehr der Wahrheit.

Der Immobilienmarkt in den USA und Japan, aber auch in Frankreich und Deutschland hatte sich zu Beginn der neunziger Jahre aus einer Goldgrube in einen Kampfplatz verwandelt. Fehlspekulationen und Pleiten häuften sich. Die CGE hatte deshalb Aktien ihrer französischen Tochter CIP abgestoßen und ihren Anteil auf 35,8 Prozent schrumpfen lassen. Die CIP S. A. Paris ist mit der CIP Deutschland GmbH nicht direkt, sondern über eine CIP International Hotels B. V. Amsterdam verbunden. Dort ist zwar der CGE-Manager Jean Marc Paul Oury als Direktor eingetragen, aber es kann laut Handelsblatt, Düsseldorf und Frankfurt a. M. vom 13. Januar 1993 auch hier mehrere Eigentümer geben. Diese Firma beteiligt sich nur noch mit dreißig Prozent an der CIP Deutschland. Fünfzig Prozent hält die britische Chelsfield Property Group, mit der bereits vor Vertragsunterzeichnung zwischen CIP und Treuhandanstalt geheimgehaltene Einigkeit über eine hohe Beteiligung bestand. Zwanzig Prozent an der CIP Deutschland hält die Immobiliengruppe Kilford Paris. Die CIP zahlte der Treuhand 130 Millionen DM und verkaufte das Grundstück an ihre hundertprozentige Tochter, die Euromedien GmbH, für 280 Millionen. Diese Konstruktion wurde erst nach Beteiligung von Kilford und Chelsfield Property möglich, machte die CIP zahlungsfähig und verschaffte ihr das Geld für zugesagte Investitionen. Etwa zwölf Millionen erbrachte der Grundstücksverkauf an den ORB. Pierre Couveinhes wird trotzdem nicht müde, über die enormen Lohnkosten von jährlich über zwanzig Millionen DM zu klagen, die tatsächlich nur Sinn haben, wenn die Auftragsbücher wie versprochen gefüllt wären.

Das sind sie nicht. Sich erinnernd, daß die CGE angekündigt hatte, bis zum Jahresende 1992 für volle Auslastung der Kapazitäten zu sorgen, können ehemalige DEFA-Mitarbeiter nur noch böse lachen.

Bei jeder neuen Präsentation der Babelsberger Pläne der CIP schrumpft der Anteil des für Film und Medien vorgesehenen Geländes. Hartnäckig hält sich das Gerücht von einem Geheimvertrag zwischen Treuhandanstalt und CIP, der die CIP weit früher als im Jahre 2002 von der Zweckbindung des Grundstücks und von allen früheren DEFA-Mitarbeitern erlöst.

In Potsdams Innenstadt wurden 1992 Grundstückspreise von 800 bis 1200 DM/m² gezahlt. Die Preise in der direkten Umgebung der Filmstudios lagen bereits 1991 zwischen 350 und 450 DM/m². Die CIP zahlte 1992 ca. 70 DM. Offen spricht man nun von notwendigen Hotels, Großkinos, Warenhäusern, Büros und anderen Nutzungen. Obligatorisch sekundiert der Filmregisseur Volker Schlöndorff den Finanzregisseur Pierre Couveinhes mit dem Hinweis auf enorme Wertsteigerung für den Fall, daß gegen alle Erwartungen doch noch ein Medienzentrum entstünde. Die Größe des Studios, die noch zu Schiwys Zeiten als wesentliche Besonderheit von Babelsberg gepriesen wurde, ist auf mysteriöse Weise irrelevant geworden. Mit dem Magistrat der Stadt Potsdam streitet man über Denkmalpflege und Geschoßflächenzahl – also über Bauhöhen und Baumassen. Der Landeskonservator beantragte im April 1992 beim Oberbürgermeister der Stadt die Unterschutzstellung von zwanzig Gebäuden, zu denen natürlich die Studiobauten aus der Stummfilmzeit und das Tonkreuz gehören. Diese Fessel würden die neuen Besitzer von Babelsberg gern los sein. Die Vertreter Potsdams nehmen sich in den Planungsgesprächen aus wie eine Gruppe von Hinterwäldlern, die sich in einen Club von Techno-Fans verirrt hat – aber Hinterwäldler sind stur...
Die Stadt wurde vom Land gedrängt, sich den zukunftsweisenden Visionen der Investoren zu öffnen, die auch noch das Gelände der Maschinenbaufabrik gegenüber der DEFA – angeblich für eine Filmtour und für die europäische Ausstellung zum 100. Geburtstag des Films – zu erwerben trachtet, weil für ihre hochfliegenden Pläne 460 000 m² nicht ausreichten. Niemand fragt, warum auf dem Gelände der DEFA Wohn- und Geschäftsbauten entstehen sollen, aber für mediennahe Nutzungen andere Areale gesucht werden. Potsdam wünscht sich dagegen vom Investor eine Untertunnelung der Intercity-Strecke an der Zufahrtsstraße zu den Babelsberg-Studios in völliger Verkennung der Tatsache, daß die Investoren der Stadt keine teuren Geschenke machen, sondern Profit erzielen wollen. Sie erwarten Investitionsförderung, nicht Ansprüche, sondern Gegengaben als Honorierung ihrer Anwesenheit.

Es scheint so zu sein, als müßte das nächste Kapitel der »Filmstadt Babelsberg« nicht von Filmhistorikern, sondern von Betriebswirtschaftlern oder Wirtschaftshistorikern aufgeschrieben werden. Treuhand, Brandenburg, Berlin und Bonn hatten sich ständig gegenseitig vor Spekulanten gewarnt, um dann dem Cleversten von ihnen gemeinsam die Tür aufzuhalten. Euphorisch verkündete eine Presseerklärung der Treuhandanstalt vom 19. Mai 1992: »Brandenburg steht im Scheinwerferlicht – das große französische Privatunternehmen CGE übernimmt die Verantwortung auf Europas größtem Studiogelände...«

Sind Zukunftsvisionen ausverkauft?

Schlöndorff und Fleischmann haben mit ihren verachteten DEFA-Kollegen auf der Verliererseite mehr gemeinsam als sie glauben. Ihre Enthusiasmus für den europäischen Kinofilm ignoriert – ebenso wie der fromme Wunsch der

»Novalis – die blaue Blume«
(1993/RE: Herwig Kipping) –
mit Agathe de la Fontaine als Sophie,
Eva-Maria Hagen als Mutter Hardenberg
und Reiner Heise als Tod.

DEFA-Leute nach wirklichkeitsverändernden Filmen in der DDR – eine sich wandelnde Welt. Beide Gruppen argumentieren moralisch, beider Schwärmerei schöpft Kraft aus Vergangenem. Der Platz für ein europäisches Medienzentrum schwindet in den Plänen der Besitzer zu immer kleineren Arealen inmitten von Büro-, Hotel- und Wohnbauten dahin. Die vorsichtigen Investitionen entsprechen der miserablen Auftragslage und umgekehrt. Für 1993 und 1994 haben ARD und ZDF keine Produktionen nach Babelsberg vergeben. Die Ufa wird möglicherweise eine Serie und einen Kinofilm über Katharina die Große drehen. Andere potentielle Partner halten sich bedeckt und sondieren die Lage, um ihre Energien nicht in den brandenburgischen Sand zu setzen.

Die Kulturhoheit der Länder – bei kleinteiligen Unternehmungen durchaus sinnvoll – wird mit Blick auf die enormen Modernisierungsschübe im Medienbereich zur Farce. Mit regionalisierter Film- und Wirtschaftsförderung und gesplitteter Frequenzvergabe für Rundfunk und Fernsehen sind die deutschen Kleinstaaten keine Partner angesichts der weltweiten Schlachten der Medienkonzerne. Es steht zu befürchten, daß es zur Wiedereinrichtung einer zentralisierten deutschen Filmindustrie dennoch nicht kommen wird. 1920 hatte sich die Bioscop, seit 1911 erste Filmgesellschaft in Babelsberg, durch Fusion mit der deutsch-französischen Produktionsgesellschaft Decla retten wollen; 1921 wurden beide gemeinsam von der Ufa geschluckt. 1925 suchte die Firmenleitung den Untergang der Ufa durch einen Vertrag mit großen amerikanischen Gesellschaften abzuwenden. 1927 kaufte der Scherl-Konzern unter dem rechtskonservativen Politiker und Geschäftsmann Hugenberg die Ufa, um sie aus dem amerikanischen Knebelvertrag zu erlösen und um ein massenwirksames Beeinflussungsinstrument zu besitzen. Der Nazipropagandaminister Goebbels übernahm ab 1933 die Regie und führte die Ufa bis 1942 mit anderen Filmproduktionen in einem Staatskonzern zusammen. Den Nationalsozialisten ging es um Herrschaft über die Hirne der Kinozuschauer. Eine Variation dieser Idee bestimmte die Siegermacht Sowjetunion, nach 1945 in ihrem Einflußbereich den Wiederaufbau der Filmproduktion zu fördern. Die Wertschätzung der Künste war in der DDR verbunden mit dem Ansinnen, Menschen für den Sozialismus zu begeistern. Nur im ersten Jahrzehnt ihrer Existenz hatten die Spielfilmstudios in Babelsberg also ohne Kooperation mit der Staatsmacht und dem Geld der Mächtigen existieren können.

Heute beginnt man in den industrialisierten Ländern zu ahnen, daß Gemeinwesen ohne gemeinschaftsstiftende Werte bald nicht mehr steuerbar sein könnten. Aber diese Werte werden nicht einfach erfunden und per Medien umverteilt, weil Bedarf besteht. Die Regierungen der westlichen Industriemächte setzen – glücklicherweise – noch nicht auf Einflußnahme nach Art der Diktaturen. Statt dessen bestimmen gegenwärtig europaweit Spielarten von Neonationalismus das Feld und stehen damit den Zwängen der weltweiten wirtschaftlichen Vernetzung entgegen. Zukunftsvisionen sind ausverkauft.

Auf wirtschaftlichem Gebiet mag es möglich sein, daß aus dem Europa der zwölf – oder zukünftig der fünfundzwanzig – Staaten mehrere Schwache sich zu einer starken Gruppe vereinen. Auf geistigem Felde, vor allem in den Künsten und beim Film, scheint diese Idee fragwürdig. Soweit dies überhaupt denkbar wäre, warum sollte Deutschland, dessen Filmproduktion seit mehr als zehn Jahren darniederliegt, zum Motor einer solchen Entwicklung werden und Anziehungskraft für Talente und Finanziers aus Europa gewinnen? Im Unterschied zur Filmproduktion ist die industrielle Basis der deutschen Buchproduktion gesichert. Deutsche Bücher sind trotzdem wie deutsche Filme kaum noch Exportgüter. Statt Geschichten zu erzählen, die Menschen aufregen, trösten und beeindrucken, betreiben Autoren und Filmemacher intellektuelle Nabelschau. Träger von Hoffnungen wie die Philosophen Jonas und Bloch, die Regisseure Fassbinder und Wolf oder die Autoren Böll und Fühmann sind tot. Deutschland, das Mekka äußeren Reichtums, leidet an geistiger Auszehrung. Die strikten Selbstanforderungen deutscher Wirtschaft und Politik und die zugehörigen harten Umgangsformen erhöhen den Druck nach innen. Das äußere Auftrumpfen wird von Künstlern mit selbstquälerischen Introspektiven beantwortet. Die Geschichtenerzähler verstummten auch, weil kein Mythos sie inspiriert, keine Hoffnung sie beflügelt.

Die Blüte der Künste – oder die Blüte einer Kunst in einem Land – ist keine lineare Funktion der ökonomischen Realität, sondern unberechenbares Wunder, das zuzeiten geschieht, zuzeiten ausbleibt. Solange Menschen leben, werden sie Vergnügen und geistige Orientierung suchen. Gerade die Kühle der Isolation zwischen den Einzelwesen in den warenproduzierenden Hochleistungsstaaten schürt das Verlangen nach künstlichen Emotionen, nach Trost durch die Surrogatwelten der Drogen Film und Fernsehen. Eine Gegenbewegung zur Vereinzelung vor den unzähligen Fernsehprogrammen könnte dem Gemeinschaftserlebnis Kino wieder Auftrieb verschaffen. Filme werden also gedreht werden. Die amerikanische Dominanz ist nicht für alle Ewigkeit sicher festgeschrieben.

Ein drittes Leben der Filmstadt Babelsberg ist unwahrscheinlich, aber nicht ausgeschlossen.

1) Wie geht es weiter bei der DEFA? Unruhe in Babelsberg: Ohne Subventionen wäre alles zu Ende. In: Die Union, Dresden, 8. 5. 1990

2) Fred Gehler: ... nur ein Tangospieler. In: Film und Fernsehen, Potsdam 1991, Heft 2, S. 6 f.

3) Carl Andersen: Rührlöffel, Strapse, Symbolismus. In: Neues Deutschland, Berlin, 24. 1. 1992

4) Volker Siebel: Foucault Splitter im Objektiv. In: Filmwärts, Hannover 1992, Heft 24, S. 16

5) »Babelsberg, das ist ein Wort wie Hollywood«. Interview mit Peter Fleischmann und Volker Schlöndorff. TIP, Berlin 1992, Heft 13

6) Der DEFA-Deal. rtv, Nürnberg 1992, Heft 26

Gruppenbild mit Dame –
für eine Szene des Georg-Büchner-Films »Addio, piccola mia« (1979)
versammelte Lothar Warneke seine DEFA-Regiekollegen vor der Kamera.

Untere Reihe:
János Veiczi, Horst E. Brandt, Erwin Stranka, Joachim Hasler,
die Autorin Helga Schütz, Konrad Wolf, Heiner Carow,
Ralf Kirsten, Kurt Maetzig, Günter Reisch (v. l. n. r.)

Zweite Reihe von unten:
Lothar Warneke, Siegfried Kühn, Gottfried Kolditz, Ulrich Weiß,
Herrmann Zschoche, Claus Dobberke, Roland Oehme,
Konrad Petzold (v. l. n. r.)

Filmographie

Die Kino-Spielfilme der DEFA 1946 bis 1993

von Susanne Brömsel (Filmographie) und Renate Biehl (Inhalte)

Die folgende Filmographie enthält alle zwischen 1946 und 1992/93 im DEFA-Studio für Spielfilme hergestellten abendfüllenden DEFA-Kinospielfilme sowie Kinderspielfilme. Nicht aufgenommen sind die im Studio gedrehten Fernsehfilme, die im Auftrag des Deutschen Fernsehfunks beziehungsweise des Fernsehens der DDR entstanden, sowie Auftragsproduktionen für ausländische Partner (z.B. »Die Grünstein-Variante«/1985/RE: Bernhard Wicki) und vom Spielfilmstudio gefertigte Dokumentarfilme (z.B. »Mongolia« (1961/RE: B. Daschdortsch, Heiner Carow).

Ebenfalls nicht enthalten sind die Kurzspielfilme der satirischen »Stachel-tier«-Produktion, über die im Filmmuseum Potsdam eine gesonderte Publikation vorbereitet wird. Eine Ausnahme bildet die rund halbstündige Groteske »Letztes Fach unten rechts« (1955/RE: Kurt Jung-Alsen), die zunächst in der »normalen« Spielfilmproduktion der DEFA hergestellt werden sollte, nach Eingliederung des »Stacheltiers« ins Spielfilmstudio 1955 jedoch mit dem Signet dieser Reihe versehen wurde. Ebenfalls in die Filmographie aufgenommen wurde der abendfüllende »Stacheltier«-Tanzfilm »Der junge Engländer« (1958/RE: Gottfried Kolditz).
Die Filmographie enthält die wichtigsten Daten und Fakten zu allen DEFA-Spielfilmen, auch zu den Co-Produktionen, an denen das DEFA-Studio am Schluß seiner Existenz zum Teil nur mit wenigen Prozenten finanziell beteiligt war – bis hin zum vermutlich letzten Film, der das Signet DEFA trägt: dem von der Thomas Wilkening-Filmgesellschaft mbH in Co-Produktion mit der DEFA Studio Babelsberg GmbH hergestellten »Novalis – die blaue Blume« (1993/RE: Herwig Kipping).

Zu jeder der über siebenhundert in die Filmographie aufgenommenen Arbeiten wird publiziert: ein Verzeichnis wesentlicher Mitarbeiter ein-schließlich Schauspieler und ihrer Rollenbezeichnungen, Hinweise zur jeweiligen Filmlänge (in Metern und Minuten), zum Premierendatum und Premierenort, zu Format und Farbe. Enthalten sind, ohne Anspruch auf Vollständigkeit, Angaben zu wichtigen Rezensionen vor allem aus der zen-tralen DDR-Presse, aber auch aus westdeutschen und (selten) Schweizer Blättern: der Autor der Kritik, der Titel der Kritik sowie der Erscheinungs-ort (Zeitung oder Zeitschrift) und das Erscheinungsdatum. Trägt die Kritik denselben Titel wie der Film, ist dies durch einen Strich hinter dem Doppelpunkt nach dem jeweiligen Namen markiert (Beispiel »Die Mörder sind unter uns«: Luft, F: -.). Der Strich vor dem Doppelpunkt bedeutet, daß die Kritik anonym erschienen ist (Beispiel »Ehe im Schatten«: -: -. W 4.10.1947).

Zu jedem Film wurde eine knappe Inhaltsangabe erarbeitet.

Die Filme sind nach ihren Premierendaten chronologisch geordnet. Diese Ordnung bedingt, daß weit nach ihrem Herstellungsjahr uraufgeführte Filme erst zum Zeitpunkt ihrer Premiere zu finden sind – »Sonnensucher« (1958/ RE: Konrad Wolf) beispielsweise erst im Jahr 1972 oder die nach dem 11. Plenum des ZK der SED 1965/66 verbotenen Arbeiten erst nach 1989. Um die Filme schnell aufzufinden, sollte gegebenenfalls das Film-titelregister am Ende des Buches benutzt werden.
DEFA-Spielfilme, die niemals aufgeführt wurden (Beispiel: »Die Schönste«/1958/RE: Ernesto Remani), sowie während des Dreh-prozesses oder der Endfertigung abgebrochene Arbeiten (Beispiel: »Schnauzer«/1985/RE: Maxim Dessau) sind am Ende der Filmographie verzeichnet. Diese Liste abgebrochener Projekte – die allerdings nicht die zahlreichen bereits während der Buchphase »gestorbenen« Filme enthält – entspricht dem derzeitigen Forschungsstand; für ergänzende und komplettierende Informationen, auch zu anderen DEFA-Filmen, ist das Filmmuseum Potsdam jederzeit dankbar. Die Liste der nicht aufgeführten und abgebrochenen Filme wurde vorwiegend von Ralf Schenk recherchiert und aufgeschrieben.

Eine unersetzbare Hilfe für die Zusammenstellung der filmographischen Angaben bot uns die 1989 vom Staatlichen Filmarchiv der DDR herausge-gebene Publikation »Film-Archiv 4: DEFA-Spielfilme I. Teil 1946-1964«, erarbeitet von Dr. Günter Schulz. Des weiteren stützten wir uns auf die im Henschelverlag edierten »Filmobibliographischen Jahresberichte« 1966 bis 1989 und das Buch »Spielfilme der DEFA im Urteil der Kritik« (Berlin: Henschelverlag 1970, herausgegeben vom Institut für Film-wissenschaft). Herrn Dr. Schulz danken wir überdies sehr herzlich für die kooperative Zusammenarbeit bei der Recherche der Angaben zu den DEFA-Spielfilmen nach 1989.

Abkürzungen innerhalb der Filmographie:

Stabangaben:

4kmgt	Vierkanal-Magnetton,
BA	Bauten,
BE	Bemerkung,
brw	Breitwand,
BU	Drehbuch,
CO	Co-Produzent,
DA	Darsteller,
d.i.	das ist,
DR	Dramaturg,
fa	Farbfilm,
GR	Herstellungs- bzw. Produktionsgruppe,
KA	Kamera,
KO	Kostüme,
KR	Kritiken,
lto	Lichtton,
LV	Literarische Vorlage,
MB	Musikalische Beratung,
MU	Musik,
MZ	Musikalische Zusammenstellung,
m	Länge in Metern,
mgt	Magnetton,
min	Länge in Minuten,
no	Normalformat,
PJ	Produktionsjahr,
PL	Produktionsleitung,
PM-Ort	Premierenort,
PM	Premierentag,
RE	Regie,
s/w	Schwarzweißfilm,
SB	Szenenbild,
SC	Schnitt,
SZ	Szenarium,
TA	Tanz
Tovi	Totalvision,
ZU	Zusammenstellung.

Kritikangaben:

A	Der Abend, Berlin
Anzeiger	Anzeiger, Berlin
AP	Abendpost, Frankfurt/Main
BAllg.	Berliner Allgemeine, Berlin
BE	Bauernecho, Berlin
BFF	Beiträge zur Film- und Fernsehwissenschaft, Berlin/Potsdam
BLZ	Berliner Liberale Zeitung, Berlin
BM	Berliner Montag, Berlin
BMP	Berliner Morgenpost, Berlin
BNN	Brandenburgische Neueste Nachrichten, Potsdam
BRS	Bonner Rundschau, Bonn
BZ	Berliner Zeitung, Berlin
CuW	Christ und Welt, Stuttgart
DAS	Deutsches Allgemeines Sonntagsblatt, Hamburg
DFR	Deutsche Film-Rundschau,
DK	Deutsche Kommentare, Stuttgart/Berlin
DNF	Die neue Filmwoche,
DNZ	Die Neue Zeitung, München/Berlin
DVZ	Deutsche Volkszeitung, Düsseldorf
epd film	epd film, Frankfurt/Main
FAZ	Frankfurter Allgemeine Zeitung, Frankfurt/Main
fd	(Katholischer) Filmdienst, Düsseldorf
FK	Filmkritik, München
FR	Freiheit, Halle
Freitag	Freitag, Berlin
FRu	Frankfurter Rundschau, Frankfurt/Main
FW	Freies Wort, Suhl
FWM	Filmwissenschaftliche Mitteilungen (inkl. Filmwissenschaftliche Beiträge), Berlin/Potsdam
FWo	Filmwoche, Karlsruhe
FWW	Freie Weite Welt, Köln
HE	Hamburger Echo, Hamburg
HVZ	Hamburger Volkszeitung, Hamburg
K	Kurier, Berlin
KR	Kölnische Rundschau, Köln
LDZ	Liberal-demokratische Zeitung, Halle
medium	medium, Frankfurt/Main
MM	Mannheimer Morgen, Mannheim
MVS	Märkische Volksstimme, Potsdam
ND	Neues Deutschland, Berlin
NDB	Neue Deutsche Bauernzeitung, Berlin
NE	Nacht-Express, Berlin
NFW	Neue Film-Welt, Berlin
NRZ	Neue Ruhr-Zeitung, Essen
NT	Neuer Tag, Frankfurt/Oder
NW	Der neue Weg, Halle
NZ	Nationalzeitung, Berlin
NZT	Neue Zeit, Berlin
NZZ	Neue Zürcher Zeitung, Zürich
RhP	Rheinische Post, Düsseldorf
SB	Sonntagsblatt, Hamburg
SO	Sonntag, Berlin
Spiegel	Der Spiegel, Hamburg
SpVB	Spandauer Volksblatt, Berlin
ST	Sächsisches Tageblatt, Dresden
StN	Stuttgarter Nachrichten, Stuttgart
StZ	Stuttgarter Zeitung, Stuttgart
SüZ	Süddeutsche Zeitung, München
SVZ	Schweriner Volkszeitung, Schwerin
SVZ	Sozialistische Volkszeitung, Frankfurt/Main
SZ	Sächsische Zeitung, Dresden
T	Tribüne, Berlin
TF	Der Telegraf, Berlin
TIP	tip-stadtmagazin, Berlin
TNN	Thüringer Neueste Nachrichten, Weimar
TR	Tägliche Rundschau, Berlin
TSP	Der Tagesspiegel, Berlin
U	Die Union, Dresden
VO	Vorwärts, Berlin
VS	Volksstimme, Magdeburg
VW	Volkswacht, Gera
W	Die Welt, Hamburg/Berlin
WaS	Welt am Sonntag, Hamburg/Berlin
WBÜ	Die Weltbühne, Berlin
WDA	Welt der Arbeit, Köln
WR	Westfälische Rundschau, Dortmund
Zeit	Die Zeit, Hamburg
Zitty	Zitty (Stadtmagazin), Berlin

1946

DIE MÖRDER SIND UNTER UNS

RE: Wolfgang Staudte – BU: Wolfgang Staudte – KA: Friedl Behn-Grund, Eugen Klagemann – MU: Ernst Roters – BA: Otto Hunte, Bruno Monden – KO: Gertraude Recke – SC: Hans Heinrich – PL: Herbert Uhlich – GR: Herstellungsgruppe Herbert Uhlich – m: 2475 = 91 min. – s/w – PM: 15.10.1946 – PM-Ort: Berlin; Deutsche Staatsoper – DA: Hildegard Knef (Susanne Wallner) – Ernst Wilhelm Borchert (Dr. Mertens) – Erna Sellmer (Frau Brückner) – Robert Forsch (Mondschein) – Arno Paulsen (Ferdinand Brückner) u. a. – KR: Eylau, H.U.: Ein neues Kapitel der deutschen Filmgeschichte. TR 16.10.1946 – Hermann, H.: Der erste deutsche Nachkriegsfilm. TR 20.10.1946 – Kast, P.: Tiefernste Mahnung zur Wachsamkeit. VO 17.10.1946 – Kind, E.: Menschenschicksale von heute. ND 17.10.1946 – W.E.: Zwischen Tod und Leben. M 16.10.1946 – Lennig, W.: Ein Film der deutschen Wirklichkeit. BZ 17.10.1946 – Luft, F.: -. DNZ 18.10.1946 – E.B.: -. SO 20.10.1946 – Schnurre, W.: -. DFR 5.11.1946 – Luft, F.: -. TSP 16.10.1946.

Berlin 1945. Susanne Wallner, eine junge Fotografin, kehrt aus dem Konzentrationslager zurück, doch ihre Wohnung ist besetzt. Hier lebt seit kurzem der aus dem Krieg heimgekommene Chirurg Mertens, der seine furchtbaren Erinnerungen mit übermäßigem Alkoholgenuß zu verdrängen sucht. Die beiden arrangieren sich, und mit Susannes Hilfe findet Dr. Mertens langsam wieder zu sich selbst. Da begegnet ihm sein ehemaliger Hauptmann Brückner, nun ein aalglatter Geschäftsmann, dem es egal ist, ob er aus Stahlhelmen Kochtöpfe macht oder umgekehrt. Mertens' Gewissen rebelliert, und am Weihnachtsabend 1945 will er Sühne fordern für ein von Brückner drei Jahre zuvor im Osten befohlenes Massaker an Frauen, Kindern und Männern. Im letzten Moment kann Susanne ihn davon überzeugen, daß die Vergeltung solcher Schuld keine Privatangelegenheit ist, sondern der Kriegsverbrecher vor ein Gericht gehört.

Filmtext: Ellen Blauert (Hrsg.): Die Mörder sind unter uns. Ehe im Schatten. Die Buntkarierten. Rotation. Vier Filmerzählungen nach bekannten DEFA-Filmen. Berlin: Henschelverlag 1969

FREIES LAND

RE: Milo Harbich – BU: Milo Harbich, Kurt Hahne – KA: Otto Baecker – MU: Werner Eisbrenner – BA: Heinrich Beisenherz – SC: Margarete Steinborn – PL: Kurt Hahne – GR: Herstellungsgruppe Kurt Hahne – m: 2097 = 77 min. – s/w – PM: 18.10.1946 – PM-Ort: Potsdam; »Charlott« – DA: Ursula Voss (Frau Jeruscheit) – Fritz Wagner (Neubauer Jeruscheit) – Herbert Wilk (Bürgermeister Siebold) – Hans Sternberg (Altbauer Strunk) – Aribert Grimmer (Altbauer Melzig) – Peter Marx (Neubauer Schulzke) u. a. – KR: HaBe: Neusiedler als Filmschauspieler. ND 27.10.1946 – M.L.R.: Zwei neue Filme. U 6.11.1946 – or-: »Freies Land« – Geformtes Leben. VO 29.10.1946 – rt.: -. SZ 7.11.1946 – Zettel, A.: Freies Land – der Film der Bodenreform. TR 10.12.1946 – Gehler, F.: Ein erstaunliches Werk. F&F 1981/6, S. 17-19.

Endlose Flüchtlingstrecks durchziehen nach Kriegsende das Land auf der Suche nach einer neuen Heimat. In der Ahnenhalle eines großen Rittergutes stehen ausgemergelte Männer und Frauen und nehmen ihre Besitzurkunden für den aufgeteilten Boden des nach Westen geflohenen Gutsherrn entgegen. Unter ihnen die junge Umsiedlerin Jeruscheit. Auf dem Treck hat sie eines ihrer Kinder am Wegrand begraben müssen, der Mann ist während des Krieges als vermißt gemeldet worden, doch nun hat das Leben wieder einen Sinn bekommen. Man arbeitet, baut auf, hilft sich gegenseitig. Und eines Tages findet auch Jeruscheit zu seiner Familie – eine schreckliche Odyssee ist zu Ende.

IRGENDWO IN BERLIN

RE: Gerhard Lamprecht – BU: Gerhard Lamprecht – KA: Werner Krien – MU: Erich Einegg – BA: Otto Erdmann, Wilhelm Vorwerg – SC: Lena Neumann – PL: Georg Kiaup – m: 2329 = 85 min. – s/w – PM: 18.12.1946 – PM-Ort: Berlin; Deutsche Staatsoper – DA: Harry Hindemith (Iller) – Hedda Sarnow (Frau Iller) – Charles Knetschke (Gustav, beider Sohn) – Hans Trinkaus (Willi, sein Freund) – Hans Leibelt (Eckmann) – Paul Bildt (Birke) – Fritz Rasp (Waldemar) – Lotte Loebinger (Frau Steidel) – KR: Ehlers, W.: Heute und wie vor 2000 Jahren. M 19.12.1946. – Eylau, H.U.: Um Deutschlands Jugend. TR 20.12.1946 – Fiedler, W.: -. NZT 20.12.1946 – Kast, P.: Irgendwo in Berlin – allüberall in Deutschland. VO 20.12.1946 – Kind, E. -. ND 19.12.1946 – Lennig, W.: -. BZ 20.12.1946 – Siewert, E.: Zwei Arten von Filmschaffen. WBÜ 1947/2, S. 56-59.

Die Kinder der zerstörten Stadt machen aus der Not eine Tugend und die Trümmerlandschaft zum Abenteuerspielplatz. Gustav erwartet mit seiner Mutter auf den Resten ihrer ehemaligen Großgarage die Rückkehr des Vaters aus der Gefangenschaft, damit der Neuaufbau beginnen kann. Doch als der Mann endlich da ist, weicht die Freude einer großen Enttäuschung: er ist physisch und psychisch ein Wrack. Die Kinder, allen voran der Bandenführer »Kapitän«, beschimpfen ihn als »dreckigen Jammerlappen«. Einzig Freund Willi hält zu Gustav und kommt durch seine gutgemeinte Hilfe in Schwierigkeiten, die ihn das Leben kosten. Der tragische Unglücksfall bewirkt Einsicht bei den Kindern, die das Kriegsspiel aufgeben und Gustavs Vater zum Neubeginn motivieren.

1947

KEIN PLATZ FÜR LIEBE

RE: Hans Deppe – BU: Margarete Hackebeil, Hans Deppe – DR: Wolff von Gordon – KA: Kurt Schulz – MU: Hanson Milde-Meißner – BA: Otto Erdmann, Kurt Herlth – SC: Lilian Seng – PL: Adolf Fischer – m: 2103 = 77 min. – s/w – PM: 31.3.1947 – PM-Ort: Berlin; »Filmtheater am Friedrichshain« – DA: Bruni Löbel (Monika Winkelmann) – Heinz Lausch (Hans Winkelmann) – Ernst Legal (William Spier) – Elsa Wagner (Frau Niobe) – Margarete Kupfer (Frau Kruse) – Wilhelm Bendow (Der Verdrießliche) u. a. – KR: Eylau, H.U.: -. TR 3.4.1947 – Holtz, H.: Lustspiel mit Herz. NE 1.4.1947 – Kast, P.: Es waren zwei Königskinder. VO 1.4.1947 – Melis: -. ND 2.4.1947 – -th: Hermann und Dorothea von heute. M 2.4.1947 – W. Lg.: Nöte der Ferngetrauten. BZ 2.4.1947.

Hans hatte während eines Fronturlaubs Monika kennengelernt und sich kurz danach ferntrauen lassen. Sie träumten gemeinsam von einer schönen Zukunft nach dem Krieg – in einer gemütlichen Zwei-Zimmer-Wohnung. Doch für das ersehnte Eheglück bietet das zerbombte Berlin dem Heimkehrer alles andere als ein trautes Heim. Monika muß mit ihrem wunderlichen Großvater William ein Zimmer teilen, und der junge Ehemann kommt vorerst bei der Mutter eines Kameraden unter. Not macht allerdings erfinderisch, und so gewinnen die beiden dem Leben auch unter widrigen Umständen durchaus gute Seiten ab.

RAZZIA

RE: Werner Klingler – BU: H. G. Petersson – KA: Friedl Behn-Grund, Eugen Klagemann – MU: Werner Eisbrenner – BA : Otto Hunte, Bruno Monden – SC: Günter Stapenhorst – PL: Willi Herrmann – m: 2618 = 96 min. – s/w – PM: 2.5.1947 – PM-Ort: Berlin; Deutsche Staatsoper – DA: Paul Bildt (Friedrich Naumann, Kriminalkommissar) – Elly Burgmer (Auguste Naumann, seine Frau) – Agathe Poschmann (Anna Naumann, seine Tochter) – Friedhelm von Petersson (Paul Naumann, sein Sohn) – Nina Konsta (Yvonne) – Claus Holm (Karl Lorenz, Kriminal-Anwärter) – Hans Leibelt (Hugo Lembke, Kriminalrat) – Harry Frank (Goll) u. a. – KR: Eisel, H.: -. SO 1947/19 – Kast, P.: -. VO 3.5.1947 – Melis: -. ND 6.5.1947 – -ert: »Razzia« – ein neuer DEFA-Film. NZT 7.5.1947 – E-u: Ein realistischer Zeitfilm. TR 3.5.1947 – D.F.: Der neue DEFA-Film. TF 4.5.1947 – -ft.: Film-Premiere. DNZ 2.5.1947 – K.W.K.: -. TSP 6.5.1947 – W. Lg.: Schieberkulisse und Gartenlaube. BZ 4.5.1947.

Der Mangel im Nachkriegsberlin läßt den Schwarzmarkt blühen. Bei einer Großrazzia werden unterschiedlichste Waren beschlagnahmt, die alle aus derselben Quelle zu stammen scheinen. Die Spur führt in die Tanzbar »Alibaba«, deren Besitzer Goll man aber nichts nachweisen kann. Der Verdacht erhärtet sich jedoch, als Kommissar Naumann ermordet aufgefunden wird. Goll glaubt sich sicher, da er einen Verbündeten bei der Kripo hat, den er mit seiner attraktiven Sängerin Yvonne ködert. Doch Naumanns Nachfolger Karl Lorenz gibt nicht auf. Er läßt die Bar umstellen, und in einem wilden Feuergefecht werden die Banditen unschädlich gemacht.

EHE IM SCHATTEN

RE: Kurt Maetzig – BU: Kurt Maetzig – LV: Novelle »Es wird schon nicht so schlimm« von Hans Schweikart – KA: Friedl Behn-Grund, Eugen Klagemann – MU: Wolfgang Zeller – BA: Otto Erdmann, Franz F. Fürst, Kurt Herlth – KO: Gertraude Recke – SC: Alice Ludwig – PL: Georg Kiaup, Herbert Uhlich – m: 2845 = 104 min. – s/w – PM: 3.10.1947 – PM-Ort (in allen 4 Berliner Sektoren gleichzeitig): Berlin; »Filmtheater am Friedrichshain« (Sowj.), »Cosima-Filmtheater«, Friedenau (Amerik.), »Prinzenpalast«, Gesundbrunnen (Franz.), »Kurbel«, Charlottenburg (Engl.) – DA: Paul Klinger (Hans Wieland) – Ilse Steppat (Elisabeth) – Alfred Balthoff (Kurt Bernstein) – Claus Holm (Dr. Herbert) – Willi Prager (Dr. Louis Silbermann) – Hans Leibelt (Fehrenbach) u. a. – KR: Eylau, H.U.: -. TR 5.10.1947 – Melis: Ein beschämendes Kapitel. ND 5.10.1947 – Menter, L.: -. WBÜ 1947/20, S.895-97 – Lennig, W.: Ein filmisches Bekenntnis. BZ 5.10.1947 – Knop, R. (= Rehahn, R.): -. Start 1947/41 – Kast, P.: -. VO 4.10.1947 – -: -. W 4.10.1947.

Der junge Schauspieler Hans Wieland lehnt es im Dritten Reich ab, sich von seiner jüdischen Frau Elisabeth, mit der er Abend für Abend auf der Bühne stand, scheiden zu lassen. Vor die Alternative gestellt, an die Front geschickt zu werden, was die Verschleppung seiner Frau in ein Konzentrationslager zur Folge hätte, sieht er nur einen Ausweg: den gemeinsamen Tod. Die Fabel beruht auf einem authentischen Vorfall. Am 7. November 1941 wählte der populäre Schauspieler Joachim Gottschalk, der dem Druck der faschistischen Behörden nicht mehr standhalten konnte, mit seiner Frau und dem Sohn den Freitod.

Filmtext: Ellen Blauert (Hrsg.): Die Mörder sind unter uns. Ehe im Schatten. Die Buntkarierten. Rotation. Vier Filmerzählungen nach bekannten DEFA-Filmen. Berlin: Henschelverlag 1969

WOZZECK

RE: Georg C. Klaren – BU: Georg C. Klaren – LV: Dramenfragment »Woyzeck« von Georg Büchner – KA: Bruno Mondi – MU: Herbert Trantow – BA: Hermann Warm, Bruno Monden – KO: Walter Schulze-Mittendorf – SC: Lena Neumann – PL: Kurt Hahne – GR: Herstellungsgruppe Kurt Hahne – m: 2750 = 101 min. – s/w – PM: 17.12.1947 – PM-Ort: Berlin; Haus der Kultur der Sowjetunion – DA: Kurt Meisel (Wozzeck) – Max Eckard (Büchner) – Helga Zülch (Maria) – Paul Henckels (Arzt) – Arno Paulsen (Hauptmann) – Richard Häußler (Tambor-Major) – Willi Rose (Andres) u. a. – KR: Eylau, H.U.: Die geschändete Menschenwürde. TR 21.12.1947 – Menter, L.: »Wozzeck« als Film. WBÜ 1948/1/2,S. 36-37 – m.: Wozzeck im Film. ND 19.12.1947 – Kast, P.: »Wozzeck«-

Drama als Film. VO 18.12.1947 – Krafft, E.: Ist Wozzeck der Mörder? M 19.12.1947 – Lennig, W.: Wozzeck nach »Woyzeck«. BZ 19.12.1947 – Soldat, H.-G.: Visionen in Düsternis und Moder. TSP 5.4.1964 – Gehler, F.: Der Platz ist verflucht... F&F 1982/12, S. 7-9.

Im Anatomiesaal einer Universität liegt der Körper des Füsiliers Wozzeck, den man gehängt hat. »Ein Mörder«, konstatiert der Doktor. »Ein Mensch«, sagt der Student Büchner, »den wir gemordet haben.« Und er erzählt den Fall vom armen Wozzeck, der zu den Soldaten gezogen wurde und dort jede Demütigung erduldete um eines Zieles willen: Er spart jeden Groschen, um eines Tages ein bescheidenes Leben mit Marie führen zu können, die er liebt und mit der er ein Kind hat. Er erträgt die Schikanen des Hauptmanns und die skrupellosen Ernährungs-Experimente des Doktors, doch daß der stattliche Tambormajor sich an Marie heranmacht, erträgt er nicht. So wird Wozzeck zum Mörder – an Marie, die ihm das Liebste im Leben war.

1948

DIE SELTSAMEN ABENTEUER DES HERRN FRIDOLIN B.

RE: Wolfgang Staudte – BU: Wolfgang Staudte – KA: Friedl Behn-Grund, Karl Plintzner – MU: Herbert Trantow – BA: Otto Erdmann, Kurt Herlth – KO: Brigitte Götting – SC: Lilian Seng – PL: Herbert Uhlich – m: 2345 = 86 min. – s/w – PM: 9.3.1948 – PM-Ort: Berlin; »Filmtheater am Friedrichshain« – DA: Axel von Ambesser (Fridolin Biedermann) – Ilse Petri (Marlen Weber, Malerin) – Joachim Teege (Heini Bock) – Ruth Lommel (Elvira Sauer) – Hubert von Meyerinck (Der falsche Biedermann) – Ursula Kriegk (Seine Geliebte) – Paul Henckels (Der Scheidungsbeamte) – Arno Paulsen (Der Gefängnisdirektor) – Aribert Wäscher (Der Polizeikommissar) – Ernst Legal (Der Polizeipräfekt) u. a. – KR: Eylau, H.U.: Satire im luftleeren Raum. TR 12.3.1948 – Holtz, H.: Der seltsame Film vom Fridolin. NE 10.3.1948 – Melis: -. ND 11.3.1948 – C.M.M.: -. WBÜ 1948/13/14, S. 347-348 – -ert: Die falsche Leiche. NZT 11.3.1948 – Luft, F.: -. DNZ 11.3.1948 – -ard: -. DNF 27.3.1948.

Ein anständiger Kleinstadtbürger namens Fridolin Biedermann fährt nach Berlin und möchte endlich einmal etwas erleben. Das gelingt ihm auch. Zuerst fällt er einem Gaunerpärchen in die Hände, das ihn fürchterlich ausnimmt, und – wieder zu Hause – der Justiz. Denn mit den gestohlenen Papieren hat der Gauner in Fridolins Namen nicht nur eine Ehe geschlossen, sondern auch noch anderen Betrug betrieben. Der Biedermann landet als Sträfling erneut in der Hauptstadt, wo er auf einer abenteuerlichen Reise durch die Klippen von Bürokratie und Paragraphen schließlich den Polizeipräsidenten doch noch von seiner Unschuld überzeugen kann. – Der gleiche Stoff wurde 1944 bereits einmal von Wolfgang Staudte verfilmt. Diese Arbeit, *Der Mann, dem man den Namen stahl*, blieb unvollendet. Laut Staudte wurden Teile des Films in die Neufassung übernommen.

STRASSENBEKANNTSCHAFT

RE: Peter Pewas – BU: Artur Pohl – DR: Gerhard Born – KA: Georg Bruckbauer – MU: Michael Jary – BA: Wilhelm Depenau, Franz Koehn – KO: Getraude Recke – SC: Johanna Meisel – PL: Robert Leistenschneider – m: 2846 = 104 min. – s/w – PM: 13.4.1948 – PM-Ort: Berlin; »Filmtheater am Friedrichshain« – DA: Gisela Trowe (Erika) – Alice Treff (Annemie) – Ursula Voss (Marion) – Siegmar Schneider (Walter Helbig) – Harry Hindemith (Herbert Petzold) – Hans Klering (Peter) u. a. – KR: Goeres, H.: Durch Hunger und durch Liebe ... SO 1948/15 – Melis: Kennt ihr euch überhaupt? ND 15.4.1948 – Sachsenröder, E.: -. T 14.4.1948 – Uhl, I.: -. LVZ 20.5.1948 – H.H.: -. NE 14.4.1948 – P.E.: Filmmosaik. WBÜ 1948/17, S.445-46 – W.Lg.: -. BZ 16.4.1948 – Luft, F.: -. DNZ 17.4.1948 – Gehler, F.: »Wir haben alle etwas zu wenig Gepäck«. F&F 1982/2, S. 16-19 – Gehler, F.: -. F&F 1991/5, S. 15.

Dem entbehrungsreichen Dasein der Nachkriegszeit möchten viele entfliehen, auch die zwanzigjährige Erika. Sie lernt den Zeitungsreporter Walter kennen, der sich in sie verliebt. Ein angenehmes Leben kann er ihr aber auch nicht bieten, dennoch zieht sie zu ihm. Abends geht sie ohne ihn aus, macht zahlreiche Männerbekanntschaften, die ihr ein wenig »Luxus« einbringen: Seidenstrümpfe, Konfekt und ähnliches. Allerdings auch eine Geschlechtskrankheit, wie sich bei einer Gesundheits-Razzia herausstellt. Als sie nach kurzem Krankenhausaufenthalt geheilt entlassen wird, wartet Walter auf sie.

CHEMIE UND LIEBE

RE: Arthur Maria Rabenalt – BU: Marion Keller, Frank Clifford – KA: Bruno Mondi – MU: Theo Mackeben – BA: Emil Hasler – KO: Hans Kieselbach – SC: Alice Ludwig – PL: Walter Lehmann – GR: Herstellungsgruppe Walter Lehmann – m: 2678 = 98 min. – s/w – PM: 1.6.1948 – PM-Ort: Berlin; »Babylon« – DA: Hans Nielsen (Dr. Alland) – Tilly Lauenstein (Martina Holler) – Ralph Lothar (Da Costa) – Arno Paulsen (C.D. Miller) – Arno Ebert (Cornelius Vandenhoff) – Gerhard Frickhöffer (Dr. Brose) u. a. – KR: Eylau, H.U.: -. TR 4.6.1948 – Menter, L.: Film-Mosaik. WBÜ 1948/24, S.727 – ert: Aus der Spießerperspektive gesehen. NZT 4.6.1948 – Me.: -. ND 3.6.1948 – W.Lg.: Wohltat für Augen und Ohren. BZ 3.6.1948.

Dr. Michael Alland, Chemiker, hat mit seiner Assistentin Martina eine großartige Erfindung auf dem Gebiet der Butterproduktion gemacht. Die Kuh samt ihrer Milch wegrationalisierend, erzeugt er den begehrten Brotaufstrich direkt aus grünem Gras. Der Konzernchef Da Costa versucht, die Erfindung an sich zu bringen – mit Hilfe verführerischer Frauen. Doch er hat die Rechnung ohne Martina gemacht. Zusammen mit Alland, der sich plötzlich seiner Liebe zu der Assistentin bewußt wird, prellt sie die gierigen Profithaie. Beide verlassen das Land Kapitalia.

GRUBE MORGENROT

RE: Wolfgang Schleif, Erich Freund – BU: Joachim Barckhausen, Alexander Graf Stenbock-Fermor – DR: Gerhard Born – KA: E. W. Fiedler, Alfred Westphal – MU: Wolfgang Zeller – BA: Franz F. Fürst – KO: Fleischer – SC: Hermann Ludwig – PL: Adolf Hannemann – m: 2413 = 88 min. – s/w – PM: 9.7.1948 – PM-Ort: Berlin; »Babylon« – DA: Claus Holm (Ernst Rothkegel) – Hans Klering (Henschel) – Albert Venohr (Wagner) – Karl Hellmer (Buckel-Jakob) – Hans Emons (Boxer) – Charlotte Küter (Seine Frau) u. a. – KR: Hermann, H.: »Grube Morgenrot« im Zwielicht. TR 11.7.1948 – Menter, L.: Film-Mosaik. WBÜ 1948 /29, S.886-87. – Müller, H.: -. VO 10.7.1948 – Melis, M.: -. ND 11.7.1948 – jw.: »Grube Morgenrot« falsch beleuchtet. T 17.7.1948 – Gehler, F.: Eine Insel im Meer. F&F 1984/3, S. 14-15.

In der Zeit der großen Weltwirtschaftskrise soll die Grube »Morgenrot« wegen Unrentabilität geschlossen werden. Der junge Bergmann Ernst, gerade mit bestandenem Steigerexamen nach Hause gekommen, setzt sich an die Spitze des Widerstands der Kumpel. Im Einsatz der aus Sicherheitsgründen verbotenen Schrämmaschine sieht er die einzige Möglichkeit der Kostensenkung. Als ein Unglück passiert, schiebt man die Schuld auf Ernst, doch die Arbeiter stellen sich hinter ihn. Nun greift die Grubenleitung zu einem raffinierten Mittel. Sie schenkt den Arbeitern die Grube – in dem Wissen, daß sie im harten Konkurrenzkampf nicht mithalten kann. Ernst sieht das voraus, doch die Kumpel verstehen ihn nicht. Nach siebzig Tagen müssen sie ihre Grube wegen Geldmangels schließen. – 1945 wird Ernst, von den Nazis ins KZ geworfen, zum Leiter des Bergwerks berufen.

1 – 2 – 3 CORONA

RE: Hans Müller – BU: A. Arthur Kuhnert – KA: Robert Baberske – MU: Hans Otto Borgmann – BA: Wilhelm Vorwerg, Otto Gülstorff – KO: Gertraude Recke – SC: Ilse Voigt – PL: Eduard Kubat – m: 2446 = 90 min. – s/w – PM : 17.9.1948 – PM-Ort: Berlin; »Babylon« – DA: Eva-Ingeborg Scholz (Corona) – Lutz Moik (Gerhard) – Piet Clausen (Dietrich) – Ralph Siewert (Fritzchen) – Horst Gentzen (Emil) – Hans-Edgar Stecher (Heinz) – Hans Leibelt (Direktor Barlay) u. a. – KR: Melis, M.: Jugend zwischen Spiel und Wirklichkeit. ND 21.9.1948 – Menter, L.: Film-Mosaik. WBÜ 1948/39. S.1223-24 – ert: Zwischen Himmel und Erde. NZT 19.9.1948 – M.K.: Zirkus der Lausbuben. M 19.9.1948.

Eine zerstörte Stadt im Deutschland des Jahres 1945. Auf einem Bauplatz läßt sich ein Wanderzirkus nieder. In unmittelbarer Nähe hausen entwurzelte Jungen, deren Geschäft der Schwarzhandel ist. Anführer zweier rivalisierender Banden sind Gerhard und Dietrich. Sie verbünden sich gegen den Zirkusdirektor, als sie bemerken, daß dieser die hübsche Artistin Corona mißhandelt. Bei ihrem Racheakt gegen ihn verunglückt das Mädchen. Mit einem Arzt pflegen die Jungen sie und studieren eine Vorstellung für sie ein. Ehrengast ist Zirkusdirektor Barlay. Er engagiert die genesene Corona und gibt auch den Jungen eine Chance. Als die »3 Coronas« werden sie später weltberühmt.

UND WIEDER 48

RE: Gustav von Wangenheim – BU: Gustav von Wangenheim – DR: Wolff von Gordon – KA: Bruno Mondi – MU: Ernst Roters – BA: Willy Schiller – KO: Walter Schulze-Mittendorf – SC: Lena Neumann – PL: Kurt Hahne – GR: Herstellungsgruppe Kurt Hahne – m: 2769 = 102 min. – s/w – PM : 5.11.1948 – PM-Ort: Berlin; »Babylon« – DA : Inge von Wangenheim (Else Weber) – Ernst Wilhelm Borchert (Heinz Althaus) – Viktoria v. Ballasko (Betty) – Josef Sieber (Architekt Ring) – Willi Rose (Gustav Knetsch) – Robert Trösch (Schnitters) – Eduard von Winterstein (Vater Althaus) – Paul Bildt (Direktor Schöffer) – Ernst Legal (Prof. Kortlein) – Lotte Loebinger (Frau Jandrek) u. a. – KR: Eylau, H.U.: -. TR 9.11.1948 – Kast, P.: -.

VO 8.11.1948 – Mann, H.R.: Ein großangelegtes Filmexperiment. NZ 6.11.1948 – Melis: Erziehung zum historischen Denken. ND 9.11.1948 – Menter, L.: Film-Mosaik. WBÜ 1948/46, S.1458-59.

1948. An den Dreharbeiten zu einem Film über die 48er Revolution nehmen Studenten der Berliner Universität als Statisten teil. Zwischen Else und Heinz, der die Revolution eher als komische Angelegenheit abtun will, kommt es zum Streit. An der Uni bilden sich zwei Lager, die sich heftig bekämpfen. Doch Heinz beginnt nachzudenken, und vor allem die Lektüre über einen jungen Studenten, der in den bewegten Tagen hundert Jahre zuvor sein Leben ließ, verändert langsam seine Haltung. Der Abschluß der Filmaufnahmen auf der Wartburg vereint ihn auch mit Else.

AFFAIRE BLUM

RE: Erich Engel – BU: Robert A. Stemmle – KA: Friedl Behn-Grund, Karl Plintzner – MU: Herbert Trantow – BA: Emil Hasler – KO: Brigitte Götting – SC: Lilian Seng – PL: Herbert Uhlich – GR: Herstellungsgruppe Herbert Uhlich – m: 3009 = 110 min. – s/w – PM : 3.12.1948 – PM-Ort: Berlin; »Babylon« – DA: Hans Christian Blech (Karlheinz Gabler) – Gisela Trowe (Christina Burmann) – Arno Paulsen (Wilhelm Platzer) – Maly Delschaft (Anna Platzer) – Blandine Ebinger (Lucie Schmerschneider) – Kurt Ehrhardt (Doktor Jacob Blum) – Alfred Schieske (Kriminalkommissar Otto Bonte) – Paul Bildt (Konrad) – Ernst Waldow (Schwerdtfeger) u. a. – KR: Kast, P.: -. VO 6.12.1948 – Melis, M.: Ein großer Filmerfolg. ND 5.12.1948 – Menter, L.: -. WBÜ 1948/50, S.1584-85 – C.F.: Weimarer Justiz auf der Anklagebank. T 6.12.1948 – E. K.: Ein Mord wird aufgeklärt. M 4.12.1948 – ert: Ein ungewöhnlich guter Film. NZT 5.12.1948 – Hermann, H.: Rückschau und Warnung. TR 5.12.1948 – Lennig, W.: Internationale Spitzenklasse. BZ 5.12.1948 – Fehling, D.: Der Tragödie Vorwort. TF 5.12.1948.

Ein authentischer Fall aus Magdeburg zur Zeit der Weimarer Republik. Der jüdische Fabrikant Jacob Blum wird aufgrund einer Aussage des Ganoven Gabler wegen Mordes an seinem Buchhalter verhaftet. Für den antisemitischen Untersuchungsrichter ist der Fall klar. Nur ein Jude kann der Täter sein. Weder Entlastungsbeweise noch die eindeutige Spur, die zu Gabler selbst führt, kann ihn umstimmen. Im letzten Moment gelingt es dem Kommissar Bonte, von Blums Freunden aus Berlin geholt, den wahren Täter, Gabler, mit Hilfe von dessen Freundin zu überführen. Der Justiz bleibt nur noch, den skandalösen Fall totzuschweigen.

Filmtext: R.A. Stemmle: Affaire Blum. Berlin: Deutscher Filmverlag 1948

1949

DAS MÄDCHEN CHRISTINE

RE: Arthur Maria Rabenalt – BU: Frank Clifford – LV: Gleichnamige Novelle von Hans Rabl – KA: Eugen Klagemann – MU: Herbert Trantow – BA: Emil Hasler – KO: Werner Schulz – SC: Hildegard Tegener – PL: Walter Lehmann – m: 2606 = 96 min. – s/w PM: 14.1.1949 – PM-Ort: Berlin; »Babylon« – DA: Wolfgang Lukschy (Merian) – Petra Peters (Christine) – Tilly Lauenstein (Courasche) – Ilse Hülper (Lady Winterton) – Gerhard Frickhöffer (Jakob) – Hans Emons (Hauptmann) u. a. – KR: Edel, P.: -. WBÜ 1949/4, S.155-56. – Melis, M.: Abseits der Heerstraße. ND 18.1.1949 – Sachsenröder, E.: Ein bedauerlicher Mißgriff. T 14.1.1949 – -ert: Der Krieg von der Rückseite . NZT 16.1.1949. – pka: -. VO 15.1.1949 – -es: Ufa-Reminiszenz. SO 1949/4 – Eylau, H.U.: -. TR 18.1.1949 – Lüd.: Die bittersüße Hosenrolle. BZ 19.1.1949 – Wehrstedt, N.: -. F&F 1991/5, S. 16.

Während des Dreißigjährigen Krieges verliebt sich Christine, ein Waisenkind, in den Obristen Graf Merian. Um immer bei ihm zu sein, zieht sie sich Männerkleider an, wird Troßjunge und später sogar Kornett – nur die Marketenderin kennt ihr Geheimnis. Nach und nach begreift Christine, daß der Mann, den sie liebt, vom Kriege verroht und keines wahren Gefühls mehr fähig ist. Als sie sich ihm an Stelle einer Bauerndirne hingibt, ist sie entsetzt von seiner Brutalität. Sie erschießt ihn im Duell. Als Kornett wird sie zum Tode verurteilt, doch als Frau freigesprochen.

TRÄUM' NICHT, ANNETTE!

RE: Eberhard Klagemann – BU: Frank Clifford, Fritz Schwiefert – DR: Wolff von Gordon – KA: Reimar Kuntze – MU: Theo Mackeben – BA: Otto Erdmann, Kurt Herlth, Wilhelm Depenau – KO: Hans Kieselbach – SC: Johanna Meisel – PL: Robert Leistenschneider – m: 2550 = 94 min. – s/w – PM: 4.2.1949 – PM-Ort: Berlin; »Filmtheater am Friedrichshain« – DA: Jenny Jugo (Annette) – Max Eckardt (Hans) – Karl Schönböck (Klaus) – Helmut Rudolph (Theo) – Erwin Biegel (Beamter) u. a. – KR: Menter, L.: Der Film – gestern und heute. WBÜ 1949/7, S.257-60. – a. s.: Träume kann man nicht verbieten. T 7.2.1949 – E.K.: Jenny Jugos Qual der Wahl. M 5.2.1949 – pka: -. VO 5.2.1949 – W-t: -. SO 1949/7.

Die Französischlehrerin Annette Müller hat zwei glühende Verehrer, die sie ständig zur Heirat drängen: den Diplomaten Klaus und den Ingenieur Theo. Doch sie kann sich nicht entscheiden. Da gesellt sich ein dritter hinzu, der Pianist Hans. Mal träumt sie von Klaus, mal von Theo. Und obwohl sie wütend ist, daß Hans sich in ihrer Pension einquartiert hat, kann sie nicht verhindern, auch von ihm zu träumen. Als sie ausgerechnet ihn fragt, wen der beiden anderen sie heiraten soll, gibt es einen großen Krach zwischen ihnen – und ihr die Erleuchtung, wer der Richtige ist. – Neugedrehte Fassung des Films *Sag' endlich ja* (1945/ RE: Helmut Weiß),

aus dem laut Auskunft des Kameraassistenten Joachim Hasler einige Teile übernommen wurden.

DIE BRÜCKE

RE: Artur Pohl – BU: Artur Pohl – DR: Gerhard Born – KA: Fritz Arno Wagner – MU: Wolfgang Zeller – BA: Erich Zander, Artur Günther – SC: Margarete Steinborn – PL: Adolf Hannemann – m: 2312 = 85 min. – s/w – PM: 28.1.1949 – PM-Ort: Berlin; »Filmtheater am Friedrichshain« – DA: Fritz Wagner (Martin Reinhardt) – Arno Paulsen (Reinhardt) – Steffie Spira (Frau Reinhardt) – Ilse Steppat (Therese Sander) – Albert Venohr (Sander) – Hans Klering (Mankmoos) – Jeannette Schulze (Hanne Michaelis) – Karl Hellmer (Michaelis) u. a. – KR: Mann, H.R.: Eine große Aufgabe verfehlt. NZ 30.1.1949 – Melis, M.: ND 30.1.1949 – -ert: »Die Brücke«, ein Umsiedlerfilm. NZT 30.1.1949 – G.F.: »Die Brücke« – ein neuer DEFA-Film. T 31.1.1949 – G.G.: Ein Umsiedlerfilm. ST 10.2.1949 – Lüd.: Aus der Kraft des Schlichten. BZ 1.2.1949 – Hermann, H.: Umsiedlerschicksal schief gespiegelt. TR 1.2.1949 – mtr.: Die verunglückte Brücke. WBÜ 1949/6, S.223-24 – -es.: Die schlechtgebaute Brücke. SO 6.2.1949 – Gehler, F.: Die Umsiedler kommen... F&F 1983/10, S. 18-19.

Eine Gruppe von Umsiedlern kommt nach dem Krieg in eine mitteldeutsche Kleinstadt an, froh, ein neues Zuhause gefunden zu haben. Doch die Einheimischen begegnen den »Fremden« mit Mißtrauen, Ablehnung, ja sogar Haß. Michaelis, Sprecher der Umsiedler, ist um gutes Zusammenleben bemüht. Seine Tochter Hanne verliebt sich in Martin, den Neffen des Bürgermeisters. Doch Michaelis kommt bei einem Sabotageakt Einheimischer ums Leben, und gegen die Liebe seiner Tochter intrigiert die eifersüchtige Gastwirtin Therese. Bei einem verheerenden Feuer in der Stadt leisten die »Neuen« trotz aller Schikanen Hilfe und schlagen damit eine Brücke zu einem gemeinsamen Leben.

... UND WENN'S NUR EINER WÄR...

RE: Wolfgang Schleif – BU: Wolfgang Schleif, Wolfgang Weyrauch – LV: Tatsachenroman »Verwahrlost« von Sia di Scazziga – DR: George Schaaffs – KA: E.W. Fiedler – MU: Wolfgang Zeller – BA: Wilhelm Depenau, Kurt Herlth – KO: Hans Kieselbach – SC: Hermann Ludwig – PL: Robert Leistenschneider – m: 2290 = 84 min. – s/w – PM: 18.3.1949 – PM-Ort: Berlin; »Babylon« – DA: Edelweiß Malchin (Bettina) – Siegfried Dornbusch (Denecke) – Axel Monjé (Osterheld) – Lutz Moik (Michael) – Uwe-Jens Pape (Horst Pacholke) – Ralph Siewert (Karli) u. a. – KR: Hermann, H.: Jugend, die sich selber hilft. TR 23.3.1949 – Mann, H.R.: Jugend in eigener Verantwortlichkeit. NZ 23.3.1949 – Melis: Das Problem der Erziehung. ND 22.3.1949 – Bob: -. NZT 20.3.1949 – mtr.: -. WBÜ 1949/13, S.455-56 – Arhorst: -. JW 30.3.1949 – -es: Gelöste Aufgabe. SO 1949/13 – W.Lg.: Ein neuer deutscher Filmstil. BZ 20.3.1949.

Die junge Schauspielerin Bettina hat mit einem Lied, das das abenteuerliche Leben der »Verwahrlosten Jugend« besingt, den Leiter eines Westberliner Lagers für solche Jungen verärgert. Hein Denecke lädt sie ein, das wirkliche Leben dieser Jugendlichen kennenzulernen. Sie ist von der Realität betroffen und bietet ihre Hilfe an. Ein Vorfall jedoch führt zur Absetzung Deneckes, und sein demokratisches Prinzip wird vom neuen Leiter durch Kasernendrill ersetzt. Einige der Jungen fliehen zu Denecke, der außerhalb der Stadt – im Osten – ein neues Lager aufbaut. Mit Mut, Verständnis und viel Geduld gelingt es ihm und Bettina, die Jungen auf den richtigen Weg zu bringen. Der neue Chef des Lagers aber wird als ehemaliger SS-Mann entlarvt.

DIE KUCKUCKS

RE: Hans Deppe – BU: Robert A. Stemmle, Marta Moyland – DR: Hans Vietzke – KA: Robert Baberske, Walter Roßkopf – MU: Ernst Roters – BA: Wilhelm Vorwerg, Alfred Schulz – SC: Lisa Thiemann – PL: Adolf Fischer – m: 2534 = 93 min. – s/w – PM: 8.4.1949 – PM-Ort: Berlin; »Babylon« – DA: Ina Halley (Inge Kuckert) – Rainer Penkert (Hans Gersdorf) – Günther Güsselfeldt (Heinz Krüger) – Aribert Wäscher (Eberhard Schultz) – Carsta Löck (Wanda Merian) – Hans Neie (Rolf Kuckert) u. a. – KR: Edel, P.: -. WBÜ 1949/16, S.559-60 – Melis: »Die Kuckucks« und ihr Nest. ND 12.4.1949 – G.St.: DEFA-Kuckucks. NZT 10.4. 1949 – H.R.M.: Märchen in einer großen Stadt. NZ 9.4.1949 – -ler: »Die Kuckucks« im Babylon. BM 11.4.1949 – Lüd.: Heiterkeit aus dem Engpaß. BZ 12.4.1949 – -es.: -. SO 1949/16.

Im Nachkriegsberlin muß die 18jährige Inge Kuckert sich und ihre vier jüngeren Geschwister durchbringen. Keine leichte Aufgabe, denn niemand will die Rasselbande haben. Da finden sie eine zerbombte Villa im Grunewald, die so recht als Kuckucksheim geeignet scheint. Mit Feuereifer gehen sie an den Ausbau. Doch ein Herr Schultz, seines Zeichens »Verfügungsberechtigter«, will ihnen einen Strich durch die Rechnung machen. Da tritt der freundliche Nachbar, ein junger Journalist, auf den Plan und nimmt Herrn Schultz etwas genauer unter die Lupe, woraufhin der das Weite sucht. Die Kuckucks sind glücklich, und ein neues Familienoberhaupt lacht auch schon über den Zaun.

QUARTETT ZU FÜNFT

RE: Gerhard Lamprecht – BU: Wolf Neumeister, Erich Conradi – DR: Hans Vietzke – KA: Karl Hasselmann – MU: Franz R. Friedl – BA: Erich Zander, Artur Günther, Karl Schneider – KO: Charlotte Flemming – SC: Johanna Meisel – PL: Eduard Kubat – m: 2611 = 96 min. – s/w – PM: 27.5.1949 – PM-Ort: Berlin; »Babylon« – DA: Claus Holm (Martin Bergau) – Yvonne Merin (Anne Treibel) – Ruth Piepho (Helga Schilling) – Inge Keller (Irene Gabriel) – Ursula Rank (Betti Krull) – Maria Rouvel (Kathrin Winkler) – Harry Hindemith (Stefan Winkler) u. a. – KR: Gottschald, J.: -. SZ 30.6.1949 – Menter, L.: Quartett der Dissonanzen. WBÜ

1949/24, S.819-21 – -ert: -. NZT 8.6.1949 –
W.J.: Edelkitsch mit Zeitkolorit. ND 8.6.1949 –
Mü.: -. VO 4.6.1949 – Ihering, H.: -. BZ
5.6.1949.

Vier Frauen und ein Mann unter einem Dach.
Anne Treibel ist die Besitzerin des kleinen
Hauses, in dem sie zusammen leben. Sie hat den
schwerverletzt aus dem Krieg heimgekehrten
Martin aufgenommen. Auch die anderen Frauen
interessieren sich für ihn. Helga überredet Martin, sich einer Operation zu unterziehen, die ihn
retten könnte. Er willigt ein – für Anne, die ihn
liebt. Daß es unter den vier Frauen zu keinem
Streit um Martin kommt, liegt vor allem daran,
daß zur rechten Zeit drei weitere passable Männer auftauchen.

DIE BUNTKARIERTEN

RE: Kurt Maetzig – BU: Berta Waterstradt –
LV: Hörspiel »Während der Stromsperre« von
Berta Waterstradt – KA: Friedl Behn-Grund,
Karl Plintzner – MU: H.W. Wiemann – BA:
Emil Hasler – KO: Walter Schulze-Mittendorf –
SC: Ilse Voigt – PL: Karl Schulz – m: 2862 =
105 min. – s/w – PM: 8.7.1949 – PM-Ort: Ber-
lin; »Babylon« – DA: Camilla Spira (Guste) –
Werner Hinz (Paul) – Lotte Lieck (Großmutter)
– Friedrich Gnass (Großvater) – Carsta Löck
(Emma) – Ursula Diestel (Frieda) – Yvonne
Merin (Marie) – Brigitte Krause (Christel) –
Willi Rose (Landsturmmann) u. a. – KR: Eylau,
H.U.: Ein Epos vom Arbeiterleben. TR 9.7.1949
– Joho, W.: Hundertprozentig Ja zu einem Film.
ND 10.7.1949 – Mann, H.R.: Die Welt des klei-
nen Mannes. NZ 10.7.1949 – Menter, L.: Der
Film vom Namenlosen. WBÜ 1949/ 29, S.980-
82 – W.Lg.: Die proletarische »Cavalcade«. BZ
16.7.1949 – HDW.: -. W (Berliner Ausgabe)
11.7.1949 – P-l.: Buntkariert ein Leben lang.
SpVB 11.7.1949 – -h-: -. SO 17.7.1949.

Chronik einer deutschen Arbeiterfamilie über
drei Generationen. 1884 kommt Guste als
uneheliches Kind eines Dienstmädchens zur
Welt. Damit scheint auch ihr Lebensweg vorge-
zeichnet. Sie geht ebenfalls »in Stellung«, lernt
jedoch den Arbeiter Paul Schmiedecke kennen
und heiratet ihn. Sie verbringen mit ihren zwei
Kindern einige glückliche Jahre, dann kommt
der erste Weltkrieg. Guste muß allein für die
Kinder sorgen, denn Paul wird eingezogen.
Während der täglichen Straßenbahnfahrt zur
Munitionsfabrik lernt sie einen Landsturmmann
kennen, der ihr die Augen öffnet über die
Zusammenhänge von Krieg und Kapital. Sie
legt die Arbeit nieder und schlägt sich als Fen-
sterputzerin durch, bis Paul aus dem Krieg
zurückkehrt. Doch nun machen ihnen Weltwirtschaftskrise und aufkommender Faschismus zu
schaffen. Gewerkschafter Paul, als politisch
unzuverlässig eingestuft, verliert seine Arbeit
und stirbt bald danach. Im zweiten Weltkrieg
verliert Guste bei einem Bombenangriff auch
ihren Sohn. Ihr ist nur die Enkelin Christel
geblieben. Als das Mädchen nach Ende des
Krieges im demokratischen Deutschland einen
Studienplatz bekommt, erlebt Guste ein spätes
Glück. Sie holt die sorgsam gehütete buntkarier-
te Bettwäsche, Standessymbol der einfachen

Leute, aus dem Schrank und näht Christel ein
Kleid daraus, damit sie hübsch angezogen zur
Universität gehen kann.

Filmtext: Ellen Blauert (Hrsg.): Die Mörder sind
unter uns. Ehe im Schatten. Die Buntkarierten.
Rotation. Vier Filmerzählungen nach bekannten
DEFA-Filmen. Berlin: Henschelverlag 1969

ROTATION

RE: Wolfgang Staudte – BU: Wolfgang Staudte,
Erwin Klein – DR: George Schaaffs – KA: Bru-
no Mondi – MU: H.W. Wiemann – BA: Willy
Schiller – KO: Georg Schott – SC: Lilian Seng
– PL: Herbert Uhlich – GR: Herstellungsgruppe
Herbert Uhlich – m: 2297 = 84 min. – s/w –
PM: 16. 9.1949 – PM-Ort: Berlin; »Babylon« /
»DEFA-Filmtheater Kastanienallee« – DA: Paul
Esser (Hans Behnke) – Irene Korb (Lotte Behn-
ke) – Karl-Heinz Deickert (Helmuth Behnke) –
Brigitte Krause (Inge, seine Freundin) – Rein-
hold Bernt (Kurt Blank) – Reinhard Kolldehoff
(Rudi Wille) u. a. – KR: Eylau, H.U.: »Laßt es
nie wieder zum Kriege kommen!« TR
18.9.1949 – Ihering, H.: Mit Sauberkeit der
Gesinnung. BZ 18.9.1949 – Joho, W.: Nicht ori-
ginell, sondern wahr und nötig. ND 18.9.1949 –
Menter, L.: -. WBÜ 1949/39, S.1233-34 –
HRM.: -. NZ 18.9.1949 – Kohlhaase, W.: -.
Start 1949/39 – Weiß, H.-D.: -. W (Berliner
Ausgabe) 19.9.1949 – Eppenhagen, K.A.: Mit-
läuferproblematik im Film. W (Hamburger Ausgabe) 22.5.1950 – -:-. Spiegel 1949/39.

Berlin von 1932 bis 1946. Der Maschinenmeister Hans Behnke ist tüchtig, und Politik interessiert ihn nicht. Bis er eines Tages von seinem
Schwager gebeten wird, eine Druckmaschine zu
reparieren, auf der antifaschistische Flugblätter
hergestellt werden. Von seinem eigenen Sohn
Helmuth verraten, der in der Hitlerjugend zu
einem fanatischen Nazi erzogen wurde, kommt
Behnke ins Zuchthaus. Nach Kriegsende stehen
sich der befreite Vater und der aus der Gefangenschaft heimkehrende Sohn gegenüber. Helmuth hat kaum Hoffnung, daß ihn der Vater
aufnehmen wird, doch der schließt ihn in seine
Arme. Gemeinsam wollen sie ein neues Leben
aufbauen.

Filmtext: Ellen Blauert (Hrsg.): Die Mörder sind
unter uns. Ehe im Schatten. Die Buntkarierten.
Rotation. Vier Filmerzählungen nach bekannten
DEFA-Filmen. Berlin: Henschelverlag 1969

DER BIBERPELZ

RE: Erich Engel – BU: Robert A. Stemmle –
LV: Gleichnamige Komödie von Gerhart Haupt-
mann – DR: Wolff von Gordon – KA: Bruno
Mondi – MU: Ernst Roters – BA: Otto Erdmann
– KO: Walter Schulze-Mittendorf – SC: Lilian
Seng – PL: Herbert Uhlich – GR: Herstellungs-
gruppe Herbert Uhlich – m: 2638 = 97 min. –
s/w – PM: 21.10.1949 – PM-Ort: Berlin; »Baby-
lon« – DA: Werner Hinz (Friedrich von Wehr-
hahn) – Käthe Haack (Regina von Wehrhahn) –
Fita Benkhoff (Auguste Wolff) – Friedrich
Gnass (Julius Wolff) – Ingrid Rentsch (Leontine
Wolff) – Edith Hancke (Adelheid Wolff) – Paul

Bildt (Wilhelm Krüger) – Erwin Geschonneck
(Motes) – Herbert Wilk (Dr. Joachim Fleischer)
u. a. – KR: Hermann, H.: Verfilmter »Biberpelz«. TR 22.10.1949 – Ihering, H.: »Der Biberpelz« als Film. BZ 25.10.1949 – Joho, W.: Ein
Film nach Hauptmanns »Biberpelz«. ND
23.10.1949. – Menter, L.: Zweimal Gerhart
Hauptmann. WBÜ 1949/44, S.1354-56 – Stam-
mitz, G.: Biberpelz nach Gerhart Hauptmann.
NZT 23.10.1949 – Müting, H.: Klassiker im
Film. NFW 1949/12, S.8-9 – -: Film der Nationalpreisträger. WaS 24.10.1949 – -: Und dann
noch: Besuch bei Mutter Wolffen. SpVB
24.10.1949.

Im Mittelpunkt von Gerhart Hauptmanns Die-
beskomödie steht Mutter Wolffen, die in den
80er Jahren des vorigen Jahrhunderts couragiert
für ihre Familie sorgt. Dabei bedient sie sich
auch mal ganz ungeniert bei anderen. Als sie
den Biberpelz des Nachbarn Krüger entwendet,
meldet der den Diebstahl beim Amtsvorsteher
von Wehrhahn. Dem kommt die Anzeige wie
gerufen, kann er doch endlich gegen Krügers
Untermieter, den Schriftsteller Dr. Fleischer,
vorgehen. Das »aufwieglerische und königs-
feindliche Element« ist ihm schon lange ein
Dorn im Auge. Über den besessenen Demokra-
tenjäger Wehrhahn, der aufgrund seiner Vorurteile nicht den wahren Dieb erkennt, muß sich
am Ende sogar Mutter Wolffen wundern.

UNSER TÄGLICH BROT

RE: Slatan Dudow – BU: Slatan Dudow, Hans-
Joachim Beyer, Ludwig Turek – DR: George
Schaaffs – KA: Robert Baberske – MU: Hanns
Eisler – BA: Wilhelm Vorwerg, Alfred Schulz –
KO: Bert Hoppmann, Ingeborg Grünberg – SC:
Margarete Steinborn – PL: Fritz Klotzsch – m:
2856 = 105 min. – s/w – PM: 9.11.1949 – PM-
Ort: Berlin; »Babylon« – DA: Paul Bildt (Karl
Weber) – Viktoria von Ballasko (Martha, Karl
Webers zweite Frau) – Inge Landgut (Inge, sei-
ne Tochter aus erster Ehe) – Harry Hindemith
(Ernst, sein ältester Sohn aus erster Ehe) – Paul
Edwin Roth (Harry, sein zweiter Sohn aus erster
Ehe) – Siegmar Schneider (Peter Struwe,
Maschinentechniker) u. a. – KR: Hermann, H.:
-. TR 11.11.1949 – Ihering, H.: -. BZ 11.11.1949
– Lüdecke, H.: Ein Film aus unserer Wirklich-
keit. ND 11.11.1949. – Menter, L.: Drei Filme.
WBÜ 1949/46, S.1402-03 – Knop, R.: Zerfall
einer bürgerlichen Familie. Start 1949/47 –
W.-Z: -. SO 20.11.1949.

Eine kleinbürgerliche Familie im Nachkriegsdeutschland. Die Söhne des ehemaligen Kassen-
beamten Karl Weber, der mühsam seine konservativen Traditionen zu wahren sucht, gehen sehr
unterschiedliche Wege. Ernst gehört zu jenen,
die mit Enthusiasmus die zerstörte Fabrik wieder aufbauen, Harry dagegen setzt mit unsaube-
ren Geschäften auf das schnelle Geld. Er imponiert dem Vater, der der Arbeit in der Fabrik
keine Chance gibt. Eines Tages aber muß Karl
Weber erleben, daß sein Lieblingssohn Harry
auf die schiefe Bahn geraten ist, während der
Aufbau der Fabrik erstaunliche Fortschritte
macht. Der alte Mann entscheidet sich für den
volkseigenen Betrieb.

FIGAROS HOCHZEIT

RE: Georg Wildhagen – BU: Georg Wildhagen – LV: Oper »Die Hochzeit des Figaro« nach Beaumarchais von Lorenzo da Ponte und W. A. Mozart – DR: Hans Vietzke – KA: Eugen Klagemann, Karl Plintzner – ML: Prof. Artur Rother – BA: Emil Hasler – KO: Walter Schulze-Mittendorf – SC: Hildegard Tegener – PL: Walter Lehmann – m: 2975 = 109 min. – s/w – PM: 25.11.1949 – PM-Ort: Berlin; »Babylon« / »DEFA-Filmtheater Kastanienallee« – DA: Angelika Hauff – GE: Erna Berger (Susanna) – Willi Domgraf-Fassbaender (Figaro) – Sabine Peters – GE: Tiana Lemnitz (Gräfin Rosine) – Mathieu Ahlersmeyer (Graf Almaviva) – Elsa Wagner – GE: Margarete Klose (Marzelline) – Viktor Janson – GE: Eugen Fuchs (Dr. Bartolo) u. a. – KR: Schönewolf, K.: »Figaros Hochzeit« auf der Leinwand. ND 27.11. 1949 – Berg, L.: -. VO 27.11.1949 – Borgelt, H.: »Figaros Hochzeit« auf der Leinwand. BZ 28.11.1949 – Hermann, H.: Kann es eine Filmoper geben? TR 26.11.1949 – -lz: »Figaros Hochzeit« auf der Leinwand. NZT 27.11.1949 – Mann, H.R.: Ein gelungenes Wagnis. NZ 26.11.1949 – M-o: Mozart für alle. M 26.11.1949 – Habel, F.-B.: Ein Klassiker von frischer Jugendlichkeit. ND 20.6.1991

Kammerdiener Figaro möchte die Zofe Susanna heiraten. Graf Almaviva, als Herr der beiden, will sein Recht auf die erste Nacht geltend machen. Figaro kommt durch ein früher gegebenes Heiratsversprechen an die alte Haushälterin Marzelline in Bedrängnis. Die Gräfin ist eifersüchtig auf Susanna. Und der Page Cherubin ist unsterblich in die Gräfin verliebt. Die vielen Verwicklungen und Intrigen bringen die Hochzeit in Gefahr. Doch Figaro rettet sie mit List und Geschick, trägt zur Versöhnung von Graf und Gräfin bei und bringt letzteren dazu, endlich auf das unmenschliche »Recht auf die erste Nacht« zu verzichten.

DIE BLAUEN SCHWERTER

RE: Wolfgang Schleif – BU: Alfred Böttcher – DR: Marieluise Steinhauer – KA: E. W. Fiedler – MU: Walter Sieber – BA: Erich Zander, Karl Schneider – KO: Hans Kieselbach – SC: Hermann Ludwig – PL: Robert Leistenschneider – m: 2699 = 99 min. – s/w – PM: 30.12.1949 – PM-Ort: Berlin; »Babylon« – DA: Hans Quest (Böttger) – Ilse Steppat (Frau von Tschirnhausen) – Alexander Engel (Von Tschirnhausen) – Herbert Hübner (Nehmitz) – Willy A. Kleinau (August der Starke) – Marianne Prenzel (Katharina) – Paul Wagner (König Friedrich I.) u. a. – KR: Hermann, H.: -. TR 3.1.1950 – Ihering, H.: -. BZ 1.1.1950. – Joho, W.: Bilderbogen vom Porzellanmacher Böttger. ND 3.1.1950 – Menter, L.: In den Sternen steht es geschrieben. WBÜ 1950/3, S.64-66 – Werner, B.: Das weiße Gold. BZA 31.12.1949.

Biographie des Johann Friedrich Böttger, der 1709 das erste weiße Porzellan in Europa erfand. Der Apothekerlehrling und Gehilfe eines »Goldmachers« ist dem König von Preußen entflohen – nach Sachsen. Hier aber ist August der Starke hinter ihm her: der junge Mann soll ihm Gold machen, wird auf eine Festung gebracht und mit allem ausgestattet, was er dazu braucht. Böttger weiß allerdings längst, daß das Goldmachen eine Illusion ist und experimentiert mit Porzellan. Weiß soll es sein wie in China. Als es ihm endlich gelingt, den König mit dem »weißen Gold« zu überraschen, hofft er auf Freiheit. Ein tragischer Irrtum.

1950

DER AUFTRAG HÖGLERS

RE: Gustav von Wangenheim – BU: Gustav von Wangenheim – DR: Wolff von Gordon – KA: Walter Roßkopf – MU: Ernst Hermann Meyer – BA: Willy Schiller – KO: Vera Mügge – SC: Lena Neumann – PL: Kurt Hahne – GR: Herstellungsgruppe Kurt Hahne – m: 2543 = 93 min. – s/w – PM: 24.1.1950 – PM-Ort: Unterwellenborn/Thür.; Maxhütte – DA: Inge von Wangenheim (Maria Steinitz) – Fritz Tillmann (Fritz Rottmann) – Alice Treff (Dr. Alice Giesebrecht) – Axel Monjé (Dr. Kayser) – Gothart Portloff (Dr. Thelen) – Lothar Firmans (Löffler) – Harry Hindemith (Krantz) – Eduard von Winterstein (Hufland) – August Momber (Dr. Högler) u. a. – KR: Eylau, H.U.: Ein wichtiges, aktuelles Thema. BZ 27.1.1950 – Fabian: Nicht Ost, nicht West – Deutschland. BZA 25.1.1950 – Menter, L.: Ein ernstes Kapitel um einen Film. WBÜ 1950/6, S.161-63 – -er: Vor Werktätigen uraufgeführt. ND 26.1.1950 – W-t: -. SO 1950/6 – ft.: Filme am Wochenend. DNZ 29.1.1950 – Kienzl, F.: -. Tag 29.1.1950.

Die Luisenhütte ist nicht nur durch einen Fluß geteilt, sondern auch durch die Zonengrenze. Im Westen residiert noch der alte Generaldirektor Högler, der Ostteil ist enteignet und wird von Chefingenieur Dr. Thelen geleitet. Er arbeitet an einem neuen Verfahren der Stahlherstellung, das Högler unbedingt haben will. Seine Mittel sind Bestechung, Spionage und Verleumdung. Letzterem fällt die Gewerkschaftsfunktionärin Maria Steinitz beinahe zum Opfer. Die Intrige wird aber aufgedeckt und die kriminelle Absicht Höglers vereitelt. Auf einer großen Produktionsversammlung entlarvt der alte Volkskontrolleur Hufland die wahren Schuldigen. Maria und Fritz Rottmann, ein Gewerkschafter aus München, die sich schon aus den Zeiten des antifaschistischen Widerstands kennen, fallen sich in die Arme.

DER KAHN DER FRÖHLICHEN LEUTE

RE: Hans Heinrich – BU: Richard Nicolas – LV: Gleichnamiger Roman von Jochen Klepper – DR: Marieluise Steinhauer – KA: Fritz Lehmann – MU: Horst Hanns Sieber – BA: Artur Günther – KO: Walter Schulze-Mittendorf – SC: Lilian Seng – PL: Adolf Hannemann – m: 2475 = 91 min. – s/w – PM: 17.2.1950 – PM-Ort: Berlin; »Babylon« / »DEFA-Filmtheater Kastanienallee« – DA: Petra Peters (Marianne Butenschön) – Fritz Wagner (Michel Staude) – Joachim Brennecke (Hans) – Paul Esser (Heinrich) – Werner Peters (Hugo) – Alfred Maack (August) – Maly Delschaft (Emmi Gutwein) u. a. – KR: Eylau, H.U: Glücklich vom Stapel gelaufen. BZ 19.2.1950 – -ert: »Eintracht« ohne Einheit. ND 21.2.1950 – mtr: -. WBÜ 1950/9, S.260-61 – I.G.: -. TR 19.2.1950 – WD.: Lustiges von der DEFA. SZ 6.3.1950.

Das Mädchen Marianne hat von ihren Eltern einen Motorkahn namens »Eintracht« geerbt und mit Mühe durchgesetzt, daß sie ihn zusammen mit ihrem Onkel führen darf. Mit dem neuen Maschinisten Michel gibt es gleich am

Abend nach der ersten Fahrt Krach. Er geht – aus Eifersucht. Statt seiner nimmt Marianne drei lustige Musiker mit, die auf Arbeitssuche sind. Die Elbfahrt nach Hamburg endet zunächst auf einer Sandbank, von der sie ein anderer Frachtkahn, der »Sturmvogel«, befreit. Dort hat Michel inzwischen angeheuert. Nach einigen Verwicklungen und grundlosen Schlägereien, denn Marianne ist längst in Michel verliebt, gibt es das verdiente Happy-End.

BÜRGERMEISTER ANNA
RE: Hans Müller – BU: Richard Nicolas – LV: Gleichnamiges Bühnenstück von Friedrich Wolf – DR: Marieluise Steinhauer – KA: Robert Baberske, Walter Roßkopf – MU: Franz R. Friedl – BA: Wilhelm Vorwerg, Alfred Schulz – KO: Hans Kieselbach – SC: Hildegard Tegener – PL: Eduard Kubat – m: 2404 = 88 min. – s/w – PM: 24.3.1950 – PM-Ort: Berlin; »Babylon« / »DEFA-Filmtheater Kastanienallee« – DA: Eva Rimski (Anna Drews) – Reinhard Kolldehoff (Jupp Ucker) – Catja Görna (Ursel Ucker) – Klaus Becker (Hans Rapp) – Arno Paulsen (Bauer Lehmkuhl) – Lutz Moik (Matthias Lehmkuhl) – Steffie Spira (Mutter Ucker) – Edith Hancke (Grete Drews) u. a. – KR: Anders, F.: Lachende Zeitgeschichte. NZ 26.3.1950 – Haase, W.: -. JW 31.3.1950 – Menter, L.: -. WBÜ 1950/14, S. 423-24 – G.R.: -. NZT 28.3.1950 – Mü.: -. ND 28.3.1950 – Ihering, H.: Zwei Filme – und zwei Welten. BZ 28.3.1950.

Ein Novum in der deutschen Nachkriegsgeschichte: Eine junge Frau, Anna Drews, wird Bürgermeister in einem Dorf. Sie ist tüchtig und genießt Achtung. Doch zwei Männer sind mit ihrer Tätigkeit nicht einverstanden. In ihrem Vorgänger, dem Großbauern Lehmkuhl, hat sie einen erbitterten Feind. Aber auch ihr Jugendfreund Jupp, der sie heiraten will, als er aus der Gefangenschaft heimkehrt, kann nicht akzeptieren, daß seine Frau ein solches Amt ausübt. Lehmkuhl nutzt einen ungenehmigten Schulbau, um gegen Anna zu intrigieren. Als das nicht den gewünschten Erfolg hat, setzt er wütend die Schule in Brand – und erhält seine Strafe. Jupp hat sich aufgrund der Ereignisse und Annas Qualitäten als Bürgermeisterin gewandelt. Er beginnt, die Gleichberechtigung der Frau zu akzeptieren.

DER RAT DER GÖTTER
RE: Kurt Maetzig – BU: Friedrich Wolf, Philipp Gecht – KA: Friedl Behn-Grund – MU: Hanns Eisler – BA: Willy Schiller – KO: Vera Mügge, Georg Schott – SC: Ilse Voigt – PL: Adolf Fischer – m: 3025 = 111 min. – s/w – PM: 12.5.1950 – PM-Ort: Berlin; »Babylon« / »DEFA-Filmtheater Kastanienallee« – DA: Paul Bildt (Geheimrat Mauch, Vorsitzender des »Rates der Götter«) – Fritz Tillmann (Dr. Hans Scholz, Chemiker) – Willy A. Kleinau (Mr. Lawson) – Hans-Georg Rudolph (Direktor Tilgner) – Albert Garbe (Onkel Karl) – Helmuth Hinzelmann (Oberst Schirrwind) – Inge Keller (Edith Scholz) – Yvonne Merin (Claudia Mauch) u. a. – KR: Haase, W.: Das ist die Wahrheit. JW 16.5.1950 – Menter, L.: -. WBÜ

1950/20, S.601-04 – Müller, H.: Keiner soll künftig sagen, er habe es nicht gewußt. ND 13.5.1950 – Thomas, W.: -. NZT 13.5.1950 – Zweig, A.: Enthüllter Rat der Götter. ND 7.5.1950 – STG: -. SO 1950/21 – Rotzo, C.: Die Defa und die Ludwigshafener Katastrophe von 1948. MM 26.5.1950 – Bo.: Ende eines Regisseurs? A 11.5.1950 – Herzog, F.: Die DEFA schießt im Kalten Krieg. KR 27.5.1950 – k.w.: -. Zeit 25.5.1950 – Pröhl, G.: Wer im Glashaus sitzt. NRZ 19.5.1950 – -: Die volle Wahrheit. Spiegel 18.5.1950 – Simonoviescz, A.: -. F&F 1991/5, S. 24.

Grundlage des Films, der den Weg des IG-Farben-Konzerns von der Wahlunterstützung Hitlers bis in die Nachkriegszeit verfolgt, sind eine aufsehenerregende, 1947 erschienene Dokumentation von Richard Sasuly und die Akten des Nürnberger Kriegsverbrecherprozesses. Im Mittelpunkt der Handlung stehen der Vorstandsvorsitzende Mauch und der Chemiker Dr. Scholz. Sie sind mitverantwortlich für die Entwicklung des Konzerns, seine Rüstungsproduktion und Giftgasherstellung, ohne die weder Krieg noch Massenvernichtung in den Konzentrationslagern möglich gewesen wären. Geheimrat Mauch geht es um Expansion und Gewinn um jeden Preis. Dr. Scholz ist ein Mitläufer, der aus Angst um Stellung und Familie die Augen vor der Wahrheit verschließt. Erst 1948 ist Scholz nicht mehr still, als eine verheerende Explosionskatastrophe in Ludwigshafen beweist, daß der Konzern sich trotz Verbotes wieder mit Sprengstoffen befaßt.

Filmtext: Friedrich Wolf: Filmerzählungen. Berlin: Aufbau-Verlag 1959 (Treatment). – Außerdem: Der Rat der Götter. Nacherzählt nach dem gleichnamigen DEFA-Film von Franz Fabian. Berlin: Deutscher Filmverlag 1950.

SEMMELWEIS – RETTER DER MÜTTER
RE: Georg C. Klaren – BU: Joachim Barckhausen, Alexander Graf Stenbock-Fermor – DR: Marieluise Steinhauer – KA: Eugen Klagemann – MU: Herbert Trantow – BA: Emil Hasler – KO: Walter Schulze-Mittendorf – SC: Lena Neumann – PL: Kurt Hahne – GR: Herstellungsgruppe Kurt Hahne – m: 2706 = 99 min. – s/w – PM: 2.6.1950 – PM-Ort: Berlin; »Babylon« / »DEFA-Filmtheater Kastanienallee« – DA: Karl Paryla (Ignaz Philipp Semmelweis) – Käthe Braun (Marie Lanthaler) – Angelika Hauff (Steffi Lanthaler) – Herbert Hübner (Direktor Klein) – Eduard von Winterstein (Prof. Rokitansky) – Herbert Wilk (Dr. Lanthaler, jun.) – Camilla Spira (Josepha Hochleitner) u. a. – KR: Galfert, I.: -. TR 4.6.1950 – Ihering, H. : Der »Semmelweis«-Film. BZ 7.6.1950 – Müller, H.: Ein Denkmal für die Wissenschaft. ND 4.6.1950 – -ad-: Ich bin verantwortlich. NZT 7.6.1950 – mtr: -. WBÜ 1950/23, S.710-11 – -es: Sprengung des magischen Ringes. SO 1950/25.

In den vierziger Jahren des vorigen Jahrhunderts starb jede dritte Wöchnerin am Kindbettfieber. Die unermüdliche Suche führt den Wiener Arzt Semmelweis zu dessen Ursache: Die Ärzte

selbst tragen winzige Partikel von Leichengift aus der Anatomie zu den Wöchnerinnen. Die einflußreiche Wiener Ärzteschaft verhindert aus Angst vor Prestigeverlust, daß diese wichtige Entdeckung publik gemacht wird. Fast zwei Jahrzehnte muß Semmelweis auf die Anerkennung seiner Leistung warten. Während einer Rede 1865 auf einem Kongreß, bei dem er die anwesenden Kollegen zur Sauberkeit auffordert, bricht er – an Leib und Seele geschwächt – zusammen.

Filmtext: Joachim Barckhausen / Alexander Graf Stenbock-Fermor: Semmelweis – Retter der Mütter. Berlin: Deutscher Filmverlag 1950.

FAMILIE BENTHIN
RE: Kollektiv unter Leitung von Slatan Dudow und Kurt Maetzig (nicht genannt: Richard Groschopp) – BU: Johannes R. Becher, Slatan Dudow, Kuba, Ehm Welk – DR: Joachim Barckhausen, Alexander Graf Stenbock-Fermor – KA: Robert Baberske, Karl Plintzner, Walter Roßkopf – MU: Ernst Roters – BA: Erich Zander – KO: Georg Schott – SC: Ilse Voigt – PL: Adolf Fischer – m: 2684 = 98 min. – s/w – PM: 8.9.1950 – PM-Ort: Leipzig; »Capitol« – DA: Maly Delschaft (Annemarie Naumann) – Charlotte Ander (Olga Benthin) – Hans-Georg Rudolph (Theo Benthin) – Werner Pledath (Gustav Benthin) – Brigitte Conrad (Ursel Benthin) – Harry Hindemith (Werkleiter Seidel) – Ottokar Runze (Peter Naumann) – Hannelore Koblentz (Hede Naumann) – Karl-Heinz Deickert (Klaus Naumann) u. a. – KR: Gründlich, K.: Das »große Geschäft« ohne Zukunft. BZA 11.9.1950 – Leuteritz, G.: Deutschland so oder so? TR 10.9.1950 – Veiczi, J.: -. JW 12.9.1950 – Werner, B.: Wo Hoffnung und Zukunft liegen. ND 10.9.1950 – Zander, O.: Überwindung der deutschen Misere. NZ 10.9.1950 – - h-: -. SO 1950/38 – mtr: -. WBÜ 1950/37, S.1152-53.

Aus der Teilung Deutschlands versuchen die Brüder Theo und Gustav Benthin Gewinn durch Schmuggel zu ziehen. Sie sind Besitzer der »Merkur«-Werke, Theo im Westen und Gustav im Osten. Der ostdeutschen Polizei bleiben die Intrigen nicht lange verborgen. Gustav wird verhaftet, sein Chauffeur Peter Naumann kann nach dem Westen fliehen und landet in der Fremdenlegion. Peters Schwester dagegen, die schon vorher in den Westen gegangen war und weder Arbeit noch Unterkunft fand, kehrt zur Mutter Annemarie in den Osten zurück.

DIE JUNGEN VON KRANICHSEE
RE: Artur Pohl – BU: Artur Pohl – DR: Kurt Stahlschmidt – KA: Fritz Lehmann – MU: Horst Hanns Sieber – BA: Erich Zander, Karl Schneider – KO: Georg Schott – SC: Hildegard Tegener – PL: Walter Lehmann – m: 2713 = 99 min. – s/w – PM: 20.10.1950 – PM-Ort: Berlin; »Babylon«, »DEFA-Filmtheater Kastanienallee« – DA: Gunnar Möller (Heider, Schulhelfer) – Monika Siemer (Hilde) – Theodor Vogeler (Ruppert) – Eduard von Winterstein (Buchholz, Schulleiter) – Paul Wagner (Dr. Klitsch) –

Maly Delschaft (Frau Klitsch) u. a. – KR: Anders, F.: Erziehung durch Selbstvertrauen. NZ 22.10.1950 – Holz, G.: -. ND 22.10. 1950 – Menter, L.: Epilog und neuer Anfang. WBÜ 1950/43, S.1361-63 – Schäfer, K.: -. JW 24.10.1950 – WD: Ein DEFA-Film mit Nebengeschmack. SZ 30.10.1950 – W.J.: -. SO 1950/44 – J-t.: -. FD 19.2.1954 (3117) – Schreiber, E.: -. F&F 1991/5, S. 21.

Mit viel Enthusiasmus übernimmt Neulehrer Heider sein Amt. Seine unkonventionellen Ideen stoßen beim alten Hauptlehrer Ruppert auf Unverständnis und Mißtrauen. Als bei einem Schulausflug ein Junge verunglückt, schieben die Kinder Heider die Schuld in die Schuhe. Die Eltern stellen sich gegen ihn, sodaß er vom Dienst suspendiert wird. Doch Ruppert hat inzwischen Achtung vor dem Neuen. Er glaubt nicht an dessen Schuld. Die Kinder indes bereiten den nächsten Unfug vor. Mit im Wald gefundenem Sprengstoff wollen sie eine Ruine in die Luft jagen. Heider kann das in letzter Minute verhindern. Er wird rehabilitiert, und alle erwarten ihn freudig in der Schule zurück.

SAURE WOCHEN – FROHE FESTE
RE: Wolfgang Schleif – BU: Wolfgang Schleif, Hermann Werner Kubsch – DR: Kurt Stahlschmidt – KA: E. W. Fiedler – MU: Joachim Werzlau – BA: Wilhelm Vorwerg, Alfred Schulz – KO: Hans Kieselbach – SC: Hermann Ludwig – PL: Robert Leistenschneider – m: 2370 = 87 min. – s/w – PM: 24.11.1950 – PM-Ort: Berlin; »DEFA-Filmtheater Kastanienallee« – DA: Marianne Prenzel (Lotte Thieme) – Blandine Ebinger (Adele) – Karl Hellmer (Karl Knöller) – Robert Trösch (Direktor Rossberg) – Albert Garbe (Oskar Kumlich) – Lotte Loebinger (Berta Böhme) – Hans Klering (Andreas Iske) u. a. – KR: Anders, F.: Die Richtung ist richtig. NZ 26.11.1950 – Leuteritz, G.: Heiteres Spiel mit ernstem Hintergrund. TR 28.11.1950 – Müller, H.: Keine Kapitulation vor der »Gärtnerliesel«! ND 26.11.1950 – mtr.: -. WBÜ 1950/48, S.1543-44 – H.U.E.: Goethe = Film + Gegenwart. BZ 26.11.1950 – W.J.: -. SO 1950/49.

Ein Theaterwettstreit entbrennt anläßlich der vierjährigen Jubiläumsfeier im Kraftwerk Hennigsberg. Die alten Hasen wollen die musikalische Kitsch-Klamotte »Gärtnerliesl« aufführen. Die Jugend ist dagegen und plant ein eigenes Programm, mit dem sie in kabarettistischer Weise Ereignisse aus dem Werk aufspießen will. Vorher müssen sie aber erst einmal gemeinsam bei einer Turbinen-Havarie zupacken. Am Festtag fällt die »Gärtnerliesl« mit Pauken und Trompeten durch, während das Programm der Jugend großen Beifall findet, dem sich die Rivalen anschließen.

DAS KALTE HERZ
RE: Paul Verhoeven – BU: Paul Verhoeven, Wolff von Gordon – LV: Gleichnamiges Märchen von Wilhelm Hauff – DR: Marieluise Steinhauer – KA: Bruno Mondi – TR: Ernst Kunstmann – MU: Herbert Trantow – BA: Emil Hasler – KO: Walter Schulze-Mittendorf – SC: Lena Neumann – PL: Fritz Klotzsch – m: 2856 = 105 min. – fa (Agfacolor) – PM: 8.12.1950 – PM-Ort: Berlin, »Babylon« / »DEFA-Filmtheater Kastanienallee« – DA: Lutz Moik (Peter Munk) – Hanna Rucker (Lisbeth) – Paul Bildt (Das Glasmännlein) – Erwin Geschonneck (Der Holländer-Michel) – Lotte Loebinger (Peter Munks Mutter) – Paul Esser (Ezechiel) u. a. – KR: Anders, E.: Das Herz wiegt schwerer als Gold. NZ 10.12.1950 – Eylau, H.U.: -. BZ 10.12.1950 – Müller, H.: -. ND 12.12.1950 – Veiczi, J.: -. JW 15.12.1950 – W.J.: -. SO 1950/51 – Schiele, H.D.: Ein schlichter Film – ein Märchenfilm. MM 8.12.1956 – Mg.: Ein interessantes filmisches Dokument. KR 6.8.1955 – -:-. SB 23.10.1955.

Da wo der Schwarzwald am dichtesten ist, lebt der Köhler Peter Munk. Als er die schöne Lisbeth heiraten will, wird ihm seine Armut schmerzlich bewußt, und er bittet das Glasmännlein, den guten Geist des Waldes, um Hilfe. Er bekommt sie auch, doch er verspielt sie leichtfertig. Nun ruft er den bösen Geist, Holländer-Michel. Der verspricht ihm allen Reichtum der Welt, wenn er sein Herz gegen einen kalten Stein eintauscht. Peter ist einverstanden, und von Stund an wird er reich und reicher, aber auch brutal und gemein. Erst als er Lisbeth aus Wut über ihre Gutmütigkeit erschlägt, kommt er zur Besinnung. Noch einmal soll ihm das Glasmännlein helfen. Für Peter gibt es jedoch nur Hoffnung, wenn ein wahres Herz von Michel zurückerhält. Peter muß eine List anwenden, um wieder der werden zu können, der er einst war.

DIE LUSTIGEN WEIBER VON WINDSOR
RE: Georg Wildhagen – BU: Wolff von Gordon, Georg Wildhagen – LV: Gleichnamiges Lustspiel von William Shakespeare und Oper von Otto Nicolai – DR: Marieluise Steinhauer – KA: Eugen Klagemann, Karl Plintzner – BA: Otto Erdmann, Franz F. Fürst, Robert Herlth – KO: Vera Mügge – SC: Johanna Rosinski – PL: Walter Lehmann – m: 2608 = 96 min. – s/w – PM: 22.12.1950 – PM-Ort: Leipzig; »Capitol« – DA: Sonja Ziemann – GE: Rita Streich (Frau Fluth) – Camilla Spira – GE: Martha Mödl (Frau Reich) – Paul Esser – GE: Hans Krämer (Sir John Falstaff) – Claus Holm – GE: Herbert Brauer (Herr Fluth) – Alexander Engel – GE: Willi Heyer (Herr Reich) u. a. – KR: Erwein, W.: Handfeste Filmkomödie. NZT 3.1.1951 – Schönewolf, K.: Die Grenzen des Musikfilms. WBÜ 1951/1, S.25-27 – cfs: Weder Shakespeare noch Nicolai. NZ 31.12.1950 – slf./Mü.: -. ND 7.1.1951 – J.R.: Ein musikalischer Filmstart. BZ 31.12.1950.

Der Adlige Sir John Falstaff hat nur Essen, Trinken und Frauen im Kopf. Er ist Stammgast im Wirtshaus von Windsor, ohne jemals die Zeche zu bezahlen, und von den Bürgersfrauen des Ortes ist keine vor ihm sicher. Diesmal hat er es gleich auf zwei abgesehen, Frau Fluth und Frau Reich. Bei den beiden ist er allerdings an die falschen geraten. Zusammen mit den Dorfbewohnern schmieden sie einen Plan, um den dicken Tunichtgut für immer davonzujagen.

1951

DIE SONNENBRUCKS
RE: Georg C. Klaren – BU: Georg C. Klaren – LV: Gleichnamiges Schauspiel von Léon Kruczkowski – DR: Marieluise Steinhauer – KA: Fritz Lehmann – MU: Ernst Roters – BA: Willy Schiller – KO: Vera Mügge – SC: Friedel Welsandt – PL: Adolf Fischer – m: 2694 = 99 min. – s/w -PM: 1.3.1951 – PM-Ort: Berlin; »Babylon« / Warschau /VR Polen – DA: Eduard von Winterstein (Prof. Walter Sonnenbruck) – Maly Delschaft (Bertha Sonnenbruck) – Ursula Burg (Ruth Sonnenbruck) – Raimund Schelcher (Dozent Joachim Peters) – Irene Korb (Liesel Sonnenbruck) – Aleksandra Sląska (Fanchette) u. a. – KR: Anders, F.: Ein Film fördert nachbarliche Freundschaft. NZ 3.3.1951 – Menter, L.: »Die Sonnenbrucks« im Film. WBÜ 1951/11, S.345-46. – Müller, H.: »Die Sonnenbrucks« als Film. ND 3.3.1951 – Barkhoff, H.: Der Weg des Deutschen Sonnenbruck. TR 4.3.1951 – Eylau, H.U.: Dich selber geht es an. BZ 3.3.1951.

Professor Sonnenbruck ist Wissenschaftler und die Politik nicht sein Metier. Auch die Begegnung im Jahre 1943 mit seinem ehemaligen Assistenten Peters ändert ihn nicht. Er verrät den aus einem KZ Geflohenen nicht, aber das ist für ihn schon genug. Nach dem Krieg gerät Sonnenbruck dann doch in einen Gewissenskonflikt. Er glaubte, daß die Wissenschaft endlich wieder frei von Politik sei und muß an seiner Universität in Göttingen das Gegenteil erleben. Ein medizinischer Kongreß in der DDR führt ihn mit Peters zusammen, der dort an einem großen Forschungsauftrag arbeitet. Sonnenbruck entschließt sich, zu Peters zu gehen.

Filmtext: Die Sonnenbrucks. Dem gleichnamigen DEFA-Film nacherzählt von Tadeusz Kowalski. Berlin: Deutscher Filmverlag 1951.

DIE LETZTE HEUER
RE: E. W. Fiedler – BU: Richard Nicolas – LV: Gleichnamiger Roman von Ludwig Turek – DR: Marieluise Steinhauer – KA: Karl Plintzner – MU: Horst Hanns Sieber – BA: Artur Günther, Wilhelm Depenau – KO: Hans Kieselbach – SC: Anneliese Schlüter – PL: Eduard Kubat – m: 2450 = 90 min. – s/w – PM: 12.4.1951 – PM-Ort: Berlin; »Babylon« / »DEFA-Filmtheater Kastanienallee« – DA: Inge Keller (Charly) – Hans Klering (Heini Holler) – Hermann Stövesand (Ferdinand) – Peter Marx (Schorsch) – Gustav Püttjer (Gustav) – Gerhard Frickhöffer (Blaque) u .a. – KR: Anders, F.: Kühne Fahrt in die Freiheit. NZ 13.4.1951 – Barkhoff: Ludwig Tureks »Letzte Heuer« verfilmt. TR 18.4.1951 – Lüdecke, H.: -. ND 20.4.1951 – Veiczi, J.: Wie Heini Holler befreit wurde. JW 17.4.1951 – Ro.: Heini Holler entkam den Verfolgern. NZT 13.4.1951 – Schulz, J.: Seeleute sahen ihren Film. BZ 25.4.1951.

Der Schiffsheizer Heini Holler mustert aus gesundheitlichen Gründen in Griechenland ab und meldet sich im Konsulat des faschistischen Deutschland. Der Konsul schickt ihn nach Ham-

burg zurück. Vorher hat er ihn der dortigen
Gestapo als politisch verdächtig gemeldet. Bei
seiner Ankunft wird Holler sofort verhaftet.
Seine Kameraden entführen den Konsul und
fordern einen Austausch gegen Heini, der in
Marseille stattfinden soll. Die Gestapo geht zum
Schein darauf ein, sichert sich die Unterstützung
der französischen Polizei, um der Entführer
habhaft zu werden. Die Solidarität der Seeleute
in Marseille jedoch ist stärker, Heini wird seine
Lungenkrankheit in der Sowjetunion auskurie-
ren können.

DAS BEIL VON WANDSBEK
RE: Falk Harnack – BU: Hans-Robert Bortfeldt,
Falk Harnack; nach einem Manuskript von
Wolfgang Staudte, Werner Jörg Lüddecke – LV:
Gleichnamiger Roman von Arnold Zweig – DR:
Marieluise Steinhauer – KA: Robert Baberske –
MU: Ernst Roters – BA: Erich Zander, Karl
Schneider – KO: Walter Schulze-Mittendorf –
SC: Hildegard Tegener – PL: Kurt Hahne – m:
3025 = 111 min. – s/w – PM: 11.5.1951 – PM-
Ort: Berlin; »Babylon« – DA: Käthe Braun (Sti-
ne Teetjen) – Erwin Geschonneck (Albert Teet-
jen) – Gefion Helmke (Dr. Käthe Neumeier) –
Willy A. Kleinau (Hans Peter Footh) – Ursula
Meißner (Annette Koldewey) – Arthur Schröder
(Dr. Koldewey) – Claus Holm (SA-Sturmführer
Trowe) – Fritz Wisten (Siegfried Mengers) –
Maly Delschaft (Frau Lehmke) – Gisela May
(Arbeiterfrau) u. a. – KR: Menter, L.: »Das Beil
von Wandsbek« auf der Leinwand. WBÜ
1951/21, S.667-69 – Müller, H.: -. ND
13.5.1951 – Smolk: Das hat Arnold Zweig nicht
verdient. NZT 12.5.1951 – Martin, H.: Die
Wahrheit kann man nicht totschlagen. BZA
15.5.1951 – Eylau, H.U.: Neue Teetjens zu verhindern. BZ 13.5.1951 – Wolf, G.: Die Parallelen zur Nazizeit waren der »DDR« zu deutlich.
BMP 19.4.1974 – Kersten, H.: Die Scharfrichter
verweigern sich. TSP 14.4.1974 – Reich-
Ranicki, M.: -. FAZ 22.4.1974.

1934. Hamburg erwartet hohen Besuch: den
Führer. Vorher gilt es noch einen Makel, der auf
der Stadt liegt, zu beseitigen. Vier zum Tode
verurteilte Kommunisten sind noch immer nicht
hingerichtet. Es fehlt ein Henker. Durch Zufall
stößt man auf den Schlächtermeister Teetjen.
Sein Laden geht schlecht, und er bat den ehemaligen Kriegskameraden Footh um Hilfe. Der
Reeder und SS-Standartenführer ist zu einem
Geschäft bereit: eine beträchtliche Summe für
eine »vaterländische Tat«. Teetjen läßt sich
überreden, die Scharfrichterrolle zu übernehmen, wenn es geheim bleibt. Er waltet seines
Amtes, doch die Henkerarbeit spricht sich herum. Die Leute in seinem Viertel sind entsetzt,
der Kundenkreis wird immer kleiner. Nachdem
seine Frau sich erhängt hat, schießt sich Teetjen
eine Kugel in den Kopf.

MODELL BIANKA
RE: Richard Groschopp – BU: Erich Conradi;
MI: Richard Groschopp, Adolf Hannemann –
DR: Helmut Spieß – KA: Walter Roßkopf –
MU: Horst Hanns Sieber – BA: Wilhelm Vor-
werg, Alfred Schulz – KO: Gerhard Kaddatz –
SC: Lieselotte Johl – PL: Adolf Hannemann –
m: 2348 = 86 min. – s/w – PM: 15.6.1951 –
PM-Ort: Berlin; »DEFA-Filmtheater Kastanien-
allee« – DA: Gerda Falk (Ursel Altmann, 1.
Direktrice, Berolina) – Fritz Wagner (Gerd Neu-
mann, Verkaufsstellenleiter, Saxonia) – Werner
Peters (Hans Obermann, Maschinenmeister,
Berolina) – Margit Schaumäker (Hilde Meißner,
1. Schneiderin, Berolina) – Siegfried Dornbusch
(Jochen Rauhut, Modellschneider, Saxonia) –
Karl Hellmer (Emil Klein, Zuschneider, Saxo-
nia) – Edith Hancke (Inge Lang, Jungarbeiterin
in der Zuschneiderei, Saxonia) u. a. – KR: Barkhoff, H.: »Modell Bianka« und die Fachleute.
TR 21.6.1961 – Müller, H.: Ein mißglücktes
Modell. ND 23.6.1951 – H.U.E.: Mode,
Mädchen und Modelle. BZ 17.6.1951 – J.W.:
Ein Schritt zum fröhlichen DEFA-Film. NZ
16.6.1951 – mtr.: Zwei heitere Filme. WBÜ
1951/25, S.830 - -d-: »Modell Bianka« - etwas
zu leicht. SO 1951/25.

Der Streit um ein Kleidermodell trübt die
Urlaubsstimmung von Jochen und Gerd. Dabei
könnte es so nett sein, denn die beiden unrecht-
mäßigen »Trägerinnen« des Modells, Ursel und
Hilde, gefallen ihnen. Sie gehören zum Konkur-
renz-Unternehmen »Berolina«, während die
jungen Männer, von denen die Modelle stammen, vom »Saxonia«-Werk sind. Wieder zu
Hause, wird ihnen die Unsinnigkeit ihres Streits
bewußt, und auf der Leipziger Messe findet die
Versöhnung statt. Das Modell wird als Gemeinschaftsproduktion angekündigt, und zwei Paare
machen eine Doppelhochzeit.

ZUGVERKEHR UNREGELMÄSSIG
RE: Erich Freund – BU: Peter Bejach, Hermann
Turowski – DR: Günter Osswald – KA: Willi
Kuhle – MU: Franz R. Friedl – BA: Willy Schil-
ler – KO: Hans Kieselbach – SC: Ferdinand
Weintraub – PL: Richard Brandt – m: 2236 = 82
min. – s/w – PM: 27.7.1951 – PM-Ort: Berlin;
»DEFA-Filmtheater Kastanienallee« / Filmthea-
ter am Friedrichshain – DA: Claus Holm
(Jochen Böhling) – Inge Keller (Ellen Zander) –
Hanns Groth (Kurt Strack) – Peter Lehmbrock
(Erich Schröder) – Brigitte Krause (Inge Mar-
ten) – Horst Drinda (Helmuth Becker) u. a. –
KR: Kusche, L.: Saboteure am Werk. BZ
29.7.1951 – Martin, H.: Für lumpige Pfennige
wurde Jochen ein Lump. BZA 28.7.1951 –
Rostin: -. NZT 28. 7.1951 – -o: Kriminalfilme
mit ernster Bedeutung. SO 1951/31 – nn: Berlin
verteidigt seine S-Bahn. NZ 28.7.1951 – MÜ:
Berlins Friedenskampf im Film. VO 30.7.1951
– Ba.: Mitrechnen verboten! A 14.8.1951.

Der Kraftfahrer Jochen hat dem Polizisten Erich
einmal das Leben gerettet, seitdem sind sie
Freunde. Darum kann Erich nicht glauben, daß
Jochen auf die schiefe Bahn geraten ist. Als
Aufsichtsbeamter bei der S-Bahn hatte er einen
neuen Job gefunden, doch der war ihm nicht
aufregend genug. Er fiel der Westberliner Agen-
tin Ellen, die seine Kenntnisse braucht, in die
Hände und beteiligt sich nun an Sabotageakten.
Plötzlich hat er viel Geld, und sogar Erichs
Freundin Inge läuft zu ihm über. Als sie herausbekommt, woher das Geld stammt, ist sie ent-
setzt. Ein neuer Anschlag kann durch sie und
Erich vereitelt werden. Jochen kommt dabei
ums Leben.

DER UNTERTAN
RE: Wolfgang Staudte – BU: Wolfgang Staudte,
Fritz Staudte – LV: Gleichnamiger Roman von
Heinrich Mann – DR: Hans-Robert Bortfeldt –
KA: Robert Baberske – MU: Horst Hanns Sie-
ber – BA: Erich Zander, Karl Schneider – KO:
Walter Schulze-Mittendorf – SC: Johanna
Rosinski – PL: Willi Teichmann – m: 2963 =
109 min. – s/w – PM: 31.8.1951 – PM-Ort: Ber-
lin; »Babylon« / »DEFA-Filmtheater Kastanien-
allee« – DA: Werner Peters (Diederich Heßling)
– Paul Esser (Regierungspräsident von Wulkow)
– Blandine Ebinger (Seine Frau) – Erich Nadler
(Vater Heßling) – Gertrud Bergmann (Mutter
Heßling) – Carola Braunbock (Emmi Heßling) –
Emmy Burg (Magda Heßling) – Renate Fischer
(Guste Daimchen) u. a. – KR: Leuteritz, G.:
Verfilmter Irrweg des wilhelminischen Deutsch-
land. TR 4.9.1951 – Menter, L.: Der Fluch des
Untertans. WBÜ 1951/36, S.1194-97 – Müller,
H.: -. ND 2.9.1951 – Smolk: 1914 ein genialer
Roman - 1951 ein guter Film. NZT 1.9.1951 –
Veiczi, J.: -. JW 7.9.1951 – Ihering, H.: »Der
Untertan« als Film. BZ 4.9.1951 – Joho, W.:
Der Untertan ist nicht ausgestorben. SO 1951/36
– J-t.: -. FD 15.5.1953 (2502) – Groll, G.: -. SüZ
11.3.1957 – Kirst, H. H.: -. Münchner Merkur
11.3.1957 – Ramseger, G.: -. W 11.3.1957 –
Müller, E.: -. Zeit 14.3.1957 – Plädoyer für den
Untertan. Spiegel 21.11.1956 – Thoel, R.: Kein
»Untertan«. WaS 10.3.1957 – Geisler, G.: Ein
Bild vom entarteten Bürger. BMP 24.3.1957 –
Niehoff, K.: Untertanengeist kennt keine Gren-
zen. TSP 24.3.1957 – Korn, K.: -. FAZ 9.4.
1957 – Färber, H.: -. SüZ 15.5. 1966 – Gregor,
U.: -. F&F 1991/5, S. 22.

Diederich Heßling ist ein verweichlichtes, auto-
ritätshöriges Kind, das sich vor allem fürchtet.
Doch bald schon erkennt er, daß man der Macht
dienen muß, wenn man selbst Macht ausüben
will. Nach oben buckeln und nach unten treten,
wird von nun an seine Lebensmaxime. So macht
er seinen Weg als Student in Berlin und später
als Geschäftsmann in seiner Papierfabrik in
Netzig. Dem Regierungspräsidenten von Wulkow untertänig, weiß er sich dessen Beistands
sicher. So denunziert er seinen Konkurrenten
und schmiedet ein betrügerisches Komplott mit
den korrupierten Sozialdemokraten im Stadtrat. Auf seiner Hochzeitsreise mit der reichen
Guste nach Italien bekommt er endlich Gelegenheit, seinem Kaiser einen Dienst zu erweisen.
Und schließlich geht sein größter Wunsch in
Erfüllung: die Einweihung eines Kaiserdenk-
mals, bei der er die Festansprache hält – ordens-
geschmückt. Bis ein Gewitter hereinbricht. Als
die Wolken verzogen sind, räumen Trümmerfrauen den Schutt beiseite.

CORINNA SCHMIDT
RE: Artur Pohl – BU: Artur Pohl – LV: Roman
»Frau Jenny Treibel« von Theodor Fontane –
DR: Marieluise Steinhauer – KA: Eugen Klage-
mann – MU: Hans Hendrik Wehding – BA:

1

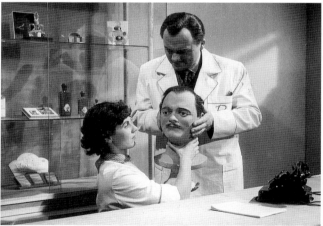

2

3

1 Inge Keller und Claus Holm in
»Zugverkehr unregelmäßig«
(1951/RE: Erich Freund)

2 Eva-Maria Bath und Heinz Hinze in
»Wer seine Frau lieb hat ...«
(1955/RE: Kurt Jung-Alsen)

3 Rolf Ludwig (links),
Christina Huth und Otto Mellies in
»Sommerliebe«
(1955/RE: Franz Barrenstein)

Erich Zander, Karl Schneider – KO: Vera Müg-
ge – SC: Hildegard Tegener – PL: Walter Leh-
mann – m: 2649 = 97 min. – s/w – PM:
19.10.1951 – PM-Ort: Berlin; »Babylon« /
»DEFA-Filmtheater Kastanienallee« – DA:
Trude Hesterberg (Jenny Treibel) – Willi Kleinoschegg (Kommerzienrat Treibel) – Ingrid
Rentsch (Corinna Schmidt) – Joseph Noerden
(Leopold Treibel) – Peter Podehl (Dr. Marcel
Wedderkopp) – Hans Heßling (Prof. Schmidt)
u. a. – KR: Eylau, H.U.: Zu frei nach Fontane.
BZ 23.10.1951 – Häckel, M.: -. TR 31.10.1951
– Joho, W.: »Corinna Schmidt« – frei nach Fon-
tane. SO 1951/43 – Müller, H.: -. ND 20.10.
1951 – Streubel, M.: Corinnas Entscheidung.
JW 23.10.1951 – C.A.: Film und Fontane. WBÜ
1951/46, S.1518-19.

Berlin am Ausgang des 19. Jahrhunderts. Das
herrschaftliche Haus der Kommerzienrätin
Jenny Treibel hat es der Professorentochter
Corinna angetan. Deshalb kommen ihr die
Annäherungsversuche des Treibel-Sohns Leopold gelegen. Dessen Mutter will eine Verbindung ihres Sohnes mit dem mittellosen
Mädchen hintertreiben. Doch als die heimliche
Verlobung der beiden an die Öffentlichkeit
gelangt, drängt sie auf sofortige Heirat. Corinna
indes hat das Intrigenspiel durchschaut und sich
ihrem Vetter Marcel zugewandt – einem Lehrer,
der wegen seiner sozialdemokratischen Gesinnung des Landes verwiesen wird. Er weiß, daß
Corinna auf ihn wartet.

DIE MEERE RUFEN

RE: Eduard Kubat – SZ: Jan Petersen – DR:
Marieluise Steinhauer – KA: Emil Schünemann
– MU: Horst Hanns Sieber – BA: Artur Günther
– KO: Gerhard Kaddatz – SC: Ruth Schreiber –
PL: Richard Brandt – m: 2355 = 86 min. – s/w –
PM: 14.12.1951 – PM-Ort: Berlin; »Babylon« /
»DEFA-Filmtheater Kastanienallee« – DA:
Hans Klering (Ernst Reinhardt) – Käthe Alving
(Ida Reinhardt) – Evamaria Bath (Gisela Rein-
hardt) – Helmut Ahner (Walter Reinhardt) –
Herbert Richter (Franz Nölte) – Magdalena von
Nußbaum (Emmi Nölte) u. a. – KR: Eylau,
H.U.: Fischfang ist not. BZ 16.12.1951 – Mül-
ler, H.: -. ND 4.1.1952 – Nachtweih, H.J.:
Fischer Reinhardt sieht seine Fehler ein. NZT
18.12.1951 – Weinert, J.: Auch der Autor gehört
an den Regietisch. NZ 18.12.1951 – LUX: -.
WBÜ 1952/2, S.57-58.

In dem kleinen Küstenort Wolkow wird in den
Nachkriegsjahren ein neuer Fischereibetrieb
aufgebaut. Auch Ernst Reinhardt bewirbt sich.
Bei einer Reise nach Westdeutschland, Ernst
will seine Tochter zurückholen, wird er vom
amerikanischen Geheimdienst erpreßt. Man
weiß, daß er im Betrieb seinen Fragebogen
gefälscht, die Mitgliedschaft in der NSDAP
verschwiegen hat. Er soll dem Geheimdienst
gefügig gemacht werden, doch er entscheidet
sich für das einzig richtige: Er geht zur
Betriebsleitung.

1952

ROMAN EINER JUNGEN EHE

RE: Kurt Maetzig – BU: Bodo Uhse, Kurt
Maetzig – KA: Karl Plintzner – MU: Wilhelm
Neef – BA: Otto Erdmann, Franz F. Fürst – KO:
Hans Kieselbach – SC: Lena Neumann – PL:
Alexander Lösche – m: 2824 = 104 min. – s/w –
PM: 18.1.1952 – PM-Ort: Berlin; »Babylon« /
»DEFA-Filmtheater Kastanienallee« – DA:
Yvonne Merin (Agnes Sailer) – Hans-Peter
Thielen (Jochen Karsten) – Willy A. Kleinau
(Dr. Ulrich Plisch) – Hilde Sessak (Carla) –
Harry Hindemith (Burmeister) – Martin Hell-
berg (Möbius) – Hanns Groth (Lutz Frank) –
Albert Garbe (Otto Dulz) – Brigitte Krause (Bri-
gitte Dulz) u. a. – KR: Eylau, H.U.: Zwei im
Nachkriegsberlin. BZ 22.1.1952 – Georg, G.
W.: -. TR 29.1.1952 – Müller, H.: -. ND
20.1.1952 – LUX: -. WBÜ 1952/5, S.152-53. –
Ro.: Junge Ehe im gespaltenen Berlin. NZT
19.1.1952 – -es-: -. SO 1952/4.

Eine junge Schauspielerehe im geteilten Berlin
droht zu zerbrechen. Jochen arbeitet am
Westend-Theater und Agnes filmt in Ostberlin.
Ihre Ansichten, von den unterschiedlichen politischen Milieus geprägt, driften immer mehr
auseinander. Agnes ist stolz auf ihren neuen
Film, Jochen ist entsetzt über dessen Thema. Es
kommt zum Bruch, Anna zieht ganz nach Ostberlin. Als sie sich im Gericht zum Scheidungs-
prozeß treffen, versöhnen sie sich. Jochen hat
inzwischen keine Arbeit mehr und begreift, daß
Agnes den richtigen Weg gegangen ist.

KARRIERE IN PARIS

RE: Georg C. Klaren, Hans-Georg Rudolph –
BU: Joachim Barckhausen, Alexander Graf
Stenbock-Fermor – LV: Roman »Vater Goriot«
von Honoré de Balzac – DR: Marieluise Stein-
hauer – KA: Fritz Lehmann – MU: Ernst Roters
– BA: Willy Schiller – KO: Walter Schulze-Mit-
tendorf – SC: Friedel Welsandt – PL: Adolf
Fischer – m: 2605 = 96 min. – s/w – PM:
25.1.1952 – PM-Ort: Berlin; »Babylon« /
»DEFA-Filmtheater Kastanienallee« – DA:
Ernst Legal (Vater Goriot) – Joachim Hilde-
brandt (Eugén von Rastignac) – Ursula Burg
(Anastasie Gräfin Restaud) – Klaramaria Skala
(Delphine Nucingen) – Ruth Hausmeister (Grä-
fin Beauséant) – Erika Gläßner (Herzogin von
Meaufraigneuse) – Albert Garbe (Bankier
Nucingen) – Willy A. Kleinau (Vautrin) – Ursu-
la von Manescul (Yvette) – Ilse Nürnberg (Vic-
torine) – Werner Peters (deren Bruder) u. a. –
KR: Andrießen, C.: Geschichte ungenügend.
WBÜ 1952/5, S.149-52 – Eylau, H.U.: Ein idea-
ler Filmbuchautor. BZ 27.1.1952 – Müller, H.: -.
ND 27.1.1952 – Hofmann, H.: Der Weg in den
Sumpf. NZ 27.1.1952. – Martin, H.: Eugén war
kein »Hans im Glück«. BZA 26.1.1952 – W.J.:
-. SO 1952/5.

Frankreich zur Zeit der Restauration. Der junge
Landedelmann Rastignac kommt nach Paris, um
zu studieren. Er quartiert sich in einer ärmlichen
Pension ein, in der auch der von seinen Töchtern ausgenommene Vater Goriot lebt. Der mit-
tellose Rastignac ist bestrebt, in der vornehmen

Pariser Gesellschaft Fuß zu fassen. Seine Cousi-
ne rät ihm, sich die reiche Bankiersfrau Delphine, eine Tochter Goriots, zur Geliebten zu nehmen, was er auch tut. Zur gleichen Zeit verliebt
er sich aber in die Wäscherin Yvette. Er kann
sich nicht entscheiden, da schlägt ihm der Pen-
sionsgast Vautrin eine dritte Möglichkeit vor:
Victorine, die enterbte Tochter eines Millionärs
zu heiraten, deren Bruder im Duell zu töten, um
doch noch an das Erbe zu kommen. Rastignac
willigt ein. Das ist sein Untergang. Statt in der
höheren Gesellschaft landet er in der Gosse.

DAS VERURTEILTE DORF

RE: Martin Hellberg – BU: Jeanne und Kurt
Stern – DR: Martha Fürmann – KA: Karl Plintz-
ner, Joachim Hasler – MU: Ernst Roters – BA:
Wilhelm Vorwerg, Alfred Schulz – KO: Vera
Mügge – SC: JOhanna Rosinski – PL: Adolf
Fischer – m: 2924 = 107 min. – s/w – PM: 15.2.
1952 – PM-Ort: Berlin; »Babylon« / »DEFA-
Filmtheater Kastanienallee« – DA: Helga
Göring (Käthe Vollmer) – Günther Simon
(Heinz Weimann) – Eduard von Winterstein
(Dorfpfarrer) – Albert Garbe (Bürgermeister) –
Marga Legal (Witwe Rühling) – Albert Doerner
(Fritz Vollmer) – Wolf Kaiser (Amerikanischer
Oberst) u. a. – KR: Andrießen, C.: -. WBÜ
1952/8, S.237-39 – Joho, W.: Ein beispielhafter
Film. SO 1952/8 – Rehahn, R.: Das große Film-
epos vom nationalen Widerstand. ND 17.2.1952
– Rostin, G.: Ein Dorf verteidigt sein Lebens-
recht. NZT 16.2.1952 – Veiczi, J.: -. JW
26.2.1952 – Menter, L.: -. NFW 1952/3 – Dr.
Schr.: Nicht nur Bärenweiler. BZ 2.3.1952 –
E.J.S.: Welches Dorf meint die DEFA? DNZ
5.3.1952 – -: Ins eigene Auge. TF 26.6.1952.

Nach langer Kriegsgefangenschaft kommt
Heinz Weimann heim in sein Dorf Bärenweiler
in Westdeutschland. Er ist glücklich, wieder den
Acker bestellen zu können. Da erreicht ihn die
Nachricht, daß das Dorf einem amerikanischen
Militärflugplatz weichen muß. Die Bauern sind
empört, protestieren bei der Landesregierung –
vergebens. Der Fall wird publik, und sie erhalten Unterstützung aus dem ganzen Land. Auch
das hat keinen Erfolg. Die Militärpolizei rückt
zur Räumung an. Da läuten die Glocken der
Kirche Sturm, und Menschen aus den Nachbar-
dörfern eilen zu Hilfe. Bärenweiler wird gerettet.

SCHATTEN ÜBER DEN INSELN

RE: Otto Meyer – BU: Kurt Adalbert, Otto
Meyer – DR: Eva Seemann – KA: Eugen Kla-
gemann – MU: Herbert Trantow – BA: Erich
Zander, Karl Schneider – KO: Hans Kieselbach
– SC: Hildegard Tegener – PL: Walter Lehmann
– m: 2689 = 99 min. – s/w – PM: 16.5.1952 –
PM-Ort: Berlin; »Babylon« – DA: Erwin Ge-
schonneck (Dr. Sten Horn) – Kriemhild Falke
(Mette Horn) – Siegfried Weber (Thorsten
Horn) – Fritz Diez (Arne Horn) – Willy A.
Kleinau (Bassen Brause) – Hans Jungbauer
(Amtmann Mikkelson) u. a. – KR.: Rehahn, R.:
-. ND 18.5.1952 – Veiczi, J.: -. JW 22.2.1952
– A.: Ein Arztfilm der DEFA. WBÜ 1952/21,
S.672 – Ro.: In den Federn lauert der Tod. NZT

17.5.1952 – Joho, W.: -. SO 1952/21, S.9 – Menter, L.: -. NFW 1952/6 – H.U.E.: Der Fünfzigste der DEFA. BZ 20.5.1952.

Auf den Faröer-Inseln fristen die Menschen mit Vogelfang ein kärgliches Dasein. Kaufmann Brause zahlt ihnen wenig und macht ein gutes Geschäft. Das gerät in Gefahr, als Dr. Sten Horn vermutet, daß die jährlich auftretende gefährliche Seuche, bei der Dutzende Bewohner sterben, von Vögeln übertragen wird. Brause zwingt die Leute trotzdem zur Arbeit und unterschlägt das Telegramm vom Kopenhagener Forschungsinstitut, das die Vermutungen Horns bestätigt. Der, unterstützt von seinem Vetter Arne, klärt die Inselbewohner auf, und der gierige Brause kann nur noch die Flucht ergreifen.

FRAUENSCHICKSALE

RE: Slatan Dudow – BU: Slatan Dudow, MI: Ursula Rumin, Gerhard Bengsch – DR: Hans-Robert Bortfeldt – KA: Robert Baberske – MU: Hanns Eisler – BA: Otto Erdmann – KO: Vera Mügge – SC: Lena Neumann – PL: Robert Leistenschneider – m: 2850 = 105 min. - fa – PM: 13.6.1952 – PM-Ort: Berlin; »Babylon« – DA: Sonja Sutter (Renate Ludwig) – Hanns Groth (Conny Lohmüller) – Lotte Loebinger (Hertha Scholz) – Anneliese Book (Barbara Berg) – Susanne Düllmann (Anni Neumann) – Ursula Burg (Isa von Trautwald) – Gertrud Meyen (Betty Vogt) u. a. – KR: Eylau, H.U.: Ein Film, der zu Herzen geht. BZ 15.6.1952 – Georg, G.W.: -. TR 19.6.1952 – Joho, W.: Der Kampf um unser Glück. SO 1952/24 – Kähler, H.: -. JW 15.6.1952 – Müller, H.: -. ND 17.6.1952 – Kusche, L.: Conny und die Frauen. WBÜ 1952/25, S.795-97 – Rostin, G.: -. NFW 1952/7 – Gehler, F.: Der tiefere Sinn. F&F 1984/9, S. 35.

So unterschiedlich die Schicksale der Frauen dieses Films auch sind, sie verbindet eins: die Suche nach Glück. Das heißt für sie vor allem, einen Partner fürs Leben zu finden. Der Verführer und Lebemann Conny, dem sie im geteilten Berlin nacheinander begegnen, ist es nicht. Dennoch fühlen sie sich alle von ihm angezogen: Die aus einer Beamtenfamilie stammende Renate ist ihm verfallen, wird, um ihn zu halten, zur Diebin und schuldig am Tod ihres Bruders. Auch die Jura-Studentin Barbara zieht er in seinen Bann. Sie ist zwar in der Lage, ihn zu durchschauen, aber sich von ihm zu lösen, fällt ihr schwer. Sie hat die besten Jahre ihrer Jugend im KZ verbracht, und die Sehnsucht nach Glück ist übermächtig. Die Näherin Anni ist die nächste. Erst als sie ein Kind von Conny erwartet und er auf die Mitteilung eiskalt und desinteressiert reagiert, erkennt sie sein wahres Wesen. Einzig für die abgetakelte Westberliner Adlige Isa von Trautwald scheint er der passende Partner zu sein. Sie treffen sich in ihrer zynischen Lebenshaltung. Renate indes, aus dem Gefängnis beurlaubt, reiht sich ein in die festliche Parade der Ostberliner Werktätigen.

SEIN GROSSER SIEG

RE: Franz Barrenstein – BU: Hermann von Rohde, Alexander Lösche – DR: Hermann von Rohde – KA: Willi Kuhle – MU: Gottfried Madjera – BA: Alfred Tolle, Hermann Asmus – KO: Hans Kieselbach – SC: Lieselotte Johl – PL: Willi Teichmann – m: 2390 = 88 min. – s/w – PM: 8.8.1952 – PM-Ort: Berlin; »Babylon« – DA: Claus Holm (Hans Nettermann) – Eva Probst (Marianne Tressler) – Lutz Götz (Tressler) – Johannes Schmidt (Mehlberg) – Harry Hindemith (Lahmann) – Horst Oberländer (Fred Berg) u. a. – KR: Kusche, L.: Film-Chronik. WBÜ 1952/34, S.1077-82 – W.J.: Es war kein großer Sieg. SO 1952/33 – Rohde, H.v.; Joho, W.: »Sein großer Sieg« und die Filmkritik. SO 1952/40 – Burg, S.: Zum neuen DEFA-Film »Sein großer Sieg«. TR 17.8.1952 – Martin, H.: -. NFW 1952/9 – Nachtweih, H.J.: Ob die Sportfreunde zufrieden sind? NZT 9.8.1952 – Bark: Hinter rasenden Motoren. BZ 10.8.1952 – OR.: -. TF 29.8.1952.

Der ostdeutsche Fahrradmechaniker Hans Nettermann ist einer der besten Rennfahrer der Betriebssportgemeinschaft. Doch er möchte gerne Steherrennen fahren, läßt sich als Profisportler anwerben und geht nach Westberlin. Dort gerät er in den Sumpf von Korruption und Manipulation – und macht mit. Als seine Frau Marianne dahinterkommt, verläßt sie ihn, doch erst das ehrliche Auftreten eines anderen Rennprofis bringt ihn zur Besinnung. Er geht zurück in die DDR und fährt beim Amateur-Steherrennen einen großen Sieg heraus.

1953

GEHEIMAKTEN SOLVAY

RE: Martin Hellberg – BU: Karl Georg Egel, Richard Groschopp – DR: Walter Jupé – KA: Eugen Klagemann – MU: Ernst Roters – BA: Artur Günther – KO: Gerhard Kaddatz – SC: Johanna Rosinski – PL: Walter Lehmann – m: 2866 = 105 min. – s/w – PM: 23.1.1953 – PM-Ort: Berlin; »Babylon« / »DEFA-Filmtheater Kastanienallee« – DA: Wilhelm Koch-Hooge (Hannes Lorenz) – Leny Marenbach (Bertha Lorenz) – Ulrich Thein (Fritz Lorenz) – Rudolf Klix (Hauptbuchhalter Treusch) – Johannes Arpe (Walter Schramm) – Sigrid Roth (Gerda Schramm) – Harald Mannl (Direktor Lütgen) – Raimund Schelcher (Mertens) u. a. – KR: Georg, G.W.: DEFA-Film »Geheimakten Solvay«. TR 8.2.1953 – Harnisch, R.: -. NZ 27.1.1953 – Joho, W.: »Geheimakten Solvay« – ein großer Schritt vorwärts. SO 1953/5 – Menter, L.: -. NFW 1953/2, S.1-2 – Rehahn, R.: -. ND 27.1.1953 – Eylau, H.U.: Die Geheimakten der Solvays. BZ 29.1.1953.

Im Werratal, unweit der Zonengrenze, liegt eins der fünf Sodawerke der DDR, das einst dem mächtigen Solvay-Konzern gehörte. Nach Kriegsende hatte dieser seinen Hauptsitz von Bernburg nach Frankfurt am Main verlegt, doch einige treue Anhänger der Konzernherren waren geblieben, um die Produktion des nun Volkseigenen Betriebes zu sabotieren. Einem von ihnen, Direktor Lütgen, gelang es sogar, als Treuhänder eingesetzt zu werden. Nun setzt er Investitionen bewußt in den Sand, unterschlägt wertvolle Rohstoffe und verschiebt einen Teil der Produktion nach Westberlin. Als ihm die Aktivitäten des Schlossers Hannes Lorenz, der den Ursachen für die ständig sinkende Produktion auf den Grund kommen will, gefährlich werden, plant er einen Mordanschlag. Der jedoch schlägt fehl. Lorenz gelingt es, die Verbrecher zu entlarven und den Abtransport von Archivunterlagen zu verhindern. Dadurch kann auch die Verbindung des Solvay-Konzerns mit der IG Farben während der Nazi-Zeit nachgewiesen werden. Der Film hält sich in seinen Fakten an die Prozeß-Protokolle von 1950.

ANNA SUSANNA

RE: Richard Nicolas – BU: Richard Nicolas – DR: Marieluise Steinhauer – KA: Emil Schünemann, Wolf Göthe – MU: Horst Hanns Sieber – BA: Wilhelm Vorwerg, Alfred Schulz – KO: Walter Schulze-Mittendorf – SC: Lieselotte Johl – PL: Adolf Hannemann – m: 2516 = 92 min. – s/w – PM: 27.2.1953 – PM-Ort: Berlin; »Jugend«, Weißensee – DA: Günther Simon (Orje) – Peter Marx (Fietje) – Werner Peters (Kuddel) – Harry Hindemith (Emil) – Herbert Richter (Kapitän Kleiers) – Alfred Maack (Segelmacher Peer Frensen) – Maly Delschaft (Kuddels Mutter) – Arno Paulsen (Jan Brödel) – Werner Pledath (Brinkmann) u. a. – KR: Kusche, L.: Film-Chronik. WBÜ 1953/9, S.279-80 – Menter, L.: -. NFW 1953/4, S.22 – Müller, H.: -. ND 26.3.1953 – Eylau, H.U.: -. BZ 4.3.1953 – Harnisch, R.: »Anna Susanna« im Nebel. NZ 4.3.1953 – W.J.: -. SO 1953/10.

1929. Die Weltwirtschaftskrise hat auch die Schiffahrt erfaßt. Der Hamburger Reeder Brinkmann sieht nur eine Möglichkeit, dem Konkurs zu entkommen: Versicherungsbetrug. Skrupellos das Leben der Seeleute aufs Spiel setzend, plant er die Versenkung des Seglers »Anna Susanna«. Kapitän Kleiers wird bei der Ausführung vom Steuermann gestellt und kommt bei der Auseinandersetzung ums Leben. Während sich die meisten Matrosen sofort in die Rettungsboote flüchten, bleiben einige bis zum Schluß an Bord und retten sich dann auf eine unbewohnte Insel, auf der der Steuermann stirbt. In Hamburg indes wird der Versicherungsfall vom Seeamt anerkannt. Als die verschollenen Seeleute später in ihrer Heimatstadt eintreffen, verlangen sie eine Revision des Urteils, bekommen jedoch kein Recht. Gegen den Einfluß des reichen Unternehmers und die Korruption der Behörden sind sie machtlos.

DIE UNBESIEGBAREN

RE: Artur Pohl – BU: Artur Pohl, Idee: Heino Brandes – DR: Marieluise Steinhauer – KA: Joachim Hasler – MU: Walter Sieber – BA: Karl Schneider – KO: Hans Kieselbach – SC: Hildegard Tegener – PL: Walter Lehmann – m: 2927 = 107 min. – s/w – PM: 10.4.1953 – PM-Ort: Berlin; »Babylon« / »DEFA-Filmtheater Kastanienallee« – DA: Alice Treff (Frau Schulz) – Willy A. Kleinau (Herr Schulz) – Tamara Osske (Gertrud Schulz) – Werner Peters (Köppke) – Kurt Oligmüller (Franz) – Karl Paryla (August Bebel) – Erwin Geschonneck (Wilhelm Liebknecht) – Hanns Groth (Wilhelm II.) – Paul R. Henker (Krupp) – Gerhard Bienert (Wachtmeister Vogt) u. a. – KR: Edel, P.: Nicht auf Leute wie Frohme hören. BZA 23.4.1953 – Georg, G.W.: Zu dem neuen DEFA-Film »Die Unbesiegbaren«. TR 21.4.1953 – Menter, L.: -. NFW 1953/5, S.3-4 – Rehahn, R.: -. ND 16.4.1953 – Schröder, S.: Ein Sieg unserer Filmkunst. JW 19.4.1953 – Eylau, H.U.: Die Arbeiter sind unbesiegbar. BZ 17.4.1953 – Joho, W.: -. SO 1953/16 – Banz, H.W.: Hang zum geordneten Leben. KR 30.6.1973.

Das letzte Jahr des Sozialistengesetzes. Zu den im Untergrund arbeitenden Sozialdemokraten gehört auch der Berliner Schlosser Schulz. Er hat unter anderem den streikenden Ruhr-Bergarbeitern das in Berlin zu ihrer Unterstützung gesammelte Geld gebracht. Die Polizei kann ihn jedoch nicht überführen, so korrumpiert sie den Arbeiter Köppke, den Beweis für Schulzes politische Tätigkeit zu erbringen. Schulz wird verhaftet, seine Familie gerät in große Not. Als er endlich aus dem Gefängnis entlassen wird, ist das Sozialistengesetz gefallen und die erste öffentliche Versammlung der Sozialdemokraten nach elf Jahren findet statt – mit August Bebel und Wilhelm Liebknecht als Redner. Familie Schulz steht in der ersten Reihe.

JACKE WIE HOSE

RE: Eduard Kubat – BU: Jan Koplowitz – DR: Walter Jupé – KA: Fritz Lehmann – MU: Joachim Werzlau – BA: Oskar Pietsch – KO: Hans Kieselbach – SC: Ruth Schreiber – PL: Werner Dau – m: 2372 = 87 min. – s/w – PM: 30.4.1953 – PM-Ort: Berlin; »Babylon« / »DEFA-Filmtheater Kastanienallee« – DA: Irene Korb (Hilde) – Günther Simon (Ernst) – Charlotte Küter (Johanna) – Regine Lutz (Lisa) – Theo Shall (Mühlberger) – Fritz Diez (Hellwand) – Ruth-Maria Kubitschek (Eva) u. a. – KR: Harnisch, R.: Guter Stoff – nicht maßgerecht verarbeitet. NZ 3.5.1953 – Kusche, L.: Wettbewerb im Film. WBÜ 1953/18, S.567-68 – Martin, A.: -. JW 6.5.1953 – Menter, L.: -. NFW 1953/6, S.3-4 – Rehahn, R.: -. ND 20.5.1953 – H.U.E.: Es ist nicht Jacke wie Hose... BZ 20.5.1953 – W. J.: Die DEFA lernt das Lachen. SO 1953/19.

Ein Ministeriumsbeschluß verbietet den Frauen eines Stahlwerkes die Arbeit an Stahlpressen über 250 Kilogramm. Die Frauen wollen sich den Arbeitsplatz jedoch nicht nehmen lassen und kämpfen um ihre Gleichberechtigung, indem sie die Männer zu einem Wettbewerb herausfordern. Diese sind sich ihres Sieges sicher. Dennoch ist Ernst Hollup wütend, daß seine Frau Hilde, die er ohnehin lieber zu Hause sehen würde, mitmacht. Während die Männer sich auf ihre Kraft verlassen, setzen die Frauen ihren Kopf ein und entwickeln eine Karre, die die glühenden Eisenstücke auf Schienen zur Presse bringt. Damit gewinnen sie nicht nur den Wettbewerb, sondern auch die Achtung ihrer Rivalen. Das Ministerium hebt seinen Beschluß aufgrund der neugeschaffenen Arbeitserleichterung auf.

DIE STÖRENFRIEDE
(KINDERFILM)

RE: Wolfgang Schleif – BU: Hermann Werner Kubsch, Wolfgang Kohlhaase – DR: Eva Seemann – KA: E. W. Fiedler – MU: Joachim Werzlau – BA: Otto Erdmann – KO: I. Zeibig – SC: Friedel Welsandt – PL: Robert Leistenschneider – m: 2522 = 92 min. – fa – PM: 26.6.1953 – PM-Ort: Berlin; »Babylon« / »DEFA-Filmtheater Kastanienallee« – DA: Edgar Bennert (Lehrer Bohle) – Sonja Haacker (Lehrerin Ellen Hellberg, Pionierleiterin) – Charlotte Küter (Frau Spengler, Mutter von Schorsch) – Erich Mirek (Herr Wilder, Vater von Vera) – Aribert Grimmer (Herr Krüger, Vater von Franz) – Susanne Pleger (Vera Wilder) – Günther Kruse (Schorsch Spengler) – Werner Sajonz (Franz Krüger) u. a. – KR: Menter, L.: -. NFW 1953/7, S.4-5 – Rehahn, R.: -. ND 5.7.1953 – Turowski, H.: Die »positive Heldin« und ihre Störenfriede. WBÜ 1953/27, S.855-57 – Veiczi, J.: -. JW 3.7.1953 – Waterstradt, B.: -. SO 1953/34 – K.H.P.: Die Erziehung der Störenfriede. BZ 2.7.1953.

Die Schüler Franz und Schorsch sind der Schrecken aller Lehrer. Ständig zu Unfug aufgelegt, stören sie den Unterricht. Der Rest der Klasse sieht tatenlos zu. Nur die neue Mitschülerin Vera ist entsetzt und versucht, den Jungen ins Gewissen zu reden – ergebnislos. Erst mit Hilfe ihres Vaters findet sie einen Weg, den Tatendrang der Jungen in sinnvolle Bahnen zu lenken: Sie entdeckt deren Interesse für Eisenbahnen und organisiert für die Klasse eine Besichtigung des Lokomotivwerkes der Stadt.

DAS KLEINE UND DAS GROSSE GLÜCK

RE: Martin Hellberg – BU: Paul Wiens – DR: Eva Seemann – KA: Werner Bergmann – MU: Fritz Steinmann – BA: Artur Günther – KO: Helga Scherff – SC: Marianne Karras – PL: Werner Dau – m: 2669 = 98 min. – s/w – PM: 13.11.1953 – PM-Ort: Berlin; »Babylon« / »DEFA-Filmtheater Kastanienallee« – DA: Susanne Düllmann (Erika Brandt) – Wilfried Ortmann (Karl Schwalk) – Hansjoachim Büttner (Stockberger) – Hans Wehrl (Hans Buchner) – Paul Pfingst (Anton Nowatzki) – Rudolf Schröder (Opa Muschler) – Ruth-Maria Kubitschek (Mariechen) u. a. – KR: Gerassimow, S.: Noch einmal zu dem Film »Das kleine und das große Glück«. TR 2.12.1953 – Kreutzer, H.W.: Kein ausgesprochener Glücksfall. WBÜ 1953/47, S.1480-84 – Menter, L.: -. NFW 1953/12, S.24 – Müller, H.: -. ND 28.11.1953 – Zander, O.: Wasch mir den Pelz aber mach mich nicht naß. NZ 15.12.1953 – Eylau, H.U.: Das ist die wahre Liebe nicht... BZ 21.11.1953 – Schröder, S.: So lebt und liebt unsere Jugend nicht. JW 15.11.1953.

Schwalk, der neue Schachtmeister einer Straßenbaubrigade, ist ein Draufgänger und Erfolg gewöhnt – in der Arbeit wie bei den Frauen. Doch diesmal geht es nicht so glatt. Zwar hat er anfangs leichtes Spiel mit der Brigadierin Erika, die sich in ihn verliebt, doch bei der Arbeit kommt es zum Eklat. Sein Ehrgeiz, einen Wettbewerb zu gewinnen, läßt ihn beim Straßenbau schludern. Erika ist ob seines egoistischen Verhaltens empört, zudem hat sie den Verdacht, daß er mit ihr nur ein erotisches Abenteuer sucht. Sie wendet sich von ihm ab. Schwalk erkennt jedoch seine Fehler und setzt alles daran, den Schaden wiedergutzumachen – beim Bau und bei Erika. Die Straße wird termingerecht übergeben.

Filmtext: Das kleine und das große Glück. Literarisches Szenarium von Paul Wiens. In: Deutsche Filmkunst, Berlin, 1953/2.

DIE GESCHICHTE VOM KLEINEN MUCK

RE: Wolfgang Staudte – LV: Gleichnamiges Märchen von Wilhelm Hauff – BU: Peter Podehl, Wolfgang Staudte – DR: Helmut Spieß – KA: Robert Baberske – MU: Ernst Roters – BA: Erich Zander – KO: Walter Schulze-Mittendorf – SC: Ruth Schreiber – TR: Ernst Kunstmann – PL: Willi Teichmann – m: 2732 = 100 min. – fa – PM: 23.12.1953 – PM-Ort: Berlin; »Babylon« – DA: Thomas Schmidt (Der kleine Muck) – Johannes Maus (Altgewordener Muck) – Friedrich Richter (Mukrah) – Trude Hesterberg (Ahavzi) – Alwin Lippisch (Sultan) – Silja Lesny (Amarza) – Charles Hans Voigt (Magier) – Werner Peters (Unterster Ramudschin) – Gerhard Hänsel (Hassan) u. a. – KR: König, S.: -. ND 30.12.1953 – H.U.E.: -. BZ 24.12. 1953 – Kreutzer, H.W.: Gehen Sie ins Kino! WBÜ 1954/2, S.61-63 – Schröder, S.: -. JW 1.1.1954 – Zapff, E.: Der DEFA-Farbfilm »Die Geschichte vom kleinen Muck«. DFK 1954/2, S.30-34 – A.H.B.: Der große Film vom kleinen Muck. WP 1954/1, S. 5 – W.J.: -. SO

1953/52 – rob.: -. FS 1954/1 – Gandert, G.: Die DEFA auf den Pfaden gängiger Kino-Unterhaltung. Film-Telegramm 1954/4 – Neutzler, R.: -. FWo 1954/ 10 – pth.: Kleiner Muck und Kinderträume. KR 27.12.1955.

In einer Stadt im Orient lebt ein kleiner buckliger alter Mann. Von den Kindern gehänselt und gejagt, zieht er sie eines Tages mit einer Geschichte in seinen Bann – seiner Geschichte: Ein kleiner Junge, Muck genannt, wird nach dem Tode des Vaters von den bösen Verwandten aus dem Haus gejagt. Er zieht in die Wüste, um sein Glück zu suchen, und kommt zu einer wundersamen Alten. Hier gelangt er in den Besitz von rasenden Zauberpantoffeln und einem Stab, der vergrabene Schätze aufspürt. Muck glaubt, das Glück gefunden zu haben, und begibt sich in die nächste Stadt, um am Hofe des Sultans eine Stelle als Schnelläufer anzunehmen. Doch Mucks Karriere erregt den Neid der Höflinge, die ihn in ein Intrigenspiel verwickeln und aus dem Palast jagen. Unterwegs entdeckt er das Geheimnis zweier ungewöhnlicher Feigenbäume, das ihn in die Lage versetzt, den Höflingen eine Lehre zu erteilen, indem er ihnen Eselsohren an den Kopf zaubert. Er fordert seine gestohlenen Pantoffeln und das Stöckchen zurück und wandert wieder in die Wüste hinaus. Nicht Reichtum bedeutet Glück, sondern Freundschaft und Hilfsbereitschaft.

1954

ERNST THÄLMANN – SOHN SEINER KLASSE

RE: Kurt Maetzig – SZ: Willi Bredel, Michael Tschesno-Hell – KA: Karl Plintzner – MU: Wilhelm Neef – BA: Willy Schiller, Otto Erdmann – KO: Gerhard Kaddatz, Ursula Leuschner – SC: Lena Neumann – PL: Adolf Fischer – m: 3459 = 127 min. – fa – PM: 9.3.1954 – PM-Ort: Berlin; Friedrichstadt-Palast – DA: Günther Simon (Ernst Thälmann) – Hans-Peter Minetti (Fiete Jansen) – Erich Franz (Arthur Vierbreiter) – Erika Dunkelmann (Martha Vierbreiter) – Raimund Schelcher (Krischan Daik) – Karla Runkehl (Änne Harms) u. a. – KR: Müller, H.: Regie, Szenarium, Spiel, Farbe und Musik im Thälmann-Film. ND 16.4.1954 – Neef, W.: Über die Komposition der Musik zu »Ernst Thälmann – Sohn seiner Klasse«. DFK 1954/2, S.26-29 – Renner, W.: Über das literarische Szenarium von Willi Bredel und Michael Tschesno-Hell. TR 21.1.1954 – Schröder, S.: Thälmann ist niemals gefallen. JW 19.3.1954 – Wb.: Die große Lehre. WBÜ 1954/13, S.385-86 – Eylau, H.U.: Sohn und Held seiner Klasse. BZ 13.3.1954 – Joho, W.: -. SO 1954/11 – Neutsch, E.: -. FR 12.3.1954 – W. G.: Thälmann-Film hierzulande. W 27.1.1956 – Beer, W.: Der ostzonale Thälmann-Film. Zeit 1.4.1954 – E.W.S.: Filmheld Ernst Thälmann, I. Teil. W 20.3.1954 – -: Verschweigen ist Gold. WR 24.5.1954 – ass: Totentanz in Agfacolor. Kurier 11.3.1954 – Hartung, H.: Bemerkungen zum Thälmann-Film. DK 20.3.1954.

Der historisch-biographische Film beginnt in den ersten Novembertagen 1918 an der Westfront. Zu den deutschen Soldaten dringt die Nachricht vom revolutionären Aufstand in Kiel. Der junge Thälmann, Soldat wider Willen, möchte bei den sich ausbreitenden Kämpfen neben seinen Genossen in Hamburg stehen. Als die Revolution durch den Verrat rechter Sozialdemokraten und die Zersplitterung der Arbeiterklasse in Gefahr gerät, versucht er dennoch unermüdlich, die Arbeiter zu einen. Die Reaktion jedoch wird immer stärker und die Not der einfachen Leute immer größer. In dieser Situation will der Hamburger Polizeisenator die Löschung eines Schiffes mit Lebensmitteln, eine Solidaritätssendung Petrograder Arbeiter, verhindern. Thälmann aber setzt das Entladen durch. Den Höhepunkt und Schluß des ersten Teils des »Thälmann-Films« bildet der Hamburger Aufstand im Oktober 1923.

Filmtext: Ernst Thälmann - Sohn seiner Klasse. Literarisches Szenarium von Willi Bredel und Michael Tschesno-Hell. Berlin: Henschelverlag 1953

KEIN HÜSUNG

RE: Artur Pohl – BU: Ehm Welk – LV: Gleichnamige Verserzählung von Fritz Reuter sowie andere Werke und Aufzeichnungen des Autors – DR: Marieluise Steinhauer – KA: Joachim Hasler – MU: Hans Hendrik Wehding – BA: Oskar Pietsch – KO: Hans Kieselbach – SC: Hildegard Tegener – PL: Adelheid Krüger, Harry Studt –

m: 2569 = 94 min. – s/w – PM: 29.4.1954 – PM-Ort: Berlin; »Babylon« / »DEFA-Filmtheater Kastanienallee« – DA: Eva Kotthaus (Mariken) – Rudolf H. Krieg (Johann) – Willy A. Kleinau (Oll Daniel) – Hanns Anselm Perten (Baron) – Ursula Burg (Baronin) – Otto Blumenthal (Susemihl) – Norbert Christian (Pastor) u. a. – KR: Andrießen, C.: -. WBÜ 1954/17, S.537-39 – Müller, H.: -. ND 8.5.1954 – Renner, W.: -. TR 6.5.1954 – Schwalbe, K.: Die Darstellung menschlicher Gefühle und künstlerische Wahrheit. DFK 1954/4, S.24-27 – W.J.: »Kein Hüsung« - ein neuer Erfolg der DEFA. SO 1954/18 – Eylau, H.U.: Kein Hüsung für das Glück. BZ 4.5.1954 – Rostin, G.: -. FS 1954/10.

Mitte des 19. Jahrhunderts in einem mecklenburgischen Dorf. Johann und Mariken stehen im Dienst des Barons, und nach den mittelalterlichen Landesgesetzen brauchen sie, um heiraten zu können, seine Einwilligung und sein Hüsung (Wohnrecht auf seinem Land). Johann bittet ihn darum, doch der Baron verweigert es, weil die hübsche Mariken ihn einst abgewiesen hat. Mariken versucht es nun bei der Baronin. Als diese jedoch merkt, daß das Mädchen schwanger ist, jagt sie es empört davon. Im Streit tötet Johann den Baron und muß fliehen. Mariken bringt ihr Kind zur Welt und stirbt kurz darauf. Nach zehn Jahren kommt Johann zurück, seinen Sohn zu holen. Er ist in der Welt herumgekommen, hat die 48er Revolution miterlebt und hofft, daß der Sohn es einmal besser haben wird. – Siehe auch Anhang »Abgebrochene Filme«: *Kein Hüsung*/ 1952/ RE: Hans-Georg Rudolph.

GEFÄHRLICHE FRACHT

RE: Gustav von Wangenheim – BU: Karl Georg Egel, Kurt Bortfeldt – DR: Walter Jupé – KA: Carl Puth – MU: Ernst Hermann Meyer – BA: Alfred Tolle – KO: Sybille Gerstner – SC: Johanna Rosinski – PL: Alexander Lösche – m: 2630 = 96 min. – s/w – PM: 21.5.1954 – PM-Ort: Berlin; »Babylon« / »DEFA-Filmtheater Kastanienallee« – DA: Willy A. Kleinau (Tetje Köhlermann) – Wilhelm Koch-Hooge (Hein Jensen) – Erika Dunkelmann (Bertha Köhlermann) – Susanne Düllmann (Helga Martens) – Wilhelm Otto Eckhardt (Uhlenboom) – Eduard von Winterstein (Konsul Schröder) u. a. – KR: Müller, H.: -. ND 3.6.1954 – Renner, W.: -. TR 22.5.1954 – Schröder, S.: -. JW 15.6.1954 – E. Sch.: Keinen Hafen für »Gefährliche Fracht«. M 22.5.1954 – Gük: Es gibt eine Kraft in Deutschland... T 24.5.1954 – H.U.E.: Tödliche Last wird nicht gelöscht. BZ 29.5.1954 – U.B.: -. SO 1954/22 – Salow, F.: -. FS 1954/12.

Westdeutsche Hafenarbeiter entdecken bei der Entladung des Frachters »Florida« statt der angegebenen Präzisionsmaschinen Napalmbomben – und ein Täuschungsmanöver der amerikanischen Besatzungsmacht: Bereits in Frankreich hatten die Arbeiter die Entladung verweigert, dort trug das Schiff den Namen »Chicago«. Es wurde auf der Fahrt nach Deutschland umgespritzt. Auch die deutschen Hafenarbeiter streiken. Unter ihnen Hein Jensen, dem die Beteiligung besonders schwerfällt. Mit Mühe hatte er gerade wieder Arbeit gefunden. Er braucht das

Geld, denn er will heiraten. Seine Braut Helga hat gerade entbunden. Als die Amerikaner ihn erpressen wollen, seine Kollegen umzustimmen, weiß er, wo sein Platz ist. Der Streik wird zu einer großen Friedensdemonstration.

DAS GEHEIMNISVOLLE WRACK
(KINDERFILM)

RE: Herbert Ballmann – BU: Kurt Bortfeldt – LV: Gleichnamige Erzählung von Kurt Bortfeldt – DR: Walter Schmitt – KA: Götz Neumann – MU: Joachim Werzlau – BA: Artur Günther – KO: Luise Schmidt – SC: Lieselotte Johl – PL: Eduard Kubat – m: 2159 = 79 min. – s/w – PM: 4.6.1954 – PM-Ort: Berlin; »Babylon« / »DEFA-Filmtheater Kastanienallee« – DA: Die Erwachsenen: Kurt Ulrich (Karl Drews) – Wilfried Ortmann (Oberleutnant Herbert Fröhlich) – Hans-Hasso Steube (Leutnant Gerhard Schrader) u. a. – Die Kinder: Günther Rettschlag (Peter Drews) – Burkhardt Greber (Hans Röhrdanz) – Brigitte Fink (Frieda Röhrdanz) – Jürgen Steffen (Wolfgang Kruse) – Gabriele Brigitte von Lindau (Ilse Kruse) – Claus Gerloff (Hein Timm) – KR: Fröhlich, U.: -. TR 12.6.1954 – Koenig, S.: -. ND 22.6.1954 – Plötner, J.: Zwei neue Filme für unsere Jugend. DFK 1954/5, S.21-24 – mtr.: -. WBÜ 1954/26, S.828-29 – Morel, J.: Zwei Filme – zwei Welten. FS 1954/12 – H.U.E.: Das »geheimnisvolle Wrack« von der Ostsee. BZ 9.6.1954.

Ein gesprengter Bunker an der Ostseeküste bietet den einheimischen Kindern den idealen Abenteuerspielplatz. Wolfgang, der aus Berlin zu Besuch ist, interessiert sich jedoch mehr für das Wrack vor der Küste. Bei einem nächtlichen Bootsausflug dorthin entdecken die Kinder Spuren, die auf andere Besucher hinweisen. Als sie der Sache auf den Grund zu kommen versuchen, geraten sie in die Hände einer Gangsterbande, die das Wrack als Stützpunkt zum Sprengstoffschmuggel in die DDR benutzt. Während einer Aktion der Polizei, die dem Schmuggel schon länger auf der Spur ist, wird die Situation für die gefangenen Jungen lebensgefährlich. Durch ihre Cleverness und das rechtzeitige Eintreffen der Polizei können sie gerettet und die Gangster dingfest gemacht werden.

ALARM IM ZIRKUS

RE: Gerhard Klein – BU: Wolfgang Kohlhaase, Hans Kubisch – DR: Walter Schmitt – KA: Werner Bergmann – MU: Günter Klück – BA: Willy Schiller – KO: Helga Scherff – SC: Ursula Kahlbaum – PL: Paul Ramacher – m: 2276 = 83 min. – s/w – PM: 27.8.1954 – PM-Ort: Berlin; »Babylon« – DA: Erwin Geschonneck (Klott) – Uwe-Jens Pape (Jimmy) – Karl Kendzia (Batta) – Ulrich Thein (Herbert) – Hans Winter (Klaus) – Ernst-Georg Schwill (Max) – Anneliese Matschulat (Frau Weigel) u. a. – KR: Blankenfeld, U.: -. SO 1954/36 – Creutz, L.: Hot spot Berlin in Film und Wirklichkeit. WBÜ 1954/36, S.1132-34 – Kähler/Schröder: -. JW 1.9.1954 – H.K.: -. ND 3.9.1954 – H.U.E.: Alarm im Zirkus Barlay. BZ 31.8.1954 – Plötner, J.: Zwei neue Filme für unsere Jugend. DFK 1954/5, S.21-24.

Die Westberliner Jungen Klaus und Max leben in ärmlichen Verhältnissen. Ihr Traum ist eine Boxerkarriere, und um sich Boxhandschuhe fürs Training kaufen zu können, sparen sie jeden Pfennig. Doch es reicht nicht. Und so lassen sie sich vom Kneipenwirt Klott für ein krummes Geschäft anheuern. Durch Zufall kann Klaus ein Gespräch Klotts belauschen und erfährt, daß er sich an einem Pferdediebstahl im Ostberliner Zirkus Barlay, wo er gerade neue Freunde gefunden hat, beteiligen soll. Er ist empört und sorgt in einer abenteuerlichen Aktion für die Verhinderung des Diebstahls.

Filmtext: Alarm im Zirkus. Literarisches Szenarium zu einem Kriminalfilm von Wolfgang Kohlhaase und Hans Kubisch. Berlin: Henschelverlag 1954

HEXEN

RE: Helmut Spieß – BU: Kuba – DR: Willi Brückner – KA: Günter Eisinger – MU: Gerd Natschinski – BA: Karl Schneider – KO: Dorit Gründel – SC: Friedel Welsandt – PL: Richard Brandt – m: 2722 = 100 min. – s/w – PM: 3.9.1954 – PM-Ort: Berlin; »Babylon« – DA: Lothar Blumhagen (Werner Kühlemann) – Albert Garbe (Bürgermeister Seidel-Großkopf) – Alfred Maack (August Bast) – Helene Riechers (Milda Bast) – Heinz Triebel (Peter Bast) – Aribert Grimmer (Pfundstüten-Enderlein) – Karla Runkehl (Neulehrerin Marianne) u. a. – KR: Besenbruch, W.: Die Kraft zur Satire wurzelt im Volk. DFK 1955/1, S.13-14 – Rüdiger, R.: Ganz Hunsdorf war verhext. JW 9.9.1954 – Wischnewski, K.: -. TR 7.9.1954 – C.A.: »Hexen« - eine echte Filmkomödie der DEFA. WBÜ 1954/39, S.1238-39 – H.K.: Lachen gegen Hexen. ND 22.9.1954 – Hofmann, H.: »Hexen« - eine echte Komödie der DEFA. NZ 9.9.1954 – Blankenfeld, U.: Eine Filmkomödie von Kuba. »Hexen«. SO 1954/38 – Eylau, H.U.: Dreimal schwarzer Kater... BZ 8.9.1954.

Ein thüringisches Dorf – Hunsdorf genannt – im Jahre 1949. Der Aberglaube treibt hier noch immer seine Blüten, und das mysteriöse Verschwinden ihrer Schweine führen die Bauern auf Hexerei zurück. Oberwachtmeister Kühlemann wird nach Hunsdorf beordert, die Vorkommnisse zu untersuchen. Auf Unterstützung kann er kaum rechnen, und so versucht er, wenigstens den kleinen Peter davon zu überzeugen, daß es keine Hexen gibt. Dabei allerdings kommt er Schritt für Schritt der Wahrheit auf den Grund, und es gelingt ihm – wobei er in Peters Großvater August und der Lehrerin Marianne doch noch Mitstreiter findet –, eine bestens organisierte Diebesbande zu entlarven.

Filmtext: Hexen. Vergeßt mir meine Traudel nicht. Filmerzählungen von Kuba. Halle/Saale: Mitteldeutscher Verlag 1974.

STÄRKER ALS DIE NACHT

RE: Slatan Dudow – BU: Jeanne und Kurt Stern – DR: Karl Georg Egel – KA: Karl Plintzner, Horst E. Brandt – MU: Ernst Roters – BA: Oskar Pietsch, Gerhard Helwig – KO: Gerhard

Kaddatz, Ursula Leuschner – SC: Johanna Rosinski – PL: Adolf Fischer – m: 3203 = 117 min. – s/w – PM: 24.9.1954 – PM-Ort: Berlin; »Babylon« – DA: Wilhelm Koch-Hooge (Hans Löning) – Helga Göring (Gerda Löning) – Kurt Oligmüller (Erich Bachmann) – Rita Gödikmeier (Lotte Bachmann) – Johannes Arpe (Gauleiter) – Adolf Peter Hoffmann (Kriminalkommissar Knappe) u. a. – KR: Andrießen, C.: -. WBÜ 1954/42, S.1323-26 – Kähler, H.: -. JW 29.9.1954 – Müller, K.: -. ND 2.10.1954 – Wischnewski, K.: -. DFK 1954/6, S.7-13 – Burg, S.: -. TR 25.9.1954 – Blankenfeld, U.: -. SO 1954/39 – Eylau, H.U.: Hans Löning blieb Sieger. BZ 29.9.1954 – G.St.: Zum DEFA-Film »Stärker als die Nacht«. HVZ 9.3.1956 – t: Erregte Studentendiskussion über einen DEFA-Spitzenfilm. BRS 6.2.1956.

Im Mittelpunkt des Films steht das Schicksal des kommunistischen Hamburger Arbeiters Hans Löning und seiner Frau Gerda – stellvertretend für Tausende deutsche Antifaschisten. 1933. Gerda erwartet ihr erstes Kind. Hans muß nach der Machtergreifung Hitlers in die Illegalität. Als Gerda entbindet, ist Hans bereits verhaftet. Während der sieben Jahre Konzentrationslager bleibt Gerda ihm und ihren gemeinsamen Idealen treu. Als Hans entlassen wird, weiß er, daß eine nochmalige Verhaftung den Tod bedeutet. Dennoch organisiert er wieder eine Widerstandsgruppe, die mit Rüstungs-Sabotage in den Betrieben und Flugblatt-Aktionen gegen das faschistische Regime und den Krieg kämpft. Durch Verrat fällt Hans der Gestapo ein zweites Mal in die Hände. Er stirbt aufrecht und in der Hoffnung, daß nach der Niederlage des Faschismus ein besseres Deutschland auferstehen wird.

Filmtext: Stärker als die Nacht. Ein Film-Szenarium von Kurt und Jeanne Stern. Berlin: Aufbau-Verlag 1954

DER FALL DR. WAGNER

RE: Harald Mannl, CO-RE: Carl Balhaus – BU: Jan Petersen – DR: Willi Brückner – KA: Eugen Klagemann – MU: Gottfried Madjera – BA: Alfred Tolle – KO: Rosemarie Wandelt – SC: Friedel Welsandt – PL: Alexander Lösche – m: 2450 = 90 min. – s/w – PM: 8.10.1954 – PM-Ort: Berlin; »Babylon« / »DEFA-Filmtheater Kastanienallee« – DA: Harald Mannl (Dr. Kurt Wagner) – Johanna Endemann (Rita Wagner) – Brigitte Hecht (Inge Wagner) – Dieter Heusinger (Hans Henning) – Hans Wehrl (Gerhard Scholz) u. a. – KR: Hofmann, H.: -. NZ 12.10.1954 – Sandau, F.: -. TR 19.10.1954 – H.K.: -. ND 2.11.1954 – H.U.E.: -. BZ 14.10.1954 – M-o: -. M 13.10.1954 – Blankenfeld, U.: -. SO 1954/42.

Im Ostberliner Astra-Werk steht der Wissenschaftler Dr. Wagner kurz vor einer bedeutenden Erfindung, die den Betrieb vom teuren Kupfer unabhängig machen soll. Das entscheidende Experiment aber schlägt fehl. Noch weiß Wagner nicht, daß Sabotage der Grund ist, und er läßt sich durch eine vom Westen gesteuerte Psycho-Kampagne zur Republikflucht verleiten. In Westberlin, wo er vom RIAS für eine Propaganda-Sendung mißbraucht werden soll, begreift Dr. Wagner die Zusammenhänge. Und mit Hilfe des jungen Betriebsassistenten Hans Henning, der seine Tochter Inge liebt, findet er den Weg zurück.

Filmtext: Der Fall Dr. Wagner. Filmnovelle von Jan Petersen. Berlin: Henschelverlag 1954. Auch: Berlin: Aufbau-Verlag 1959

LEUCHTFEUER
(CO-PRODUKTION DDR / SCHWEDEN)

RE: Wolfgang Staudte – BU: Wolfgang Staudte, Werner Jörg Lüddecke – DR: Marieluise Steinhauer – KA: Robert Baberske – MU: Herbert Windt – BA: Erich Zander – KO: Walter Schulze-Mittendorf – SC: Ruth Moegelin – PL: Willi Teichmann – m: 2599 = 95 min. – s/w – PM: 3.12.1954 – PM-Ort: Berlin; »Babylon« / »DEFA-Filmtheater Kastanienallee« – CO: Pandora-Film, Stockholm/Schweden – DA: Leonhard Ritter (Leuchtturmwärter) – Horst Naumann (Mastfischer) – Jochen Thomas (Masträuber) – Gertrud Seelhorst (Fischerin) – Elfriede Florin (Fischerin) – Waltraud Kramm (Frau des Mastfischers) – Maly Delschaft (Dame in der Küche) – Friedrich Richter (Kapitän) – Willi Schwabe (Geistlicher) u. a. – KR: Andrießen, C.: Staudtes »Leuchtfeuer«. WBÜ 1954/49, S.1544-46 – Burg, S.: -. TR 7.12.1954 – Müller, H.: -. ND 8.12.1954 – Me.: Harte Schicksale im Leuchtfeuer. NZT 9.12.1954 – Menter, L.: -. BZA 9.12.1954 – Hagen, P.: -. FO 1954/45, S.7 – Rehahn, R.: Eine Filmballade. WP 1954/50 – H.U.E.: Eine Ballade in Moll. BZ 9.12.1954 – -:-. SVZ 27.8.1954 – Neutzler, R.: -. FWo 1954/51/52.

Auf einer öden, sturmumtobten Insel im Atlantik fristen einige Fischerfamilien ihr karges Leben – im Sommer vom Fischfang existierend, im Winter vom Strandgut. Die Strandgutausbeute aber wird immer kläglicher, die Not größer. Die Älteren erinnern sich noch an eine Nacht vor zwanzig Jahren, als das Licht des Leuchtturms erlosch und ein Frachter auf die Klippen lief – für die Fischer ein Fest. Heute betrachten alle den gewissenhaften Leuchtturmwärter mit bösen, auffordernden Augen. Bis eines Nachts tatsächlich dessen Licht ausgeht. Ein Schiff verunglückt und sendet Notruf: SOS-Kindertransport. Die Fischer laufen entsetzt zu ihren Booten, um die Kinder und die Mannschaft zu retten. Der Leuchtturmwärter, der ihrem Drängen nachgegeben hatte, stellt sich dem Kapitän.

CAROLA LAMBERTI –
EINE VOM ZIRKUS

RE: Hans Müller – BU: A. Arthur Kuhnert – DR: Marieluise Steinhauer – KA: Fritz Lehmann – MU: Gerd Natschinski – BA: Artur Günther – KO: Vera Mügge – SC: Marianne Karras, Hildegard Tegener – PL: Eduard Kubat – m: 2450 = 90 min. – s/w – PM: 9.12.1954 – PM-Ort: Berlin; »Babylon« – DA: Henny Porten (Carola Lamberti) – Horst Naumann (Camillo Lamberti) – Hans Rüdiger Renn (Eduard Lamberti) – Edwin Marian (Pero Lamberti) – Ursula Kempert (Viola) – Catja Görna (Ines

Lamberti) – Willy A. Kleinau (Taxichauffeur) u. a. – KR: Blankenfeld, U.: -. SO 1954/51 – Kord, P.: -. ND 19.12.1954 – Menter, L.: Mutter und Zirkusdirektorin. BZA 16.12.1954 – C.A.: Ein Zirkus-Film. WBÜ 1954/51, S.1623-24 – H.U.E.: Eine vom Zirkus... BZ 15.12.1954 – Mg: Carola Lamberti. KR 2.7.1955 – G-z: Wiedersehen mit Henny Porten. StZ 30.5.1956 – Bold, G.: Wiedersehen mit Henny Porten. FWW 1955/15 – Mg.: Carola Lamberti. fd Nr. 4180.

Deutschland in den späten zwanziger Jahren. Seit dem Tode ihres Mannes führt Carola den familieneigenen Zirkus allein. Plötzlich gibt es jedoch Probleme mit den drei Söhnen, die sie zu ausgezeichneten Artisten herangezogen hat. Ihre Trapeznummer ist berühmt. Sie sind erwachsen und wollen an der Zirkusleitung beteiligt werden, um das Programm zu modernisieren. Die kokette Kunstreiterin Viola, auf die die beiden jüngeren Brüder ein Auge geworfen haben, schürt den Familienstreit. Es kommt zum Zerwürfnis, und Carola geht. Camillo, Eduard und Pero leiten den Zirkus nun mit großem Engagement, doch ihre Unerfahrenheit bringt sie in große Schwierigkeiten, so daß Camillos Frau Carola zurückruft. Fortan werden sie wieder gemeinsam arbeiten: Erfahrung gepaart mit jugendlichem Tatendrang.

POLE POPPENSPÄLER

RE: Artur Pohl – BU: Artur Pohl – LV: Gleichnamige Novelle von Theodor Storm – DR: Marieluise Steinhauer – KA: Joachim Hasler – MU: Alfred Strasser – BA: Erich Zander – KO: Hans Kieselbach – SC: Hildegard Tegener – PL: Werner Dau – m: 2403 = 88 min. – fa – PM: 25.12.1954 – PM-Ort: Berlin; »Babylon« / »DEFA-Filmtheater Kastanienallee« – DA: Heliane Bei (Lisei) – Heinz Höpner (Paul Paulsen) – Willi Kleinoschegg (Vater Tendler) – Annemarie Hase (Kröpellieschen) – Leny Marenbach (Frau Paulsen) – Wilhelm Koch-Hooge (Herr Paulsen) – Lou Seitz (Meisterin) u. a. – KR: Andrießen, C.: Pohls »Pole Poppenspäler«. WBÜ 1955/1, S.29-30 – Weinert, J.: -. DFK 1955/1, S.10-12 – Mü.: -. ND 1.1.1955 – H.U.E.: Eine Storm-Novelle im Film. BZ 28.12.1954 – Martin, H.: -. BZA 28.12.1954 – Blankenfeld, U.: -. SO 1955/1 – Mg: »Pole Poppenspäler« als Film. KR 16.5.1957.

Auf seiner Wanderschaft begegnet der norddeutsche Handwerker-Geselle Paul seiner Freundin aus Kindertagen wieder, der Puppenspieler-Tochter Lisei. Die beiden lieben sich, heiraten, und Paul kehrt mit Lisei und ihrem alten Vater in seine Heimatstadt zurück. Er ist ein angesehener Handwerker, doch die von Standesdünkel geprägten Bürger sind nicht bereit, die Ehefrau zu akzeptieren. Die fortwährenden Schmähungen bedrücken Lisei und den Vater, doch Paul steht fest zu ihnen. Er ist sogar einverstanden, daß der Schwiegervater sein Puppenspiel wieder aufnimmt. Die erste Vorstellung wird zu einem Fiasko, das der Alte nicht überlebt. Die Liebe von Lisei und Paul jedoch ist stark, sie trotzen dem Spott und dem Hochmut der Leute.

1955

DER OCHSE VON KULM

RE: Martin Hellberg – BU: W.K. Schweickert – LV: Gleichnamiger Roman von W.K. Schweickert – DR: Hans-Joachim Wallstein, Gerhard Neumann – KA: Eugen Klagemann – MU: Günter Klück – BA: Oskar Pietsch – KO: Ruth Herschmann – SC: Gisela Klagemann – PL: Paul Ramacher – m: 2408 = 88 min. – s/w – PM: 27.1.1955 – PM-Ort: Berlin; »DEFA-Filmtheater Kastanienallee« – DA: Ferdinand Anton (Alois) – Lore Frisch (Resel) – Franz Loskarn (Bürgermeister) – Thea Aichbichler (Theres) – Theo Prosel (Meierhofbauer) – Harald Mannl (Waaghuber) – Gustav Trombke (Staatsanwalt) – KR: Ahrens, P.: Amtsschimmel, Ochsen - und kein tierischer Ernst. TR 1.2.1955 – Burg, S.; Richter, E.: Die Filmlustspiele der DEFA und ihre Kritik in der Presse. DFK 1955/3, S.102-08 – Hofmann, H.: Der Ochse, der kein »Rindvieh« ist. NZ 20.1.1955 – Zeisler, K.: Genau das, worauf wir schon lange warten! FR 18.2.1955 – H.K.: Die Geschichte vom politischen Ochsen. ND 3.2.1955 – H.U.E.: -. BZ 30.1.1955 – Blankenfeld, H.: -. SO 1955/5 – r: Defa auf bayrisch. K 25.1.1955.

Auf einer Weide im Bayrischen versetzt ein Ochse Angehörige der amerikanischen Besatzungsmacht in Angst und Schrecken. Für dieses »politische« Vergehen wird der Bauer Alois, Besitzer des Tieres, zu dreißig Tagen Haft verurteilt. Während Alois seine Strafe antritt, tobt der Ochse auf dem Gefängnishof. Niemand kann ihn bändigen, und alle Bauern verweigern es, den Ochsen in Obhut zu nehmen. Die hilflose Verwaltung läßt sich eine irrwitzige Lösung einfallen: Alois muß seine Person spalten. Als Häftling Alois wird er zum Außendienst beim Tierhalter Alois abkommandiert, um den Ochsen zu beaufsichtigen, während er als Tierhalter Alois den Häftling Alois zu beaufsichtigen hat. Die Rechnung, die er anschließend für die doppelte Leistung präsentiert, ist gewaltig.

WER SEINE FRAU LIEB HAT ...

RE: Kurt Jung-Alsen – BU: Henryk Keisch – LV: Gleichnamiges Bühnenstück von Jacob Jostau – DR: Gerhard Neumann – KA: Günter Eisinger – MU: Gerd Natschinski – BA: Max Knaake; Roman Weyl – KO: Dorit Gründel – SC: Johanna Rosinski – PL: Richard Brandt – m: 2345 = 86 min. – s/w – PM: 10.2.1955 – PM-Ort: Berlin; »Babylon« / »DEFA-Filmtheater Kastanienallee« – DA: Albert Garbe (Willi Redlich) – Leny Marenbach (Susanne Redlich) – Evamaria Bath (Helga Redlich) – Hans-Robert Wille (Karl Sonntag) – Rolf Ludwig (Günther Hillig) – Margret Homeyer (Edith Hillig) u. a. – KR: Bert, Kuni: »Mit« oder »ohne« – das ist hier die Frage. NW 22.3.1955 – Burg, S.; Richter E.: Die Filmlustspiele der DEFA und ihre Kritik in der Presse. DFK 1955/3, S.102-08 – Rehahn, R.: Betriebsfest »mit« oder »ohne«. WP 1955/7 – Mü.: -. ND 15.2.1955 – H.U.E.: -. BZ 13.2.1955 – Blankenfeld, U.: -. SO 1955/8.

Der Berliner VEB Komet plant einen Betriebsausflug. Willi Redlich, Mitglied des Festkomitees, stimmt wie die anderen: Die Angehörigen bleiben zu Hause. Nur wagt er nicht, das seiner Frau Susanne mitzuteilen. So nimmt diese ihm die Arbeit ab, die Gaststätte »Waldschlößchen« zu mieten – ohne sein Wissen. Als Willi die Plätze bestellen will, ist alles ausgebucht, und er weicht auf die gegenüberliegende »Sonnenburg« aus. Bei den Frauen hat sich indes herumgesprochen, daß sie ausgeschlossen sind. Sie planen eine Gegenveranstaltung. Am Ausflugstag sitzen beide Gruppen in ihren Gasthäusern, und die Frauen sorgen dafür, daß es doch noch zur gemeinsamen Feier kommt.

EIN POLTERABEND

RE: Curt Bois – BU: Curt Bois, Werner Bernhardy – LV: Gleichnamige Alt-Berliner Posse von Werner Bernhardy – KA: Robert Baberske – MU: Paul Strasser – BA: Rochus Gliese – KO: Walter Schulze-Mittendorf – SC: Lena Neumann – PL: Harry Studt – m: 2460 = 90 min. – fa – PM: 11.3.1955 – PM-Ort: Berlin; »Babylon« / »DEFA-Filmtheater Kastanienallee« – DA: Willy A. Kleinau (Guckkastenmann) – Hella Ferstl (Adele Peroni) – Rolf Moebius (Brennglas) – Karl Weber (A.Ph. Reclam) – Eva Brumby (Rieke) – Johannes Maus (Pulecke) – Werner Peters (Vize-Gefreiter Pippich) – Gerhard Bienert (Rentier Buffey) u. a. – KR: Blankenfeld, U.: Unser Lustspielfilm auf falschen Wegen. SO 1955/38 – Brandes, H.: »Polterabend« in Alt-Berlin. ND 21.8.1955 – Creutz, L.: Der Film braucht eine Fabel. DFK 1955/5, S.197-99 – c.a.: -. WBÜ 1955/34, S.1085-86 – H.U.E.: Flaue Stimmung beim »Polterabend«. BZ 21.8.1955 – Schnitzler, K.-E.v.: -. FS 1955/18.

Die Posse um den Satiriker Adolf Glasbrenner spielt im Berlin des Jahres 1849. Der demokratische Publizist, genannt Brennglas, steht im Begriff, die Schauspielerin Adele Peroni zu heiraten. Doch die gerät zwischen die Fronten ihres fortschrittlichen Bräutigams und der preußischen Reaktion. Und der Kultusminister glaubt, Brennglas in der Falle zu haben: Entweder Adele unterschreibt einen Vertrag mit dem Königlichen Schauspielhaus, wodurch die Ehe für den Demokraten kompromittierend würde, oder er verhaftet Brennglas. Mit eben dieser Haftandrohung zwingt er Adele zur Unterschrift. Am Ende jedoch werden die Reaktionäre kompromittiert, und Adele ist mit Brennglas glücklich vereint.

HOTELBOY ED MARTIN

RE: Ernst Kahler, Karl-Heinz Bieber – LV: Schauspiel »Merry-Go-Round« von Albert Maltz; Deutsche Neufassung »Hotelboy Ed Martin« von Maximilian Scheer – DR: Gerhard Neumann – KA: Günter Eisinger – MU: Peter Fischer – BA: Herbert Nitzschke, Siegfried Stepanek – KO: Siegfried Stepanek – SC: Wally Gurschke – PL: Richard Brandt – m: 2248 = 82 min. – s/w – PM: 11.3.1955 – PM-Ort: Berlin; »Babylon« / »DEFA-Filmtheater Kastanienallee« – DA: Ulrich Thein (Ed Martin) – Katharina Matz (Pegs) – Kurt Wenkhaus (Anderson) – Horst Schönemann (Wade) – Heinz Voss (Var-

vey) – Theo Shall (Boß) – Werner Pledath (Manning) u. a. – KR: Eylau, H.U.: »Hotelboy Ed Martin« im Film. BZ 15.3.1955 – Hofmann, H.: Theater oder Film - Regel und Ausnahme. DFK 1955/2, S.55-60 – H.K.: »Hotelboy Ed Martin« - ein neuer DEFA-Film. ND 20.3.1955 – Rostin, G.: Ein alarmierender Kriminalfall. NZT 15.3.1955 – Blankenfeld, U.: -. SO 1955/11 – -:-. FWo 2.4.1955.

Im Hotel wird Ed Martin Zeuge eines Mordes. Der Täter konnte zwar gefaßt werden, doch er hatte vorher der Tasche des Opfers Papiere entnommen, die eine kriminelle Verflechtung von Politikern und Gangstern beweisen. Das Schweigen des Mörders erkauft man sich mit dessen Freilassung. Da der Fall aber zu viel Staub aufgewirbelt hat, muß ein neuer Täter her: Ed Martin, der alles beobachtet hat. Halbtot geprügelt, gesteht er das Verbrechen, widerruft aber später. Inzwischen hat er auch Freunde gefunden, die ihn verteidigen wollen. Da wird er in seiner Zelle tot aufgefunden. Die Polizei, die ihn erhängt hat, gibt einen Selbstmord vor.

EINMAL IST KEINMAL

RE: Konrad Wolf – SZ: Paul Wiens – DR: Karl Georg Egel – KA: Werner Bergmann, 2. KA: Peter Sbrzesny – MU: Günter Kochan – BA: Alfred Tolle – KO: Helga Scherff – SC: Friedel Welsandt – PL: Alexander Lösche – m: 2674 = 98 min. – fa – PM: 25.3.1955 – PM-Ort: Berlin; »Babylon« / »DEFA-Filmtheater Kastanienallee« – DA: Horst Drinda (Peter Weselin) – Brigitte Krause (Anna Hunzele) – Paul Schulz-Wernburg (Edeltanne) – Annemone Haase (Elvira) – Christoph Engel (Erwin) – Friedrich Gnass (Hunzele) – Lotte Loebinger (Muhme) u. a. – KR: Andrießen, C.: Die schwierige Heiterkeit. WBÜ 1955/13, S.399-401 – Blankenfeld, U.: DEFA auf dem Neuland der Romantik. SO 1955/13 – Burg, S.; Richter, E.: Die Filmlustspiele der DEFA und ihre Kritik in der Presse. DFK 1955/3, S.102-08 – Kerndl, R.: »So klingt's in unseren Tälern...« JW 31.3.1955 – S.M.: -. ND 31.3.1955 – Plötner, J.: Und noch einmal »Einmal ist keinmal«. DFK 1955/3, S.126-27 – Teichmann, W.: Es geht um die Kultur des Gefühls. DFK 1955/5, S.225-27 – H.U.E.: Das klingende Tal. BZ 27.3.1955 – Hoff, P.: Auf der Suche nach dem verlorenen Land der Kindheit. BFF 1990/39, S. 6-18.

Peter Weselin, ein Düsseldorfer Musiker, kommt ins vogtländische Klingenthal, um bei seinem Onkel ein paar Wochen geruhsamen Urlaubs zu verbringen. Doch dort, in der Stadt des Instrumentenbaus, stehen die jährlichen Musiktage vor der Tür, und alle stürzen sich mit Kompositionswünschen auf Peter. Das Akkordeonwerk bittet um eine große Komposition fürs Sinfonieorchester, und die hübsche Anna möchte einen Schlager für ihre Jugendtanzkapelle. Aus beschaulichen Ferien wird also nichts, zumal sich Peter in die kecke und anfangs ziemlich launenhafte Anna verliebt. Und auch die Liebesangelegenheiten von Onkel Edeltanne, der ein Auge auf Annas Freundin Elvira geworfen hat, müssen einer Lösung nähergebracht werden...

DER TEUFEL VOM MÜHLENBERG

RE: Herbert Ballmann – BU: Kurt Bortfeldt, Anneliese Probst – DR: Walter Schmitt – KA: Götz Neumann – MU: Joachim Werzlau – BA: Karl Schneider – KO: Walter Schulze-Mittendorf – TR: Ernst Kunstmann – SC: Lieselotte Johl – PL: Hans-Joachim Schoeppe – m: 2366 = 87 min. – fa – PM: 7.4.1955 – PM-Ort: Berlin; »Babylon« / »DEFA-Filmtheater Kastanienallee« – DA: Eva Kotthaus (Anne) – Hans-Peter Minetti (Jörg) – Willy A. Kleinau (Mühlmann) – Werner Peters (Schulze Bangebös) – Gerhard Frei (Burgvogt Raufer) – Heinz Kammer (Ratte, der Kriegsknecht) u. a. – KR: Blankenfeld, U.: -. SO 1955/16 – Ewald, C.: Weshalb wurde »Der Teufel vom Mühlenberg« kein Kinderfilm? DFK 1955/3, S.111-13 – Kähler, H.: -. JW 15.4.1955 – Sandau, F.: -. ND 15.4.1955 – Schnitzler, K.-E.v.: -. FS 1955/8, S.3 – H.U.E.: -. BZ 10.4.1955.

Nach einer Sage aus dem Harz steckte irgendwann im Mittelalter ein brutaler gieriger Mühlmann zusammen mit dem Burgvogt und dem Dorfschulzen eine Waldmühle in Brand, zu der die Bauern ihr Korn brachten. Fortan sollen sie nur noch in seiner Mühle mahlen, und er diktiert die Bedingungen. Anna, die auf dem Mühlhof arbeitet, kommt dem Verbrechen auf die Spur, und gemeinsam mit dem mutigen Jörg faßt sie den Plan, heimlich die abgebrannte Mühle wieder aufzubauen. Unterstützt von den Köhlern, den guten Geistern des Waldes, und den Bauern des Dorfes gelingt das Vorhaben. Die nächste Ernte wird wieder in der alten Mühle gemahlen, und der finstere Müller geht leer aus. Als er in rasender Wut Rache üben will, greifen die Köhler ein und verwandeln ihn in ein steinernes Standbild.

SOMMERLIEBE

RE: Franz Barrenstein – BU: Max Jensen – LV: Erzählung »Eine kleine Sommerferienliebe« von Gerhard Hardel – DR: Gerhard Neumann – KA: Carl Puth – MU: Hans Hendrik Wehding – BA: Herbert Nitzschke – KO: Luise Schmidt – SC: Ruth Moegelin – PL: Willi Teichmann – m: 2367 = 87 min. – s/w – PM: 28.4.1955 – PM-Ort: Berlin; »Babylon« / »DEFA-Filmtheater Kastanienallee« – DA: Maria Buschhoff (Milli) – Lothar Blumhagen (Robby) – Gisela May (Lotte) – Christina Huth (Martha) – Charlotte Wahl (Ilse) – Werner Peters (Grothe) u. a. – KR: Berger, H.: Liebe junger Herzen. ND 3.5.1955 – Blankenfeld, U.: -. SO 1955/18 – Harnisch, R.: ...daß der nächste Sommer(film) heißer werde! TR 30.4.1955 – Hofmann, H.: »Sommerliebe« – doch nicht die wahre. NZ 29.4.1955 – Neumann, G.: Eine notwendige Entgegnung an Karl-Eduard von Schnitzler. DFK 1955/4, S.172-73 – Schnitzler, K.-E.v.: FS 1955/10, S.3 – Burg, S.; Richter, E.: Die Filmlustspiele der DEFA und ihre Kritik in der Presse. DFK 1955/3, S.102-08 – Rehahn, R.: -. WP 1955/18 – H.U.E.: Thema: Sommerliebe. BZ 3.5.1955 – HK: Kuß-Soll übererfüllt. WDA 20.5.1955.

Die junge, hübsche Milli ist passionierte Wintersportlerin, und ausgerechnet sie gewinnt in ihrem Betrieb eine Urlaubsreise an die Ostsee –

1

4

2

5

3

6

1 Gerhard Frickhöffer, Herbert Kiper und
Hans Wocke (v. l. n. r.) in
»Rauschende Melodien«
nach der Operette »Die Fledermaus«
(1955 / RE: E. W. Fiedler)

2 Werner Peters in einer Doppelrolle in
»Star mit fremden Federn«
(1955 / RE: Harald Mannl)

3 Irene Korb und Hans Wehrl in
»52 Wochen sind ein Jahr«
(1955 / RE: Richard Groschopp)

4 Margret Stange und Armin Mueller-Stahl in
»Heimliche Ehen«
(1956 / RE: Gustav von Wangenheim)

5 Wolf Kaiser und Josephine Back in
»Die Millionen der Yvette«
(1956 / RE: Martin Hellberg)

6 Hartmut Reck (links) und Gerhard Rachold in
»Zwischenfall in Benderath«
(1956 / RE: János Veiczi)

375

im Sommer natürlich. Nach dem ersten Bad im Meer und der Begegnung mit einem netten jungen Mann verfliegt der anfängliche Mißmut. Aber nicht für lange, denn Robby erweist sich als Filou, scheut geregelte Arbeit, und ein Frauenheld ist er auch. Nach einigen Wirrungen findet der Urlaub für Milli doch noch ein gutes Ende. Gemeinsam mit Robby, der in ihrer Heimatstadt Suhl eine Stelle als Autoschlosser annehmen will, fährt sie nach Hause.

Filmtext: Sommerliebe. Literarisches Szenarium von Max Jensen. In: Deutsche Filmkunst 1954/6.

RAUSCHENDE MELODIEN
RE: E.W. Fiedler – BU: E.W. Fiedler – LV: Operette »Die Fledermaus« von Johann Strauß – DR: Gerhard Neumann – KA: E.W. Fiedler – MU: Johann Strauß, MB: Heinz Butz – BA: Artur Günther – KO: Hans Kieselbach – SC: Ursula Kahlbaum – PL: Eduard Kubat – m: 2351 = 86 min. – fa – PM: 20.5.1955 – PM-Ort: Berlin; »Babylon« / »DEFA-Filmtheater Kastanienallee« – DA: Jarmila Ksirova (Rosalinde von Eisenstein) – Sonja Schöner (Adele, Zofe bei Eisenstein) – Erich Arnold (Gabriel von Eisenstein) – Herbert Kiper (Dr. Falke, Hausarzt) – Gerhard Frickhöffer (Prinz Orlofsky) – Rolf Weih (Alfred, ein Tenor) – Josef Egger (Frosch, Gefängniswärter) u. a. – KR: Krause, E.: -. TR 24.5.1955 – Kreutzer, H.W.: Fiedlers rauschende Melodien. WBÜ 1955/22, S.695-97 – Schell, H.: -. ND 21.5.1955 – Schnitzler, K.-E.v.: -. FS 1955/11, S.3 – Weinert, J.: Bemerkungen zu dem DEFA-Film »Rauschende Melodien«. DFK 1955/3, S.108-110 – J.W.: Die hingefilmte Fledermaus. BZ 22.5.1955 – fn: -. FWo 11.6.1955.

Die Filmversion von Johann Strauß' »Fledermaus« hält sich im wesentlichen an die Operette. Den Ball des Prinzen Orlofsky, auf dem die honorigen Herren der Wiener Gesellschaft sich mit den Ballettmädchen der Oper zu amüsieren pflegen, nutzt Notar Falke für eine Rache an Dr. Eisenstein, der ihn einmal nach einem Saufgelage blamierte. Falke lädt auch Eisensteins Frau Rosalinde ein. Während des rauschenden Fests macht Eisenstein seiner eigenen Frau, die als ungarische Gräfin verkleidet ist, den Hof. Am Morgen eilt er ins Gefängnis, um eine kleine Haftstrafe abzusitzen. Seine Empörung ist groß, als dort schon ein Dr. Eisenstein sitzt. Den hatte man abends zuvor aus den Armen seiner Frau abgeführt. Er macht Rosalinde eine Szene, doch die überführt ihn der Untreue mit der ungarischen Gräfin.

LETZTES FACH UNTEN RECHTS
RE: Kurt Jung-Alsen – BU: A. Arthur Kuhnert, W.K. Schweickert – DR: Eva Seemann – KA: Götz Neumann – MU: Gerd Natschinski – BA: Hermann Asmus – KO: Dorit Gründel – SC: Johanna Rosinski – PL: Richard Brandt – m: 784 = 28 min. – s/w – AD: 1.7.1955 – DA: Friedrich Gnass (Nachtwächter Körnchen) – Rudolf Wessely (Knauker) – Annemone Haase (Gertrud) – Annemarie Hase (Hundebesitzerin) – Gustav Püttjer (Pförtner) – Horst Kube (Krämer) – Vier Arbeiter: Paul R. Henker, Fritz Decho, Jean Brahn, Karl Block – Vier Angestellte: Annemarie Schlebitz, Ursula Weiß, Hans-Edgar Stecher, Georg Kröning – Zwei Einbrecher: Hermann Wagemann, Rudolf Ulrich – Zwei Polizisten: Erik S. Klein, Paul Pfingst – Vier Beamte: Toni Meitzen, Egon Vogel, Kurt Schmidtchen, Marion van de Kamp – KR: keine

Auf dem Lagerplatz eines volkseigenen Betriebes werden nachts regelmäßig Diebstähle verübt. Körnchen, der einzige Wächter, wird der Lage nicht Herr. Der Platz ist viel zu groß, um allein die Übersicht zu behalten. Und so gibt ihm der die Vorfälle untersuchende Volkspolizist den guten Rat, einen Hund anzuschaffen. Gesagt, getan. Körnchen kauft einen Hund. Doch diese Rechnung hat er ohne die Bürokratie gemacht. Verwalter Knauker ist außer sich ob dieser Anarchie. Denn erst muß ein Hund eingeplant, dann bewilligt und schließlich verbucht werden. Für Knauker existiert der nützliche, aber unplanmäßige Hund nicht – bis er ihn an seinem Hosenbein zu spüren bekommt.

DAS FRÄULEIN VON SCUDERI
(CO-PRODUKTION DDR / SCHWEDEN)
RE: Eugen York – BU: Joachim Barckhausen, Alexander Graf Stenbock-Fermor – LV: Gleichnamige Novelle von E.T.A. Hoffmann – DR: Marieluise Steinhauer – KA: Eugen Klagemann – MU: Walter Sieber – BA: Erich Zander – KO: Vera Mügge – SC: Hildegard Tegener – PL: Werner Dau – m: 2715 = 100 min. – s/w – PM: 29.7.1955 – PM-Ort: Berlin; »Babylon« / »DEFA-Filmtheater Kastanienallee« – CO: A.B.Pandora Film, Stockholm/ Schweden – DA: Henny Porten (Fräulein von Scuderi) – Willy A. Kleinau (Cardillac) – Anne Vernon (Madelon) – Roland Alexandre (Olivier) – Angelika Hauff (St. Croix) – Richard Häußler (Miossens) u. a. – KR: Andrießen, C.: Der Goldschmied Cardillac. WBÜ 1955/31, S.980-82 – Blankenfeld, U.: -. SO 1955/31 – Brandes, H.: -. ND 31.7.1955 – Rehahn,R.: -. WP 1955/32 – Joho, W.: -. DFK 1955/3, S.148-51 – Schnitzler, K.-E.v.: -. FS 1955/17 – Eylau, H.U.: Cardillacs tödlicher Schmuck. BZ 31.7.1955 – -: Die Schätze des Teufels. StZ 2.11.1956.

Paris im 17. Jahrhundert. Die Stadt wird von einer furchtbaren Mordserie in Angst und Schrecken versetzt. Auf kostbaren Schmuck hat es der Mörder abgesehen, und keiner, der solchen auf nächtlicher Straße trägt, wird verschont. Der Leiter des Sondergerichtshofes verhängt eine nächtliche Ausgangssperre, damit gleichzeitig den aufsässigen Adel unter Kontrolle bringend. Das Fräulein von Scuderi, eine bei Hofe geschätzte Dichterin, bringt die Polizeischikane jedoch mit Spottversen zu Fall – und erhält aus Dankbarkeit vom Mörder einen wertvollen Schmuck. Ihr vertraut sich der Geselle Olivier an, der den Mörder in seinem Meister entdeckt hat, dem berühmten Hofgoldschmied Cardillac. Aus besessener Liebe zu seinen Kunstschöpfungen ist er zum Mörder geworden – um die Schmuckstücke zurückzubekommen. Mit Hilfe der Scuderi kann der Fall aufgeklärt werden, doch um einen Skandal bei Hofe zu vermeiden, müssen Olivier und Madelon, die Tochter Cardillacs, die Stadt verlassen.

STAR MIT FREMDEN FEDERN
RE: Harald Mannl – SZ: Heino Brandes – DR: Eva Seemann – KA: Carl Puth, Erwin Anders – MU: Gerd Natschinski – BA: Alfred Tolle – KO: Rosemarie Wandelt – SC: Friedel Welsandt – PL: Alexander Lösche – m: 2569 = 94 min. – s/w – PM: 9.9.1955 – PM-Ort: Berlin; »Babylon« / »DEFA-Filmtheater Kastanienallee« – DA: Werner Peters (Franz Blume / Günther Kolmin) – Sonja Sutter (Isolde Sturm) – Christina Huth (Gisela Petri) – Friedel Rostock (Dore Holberg) – Horst Naumann (Kurt Seidel) – Robert Trösch (Regisseur Kessel) u. a. – KR: Andrießen, C.: -. DFK 1955/6, S.257-59 – Blankenfeld, U.: Unser Lustspiel auf falschen Wegen. SO 1955/38 – Hauser, H.: -. ND 16.9.1955 – Schnitzler, K.-E.v.: -. FS 1955/23, S.3 – Rehahn, R.: -. WP 1955/38 – H.U.E.: -. BZ 11.9.1955.

Eine frappierende Ähnlichkeit des Friseurs Franz Blume mit dem berühmten Schauspieler Günther Kolmin führt bei einem Urlaub in Feuerstein zu kuriosen Verwechslungen. Blumes anfänglich schüchterne Abwehrversuche sind erfolglos. Man glaubt, der Star will sein Inkognito wahren. Und bald gefällt dem Friseur die Rolle des Angehimmelten, zumal das Fräulein Petri ihm nicht mehr von der Seite weicht. Als dann schließlich der wirkliche Kolmin am Schauplatz eintrifft, ist die Peinlichkeit kaum zu ertragen. Blume ist am Ende froh, wieder er selbst zu sein und kehrt reumütig zu seiner Verlobten nach Hause zurück.

ERNST THÄLMANN –
FÜHRER SEINER KLASSE
RE: Kurt Maetzig – SZ: Willi Bredel, Michael Tschesno-Hell – KA: Karl Plintzner, Horst E. Brandt – MU/ML: Wilhelm Neef – BA: Willy Schiller, Otto Erdmann – KO: Gerhard Kaddatz – SC: Lena Neumann – PL: Adolf Fischer – m: 3826 = 140 min. – fa – PM: 7.10.1955 – PM-Ort: Berlin; Volksbühne – DA: Günther Simon (Ernst Thälmann) – Hans-Peter Minetti (Fiete Jansen) – Karla Runkehl (Änne Jansen) – Paul R. Henker (Robert Dirhagen) – Hans Wehrl (Wilhelm Pieck) – Karl Brenk (Walter Ulbricht) – Erich Franz (Arthur Vierbreiter) – Erika Dunkelmann (Martha Vierbreiter) – Michel Piccoli (Rouger) – Werner Peters (Quadde) – Fritz Diez (Hitler) u. a. – KR: Kähler, H.: Eine Gipfelleistung deutscher Filmkunst. JW 11.10.1955 – Krause, E.: Die Musik zum Thälmann-Film. DFK 1955/6, S.255-56 – Martin H.; Edel, P.: Sie schufen ein Meisterwerk. BZA 17.10.1955 – Müller, H.: Ernst Thälmann ist niemals gefallen. ND 8.10.1955 – Neuhaus, W.: Thälmann ist niemals gefallen... JW 7.10.1955 – Schnitzler, K.-E.v.: -. FS 1955/22 – Blankenfeld, U.: -. SO 1955/41 – Eylau, H.U.: Was die DEFA gelernt hat. BZ 19.10.1955 – Rehahn, R.: Breit in den Schultern, steht wieder Thälmann vor uns, wie er war... WP 1955/41 – Schwalbe, K.: Ein Filmepos unserer Nation. DFK 1955/6, S.241-48 –

Junge, W.: -. FO 1955/21 – Neutsch, E.: Randbemerkungen zum Szenarium des Thälmann-Films. FR 18.11.1955 – Gandert, G.: Schwarz-Weiß-Malerei in Farben. TF 19.10.1955.

Der zweite Teil umfaßt den Zeitraum von 1930 bis zur Ermordung Thälmanns 1944. Er zeigt den Kampf Thälmanns um die Einheitsfront der deutschen Arbeiter gegen die Nationalsozialisten, seine Verhaftung nach der Machtergreifung Hitlers und die elf Jahre Kerkerhaft, in denen er standhaft bleibt bis zum Tod. Ein Befreiungsversuch der Genossen scheitert, einem korrumpierenden Freiheits-Angebot Görings erteilt Thälmann eine Absage. Und er muß miterleben, wie seine tapfere Mitkämpferin Änne Jansen im Frauengefängnis gegenüber bei einem Bombenangriff umkommt.

Zur zweiten tragenden Gestalt des Films wird Ännes Mann Fiete Jansen, der bereits im ersten Teil als Freund und Kämpfer an Thälmanns Seite stand. Als Kommandeur des Thälmann-Bataillons kämpft er in Spanien für die Sache des Volkes und später in den Reihen der Roten Armee für eine schnelle Beendigung des faschistischen Krieges.

Filmtext: Ernst Thälmann - Führer seiner Klasse. Literarisches Szenarium von Willi Bredel und Michael Tschesno-Hell. Berlin: Henschelverlag 1955.

ROBERT MAYER – DER ARZT AUS HEILBRONN

RE: Helmut Spieß – BU: Alfred R. Böttcher – DR: Marieluise Steinhauer – KA: Robert Baberske – MU: Joachim Werzlau – BA: Karl Schneider – KO: Hans Kieselbach – SC: Ruth Moegelin – PL: Harry Studt – m: 2626 = 96 min. – s/w – PM: 28.10.1955 – PM-Ort: Berlin; »Babylon« / DEFA-Filmtheater Kastanienallee« – DA: Emil Stöhr (Robert Mayer) – Gisela Uhlen (Wilhelmine Mayer) – Otto Eduard Stübler (Cloß) – Martin Flörchinger (Fritz Mayer) – Walther Süssenguth (Geheimrat Liebig) – Herwart Grosse (Hofrat von Zeller) u. a. – KR: Andrießen, C.: 427 mkg = 1 Cal. WBÜ 1955/45, S.1431-32 – Blankenfeld, U.: -. SO 1955/45 – Knietzsch, H.: -. ND 30.10.1955 – Menter, L.: -. DFK 1956/1, S.8-10 – Schnitzler, K.-E.v.: -. FS 1955/23, S.3.

1840 entdeckt der junge Arzt Robert Mayer durch Zufall das Gesetz von der Erhaltung der Energie. Zwei Jahre später wird seine Arbeit dazu in den »Annalen« des weltbekannten Physikers Justus Liebig veröffentlicht. Mayer, der in Heilbronn die Kaufmannstochter Wilhelmine heiratet, wird aufgrund seiner Entdeckung von den Bürgern zum Stadtarzt ernannt. Danach aber wird es still um ihn, seine umwälzende Entdeckung von einflußreichen Wissenschaftlern totgeschwiegen. Auch Liebig, der andere Auffassungen vertritt, wendet sich von Mayer ab. Wilhelmine hält zu ihm, trotz einiger Zweifel. Mayers Einweisung in eine Irrenanstalt kann sie nicht verhindern. Erst einem Schüler Liebigs gelingt es, die Erkenntnisse Mayers durchzusetzen. Zehn Jahre nach seiner Entdeckung wird ihm endlich die ihm gebührende Ehre zuteil.

52 WOCHEN SIND EIN JAHR

RE: Richard Groschopp – BU: Jurij Brězan, Richard Groschopp – LV: Gleichnamiger Roman von Jurij Brězan – DR: Ilse Langosch – KA: Joachim Hasler, Erich Gusko – MU: Hans Hendrik Wehding – BA: Gerhard Helwig, Hermann Asmus – KO: Helga Scherff – SC: Waltraut v. Zehmen-Heinicke – PL: Hans-Joachim Schoeppe – m: 2401 = 88 min. – sw – PM: 17.11.1955 – PM-Ort: Berlin; »Babylon« / »DEFA-Filmtheater Kastanienallee« – DA: Hans Wehrl (Krestan Serbin) – Lotte Loebinger (Serbinowa) – Irene Korb (Lena) – Kurt Oligmüller (Peter) – Erich Franz (Gessner) – Fritz Schlegel (Ladusch) – Lore Frisch (Sonja) u. a. – KR: Hofmann, H.: Den Krestans ins Herz geschaut. NZ 18.11.1955 – Kerndl, R.: Das Jahr des alten Krestan. JW 22.11.1955 – Knietzsch, H.: -. ND 20.11.1955 – Rehahn, R.: -. WP 1955/49 – Neuhaus, W.: Über die epische Form im Film.DFK 1956/1, S.5-7 – Richter, E.: Wolfgang Neuhaus und der epische Film. DFK 1956/2, S.50-51 – Schnitzler, K.-E.v.: -. FS 1955/25, S.3 – H.U.E.: Krestan und das neue Leben. BZ 22.11.1955 – U.B.: -. SO 1955/48.

Der 64jährige sorbische Landarbeiter Krestan Serbin hat Probleme. Eigentlich interessiert er sich nicht für Politik. Er arbeitet auf dem Volksgut und nennt einen kleinen Acker, ein paar Schweine und eine Kuh sein eigen. All das will er seiner Tochter Lena vererben. Doch nun soll er in die LPG, er bekommt sogar ein Angebot als Lehrlingsausbilder. Krestan ist der neuen Politik nicht abgeneigt, aber sein Eigentum möchte er nicht hergeben. Die »reaktionären« Kräfte des Dorfes wollen ihn auf ihre Seite ziehen, aber von denen läßt er sich schon gar nicht vereinnahmen. Nach wechselvollen Ereignissen und der Erkenntnis, daß Lena am Hof ohnehin nicht interessiert ist, findet er dann doch den Weg zum Kollektiv.

1956

DER TEUFELSKREIS

RE: Carl Balhaus – BU: Carl Balhaus – LV: Gleichnamiges Schauspiel von Hedda Zinner – DR: Horst Reinecke – KA: Hans Hauptmann – MU: Günter Klück – BA: Herbert Nitzschke – KO: Luise Schmidt – SC: Ursula Kahlbaum – PL: Paul Ramacher – m: 2814 = 103 min. – s/w – PM: 13.1.1956 – PM-Ort: Berlin; »Babylon« / »DEFA-Filmtheater Kastanienallee« – DA: Jochen Brockmann (Georgi Dimitroff) – Kurt Steingraf (Wilhelm Lühring, sozialdemokratischer Abgeordneter) – Erika Dunkelmann (Marta, seine Frau) – Horst Naumann (Paul, sein Sohn) – Irma Münch (Herta Ring, Journalistin) – Fred Delmare (Van der Lubbe) – Horst Koch (Göring) – Albert Garbe (Röhm) – Siegfried Weiß (Hanussen) u. a. – KR: Hofmann, H.: Der tragische Weg des Abgeordneten Lühring. NZ 17.1.1956 – Joho, W.: -. SO 1956/56 – Knietzsch, H.: Genosse Dimitroff klagt an. ND 18.1.1956 – Stahnke, G.: Brandstifter am Werk. JW 14.1.1956 – Wischnewski, K.: Auf halbem Wege zwischen Theater und Film. DFK 1956/2, S.36-38 – Schnitzler, K.-E.v.: -. FS 1956/3, S.3 – C.A.: Zum Film »Der Teufelskreis«. WBÜ 1956/4, S.119-20 – H.U.E.: Georgi Dimitroff klagt an. BZ 1.1.1956 – Cromeyer, J.: Aktueller Teufelskreis. DVZ 28.1.1956 – Gandert, G.: Mit der Knopflochkamera gefilmt. HE 14.4.1956.

Während der Hellseher Hanussen das Brennen eines großen Gebäudes prophezeit, werden von Nazifunktionären die letzten Absprachen zu einem Verbrechen getroffen, das der Kommunistischen Partei zugeschoben werden soll: der Reichstagsbrand am 27. Februar 1933. Die konstruierte Anschuldigung dient den Faschisten als Grund für Massenverhaftungen von Kommunisten und anderen. Der propagandistisch aufgezogene Gerichtsprozeß verkehrt sich allerdings ins Gegenteil. Der kommunistische Exil-Bulgare Georgi Dimitroff macht seine Verteidigung zu einer beeindruckenden Anklage der Faschisten und überführt sie vor den Augen der Weltöffentlichkeit der Brandstiftung. Ausgehend von Dimitroffs Mut bekennt sich nun auch der schwankende sozialdemokratische Reichstagsabgeordnete Lühring zur antifaschistischen Aktionseinheit. Seine neue Einsicht aber muß er im KZ mit dem Tode bezahlen.

HEIMLICHE EHEN

RE: Gustav von Wangenheim – BU: Gustav von Wangenheim – DR: Hans-Joachim Wallstein – KA: Eugen Klagemann – MU: Günter Kochan – BA: Artur Günther – KO: Dorit Gründel – SC: Wally Gurschke – PL: Werner Dau – m: 2529 = 93 min. – s/w – PM: 27.1.1956 – PM-Ort: Berlin; »Babylon« / »DEFA-Filmtheater Kastanienallee« – DA: Eduard von Winterstein (Hillebrandt) – Franz Kutschera (Raugraff) – Helga Jordan (Hanni) – Paul Heidemann (Trucks) – Theo Shall (Steinschneider) – Marga Legal (Frau Oberlin) – Armin Mueller-Stahl (Norbert) u. a. – KR: Albrecht, H.: Unglückliche Ehen. NZ 2.2.1956 – Christoph, T.: Unheimliche Ehen. WBÜ 1956/6, S.189-91 – Küchenmeister: Eine gute Idee macht noch keinen guten Film.

DFK 1956/3, S.71-73 – Schulz, M.: -. BZA 30.1.1956 – H.U.E.: -. BZ 2.2.1956.

In Eschenhöhe sind die Gebäude am Zusammenbrechen. Im Institut für Bauwesen in Berlin jedoch werden die Pläne für den Neuaufbau des Dorfes vom Chefarchitekten hintertrieben. Der möchte mit seinem Entwurf »Neue Stadt« beim Preisausschreiben glänzen, weil er glaubt, mit Schweineställen für Eschenhöhe nicht gewinnen zu können. Die Mitarbeiterin Oberlin, die sich für das Dorf stark macht, wird kurzerhand entlassen. Ihre Nachfolgerin Hanni aber durchschaut das üble Spiel, bringt die unfruchtbare »Arbeitsehe« zwischen Chefarchitekten und technischem Direktor zu Fall, schließt eine heimliche Ehe mit dem Architekten Raugraff, wodurch das Projekt »Eschenhöhe« doch noch zum Abschluß gebracht werden kann.

GENESUNG

RE: Konrad Wolf – SZ: Karl Georg Egel, Paul Wiens – LV: Gleichnamiges Hörspiel von Karl Georg Egel und Paul Wiens – DR: Willi Brückner – KA: Werner Bergmann – MU: Joachim Werzlau – BA: Willy Schiller – KO: Elli-Charlotte Löffler – SC: Friedel Welsandt – PL: Eduard Kubat – m: 2895 = 106 min. – s/w – PL: 16.2.1956 – PM-Ort: Berlin; »Babylon« – DA: Karla Runkehl (Irene Schorn) – Wolfgang Kieling (Friedel Walter) – Wilhelm Koch-Hooge (Max Kerster) – Wolfgang Langhoff (Ernst Mehlin) – Harry Hindemith (Staatsanwalt) – Eduard von Winterstein (Professor Beheim) – Erika Dunkelmann (Oberschwester) u. a. – KR: Hofmann, H.: -. NZ 19.2.1956 – Joho, W.: -. SO 1956/9 – Knietzsch, H.: Besinnung auf die Filmkunst. ND 26.2.1956 – Rehahn, R.: Ein Schicksal an unserer Seite. WP 1956/8 – Schwalbe, K.: -. DFK 1956/3, S.68-70 – Schwalbe, R.: Zwischen Pflicht und Neigung. BFF 1990/39, S. 19-26.

Ein junger Mann, Friedel Walter, stellt sich den Behörden der DDR. Er hat jahrelang unter falschem Namen als Arzt gearbeitet, ohne einer zu sein. Ein klarer Fall, denkt der Staatsanwalt, doch der Ratsvorsitzende Mehlin belehrt ihn eines Besseren. Mehlin ist Walter schon einmal begegnet, 1941, als er aus dem KZ geflohen und schwer verwundet war. Die Widerstandskämpferin Irene hatte ihren Freund, den ehemaligen Medizinstudenten Walter, gebeten, dem Genossen zu helfen. Später kam Walter als Sanitäter an die Front, wurde von den Briten gefangengenommen und versehentlich unter dem Namen des gefallenen Dr. Müller registriert. Er klärte den Irrtum nicht auf. Die erfolgreiche Behandlung eines komplizierten Falls konfrontierte ihn nun mit der Vergangenheit. In der Frau des Patienten begegnete er Irene wieder. So entschied er sich, die Wahrheit zu sagen. Das Gericht, das in ihm ein Opfer der Zeitläufte sieht, fällt ein mildes Urteil. Walter wird sein Medizinstudium nachholen können.

Filmtext: Genesung. Erzählung für den Film von Karl Georg Egel und Paul Wiens. In: Deutsche Filmkunst 1955/4. Außerdem: Berlin: Verlag der Nation 1958.

BESONDERE KENNZEICHEN: KEINE

RE: Joachim Kunert – BU: Berta Waterstradt – DR: Willi Brückner – KA: Erwin Anders – MU: Heinz Jahr – BA: Alfred Tolle – KO: Rosemarie Wandelt – SC: Hildegard Conrad – PL: Alexander Lösche – m: 2344 = 86 min. – s/w – PM: 8.3.1956 – PM-Ort: Berlin; »Babylon« / »DEFA-Filmtheater Kastanienallee« – DA: Erika Müller-Fürstenau (Gerda Krause) – Christoph Engel (Bernd) – Rolf Moebius (Werner Schneider) – Erich Mirek (Zimmermann) – Horst Naumann (Klaus) – Elfi Garden (Jutta, Gerdas Freundin) – Anneliese Grummt (Uschi) u. a. – KR: Christoph, T.: Ein Alltags-Film der DEFA. WBÜ 1956/12, S.381-82 – Knietzsch, H.: Mehr Mut zum Konflikt. ND 11.1.1956 – Rehahn, R.: Alltägliche Geschichte einer alltäglichen Frau. WP 1956/10 – Wischnewski, K.: Auch das Alltägliche ist ein Besonderes. DFK 1956/4, S.100-03 – Hofmann, H.: -. NZ 11.1.1956 – Joho, W.: -. SO 1956/12.

Gerda Krause. Besondere Kennzeichen: keine. Sie ist eine von vielen Frauen, die ihren Mann im Krieg verloren. In den schweren Jahren der Nachkriegszeit trägt sie die Last, für sich und ihre zwei Kinder zu sorgen, allein. Sie teilt das Schicksal vieler Trümmerfrauen und findet später Arbeit als Näherin. Abteilungsleiter Zimmermann, der aus seiner Zuneigung kein Hehl macht, möchte sie zur Qualifizierung schicken, doch sie lehnt ab. Erst die Begegnung mit Uschi, der sie vor dem Krieg regelmäßig bei den Schularbeiten half, läßt ihren alten Wunsch, Lehrerin zu werden, neu aufkeimen. Sie geht zum Studium. Und in Zimmermann findet sie schließlich auch den richtigen Partner und einen guten Vater für ihre Kinder.

JUNGES GEMÜSE

RE: Günter Reisch – BU: Günther Rücker, Kurt Bortfeldt – DR: Gerhard Neumann – KA: Horst E. Brandt – MU: Peter Fischer – BA: Alfred Hirschmeier – KO: Luise Schmidt – SC: Lena Neumann – PL: Richard Brandt – m: 2152 = 79 min. – s/w – PM: 29.3.1956 – PM-Ort: Berlin; »DEFA-Filmtheater Kastanienallee« – DA: Herbert Richter (Amann) – Angela Brunner (Gritt Liebig) – Christoph Engel (Hans Brauer) – Paul Heidemann (Hoppedietz) – Rudi Schiemann (Nickel) – Marianne Rudolph (Frau Amann) u. a. – KR: Blankenfeld, U.: »Junges Gemüse« – ein Schritt weiter. SO 1956/14 – Christoph, T.: Film-Komödien: ein Schritt vor, zwei Schritte zurück. WBÜ 1956/17, S.536-38 – Hofmann, H.: Junges Gemüse - gut gewürzt und bekömmlich. NZ 29.3.1956 – Knietzsch, H.: Man kann doch lachen. ND 4.4.1956 – Salow, F.: Zwei neue Filmlustspiele der DEFA. Zu den DEFA-Filmen »Junges Gemüse« und »Drei Mädchen im Endspiel«. DFK 1956/6, S.178-80 – -ob-: Schmackhaftes »Junges Gemüse«. BZ 1.4.1956.

Der Weißkohl-Ernte der LPG »Neuland« ist ein verderbliches Schicksal beschieden, da der anmaßende Leiter des VEAB (Volkseigener Erfassungs- und Aufkaufbetrieb) Amann entschieden hat, daß Blumenkohl für die Ernährung der Bevölkerung besser sei. Die hübsche, flotte Buchhalterin der LPG, Gritt, gerät über solcher-art Amtsanmaßung außer sich und ist wild entschlossen, Amann gehörig auf die Füße zu treten. Da kommt ihr der Zufall zu Hilfe – in Gestalt des Schriftstellers Hans Brauer, der eigentlich nur Stoff für sein neues literarisches Werk sucht, aber irrtümlich für einen Instrukteur aus Berlin gehalten wird. Amann zittert vor Angst, tritt die Flucht nach vorn an und bringt alles ins reine. Der vermeintliche Instrukteur hat sich unterdessen in die Buchhalterin verliebt...

DER RICHTER VON ZALAMEA

RE: Martin Hellberg – BU: Martin Hellberg – LV: Gleichnamiges Drama von Pedro Calderon de la Barca – DR: Gerhard Neumann – KA: Götz Neumann – MU: Wilhelm Neef – BA: Artur Günther – KO: Elli-Charlotte Löffler – SC: Lieselotte Johl – PL: Paul Ramacher – m: 2825 = 104 min. – s/w – PM: 20.4.1956 – PM-Ort: Berlin; »Babylon« / »DEFA-Filmtheater Kastanienallee« – DA: Hanjoachim Büttner (Pedro Crespo) – Gudrun Schmidt-Ahrends (Isabel) – Albert Garbe (Don Lope) – Hans Rüdiger Renn (Don Alvaro) – Rolf Ludwig (Rebolledo) – Ursula Braun (Chispa) – Günther Ballier (König Philipp II.) u. a. – KR: Eylau, H.U.: Mit Crespo siegt das Volk. BZ 24.4.1956 – Joho, W.: Klassisches Werk klassisch verfilmt. SO 1956/18 – Kluft, E.: Das Pathos der Gerechtigkeit. NZT 25.4.1956 – Knietzsch, H.: -. ND 25.4.1956 – Wischnewski, K.: Verfilmte Klassik und mangelnde Voraussetzungen. DFK 1956/6, S.169-72 – Müller, E.: König von DEFA's Gnaden. Zeit 18.12.1959 – -: Unverfälschter Calderon aus der Zone. W 9.12.1959.

Spanien zur Zeit Philipps II. Im Dorf Zalamea machen Soldaten Quartier. Hauptmann Don Alvaro findet im Hause des wohlhabenden, von allen geachteten Bauern Pedro Crespo freundliche Aufnahme. Alvaro stellt Isabel, der Tochter des Hauses, nach und vergewaltigt sie. Die Dorfbewohner ernennen Pedro zum Richter. Ihm als Ankläger obliegt es nun auch, das Urteil zu sprechen. General Don Lope, früher gegen den wüsten Hauptmann eingenommen, steht nun aus Standesgründen zu ihm und bestreitet Pedros Befugnis. Pedro hält trotz der Drohungen des Generals Gericht und verurteilt Alvaro zum Tode. Überraschend trifft der König ein. Er bestätigt zwar das Urteil, will seine Vollstreckung jedoch verhindern. Zu spät. Pedro hat sein Recht gegen Standesschranken durchgesetzt, und er wird Richter von Zalamea auf Lebenszeit.

DREI MÄDCHEN IM ENDSPIEL

RE: Kurt Jung-Alsen – SZ: Wolfgang Luderer – DR: Eva Seemann – KA: Günter Eisinger – MU: Gerd Natschinski – BA: Alfred Tolle – KO: Marianne Schmidt – SC: Marianne Karras – PL: Willi Teichmann – m: 2048= 75 min. – s/w – PM: 20.4.1956 – PM-Ort: Berlin; »Babylon« / »Filmtheater am Friedrichshain« – DA: Horst Naumann (Werner Wieland) – Jochen Thomas (Willi Keil) – Rolf Ludwig (Max Moor) – Albert Hetterle (Paul Schmidt) – Alice Prill (Ruth Berger) – Christina Huth (Uschi Hollmann) – Gabriele Hoffmann (Lilo Kirschner)

u. a. – KR: -en: Spaß und Sport. BZ 25.4.1956 – H.K.: Zwei neue DEFA-Filme. ND 5.5.1956 – H.L.: Drei Mädchen und kein Endspiel. M 26.4.1956 – -rm-: Halbzeit im Kampf um das DEFA-Lustspiel. FR 5.5.1956 – Ro.: Die Heiterkeit in den Kinderschuhen. NZT 26.4.1956 – Christoph, T.: Film-Komödien: ein Schritt vor, zwei Schritte zurück. WBÜ 1956/17, S.536-38 – Salow, F.: Zwei neue Filmlustspiele der DEFA. Zu den DEFA-Filmen »Junges Gemüse« und »Drei Mädchen im Endspiel«. DFK 1956/6, S.178-80.

Mit der Fußballmannschaft der BSG (Betriebs-Sport-Gemeinschaft) Hartenfels geht es abwärts. Neue Trainingsmethoden – nach wissenschaftlichen Erkenntnissen – müssen her, meint Paul Schmidt. Doch damit stößt er beim Stürmer-Star Wieland auf Granit, dessen Freunde natürlich zu ihm halten. Also beschließt die Wassersportlerin Ruth, stellvertetende Vorsitzende der BSG, die Lage mit weiblicher List zum besseren zu wenden. Sie und ihre Freundinnen Lilo und Uschi wollen die Widerspenstigen »bearbeiten«. Am Ende gibt es dann tatsächlich einen Sieg – auf dem Sportplatz – und zwei glückliche Paare.

DAS TRAUMSCHIFF
(KINDERFILM)

RE: Herbert Ballmann – BU: Kurt Bortfeldt – DR: Walter Schmitt – KA: Walter Fehdmer – MU: Hans Hendrik Wehding – BA: Karl Schneider – KO: Helga Scherff – SC: Christa Wernicke – PL: Hans-Joachim Schoeppe – m: 2305 = 85 min. – s/w – PM: 27.4.1956 – PM-Ort: Berlin; »Babylon« / »DEFA-Filmtheater Kastanienallee« – DA: Die Erwachsenen: Günther Simon (Kapitän Franz Müller) – Gisela Uhlen (Michaela Gast) – Charlotte Küter (Großmutter) – Erich Franz (Koch Albert) u. a. – Die Kinder: Bärbel Breitsprecher (Reni, 13 Jahre) – Günther Schinske (Rolf, 10 Jahre) – Isabell Franke (Lotte) u. a. – KR: Albrecht, H.: Kinderschicksale in unseren Tagen. NZ 3.5.1956 – Beseler, H.: Dahingeträumte Wirklichkeit. DFK 1956/5, S.172-75 – Stein, H.J.: Zwei DEFA-Filme. WBÜ 1956/23, S.744-47 – H.K.: Zwei neue DEFA-Filme. ND 5.5.1956 – Stahnke, G.: -. JW 26.4.1956.

Zwei Berliner Kinder, die 13jährige Reni und der 10jährige Rolf, leben bei ihrer Großmutter, da die Mutter in einem Ostseehafen arbeitet und selten zu Hause ist. Der Vater ist im Krieg gefallen. Als die Kinder die Nachricht erhalten, daß die Mutter einen Kapitän heiraten will, und sie an die Ostsee kommen sollen, um ihn kennenzulernen, sind sie total dagegen. Sie wollen keinen Fremden. Im Hafen angekommen, weil der Kapitän keinen großen Frachter, sondern nur einen Schlepper hat. Auf einer Probefahrt, die zum Abenteuer wird, gewinnt der Fremde Schritt für Schritt die Zuneigung der Kinder.

EINE BERLINER ROMANZE

RE: Gerhard Klein – BU: Wolfgang Kohlhaase – DR: Lil Kahler – KA: Wolf Göthe – MU: Günter Klück – BA: Karl Schneider – KO:

Ingeborg Wilfert – SC: Ursula Kahlbaum – PL: Hans-Joachim Schoeppe – m: 2210 = 81 min. – s/w – PM: 17.5.1956 – PM-Ort: Berlin – DA: Annekathrin Bürger (Uschi) – Ulrich Thein (Hans) – Uwe-Jens Pape (Lord) – Erika Dunkelmann (Uschis Mutter) – Erich Franz (Uschis Vater) – Marga Legal (Hans' Mutter) u. a. – KR: Joho, W.: Historie und Alltag: Zum DEFA-Jubiläum drei neue Filme. SO 1956/23 – Knietzsch, H.: -. ND 20.5.1956 – Küchenmeister: Ein neuer und guter Weg. DFK 1956/6, S.176-77 – Stahnke, G.: -. JW 18.5.1956 – Stein, H.J.: Zwei DEFA-Filme. WBÜ 1956/23, S.744-47 – Me.: Küsse über Sektorengrenzen. NZT 23.5.1956 – Rehahn, R.: -. WP 1956/22.

Die geteilte Stadt Berlin wird für das 16jährige Lehrmädchen Uschi zur Versuchung. Die glitzernden Auslagen in Westberlin reizen die angehende HO-Verkäuferin. Dort lernt sie einige Jungen kennen, von denen ihr vor allem der flotte »Lord« mit seinem Kofferradio imponiert. Den schüchternen Hans, der sich auf den ersten Blick in sie verliebt, beachtet sie erst später – aufgrund seiner Hartnäckigkeit. Langsam entwickelt sich zwischen beiden eine zarte Liebe, und nach einer Auseinandersetzung mit den Eltern geht sie zu ihm. Bei ihrer Ankunft ist die Enttäuschung groß. Hans hat nach einem Unfall auf dem Bau die Arbeit verloren, und seine Bleibe ist mehr als dürftig. Uschi kehrt nach Hause zurück. Die Eltern zeigen großes Verständnis für ihren Kummer und fordern sie auf, den Jungen mitzubringen.

Filmtext: Eine Berliner Romanze. Von Wolfgang Kohlhaase und Gerhard Klein. Berlin: Henschelverlag 1956.

THOMAS MÜNTZER

RE: Martin Hellberg – SZ: Friedrich Wolf – DR: Horst Reinecke – KA: Götz Neumann – MU: Ernst Roters – BA: Otto Erdmann – KO: Gerhard Kaddatz, Elli-Charlotte Löffler – SC: Lieselotte Johl – PL: Paul Ramacher – m: 3670 = 135 min. – fa – PM: 17.5.1956 – PM-Ort: Berlin; Volksbühne – DA: Wolfgang Stumpf (Thomas Müntzer) – Margarete Taudte (Ottilie von Gersen) – Wolf Kaiser (Schwabenhannes) – Martin Flörchinger (Heinrich Pfeiffer) – Wolfgang A. Kaehler (Markus Stübner) – Heinz Gies (Hans Buss) – Ruth-Maria Kubitschek (Bärbel Buss, seine Schwester) u. a. – KR: Döderlein, K.R.: Würdiger Abschluß des ersten Jahrzehnts. NZT 17.5.1956 – Herlinghaus, H.: Fragen des historisch-biographischen Films. DFK 1956/6, S.165-68 – Hofmann, H.: »Dran, dran, dieweil ihr Tag habt!« NZ 17.5.1956 – Joho, W.: Historie und Alltag. Zum DEFA-Jubiläum drei neue Filme. SO 1956/23 – Müller, H.: -. ND 18.5.1956 – Rehahn, R.: »Ich bin zu früh geboren...« WP 1956/21 – M.B.: Wälder ohne Vopos waren nicht zu finden. W 17.4.1956.

Der Film schildert das Schicksal des Pfarrers Thomas Müntzer, der zum Führer und Ideologen der Reformation im Deutschland des 16. Jahrhunderts wird. 1523 kommt er mit seiner Frau Ottilie ins thüringische Allstedt, um eine Pfarrstelle zu übernehmen. Mutig tritt er für die

Lehre Luthers ein, aber während dieser sich von den Volksmassen abwendet, wird Müntzer zu deren Sprecher. Er muß nach Süddeutschland fliehen, schließt sich dort den aufständischen Bauern an, aber es zieht ihn wieder nach Thüringen. In Mühlhausen stößt er zu Heinrich Pfeiffer, mit dem er die Stadt 1525 zum Zentrum der thüringischen Bauernerhebungen macht. Doch es kommt zum Konflikt mit den Bauern und Handwerkern, die nicht begreifen, daß ihre einzelnen Aktionen zu einer großen nationalen Erhebung zusammengeführt werden müssen, um erfolgreich zu sein. Müntzer geht nach Frankenhausen, wo sich ein führerloses Bauernheer versammelt hat. Der Verrat beginnt in den eigenen Reihen. Nach der Niederlage gegen das Fürstenheer wird Müntzer gefangengenommen und hingerichtet. Seinen Mitstreitern hinterläßt er die Aufforderung, sich nun mit den Brüdern am Rhein und Main zu verbünden. Ganz Deutschland müsse ins Spiel kommen: »Die Bösewichter müssen dran.«

Filmtext: Thomas Müntzer. Literarisches Szenarium von Friedrich Wolf. In: Deutsche Filmkunst 1954/2. Außerdem in: Friedrich Wolf: Filmerzählungen. Berlin: Aufbau-Verlag 1959.

ZAR UND ZIMMERMANN

RE: Hans Müller – BU: A. Arthur Kuhnert – LV: Freie Bearbeitung der gleichnamigen komischen Oper von Albert Lortzing – DR: Hans-Joachim Wallstein – KA: Joachim Hasler – MU: Albert Lortzing, MB: Gerd Natschinski, ML: Hans Löwlein – BA: Erich Zander – KO: Vera Mügge – SC: Hildegard Tegener – PL: Harry Studt – m: 2765 = 101 min. – fa – PM: 18.5.1956 – PM-Ort: Berlin; »Babylon« / »DEFA-Filmtheater Kastanienallee« – DA: Willy A. Kleinau – GE: Heinrich Pflanzl (Van Bett, Bürgermeister von Saardam) – Bert Fortell – GE: Josef Metternich (Peter Michailow) – Lore Frisch – GE: Ingeborg Wenglor (Marie) – Günther Haack – GE: Gerhard Unger (Peter Iwanow) – Walther Süssenguth (Admiral Lefort) – Erich Arnold (Marquis Chateauneuff) u. a. – KR: Edel, P.: -. BZA 29.5.1956 – Pridtkau, L: Oper - temperamentvoll verfilmt. NZT 6.6.1956 – Weinert, J.: »Sehr frei« von Lortzing. DFK 1956/8, S.232-34 – E. K.: -. ND 1.6.1956 – Li.: -. NZ 30.3.1956 – Sanders, R.: Sowjetzonaler Zar und Zimmermann. W 27.12.1956 – A.: Niederländische Opernidylle. KR 26.1.1957.

Lortzings Oper führt ins holländische Saardam, wo sich Peter I. inkognito aufhält, um die Kunst des Schiffbaus zu erlernen. Auf der Werft allerdings arbeiten zwei Russen namens Peter, und die den Zaren suchenden Abgesandten aus England und Frankreich haben Mühe, den richtigen zu finden. Auch Marie, der beide den Hof machen, kennt ihn nicht. Der Zar, der auf Anraten seines Vertrauten Lefort die Heimreise vorbereitet, verbündet sich mit seinem Namensvetter. So regelt er geschickt die politischen wie die persönlichen Angelegenheiten. Zar Peter verabschiedet sich, und der Zimmermann Peter bekommt seine Marie. Zurück bleibt Saardams aufgeplusterter Bürgermeister van Bett, der extra für den Zaren ein Choral verfaßt hatte...

MICH DÜRSTET

RE: Karl Paryla – BU: Walter Gorrish, Karl Paryla – LV: Gleichnamiges Buch von Walter Gorrish – DR: Horst Reinecke – KA: Otto Merz – MU: Eberhard Schmidt – BA: Gerhard Helwig – KO: Hans Kieselbach, Joachim Dittrich – SC: Hildegard Tegener, Ferdinand Weintraub – PL: Alexander Lösche – m: 2518 = 92 min. – s/w PM: 20.7.1956 – PM-Ort: Berlin; »Babylon« – DA: Edwin Marian (Pablo) – Ilsabè Caregnato (Magdalena) – Harry Hindemith (Taga) – Uwe-Jens Pape (Carlos) – Maria Wendt (Pilar) – Curt Paulus (Jacinto) – Johannes Knittel (Pierre) – Hans Klering (Alkade) u. a. – KR: Edel, P.: -. BZA 16.7.1956 – Hauser, H.: -. ND 19.7.1956 – Kerndl, R.: »Euch dürstet - solange jene herrschen!« JW 14.7.1956 – Schnitzler, K.-E.v.: -. FS 1956/16, S.3 – Stein, H.J.: -. WBÜ 1956/31, S. 1001-03 – Joho, W.: Um Spaniens Freiheit. SO 1956/30 – Sobe, G.: Pablo - der spanische Bauer. BZ 20.7.1956 – Wischnewski, K.: »Mich dürstet« - ein künstlerisches Dokument. DFK 1956/8, S.228-31 – Paulsen, G.: Um Spaniens Erde. Zeit 20.9.1956 – Nau, P.: Spanischer Bürgerkrieg und Film. FK 1974/10, S. 452-54.

Spanien 1936. Trotz des Sieges der Volksfront hat sich für die Bauern nichts geändert, die Granden unterdrücken sie nach wie vor. Der arme Bauernsohn Pablo wehrt sich und animiert die anderen, ihr Recht zu fordern. Der Grande flieht. Studenten aus Madrid kommen und helfen der Landbevölkerung bei der Demokratisierung. Pablo verliebt sich in Magdalena, lernt von ihr lesen und schreiben. Als Franco seinen blutigen Angriff auf die junge Republik beginnt, verteidigen sie gemeinsam das Dorf. Als Magdalena bei einem Bombenangriff deutscher Flieger ums Leben kommt, beginnt Pablo die Deutschen zu hassen. Im gemeinsamen Kampf mit den Internationalen Brigaden begreift er aber, daß es auch andere Deutsche gibt, und daß der Feind ein gemeinsamer ist.

DAS TAPFERE SCHNEIDERLEIN
(KINDERFILM)

RE: Helmut Spieß – BU: Kurt Bortfeldt – LV: Gleichnamiges Märchen der Brüder Grimm – DR: Willi Brückner – KA: Robert Baberske – MU: Joachim Werzlau – BA: Karl Schneider – KO: Walter Schulze-Mittendorf – SC: Hildegard Conrad – PL: Willi Teichmann – m: 2294 = 84 min. – fa – PM: 28.9.1956 – PM-Ort: Berlin; »Babylon« – DA: Kurt Schmidtchen (Das tapfere Schneiderlein) – Christel Bodenstein (Traute) – Gisela Kretzschmar (Prinzessin Liebreich) – Horst Drinda (Prinz Eitel) – Fred Kronström (König Griesgram) – Gerd Michael Henneberg (Schatzmeister Gier) – Wolf Kaiser ((Riese) – Gerhard Frei (Riese) u. a. – KR: Ewald, C.: Gebrüder Grimm »kritisch« bearbeitet. DFK 1956/11, S.333-35 – Knietzsch, H.: Die seltsame Mär vom Schneiderlein. ND 3.10.1956 – Stahnke, G.: Das aktuelle Schneiderlein. JW 5.10.1956 – E.Kl.: Tapferes Schneiderlein auf Abwegen. NZT 9.10.1956 – her-: Zuviel auf einen Streich. BZA 3.10.1956 – Morten, P.: Ein marxistisches Schneiderlein. Zeit 25.10.1956.

Grimms Märchen erzählt die Abenteuer eines armen Schneidergesellen, den das Erschlagen von sieben Fliegen auf einen Streich mutig macht. Er zieht in die Welt und kommt nach glücklich überstandenen Gefahren an den Hof des Königs. Die Krieger und Höflinge erschreckt der »Ritter Siebenaufeinenstreich«. Mit zahlreichen lebensgefährlichen Aufgaben versuchen sie, ihn loszuwerden. Aber das Schneiderlein ist unschlagbar dank seiner List und einigen treuen Helfern. Da flieht der König mit seinem ganzen Hofstaat, und das Volk setzt den Schneider auf den Thron, mitsamt der Magd Traute als Frau.

TREFFPUNKT AIMÉE

RE: Horst Reinecke – BU: Gerhard Neumann – DR: Willi Brückner – KA: Erwin Anders – MU: Hans Hendrik Wehding – BA: Artur Günther – KO: Ingeborg Wilfert – SC: Christa Wernicke – PL: Hans-Joachim Schoeppe – m: 2055 = 75 min. – s/w PM: 5.10.1956 – PM-Ort: Berlin; »Babylon« / »DEFA-Filmtheater Kastanienallee« – DA: Renate Küster (Ursula) – Günther Simon (Wendt) – Rolf Moebius (Dr. Markus) – Paul R. Henker (Schubert) – Gisela May (Erika) – Harald Sawade (Schack) – Karl Kendzia (Münz) u. a. – KR: Hofmann, H.: -. NZ 5.10.1956 – Joho, W.: DEFA auch mal spannend. SO 1956/42 – Knietzsch, H.: Auf das Drehbuch kommt es an. ND 12.10.1956 – Pridtkau, L.: Aufregung und Aufklärung. NZT 12.10.1956 – Zeisler, K.: Fast ein Kriminalfilm. DFK 1956/11, S.331-33 – Schnitzler, K.-E.v.: -. FS 1956/22, S.3.

Die Geschichte beruht auf einem authentischen Fall: PVC-Schmuggel von Ost nach West. Den wertvollen, in der DDR entwickelten Grundstoff für die Kunststoffherstellung, der legal nicht ausgeführt werden darf, schmuggelt eine gut organisierte Schieberbande im Auftrag westlicher Chemiebetriebe kontinuierlich über die Berliner Sektorengrenze. Kriminalrat Schubert kommt bei seinen Ermittlungen ein Zufall zu Hilfe. Seine Tochter Ursula, Sachbearbeiterin in der Hauptverwaltung Chemie, entdeckt, daß die DDR mehr Gips ausführt als sie produziert. In Wahrheit verbirgt sich dahinter das geschmuggelte PVC. Damit ist nicht nur des Rätsels Lösung gefunden, sondern bald auch der Kopf der Bande, »Wespe« genannt.

DAMALS IN PARIS...
(CO-PRODUKTION MIT DEM DEUTSCHEN FERNSEHFUNK)

RE: Carl Balhaus – SZ: Hermann Rodigast – DR: Walter Schmitt, Hans Müncheberg – KA: Eugen Klagemann – MU: Günter Klück – BA: Alfred Tolle – KO: Hans Kieselbach – SC: Helga Emmrich – PL: Alexander Lösche – m: 2555 = 94 min. – s/w – PM: 2.11.1956 – PM-Ort: Berlin; »Babylon« – CO: Deutscher Fernsehfunk, Berlin – DA: Gisela Trowe (Geneviève) – Wolfgang Kieling (René) – Richard Lauffen (Fadet) – Günther Simon (Georges) – Hans Stetter (Denis) – Susanne Düllmann (Louise) – Herwart Grosse (Madou) u. a. – KR: Knietzsch, H.: -. ND 13.11.1956 – Rehahn, R.: -. WP 1956/45

– Schmidt, E.: Kompromiß zwischen Fernsehfunk und Spielfilm. DFK 1956/12, S.356-57, 362 – Schnitzler, K.-E.v.: -. FS 1956/23, S.3 – her-: -. BZA 5.11.1956 – H.U.E.: -. BZ 7.11.1956.

1944. Geneviève und René leben im besetzten Paris. Sie lieben sich, und die junge Frau betrachtet angstvoll Renés Tätigkeit in der Résistance. Sie möchte sich heraushalten, und manchmal gibt es darüber Auseinandersetzungen. Nach einem solchen Streit geht René mit einem deutschen Genossen zu einem Treff. Während seiner Abwesenheit kommt die Gestapo ins Haus, um die Widerstandskämpferin Louise abzuführen. Geneviève greift ein und wird verhaftet. Die Männer des Widerstands sind in großer Sorge, da sie von einer geplanten Brückensprengung wissen. René vertraut ihr, und Geneviève hält tatsächlich den Folterungen stand. Die Brücke kann planmäßig gesprengt werden, was zu einer entscheidenden Niederlage der deutschen Armee beiträgt.

DIE MILLIONEN DER YVETTE

RE: Martin Hellberg – BU: Martin Hellberg – DR: Marieluise Steinhauer – KA: Götz Neumann – MU: Ernst Roters – BA: Erich Zander – KO: Elli-Charlotte Löffler – SC: Lieselotte Johl – PL: Paul Ramacher – m: 2836 = 104 min. – s/w PM: 23.11.1956 – PM-Ort: Berlin; »Babylon« / »Filmtheater am Friedrichshain« – DA: Josephine Back (Yvette Leblanc) – Wolf Kaiser (Daurignac) – Anne Dessau (Bertha, genannt Desirée) – Peter Herden (Dr. Robert Hellmer) – Otto Eduard Stübler (Dr. Neubach, sein Onkel) – Gerhard Bienert (Bankier Bleichstätter) u. a. – KR: Albrecht, H.: -. NZ 25.11.1956 – Buchmayer, H.: Die neueste Filmkomödie der DEFA. DFK 1956/12, S.358-59 – Knietzsch, H.: -. ND 29.11.1956 – -oe-: -. SO 1956/50 – Schulz, M.: -. BZA 26.11.1956 – H.U.E.: -. BZ 27.11.1956 – dam: -. AP 11.5.1958 – P.H.: -. RhP 3.5.1958.

Die französische Modistin Yvette hat in Düsseldorf einen kleinen Modesalon. Die jungen Herren der Gesellschaft liegen ihr zu Füßen, aber in ihre Kreise wird sie nicht aufgenommen. Darum gelingt es auch ihrem verflossenen Liebhaber Maurice Daurignac, sie zu einem großen Coup zu überreden, mit dem sie sich an der »feinen Gesellschaft« rächen kann. Sie gibt sich als Erbin von zehn Millionen Goldfranc aus. Aus Paris kommt ein Notar in Begleitung von zwei vermeintlichen Polizisten und liefert das angebliche Geld in einem versiegelten Päckchen dem Düsseldorfer Bankhaus Bleichstetter aus, wo es bis zum Ende des Erbschaftsprozesses ruht. Der zieht sich hin, und unterdessen leben die beiden auf großem Fuß. Als die Bombe platzt, verdankt Yvette dem jungen Rechtsanwalt Dr. Hellmer, daß sie den erbosten Bürgern nicht zum Fraß vorgeworfen werden kann.

Filmtext: Die Millionen der Yvette. Filmerzählung von Hanns Julius Wille. Berlin: Henschelverlag 1956

DER HAUPTMANN VON KÖLN

RE: Slatan Dudow – BU: Henryk Keisch, Michael Tschesno-Hell, Slatan Dudow – DR: Karl Georg Egel – KA: Werner Bergmann, Helmut Bergmann – MU: Wilhelm Neef – BA: Oskar Pietsch – KO: Gerhard Kaddatz – SC: Lena Neumann – PL: Adolf Fischer – m: 3228 = 118 min. – fa – PM: 7.12.1956 – PM-Ort: Berlin; »Babylon« – DA: Rolf Ludwig (Albert Hauptmann) – Erwin Geschonneck (Hans Karjanke) – Else Wolz (Adele Karjanke) – Christel Bodenstein (Hannelore Ullrich) – Manfred Borges (Max Steinmetz) – Kurt Steingraf (Pferdapfel, Baron von Kohlen und Stahlbach) – Ruth Baldor (Seine Frau) u. a. – KR: Albrecht, H.: -. NZ 7.12.1956 – Joho, W.: -. SO 1956/52 – Junge, W.: Aktualisierte Köpenickiade. FO 1956/19/20 – Knietzsch, H.: -. ND 9.12.1956 – Küchenmeister: Eine gelungene Filmsatire. DFK 1957/1, S. 6-8 – Rehahn, R.: Eine Köpenickiade unserer Zeit. WP 1956/50 – Schnitzler, K.-E.v.: FS 1957/1, S.3 – Stahnke, G.: Kölner Kellner-Karriere. JW 18.12.1956 – H.U.E.: -. BZ 9.12.1956 – Paulsen, G.: -. Zeit 3.1.1957.

Der stellungslose Kellner Albert Hauptmann wird im Köln der Adenauerzeit mit einem ehemaligen Hauptmann der faschistischen Wehrmacht verwechselt – und macht Karriere. Er wird Direktor der Montan AG, Mitglied des Bundestages und hat beste Aussichten, zum Schwiegersohn des millionenschweren Industriellen Pferdapfel zu avancieren. Herr Karjanke allerdings, der bei seiner eigenen »Witwe« unter falschem Namen wohnt, möchte ihn zu Fall bringen. Er ist der wahre Hauptmann, doch weil er ein Kriegsverbrecher ist, kann er erst wieder auftauchen, wenn sein Doppelgänger im Bundestag die Amnestiegesetze durchgeboxt hat. Am Ende steht der Kellner als Hochstapler vor dem Richter, die Amnestie gilt nicht für ihn.

Filmtext: Der Hauptmann von Köln. Satirische Filmkomödie von Henryk Keisch, Michael Tschesno-Hell und Slatan Dudow. Berlin: Henschelverlag 1956.

DIE FAHRT NACH BAMSDORF
(KINDERFILM)

RE: Konrad Petzold – BU: Konrad Petzold – DR: Gisela Neltner – KA: Erich Gusko – MU: Heinz-Friedel Heddenhausen – BA: Herbert Nitzschke – KO: Lydia Fiege – SC: Ursula Kahlbaum – PL: Anni von Zieten – GR: Produktionsgruppe für Jugend- und Kinderfilme – m: 1074 = 39 min. – s/w – PM: 22.12.1956 – DA: Erika Müller-Fürstenau (Mutter) – Charlotte Küter (Oma) – Bernd Kuss (Toni) – Peter Schmidt (Klaus) – Petra Kyburg (Rita) – Klaus Böhme (Rolf) – Günter Wolf (Stippel) u. a. – KR: Ewald, C.: Kinderfilm - Film für Kinder! DFK 1957/2, S.36-38 – N.P.: -. BZA 5.1.1957.

Der zehnjährige Toni darf mit seiner kleinen Schwester Rita allein zu den Großeltern nach Bamsdorf fahren. Bekannt für seine Schusseligkeit, muß er der Mutter fest versprechen, auf die Schwester gut aufzupassen. Auf der Bahnfahrt aber kommt es dann doch zu einem Mißgeschick. Er steigt aus Versehen an der falschen Station aus, während Rita weiterfährt. Eine angstvolle und abenteuerliche Suche führt die beiden wieder zusammen.

ZWISCHENFALL IN BENDERATH

RE: János Veiczi – BU: Curt Corrinth, János Veiczi – LV: Schauspiel »Trojaner« sowie das Buch »Die Sache mit Päker« von Curt Corrinth – DR: Hans Sasse – KA: Hans Hauptmann – MU: Adolf Fritz Guhl – BA: Herbert Nitzschke – KO: Dorit Gründel – SC: Friedel Welsandt – PL: Eduard Kubat – m: 2685 = 98 min. – s/w – PM: 28.12.1956 – PM-Ort: Berlin, »Babylon« / »DEFA-Filmtheater Kastanienallee« – DA: Uwe-Jens Pape (Jakob Lewin) – Hartmut Reck (Hans Hellmann) – Gerhard Rachold (Rudolf Hacker) – Benno Bentzin (Achim Schönberg) – Renate Küster (Regine Stolterhof) – Barbara Rost (Grete Fenner) – Doris Abeßer (Hilde Wahl) – Heinz Schröder (Studienrat Päker) – Horst Friedrich (Schulrat Casparius) u. a. – KR: Albrecht, H.: Steckbrief gegen Päker. NZ 4.1.1957 – Joho, W.: Bewährung der Jungen. SO 1957/1 – Knietzsch, H.: -. ND 30.12.1956 – Lutz, S.: Wehret den Anfängen. WP 1957/1 – Stahnke, G.: -. JW 22.12.1956 – Schnitzler, K.-E.v.: -. FS 1957/3, S.3 – Wischnewski, K.: Ein junges Kollektiv - ein guter Film. DFK 1957/2, S.34-36 – H.U.E.: -. BZ 1.1.1957.

Schauplatz ist die kleine Stadt Benderath, irgendwo in Westdeutschland. Am Gymnasium gibt es eine Gruppe von Jungen, die sich »Trojaner« nennen und fest zusammenhalten. Als der faschistische Lehrer Päker den jüdischen Mitschüler Jakob als »feigen Orientalen« und »staatsfeindliches Element« beschimpft, fordern sie geschlossen die Rücknahme der Beleidigung. Da Päker sich weigert, verlassen sie die Schule, verschanzen sich auf einer Insel und stellen der Direktion ein Ultimatum. Die ganze Stadt ist in Aufregung, und die Eltern stellen sich hinter ihre Kinder. So gibt letztendlich auch der Stadtschulrat bei und erfüllt das Ultimatum: Die Gymnasiasten kehren straffrei an die Schule zurück, Päker muß sich entschuldigen und wird an eine andere Schule versetzt.

1957

DIE ABENTEUER DES TILL ULENSPIEGEL
(CO-PRODUKTION DDR / FRANKREICH)

RE: Gérard Philipe, RE-Mitwirkung: Joris Ivens – SZ: René Wheeler, Gérard Philipe – LV: Roman »Legende von Ulenspiegel und Lamme Goedzak« von Charles de Coster – DR: Rudolf Böhm – KA: Christian Matras, Alain Douarinou – MU: Georges Auric – BA: Léon Bariacq, Alfred Tolle – KO: Rosine Delamare, Ingeborg Wilfert – SC: Claude Nicole – PL: Georges Danciger, Richard Brandt – CO: Ariane-Film, Paris/ Frankreich – Französ. Titel: Les Aventures de Till l'Espiègle – m: 2778 = 102 min. – fa – PM: 4.1.1957 – PM-Ort: Berlin; »Babylon« – DA: Gérard Philipe (Till) – Jean Vilar (Alba) – Fernand Ledoux (Claes) – Nicole Berger (Nele) – Jean Carmet (Lamme) – Erwin Geschonneck (Stahlarm) – Wilhelm Koch-Hooge (Oranien) u. a. – KR: Buchmayer, H.: Die Einheit des Stils wahren. DFK 1957/3, S.72-74 – Joho, W.: Die Streiche des Till Ulenspiegel. SO 1957/2 – Knietzsch, H.: -. ND 6.1.1957 – Schnitzler, K.-E.v.: -. FS 1957/2, S.3 – Stahnke, G.: Ulen- oder Eulenspiegel? JW 5.1.1957 – Paczensky, S. von: Gérard Philipe fiel diesmal durch. W 17.11.1956.

Die Niederlande im 16. Jahrhundert. Truppen des spanischen Königs Philipp II. halten das Land besetzt, durchziehen es brandschatzend und mordend. Sie kommen auch ins flandrische Damme, wo sich der Possenreißer Till gerade mit seiner Nele verlobt. Der Ort wird verwüstet, geplündert und Tills Vater Claes auf dem Scheiterhaufen verbrannt. Angesichts dieser grausamen Ereignisse wird aus dem Schelm Till ein leidenschaftlicher Kämpfer gegen die Okkupanten und ihren Statthalter Herzog Alba. Mit List führt er die Spanier hinters Licht, bringt ihnen empfindliche Niederlagen bei und ruft das Volk zum Widerstand auf. So rettet er auch dem Anführer des Aufständischen, dem Prinzen von Oranien, das Leben, als Alba diesen ermorden lassen will. Es gelingt den Spaniern nicht, den Aufstand niederzuschlagen, und nach Ausrufung der Unabhängigkeit kehrt Till glücklich nach Damme zu Nele zurück.

SCHLÖSSER UND KATEN

I. Teil: Der krumme Anton
II. Teil: Annegrets Heimkehr
RE: Kurt Maetzig – SZ: Kuba – DR: Willi Brückner – KA: Otto Merz – MU: Wilhelm Neef – BA: Alfred Hirschmeier – KO: Marianne Schmidt – SC: Ruth Moegelin – PL: Hans Mahlich – m: 5567 = 204 min. – s/w – PM: 8.2.1957 – PM-Ort: Berlin; »Babylon« – DA: Raimund Schelcher (Krummer Anton) – Karla Runkehl (Annegret) – Erwin Geschonneck (Bröker) – Harry Hindemith (Kalle) – Wilhelm Puchert (Jens Voss) – Angelika Hurwicz (Hede) – Erika Dunkelmann (Marthe) – Dieter Perlwitz (Klimm) – Ekkehard Schall (Ekkehart Bröker) u. a. – KR: Joho,W.: -. SO 1957/6 – Knietzsch, H.: -. ND 10.2.1957 – Menter, L.: -. WBÜ 1957/8, S.242-45 – Rehahn, R.: -. WP 1957/7 – Schnitzler, K.-E.v.: -. FS 1957/6, S.3 – Neutsch,

E.: Die Poesie unserer Tage. FR 9.2.1957 – Wischnewski, K.: Lebenswahrheit und Parteilichkeit. DFK 1957/3, S.68-71, 84 – Schwirten, E.: Ein DEFA-Doppelfilm der »ungeschminkten Wahrheiten«. FRu 5.3.1957 – C.R.: Es liegt an den Nerven, nicht am System. W 15.2.1957.

Teil I: Ein mecklenburgisches Dorf 1945. Die gräfliche Familie flüchtet vor der Roten Armee gen Westen. Zurück bleiben Knechte, Mägde, Landarbeiter – unter ihnen der »krumme Anton«, ehemals Kutscher des Grafen. Sein Leben lang getreten und verspottet, hofft er nun auf ein bißchen Glück für seine Tochter Annegret. Er besitzt ein Schriftstück des Grafen, das Annegret bei ihrer Hochzeit 5000 Mark und ein halbes Dutzend Bettbezüge garantiert. Anton hatte vor 17 Jahren Annegrets Mutter Marthe, die vom Grafen gewaltsam geschwängert worden war, geheiratet. Seine Familie weiß nichts von dem Schriftstück, aber der Gutsinspektor Bröker. Der will seinen Sohn mit Annegret verheiraten und damit das ganze Erbe des Grafen, der keine legitimen Kinder hat, bekommen. Die ahnungslose Annegret wird zum Opfer seines Intrigenspiels und verläßt das Dorf, als ihre wahre Herkunft bekannt wird. Sie glaubt, daß der Traktorist Klimm, den sie liebt, keine Grafentochter akzeptiert, denn als junger Genosse arbeitet er mit Eifer am Aufbau der neuen Gesellschaft.

Teil II: Jahre später kehrt Annegret heim, mit einem Diplom als Zootechnikerin in der Tasche und einem Sohn auf dem Arm. Der Kampf im Dorf jedoch ist nicht zu Ende – weder der politische noch der persönliche. Anton krallt sich noch immer an sein Schriftstück, und Bröker, nun bei der Deutschen Saatgutgenossenschaft angestellt, rächt sich an Annegret wegen der verlorenen »Erbschaft«. Er wiegelt die Bauern, die ihren neuen Methoden ohnehin skeptisch gegenüberstehen, gegen sie auf. Während des Aufstands um den 17. Juni 1953 erleiden die »alten Kräfte« eine Niederlage, und auch Anton begreift nun, daß sein Schriftstück nichts wert ist. Zwischen Annegret und Klimm findet endlich die Hochzeit statt.

Filmtext: Schlösser und Katen. Roman nach dem Filmszenarium von Kuba. Halle/ Saale: Miteldeutscher Verlag 1970

BÄRENBURGER SCHNURRE
(KINDERFILM)
RE: Ralf Kirsten – SZ: Hermann Werner Kubsch – DR: Ilse Langosch – KA: Horst E. Brandt – MU: Günter Kochan – BA: Alfred Tolle – KO: Liane Schindler – SC: Hildegard Conrad – PL: Paul Ramacher – m: 2040 = 75 min. – s/w – PM: 10.2.1957 – DA: Paul Heidemann (Bürgermeister) – Axel Dietrich (Hansel) – Erika Dunkelmann (Hansels Mutter) – Harry Hindemith (Hansels Vater) – Doris Abeßer (Hansels Schwester) – Christoph Picha (Peter) – Gerry Wolff (Stadtrat Müller) u. a. – KR: Ewald, C.: Fragen der Kinderdarstellung. DFK 1957/4, S.100-02 – Hörnig, B.: -. V 5.3.1957 – Schinsky, K.: Neue Versuche auf dem Gebiet der Filmmusik. Über die Musik zu den DEFA-Filmen

»Bärenburger Schnurre« und »Tinko«. DFK 1957/6, S.172-74 – H.A.: Sorgenkind Kinderfilm. NZ 16.2.1957 – mp: -. BZ 28.2.1957.

Die Kinder von Bärenburg an der Saale wünschen sich seit langem eine Badestelle mit Sprungturm. Ihren Vorschlag, einen Stadtstrand anzulegen, lehnt der Bürgermeister ab. Er gibt vor, ein richtiges Schwimmbad bauen zu wollen, doch angeblich fehlten die Mittel und Arbeitskräfte. Als der pfiffige 12jährige Hansel mit einer Liste freiwilliger Helfer kommt, wird er rausgeworfen – mit der Drohung: Ich werd' euch helfen! Das nimmt der Junge kurzerhand wörtlich, verbreitet diese Nachricht und setzt mit Unterstützung zahlreicher Einwohner die Arbeiten in Gang. Der Bürgermeister ist empört, doch der Stein rollt bereits. Ausreden und Intrigen können ihn nicht mehr aufhalten, zumal die Kinder in ihren Eltern und dem Stadtrat Müller engagierte Mitstreiter finden.

Filmtext: Bärenburger Schnurre. Filmerzählung von Hermann Werner Kubsch. Berlin: Henschelverlag 1956

ALTER KAHN UND JUNGE LIEBE
RE: Hans Heinrich – SZ: Dieter Noll, Frank Vogel – DR: Manfred Kieseler – KA: Eugen Klagemann – MU: Gerd Natschinski – BA: Hans Poppe – KO: Gerhard Kaddatz – SC: Hildegard Tegener, Ferdinand Weintraub – PL: Werner Dau – m: 2185 = 80 min. – s/w – PM: 22.2.1957 – PM-Ort: Berlin; »Babylon« – DA: Alfred Maack (Schiffer Borchert) – Erika Dunkelmann (seine Frau Marie) – Götz George (sein Sohn Karl) – Gustav Püttjer (Schiffer Vollbeck) – Maria Häußler (Seine Nichte Anne) – Horst Naumann (Kapitän Richter) u. a. – KR: Knietzsch, H.: -. ND 24.2.1957 – Rehahn, R.: Alter Kahn mit leichter Kost. WP 1957/9 – Zeisler, K.: Leichte Havelbrise. DFK 1957/4, S.102-04 – mtr.: Seemannslos auf der Havel. WBÜ 1957/11, S.351-52 – W.J.: Ein Kahn mit geringer Fracht. SO 1957/9.

Die Lastkähne »Marie« und »Anne« sind mit dem Schleppdampfer »Horst« auf dem Weg von Berlin nach Waren an der Müritz. Schiffer Borchert nennt die »Marie« sein eigen, doch um die Hypothek schneller abzahlen zu können, hat er sie überladen. Sein Sohn Karl soll es mal besser haben, doch der ist an dem alten Kahn gar nicht interessiert. Er schaut zu Schiffer Vollbecks »Anne« hinüber, auf der dessen Schiffbau studierende Nichte gleichen Namens Ferien macht. Anne hat auch ein Auge auf Karl geworfen – trotz der Anträge des flotten Kapitäns Richter vom Schlepper. Der ist zwar tüchtig, macht den auf Grund gelaufenen Kahn von Borchert wieder flott, aber er ist auch ein Luftikus und kann bei Anne nicht landen. Am Ende der Fahrt sind Anne und Karl ein Paar.

BETROGEN BIS ZUM JÜNGSTEN TAG
RE: Kurt Jung-Alsen – BU: Kurt Bortfeldt – LV: Novelle »Kameraden« von Franz Fühmann – DR: Willi Brückner – KA: Walter Fehdmer – MU: Günter Klück – BA: Artur Günther – KO:

Ingeborg Wilfert – SC: Wally Gurschke – PL: Adolf Fischer – m: 2030 = 74 min. – s/w – PM: 7.3.1957 – PM-Ort: Berlin; »Babylon« – DA: Rudolf Ulrich (Obergefreiter Wagner) – Wolfgang Kieling (Gefreiter Lick) – Hans-Joachim Martens (Oberschütze Paulun) – Walther Süssenguth (Hauptmann von der Saale) – Renate Küster (seine Tochter Angelika) – Peter Kiwitt (SS-General Lick) u. a. – KR: Joho, W.: Wie es wirklich war. SO 1957/11 – Junge, W.: -. FO 1957/5 – Kähler, H.: Wahrheit ohne Musik. JW 9.3.1957 – Knietzsch, H.: -. ND 13.3.1957 – Menter, L.: -. WBÜ 1957/14, S.446-47 – Rehahn, R.: Ein Kriegsfilm gegen den Krieg. WP 1957/11 – Schnitzler, K.-E.v.: -. FS 1957/7, S. 3 – Wischnewski, K.: Einzelfall oder Verallgemeinerung. DFK 1957/4, S.98-100 – Eylau, H.U. -. BZ 12.3.1957 – Gehler,F.: Die Amoral des Übermenschen. F&F 1985/1, S.26-27.

Juni 1941. Eine Kompanie der deutschen Wehrmacht ist nahe der litauischen Grenze stationiert. Obergefreiter Wagner, Gefreiter Lick und Oberschütze Paulun gehen während eines Sonderurlaubs auf Reiherjagd. Ein verirrter Schuß trifft die Tochter ihres Hauptmanns tödlich. Aus Angst lassen die drei Soldaten die Leiche verschwinden, doch Paulun wird von seinem Gewissen geplagt und daraufhin von Lick brutal attackiert. Als Wagner eingreift, bekommt Lick Angst und ruft seinen Vater, einen SS-General, zu Hilfe. Der weiß die Angelegenheit zu regeln. Am Tag des Überfalls auf die Sowjetunion läßt er die Leiche »finden«, schiebt den Russen die Tat zu und schlachtet sie propagandistisch aus. Als der Hauptmann litauische Mädchen zur Vergeltung erschießen lassen will, sagt ihm Paulun die Wahrheit, doch Lick erklärt ihn für geistesgestört. Paulun, nun völlig entnervt, versucht zu fliehen und wird von Lick erschossen. Wagner ist Zeuge, doch er hat nicht den Mut, gegen Lick vorzugehen.

TINKO
(KINDERFILM)
RE: Herbert Ballmann – SZ: Eva und Erwin Strittmatter – LV: Gleichnamiger Roman von Erwin Strittmatter – DR: Walter Schmitt – KA: Erwin Anders – MU: Joachim Werzlau – BA: Karl Schneider – KO: Rosemarie Wandelt – SC: Christa Wernicke – PL: Hans-Joachim Schoeppe – m: 2477 = 91 min. – s/w – PM: 29.3.1957 – PM-Ort: Berlin; »Babylon« – DA: Josef Sieber (Kraske) – Lisa Wehn (Kraskin) – Günther Simon (Ernst Kraske) – Eva Krasnodebska (Frau Clary) – Max Reichhoff (Tinko) – Paul R. Henker (Kimpel) – Hans-Peter Minetti (Lehrer Kern) u. a. – KR: Joho, W.: Auseinandersetzung der Generationen. SO 1957/14 – Knietzsch, H.: Ein gutes Buch – kein gleichwertiger Film. ND 3.4.1957 – Schnitzler, K.-E.v.: -. FS 1957/9, S.3 – Stahnke, G.: Tinko zwischen Vater und Großvater. JW 4.4.1957 – Zeisler, K.: Die Kongruenz der Thematik nicht gewahrt. DFK 1957/5, S.132-34 – -: Ein Dorf in Mecklenburg. CuW 30.5.1957.

Der alte Kraske ist durch die Bodenreform vom armen Häusler zum Bauern geworden, doch gegen die Arbeit im Kollektiv sträubt er sich.

Sein Vorbild ist Großbauer Kimpel. Enkel Tinko, den er abgöttisch liebt, soll eines Tages einen großen Hof übernehmen können. Für ihn rackert er sich ab. Als Kraskes Sohn Ernst aus der Kriegsgefangenschaft heimkehrt und sich dem neuen, gemeinschaftlichen Arbeiten zuwendet, kommt es zwischen Vater und Sohn zum Bruch. Tinko steht zwischen dem geliebten Großvater und dem ihm fremden Heimkehrer. Er bleibt beim alten Kraske, während Ernst zu der Umsiedlerin Clary zieht. Allmählich jedoch begreift Tinko – auch mit Hilfe des Neulehrers Kern –, daß sein Vater auf der richtigen Seite steht. Er findet den Weg zu ihm, während sich der uneinsichtige Alte verbissen zu Tode schuftet.

RIVALEN AM STEUER
RE: E.W. Fiedler – BU: Günter Hofé – nach Erlebnissen von Manfred von Brauchitsch – DR: Hans-Joachim Wallstein – KA: E. W. Fiedler – MU: Manfred Nitschke – BA: Oskar Pietsch – KO: Luise Schmidt – SC: Ursula Kahlbaum – PL: Willi Teichmann – m: 2762 = 101 min. – s/w – PM: 26.4.1957 – PM-Ort: Berlin; »Babylon« – DA: Axel Monjé (Manfred Falk) – Wilhelm Koch-Hooge (Hermann Seering) – Christa Fügner (Inge Thorwald) – Edelweiß Malchin (Manuela) – Johannes Arpe (Altwirt) – Richard Lauffen (Roseiro) u.a. – KR: Buchmayer, H.: Das Abenteuer des Rennfahrerfilms. DFK 1957/6, S.170-71 – Knietzsch, H.: -. ND 7.5.1957 – Rehahn, R.: -. WP 1957/19 – Schnitzler, K.-E.v.: -. FS 1957/11, S.3 – Stahnke, G.: -. JW 27.4.1957 – W.J.: -. SO 1957/19.

Während eines Autorennens in Westdeutschland wird der erfahrene Eisenacher Fahrer Manfred Falk von den südamerikanischen Alvarez-Werken abgeworben. Die rassige Alvarez-Tochter Manuela brachte ihn dazu, sein Kollektiv und auch Freundin Inge im Stich zu lassen. Nach großen Erfolgen in Amerika wird sein Siegeseifer aus geschäftlichen Gründen von seinem neuen Arbeitgeber gedrosselt. Er ist enttäuscht, und nach einem Rennen in Frankreich kehrt er nach Deutschland zurück. Das lukrative Angebot der westdeutschen Phönix-Werke ausschlagend, geht er wieder nach Eisenach und rehabilitiert sich, indem er seinem Freund und Team-Partner Seering zum Sieg verhilft. Auch Inge scheint danach versöhnt.

MAZURKA DER LIEBE
RE: Hans Müller – BU: A. Arthur Kuhnert – LV: Operette »Der Bettelstudent« von Carl Millöcker – DR: Hans-Joachim Wallstein – KA: Karl Plintzner – MU: Carl Millöcker, MB: Gerd Natschinski – BA: Erich Zander – KO: Walter Schulze-Mittendorf – SC: Helga Emmrich – PL: Harry Studt – m: 2375 = 87 min. – fa – Tovi u. no – PM: 1.5.1957 – PM-Ort: Berlin; »Colosseum« – DA: Albert Garbe (Gouverneur Ollendorf) – Bert Fortell (Simon) – Eberhard Krug (Jan) – Katharina Mayberg (Bronislawa) – Susanne Christian (Laura) – Jarmila Ksirova (Gräfin Kowalska) u. a. – KR: Friedrich, G.: Eine Neuheit ist nicht unbedingt ein Fortschritt. Zur »Bettelstudent«-Verfilmung der DEFA,

betitelt »Mazurka der Liebe«. DFK 1957/6, S.166-69 – Lüdicke, H.: Prunkvoller »Bettelstudent«. MU 10.5.1957 – H.U.E.: Neues Kino, neue Technik, neuer Film. BZ 5.5.1957 – Kr.: Ein strahlendes Fest fürs Auge. NZ 4.5.1957 – Schütt, I.; Schulz, M.: -. BZA 6.5.1957.

Die Verfilmung des Anfang des 18. Jahrhunderts in Krakau angesiedelten »Bettelstudenten« von Millöcker beginnt mit der Begegnung Simons und des polnischen Freiheitskämpfers Jan – in der Kutsche der gräflichen Familie Kowalska. Simon zieht mit der Gitarre durchs Land, um sich sein Studium zu verdienen, Jan ist auf der Flucht vor sächsischen Besatzungs-Soldaten. Sie verlieben sich in die beiden Kowalska-Töchter Laura und Bronislawa und fahren mit ihnen zum Fest des Adligen Ollendorf, der von August den Starken eingesetzten Gouverneurs. Als Ollendorf Laura zu nahe tritt, versetzt deren Mutter ihm einen Schlag mit dem Fächer. Simon und Jan werden aufgrund ihres höhnischen Lachens von Ollendorf eingesperrt. Aus Rache an Mutter Kowalska will er den armen Studenten Simon als Fürsten verkleiden und mit Laura verheiraten. Doch Jan und Simon überrumpeln Ollendorf und jagen ihn mit Hilfe politischer Häftlinge davon.

LISSY
RE: Konrad Wolf – BU: Alex Wedding, Konrad Wolf – LV: Gleichnamiger Roman von F.C. Weiskopf – DR: Hans-Joachim Wallstein – KA: Werner Bergmann – MU: Joachim Werzlau – BA: Gerhard Helwig – KO: Elli-Charlotte Löffler – SC: Lena Neumann – PL: Eduard Kubat – m: 2425 = 89 min. – s/w – PM: 30.5.1957 – PM-Ort: Berlin; »Babylon« / »Freilichtbühne Bürgerpark« – DA: Sonja Sutter (Lissy) – Horst Drinda (Fromeyer) – Hans-Peter Minetti (Paul Schröder) – Kurt Oligmüller (Kaczmierczik) – Gerhard Bienert (Vater Schröder) – Else Wolz (Mutter Schröder) u. a. – KR: Joho, W.: Ein mahnendes Schicksal. SO 1957/23 – Junge, W.: -. FO 1957/11 – Klaus, U.: ...doch alle Fragen bleiben offen. WBÜ 1957/28, S.889-92 – Knietzsch, H.: Vom Irrweg des Herzens. ND 2.6.1957 – Merz, M.: Menschen im Schatten des Hakenkreuzes. NZT 4.6.1957 – Schnitzler, K.-E.v.: -. FS 1957/13, S.3 – Wischnewski, K.: Ein echter DEFA-Film. DFK 1957/6, S.163-65 – Haas, W.: Lissy seit gestern in der Gondel. W 1.11.1958 – Kr.: Stichwort DEFA-Film. A 9.2.1958 – Gsl.: Paradestück. BMP 7.2.1958 – -: Mitläufer und Linkshänder. TSP 9.2.1958 – Spoden, M.: Gedanken beim neuerlichen Sehen. BFF 1990/39, S.27-33.

Berlin 1932. Lissy ist die Tochter eines sozialdemokratischen Arbeiters und wohnt im Berliner Wedding. Sie möchte heraus aus dem elenden Milieu und arbeitet als Verkäuferin an einem Tabakstand in der Nähe des Kurfürstendamms. Einer der Kunden, der gutaussehende Angestellte Alfred Fromeyer, ist ihr sehr zugetan. Sie hofft, durch eine Heirat mit ihm den sozialen Aufstieg zu schaffen. Doch kaum ist ihr erstes Kind geboren, hat Fromeyer seine so sicher geglaubte Stellung verloren. Seine Verzweiflung und die Begegnung mit einem alten

Freund führen ihn in die SA: In der braunen Uniform gelingt ihm – und damit auch seiner Frau – ein schneller »gesellschaftlicher Aufstieg«, bis zum SA-Sturmführer. Lissy jedoch wird ob dieser Karriere von schmerzhaften Zweifeln geplagt. Ihr Bruder Paul, einst Jungkommunist, trägt nun auch die SA-Uniform. Seine Agitation gegen die reichen Kapitalisten allerdings paßt den Nazis nicht ins neue Konzept. Er wird von seinen eigenen Kumpanen erschossen. Durch diesen Vorfall erkennt Lissy nun deutlich ihren fatalen Irrtum. Sie trennt sich von Fromeyer.

ZWEI MÜTTER
RE: Frank Beyer – BU: Jo Tiedemann, Frank Beyer – LV: Bericht aus der »Frankenpost« Hof vom 4.10.1954 – DR: Wolfgang Ebeling – KA: Otto Merz – MU: Joachim Werzlau – BA: Alfred Hirschmeier – KO: Marianne Schmidt – SC: Ruth Moegelin – PL: Hans Mahlich – m: 2394 = 88 min. – s/w – PM: 28.6.1957 – PM-Ort: Berlin; »Babylon« – DA: Françoise Spira (Madelaine) – Helga Göring (Hedwig) – Ruth Wacker (Jutta) – Wilhelm Koch-Hooge (Dr. Weller) – Guido Thielsch (Toni) – Elfriede Florin (Schwester Paula) u. a. – KR: Junge, W.: -. FO 1957/14 – Knietzsch, H.: Noch einmal: Auf das Drehbuch kommt es an. ND 10.7.1957 – Wischnewski, K.: Der Konflikt will entwickelt sein... DFK 1957/7, S.198-99 – -as-: Toni wird zwei Mütter haben. LVZ 10.7.1957 – -s-: -. WBÜ 1957/34, S.1087-88 – H.U.E.: Zwei Mütter - ein bemerkenswerter DEFA-Film. BZ 3.7.1957.

Eine deutsche Kleinstadt während eines Bombenangriffs im zweiten Weltkrieg. Auch das provisorische Krankenhaus, in dem kurz zuvor zwei Frauen entbunden haben, wird getroffen. Hedwig sucht in den Trümmern ihr Kind und schließt es glücklich in die Arme. Aber es ist das Kind der anderen, der französischen Fremdarbeiterin Madelaine. Hedwigs Sohn wurde von den Trümmern begraben. Als Madelaine aus ihrem Fieber erwacht, sieht sie ihren Sohn bei Hedwig, doch niemand hilft ihr, den Irrtum aufzuklären. Schwester Jutta, die die Verwechslung bemerkt hat, schweigt. Jahre nach dem Krieg kommt Madelaine nach Deutschland zurück, sie will ihr Kind. Die empörte Hedwig weist ihr die Tür, ein Reporter diffamiert die Französin in der Presse. Da endlich sagt Schwester Jutta die Wahrheit. Hedwig ist erschüttert und kann den Irrtum nicht fassen. Sie hat hart gearbeitet, um den Kleinen in der schweren Nachkriegszeit durchzubringen. Doch Madelaine wird ihn später mitnehmen, und sie sagt, daß er dann zwei Mütter haben wird, eine französische und eine deutsche.

WO DU HIN GEHST...
RE: Martin Hellberg – BU: Martin Hellberg, Eduard Claudius – LV: Roman »Grüne Oliven und nackte Berge« von Eduard Claudius – DR: Wolfgang Ebeling – KA: Günter Eisinger – MU: Ernst Hermann Meyer – BA: Willy Schiller – KO: Hans Kieselbach – SC: Lieselotte Johl – PL: Alexander Lösche – m: 2652 = 97 min. –

s/w – PM: 19.7.1957 – PM-Ort: Berlin; »Babylon« – DA: Wolfgang Stumpf (Jakob Rhode) – Gisela Trowe (Thea Ricci) – Raimund Schelcher (Albert) – Gerry Wolff (Samuel) – Johannes Knittel (René) – Josef Kamper (Lutzer) u. a. – KR: Burg, S.: -. ND 25.7.1957 – Joho, W.: -. SO 1957/32 – Kerndl, R.: Ballade einer großen Liebe. JW 23.7.1957 – Richter, E.: Auch der Meister braucht ein gutes Drehbuch. DFK 1957/8, S.231-33 – H.U.: Die Liebe und der Kampf. NZT 23.7.1957 – H.U.E.: -. BZ 23.7.1957.

Während der Olympiade im Berlin des Jahres 1936 verteilen Antifaschisten Flugblätter, um die ausländischen Gäste über die politischen Zustände in Deutschland zu informieren. Die Gestapo macht Jagd auf sie. Einer der Widerstandskämpfer, Jakob Rhode, entkommt mit einer Schußverletzung. Die Schweizer Ärztin Thea hilft ihm, verliebt sich in ihn. Verstehen indes kann sie seinen aussichtslos scheinenden Einsatz nicht und will ihn mit in die Schweiz nehmen. Jakob lehnt ab. Er geht nach Paris und von dort nach Spanien. Thea folgt ihm, arbeitet als Ärztin in den Internationalen Brigaden. Der Kampf läßt sie nicht zusammenfinden. Erst nach der Niederlage kreuzen sich kurz ihre Wege im Internierungslager. Er bleibt inhaftiert, sie wird in die Schweiz abgeschoben, wo sie auf Jakob warten wird.

BERLIN – ECKE SCHÖNHAUSER...

RE: Gerhard Klein – BU: Wolfgang Kohlhaase – DR: Gerhard Hartwig – KA: Wolf Göthe – MU: Günter Klück – BA: Oskar Pietsch – KO: Lydia Fiege – SC: Evelyn Carow – PL: Erich Albrecht – m: 2204 = 81 min. – s/w – PM: 30.8.1957 – PM-Ort: Berlin; »Babylon« – DA: Ekkehard Schall (Dieter) – Ilse Pagé (Angela) – Harry Engel (Karl-Heinz) – Ernst-Georg Schwill (Kohle) – Helga Göring (Angelas Mutter) – Anselm Glücksmann (deren Freund) – Erika Dunkelmann (Kohles Mutter) – Maximilian Larsen (Kohles Stiefvater) u. a. – KR: Joho, W.: Nachkriegsjugend vor der Kamera. SO 1957/36 – Klaus, U.: Jugend im heutigen Berlin. WBÜ 1957/39, S.1246-48 – Knietzsch, H.: Wo wir nicht sind... ND 3.9.1957 – Schnitzler, K.-E.v.: -. FS 1957/19, S.3 – Stahnke, G.: Nicht nur für die an der Ecke. JW 31.8.1957 – Wischnewski, K.: Wer sind wir? DFK 1957/9, S.264-66 – Teut, A.: Unter den Torbögen Ostberlins. W 7.9.1957 – Hell, H.: Die gütige Volkspolizei. Zeit 3.10.1957 – Dalichow, B.: Heimat-Filme der DEFA. F&F 1992/6/ 1993/1, S. 55-61.

Unter dem U-Bahn-Bogen auf der Schönhauser treffen sie sich täglich, die 16-, 17jährigen, denen der Platz im Elternhaus zu eng wird. Mutproben sind an der Tagesordnung, und für eine Westmark wirft man schon mal eine Laterne ein. Der Bauarbeiter Dieter sucht auf der Straße die Freiheit, Kohle flüchtet vor seinem ständig betrunkenen Stiefvater, Karl-Heinz ist schon auf der kriminellen Bahn, und Angela muß zu Hause Platz machen, wenn die Mutter den Freund empfängt. Karl-Heinz versucht, Dieter und Kohle in seine dunklen Geschäfte zu ziehen, und nach einem vermeintlichen Tot-

schlag flüchten die beiden nach Westberlin, wo Kohle im Auffanglager tragisch ums Leben kommt. Dieter entflieht der zweifelhaften »Fürsorge« des Lagers und kehrt nach Hause zurück. Er will für seine Schuld einstehen, um danach ein neues Leben beginnen zu können, und er will zu Angela, die ein Kind von ihm erwartet.

SPIELBANK-AFFÄRE
(CO-PRODUKTION DDR / SCHWEDEN)

RE: Artur Pohl – BU: Artur Pohl – LV: Bericht von Hans von Oettingen – DR: Marieluise Steinhauer – KA: Joachim Hasler – MU: Martin Böttcher – BA: Gerhard Helwig – KO: Vera Mügge – SC: Hildegard Tegener – PL: Werner Dau – m: 2453 (Tovi) = 90 min., 2545 (no und brw) = 94 min. – fa – PM (DDR): 13.9.1957 – PM-Ort: Rostock; »Hansa-Theater« – CO: A.B. Pandora-Film, Stockholm/Schweden – Westdeutscher Titel: Parkplatz zur großen Sehnsucht – DA: Gertrud Kückelmann (Sybille) – Jan Hendriks (Gerhard) – Rudolf Forster (Gallinger) – Peter Pasetti (Dr. Busch) – Willy A. Kleinau (Martinez) – Sven Lindberg (Sörmann) u. a. – KR: Junge, W.: -. FO 1957/19 – G.K.: Wo die Roulettekugel rollt... NZT 18.9.1957 – H.K.: Eskapaden eines Regisseurs. ND 24.9.1957 – U.K.: -. WBÜ 1957/41, S.1309-10 – H.A.: -. NZ 20.9.1957 – Jacobsen, W.: Cha Cha Bim Bam Bum. In: Babelsberg - Ein Filmstudio. Berlin: Argon Verlag 1992, S. 279-84 – Seeßlen, G.: Raritäten aus der Grabbelkiste. epd film 1993/ 10, S. 16.

Die junge, hübsche Bühnenelevin Sybille ist ein häufig gesehener Gast des Spielcasinos einer westdeutschen Kurstadt. Die rollende Roulettekugel soll ihr bei der Finanzierung ihres Studiums helfen. Sie hat eine Abmachung mit Dr. Busch: Sie spielt mit seinem Geld und bekommt dafür einen kleinen Anteil vom Gewinn. Er bleibt im Hintergrund, da sich Glücksspiel für einen angesehenen Rechtsanwalt nicht ziemt. Spät und nur durch das Eingreifen des Journalisten Gerhard Fischer kommt sie dahinter, daß Dr. Busch sie betrügt. Durch sie hat er gefälschte Chips in Umlauf gebracht, um das Casino zu ruinieren und in die Hände eines Monopols zu treiben. Gerhards Versuch, die Machenschaften auffliegen zu lassen, schlägt fehl; die Herren der Casinos haben sich untereinander schon verständigt. Aber Sybille hat er gewonnen.

Filmtext: Spielbankaffaire. Roman von Hans von Oettingen. Berlin: Verlag der Nation 1956

DIE HEXEN VON SALEM
(CO-PRODUKTION DDR / FRANKREICH)

RE: Raymond Rouleau – BU: Jean-Paul Sartre – LV: Schauspiel »Hexenjagd« von Arthur Miller – KA: Claude Renoir – MU: Hanns Eisler, ML: Georges Delerue – BA: René Moulaert, Artur Günther – KO: Lila de Nobili, Lydia Fiege – SC: Marguerite Renoir – PL: Charles Borderie, Richard Brandt – m: 3153 = 116 min. – s/w – PM (DDR): 4.10.1957 – PM-Ort: Berlin; »Babylon« / »Colosseum« – CO: Films Borderie (CICC), Pathé Cinema, Paris/Frankreich – Franz. Titel: Les Sorcières de Salem – DA:

Simone Signoret (Elisabeth Proctor) – Yves Montand (John Proctor) – Mylène Demongeot (Abigail) – Pascale Petit (Mary Warren) – Sabine Thalbach (Kitty) – Ursula Körbs (Wolitt) – Jean Debucourt (Pfarrer Parris) – Raymond Rouleau (Danforth) u. a. – KR: Albrecht, H.: -. NZ 8.10.1957 – Joho, W.: -. SO 1957/41 – Rehahn, R.: -. WP 1957/42 – Wischnewski, K.: Sartre oder Miller? DFK 1957/11, S.324-26 – C.A.: Wenn der Pfarrer und der Richter... WBÜ 1957/42, S.1335-36 – h.m.: Hexenjagd. NZZ 16.9.1961 – -: Hexenjagd. TSP 4.1.1959 – Fiedler, W.: Warnen vor dem Haß. Tag 4.1.1959.

Salem, Massachusetts, im Jahre 1692. Die schottisch-englischen Puritaner führen ein kärgliches Kolonistenleben, das durch ihre strengen religiösen Sitten zusätzlich erschwert wird. Die Farmersfrau Elisabeth Proctor huldigt einer besonders strengen Frömmigkeit, so daß es der jungen Abigail leichtfällt, deren Ehemann John zu verführen. Um John ganz für sich zu haben, bezichtigt sie Elisabeth der Hexerei, was den Scheiterhaufen bedeutet. John offenbart seinen Ehebruch und die wahren Absichten von Abigail, um seine Frau zu retten. Vergebens. Dem fanatischen Pfarrer Parris und dem Richter Danforth geht es um ein Exempel zur Stärkung ihrer Unterdrückungs-Politik und nicht um Gerechtigkeit. Zusammen mit anderen der Hexerei bezichtigten Frauen wird das Ehepaar Proctor zum Tode verurteilt. Elisabeth aber darf nicht hingerichtet werden, da sie schwanger ist. Noch vor dem festgesetzten Hinrichtungstermin werden die anderen heimlich umgebracht. Als das Gewissen der Bürger von Salem angesichts dieses Hexenwahns erwacht und sie eingreifen wollen, ist es bereits zu spät.

DER FACKELTRÄGER

RE: Johannes Knittel – BU: Friedrich Karl Hartmann (= F.K. Kaul), Walter Jupé – DR: Hans-Joachim Wallstein – KA: Günter Eisinger – MU: Gottfried Madjera – BA: Herbert Nitzschke – KO: Dorit Gründel – SC: Johanna Rosinski, Wally Gurschke – PL: Richard Brandt – m: 2240 = 82 min. – s/w – PM: 25.10.1957 – DA: Hermann Kiessner (Dr.Sänger) – Loni Michelis (seine Frau) – Friedrich Gnass (Kabischke) – Harry Hindemith (Dr. Hartmann) – Horst Kube (Johannes) – Ruth-Maria Kubitschek (Dora) u.a. – KR: R.Th.: -. FR 29.10.1957 – -d-: Der Fackelträger leuchtet nicht. TF 12.4. 1957.

Der Westberliner Oberstaatsanwalt Eitel-Friedrich Sänger hofft auf eine Beförderung an den Bundesgerichtshof und sucht krampfhaft einen Fall, der seine Eignung untermauern könnte. Da kommt ihm sein Hausmeister Kabischke ungewollt entgegen. Der randaliert volltrunken in der S-Bahn und muß daraufhin seinen Rausch bei der Ostberliner Transportpolizei ausschlafen. Johannes Müller, der Kabischke den volksdemokratischen Behörden übergeben hatte, wird in Westberlin als Menschenräuber verhaftet. Sänger plant einen Sensationsprozeß gegen Müller, erleidet aber gegen dessen Rechtsanwalt Dr. Hartmann eine Niederlage. Den Posten beim Bundesgerichtshof bekommt er trotzdem – immerhin hat er Gesinnung bewiesen.

1

2

3

Historisch-biographische Filme von Helmut Spieß:

1 »Robert Mayer – der Arzt aus Heilbronn« (1955)
   mit Emil Stöhr (vorn links) in der Titelrolle
   sowie Willi Schwabe (links) und Herwart Grosse

2 »Tilman Riemenschneider« (1958)
   mit Emil Stöhr in der Titelrolle.
   Rechts: Hartmut Reck

3 Günther Simon (Mitte) als kommunistischer Sportler
   Richard Bertram in
   »Einer von uns« (1960) –
   frei nach der Biographie von Werner Seelenbinder

SPUR IN DIE NACHT

RE: Günter Reisch – BU: Gerhard Neumann, Günter Reisch – DR: Hans Sasse – KA: Walter Fehdmer – MU: Helmut Nier – BA: Hans Poppe – KO: Rosemarie Wandelt – SC: Wally Gurschke – PL: Hans Mahlich – m: 2471 = 91 min. – s/w – PM: 25.10.1957 – PM-Ort: Berlin; »Babylon« – DA: Ulrich Thein (Ulli) – Raimund Schelcher (Mann mit Lederjacke) – Eva-Maria Hagen (Sabine) – Annekathrin Bürger (Traudel) – Uwe-Jens Pape (Hanno) – Friedrich Gnass (Alter Grabbert) u. a. – KR: Klaus, U.: Zum DEFA-Film »Spur in die Nacht«. WBÜ 1957/47, S.1503-04 – Knietzsch, H.: Ein umstrittener DEFA-Film. ND 14.11.1957 – Rehahn, R.: -. WP 1957/45 – Schnitzler, K.-E.v.: -. FS 1957/25, S.3 – Zeisler, K.: Aus den Fehlern muß man lernen. DFK 1957/12, S.367-68.

Das Mädchen Sabine, Saisonverkäuferin in einem kleinen Urlaubs- und Grenzort im Zittauer Gebirge, bittet ihren Berliner Freund Ulli brieflich, sofort zu kommen. Als Ulli wie verabredet im Gasthof »Fuchsbau« eintrifft, ist Sabine spurlos verschwunden. Statt die Polizei einzuschalten, spielt der Junge selbst Detektiv. Die Gäste im »Fuchsbau« scheinen ihm alle irgendwie verdächtig. Schließlich findet er Sabine in der Gewalt einer Agentenbande, deren Gefangener er nun auch ist. Grenz- und Sicherheitsorgane der DDR und der Tschechoslowakei retten die beiden im letzten Moment.

POLONIA-EXPRESS

RE: Kurt Jung-Alsen – BU: Kurt Jung-Alsen, Frank Beyer – nach Erlebnissen des Arbeiterveteranen Otto Kühne aus dem Jahre 1920 – DR: Wolfgang Ebeling – KA: Walter Fehdmer – MU: Joachim Werzlau – BA: Willy Schiller – KO: Rosemarie Wandelt – SC: Ruth Moegelin – PL: Erich Albrecht – m: 2043 = 75 min. – s/w – PM: 7.11.1957 – PM-Ort: Berlin; »Colosseum« / Erfurt; »Palast-Theater« – DA: Alice Graf (Hella Merkel) – Horst Schön (Fritz Marr) – Gerhard Bienert (Wilhelm Merkel) – Martin Flörchinger (Direktor Ralow) – Rudolf Ulrich (Althoff) – Hans Klering (Schwerte) u. a. – KR: Buchmayer, H.: Wichtige Stoffe müssen ausreifen. DFK 1957/12, S.365-67 – Eylau, H.U.: -. BZ 13.11.1957 – Joho, W.: Sieg der Solidarität. SO 1957/47 – Rehahn, R.: »Polonia-Expreß« auf richtigem Gleis. WP 1957/46 – Schnitzler, K.-E.v.: -. FS 1957/25, S.3 – Stahnke, G.: »Polonia-Expreß« uraufgeführt. JW 9.11.1957.

1920. Über den Eisenbahnknotenpunkt Erfurt rollen mit Waffen beladene Züge in Richtung Osten. Waffen, die zum Kampf gegen den jungen Sowjetstaat bestimmt sind. Der Eisenbahner Fritz Marr weiß um die illegalen Transporte und versucht, die Arbeiter zu Gegenmaßnahmen zu mobilisieren. Man versetzt ihn auf eine abgelegene Gleisbaustelle. Als ein Waggon unweit von Erfurt in die Luft fliegt, gibt man eine Chemikalien-Explosion an. Doch Marr weiß, daß es Munition war. Der Sonderbeauftragte für die Transporte und die Reichsbahndirektion tun alles, um Marr als Lügner hinzustellen. Auch seine Freundin Hella zweifelt an seinen Worten. Erst als ein Mordanschlag gegen ihn geplant

wird und Hella sein Haus umstellt sieht, holt sie andere Arbeiter zu Hilfe. Der Mord wird verhindert, und gemeinsam gehen die Arbeiter zum Bahnhof, um den mit Waffen beladenen Polonia-Expreß zu stoppen. Die den Zug bewachenden französischen Soldaten solidarisieren sich mit den Erfurter Werktätigen.

VERGESST MIR MEINE TRAUDEL NICHT

RE: Kurt Maetzig – BU: Kuba, Kurt Maetzig – DR: Willi Brückner – KA: Erwin Anders – MU: Hans Hendrik Wehding – BA: Alfred Hirschmeier – KO: Gerhard Kaddatz – SC: Ilse Peters – PL: Hans-Joachim Schoeppe – m: 2337 = 86 min. – s/w – PM: 15.11.1957 – PM-Ort: Berlin; »Babylon« – DA: Eva-Maria Hagen (Traudel Gerber) – Horst Kube (Hannes Wunderlich) – Günther Haack (Wolfgang Auer) – Erna Sellmer (Frau Palotta) – Günther Simon (VP-Kommissar) – Maria Besendahl (Portierfrau) u. a. – KR: Joho, W.: Man kann es auch heiter sagen. SO 1957/48 – Junge, W.: Ernstes und Heiteres dicht beieinander. FO 1957/27 – Knietzsch, H.: -. VO 25.11.1957 – Merz, M.: Das Mädchen - der Lehrer - der Polizist. NZT 20.11.1957 – Rehahn, R.: -. WP 1957/48 – Schnitzler, K.-E.v.: -. FS 1957/26, S.3 – Stahnke, G.: -. JW 23.11.1957 – Wischnewski, K.: Auf dem Wege... DFK 1957/12, S.360-61.

Lehrer Wolfgang Auer und Volkspolizist Hannes Wunderlich sind Freunde und Zimmernachbarn bei Wirtin Palotta in Berlin. Eines Tages taucht Traudel dort auf. Wolfgang hatte sie kurz zuvor mit dem Motorrad auf der Landstraße aufgelesen und dann wieder sitzenlassen – mit seiner Adresse. Das Mädchen, ebenso raffiniert wie naiv, verlogen wie treuherzig, bringt die beiden um ihre Erziehung bemühten Männer von einer peinlichen Situation in die andere. Und verleitet Hannes sogar zu rechtswidrigen Amtshandlungen. Er stellt ihr einen provisorischen Ausweis aus – mit von ihr erfundenen Daten. Er tut dies allerdings nicht nur, weil er verliebt ist, sondern weil er ihre tragische Vergangenheit ahnt. Ein alter Brief ihrer Mutter ist ihm in die Hände gefallen; er stammt aus dem KZ Ravensbrück und endet mit den Worten »Vergeßt mir meine Traudel nicht«. – Die skeptische Wirtin Palotta, von Anfang an empört über diese weibliche Einquartierung, hat unterdessen Detektiv gespielt und die Herkunft des aus einem Heim ausgerückten Mädchens herausgefunden. Traudel bekommt nun einen richtigen Ausweis, und nachdem Hannes seine kleine Strafe wegen Amtsmißbrauchs abgesessen hat, steht einer Hochzeit nichts mehr im Wege.

Filmtext: Hexen. Vergeßt mir meine Traudel nicht. Filmerzählungen von Kuba. Halle/ Saale: Mitteldeutscher Verlag 1974

SHERIFF TEDDY
(KINDERFILM)

RE: Heiner Carow – BU: Benno Pludra, Heiner Carow – LV: Gleichnamiges Kinderbuch von Benno Pludra – DR: Gudrun Rammler – KA:

Götz Neumann – MU: Günter Klück – BA: Alfred Tolle – KO: Helga Scherff – SC: Friedel Welsandt – PL: Paul Ramacher – m: 1859 = 68 min. – s/w – PM: 29.11.1957 – PM-Ort: Berlin; Zentralhaus der Jungen Pioniere – DA: Günther Simon (Lehrer Freitag) – Erich Franz (Herr Becker) – Else Wolz (Frau Becker) – Helga Göring (Frau Müller) – Hartmut Reck (Robbi) – Gerhard Kuhn (Kalle) – Axel Dietz (Andreas) u. a. – KR: Knietzsch, H.: -. VO 2.12.1957 – Rehahn, R.: Jungenschicksal - heute und gestern. Die DEFA zeigte »Sheriff Teddy« und »Gejagt bis zum Morgen«. WP 1957/50 – Stahnke, G.: Sheriff Teddy aus Wildwest in Ost. JW 5.12.1957 – Wischnewski, K.: Ein großer Film - für kleine Leute. DFK 1957/12, S.361-63 – W.J.: Die Konflikte des jungen Kalle. SO 1957/51.

Der 13jährige Kalle zieht mit seinen Eltern von West- nach Ostberlin. In seinem alten Kiez galt er was, war Sheriff der Teddy-Bande. Die neue, andersartige Umgebung paßt ihm nicht und noch weniger seinem großen Bruder Robbi, der im Westteil krummen Geschäften nachgeht. Zwischen Kalle und seinem Banknachbarn in der Schule, Andreas, entwickelt sich eine Rivalität, die zu mehreren Zwischenfällen führt. Kalle will sich bei Andreas, den er eigentlich mag, mit einem Geschenk entschuldigen – einem geklauten Tacho für dessen Fahrrad. Der Diebstahl fliegt auf, Kalle fühlt sich blamiert und traut sich nicht mehr in die Schule. Vom Bruder läßt er sich zu einem Einbruch verleiten, doch Andreas und die anderen Klassenkameraden sind Robbi auf der Spur. Sie alarmieren die Polizei und legen ein gutes Wort für Kalle ein.

GEJAGT BIS ZUM MORGEN

RE: Joachim Hasler – BU: A. Arthur Kuhnert, Ludwig Turek – LV: Nach Erinnerungen von Ludwig Turek – DR: Marieluise Steinhauer – KA: Joachim Hasler – MU: Walter Sieber – BA: Gerhard Helwig – KO: Vera Mügge – SC: Hildegard Tegener – PL: Werner Dau – m: 2212 = 81 min. – s/w – PM: 6.12.1957 – PM-Ort: Berlin; »Colosseum« – DA: Manja Behrens (Martha Kurda) – Raimund Schelcher (Karl Baumann) – Siegfried Schürenberg (Polizeiinspektor) – Annemarie Hase (Mutter Bühnemann) – Friedrich Gnass (Vater Baumann) – Günther Ballier (Arzt) – Wolfgang Obst (Ludwig) – Siegfried Ewert (Ulli) u. a. – KR: Ewald, C.: Bildsprache als Handlungselement. DFK 1957/12, S.363-65 – Knietzsch, H.: Erinnerungen eines Proleten. ND 8.12.1957 – Schnitzler, K.-E.v.: -. FS 1958/1, S.3 – Stahnke, G.: -. JW 10.12.1957 – -ob-: Es gab kein Glück für die Armen. BZ 7.12.1957 – Rehahn, R.: Jungenschicksal - heute und gestern. Die DEFA zeigte »Sheriff Teddy« und »Gejagt bis zum Morgen«. WP 1957/50.

Schicksal einer Arbeiterfamilie um die Jahrhundertwende. Nach dem tödlichen Betriebsunfall ihres Mannes steht Martha Kurda ohne Unterstützung und Arbeit mit zwei Kindern allein. Der 13jährige Ludwig versucht mit Bettelei die Not zu lindern. Als der kleine Bruder Ulli an Lungenentzündung erkrankt, fehlt dennoch das

Geld für den Arzt und der Junge stirbt. Ludwig will sein Bett opfern, damit Tischler Baumann wenigstens einen Sarg für den Bruder zimmert. Auf dem Friedhof kommt es zu einem Unfall, Baumann ist betrunken und stürzt in die ausgehobene Grabstelle. Wegen der vorausgegangenen Auseinandersetzung, die es um den Sarg gab, verdächtigt die kaiserliche Polizei Ludwig des Mordes. Die ganze Nacht ist der Junge auf der Flucht, bis er am Morgen von Baumanns Sohn Karl gerettet wird. Karl, der als Sozialist mit der Polizei ebenfalls auf Kriegsfuß steht, ist von der Unschuld des Jungen überzeugt. Er liebt außerdem dessen Mutter und verspricht den beiden Arbeit in seiner kleinen Druckerei.

SKIMEISTER VON MORGEN
(KINDERFILM)

RE: Ralf Kirsten – BU: Kurt Bortfeldt – LV: Erzählung »Die goldenen Schneeschuhe« von Adolf Görtz – DR: Eleonore Schmidt-Schwarze – KA: Horst E. Brandt – MU: Eberhard Schmidt – BA: Willy Schiller – KO: Dorit Gründel – SC: Hildegard Conrad – PL: Erich Albrecht – GR: Jugend- und Kinderfilmproduktion – m: 1740 = 64 min. – s/w – PM: 13.12.1957 – DA: Gerry Wolff (Trainer Frieder) – Carl Haumann (Skiwart) – Rosemarie Menzel (Heimleiterin) – Die Kinder: Dietmar Humitzsch, Peter Philipp, Rüdiger Koers, Uta Burgart, Edith Bollmann, Christiane Clausner – KR: Czygan, C.: -. BZA 6.1.1958 – Vollbrecht, H.-R.: Die goldenen Schneeschuhe. JW 24.12.1957 – G.K./Me.: Die Tragödie einer jungen Liebe. Filme aus der Sowjetunion, China, Italien und der DDR. NZT 31.12.1957 – M-o: Paulchen ist der Allerbeste. M 4.1.1958 – Ewald, C.: Zwei neue Kinderfilme der DEFA. DFK 1958/1, S.2-4.

Die Jungen Herbert und Günter sind Freunde, auf den schmalen Brettern jedoch, auf denen sie der Wintersport-Meisterschaft entgegenlaufen, Rivalen. Für seine hervorragenden Leistungen im Vorjahr hatte Herbert vom Staat ein Paar »goldene Schneeschuhe« bekommen, Skier bester Qualität. In diesem Jahr aber ist Günter der Favorit, trotz der einfachen Skier – er hat fleißiger trainiert. Während des Wettkampfes kommt es zwischen beiden zu handgreiflichen Auseinandersetzungen, jeder möchte der Sieger sein. Sie gefährden damit das gute Abschneiden ihrer Gruppe. Angesichts des Schadens, den sie dem Kollektiv zugefügt haben, begreifen sie endlich, daß Fairneß oberstes Gebot sein muß.

DAS SINGENDE, KLINGENDE BÄUMCHEN
(KINDERFILM)

RE: Francesco Stefani – SZ: Anne Geelhaar – LV: Fragment der Brüder Grimm – DR: Margot Beichler – KA: Karl Plintzner, Walter Roßkopf – MU: Heinz-Friedel Heddenhausen – BA: Erich Zander – KO: Hans Kieselbach – TR: Ernst Kunstmann, Vera Kunstmann – SC: Christa Wernicke – PL: Alexander Lösche – GR: Jugend- und Kinderfilmproduktion – m: 1984 = 73 min. – fa – PM: 15.12.1957 – PM-Ort: Berlin; »Babylon« – DA: Christel Bodenstein (Prinzessin) – Charles Hans Vogt (König) – Eckart

Dux (Prinz / Bär) – Richard Krüger (Zwerg) – Dorothea Thiesing (Amme) – Fredy Barten (Minister) u. a. – KR: Ewald, C.: Zwei neue Kinderfilme der DEFA. DFK 1958/1, S.2-4 – Schröder, M.: -. JW 14.12.1957 – G.K.: Die hochmütige Prinzessin. NZT 18.12.1957 – -ler: Märchenwelt auf der Leinwand. NZ 15.12.1957 – M-o: Die bezwungene Prinzessin. M 17.12.1957.

Um die Liebe einer schönen, aber hochmütigen Prinzessin zu gewinnen, macht sich ein Prinz auf die Suche nach dem singenden, klingenden Bäumchen, das von der Prinzessin so begehrt wird. Er findet es in einem Zaubergarten, in dem ein böser Zwerg herrscht. Der gibt ihm das Bäumchen unter einer Bedingung: Bis zum Abend muß der Prinz die Liebe der Prinzessin erringen, sonst wird er in einen Bären verwandelt – was auch passiert. Durch eine List holt der Bär die hartherzige Prinzessin in den Zaubergarten, wo sie, ihrer Schönheit und Macht beraubt, langsam Herz entwickelt. Sie gewinnt die Zuneigung der Tiere, verliebt sich in den Bären und schließlich kehrt ihre Schönheit zurück. Der Zwerg sieht seine Pläne durchkreuzt und lockt die Prinzessin aus dem Zauberwald. Doch die hat das böse Spiel inzwischen durchschaut. Sie scheut weder Mühe noch Gefahren, in den Zauberwald zurückzugelangen und ihren Prinzen zu befreien.

1958

TATORT BERLIN

RE: Joachim Kunert – BU: Joachim Kunert, Jens Gerlach – DR: Wolfgang Ebeling – KA: Otto Merz – MU: Günter Klück – BA: Hans Poppe – KO: Dorit Gründel – SC: Evelyn Carow – PL: Erich Albrecht – m: 2339 = 86 min. – s/w – PM: 10.1.1958 – PM-Ort: Berlin; »Babylon« – DA: Hartmut Reck (Rudi Prange) – Annegret Golding (Ilse Schulz) – Rudolf Ulrich (Walter Prange) – Sonja Sutter (Walter Pranges Freundin) – Hans-Peter Minetti (Kriminalkommissar Stein) – Jochen Brockmann (Kriminalkommissar Rollberg) – Charlotte Küter (Frau Prange) u. a. – KR: Hofmann, H.: Ein realistischer Kriminalfilm. NZ 11.1.1958 – Schnitzler, K.-E.v.: -. FS 1958/3, S.3 – Schulz, M.: -. BZA 13.1.1958 – Stahnke, G.: Der Mann im hellen Trenchcoat. JW 11./12.1.1958 – Wischnewski, K.: Kriminalfilm - wie? DFK 1958/2, S.40-41 – W.J.: Die Jungen der Bewährung. Zu zwei DEFA-Filmen. SO 1958/4.

Wegen guter Führung und dem festen Vorsatz eines ehrlichen Neubeginns wird der Kraftfahrer Rudi Prange vorzeitig aus dem Gefängnis entlassen. In einem Transportbetrieb bekommt er Arbeit, wird aber von einem Kollegen wider Willen in eine Schmuggelei verstrickt. Rudi schweigt aus Angst um den Arbeitsplatz. Bald steht er wegen einer ganz anderen Sache auf der Verdächtigenliste der Kommissare Stein und Rollberg: Zwei Polizisten wurden in zwei sich ähnlichen Fällen niedergeschossen. Die Spur führt zu Rudi. Die Leiterin des HO-Geschäfts, dessen Kassentransport überfallen wurde, Ilse Schulz, ist seine Freundin. Die Täterbeschreibung paßt auch. Stein glaubt, den Täter zu haben, Rollberg dagegen hegt Zweifel an den »glatten« Indizien. Ein Taschentuch-Monogramm führt die beiden schließlich zum wahren Täter, auf den Rudi auch schon gekommen ist. Sein beherztes Eingreifen kann ein drittes Verbrechen verhindern.

Filmtext: Tatort Berlin. Kriminalerzählung nach dem Drehbuch des gleichnamigen DEFA-Films von Jens Gerlach und Joachim Kunert. Berlin: Verlag der Nation 1958

JAHRGANG 21
(CO-PRODUKTION DDR / ČSSR)

RE: Václav Gajer – BU: Ota Hofman, Walter Gorrish, Václav Gajer – LV: Gleichnamiger Roman von Karel Ptáčník – DR: Ilse Langosch – KA: Jan Kališ – MU: Jiří Sřnka – BA: Herbert Nitzschke, Karel Lier – KO: Ingeborg Wilfert – TR: Ernst Kunstmann – SC: Ursula Kahlbaum – PL: Adolf Fischer, Zdeněk Oves – m: 2644 = 97 min. – s/w – PM (DDR): 28.2.1958 – PM-Ort: Berlin; »Babylon« – CO: Filmstudio Prag /ČSSR – Tschechischer Titel: Ročník jedenadvacet – DA: Eva Kotthaus (Käthe) – Luděk Munzar (Honzík) – Jiří Sovák (Kovanda) – Josef Vinklář (Olin) – Stanislav Fišer (Mirek) – Raimund Schelcher (Weiß) u. a. – KR: Joho, W.: Was uns trennte und was uns verband. SO 1958/10 – Junge, W.: Begegnung mit Liebe und Tod. FO 1958/11, S.12 – Knietzsch, H.: Herzen im Schatten der Nacht. ND 2.3.1958 – Merz, M.: Liebe in jenen Jahren. NZT 1.3.1958 – Rehahn, R.: Sie waren damals neunzehn... WP 1958/10 – Schnitzler, K.-E.v.: -. FS 1958/7, S.3 – Wischnewski, K.: Co-Produktion auf echter Grundlage. DFK 1958/3, S.68-69, 85 – Bergander, G.: -. Zeit 10.4.1958 – chen: -. TF 2.3.1958.

Sie waren 18, als der zweite Weltkrieg begann: der Prager Musikstudent Honzík, dessen Vater ins KZ Buchenwald verschleppt wurde, und die deutsche Krankenschwester Käthe. Honzík kommt in eine Fremdarbeiterkompanie nach Deutschland. Bei einem Marsch durch das zerbombte Stralsund rettet er einen Jungen aus den Trümmern – gegen den Befehl des Unteroffiziers. Er wird dabei schwer verletzt. Im überfüllten Krankenhaus haben Deutsche den Vorrang, doch Käthe nimmt sich seiner an. Zwischen ihr und dem jungen Tschechen entsteht eine zarte Liebe. Doch das ist verboten, und Denunzianten gibt es überall. Käthe wird strafversetzt, Honzík kehrt in seine Kompanie zurück. Im zerstörten Dresden begegnen sie sich wieder, das Glück aber ist nur kurz. Käthe wird von der Gestapo verhaftet, den tschechischen Fremdarbeitern hilft ein Widerstandskämpfer bei der Flucht. Die Befreiung steht kurz bevor...

NUR EINE FRAU

RE: Carl Balhaus – BU: Erich Ebermayer, Hedda Zinner – LV: Gleichnamiger Roman von Hedda Zinner – DR: Marieluise Steinhauer – KA: Götz Neumann – MU: Eberhard Schmidt – BA: Erich Zander – KO: Hans Kieselbach – SC: Helga Emmrich – PL: Alexander Lösche – m: 2863 = 105 min. – s/w PM: 6.3.1958 – PM-Ort: Leipzig; »Capitol« – DA: Karla Runkehl (Luise Otto-Peters) – Rudolf Grabow (August Peters) – Lore Frisch (Antonie) – Helga Göring (Melanie) – Ruth Baldor (Tanta Amalie) – Hanns Anselm Perten (Dennhardt) u. a. – KR: Altmann, B.: Nur eine Liebesgeschichte? NZT 23.4.1958 – Laschet, K.: Mehr Temperament, mehr Mut! DFK 1958/4, S.101-02 – Schnitzler, K.-E.v.: -. FS 1958/10, S.3 – Tok, H.-D.: Das Leben der Luise Otto-Peters. LVZ 18.4.1958 – Czygan, C.: -. BZA 22.4.1958 – H.U.E.: Das Leben der Luise Otto-Peters. BZ 22.4.1958.

Ein biographischer Film über die Frauenrechtlerin Luise Otto-Peters (1819-1895). Als wohlbehütete Tochter eines angesehenen Juristen wächst sie in Meißen auf. In ihrer bürgerlichen Umgebung stößt die junge Luise mit ihrer Anteilnahme an politischen und sozialen Problemen auf Unverständnis. Doch sie geht ihren eigenen Weg, schlägt die Werbung eines reichen Adligen aus und beginnt zu arbeiten. Ihre Gedichte und fortschrittlichen Artikel werden von den Zeitungen gedruckt. Ein Aufenthalt beim Schwager, der eine Weberei besitzt, konfrontiert sie mit dem Elend der Fabrikarbeiter. Ihr Mitleid und ihre Empörung ob dieser Ausbeutung läßt sie Partei ergreifen. Verständnis für ihr Engagement findet sie bei dem jungen Lehrer August Peters, der die von der Fabrikarbeit übermüdeten Kinder in den Abendstunden unterrichtet. Eine Verbindung der beiden wird von der Familie hintertrieben. Luise schreibt

sozialkritische Romane und gründet die erste Frauenzeitschrift Deutschlands. In den Kämpfen der 48er Revolution trifft sie August wieder. Er ist verwundet, und sie verbirgt ihn, kann aber seine Verhaftung nicht verhindern. Als er nach zehnjähriger Haft aus dem Gefängnis entlassen wird, heiraten sie.

EMILIA GALOTTI

RE: Martin Hellberg – BU: Martin Hellberg – LV: Gleichnamiges Schauspiel von Gotthold Ephraim Lessing – DR: Gerhard Neumann – KA: Günter Eisinger – MU: Ernst Roters – BA: Artur Günther – KO: Walter Schulze-Mittendorf – SC: Lieselotte Johl – PL: Paul Ramacher – m: 2682 = 98 min. – s/w PM: 14.3.1958 – PM-Ort: Berlin; »Babylon« – DA: Karin Huebner (Emilia Galotti) – Gerhard Bienert (Odoardo Galotti) – Maly Delschaft (Claudia Galotti) – Hans-Peter Thielen (Hettore Gonzaga, Prinz von Guastalla) – Ernst Otto Fuhrmann (Marinelli, Kammerherr des Prinzen) – Eduard von Winterstein (Camillo Rota, Ratgeber) – Horst Schulze (Graf Appiani) – Gisela Uhlen (Gräfin Orsina) u. a. – KR: Dahlke, G.: Martin Hellberg contra Lessing. ND 22.3.1958 – Joho, W.: Die Erschütterung blieb aus. SO 1958/12 – Junge, W.: Die neue Zeit läßt sich nicht mit alten Mitteln einfangen. FO 1958/13 – Laschet, K.: Eine neue Klassikerverfilmung. DFK 1958/3, S.70-71 – Rehahn, R.: »Emilia Galotti« - und ihr Regisseur. WP 1958/12 – rg: Lessing auf der Leinwand. K 25.3.1958 – A.T.: Panne. W 12.2.1958.

Der lüsterne, tyrannische Prinz von Guastalla verliebt sich in Emilia, die Tochter des Obersten Odoardo Galotti. Er beauftragt seinen Kammerherrn Marinelli, ihm Emilia zuzuführen und deren bevorstehende Hochzeit mit dem Grafen Appiani zu verhindern. Da eine Abschiebung des Grafen zu einer diplomatischen Mission nicht gelingt, läßt Marinelli die Hochzeitskutsche von Banditen überfallen. Appiani wird erschossen, Emilia und deren Mutter auf das Prinzen Lustschloß gebracht. Die Mutter kennt die Absicht des Prinzen und ahnt die Zusammenhänge. Der herbeigeeilte Vater erfährt sie von der Gräfin Orsina, der eifersüchtigen Geliebten des Prinzen. Er ist außer sich und will Emilia sofort mit nach Hause nehmen, was der Prinz zu verhindern weiß. Als Emilia allein mit dem Vater sprechen kann, bittet sie ihn, sie zu töten. Nicht aus Angst, daß man ihr Gewalt antut, sondern aus Scham davor, der Verführung des Prinzen zu erliegen. Odoardo ersticht die Tochter.

MEINE FRAU MACHT MUSIK

RE: Hans Heinrich – SZ: Walter Niklaus – DR: Marieluise Steinhauer – KA: Eugen Klagemann – MU: Gerd Natschinski – BA: Oskar Pietsch – KO: Gerhard Kaddatz – SC: Friedel Welsandt – PL: Werner Dau – m: 2501 = 92 min. – fa – PM: 3.4.1958 – PM-Ort: Berlin; »Babylon« – DA: Lore Frisch – GE: Gitta Lind (Gerda Wagner) – Günther Simon (Gustl Wagner) – Maly Delschaft (Susi Rettig) – Alice Prill (Eva Rettig) – Herbert Kiper (Fritz Rettig) – Evelyn Künneke

(Daisy) – Alexander Hegarth (Fabiani) u. a. – KR: Junge, W.: -. FO 1958/17 – Knietzsch, H.: Versuch einer Film-Revue. ND 3.4.1958 – Rehahn, R.: -. WP 1958/17 – Schinsky, K.: Auch der Revuefilm braucht eine realistische Fabel. DFK 1958/5, S.134-35 – Stahnke, G.: Sie soll - aber nach welcher Melodie? JW 18.4.1958 – Schnitzler, K.-E.v.: -. FS 1958/9, S.3 – H.U.E.: Zwei Musikfilme in einer Woche. BZ 9.4.1958 – W.J.: Auf ausgetretenen Pfaden. SO 1958/17 – Schenk, R.: Als Thälmann Samba tanzen wollte. TSP 23.7.1992.

Nach zehnjähriger glücklicher Ehe kommt es Gerda Wagner, Mutter zweier Kinder, plötzlich in den Sinn, eine Karriere als Schlagersängerin zu versuchen. Eine zufällige Begegnung der ehemaligen Gesangsschülerin mit noch immer schöner Stimme und dem umschwärmten italienischen Sänger Fabiani ließ den alten Traum wieder aufleben. Nun setzt sie alles daran, ihn zu verwirklichen – sehr zum Ärger ihres Gatten Gustl, Leiter der Schallplattenabteilung eines Warenhauses. Ihn treibt die Eifersucht auf Fabiani zum Alkohol, und der wiederum treibt ihn zum Varieté, in dem Gerda bereits großen Erfolg hat. Mit seinem »Auftritt« richtet Gustl einigen Trubel an, bis er am Ende erkennt, daß es seiner Frau wirklich nur um die Musik und nicht um Fabiani geht.

ABENTEUER IN BAMSDORF
(KINDERFILM)

RE: Konrad Petzold – BU: Konrad Petzold – DR: Gisela Neltner – KA: Günter Marczinkowsky – MU: Heinz-Friedel Heddenhausen – BA: Erich Kulicke – KO: Lydia Fiege – SC: Ilse Peters – PL: Anni von Zieten – m: 1646 = 60 min. – fa – PM: 4. 4.1958 – DA: Charlotte Küter (Oma) – Bernd Kuss (Toni) – Peter Schmidt (Klaus) – Petra Kyburg (Rita) – Klaus Böhme (Rolf) – Günter Wolf (Stippel) u. a. – KR: Ewald, C.: Ein falscher Weg. DFK 1958/4, S.103-04 – Ch.Cz.: Leinwandkost für junge Herzen. BZA 17.6.1958.

Für Toni und seine kleine Schwester Rita hatte die »Fahrt nach Bamsdorf« trotz aller Zwischenfälle ein gutes Ende genommen. Nun schlittern sie, die Ermahnungen der Großmutter in den Wind schlagend, in eine neue Gefahr: Toni und Freund Klaus haben eine Höhle entdeckt. Mit einem Bindfaden als Rückweg-Weiser stürzen sie sich ins Abenteuer. Rita ist ihnen heimlich gefolgt, aber plötzlich bricht hinter ihr die Decke ein. Sie schlägt sich zu den Jungen durch, und gemeinsam suchen sie nach einem Ausgang. Die Angst sitzt ihnen im Nacken, doch sie finden einen Gang ins Freie.

SIE KANNTEN SICH ALLE

RE: Richard Groschopp – BU: Lothar Creutz, Carl Andrießen, Richard Groschopp – DR: Ilse Langosch – KA: Eugen Klagemann – MU: Wilhelm Neef – BA: Artur Günther – KO: Ingeborg Wilfert – SC: Friedel Welsandt – PL: Werner Dau – m: 2284 = 84 min. – s/w PM: 30.4.1958 – PM-Ort: Berlin; »Babylon« – DA: Sonja Sutter (Herta Klausner) – Paul R. Henker (Klausner) – Horst Drinda (Brückner) – Harry Hindemith (Böhnke) – Erich Franz (Kilian) – Wolfgang Stumpf (Schott) u. a. – KR: Knietzsch, H.: -. VO 5.5.1958 – Köhler, H.: -. JW 6.5.1958 – Merz, M.: Die Leute vom Experten-Stammtisch. NZT 7.5.1958 – Schnitzler, K.-E.v.: -. FS 1958/11, S.3 – Wischnewski, K.: Unterhaltungsfilm und sozialistische Gegenwart. DFK 1958/5, S.132-33 – Schulz, M.: -. BZA 5.5.1958.

Ein Autowerk in Isenau, irgendwo in der DDR. Es ist das einzige große Werk der Region, fast alle arbeiten hier, fast alle kennen sich. Bei einer Testfahrt kommt es zu einem Unfall. Ein Fahrer ist tot, ein anderer schwer verletzt. Die Untersuchung ergibt: Sabotage. Klausner, Meister der Versuchswerkstatt, fühlt sich mitverantwortlich und sucht Trost bei seiner Tochter Herta. Doch Herta, Sekretärin des technischen Direktors, ist unzugänglich und verstört. Kurz darauf stellt Klausner fest, daß sie in den Fall verwickelt ist. – Die beiden Mitarbeiter des Staatssicherheitsdienstes, die das Geschehen untersuchen, sind anfangs hilflos. Als sie den Tätern endlich auf die Spur kommen, platzt ihnen der Detektiv spielende Praktikant Brückner in die Quere. Im letzten Moment, unmittelbar vor ihrer Flucht in den Westen, können die Saboteure dann doch noch gestellt werden.

EIN MÄDCHEN VON 16 1/2

RE: Carl Balhaus – BU: Ilse Czech-Kuckhoff, Carl Balhaus – DR: Manfred Kieseler – KA: Götz Neumann – MU: Günter Klück – BA: Alfred Tolle – KO: Hans Kieselbach – SC: Helga Emmrich – PL: Alexander Lösche – m: 2656 = 97 min. – s/w – PM: 16.5.1958 – PM-Ort: Berlin; »Colosseum« – DA: Nana Schwebs (Helga) – Erika Dunkelmann (Frau Fritsche) – Helga Göring (Fräulein Peters) – Wolfgang Stumpf (Baum) – Gerhard Bienert (Oskar Genz) – Hartmut Reck (Rolf) – Uwe-Jens Pape (Egon) u. a. – KR: Herrmann, G.: -. BZA 19.5.1958 – Laschet, K.: Mangelhafte Kenntnis des Lebens. DFK 1958/6, S.166-67 – Rehahn, R.: Zweimal Idylle. »Ein Mädchen von 16 1/2 » und »Fiete im Netz«. WP 1958/23 – Salow, F.: -. SO 1958/24 – Schnitzler, K.-E.v.: -. FS 1958/12, S.3 – Stahnke, G.: Kein volljähriger Film. JW 18.5.1958.

Helga hat im Krieg ihre Eltern verloren und ist bei einer Tante aufgewachsen, der sie eines Tages davonläuft. Sie treibt sich im nächtlichen Berlin herum, macht Männerbekanntschaften und landet schließlich in einem Jugendwerkhof. Rolf, mit dem sie eine kurze Fluchtepisode erlebt hat, verliebt sich in sie. Helga jedoch denkt noch immer an den zwielichtigen Egon, den sie auf ihren abendlichen Streifzügen kennengelernt hatte, und mit dem sie sich ein angenehmes Leben erhofft. Sie flieht aus dem Werkhof zu ihm. Als sie ihn endlich in einer Bar findet, völlig pleite und heruntergekommen, will der sie auf den Strich schicken. Helga aber hat inzwischen genügend Reife, um zu wissen, daß das nicht ihr Weg ist. Sie geht freiwillig zurück in den Werkhof – und zu Rolf.

FIETE IM NETZ
(KINDERFILM)

RE: Siegfried Hartmann – BU: Fritz Meyer-Scharfenberg, Siegfried Hartmann – DR: Margot Beichler – KA: Erich Gusko – MU: Helmut Nier – BA: Willi Schäfer – KO: Helga Scherff – SC: Wally Gurschke – PL: Hans Mahlich – m: 1602 = 59 min. – s/w – PM: 18.5.1958 – PM-Ort: Berlin – DA: Gustav Püttjer (Großvater) – Erika Müller-Fürstenau (Fietes Mutter) – Brigitte Krause (Lehrerin) – Peter Festersen (Lockentolle) – Karl-Hermann Steinlein (Freund von Lockentolle) – Joachim Schimanski (Fiete) – Anton Kuck (Heiner) – Ulrike Brunn (Liesa) – KR: Salow, F.: Heraus aus der Idylle! DFK 1958/6, S.168-69 – Hartmann, S.; Salow, F.: Ein Briefwechsel. DFK 1958/11, S.337-38 – G. K.: Ein echter Junge von der See. NZT 24.5.1958 – Rehahn, R.: Zweimal Idylle. »Ein Mädchen von 16 1/2« und »Fiete im Netz«. WP 1958/23 – M.H.: Ein DEFA-Kinderfilm: »Fiete im Netz«. BZ 21.5.1958.

In einem kleinen Dorf lebt der neunjährige Fiete. Jeden Tag nach der Schule frönt er seiner Lieblingsbeschäftigung, dem Angeln in einem kleinen Bach. Eines Tages stören zwei Rowdys die Idylle, sie ertränken den Erpel des Nachbarn. Aus Angst vor den beiden, die ihn auch noch mit einem Geschenk bestechen, schweigt Fiete über den Vorfall. Am Abend, als die Nachbarstochter Liesa ihren Erpel vergebens sucht, schlägt sein Gewissen, und nachts plagen ihn Alpträume. Aber erst als seiner Familie ein Schaf fehlt und er eine neue Gemeinheit der Rowdys vermutet, gesteht er die Wahrheit.

DIE GESCHICHTE VOM ARMEN HASSAN
(KINDERFILM)

RE: Gerhard Klein – BU: Rosel Klein – LV: Ein ujgurisches Märchen – DR: Margot Beichler – KA: Götz Neumann – MU: Hans-Dieter Hosalla – BA: Hans Poppe – KO: Marianne Schmidt – SC: Evelyn Carow – PL: Erich Albrecht – m: 1635 = 60 min. – fa – PM: 19.7.1958 – DA: Ekkehard Schall (Hassan) – Erwin Geschonneck (Kaufmann Machmud) – Ernst Otto Fuhrmann (Kadi) – Georgetta Sager (Fatima) – Heinz Schubert (Wasserhändler) – KR: Czygan, C.: -. BZA 25.11.1958 – Jelenski, M.: Ein zwiespältiges Experiment. DFK 1959/2, S.40-41 – Knietzsch, H.: Dreimal DEFA, einmal Schwejk. VO 1.12.1958 – Rehahn, R.: Neue Filme von der DEFA. Die Geschichte vom armen Hassan, Tilman Riemenschneider. WP 1958/50 – Ro.: Märchen aus dem Orient. NZT 28.11.1958 – Schnitzler, K.-E.v.: Zwei auf einen Streich. FS 1958/26, S.3.

Steinig und wasserarm ist das Land in der mittelasiatischen Heimat des armen Hassan. Mit verlangendem Blick schaut er täglich auf den randvollen Brunnen im Garten des reichen Kaufmanns Machmud. Eines Tages fällt ihn dessen Wachhund an, und er muß ihn erschlagen, um sein Leben zu retten. Der Kadi verurteilt Hassan, die Stelle des Wachhundes einzunehmen. Als ein Pferd gestohlen wird, muß er auch noch dessen Arbeit verrichten. Ein belauschter Handel zwischen dem Kaufmann und dem Kadi macht Hassan klar, daß die Weltordnung nicht von Allah bestimmt wird, sondern von den Reichen. Während einer Spazierfahrt der beiden in die Wüste, bei der er die Rolle des Pferdes innehat, streift er seine Fesseln ab. Mit enormer Kraft schleudert er den Wagen samt Insassen gegen einen Felsen, kehrt zurück und öffnet den Garten des Kaufmanns für alle Dürstenden.

DER LOTTERIESCHWEDE

RE: Joachim Kunert – BU: Joachim Kunert, Jens Gerlach – LV: Gleichnamige Novelle von Martin Andersen Nexö – DR: Hanns Julius Wille – KA: Otto Merz – MU: André Asriel – BA: Gerhard Helwig – KO: Luise Schmidt – SC: Hildegard Conrad – PL: Erich Albrecht – m: 1941 = 71 min. – s/w – PM: 11.9.1958 – PM-Ort: Berlin; »Babylon« – DA: Erwin Geschonneck (Johan Jönsson, der Lotterieschwede) – Sonja Sutter (Frau Jönsson) – Harry Hindemith (Bergendal) – Jochen Thomas (Lindquist) – Hans Emons (Svendsen) – Gerhard Lau (Elström) – Günther Simon (Arzt) – Horst Kube (Wirt) – Albert Garbe (Krämer) – Hans Klering (Postbeamter) u. a. – KR: Jelenski, M.: Eine problematische Literaturverfilmung. DFK 1958/10, S.282-83 – Junge, W.: Eine tieftraurige Mär. FO 1958/39 – Merz, M.: Das Ende des Johan Jönsson. NZT 17.9.1958 – Schnitzler, K.-E.v.: -. FS 1958/20, S.3 – B.M.: -. ND 21.9.1958 – H.U.E.: -. BZ 16.9.1958 – W.J.: Der Lotterieschwede - Erzählung und Film. SO 1958/39.

Die erste große Prosaarbeit Nexös führt auf die Insel Bornholm, im Jahre 1880. Der Steinbrucharbeiter Johan Jönsson fristet mit seiner Frau und den Kindern ein armseliges Leben. Mit einem Lotterielos, durch das er sich einen großen Gewinn verspricht, will er der Not entfliehen. Doch es bringt ihm kein Glück. Statt sein bißchen Geld für einen Arzt auszugeben, um sein krankes Kind behandeln zu lassen, verlängert er das Los. Das Kind stirbt, und Johan verfällt, von Gewissensbissen geplagt, dem Alkohol. Nachdem er alles verspielt hat, bringt das Lotterielos einem anderen den Hauptgewinn. Johan begeht Selbstmord, sein Sohn Per hat indessen begriffen, daß Glücksspiel nicht das Mittel ist, das erbärmliche Dasein der Arbeiter zu verändern.

DIE FESTSTELLUNG

RE: Herbert Fischer, Werner Bergmann, Gerhard Klein – LV: Gleichnamiges Bühnenstück von Helmut Baierl – DR: Wolfgang Ebeling – KA: Werner Bergmann, Karl Drömmer, Hans Heinrich, Walter Küppers – MU: Reiner Bredemeyer – BA: Willy Schiller, Egon Vogel – KO: Marianne Schmidt – SC: Christa Wernicke – PL: Adolf Fischer – m: 1382 = 51 min. – s/w – AD: 20.9.1958 – DA: Erik S. Klein (Der Vorsitzende) – Käthe Reichel (Die Mechanikerin) – Karl Kendzia (Der kleine Bauer) – Harry Hindemith (Der unrasierte Bauer) – Peter Marx (Der Rückkehrer) – Agnes Kraus (Die Frau) u. a. – KR: keine.

Der Film wurde zu Ehren des V. Parteitages der SED hergestellt. – Ein republikflüchtig gewordener Bauer kehrt enttäuscht aus dem Westen in den Ort Oslitz (DDR) zurück. Er und seine Frau sollen Haus und Hof wiederbekommen, doch der Fall wird Anlaß für eine ungewöhnliche LPG-Versammlung. Der Vorsitzende, ein Genosse aus der Stadt und die Bauern wollen herausfinden, was den Rückkehrer zur Flucht veranlaßt hat, und ob man diese hätte vermeiden können. Der Bauer gibt vor, daß der Vorsitzende ihn wegen illegaler Düngerkäufe in die LPG pressen wollte. Dieser interpretiert sein Verhalten anders. Zur Aufklärung der Angelegenheit, und um Lehren daraus zu ziehen, spielen die Anwesenden die Vorgänge vor der Flucht mit vertauschten Rollen nach.

DER PROZESS WIRD VERTAGT

RE: Herbert Ballmann – BU: Herbert Ballmann – LV: Novelle »Michaels Rückkehr« von Leonhard Frank – DR: Dieter Scharfenberg – KA: E.W. Fiedler, Otto Hanisch – MU: Jean Kurt Forest – BA: Oskar Pietsch – KO: Walter Schulze-Mittendorf – SC: Helga Emmrich – PL: Adolf Fischer – m: 2657 = 97 min. – s/w – PM: 25.9.1958 – PM-Ort: Berlin; »Babylon« – DA: Gisela Uhlen (Maria Jäger) – Raimund Schelcher (Michael Vierkant) – Gerhard Bienert (Gefängnisdirektor) – Gerry Wolff (Crossert) – Friedrich Richter (Dr. Waldegg) – Waltraut Kramm (Sophie) – Kurt Steingraf (Dr. Korn) u. a. – KR: Albrecht, H.: Ein neuer DEFA-Film - frei nach Leonhard Frank. NZ 2.10.1958 – Geisler, U.; Junge, W.: -. FO 1958/42 – Jelenski, M.: Vom Schaden der Inkonsequenz. DFK 1958/11, S.318-20 – Knietzsch, H.: Versuch eines poetischen Films. VO 29.9.1958 – Schnitzler, K.-E.-v.: -. FS 1958/21, S.3.

1955 kehrt der in der Nazi-Zeit emigrierte Jude Michael Vierkant aus dem Ausland in die Bundesrepublik Deutschland zurück, um die Verurteilung des damaligen Denunzianten Korn zu erwirken, der für die Ermordung seiner Schwester verantwortlich war. Korn ist wieder in Amt und Würden; Michaels Bemühungen bleiben erfolglos. Es kommt zur direkten Auseinandersetzung zwischen den beiden, wobei Michael Korn in Notwehr erschießt. Er flieht und wird von der jungen, zurückgezogen lebenden Künstlerin Maria Jäger versteckt, dann doch von der Polizei gestellt und des vorsätzlichen Mordes angeklagt. Der Kriminalpolizei wird der Fall vom Verfassungsschutz aus der Hand genommen, der einen politischen Racheakt in kommunistischem Auftrag konstruiert. Michael gelingt es, aus dem Gefängnis zu entkommen. Maria und deren Freunde organisieren eine Pressekonferenz, auf der Michael die Zusammenhänge offenlegt. Der Prozeß wird vertagt.

DER JUNGE ENGLÄNDER

RE: Gottfried Kolditz – BU: Susanne Dancker, Gottfried Kolditz – LV: Frei nach Wilhelm Hauff – DR: Eva Seemann – KA: Günter Eisinger – MU: Hans-Dieter Hosalla – BA: Herbert Nitzschke – KO: Hans Kieselbach – SC: Charlotte Peschlow – PL: Helmut Klein – GR: Gruppe »Stacheltier« im DEFA-Studio für Spielfilme – m: 1910 = 70 min. – s/w – PM: 31.10.1958 – PM-Ort: Berlin; »Colosseum« – DA: Jean Soubeyran (Der junge Engländer) – Josef Burgwinkel (Bürgermeister)- Charlotte Brummerhoff (seine Frau) – Rita Zabekow (beider Tochter) – Paul Lewitt (der fremde Herr) – Otto Eduard Stübler (Oberpfarrer) u. a. – KR: Czygan, C.: -. BZA 1.11.1958 – Knietzsch, H.: Dreimal DEFA, einmal Schwejk. VO 1.12.1958 – Schinsky, K.: Pantomime auf der Leinwand - durchaus legitim. DFK 1958/12, S.383-84 – Schröder, M.: Wie vor hundert Jahren. JW 2.11.1958 – U. L.: -. BZ 4.11.1958 – Schnitzler, K.-E.v.: Zwei auf einen Streich. FS 1958/26, S.3.

Die mit modernen Elementen versehene musikalische Pantomime nach Wilhelm Hauffs Märchen führt ins süddeutsche Städtchen Grünwiesel des Jahres 1825. Ein Fremder hat sich dorthin zurückgezogen, um ein ruhiges Leben zu führen. Dem klatschsüchtigen Spießertum aber ist er ein Dorn im Auge. Eines Tages kommt ein Zirkus in den Ort, und kurz darauf präsentiert der Fremde den Bürgern seinen »Neffen«. Ungewöhnliche Erscheinung und Sitten desselben deuten die Leute als »ausländisch«, und glauben in ihm einen Engländer zu erkennen. Die Gesellschaft hofiert den »Mann von Welt«, ahmt ihn nach, präsentiert ihm die heiratsfähigen Töchter. Als die Huldigungen auf dem Höhepunkt angelangt sind, macht der Fremde seinem rachsüchtigen Scherz ein Ende. Er offenbart den Spießern, wem sie nachäffen: einem dressierten Affen.

DAS LIED DER MATROSEN

RE: Kurt Maetzig, Günter Reisch – BU: Karl Georg Egel, Paul Wiens – DR: Willi Brückner, Hans-Joachim Wallstein – KA: Joachim Hasler, Otto Merz – MU: Wilhelm Neef – BA: Gerhard Helwig – KO: Elli-Charlotte Löffler, Rosemarie Wandelt – SC: Lena Neumann – PL: Hans Mahlich – m: 3423 = 126 min. – s/w – Tovi u. no – PM: 9.11.1958 – PM-Ort: Berlin; Werner-Seelenbinder-Halle – DA: Günther Simon (Erich Steigert) – Raimund Schelcher (August Lenz) – Ulrich Thein (Henne Lobke) – Horst Kube (Jens Kasten) – Hilmar Thate (Ludwig Bartuschek) – Wolfgang Langhoff (Rechtsanwalt) – Stefan Lisewski (Jupp König) u. a. – KR: Albrecht, H.: Heut' ist unsre Stunde, unsre Zeit. NZ 9.11.1958 – Joho, W.: Ein Fort, das keiner nehmen kann. SO 1958/46 – Knietzsch, H.: -. ND 11.11.1958 – Mäde, H.D.: Parteilichkeit und Kollektivgeist. DFK 1958/12, S.380-83 – Rehahn, R.: -. WP 1958/46 – Schnitzler, K.-E.v.: -. FS 1958/24, S.3 – Stahnke, G.: -. JW 16.11.1958 – Kersten, H.: An der Kamera: die SED. Tag 19.11.1958.

Herbst 1917. In Rußland hat die Revolution gesiegt. An der Verbrüderung deutscher und russischer Soldaten sind auch der Maschinist Henne Lobke und der Heizer Jens Kasten beteiligt, die ihre Offiziere entwaffnen, um die Versenkung eines russischen Frachters zu verhindern. Nach Deutschland zurückgekehrt, geht der Kampf weiter. Die Kieler Hafenarbeiter und Matrosen rufen zum Massenstreik auf, fordern die Beendigung des Krieges und die Absetzung des Kaisers und seiner Offiziere. Daraufhin beschließt die Admiralität die Operation »Nibelungen«. Durch sie soll die gesamte deutsche Flotte in einer Schlacht gegen die Engländer der Vernichtung ausgesetzt werden, um die Revolution zu ersticken. Die unterschiedlichen politischen Gruppierungen angehörenden Arbeiter in Uniform, unter ihnen der Oberheizer August Lenz, der Funker Ludwig Bartuschek und der Bursche des Vizeadmirals Jupp König, verhindern gemeinsam diese Aktion. Der Film endet mit dem Gründungsparteitag der KPD.

Filmtext: Das Lied der Matrosen. Erzählung für den Film von Karl Georg Egel und Paul Wiens. Berlin: Henschelverlag 1958

KLOTZ AM BEIN

RE: Frank Vogel – BU: Max Walter Schulz, Frank Vogel – DR: Wolfgang Ebeling – KA: Erich Gusko – MU: Gerd Natschinski – BA: Artur Günther – KO: Helga Scherff – SC: Friedel Welsandt – PL: Werner Dau – m: 1970 = 72 min. – s/w – PM: 14.11.1958 – PM-Ort: Berlin; »DEFA-Filmtheater Kastanienallee« – DA: Horst Drinda (Gustav Hauschild) – Christel Bodenstein (Christl Hauschild) – Gerhard Bienert (Vater Weber) – Erika Dunkelmann (Mutter Weber) – Paul R. Henker (Willi) – Hans-Joachim Martens (Alfred) u. a. – KR: Junge, W.: -. FO 1958/48 – Knietzsch, H.: Dreimal DEFA, einmal Schwejk. VO 1.12.1958 – Richter, E.: Alltagsleben - heiter betrachtet. DFK 1958/12, S.385-86 – Stahnke, G.: -. JW 23.11.1958 – M.J.: -. SO 1958/48, S.4 – H.U.E.: -. BZ 19.11.1958.

Der junge Elektroinstallateur Gustav Hauschild lebt mit seiner Frau Christl bei den Schwiegereltern. Um der Enge zu entfliehen und ein eigenes Heim zu bekommen, ist er in der Wohnungsbau-Genossenschaft. Aber plötzlich erbt er ein Haus. Eine Bruchbude zwar, doch im Gegensatz zu Christl ist Gustav begeistert. Er kündigt bei der Genossenschaft und macht sich mit tatkräftiger Unterstützung des Schwiegervaters an den Ausbau. Doch das baufällige Gemäuer ist nicht zu retten, und als das Chaos nicht mehr zu überbieten ist, kehrt er reumütig zu Christl zurück – und in die Genossenschaft.

TILMAN RIEMENSCHNEIDER

RE: Helmut Spieß – BU: Joachim Barckhausen, Alexander Graf Stenbock-Fermor – LV: Filmerzählung von Harry Hindemith, Werner Stewe – DR: Marieluise Steinhauer – KA: Eugen Klagemann – MU: Joachim Werzlau – BA: Erich Zander – KO: Elli-Charlotte Löffler – SC: Ursula Rudzki – PL: Alexander Lösche – m: 2682 = 98 min. – s/w – PM: 5.12.1958 – PM-Ort: Berlin; »Babylon« – DA: Emil Stöhr (Tilman Riemenschneider) – Gerd Michael Henneberg (Fürstbischof Konrad von Thüngen) – Annekathrin Bürger (Anna) – Kurt Oligmüller (Domherr) – Johannes Curth (Bürgermeister Merklein) – Hanns Anselm Perten (Burghauptmann) u. a. –

KR: Czygan, C.: -. BZA 9.12.1958 – Jelenski, M.: Die Konzeption muß klar sein. DFK 1959/1, S.4-5 – Kraze, H.-H.: Der Bildschnitzer von Babelsberg. NZT 9.12.1958 – Lang, L.: Ein Riemenschneider für geistig Unbedarfte? WBÜ 1958/52, S.1663-64 – Schnitzler, K.-E.v.: -. FS 1959/1, S.5 – Rehahn, R.: Neue Filme von der DEFA. Die Geschichte vom armen Hassan, Tilman Riemenschneider. WP 1958/50 – H.U.E.: DEFA-Film um Riemenschneider. BZ 9.12.1958.

Der bedeutende deutsche Holzbildhauer Tilman Riemenschneider (geboren um 1460) gilt als künstlerisch und gesellschaftlich etabliert. Er ist Ratsherr in Würzburg und bekleidet mehrere Ämter. In seinen Werken wie in seiner Amtsführung zeigt er sich dem einfachen Volke verbunden, das ihn verehrt. Aber auch in dem kunstverständigen Fürstbischof Konrad von Thüngen hat er einen Gönner. Doch als die Erhebung der Bauern 1525 auf Würzburg übergreift, Riemenschneider sich für die Rechte der Bauern einsetzt und sich dem Einsatz von Soldaten widersetzt, wird Thüngen zu seinem erbitterten Gegner. Der flieht zwar erst vor der Übermacht, kehrt aber nach der Niederschlagung des Aufstands zurück und kerkert Riemenschneider ein. Nach Wochen wird dieser aus der Festungshaft entlassen. Man hat seine Hände gebrochen, aber nicht seine Standhaftigkeit.

GESCHWADER FLEDERMAUS

RE: Erich Engel – BU: Hans Székely, MI: Rolf Honold – LV: Gleichnamiges Bühnenstück von Rolf Honold – DR: Ilse Langosch – KA: Karl Plintzner, Erwin Anders – MU: Hanns Eisler – BA: Karl Schneider – KO: Walter Schulze-Mittendorf – TR: Ernst Kunstmann, Vera Kunstmann – SC: Hildegard Tegener – PL: Hans Mahlich – m: 2667 = 98 min. – s/w – PM: 23.12.1958 – PM-Ort: Berlin; »Babylon« – DA: Wolfgang Heinz (General Lee) – Christine Laszar (Flessy) – Günther Simon (Tex Stankowsky) – Kurd Pieritz (Mitch Bryk) – Norbert Christian (Terry Varney) – Hans Walter Clasen (Andy West) – Nguyen Thi Hoa (Thao) u. a. – KR: Albrecht, H.: General Lees Uhr ist abgelaufen. NZ 25.12.1958 – Herrmann, G.: -. BZA 27.12.1958 – Joho, W.: Desperados im schmutzigen Krieg. SO 1958/52 – Knietzsch, H.: -. VO 29.12.1958 – Netzeband, G.: Entmythologisiertes »Heldentum«. DFK 1959/2, S.37-39 – Schnitzler, K.-E.v.: -. FS 1959/2, S.3 – Stahnke, G.: -. JW 26.12.1958.

Ein amerikanisches Transportgeschwader unter Führung des ehemaligen Generals Lee unterstützt gegen hohe Bezahlung die französische Kolonialarmee in Vietnam. Ursprünglich sollte ihr Einsatz nur den Verwundeten gelten, aber als das Vordringen der vietnamesischen Befreiungsarmee die Franzosen immer mehr in Bedrängnis bringt, fliegen sie auch Munition – gegen noch mehr Geld und unter Mißachtung des Völkerrechts. Chefpilot Bryk weigert sich zu fliegen, die Sekretärin Flessy wird zur Geliebten des skrupellosen Generals, nachdem ein Liebhaber nach dem anderen vom Einsatz nicht zurückkommt, und das restliche Geschwader wird bei

einem Munitionsflug abgeschossen. Im Camp taucht französische Armee auf, um die Dolmetscherin Thao wegen Spionagetätigkeit festzunehmen. Bryk rettet sie und flieht mit ihr in den befreiten Teil Vietnams.

1959

IM SONDERAUFTRAG

RE: Heinz Thiel – SZ: Hans Oliva – DR: Joachim Plötner – KA: Horst E. Brandt – MU: Helmut Nier – BA: Alfred Hirschmeier – KO: Joachim Dittrich – SC: Wally Gurschke – PL: Hans Mahlich – m: 2144 = 79 min. – s/w – PM: 3.1.1959 – PM-Ort: Guben – DA: Hans-Peter Minetti (Kapitänleutnant Fischer) – Rolf Ludwig (Arendt) – Horst Kube (Gefreiter Lutz) – Wilhelm Koch-Hooge (Petersen) – Werner Lierck (Feldwebel Kohl) – Fritz Diez (Kapitänleutnant Wegner) u. a. – KR: Hofmann, H.: -. NZ 11.1.1959 – Kluft, E.: Begegnung nach fünfzehn Jahren. NZT 14.1.1959 – Salow, F.: Erster Schritt in einen neuen Themenkreis. DFK 1959/3, S.69-70 – Schnitzler, K.-E.v.: -. FS 1959/3, S.3 – Mo.: -. ND 13.1.1959 – Stahnke, G.: -. JW 17./18.1.1959 – H.U.E.: -. BZ 13.1.1959.

Kapitänleutnant Fischer ist mit seinem Minenräumkommando vor Kap Arkona, als ihm der Auftrag erteilt wird, einen westdeutschen Kutter aufzubringen, der die DDR-Hoheitsgrenze verletzt hat. Im Kapitän des Kutters erkennt er einen alten Bekannten: Oberleutnant Arendt, mit dem er 1943 bei einer Küstenbatterie in Dänemark stationiert war. Fischer erinnert sich: Ihr Batteriechef war wegen Verbindung zu dänischen Antifaschisten standrechtlich erschossen worden. Fischer wußte von einem geplanten Treff und entschied sich, die Dänen zu warnen und zu ihnen überzulaufen. Er überredete auch Arendt dazu. Doch der Treff wurde verraten, und auf der Flucht blieb Arendt angeblich verwundet zurück. Fischer rekonstruiert nun die Zusammenhänge, erkennt in Arendt den damaligen Verräter und entlarvt ihn als jetzigen Spion.

Filmtext: Im Sonderauftrag. Eine Filmerzählung von Hans Oliva. Berlin: Verlag des Ministeriums für Nationale Verteidigung 1960

DIE ELENDEN
(CO-PRODUKTION DDR / FRANKREICH / ITALIEN)

RE: Jean-Paul Le Chanois – BU: René Barjavel, Jean-Paul Le Chanois – LV: Gleichnamiger Roman von Victor Hugo – DR: Ilse Langosch – KA: Jacques Natteau – MU: Georges van Parys – BA: Karl Schneider, Serge Pimenoff – KO: Marcel Escoffier, Jacqueline Guyot, Luise Schmidt – SC: Emma Le Chanois, Lieselotte Johl – PL: Paul Cadeac, Richard Brandt, Erich Kühne – m: 5653 = 207 min. – fa – Tovi / brw – PM (DDR): 16.1.1959 – PM-Ort: Berlin; »Colosseum« – CO: Société Nouvelles Pathé Cinéma; P.A.C., Paris/Frankreich, SERENA-Film, Rom/Italien – Franz. Titel: Les Miserables – Ital. Titel: I Miserabili – DA: Jean Gabin (Jean Valjean) – Daniele Delorme (Fantine) – Bernard Blier (Javert) – Serge Reggiani (Enjolras) – Elfriede Florin (Madame Thénardier) – Bourvil (Thénardier) – Gianni Esposito (Marius) – Beatrice Alta Riba (Cosette) u. a. – KR: Albrecht, H.: Mensch unter Wölfen. NZ 18.1.1959 – Jelenski, M.: Ehrfurcht? Ja – aber auch kritische Distanz. DFK 1959/3, S.74-75 – Joho, W.: Film-

1

4

2

5

3

6

1 Luděk Munzar und Eva Kotthaus in
»Jahrgang 21«
(1958/RE: Václav Gajer),
die erste Co-Produktion
mit tschechischen Filmemachern

2 Agnes Kraus, Peter Marx und Harry Hindemith in
»Die Feststellung«
(1958/RE: Herbert Fischer,
Werner Bergmann, Gerhard Klein)

3 Gerhard Bienert (links) und Horst Drinda in
»Klotz am Bein« (1958),
der Debütfilm von Regisseur Frank Vogel

4 Wolfgang Heinz (links) in einer Szene aus
»Geschwader Fledermaus«
(1958/RE: Erich Engel)

5 Herbert Dirmoser, Jürgen Frohriep und
Christine Laszar in
»Weißes Blut«
(1959/RE: Gottfried Kolditz)

6 Helga Piur in »Wo der Zug nicht lange hält...«
(1960/RE: Joachim Hasler)

kunst und Romantik. SO 1959/4 – Knietzsch, H.: -. ND 24.1.1959 – Menter, L.: -. BZA 19.1.1959 – Gallé, W.: »Die Elenden« zum 19. Male verfilmt. StN 3.1.1959.

Teil I: Jean Valjean, der wegen geringfügiger Vergehen zu 19 Jahren Bagno und Aberkennung der Bürgerrechte auf Lebenszeit verurteilt worden war, taucht nach seiner Entlassung als Mr. Madeleine in der kleinen Stadt Montreuil-sur-Mer unter. Er wird bald zu einem angesehenen Bürger und aufgrund seines Einsatzes für die Armen zum Bürgermeister ernannt. Sein alter Widersacher, Polizeiinspektor Javert, kommt langsam hinter die wahre Identität Madeleines. Doch dieser, dem kein Leid fremd ist, befreit das Freudenmädchen Fantine aus Javerts Gefängnis, nimmt sich nach deren Tod ihrer Tochter Cosette an und flieht mit ihr nach Paris. Dort lebt er zurückgezogen, widmet sich ganz der Erziehung des Kindes.

Teil II: Während der von fortschrittlichen Studenten angeführten Juli-Revolution 1830 begegnen sie sich auf den Barrikaden wieder. Javert hat sich als Spitzel eingeschlichen, wird enttarnt und gefangengenommen. Unter den Kämpfern ist auch Marius, der Cosette liebt. Ihr Pflegevater Valjean hilft den jungen Revolutionären und übernimmt Javert. Statt ihn hinzurichten, läßt er ihn frei. Diese humane Tat irritiert den verbissenen Gesetzesvertreter. Und als Valjean sich ihm später freiwillig stellt, läßt Javert ihn nach jahrzehntelanger Jagd laufen und nimmt sich das Leben. Marius und Cosette heiraten, und Valjean offenbart dem Schwiegersohn seine Vergangenheit. Der ist schockiert, hält Valjean auch für den Mörder Javerts und fordert eine strikte Trennung. Valjean zieht sich in die Einsamkeit zurück. Erst kurz vor seinem Tode kommt es zur Versöhnung des jungen Paares mit dem Alten. Marius hat erfahren, daß Valjean ihm das Leben rettete, als er auf den Barrikaden schwer verwundet worden war.

SIE NANNTEN IHN AMIGO
RE: Heiner Carow – BU: Wera und Claus Küchenmeister, Heiner Carow – DR: Eleonore Schmidt-Schwarze – KA: Helmut Bergmann – MU: Kurt Schwaen – BA: Willy Schiller – KO: Dorit Gründel – SC: Ilse Peters – PL: Paul Ramacher – m: 1721 = 63 min. – s/w – PM: 22.1.1959 – PM-Ort: Berlin; »Babylon« / »Vorwärts« Karlshorst – DA: Ernst-Georg Schwill (Amigo) – Erich Franz (Vater Sinewski) – Fred Düren (Pepp) – Angelika Hurwicz (Marta Meister) – Wilhelm Koch-Hooge (Walter Meister) – Peter Kalisch (dürrer Gestapomann) u. a. – KR: Altenstedt, J.: Ein fünfzehnjähriger Held. JW 27.1.1959 – Junge, W.: Warum dieser Schluß, Heiner Carow? FO 1959/8 – Karau, G.: Gespräche um Amigo. BZA 3.4.1959 – Knietzsch, H.: -. ND 28.1.1959 – Mäde, H.D.: Auf dem Wege zur Meisterschaft. DFK 1959/3, S.71-73 – Rehahn, R.: -. WP 1959/5 – Schnitzler, K.-E.v.: -. FS 1959/4, S.3 – Kersten, H.: Tage der Angst und der Größe. TSP 13.1.1974 – mar: Die Werwölfe schweigen. W 4.3.1980.

Deutschland 1939. Der 13jährige Berliner Junge Rainer Meister, genannt Amigo, findet im Gerümpelkeller des Hinterhofs einen Mann. Es ist Pepp, ein aus dem KZ geflohener politischer Häftling. Als Sohn einer kommunistischen Arbeiterfamilie weiß Amigo, in welche Gefahr er sich begibt, wenn er Pepp hilft. Er tut es dennoch und verpflichtet die beiden Mitwisser, seinen jüngeren Bruder und dessen Freund, zum Schweigen. Der aber verrät sich seinem Vater. Und dieser, Sinewski, ein selbstzufriedener, feiger Nazi-Mitläufer, wird schließlich zum Denunzianten. Sein Sohn hatte ihm eine Jacke gestohlen, um dem »Illegalen« zu helfen. Sinewski verdächtigt Amigo und dessen Vater, der verhaftet wird. Amigo stellt sich selbst, um Vater und Pepp zu retten. Für seine Tat wird der 13jährige in ein KZ gebracht. Er überlebt dank der Fürsorge der älteren Genossen. Später, in der DDR, wird er Panzerfahrer in den Reihen der Nationalen Volksarmee.

DIE PREMIERE FÄLLT AUS
RE: Kurt Jung-Alsen – BU: Gerhard Neumann, Hans-Albert Pederzani – LV: Gleichnamiges Bühnenstück von A.G. Petermann – DR: Hans Sasse – KA: Walter Fehdmer – MU: Gerd Natschinski – BA: Artur Günther – KO: Dorit Gründel – SC: Friedel Welsandt – PL: Werner Dau – m: 2040 = 75 min. – s/w – PM: 13.2.1959 – PM-Ort: Berlin; »Colosseum« – DA: Christine Laszar (Vera Herrmann, Schauspielerin) – Peter Herden (Dr. Born, Oberspielleiter) – Rudolf Ulrich (Hauptmann Jentsch) – Paul R. Henker (Intendant Probst) – Fred Mahr (Major Koch) – Gerd Biewer (Alexander Gorsky, Schauspieler) u. a. – KR: Knietzsch, H.: -. ND 23.2.1959 – Mäde, H.D.: Kriminalgeschichte im Theatermilieu. DFK 1959/4, S.101-02 – Schnitzler, K.-E.v.: -. FS 1959/5, S.3 – W.J.: Kriminalfilm mit ernstem Hintergrund. SO 1959/8 – Albrecht, H.: Kriminalfall mit tieferer Bedeutung. NZ 17.2.1959 – H.U.E.: -. BZ 17.2.1959.

Aus dem Versuchslabor eines Chemiebetriebes im fiktiven Städtchen Bärenfurt in der DDR werden Forschungsergebnisse von enormem Wert gestohlen und an der Berliner Sektorengrenze sichergestellt. Die Spur führt zu dem Agenten »Haas« ans Bärenfurter Stadttheater. Um seine Identität aufzudecken und ihn festzunehmen, ist Hauptmann Jentsch im Theater. Während der »Fiesco«-Premiere geschieht ein Mord. Verdächtig machen sich viele, z.B. der mit der Schauspielerin Vera verlobte Oberspielleiter Born, dessen bemüht unpolitische Haltung auffällig ist. Es ist keine leichte Aufgabe für die Sicherheitsbeamten, in diesem Milieu Sein und Schein auseinanderzuhalten. Durch präzise Arbeit gelingt es ihnen, den Täter zu entlarven und nach einer Verfolgungsjagd durchs Theater zu verhaften.

NATÜRLICH DIE NELLI !
(KINDERFILM)
RE: Konrad Petzold – SZ: Kaspar Germann – DR: Joachim Plötner – KA: Otto Hanisch – MU: Helmut Nier – BA: Hans Poppe – KO:

Liane Schindler – SC: Charlotte Peschlow – PL: Anni von Zieten – m: 1433 = 53 min. – fa – PM: 22.2.1959 – DA: Evamaria Bath (Mutter Frenz) – Wolfgang Lippert (Vater Frenz) – Senta Bonacker (Oma Trabekow) – Birgit Neubert (Nelli) – Marion Weitlich (Ingelore) – Ursula Schulze (Hilde) u. a. – KR: Czygan, C.: -. BZA 24.2.1959 – Salow, F.: Auf dem richtigen Wege. DFK 1959/8, S.230-31, 255 – Zschoche, H.: Was sieht Ihr Kind im Kino? Gedanken zu einigen Kinderfilmen der DEFA. BZ 13.4.1960.

Zu Hause und im Wohngebiet gibt die kleine Nelli den Ton an. Die arbeitenden Eltern haben keine Zeit für sie, die Oma ist dem aufgeweckten Kind nicht gewachsen, und die Kinder auf der Straße überzeugt sie mit ihren Streichen. Als sie in den Schulhort kommt, wird alles anders. Sie steht nicht mehr im Mittelpunkt, ist beleidigt und stört die Gruppe mit Trotzreaktionen. Bei einer Altstoffaktion zerschlägt sie die fleißig gesammelten Flaschen. Im Innersten aber findet sie Gefallen an Spiel und Arbeit mit den anderen und schämt sich für ihr Verhalten. Schließlich macht sie den Schaden wieder gut: Sie entdeckt einen großen Schrotthaufen, mit dessen Erlös das Kollektiv sich einen langgehegten Wunsch, ein Modellboot, erfüllen kann.

KAPITÄNE BLEIBEN AN BORD
RE: Martin Hellberg – BU: Jürgen Lenz – LV: Gleichnamiger Roman von Jürgen Lenz – DR: Hanns Julius Wille – KA: Walter Fehdmer – MU: Wolfgang Pietsch – BA: Harald Horn – KO: Lydia Fiege – SC: Lieselotte Johl – PL: Paul Ramacher – m: 2473 = 90 min. – s/w – PM: 27.2.1959 – PM-Ort: Berlin; »Babylon« – DA: Erika Müller-Fürstenau (Hanna Kars) – Rudolf Ulrich (Kurt Kars) – Johannes Arpe (Hannes Tiedeböhl) – Albert Hetterle (Geelhaar) – Otto-Erich Edenharter (Fünnig) – Christel Bodenstein (Karin) u. a. – KR: Albrecht, H.: Kars auf falschem Kurs. NZ 1.3.1959 – Buchmayer, H.: Käpt'n Kars auf falschem Kurs. DFK 1959/4, S.102-03, 106 – Schnitzler, K.-E.v.: -. FS 1959/6, S.3 – Stahnke, G.: -. JW 28.2./1.3.1959 – H.K.: -. ND 9.3.1959 – Junge, W.: Ein Film ohne Gesicht. FO 1959/12 – H.U.E.: -. BZ 3.3.1959.

Kurt Kars, der junge, enthusiastische, aber recht unerfahrene Kapitän eines Fischfangschiffes, läßt sich von seinem Ehrgeiz in ein riskantes Unternehmen treiben. Laut einer Zeitungsmeldung sollen sich im Eismeer ausgezeichnete Fischgründe befinden. Gegen die Anordnung des Kombinats steuert er an. Eine Kollision mit Treibeis bringt Mannschaft und Schiff in äußerste Gefahr. In dieser Notsituation bewährt sich Kurt sich zwar hervorragend, wird aber nach der Rückkehr zur Rechenschaft gezogen. Anfänglich will er aus Trotz den Dienst quittieren, besinnt sich aber dann, seine Schuld einsehend. Die älteren Kapitäne, die ihre Fischfanggegenden bisher immer geheimhielten und ihre Erfahrungen kaum ans Kollektiv weitergaben, begreifen, daß auch sie am »Fall Kars« nicht ganz unschuldig waren.

WARE FÜR KATALONIEN

RE: Richard Groschopp – BU: Lothar Creutz, Carl Andrießen, Richard Groschopp – DR: Willi Brückner – KA: Eugen Klagemann – MU: Hans Hendrik Wehding – BA: Erich Zander – KO: Helga Scherff – SC: Helga Emmrich – PL: Willi Teichmann – m: 2710 = 99 min. – s/w – PM: 6.3.1959 – PM-Ort: Leipzig; »Capitol« – DA: Eva-Maria Hagen (Marion Stöckel) – Hanna Rimkus (Sabine Falk) – Hartmut Reck (Unterleutnant Schellenberg) – Heinz-Dieter Knaup (Leutnant Hasselbach) – Ivan Malré (Bob Georgi) – Wilfried Ortmann (Hasso Teschendorf) u. a. – KR: Buchmayer, H.: Unterhaltend und belehrend. DFK 1959/5, S.136-37 – Hofmann, H.: -. NZ 14.3.1959 – Kluft, E.: Auf der Jagd nach dem Spanier. NZT 17.3.1959 – Schnitzler, K.-E.v.: -. FS 1959/7, S.3 – K.H.H.: Ihren Personalausweis bitte. ND 16.3.1959.

In der Berliner S-Bahn wird eine alte Frau festgenommen, die ein Fernglas nach Westberlin schmuggeln wollte. In einer Laubenkolonie wird ein Ermordeter gefunden, der mit optischen Geräten geschoben hat. Das Dezernat für Optikschiebungen fahndet schon länger nach einer Schieberbande, und die Spuren beider Fälle führen die Beamten nun in die »Kant-Klause«, Treffpunkt einer Bande, die wertvolle Geräte aus der DDR über Westberlin nach Spanien schmuggelt. Während Unterleutnant Schellenberg die Verflechtungen aufdeckt, befinden sich die Drahtzieher gerade in Spanien. Zu ihnen gehört Bob Georgi, der sich mit der ahnungslosen Ostberlinerin Marion verlobt, um sich ein Domizil für Geschäfte auf eigene Rechnung im Osten zu schaffen. Als die beiden aus Spanien zurückkommen, werden sie verhaftet. Dem Kriminalisten ist bei diesem Fall noch ein privater »Fang« gelungen: die aufmerksame Optik-Verkäuferin Sabine.

Filmtext: Ware für Katalonien. Nach dem gleichnamigen DEFA-Kriminalfilm von Lothar Creutz, Carl Andrießen, Richard Groschopp. Berlin: Henschelverlag 1959

STERNE
(CO-PRODUKTION DDR / BULGARIEN)

RE: Konrad Wolf – BU: Angel Wagenstein – DR: Willi Brückner – KA: Werner Bergmann – MU: Simeon Pironkow – BA: Maria Iwanowa, Alfred Drosdek – KO: Albert Seidner – SC: Christa Wernicke – PL: Siegfried Nürnberger, Wyltscho Draganow – m: 2513 = 92 min. – s/w – PM(DDR): 27.3.1959 – PM-Ort: Berlin; Haus der Berliner Jugend, Klosterstraße / »Babylon« – CO: Studio für Spielfilme Sofia/Bulgarien – Bulgar. Titel: Zwezdy – DA: Sascha Kruscharska (Ruth) – Jürgen Frohriep (Walter) – Erik S. Klein (Kurt) – Stefan Pejtschew (Bai Petko) – Georgi Naumow (Blasche) – Ivan Kondow (Ruths Vater) u. a. – KR: Jelenski, M.: Bestes Beispiel einer echten Coproduktion. DFK 1959/5, S.133-35 – Joho, W.: Poesie und Wirklichkeit. SO 1959/15 – Kähler, H.: -. JW 27./28.3.1959 – Mollenschott, E.: -. ND 29.3.1959 – Rehahn, R.: -. WP 1959/15 – Schnitzler, K.-E.v.: -. FS 1959/8, S.3 – Junge, W.: -. FO 1959/16 – H.U.E.: »Sterne« - ein deutsch-bulga-

rischer Gemeinschaftsfilm. BZ 2.4.1959 – Seelmann-Eggebert, U.: Der Film »Sterne« von Konrad Wolf. StN 1.7.1961 – S.-F.: Mit Authentizität. FAZ 15.7.1960 – maho: -. Zitty 29.4.1983 – oh: -. FRu 23.9.1983 – Schwalbe, K.: Um den Anspruch auf Leben, Liebe, über Vaterlandsverräter, Kameradenmörder. BFF 1990/39, S. 65-71.

Griechische Juden haben 1943 auf ihrer Deportation ins Todeslager Auschwitz einen dreitägigen Aufenthalt in einer kleinen bulgarischen Stadt. Hier begegnet der Wehrmachts-Unteroffizier Walter der Jüdin Ruth. Sie bittet ihn um Hilfe für eine gebärende Mitgefangene. Er hilft so gut er kann, verliebt sich in Ruth und sie sich in ihn. Durch diese Liebe beginnt sich der ehemalige Kunststudent, der als Soldat seine Pflicht erfüllen wollte, zu wandeln. Er gerät in Konflikt mit seinem Vorgesetzten und Freund Kurt, einem überheblichen und brutalen Landser. Zunächst lehnt Walter es ab, den im Wehrmachtsstützpunkt arbeitenden bulgarischen Widerstandskämpfern zu helfen. Sein humanistisches Engagement will er auf die Rettung Ruths begrenzen. Doch er kann ihren Transport nach Auschwitz nicht verhindern.

EIN UNGEWÖHNLICHER TAG
(KINDERFILM)

RE: Bärbl Bergmann – BU: Bärbl Bergmann – DR: Eleonore Schmidt-Schwarze – KA: Erwin Anders – MU: Joachim Werzlau – BA: Ernst–Rudolf Pech – KO: Luise Schmidt – SC: Ursula Zweig – PL: Erich Albrecht – m: 829 = 30 min. – fa – PM: 27.3.1959 – DA: Daniela Gerstner (Maja) – Ostara Körner (Mutter) – Horst Kube (Vater) – Alexander Papendiek (Lehrer) – Horst Buder (Fensterputzer) – Gustav Müller (Bäcker) u. a. – KR: Salow, F.: DFK 1959/6, S.230 – Schmal, R.: Filme für Kinder. MVS 8.5.1959 – -.: Maja und ein ungewöhnlicher Tag. BZA 24.3.1959 – Salow, F.: Kinderspielfilm. Jahrbuch des Films 1959, S.40/41.

Diesem ungewöhnlichen Tag vorausgegangen war die Faulheit der kleinen Maja. Sie hatte keine Lust, Schularbeiten zu machen. Als sie am nächsten Tag zur Schule kommt, hat der Lehrer keine Lust zum Unterricht. Auch alle anderen, von denen sie etwas will, haben keine Lust. Maja beginnt zu überlegen, ob dieses merkwürdige Verhalten mit ihrer gestrigen »Lustlosigkeit« zu tun haben könnte. Und sie kommt zu dem Schluß, daß es nicht richtig ist, seine Aufgaben nicht zu erledigen, da jeder auf seinem Platz eine Pflicht zu erfüllen hat.

REPORTAGE 57

RE: János Veiczi – SZ: Lothar Dutombé – DR: Dieter Scharfenberg – KA: Hans Hauptmann – MU: Peter Fischer – BA: Herbert Nitzschke – KO: Ingeborg Wilfert – SC: Ursula Kahlbaum – PL: Willi Teichmann – m: 2866 = 105 min. – s/w – PM: 3.4.1959 – PM-Ort: Berlin; »Babylon« – DA: Annekathrin Bürger (Inge) – Willi Schrade (Heinz) – Gerhard Bienert (Vater Kramer) – Wilhelm Koch-Hooge (Lowinsky) – Edwin Marian (Leimtüte) – Paul Berndt (Godel-

mann) u. a. – KR: Kähler, H.: -. JW 4./5.4.1959 – Mollenschott, E.: -. ND 6.4.1959 – Netzeband, G.: Gute Absicht unzulänglich verwirklicht. DFK 1959/6, S.166-68 – Rehahn, R.: Filmwoche, etwas schwerblütig. WP 1959/16 – Tok, H.-D.: -. LVZ 17.4.1959 – Schnitzler, K.-E.v.: -. FS 1959/9, S.3 – H.U.E.: -. BZ 8. 4.1959.

Berlin 1957. Inge und Heinz sind ein junges Ehepaar in der Krise. Sie arbeitet als Animiermädchen in der Kneipe des Onkels, er ein paar Tage die Woche in einer Westberliner Autowerkstatt, in der sein Vater Meister ist. Inge behagt die Situation und das Milieu, in dem sie leben, nicht. Sie bewirbt sich in der HO-Gaststätte »Zenner« als Serviererin und fordert Heinz auf, sich eine geregelte Arbeit im demokratischen Sektor, wo sie wohnen, zu suchen. Bevor es dazu kommt, gerät er – ahnungslos – in eine Schieberbande. Er erkennt aber noch rechtzeitig, worin er sich zu verstricken im Begriff ist, und verständigt die Volkspolizei. Die Bande wird festgenommen, und Inge holt Heinz, der entschlossen ist, ein neues Leben zu beginnen, vom Revier ab.

DAS FEUERZEUG
(KINDERFILM)

RE: Siegfried Hartmann – BU: Anneliese Kocialek, Fred Rodrian, Siegfried Hartmann – LV: Gleichnamiges Märchen von Hans Christian Andersen – DR: Margot Beichler – KA: Erich Gusko – MU: Siegfried Bethmann – BA: Hans Poppe – KO: Marianne Schmidt – TR: Ernst Kunstmann, Vera Kunstmann – SC: Hildegard Conrad – PL: Anni von Zieten – m: 2265 = 83 min. – fa – PM: 18.4.1959 – DA: Rolf Ludwig (Der Soldat) – Heinz Schubert (Der Geizige) – Rolf Defrank (Der Eitle) – Hannes Fischer (Der Dicke) – Hans Fiebrandt (Der König) – Maria Besendahl (Die Königin) – Barbara Mehlan (Prinzessin) – Bella Waldritter (Hexe) – u. a. – KR: Salow, F.: Neue Kinderfilme der DEFA. DFK 1959/7, S.196-99 – ith.: Der Soldat mit dem Feuerzeug. NZT 30.4.1959 – M-o: Der Held heißt Rolf Ludwig. M 3.5.1959 – Czygan, C.: -. BZA 28.4.1959 – Zschoche, H.: Was sieht Ihr Kind im Kino? Gedanken zu einigen Kinderfilmen der DEFA. BZ 13.4.1960.

Ein armer Soldat begegnet einer Hexe, die ihm Gold verspricht, wenn er ihr ein altes Feuerzeug aus einem hohlen Baum holt. Er befördert das Gold zutage, der Hexe aber händigt er das Feuerzeug wegen eines Streits nicht aus. In der nächsten Stadt richtet er sich gut ein, gibt den Armen von seinem Gold, läßt sich jedoch von den Reichen ausnehmen. Als sein Besitz schwindet, hat er nur noch die Freundschaft der Armen – und das Feuerzeug. Als er es ausprobiert, stehen drei Hunde bereit, seine Wünsche zu erfüllen. Er will zur Prinzessin, die der König gefangenhält, weil sie nur einen einfachen Soldaten heiraten soll. Mit Hilfe der Hunde kann er die Prinzessin befreien und alle Bösewichter davonjagen. Bei seiner Hochzeit mit der Prinzessin feiert das ganze Volk mit.

REIFENDER SOMMER

RE: Horst Reinecke – BU: Helmut Brandis – LV: Roman »Das Lied über dem Tal« von August Hild – DR: Ilse Langosch – KA: Horst E. Brandt – MU: Hans Hendrik Wehding – BA: Gerhard Helwig – KO: Marianne Schmidt – SC: Ursula Rudzki – PL: Paul Ramacher – m: 2126 = 78 min. – s/w – PM: 8.5.1959 – DA: Willy A. Kleinau (Erich Kattner) – Gisela Uhlen (Sabine Gärtner) – Christa Gottschalk (Thekla Wiesner) – Otto Eduard Stübler (Heinrich Döring) – Hans Klering (Fritz Büttner) – Otto Krone (August Schlomach) u. a. – KR: Eckhardt, G.: DEFA testete Reifender Sommer. FS 1959/8, S.11 – her.: -. BZA 13.5.1959 – Hfn.: »Reifender Sommer« - nicht ausgereift. NZ 13.5.1959 – H.U.: Willy A. Kleinaus letzter Film. NZT 12.5.1959 – H.U.E.: -. BZ 13.5.1959.

1952 kommt der ehemalige Knecht Erich Kattner aus Westdeutschland in ein mecklenburgisches Dorf, um eine Neubauernstelle zu übernehmen. Seine Frau ist kurz zuvor gestorben, und so steht er allein vor der kaum zu bewältigenden Arbeit. Fremder Hilfe gegenüber ist er skeptisch. Thekla, der Magd des reichsten Bauern, macht er einen Antrag, den sie aber ablehnt. Als sie nach einem Annäherungsversuch ihres »Herrn« dann doch zu Kattner geht, sieht er in ihr nur die Arbeits-Partnerin. Während Thekla darauf hofft, daß er sie auch als Frau begreift, verliebt sich Kattner in die neu angekommene Lehrerin Sabine. Seine Landwirtschaft gedeiht, das Haus ist zu einem schmucken Heim geworden und der Kollektivgeist unter den Bauern wächst, aber Kattner bedrückt der persönliche Konflikt. Sabine trifft schließlich die Entscheidung: Sie verläßt das Dorf. Kattner und Thekla finden zusammen. – Siehe auch Anhang »Abgebrochene Filme«: *Lied über dem Tal* 1955/ RE: Gustav von Wangenheim. »Reifender Sommer« ist die Neuverfilmung desselben Stoffes.

CLAUDIA
(KINDERFILM)

RE: Walter Beck – SZ: Richard Gross – DR: Gudrun Rammler – KA: Walter Fehdmer – MU: Wolfgang Lesser – BA: Artur Günther – KO: Dorit Gründel – SC: Lieselotte Johl – PL: Werner Dau – m: 1816 = 67 min. – s/w – PM: 1.6.1959 – PM-Ort: Berlin; »Babylon« – DA: Herbert Sievers (Volkspolizist) – Anneliese Matschulat (Frau Linde) – Maria Besendahl (Bäuerin) – Heidi Teschner (Claudia) – Elstrud Porth (Renate) – Barbara Klippert (Brigitte) u. a. – KR: Czygan, C.: »Claudia« - Ein Kinderfilm der DEFA. BZA 28.7.1959 – Salow, F.: Neue Kinderfilme der DEFA. DFK 1959/7, S.196-99 – K.G.: Endlich wieder etwas für Kinder. VS 10.6.1959.

Einige Jungen im Pionierlager sind skeptisch, als das Mädchen Claudia sich am Geländespiel beteiligt. Sie will sich beweisen. Nach historischem Vorbild aus der Zeit des Sozialistengesetzes gilt es, eine illegale Zeitung aus der »Schweiz« durch die Sperren »preußischer Gendarmen« zum Treffpunkt der »Sozialisten« zu bringen. Durch eigenmächtiges Handeln verspielt Claudia beinahe den Sieg ihrer Gruppe, erkennt aber noch rechtzeitig die Bedeutung kollektiven Handelns.

DER KLEINE KUNO
(KINDERFILM)

RE: Kurt Jung-Alsen – BU: Peter Brock – DR: Gudrun Rammler – KA: Otto Merz – MU: Gerhard Wohlgemuth – BA: Willy Schiller – KO: Dorit Gründel – SC: Friedel Welsandt – PL: Werner Dau – m: 1407 = 52 min. – s/w – PM: 12.6.1959 – DA: Margit Schaumäker (Kunos Mutter) – Rudolf Ulrich (Kunos Vater) – Charlotte Küter (Frau Plünnecke) – Helga Raumer (Fernsehtechnikerin) – Günther Simon / Horst Kube (Volkspolizisten) – Siegfried Ewert (Kuno) u. a. – KR: Knietzsch, H.: »Simplon-Tunnel« und »Der kleine Kuno« zu den Arbeiterfestspielen uraufgeführt. ND 18.6.1959 – Knoll, M.: -. JW 20./21.6.1959 – Salow, F.: Neue Kinderfilme der DEFA. DFK 1959/7, S.196-99 – Zschoche, H.: Was sieht Ihr Kind im Kino? Gedanken zu einigen Kinderfilmen der DEFA. BZ 13.4.1960 – Me.: Nachts auf den Straßen. NZT 17.6.1959.

Der sechsjährige Kuno hat schon lange einen Wunsch: Er möchte einmal miterleben, was die Erwachsenen in der Nacht machen, wenn er schläft. Eines Abends sind die Eltern nicht zu Hause, und so rückt er aus, begibt sich auf den Weg durch das nächtliche Treiben. Er begegnet einem schwarzen Sänger, erlebt die Feuerwehr beim Einsatz und eine Paradeübung der Armee für den bevorstehenden Tag der Republik, wird von einem Volkspolizisten erwischt und beim Vater in der Zeitungsdruckerei abgeliefert. Ein Reporter nimmt ihn mit ins Lokomotivwerk, und am Ende fährt er mit seiner Mutter, einer Schaffnerin, in der Straßenbahn nach Hause. Seine Neugier ist befriedigt, und er beschließt, seinen Eltern nie wieder Sorgen zu bereiten.

SIMPLON-TUNNEL

RE: Gottfried Kolditz – BU: Gottfried Kolditz – LV: Erzählung des italienischen Autorenkollektivs Carlo Lizzani, Giuliani de Negri, Vasco Pratolini, Mario Socrate, Franco Solinas – DR: Willi Brückner – KA: Günter Eisinger – MU: Eberhard Schmidt – BA: Alfred Tolle – KO: Hans Kieselbach – SC: Hildegard Tegener – PL: Alexander Lösche – m: 2465 = 90 min. – Tovi – m: 2458 = 90 min. – no – s/w – PM: 13.6.1959 – PM-Ort: Halle (1. Arbeiterfestspiele), »Goethe-Lichtspiele« – DA: Otto Mellies (Erich) – Brigitte Krause (Rosa) – Horst Weinheimer (Antonio) – Gerry Wolff (Salvatore) – Johannes Arpe (Ingenieur Karl) – Kurt Oligmüller (Tassoni) u. a. – KR: Jelenski, M.: Schon das gute Drehbuch fehlte. DFK 1959/8, S.228-30 – Junge, W.: Weshalb bleiben Filme in Erinnerung? FO 1959/27 – Rehahn, R.: -. WP 1959/26 – W. J.: Kampf an drei Fronten. SO 1959/25 – Knietzsch, H.: Vom alten und vom neuen Leben. Zwei DEFA-Filme »Simplon-Tunnel« und »Der kleine Kuno« zu den Arbeiterfestspielen uraufgeführt. ND 18.6.1959.

Zu Beginn des 20. Jahrhunderts sind die Arbeiten am Simplon-Tunnel, der durch den Monte Leone eine Eisenbahnverbindung zwischen der Schweiz und Italien ermöglichen soll, in vollem Gange. Die harte Arbeit unter unmenschlichen Bedingungen teilen sich Schweizer, Franzosen, Italiener und Deutsche. Vor allem zwischen letzteren kommt im Kampf um das größere Stück Brot Haß auf. Der Deutsche Erich und der Italiener Antonio rivalisieren außerdem noch um das Mädchen Rosa. In einer lebensgefährlichen Situation im Stollen begraben sie endlich ihre Feindschaft. Bei dem barbarischen Kampf mit den Naturgewalten rücken die Arbeiter unterschiedlicher Nationalitäten zusammen und ringen den Unternehmern Zugeständnisse ab.

SAS 181 ANTWORTET NICHT

RE: Carl Balhaus – BU: Wolfgang Krüger (d.i.: Günter Reisch) – DR: Margot Beichler – KA: Horst E. Brandt – MU: Helmut Nier – BA: Alfred Hirschmeier – KO: Rosemarie Wandelt – SC: Ilse Peters – PL: Adolf Fischer – m: 2486 = 91 min. – s/w – PM: 3.7.1959 – PM-Ort: Berlin; »Colosseum« – DA: Ulrich Thein (Kurt) – Otmar Richter (Hannes) – Rita Gödikmeier (Anke) – Friedrich-Wilhelm Junge (Hänfling) – Erwin Geschonneck (Laue) – Wilhelm Koch-Hooge (Poppe) – Gustav Püttjer (Jens) u. a. – KR: Buchmayer, H.; Lippert, K.: Hier und heute. DFK 1959/11, S.332-43 – Haustein, F.: -. JW 4./5.7.1959 – Knietzsch, H.: Des Meeres und der Liebe Wellen. Zwei DEFA-Premieren: »SAS 181 antwortet nicht« - »Senta auf Abwegen«. FS 1959/16, S.5 – Menter, L.: -. BZA 7.7.1959 – W.J.: Bewährung zu leicht gemacht. SO 1959/29.

Kurt, Lehrling in einem Fischkombinat, ist ein ehrgeiziger Einzelgänger. Bei einer Regatta will er zeigen, was für ein guter Seemann er ist, scheitert aber an seinem Leichtsinn und dem Sturm. Enttäuscht sucht er bei dem Mädchen Anke Zuneigung, doch die liebt den Lehrling Hannes. Bei einer gemeinsamen Fahrt mit Kapitän Laue, der sich Kurt gegenüber als väterlicher Freund gibt, kommt es zwischen den Jungen zum Streit. Als Laue jedoch unplanmäßig Bornholm ansteuert und Kurt herausbekommt, daß Laue Fang und Ausrüstung des Kutters verkaufen und fliehen will, begräbt er seine Differenzen mit Hannes. Zusammen und unter Mitwirkung des alten Fischers Jens retten die Jungen den Kutter.

SENTA AUF ABWEGEN

RE: Martin Hellberg – BU: Martin Hellberg – DR: Manfred Kieseler – KA: Karl Plintzner – MU: Helmut Nier – BA: Harald Horn – KO: Lydia Fiege – SC: Ursula Rudzki – PL: Paul Ramacher – m: 2550 = 93 min. – Tovi – m: 2517 = 92 min. – no – s/w – PM: 17.7.1959 – PM-Ort: Berlin; »Filmtheater am Friedrichshain« – DA: Günther Simon (Max Matuschek) – Karin Buchali (Franze Flohr) – Ruth-Maria Kubitschek (Mathilde) – Wolf Kaiser (Dattelmann) – Albert Garbe (Exner) – Walter Jupé (Erwin Kuhlicke) u. a. – KR: Buchmayer, H.; Lippert, K.: Das geht auf keine Kuhhaut. DFK 1959/9, S.262-63 – Joho, W.: ...aber im Detail gelungen. SO 1959/31 – Knietzsch, H.: Auf

Abwegen. ND 19.7.1959 – Menter, L.: -. BZA 21.7.1959 – Rehahn, R.: ...auf Abwegen. WP 1959/30.

Einer LPG ist die Prachtkuh Senta entlaufen. An der Suche beteiligt sich auch der Einzelbauer Matuschek. Man findet das wertvolle Tier jedoch nicht und glaubt, es hätte sich über die Grenze nach Polen verirrt. Indes steht Senta in Matuscheks Stall. Seine Magd Mathilde und Nachbar Dattelmann haben sie eingefangen und dorthin gebracht. Matuschek unterschlägt einen Brief nach Polen wegen der vermeintlich grenzgängerischen Kuh und kommt in arge Verlegenheit, als die Viehzüchterin Franze Flohr die Kuh in seinem Stall entdeckt. Dennoch wird aus Matuschek und Franze ein Paar, das außerdem noch der LPG nähertritt ...

EHESACHE LORENZ

RE: Joachim Kunert – BU: Berta Waterstradt – DR: Hanns Julius Wille – KA: Günter Marczinkowsky – MU: André Asriel – BA: Gerhard Helwig – KO: Luise Schmidt – SC: Hildegard Conrad – PL: Erich Albrecht – m: 2131 = 78 min. – s/w – PM: 28.8.1959 – PM-Ort: Berlin; »Colosseum« – DA: Manja Behrens (Trude Lorenz) – Martin Flörchinger (Willi Lorenz) – Albert Garbe (Albert Schliffke) – Gerlind Ahnert (Helga Ritter) – Lilly Schmuck (Gitta Lorenz) – Ulrich Thein (Peter Fischer) u. a. – KR: Altenstedt, J.: Ein heiterer Film um ernste Dinge. JW 29./30.8.1959 – Edel, P.: -. BZA 31.8.1959 – Knietzsch, H.: Ehemann auf krummen Touren. ND 31.8.1959 – Lippert, K.: Dienstreise mit Hindernissen. DFK 1959/9, S.260-61 – Schnitzler, K.-E.v.: -. FS 1959/20, S.5 – Rehahn, R.: Wenn der Chef mit seiner Sekretärin... WP 1959/37.

Seit 24 Jahren führen Trude und Willi Lorenz eine mustergültige Ehe. Tochter Gitta nimmt sie als Vorbild für sich und ihren Verlobten Peter. Der Schein jedoch trügt. Willi betrügt seine Frau mit der jungen Sekretärin Helga. Er ist Abteilungsleiter in einem Schwermaschinenbau-Betrieb und viel auf Dienstreisen. Trude hat als Scheidungsrichterin ebenfalls einen ausgefüllten Arbeitstag. Offensichtlich kam das Familienleben dadurch zu kurz, und nun steht Trude selbst vor einem Problem, das ihr von Berufs wegen sehr vertraut ist. Eine Schöffin hatte sie auf die Untreue ihres Mannes aufmerksam gemacht, und ein Besuch Helgas, die von ihr fordert, den Mann aufzugeben, zwingt zu einer Entscheidung. Willi Lorenz hat beide Frauen betrogen. In einer Aussprache bekennt er sich schließlich zu Trude und ihrem gemeinsamen Leben. Daß es nicht zur »Scheidungssache Lorenz« kommt, ist auch dem aufrichtigen, mitfühlenden Kraftfahrer Schliffke zu danken, der seinem Chef Lorenz und der jungen Helga taktvoll die Augen öffnet.

DER VERLORENE BALL
(KINDERFILM)

RE: Kurt Weiler – BU: Wera und Claus Küchenmeister – DR: Margot Beichler – KA: Götz Neumann – MU: Kurt Schwaen – BA: Hans Poppe – KO: Marianne Schmidt – SC: Ursula Zweig – PL: Anni von Zieten – m: 700 = 26 min. – fa – PM: 20.9.1959 – PM-Ort: Berlin – DA: Erika Dunkelmann (Kindergärtnerin) – Uschi Wenzke (Mädchen mit Ball) – Stefan Schappo (Der Kleinste) u. a. – KR: M-e: Kamera geht neue Wege. M 29.9.1959 – -: -. BZA 23.9.1959.

Ein schöner bunter Ball, von einem Mädchen im Kindergarten gemalt, wird plötzlich lebendig. Er hüpft der Kleinen entgegen, und freudig nimmt sie ihn mit zum Spielplatz. Den anderen Kindern gefällt der Ball ebenso, und alle wollen mit ihm spielen. Das Mädchen möchte ihn aber nur für sich und versteckt ihn. Die Kinder sind traurig und glauben, er sei verlorengegangen. Als sie das Mädchen später allein mit ihm spielen sehen, wenden sie sich enttäuscht ab. Und die Kleine stellt fest, daß es keinen Spaß macht, allein zu spielen, auch wenn der Ball noch so schön ist.

WEISSES BLUT

RE: Gottfried Kolditz – BU: Harald Hauser, Gottfried Kolditz – LV: Gleichnamiges Fernsehspiel von Harald Hauser – DR: Manfred Kieseler – KA: Erich Gusko – MU: Gerd Natschinski – BA: Alfred Tolle – KO: Hans Kieselbach – SC: Hildegard Tegener – PL: Alexander Lösche – m: 2408 = 88 min. – s/w – PM: 4.10.1959 – PM-Ort: Berlin; »Filmtheater am Friedrichshain« – DA: Christine Laszar (Eleonore von der Lohe) – Jürgen Frohriep (Manfred von der Lohe) – Herbert Dirmoser (Prof. Soltau) – Werner Pledath (Heinz Parochlitz) – Marga Legal (Auguste Parochlitz) – Hannjo Hasse (Dr. Kopf) u. a. – KR: Buchmayer, H.: Kunst - aktuell und spannend. DFK 1959/12, S.365-66 – Knietzsch, H.: »Weißes Blut« - made in USA. ND 12.10. 1959 – Rehahn, R.: Der Tod, made in USA. WP 1959/42 – Schröder, M.: -. JW 10./11. 10.1959 – F.S.: -. SO 1959/41 – Thyret, P.: -. FS 1959/21, S.6.

Manfred von der Lohe, ein junger Bundeswehr-Offizier und Schwiegersohn des Bankiers und Aktionärs Parochlitz, kommt von einem Speziallehrgang aus den USA zurück. Es stellt sich heraus, daß er bei einem Atombombentest Strahlung abbekommen hat und unheilbar krank ist. Die Bundeswehrführung plant die atomare Rüstung, und Parochlitz, der an dieser verdienen will, beschließen die Abschiebung von der Lohes und die Vertuschung des Falls. Er soll mit seiner Frau Eleonore nach Südamerika fahren. Die beiden weigern sich und suchen den Mediziner Professor Soltau, einen Spezialisten, auf. Soltau ist Atomwaffengegner und somit erklärter Gegner der Familie Parochlitz. Er offenbart von der Lohe, daß er nicht mehr lange zu leben hat. Auf einer internationalen Pressekonferenz treten sie gemeinsam gegen die atomare Rüstung auf.

BEVOR DER BLITZ EINSCHLÄGT

RE: Richard Groschopp – BU: Lothar Creutz, Carl Andrießen, Richard Groschopp – DR: Willi Brückner – KA: Eugen Klagemann – MU: Hans Hendrik Wehding – BA: Erich Zander – KO: Helga Scherff – SC: Helga Emmrich – PL: Willi Teichmann – m: 2615 = 96 min. – s/w – PM: 4.10.1959 – PM-Ort: Berlin; »Odeum« Pankow – DA: Christine Laszar (Christine Koch, Wirtschaftsredakteurin) – Horst Drinda (Heinz Engelhard, Reporter) – Johannes Arpe (Paul Jordan, Chefredakteur) – Margret Homeyer (Otti Schütz, Chefsekretärin) – Traute Sense (Claudia Lindner, Kulturredakteurin) – Werner Dissel (Silvio O. Schmitt, Kunstkritiker) – Erik S. Klein (Technischer Direktor) – Horst Kube (Brigadier Schneider) – Jochen Thomas (Brigadier Schindler) – Manfred Krug, Rolf Herricht, Peter Dommisch (Lokomotivbauer) u. a. – KR: Altenstedt, J.: -. JW 10./11.10.1959 – Buchmayer, H.; Lippert, K.: Hier und heute. DFK 1959/11, S.332-43 – Knietzsch, H.: -. ND 12.10.1959 – Tok, H.-D.: -. LVZ 23.10.1959 – S.L.: Lachen aus gutem Grund. Drei heitere Spielfilme der DEFA. SO 1959/46 – H.U.E.: Abstecher in die Heiterkeit. BZ 20.10.1959 – r.rh.: -. WP 1959/42.

Heinz Engelhard, der talentierte, aber etwas oberflächliche Reporter der Zeitung »Berlin am Morgen«, hat mit seiner Reportage über ein Lokomotivwerk einen Skandal ausgelöst. Er hat nicht nur die gute Brigade Schneider mit der schlechten Brigade Schindler verwechselt, sondern auch den diktatorischen technischen Direktor als idealen Leiter hingestellt. Die Wirtschaftsredakteurin Christine, mit der er ständig im Clinch liegt, obwohl sie sich eigentlich sehr mögen, erwirkt für Heinz – zu dessen Verärgerung – einen Arbeitsaufenthalt im Werk zwecks Richtigstellung. Erst setzt er sich dort zwischen alle Stühle, übt aber dann sogar positiven Einfluß aus, so daß die rivalisierenden Brigaden kooperieren und der technische Direktor die Verbindung zu den Arbeitern wiederfindet. Der neue Artikel wird brillant, bis er aber erscheinen kann, müssen noch einige private und redaktionelle Dinge ins Lot gebracht werden.

ERICH KUBAK

RE: Johannes Arpe – BU: Heinz Hafke, Manfred Streubel – DR: Manfred Fritzsche – KA: Karl Plintzner – MU: Eberhard Schmidt – BA: Herbert Nitzschke – KO: Lydia Fiege – SC: Helga Emmrich – PL: Paul Ramacher – m: 2332 = 86 min. – s/w – PM: 4.10.1959 – PM-Ort: Berlin; »Babylon« – DA: Raimund Schelcher (Erich Kubak) – Helga Göring (Martha Kubak) – Hans-Edgar Stecher (Ewald Kubak) – Angela Brunner (Renate) – Dom de Beern (Max Tesche) – Horst Kube (Franz Starke) u. a. – KR: Altenstedt, J.: -. JW 26./27.9.1959 – Knietzsch, H.: Die »Neue Welle« aus den Babelsberger Ateliers. »Erich Kubak« und »Eine alte Liebe«. ND 4.10.1959 – Schnitzler, K.-E.v.: -. FS 1959/21, S.5 – L.M.: -. BZA 2.10.1959 – Albrecht, H.: Der Sprung in die Gegenwart. NZ 3.10.1959 – H.U.E.: Das Gesicht der Arbeit. BZ

1

2

3

4

5

Kinderfilme der DEFA:

1 Ekkehard Schall in
»Die Geschichte vom armen Hassan«
(1958 / RE: Gerhard Klein)

2 Rolf Ludwig in »Das Feuerzeug«
(1959 / RE: Siegfried Hartmann)
nach dem Märchen von
Hans Christian Andersen

3 Daniela Gerstner und Gustav Müller in
»Ein ungewöhnlicher Tag«
(1959 / RE: Bärbl Bergmann)

4 Siegfried Ewert und Rolf Ludwig in
»Der kleine Kuno«
(1959 / RE: Kurt Jung-Alsen)

5 Gisela Büttner und Axel Kausmann in
»Hatifa«
(1960 / RE: Siegfried Hartmann)

25.10.1959 – Buchmayer, H.; Lippert, K.: Hier und heute. DFK 1959/11, S.332-43.

Erich Kubak ist Baggerführer im Braunkohlenwerk. Eine technische Schwachstelle des Baggers, die immer wieder zu Produktionsausfall führt, macht allen Probleme. Erich tüftelt an einer Verbesserung, die jedoch vom Hauptingenieur nicht akzeptiert wird. Auf eigene Faust fährt Erich einen Versuch und richtet dabei großen Schaden an. Er wird als Baggerführer abgesetzt und kündigt daraufhin. Seinem ebenfalls im Werk arbeitenden Sohn Ewald gelingt es indessen, den Hauptingenieur doch noch für den Verbesserungsvorschlag des Vaters zu interessieren. Gemeinsam arbeiten sie an seiner Vervollkommnung. Als Erich davon erfährt, kehrt er ins Werk zurück.

EINE ALTE LIEBE

RE: Frank Beyer – BU: Werner Reinowski, Frank Beyer – DR: Gerhard Hartwig – KA: Günter Marczinkowsky – MU: Joachim Werzlau – BA: Oskar Pietsch – KO: Luise Schmidt – SC: Evelyn Carow – PL: Erich Albrecht – m: 2515 = 92 min. – s/w – PM: 4.10.1959 – PM-Ort: Berlin; »Volkshaus«, Lichtenberg – DA: Gisela May (Frieda Walkowiak) – Erich Franz (August Walkowiak) – Doris Abeßer (Helga) – Ezard Haußmann (Lothar) – Peter Sturm (Heinrich Rantsch) – Hans-Peter Minetti (Benno Schulze) u. a. – KR: Buchmayer, H.; Lippert, K.: Hier und heute. DFK 1959/11, S.332-43 – Knietzsch, H.: »Erich Kubak« und »Eine alte Liebe«. ND 4.10.1959 – Schnitzler, K.-E.v.: -. FS 1959/21, S.5 – H.U.E.: Das Gesicht der Arbeit. BZ 25.10.1959 – Albrecht, H.: Der Sprung in die Gegenwart. NZ 3.10.1959.

Frieda und August Walkowiak begehen ihren 30. Hochzeitstag. In der Ehe allerdings kriselt es seit geraumer Zeit. August will seine alten Tage in Ruhe verbringen, während Frieda nicht daran denkt, ihr Amt als LPG-Vorsitzende aufzugeben. Die Probleme auf dem Lande sind groß, die Kollektivierung kommt nicht schnell genug voran, selbst der Genosse Heinrich Rantsch klebt an seiner Einzelwirtschaft. Frieda streitet für den Fortschritt, auch privat, denn nicht nur ihre Belastung, sondern auch ihre höhere Stellung ist dem Mann ein Dorn im Auge. Während der Feier zum Hochzeitstag wird Frieda zur LPG gerufen. Das ist der Anlaß für den lange in der Luft liegenden Familienkrach. August fordert ihren Rücktritt. Vergebens – und so zieht er zu Rantsch. Auch die Tochter Helga verläßt aufgrund der Spannungen das Haus. Frieda bricht zusammen. Als sie im Krankenhaus liegt, kommt August zur Besinnung.

MAIBOWLE

RE: Günter Reisch – SZ: Marianne Libera, Gerhard Weise – DR: Ilse Langosch – KA: Otto Merz – MU: Helmut Nier – BA: Paul Lehmann – KO: Luise Schmidt – SC: Hildegard Conrad – PL: Hans Mahlich – m: 2580 = 94 min. – fa – PM: 5.10.1959 – PM-Ort: Berlin; »Babylon« – DA: Erich Franz (Wilhelm Lehmann) – Friedel Nowack (Auguste Lehmann) – Albert Hetterle (Gustav Lehmann) – Erika Dunkelmann (Marion Lehmann) – Christel Bodenstein (Suse Lehmann) – Heinz Draehn (Franz Lehmann) – Ekkehard Schall (Günther Lehmann) – Stefan Lisewski (Paul Lehmann) – Horst Kube (Albert Lehmann) u. a. – KR: Knietzsch, H.: Die große Familie. ND 9.10.1959 – Rehahn, R.: Humor war eingeplant. WP 1959/50 – S.L.: Lachen aus gutem Grund. Drei heitere Spielfilme der DEFA. SO 1959/46 – Albrecht, H.: -. NZ 11.10.1959 – Buchmayer, H.; Lippert, K.: Hier und heute. DFK 1959/11, S.332-43 – H.U.E.: Abstecher in die Heiterkeit. BZ 20.10.1959.

Wilhelm Lehmann, Meister eines Chemiebetriebes, feiert seinen 65. Geburtstag. Seine Frau Auguste bereitet die Tafel vor, denn alle Mitglieder der großen Familie werden erwartet. Im Betrieb werden die Vorbereitungen für die Auszeichnung Wilhelms mit dem »Banner der Arbeit« getroffen. Für die Maibowle aber sind wie jedes Jahr die Söhne zuständig. Sohn Franz stellt alles bereit und hofft, daß aus allen Richtungen anreisenden Brüder werden ihren Beitrag schon leisten. Er selbst muß zur LPG-Sitzung. Doch statt der Familienmitglieder flattern Telegramme mit Absagen ins Haus. Jeder ist aus dringenden beruflichen Gründen unabkömmlich. Die Maibowle wie der Familientreff scheinen ins Wasser zu fallen. Als der Auszeichnungsakt Wilhelms plötzlich auf dem Fernsehbildschirm erscheint, haben sich alle aber längst besonnen und treffen – stolz auf ihren Vater – in dessen Städtchen ein.

VERWIRRUNG DER LIEBE

RE: Slatan Dudow – BU: Slatan Dudow – DR: Konrad Schwalbe – KA: Helmut Bergmann – MU: Wolfgang Hohensee – BA: Oskar Pietsch – KO: Gerhard Kaddatz – SC: Christa Wernicke – PL: Adolf Fischer – m: 2920 = 107 min. – fa – PM: 8.10.1959 – PM-Ort: Berlin; »Babylon« – DA: Annekathrin Bürger (Sonja) – Angelica Domröse (Siegi) – Willi Schrade (Dieter) – Stefan Lisewski (Edy) – Hannes Fischer (Prof. Kienbaum) – Martin Flörchinger (Prof. Beerwald) u. a. – KR: Buchmayer, H.: Die Schönheit des Neuen. DFK 1960/1, S.5-8 – Junge, W.: Sind wir so? FO 1959/49 – Knietzsch, H.: Die Kunst des guten Lachens. ND 28.11.1959 – Knoll, M.: Plauderei vorm Kino. Was sagen Jugendliche zur »Verwirrung der Liebe«? JW 21./22.11.1959 – Rehahn, R.: Die jungen Leute. WP 1959/47 – Schnitzler, K.-E.v.: -. FS 1959/25, S.5 – Wischnewski, K.: Streit - woher, wohin? DFK 1960/3, S.80-81 – Kohlhaase, W.: Der Schablone haben wir zwar gekündigt. SO 1960/2 – Zschoche, H.: Der Liebe und der Kritiker Verwirrung. FO 1959/ 50/51 – H.U.E.: Abstecher in die Heiterkeit. BZ 20.10.1959.

Zwei verliebte Paare, für die die Zukunft klar zu sein scheint: die Kunststudentin Sonja und der Medizinstudent Dieter, die Angestellte Siegi und der Maurer Edy. Auf einem Faschingsball sucht Dieter seine Sonja – und findet Siegi. Das natürliche, fröhliche Mädchen zieht ihn an. Die kluge Sonja läßt ihn gewähren, will prüfen, ob ihre Liebe der Versuchung gewachsen ist. Das neue Paar verbringt einen Urlaub am Meer, während Sonja inzwischen an dem von Dieter so sehr verschiedenen Edy Gefallen findet. Mit vertauschten Partnern stehen schließlich alle vier vor dem Standesamt. Und hier erkennen sie, in letzter Minute, wer zu wem gehört.

KABALE UND LIEBE

RE: Martin Hellberg – BU: Martin Hellberg – LV: Gleichnamiges Drama von Friedrich Schiller – DR: Hans-Joachim Wallstein – KA: Karl Plintzner – MU: Wilhelm Neef – BA: Harald Horn – KO: Walter Schulze-Mittendorf – SC: Ursula Rudzki – PL: Paul Ramacher – m: 3150 = 118 min. – Tovi – m: 3100 = 117 min. – no – s/w – PM: 9.11.1959 – PM-Ort: Weimar; »Theater des Friedens« / Jena; »Palast-Theater« – DA: Wolf Kaiser (Präsident von Walther) – Otto Mellies (Ferdinand) – Marion van de Kamp (Lady Milford) – Willi Schwabe (Hofmarschall von Kalb) – Martin Hellberg (Stadtmusikant Miller) – Marianne Wünscher (seine Frau) – Karola Ebeling (Luise Millerin) – Uwe-Jens Pape (Wurm) – Gustav-Karl Egerer (Herzog) u. a. – KR: Jelenski, M.: »Luise Millerin« - oder »Der Stadtmusikant Miller«? DFK 1960/1, S.8-10 – Joho, W.: Die Szene wurde zum Tribunal. SO 1959/48 – Knietzsch, H.: Revolutionär in Schillers Geist. ND 21.11.1959 – Knoll, M.: -. JW 25.12.1959 – Rehahn, R.: -. WP 1959/51 – Linzer, M.: -. FS 1960/2, S.5 – Eylau, H.U.: -. BZ 6.1.1960.

Am Hofe eines deutschen Herzogs im 18. Jahrhundert. Der absolutistische Herrscher verkauft Landeskinder als Söldner nach Amerika, um sein luxuriöses Hofleben und seine Mätresse Lady Milford zu finanzieren. Aus Etikettegründen soll die Lady verheiratet werden. Präsident von Walther bietet dem Fürsten seinen Sohn Ferdinand dafür an. Ferdinand aber liebt die Bürgerstochter Luise und will sie heiraten. Als Drohungen Ferdinand nicht umstimmen können, schlägt Sekretär Wurm dem Präsidenten eine Intrige vor. Luise wird erpreßt, ihre Liebe zu Ferdinand als Betrug auszuweisen. Dieser, von der Unmoral der Gesellschaft angewidert, vergiftet Luise und sich selbst. Sterbend gesteht Luise ihm die Zusammenhänge. Der herbeieilte Präsident steht entsetzt vor der toten Luise und dem sterbenden Sohn und begreift seine Schuld.

MUSTERKNABEN

RE: Johannes Knittel – BU: Gerhard Bengsch, Johannes Knittel – DR: Hans-Joachim Wallstein – KA: E.W. Fiedler – MU: Günter Hörig – BA: Alfred Tolle – KO: Walter Schulze-Mittendorf – SC: Wally Gurschke – PL: Alexander Lösche – m: 2014 = 74 min. – s/w – PM: 27.11.1959 – PM-Ort: Berlin; »Filmtheater am Friedrichshain« – DA: Hartmut Reck (Bassi) – Rolf Herricht (Edwin) – Brigitte Krause (Thea) – Gudrun Wichert (Susi) – Erwin Geschonneck (Arthur Wedel) – Peter Marx (Kaiser) u. a. – KR: Knietzsch, H.: Auf dem Wege zur Filmgroteske. ND 7.12.1959 – Rehahn, R.: Humor war eingeplant. WP 1959/50 – D.J. : -. SO 1959/50 – H.U.: Musterknaben auf Umwegen. NZT 5.12. 1959 – Buchmayer, H.; Lippert, K.: Hier und heute. DFK 1959/11, S.332-43 – H.U.E.: Verliebte Musterknaben. BZ 2.12.1959.

Die jungen Bauarbeiter Bassi und Edwin sind die ständig verschlafenden schwarzen Schafe ihrer Brigade. Die Brigade wiederum vernachlässigt ihre Paten-Hausgemeinschaft. Und wie der Zufall es will, begegnen Bassi und Edwin zwei netten Mädchen, Thea und Susi, die in eben dieser Hausgemeinschaft leben. Als die beiden Jungen den Mädchen ihre Aufwartung machen wollen, geraten sie in eine turbulente Hausversammlung. Der Vorsitzende Wedel ist mit untauglichen Methoden dabei, die inaktiven Kleinbürger aufzurütteln, und erwartet zur Unterstützung einen Funktionär. Bassi und Edwin übernehmen spaßeshalber dessen Funktion und geraten unversehens in die Pflicht. Sie hatten nicht gewußt, daß es sich um »ihre« Hausgemeinschaft handelt. So wandelt sich das Liebesabenteuer nicht nur privat in eine ernste Angelegenheit.

1960

ZU JEDER STUNDE

RE: Heinz Thiel – BU: Lothar Dutombé – DR: Dieter Scharfenberg – KA: Erwin Anders – MU: Helmut Nier – BA: Ernst-Rudolf Pech – KO: Lydia Fiege – SC: Wally Gurschke – PL: Siegfried Nürnberger – GR: Gruppe »Heinrich Greif« – m: 2316 = 85 min. – s/w – PM: 29.1.1960 – PM-Ort: Berlin; »Babylon« – DA: Reinhold Stövesand (Martin Kraft, Grenzsoldat) – Erika Radtke (Renate Wedel, Tochter des Wedelbauern) – Hans-Peter Minetti (Hermann Höhne, Oberleutnant und Kompaniechef) – Roman Silberstein (Heinz Tröger, Leutnant und Politstellvertreter) – Manfred Borges (Schlegel, Stabsgefreiter) – Günther Haack (Bruno Zimmer, Gefreiter) – Erich Franz (Bauer Grabow) – Otmar Richter (Felix, sein Sohn) u. a. – KR: Gersch, W.: -. JW 30.1.1960 – Knietzsch, H.: -. ND 31.1.1960 – Netzeband, G.: Drehbuch und Regie: A und O des Films. DFK 1960/3, S.78/79 – Rehahn, R.: -. WP 1960/6 – Schnitzler, K.-E.v.: -. FS 1960/4, S.5 – H.U.E.: -. BZ 6.2.1960.

Soldat Martin Kraft wird nach einem Lehrgang in ein thüringisches Grenzdorf versetzt. Bei einem Sturm rettet er die verunglückte Bauerntochter Renate und verliebt sich in sie. Deren Vater hat sie aber bereits dem Sohn des Großbauern Grabow versprochen. Um sie von Martin zu trennen, schickt er die Tochter nach Eisenach. Im Dorf bereitet Grabow inzwischen im Auftrag des ehemaligen Gutsherrn einen Sabotageakt und seine Flucht vor. Er gewinnt den bei ihm verschuldeten Gefreiten Zimmer zur Unterstützung. Bei der gemeinsamen Streife versucht Zimmer, auch Martin mit hineinzuziehen. Der weigert sich aber und benachrichtigt die Kompanie. In einem dramatischen Kampf können die Verbrecher, die die LPG-Gebäude bereits in Brand gesteckt haben, gestellt werden.

DER SCHWEIGENDE STERN
(CO-PRODUKTION DDR / VR POLEN)

RE: Kurt Maetzig – BU: Jan Fethke, Wolfgang Kohlhaase, Günter Reisch, Günther Rücker, Alexander Graf Stenbock-Fermor, Kurt Maetzig – LV: Roman »Planet des Todes« von Stanislaw Lem – DR: Hans-Joachim Wallstein – KA: Joachim Hasler – MU: Andrzej Markowski – BA: Anatol Radzinowicz, Alfred Hirschmeier – KO: Elli-Charlotte Löffler – TR: Ernst Kunstmann, Vera Kunstmann, Jan Olejniczak, Helmut Grewald – SC: Lena Neumann – PL: Hans Mahlich – GR: Gruppe »Roter Kreis« – m: 2580 = 95 min. – fa – Tovi – 4-Kmgt – m: 2560 = 94 min. – no – mgt – PM(DDR): 26.2.1960 – PM-Ort: Berlin; »Colosseum« – CO: Film Polski, Gruppe »Iluzjon« – Poln. Titel: Milczaca gwiazda – DA: Yoko Tani (Sumiko, japanische Ärztin) – Oldrich Lukes (Hawling, amerikanischer Atomphysiker) – Ignacy Machowski (Saltyk, polnischer Chefingenieur) – Julius Ongewe (Talua, afrikanischer Fernsehtechniker) – Michail N. Postnikow (Arsenjew, sowjetischer Astronaut) – Kurt Rackelmann (Sikarna, indischer Mathematiker) – Günther Simon (Brinkmann, deutscher Pilot) – Ruth-Maria Kubi-

tschek (Brinkmanns Frau) – Eduard von Winterstein (Wissenschaftler) – Eva-Maria Hagen (Reporterin) u. a. – KR: Hofmann, H.: Der Menschheit Träumen und Vollendung. WP 1960/10 – Joho, W.: Filmausflug in den Weltraum. SO 1960/10 – Kähler, H.: -. JW 27.2.1960 – Knietzsch, H.: Lob der technischen Phantasie. ND 28.2.1960 – Schnitzler, K.-E.v.: -. FS 1960/6, S.5 – Hofmann, H.: Utopie mit Realitätsanspruch. DFK 1960/4, S.116-18 – Umard, R.: Einfamilien-Kathedrale. TIP 1990/25.

Ein Raumschiff mit internationaler Besatzung, bestehend aus sieben Männern und der japanischen Ärztin Sumiko, unternimmt 1970 eine Expedition zur Venus. Man hatte erst jetzt herausgefunden, daß eine 1908 in der Wüste Gobi niedergegangene kosmische Spule von diesem Planeten stammt. Auf Funksprüche aber antwortete die Venus bisher nicht. Auf dem Weg gelingt es, den Inhalt der Spule zu entschlüsseln. Er besagt, daß die Venusbewohner 1908 einen Angriff auf die Erde planten. Obwohl es nicht dazu kam, erwartet die Mannschaft bei ihrer Landung nichts Gutes. Sie entdecken keine Lebewesen, nur technische Anlagen, die im Selbstlauf funktionieren. Eine gigantische Vernichtungsmaschinerie, die außer Kontrolle geraten sein muß, sich offensichtlich gegen ihre Erbauer gerichtet hat und noch immer riesige atomare Strahlung freisetzt. Das Raumschiff gerät in Gefahr, drei Besatzungsmitglieder opfern sich, damit die anderen zur Erde zurück können – mit der Botschaft, daß von der Venus keine Aggression mehr droht.

DAS LEBEN BEGINNT

RE: Heiner Carow – BU: Jeanne und Kurt Stern – DR: Konrad Schwalbe – KA: Götz Neumann – MU: Kurt Schwaen – BA: Willy Schiller – KO: Rosemarie Wandelt – SC: Ilse Peters – PL: Erich Albrecht – m: 3254 = 119 min. – s/w – PM: 8.4.1960 – PM-Ort: Berlin; »Babylon« – DA: Doris Abeßer (Erika Schenk) – Erik Veldre (Rolf Gruber) – Wilhelm Koch-Hooge (Dr. Schenk) – Raimund Schelcher (Direktor Gruber) – Manja Behrens (Frau Brenner) – Adolf Peter Hoffmann (Willi Brenner) – Rolf Ludwig (Benno Brenner) – Ruth-Maria Kubitschek (Geheimrätin) u. a. – KR: Hofmann, H.: Deutsche Wirklichkeit und parteiliche Poesie. DFK 1960/5, S.152-54 – Joho, W.: Romeo und Julia im geteilten Land. SO 1960/16 – Junge, W.: Unsere Welt ist stärker. FO 1960/18 – Knietzsch, H.: Sozialistisch gestaltetes Nachkriegsschicksal. ND 10.4.1960 – Rodenberg, I.: Wir können gratulieren! JW 17.4.1960 – Schnitzler, K.-E.v.: -. FS 1960/9, S.5 – Sobe, G.: -. BZ 12.4.1960.

Erika Schenk und Rolf Gruber leben in einer Kleinstadt unweit Berlins und besuchen die 12. Klasse der Oberschule. Sie sind glücklich zusammen, doch ihre Liebe wird einer schweren Belastung ausgesetzt. Erikas Vater, Oberarzt im Krankenhaus und ehemaliger Chef einer Privatklinik in Tilsit, ist unzufrieden und flieht nach Westberlin. Die Tochter entscheidet sich schweren Herzens, mit dem Vater zu gehen. Nachdem die Faszination des Neuen verflogen ist, der

Vater keine Arbeit bekommt und zur Bundeswehr ausweicht, Erika allein in Westberlin zurückbleibt, ist ihre Stimmung auf dem Nullpunkt. Ein Besuch Rolfs bewegt sie nicht zur Rückkehr, da sie sich in ihren Cousin Benno verliebt hat. Rolf bekommt wegen seiner Westberlinreise Schwierigkeiten und verläßt die Schule. Nach einem Selbstmordversuch entschließt sich Erika dann doch, in die DDR zurückzukehren.

Filmtext: Das Leben beginnt. Eine Filmerzählung von Kurt und Jeanne Stern. Berlin: Aufbau-Verlag 1959

DIE ACHATMURMEL
(KINDERFILM)
RE: Bärbl Bergmann – BU: Edith Gorrish – DR: Margot Beichler – KA: Erich Gusko – MU: Kurt Schwaen – BA: Hans Poppe – KO: Marianne Schmidt – SC: Thea Lange – PL: Anni von Zieten – m: 965 = 35 min. – fa – PM: 22.4.1960 – DA: Irene Goldberger (Mutter von Andreas) – Margit Grubmüller (Junge Verkäuferin) – Waltraut Kramm (Junge Lehrerin) – Dieter Perlwitz (Volkspolizist) – Edwin Matt (Angler) – Helmut Schimkus (Andreas) u. a. – KR: keine.

Andreas hat sich zum Geburtstag eine besondere Murmel gewünscht, aber nicht bekommen. Daraufhin kaufen seine Freunde ihm eine und verlieren sie im hohen Gras. Andreas findet die Murmel und behält sie stillschweigend. Als er hört, daß die Freunde sie für gestohlen halten, traut er sich nicht, den Fund zu bekennen. Nun will er sie loswerden, doch die Murmel macht sich selbständig und kehrt immer wieder zu ihm zurück. Da rät ihm ein Volkspolizist, den Kindern die Zusammenhänge zu erklären. Andreas tut es, und die Geburtstagsfeier mit den Freunden kann endlich beginnen.

EINER VON UNS
RE: Helmut Spieß – BU: Gerhard Neumann, Hans-Albert Pederzani – DR: Hans Sasse – KA: Otto Hanisch – MU: Hans-Dieter Hosalla – BA: Alfred Tolle – KO: Gerhard Kaddatz – SC: Helga Emmrich – PL: Alexander Lösche – m: 2575 = 94 min. – s/w – PM: 29.4.1960 – PM-Ort: Berlin; »Babylon« – DA: Günther Simon (Richard Bertram) – Karla Runkehl (Lilly) – Erik S. Klein (Alli Grunnert) – Günter Grabbert (Erich Sens) – Werner Lierck (Hotte Janetzki) – Hannjo Hasse (Catteau) u. a. – KR: Knietzsch, H.: Deutsches Sportlerschicksal. ND 13.5.1960 – Altenstedt, J.: -. JW 11.5.1960 – Laschet, K.: Einer aus der ersten Reihe. DFK 1960/6, S.187-88 – F.S.: ...und trägt die Züge Werner Seelenbinders. SO 1960/17 – Schnitzler, K.-E.v.: -. FS 1960/11, S.5 – H.U.E.: -. BZ 5.5.1960.

Im Mittelpunkt steht der Arbeitersportler Richard Bertram, dessen Gestalt biographische Züge Werner Seelenbinders trägt. Bereits Ende der zwanziger Jahre sind die linken Arbeitersportvereine Repressalien ausgesetzt und werden von SA-Gruppen überfallen. Einer der Sportler, Erich Sens, läuft zu diesen über. Nach dem Machtantritt Hitlers gehen Richard und sein Freund Alli in einen bürgerlichen Verein, um ihre illegale Tätigkeit zu tarnen. Richards Erfolg stört die neuen Machthaber, denen seine politische Haltung bekannt ist, und sie suchen einen Anlaß, ihn zu sperren. Er gibt ihn, als er bei der Siegerehrung zur deutschen Meisterschaft den Hitlergruß verweigert. Anläßlich der Olympiade will Deutschland auf den potentiellen Medaillengewinner aber nicht verzichten und hebt die Sperre auf. Richard nutzt im Auftrag der Kommunistischen Partei die Verbindung zu den ausländischen Sportlern, um Material über Konzentrationslager ins Ausland zu schleusen. Es gibt zwar wieder einen Verräter, aber Richard, seiner Freundin Lilly und den anderen gelingt es, die Nazis zu überlisten.

LEUTE MIT FLÜGELN
RE: Konrad Wolf – BU: Karl Georg Egel, Paul Wiens – DR: Willi Brückner – KA: Werner Bergmann – MU: Hans-Dieter Hosalla – BA: Gerhard Helwig – KO: Gerhard Kaddatz, Werner Bergemann – TR: Ernst Kunstmann, Vera Kunstmann – SC: Christa Wernicke – PL: Siegfried Nürnberger – GR: KAG »Heinrich Greif« – m: 3294 = 121 min. – s/w – fa – PM: 8.5.1960 – PM-Ort: Berlin; »Babylon« – DA: Erwin Geschonneck (Bartuscheck) – Wilhelm Koch-Hooge (Dr. Lampert) – Hilmar Thate (Henne) – Franz Kutschera (Dr. Dehringer) – Rosita Fernandez (Ines) – Otto Dierichs (Dr. Klinger) – Brigitte Krause (Betty Bartuscheck) – Fred Mahr (Friedrich) – Mathilde Danegger (Mutter Friedrich) u. a. – KR: Albrecht, H.: Held im Strom unserer Zeit. NZ 4.9.1960 – Altenstedt, J.: -. JW 3.9.1960 – Amme, R.: -. WP 1960/34 – Hofmann, H.: Ein Held unserer Zeit. ND 30.8.1960 – Funke, C.: -. SO 1960/35 – Lippert, K.: Gegenwartsthematik und revolutionäres Pathos. DFK 1960/9, S.297-301 – Schnitzler, K.-E.v.: -. FS 1960/18, S.5 – H.U.E.: Helden dieser Zeit. BZ 30.8.1960 – Gehler, F.: Das Sammeln von Alibis. BFF 1990/39, S. 72-78.

Die Geschichte des Funkers und Kommunisten Ludwig Bartuscheck aus dem *Lied der Matrosen* nimmt hier ihre Fortsetzung. Am Ende der Weimarer Republik ist er Mechaniker in den Sperber-Flugzeugwerken, geachtet von den Arbeitern wie von Generaldirektor Dehringer. Der bietet ihm eine Ausbildung zum Flugzeugkonstrukteur an und Schutz vor den neuen faschistischen Machthabern, wenn er seiner politischen Überzeugung als Kommunist abschwört. Bartuscheck lehnt ab und geht in die Illegalität. Seine Frau wird verhaftet, Sohn Henne vom Kollegen Otto Friedrich aufgenommen. Nach langem Widerstandskampf gegen Naziregime und Krieg wird Ludwig 1944, als französischer Fremdarbeiter getarnt, von der Roten Armee über Gördeberg, nahe der Sperber-Werke, mit dem Fallschirm abgesetzt. Er soll die dortige Widerstandsbewegung organisieren, wird aber gefaßt und ins KZ gebracht. Nach der Befreiung trifft er Henne wieder. Beide wollen das Werk wieder aufbauen, aber erst gibt es wichtigere Aufgaben im zerstörten Land. Nach Jahren steht auf einem Rollfeld ein neuer Flugzeugtyp, konstruiert und gebaut in der jungen DDR, zum Probestart bereit.

TRÜBE WASSER
(CO-PRODUKTION DDR / FRANKREICH)
RE: Louis Daquin – BU: Louis Daquin – MI: Klaus Wischnewski – LV: Roman »La Rabouilleuse« von Honoré de Balzac – DR: Klaus Wischnewski – KA: Eugen Klagemann, Philipe Brun – MU: Hanns Eisler – BA: Leon Barsacq – KO: Anne-Marie Marchand – SC: Ursula Rudzki, Claude Nicole – PL: Hans Mahlich – m: 2960 = 109 min. – s/w – PM(DDR): 13.5.1960 – PM-Ort: Berlin; »Babylon« – CO: Société Nouvelles Pathé Cinéma, Paris/Frankreich – Franz. Titel: La Rabouilleuse – DA: Erika Pelikowsky (Agathe Bridau) – Jean Claude Pascal (Philipe Bridau) – Ekkehard Schall (Joseph Bridau) – Madeleine Robinson (Flore Brazier) – Gerhard Bienert (Jean Jacques Rouget) – Harry Riebauer (Max Gilet) u. a. – KR: Altenstedt, J.: Der Aufstieg des Philipe Bridau. JW 21.5.1960 – Jelenski, M.: Eine problematische Literaturverfilmung. DFK 1960/7, S.223-25 – Knietzsch, H.: -. ND 26.5.1960 – H.U.E.: Weltliteratur im Film. BZ 18.5.1960 – H.U.: Geldgier, Bosheit und Intrigen. NZT 19.5.1960 – Linzer, M.: -. FS 1960/12, S.5.

Paris 1821. Die Restaurationszeit löst eine unerbittliche Jagd nach Macht und Reichtum aus. Unter den Geldjägern ist der ehemalige napoleonische Offizier Philipe Bridau. Als skrupelloser Spieler und Betrüger erwirbt er ein beträchtliches Vermögen, und nachdem seine Geliebte ihn verlassen hat, interessiert ihn nur noch die Vermehrung des Geldes. Er will die Millionen seines Onkels Rouget. Doch darauf ist schon dessen Geliebte Flore aus. Flore liebt den jungen Max, der ebenfalls nur hinter dem Geld her ist. Philipe Bridau tötet Max im Duell, beseitigt den alten Rouget auf raffinierte Art und heiratet Flore, die das Geld geerbt hat. Danach läßt er die erkrankte Flore im Spital verkommen und heiratet eine Adlige, wodurch er sein Vermögen noch verdoppelt. Er ist ganz oben und legt seinen Reichtum in Staatspapieren an. 1830 stürzt die Regierung Karls X., Philipes Papiere sind plötzlich wertlos, und selbst ist da, woher er kam: ganz unten.

DER NEUE FIMMEL
(KINDERFILM)
RE: Walter Beck – BU: Walter Beck – LV: Filmerzählung von Friedel Hart – DR: Joachim Plötner – KA: Günter Haubold – MU: Wolfgang Lesser – BA: Willy Schiller – KO: Helga Scherff – SC: Christel Röhl – PL: Anni von Zieten – m: 2248 = 82 min. – s/w – PM: 1.6.1960 – DA: Paul R. Henker (Bürgermeister Kallenbach) – Paul Lewitt (Lehrer Berger) – Manfred Borges (Kuddel Moll) – Werner Troegner (Fahrdienstleiter) – Gisela Freund (Pionierleiterin Annemarie) – Hans-Jürgen Meinshausen (Rudi Kallenbach) – Peter Wollmann (Fritz Paschen) u. a. – KR: Richter, R.: Lernt die Jugend von den Meistern? DFK 1960/8, S.259-61 – Ch.Cz.: »Der neue Fimmel« und anderes. BZA 17.6.1960 – Me.: Pythagoras ist an allem schuld. NZT 9.6.1960.

Die Kinder von Hangelin, allen voran Rudi Kallenbach, der zwölfjährige Sohn des Bürger-

meisters, frönen einer neuen Leidenschaft: dem
Fußballspiel. Alle anderen Aufgaben, auch die
Schularbeiten, sind vergessen. Die Erwachsenen
hoffen, daß es nur eine vorübergehende Mode
ist. Die Kinder aber entrümpeln einen Schutt-
platz und richten sich ein Spielfeld ein. Ein
verirrter Ball führt dazu, daß der vorbeifahrende
Oberligaspieler Kuddel Moll nebst Auto an
einem Baum landet. Kuddel nimmt sich nun der
Kinder an und organisiert das Training. Er
dringt aber auch auf die Erfüllung der anderen
Pflichten, was erst zu Auseinandersetzungen,
dann zur Einsicht der kleinen Fußballfans führt.

DIE ENTSCHEIDUNG DES DR. AHRENDT

RE: Frank Vogel – BU: Hasso Grabner, Frank
Vogel – DR: Wolfgang Ebeling – KA: Walter
Fehdmer – MU: Gerhard Wohlgemuth – BA:
Artur Günther – KO: Dorit Gründel – SC: Frie-
del Welsandt – PL: Werner Dau – m: 2214 = 81
min. – s/w – PM: 9.6.1960 – PM-Ort: Berlin;
»Colosseum« – DA: Johannes Arpe (Dr. Ah-
rendt) – Rudolf Ulrich (Martin Kröger) – Willi
Schrade (Andreas Morgner) – Erika Radtke (Gi-
sela Ahrendt) – Josef Stauder (Karl Szepinski) –
Fritz Diez (Scholz) u. a. – KR: Albrecht, H.:
Das Befremdliche an Dr. A. NZ 16.6.1960 –
Altenstedt, J.: -. JW 18.6.1960 – Geisler, U.:
Illustration oder Filmkunst? DFK 1960/7, S.
221-22 – Junge: errare defa-num est. FO
1960/27 – Schirrmeister, H.: -. T 11.6.1960 –
G.S.: Der Weg aus der Isolierung. NZT
15.6.1960.

Ein neues Roheisenwerk in der DDR arbeitet
nach einem von Dr. Heinrich Ahrendt entwik-
kelten Verfahren. Obwohl es noch Probleme
gibt, hat Parteisekretär Kröger Erfolgsmeldungen und einen hohen Produktionsplan ans Ministerium geleitet. Die Arbeitsergebnisse aber
fallen schlecht aus. Dr. Ahrendt tüftelt an der
Verbesserung, während der junge Arbeiter Andreas zusammen mit einem Genossen den Fehler
entdeckt hat. Dem Intellektuellen Ahrendt
jedoch ist ein Zusammenwirken mit den Arbeitern fremd, und es bedarf der Überwindung
bürgerlicher Vorurteile, bis er den Wert des
Kollektivs erkennt und sich für die gemeinsame
Arbeit entscheidet.

HOCHMUT KOMMT VOR DEM KNALL

RE: Kurt Jung-Alsen – BU: Hans Lucke, Kurt
Jung-Alsen – LV: Theaterstück »Der Knall« von
Jens Gerlach – KA: Manfred Fritzsche – HA:
Hans Hauptmann – MU: Gerd Natschinski –
BA: Artur Günther, Manfred Schröter – KO:
Dorit Gründel – SC: Anneliese Hinze – PL:
Werner Dau – m: 2232 = 82 min. – s/w – PM:
25.6.1960 – PM-Ort: Berlin; Regattastrecke
Grünau – DA: Johannes Arpe (Oskar Müller) –
Lisa Macheiner (Melanie Müller) – Steffi
Freund (Madeleine Müller) – Horst Drinda
(Harry Kyritz) – Rolf Ludwig (Anton Wiesel) –
Peter Herden (Hans-Joachim Fechtner) u. a. –
KR: Geisler, U.: Westdeutsche Wirklichkeit -
grotesk? DFK 1960/8, S.256-58 – Schirrmeister,
H.: -. T 2.7.1960 – her.: -. BZA 4.7.1960 –
H.H.: Weniger wäre mehr gewesen. ND 17.7.

1960 – Me.: Eine Party mit Zwischenfällen.
NZT 10.7.1960 – H.U.E.: -. BZ 5.7.1960.

Auf politischen Druck hin inszeniert ein westdeutscher Radiosender ein Hörspiel, das einen
Überfall der Russen auf die Bundesrepublik
zum Inhalt hat. Eine ansehnliche Gage über-
zeugte den arbeitslosen Anton Wiesel, die Regie
zu übernehmen. Zur selben Zeit macht der
Kraftfahrer Harry Kyritz eine Erbschaft: einen
altersschwachen Frachtkahn, mit dem er den
Aufstieg zum Unternehmer schaffen will. Die
Bekanntschaft mit Madeleine Müller, Tochter
eines Kohlengroßhändlers, kommt ihm da gerade recht. Herrn Müller aber auch, denn der ist
pleite. So gibt er ein großes Fest, um seine
Tochter als letztes Kapital gewinnträchtig an
den Mann zu bringen. Der hochstapelnde Harry
hat gute Chancen, da tönt aus dem Radio das
Hörspiel vom Russenüberfall. Die Gäste fassen
es als Tatsachenbericht auf und flüchten in den
Keller. Harry offenbart seine wahre finanzielle
Lage, Müller akzeptiert ihn trotzdem – als Vor-
zeige-Arbeiter für die Russen. Als sich der
Irrtum aufklärt, ist Harry dann aber doch aus
dem Rennen, zugunsten eines vermögenderen
Schwiegersohns.

WO DER ZUG NICHT LANGE HÄLT ...

RE: Joachim Hasler – BU: Joachim Hasler,
Horst Beseler – DR: Marieluise Steinhauer –
KA: Jochim Hasler, Helmut Grewald – MU:
André Asriel – BA: Ernst-Rudolf Pech – KO:
Lydia Fiege – SC: Hildegard Tegener – PL:
Siegfried Nürnberger – GR: Gruppe »Heinrich
Greif« – m: 2097 = 77 min. – s/w – PM:
15.7.1960 – PM-Ort: Berlin; »Colosseum« –
DA: Helga Piur (Karin) – Stefan Lisewski (Ger-
hard) – Erich Franz (Franz) – Horst Kube
(Boxer) – Hans-Peter Minetti (Der Neue) –
Gerry Wolff (Kommissar) u. a. – KR: Hofmann,
H.: Auf der Lebensspur des Alltags. DFK
1960/8, S.254-56 – Hofmann, H.: Liebe, Alltag,
kleine Sorgen. ND 10.7.1960 – Kähler, H.: -.
JW 9.7.1960 – Merz, M.: Zwei in einer kleinen
Stadt. NZT 19.7.1960 – Schirrmeister, H.: -. T
9.7.1960 – H.U.E.: -. BZ 19.7.1960.

In einer kleinen Stadt arbeitet eine Brigade am
Bau des neuen Kulturhauses. Gerhard liebt
Karin, die Tochter des Brigadiers Franz, der von
dem angehenden Schwiegersohn nicht begeistert ist. Denn Gerhard vernachlässigt unter dem
Einfluß seines Kollegen »Boxer«, der mit ihm
in eine große Stadt will, seinen Kranführerlehr-
gang, die Arbeit und schließlich auch Karin. Die
verpatzte Kran-Prüfung bringt ihn in Wut und
läßt ihn zum Randalierer werden. Nach Querelen auf dem Bau wird Franz nachts bewußtlos
am Kran gefunden. Gerhard gerät in Verdacht,
doch an dem Unfall war »Boxer« schuld. Als
dieser fliehen will, kann der zur Einsicht gekommene Gerhard ihn zurückhalten. Reuevoll
gehen sie gemeinsam zur Polizei. Auch Karin
ist versöhnt, und die Hochzeit soll im fertigen
Kulturhaus stattfinden.

HATIFA (KINDERFILM)

RE: Siegfried Hartmann – BU: Willi Meinck,
Siegfried Hartmann – LV: Gleichnamige Erzäh-
lung von Willi Meinck – DR: Margot Beichler –
KA: E. W. Fiedler – MU: Siegfried Bethmann –
BA: Hans Poppe – KO: Marianne Schmidt –
SC: Hildegard Conrad – PL: Anni von Zieten –
m: 2345 = 86 min. – fa – PM: 25.7.1960 – DA:
Gisela Büttner (Hatifa) – Harry Hindemith
(Simsal) – Axel Kausmann (Hodja) – Jochen
Thomas (Ganem) – Gerhard Lau (Stelzbein) –
Fred Düren (Zadok) u. a. – KR: Czygan, C.:
Realität und Märchen. DFK 1960/9, S.294-296
– G.S.: Hatifas wunderbare Rettung. NZT
10.11.1960 – H.A.: Die Befreiung der Sklavin.
NZ 4.10.1960 – Peschke, N.: -. BZA 23.9.1960.

Der mit einer Karawane des Kaufmanns Ganem
reisende Weise Simsal findet die aus einem
Steinbruch geflohene Sklavin Hatifa. Um Simsal nicht zu gefährden, denn auf das Verstecken
von Sklaven steht der Tod, vertraut sie ihre
Herkunft dem Knecht Hodja an, mit dem sie
sich angefreundet hat. Sie fliehen zusammen,
werden aber aufgegriffen, und Ganem schleppt
Hatifa in einen Steinbruch zurück. Mit einem
Sklavenschiff soll sie in ein fernes Land
gebracht werden, doch dazu kommt es nicht.
Der Seeräuber Zadok, selbst ein entlaufener
Sklave, überfällt das Schiff und befreit die
Gepeinigten. Als er Hatifas Amulett sieht,
erkennt er in ihr seine Tochter, von der er bei
einem Angriff assyrischer Krieger getrennt
worden war.

DAS ZAUBER-MÄNNCHEN (KINDERFILM)

RE: Christoph Engel, CO-RE: Erwin Anders –
BU: Gudrun Rammler, Margot Beichler, Chri-
stoph Engel – LV: Märchen »Rumpelstilzchen«
der Brüder Grimm, in der Bühnenbearbeitung
von Günter Kaltofen – DR: Gudrun Rammler,
Margot Beichler – KA: Erwin Anders – MU:
Wolfgang Pietsch – BA: Ernst-Rudolf Pech –
KO: Ingeborg Wilfert – SC: Anneliese Hinze-
Sokolow – PL: Werner Dau – m: 2006 = 74
min. – fa – PM: 29.7.1960 – DA: Karl-Heinz
Rothin (Müller Kunz) – Karin Lesch (Marie,
seine Tochter) – Reinhard Michalke (Müllerbur-
sche Hans) – Peter Dommisch (Einfältiger
Nachbar) – Nikolaus Paryla (König) – Bodo
Mette (Schatzmeister) – Siegfried Seibt (Rum-
pelstilzchen) u. a. – KR: Czygan, C.: Realität
und Märchen. DFK 1960/9, S.294-96 – Cz.: -.
BZA 12.8.1960 – os: Perlen, Gold und bunte
Steine. »Das Zaubermännchen« und »Das
Geheimnis der fernen Insel«. M 20.8.1960.

Die Prahlsucht des Müllers Kunz bringt dessen
Tochter Marie als Gefangene ins Schloß. Kunz
hatte behauptet, sie könne Stroh zu Gold spin-
nen, und so soll sie nun die leeren Kassen des
Königs füllen. Der verzweifelten Marie
erscheint plötzlich ein Männchen und spinnt das
ganze Stroh zu Gold. Diese Hilfe aber hat ihren
Preis: Das Männchen verlangt das erste Kind
der Marie. Nach einem Jahr, Marie ist inzwischen die Frau des jungen Königs, kommt ihr
Kind zur Welt. Das Männchen will nun seine

Belohnung. Die erschrockene Marie fleht das Männchen an, ihr das Kind zu lassen. Dieses zeigt Großmut und ist unter der Bedingung, daß Marie seinen Namen errät, zum Verzicht bereit. Mit Hilfe des Müllerburschen Hans kommt es zum glücklichen Ende.

SEILERGASSE 8

RE: Joachim Kunert – BU: Günter Kunert, Joachim Kunert – DR: Anne Pfeuffer – KA: Eugen Klagemann – MU: André Asriel – BA: Erich Zander – KO: Luise Schmidt – SC: Hildegard Conrad – PL: Erich Albrecht – m: 2471 = 91 min. – s/w – PM: 11.8.1960 – PM-Ort: Rostock (Ostseewoche) / Berlin; »Colosseum« – DA: Martin Flörchinger (Albert Schirding, Hauptmann der VP) – Manja Behrens (Frau Schirding) – Dieter Perlwitz (Peter Schirding) – Dietrich Kerky (Werner Hallgast) – Rudolf Ulrich (Herbert Zallner) – Rolf Herricht (Kurt Lisowski) u. a. – KR: Albrecht, H.: Kriminalstory oder Menschenschicksal? NZ 14.8.1960 – Hofmann, H.: Kriminalfilm mit moralischem Anspruch. DFK 1960/9, S.292-93 – Menter, L.: -. BZA 15.8.1960 – Schnitzler, K.-E.v.: -. FS 1960/19, S.7 – H.H: Ein Haus mit sechs Mietern. ND 13.8.1960 – H.U.E.: -. BZ 16.8.1960.

Lisa Gau, ein etwas leichtlebiges Mädchen, wird in ihrer Wohnung tot aufgefunden. Kriminalist Schirding, der im selben Haus wohnt, übernimmt die Untersuchung. Was auf den ersten Blick wie Selbstmord aussieht, erweist sich als Mord. In Verdacht gerät auch Schirdings Sohn Peter, der ein Verhältnis mit Lisa hatte und als Medizinstudent an Gift herankommt. Peter, dessen Verhältnis zum meist abwesenden Vater ohnehin gespannt ist, verläßt empört das Haus. Schirding versucht den Fall wegen Befangenheit abzugeben, aber seine Kollegen vertrauen ihm. So ermittelt er gewissenhaft weiter, kommt dem wirklichen Mörder auf die Spur und kann ihn stellen: Peters Freund Werner, der nach der Tat in den Westen fliehen will. Am Ende steht der Versöhnung von Vater und Sohn nichts mehr im Wege.

WAS WÄRE, WENN...

RE: Gerhard Klingenberg – BU: Hedda Zinner, Gerhard Klingenberg – LV: Gleichnamiges Schauspiel von Hedda Zinner – DR: Klaus Wischnewski – KA: Erich Gusko – MU: Peter Fischer – BA: Alfred Drosdek – KO: Rosemarie Wandelt – SC: Friedel Welsandt – PL: Erich Albrecht – m: 2461 = 90 min. – s/w – PM: 1.9.1960 – PM-Ort: Berlin; »Volkshaus« Lichtenberg – DA: Willi Narloch (Mittelbauer Gepfert) – Gerd Ehlers (Großbauer Dahlke) – Heinz Frölich (Elias Ebermayer) – Trude Bechmann (Alte Drögern) – Hanns Anselm Perten (Großbauer Schäfer) – Fritz Hofbauer (Großbauer Biegel) – Angela Brunner (Inge Gepfert) – Manfred Krug (Christian Dahlke) – Manfred Borges (Traktorist Peter) u. a. – KR: Rehahn, R.: Wenn zwei dasselbe tun... WP 1960/37 – Schirrmeister, H.: -. T 3.9.1960 – Tok, H.-D.: Verschenkte Gelegenheit. DFK 1960/10, S.329-31 – Funke, C.: -. SO 1960/39 – H.U.: Lustspielfilm - eher zum Weinen. NZT 14.9.1960 –

H.U.E.: -. BZ 7.9.1960.

In dem kleinen Dorf Willshagen an der innerdeutschen Grenze tauchen geheimnisvolle Herren in einem Westauto auf und zeigen großes Interesse an dem verkommenen Schloß. Klatsch und Spekulationen blühen, und es geht das Gerücht einer Grenzveränderung um. Willshagen soll an die Bundesrepublik fallen, und einige erwarten den Grafen zurück. Plötzlich tauchen all die aus dem Schloß gestohlenen Gegenstände wieder auf. Manche Dorfbewohner schütteln die Köpfe über diesen Unfug, andere sind verunsichert. Bauer Gepfert fragt sich, ob er noch in die LPG eintreten soll. Seine Frau und Tochter Inge raten ihm zu, während Großbauer Dahlke ihm abrät und ein anderes Geschäft vorschlägt. Inge soll seinen Sohn Christian heiraten, um ihr Land zu vereinigen. Aber Inge liebt den MTS-Traktoristen Peter. Als der Graf ankommen soll, sind Pro- und Contragruppen aufmarschiert – bis ein Team der DEFA erscheint, das im Schloß einen Film drehen will: Nur deshalb wurde es renoviert!

ALWIN DER LETZTE

RE: Hubert Hoelzke – BU: Gerhard Hartwig, Dieter Scharfenberg – LV: Gleichnamiges Theaterstück von Erich Heller und Margret Gruchmann-Reuter – DR: Dieter Scharfenberg, Gerhard Hartwig – KA: Helmut Bergmann – MU: Hans Hendrik Wehding – BA: Oskar Pietsch – SC: Wally Gurschke – PL: Adolf Fischer – m: 1774 = 65 min. – s/w – PM: 23.9.1960 – PM-Ort: Berlin; »Colosseum« / Potsdam; »Melodie« – DA: Gerhard Bienert (Alwin Schmieder) – Paul R. Henker (August Schmieder) – Steffie Spira (Karoline Gutjahr) – Wolfgang Thal (Karl Schmieder) – Brigitte Krause (Barbara Wendt) – Karl Kendzia (Otto Kleinhans) u. a. – KR: Derksen, W.: Auch Schwänke sollten realistisch sein. DFK 1960/12, S.406-07 – Herrmann, G.: -. BZA 26.9.1960 – Rehahn, R.: »Die Letzten werden die Ersten sein«. WP 1960/40 – H.K.: -. ND 2.10.1960 – S.: -. SO 1960/46 – H.U.E.: -. BZ 29.9.1960.

Alwin Schmieder, sein Bruder August und Freund Otto haben als einzige im Dorf den LPG-Beitritt verweigert. Sie rackern sich weiter allein ab, und im Haushalt der Schmieders geht auch alles drunter und drüber, seit Alwin Witwer ist. Wenigstens eine Frau müßte her. Aber die Bewerberinnen auf Alwins Heiratsanzeigen behagen ihm nicht. Barbara, die Freundin seines Sohnes Karl, lehnt er ab, ohne sie zu kennen – weil sie aus der Stadt ist. Doch plötzlich kommt Bewegung ins Leben der Schmieders. August will die Agronomin Karoline heiraten und zu ihr ins Nachbardorf ziehen. Barbara, die sich unter einem Vorwand ins Haus einschleicht, gewinnt Alwins Sympathie, und er fordert Karl auf, sie zu heiraten. Als es herauskommt, daß die jungen Leute ihn reingelegt haben, ist er verärgert. Und zu guter Letzt tritt Otto auch noch in die LPG ein. Alwin ist der letzte, dem ein Licht aufgeht.

SCHRITT FÜR SCHRITT

RE: János Veiczi – BU: Rudolf Böhm, Heinz Kahlau, János Veiczi – LV: Erzählung »Hanna, die Jawa und ich« von Karl-Heinz Räppel – DR: Hans Sasse – KA: Horst E. Brandt – MU: Peter Fischer – BA: Herbert Nitzschke – KO: Ingeborg Wilfert – SC: Ursula Zweig – PL: Paul Ramacher – m: 2600 = 95 min. – s/w – Tovi – 4-Kmgt – no – lto – PM: 5.10.1960 – PM-Ort: Berlin; »Colosseum« – DA: Raimund Schelcher (Dreher Rochlitz) – Wolfgang Hübner (Hanne) – Erika Dunkelmann (Frau Rochlitz) – Dietlinde Greiff (Jutta) – Wilhelm Koch-Hooge (Ingenieur Brinkmann) – Harry Hindemith (Oberstleutnant Bremer) – Gisela May (Frau Hellwig) u. a. – KR: Jelenski, M.: Gestaltung eines aktuellen Problems. DFK 1960/12, S.401-03 – Junge, W.: -. FO 1960/42 – Kähler, R.: -. JW 8.10.1960 – Knietzsch, H.: Menschen in der Entscheidung. ND 9.10.1960 – Ch.F.: -. SO 1960/46 – -her-: -. BZA 8.10.1960 – H.U.E.: -. BZ 11.10.1960 – R.Rh.: -. WP 1960/41.

Der Dreher Rochlitz, ein geschätzter Arbeiter, dessen aufrechte Haltung in der Nazizeit unvergessen ist, verweist seinen Sohn Hannes des Hauses, weil dieser sich zum Dienst in der NVA verpflichtet hat. »Nie wieder ein Gewehr«, hatte er sich geschworen, als sein erster Sohn, 14jährig, beim Volkssturm ums Leben gekommen war. Rochlitz trifft mit dem Kommandeur von Hannes zusammen, er ist der Bruder des Kollegen Steffens, gegen den er 1943 bei der Gestapo trotz Folter nicht ausgesagt hatte. Das Gespräch mit ihm und ein Besuch im KZ Buchenwald bringen ihn zu der Einsicht, daß man den Frieden auch mit der Waffe verteidigen muß.

DIE HEUTE ÜBER 40 SIND

RE: Kurt Jung-Alsen – SZ: Franz Fühmann – DR: Willi Brückner – KA: Hans Hauptmann – MU: Gerd Natschinski – BA: Manfred Schröter – KO: Dorit Gründel – SC: Anneliese Hinze – PL: Werner Dau – m: 2369 = 87 min. – s/w – PM: 20.10.1960 – PM-Ort: Berlin; »Babylon« – DA: Rudolf Ulrich (Georg Weidtlich) – Peter Herden (Christof Kienzel) – Helga Göring (Frau Weidtlich) – Gerhard Bienert (Herr Weidtlich) – Lisa Macheiner (Frau Kienzel) – Peter Kiwitt (Herr Kienzel) u. a. – KR: Funke, C.: Zwei deutsche Lebensbilder. M 23.10.1960 – Hofmann, H.: Wichtiges Thema - dramaturgisch verfehlt. DFK 1960/12, S.403-06 – ch.: Gewogen auf der Waage der Zeit. NZT 28.10.1960 – F. S.: -. SO 1960/46 – T.H.: -. ND 30.10.1960 – Strahl, R.: -. FS 1960/23, S.5 – R.Rh.: -. WP 1960/48 – W.J.: DEFA: Die über 40. FO 1960/45.

Die Lebenswege zweier Jungen aus einer thüringischen Kleinstadt und deren Schnittpunkte innerhalb von vierzig Jahren zeugen von der unterschiedlichen Entwicklung eines Arbeiter- und eines Fabrikantensohnes. Als Kinder waren Georg, der Drechslersohn, und Christof, aus bürgerlichem Hause, Freunde. Während des zweiten Weltkrieges ist Christof dem Naziregime treu ergebener Offizier und schießt auf Georg, als der ihm als Parlamentär des Komitees »Freies Deutschland« an der Front gegenübersteht. 1960 begegnen sie sich noch einmal, bei Interzonenverhandlungen. Nun ist Georg als Betriebsdirektor Vertreter der DDR, während Christof als kleiner Protokollant zur westdeutschen Delegation gehört, an der Seite eines einstigen Nazi-Wirtschaftsfunktionärs.

Filmtext: Die heute vierzig sind. Filmerzählung von Franz Fühmann. Berlin: Aufbau Verlag 1961

FÜNF PATRONENHÜLSEN

RE: Frank Beyer – BU: Walter Gorrish – DR: Wolfgang Ebeling – KA: Günter Marczinkowsky – MU: Joachim Werzlau – BA: Alfred Hirschmeier – KO: Joachim Dittrich – SC: Evelyn Carow – PL: Willi Teichmann – m: 2398 = 88 min. – s/w – PM: 3.11.1960 – PM-Ort: Berlin; »Colosseum« – DA: Erwin Geschonneck (Kommissar Witting, Deutscher) – Ulrich Thein (Wasja, Russe) – Edwin Marian (José, Spanier) – Ernst-Georg Schwill (Willi, Deutscher) – Armin Mueller-Stahl (Pierre, Franzose) – Manfred Krug (Oleg, Pole) – Günter Naumann (Dimitr, Bulgare) u. a. – KR: Kähler, H.: -. JW 5.11.1960 – Knietzsch, H.: Helden unter spanischem Himmel. ND 4.11.1960 – Rehahn, R.: -. WP 1960/46 Strahl, R.: -. FS 1960/24, S.5 – Tok, H.-D.: Eine moderne optimistische Tragödie. DFK 1961/1, S.7-9 – Funke, C.: -. SO 1960/46 – Junge, W.: -. FO 1960/46 – Nau, P.: Spanischer Bürgerkrieg und Film. FK 1974/10, S. 452-54.

Während des Spanienkrieges deckt der deutsche Kommissar Witting mit fünf Interbrigadisten den Rückzug ihres Bataillons. Nach ausgeführtem Auftrag müssen sie sich durch die feindlichen Linien schlagen. Witting wird schwer verwundet. Er übergibt seinen Kameraden eine Meldung für den Stab, in Einzelstücke aufgeteilt und in fünf Patronenhülsen gesteckt. Zusammenhalten und durchkommen, heißt die Devise. Der Auftrag spornt sie an, nur der Franzose Pierre kann in der glühenden Hitze der Sierra den Durst nicht aushalten. Er verläßt die Deckung, um an einem Brunnen zu trinken, und fällt feindlichen Kugeln zum Opfer. Die anderen erreichen den Stab. Dort erfahren sie den Inhalt der Meldung, eine Aufforderung ihres klugen Kommandeurs zusammenzubleiben.

Filmtext: Fünf Patronenhülsen. Drehbuch von Walter Gorrish. In: Neue Deutsche Literatur, 1959/12. Außerdem: Berlin: Aufbau-Verlag 1960

BEGEGNUNG IM ZWIELICHT
(CO-PRODUKTION DDR / POLEN)

RE: Wanda Jakubowska, RE-MI: Ralf Kirsten – SZ: Wanda Jakubowska, Stanislawa Muskat-Fleszarowa, Hanns Julius Wille – LV: Roman »Laßt uns schreien« von Stanislawa Muskat-Fleszarowa – DR: Egon Günther – KA: Kurt Weber – MU: Stanislaw Skrowaczewski – BA: Anatol Radzinowicz – KO: Elli-Charlotte Löffler, Tatiana Manzett – SC: Lidia Pstrokonska, Aurelia Rut – PL: Hans Mahlich, Stanislaw

Daniel – m: 2930 = 107 min. – s/w – PM (DDR): 2.12.1960 – PM-Ort: Berlin; »Babylon« – CO: Film Polski, Gruppe »Start«, Warschau/VR Polen – Poln. Titel: Spotkania w mroku – DA: Zofia Slaboszowska (Magdalena Novak) – Horst Drinda (Ernst Steinlieb) – Erich Franz (Wenk) – Charlotte Küter (Frau Wenk) – Emil Karewicz (Dominik) – Ilona Mikke (Marysia) u. a. – KR: Funke, C.: -. SO 1960/52 – Hofmann, H.: Die Gegenwart der Vergangenheit. ND 9.12.1960 – Jürschik, R.: Die gemäße Form nicht gefunden. DFK 1961/2, S.43-45 – Rehahn, R.: -. WP 1960/51 – Strahl, R.: -. FS 1960/26, S.5 – H.U.E.: -. BZ 6.12.1960.

Die polnische Pianistin Magdalena Novak ist auf einer Konzertreise durch Westdeutschland. Der herzliche Beifall nach einem Auftritt in Eltheim löst zwiespältige Gefühle in ihr aus. Sie war schon einmal hier, zwangsweise, während des Krieges als Fremdarbeiterin. Zwei Menschen, die damals zu ihr freundlich waren, möchte sie gern wiedersehen: den Schuhfabrikanten Ernst Steinlieb, mit dem sie freundschaftliche Gefühle verbanden, und den Antifaschisten Wenk, den Meister, der Brot und Medikamente zu ihr ins nahe gelegene KZ Altötting schmuggelte. Sie trifft die beiden in einer Gerichtsverhandlung. Wenk wird als Atomrüstungsgegner angeklagt; man versucht ihn zu kriminalisieren, da er damals einige Paar Schuhe für Flüchtlinge entwendet hatte. Magdalena ist zutiefst enttäuscht über diese Entwicklung in Deutschland und die Aussage Steinliebs gegen Wenk.

KEIN ÄRGER MIT CLEOPATRA

RE: Helmut Schneider – BU: Manfred Petzold, Helmut Schneider – DR: Hans-Joachim Wallstein – KA: Günter Eisinger, Hans Hauptmann – MU: Kurt Grottke – BA: Artur Günther – KO: Ingeborg Wilfert – SC: Friedel Welsandt – PL: Werner Dau – m: 2250 = 83 min. – s/w – PM: 6.12.1960 – DA: Peter Sturm (Mathias Kahlow) – Carola Braunbock (Caroline Kahlow) – Maly Delschaft (Oma Kahlow) – Gerd Ehlers (Gottlieb Grossig) – Angela Brunner (Inge Reinert) – Monika Lennartz (Irmchen Grossig) u. a. – KR: Derksen, W.: -. DFK 1961/2, S.46 – Schirrmeister, H.: -. T 10.12.1960 – G.S.: Verwirrung um Brutus. NZT 15.12.1960 – H.A.: Der Sündenfall des Ebers Brutus. NZ 13.12.1960 – H.U.E.: -. BZ 17.12.1960.

Was den Funktionären der LPG in Bolbitz nicht gelingt, das schafft der schwarze Genossenschafts-Cornwall-Eber sozusagen im Alleingang. Er nimmt den Einzelbauern die Scheu vor der LPG, indem er nachts heimlich deren Säue deckt. Die schwarzen Ferkel versetzen die Bauern erst in Schrecken, denn schwarze Würfe bedeuten Unglück und setzen eine Sünde voraus. Als Sünde wird von den Abergläubischen, allen voran Oma Kahlow, die Kollektivierung angesehen. Doch als selbst des Pfarrers Sau nicht verschont bleibt, und man herausfindet, wer der »Übeltäter« ist, löst sich der Aberglaube in Gelächter auf, und die Scheu vor der LPG ist gebannt.

DIE SCHÖNE LURETTE

RE: Gottfried Kolditz – BU: Werner Bernhardy – LV: Nach der gleichnamigen Operette von Jacques Offenbach – DR: Hanns Julius Wille – KA: Erich Gusko – MU: Jacques Offenbach, MB: Günter Klück – BA: Alfred Tolle – KO: Hans Kieselbach – SC: Hildegard Tegener – PL: Alexander Lösche – m: 2260 = 83 min. – fa - Tovi – 4-Kmgt – PM: 25.12.1960 – PM-Ort: Berlin; »Colosseum« / Potsdam; »Charlott« – DA: Evelyn Cron – GE: Ingeborg Wenglor (Lurette) – Jiri Papez – GE: Martin Ritzmann (Campistrel) – Otto Mellies – GE: Charles Geerd (Herzog) – Hannjo Hasse – GE: Leo Wistuba (Malicorne) – Marianne Wünscher – GE: Gertrud Stilo (Marcelline) – Lore Frisch – GE: Sieglinde Goßmann (Rose) u. a. – KR: Hofmann, H.: Drama, Abenteuer, Zucker. ND 24.12.1960 – Wolf, W.; Tok, H.-D.: Operettenfilm nach Offenbach. DFK 1961/4, S.113-14 – G.S.: Die Wäscherinnen von Paris. NZT 28.12.1960 – H.U.E.: Heiterer Abgesang. BZ 5.1.1961 – M.J.: Zweimal Musik im DEFA-Film. SO 1961/3 – Strahl, R.: -. FS 1961/1, S.6.

Karneval in Paris zur Zeit Ludwig XV. Die reizende Wäscherin Lurette will das bunte Treiben nutzen, um den etwas schwerfälligen Zimmermann Campistrel eifersüchtig zu machen, damit er ihr endlich seine Liebe gesteht. Der aber ist mit der Fertigung der Spottfiguren für den Umzug beschäftigt. Lurettes Wege kreuzen die des Herzogs von Marly, und ihre Pläne die seinen. Mit einer fingierten Hochzeit will er die hübsche Lurette für ein amouröses Abenteuer gewinnen und sie danach dem König als neue Mätresse zuführen. Durch das Eingreifen der couragierten Wäscherin Marcelline, des endlich aktiv werdenden Campistrel sowie der anderen kann die ahnungslos flirtende Lurette vor der schändlichen Intrige des Herzogs gerettet werden. Der Karneval erlebt mit der glücklichen Umarmung von Lurette und Campistrel seinen Höhepunkt.

DER MOORHUND
(KINDERFILM)

RE: Konrad Petzold – SZ: Signe Thiessen, Konrad Petzold – DR: Dieter Scharfenberg – KA: Otto Merz – MU: Günter Hauk – BA: Hans Poppe – KO: Marianne Schmidt – SC: Ilse Peters – PL: Anni von Zieten – m: 2132 = 78 min. – s/w – PM: 25.12.1960 – PM-Ort: Berlin; »Babylon« / Kulturhaus der deutschen Grenzpolizei – DA: Günther Simon (Oberleutnant Suter) – Rolf Ripperger (Leutnant Neumann) – Horst Kube (Fischer) – Peter Sturm (Karl Schultz) – Elfriede Florin (Mutter Schultz) – Wolfgang Glaser (Klaus) – Wolfgang Jochmann (Fritzchen) u. a. – KR: Heider, R.: Geheimnis um den Moorhund. JW 17.12.1960 – Hofmann, H.: Drama, Abenteuer, Zucker. ND 24.12.1960 – Jahnke, E.-G.: Unseren Kindern Filmerlebnisse bereiten. DFK 1962/1, S.19-21 – Ch.Cz.: -. BZA 28.12.1960.

Der zwölfjährige Klaus verbringt die Ferien bei seinem Vater, dem Chef einer Grenzkompanie. Mit dem jüngeren Freund Fritzchen streift er durch die Wälder – auf der Suche nach dem geheimnisvollen Moorhund, um den sich ein Aberglaube rankt. Eines Tages entdecken sie einen eingesperrten Schäferhund, gewinnen sein Zutrauen und wollen ihn zur Kompanie bringen. Bei einem mysteriösen Pfiff aber verschwindet das Tier. Klaus' Vater ahnt die Zusammenhänge. Die Kompanie unternimmt eine Suchaktion, der sich die Kinder heimlich anschließen. Sie finden den Hund wieder, und gemeinsam mit den Soldaten können sie einen Agenten fassen: den Fischer.

SILVESTERPUNSCH

RE: Günter Reisch – SZ: Marianne Reinke, Gerhard Weise – DR: Egon Günther – KA: Karl Plintzner – MU: Helmut Nier – BA: Paul Lehmann – KO: Gerhard Kaddatz – SC: Hildegard Conrad – PL: Hans Mahlich – GR: Gruppe »Roter Kreis« – m: 2490 = 91 min. – fa – PM: 29.12.1960 – PM-Ort: Berlin; »Babylon« – DA: Erich Franz (Wilhelm Lehmann) – Friedel Nowack (Auguste Lehmann) – Erika Dunkelmann (Marion Lehmann) – Christel Bodenstein (Suse Lehmann) – Heinz Draehn (Franz Lehmann) – Achim Schmidtchen (Michel Lehmann) – Ernst-Georg Schwill (Knispel) – Karin Schröder (Ruth) u. a. – KR: Schmidt, L.: -. JW 7.1.1961 – Tok, H.-D.: Babelsberger Geburtswehen. DFK 1961/3, S. 75-77,85 – H.U.: Lauwarmer Silvesterpunsch. NZT 31.12.1960 – M.J.: Zweimal Musik im DEFA-Film. SO 1961/3 – Albrecht, H.: -. NZ 31.12.1960 – Strahl, R.: -. FS 1961/2, S.6 – H.U.E.: Heiterer Abgesang. BZ 5.1.1961.

Nach der »Maibowle« steht bei Lehmanns nun der Silvesterpunsch auf dem Programm. Wilhelms Söhne Franz und Paul sind Brigadiere im Chemiewerk. Des einen Brigade besteht aus Kultur-, die des anderen aus Sportfanatikern. Zur Silvesterfeier des Betriebes aber müssen die rivalisierenden Brigaden zusammenarbeiten, denn die Veranstaltung braucht beides, Sport und Kultur. Auf dem Programm steht eine Eisrevue, in der Wilhelms Enkeltochter Suse der Star sein soll. Dem sie anbetenden Knispel aus der Sportbrigade läßt Pauls Trainingsplan und Sturheit keine Zeit für Herzensangelegenheiten. Knispel und vor allem der hübschen Ruth gelingt es dann doch noch, den eisernen Sportler Paul von der Nützlichkeit der Kultur und einer Zusammenarbeit zu überzeugen. Die sportlich wie künstlerisch gelungene Revue wird ein voller Erfolg.

1961

STEINZEITBALLADE

RE: Ralf Kirsten – SZ: Heinz Kahlau – LV: Roman »Anna Lubitzke« von Ludwig Turek – DR: Marieluise Steinhauer – KA: Günter Haubold – MU: Wolfgang Lesser – BA: Willy Schiller – KO: Elli-Charlotte Löffler, Lydia Fiege – SC: Christel Röhl – PL: Alexander Lösche – m: 2339 = 85 min. – s/w – PM: 12.1.1961 – PM-Ort: Berlin; »Volkshaus« Lichtenberg – DA: Gisela Rimpler (Anna) – Elsa Grube-Deister (Breuer) – Friedel Nowack (Mutter Knorz) – Gina Presgott (Stoltze) – Agnes Kraus (Säuberlich) – Ruth Maria Kemper (Ziska) – Gerd E. Schäfer (Scharrhahn) u. a. – KR: Bleck, G.: Ein neuer Versuch zur Gestaltung unserer jüngsten Vergangenheit. DFK 1961/3, S.78-79 – Mehnert, S.: -. JW 14.1.1961 – Strahl, R.: -. FS 1961/3,S.6 – H.H.: Beredte Zeugen unseres schweren Anfangs. ND 15.1.1961 – H.U.: Ein mißglücktes Experiment. NZT 15.1.1961 – H.U.E.: -. BZ 19.1.1961.

Ein Trupp Trümmerfrauen arbeitet im zerstörten Berlin des Jahres 1946 für den Bauunternehmer Scharrhahn. Jede denkt nur ans eigene Überleben, verheimlicht die kleinen, unter den Trümmern gemachten Funde ängstlich vor den anderen. Nur die alte Frau Knorz und die Vorarbeiterin Anna Lubitzke versuchen, Hilfsbereitschaft unter den Frauen zu wecken. Anna gelingt es, sie zum gemeinsamen Vorgehen gegen ihren Zement schiebenden Bauherrn zu bewegen. Nach seiner Verhaftung übernimmt Anna die Leitung des Betriebes. In freiwilliger Arbeit errichten die zur Einsicht gekommenen Frauen für die in den Trümmern hausende Kollegin Hermine eine Laube am Stadtrand und festigen ihren Gemeinschaftssinn bei einer fröhlichen Richtfestfeier.

DIE LIEBE UND DER CO-PILOT

RE: Richard Groschopp – BU: Lothar Creutz, Carl Andrießen, Richard Groschopp – DR: Willi Brückner – KA: Eugen Klagemann – MU: Hans Hendrik Wehding – BA: Erich Zander – KO: Elli-Charlotte Löffler – SC: Friedel Welsandt – PL: Willi Teichmann – m: 2634 = 97 min. – s/w – brw – PM: 26.1.1961 – PM-Ort: Berlin; »Babylon« – DA: Horst Drinda (Horst Schubert, Co-Pilot) – Günther Simon (Richard Wagner, Kommandant) – Günther Haack (Lutz Hempel, Bordfunker) – Wilfried Weschke (Klaus Büttner, Bordmechaniker) – Gerlind Ahnert (Ilse Lienhardt, Stewardeß) – Sylva Schüler (Ingrid, Stewardeß) – Angelica Domröse (Madelon Lussi, junge Schweizerin) u. a. – KR: Albrecht, H.: Homunculus über den Wolken. NZ 31.1.1961 – Hofmann, H.: -. ND 9.4.1961 – Mehnert, S.: -. JW 28.1.1961 – H.U.E.: -. BLZ 3.2.1961 – H.U.: Don Juan über den Wolken. NZT 29.1.1961 – Strahl, R.: -. FS 1961/4, S.7 – Tok, H.-D.: Babelsberger Geburtswehen. DFK 1961/3, S.75-77,85.

Beim Dienstantritt in einer IL-14-Crew erlebt der neue Co-Pilot Horst Schubert eine peinliche Überraschung. Ilse, der er kurz vorher noch

hochstapelnd als »Flugzeug-Kommandant« den Hof gemacht hat, tritt ihm als Stewardeß gegenüber. Aber damit nicht genug. Der im Dienst höfliche und gewissenhafte Horst erweist sich im Privatleben als Don Juan. Als die Chartermaschine in Varna landet, interessiert sich gar die bulgarische Polizei für ihn, weil seine frühere Liebschaft Madelon spurlos verschwunden ist. Und von der Wirtin zu Hause, die der vielen verflossenen und nicht verflossenen Freundinnen ihres Untermieters kaum »Herr« werden kann, ganz zu schweigen. Den bequemen, paschahaften Kommandanten Richard kümmern die privaten Eskapaden seines Co-Piloten nicht, deshalb nehmen die anderen Crew-Mitglieder, allen voran Ilse, seine »Erziehung« in die Hand. Daß aus Horst und Ilse ein Paar wird, ist schließlich nur eine Frage der Zeit.

SEPTEMBERLIEBE

RE: Kurt Maetzig – BU: Herbert Otto – DR: Gerhard Hartwig – KA: Joachim Hasler – MU: Helmut Nier – BA: Alfred Hirschmeier – KO: Helga Scherff – SC: Lena Neumann – PL: Hans Mahlich – GR: KAG »Roter Kreis« – m: 2135 = 78 min. – s/w – PM: 1.2.1961 – PM-Ort: Berlin; »Colosseum« – DA: Doris Abeßer (Franka) – Ulrich Thein (Dr. Hans Schramm) – Annekathrin Bürger (Hannelore) – Hans Lucke (Oberleutnant Unger) – Kurt Dunkelmann (Vater Hübenthal) – Maria Besendahl (Mutter Schramm) u. a. – KR: Knietzsch, H.: -. ND 5.2.1961 – Rehahn. R.: Heißes Wochenende. WP 1961/4 – Salow, F.: -. SO 1961/10 – Schröder, M.: Franka - ein Mensch unserer Zeit. JW 2.4.1961 – Wolf, D.: Gegen Schema und Unverbindlichkeit. DFK 1961/2, S.40-43 – Weimer, V.: In »Septemberliebe« stimmt einiges nicht. DFK 1961/5, S.180 – Eylau, H.U.: -. BZ 5.2.1961.

Das Leben des promovierten Chemikers Hans Schramm verläuft problemlos. Die berufliche Karriere kommt gut voran, und seine Verlobte Hannelore scheint ein Garant für eine ruhige, angenehme Zukunft zu sein. Da begegnet er Franka, der jüngeren Schwester seiner Verlobten. Das selbstbewußte Mädchen fesselt ihn. Er weiß, daß es keine flüchtige Leidenschaft, sondern Liebe ist. Er braucht sie, ihre Stärke, ihre Zärtlichkeit, ihre kritische Vernunft. Franka liebt ihn auch, möchte aber ihre Schwester nicht verletzen und wehrt sich deshalb gegen eine Beziehung. Doch die Selbstverleugnung nützt nichts, an einem gemeinsam verbrachten Septembertag bekennen sie sich zueinander. Ein ernstes Problem stellt sie jedoch sogleich auf die Probe: Hans ist auf dumme Weise in Verbindung zu einem westdeutschen Agentenring geraten. Während er in Panik gerät und flüchten will, klärt Franka die Angelegenheit mit den zuständigen Behörden. Erst empfindet Hans das als Verrat, begreift aber sehr schnell, was Franka für ihn getan hat.

MUTTER COURAGE UND IHRE KINDER

RE: Peter Palitzsch, Manfred Wekwerth – BU: Peter Palitzsch, Manfred Wekwerth – LV: Gleichnamiges Bühnenstück von Bertolt Brecht – DR: Egon Günther – KA: Harry Bremer –

MU: Paul Dessau – BA: Heinrich Kilger, Erich Kulicke – KO: Heinrich Kilger – SC: Ella Ensink – PL: Alexander Lösche – m: 4125 = 151 min. – s/w – Tovi – PM: 10.2.1961 – PM-Ort: Berlin; »O.T.L.«, Oranienburger Str. – DA: Helene Weigel (Mutter Courage) – Angelika Hurwicz (Kattrin) – Ekkehard Schall (Eilif) – Heinz Schubert (Schweizerkas)- Willi Schwabe (Werber) – Gerhard Bienert (Feldwebel) – Ernst Busch (Koch) – Wolf Kaiser (Feldprediger) u. a. – KR: Edel, P.: Die Chronik der Mutter Courage im Film. WBÜ 1961/9, S.272-76 – Jelenski, M.: Nicht nur ein Filmdokument. DFK 1961/4, S.110-12 – Keisch, H.: Realistisches Theater - gefilmt. ND 12.2.1961 – Mehnert, S.: -. JW 18.2.1961 – Rehahn, R.: -. WP 1961/8 – Strahl, R.: -. FS 1961/6, S.6 – Eylau, H.U.: Der Film von »Mutter Courage«. BZ 15.2.1961 – Luft, F.: Brechts »Mutter Courage« von der sowjetzonalen Defa verfilmt. W 18.2.1961 – Eder, K.: Faszination durch Ästhetik. StN 17.4.1965 – B.F.: Der Defa-Film »Mutter Courage«. FAZ 31.3. 1966.

Die Marketenderin Anna Fierling, genannt »Mutter Courage«, zieht mit ihrem Planwagen während des Dreißigjährigen Krieges kreuz und quer durch Europa. Sie meint, daß man am Krieg besser verdienen kann als am Frieden. Ihr Geschäft kennt keine Politik, sie handelt mit Katholiken wie mit Protestanten. Während des Krieges verliert sie nacheinander ihre Kinder, zwei Söhne und eine Tochter: Schweizerkas wird erschossen, weil er die Regimentskasse nicht dem Feind übergeben wollte; Eilif wird in einer kurzen Friedensperiode für eine Missetat hingerichtet, die ihm kurz zuvor im Kriege noch Ehre einbrachte. Und die stumme Kattrin wird erschossen, weil sie durch Trommeln die Stadt Halle vor dem Einmarsch feindlicher Soldaten warnt. Die Courage aber läßt sich den Krieg nicht »madig« machen, sie spannt sich vor ihren Planwagen und zieht weiter. – Siehe auch Anhang »Abgebrochene Filme«: *Mutter Courage und ihre Kinder/ 1955/ RE: Wolfgang Staudte.*

DER FREMDE
RE: Johannes Arpe – SZ: Herbert Jobst – DR: Lea Grosse – KA: Walter Fehdmer – MU: Wilhelm Neef – BA: Oskar Pietsch – KO: Luise Schmidt – SC: Charlotte Peschlow – PL: Adolf Fischer – GR: KAG »Solidarität« – m: 2176 = 80 min. – s/w – AD: 3.3.1961 – DA: Günter Grabbert (Willi Palko) – Harry Hindemith (Wilhelm) – Günther Simon (Parteisekretär Reichert) – Helga Göring (Hanna) – Rudolf Ulrich (Julius) – Fritz Schlegel (Aurich) – Erich Brauer (Schachtmeister) – Johannes Arpe (Betriebsleiter) u. a. – KR: Hofmann, H.: Auf der Suche nach dem Menschen. ND 9.4.1961 – Tok, H.-D.: Ohne den Atem unserer Zeit. DFK 1961/ 10, S.344-46 – ch: Spannungsloser DEFA-Film »Der Fremde«. NT 20.3.1961 – Funke, C.: -. M 4.3.1961.

Nach jahrelangem Umhertreiben kommt Willi Palko ins Braunkohlerevier. Er sucht nicht nur eine neue Arbeit, sondern möchte hier endlich seßhaft werden. Die Parteileitung schickt ihn in die Brigade Schepp, die sich durch enorm hohe Produktionszahlen (auf dem Papier) »verdächtig« gemacht hat. Man bezichtigt den Fremden, ein Spion der Werkleitung zu sein. Willi hat es schwer, sich durchzusetzen, doch der große Bagger, die Aussicht, ihn eines Tages führen zu dürfen, und die forsche Klappenschlägerin Hanna haben es ihm angetan. Er bleibt, und mit seiner Hilfe kann ein Schachtmeister als westlicher Agent entlarvt und die Produktion von Kohle auf ein tatsächlich hohes Niveau gebracht werden.

FÜNF TAGE – FÜNF NÄCHTE
(CO-PRODUKTION DDR / SOWJETUNION)
RE: Lew Arnschtam, CO-RE: Heinz Thiel, Anatoli Golowanow – BU: Lew Arnschtam, Wolfgang Ebeling – DR: Wolfgang Ebeling – KA: Alexander Schelenkow, Tschen Ju Lan – MU: Dmitri Schostakowitsch – BA: Herbert Nitzschke, Alexej Parchomenko – KO: Walter Schulze-Mittendorf, Nadeshda Busina – SC: Tatjana Lichatschowa – PL: Adolf Fischer, Osman Karajew – m: 2924= 107 min. – fa – (Original-Negativ: Eastman-Color; Positive: OR-WO-Color) – PM(DDR): 7.3.1961 – PM-Ort: Leipzig; »Capitol« – CO: Mosfilm, Moskau/UdSSR – Rus. Titel: Pjat dnej - pjat notschej – DA: Heinz-Dieter Knaup (Paul Naumann) – Wsewolod Safonow (Hauptmann Leonow) – Wsewolod Sanajew (Sergeant Koslow) – Annekathrin Bürger (Katrin) – Marga Legal (Luise Rank) – Wilhelm Koch-Hooge (Erich Braun) u. a. – KR: Funke, C.: Mut zum Pathos. SO 1961/12 – Herrmann, G.: -. BZA 13.3.1961 – Hofmann, H.: Ein Sieg über die Vergangenheit. ND 8.3.1961 – Mehnert, S.: -. JW 11.3.1961 – Richter, H: Das Wertvolle im Menschen erkennen. ND 29.3.1961 – Junge, W.: Wenn alle Filmleute der Welt. FO 1961/12 – Strahl, R.: -. FS 1961/7, S.6 – Tok, H.-D.: Menschen und Gemälde. DFK 1961/5, S.163-65 – H.U.E.: -. BZ 9.3.1961 – Paulsen, G.: Kunstraub mit Happy-End - Der Film »Fünf Tage - fünf Nächte« sagt nicht die Wahrheit. Zeit 31.3.1961 – Schimming, W.: Schatzsucher in Trümmern. SüZ 24.4.1961.

8. Mai 1945 in Dresden. In der zerstörten Stadt wird der Maler Paul Naumann von sowjetischen Soldaten aufgefordert, sie zur Gemäldegalerie zu bringen. Hauptmann Leonow hat den Auftrag, die weltberühmten Kunstwerke zu retten. Der seelisch zerstörte Paul kann angesichts des Zusammenbruchs keinen Elan aufbringen, ebensowenig die zwischen den Trümmern sitzende, deprimierte Museumsangestellte Luise Rank. Der Einsatz der Soldaten aber aktiviert die beiden, sich an der Suche nach den ausgelagerten Gemälden zu beteiligen. In einem Bergschacht finden sie die Kunstschätze, doch der Zugang ist vermint. Ein Soldat verliert bei der Bergung sein Leben. Aus der Sowjetunion angereiste Spezialisten beginnen mit der Restauration. Naumann und Luise Rank stellen ihre Kenntnisse zur Verfügung. Und als Paul seine längst totgeglaubte Freundin Katrin, die in einem KZ war, wiederfindet, wird auch für ihn das Ende zu einem neuen Anfang.

Filmtext: Fünf Tage - fünf Nächte. Von Lew Arnschtam und Wolfgang Ebeling. Gestaltet nach dem ersten gemeinsamen deutsch-sowjetischen Spielfilm. Berlin: Henschelverlag 1961

EIN SOMMERTAG MACHT KEINE LIEBE
RE: Herbert Ballmann, Gerhard Klein – SZ: Benno Pludra – DR: Gudrun Rammler – KA: Götz Neumann – MU: Günter Klück – BA: Oskar Pietsch, Paul Lehmann – KO: Ingeborg Wilfert – SC: Evelyn Carow – PL: Werner Dau – m: 2136 = 78 min. – s/w – PM: 16.3.1961 – PM-Ort: Berlin; »Colosseum« – DA: Christel Bodenstein (Christine) – Willi Schrade (Jan) – Erik Veldre (Hannes) – Helga Göring (Mutter Lammers) – Albert Hetterle (Vater Lammers) – Hans Finohr (Kaluweit) u. a. – KR: Hofmann, H.: -. ND 9.4.1961 – Jürschik, R.: Ein heiterer Versuch. DFK 1961/6, S 203-04 – Mehnert, S.: -. JW 18.3.1961 – Rehahn, R.: -. WP 1961/12 – Strahl, R.: -. FS 1961/8, S.6 – H.U.E.: -. BZ 23.3.1961.

Schlechtes Gewissen und mangelndes Selbstbewußtsein weiß Jan geschickt hinter Angeberei zu verbergen. Während eines Wochenendes auf Hiddensee kommt er damit ganz gut an – bei der charmanten Christine. Weniger allerdings bei deren Begleitern, allen voran Hannes. Doch die eigentliche Blamage steht ihm noch bevor. Als aufmüpfiger Oberschüler ist er gerade von der Schule geflogen und will nun auf der Werft in Stralsund arbeiten. Bei Christine hatte er den gebildeten Oberschüler vorgekehrt, und nun kommt er in ihre Brigade. Sie ist Kranführerin, Hannes Brigadier. Jan ist verwirrt, macht eine Dummheit nach der anderen und zieht sich den Ärger der Kollegen zu. Für Christine aber ist Jan mehr als ein Sommertagsflirt, und sie hilft ihm, zu sich selbst zu finden.

DAS RABAUKEN-KABARETT
RE: Werner W. Wallroth – BU: Werner W. Wallroth – DR: Manfred Fritzsche – KA: Günter Ost – MU: Conny Odd – BA: Joachim Otto – KO: Marianne Schmidt, Martin Dörre – SC: Ursula Rudzki – PL: Anni von Zieten – m: 2626 = 96 min. – s/w – PM: 13.4.1961 – PM-Ort: Berlin; »Babylon« – DA: Horst Jonischkan (Wolfgang) – Albert Hetterle (Herold, Direktor des Lehrkombinats) – Werner Schulz-Wittan (Internatsleiter Dölz) – Jutta Hoffmann (Karin) – Peter Sindermann (Detlef) – Ernst-Georg Schwill (Mäcki) u. a. – KR: Hofmann, H.: Aufbruch junger Kräfte. WP 1961/17 – Knietzsch, H.: Phantasie muß man haben. ND 26.4.1961 – Mehnert, S.: -. JW 15.4.1961 – Salow, F.: -. SO 1961/19 – Wolf, D.; Busch, W.G.: In der Bildsprache des Films. DFK 1961/5, S.166-68 – Strahl, R.: -. FS 1961/10, S.6 – H.U.E.: -. BZ 19.4.1961.

Wolfgang ist Oberrabauke und überhaupt ein toller Kerl. Allerdings sind nicht alle in der thüringischen Schiefergrube, wo er Lehrling ist, von ihm und seinen Kumpels begeistert. Seine tollkühnen Eskapaden gehen oft zu weit – bis zum Einbruch in den Betriebskonsum, mit Diebstahl von drei Flaschen Schnaps. Der neue Internatsleiter indes weiß die unbestrittenen Fähigkeiten der Rabauken zum Nutzen aller einzusetzen. Er gründet mit ihnen das »Rabaukenkabarett«. Mit flotten Sprüchen und Musik ziehen sie nun gegen Bummelanten, Pfuscher, Säufer her – und ändern sich dabei langsam selbst.

DAS HÖLZERNE KÄLBCHEN
(KINDERFILM)
RE: Bernhard Thieme – BU: Anneliese Kocialek, Bernhard Thieme – LV: Märchen »Das Bürle« der Brüder Grimm – DR: Margot Beichler – KA: Günter Eisinger – MU: Hans-Dieter Hosalla – BA: Herbert Nitzschke – KO: Lydia Fiege – SC: Bärbel Weigel – PL: Hans Mahlich – m: 1787 = 66 min. – s/w PM: 8.5.1961 – PM-Ort: Berlin – DA: Günther Haack (Bürle) – Ursula Alberts (Frau des Bürle) – Kurt Steingraf (Schultheiß) – Gertrud Brendler (Frau des Schultheiß) – Willi Neuenhahn (Schmied) – Rolf Losansky (Armer Bauer) – Franz Christoph Giercke (Sohn des Bürle) – Iris Hewald (Tochter des Bürle) – Manfred Kroop (Sohn des Bürle) u. a. – KR: Czygan, C.: ...wie für Erwachsene, nur besser! DFK 1961/9, S.314-16.

Dem armen Hirten Bürle werden Kälbchen von der Weide gestohlen, sogar das hölzerne. Vor Gericht klagt man die Armen des Dorfes an, doch die sind unschuldig. Und sie wissen, daß es die habgierigen Reichen waren, die die Weide für sich allein haben wollen. Der schlaue Bürle ersinnt mit den Bauern einen Plan, die Reichen werden überführt und mit Schimpf und Schande aus dem Dorf gejagt.

PROFESSOR MAMLOCK
RE: Konrad Wolf – BU: Karl Georg Egel, Konrad Wolf – LV: Gleichnamiges Drama von Friedrich Wolf – DR: Willi Brückner – KA: Werner Bergmann – MU: Hans-Dieter Hosalla – BA: Harald Horn – KO: Werner Bergemann – SC: Christa Wernicke – PL: Hans-Joachim Funk – GR: KAG »Heinrich Greif« – m: 2735 = 100 min. – s/w PM: 17.5.1961 – PM-Ort: Berlin; »Colosseum« – DA: Wolfgang Heinz (Prof. Mamlock) – Ursula Burg (Ellen Mamlock) – Hilmar Thate (Rolf Mamlock) – Lissy Tempelhof (Dr. Inge Ruoff) – Doris Abeßer (Ruth Mamlock) – Ulrich Thein (Ernst) – Günter Naumann (Kurt Walter) – Harald Halgardt (Dr. Hellpach) u. a. – KR: Jelenski, M.: Gegenwartsprobleme im Spiegel der Vergangenheit. DFK 1961/7, S.239-41 – Junge, W.: Faktor Schauspieler. FO 1961/23 – Knietzsch, H.: Die Tragödie des bürgerlichen Intellektuellen. ND 18.5.1961 – Mehnert, S.: -. JW 20.5.1961 – Rehahn, R.: -. WP 1961/21 – Strahl, R.: -. FS 1961/11, S.6 – M.J.: Bedeutendes Drama - hervorragender Film. BZ 20.5.1961 – Salow, F.: -. SO 1961/20 – Soldat, H.-G.: Aus finsteren Zeiten. TSP 15.1.1965 – Werth, J.: -. SpVB 15.1.1965 – Haucke, L.: Studie zu Problemen der Dramenverfilmung. BFF 1990/39, S. 79-97.

Eine deutsche Universitätsstadt zu Beginn des Jahres 1933. Professor Mamlock ist Jude und Chef einer chirurgischen Klinik. Politik interes-

siert ihn nicht, auch nicht die Warnung vor den Nazis. Er setzt auf Staat, Familie und humanistische Prinzipien. Den verwundeten Kommunisten Walter versorgt er zwar medizinisch, aber er versteht ihn nicht. Seinem Sohn Rolf weist er die Tür, als dieser zum Widerstandskämpfer wird. Seiner Tochter Ruth glaubt er nicht, daß man sie als Jüdin aus der Schule geworfen hat. Auch die völkischen Reden des Dr. Hellpach hat er nie ernst genommen. Erst als auch er seine Arbeit verliert und von SA-Leuten aus der Klinik geführt wird, bricht sein Glaube an Recht und Ordnung zusammen. Durch die Intervention eines einflußreichen Unternehmers bekommt er seine Arbeitserlaubnis wieder. Als Chefchirurg muß er jedoch die Entlassungsliste der anderen jüdischen Mitarbeiter unterschreiben. Mamlock weigert sich, es kommt zur Auseinandersetzung mit dem kommissarischen Leiter Dr. Hellpach, in deren Verlauf sich die Ärztin Inge Ruoff, Mitglied der NSDAP, auf die Seite Mamlocks stellt. Aber Mamlock sieht für sich keinen Ausweg und wählt den Freitod.

DAS MÄRCHENSCHLOSS
(KINDERFILM)
RE: Herrmann Zschoche – BU: Herrmann Zschoche – LV: Bilderbuchgeschichte »Der Märchenschimmel« von Fred Rodrian – DR: Margot Beichler – KA: Karl Plintzner – MU: Helmut Nier – BA: Willi Schäfer – KO: Helga Scherff – SC: Bärbel Weigel – PL: Hans Mahlich – GR: Gruppe »Roter Kreis« – m: 1466 = 54 min. – fa – PM: 1.6.1961 – PM-Ort: Heldenburg – DA: Hanna Rimkus / Sigrid Göhler (Kindergärtnerinnen) – Horst Lampe (Traktorist) – Werner Wenzel (Mähdrescherfahrer) – Heinz Brehm (Schäfer) – Paul Borgelt (Onkel Ludwig) und die Kinder: Lutz Bosselmann (Peter) – Andreas Neugebauer (Klaus) – Jürgen Krüger (Günter) u. a. – KR: Czygan,C.: ...wie für Erwachsene, nur besser! DFK 1961/9, S.314-16 – Cz.: -. BZA 5.6.1961.

Drei Brüder ziehen aus, um die Objekte ihrer Träume zu suchen. Die beiden älteren, Klaus und Günter, suchen einen Mähdrescher und einen Traktor. Peter dagegen, der jüngste, träumt von einem Märchenschloß. Während die anderen die Suche längst aufgegeben haben, läuft Peter das Pony Pedro über den Weg und führt ihn zum Rosenschloß, das sich als Kindergarten der benachbarten LPG erweist. Weil Peter den Kindern das entlaufene Pony wiedergebracht hat, nehmen sie ihn und seine Brüder mit zum Erntefest. Und alles ist noch viel schöner, als sie es sich erträumten.

KUTTEL
(KINDERFILM)
RE: Siegfried Menzel – BU: Werner Wendt, Siegfried Menzel – DR: Eleonore Schmidt-Schwarze – KA: Hans Hauptmann – MU: Günter Hauk – BA: Erich Kulicke – KO: Lydia Fiege – SC: Wally Gurschke – PL: Anni von Zieten – m: 1797 = 66 min. – s/w PM: 9.6.1961 – PM-Ort: Magdeburg (3. Arbeiterfestspiele) – DA: Hans-Peter Minetti (Bernhard Grünberg) – Waltraut Kramm (Lisa Grünberg) – Christoph

Beyertt (Frenzel) – Dieter Perlwitz (Gustl) – Horst Lommatzsch (Dicker Mann) – Elli Schmidt (Schwester des dicken Mannes) – Norbert Flohr (Kuttel) – Ursula Herting (Wally) u. a. – KR: Czygan, C.: »Kuttel« - ein neuer DEFA-Film. BZA 25.10.1961 – Jahnke, E.-G.: Unseren Kindern Filmerlebnisse bereiten. DFK 1962/1, S.19-21 – Mehnert, S.: Schauplatz Weberwiese. JW 23.9.1961.

Während der Sommerferien des Jahres 1931 plant eine Gruppe von Arbeiterkindern, eine Wettfahrt mit Modellbooten im Parkbassin ihres Stadtviertels zu veranstalten. Sie informieren alle Kinder, doch ein Verräter meldet das Vorhaben der Polizei, die ohnehin ein Auge auf die »Roten« hat. Das Wasser wird aus dem Bassin gelassen und Kuttel, von dem die Idee stammte, wird mit seiner Freundin Wally auf die Wache gebracht. Von den Genossen des Kommunistischen Jugendverbandes und der KPD organisierte Solidaritätsaktionen erzwingen ihre Freilassung. Und schließlich findet das Bootsrennen doch noch statt.

ITALIENISCHES CAPRICCIO
RE: Glauco Pellegrini – BU: Ugo Pirro, Glauco Pellegrini, Liana Ferri – DR: Manfred Fritzsche – KA: Helmut Bergmann – MU: Günter Kochan – BA: Artur Günther, Ernst-Rudolf Pech – KO: Ingeborg Wilfert – SC: Christa Wernicke – PL: Werner Dau – m: 2883 = 106 min.- fa – PM: 9.6.1961 – PM-Ort: Magdeburg (3. Arbeiterfestspiele) – DA: Claude Laydu (Carlo Goldoni) – Christel Bodenstein (Nicoletta Goldoni) – Rolf Ludwig (Carlo Gozzi) – Dana Smutna (Teodora Ricci) – Jan Werich (Don Marzio) – Nico Pepe (Antonio Sacchi/Pantalone) – Gerd Biewer (Theaterdirektor Medebac) u. a. – KR: Gersch, W.: Ein großer Aufwand. DFK 1961/10, S.346-49 – Lücke, H.: -. BZA 2.8.1961 – Schirrmeister, H.: -. T 1.8.1961 – Schröder, M.: -. JW 17.6.1961 – M.J.: Wirrwarr um Goldoni. BZ 1.8.1961 – Strahl, R.: -. FS 1961/16, S.6

Der biographische Film über Italiens großen Komödienschreiber Carlo Goldoni (1707 – 1793) setzt ein, als der gebürtige Venezianer noch Student ist und am Theater nebenbei den Handlanger macht. Weil er angeblich der Schauspielerin Teodora nachstellt, wird er davongejagt, begegnet ihr aber später wieder. Sie ist Primadonna, er Rechtsanwalt und soll sie im Prozeß gegen ihren Prinzipal Medebac vertreten. Teodora ignoriert Goldoni anschließend, aber Medebac möchte ihn, der auch ein brillanter Stückeschreiber ist, für sein Theater in Venedig gewinnen. Mit Hilfe der in Goldoni verliebten Nicoletta gelingt es ihm. In Venedig findet Goldoni großen Beifall beim Publikum, aber er hat auch erbitterte Feinde, vor allem seinen Konkurrenten Graf Carlo Gozzi, der Goldonis Erneuerung des Theaters entschieden bekämpft. So folgt Goldoni 1762 einem Angebot Ludwigs XV. nach Paris an die »Comédie Italienne«.

1

2

3

4

5

6

1 Norbert Christian in
»Die heute über 40 sind«
(1960 / RE: Kurt Jung-Alsen)

2 Otto Mellies und Evelyn Cron in
»Die schöne Lurette«
(1960 / RE: Gottfried Kolditz)

3 Horst Drinda und Gerlind Ahnert in
»Die Liebe und der Co-Pilot«
(1961 / RE: Richard Groschopp)

4 Ernst Busch und Helene Weigel in
»Mutter Courage und ihre Kinder«
(1961 / RE: Peter Palitzsch, Manfred Wekwerth)

5 Erich Franz, Annekathrin Bürger
und Heinz-Dieter Knaup in
»Fünf Tage – fünf Nächte«
(1961 / RE: Lew Arnschtam, Heinz Thiel, Anatoli Golowanow)

6 Ekkehard Friedrichson,
auch bekannt als »Meister Nadelöhr«,
und Manfred Krug in
»Guten Tag, lieber Tag«
(1961 / RE: Gerhard Klingenberg)

DER ARZT VON BOTHENOW

RE: Johannes Knittel – BU: Gerhard Bengsch – DR: Lieselotte Bortfeldt – KA: Günter Eisinger – MU: Hans Hendrik Wehding – BA: Harald Horn – KO: Luise Schmidt – SC: Ursula Rudzki – PL: Paul Ramacher – m: 2760 = 101 min. – s/w – Tovi, no – PM: 23.6.1961 – PM-Ort: Berlin; »Babylon« / »Toni« Weißensee – DA: Otto Mellies (Dr. Harry Brenner) – Christine Laszar (Christine Brenner) – Marga Legal (Mutter Brenner) – Ingeborg Schumacher (Eva Böhm) – Raimund Schelcher (Parteisekretär Karl Lange) – Fred Mahr (Bürgermeister Max Adler) u. a. – KR: Mehnert, S.: -. JW 1.7.1961 – Schirrmeister, H.: -. T 1.7.1961 – Strahl, R.: -. FS 1961/14,S.6 – Tok, H.-D.: Ohne den Atem unserer Zeit. DFK 1961/10, S.344-46 – F.S.: Vergebene Chancen. SO 1961/27.

Der Arbeitersohn Harry Brenner ist über die ABF zum Medizinstudium gekommen und hat als Arzt in Berlin schnell Karriere gemacht. Sein Lebensstil und seine anspruchsvolle Frau verschlingen viel Geld, und so nimmt er jede Nebenarbeit an. Nach einer groben Pflichtverletzung wird er nach Bothenow versetzt. Er begegnet Eva wieder, die er aus der Studienzeit kennt, und die jetzt hier als Schwester arbeitet. Die beiden verstehen sich, und Dr. Brenner beginnt langsam, sein Leben zu ändern. Dabei gerät er mit seiner Frau zunehmend in Konflikt. Ihre unterschiedlichen Lebensauffassungen führen schließlich zur Trennung.

URLAUB OHNE DICH

RE: Hans Lucke – SZ: Hans Lucke, Horst Bieler – DR: Manfred Fritzsche – KA: Günter Marczinkowsky, Karl Drömmer – MU: Helmut Nier – BA: Ernst-Rudolf Pech – KO: Eva Sickert – SC: Ilse Peters – PL: Adolf Fischer – m: 1955 = 72 min. – s/w – Tovi, brw, no – PM: 13.7.1961 – PM-Ort: Berlin; »O.T.L.« Oranienburger Str. – DA: Karla Runkehl (Irma Strube) – Monika Reeh (Monika) – Hans Lucke (Hannes Strube) – Horst Kube (Erich) – Dietrich Körner (Klaus) – Rudolf Ulrich (Heinrich) u. a. – KR: Schmidt, L.: -. JW 29.7.1961 – Tok, H.-D.: Ohne den Atem unserer Zeit. DFK 1961/10, S. 344-46 – G. S.: Flaue Ferien an der Elbe. NZT 28.7.1961 – H.H.: Humoresken und Moralminiaturen. ND 23.7.1961 – Strahl, R.: -. FS 1961/15, S.6.

Aufgrund eines Verbesserungsvorschlags bekommt Hannes mit seiner Brigade Sonderurlaub. Gemeinsam wollen sie ins Ferienheim, doch Hannes schließt sich aus – mit der Begründung, er müsse in der LPG seiner Frau Irma eine Maschine montieren. Als die Kollegen ihm nachfahren, um zu helfen, stellen sie fest, daß Hannes gelogen hat. Irma hat er erklärt, er sei mit den Kollegen im Ferienheim. Er indessen befindet sich auf Extratour mit der hübschen, jungen Monika, die von seinem Ehestand nichts ahnt. Irma und Kollege Klaus, die den beiden folgen, bringen Hannes auf den richtigen Weg zurück.

DIE GOLDENE JURTE
(KINDERFILM)
(CO-PRODUKTION DDR / MONGOLEI)

RE: Gottfried Kolditz, Rabschaa Dordschpalam – BU: Kurt Bortfeldt, S. Erdene – DR: Willi Brückner – KA: Erich Gusko – MU: L. Mordorsch – BA: Alfred Tolle – KO: Martin Dörre – TR: Ernst Kunstmann – SC: Hildegard Tegener – PL: Alexander Lösche, Damdini Sambuu – m: 2167 = 79 min. – fa – PM: 13.7.1961 – PM-Ort: Berlin; »Babylon« – CO: Mongolkino, Mongolische VR – Mongol. Titel: Altan Orgoo – DA: Dshambaagijn Lubsandshamdz (Weiser Arat / Wolfsjäger Arrasch) – Zaagani Zegmed (Pagwa) – Batsuchijn Zorig (Dawadorshi) – Surengijn Suchbaatar (Jorrup) – Gambodshawin Zegmed – Zedendambin Nordshmaa (Sarren-Gerrel) u. a. – KR: Jahnke, E.-G.: Unseren Kindern Filmerlebnisse bereiten. DFK 1962/ S.119-21 – H.H.: Legende von der Tugend. ND 16.7.1961 – Jü.: -. BE 20.7.1961 – Czygan, C.: »Die goldene Jurte« hatte Premiere. BZA 14.7.1961 – Lauckner, H.: Das Geheimnis der Truhe. FW 15.7.1961.

Der weise Arat bricht gegen das Gebot der Lamas die mongolische Erde auf, um Korn zu säen und die Hungersnot im Land zu beseitigen. Er lehrt den Hirten Pagwa im Tal der Roten Blumen, ebenso zu handeln. Doch Pagwa läßt das Tal verdorren. Dawadorshi, sein jüngster Sohn, macht sich auf den Weg zum weisen Arat, um Rat zu erbitten. Er hört aufmerksam den Lehren des Alten zu und macht sich auf den Heimweg. Unterwegs bewahrt er die Bauern eines Dorfes vor dem Verdursten, heilt ein blindes Mädchen und rettet die Tochter des Wasserkhans, wofür er drei wertvolle Geschenke erhält. Schließlich kommt er glücklich zu Hause an und bringt das Tal wieder zum Erblühen.

DREI KAPITEL GLÜCK

RE: Walter Beck – BU: Hans Peter, Walter Beck – LV: Filmerzählung von Hans Peter – DR: Joachim Plötner – KA: Hans Heinrich – MU: Wolfgang Lesser – BA: Christoph Schneider – KO: Walter Schulze-Mittendorf – SC: Christel Röhl – PL: Anni von Zieten – m: 2687 = 99 min. – s/w – PM: 14.7.1961 – PM-Ort: Rostock; Clubhaus Neptunwerft – DA: Gisela Büttner (Ev) – Manfred Borges (Peter) – Gerlind Ahnert (Dorle) – Günther Haack (Fred) – Karin Seybert (Mutter) – Wolfgang Sasse (Kuhn) u. a. – KR: Gehler, F.: Vom Heiteren, das schwer zu machen ist. DFK 1961/12, S. 420-23 – Mehnert, S.: Peter, Ev und die Liebe. JW 16.10.1961 – Rehahn, R.: Unterhaltungsfilm - ein Kapitel für sich (mit Beispielen). WP 1961/39 – G.S.: Zwei Studenten und das Mädchen Ev. NZT 5.10.1961 – H.A.: Terrys falsches Heldentum. NZ 25.10.1961.

Peter ist ein strebsamer und etwas schüchterner Student der Zahnmedizin in Leipzig. Nach Abschluß des Studiums will er ins Landambulatorium seines Heimatdorfes, denn dort ist die Zahnarztstelle unbesetzt. Eines Tages erblickt er Ev durch sein Fernrohr. Es ist Liebe auf den ersten Blick, und wie er bald feststellt, erwidert Ev seine Zuneigung. Es gibt nur noch ein Pro-

blem für das junge Paar: Ev will Werbegrafikerin werden und sieht auf dem Dorf keine Arbeitsmöglichkeiten für sich. Glücklicherweise gibt es Freunde, die ihr zeigen, daß sie auch auf dem Lande sinnvolle Arbeit findet, und so steht der Hochzeit nichts mehr im Wege.

DER FALL GLEIWITZ

RE: Gerhard Klein – BU: Wolfgang Kohlhaase, Günther Rücker – DR: Klaus Wischnewski – KA: Jan Čuřík – MU: Kurt Schwaen – BA: Gerhard Helwig – KO: Gerhard Kaddatz – SC: Evelyn Carow – PL: Erich Albrecht – GR: Gruppe »Berlin« – m: 1908 = 70 min. – s/w – PM: 24.8.1961 – PM-Ort: Berlin; »Babylon« / »Lunik« Wilhelmsruh – DA: Hannjo Hasse (Helmut Naujocks) – Herwart Grosse (Gestapochef Müller) – Hilmar Thate (KZ-Häftling) – Georg Leopold (Volksdeutscher Wyczorek) – Wolfgang Kalweit (Volksdeutscher Kraweit) – Rolf Ripperger (Volksdeutscher Bieratzki) u. a. – KR: Eylau, H.U.: -. SO 1961/17 – Gehler, F.: Anatomie eines Verbrechens. DFK 1961/11, S.380-83 – Knietzsch, H.: -. ND 27.8.1961 – Mehnert, S.: -. JW 29.7.1961 – Rehahn, R.: -. WP 1961/37 – Strahl, R.: -. FS 1961/17, S.6 – Osten, W.: -. StZ 28.11.1963 – Herrmann, R.: Der Fall Gleiwitz und seine Zeugen. Zeit 20.8.1963 – Kersten, H.: »Der Fall Gleiwitz« - ein unentdecktes Filmkunstwerk. TSP 31.8.1963.

Der Film rekonstruiert minutiös den von den Nazis am 31. August 1939 fingierten polnischen Überfall, der den Grund zum Krieg gegen Polen liefern sollte. Der Rundfunksender Gleiwitz befindet sich nahe der polnischen Grenze. Sechs aus Polen stammende Volksdeutsche kommen von einer SS-Schule im Sonderauftrag nach Gleiwitz und werden von SS-Hauptsturmführer Naujocks empfangen. Am 31. August gibt Heydrich aus Berlin den telefonischen Befehl, die geplante Aktion durchzuführen. Ein KZ-Häftling wird in eine polnische Uniform gesteckt, zum Sender gebracht, erschossen und als »Beweis« für den Überfall der Polen zurückgelassen. Am Morgen darauf wird »zurückgeschossen«.

Filmtext: Der Fall Gleiwitz. In: Die Verlobte. Texte zu sieben Spielfilmen von Günther Rücker. Berlin: Henschelverlag 1988

DER TRAUM DES HAUPTMANN LOY

RE: Kurt Maetzig – SZ: Kurt Maetzig – LV: Gleichnamiger Roman von Wolfgang Schreyer – DR: Gerhard Hartwig – KA: Karl Plintzner – MU: Helmut Nier – BA: Paul Lehmann – KO: Walter Schulze-Mittendorf – TR: Ernst Kunstmann – SC: Lena Neumann – PL: Hans Mahlich – GR: Gruppe »Roter Kreis« – m: 2418 = 89 min. – s/w – Tovi/brw – 4-Kmgt/mgt – PM: 24.8.1961 – PM-Ort: Potsdam-Babelsberg; »Thalia« – DA: Horst Drinda (Hauptmann Loy) – Christine Laszar (WAF-Corporal Doris Graves) – Ulrich Thein (Eddy Sharp) – Jana Brejchová (Patricia Binchy) – Heinz Hinze (Mister Macauley) – Ekkehard Schall (Baron Studnitz-Sternberg) – Karl Paryla (Oberst Markarow) u. a. – KR: Andrießen, C.: Filmjournal. WBÜ

1961/49, S.1559-60 – Knietzsch, H.: -. ND 5.9.1961 – Tok, H.-D.: Reißer mit Sinn. DFK 1961/11, S.383-85 – Löpelt, P.: Tadel für »Hauptmann Loy«. DFK 1961/12, S.415, 442. – Mehnert, S.: -. JW 2.9.1961 – Rehahn, R.: -. WP 1961/38 – Strahl, R.: -. FS 1961/19, S.5.

Ein amerikanisches Militärflugzeug bringt sechs Personen, die an einem NATO-Manöver teilgenommen haben, von Tripolis nach Oslo. Unter ihnen befinden sich der englische Hauptmann Loy und Corporal Doris Graves von der United States Air Force. Während des Fluges kommen sich die beiden näher, und sie bedauern, daß die Reise am Abend zu Ende sein wird. Doch alles wird anders. Der Flugkapitän hat Order erhalten, auf einem deutschen NATO-Flughafen einen Agenten aufzunehmen, der auf einer sowjetischen Insel wieder abgesetzt werden soll. Zwischen den Personen an Bord kommt es zu Streit und Schußwechsel und mit einem sowjetischen Jäger zum Feuergefecht, was eine Notlandung zur Folge hat. Loy wird von einem Schnellboot gerettet. Im sowjetischen Lazarett entschließt er sich, den Vorfall wahrheitsgemäß zu schildern – auch den Tod von Doris, die von dem Agenten im Flugzeug erschossen wurde.

DER MANN MIT DEM OBJEKTIV

RE: Frank Vogel – BU: Paul Wiens – DR: Willi Brückner – KA: Horst Hardt – MU: Gerd Natschinski – BA: Hans Poppe – KO: Marianne Schmidt – SC: Christa Wernicke – PL: Siegfried Nürnberger – GR: Gruppe »Heinrich Greif« – m: 2205 = 81 min. – s/w – PM: 1.10.1961 – PM-Ort: Berlin; »Colosseum« – DA: Rolf Ludwig (Os / Martin Marten) – Christine Laszar (Maja Mayer) – Helga Labudda (Anita) – Micaela Kreißler (Böckchen) – Otto Stark (Eugen) u. a. – KR: Andrießen, C.: Filmjournal. WBÜ 1961/44, S.1401-02 – Gehler, F.: Vom Heiteren, das schwer zu machen ist. DFK 1961/12, S.420-23 – Jelenski, M.: ...doch das Publikum amüsiert sich. SO 1961/46 – Knietzsch, H.: Kleiner Mann im Ohr. ND 3.10.1961 – Mehnert, S.: -. JW 30.9.1961 – Rehahn, R.: Ein heiterer Sieg der DEFA. WP 1961/40 – Strahl, R.: -. FS 1961/21, S.6 – Metzner, J.: DDR im Jahr 2222. TSP 12.11.1992.

Raketenpilot Os gerät aus dem Jahre 2222 durch eine technische Panne ins Jahr 1960. Vor den Augen Anitas taucht er aus einem See auf – nackt. Sie glaubt ihm zwar die Geschichte nicht, leiht ihm dennoch ihren Bademantel, damit er sich Kleidung besorgen kann. 24 Stunden dauert sein Aufenthalt, und er bringt so manche Überraschung – für ihn und die anderen. Daß Os kein Geld hat, ist noch das Geringste. Man hält ihn für den bekannten Schauspieler Marten und gibt ihm Kredit. Aber mit seinem GGO (Gefühls- und Gedanken-Objektiv) kann er hinter die Fassaden der Menschen blicken und sich nicht verkneifen, regulierend einzugreifen. Nachdem er einigen Wirbel angerichtet hat, ist die technische Panne an der Zeitenstrahlwand wieder behoben, und von Os bleibt nur ein Häufchen Kleidung übrig. Er aber nimmt die Gewißheit mit in die Zukunft, daß die Leute des Jahres 1960 noch nicht reif fürs GGO sind.

SCHNEEWITTCHEN
(KINDERFILM)

RE: Gottfried Kolditz – BU: Günter Kaltofen – LV: Märchen »Schneewittchen« der Brüder Grimm – DR: Margot Beichler, Gudrun Rammler – KA: Erwin Anders – MU: Siegfried Tiefensee – BA: Hans Poppe – KO: Elli-Charlotte Löffler – SC: Ursula Zweig – PL: Adolf Fischer – GR: Gruppe »Solidarität« – m: 1707 = 63 min. – fa – PM: 8.10.1961 – PM-Ort: Berlin; »Babylon« – DA: Doris Weikow (Schneewittchen) – Marianne Christina Schilling (Königin) – Wolf-Dieter Panse (Junger König) – Harry Hindemith (Jäger) – Steffie Spira (Alte) – Die Zwerge: Arthur Reppert (Rumpelbold) – Jochen Koeppel (Purzelbaum) – Georg Irmer (Packe) – Fred Delmare (Naseweis) – Heinz Scholz (Puck) – Willi Scholz (Huckepack) – Horst Jonischkan (Pick) u. a. – KR: Mehnert, S.: -. JW 28.10.1961 – G.S.:Das Märchen vom Schneewittchen. BZ 12.10.1961.

Aus Eifersucht und Neid will die böse Königin ihre Stieftochter Schneewittchen töten lassen. Der damit beauftragte Jäger jedoch läßt das Mädchen im Wald laufen. Schneewittchen gelangt zu den sieben Zwergen und findet bei ihnen freundliche Aufnahme. Bald erfährt die Königin durch ihren Spiegel davon. Außer sich vor Zorn, will sie Schneewittchen nun selbst töten. Verkleidet macht sie sich auf den Weg, und beim dritten Versuch gelingt ihr schließlich die Tat. Schneewittchen aber wird wieder zum Leben erweckt, und der junge König nimmt sie mit auf sein Schloß. Zur Hochzeit wird auch die böse Stiefmutter eingeladen, die vor lauter Angst die Flucht ergreift.

GUTEN TAG, LIEBER TAG

RE: Gerhard Klingenberg – BU: Günter Kunert, Gerhard Klingenberg – DR: Anne Pfeuffer – KA: Horst E. Brandt – MU: Peter Fischer, Wolfgang Pietsch – BA: Gerhard Helwig – KO: Rosemarie Wandelt – SC: Friedel Welsandt – PL: Erich Albrecht – GR: Gruppe »Berlin« – m: 2450 = 90 min. – s/w – PR: 2.11.1961 – PM-Ort: Berlin; »Babylon« – DA: Rudolf Wessely (Strebel) – Margret Homeyer (Jutta Fröhlich) – Hedi Marek (Tina) – Manfred Krug (Peter) – Peter Festersen (Hajo) – Hans-Edgar Stecher (Knoby) u. a. – KR: Gehler, F.: Gartenlauben mit Musik. DFK 1962/2, S.54-56 – Jelenski, M.: ...doch das Publikum amüsiert sich. SO 1961/46 – Mehnert, S.: -. JW 4.11.1961 – her: -. BZA 9.11.1961 – H.A.: Mit Pauken und Trompeten. NZ 8.11.1961 – Strahl, R.: -. FS 1961/23, S.6.

Die Lehrlinge eines Betriebes interessieren sich mehr für flotte Rhythmen als für ihre Arbeit, sehr zum Unmut des Ingenieurs Strebel. Als sogar das Fernsehen mit dem flotten Sextett der Jungen einen öffentlichen Auftritt plant, ist Strebel außer sich. Die Jugendgruppen-Sekretärin Jutta, die dem verklemmten Strebel sehr zugetan ist, ringt ihm ein Abkommen ab: bessere Zensuren, dann Fernsehauftritt. Und plötzlich entpuppt sich auch Strebel als Musikenthusiast, kramt seine alte Trompete hervor und findet sich unversehens als Solist der Gruppe wieder.

KÜSSCHEN UND DER GENERAL
(KINDERFILM)

RE: Wolfgang Bartsch – SZ: Peter Brock – DR: Gudrun Rammler – KA: Roland Gräf – MU: Wolfgang Hohensee – BA: Karl-Heinz Krehbiel – KO: Günther Schmidt – SC: Helga Emmrich – PL: Willi Teichmann – m: 1899 = 70 min. – s/w – AD: 3.11.1961 – DA: Kinder: Bernd Kersten (Küßchen) – Rolf Furkert (General) – Axel Stage (Herbert) – Ingo Oldag (Pinguin) – Frank Lamla (Stulle) – Astrid Oldag (Renate) – Gudrun Wiesenberg (Punkt) – Gudrun Vogel (Mädchen mit der Mundharmonika) – Erwachsene: Jürgen Frohriep (Leutnant) – Helga Raumer (Frau Kuß) u. a. – KR: Czygan, C.: -. BZA 2.11.1961 – Kai, N.: Kennt ihr Küßchen, den General und Pinguin? BNN 15.12.1961 – Mehnert, S.: -. JW 11.11.1961.

Die Gruppenratsvorsitzende der 7 b, Punkt, hat einen schweren Stand, denn in der Klasse gibt General den Ton an – zu dummen Streichen. Da ist der Neue, Küßchen, ganz anders. Er bastelt gern, hat ein eigenes Feldtelefon. General und seine Clique wollen ihm eins auswischen und bauen eine Fallgrube, doch nicht Küßchen, sondern ein Leutnant der NVA stürzt hinein. Er bricht sich einen Arm, und Küßchen besucht ihn im Krankenhaus. Verrat – denken die anderen. Aber die beiden freunden sich an, und der Leutnant hilft den Kindern beim Bau einer Amateurfunkanlage. Der dazukommende General ist interessiert. Er verleitet Küßchen zum illegalen Funken, was die Polizei auf den Plan ruft. Und nun zeigt der General, daß er doch ein anständiger Kerl ist.

DER TOD HAT EIN GESICHT

RE: Joachim Hasler – BU: Horst Beseler, Joachim Hasler – DR: Marieluise Steinhauer – KA: Joachim Hasler, Helmut Grewald – MU: Hans-Dieter Hosalla – BA: Willy Schiller – KO: Luise Schmidt – SC: Hildegard Tegener – PL: Paul Ramacher – GR: Gruppe »Heinrich Greif« – m: 2380 = 87 min. – s/w – Tovi / 4-Kmgt – PM: 23.11.1961 – PM-Ort: Berlin; »Colosseum« – DA: Günther Simon (Dr. Cramm) – Christine Laszar (Dr. Barbara Frei) – Franz Kutschera (Dr. Mommer) – Kurt Steingraf (Direktor Bethmann) – Friedrich Richter (Dr. Zichy) – Erika Pelikowsky (Frau Zichy) u. a. – KR: Amme, R.: Aufstand der Gewissen. WP 1961/ 49 – Gersch, W.: -. SO 1961/50 – Hofmann, H.: Bekanntes neu entdeckt. DFK 1962/1, S. 17-18 – Knietzsch, H.: -. ND 3.12.1961 – Mehnert, S.: -. JW 2.12.1961 – Knietzsch, H.: -. FS 1961/25, S.6.

Die Chemiker Dr. Mommer, Dr. Zichy und Dr. Cramm haben ein neues Gift entwickelt, die »Substanz L«, angeblich zur Schädlingsbekämpfung. Das Gift kann jegliches Leben vernichten, ohne die materiellen Werte zu zerstören. Die Leitung des westdeutschen Konzerns verlangt sofort eine Probe. Die Gefährlichkeit des Giftes versetzt Dr. Zichy in Aufregung, er hatte bereits an Zyklon B mitgearbeitet. Doch nach einem Autounfall stirbt er im Krankenhaus. Auch Dr. Cramm ist verletzt, und die Ampulle, die sie bei sich hatten, ist verschwunden. Cramm und seine Kollegin Barbara eilen zur Unfallstelle, um sie zu suchen. Zu spät. Ein kleiner Junge ist bereits an dem Gift gestorben. Um den Fall zu vertuschen, wird der schockierte Cramm im Zusammenspiel von Konzernleitung und Justiz in eine Nervenheilanstalt eingeliefert. Barbara kann den Anstaltsleiter über die wahren Zusammenhänge informieren, bevor sie verhaftet wird. Doch auch der ist bestochen. Dennoch werden Mauern und Gitter die Wahrheit nicht aufhalten.

EINE HANDVOLL NOTEN

RE: Otto Schneidereit, Helmut Spieß – BU: Otto Schneidereit – DR: Lieselotte Bortfeldt – KA: Otto Hanisch – MU: Martin Hattwig – BA: Oskar Pietsch – KO: Dorit Gründel – SC: Anneliese Hinze-Sokolow – PL: Werner Dau – m: 2192 = 80 min. – fa – Tovi / 4-Kmgt – no / lto – PM: 25.12.1961 – PM-Ort: Berlin; »Filmtheater am Friedrichshain« – DA: Günther Simon (Paul Steinmetz) – Ingeborg Dirgardt (Hannchen Hasemann) – Stefan Lisewski (Andreas Blume) – Angela Brunner (Gerti Oswald) – Albert Garbe (Vater Blume) – Erika Dunkelmann (Mutter Blume) u. a. – KR: Andrießen, C.: Filmjournal. WBÜ 1962/5, S.153 – Gehler, F.: Gartenlauben mit Musik. DFK/2, S.54-56 – Gersch, W.: Altes und Neues. SO 1962/4 – Schmidt, L.: -. JW 23.12.1961.

Bäckergeselle Andreas Blume ist ein begeisterter Trompeter und möchte gern Musik studieren. Sein Vater und Meister aber ist dagegen. So bleibt Andreas auch nicht länger in der kleinstädtischen Bäckerei des Vaters, sondern geht nach Berlin zu Freund Paul in eine Großbäckerei. Und wie es sich trifft, fehlt der Kapelle des Betriebes gerade ein Trompeter. Andreas steigt ein, wird sogleich Kapellenleiter. Sein plötzlicher Ruhm kommt auch dem Vater zu Ohren. Nachdem Paul und Andreas ihre Liebesverwicklungen mit der Sekretärin Gerti und der Verkäuferin Hannchen geklärt haben, steht alles zum besten, und Andreas' Vater setzt sich nun sogar für das Musikstudium seines Sohnes ein.

1962

AUF DER SONNENSEITE

RE: Ralf Kirsten – BU: Heinz Kahlau, Gisela Steineckert, Ralf Kirsten – DR: Marieluise Steinhauer – KA: Hans Heinrich – MU: André Asriel, Jazz-Optimisten – BA: Alfred Tolle – KO: Elli-Charlotte Löffler – SC: Christel Röhl – PL: Alexander Lösche – GR: Gruppe »60« – m: 2752 = 101 min. – s/w – PR: 4.1.1962 – PM-Ort: Berlin; »Babylon« – DA: Manfred Krug (Martin Hoff) – Marita Böhme (Ottilie Zinn) – Heinz Schubert (Schnepf) – Fred Mahr (Jens Krüger) – Gert Andreae (Matze Wind) – Gerd E. Schäfer (Schauspieldozent) u. a. – KR: Andrießen, C.: Filmjournal. WBÜ 1962/5, S.153-54 – Gehler, F.: Vor einem Lustspielsommer? DFK 1962/3, S.94-96 – Gersch, W.: Altes und Neues. SO 1962/4 – Knietzsch, H.: -. ND 7.1.1962 – Mehnert, S.: -. JW 13.1.1962 – Junge, W.: -. FO 1962/3 – Rehahn, R.: Auf der Sonnenseite oder Die Entdeckung des Manfred Krug. WP 1962/3 – Reichow, J.: -. FS 1962/2, S.6.

Stahlschmelzer Martin Hoff ist ein begabter Musiker und Schauspieler, weshalb ihn sein Betrieb auch zur Schauspielschule delegiert. Da er aber auch äußerst selbstbewußt und ziemlich aufmüpfig ist, fliegt er bald wieder. Bei seiner Abschiedsfeier begegnet er einer zauberhaften Frau, die ihn jedoch einfach stehenläßt – wegen seines aufdringlichen Verhaltens. Eine Wette mit Freunden und auch eine innere Stimme veranlassen ihn, die Unbekannte zu suchen. Auf einer Baustelle soll sie sein, und da findet sich Martin nun ein. Er ist nicht wenig überrascht, als ihm die Gesuchte als Bauleiterin Ottilie Zinn entgegentritt. Martin zieht alle Register seines Könnens, arbeitsmäßig und künstlerisch, um Ottilie zu erobern, was ihm letztlich auch gelingt. Außerdem bekommt er wieder eine Delegierung zur Schauspielschule.

TANZ AM SONNABEND – MORD?

RE: Heinz Thiel – BU: Lothar Creutz, Carl Andrießen – DR: Willi Brückner – KA: Horst E. Brandt – MU: Helmut Nier – BA: Herbert Nitzschke – KO: Walter Schulze-Mittendorf, Werner Bergemann – SC: Wally Gurschke – PL: Paul Ramacher – GR: Gruppe »Heinrich Greif« – m: 2361 = 87 min. – s/w – PM: 18.1.1962 – PM-Ort: Berlin; »Filmtheater am Friedrichshain« – DA: Johannes Arpe (Paul Gäbler) – Ruth Kommerell (Erna Gäbler, seine Frau) – Rudolf Ulrich (Fritz Gäbler, Pauls Bruder) – Gerry Wolff (Oberleutnant Schneider) – Kurt Conradi (Leutnant Anders) – Hans Lucke (VP-Meister Kolbe) – Albert Garbe (Wilhelm Züllich) u. a. – KR: Eylau, H.U.: Filmschablone und solider Krimi. Die DEFA-Filme »Ärzte« und »Tanz am Sonnabend«. SO 1962/7 – Rehahn, R.: -. WP 1962/4 – Tok, H.-D.: Nützlich und unterhaltend. DFK 1962/3, S.101-2 – E.M.: -. ND 21.1.1962 – -emjot-: -. BZ 23.1. 1962.

An einem Sonnabend im Februar des Jahres 1960 wird der Tanz im Dorfkrug jäh unterbrochen. Die Scheune des Bauern Paul Gäbler brennt, ihn selbst findet man erhängt. Es stellt sich schnell heraus, daß es Mord war, obwohl

Sägewerksbesitzer Züllich das Gerücht verbreitet, Gäbler habe sich erhängt, weil er in die LPG gezwungen wurde. Dabei ist Züllich nicht nur als Feind der neuen Ordnung mitverdächtig. Die Kriminalisten Schneider und Anders kämpfen sich durch einen Berg politischer und privater Motive und Indizien, bis sie den Schuldigen durch exakte Rekonstruktion der Tat zum Geständnis bringen.

ÄRZTE

RE: Lutz Köhlert – BU: Egon Günther – DR: Ilse Langosch – KA: Günter Eisinger – MU: Günter Hörig – BA: Alfred Hirschmeier – KO: Helga Scherff – SC: Lena Neumann – PL: Hans Mahlich – GR: KAG »Roter Kreis« – m: 2580 = 95 min. – s/w – PM: 1.2.1962 – PM-Ort: Berlin – DA: Johannes Arpe (Prof. Heger) – Günther Simon (Dr. Brehm) – Karla Runkehl (Susanna) – Horst Schönemann (Abwerber) – Hans Lucke (Dr. Hübner) – Horst Drinda (Wolfgang) u. a. – KR: Seeger, F.: Ärzte im Konflikt. JW 3.2.1962 – Tok, H.-D.: Thematik ist noch nicht Kunst. DFK 1962/4, S.141-43 – Eylau, U.: Filmschablone und solider Krimi. Die DEFA-Filme »Ärzte« und »Tanz am Sonnabend«. SO 1962/7 – H.A.: Ärzte vor dem 13. August. NZ 3.2.1962 – H.U.: Dr. Heger entscheidet sich. NZT 13.2.1962.

Ein Krankenhaus in einer DDR-Industriestadt. Chefarzt Heger und seinen jungen Oberarzt Brehm verbindet eine langjährige Freundschaft. Plötzlich erhält Brehm anonyme Drohungen, die ihn zur Republikflucht treiben sollen. Während des Krieges ist er mitschuldig am Tod von Hegers Sohn geworden, der sich dem Nazikrieg verweigerte und erschossen wurde. Den Erpressern zuvorkommend, gesteht Brehm Heger die Wahrheit und hofft auf Verzeihung. Doch Heger weist ihn empört von sich. Brehm flieht nach Westdeutschland. Heger erkennt sein Fehlverhalten, gerät in innere Konflikte und verläßt schließlich auch die DDR. In München treffen sich die beiden, und es kommt zu einem klärenden Gespräch.

DIE AUS DER 12 B

RE: Rudi Kurz – BU: Hedda Zinner, Rudi Kurz – LV: Bühnenstück »Leistungskontrolle« von Hedda Zinner – DR: Margot Beichler – KA: Eugen Klagemann – MU: Wolfgang Hohensee – BA: Erich Zander – KO: Dorit Gründel – SC: FRiedel Welsandt – PL: Willi Teichmann – m: 2087 = 77 min. – s/w – PM: 22.2.62 – PM-Ort: Berlin; »Babylon« – DA: Ernst-Georg Schwill (Dieter) – Karla Runkehl (Fräulein Platzke) – Angelica Domröse (Annegret) – Albert Garbe (Herr Krause, Dieters Vater) – Jochen Thomas (Heimleiter Wuckelt) – Helga Piur (Klara) – Monika Bergen (Margot) u. a. – KR: Rehahn, R.: -. WP 1962/10 – Schirrmeister, H.: -. T 24.2.1962 – Schröder, M.: -. JW 27.2.1962 – Tok, H.-D.: Filmdramaturgische Eigenheiten nicht berücksichtigt. DFK 1962/5, S.184-86 – H.U.: Wer hat denn bloß daran gedreht? NZT 1.3.1962.

Die Abiturientenklasse ist mit ihrer jungen Deutschlehrerin, Fräulein Platzke, unzufrieden. Die noch unerfahrene Pädagogin wird durch das abweisende Verhalten der Schüler immer unsicherer. Am letzten Tag vor den Winterferien versucht sie eine Kraftprobe und läßt einen Aufsatz schreiben. Die Klasse ist empört, bis auf die ehrgeizige Margot und den ängstlichen Dieter streiken die Schüler. In der Diskussion um das Verhalten der beiden Streikbrecher nehmen die Schüler erstmals Anteil am Schicksal der anderen, und es entwickelt sich langsam Kollektivgeist. Im Winterlager kommt es zu einem Umglück. Dieter kann in letzter Minute aus einem Schneesturm gerettet werden. Dabei bewährt sich die junge Lehrerin ganz hervorragend, wodurch sie endlich die Achtung der Klasse gewinnt.

WENN DU ZU MIR HÄLTST

RE: Hans-Erich Korbschmitt – SZ: Walter Baumert – DR: Wolfgang Ebeling – KA: Günter Haubold – MU: Jean Kurt Forest – BA: Karl-Heinz Krehbiel – KO: Lydia Fiege – SC: Friedel Welsandt, Lotti Mehnert – PL: Willi Teichmann – m: 1820 = 67 min. – s/w – Tovi – PM: 15.3.1962 – PM-Ort: Leipzig; »Capitol« – DA: Valter Taub (Professor Burghardt) – Angelica Domröse (Liane, seine Nichte) – Klaus Gendries (Dr. Hans Karhoff) – Heinz-Dieter Knaup (Fred Lenka) – Johannes Wieke (Prof. Rudolph) – Hans Flössel (Dr. Wimmer) u. a. – KR: Albrecht, H.: Utopien eines Chemikers. NZ 18.3.1962 – Schröder, M.: »Grüne Mappe« im Film. JW 20.3.1962 – Tok, H.-D.: Filmdramaturgische Eigenheiten nicht berücksichtigt. DFK 1962/5, S.184-86 – H.U.: Liane in der Gelehrten-Villa. NZT 5.4.1962 – Reichow, J.: -. FS 1962/6, S.6.

Professor Burghardt liest erschüttert den Abschiedsbrief seiner Nichte Liane, die sich mit einer Überdosis Tabletten das Leben nehmen wollte. Rückblenden erzählen, wie es dazu kam: Seit ihre Eltern beim Bombenangriff auf Dresden umkamen, lebt Liane beim Onkel, einem Wissenschaftler, der Politik und Bürokratie verachtet. Den neuen Parteisekretär Karhoff, Lianes Freund, akzeptiert und schätzt er dennoch, weil er sich als fähig erweist. Nur in einem Punkt gibt es Streit. Karhoff verhindert wegen Ereignissen im Jahre 1953 die Einstellung von Fred Lenka, den der Professor schon als Kind kannte. Es stellt sich heraus, daß Karhoff im Recht ist. Lenka erweist sich als Agent, hat sich von Liane die Forschungsergebnisse des Onkels erschwindelt. Er wird gefaßt und Liane gerettet.

DIE IGELFREUNDSCHAFT
(KINDERFILM)
(CO-PRODUKTION DDR / ČSSR)

RE: Herrmann Zschoche – BU: Martin Viertel, Herrmann Zschoche, Jan Procházka – LV: Gleichnamige Erzählung von Martin Viertel – DR: Margot Beichler, Vaclav Jelínek – KA: Josef Novotný – MU: Miloš Vacek – BA: Paul Lehmann, Jaroslav Krška – KO: Ilse Winkle, Růžena Adamcová – SC: Jiřina Lukešová – PL: Hans Mahlich, Jiří Bečka – GR: Gruppe »Roter Kreis«, Gruppe Rouha-Jelinek – m: 1817 = 67 min. – fa – PM (DDR): 25.3.1962 – CO: Filmstudio Barrandov, Prag/ČSSR – Tschech. Titel: Uprchlík – DA: Otto Dierichs (Der Lehrer) – Karla Runkehl (Heiners Mutter) – Horst Kube (Heiners Vater) – Oldřich Lukeš (Janas Vater) – Dieter Perlwitz / Adolf Kral (zwei Grenzsoldaten) – Die Kinder: Lutz Manke (Heiner) – Anicka Kotrousová (Jana) u.a. – KR: Geisler, U.: Held und Vorbild im Kinderspielfilm. DFK 1962/7, S.266-68 – Junge: -. BZ 3.4.1962 – -os-: Kinobesuch mit Kindern. M 26.4.1962.

In einem Dorf an der tschechoslowakischen Grenze lebt Heiner. Dem Jungen läuft eines Tages ein Igel zu, der ihm sehr gefällt und bald sein bester Freund wird. Der Igel trägt zwar einen Ring, er gehört also einem anderen. Heiner will ihn jedoch behalten, versteckt ihn. Als sich seine Klasse mit einer Gruppe tschechischer Pioniere trifft, lernt er Jana kennen und erfährt, daß ihr ein Igel weggelaufen ist. Heiner schweigt. Erst als die tschechischen Kinder den deutschen Freunden ihr schönstes Kaninchen schicken, schämt er sich für sein Verhalten. Heimlich will er den Igel über die Grenze bringen. Er wird von Grenzern entdeckt, die für seine Lage Verständnis zeigen und ihm helfen.

CHRISTINE UND DIE STÖRCHE
(KINDERFILM)

RE: Jiři Jahn – BU: Fred Rodrian, Jiři Jahn – LV: Kinderbuch »Schwalbenchristine« von Fred Rodrian – DR: Margot Beichler – KA: Wolfgang Pietsch, Günter Eisinger – MU: Kurt Schwaen – BA: Helfried Winzer – KO: Martin Dörre – SC: Helga Emmrich – PL: Alexander Lösche – GR: Gruppe »60« – m: 1687 = 62 min. – s/w – PM: 8.4.1962 – DA: Die Kinder: Monika Zähr (Christine) – Ingolf Thümmler (Bobby) – Knut Mühldorfer (Benno) – Rolf-Peter Zielinski (Dieter) – Rolf Savall (Nauke) – Die Erwachsenen: Otmar Richter (Willi) – Erich Mirek (Meister des Sprengkommandos) – Josef Hejnal (Der Pilot) u. a. – KR: Geisler, U.: Held und Vorbild im Kinderspielfilm. DFK 1962/7, S.266-68 – ith: So reagieren Kinder nicht! NZT 12.5.1962 – Dr.M.: -. LDZ 17.4.1962 – -os-: Kinobesuch mit Kindern. M 26.4.1962.

Christine und ihre Freunde spielen oft in der Nähe einer Ruine, auf der sich ein Storchenpaar eingenistet hat. Jetzt soll die Ruine gesprengt werden, und das Sprengkommando ist angerückt. Christine möchte die Storchenjungen, die noch nicht flügge sind, retten. Doch die Feuerwehr ist im Einsatz, und dem Kranführer der Abbruchfirma gelingt es nicht, das Nest herunterzuheben. Also macht sich Christine zum nahegelegenen Flugplatz auf und überredet den Kommandanten, einen Hubschrauber zur Rettung der Störche zu schicken.

FREISPRUCH MANGELS BEWEISES

RE: Richard Groschopp – BU: Lothar Creutz, Carl Andrießen, Richard Groschopp – DR: Wolfgang Ebeling – KA: Günter Haubold – MU: Wolfgang Lesser – BA: Harald Horn – KO: Dorit Gründel – SC: Helga Krause – PL: Willi Teichmann – m: 2571 = 94 min. – s/w – PM: 24.5.1962 – PM-Ort: Berlin; »Colosseum« – DA: Erich Gerberding (Dr. Alexander Steinhorst) – Herwart Grosse (Dr. Fabricius) – Lissy Tempelhof (Monika Goslar) – Ivan Malré (Direktor Amplinger) – Horst Schulze (Hanno Schmidt-Goslar) – Stefan Lisewski (Thomas Steinhorst) u. a. – KR: Knietzsch, H.: Hexenjagd im »Wirtschaftswunderland«. ND 27.5.1962 – Lohmann, H.: Anatomie eines Rufmordes. SO 1962/22 – Schirrmeister, H.: -. T 26.5.1962 – Tok, H.-D.: Rufmord in Aktion. DFK 1962/8, S.303-04 – H.A.: »Schwarzer Kies« und Rufmord. NZ 2.5.1962 – Becker, J.: Die Geschichte eines Rufmordes. FS 1962/11, S.6.

Der demokratische Münchener Publizist und Chefredakteur des »Südkurier«, Alexander Steinhorst, hat den Gipfel gesellschaftlicher Reputation und privaten Wohlstands erreicht. Seinem Sohn kann er ein Theater mieten, die Frauen liegen ihm zu Füßen. Da erlaubt er sich, eine Zeitung mit Enthüllungen über die dubiosen Quellen des CSU-Wahlfonds herauszubringen. Der CSU-Justitiar Dr. Fabricius setzt einen Fotografen auf Steinhorsts Privatleben an, um ihn zu Fall zu bringen. Es kommt zur Anklage wegen »Unzucht mit Abhängigen«, doch mangels Beweises zum Freispruch. Steinhorst jedoch ist gesellschaftlich ruiniert, Freunde und Kollegen wenden sich aus Angst um ihre eigene Karriere von ihm ab, sein Vermögen wird beschlagnahmt. Steinhorst geht in den Freitod.

PETER UND DAS EINMALEINS
MIT DER SIEBEN
(KINDERFILM)

RE: Heinz Mentel, Günter Stahnke – BU: Heinz Hafke, František Pavliček – DR: Manfred Fritzsche – KA: Otto Merz – MU: Helmut Nier – BA: Artur Günther – KO: Ingeborg Wilfert – SC: Charlotte Peschlow – PL: Werner Dau – GR: KAG »Solidarität« – m: 1217 = 45 min. – s/w – PM: 1.6.1962 – DA: Helga Göring (Peters Mutter) – Horst Kube (Peters Vater) – Evamaria Bath (Lehrerin) – Hans Klering (Gärtner) – Werner Lierck (Clown) – Die Kinder: Helge Dutz (Peter) – Martina Reh (Helga) – Gundula Baumann (Susanne) – KR: keine.

Peter ist ein pfiffiger Junge, und seit er die kleine Akrobatin Susanne kennt, träumt er davon, auch zum Zirkus zu gehen. Warum er in der Schule das Einmaleins büffeln soll, ist ihm deshalb unverständlich. Aber als die Klasse in den Zirkus will und er die Karten besorgen soll, verrechnet er sich um einen Platz – seinen! Das gibt ihm zu denken, aber Susanne greift helfend ein und nimmt ihn mit in die Manege. Hier tritt ein rechnender Esel auf, und Peter soll dessen Künste kontrollieren. Die Blamage allerdings ist groß, als Peter die Aufgabe nicht lösen kann. Vor allem vor Susanne ist ihm die Sache peinlich, und er sieht ein, daß das Rechnen doch überall nötig ist.

REISEZIEL ERFURT
(KINDERFILM)
RE: Heinz Fischer – BU: Klaus Beuchler, Fred Rodrian – DR: Margot Beichler – KA: Karl Plintzner, Hartwig Strobel, Günter Weschke, Gustav Voigt – MU: Ernst Peter Hoyer, Wolfgang Richter – BA: Ernst-Rudolf Pech – KO: Marlene Froese – SC: Bärbel Weigel – PL: Heinz Kuschke – GR: KAG »60« – m: 2146 = 79 min. – fa – PM: 1.6.1962 – DA: Friedhelm Eberle (LPG-Vorsitzender) – Horst Ludwig (Gemeindediener) – Die Kinder: Ulrich Brehm (Tim) – Annerose Böttcher (Anne) – Rainer Henning (Bulette) – Monika Reeh (Bärbel) – Bernd Stellmacher (Peter) – Bernd Gurlt (Paul) – KR: keine.

Zwanzigtausend Jungen und Mädchen machen sich in allen Teilen der DDR auf den Weg zum Pioniertreffen in Erfurt. Nur Tim aus Elsterwerder verpaßt den Zug. Das ist schlimm für ihn und seine Gruppe, denn zum Sportprogramm wird er gebraucht. Also macht er sich per Anhalter auf die Reise, die zu einem großen Abenteuer wird und Begegnungen mit vielen freundlichen, hilfsbereiten Menschen bringt. Inzwischen sorgen sich die Klassenkameraden um ihren Programmbeitrag. In allerletzter Minute trifft Tim in Erfurt ein und sorgt mit dafür, daß seine Gruppe eine Goldmedaille gewinnt.

KÖNIGSKINDER
RE: Frank Beyer – BU: Edith und Walter Gorrish – DR: Gerhard Hartwig – KA: Günter Marczinkowsky – MU: Joachim Werzlau – BA: Alfred Hirschmeier – KO: Joachim Dittrich – SC: Hildegard Conrad – PL: Hans Mahlich – GR: KAG »Roter Kreis« – m: 2435 = 89 min. – s/w – PM: 8.6.1962 – PM-Ort: Gotha (4. Arbeiterfestspiele) – DA: Annekathrin Bürger (Magdalena) – Armin Mueller-Stahl (Michael) – Ulrich Thein (Jürgen) – Marga Legal (Mutter Seifert) – Charlotte Küter (Hanna Bartels) – Monika Lennartz (Katja) u.a. – KR: Albrecht, H.: Das Licht der Königskinder. NZ 1.6.1962 – Bohnsack, G.: -. BZ 5.9.1962 – Gehler, F.: Ein Film der künstlerischen Konsequenz. DFK 1962/6, S.213-16 – Knietzsch, H.: Sie konnten zusammen nicht kommen. ND 11.9.1962. – Mehnert, S.: -. JW 1.9.1962 – R.Rh.: -. WP 1962/23 – Salow, F.: Ein Schritt ins Neuland. SO 1962/38.

Magdalena und Michael, die »Königskinder«, die zusammen nicht kommen können, sind zwei Arbeiterkinder aus Berlin. Sie haben sich ewige Treue geschworen. Mit der Machtergreifung der Nazis wird ihre Liebe auf eine lange, harte Probe gestellt. Michael, der junge Maurer und Kommunist, der sich den Faschisten nicht beugt, wird zu 15 Jahren Zuchthaus verurteilt. Magdalena, die seine politischen Aktivitäten immer ängstlich betrachtet hat, tritt nun an seine Stelle. Als auch sie in Gefahr gerät, rettet Jürgen sie, ein ehemaliger Freund, der sich auf die Seite der SA geschlagen, aber sein Gewissen nicht verloren hat. Als Michael aus dem Lager in ein Strafbataillon gesteckt wird, trifft er Jürgen wieder, der es zum Unteroffizier gebracht hat. Gemeinsam liegen sie in den Schützengräben des zweiten Weltkrieges, gemeinsam laufen sie zur Roten Armee über. Eines Tages, so hofft Michael, wird er Magdalena wiedersehen.

MORD OHNE SÜHNE
RE: Carl Balhaus – BU: Joachim Barckhausen, Alexander Graf Stenbock-Fermor – LV: Roman »Im Namen des Volkes« von Theo Harych – DR: Marieluise Steinhauer – KA: Peter Krause – MU: Wolfgang Hohensee – BA: Christoph Schneider – KO: Luise Schmidt – SC: Ursula Rudzki – PL: Adolf Fischer – GR: KAG »Solidarität« – m: 2375 = 87 min. – s/w – PM: 28.6. 1962 – PM-Ort: Berlin; »Babylon« – DA: Günther Simon (Heinz Lippert, Oberlandjäger) – Johanna Clas (seine Frau) – Wojciech Siemion (Josef Jakubowski) – Karla Runkehl (Dora Mettner) – Manja Behrens (Frau Nogens) – Wilhelm Koch-Hooge (Rechtsanwalt Dr. Koch) – Horst Schönemann (Staatsanwalt Becker) – Erik S. Klein (Redakteur Hartmann) u. a. – KR: Funke, C.: Angeklagt: die »rechtsstaatliche« Justiz. DFK 1962/9, S.344-45 – Hofmann, H.: Mehr Mut zum Vergnügen ... und Vertrauen zum Publikum. SO 1962/34 – Mehnert, S.: Fall Jakubowski. JW 30.6.1962 – Mollenschott, E.: Noch einmal der Fall Jakubowski... ND 2.7.1962 – H.U.: Ein Unschuldiger wird hingerichtet. NZT 5.7.1962.

Nach einem authentischen Fall aus den zwanziger Jahren. Der Oberlandjäger Heinz Lippert verhaftet den polnischen Landarbeiter Jakubowski unter dem Verdacht, ein Kind – seinen angenommenen Sohn – ermordet zu haben. Obwohl er nur unzureichende Indizien hat, bringt Staatsanwalt Becker den Fall vor Gericht. Jakubowski wird zum Tode verurteilt, der »polnische Mörder« paßt in die Propaganda der Zeit. Lippert versucht, ermutigt durch den kommunistischen Redakteur Hartmann, die Vollstreckung des Urteils zu verhindern und ermittelt sogar den wahren Täter. Vergebens, das Todesurteil wurde vorzeitig ausgefüllt. Nach der Machtergreifung der Nazis läßt der Staatsanwalt, inzwischen SS-Führer, die Männer, die den wahren Sachverhalt aufdeckten, verhaften. Lippert schließt sich im Untergrund dem Widerstand an.

DAS VERHEXTE FISCHERDORF
RE: Siegfried Hartmann – BU: Hans Peter, Siegfried Hartmann, MI: Bernd Braun – LV: Gleichnamige Filmerzählung von Hans Peter – DR: Joachim Plötner – KA: Hans Heinrich – MU: Karl Schinsky – BA: Hans Poppe – KO: Gerhard Kaddatz – SC: Hildegard Conrad – PL: Anni von Zieten – GR: KAG »konkret« – m: 2088 = 77 min. – s/w – PM: 6.7.1962 – PM-Ort: Berlin; »Filmtheater am Friedrichshain« – DA: Horst Drinda (Mauritius Halbermann, genannt Mauts) – Brigitte Krause (Lore Fiedler) – Lutz Jahoda (Theo Vogel) – Gerlind Ahnert (Schwester Marianne) – Mathilde Danegger (Mutter Fiedler) – Gustav Müller (Herr Brödel) u.a. – KR: Andrießen, C.: Filmjournal. WBÜ 1962/46, S.1467-69 – Bohnsack, G.: -. BZ 10.7.1962 – Schirrmeister, H.: -. T 28.7.1962 – Wolfram, R.: -. JW 21.7.1962 – Hofmann, H.: Mehr Mut zum Vergnügen ... und Vertrauen zum Publikum. SO 1962/34.

Der Werbechef des VEB Gravo-Druck Mauritius Halbermann – genannt Mauts – ist nicht nur arbeitsbesessen, sondern auch voller großartiger Einfälle. Als er wiederum einen solchen seinem Direktor vorstellen will, ist der im Urlaub – mit Familie und einigen Kollegen, darunter Lore, die Mauts insgeheim als seine zukünftige Frau betrachtet. Architekt Teddy indes hat die Absicht, auch ins Urlaubsparadies Aaldorp zu fahren, um sich mit Lore zu verloben. Mauts schließt sich ihm an und gedenkt, seine Pläne mit den Kollegen in Aaldorp zu beraten. Die allerdings lassen sich von ihm die Urlaubsstimmung nicht vermiesen, und nach allerlei merkwürdigen Vorkommnissen erkennt auch Mauts, daß Ferien eine schöne Sache sind – woran Lore keinen geringen Anteil hat.

REVUE UM MITTERNACHT
RE: Gottfried Kolditz – BU: Kurt Bortfeldt, Gerhard Bengsch – DR: Hans-Joachim Wallstein – KA: Erich Gusko – MU: Gerd Natschinski – BA: Alfred Tolle – KO: Hans Kieselbach, Helga Scherff – SC: Hildegard Tegener – PL: Erich Kühne – GR: KAG »60« – m: 2833 = 104 min. – fa – Tovi / 4-Kmgt – mgt – PM: 7.7.1962 – PM-Ort: Berlin; »Colosseum« – DA: Christel Bodenstein (Claudia Glück) – Manfred Krug (Alexander Ritter) – Werner Lierck (Theo) – Claus Schulz (Eberhard Gallstein) – Hans Klering (Herbert Schöninger) – Gerry Wolff (Jens Holle) – Johannes Arpe (Otto Kruse) u. a. – KR: Albrecht, H.: Pioniere der heiteren Muse. NZ 25.8.1962 – Hoerisch, W.: Filmrevue im Revuefilm. DFK 1962/10, S.393-94 – Jelenski, M.: Musik, Tanz und Farbenpracht... BZ 28.8. 1962 – Knietzsch, H.: Viele mögen es heiß. ND 26.8.1962 – Stulz, D.: Revue der Kompromisse. SO 1962/37.

Vier Personen – ein Dramaturg, ein Komponist, ein Autor und ein Architekt – werden vom Produktionsleiter Kruse, der sich etwas leichtfertig verpflichtet hat, einen Revuefilm zu drehen, zur Realisierung des kühnen Vorhabens zusammengerufen. Der einzige, der sich hemmungslos an die große Aufgabe herantraut, ist der kleine Komponist Ritter. Die Produktionsassistentin Claudia ist nicht die einzige, die dem unerfahrenen, aber enthusiastischen Mann mißtraut. Ritter jedoch gelingt es nicht nur, die Bedenken der anderen zu zerstreuen und ihre Kreativität zu aktivieren, er gewinnt am Ende auch Claudia. Und selbstverständlich gelingt das Werk zu einer flotten, mitreißenden Revue, deren musikalische, tänzerische und artistische Nummern sich sehen lassen können.

DIE SCHWARZE GALEERE
RE: Martin Hellberg – BU: Martin Hellberg – LV: Gleichnamige Erzählung von Wilhelm Raabe – DR: Hans-Joachim Wallstein – KA: Karl Plintzner – MU: Wilhelm Neef – BA: Harald Horn, Erich Zander – KO: Walter Schulze-Mittendorf – SC: Ursula Rudzki – PL: Siegfried Kabitzke – GR: KAG »Solidarität« – m: 2691 = 99 min. – s/w – Tovi / 4-Kmgt, mgt – PM: 10.7.1962 – PM-Ort: Berlin; »Colosseum« – DA: Dietrich Körner (Jan Norris) – Gerry Wolff

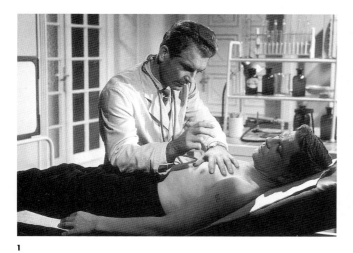

1

2

3

1 Otto Mellies (links) und Bruno Carstens in
»Der Arzt von Bothenow«
(1961/RE: Johannes Knittel)

2 Beate Hanspach und Gerhard Rachold in
»Die schwarze Galeere«
(1962/RE: Martin Hellberg)

3 Günther Simon, Fred Delmare und
Erik S. Klein (v. l. n. r.) in
»Mord ohne Sühne«
(1962/RE: Carl Balhaus)

(Jeronimo) – Gerhard Rachold (Leone della Rota) – Hans-Peter Minetti (Antonio Valani) – Beate Hanspach (Myga) – Else Wolz (Marthe) u. a. – KR: Gersch, C. u. W.: Eine neue Literaturverfilmung. DFK 1962/10, S. 395-96 – Hofmann, H.: Mehr Mut zum Vergnügen...und Vertrauen zum Publikum. SO 1962/34 – Knietzsch, H.: -. ND 13.7.1962 – her: Breitwandiger Bilderbogen. BZA 17.7.1962 – H. U.: Zwischen Pomp und echtem Pathos. NZT 1.8.1962.

Antwerpen am Ende des 16. Jahrhunderts. Zum zweiten Mal fällt die Stadt in die Hände der plündernden und mordenden Spanier. Jan und Myga sind gerade zehn Jahre alt. Während Mygas Vater versucht, sich mit den Spaniern zu arrangieren, verläßt Jan mit seinem Vater das besetzte Land. Als Jan zum Jüngling herangewachsen ist, geht er zu den Geusen, und man vertraut ihm als Steuermann mit der »Schwarzen Galeere« das beste Schiff an. Er übersteht zahlreiche Kämpfe und Gefahren, wird eines Tages jedoch von den Spaniern gefangengenommen. Er befreit nicht nur sich, sondern auch seine geliebte Myga aus den Händen der Feinde. 1609 müssen die Spanier die Unabhängigkeit der Nordprovinzen endgültig anerkennen.

ROTKÄPPCHEN
(KINDERFILM)
RE: Götz Friedrich – BU: Hans Rodenberg – LV: Gleichnamiges Märchen der Brüder Grimm und nach Jewgeni Schwarz – DR: Gudrun Rammler – KA: Helmut Bergmann – MU: Gerhard Wohlgemuth – BA: Alfred Drosdek – KO: Walter Schulze-Mittendorf – SC: Christel Röhl – PL: Erich Albrecht – GR: KAG »Berlin« – m: 1959 = 72 min. – fa – PM: 13.7.1962 – DA: Blanche Kommerell (Rotkäppchen) – Helga Raumer (Mutter) – Horst Kube (Vater) – Friedel Nowack (Großmutter) – Werner Dissel (Wolf) Harald Engelmann (Fuchs) – Ernst-Georg Schwill (Bär) – Jochen Bley (Häschen) – KR: Friedrich, G.: Rotkäppchen auf der Leinwand. (Konzeptionelle Äußerungen des Regisseurs) DFK 1962/9, S.346-47 – Funke, C.: -. M 22.7.1962 – U.F.: -. WP 1962/31.

Rotkäppchen lebt mit ihren Eltern in einem Haus am Waldrand. Die Tiere sind ihre Freunde. Das Mädchen ist hilfsbereit und freundlich, und es kommt ihr nicht in den Sinn, daß ihr jemand Böses will. Häufig besucht sie ihre Großmutter, die tief im Wald wohnt. Und da treiben der Wolf und dessen Untertan Fuchs ihr Unwesen. Eines Tages geht Rotkäppchen in deren Falle. Im Haus der Großmutter wird sie vom Wolf überrascht und verschluckt. Doch ihre Freunde sind zur Stelle: Das Häschen holt Hilfe. Der Vater, die Mutter und sogar der Bär eilen herbei, retten sie und sorgen dafür, daß der Wolf seine gerechte Strafe bekommt.

DIE ENTDECKUNG DES JULIAN BÖLL
RE: Johannes Knittel – BU: Gerhard Bengsch – DR: Hans-Joachim Wallstein – KA: Erich Gusko – MU: Wolfgang Lesser – BA: Ernst-Rudolf Pech – KO: Marlene Heidebrecher – SC: Ursula Rudzki – PL: Alexander Lösche – GR: KAG

»60« – m: 2191 = 80 min. – s/w – PM: 19.7.1962 – DA: Raimund Schelcher (Julian Böll) – Peter Sturm (Wilhelm Zoch) – Ralph Borgwardt (Harry Bending) – Jürgen Frohriep (Horst Preuß) – Karla Runkehl (Jutta Böll) – Werner Dissel (Hauptmann Granzow) u. a. – KR: Hofmann, H.: Mehr Mut zum Vergnügen ... und Vertrauen zum Publikum. SO 1962/34 – Lippert, K.: Ein hoffentlich lehrreiches Beispiel. DFK 1962/9, S.341-43 – Schirrmeister, H.: Für und wider um Julian Böll. T 21.7.1962 – G.H.: Gute Idee - nicht voll entdeckt. BZA 24.7.1962 – H.U.: Ein Dieb in der Brigade? NZT 22.7.1962.

Seit Jahren arbeiten sie gut zusammen, die sechs Mitglieder der Brigade Julian Böll. Eines Tages fehlt dem Brigadier ein 100-Mark-Schein aus der Lohnkassette. Aus Scham über den eigenen Zweifel an seinen Kollegen schweigt er. Böll geht der Frage nach, warum sich die Kollegen der Brigade trotz guter Zusammenarbeit persönlich nicht nähergekommen sind, auch er kein Vertrauen hat, die Angelegenheit im Kollektiv zu klären. Er erkennt Versäumnisse und entschließt sich zur klärenden Aussprache. Es erweist sich, daß das Geld nicht gestohlen wurde.

DIE JAGD NACH DEM STIEFEL
(KINDERFILM)
RE: Konrad Petzold – BU: Hans-Albert Pederzani, Konrad Petzold – LV: Gleichnamige Erzählung von Max Zimmering – DR: Dieter Scharfenberg – KA: Siegfried Hönicke – MU: Günter Hauk – BA: Hans Poppe – KO: Werner Bergemann – SC: Ilse Peters – PL: Fried Eichel – GR: KAG »konkret« – m: 2341 = 85 min. – s/w – PM: 14.8.1962 – PM-Ort: Berlin; »Kosmos« – DA: Gerry Wolff (Friedberg) – Günter Naumann (Kurt Büttner) – Raimund Schelcher (Julius Gemse) – Stefan Lisewski (Ernst Schiemann) – Peter Kiwitt (Kommissar Huschke) – Die Kinder: Wolfgang und Mathias Böhme (Jack) – Ursula Hertting (Gerda) – Karin Kreiner (Fanny) u. a. – KR: Farysch, H.: -. VW 24.8.1962 – Funke, C.: Urlaubsspaß - Kinderernst. M 18.8.1962 – Rechlin, D.: -. T 18.8.1962 – Rudolf, H.: -. FR 22.8.1962.

Im Winter 1932 wird ein kommunistischer Pionierleiter in einem Berliner Arbeiterviertel erschlagen aufgefunden. Die Polizei versucht, den Kommunisten selbst den Mord in die Schuhe zu schieben und verhaftet den Freund und Genossen des Toten, Kurt Büttner. Büttners 12jähriger Sohn Jack und andere Pioniere machen indessen Jagd auf den wirklichen Mörder. Sie hatten neben dem Toten eine Nazi-Zeitung mit einem Stiefelabdruck gefunden, der nur vom Mörder stammen könnte. Viele Sohlen müssen begutachtet werden, bis der Schuldige endlich gefunden ist – ein SA-Mann. Die Polizei muß sich den überzeugenden Beweisen beugen.

...UND DEINE LIEBE AUCH
RE: Frank Vogel – BU: Paul Wiens – DR: Willi Brückner – KA: Günter Ost – MU: Hans-Dieter Hosalla – BA: Werner Zieschang – KO: Werner Bergemann – SC: Ella Ensink – PL: Hans-Jo-

achim Funk – GR: KAG »Heinrich Greif« – m: 2515 = 92 min. – s/w – PM: 27.9.1962 – DA: Kati Székely (Eva) – Armin Mueller-Stahl (Ulli) – Ulrich Thein (Klaus) – Katharina Lind (Margot) – Alfonso Arau (Alfredo) – Maria Besendahl (Wirtin) u. a. – KR: Andrießen, C.: Filmjournal. WBÜ 1962/43, S.1368-69 – Bellin, K.: -. JW 15.9.1962 – Gehler, F.: Liebeserklärung an Berlin. DFK 1962/11, S.444-46 – Knietzsch, H.: Mit dem Herzen des Poeten. ND 30.9.1962 – Rehahn, R.: -. WP 1962/38 – Sobe, G.: -. BZ 30.9.1962 – Lohmann, H.: Menschen an unserer Seite. SO 1962/38.

Berlin um den 13. August 1961. Das Mädchen Eva steht zwischen den Brüdern Ulli und Klaus, zwei Arbeiterjungen, deren Weltbilder gegensätzlich sind. Klaus ist für das schnelle Geld, das er als Taxifahrer im Westen verdient, und für ein sorgloses Leben. Ulli ist ernst, etwas schüchtern und hat einen festen politischen Standpunkt. Am 13. August ist Klaus plötzlich der Weg nach Westen versperrt, und Ulli steht mit der Waffe in der Hand an der Grenze. Bei Eva macht der selbstsichere Klaus das Rennen, doch als das Mädchen schwanger wird, will er sich der Verantwortung entziehen. Eva fühlt, daß ihre Hingabe an Klaus nicht auf wahrer Liebe beruht. Immer mehr fühlt sie sich zu Ulli hingezogen. Sie muß eine Entscheidung treffen, zumal Klaus bei einem Fluchtversuch festgenommen wird und ins Gefängnis kommt.

ACH, DU FRÖHLICHE...
RE: Günter Reisch – BU: Hermann Kant – LV: Komödie »Und das am Heiligabend« von Vratislav Blažek – DR: Gerhard Hartwig – KA: Horst E. Brandt – MU: Helmut Nier – BA: Alfred Hirschmeier – KO: Walter Schulze-Mittendorf – SC: Lena Neumann – PL: Hans Mahlich – GR: KAG »Roter Kreis« – m: 2589 = 95 min. – s/w – PM: 7.10.1962 – PM-Ort: Potsdam-Babelsberg; »Thalia« – DA: Erwin Geschonneck (Walter Lörke) – Mathilde Danegger (Großmutter) – Karin Schröder (Anne Lörke) – Arno Wyzniewski (Thomas Ostermann) – Günter Junghans (Karl Lörke) – Rosemarie Schelenz (Peggy) u. a. – KR: Herrmann, G.: BZA 18.10.1962 – Knietzsch, H.: Diese Komödie sollte Schule machen. ND 13.10.1962 – Lohmann, H.: Salut für eine DEFA-Komödie. SO 1962/42 – Tok, H.-D.: Eine Dresdner Geschichte. DFK 1962/12, S.473-75 – B.W.: -. WP 1962/42.

Weihnachten 1961. Der Arbeitsdirektor des VEB »13. August«, Walter Lörke, wünscht seinen Kollegen ein geruhsames Fest, wie er es selbst auch im Kreis seiner Lieben zu verbringen gedenkt. Doch Tochter Anne hat eine Überraschung parat – in Gestalt des zukünftigen Familienmitglieds Thomas Ostermann. Daß sie Thomas zu heiraten gedenkt, irritiert Vater Lörke, daß sie ihm ihre Schwangerschaft verheimlicht hat, empört ihn, und daß sich Thomas auch noch als entschiedener Kritiker des Arbeiter- und-Bauernstaates zu erkennen gibt, bringt ihn vollends in Rage. Die friedliche Weihnacht ist dahin, doch Vater Lörke, der in der ersten Wut das Haus verläßt, besinnt sich. Plötzlich erscheint ihm der junge Mann ganz akzeptabel, und er versucht herauszufinden, was Thomas zu dieser negativen Haltung dem Staat gegenüber gebracht haben könnte. Lörke stimmt der Hochzeit zu.

MENSCHEN UND TIERE
(CO-PRODUKTION DDR / SOWJETUNION)
RE: Sergej Gerassimow, CO-RE: Lutz Köhlert, K. Tawrisan – BU: Sergej Gerassimow – LV: Filmroman von Tamara Makarowa – KA: Wladimir Rapoport – MU: Aram Chatschaturjan, P. Tschekalowa, Rolf Kuhl – BA: Paul Lehmann, Boris Dulenkow – KO: Joachim Dittrich, M. Bichowskaja – SC: L. Schutschkowa, Monika Behrendt – PL: Martin Sonnabend, Jakob Swetosarow – GR: KAG »Roter Kreis« – CO: Filmstudio Maxim Gorki, Moskau/UdSSR – Russ. Titel: Ljudi i sweri – m: 4851 = 178 min. – s/w – PM(DDR): 12.10.1962 – PM-Ort: Berlin; »Colosseum« – DA: Nikolai Eremenko (Alexej Iwanowitsch Pawlow) – Tamara Makarowa (Anna Andrejewna) – Shanna Bolotowa (Tanja) – Maria Rouvel (Frau Wilde) – Werner Toelcke (Caesar Carsten) – Friedrich Wilhelm Junge (Siegfried Haslinger) u. a. – KR: Jelenski, M.: Die Geschichte des Alexej Pawlow. SO 1962/44 – Knietzsch, H.: -. ND 15.10.1962 – H.U.: Die Irrwege des Leutnants Pawlow. NZT 24.10. 1962.

Während der Leningrader Blockade ist Alexej Pawlow in deutsche Gefangenschaft geraten und in ein Konzentrationslager verschleppt worden. Nach der Befreiung zieht er als Staatenloser durch die Welt. Er arbeitet als Kammerdiener in Argentinien und als Chauffeur in Hamburg, lernt gute und schlechte Menschen kennen und das Wolfsgesetz des Kapitalismus. Heimatlos und verzweifelt, ist er zum Freitod entschlossen, wird aber von einer deutschen Frau gerettet. Er kehrt in die Sowjetunion zurück, fährt zu seinem älteren Bruder nach Sewastopol. Doch dessen Frau will aus Angst mit dem aus dem Ausland kommenden Mann keinen Kontakt. Alexej entschließt sich, in der Industriestadt Saporoshje ein neues Leben zu beginnen. In der Ärztin Anna, der er während des Krieges das Leben gerettet hatte, findet er eine Vertraute.

DAS ZWEITE GLEIS
RE: Joachim Kunert – BU: Günter Kunert, Joachim Kunert – DR: Anne Pfeuffer – KA: Rolf Sohre – MU: Pavol Šimai – BA: Gerhard Helwig – KO: Lydia Fiege – SC: Christel Röhl – PL: Bernhard Gelbe – GR: KAG »Berlin« – m: 2187 = 80 min. – s/w – PM: 25.10.1962 – PM-Ort: Berlin; »Colosseum« – DA: Albert Hetterle (Brock) – Annekathrin Bürger (Vera) – Horst Jonischkan (Frank) – Walter Richter-Reinick (Runge) – Helga Göring (Frau Runge) – Erik S. Klein (Gericke) u. a. – KR: Gehler, F.: Schuld und Sühne des Walter Brock. DFK 1962/12, S.471-72 – Hofmann, H.: Vom Mut zum Anderswerden. ND 31.10.1962 – Jelenski, M.: -. BZ 23.10.1962 – Rehahn, R.: -. WP 1962/45 – Salow, F.: Wege und Irrwege eines Versuches. SO 1962/47.

Bei einem Diebstahl auf dem Güterbahnhof erkennt Fahrdienstleiter Brock, ein allseits angesehener Mann, einen der Diebe. Während der Gegenüberstellung jedoch identifiziert er ihn nicht und bittet um Versetzung – angeblich wegen seiner Tochter. Indes hetzt der Dieb, Runge, den jungen Schlosser Frank, den er zum Mitmachen verleitet hatte, auf Brocks Tochter Vera. Er soll sie damit konfrontieren, daß der Vater falsche Aussagen über den Tod der Mutter machte, die angeblich in Küstrin bei einem Bombenangriff umkam. Frank verliebt sich in Vera, und während ihrer gemeinsamen Nachforschungen über die vergangenen Ereignisse finden sie heraus, daß Brock und Runge sich kennen. Während des zweiten Weltkrieges hat Runge die Schwäche Brocks, dessen Frau einen jüdischen Flüchtling versteckte, ausgenutzt. Er hat den Flüchtling erschossen und Brocks Frau der Gestapo ausgeliefert. Aus Scham, sich damals nicht gewehrt zu haben, hat Brock gelogen und sich eine neue Identität zugelegt. Frank wird von Runge ermordet, Brock bricht sein Schweigen...

MINNA VON BARNHELM ODER DAS SOLDATENGLÜCK
RE: Martin Hellberg – BU: Martin Hellberg – LV: Gleichnamiges Schauspiel von Gotthold Ephraim Lessing – DR: Dieter Wolf – KA: Karl Plintzner – MU: Wilhelm Neef – BA: Christoph Schneider – KO: Lydia Fiege – SC: Brigitte Krex – PL: Siegfried Kabitzke – GR: KAG »Solidarität« – m: 2925 = 107 min. – fa – PM: 1.11.1962 – PM-Ort: Berlin; »Kosmos« – DA: Marita Böhme (Minna) – Otto Mellies (Tellheim) – Christel Bodenstein (Franziska) – Johannes Arpe (Bruchsaal) – Manfred Krug (Werner) – Herwart Grosse (Wirt) u. a. – KR: Jelenski, M.: -. BZ 6.11.1962 – Knietzsch, H.: »Minna« und ihr stolzer Krieger. ND 6.11.1962 – Schirrmeister, H.: Tellheim tragisch? T 3.11. 1962 – H.U.: Klassisches Lustspiel als Filmschwank. NZT 8.11.1962 – -rich: Minna von Barnhelm oder Das Soldatenglück. ST 6.12. 1962.

Während des Siebenjährigen Krieges hatte sich der preußische Major von Tellheim mit dem sächsischen Fräulein von Barnhelm verlobt. Nach dem Krieg vom König ungerechterweise seiner Ehre beraubt und verarmt, bricht er die Verbindung zu Minna aus Scham ab. Nun wird er von seinem Berliner Wirt, dem er einige Monatsmieten schuldet, in ein schäbiges Dachzimmer umquartiert. Grund: Zwei wohlhabende Damen suchen ein Zimmer. Es handelt sich um niemand anders als Minna und ihre Zofe Franziska. Mit List gelingt es Minna, den Major zu bewegen, ihr erneut seine Liebe zu erklären und der eine Notsituation vortäuschenden Frau Hilfe anzubieten. Sie läßt den inzwischen vom König Rehabilitierten allerdings noch eine Weile zappeln, bevor es zur glücklichen »Wiedervereinigung« kommt. Unterdessen hat auch Franziska ihr Glück gefunden – in Werner, dem ehemaligen Wachtmeister des Majors.

DER KINNHAKEN
RE: Heinz Thiel – BU: Manfred Krug, Horst Bastian – DR: Willi Brückner, Hans-Joachim Wallstein – KA: Josef Novotný – MU: André Asriel – BA: Christoph Schneider – KO: Gerhard Kaddatz – SC: Anneliese Hinze-Sokolow – PL: Werner Liebscher – GR: KAG »60« / »Heinrich Greif« – m: 2145 = 79 min. – s/w – PM: 29.11.1962 – PM-Ort: Berlin; »Kosmos« – DA: Manfred Krug (Georg Nikolaus) – Dietlinde Greiff (Carolin Merzen) – Marita Böhme (Rose) – Jürgen Frohriep (Bubi) – Erik S. Klein (Frank Hübner) – Marga Legal (Mutter von Carolin) u. a. – KR: Jelenski, M.: -. BZ 4.12. 1962 – Knietzsch, H.: Meister Nikolaus und Carolin. ND 9.12.1962 – Lücke, H.: Die Wandlung des Mädchens Carolin. BZA 6.12.1962 – Rehahn, R.: Krug ist Trumpf im »Kinnhaken«. WP 1962/49 – Salow, F.: Eine »handfeste« Geschichte. SO 1962/53.

Am 13. August 1961 beginnt die Liebesgeschichte zwischen Carolin und Georg. Sie macht dem Kampfgruppen-Mann schöne Augen – in der Hoffnung, er würde ihr beim illegalen Grenzübertritt behilflich sein. Carolins Arbeitsstelle befindet sich in einer Bar im Westsektor. Er läßt sie abblitzen – jedoch nur, was die Flucht betrifft. Georg hat sich in das Mädchen verliebt, und Carolin in ihre »Zweck-Bekanntschaft« ebenfalls. Eines Tages holt ihre Vergangenheit sie ein, in Gestalt des Zuhälters Bubi, der einen alten, in Schweizer Franken zahlenden Kunden Carolins nicht verlieren will. Bubi erpreßt sie mit der Drohung, Georg ihre Vergangenheit zu offenbaren. Carolin verschwindet aus Scham aus Georgs Leben. Ihre Freundin Rose jedoch klärt ihn auf, und nach überwundenem Schock steht er zu Carolin, versetzt Bubi einen Kinnhaken und bringt ihn dann hinter Gitter.

MUSIKALISCHES RENDEZVOUS
Ein Querschnitt aus den DEFA-Spielfilmen »Figaros Hochzeit« (1949), »Die lustigen Weiber von Windsor« (1950), »Zar und Zimmermann« (1956) und »Mazurka der Liebe« (1957). RE: Gottfried Kolditz, ZU: Georg Gutschmidt – SC: Christa Stritt – PL: Werner Liebscher – GR: KAG »60« – m: 2290 = 84 min. – s/w – fa – PM: 30.11.1962 – PM-Ort: Berlin; »Babylon – DA: Willi Domgraf-Fassbaender – Sonja Ziemann – Camilla Spira – Paul Esser – Bert Fortell – Günther Haack – Albert Garbe – Willy A. Kleinau u. a. – KR: keine

Eine Kompilation aus bekannten DEFA-Opern- und Operettenverfilmungen.

1963

AN FRANZÖSISCHEN KAMINEN

RE: Kurt Maetzig – BU: Harald Hauser, Henryk Keisch – DR: Klaus Wischnewski – KA: Günter Haubold – MU: Wilhelm Neef – BA: Alfred Hirschmeier – KO: Joachim Dittrich – SC: Helga Emmrich – PL: Martin Sonnabend – GR: KAG »Roter Kreis« – m: 2689 = 99 min. – s/w – PM: 3.1.1963 – PM-Ort: Berlin; »Colosseum« – DA: Arno Wyzniewski (Klaus Wetzlaff) – Angelica Domröse (Jeanne) – Hannjo Hasse (Major Siebert) – Harry Hindemith (Bourguignon) – Raimund Schelcher (Ludovic) – Günther Simon (General Rucker) – Evelyn Cron (Georgette) u. a. – KR: Albrecht, H.: Eines Soldaten Liebe. NZ 5.1.1963 – Bohnsack, G.: -. BZ 8.1.1963 – Gehler, F.: -. FS 1963/1, S.6 – Knietzsch, H.: -. ND 6.1.1963 – R.Rh.: -. WP 1963/4 -ch: Spiel mit der Vergangenheit. NZT 17.1.1963.

Deutsche Bundeswehrsoldaten beziehen 1962 in einem französischen NATO-Stützpunkt Quartier, unter ihnen der Schlosser Klaus Wetzlaff aus dem Rheinland. Durch sein hilfsbereites Verhalten gewinnt er in Jeanne, der Tochter des Bürgermeisters, eine Freundin. Außerdem die Anerkennung von Major Siebert, dem das Verhalten von Klaus geeignet scheint, die Aversionen der Bevölkerung abzubauen und die Greueltaten der Nazi-Truppen vergessen zu machen, denn die Bundeswehr hat große Pläne. Denen soll unter anderem die Ruine einer Kapelle, in der während des Krieges Zivilisten ermordet wurden, zum Opfer fallen. Es gibt Proteste, und ein Reporter ist der Vergangenheit eines einflußreichen Bundeswehrgenerals auf der Spur. Dieser hatte den Mord damals befohlen. Mit anderen bekommt Klaus den Auftrag, die Akten dieser Bluttat zu stehlen. Bei dem Unternehmen, einem inszenierten Autounfall, kommt der Reporter ums Leben. Klaus wird von seinem Gewissen geplagt, und er entwendet die Akten wieder, um sie französischen Patrioten zu geben. Er flieht von der Bundeswehr, doch auch im Frankreich de Gaulles ist er nicht sicher. Aber er hat die Achtung und Liebe von Jeanne gewonnen.

Filmtext: An französischen Kaminen. Filmerzählung von Harald Hauser und Henryk Keisch. Berlin: Henschelverlag 1962

BESCHREIBUNG EINES SOMMERS

RE: Ralf Kirsten – BU: Karl-Heinz Jakobs, Ralf Kirsten – LV: Gleichnamiger Roman von Karl-Heinz Jakobs – DR: Gudrun Rammler – KA: Hans Heinrich – MU: Wolfgang Lesser – BA: Hans Poppe, Jochen Keller – KO: Helga Scherff – SC: Christel Röhl – PL: Werner Liebscher GR: KAG »60« – m: 2193 = 80 min. – s/w – PM: 15.1.1963 – PM-Ort: Schwedt; Kulturhaus Erdölverarbeitungskombinat – DA: Manfred Krug (Tom) – Christel Bodenstein (Grit) – Günter Grabbert (Schibulla) – Johanna Clas (Lilo) – Marita Böhme (Regine) – Peter Reusse (Dschick) – Horst Jonischkan (Grell) u. a. – KR: Albrecht, H.: Liebe für nur einen Sommer? NZ 16.1.1963 – Gehler, F.: Nur eine Romanze. V 15.2.1963 – Knietzsch, H.: Liebe für einen

Sommer? ND 31.1.1963 – Rehahn, R.: -. WP 1963/4 – Gersch, W.: -. FS 1963/2, S.8 – Schröder, M.: -. JW 19.1.1963 – G.S.: -. BZ 15.1.1963.

Ende der 50er Jahre auf der Großbaustelle Schwedt, wo ein gigantischer Industriekomplex entsteht. Hierher, zu einem Jugendobjekt, wird Tom Breitsprecher aus Berlin delegiert. Er ist ein ausgezeichneter Ingenieur, aber seine politische Haltung und sein Privatleben lassen zu wünschen übrig. Er ist großspurig, zynisch, sein Frauenverschleiß enorm. Und hier verliebt er sich ausgerechnet in die FDJ-Sekretärin Grit, die auch noch verheiratet ist. Grit erwidert seine Liebe. Als das Verhältnis der beiden an den Tag kommt, sind die Kollegen empört, vor allem von dem unmoralischen Verhalten ihrer Genossin Grit. Für Grit und Tom aber ist diese Liebe etwas ganz neues, großes, das sie beide verändert. Sie brauchen sich, und Grit entscheidet, klare Verhältnisse zu schaffen und sich von ihrem Mann zu trennen – auch, um die Achtung des Kollektivs wiederzugewinnen.

DIE GLATZKOPFBANDE

RE: Richard Groschopp – BU: Lothar Creutz, Richard Groschopp – DR: Willi Brückner – KA: Siegfried Hönicke – MU: Helmut Nier – BA: Harald Horn – KO: Elli-Charlotte Löffler – SC: Helga Krause – PL: Willi Teichmann – GR: KAG »konkret« – m: 2125 = 78 min. – s/w – PM: 15.2.1963 – PM-Ort: Berlin; »Babylon« – DA: Ulrich Thein (Lothar Czernik, Leutnant der Kriminalpolizei) – Erik S. Klein (Abschnittsbevollmächtigter) – Paul Berndt (Schriftsteller Helmut Ritter) – Thomas Weisgerber (King) – Rolf Römer (Johle) – Arno Wyzniewski (Conny) – Jürgen Rothert (Schnuppi) u. a. – KR: Gehler F.: -. FS 1963/6 – Mollenschott, E.: Eine handfeste Kriminalgeschichte. ND 13.2.1963 – Rehahn, R: -. WP 1963/7 – Salow, F.: Zitatenschatz der Lederjacken. SO 1963/9 – Schröder, M.: Besondere Kennzeichen: Kahlgeschoren. JW 14.2.1963.

Ende August 1961. Der ehemalige Fremdenlegionär King hat eine Bande Rowdys um sich versammelt, mit der er in der DDR sein Unwesen treibt. Nach schlampiger Arbeit auf einer Baustelle, in deren Folge zwei Menschen ums Leben kamen, ziehen sie auf den Zeltplatz Bansin an der Ostsee. Mit Mopedgeknatter, Radiolärm und Gewalttätigkeiten macht die Bande Kahlköpfiger den Urlaubern das Leben zur Hölle. – Leutnant Czernik stellt durch Zufall eine Verbindung zwischen dem Unfall auf der Baustelle und den Randalierern in Bansin fest. Da ihnen der Fluchtweg nach Westberlin abgeschnitten ist, gelingt es der Polizei und Czernik, die Bandenmitglieder nacheinander zu verhaften. Als letzten, nach einer aufregenden Verfolgungsjagd, den Anführer King.

RÜPEL
(KINDERFILM)

RE: Bärbl Bergmann – BU: Bärbl Bergmann – DR: Eleonore Schmidt-Schwarze – KA: Rolf Sohre – MU: Gerhard Wohlgemuth – BA: Jo-

achim Otto – KO: Marianne Schmidt – SC: Ursula Zweig, Monika Behrendt – PL: Dieter Dormeier – GR: KAG »Heinrich Greif« – m: 1671 = 61 min. – s/w – AD: 22.2.1963 – DA: Lissy Tempelhof (Mutter von Mathias) – Ilse Bastubbe (Lehrerin) – Ruth Kommerell (Mutter von Heiner) – Otto Stark (Ausbilder in der Blindenhundeanstalt) – Dieter Perlwitz (GST-Ausbilder) – Die Kinder: Karl Friedrich Schorsch (Heiner) – Lutz Dieckmann (Mathias) – Rolf Micklejewski (Peter) – Vera Eichel (Hannelore) u. a. – KR: Ke: -. BZA 19.2.1963 – M.K.: »Rüpel« wird Blindenhund. NZT 23.2.1963.

Über Mathias, den Neuen in der 7. Klasse, sind die anderen Schüler ärgerlich. Er hat schlechte Zensuren, kommt meist zu spät und verschwindet manchmal früher. Aber mutig ist er, das haben die 12jährigen schon bemerkt. Bei einer Mutprobe (wer hält es am längsten im Eiskeller aus?) wollen sie den Grund für sein Verhalten herausbekommen. Doch der Junge schweigt, und so lassen sie ihn eingesperrt allein. Heiner aber befreit ihn. Er kennt Mathias' Problem und ist nicht ganz unschuldig daran. Mathias' Mutter ist blind, und Heiner hat durch egoistisches Verhalten den Tod ihres Hundes Bella verschuldet. Seitdem muß Mathias seiner Mutter bei einigen Wegen helfen. Bei einem Ausflug erfährt die ganze Klasse davon, und die Schüler haben eine Idee, wie sie die Sache wieder in Ordnung bringen können: Heiners Hund Rüpel soll von nun an Blindenhund sein.

NEBEL

RE: Joachim Hasler – BU: Horst Beseler, Joachim Hasler – DR: Willi Brückner – KA: Helmut Grewald, Joachim Hasler – MU: Hans-Dieter Hosalla – BA: Willy Schiller – KO: Luise Schmidt – SC: Hildegard Tegener – PL: Dieter Dormeier – GR: KAG »Heinrich Greif« – m: 2659 = 97 min. – s/w – Tovi – PM: 14.3.1963 – PM-Ort: Berlin; »Kosmos« – DA: Eberhard Esche (Bill Smith) – Johannes Arpe (Inspektor Benson) – Doris Weikow (Bessy Benson) – Helmut Schreiber (Eberhard Wedel) – Ingeborg Ottmann (Mrs. Lindsay) – Werner Lierck (Harry Growe) u. a. – KR: Gehler, F.: -. FS 1963/7, S.8 – Jelenski, M.: Nebel über England. BZ 20.3.1963 – Knietzsch, H.: Geheimnisse um Rocksmouth. ND 17.3.1963 – Schröder, M.: Verbrechen im Nebel. JW 16.3.1963 – -ch: Was geschah bei Nacht am Kai? NZT 15.3.1963.

Im englichen Rocksmouth taucht ein Deutscher auf, der im Auftrag der NATO, die hier einen Flottenstützpunkt errichten will, ein Wrack heben soll. Mit diesem Wrack verbinden sich nicht nur für den Taucher Bill Smith schreckliche Erinnerungen. Vor zwanzig Jahren, im September 1942, ist die »Princess of India«, die mit einem Kindertransport nach Kanada ausgelaufen war, von einem deutschen U-Boot versenkt worden. 58 Menschen, meist Kinder, fanden den Tod. Der U-Boot-Kommandant hieß Eberhard Wedel und ist jener Deutsche, der jetzt das Wrack heben will. Bill Smith ist einer der Überlebenden. Er hat sich gerade mit Bessy verlobt, die einen Schlußstrich unter dieses Ereignis ziehen möchte. Doch Bill kann nicht fassen, daß

Wedels Schuld ungesühnt bleiben soll. Am nächsten Tag wird Wedel tot aus der See gefischt. Der Verdacht fällt auf Bill. In der Gerichtsverhandlung wird der Fall aufgerollt.

NACKT UNTER WÖLFEN
RE: Frank Beyer – BU: Bruno Apitz, Frank Beyer – LV: Gleichnamiger Roman von Bruno Apitz – KA: Günter Marczinkowsky – MU: Joachim Werzlau – BA: Alfred Hirschmeier – KO: Günther Schmidt – SC: Hildegard Conrad – PL: Hans Mahlich – GR: KAG »Roter Kreis« – m: 3384 = 124 min. – s/w – Tovi – mgt – PM: 10.4.1963 – PM-Ort: Berlin; »Colosseum« – DA: Erwin Geschonneck (Krämer) – Armin Mueller-Stahl (Höfel) – Krzysztyn Wójcik (Kopinski) – Fred Delmare (Pippig) – Gerry Wolff (Bochow) – Viktor Awdjuschko (Bogorski) – Boleslaw Plotnicki (Jankowski) u. a. – KR: Edel, P.: Das Kind von Ettersberg. WBÜ 1963/19, S.595-601 – Knietzsch, H.: Ein Lied vom wahren Menschen. ND 11.4.1963 – Lücke, H.: Um ein Kind und um Menschlichkeit. BZA 11.4.1963 – Netzeband, G.: Großer Gegenstand - große Wirkung. FS 1963/9, S.10 – Rehahn, R.: -. WP 1963/17 – Gehler, F.: -. SO 1963/15 – Sobe, G.: -. BZ 11.4.1963 – Luft, F.: Das Kind von Buchenwald. W 20.7.1968 – hfn: -. SüZ 24.4.1964.

Wenige Wochen vor der Befreiung kommt der Pole Jankowski mit einem Transport ins KZ Buchenwald. Er trägt einen Koffer bei sich, den er nicht aus der Hand geben will. Die in der Effektenkammer arbeitenden Häftlinge Pippig und Höfel erschrecken zutiefst, als sie ein Kind in dem Koffer entdecken. Das Kind im Lager zu verbergen, ist nicht nur äußerst schwierig, es gefährdet auch die Arbeit der illegalen Widerstandsgruppe. Nachdem das Kind mehrere Tage in der Effektenkammer versteckt wurde, entscheidet der Leiter der illegalen KP-Organisation schweren Herzens, den Polen und das Kind mit dem nächsten Transport ins Vernichtungslager zu schicken. Der Lagerälteste, Walter Krämer, läßt es jedoch nicht zu, und er findet viele Helfer, die mit Mut und Einfallsreichtum der SS die Stirn bieten und der Menschlichkeit zu einem Sieg verhelfen. Es gelingt ihnen, das Kind zu retten.

GEHEIMARCHIV AN DER ELBE
RE: Kurt Jung-Alsen – SZ: Peter Brock – LV: Gleichnamiger Roman von Alexander Nassibow – DR: Heinz Hafke – KA: Peter Krause – MU: André Asriel – BA: Christoph Schneider – KO: Wolf Hochheim, Wolfgang Berndt – SC: Lotti Mehnert – PL: Adolf Fischer – GR: KAG »Solidarität« – m: 2192 = 80 min. – s/w – PM: 18.4.1963 – PM-Ort: Berlin; »Babylon« – DA: Hans-Peter Minetti (Major Kerimow) – Albert Hetterle (Oberst Rybin) – Günther Simon (SS-Gruppenführer Upitz) – Hans-Joachim Martens (Standartenführer Bolm) – Günther Haack (Sturmführer Torp) – Alfred Struwe (Adjutant von Upitz) – Rudolf Ulrich (Herbert Lange) u. a. – KR: G.A.: Agenten an der Albrechtsburg. NW 16.4.1963 – G.S.: Der gefährliche Auftrag. NZT 23.4.1963 – H.A.: Auf Zinkkästen steht »Riga« oder »Athen«... NZ 23.4.1963 – H-n: Abenteuer - für wen? MVS 19.6.1963 – Rümmler, K.: -. SZ 20.4.1963.

In den letzten Monaten vor Ende des zweiten Weltkrieges verhandelt SS-Gruppenführer Upitz mit dem amerikanischen Geheimdienst über die Übergabe des Geheimarchivs des SS, das eine komplette Kartei des Gestapo-Agentennetzes vom Balkan bis zum Baltikum enthält. Die Übergabe soll seine Versicherung für die Nachkriegszeit sein. Aber auch der sowjetische Abwehrdienst ist über das Archiv, das sich in einem Felsverlies an der Elbe befinden soll, informiert. Der sowjetische Major Kerimow und der Deutsche Herbert Lange werden mit dem Fallschirm über Deutschland abgesetzt, um das Archiv sicherzustellen. Lange wird verhaftet, aber Kerimow gelingt es, Kontakt zu deutschen Widerstandskämpfern aufzunehmen. In halsbrecherischen Aktionen machen sie das Archiv ausfindig. Kerimow, der sich Upitz als amerikanischer Verbindungsmann präsentiert, gelingt es, die Akten mit einem Flugzeug abzutransportieren – in die Sowjetunion.

VOM KÖNIG MIDAS
(KINDERFILM)
RE: Günter Stahnke – BU: Günter Kunert, Günter Stahnke – DR: Lotti Schawohl – KA: Lothar Gerber – MU: Kurt Schwaen – BA: Herbert Nitzschke – KO: Ingeborg Wilfert – SC: Helga Emmrich – PL: Rudolf Kobosil – GR: KAG »Solidarität« – m: 1409 = 52 min. – fa – AD: 17.5.1963 – DA: Dietrich Heilmann (Midas) – Günter Pudak / Manfred Hennecke (zwei Schleppenträger) – Frank Dubral / Olaf Raasch (zwei Diener) – Norbert Görze (Ochsendiener) – Pit Bussenius (Arzt) u. a. – KR: Funke, C.: Abenteuer und Kinderoper. Die DEFA zeigt »Geheimarchiv an der Elbe«, »Vom König Midas«. M 26.4.1963 – e.o.: Das Geschenk des Gottes Bacchus. NZT 18.5.1963.

Filmoper, in der die Pioniere einer Kleinstadt auf einer Freilichtbühne die Geschichte vom sagenhaften König Midas aufführen: Die Goldgier des griechischen Königs ist grenzenlos. Da entschließt sich Bacchus, der Gott des Weines, ihm eine Lehre zu erteilen. Bei seiner Ankunft wird Bacchus von Midas mit aller Zuvorkommenheit empfangen, denn er erhofft sich vom mächtigen Gott noch mehr Reichtum. Zum Abschied gewährt dieser ihm auch die Erfüllung eines Wunsches. Midas wünscht sich, daß alles, was er berührt, zu Gold werden soll. Diesen Wunsch bereut er bald zutiefst, denn alles, auch die Nahrung, wird zu Gold. Und er fleht Bacchus um Rücknahme an. Das geschieht, aber als Erinnerung an die Geschichte wachsen Midas lange Eselsohren, die er ein Leben lang behalten muß.

RESERVIERT FÜR DEN TOD
RE: Heinz Thiel – BU: Gerhard Bengsch – DR: Willi Brückner, Hans-Joachim Wallstein – KA: Horst E. Brandt – MU: Helmut Nier – BA: Alfred Tolle – KO: Werner Bergemann – SC: Anneliese Hinze-Sokolow – PL: Erich Kühne – GR: KAG »60« – m: 2309 = 85 min. – s/w – PM: 6.6.1963 – PM-Ort: Berlin; »Babylon« – DA: Hans-Peter Minetti (Erich Becker) – Peter Herden (Harry Korb) – Irma Münch (Hanna Melvien) – Martin Flörchinger (Dr. Jadenburg) – Hannjo Hasse (Hauptmann Donath) – Peter Sturm (Zugschaffner) u. a. – KR: Gehler, F.: -. FS 1963/13, S.9 – Knietzsch, H.: Banditen unter sich. ND 7.6.1963 – Schirrmeister, H.: Mord im Nachtexpreß. T 8.6.1963 – Tok, H.-D.: Neue Filme aus vier Ländern. LVZ 16.6.1963 – G.S.: -. BZ 13.6.1963.

Für einen harmlosen Auftrag in Stockholm mit lukrativer Entlohnung hat sich der Ingenieur Erich Becker vom Geheimdienst anwerben lassen. Nun ist er für einen wichtigeren Dienst vorgesehen: Militärspionage in Erfurt, der Stadt, in der er einst zu Hause war. Den konkreten Auftrag allerdings kennt er noch nicht, als er im Interzonenzug seiner Partnerin Hanna gegenübersitzt. Angeblich geht es darum, einen Spezialisten zum Verlassen der DDR zu bewegen. Im Zug teilt ihm Hanna mit, daß ihr dritter Mann, der in Fulda zusteigen soll, ein Verräter ist. Becker soll ihn kurz vor der Grenze aus dem Zug werfen. Becker ist entsetzt. Dann muß er auch noch feststellen, daß es sich bei dem Opfer um seinen ehemaligen Freund Harry Korb handelt. Becker gesteht ihm den Auftrag und muß dafür mit seinem Leben bezahlen, denn er hat den Zuverlässigkeitstest nicht bestanden.

FOR EYES ONLY (STRENG GEHEIM)
RE: János Veiczi – SZ: Harry Thürk – DR: Heinz Hafke – KA: Karl Plintzner – MU: Günter Hauk – BA: Alfred Drosdek – KO: Gerhard Kaddatz – SC: Christa Ehrlich – PL: Siegfried Kabitzke – GR: KAG »Solidarität« – m: 2818 = 103 min. – s/w – Tovi – mgt – PM: 19.7.1963 – PM-Ort: Berlin; »Kosmos« – DA: Alfred Müller (Hansen) – Helmut Schreiber (MID-Major Collins) – Ivan Palec (František) – Hans Lucke (MID-Colonel Rock) – Werner Lierck (Schuck) – Martin Flörchinger (Oberst im MfS) – Peter Marx (Hartmann) u. a. – KR: Andrießen, C.: Filmjournal. WBÜ 1963/32, S. 1015-16 – Hahnemann, H.: -. BZA 19.7.1963 – Hofmann, H.: Wertvoller Gegenwartsfilm der DEFA. ND 21.7.1963 – Lohmann, H.: Der Zuschauer als Partner. SO 1963/35 – Rehahn, R.: 20 Uhr-Vorstellung - ausverkauft! WP 1963/40 – Gehler, F.: -. FS 1963/17, S.6 – Sobe, G.: -. BZ 23.7.1963.

Die Würzburger »Concordia«-Handelsgesellschaft ist eine getarnte Dienststelle des MID, Geheimdienst der US-Army. Seit Jahren wird von hier aus mit allen Mitteln der Spionage, Sabotage und Diversion versucht, den sozialistischen deutschen Staat zu untergraben. Einen günstigen Zeitpunkt für einen militärischen Schlag sieht man in unmittelbarer Nähe. Die Pläne dafür befinden sich im Safe von Major Collins. Hansen arbeitet seit Jahren für ihn – und den Staatssicherheitsdienst der DDR. Daß es eine undichte Stelle gibt, weiß auch Sicherheitschef Colonel Rock, aber Hansen hat bisher jeder Überprüfung standgehalten. Sein Auftrag lautet jetzt: Beschaffung der Pläne, damit sie öffentlich gemacht werden können. Es gelingt

Hansen, sie aus dem Safe zu holen und mit ihnen in einer atemberaubenden Flucht in die DDR zu gelangen.

DER DIEB VON SAN MARENGO
RE: Günter Reisch – BU: Maurycy Janowski, Günter Prodöhl, Günter Reisch – DR: Maurycy Janowski – KA: Otto Merz – MU: André Asriel – BA: Hans-Jorg Mirr – KO: Helga Scherff – SC: Lena Neumann – PL: Helmut Klein – m: 2369 = 87 min. – s/w – PM: 24.7.1963 – DA: Horst Drinda (Cesare Giovanini) – Kurt Rackelmann (Carlo Leporello) – Wolf Kaiser (Präfekt) – Valentina Thielová (Präfektin) – Helga Piur (Viola) – Günter Rüger (Ratte) u. a. – KR: Frölich, U.: Gelächter um Cesare. WP 1963/33 – Hofmann, H.: Ein gut bürgerlicher Held. ND 27.7.1963 – -ch: Leichte Kost mit scharfer Würze. NZT 28.7.1963 – G.A.: Geistreich und gekonnt. NW 22.7.1963 – H.A.: Safeknacker mit Musik. NZ 26.7.1963.

Im Badeort San Marengo, der im Schatten der berühmten Bäder an der Côte d'Azur steht, macht der Meisterdieb Cesare Giovanini seinem Ruf alle Ehre. Sehr zur Freude der bestohlenen Geschäftsleute, die mit ihren hohen Versicherungspolicen am Ende noch Gewinn herausschlagen. Als Giovanini geschnappt wird, sorgen sie für beste Unterbringung im Gefängnis mit allem Komfort, einschließlich Damenbesuchen. Dafür muß er nachts unter Polizeiaufsicht seinem Gewerbe weiter nachgehen. Eines Tages wird es ihm zu bunt, und er flieht. Es dauert aber nicht lange, da haben ihn die Verfolger eingeholt: mit dem Angebot für einen lukrativen Aufsichtsratsposten.

GEHEIMNIS DER 17
(KINDERFILM)
RE: Rolf Losansky – BU: Günter Mehnert, Gerd Gericke, Rolf Losansky – DR: Joachim Plötner – KA: Karl Neugebauer – MU: Gerhard Rosenfeld – BA: Gerhard Helwig – KO: Joachim Dittrich – SC: Lotti Mehnert – PL: Anni von Zieten – GR: KAG »konkret« – m: 2037 = 75 min. – s/w – PM: 28.7.1963 – PM-Ort: Berlin; »Babylon« – DA: Bruno Carstens (Lehrer Guthmann) – Günter Naumann (Brigadier Rothe) – Günter Ott (Bürgermeister Ehrlich) – Die Kinder: Detlef Brätz (Olaf) – Rolf Krenck (Lothar) – Horst Horbank (Bob) u. a. – KR: Domeyer, J.: Das »Geheimnis der 17« Hussiten. TNN 17.8.1963 – Klug, H.: Kinderfilm: »Geheimnis der Siebzehn«. MVS 26.8.1963 – H.Thi.: -. BZA 5.8.1963.

Lothar, Olaf, Bob und die anderen Pioniere haben die Aufgabe, die oberhalb der Stadt liegende Burg zu pflegen. Sie treiben aber vorwiegend Unsinn, weshalb die Stadtväter ihnen den Auftrag wieder entziehen und sie sogar von der bevorstehenden 800-Jahr-Feier ausschließen. Die Jungen halten Rat, wie die Burg zurückzuerobern ist. Eine Legende sagt, daß die aus Böhmen stammenden Hussiten die Burg einst erstürmt haben, und sie, die sich als deren Nachfahren betrachten, wollen gleiches tun. Olaf ist für den gewaltsamen Weg, doch Lothar und Bob möchten nicht. Sie überzeugen die anderen, daß gute Arbeit der bessere Weg ist, bessern den Burgwall aus und graben überall, um einen bisher fehlenden Beweis für den Wahrheitsgehalt der Sage, die Anwesenheit der Hussiten, zu finden. Es gelingt ihnen tatsächlich. Sie werden wieder in ihre alten Rechte eingesetzt und dürfen natürlich auch an der Feier teilnehmen.

PIRATEN AUF DER PFERDEINSEL
(KINDERFILM)
RE: Michael Englberger – BU: Werner Wendt, Michael Englberger – DR: Eleonore Schmidt-Schwarze – KA: Peter Brand – MU: Joachim Thurm – BA: Erich Kulicke – KO: Marianne Schmidt – SC: Charlotte Peschlow – PL: Hans-Joachim Funk – GR: KAG »Heinrich Greif« – m: 1616 = 59 min. – s/w – AD: 30.8.1963 – DA: Robert Bollmann (Großvater) – Adolf Rakow (Bauer) – Die Kinder: Klaus Adamski (Atze) – Günter Barkow (Benno) – Edeltraut Mienert (Gudrun) – Eberhard Schaletzki (Horst) – Horst Weber (Ole) – Renate Hinz (Elvira) u. a. – KR: keine

Horst will die Ferien bei seinem Freund Benno auf dem Dorf verleben. Er freut sich auf das Piratenspiel mit den Kindern, deren Kapitän Benno ist. Sein Ferienabenteuer beginnt aber eher als gedacht. Horst steigt zu früh aus dem Bus aus, lernt auf dem Weg zum Dorf Gudrun kennen, die ihn in ihrem Boot mitnimmt. Er erfährt, daß sie sich mit den Piraten überworfen hat, weil diese sie bei der Beobachtung eines seltenen Vogels überfallen und verletzt haben. Horst und Gudrun verstehen sich gut, und als Benno das merkt, will er dem Mädchen erneut einen üblen Streich spielen. Die anderen aber weigern sich mitzumachen. Nach einigen Querelen kommt es zur Versöhnung, und sie gehen gemeinsam auf die Suche nach dem seltenen Kormoran.

SONNTAGSFAHRER
RE: Gerhard Klein – BU: Karl Georg Egel, Wolfgang Kohlhaase – DR: Klaus Wischnewski – KA: Helmut Bergmann – MU: Wilhelm Neef – BA: Paul Lehmann – KO: Ingeborg Wilfert – PL: Bernhard Gelbe – GR: KAG »Berlin« – m: 2377 = 87 min. – s/w – PM: 30.8.1963 – PM-Ort: Berlin; »Babylon« – DA: Harald Halgardt (Spiessack) – Herwart Grosse (Dr. Denker) – Irene Korb (Miriam) – Erich Gerberding (Teichert) – Ellinor Vogel (Friedchen) – Gerd Ehlers (Rosentreter) u. a. – KR: Hofmann, H.: -. ND 15.9.1963 – Jelenski, M.: -. BZ 3.9.1963 – Lücke, H.: Spiessacks verpatztes Wochenend. BZA 4.9.1963 – Rehahn, R.: -. WP 1963/38 – -ch: Autoreise mit unerwartetem Ausgang. NZT 5.9.1963 – Gehler, F.: -. FS 1963/21, S.6.

Am 12. August 1961 machen sich in Leipzig acht Menschen in drei Autos auf den Weg nach Berlin. Sie wollen in den Westen. Initiator ist der Spießer Spiessack, er treibt die anderen, die sich mit gemischten Gefühlen auf das Abenteuer eingelassen haben, an. Es wird eine Fahrt mit zahlreichen Zwischenfällen und Panikstimmung, die die unterschiedlichen Charaktere aneinanderprallen läßt. Am nächsten Tag endlich in Berlin angekommen, ist ihnen der Grenzübertritt verwehrt. Es bleibt nur der Rückweg. Zu Hause wird Spiessack von einem Polizisten in seinem Wohnzimmer erwartet – unter der von ihm an die Wand geschmierten Parole: »Wir kommen wieder«.

Filmtext: Sonntagsfahrer. Von Karl Georg Egel und Wolfgang Kohlhaase. Auszug. In: Film-Wissenschaftliche Mitteilungen 1963/2.

JULIA LEBT
RE: Frank Vogel – BU: Konrad Schwalbe, Manfred Freitag, Joachim Nestler – DR: Willi Brückner – KA: Werner Bergmann, Peter Brand – MU: Hans-Dieter Hosalla – BA: Harald Horn – KO: Dorit Gründel – SC: Helga Krause – PL: Dieter Dormeier – GR: KAG »Heinrich Greif« – m: 2262 = 83 min. – s/w – PM: 1.10.1963 – PM-Ort: Potsdam-Babelsberg; »Thalia« – DA: Jutta Hoffmann (Penny Berger) – Angelica Domröse (Li) – Peter Sindermann (Gunter Rist) – Heinz-Dieter Knaup (Bob Hasslinger) – Günter Junghans (Struppel) – Erik S. Klein (Oberleutnant) u. a. – KR: Albrecht, H.: Liebe aus unserer Welt. NZ 20.10.1963 – Gehler, F.: Mutmaßungen um Julia. SO 1963/42 – Knietzsch, H.: Julia lebt - und Romeo? ND 19.10.1963 – Rehahn, R.: -. WP 1963/43 – Schröder, M.: Ein Romeo ohne Rückgrat. JW 24.10.1963 – Sobe, G.: -. BZ 23.10.1963 – Funke, C.: -. FS 1963/23, S.8.

Auf einem Schwimmfest lernt der Soldat Gunter Rist die Professorentochter Penny kennen. Aus dem einfachen Jungen und dem verwöhnten Mädchen wird ein Liebespaar. Gunter jedoch paßt nicht in ihre Kreise, wird von Pennys versnobten, intellektuellen Freunden brüskiert. Penny ödet diese Art und ihr bisheriger Lebensstil an, dennoch ist sie ihm verhaftet und traut ihrer Liebe zu Gunter nicht. Schließlich fährt sie mit ihrem alten Verehrer Bob in Urlaub. Gunter, der nach einem Unfall im Krankenhaus liegt, begegnet dort der Krankenschwester Li. Sie verstehen sich gut. Doch als Penny nach Gunter ruft, weil sie ihn braucht, geht er zu ihr zurück. Li ist schwanger, aber versucht nicht, ihn zu halten. Da wird der Grenzsoldat Gunter von feindlichen Schüssen schwer verletzt...

DANIEL UND DER WELTMEISTER
(KINDERFILM)
RE: Ingrid Meyer (später Ingrid Reschke) – BU: Manfred Freitag, Joachim Nestler – LV: Gleichnamiges Kinderbuch von Wera und Claus Küchenmeister – DR: Anne Pfeuffer – KA: Rudi Müller – MU: Hans-Joachim Geisthardt – BA: Alfred Drosdek, Georg Wratsch – KO: Marlene Froese – SC: Christa Stritt – PL: Erich Albrecht – GR: KAG »Berlin« – m: 1413 = 52 min. – s/w – fa – PM: 4.10.1963 – PM-Ort: Berlin; »Babylon« – DA: Rolf Schmidt (Daniel) – Gustav-Adolf Schur (Täve) – Alexander Papendieck (Kleinstadtpoet) – Fred Mahr (Kranführer) – Hans-Joachim Hegewald (Verkehrspolizist) – Karla Runkehl (Mutter) – Fred Delmare (Schweizer) u. a. – KR: Lappe, H.; Ristock, I.: -.

FR 10.10.1963 – Sobe, G.: -. BZ 13.10.1963 – Lü.: Auf der Suche nach Täve. BZA 28.10. 1963.

Der kleine Daniel ist ein emsiger Dreiradfahrer, der einmal, wenn er groß ist, ein Rennfahrer wie Täve Schur werden möchte. Zum Ärger seiner Mutter aber will er keine Milch trinken. Er glaubt, Weltmeister tun das nicht. Um es herauszufinden, macht er sich auf den Weg zu Täve. Nach zahlreichen Abenteuern und Begegnungen mit verschiedenen Menschen findet er ihn endlich bei einem Rennen. Und er muß sehen: Nach dem Sieg greift der Weltmeister zu einer Flasche Milch.

FRAU HOLLE
(KINDERFILM)

RE: Gottfried Kolditz – BU: Günter Kaltofen, Gottfried Kolditz – LV: Gleichnamiges Märchen der Brüder Grimm – DR: Margot Beichler, Gudrun Rammler – KA: Erich Gusko – MU: Joachim Dietrich Link – BA: Werner Pieske, Erich Krüllke – KO: Gerhard Kaddatz – SC: Hildegard Tegener – PL: Erich Kühne – GR: KAG »60« – m: 1612 = 59 min. – fa – PM: 13.10.1963 – PM-Ort: Berlin; »Jugend« Weißensee – DA: Mathilde Danegger (Frau Holle) – Karin Ugowski (Goldmarie) – Katharina Lind (Pechmarie) – Elfriede Florin (Witwe) u. a. – KR: Rosemann, H.: »Pechmarie« im Film. TNN 19.10.1963 – Lü.: Zu Besuch bei Frau Holle. BZA 28.10.1963.

Eine Witwe hat eine häßliche, faule Tochter und eine fleißige, schöne Stieftochter. Während erstere sich in ihrer Faulheit sonnt, muß die Stieftochter alle Arbeit verrichten. Als ihr eine Spule in den Brunnen fällt, muß sie hineinspringen, um sie wieder herauszuholen. Marie landet auf einer schönen Wiese. Auf der wandert sie fort und kommt zu Frau Holle, wo sie jeden Morgen die Betten kräftig schüttelt, damit es auf der Erde schneit. Als sie wieder nach Hause möchte, wird sie für ihre fleißige Arbeit reich mit Gold gesegnet. Die neidische Stiefschwester will es ihr gleichtun und springt ebenfalls in den Brunnen. Da sie aber unfreundlich und faul ist, wird sie zur Strafe mit Pech überschüttet.

JETZT UND IN DER STUNDE MEINES TODES

RE: Konrad Petzold – BU: Egon Günther – DR: Dieter Scharfenberg – KA: Siegfried Hönicke – MU: Günter Hauk – BA: Hans Poppe, Jochen Keller – KO: Joachim Dittrich – SC: Lotti Mehnert – PL: Fried Eichel – GR: KAG »konkret« – m: 2660 = 98 min. – s/w – Tovi – PM: 31.10.1963 – PM-Ort: Berlin; »Colosseum« – DA: Inge Keller (Ella Conradi) – Ulrich Thein (Ralf Jordan) – Hannes Fischer (Frank Müller) – Bruno Carstens (Kommissar Hendrik) – Gerhard Rachold (Hendriks Assistent) – Hanns Anselm Perten (Dr. Welk) u. a. – KR: Albrecht, H.: Krimi, zufällig mit Eichmann. NZ 3.11.1963 – Gehler, F.: Krimi von der Stange. FS 1963/25, S.9 – Hofmann, H.: -. ND 5.11.1963 – Rehahn, R.: Krimi oder mehr? WP 1963/45 – H.U.: Nach billigen Effekten gehascht. NZT 8.11.1963.

Die Journalistin Ella Conradi, gerade entnervt von den im Eichmann-Prozeß zur Sprache gekommenen Ungeheuerlichkeiten aus Jerusalem geflohen, bekommt von ihrer Zeitung in Westdeutschland den Auftrag, über einen »normalen« Mordprozeß zu berichten. Der Angeklagte, Ralf Jordan, gibt sich unschuldig. Sie versucht, ihm zu helfen. Bei den Recherchen stößt sie auf politische Hintergründe, die ihre Wurzeln in der Nazizeit haben. Die alten faschistischen Kräfte, inzwischen wieder zu Amt und Macht gekommen, wollen sich durch ihre Enthüllungen nicht gefährden lassen. Doch Ella Conradi ist nicht einzuschüchtern. Sie bezahlt ihren Mut mit dem Leben. Aber auch Jordan, der sie auf dem Gewissen hat, stirbt – als unbequemer Mitwisser.

VERLIEBT UND VORBESTRAFT

RE: Erwin Stranka – SZ: Martha Ludwig, Heinz Kahlau – DR: Margot Beichler – KA: Erich Gusko – MU: Georg Katzer – BA: Ernst-Rudolf Pech – KO: Rosemarie Stranka – SC: Lena Neumann, Bärbel Weigel – PL: Heinz Kuschke – GR: KAG »60« – m: 2546 = 93 min. – s/w – PM: 8.11.1963 – PM-Ort: Berlin; »Babylon« – DA: Doris Abeßer (Hannelore) – Horst Jonischkan (Hanne) – Herbert Köfer (Jacko) – Erhard Köster (Paul) – Siegfried Kilian (Richard) – Günter Junghans (Ali) u. a. – KR: Schröder, M.: Held und Autor »vorbestraft«. JW 16.11.1963 – -ch: Hannelore setzt sich durch. NZT 28.11. 1963 – her: -. BZA 11.11.1963 – ku: Das jüngste heitere Kind. U 12.11.1963 – Hofmann, H.: Kummer mit den Fröhlichs. MVS 13.11.1963.

Hannelore wird von der Bauakademie als Praktikantin in die Brigade Fröhlich geschickt, die am Strausberger Platz in Berlin Häuser errichtet. Die rauhbeinige Gesellschaft mit dem hohen Bierkonsum ist nicht gerade entzückt davon – außer Hanne, dem das Mädchen gefällt. Als er sich am 1. Mai in alkoholisiertem Zustand prügelt und anschließend wegen Verdachts auf »Raubüberfall« verhaftet wird, ist es Hannelore, die die Kollegen aufrüttelt, etwas zu unternehmen. Der Gedanke der Solidarität ist ihnen neu, aber sie lernen schnell, ihn in die Tat umzusetzen. Und so wird aus der Truppe am Ende doch noch ein gutes Kollektiv und aus Hanne und Hannelore ein Ehepaar.

KOFFER MIT DYNAMIT
(CO-PRODUKTION DDR / ČSSR)

RE: Miloš Makovec – BU: Miloš Makovec, deutsche Version: Jan Koplowitz – LV: Episode aus dem Roman »Herzstation« von Jan Koplowitz – DR: Werner Beck – KA: Rudolf Stahl – MU: Milivoj Uzelac – BA: Vladimir Labský – KO: Werner Bergemann, Alena Novotna – SC: Zdeněk Stehlík – PL: Hans-Joachim Funk, Jiří Becka – GR: KAG »Heinrich Greif«, Gruppe Felix-Broz – m: 2158 = 79 min. – s/w – PM(DDR): 15.11.1963 – PM-Ort: Berlin; »Colosseum« – CO: Barrandov-Filmstudio, Prag/ČSSR – Tschech. Titel: Praha nultá hodina – DA: Josef Bek (Kilian) – Ivan Palec (Honza Král) – Jutta Hoffmann (Toni Halbe) – Ernst Kahler (Hermann Schneider) – Hans Finohr (Siegfried Adler) – Lubor Tokos (Dr. Zeman)

u. a. – KR: Schröder, M.: -. JW 30.11.1963 – G.A.: Letzte Geschlossenheit fehlt. NW 4.11. 1963 – G.B.: -. BZ 3.12.1963 – H.S.: 1939 in Prag. T 16.11.1963 – H.U.: Ohne Sprengstoff. NZT 5.12.1963.

Als 1939 Hitler-Deutschland die Tschechoslowakei besetzt, sind deutsche Emigranten in Gefahr. Zu ihnen gehört Toni Halbe, den der Tschechen Honza liebt. Honza möchte mit Toni glücklich sein, Politik interessiert ihn nicht. Die Ereignisse aber fordern auch ihn zum Handeln heraus. Im Ministerium rettet ein Heizer einen Koffer mit Pässen, die für deutsche Emigranten bestimmt waren und nun aufgrund der veränderten Verhältnisse verbrannt werden sollen. Der Antifaschist Schneider bekommt den Koffer, wird aber verhaftet. Inzwischen hat Honza den Koffer an sich gebracht und flüchtet. Er rettet die Pässe und damit das Leben vieler Antifaschisten.

KARBID UND SAUERAMPFER

RE: Frank Beyer – SZ: Hans Oliva – DR: Christel Gräf – KA: Günter Marczinkowsky – MU: Joachim Werzlau – BA: Alfred Hirschmeier – KO: Helga Scherff – SC: Hildegard Conrad – PL: Martin Sonnabend – GR: KAG »Roter Kreis« – m: 2316 = 85 min. – s/w – PM: 27.12.1963 – PM-Ort: Berlin; »Kosmos« – DA: Erwin Geschonneck (Kalle) – Marita Böhme (Karla) – Margot Busse (Karin) – Kurt Rackelmann (Riese) – Rudolf Asmus (Sänger) – Hans-Dieter Schlegel (Amerikanischer Offizier) u. a. – KR: Andrießen, C.: Filmjournal. WBÜ 1964/ 9, S.279 – Knietzsch, H.: Karl Blücher, Karbid und Sauerampfer. ND 30.12.1963 – Lücke, H.: Kalle und die 7 Fässer. BZA 7.1.1964 – Rehahn, R.: Ein Mann namens Kalle. WP 1964/4 – Schröder, M.: -. JW 3.1.1964 – Hofmann, H.: Heiter, lebensnah, optimistisch. FS 1964/3, S.6 – Blischke, A.: Wenn die DEFA lacht. SpVB 16.12.1964 – Baer, V.: Die heitere Seite der DEFA. TSP 15.12.1964 – Kersten, H.: Blick zurück im Spaß. TSP 16.12.1973 – Lehr: Flußfahrt mit Hindernissen. TAZ 10.8.1985.

Zu Kriegsende liegt auch die Dresdener Zigarettenfabrik in Schutt und Asche. Obwohl Nichtraucher, blutet Kalle das Herz – schließlich war es seine Arbeitsstätte. Um sie wieder aufzubauen, braucht man vor allem Karbid zum Schweißen. Kalle hat eine Quelle in Wittenberg. Er macht sich auf den Weg dorthin und muß nun – mit sieben Fässern – zurück: per Anhalter. Das Abenteuer läßt sich gut an. Die sympathische Karla nimmt ihn ein Stück in ihrem Fuhrwerk mit. Am liebsten würde er bei ihr bleiben, aber die Pflicht treibt ihn weiter. Daß er zurückkommen wird, ist versprochen. Sein einziges Zahlungsmittel, Zigaretten, nimmt ihm ein LKW-Fahrer für eine kleine Wegstrecke ab. Bis er Dresden erreicht, muß er sich noch vom Verdacht der Plünderei reinwaschen, einen Schiffbruch überstehen, sich eines geschäftstüchtigen US-Offiziers und einer mannstollen Witwe entledigen. Zwei Fässer bringt er glücklich durch – genug für den Neuanfang.

1964

LÜTT MATTEN UND DIE WEISSE MUSCHEL
(KINDERFILM)

RE: Herrmann Zschoche – BU: Benno Pludra, Herrmann Zschoche – LV: Gleichnamiges Kinderbuch von Benno Pludra – DR: Gudrun Rammler – KA: Horst Hardt – MU: Georg Katzer – SC: Brigitte Krex – PL: Heinz Kuschke – GR: KAG »60« – m: 2169 = 80 min. – s/w – PM: 26.1.1964 – PM-Ort: Berlin; »Kosmos« – DA: Lutz Bosselmann – SP: Michael Herbst (Lütt Matten) – Heike Lange (Mariken) – Joachim Krause – SP: Günter Kollwitz (Kaule) – Erik S. Klein (Vater) – Johanna Clas (Mutter) – Otto Saltzmann (Großvater) u. a. – KR: Schirrmeister, H.: Test mit Lütt Matten. T 25.1.1964 – her: Kinder- oder Erwachsenenfilm? BZA 31.1.1964.

Der Fischerssohn Lütt Matten hat sich eine eigene Reuse gebaut, fängt aber keinen Fisch. Enttäuscht und von den Erwachsenen verspottet, fährt er nachts auf den Bodden hinaus, um die Weiße Muschel zu suchen. Von ihr sagt man, daß sie die Fische herbeizaubert. Aber ein Sturm kommt auf und der Junge verfängt sich in den großen Reusen. Die Fischer retten ihn. Unter ihnen ist auch der Vater, der jetzt langsam begreift, daß er sich zu wenig um seinen Sohn gekümmert hat. Er baut zusammen mit Lütt Matten und dessen kleiner Freundin Mariken eine neue Reuse. Und nun gehen endlich die Aale ins Netz.

SCHWARZER SAMT

RE: Heinz Thiel – BU: Gerhard Bengsch – LV: Kriminalroman »Der scharlachrote Domino« von Fred Unger – DR: Joachim Plötner – KA: Horst E. Brandt – MU: Helmut Nier – BA: Alfred Tolle – KO: Werner Bergemann – SC: Anneliese Hinze-Sokolow – PL: Dieter Dormeier – GR: KAG »Heinrich Greif« – m: 2185 = 80 min. – s/w – Tovi – PM: 27.2.1964 – PM-Ort: Berlin; »Babylon « – DA: Fred Delmare (Alexander Berg) – Günther Simon (Manfred Sibelka) – Christa Gottschalk (Helma Sibelka) – Christine Laszar (Vera Gorm) – Herbert Köfer (Dr. Kosel) – Erich Gerberding (Hauptmann Jensen) u. a. – KR: Salow, F.: -. ND 10.3.1964 – Engelmann, T.: -. FWM 1964/3, S.871-77 – G.S.: -. BZ 4.3.1964 – H. U.: Parole »Schwarzer Samt«. NZT 6.3.1964 – Hofmann, H.: Sympathie für den Helden. FS 1964/6, S.6.

Die Festnahme eines Mannes, der gefälschte Papiere und Auto-Nummernschilder bei sich hat, bringt den Staatssicherheitsdienst auf die Spur einer gegen die DDR gerichteten Aktion, über deren Art allerdings noch Unklarheit herrscht. Der Sicherheitsbeamte Alexander Berg verfolgt die Spur, indem er in die Rolle des Kuriers, eines Fotografen, schlüpft. Am Berliner Treffpunkt steigt eine Dame ins Auto. Der Weg führt nach Leipzig, wo die Eröffnung der Messe kurz bevorsteht. Berg weiß zu wenig, um handeln zu können, er muß die Dinge an sich herankommen lassen. Er wird mit einer Gruppe undurchsichtiger Personen und einem Unternehmen »Schwarzer Samt« konfrontiert. Auf der Messe soll der vermeintliche Fotograf einen Schnappschuß machen, aber welchen? Mit Klugheit und Mut kann er das Rätsel schließlich lösen und einen Sabotageakt bei der Messe-Eröffnung verhindern, der das Ansehen der DDR schädigen sollte.

DIE HOCHZEIT VON LÄNNEKEN

RE: Heiner Carow – BU: Herbert Nachbar, Heiner Carow – LV: Gleichnamiger Roman von Herbert Nachbar – DR: Anne Pfeuffer – KA: Peter Krause – MU: Günter Kochan – BA: Willy Schiller – KO: Marlene Froese – SC: Bärbel Winzer – PL: Erich Albrecht – GR: KAG »Berlin« – m: 2282 = 84 min. – s/w – PM: 28.2.1964 – PM-Ort: Berlin; »International« – DA: Otmar Richter (Henning Grabe) – Brigitte Beier (Bärbel Pröpping) – Hanns Anselm Perten (Heinrich Pröpping, genannt König) – Agnes Kraus (Friederike Pröpping) – Harry Hindemith (Johannes Grabe, genannt Admiral) – Dorothea Thiesing (Marta Fögenteich) u. a. – KR: Gehler, F.: Romeo und Julia auf Länneken. SO 1964/15 – Hofmann, H.: Die DEFA und die Gegenwart. MVS 15.4.1964 – Knietzsch, H.: Dat du mien Liewsten bist. ND 3.3.1964 – Rehahn, R.: -. WP 1964/11 – fö: Nur Abglanz des Romans. NZ 4.3.1964 – Funke, C.: Fischerliebe und Fischerstreit. FS 1964/6, S.7 – Richter, E.: -. FWM 1964, S.502-09.

Auf der Boddeninsel Länneken halten sich die alten Sitten und Machtverhältnisse zäh. Auch die Gründung der Fischereigenossenschaft hat den Einfluß der reichsten Fischer, Heinrich Pröpping und Johannes Grabe, nicht brechen können. In ihren Kindern, Henning Grabe und Bärbel Pröpping, sind ihnen jedoch nicht nur Widersacher im Hinblick auf den alten Familien-Konkurrenzkampf erwachsen, sondern auch Verfechter der neuen Zeit. Henning wird von seinem Vater des Hauses verwiesen, weil er Bärbel heiraten will, von deren Vater aber freudig aufgenommen. Der hofft, durch diese Vereinigung im Kampf um die seit langem umstrittenen besten Fangplätze den Sieg davonzutragen. Doch Henning und Bärbel setzen sich für eine Genossenschaft höheren Typs ein, die die Konkurrenz der einzelnen Brigaden beseitigt und eine gerechte Verteilung der Fangplätze an alle Fischer herbeiführen soll. Der alte Pröpping enterbt daraufhin seine Tochter. Die Hochzeit der jungen Leute und den Fortschritt können die beiden Alten jedoch nicht aufhalten.

DIE SUCHE NACH DEM WUNDERBUNTEN VÖGELCHEN
(KINDERFILM)

RE: Rolf Losansky – BU: Günter Mehnert, Rolf Losansky – LV: Gleichnamiges Kinderbuch von Franz Fühmann – DR: Anne Pfeuffer – KA: Lothar Gerber – MU: Gerhard Rosenfeld – BA: Christoph Schneider – KO: Lydia Fiege – SC: Lotti Mehnert – PL: Anni von Zieten – GR: KAG »konkret« – m: 1756 = 64 min. – fa – PM: 8.3.1964 – PM-Ort: Berlin; »Kosmos« – DA: Willi Schrade (Hauptwachtmeister Wiesel) – Ernst-Georg Schwill (Hauptwachtmeister Löffelholz) – Eberhard Kube (Zauberer Sassafraß) - Evamaria Bath (seine Frau) – Bruno Carstens (Zuckerwattemann) – Fred Delmare (Vogelstimmenmann) und die Kinder: Ulrich Mende (Lutz) – Monika Wagner (Bärbel) – Marion Minnich (Sonja) u. a. – KR: Gregor, G.: Ein Vögelchen und heiße Kinderherzen. MVS 12.5.1964 – Hamisch, S.: Modernes Märchen. MVS 8.4. 1964 – M.S.: Krimi für die Jüngsten. BZ 12.3.1964.

Das Kinderheim »Sonnenschein« im kleinen Städtchen Käsebrot besitzt mit dem wunderbunten Vögelchen einen einmaligen Schatz. Dessen Gesang läßt die Blumen erblühen, den Springbrunnen sprudeln und weckt morgens die Kinder. Eines Tages wird es gestohlen. Polizei und Kinder suchen es. Die Spur führt auf den Rummelplatz in Butterberg. In dem bunten Treiben stoßen die Kinder auf mehrere Verdächtige: den Vogelstimmenmann, den Zuckerwattemann und den Zauberer. Lutz macht sich selbständig und gerät in die Hände des bösen Zauberers. Die Polizei kommt rechtzeitig, um ihn zu befreien und das Vögelchen zu retten.

PRELUDIO 11
(CO-PRODUKTION DDR / KUBA)

RE: Kurt Maetzig – BU: Wolfgang Schreyer – LV: Gleichnamiger Roman von Wolfgang Schreyer – DR: Gerhard Hartwig – KA: Günter Haubold – MU: Marta Valdés – BA: Alfred Hirschmeier – KO: Günther Schmidt, Carmelia Garcia – SC: Bärbel Weigel – PL: Hans Mahlich, Margarita Alexandre – GR: KAG »Roter Kreis« – m: 2471 = 91 min. – s/w – Tovi - 4-Kmgt, mgt – PM (DDR): 19.3.1964 – PM-Ort: Berlin; »Colosseum« / »Babylon« – CO: Instituto Cubano del Arte e Industrie Cinematograficos (ICAIC), Havanna/Kuba – Kuban. Titel: Preludio 11 – DA: Roberto Blanco (Miguel) – Aurora Depestre (Daniela) – Günther Simon (Palomino) – Armin Mueller-Stahl (Quintana) – Gerry Wolff (Figueras) – Carlos Moctezuma (Ravelo) – Günter Ott (McLash) u. a. – KR: Knietzsch, H.: Keine Rückfahrkarte für Banditen. ND 23.3.1964 – Rehahn, R.: Film-Abenteuer Kuba. WP 1964/14 – Thieme, B.: -. FWM 1964/2, S.517-26 – G.A.: Diesmal nur ein Vorspiel. NW 31.3.1964 – G.S.: Die Gemeinschaft ist stärker. NZT 22.3.1964.

Mit dem amerikanischen Offizier McLash landen die vier Exilkubaner und ein Guatemalteke zur Vorbereitung einer unter dem Codewort »Preludio« geplanten Invasion an der Küste Kubas. Eine wichtige Brücke soll gesprengt werden. Kommandant Palomino ist der Verbündete der Invasoren. In seinem Stab arbeitet Daniela, deren ehemaliger Freund Miguel unter den Söldnern ist. Ihnen hat man in Florida eingeredet, daß die kubanische Bevölkerung sie als Befreier empfangen werde. Doch sie stoßen auf Widerstand. Verräter Palomino, dem sich Daniela offenbart, benutzt die Ahnungslose, um den Konterrevolutionären zu helfen. Die Sicherheitskräfte in Havanna aber sind schneller. Leutnant Quintana vereitelt das Unternehmen und rettet Daniela, die sich endgültig von Miguel abwendet. Palomino begeht Selbstmord.

VIEL LÄRM UM NICHTS

RE: Martin Hellberg – BU: Martin Hellberg – LV: Gleichnamige Komödie von William Shakespeare – DR: Dieter Wolf – KA: Erwin Anders – MU: Wilhelm Neef – BA: Hans-Jorg Mirr – KO: Gerhard Kaddatz, Luise Schmidt – SC: Ursula Rudzki – PL: Adolf Fischer – m: 2775 = 102 min. – fa – PM: 23.4.1964 – PM-Ort: Berlin; »International« – DA: Christel Bodenstein (Beatrice) – Rolf Ludwig (Benedikt) – Wilfried Ortmann (Don Pedro) – Martin Flörchinger (Leonato) – Gerhard Rachold (Don Juan) – Arno Wyzniewski (Claudio) – Ursula Körbs (Hero) u. a. – KR: Jelenski, M.: Schlag nach bei Shakespeare... FS 1964/10, S.7 – Lücke, H.: -. BZA 4.5.1964 – Schirrmeister, H.: Turbulent und bunt. T 25.4.1964 – H.A.: Buntscheckig verfilmt. NZ 5.5.1964 – H.U.: Wo ist Shakespeare geblieben? NZT 28.4.1964.

Der florentinische Graf Claudio aus dem Gefolge des Don Pedro möchte Hero, die Tochter des Gouverneurs von Messina, heiraten. Sie erwidert seine Liebe, und der Vater gibt die Zustimmung. Doch Don Juan, Don Pedros Bruder, ist voller Mißgunst und inszeniert eine Intrige. Hero wird der Untreue bezichtigt, und Claudio verstößt sie daraufhin. Als die schändliche Lüge offenbar wird, bereut Claudio zutiefst, und die Hochzeit kann nun doch stattfinden. Inzwischen haben sich auch Heros schnippische Freundin Beatrice, die von Männern eigentlich nichts wissen will, und der edle, aber spottlustige Benedikt ihrer Liebe gestanden. So steht einer Doppelhochzeit nichts mehr im Weg.

GELIEBTE WEISSE MAUS

RE: Gottfried Kolditz – BU: Maurycy Janowski, Gottfried Kolditz – DR: Christel Gräf – KA: Günter Haubold – MU: Conny Odd – BA: Erich Krüllke, Werner Pieske – KO: Babette Koplowitz – SC: Ursula Zweig – PL: Erich Kühne – GR: KAG »60« – m: 2174 = 80 min. – fa – PM: 15.5.1964 – PM-Ort: Berlin; »Colosseum« – DA: Rolf Herricht (Fritz Bachmann) – Karin Schröder (Helene Bräuer) – Marianne Wünscher (Frau Messmer) – Gerd Ehlers (Herr Simmel) – Jochen Thomas (Hauptmann Gabler) – Mathilde Danegger (Mutter Hirsch) u. a. – KR: Holland-Moritz, R.: Filmjournal. WBÜ 1964/23, S.723-24 – Knietzsch, H.: Freundlich, aber sparsam im Humor. ND 9.6.1964 – Rehahn, R.: -. WP 1964/21 – Richter, E.: Angst vor dem Genre. FWM 1964/3, S.853-66 – -ch: Liebe an der Straßenkreuzung. NZT 21.5.1964 – Jelenski, M.: Auf meiner Kreuzung. FS 1964/12, S.7 – Sobe, G.: -. BZ 20.5.1964.

Jeden Morgen fährt Helene mit ihrem Motorroller an der weißen Maus vorbei, die Fritz heißt und den Verkehr auf der Kreuzung regelt. Er gibt seine Zuneigung zwar durch bevorzugte Grün-Schaltungen zu erkennen, damit die Beziehung der beiden aber in Fahrt kommen kann, muß Helene erst eine Verkehrswidrigkeit begehen – absichtlich. Eine Einladung zur Verkehrserziehung bei Fritz ist die erwünschte Folge. Die Mißgunst der Frau Messmer, deren Verkehrssünde dagegen mit einer Strafgebühr geahndet wird, und die sich darob benachteiligt

fühlt, bringt die weiße Maus in Schwierigkeiten. Frau Messmer nämlich zeigt Fritz bei Hauptmann Gabler an. Am Ende aber siegt die freundliche Nachsicht, und die Polizeikapelle begleitet die Hochzeit von Helene und Fritz.

MIR NACH, CANAILLEN!

RE: Ralf Kirsten – SZ: Joachim Kupsch, Ulrich Plenzdorf – LV: Roman »Eine Sommerabenddreistigkeit« von Joachim Kupsch – DR: Werner Beck – KA: Hans Heinrich – MU: André Asriel – BA: Hans Poppe, Jochen Keller – KO: Ingeborg Wilfert – SC: Christel Röhl – PL: Werner Liebscher – GR: KAG »60« – m: 2957 = 108 min. – fa – Tovi – 4-Kmgt, lto – PM: 25.7.1964 – PM-Ort: Berlin; Freilichtbühne Regattastrecke Grünau – DA: Manfred Krug (Alexander) – Monika Woytowicz (Ulrike) – Erik S. Klein (August der Starke) – Fred Düren (Leutnant Lübbenau) – Carola Braunbock (Baronin Lübbenau) – Norbert Christian (Gerichtsherr) – Marion van de Kamp (Gräfin Denhoff) u. a. – KR: Almstedt, B.: »Knüller« der Sommerfilmtage. ND 30.7.1964 – Holland-Moritz, R.: Film-journal. WBÜ 1964 /34, S.1074-75 – Schröder, M.: Endlich: »Mir nach, Canaillen«. JW 19.7. 1964 – del-: Doppelbödige Degenstory. NW 27.7.1964 – H.U.: Heldentaten mit Augenzwinkern. NZT 26.7.1964 – Jelenski, M.: Zu Wasser, zu Lande und im Bett... FS 1964/17, S.19 – Sobe, G.: »Krug, der Husar«. BZ 26.7.1964.

Preußen 1730. Der Leutnant von Lübbenau macht sich auf ins Hannöversche, um Rekruten für seinen König zu pressen. Der Hirt Alexander scheint ihm geeignet, doch der setzt den Leutnant fest. – Dank einer Weiberlist kann er sich vor dem Galgen retten: Er übernimmt die Vaterschaft für Alexander. Dieser reist sofort nach Preußen, um sein »Erbe« in Augenschein zu nehmen, verliebt sich in seine »Schwester« Ulrike, muß aber dem herbeieilenden Leutnant entfliehen. So kommt er ins Sächsische, an den Hof Augusts des Starken, wo er die Gunst des Königs durch Aufdeckung eines Betruges des Finanzministers erringt. Ulrike wurde indes von ihrem Vater wegen ihrer schändlichen Affäre mit Alexander aus Lübbenau verbannt – an Augusts Hof. Die beiden finden wieder zusammen, doch der König erhebt Anspruch auf Ulrike – und seine Freundin, Gräfin Denhoff, auf Alexander. Nach einem kühnen Gefecht und einer abenteuerlichen Flucht gelangen Alexander und Ulrike schließlich ins Hannöversche, wo sie endlich Zeit füreinander finden.

ALASKAFÜCHSE

RE: Werner W. Wallroth – BU: Egon Günther – LV: Gleichnamige Erzählung von Wolfgang Schreyer – DR: Gerhard Hartwig – KA: Otto Merz – MU: Karl-Ernst Sasse – BA: Paul Lehmann – KO: Günther Schmidt – SC: Helga Emmrich – PL: Hans Mahlich – GR: KAG »Roter Kreis« – m: 2875 = 105 min. – s/w – Tovi – 4-Kmgt, lto – PM: 7.8. 1964, Sommerfilmtage – PM-Ort: Erfurt; iga-Freilichtbühne – DA: Friederike Sturm (Brenda Reed) – Thomas Weisgerber (Jim Leslie) – Hans-Peter Minetti (Bob Harris) – Gerhard Rachold (Hester) – Wolf Kaiser

(Colonel Reed) – Ivan Malré (Gordon Gray) u. a. – KR: Hofmann, H.: Eiskalte Männer in heißen Situationen. MVS 12.8.1964 – Tok, H.-D.: Filmsommer wie noch nie. LVZ 13.8.1964 – emjot: Nicht Fisch noch Fleisch. BZ 4.8.1964 – H.U.: Abenteuer - jedoch ohne Spannung. NZT 31.7.1964 – -ler: -. NZ 28.7. 1964.

Captain Jim Leslie, Pilot der US Air Force, wird auf einen entlegenen Alaska-Stützpunkt unweit der sowjetischen Grenze versetzt. Hier trifft er seinen alten Freund Harris wieder und verliebt sich in Brenda, die Tochter des Kommandanten. Daraufhin gerät er mit deren Verlobten, dem Senator Gordon Gray, in Konflikt. Auf dessen Treiben wird er mit Harris und dem Navigator Hester zu einem gefährlichen Auftrag abkommandiert: Während eines Unwetters müssen die Bojen, die zur Ortung sowjetischer U-Boote ausgesetzt sind, kontrolliert werden. Bei der Notlandung auf einer Eisscholle verletzt sich Harris lebensgefährlich. Man befindet sich in sowjetischem Interessengebiet, doch angesichts der Lage mißachtet Jim das Funkverbot und sendet ein Notsignal. Ein sowjetisches U-Boot taucht auf, Harris wird operiert, und man hilft ihnen, das Flugzeug startklar zu machen. Auf dem Stützpunkt angekommen, wird Jim verhaftet. Brenda wendet sich von ihm ab.

DER GETEILTE HIMMEL

RE: Konrad Wolf – BU: Christa Wolf, Gerhard Wolf, Konrad Wolf, Willi Brückner, Kurt Barthel – LV: Gleichnamiger Roman von Christa Wolf – DR: Willi Brückner – KA: Werner Bergmann – MU: Hans-Dieter Hosalla – BA: Alfred Hirschmeier – KO: Dorit Gründel – SC: Helga Krause – PL: Hans-Joachim Funk – GR: KAG »Heinrich Greif« – m: 3001 = 110 min. – s/w – Tovi – PM: 3.9.1964 – PM-Ort: Berlin; »Kosmos« – DA: Renate Blume (Rita Seidel) – Eberhard Esche (Manfred Herrfurth) – Hans Hardt-Hardtloff (Rolf Meternagel) – Hilmar Thate (Ernst Wendland) – Martin Flörchinger (Herr Herrfurth) – Erika Pelikowsky (Frau Herrfurth) u. a. – KR: Dahlke, G.: Nicht Glück oder Unglück, sondern Unglück und Glück ist hier die Frage. FWM 1964/1, S.24-44 – Gehler, F.: Die pädagogischen Provinzen der Rita S. SO 1964/29 – Herrmann, G.: Das Schwere schwer gemacht. BZA 9.9.1964 – Karl, G.: Dialektische Dramaturgie. FWM 1964/4, S.935-61 – Knietzsch, H.: Glücksstunde der Filmkunst. ND 2.7.1964 – Rehahn, R.: »Der geteilte Himmel« - das geteilte Publikum. WP 1964/48 – Jelenski, M.: Ein Film provoziert das Publikum. FS 1964/19, S.10-11 – Sobe, G.: -. BZ 26.9.1964 – Juretzka, C.: -. BFF 1990/39, S. 98-110 – Baer, V.: -. TSP 24.11.1964 – W.Sch.: -. NZZ 23.1. 1965 – Färber, H.: »Der geteilte Himmel« von Christa und Konrad Wolf in München. SüZ 28.1.1966 – Werth, J.: -. SpVB 24.11.1964 – Wittstock, U.: Nachdenken über Christa W. FAZ 4.2.1985.

Nach einer Nervenkrise kommt Rita Seidel in das kleine Dorf zurück, in dem sie aufgewachsen ist. Die Zeit der Genesung ist verbunden mit einem Rückblick auf die vergangenen Jahre: Als

1

2

1 Jutta Hoffmann in
»Julia lebt«
(1963/RE: Frank Vogel)

2 Arno Wyzniewski in
»An französischen Kaminen«
(1963/RE: Kurt Maetzig)

junges Mädchen hat sie sich in den zehn Jahre älteren Chemiker Manfred Herrfurth verliebt. Er nimmt sie mit in die Stadt, fördert ihre Entwicklung. Sie beginnt ein Lehrerstudium. Ihre Beziehung jedoch ist Belastungen ausgesetzt. In Manfreds Haus gibt es Konflikte wegen der spießigen Lebenseinstellung seiner Eltern. Auch im Betrieb hat er Schwierigkeiten, so daß seine Einstellung sich selbst wie seiner Umwelt gegenüber immer zynischer wird. Als man sein neuentwickeltes Verfahren, auf das er große Hoffnungen gesetzt hatte, im Betrieb ohne Begründung ablehnt, geht er verbittert nach Westberlin. Rita besucht ihn zwar, kehrt aber enttäuscht zurück. Sie weiß, daß ihr Platz an der Seite der ehemaligen Kollegen und der Freunde des Lehrerinstituts ist.

DIE GOLDENE GANS
(KINDERFILM)

RE: Siegfried Hartmann – BU: Günter Kaltofen, Siegfried Hartmann – LV: Gleichnamiges Märchen der Brüder Grimm – DR: Margot Beichler, Gudrun Rammler – KA: Karl Plintzner – MU: Siegfried Bethmann – BA: Hans-Jorg Mirr, Georg Kranz – KO: Ingeborg Wilfert – SC: Hildegard Conrad – PL: Erich Kühne – GR: KAG »60« – m: 1828 = 67 min. – fa – PM: 27.9.1964 – PM-Ort: Berlin; »Babylon« – DA: Kaspar Eichel (Klaus) – Karin Ugowski (Prinzessin) – Uwe-Detlev Jessen (Kunz) – Peter Dommisch (Franz) – Heinz Scholz (König) – Gerd E. Schäfer (Hofgelehrter) u. a. – KR: Mars: -. BZ 30.9.1964.

Klaus lebt mit seinen beiden faulen Brüdern in einer Schusterwerkstatt. Er muß alle Arbeit allein machen. Eines Tages trifft er beim Holzfällen im Wald eine alte Frau, die ihm seine Freundlichkeit mit einer goldenen Gans vergilt. Die hat eine besondere Eigenschaft: Alle Neugierigen, Neidischen, Habgierigen bleiben an ihr hängen. Auf seiner Wanderschaft sammelt Klaus so ein buntes Gefolge, selbst ein Müller mit seinem Esel ist klebengeblieben. In der nächsten Stadt bringt er damit die aus Langeweile in Schwermut verfallene Königstochter zum Lachen. Der König, der demjenigen seine Tochter als Lohn versprach, der dies schafft, stellt angesichts des armen Klaus neue Bedingungen. Klaus löst sie jedoch mit viel Geschick und bekommt die Königstochter.

DAS LIED VOM TROMPETER
(KINDERFILM)

RE: Konrad Petzold – SZ: Hans-Albert Pederzani – LV: Roman »Unser kleiner Trompeter« von Otto Gotsche – DR: Dieter Scharfenberg – KA: Günter Haubold – MU: Gerhard Rosenfeld – BA: Joachim Otto – KO: Joachim Dittrich – SC: Thea Richter – PL: Willi Teichmann – GR: KAG »konkret« – m: 2334 = 85 min. – s/w – Tovi – PM: 1.10.1964 – PM-Ort: Halle; CT-Lichtspiele – DA: Horst Jonischkan (Fritz Weineck) – Erik Veldre (Paul Hepner) – Doris Abeßer (Käthe Mielfe) – Ezard Haußmann (Georg Füllbrink) – Jürgen Frohriep (Walter Ebersdorf) – Traudl Kulikowsky (Lene Langner) – Rolf Römer (Alfons Wieland) – Günther Simon

(Ernst Thälmann) u. a. – KR: Albrecht, H.: -. NZ 3.10.1964 – Knietzsch, H.: Glut eines tapferen Herzens. ND 9.10.1964 – Schröder, M.: -. JW 25.10.1964 – -ch: Die Jahre des Reifens. NZT 18.10.1964 – her: Das Gestern für die Gegenwart. BZA 16.10.1964 – Nössig, I.: Der Junge vom Weingärtenviertel. FS 1964/22, S.3,5 – S.:-. BZ 3.10.1964.

Der Arbeitersohn Fritz Weineck aus Halle möchte ganz für die Musik leben. Sein Freund Alfons, der im ersten Weltkrieg einen Arm verloren hat, schenkt Fritz seine Trompete. Doch der Junge stellt fest, daß die einfachen Leute auch nach dem Sturz des Kaiserreichs um ihre Rechte kämpfen müssen. Er nutzt das Instrument als Signalhorn bei Veranstaltungen der Arbeiter, in deren Kampfbewegung er sich einreiht. Bei einer Aktion um ein Waffenlager geht der Sieg durch seine Unerfahrenheit verloren, aber er lernt daraus und entwickelt sich zu einem zuverlässigen Mitkämpfer. Als Thälmann auf einer Großveranstaltung am 13. März 1925 in Halle spricht, bläst er mit seiner Trompete Alarm, während die Polizei anrückt. Die Genossen können Thälmann retten, Fritz stirbt im Kugelhagel der Uniformierten.

PENSION BOULANKA

RE: Helmut Krätzig – BU: Kurt Bortfeldt, Helmut Krätzig – LV: Roman »Künstlerpension Boulanka« von Fritz Erpenbeck – DR: Margot Beichler – KA: Hans Heinrich – MU: Wolfgang Pietsch – BA: Hans Poppe, Heinz Leuendorf – KO: Helga Scherff – SC: Christel Röhl – PL: Werner Liebscher – GR: KAG »60« – m: 2757 = 101 min. – s/w – PM: 3.12.1964 – PM-Ort: Berlin; »Kosmos« – DA: Erika Pelikowsky (Pensionsinhaberin Boulanka) – Christine Laszar (Frau Sievers) – Doris Weikow (Lore) – Bärbel Bolle (Gina) – Karin Schröder (Alti) – Otto Mellies (Robert) – Peter Herden (Jan Gruyter) – Horst Weinheimer (Hauptmann Brückner) – Herbert Köfer (Colanta) u. a. – KR: Hofmann, H.: Kriminalfall mit Vorgeschichte. MVS 16.12.1964 – Jüttner, G.: Wer mordete in der Pension Boulanka? BE 12.12.1964 – Lücke, H.: Krimi ohne Tiefe. BZA 11.12.1964 – Schröder, M.: Der Mord geschah in der Artistenpension. JW 12.12.1964 – Sobe, G.: -. BZ 8.12. 1964.

In der renommierten Artisten-Pension passiert ein Mord. Hauptmann Brückner leitet die Ermittlungen. Verdächtig sind alle im Haus, sind sie doch ehemalige Kollegen des ermordeten Artisten Jan Gruyter. Und dessen zwielichtiges Leben bietet viele Motive an. Zauberer Colanta beispielsweise weiß, daß Gruyter vor zwanzig Jahren Antifaschisten an die Gestapo verraten hat. Ein unauffälliger Schlüsselabdruck führt die Kriminalisten schließlich auf die richtige Spur: die Hundedresseurin Sievers. Sie wird als ehemalige Komplizin und Mörderin Gruyters, der mit Rauschgift handelte, entlarvt.

ALS MARTIN VIERZEHN WAR
(KINDERFILM)

RE: Walter Beck – SZ: Manfred Richter, MI: Hans Schönrock – LV: Erzählung »Martin und

die Männer« von Hans Schönrock – DR: Joachim Plötner – KA: Eberhard Borkmann – MU: Wolfgang Lesser – BA: Gerhard Helwig – KO: Werner Bergemann – SC: Christel Ehrlich – PL: Anni von Zieten – KAG »konkret« – m: 2272 = 83 min. – s/w – PM: 20.12.1964 – PM-Ort: Berlin; »Kosmos« – DA: Ulrich Lorr-Balko (Martin) – Erik Veldre (Karl) – Hans Hardt-Hardtloff (Vater Stammer) – Lotte Loebinger (Mutter Stammer) – Friedo Solter (Stiebe) – Manfred Heine (von Bröder) – Elfi Mann (Kathrin) – Helmut Schreiber (Vater Mertens) u. a. – KR: Jelenski, M.: Kritische Rückblende. FS 1965/2,S.8 – -cht: Kinder verjagen Kapp. NZ 23.12.1964 – Dege: Lebendig gewordene Geschichte. M 20.12.1964 – F.S.: -. ND 20.12. 1964 – G.S.: Geschichte mit den Augen eines Kindes. NZT 14.1.1965.

Ein mecklenburgisches Dorf im März 1920 während des Kapp-Putsches. Martin entdeckt eine Ladung Waffen, die der Gutsbesitzer Bröder für die Putschisten versteckt hat, und leitet sie den Arbeitern in der Stadt zu. Aber auch im Dorf wird der Streik gegen den Putsch organisiert. Soldaten kommen, um die Dorfbevölkerung niederzuhalten. Martin schlägt sich mit Hilfe seiner Freundin Kathrin in die Stadt durch und holt ein Arbeiterbataillon zur Unterstützung. Er wird selbst verhaftet, kann aber fliehen und zeigt sich als mutiger Kämpfer. Bei ihm findet Kathrin Trost, als ihr Vater gefallen ist.

DER FLIEGENDE HOLLÄNDER

RE: Joachim Herz – BU: Joachim Herz, Harald Horn – LV: Gleichnamige Oper von Richard Wagner – DR: Lotti Schawohl – KA: Erich Gusko – MU: Richard Wagner, ML: Rolf Reuter – BA: Harald Horn – KO: Gerhard Kaddatz – SC: Ilse Peters – PL: Siegfried Kabitzke – m: 2764 = 101 min. – s/w – Tovi/no – 4-Kmgt – PM: 25.12.1964 – PM-Ort: Berlin; »Gérard Philipe« Treptow – DA: Anna Prucnal – GE: Gerda Hannemann (Senta) – Fred Düren – GE: Rainer Lüdecke (Der Holländer) – Gerd Ehlers – GE: Hans Krämer (Daland) – Mathilde Danegger – GE: Katrin Wölzl (Mary) – Herbert Graedtke – GE: Rolf Apreck (Erik) u. a. – KR: Erck, A.: Sentas Traum. FW 2.1.1965 – Gersch, W.: Experiment Filmoper »Der fliegende Holländer«. FWM 1965/1, S.203-211 – Schaefer, H.: Der Traum der Senta. ND 27.12.1964 – M.S.: Opernfilm kontra verfilmte Oper. BZ 28.12. 1964 – Pioch, B.: Experiment in Schranken. FS 1965/2, S.9.

Verfilmung der Wagnerschen Oper, die die romantische Sage in eine reale Handlung einbettet: Senta, die Tochter eines reichen Reeders, entflieht der Eintönigkeit und Enge ihres Alltags ins Reich der Phantasie und Träume. Dort erscheint ihr jener sagenhafte, kühne Seefahrer, der die Weltmeere bezwang und dessen maßloser Tatendrang durch nichts Befriedigung fand, sodaß er verdammt wurde, als »Fliegender Holländer« ruhelos über die Meere zu irren. In ihrem Traum erlöst Senta ihn durch die Liebe. Und dieser Traum gibt ihr die Kraft, in der Realität ihr Leben sinnvoll zu gestalten.

1965

DIE ABENTEUER DES WERNER HOLT
RE: Joachim Kunert – BU: Claus Küchenmeister, Joachim Kunert – LV: Gleichnamiger Roman von Dieter Noll (Teil I »Roman einer Jugend«) – DR: Anne Pfeuffer – KA: Rolf Sohre – MU: Gerhard Wohlgemuth – BA: Gerhard Helwig – KO: Günther Schmidt, Ingeborg Wilfert – SC: Christa Stritt – PL: Hans Mahlich, Martin Sonnabend – GR: KAG »Roter Kreis« – m: 4493 = 165 min. – s/w – PM: 4.2.1965 – PM-Ort: Berlin; »Kosmos« – DA: Klaus-Peter Thiele (Werner Holt) – Manfred Karge (Gilbert Wolzow) – Arno Wyzniewski (Sepp Gomulka) – Günter Junghans (Christian Vetter) – Peter Reusse (Peter Wiese) – Wolfgang Langhoff (Professor Holt) – Karla Chadimová (Milena) – Monika Woytowicz (Gundel) u. a. – KR: Albrecht, H.: Die falschen Ideale des Werner Holt. NZ 6.2.1965 – Gehler, F.: Der geteilte Himmel des Werner Holt. SO 1965/14 – H.U.: Der bittere Weg zur Wahrheit. NZT 7.2.1965 – Knietzsch, H.: Leidensweg und Erkenntnis einer Generation. ND 6.2.1965 – Lohmann, H.: -. FWM 1965/2 – Sobe, G.: Bis fünf nach zwölf. BZ 10.2.1965.

Werner Holt und Gilbert Wolzow sind Freunde seit der Schulzeit. Halbe Kinder noch, liegen sie im Frühjahr 1945 in einer Stellung im Osten Deutschlands, die sie gegen die anrückende Rote Armee verteidigen sollen. Wolzow hat das Kommando der kleinen Truppe an sich gerissen und befiehlt dem Funker Holt, Verbindung mit dem Regiment herzustellen. Während des Funkens erinnert sich Holt an die entscheidenden Stationen seines Lebens: den Beginn seiner Freundschaft mit Wolzow, die gemeinsame Meldung zum Militär, die Begegnung mit dem Tod beim ersten Einsatz als Flakhelfer, das erotische Erlebnis mit einer SS-Offiziersfrau, das ihn anekelte. Für die humanistische Gesinnung seines Vaters fehlte ihm damals das Verständnis. Langsam jedoch wandelt sich seine Haltung. Beim Einsatz gegen slowakische Partisanen hat er der jungen Milena zur Flucht verholfen. Dann konnte er auch den Schulfreund Gomulka verstehen, der zum »Feind« übergelaufen war. – Die russischen Panzer rollen an, können aber noch einmal zurückgeschlagen werden. Als Wolzow einen 16jährigen erschießt, der aus Angst fliehen will, begehrt Holt auf und entwaffnet ihn. Er bringt ein Maschinengewehr in Stellung und mäht ein SS-Durchhaltekommando nieder. Dann verläßt er die Stellung und macht sich auf den Weg zu Gundel, die auf ihn wartet und mit der er ein neues Leben beginnen will.

CHRONIK EINES MORDES
RE: Joachim Hasler – BU: Angel Wagenstein – LV: Roman »Die Jünger Jesu« von Leonhard Frank – DR: Walter Janka – KA: Joachim Hasler – MU: Gerd Natschinski – BA: Alfred Tolle – KO: Luise Schmidt – SC: Hildegard Tegener – PL: Dieter Dormeier – GR: KAG »Heinrich Greif« – m: 2502 = 92 min. – s/w – Tovi – PM: 25.2.1965 – PM-Ort: Leipzig; »Capitol« – DA: Angelica Domröse (Ruth Bodenheim) – Ulrich Thein (Dr. Martin) – Jiří Vrštala (Dr. Hoffmann) – Bohumil Smida (Dr. Schäure) – Martin Flörchinger (Zwischenzahl) – Willi Schwabe (Lion) – Antje Ruge (Esther) u. a. – KR: Dahlke, G.: -. FWM 1965/2 – Funke, C.: Ruth richtet den Faschismus. M 11.3.1965 – Gehler, F.: -. V 23.3.1965 – H.U.: Antwort auf eine bange Frage. NZT 5.3.1965 – J.R. / P.L.: -. ND 28.2.1965 – Jelenski, M.: -. BZ 9.3.1965 – Pioch, B.: Mord als Selbstjustiz? FS 1965/6, S.9 – Rehahn, R.: Schwierigkeiten beim Schreiben einer Filmkritik. WP 1965/17.

Die Jüdin Ruth Bodenheim ist nach Kriegsende völlig gebrochen in ihre westdeutsche Heimatstadt zurückgekehrt. Mit siebzehn war sie von den Nazis in ein Bordell nach Polen verschleppt worden, ihre Eltern ins KZ. Mit viel Geduld und Liebe hat ihr damaliger Verlobter, Dr. Martin, der sie nach der Rückkehr heiratete, neuen Lebenswillen in ihr wecken können. Doch die furchtbare Vergangenheit lebt wieder auf, als der für die Deportation der Juden Verantwortliche, Bürgermeister Zwischenzahl, zehn Jahre nach dem Krieg wieder auftaucht, als Bürgermeister kandidiert und gewählt wird. Bei der Amtseinführung erschießt Ruth ihn und hinterlegt eine Akte mit Dokumenten, über die vor ihrer Tat niemand etwas wissen wollte. Man versucht den Fall totzuschweigen und Ruth mit Geld abzufinden. Doch sie will keine Abfindung, sondern einen Prozeß, der das Geschehen offenlegt. In Staatsanwalt Hoffmann findet sie einen Mitstreiter.

DER RESERVEHELD
RE: Wolfgang Luderer – BU: Rudi Strahl, Wolfgang Luderer – DR: Anne Pfeuffer – KA: Hans Heinrich – MU: Wolfgang Pietsch – BA: Joachim Otto – KO: Lydia Fiege, Günter Pohl – SC: Ilse Peters – PL: Erich Albrecht – GR: KAG »Berlin« – m: 2141 = 79 min. – s/w – PM: 27.2.1965 – PM-Ort: Sondershausen; Theater der Freundschaft – DA: Rolf Herricht (Ralf Horricht) – Marita Böhme (Susanne) – Gerhard Rachold (Hauptmann Hottas) – Günther Simon (Oberst) – Peer Jäger (Leutnant Malorti) – Horst Jonischkan (Unteroffizier Bellmann) u. a. – KR: Funke, C.: Schwarzweiße Reservekomik. M 20.2.1965 – H.A.: Brauchen wir einen Reservehelden? NZ 31.10.1965 – Kultzscher, K.: -. ESP 1965/9 – Göring, H.J.: -. BE 24.2.1965 – Eylau, H.-U.: Rolf Herricht als Ralf Horricht. SVZ 10.3.1965.

Der berühmte Filmschauspieler Horricht ist in den Stand der Ehe getreten, doch die ersehnten Flitterwochen fallen aus. Er wird von zwei Polizisten zwangsvorgeführt, weil er den Einberufungsbefehl zur Reserve versehentlich verbrannt hat. Der Versuch, sich zu drücken, schlägt fehl. Die anderen Soldaten bewundern und verhätscheln den Star, nur Hauptmann Hottas, genannt Dynamit, nicht. Als Horrichts frisch angetraute Susanne zu Besuch in die Garnison kommt, zeigt Hottas sich plötzlich von der netten Seite. Horricht vermutet, daß er mit seiner Frau flirtet und liest ihm, als General verkleidet, die Leviten. Der Vorgesetzte hat jedoch ein Einsehen. Horricht revanchiert sich, indem er fortan einen guten Soldaten abgibt.

ENGEL IM FEGEFEUER
(KINDERFILM)
RE: Herrmann Zschoche – BU: Edith und Walter Gorrish – DR: Gerhard Hartwig – KA: Günter Ost – MU: Georg Katzer – BA: Werner Zieschang – KO: Helga Scherff – SC: Brigitte Krex – PL: Heinz Kuschke – GR: KAG »60« – m: 2090 = 77 min. – s/w – PM: 4.4.1965 – PM-Ort: Berlin; »Babylon« – DA: Kinder: Eberhard Schaletzky (Achim Wolters) – Günter Lupkowski (MG-Schnauze) – Wolfgang Grunz (Bischof) – Erwachsene: Fred Delmare (Stelzebein) – Heinz Suhr (Pfarrer) – Erik S. Klein (Jupp Wolters) – Jutta Peters (Frau Wolters) u. a. – KR: keine

November 1918 im Ruhrgebiet. Zu einer verschworenen Gemeinschaft von 13jährigen gehört Achim Wolters. In einer gemeinsamen Aktion erbeuten die Kinder auf dem Markt Kartoffeln, um Achims Vater, der Heizer auf einem Minensuchboot ist und auf Urlaub kommt, mit einer guten Mahlzeit zu empfangen. Doch der Vater bleibt aus. Ein Spitzel hat den roten Matrosen auf dem Bahnhof der Polizei ausgeliefert. Achim hört vom Pfarrer von der Verhaftung und betet auf dessen Anraten für die Freilassung des Vaters. Der gottesfürchtige Junge glaubt dem Tischler Stelzebein nicht, der meint, man können sich nur selbst helfen. Erst als Achim im Gefängnis die Schikanen gegen den Vater miterlebt und außerdem sieht, wie brutal die kaiserliche Polizei gegen Frauen vorgeht, schlägt er sich mit seinen Freunden auf Stelzebeins Seite. Gemeinsam stehen sie auf den Barrikaden, als die Revolution beginnt.

TERRA INCOGNITA
RE: Hanns Anselm Perten – BU: Kuba, Willi Brückner – LV: Gleichnamiges dramatisches Poem von Kuba – DR: Willi Brückner – KA: Siegfried Hönicke – MU: Günter Kochan – SB: Heinz Leuendorf – KO: Helga Scherff – SC: Helga Emmrich – PL: Heinz Kuschke – GR: KAG »Heinrich Greif« – m: 2984 = 109 min. – s/w – AD: 7.5.1965 – DA: Ralf Borgwardt (Max Koller) – Monika Tews (Helga Stüwe) – Gerd Micheel (Gerd Raspe) – Wilhelm Koch-Hooge (Dr. Rudolf Grebe) – Hermann Wagemann (Wilhelm Zarge) – Alexander Hwylja (Wassili Juschin) u. a. – KR: Albrecht, H.: Die Helden lösen sich ab. NZ 7.5. 1965 – H.U.: Verborgene Kräfte werden geweckt. NZT 9.5.1965 – Lux, P.: »Terra incognita« vor Erdölarbeitern uraufgeführt. ND 1.5.1965 – Schröder, M.: Reiche Schätze im Land. JW 2.5.1965 – Hofmann, H.: Kubas Poem »Terra incognita«. FS 1965/11, S.9 – Schwalbe, K.: Notwendiges Filmexperiment? ND 2.6.1965.

Nach zehnjähriger harter Arbeit sind die Erdölbohrungen in der DDR endlich von Erfolg gekrönt. Im Frühjahr 1961 werden die Kumpel in Mecklenburg fündig, trotz aller Voraussagen, daß es hier kein Öl gäbe. Als der Bohrer, von Bohrmeister Max Koller aufgrund überhöhter Planvorgaben zu schnell in die Tiefe getrieben, auf Öl stößt, gerät das Unternehmen in große

Gefahr. Das darüber liegende Erdgas droht den gesamten Bohrturm mit 400 atü in die Luft zu jagen. In einem unermeßlichen Kraftakt, der zehn Tage und zehn Nächte währt, können die Erdölarbeiter mit Unterstützung sowjetischer Spezialisten und Hunderter freiwilliger Helfer aus der Umgebung die Gefahr bannen – und entlarven gleichzeitig westdeutsche Saboteure.

DIE ANTIKE MÜNZE
(CO-PRODUKTION DDR / BULGARIEN)
RE: Vladimir Jantschev – BU: Gebrüder Mormarevi – DR: Walter Janka – KA: Erwin Anders – MU: Peter Stupel – BA: Christoph Schneider – KO: Theodora Djebarova – SC: Hildegard Tegener – PL: Erich Kühne, Borislav Jakimov – GR: KAG »60« – m: 2244 = 82 min. – fa – AD: 21.5.1965 – CO: Studio für Spielfilme, Sofia / VR Bulgarien – Bulg. Titel: Starinnata moneta – DA: Manfred Krug (Karl Schneider) – Liana Antonova (Jana Christova) – Georgi Popov (Kanev) – Grigor Watschkov (Boncho) – Willi Schrade (Theobald) – Willi Schwabe (Dr. Werner) u. a. – KR: -ch: Von Amors Pfeil getroffen. NZT 26.5.1965 – G.A.: Kipper und Wipper. NW 21.5.1965 – Pioch, B.: Verschenkte Gelegenheiten. FS 1965/13, S.9 – Göring, H.-J.: 90 Minuten Langeweile. BE 2.6.1965.

Lehrer Karl Schneider ist ein fanatischer Münzensammler. In Bulgariens Burgruinen sollen noch antike Stücke zu finden sein, weshalb er sich mit seinem Wartburg auf die Reise macht. Die erste Münze begegnet ihm in Gestalt eines Kettenanhängers am Busen der Sängerin Jana, die mit ihrem Bus eine Panne hat. Karl verliebt sich. Sein Ziel zu erreichen, helfen ihm Gesundheitsbeamte, die ihn in Quarantäne schicken wollen, weil die Tochter seiner Wirtin angeblich die Schwarzen Pocken hat. Die Beamten setzen irrtümlich den Sänger und Vereherer Janas, Theobald, fest. Karl Schneider vertritt ihn bei der Band, erobert Jana und fährt mit ihr glücklich nach Hause.

ENTLASSEN AUF BEWÄHRUNG
RE: Richard Groschopp – BU: Gert Billing, Richard Groschopp – DR: Willi Brückner – KA: Rolf Sohre – MU: Günter Hauk – SB: Alfred Tolle – KO: Günther Schmidt – SC: Anneliese Hinze-Sokolow – PL: Anni von Zieten – GR: KAG »konkret« – m: 2463 = 90 min. – s/w – AD: 18.6.1965 – DA: Heinz Klevenow (Conny Schenk) – Angelica Domröse (Ute Lockhoff) – Helga Göring (Helga Reichenbach) – Krista-Sigrid Lau (Katja Drechsler) – Volkmar Kleinert (Hugo Borke) u. a. – KR: Hofmann, H.: Die Fragen bleiben offen. MV 23.6.1965 – Lücke, H.: Am Ende: »Happy-Anfang«. BZA 24.6.1965 – Tok, H.-D.: -. LVZ 19.6.1965 – H.U.: Und nach dem Gefängnis? NZT 22.6.1965 – Pioch, B.: Verschenkte Gelegenheiten. FS 1965/13, S.9.

Mit dem Motorrad hat Konrad Schenk, genannt Conny, einen Mann angefahren und Fahrerflucht begangen. Dafür kam er ins Gefängnis, führte sich gut, machte eine Ausbildung als Drucker und wurde vorzeitig entlassen. Nun arbeitet er in einem Betrieb, zwei Jahre auf Bewährung. Als in seiner Brigade Geld gestohlen wird, fällt der Verdacht der Meisterin sofort auf ihn. Sie klärt die Kollegen über sein Vorleben auf. Alle mißtrauen ihm plötzlich. Conny betrinkt sich in seiner Verzweiflung, und in diesem Zustand trifft er auf seine Freundin Ute, die bis dahin zu ihm hielt. Nun wendet auch sie sich von ihm ab. Conny geht zu einem ehemaligen Mitgefangenen, und der spannt ihn sofort für kriminelle Geschäfte ein. Ohne Führerschein fährt er mit dessen Auto, um einen Auftrag zu erledigen. Er wird von der Polizei gestoppt, und man bittet ihn, einen verletzten Jungen ins Krankenhaus zu bringen. Er leistet die Hilfe und besinnt sich.

KÖNIG DROSSELBART
(KINDERFILM)
RE: Walter Beck – BU: Günter Kaltofen, Walter Beck – LV: Gleichnamiges Märchen der Brüder Grimm – DR: Margot Beichler, Gudrun Rammler – KA: Lothar Gerber – MU: Wolfgang Lesser – SB: Erich Krüllke, Werner Pieske – KO: Dorit Gründel – SC: Christel Ehrlich – PL: Siegfried Kabitzke – GR: KAG »Kinderfilm« – m: 1981 = 73 min. – fa – AD: 16.7.1965 – DA: Karin Ugowski (Prinzessin Roswitha) – Manfred Krug (König Drosselbart) – Martin Flörchinger (König Löwenzahn) – Evamaria Heyse (Hofdame Beatrix) – Helmut Schreiber (König Heinz Eduard) – Achim Schmidtchen (König Wenzel) u. a. – KR: G.S.: Die Prinzessin als Spielmannsfrau. NZT 30.7.1965 – H.N.: -. ND 26.7.1965 – M.H.: -. BZ 29.7.1965 – Sckerl, A.: Drosselbart und das Kabarett. FS 1965/15, S.9 – Rust, R.: -. fd 1991/18, S. 30 (Nr. 29 112).

Prinzessin Roswitha verunglückt mit ihrer Kutsche im Wald. Ein junger Reiter hilft ihr, doch sie behandelt ihn schnippisch. Im Schloß angekommen, wird sie schon von Freiern erwartet. Sie kann wählen, aber keiner ist ihr gut genug, auch nicht der letzte, jener Reiter aus dem Wald – weil er einen Bart wie eine Drossel hat. Roswitha ist derart verletzend, daß der König beschließt, ihr den nächsten Bettler zum Mann zu geben, der aufs Schloß kommt. Es ist ein Spielmann, und Roswitha muß ihm in seine ärmliche Hütte folgen. Ihre Widerborstigkeit verfliegt angesichts der Güte des Mannes langsam. Nachdem dieser ihr einige heilsame Lehren erteilt hat, ändert sie sich, und der Spielmann gibt sich als König Drosselbart, den sie einst verspottete, zu erkennen. Aus den beiden wird ein glückliches Paar.

EINE SCHRECKLICHE FRAU
(CO-PRODUKTION DDR / ČSSR)
RE: Jindřich Polák – BU: Vladislav Blažek – DR: Gerhard Hartwig – KA: Rudolf Milič – MU: Helmut Nier, Karel Mareš, Evžen Illin – SB: Paul Lehmann, Jan Zázvorka – KO: Ingeborg Wilfert – SC: Josef Dobrichovsky – PL: Martin Sonnabend, Jaroslav Jilovič – GR: KAG »Roter Kreis« – m: 2389 = 88 min. – fa – Cine – AD: 30.7.1965 – CO: Filmstudio Barrandov, Prag/ČSSR, Gruppe Felix-Broz – Tschech. Titel: Strašná žena – DA: Olga Divinová (Eva Novaková) – Jiři Lir (Paul Novak) – Karin Schröder (Alena Pokorná) – Günter Junghans (Honza Pokorny) – Karin Buchali (»Schmetterling«) – Vladimir Menšík (Herr Kouba) u. a. – KR: Dumey, P.: Revue in der Kühltruhe. BNN 14.8. 1965 – Focke, G.: Erschrecken über »Eine schreckliche Frau«. FR 9.8.1965 – Hofmann, H.: Verwässerte Revue. MV 18.8.1965 – Rehahn, R.: Die schreckliche Frau. WP 1965/13 – Seydel, R.: Eine Schwalbe macht noch keinen Sommer. FS 1965/17, S.9.

Der berühmte Eisrevue-Star Eva Novaková und ihr Mann Paul führen eine harmonische Ehe. Auch theoretisch ist Paul ein Fachmann, er gibt sein Wissen im Fernsehen als Eheberater an andere weiter. Ein junges Paar, das sich in der Krise befindet, lädt er gar an seinem Hochzeitstag ein, um ihm zusammen mit Eva ein gutes Vorbild zu demonstrieren. Doch Eva kommt nicht nach Hause. Nach langem Warten stacheln die Gäste spöttisch seine Eifersucht an, und in seiner Phantasie nehmen vermeintliche Ehebrüche seiner Frau Formen an. Er erlebt sie mit zahlreichen Liebhabern in verfänglichen Situationen, die alle in Gestalt von Eislauf-Nummern vor seinem Geiste Revue passieren. Endlich macht er sich auf die Suche nach Eva, betrinkt sich dabei vor Kummer und findet sie schließlich im steckengebliebenen Fahrstuhl.

MÖRDER AUF URLAUB
(CO-PRODUKTION DDR / JUGOSLAWIEN)
RE: Bosko Bosković – BU: Djordje Lebovic, Bosko Bosković – DR: Dieter Scharfenberg – KA: Werner Bergmann, Ognjen Miličevic – MU: Darko Kraljić – SB: Harald Horn, Demo Cesović – KO: Brigitte Schulz, Gerhard Kaddatz – SC: Christel Röhl – PL: Werner Liebscher, Božidar Radić – GR: KAG »Heinrich Greif« – m: 2299 = 84 min. – s/w – Cine – AD: 30.7.1965 – CO: Bosna-Film, Sarajewo/ Jugoslawien – Jugosl. Titel: Ubica na odsustvu – DA: Christine Laszar (Therese Jasseline) – Annekathrin Bürger (Valerie Jasseline) – Doris Abeßer (Seline Jasseline) – Harry Studt (Paul Jasseline) – Helmut Schreiber (Jacques Jasseline) – Jiří Vrštala (Max Scheffler) u. a. – KR: G.S.: Alarm am Strand von St. Stefan. NZT 24.7.1965 – Hofmann, H.: -. MV 28.7.1965 – Jelenski, M.: -. BZ 27.7.1965 – Mollenschott, E.: Hochgesteckte Ziele nicht erreicht. ND 1.8.1965 – Rehahn, R.: -. WP 1965/36 – Seydel, R.: Eine Schwalbe macht noch keinen Sommer. FS 1965/17, S.9.

Im jugoslawischen Ferienparadies St. Stephan wird am Strand die Leiche des Schweizer Hotelgastes Scheffler gefunden. Wie die Polizei sehr schnell entdeckt, wurde er ermordet. Verdächtig ist vor allem die Familie des Schweizer Fabrikanten Paul Jasseline, ebenfalls Urlauber. Der Ermordete hatte offensichtlich ein Verhältnis mit Pauls Schwiegertochter Valerie. Eifersucht könnte ein Motiv sein. Da stoßen die Kriminalisten auf einen Hinweis, daß das Opfer ein Erpresser war. Die Ermittlungen vor Ort und Recherchen im Ausland laufen auf Hochtouren. Am Ende macht die Polizei zwei Verbrecher dingfest: den Mörder Schefflers und einen untergetauchten ehemaligen KZ-Kommandanten.

LOTS WEIB
RE: Egon Günther – BU: Egon Günther, Helga Schütz – DR: Christel Gräf – KA: Otto Merz – MU: Karl-Ernst Sasse – SB: Werner Zieschang – KO: Lydia Fiege – SC: Christa Stritt – PL: Hans Mahlich – GR: KAG »Roter Kreis« – m: 2903 = 106 min. – s/w – Cine – AD: 27.8.1965 – DA: Marita Böhme (Katrin Lot) – Günther Simon (Richard Lot) – Klaus Piontek (Paul Lehmann) – Gerry Wolff (Max Braun) – Rolf Römer (Lehrer Hempel) – Elsa Grube-Deister (Lehrerin Jungnickel) u. a. – KR: Ch.Pr.: Ein Film sprengt die Konventionen. BNN 4.9.1965 – H.K.: Frau Lot will nicht mehr. ND 29.8.1965 – H.N.: Muß denn Ehe Liebe sein? NZ 28.8. 1965 – Hofmann, H.: Plädoyer für die Liebe. MV 1.9.1965 – Lohmann, H.: Neue Werke zur Zeit. SO 1965/38 – Sobe, G.: Lots Weib und die Ehe. BZ 31.8.1965 – Hofmann, H.: Dramatik eines Ehe-Alltags. FS 1965/19, S.9 – Hansen, B.: -. FWM 1966/1, S.218-23 – B.J.: Thema Scheidung. FAZ 18.3.1974.

Die Ehe von Katrin und Richard Lot ist zur Routine geworden. Sie hat einen Beruf, der sie ausfüllt, er kommt als Marine-Offizier nur alle vierzehn Tage nach Hause. Die Kinder begrüßen ihn freudig, Katrin mit Unbehagen, denn ihrer Ehe fehlt das entscheidende: Liebe. Sie will die Scheidung. Er lehnt ab, vorwiegend aus Bequemlichkeit und wegen der zu erwartenden Vorhaltungen in seiner Parteigruppe. Katrin greift zu einem ungewöhnlichen Mittel. Sie stiehlt in einem Kaufhaus, wird zu drei Monaten auf Bewährung verurteilt. Nun reicht er die Scheidung ein wegen »moralischer Labilität« seiner Frau. Katrin hat ihren Willen durchgesetzt, sie bekommt sogar die Kinder zugesprochen. Zwar ist sie als Lehrerin mit ihrer Verurteilung wegen Diebstahls nicht mehr »tragbar«, aber sie ist frei und muß nicht länger mit einer Lüge leben.

TIEFE FURCHEN
(CO-PRODUKTION MIT DEM DEUTSCHEN FERNSEHFUNK)
RE: Lutz Köhlert – BU: Helmut Sakowski, Lutz Köhlert – LV: Gleichnamiger Roman von Otto Gotsche – DR: Gerhard Hartwig, Helga Korff-Edel – KA: Roland Gräf – MU: Karl-Ernst Sasse – SB: Werner Zieschang – KO: Helga Scherff – SC: Monika Schindler – PL: Hans Mahlich, Dorothea Hildebrandt – GR: KAG »Roter Kreis« – m: 2260 = 83 min. – s/w – AD: 3. 9. 1965 (Progreß) – DA: Erwin Geschonneck (Roter Schuster) – Karl Kendzia (Hübner) – Gudrun Ritter (Agnes) – Hans Hardt-Hardtloff (Gebhardt) – Helga Raumer (Frau Gebhardt) – Kaspar Eichel (Georg) – Kurt Kachlicki (Arthur) u. a. – KR: Funke, C.: Überwindung der Rache. M 9.9.1965 – Hofmann, H.: Vom schweren Anfang. MV 4.9.1965 – Schwemin, W.: -. BZ 4.9. 1965 – Stern, K.: -. ND 4.9.1965.

Nach zwölf Jahren KZ-Haft kommt der »Rote Schuster« im Mai 1945 in sein Dorf zurück. Als neuer Bürgermeister nimmt er den Aufbau einer demokratischen Ordnung in Angriff. Er stößt auf den Widerstand alter Nazis, aber auch auf die Bereitschaft vieler, einen Neuanfang zu

wagen. Gebhardt, ein Angestellter auf dem Hof des Großbauern und Kriegsverbrechers Winter, gehört zu letzteren. Er trägt schwer an seiner Schuld – auch weil er sich damals die Kate des Schusters angeeignet hat. Doch dieser vertraut ihm und überträgt ihm die Verwaltung des enteigneten Winter-Hofs. Gebhardts Sohn Georg, mit dem Winter-Hof-Sohn Arthur befreundet und noch immer im Geiste des Faschismus befangen, verachtet deshalb den Vater. Erst ein verbrecherischer Anschlag Arthurs bringt ihn zur Einsicht.

SOLANGE LEBEN IN MIR IST
RE: Günter Reisch – BU: Michael Tschesno-Hell, Günter Reisch, Hermann Herlinghaus – DR: Hermann Herlinghaus – KA: Horst E. Brandt – MU: Ernst Hermann Meyer – SB: Willy Schiller, Dieter Adam – KO: Joachim Dittrich, Elli-Charlotte Löffler – SC: Bärbel Weigel – PL: Gert Golde – GR: KAG »Roter Kreis« – m: 3111 = 114 min. – s/w – Cine – 4-Kmgt – lto – AD: 10.9.1965 – DA: Horst Schulze (Karl Liebknecht) – Ludmilla Kasjanowa (Sophie Liebknecht) – Rita Krips (Vera Liebknecht) – Michail Uljanow (Frolow) – Albert Hetterle (Paul Schreiner) – Erika Dunkelmann (Milda Schreiner) – Jutta Hoffmann (Käthe Schreiner) u. a. – KR: Sobe, G.: -. BZ 12.9.1965 – Gehler, F.: ...in der Schönheit seines Mutes. SO 1965/41 – Knietzsch, H.: Sein Name leuchtet durch die Zeiten. ND 11.9.1965 – Funke, C.: Darstellung eines Helden. M 18.9.1965 – Hofmann, H.: -. FWM 1966/1, S.205-12.

Episoden aus dem Leben Karl Liebknechts in den Jahren 1914-1916. Als einziger von 110 SPD-Abgeordneten stimmt er im Reichstag gegen die Kriegsanleihen, wird von seiner Parteiführung, die sich der chauvinistischen Politik der Regierung angeschlossen hat, fallengelassen. Verleumdungen, Morddrohungen, Arbeitsverbot hindern ihn nicht, überall – bei den Arbeitern und vor allem der Jugend – gegen den Krieg aufzutreten. Während er zum Kriegsdienst gezwungen wird und seine Aufklärungsarbeit an der Front in Frankreich fortführt, ist seine Familie in Berlin Repressalien ausgesetzt. Von der Front zurückgekehrt, tritt er illegal bei einer Großkundgebung zur Vorbereitung des 1. Mai in Jena auf und am Kampftag der Arbeiterklasse selbst in Berlin. Er wird verhaftet und des Landesverrats angeklagt. Aber auch vor Gericht gibt er seine Überzeugung nicht auf und klagt die Ankläger als Feinde des Volkes an.

Filmtext: Solange Leben in mir ist. Ein Film über Karl Liebknecht. Literarisches Szenarium von Michael Tschesno-Hell. Berlin: Henschelverlag 1965

DIE BESTEN JAHRE
RE: Günther Rücker – BU: Günther Rücker, Peter Krause – DR: Klaus Wischnewski – KA: Peter Krause – MU: Reiner Bredemeyer – SB: Gerhard Helwig – KO: Luise Schmidt – SC: Hildegard Conrad – PL: Fried Eichel – GR: KAG »Berlin« – m: 2770 = 102 min. – s/w – Cine – AD: 1.10.1965 – DA: Horst Drinda

(Ernst Machner) – Lissy Tempelhof (Hilde Tamm) – Herwart Grosse (Schneller) – Rolf Hoppe (Lehrer Klein) – Lothar Förster (Biologielehrer) – Harry Hindemith (Meister) u. a. – KR: Gehler, F.: -. SO 1965/44 – Hofmann, H.: Rechenschaft eines Vierzigjährigen. MV 13.10. 1965 – Jelenski, M.: Blick zurück ohne Zorn. FS 1965/23, S. 8 – Knietzsch, H.: Mut für das Leben. ND 8.10.1965 – Rehahn, R.: Ein DEFA-Film von der Mühe und dem Glück des Weges. WP 1965/43 – Sobe, G.: -. BZ 2.10.1965 – Kohlhaase, W.: -. FWM 1966/1, S.213-17 – Richter, R./ Liebmann, R. / Rabenalt, P.: -. FWM 1966/3-4, S.724-55 – W.R.: -. SüZ 28.10.1969.

1945 kehrt Ernst Machner, Mitte zwanzig, aus dem Krieg heim. Tuche möchte er weben, aber die Genossen überreden ihn, Neulehrer zu werden. Er stellt sich der Forderung. Machner nimmt Abschied von Hilde Tamm, die den Heimkehrer liebevoll aufgenommen hatte. Als Dorfschullehrer beginnt er seine Laufbahn, die ihn immer wieder auf einen neuen Platz, vor neue Herausforderungen stellt. Anfang der 50er Jahre wird er Direktor eines traditionsreichen Gymnasiums. Dem »Roten« begegnet man dort mit Ablehnung, sowohl in der Klasse, deren Lehrer nach dem Westen ging, als auch im weitgehend bürgerlichen Lehrerkollegium. Machner ist diesen Kollegen in fachlicher Hinsicht kaum gewachsen, aber er lernt, während er lehrt. Die Ablehnung der Schüler schlägt bald in Aufmerksamkeit und Achtung um. Dann warten auf ihn neue Aufgaben. Er ist skeptisch, ob er ihnen gewachsen ist, doch wird sie in Angriff nehmen.

Filmtext: Die besten Jahre. In: Die Verlobte. Texte zu sieben Spielfilmen von Günther Rücker. Berlin: Henschelverlag 1988

NICHTS ALS SÜNDE
RE: Hanus Burger – BU: Hanus Burger, Helmut Grewald, Alfred Hirschmeier, Ingrid Reschke – LV: Komödie »Was ihr wollt« von William Shakespeare in der Musical-Fassung von Günter Deicke und Klaus Fehmel – DR: Maurycy Janowski, Traudl Kühn – KA: Helmut Grewald – MU: Klaus Fehmel, MB: Karl-Ernst Sasse – SB: Alfred Hirschmeier – KO: Gerhard Kaddatz – Bärbel Winzer – PL: Helmut Klein – GR: KAG »Johannisthal« – m: 2890 = 106 min. – fa – Cine – AD: 15.10.1965 – DA: Helga Čočková – GE: Jutta Hoffmann (Viola) – Annekathrin Bürger (Olivia) – Brigitte Krause (Maria) – Arno Wyzniewski – GE: Fred Frohberg (Herzog Orsino) – Herwart Grosse – GE: Gerry Wollf (Malvolio) – Hans Lucke – GE: Manfred Krug (Narr) u. a. – KR: Funke, C.: -. M 23.10.1965 – G.A.: Shakespeare mit Musik. NW 15.10.1965 – Heidicke, M.: Ein lohnender Versuch. BZ 20.10.1965 – Hofmann, H.: Unvergängliches Vergnügen. MV 27.10.1965 – Seydel, R.: -. FS 1965/25, S.9.

Der liebestrunkene Herzog von Illyrien sendet seinen Pagen als Boten zur angebeteten Gräfin Olivia, die sich der Werbung des Herzogs schon lange entzieht und nun in dessen Pagen verliebt. Der aber ist ein Mädchen: Viola, die nach einem Schiffbruch an Illyriens Küste strandete und sich in Männerkleidern als ihr verschollener Bruder ausgibt. Sie wiederum ist in ihren Herren, den Herzog, verliebt. Ein turbulentes Verwechslungsspiel beginnt, in dessen Verlauf Violas Bruder wieder auftaucht. Am Ende bekommen beide Frauen den Mann ihres Herzens.

OHNE PASS IN FREMDEN BETTEN

RE: Vladimir Brebera – BU: Jurek Becker, Kurt Belicke – DR: Maurycy Janowski, Thea Richter – KA: Horst Hardt – MU: Karel Krautgartner – SB: Ernst-Rudolf Pech – KO: Elisabeth Selle – SC: Wally Gurschke – PL: Helmut Klein – GR: KAG »Johannisthal« – m: 2481 = 91 min. – s/w – AD: 12.11.1965 – DA: Miroslav Horníček (Jelinek) – Christel Bodenstein (Susi) – Kurt Kachlicki (Eddy) – Eva-Maria Hagen (Yvonne) – Carola Braunbock (Trude Kabuffke) – Gerhard Bienert (Wilhelm Kabuffke) u. a. – KR: Haacke, M.: Verschenkte Gelegenheit. VS 26.11.1965 – Herrmann, G.: Federleicht und fröhlich. BZA 12.11.1965 – H.U.: Ein Riesenrad spielt Zufall. NZT 16.11.1965 – Knietzsch, H.: Herziger, schmerziger Kintopp. ND 14.11.1965 – M.H.: -. BZ 16.11.1965 – Rehahn, R.: Horníček alias Jelinek. WP 1965/48 – R.S.: -. FS 1965/25, S.9.

Eine Stunde Zugaufenthalt in Berlin will der Tschechoslowake Jelinek auf dem Rummel verbringen. Doch als er in der Gondel des Riesenrads ganz oben ist, bleibt das Gefährt mit einem Defekt stehen, und er verpaßt den Zug, in dem sich Gepäck und Paß befinden. Da die Botschaft am Sonnabend geschlossen ist, hilft der Riesenradbesitzer – mit einem Bett im Wohnwagen eines Freundes. Der Wagen setzt sich in der Frühe plötzlich in Bewegung, und Jelinek landet weit außerhalb Berlins an einem See. Ein kühles Bad beschert ihm die Bekanntschaft mit der hübschen Susi. Damit fangen die Schwierigkeiten erst richtig an, denn Susis Verlobter mißversteht ihre Hilfsbereitschaft. Sogar die Polizei muß eingreifen, wobei sich herausstellt, daß ein Bahnbeamter freundlicherweise Jelineks Papiere aus dem abfahrenden Zug gerettet hat.

DER FRÜHLING BRAUCHT ZEIT

RE: Günter Stahnke – BU: Hermann O. Lauterbach, Konrad Schwalbe, Günter Stahnke – DR: Hans-Joachim Wallstein, Bruno Pioch – KA: Hans-Jürgen Sasse – MU: Gerhard Siebholz – SC: Erika Lemphul – PL: Heinz Herrmann – GR: KAG »Babelsberg« – m: 2606 = 96 min. – s/w – PM: 25.11.1965 – PM-Ort: Berlin; »Colosseum« – DA: Eberhard Mellies (Heinz Solter) – Elfriede Nee (Ruth Solter) – Doris Abeßer (Inge Solter) – Günther Simon (Eberhard Faber) – Karla Runkehl (Luise Faber) – Rolf Hoppe (Wiesen) u. a. – KR: Albrecht, H.: Konflikte beim Vorwärtsschreiten. NZ 27.11. 1965 – Knietzsch, H.: Mißverständnis in Schwarz-Weiß. ND 28.11.1965 – Salow, F.: Entfremdete Leinwand. FS 1965/26, S.8 – Sobe, G.: Verbotener Frühling. BZ 23.1.1990 – Kersten, H.: Nach

einem Vierteljahrhundert unverändert aktuell. TSP 21.1.1990.

Der parteilose Heinz Solter, Ingenieur eines Energieversorgungsbetriebes, wird fristlos entlassen und steht vor dem Untersuchungsrichter. An einer von ihm abgenommenen Ferngasleitung gab es bei starkem Frost eine Havarie. Solter wird grobe Fahrlässigkeit, wenn nicht gar Sabotage angelastet. Er weist die Schuld von sich. Der anfangs gegen ihn eingenommene Untersuchungsrichter beschließt, den Fall im Betrieb aufzurollen. Es stellt sich heraus, daß Solter die Abnahme wider besseres Wissen auf Anweisung der Betriebsleitung vorgenommen hat. Für Direktor Faber stehen Planerfüllung, Erfolg und seine eigene Karriere an erster Stelle. Die Untersuchung des Falles führt zu heftigen Auseinandersetzungen im Betrieb, in deren Verlauf die Leitungs- und Arbeitsmethoden Fabers schonungsloser Kritik ausgesetzt sind. Immer mehr Mitarbeiter stellen sich auf die Seite Solters. Es kommt zur Rücknahme der Anklage.

1966

HAMIDA
(CO-PRODUKTION DDR / TUNESIEN)
(KINDERFILM)

RE: Jean Michaud-Mailland – BU: J. L. Bost, Khaled Abdul Wahab – LV: Novelle »Pas de cheval pour Hamida« von Gabrielle Estivals – DR: Walter Janka – KA: Otto Hanisch – MU: Karl-Ernst Sasse – SB: Hatem ben Milad – KO: Annik Michaud – SC: Helga Emmrich – PL: Alexander Lösche, Noureddine Mechri – GR: KAG »Babelsberg 65« – CO: Satpec, Tunis – Tunes. Titel: H' mida – m: 2125 = 78 min. – s/w – AD: 28.1.1966 – DA: Jean Davy (Der Chef, Großvater Renauds) – Christine Laszar (Helene, Renauds Mutter) – Amor Aouini (Hamida) – Francis Lefebvre (Renaud) – Abdellatif B. Eljia (Salah) u. a. – KR: Beckmann, M.: Vom Beginn einer neuer Zeit. JW 6.2.1966 – Gersch, W.: -. FWM 1966/2, S.484-88 – H.A.: Sie waren Kinder... NZ 1.2.1966 – Rehahn, R.: Filmbegegnung mit Tunesien. WP 1966/8 – Salow, F.: -. FS 1966/3, S.8 – Sobe, G.: Verfilmte Novelle. BZ 2.2.1966.

Eine Farm in Tunesien, 1950, zur Zeit der französischen Kolonialherrschaft. Die Kinder Renaud, Enkel des französischen Farmbesitzers, und Hamida, der sein Leben als Hirte fristet, sind Freunde. Eines Tages stürzt der elfjährige elternlose Hamida bei der Suche nach einem Schaf in den Fluß. Renaud, der den Verlust des Schafes versehentlich verschuldet hatte, rettet ihn, doch Hamida erkrankt lebensgefährlich an einer Lungenentzündung. Der Farmeigentümer lehnt die flehentlichen Bitten seines Enkels ab, einen Arzt zu holen. Für einen arabischen »Sklaven« gibt er kein Geld aus. Hamida stirbt. Seine Beerdigung wird zu einer Demonstration aller Landarbeiter gegen den französischen Unterdrücker.

DIE SÖHNE DER GROSSEN BÄRIN

RE: Josef Mach – SZ: Liselotte Welskopf-Henrich – LV: Gleichnamiger Roman von Liselotte Welskopf-Henrich – DR: Margot Beichler, Hans-Joachim Wallstein – KA: Jaroslav Tuzar – MU: Wilhelm Neef – SB: Paul Lehmann – KO: Günther Schmidt – SC: Ilse Peters – PL: Hans Mahlich – GR: KAG »Roter Kreis« – m: 2673 = 98 min. – fa – AD: 18.2.1966 – DA: Gojko Mitic (Tokei-ihto) – Jiří Vrštala (Red Fox) – Rolf Römer (Tobias) – Hans Hardt-Hardtloff (Major Smith) – Gerhard Rachold (Leutnant Roach) – Horst Jonischkan (Adams) u. a. – KR: Beckmann, M.: Tokei-ihto hält uns in Atem. JW 20.3.1966 – Hansen, B.: -. FWM 1966/2, S.503-09 – Heidecke, M.: -. BZ 22.2. 1966 – Reichow, J.: Tokei-ihto heißt der Held. ND 20.2.1966 – Rehahn, R.: Ein Hoch dem Dakota-Häuptling! WP 1966/11 – Salow, F.: -. FS 1966/5, S.9.

Tokei-ihto, Häuptling der »Söhne der großen Bärin« vom Stamme der Dakota, ist von Leutnant Roach nach Fort Smith bestellt worden. Er vermutete einen Verrat der Weißen und hätte lieber mit Oberhäuptling Tashunka-witko gegen sie gekämpft, aber die Ältesten haben anders

1

4

2

5

3

Kinderfilme der DEFA:

1 Doris Weikow als
  »Schneewittchen«
  (1961/RE: Gottfried Kolditz)

2 Lutz Manke in
  »Die Igelfreundschaft«
  (1962/ RE: Herrmann Zschoche)

3 Horst Papke (Mitte) in
  »Die Jagd nach dem Stiefel«
  (1962/RE: Gottfried Kolditz)

6

4 Dietrich Heilmann in
  »Vom König Midas«
  (1963/RE: Günter Stahnke)

5 Karin Ugowski in
  »Frau Holle«
  (1963/RE: Gottfried Kolditz)

6 Eberhard Schaletzky in
  »Engel im Fegefeuer«
  (1965/RE: Herrmann Zschoche)

428

entschieden. In Begleitung seines persönlichen Feindes Fred Clark, genannt Red Fox, angekommen, bestätigt sich sein Verdacht. Die Weißen wollen die Indianer von ihrem vertraglich zugesicherten Land vertreiben, denn dort wurde Gold gefunden. Tokei-ihto verweigert das Einverständnis, in eine Reservation auf unfruchtbarem Gebiet zu ziehen, und wird eingekerkert. Als die kämpfenden Dakota geschlagen und umgesiedelt sind, läßt man ihn frei. Die anderen seiner Stammesgruppe haben ihren Fehler inzwischen eingesehen, und mit Tokei-ihto beschließen sie, ins freie Kanada zu fliehen. Eine erbitterte Verfolgung setzt ein. Während der Stamm die Grenze passiert, stellt Tokei-ihto sich Red Fox zum letzten Kampf und besiegt ihn.

ALFONS ZITTERBACKE
(KINDERFILM)
RE: Konrad Petzold – BU: Joachim Düring, Konrad Petzold – LV: Erzählung »Alfons Zitterbacke, die heitere Geschichte eines Pechvogels« von Gerhard Holtz-Baumert – DR: Werner Beck – KA: Eberhard Borkmann – MU: Gerhard Rosenfeld – SB: Erich Krüllke, Werner Pieske – KO: Gerhard Kaddatz – SC: Thea Richter – PL: Bernhard Gelbe – GR: KAG »Berlin« – m: 1843 = 68 min. – fa – AD: 25.2.1966 – DA: Helmut Rossmann (Alfons) – Claudia Mögenburg (Micki) – Günther Simon (Vater Zitterbacke) – Angela Brunner (Mutter Zitterbacke) – Helge Vollbrecht (Mäxchen) – Uwe Pietsch (Peter) u. a. – KR: Jahn, M.: -. Elternhaus und Schule 1966/4, S.15 – M.T.: -. BZ 2.3.1966.

Alfons ist ein aufgeweckter, phantasievoller Junge und träumt von der Zukunft, während er alle Hände voll zu tun hat, seine Alltagsprobleme zu lösen. Von den Kindern wird er wegen seines Namens verspottet, der Vater beanstandet seine schwachen Muskeln. Er will, daß sein Sohn ein »ganzer Mann« wird. Und der gibt sich reichlich Mühe, wobei ihm Freundin Micki eine treue Stütze ist. Wenn er aber an einem stillen Plätzchen ruht, dann versetzt er sich in die Zukunft, wo er sich als umjubelter Sportler oder gar Kosmonaut auf Weltraumabenteuern sieht.

REISE INS EHEBETT
RE: Joachim Hasler – BU: Maurycy Janowski, Joachim Hasler, Claus Hammel – DR: Dieter Scharfenberg – KA: Joachim Hasler, Hans-Jürgen Reinecke – MU: Gerd Natschinski – SB: Alfred Tolle – KO: Dorit Gründel – SC: Hildegard Tegener – PL: Horst Dau – GR: KAG »Johannisthal« – m: 2443 = 90 min. – fa – Cine – AD: 8.4.1966 – DA: Anna Prucnal (Eva) – Claus Jurichs (Bootsmann) – Eva-Maria Hagen (Marylou) – Günther Simon (Kapitän) – Werner Lierck (Obermeier) – Frank Schöbel (Moses) u. a. – KR: emjot: Ein Bild von einem Bootsmann. BZ 13.4.1966 – Holland-Moritz, R.: -. WBÜ 25.5.1966 – Me.: Casanova von der Handelsflotte. NZT 6.4.1966 – Rabenalt, P.: -. FWM 1966/2, S.495-502 – Rehahn, R.: -. WP 1966/16 – Salow, F.: Bei leicht bewegter See. FS 1966/9, S.8 – Reichow, J.: -. ND 9.4.1966 – Schröder,

M.: Eine Schiffsladung Musik. JW 14.4.1966.

Der Bootsmann eines 5000-Tonners der Handelsmarine ist ein guter Seemann, aber ein Filou. Die zahlreichen Landgänge sind mit ebenso zahlreichen Frauengeschichten verbunden, die nicht selten zu Ärger Anlaß geben. Das soll anders werden, und dazu muß der Bootsmann in feste Hände geraten. Zu diesem Zweck wird für die Tour nach Leningrad die reizende Journalistin Eva, die es in sich hat, an Bord genommen. Es läßt sich auch gut an – bis ein blinder Passagier auftaucht. Marylou von der Haifischbar ist ihrem angebeteten Bootsmann gefolgt. Als die beiden Frauen herausfinden, was gespielt wird, verbünden sie sich gegen die Männer. Am Ende landen sowohl der Bootsmann als auch der Kapitän im Hafen der Ehe.

DIE REISE NACH SUNDEVIT
(KINDERFILM)
RE: Heiner Carow – BU: Heiner Carow, Benno Pludra – LV: Gleichnamige Erzählung von Benno Pludra – DR: Gudrun Rammler – KA: Jürgen Brauer – MU: Karl-Ernst Sasse – SB: Georg Wratsch – SC: Erika Lemphul – PL: Siegfried Kabitzke – GR: KAG »Kinderfilm« – m: 2042 = 75 min. – s/w – AD: 20.5.1966 – DA: Ralf Strohbach (Tim Tammer) – Siegfried Höchst (Kalli) – Horst Drinda (Abschnittsbevollmächtigter) – Arno Wyzniewski (Oberwachtmeister Schröder) – Ralph Borgwardt (Theo Brom) – Fritz Bartholdt (Vater Tammer) – Ursula Wolf (Mutter Dammer) u. a. – KR: Albrecht, H.: Hab Mut, Junge! NZ 28.4.1966 – e.o.: Ausflug mit vielen Hindernissen. NZT 7.6.1966 – Frölich, U.: Familienausflug nach Sundevit. WP 1966/24 – Gehler, F.: -. SO1966/26 – Knietzsch, H.: Bürstenkopf mit blanken Augen. ND 24.4.1966 – Simon, R.: -. FWM 1966/3-4, S.874-81.

Tim, der als Sohn eines Leuchtturmwärters ein recht einsames Leben führt, ist glücklich, als Pioniere ihre Zelte bei ihm aufschlagen. Die Kinder freunden sich an, und er darf mit ihnen nach Sundevit fahren, um dort die Ferien zu verbringen. Einen Auftrag aber muß er vor der Reise noch schnell erledigen. Unterwegs trifft er immer wieder auf Menschen, die seine Hilfe brauchen. Er hilft, obwohl ihm die Zeit davonläuft. Endlich zurück, sind die Pioniere weg. Tim fährt ihnen nach und gerät dabei durch Unvorsichtigkeit in Gefahr. Auf einem Manövergelände wird er aufgegriffen und zur Polizei gebracht. Als er seine Geschichte erzählt, finden sich Menschen, die jetzt ihm helfen. So erreicht er Sundevit und seine Freunde doch noch.

FLUCHT INS SCHWEIGEN
RE: Siegfried Hartmann – BU: Siegfried Hartmann, Edmund Kiehl – LV: Motive des Romans »Der Tod zahlt mit Dukaten« von Wolfgang Held – DR: Dieter Wolf – KA: Rolf Sohre – MU: Karl Schinsky – SB: Alfred Thomalla – KO: Günther Schmidt – SC: Helga Emmrich – PL: Alexander Lösche, Horst Klein – GR: KAG »Babelsberg« – m: 2277 = 83 min. – s/w – AD: 27.5.1966 – DA: Fritz Diez (Stetter) – Dieter

Wien (Hoffmann) – Marita Böhme (Helga Klink) – Regine Albrecht (Inge Klink) – Jiří Vrštala (Wills) – Hans-Joachim Hanisch (Zschunke) – Hans Hardt-Hardtloff (Schindler) u. a. – KR: Albrecht, H.: Peinliche Begegnung. NZT 3.6.1966 – Beckmann, M.: Die Spannung fehlt. JW 3.6.1966 – Knietzsch, H.: -. ND 31.5.1966 – Salow, F.: Zwischen den Stühlen. FS 1966/12, S.11 – Sobe, G.: Mißlungene Flucht. BZ 2.6.1966.

Zwanzig Jahre nach dem Krieg wird in einem thüringischen Dorf bei Bauarbeiten ein Skelett gefunden. Die Kriminalisten Stetter und Hoffmann ermitteln, daß es sich um einen ehemaligen SS-Offizier handelt – in dieser Gegend aber wurde nicht gekämpft. Verdächtig ist der damalige Grundstücksbesitzer, und der wird nach Bekanntwerden des Falls ermordet. Eine mittelalterliche Goldmünze führt die Kriminalisten zu Helga Klink, die damals hier lebte und sich nun durch ihr Schweigen verdächtig macht. Auch zwei auffallend interessierte Fremde tauchen auf. Man findet eine zweite Goldmünze. Schließlich entwirren Stetter und Hoffmann die Fäden, die das damalige Verbrechen mit dem heutigen verknüpften und überführen die Täter.

SPUR DER STEINE
RE: Frank Beyer – BU: Karl Georg Egel, Frank Beyer – LV: Gleichnamiger Roman von Erik Neutsch – DR: Günter Mehnert, Werner Beck – KA: Günter Marczinkowsky – MU: Wolfram Heicking, Kunze, MB: Joachim Werzlau – SB: Harald Horn – KO: Elli-Charlotte Löffler – SC: Hildegard Conrad – PL: Dieter Dormeier – GR: KAG »Heinrich Greif« – m: 3795 = 139 min. – s/w – Cine – PM: 15.6.1966 – PM-Ort: Potsdam – DA: Manfred Krug (Hannes Balla) – Krystyna Stypulkowska (Kati Klee) – Eberhard Esche (Werner Horrath) – Johannes Wieke (Hermann Jansen) – Walter Richter-Reinick (Richard Trutmann) – Hans-Peter Minetti (Heinz Bleibtreu) – Walter Jupé (Hesselbart) u. a. – KR: A.Z.: Vertrauen oder nicht? NDB 1.7.1966 – Konrad, H.: Spuren der Steine? ND 6.7.1966 – -: Wert oder Unwert. FS 1966/14, S.2 – Schirrmeister, H.: Kraft des Vertrauens. T 17.6.1966 – Schiewe, S.: Zurück zum Dogma. SpVB 20.7.1966 – Brandt, E.-M.: Spur eines Films. SO 12.11.1989 – Müller, V.: Wieder auf der »Spur der Steine« - Erstaunliches war zu entdecken. ND 24.11.1989 – Sobe, G.: Die Tragödie von der Spur der Steine. BZ 25.11.1989 – Knöfler, F.: Mit Vaterlandsliebe und Mutterwitz. T 27.11.1989 – Rehahn, R.: Steinige Spurensuche. WP 8.12. 1989 – Wischnewski, K.: Spuren eines Films. WBÜ 1989/47, S.1487-89 – Holland-Moritz, R.: Kino-Eule. ESP 1990/1 – Zimmerling, I./ Schenk, R.: -. FS 1989/26, S.10/11 – Beyer, F.: Warum waren diese Filme 23 Jahre lang verboten? FS 1989/26, S.26 – Pflaum, H.G.: Was 1966 verboten wurde. SüZ 10.5.1990 – che.: Vom notwendigen Scheitern eines Systems. NZZ 16.8.1990 – Roth, W.: -. TSP 17.7.1966 – Roth, W.: -. epd film 1990/5, S.32 – Böttiger, H.: Die Bleibtreus haben das Sagen. StZ 10.5. 1990 – Kühn, H.: Mit Krug durch den wilden Osten. FRu 15.5.1990 – Seidl, C.: Vorwärts und nicht vergessen. Zeit 11.5.1990.

Werner Horrath, Parteisekretär der Großbaustelle Schkona, muß sich vor der Parteileitung wegen unmoralischen Verhaltens und politisch-ideologischen Versagens verantworten. – Ein Jahr zuvor: Horrath kommt als neuer Parteisekretär auf die Baustelle, zur gleichen Zeit wie die junge Ingenieurin Kati Klee. Beide stoßen auf den Widerstand Hannes Ballas. Er ist der ungekrönte König der Baustelle, seine Brigade steht hinter ihm wie ein Mann. Alle sind sie ausgezeichnete Arbeiter und können sich auf Balla verlassen. Was die Bauleitung vermasselt, rückt er auf seine anarchistische Weise wieder gerade. Das zahlt sich aus – in den Lohntüten der »Ballas« wie für den gesamten Bau. Die Fähigkeiten Ballas erkennend, versuchen Horrath und Kati, ihn zur Zusammenarbeit zu bewegen, wobei der Parteisekretär Mut zeigt und vor unkonventionellen Mitteln nicht zurückschreckt. Balla imponiert das, die drei werden ein gutes Team, das dem Chaos auf der Baustelle zu Leibe rückt. Kati liebt und verehrt Horrath, doch dieser ist verheiratet und hat ein Kind. Er liebt beide Frauen und kann sich nicht entscheiden. Damit gerät er nicht nur in einen persönlichen Konflikt, sondern kollidiert mit den Parteiprinzipien.

SCHWARZE PANTHER

RE: Josef Mach – BU: Dorothea Richter, Paul Berndt – DR: Gerhard Hartwig – KA: Jaroslav Tuzar – MU: Helmut Nier – SB: Dieter Adam – KO: Günther Schmidt – SC: Anneliese Hinze-Sokolow – PL: Dorothea Hildebrandt – GR: KAG »Roter Kreis« – m: 2393 = 88 min. – fa – Cine – AD: 5.8.1966 – DA: Angelika Waller (Martina) – Christine Laszar (Christina) – Hannjo Hasse (Leon) – Helmut Schreiber (Dittrich) – Horst Kube (Paul) – Gerd Ehlers (Direktor) – Ivan Malré (Spielleiter) u. a. – KR: Albrecht, H.: -. FWM 1966/3-4, S. 888-92 – Pfelling, W.: Tierdressuren als Spielfilmhandlung. JW 11.8.1966 – Sobe, G.: -. BZ 30.7.1966 – Salow, F.: Ohne Netz ins »Happy-end«. FS 1966/18, S.9.

Der Artist Carvelli möchte mit seiner 17jährigen Tochter Martina ein sensationelles Duo am Perch werden. Martina aber stellt fest, daß die Hochseilartistik ihr nicht liegt. Sie hat Angst. Mit Kleinigkeiten aber will sie sich auch nicht abgeben und beschließt, Dompteuse zu werden. Die schwarzen Panther haben es ihr angetan. Dompteur Dittrich, den sie liebt, will sie jedoch nicht zu den gefährlichen Tieren lassen. Also beschließt sie, den Beruf von der Pike auf zu lernen und nimmt eine Tierpfleger-Lehre im Tierpark an. An ihrem letzten Abend kommt es in der Zirkusmanege zu einem Zwischenfall. Dittrich wird von den Panthern bedroht. Und plötzlich steht Martina neben ihm im Käfig und bändigt die Raubkatzen. Sie hatte nachts heimlich mit ihnen trainiert.

LEBENDE WARE

RE: Wolfgang Luderer – BU: Walter Jupé, Friedrich Karl Kaul, Wolfgang Luderer – DR: Aenne Keller – KA: Hans Heinrich – MU: Wolfgang Lesser – SB: Alfred Drosdek – KO:

Joachim Dittrich – SC: Wally Gurschke – PL: Fried Eichel – GR: KAG »Heinrich Greif« – m: 2638 = 97 min. – s/w – Cine – AD: 9.9.1966 – DA: Horst Schulze (Becher) – Marion van de Kamp (Gräfin) – Hannjo Hasse (Eichmann) – Siegfried Weiß (Chorin) – Wolfgang Greese (Kastner) – Peter Sturm (Mahlmann) u. a. – KR: H.U.: Geschäfte mit der Angst. NZT 16.6.1966 – Sobe, G.: Premiere in Babelsberg. BZ 14.6.1966 – Hofmann, H.: Die Millionen des Kurt Andreas Becher. MVS 8.6.1966.

Im Mittelpunkt dieses auf einem authentischen Fall basierenden Films steht die Vergangenheit des in der Bundesrepublik unbehelligt lebenden Geschäftsmanns Kurt Andreas Becher. 1944 nimmt der SS-Obersturmbannführer und Chef des SS-Ausräumkommandos in der Budapester Villa des Juden Dr. Chorin, Hauptaktionär eines Konzerns, Quartier. Er stellt Chorin vor die Alternative: Deportation in ein Vernichtungslager oder Rettung ins Ausland für alle Familienangehörigen der Aktionäre, wenn er Becher »freiwillig« den Konzern in Treuhand gibt. Chorin wählt das Leben. Für Becher ist dies der Anfang eines bestialischen Handels: Vermögen gegen Leben. Es gelingt ihm, den Leiter der zionistischen Bewegung Ungarns zu seinem Handlanger zu machen. Den größten Teil der Beute bringt Becher auf ein Schweizer Konto. Nach dem Krieg gelingt es ihm, alle Verfahren gegen ihn unbeschadet zu überstehen und mit den erbeuteten Millionen ein Unternehmen aufzubauen.

1967

DAS TAL DER SIEBEN MONDE

RE: Gottfried Kolditz – BU: Irmgard und Lutz Köhlert – LV: Gleichnamiger Roman von Harry Thürk – DR: Gerhard Hartwig – KA: Erwin Anders – MU: Gerhard Wohlgemuth – SB: Erich Krüllke, Werner Pieske – KO: Günter Pohl – SC: Ursula Zweig – PL: Martin Sonnabend – GR: KAG »Roter Kreis« – m: 1997 = 73 min. – s/w – AD: 10.2.1967 – DA: Manfred Richter (Rudek) – Heidrun Polack (Martyna) – Fritz Links (Skutella) – Marianne Christina Schilling (Stephanie) – Hannjo Hasse (Sanitter) – Karl-Heinz Liefers (Banz) u. a. – KR: Albrecht, H.: Entscheidungen im Tal der sieben Monde. NZ 15.2.1967 – Albrecht, H.: -. FWM 1967/2, S.636-40 – ch: Bedrohte Liebe in schwerer Zeit. NZT 10.2.1967 – Friedrich, M.: Gefährdete Liebe. FS 1967/5, S.17 – Reichow, J.: -. ND 12.2.1967 – Sobe, G.: -. BZ 15.2.1967 – Steineckert, G.: Kino-Eule. ESP 1967/10.

Ein Tal in den Beskiden 1944. Hier begegnen sich das polnisch-jüdische Mädchen Martyna und der »Volksdeutsche« Rudek. Martyna hält sich versteckt, Rudek baut an der Eisenbahnlinie, auf der polnisches Erz ins Reich transportiert werden soll. Die polnischen Arbeiter meiden ihn, die Nazis verlangen von ihm Spitzeldienste. Er will sich heraushalten, hofft auf ein baldiges Ende des Krieges, denn die Russen stehen schon in Lublin. Als die alte Babka, bei der Martyna wohnt, von Gendarmen gehängt wird, weil sie Partisanen unterstützte, beginnt Rudek nachzudenken. Aber es müssen noch andere Grausamkeiten geschehen, bis er bereit ist, den Partisanen bei der Sprengung der Eisenbahnanlagen zu helfen. Nach der Aktion gehen er und Martyna mit ihnen.

DAS MÄDCHEN AUF DEM BRETT

RE: Kurt Maetzig – BU: Ralph Knebel – DR: Christel Gräf – KA: Erich Gusko – MU: Gerhard Rosenfeld – SB: Dieter Adam – KO: Katrin Johnsen – SC: Brigitte Krex – PL: Heinz Herrmann – GR: KAG »Roter Kreis« – m: 2612 = 96 min. – s/w – PM: 16.2.1967 – PM-Ort: Berlin; »Kosmos« – DA: Christiane Lanzke (Katharina) – Klaus Piontek (Peter) – Hannjo Hasse (Klemm) – Monika Woytowicz (Claudia) – Irene Korb (Katharinas Mutter) – Norbert Christian (Deutschlehrer) – Günter Grabbert (Trainer Korn) u. a. – KR: Beckmann, M.: Katharinas Sprung zu neuen Erkenntnissen. JW 26.2.1967 – Gehler, F.: Die Ankunft der Katharina Lenz. SO 1967/8 – Nowak, J.: -. ND 19.2.1967 – Rabenalt, P.: -. FWM 1967/2, S.620-27 – Salow, F.: Sprung ins Leben. FS 1967/6, S.10 – Jelenski, M.: -. BZ 21.2.1967 – Rehahn, R.: Spring, Katharina! WP 1967/10 – Steineckert, G.: Kino-Eule. ESP 1967/10.

Katharina Jens ist mit ihren achtzehn Jahren bereits eine erfolgsgewöhnte Wasserspringerin. Bei einem internationalen Wettkampf soll sie statt der ausgefallenen Teamgefährtin Claudia den schwierigen anderthalbfachen Salto mit doppelter Schraube springen, um den Sieg für die Mannschaft zu sichern. Sie versagt. Zu der

Enttäuschung kommen Zweifel an ihrer Leistungsfähigkeit. Trainer Korn stellt sie eine Woche vom Training frei – Zeit zum Besinnen. Aber Katharina ist deprimiert über diesen Ausschluß. Die Begegnung mit verschiedenen Menschen, dem Dramaturgen Klemm beispielsweise, der mit ihr über das Wesen der Angst spricht, gibt ihr Hilfe. Und Peter, ein junger Mann, den sie auf den ersten Blick mag, bringt sie auf einfühlsame Weise dazu, über ihren Schatten zu springen.

DEFA 70

RE: Werner Bergmann – BU: Werner Bergmann – DR: Willi Brückner – KA: Werner Bergmann – MU: Gerhard Siebholz – SB: Werner Zieschang – KO: Joachim Dittrich – SC: Helga Krause – PL: Herbert Ehler – GR: KAG »Heinrich Greif« – m: 908 = 33 min. – s/w – fa – 70 mm – 6-Kmgt – AD: 3.3.1967 – DA: Yvy Cant (Mädchen) – Gunter Schoß (Junge) – Ivan Malré (Herr) – Eberhard Cohrs (Halbgespenst) – Vera Oelschlegel (Chansonsängerin) – Werner Pauli (Gitarrist) – Frank Schöbel (Sänger) u. a. – KR: Funke, C.: DEFA 70. M 9.3.1967 – Klötzer, C.: Laßt uns größer werden. ESP 1967/41 – M.: Die Kamera rast über die Achterbahn. NZT 12.3.1967 – Tok, H.-D.: Ja zum Experiment. FS 1967/7, S.6.

Zwei Männer fahren mit einem knallroten Opel Dixi durch das Elbsandsteingebirge zur Premiere eines 70-Millimeter-Films. Unterwegs nehmen sie eine junge Anhalterin mit. Während diese nach einer Autopanne den defekten Reifen ins nächste Dorf rollt, träumen die beiden Männer von Abenteuern mit dem hübschen Mädchen. Anhand dieser Visionen demonstriert der Film Möglichkeiten und Wirkungen des 70-Millimeter-Formats. Die Aufnahmen zeigen unter anderem herrliche Landschaften, einen Sonnenuntergang an der Ostsee, Achterbahnfahrten, Gespenstererscheinungen, Auto- und Flugzeugjagden, Tanzveranstaltungen und Sinfoniekonzerte.

EIN LORD AM ALEXANDERPLATZ

RE: Günter Reisch – SZ: Kurt Belicke – DR: Maurycy Janowski – KA: Jürgen Brauer – MU: Gerd Natschinski – SB: Alfred Thomalla – KO: Dorit Gründel – SC: Monika Schindler – PL: Fried Eichel – GR: KAG »Johannisthal« – m: 3055 = 112 min. – s/w – PM: 3.3.1967 – PM-Ort: Berlin; »Kosmos« – DA: Erwin Geschonneck (Ewald Honig) – Angelica Domröse (Ina) – Monika Gabriel (Johanna Farkas) – Armin Mueller-Stahl (Dr. Achim Engelhardt) – Marianne Wünscher (Frau Müller) – Erika Dunkelmann (Frau Schlosser) u. a. – KR: Billing, G.: Filmjournal. WBÜ 1967/14 – Funke, C.: Mit Homburg und dem Stern. M 3.3.1967 – Gersch, W.: -. FWM 1967/2, S.628-35 – H.U.: Heiterkeit in Sachen Honig. NZT 8.3.1967 – Knietzsch, H.: Das süße Leben. ND 5.3.1967 – Jelenski, M.: Echtes Lustspiel in unseren Kinos. BZ 7.3.1967 – Rehahn, R.: Er sah aus wie ein Lord... WP 1967/12 – Salow, F.: Er sah aus wie ein Lord... FS 1967/7, S.10 – Steineckert, G.: Kino-Eule. ESP 1967/14.

Ex-Heiratsschwindler Ewald Honig kommt aus Westdeutschland zu seiner Tochter Ina nach Ostberlin, um hier einen geruhsamen Lebensabend zu verbringen. Er ist bereits über die Fünfzig. Ina, ganz die Tochter ihres Vaters, versucht, sich mit Hilfe graumelierter Herren finanziell zu sanieren. Während er seine Tochter davon abzubringen sucht, indem er die Ehe ihrer »Opfer« kittet, machen es einige Damen fortgeschrittenen Alters Ewald schwer, der eigenen Versuchung zu widerstehen. Indes ist die ungarische Kriminalistin Johanna Farkas auf der Suche nach Ewald und der Kriminalpsychologe Dr. Achim Engelhardt auf der Suche nach Ina. In eigener Sache sozusagen. Da sich beide nicht kennen, hält Achim Johanna für die Gesuchte. So kommt es zu einem Liebes-Verwechslungsspiel mit Happy-End.

DIE GEFRORENEN BLITZE

RE: János Veiczi – BU: Harry Thürk, János Veiczi – LV: Motive des Dokumentarberichts »Geheimnis von Huntsville« von Dr. Julius Mader – DR: Dieter Wolf – KA: Günter Haubold – MU: Günter Hauk – SB: Christoph Schneider – KO: Joachim Dittrich, Gerhard Kaddatz – SC: Ruth Ebel, Bärbel Winzer, Karin Kusche – PL: Erich Kühne – GR: KAG »Babelsberg 67« – m: 4518 = 166 min. – s/w – Cine – PM: 13.4.1967 – PM-Ort: Berlin; »Kosmos« / »International« – DA: Alfred Müller (Dr. Grunwald) – Leon Niemczyk (Stefan) – Dietrich Körner (Raketenbaron) – Emil Karewicz (Jerzy) – Renate Blume (Ingrid) – Ewa Wiśniewska (Hanka) – Reimar Joh. Baur (Dr. Kummerow) – Werner Lierck (Dräger) u. a. – KR: Gehler, F.: Die Macht der Machtlosen. SO 1967/18 - - Haedler, M.: Besiegter Raketentod. M 16.4.1967 – H.U.: Das sabotierte Wunder. NZT 14.4.1967 – Knietzsch, H.: Die Schlacht um Peenemünde. ND 13.4.1967 – Kultzscher, K.: Kino-Eule. ESP 1967/19 – Matschke, E.: -. FWM 1967/2, S.609-19 – Pfelling, W.: Vom Antlitz der Unbesiegbaren. JW 16.4.1967 – Rehahn, R.: Gegen Tod und Wunder. WP 1967/26 – Salow, F.: Stärker als »Wunderwaffen«. FS 1967/9, S.8 – Schötzki, H.: Das größere Wunder von Peenemünde. WBÜ 1967/18.

Teil 1 – Target Peenemünde: Seit 1936 wird in der Heeresversuchsanstalt Peenemünde unter größter Geheimhaltung an der Entwicklung einer ballistischen Fernrakete, die im geplanten Krieg eingesetzt werden soll, gearbeitet. 1939 gibt der antifaschistische Wissenschaftler Dr. Kummerow einen anonymen Bericht darüber an die englische Botschaft in Oslo, den man in London aber jahrelang ignoriert. Widerstandsgruppen in Frankreich, Polen und Deutschland dagegen versuchen, Hitlers »Wunderwaffe« auf die Spur zu kommen. Der Pole Borawski aus Warschau wird in das Peenemünder Objekt eingeschleust. Das polnische Hausmädchen des Wissenschaftlers Grunwald und deren Bewacher Dräger, der später für die Aufklärungsarbeit gewonnen werden kann, helfen ihm. Nachdem die Widerstandsgruppen immer neues Material weitergeleitet haben, entschließt man sich in London endlich zu einem Luftangriff.

Teil 2 – Password Paperclip: Der alliierte Angriff richtet großen Schaden an, trifft die Raketenproduktion jedoch nicht im Kern. Unter den Opfern befinden sich auch Grunwalds Freundin und sein Hausmädchen. Schon lange im Gewissenskonflikt, begibt sich Grunwald jetzt auf die Seite des Widerstands. Die Produktion wird von Peenemünde in eine seit langem vorbereitete unterirdische Anlage im Harz verlegt. Mit organisierter Sabotage versuchen die Antifaschisten, die Raketen untauglich zu machen. Während sie sich auch von brutalsten Vergeltungsschlägen der SS nicht einschüchtern lassen, bereitet der Leiter des Unternehmens sein Arrangement mit den anrückenden Amerikanern vor, die den Experten brauchen.

KAULE
(KINDERFILM)

RE: Rainer Bär – BU: Rainer Bär – LV: Motive des gleichnamigen Kinderbuches von Alfred Wellm – DR: Margot Beichler – KA: Hans-Jürgen Sasse – MU: Peter Rabenalt – SB: Werner Zieschang – KO: Lydia Fiege – SC: Evelyn Carow – PL: Anni von Zieten – GR: KAG »Jugend- und Kinderfilm« – m: 2212 = 81 min. – s/w – PM: 7.5.1967 – PM-Ort: Berlin; »Kosmos« – DA: Hartmut Schwerdtfeger (Kaule) – Karin Asmus (Karola) – Reinhard Jacht (Otto) – Ulf-Peter Tannert (Pjotr) – Kazimierz Opaliński (Vater Pietsch) – Erik Veldre (Hollnagel) u. a. – KR: e.o.: Ein Leben lang auf der Suche. NZT 1.6.1967 – Holland-Moritz, R.: Kino-Eule. ESP 1967/23 – Jelenski, M.: Verwirrung kindlicher Gefühle. BZ 18.5.1967 – Knietzsch, H.: Die Großen und die Kleinen. ND 28.5.1967 – Rehahn, R.: -. WP 1967/22 – Salow, F.: Debüt mit »Kaule«. FS 1967/16, S.11 – Geisler, U.: Forderung: Schöpferisches Denken. FWB 1968/1, S.33-46.

Im kleinen Dorf Hinrichsfelde lebt der 11jährige Kaule, ein aufgeweckter Junge mit großem Unternehmungsgeist. Doch irgendwie schafft er es immer, daß seine gutgemeinten Aktionen den anderen nicht zur Freude geraten. Die Komplikationen mehren sich, als der neue Zootechniker Hollnagel mit seiner Tochter Karola ins Dorf kommt. Karola ist das schönste Mädchen, das Kaule je sah, und sie ist so alt wie er. Er möchte ihr gefallen und macht wieder alles falsch. In seiner Verzweiflung erweist sich ihr Vater aber als verständnisvoll. Kaule kann sein Herz ausschütten, was seinen Kummer lindert.

HOCHZEITSNACHT IM REGEN

RE: Horst Seemann – BU: Karl-Heinz Lennartz, Horst Seemann – DR: Gerd Gericke – KA: Helmut Grewald – MU: Wolfram Heicking, Klaus Hugo, Gerhard Siebholz, Klaus Lenz, Jürgen Hermann, Thomas Natschinski, ML: Wolfram Heicking – SB: Alfred Hirschmeier – KO: Dorit Gründel – SC: Erika Lehmphul – PL: Horst Dau – GR: KAG »Johannisthal« – m: 2862 = 105 min. – fa – Cine – PM: 14.5.1967 – PM-Ort: Karl-Marx-Stadt; »Europa-Lichtspiele« – DA: Traudl Kulikowsky (Gabi) – Frank Schöbel (Freddy) – Gerhard Bienert (Futtermeister) – Günter Junghans (der Verlobte) – Elke Rieckhoff (die Verlobte) – Herbert Köfer (Cheftrainer) u. a. – KR: Albrecht, H.: Glanz der Sonnenseite. NZ 26.5.1967 – Berger, W.N.: Musical im Regen. BZ 9.4.1967 – Gehler, F.: Heiteres Plädoyer für die Phantasie. SO 1967/26 – Holland-Moritz, R.: Kino-Eule. ESP 1967/27 – Knietzsch, H.: Ritt in die Sonne. ND 22.5.1967 – Rehahn, R.: Musik, Poesie, Handlungslöcher. WP 1967/24 – Salow, F.: Mit Phantasie und Wagemut. FS 1967/12, S.9.

Die junge Friseuse Gabi von der Ostseeküste möchte unbedingt Jockey werden. Sie packt ihre Sachen, fährt nach Hoppegarten – und bekommt vom Cheftrainer eine Absage. Aufgeben will sie nicht, und um wenigstens ein Dach überm Kopf zu haben, heiratet sie überstürzt den sympathischen Freddy. Zweiter Reinfall. Freddy kampiert auf dem Zeltplatz, und daß sie Jockey werden will, gefällt ihm auch nicht. Erster Lichtblick: Der Stallmeister in Hoppegarten hat ein gutes Herz und läßt sie heimlich trainieren. Nun zeigt auch Freddy Einsicht, verkauft sein Motorrad, um Gabi die Teilnahme an einem internationalen Nachwuchsrennen in Budapest zu finanzieren. Natürlich siegt sie, und aus Freude darüber findet die nachträgliche Hochzeitsfeier in Budapest statt.

DER REVOLVER DES CORPORALS
(KINDERFILM)
RE: Rolf Losansky – BU: Günter Mehnert, Rolf Losansky – LV: Nach Motiven der Erzählung von Eberhard Panitz – DR: Gudrun Rammler – KA: Günter Eisinger – MU: Karl-Ernst Sasse – SB: Hans-Jorg Mirr – KO: Joachim Dittrich – SC: Anneliese Hinze-Sokolow – PL: Siegfried Kabitzke – GR: KAG »Jugend- und Kinderfilm« – m: 2533 = 93 min. – s/w – PM: 1.6.1967 – PM-Ort: Berlin; »Babylon« – DA: Peter Donat – SP: Michael Herbst (Hilario) – Heinz Tischer – SP: Bernd Rogahn (José) – Günter Naumann (Corporal Camillo Calzado) – Ruth Kommerell (Mutter von José) – Bruno Carstens (Vater von José) – Sylvia Kuziemski (Schwester von José) u. a. – KR: Geisler, U.: Erkenntnisreicher »Corporal«. FS 1967/18, S.8 – G.S.: Das Gesetz der Rebellen. NZT 15.6.1967 – Jahn, M.: Hilario zieht in die Berge. JW 15.6.1967 – Jelenski, M.: -. BZ 6.6.1967 – Knietzsch, H.: -. ND 6.8.1967 – Geisler, U.: Forderung: Schöpferisches Denken. FWB 1968/1, S.33-46.

Kuba in den 50er Jahren, zur Zeit der Batista-Diktatur. Die beiden Jungen Hilario und José wollen in die Berge zu den Rebellen, wo ihre älteren Brüder längst sind. Doch bei der Beschaffung einer Waffe fällt Hilario den Söldnern in die Hände. Ein Corporal hilft ihm, und der glaubt, in ihm seinen Bruder zu erkennen. José macht sich allein auf den Weg, während Hilario seinen Bruder sucht, um ihn auf die richtige Seite zu bringen. Er wird eingesperrt, aber wieder freigelassen. Mit dem Bruder vereinbart er einen Treffpunkt, zu dem der Corporal Waffen für die Rebellen bringen will. Als Hilario dort eintrifft, entdeckt er die Waffen, statt des Bruders aber eine Truppe von Söldnern. Man hat ihm eine Falle gestellt. Da tauchen die von José alarmierten Partisanen auf. Nach einem Feuergefecht flieht Hilario mit ihnen in die Berge, den Revolver des Bruders fest in der Hand.

GESCHICHTEN JENER NACHT
(EPISODENFILM)

m: 2972 = 109 min. – s/w – PM: 8.6.1967 – PM-Ort: Berlin; »International«

I. PHÖNIX
RE: Karlheinz Carpentier – BU: Karlheinz Carpentier – DR: Dieter Wolf – KA: Hans-Jürgen Sasse – MU: Georg Katzer – SB: Alfred Drosdek – KO: Babett Koplowitz – SC: Susanne Carpentier – PL: Dieter Dormeier – GR: KAG »Babelsberg 67« – DA: Hans Hardt-Hardtloff (Kommandeur) – Peter Reusse (Junger Karl) – Peter Sindermann (Bräutigam 1933) – Renate Bahn (Braut 1933) – Gerry Wolff (Fremder) – Raimund Schelcher (Maler) u. a.

II. DIE PRÜFUNG
RE: Ulrich Thein – BU: Ulrich Thein, Erik Neutsch, Hartwig Strobel – DR: Dieter Wolf – KA: Hartwig Strobel – MU: Wolfgang Pietsch – SB: Harald Horn – KO: Helga Scherff – SC: Brigitte Krex – PL: Dieter Dormeier – GR: KAG »Babelsberg 67« – DA: Dieter Mann (Robert Wagner) – Jenny Gröllmann (Jutta Huth) – Horst Schulze (Heinrich Huth) – Inge Keller (Margitta Huth) – Eberhard Esche (Dr. Ernest Huth) – Regina Beyer (Gisela) u. a.

III. MATERNA
RE: Frank Vogel – BU: Werner Bräunig, Frank Vogel – DR: Dieter Wolf – KA: Claus Neumann – MU: Günter Hauk – SB: Alfred Hirschmeier – KO: Günther Schmidt – SC: Lotti Mehnert – PL: Dieter Dormeier – GR: KAG »Babelsberg 67« – DA: Ulrich Thein (Materna) – Angelika Waller (Hanna) – Johannes Wieke (Wiczorek) – Werner Dissel (Kilian) – Frank Reckslack (Ulli) – Werner Kanitz/Winfried Glatzeder (2 Maurer)

IV. DER GROSSE UND
DER KLEINE WILLI
RE: Gerhard Klein – BU: Helmut Baierl, Gerhard Klein – DR: Dieter Wolf – KA: Peter Krause – MU: Wilhelm Neef – SB: Alfred Drosdek – KO: Gerold Winkler – SC: Evelyn Carow – PL: Dieter Dormeier – GR: KAG »Babelsberg 67« – DA: Erwin Geschonneck (Willi Lenz) – Jaecki Schwarz (Wilfried Zank) – Christoph Engel (Kämpfer mit Brille) – Rudolf Ulrich (Karl) – Ernst-Georg Schwill (Melder) – Otto Stark (Müder Kämpfer) u. a.

KR: Albrecht, H.: Ein fruchtbarer Punkt. NZ 15.6.1967 – F. G.: 13. August 1961 im Film. SO 1967/26 – H.U.: Vor Entscheidungen gestellt. NZT 14.6.1967 – Knietzsch, H.: Dialoge mit dem Bewußtsein. ND 12.6.1967 – Kultzscher, K.: Kino-Eule. ESP 1967/19 – Rehahn, R.: -. WP 1967/27.

Vier Episoden, die unterschiedliche Menschen in Entscheidungssituationen zeigen – in der Nacht vom 12. zum 13. August 1961. In »Phönix« entschließt sich ein Kampfgruppenkommandeur, seinen jungen Genossen in jener Nacht zu Hause zu lassen, denn der feiert gerade Hochzeit. 1933 hatte er eine ähnliche Situation erlebt. Damals kam der Genosse dennoch – wie der junge Mann heute. – In »Die Prüfung« entscheidet sich ein 18jähriges Mädchen, ihren republikflüchtigen Eltern nicht in den Westen zu folgen. – Der Maurer »Materna« hatte sich 1945 geschworen, nie wieder ein Gewehr in die Hand zu nehmen. Die Ereignisse des 17. Juni 1953 veränderten seine Haltung, und auch in dieser Nacht steht er mit dem Gewehr Posten. – »Der große und der kleine Willi« – der kleine versucht, in einer geklauten Kampfgruppenuniform nach Westberlin zu kommen, der große hält ihn auf. Bei einem brutalen Angriff anderer Flüchtlinge schlägt sich der kleine Willi auf die Seite des großen, der ihm durch sein verständnisvolles Verhalten Achtung abgerungen hatte.

MEINE FREUNDIN SYBILLE
RE: Wolfgang Luderer – BU: Rudi Strahl, Wolfgang Luderer – LV: Motive der gleichnamigen Erzählung von Rudi Strahl – DR: Anne Pfeuffer – KA: Rolf Sohre – MU: Wolfram Heicking – SB: Alfred Drosdek – KO: Barbara Müller – SC: Ilse Peters – PL: Manfred Renger – GR: KAG »Berlin« – m: 2282 = 84 min. – fa – Cine – PM: 24.6.1967 – PM-Ort: Berlin-Grünau; Freilichtbühne – DA: Rolf Herricht (Hurtig) – Hanns-Michael Schmidt (Ronny) – Evelyn Opoczynski (Sybille) – Eva-Maria Hagen (Helena) – Helga Göring (Psychiaterin) – Arthur Jopp (Sybilles Vater) u. a. – KR: Funke, C.: Berge, Meere und Schlösser. M 27.6.1967 – Heidicke, M.: Lachen erwünscht. FS 1967/15, S.9 – H. K.: Habt Vertrauen - alles wird gut. ND 25.6.1967 – Holland-Moritz, R.: Kino-Eule. ESP 1967/27 – Rehahn, R.: -. WP 1967/26 – Voss, M.: Wenn einer eine Reise tut. BZ 25.6.1967.

Auf einer Schwarzmeerreise hat Hilfsreiseleiter Hurtig alle Hände voll zu tun, die – teils kuriosen – Wünsche seiner Gruppe zu erfüllen. Zu dem bunten Reisevölkchen gehört die 17jährige Sybille, die sich auf Anhieb in den flotten, Gitarre spielenden Ronny verliebt. Dessen Blick jedoch fällt auf eine andere. Durch die nicht unerhebliche Schuld des gestreßten Hurtig kommt es dazu, daß die beiden jungen Leute in Suchumi das Schiff verpassen. Teils getrennt, teils zusammen, mal heiter, mal verärgert machen sie sich auf die Landreise durch den schönen Kaukasus, um den nächsten Ankerplatz in Sotschi zu erreichen. Der schuldbewußte Hurtig, seine Betreuerpflicht sehr ernst nehmend, hinterher. Nach vielfältigen Abenteuern gelangen sie mit Hilfe freundlicher Sowjetbürger rechtzeitig in den richtigen Hafen.

Filmtext: Meine Freundin Sybille. Erzählung von Rudi Strahl. Berlin: Eulenspiegel Verlag 1967

CHINGACHGOOK,
DIE GROSSE SCHLANGE
RE: Richard Groschopp – BU: Wolfgang Ebeling, Richard Groschopp – LV: Frei nach dem

Buch »Wildtöter« von James Fenimore Cooper
– DR: Günter Karl – KA: Otto Hanisch – MU:
Wilhelm Neef – SB: Paul Lehmann – KO:
Günther Schmidt – SC: Helga Krause – PL:
Dorothea Hildebrandt – GR: KAG »Roter
Kreis« – m: 2498 = 92 min. – fa – Cine – PM:
25.6.1967 – PM-Ort: Rostock; Freilichtbühne –
DA: Gojko Mitic (Chingachgook, die Große
Schlange) – Rolf Römer (Wildtöter) – Lilo
Grahn (Judith Hutter) – Helmut Schreiber (Tom
Hutter) – Jürgen Frohriep (Harry Hurry) – An-
drea Drahota (Wahtawah) u. a. – KR: Billing,
G.: Sommerfilmjournal. WBÜ 1967/30 – Fun-
ke, C.: Berge, Meere, Schlösser. M 27.6.1967 –
Hjk.: Frau Venus und die Kätzchen. ND 11.7.
1967 – Salow, F.: Von Mohikanern und Huro-
nen. FS 1967/15, S.8 – K.U.P.: Cooper kritisch.
TSP 12.11.1978.

1740. Englische Truppen versuchen, den Franzosen die nordamerikanischen Kolonien abzuja-
gen und verstricken auch die Indianer in diesen
Krieg. Die von den Franzosen gegen die Dela-
waren aufgehetzten Huronen entführen die
Häuptlingstochter Wahtawah, die Chingachgook
versprochen ist. Zusammen mit seinem Freund
Wildtöter will er sie befreien. Nahe des Huro-
nenlagers kommen ihnen Skalpjäger in die
Quere. Chingachgook wird von den Huronen
gefangengenommen. Er versucht sie davon zu
überzeugen, daß der Krieg der Weißen nicht ihr
Krieg ist. Es gelingt ihm nicht. Einer der Jäger
hat inzwischen englische Truppen geholt, die
die Huronen vernichtend schlagen. Deren
schwerverwundeter Häuptling erkennt, daß
Chingachgook recht hatte und erklärt den Frieden mit allen Indianerstämmen. Chingachgook,
Wahtawah und Wildtöter, die das Gemetzel
überlebt haben, kehren ins Delawarengebiet
zurück.

FRAU VENUS UND IHR TEUFEL
RE: Ralf Kirsten – SZ: Brigitte Kirsten – DR:
Willi Brückner – KA: Hans Heinrich – MU:
André Asriel – SB: Hans Poppe, Jochen Keller
– KO: Elli-Charlotte Löffler – SC: Christa Hel-
wig – PL: Werner Liebscher – GR: KAG »Ba-
belsberg 67« – m: 2728 = 100 min. – fa – Cine –
PM: 25.6.1967 – PM-Ort: Erfurt; Freilichtbühne
– DA: Manfred Krug (Hans Müller/Tannhäuser)
– Ursula Werner (Moritz) – Inge Keller (Venus)
– Wolfgang Greese (Landgraf) – Helga Labudda
(Josephine) – Peter Reusse (Walther) u. a. – KR:
Billing, G.: Sommerfilmjournal. WBÜ 1967/30
– Heidicke, M.: Lachen erwünscht. FS 1967/15,
S.9 – H. K.: -. ND 11.7.1967 – Holland-Moritz,
R.: Kino-Eule. ESP 1967/27 – Sobe, G.: Sänger
Krug im Sänger-Krieg. BZ 1.7.1967.

Hans Müller aus Berlin befindet sich auf Reisen
im Thüringischen, begleitet von der ihn liebenden Moritz. Von Treue hält Hans nicht viel, was
zwischen den beiden immer wieder zu Streit
führt. Bei einem Wartburgbesuch greift Frau
Venus empört ein und versetzt den jungen Mann
kurzerhand ins Mittelalter – zwecks Erkennung
des wahren Wesens der Liebe. Als Tannhäuser
muß er sich nun am Hofe des Landgrafen in
einer Schar von Minnesängern behaupten. Beim
Sängerwettstreit tritt er natürlich arg ins Fett-

näpfchen, und ohne den Beistand von Moritz,
die ihm kühn ins 13. Jahrhundert nachgesprun-
gen war, und vor allem der klugen Göttin Venus
wäre das Abenteuer sicher böse ausgegangen.
So aber gelangt Hans bekehrt in die Gegenwart
zurück.

BROT UND ROSEN
RE: Heinz Thiel, Horst E. Brandt – BU: Ger-
hard Bengsch – DR: Günter Karl – KA: Horst
E. Brandt – MU: Helmut Nier – SB: Alfred Tol-
le – KO: Barbara Müller – SC: Helga Emmrich
– PL: Martin Sonnabend – GR: KAG »Roter
Kreis« – m: 2825 = 104 min. – s/w – Cine –
PM: 28.9.1967 – PM-Ort: Berlin; »Internatio-
nal« – Voraufführung: 22.4. 1967, VII. Parteitag
der SED – DA: Günther Simon (Georg Lendau)
– Harry Hindemith (Paul Kallam) – Eva-Maria
Hagen (Jutta Lendau, geb. Krell) – Carola
Braunbock (Emmi Krell) – Helga Göring (Dr.
Helene Seydlitz) – Johanna Clas (Eleonore Mer-
genthin) u. a. – KR: Albrecht, H.: Brücke zur
Gegenwart. NZ 3.10.1967 – Funke, C.: Vom Le-
sen in einem Gesicht. M 8.10.1967 – Holland-
Moritz, R.: Kino-Eule. ESP 1967/46 – Jelenski,
M.: Der Weg des Georg Lendau. BZ 3.10.1967
– Knietzsch, H.: Episoden stolzer Selbstbesin-
nung. ND 30.9.1967 – Rehahn, R.: Mehr Brot
als Rosen. WP 1967/43 – Salow, F.: Der Weg
des Georg Lendau. FS 1967/21, S.9.

Auf dem VII. Parteitag der SED erzählt ein
Delegierter einer Reporterin seine Lebensgeschichte: Den 18jährigen heimkehrenden Soldaten Georg Lendau verschlägt es 1945 in ein
kleines Dorf. Er ist ausgehungert und krank.
Bürgermeister Kallam hilft. Später begegnen sie
sich wieder, inzwischen ist Kallam Direktor
eines Schwermaschinenbaubetriebes. Er gibt
Georg, der Dreher ist, Arbeit. Doch Kallam hat
noch mehr mit ihm vor, will ihn zum Studium
schicken. Georg weigert sich. Eine Sonderschicht, die er nur machte, um seiner zukünftigen Frau Hochzeitsschuhe kaufen zu können,
bringt ihm Konflikte mit rückständigen Kollegen – und die Einsicht, daß man erst besser
arbeiten muß, wenn man besser leben will.
Dieser Einsicht läßt er Taten folgen, wird Meister, Genosse, Studierender.

DIE FAHNE VON KRIWOJ ROG
RE: Kurt Maetzig – BU: Hans-Albert Pederzani
– LV: Gleichnamiger Roman von Otto Gotsche
– DR: Joachim Plötner – KA: Erich Gusko, Ro-
land Dressel – MU: Gerhard Rosenfeld – SB:
Dieter Adam – KO: Katrin Johnsen – SC: Bri-
gitte Krex – PL: Manfred Renger – GR: KAG
»Berlin« – m: 2971 = 109 min. – s/w – Cine –
PM: 25.10.1967 – PM-Ort: Eisleben; »Capitol«
– DA: Erwin Geschonneck (Otto Brosowski
sen.) – Marga Legal (Minna Brosowski) – Hel-
mut Schellhardt (Otto Brosowski jun.) – Harry
Hindemith (Bürgermeister Zonkel) – Fred-Artur
Geppert (Rüdiger) – Eva-Maria Hagen (Elfriede) u. a. – KR: Albrecht, H.: Bewegendes Vorbild einer Familie. NZ 27.10.1967 – Billing, G.:
Journal über einen Film. WBÜ 1967/47 – Funke, C.: Die Fahnenträger von Kriwoj Rog. M
28.10.1967 – H.U.: Die Geschichte der Brosow-

skis. NZT 27.10.1967 – Knietzsch, H.: Brosowski und Genossen. ND 26.10.1967 – Rehahn,
R.: Alltäglich und erhaben. WP 1967/45 – Salow, F.: Schlichtes Heldentum. FS 1967/23, S.9
– Tok, H.-D.: -. FWM 1967/4, S.1339-51.

Am 21. April 1929 findet auf dem Marktplatz
der kleinen Bergarbeiterstadt Gerbstedt im
Mansfelder Kupferrevier die feierliche Übergabe
eine Fahne statt. Ein Solidaritätsgeschenk der
Bergleute aus Kriwoj Rog an ihre Klassenbrü-
der. Der Häuer Otto Brosowski, Funktionär der
KPD, nimmt sie in seine Obhut, und sie fehlt bei
keiner Demonstration der Arbeiter – bis zur
Machtergreifung der Nazis. Diese erkennen die
Gefahr, die von der Symbolkraft der Fahne
ausgeht, und wollen sie in ihre Hände bekommen. Doch keine Verfolgung, Folter und Haft
kann die Bergleute, ihre Familien und Verbündeten dazu bringen, die Fahne »auszuliefern«.
Brosowski hatte geschworen, sie in ein sozialistisches Deutschland zu tragen. Im Juli 1945
verlassen die Amerikaner das Mansfelder Gebiet und die Truppen der Roten Armee marschieren ein – die Gerbstedter Genossen ziehen
ihnen mit der Fahne aus Kriwoj Rog entgegen.

TURLIS ABENTEUER
(KINDERFILM)
RE: Walter Beck – BU: Margot Beichler, Gudrun Rammler, Walter Beck – LV: Marionetten-
märchen nach Motiven der Erzählung »Pinoc-
chios Abenteuer« von Carlo Collodi – DR: Wilhelm Päch – KA: Günter Haubold, Wolfgang
Braumann – MU: Gerhard Wohlgemuth – SB:
Harald Horn – KO: Dorit Gründel – SC: Margrit
Brusendorf – PL: Heinz Kuschke, Siegfried Kabitzke – GR: KAG »Jugend- und Kinderfilm« –
m: 2047 = 75 min. – fa – PM: 3.11.1967 – PM-
Ort: Halle; »Goethe-Lichtspiele« – DA: Martin
Flörchinger (Kasimir, Spielzeugmacher) – Alfred Müller (Muriel, Eselshändler) – Vera Oel-
schlegel (Mirzilla, die Füchsin) – Peter Pollat-
schek (Eusebius, ein Kater) – Martin Hellberg
(Eisenbeiss, Puppentheaterdirektor) – Marianne
Wünscher (Euphrosina, gute Fee) u. a. – KR:
Ge.: Kasper Turli wird ein Menschenkind. NZT
26.10.1967 – Radmann, H.: Hauptrolle: Mario-
nette Turli. M 16.8.1967 – Geisler, U.: Wie der
Kaspar ein Mensch wurde. FS 1968/4, S.8 –
Geisler, U.: Forderung: Schöpferisches Denken.
FWB 1968/1, S.33-46.

Spielzeugmacher Kasimir hat den Kasper Turli
kaum zu Ende geschnitzt, da wird der schon
lebendig und beginnt allerlei Unfug anzustellen
– allerdings nicht in schlechter Absicht. Trotz
aller Ermahnungen schwänzt Turli die Schule,
richtet im Puppentheater Verwirrung an und fällt
schließlich auf den bösen Muriel herein. Der
nutzt die Faulheit der Kinder aus und verwandelt sie in Esel, die für ihn arbeiten müssen. Mit
Hilfe der Fee Euphrosina entkommt Turli, rettet
seinen Vater, der auf der Suche nach ihm von
einem Fisch verschlungen wurde und befreit
auch die anderen Kinder aus Muriels Gewalt.
Zur Belohnung wird Turli zu einem richtigen
Jungen.

DER TAPFERE SCHULSCHWÄNZER
(KINDERFILM)
RE: Winfried Junge – BU: Wera und Claus
Küchenmeister, Winfried Junge – DR: Anne
Pfeuffer – KA: Claus Neumann – MU: Peter
Gotthardt – SB: Erich Kulicke – SC: Lotti Meh-
nert – PL: Heinz Kuschke – GR: KAG »Berlin«
– m: 1815 = 67 min. – fa – PM: 17.12.1967 –
PM-Ort: Berlin; »Kosmos« – DA: André Kal-
lenbach (Thomas Lohmann) – Hartmut Tietz
(Dieter, Thomas' Freund) – Günter Ott (Thomas
Vater) – Jessy Rameik (Lehrerin) – Christoph
Engel (Schuldirektor) – Ilse Voigt (Oma Krüger)
u.a. – KR: e.o.: -. NZT 17.12.1967 – Knietzsch,
H.: Kolumbus in der großen Stadt. ND 18.12.
1967 – Geisler, U.: Wie ein Schulschwänzer
zum Helden wurde. FSP 1968/4, S.9 – Tok,
H.-D.: -. LVZ 25.12.1967 – Geisler, U.: Forde-
rung: Schöpferisches Denken. FWB 1968/1,
S.33-46.

Statt zur Schule zu gehen, bummelt der kleine
Thomas durch die Straßen von Berlin. Dabei
entdeckt er einen Wohnungsbrand und alarmiert
sofort die Feuerwehr, wodurch zwei Kinder
gerettet werden können. Als ein Feuerwehr-
mann ihm danken und seinen Namen aufschrei-
ben will, läuft Thomas davon – weil er ja eigentlich in der Schule sein müßte. Am nächsten
Tag steht seine anonyme Heldentat in der Zeitung, das Weglaufen wird als Bescheidenheit
ausgelegt. Die Lehrerin spricht mit den Kindern
darüber und Thomas gerät in Gewissenskonflikte. Er kann sich nicht zu der Tat bekennen, da er
fürs Schuleschwänzen Zahnschmerzen vorgegeben hat. Die Feuerwehrleute finden ihn und
wollen ihm zusammen mit den Geretteten danken. Da bekennt sich Thomas tapfer zu seiner
Lüge.

1968

DER MORD, DER NIE VERJÄHRT
RE: Wolfgang Luderer – BU: Friedrich Karl
Kaul, Walter Jupé, Wolfgang Luderer – KA: Otto Hanisch – MU: Wolfgang Pietsch – SB: Al-
fred Drosdek – KO: Luise Schmidt – SC: Ilse
Peters – PL: Herbert Ehler – GR: KAG »Ba-
belsberg« – m: 2941 = 108 min. – s/w – Cine –
PM: 11.1.1968 – PM-Ort: Berlin; »Internatio-
nal« – DA: Walter Jupé (Jörns) – Horst Drinda
(Pabst) – Jochen Thomas (Runge) – Rolf Römer
(Liepmann) – Gerhard Rachold (Vogel) – Hann-
jo Hasse (Kapitänleutnant Pflugk-Hartung) –
Wolfgang Greese (Bornstein) u. a. – KR: Al-
brecht, H.: Mechanismus eines Verbrechens. NZ
16.1.1968 – -d: Der Fall Jörns. M 16.1.1968 –
H.U.: Tatort - Eden-Hotel. NZT 14.1.1968 –
Mollenschott, E.: -. ND 13.1.1968 – Salow, F.:
Nützlich, aktuell, notwendig. FSP 1968/ 3, S.8.

Im Berlin des Jahres 1929 steht der fortschrittliche Chefredakteur Bornstein wegen Verleumdung vor Gericht. In einem Artikel seiner Zeitschrift wurde versucht aufzudecken, welche
Rolle Reichsanwalt Jörns zehn Jahre zuvor bei
der »Aufklärung« der Morde an Rosa Luxemburg und Karl Liebknecht gespielt hat. Der
Artikel legte dar, daß der damalige Kriegsge-
richtsrat die Mörder wissentlich deckte und die
Verhandlung verschleppte. In der Gerichtsverhandlung gelingt es, durch die Aussagen von
Zeugen den Wahrheitsgehalt der Veröffentlichung zu beweisen und die Hintermänner des
Mordes als jene zu entlarven, die den Faschismus vorbereiten.

ICH WAR NEUNZEHN
RE: Konrad Wolf – BU: Wolfgang Kohlhaase,
Konrad Wolf – DR: Gerhard Wolf – KA: Wer-
ner Bergmann – SB: Alfred Hirschmeier – KO:
Werner Bergemann – SC: Evelyn Carow – PL:
Herbert Ehler – GR: KAG »Babelsberg 67« –
m: 3262 = 120 min. – s/w – PM: 1.2.1968 –
PM-Ort: Berlin; »Kosmos« / »International« –
DA: Jaecki Schwarz (Gregor) – Wassili Liwa-
now (Wadim) – Alexej Ejboshenko (Sascha) –
Galina Polskich (sowjetisches Mädchen) –
Jenny Gröllmann (deutsches Mädchen) –
Michail Glusski (General) u. a. – KR: Bisky, L./
Netzeband, G.: Helden - Menschen wie wir.
(Zur Aufnahme des Films durch Jugendliche)
ND 21.4.1968 – Funke, C.: Gregor sucht die
Heimat. M 4.2.1968 – Holland-Moritz, R.: Ki-
no-Eule. ESP 1968/8 – H.U.: Heimkehr in ein
fremdes Land. NZT 2.2.1968 – Knietzsch, H.:
Endstation Vaterland. ND 3.2.1968 – Kant, H.:
Willkommen, du schwierige Frage. FO 1968/5 –
Netzeband, G.: Das Alte und das Neue. FSP
1968/3, S.8 – Wolf, G.: Fakten und Überlegun-
gen. FWB 1968/1, S.47-66 – Herlinghaus, R.:
Aktuelle Deutung eines antfaschistischen The-
mas. FWB 1969, S.11-45 – Fritz, K./Schütz, R.:
BFF 1990/39, S. 121-132 – Wulff, H.J.: Ein
Brief zu »Ich war neunzehn«. BFF 1990/39, S.
133-145.

April 1945. In der Uniform eines sowjetischen
Leutnants kommt der 19jährige Deutsche Gregor Hecker in seine Heimat zurück. Er war acht,

als seine Eltern mit ihm nach Moskau emigrierten. Vom 16. April bis 2. Mai fährt er im sowjetischen Militärfahrzeug auf dem Weg der 48.
Armee von der Oder nördlich an Berlin vorbei.
Mit einem Lautsprecher fordert Gregor die noch
vereinzelt kämpfenden Soldaten zum Überlaufen auf. Einige kommen, andere antworten mit
Schüssen. Täglich begegnet Gregor Menschen
unterschiedlicher Art, hoffnungsvollen, verwir-
ten, verzweifelten. Bei seinen russischen Freunden fühlt er sich zu Hause, viele der Deutschen
geben ihm Rätsel auf. Langsam begreift er, daß
es »die Deutschen« nicht gibt. Er trifft einfache
Leute, Mitläufer, Rückversicherer, Überläufer,
Durchhaltefanatiker, eingefleischte Faschisten.
Die erste Begegnung mit aus dem Konzentrationslager befreiten Antifaschisten wird für ihn
zu einem bewegenden Erlebnis. Und als sein
Freund Sascha bei einem letzten Kampfeinsatz
fällt, steht für den erschütterten Gregor fest, daß
er hier am Aufbau eines anderen, besseren
Deutschland wirken wird.

LEBEN ZU ZWEIT
RE: Herrmann Zschoche – BU: Gisela Stein-
eckert – DR: Anne Pfeuffer – KA: Roland Gräf
– MU: Georg Katzer – SB: Christoph Schneider
– KO: Marlene Froese – SC: Rita Hiller – PL:
Erich Kühne – GR: KAG »Berlin« – m: 2297 =
84 min. – s/w – PM: 16.2.1968 – PM-Ort: Gera;
»Panorama-Palast« – DA: Marita Böhme (Karin
Werner) – Alfred Müller (Peter Freund) – Eve-
lyn Opoczynski (Nora Werner) – Jan Bereska
(Mark) – Hanns-Michael Schmidt (Sascha) – Il-
se Voigt (Frau Braun) u. a. – KR: -d.: Aufregung
ums Leben zu zweit. M 28.2.1968 – H.A.:
Kunst des Liebens. NZ 23.2.1968 – Holland-
Moritz, R.: Kino-Eule. ESP 1968/12 –
Knietzsch, H.: Selbstverständlich Liebe. ND
10.3.1968 – Salow, F.: Mit Liebe und Witz. FSP
1968/5, S.23 – Schubert, H.-G.: Ein heiterer
Blick in unseren Alltag. JW 25.2.1968.

Die Standesbeamtin Karin, Mitte Dreißig, seit
langem geschieden, lebt mit ihrer 16jährigen
Tochter Nora allein. Sie hat sich daran gewöhnt,
vor allem an die Unabhängigkeit, die sie nicht
mehr aufgeben möchte. Ihr neuer Freund dagegen, der Mathematiker Peter, will die Ehe. Karin
findet Ausreden, schiebt ihre Tochter vor, der
sie eine solche Lebensveränderung nicht zumu-
ten könne. Doch Peter bleibt hartnäckig, und so
ersinnt Karin einen etwas abwegigen Plan: Peter
soll sich an Nora heranmachen, ihre Sympathie
gewinnen, sich von ihr einladen lassen, um sich
dann in die Mutter zu verlieben. Nora allerdings
durchschaut nicht nur den Plan, sondern hat
bereits eigene Liebesprobleme. Und so nimmt
die Geschichte ihren eigenen – unplanmäßigen
– Verlauf, bis zum Happy-End.

HEROIN
RE: Heinz Thiel, Horst E. Brandt – BU: Gerhard Bengsch – DR: Hans-Joachim Wallstein –
KA: Horst E. Brandt, Horst Orgel – MU: Helmut Nier – SB: Paul Lehmann – KO: Lydia Fiege – SC: Hildegard Conrad-Nöller – PL: Martin
Sonnabend – GR: KAG »Roter Kreis« – m:
2388 = 88 min. – s/w – Cine – PM: 14.3.1968 –

PM-Ort: Berlin; »International« – DA: Günther Simon (Zollkommissar Peter Zinn) – Werner Dissel (Zollrat Donkenberg) – Sylvia Schüler (Zollassistentin) – Günter Wolf (Hauptmann Kremm) – Fredy Barten (Kriminaltechniker) – Brigitte Lindenberg (Frau Baumann) – Willi Schrade (Runge) – Predag Milinković (Ferri) – Alenka Rančić (Lucia) u. a. – KR: Holland-Moritz, R.: Kino-Eule. ESP 1968/16 – H.U.: Rauschgift als Tomatensaft. NZT 15.3.1968 – Jelelnski, M.: Zu Land und unter Wasser. BZ 19.3.1968 – Rehahn, R.: -. WP 1968/13 – Römer, H.: Nicht immer überzeugend. SO 1968/15 – Salow, F.: Spiel mit offenen Karten. FSP 1968/7, S.8.

An einem Bahndamm unweit Berlins werden zwei Tote gefunden, der Schlafwagenschaffner Runge und ein französischer Geschäftsmann, dazu mit Heroin gefüllte Tomatensaft-Büchsen. Kommissar Peter Zinn vom Zoll wird mit der Untersuchung beauftragt. Als neuer Schlafwagenschaffner getarnt, schleust er sich in einen internationalen Schmugglerring ein. Über Budapest nach Belgrad führt die Spur – in den Friseurladen von Ferri. Er und dessen Schwester Lucia wollen Zinn den Stoff verkaufen, doch dieser muß erst vom Grunde der Adria gehoben werden. Während des Tauchens kommt es zwischen Ferri und Zinn zum Kampf. Lucia hatte Zinns wahre Identität herausbekommen und den Bruder informiert. Zinn besiegt Ferri, und am Ufer warten schon jugoslawische Zollbeamte.

WIR LASSEN UNS SCHEIDEN

RE: Ingrid Reschke – SZ: Rudi Strahl – DR: Traudel Kühn, Gerd Gericke – KA: Helmut Grewald – MU: Wolfram Heicking – SB: Harry Leupold – KO: Helga Scherff – SC: Helga Gentz – PL: Fried Eichel – GR: KAG »Johannisthal« – m: 2482 = 91 min. – s/w – Cine – PM: 4.4.1968 – PM-Ort: Berlin; »International« – DA: Dieter Wien (Johannes Koch) – Monika Gabriel (Monika Koch) – Martin Grunert (Manni) – Gerhard Bienert (Opa Koch) – Reiner Schöne (Körner) – Angelika Waller (Maria Hamann) – Brigitte Krause (Lehrerin Hellwig) u. a. – KR: Holland-Moritz, R.: Kino-Eule. ESP 1968/20 – H.U.: Ehekonflikt um eine Berliner Range. NZT 7.4.1968 – Linde, G.: -. BZ 7.1.1968 – Rehahn, R.: -. WP 1968/18 – Schubert, H.-G.: Kesse Berliner Bolle Manni. JW 11.4.1968 – Seydel, R.: Scheidung auf berlinisch. FS 1968/9, S.21.

In der Ehe von Monika und Johannes haben die Auseinandersetzungen ein unerträgliches Maß erreicht. Anlaß ist zumeist der zehnjährige Sohn Manni, Ursache ihre unterschiedlichen Erziehungsauffassungen. Man beschließt die Trennung, doch da keiner auf das Kind verzichten will, soll Manni im Wechsel von vier Wochen mal beim Vater, mal bei der Mutter leben. So kann sich auch erweisen, wer der bessere Erzieher ist, meinen sie. Der Versuch gerät zum Fiasko, denn der pfiffige Junge nutzt die Wettbewerbssituation der Eltern aus und erzwingt so die Erfüllung all seiner Wünsche. Das fehlgeschlagene Experiment bringt Monika und Johannes zur Erkenntnis, daß nur gemeinsames,

vernünftiges Handeln zu einem glücklichen Familienleben führen kann.

DIE NACHT IM GRENZWALD (KINDERFILM)

RE: Kurt Barthel – BU: Kurt Barthel – LV: Gleichnamige Erzählung von Peter Kast – DR: Inge Wüste – KA: Wolfgang Braumann – MU: Peter Rabenalt – SB: Hans-Jorg Mirr – KO: Marlene Froese – SC: Brigitte Krex – PL: Anni von Zieten – GR: KAG »Jugend- und Kinderfilm« – m: 1866 = 68 min. – s/w – Cine – PM: 16.6.1968 – PM-Ort: Berlin; »Kosmos« – DA: Harald Domröse (Harald Klose) – Lutz Fremde (Lutz Brüggemann) – Jiří Vrštala (Toni Gleiser) – Waltraut Kramm (Mutter Klose) – Rudolf Ulrich (Vater Klose) – Gerhard Rachold (Lehrer Wagner) u. a. – Kinder: Werner Radloff (Michael) – Joachim Engbers (Paul) – Knut Schulz (Siegfried) – KR: e.o.: Früchte einer Freundschaft. NZT 28.6.1968 – Kasch, D.: Über den Dächern von... (Vorbesprechung) FSP 1967/25, S.12 – Mollenschott, E.: -. ND 14.7.1968 – Salow, F.: Simplifizierter Widerstand. FS 1968/15, S.8.

1936 in einer Kleinstadt nahe der tschechoslowakischen Grenze. Die Jungen Lutz und Harald verbindet eine enge Freundschaft. Lutz lebt bei seiner den Nazis ergeben Tante. Sein Vater, ein Antifaschist, ist in der Illegalität, er sieht ihn nur manchmal heimlich. Die Mutter ist im Zuchthaus. Haralds Vater, ein SPD-Mann, hat sich offiziell aus der Politik zurückgezogen. Auch Harald weiß nicht, daß er illegale Arbeit macht und ist von der scheinbaren Untätigkeit seines Vaters enttäuscht. Gemeinsam mit Lutz versucht er, den Hitlerjungen und dem Nazilehrer Wagner Paroli zu bieten. Mit dem Hissen der roten Fahne auf dem Rathaus bringt er seine Eltern in die Hände der Gestapo. Seine Mutter hält dem brutalen Verhör nicht stand und gibt den Namen eines Kommunisten preis. Die Jungen informieren den Mann und flüchten mit ihm über die Grenze in die Tschechoslowakei.

HEISSER SOMMER

RE: Joachim Hasler – BU: Maurycy Janowski, Joachim Hasler – DR: Dieter Scharfenberg – KA: Joachim Hasler, Roland Dressel – MU: Gerd Natschinski, Thomas Natschinski – SB: Alfred Tolle – KO: Dorit Gründel – SC: Anneliese Hinze-Sokolow – PL: Horst Dau – GR: KAG »Johannisthal« – m: 2636 = 97 min. – fa – Cine – PM: 21.6.1968 – PM-Ort: Rostock; Freilichtbühne – DA: Frank Schöbel (Kai) – Hanns-Michael Schmidt (Wolf) – Georg-Peter Welzel (»Schpack«) – Hans Mietzner (»Schelle«) – Norbert Speer (»Rechtsanwalt«) – Gerd Nordheim (Tom) – Regine Albrecht (Brit) – Chris Doerk (Stupsi) – Madeleine Lierck (Thalia) u. a. – KR: Haedler, M.: Falken, Menschen, Sensationen. M 23.6.1968 – H.U.: Abenteuer mit Pfeil und Bogen. NZT 23.6.1968 – Holland-Moritz, R.: Kino-Eule. ESP 1968/28 – Mollenschott, E.: Sommer, Kino, Freilichtbühne. ND 30.6.1968 – Pollatschek, C.: Schüsse und Küsse. WP 1968/29 – Salow, F.: Junger Sommer. FS 1968/14, S.9 – Sobe, G.: -. BZ 21.6.1968 –

Voigt, J.: Versuch mit leichter Hand. SO 1968/33.

Zwei Gruppen von Oberschülern trampen in den Sommerferien an die Ostsee und kommen sich auf der Autobahn in die Quere. Die elf Mädchen aus Leipzig geben den zehn Jungen aus Karl-Marx-Stadt das Nachsehen. An der See trifft man sich wieder. Die Jungen sind auf Vergeltung aus, führen die Mädchen in eine Mückenhölle. Der Spaß ist größer als der Ärger, und man kommt sich näher. Stupsi, die die Reise ihrer Gruppe organisierte, hat ein Auge auf Kai geworfen. Der jedoch ist hinter der flotten Brit her und kommt deshalb mit Wolf ins Gehege. Aber auch die kleinen Rivalitäten und so mancher Unfug stören den letztlich gelungenen Urlaub nicht, in dem einige neue Freundschaften geschlossen werden.

SPUR DES FALKEN

RE: Gottfried Kolditz – BU: Günter Karl – DR: Hans-Joachim Wallstein – KA: Otto Hanisch – MU: Karl-Ernst Sasse, Wolfgang Meyer – SB: Paul Lehmann – KO: Günther Schmidt – SC: Helga Krause – PL: Dorothea Hildebrandt – GR: KAG »Roter Kreis« – m: 3290 = 121 min. – fa – Cine – PM: 22.6.1968 – PM-Ort: Berlin; Freilichtbühne Grünau – DA: Gojko Mitic (Falke) – Hannjo Hasse (Bludgeon) – Barbara Brylska (Catherine) – Lali Meszchi (Blauhaar) – Rolf Hoppe (Bashan) – Hartmut Beer (Fletcher) – Helmut Schreiber (Sam Blake) u. a. – KR: Haedler, M.: Falken, Menschen, Sensationen. M 23.6.1968 – Holland-Moritz, R.: Kino-Eule. ESP 1968/32 – H.U.: Abenteuer mit Pfeil und Bogen. NZT 23.6.1968 – Mollenschott, E: Sommer, Kino, Freilichtbühne. ND 30.6.1968 – Pollatschek, C.: Schüsse und Küsse. WP 1968/29 – Salow, F.: Falken, Dolche, Bleichgesichter. FS 1968/14, S.8 – Sobe, G.: -. BZ 22.2.1968.

In der zweiten Hälfte des vorigen Jahrhunderts wird in den Black Hills Gold gefunden. Goldgräber, Abenteurer und Geschäftemacher strömen in das den Dakota-Indianern vertraglich zugesicherte Land. Unter ihnen der Bodenspekulant Bludgeon, der die Indianer mit brutalen Mitteln, unter anderem läßt er ganze Büffelherden abschlachten, zu vertreiben sucht. Während Häuptling Weitspähender Falke mit seinen Männern versucht, Waffen zu beschaffen, tötet Bludgeon mit seiner Bande die im Dorf zurückgebliebenen Indianer. Die Dakota-Krieger kämpfen um ihr Recht, und die Goldgräberstadt wird zum Schauplatz einer Schlacht, bei der nur das anrückende Militär die Niederlage der Weißen verhindern kann. Bludgeon wird im Zweikampf vom Häuptling getötet.

SCHÜSSE UNTERM GALGEN

RE: Horst Seemann – SZ: Wolfgang Held – LV: Motive des Romans »Kidnapped« von Robert Louis Stevenson – DR: Walter Janka – KA: Jürgen Brauer – MU: Wolfram Heicking – SB: Hans Poppe, Jochen Keller – KO: Elisabeth Selle – SC: Erika Lehmphul – PL: Siegfried Kabitzke – GR: KAG »Babelsberg« – m: 2938 = 108 min. – s/w – Cine – PM: 22.6.1968 – PM-

1

3

2

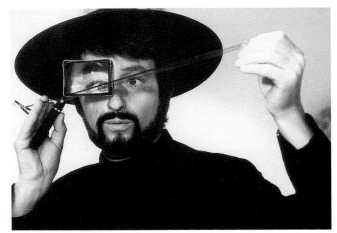

4

5

1 Dieter Wien in
»Käuzchenkuhle«
(1969/RE: Walter Beck)

2 Nico Turoff und Kati Székely in
»Schüsse unterm Galgen«
(1968/RE: Horst Seemann)

3 Manfred Krug und Regina Beyer in
»Hauptmann Florian von der Mühle«
(1968/RE: Werner W. Wallroth)

4 Rolf Römer in
»Mit mir nicht, Madam!«
(1969/RE: Roland Oehme und Lothar Warneke)

5 Vera Oelschlegel in
»Der rote Reiter«
(1970/RE: Walter Beck)

Ort: Schwerin; Freilichtbühne – DA: Werner Kanitz (David Balfour) – Alena Procházková (Catriona) – Thomas Weisgerber (Alan Breck) – Herwart Grosse (Alexander Balfour/Ebenezer Balfour) – Hans Hardt-Hardtloff (Kapitän) – Werner Lierck (Joe) – Jochen Thomas (Schäfer) u. a. – KR: Haedler, M.: Falken, Menschen, Sensationen. M 23.6.1968 – Holland-Moritz, R.: Kino-Eule. ESP 1968/28 – H.U.: Abenteuer mit Pfeil und Bogen. NZT 23.6.1968 – Meyer, K.: Volksheld Parzifal? SO 1968/39 – Mollenschott, E.: Sommer, Kino, Freilichtbühne. ND 30.6.1968 – Pollatschek, C.: Schüsse und Küsse. WP 1968/29 – Salow, F.: Ein Hauch von Persiflage. FS 1968/15, S.8.

Mitte des 18. Jahrhunderts in Schottland. David Balfour, Sohn eines armen Lehrers, erfährt vom sterbenden Vater, daß er der rechtmäßige Erbe von Schloß Balfour ist, in dem sein Onkel Ebenezer lebt. David macht sich auf, sein Erbe zu besichtigen. Sein geld- und machtgieriger Onkel aber ist nicht zum Verzicht bereit, nimmt David gefangen und will ihn als Sklaven nach Amerika verkaufen. Der junge Mann findet Freunde, die mit ihm für sein Recht streiten: den adligen Rebellen Alan Breck und das hübsche Bauernmädchen Catriona, das ihn liebt. Auch die ausgebeuteten Bauern der Umgebung helfen. Als David sein Recht erkämpft hat, verzichtet er jedoch freiwillig. Er distanziert sich von den Ausbeutern und zieht ein einfaches Leben mit Catriona vor.

MORD AM MONTAG

RE: Hans Kratzert – BU: Heiner Rank – LV: Nach Motiven von Fritz Wysbar – DR: Gerhard Hartwig – KA: Peter Krause – MU: Karl-Ernst Sasse – SB: Alfred Hirschmeier – KO: Günther Schmidt – SC: Ursula Zweig – PL: Martin Sonnabend – GR: KAG »Roter Kreis« – m: 2823 = 104 min. – s/w – Cine – PM: 12.9.1968 – PM-Ort: Berlin; »International« – DA: Eberhard Esche (Kriminalassistent Bentheim) – Barbara Brylska (Hanna Stern) – Herbert Köfer (Kriminalinspektor Laube) – Helga Göring (Lydia Amberger) – Horst Schulze (Dr. Ingo Vogelsang) – Lilo Grahn (Gitte Moosbauer) – Angelika Waller (Monika Stangel) u. a. – KR: Anders, K.: -. FSP 1968/14, S.10 – Holland-Moritz, R.: Kino-Eule. ESP 1968/43 – I.R.: Im Dschungel des Verbrechens. NZT 18.9.1968 – Rehahn, R.: -. WP 1968/40 – Salow, F.: Zwiespältiger Eindruck. FS 1968/20, S.8.

In einer westdeutschen Großstadt wird das Fotomodell Monika Stangel in ihrem Appartement ermordet aufgefunden. Die von einer anonymen Frauenstimme benachrichtigte Polizei sieht gerade noch einen Mann verschwinden. Die Kriminalisten Bentheim und Laube finden im Appartement versteckte Rohdiamanten. Die Spur führt zu einem Schieberring mit Verbindung nach Kapstadt und zu dem einflußreichen Industriellen Dr. Vogelsang. Der ist unter keinen Umständen bereit, sich in einen Mordfall verwickeln zu lassen und verweigert die Aussage. Inspektor Laube, der den Fall ohne seinen Kollegen lösen will, wird ermordet. Doch der junge Bentheim hat die Zusammenhänge inzwischen

selbst ermittelt. Die Überführung der Hauptschuldigen gelingt ihm aber nicht, er kommt gegen ihren Einfluß nicht an.

ABSCHIED

RE: Egon Günther – BU: Egon Günther, Günter Kunert – LV: Gleichnamiger Roman von Johannes R. Becher – DR: Konrad Schwalbe – KA: Günter Marczinkowsky – MU: Aus einem Requiem von Paul Dessau – SB: Harald Horn – KO: Werner Bergemann – SC: Rita Hiller – PL: Herbert Ehler – GR: KAG »Babelsberg« – m: 2912 = 107 min. – s/w – Cine – PM: 10.10.1968 – PM-Ort: Berlin; »Kosmos« – DA: Rolf Ludwig (Vater Gastl) – Katharina Lind (Mutter Gastl) – Jan Spitzer (Hans Gastl) – Mathilde Danegger (Großmutter) – Doris Thalmer (Christine) – Heidemarie Wenzel (Fanny) – Bodo Krämer (Feck) – Wilfried Mattukat (Freyschlag) – Klaus Hecke (Löwenstein) – Jürgen Heinrich (Hartinger) – Manfred Krug (Sack) u. a. – KR: Albrecht, H.: Weg des Anderswerdens. NZ 10.10.1968 – Funke, C.: Gewertete Wirklichkeit. FS 1968/22, S.8 – Kerndl, R.: Ein stetes Anderswerden. ND 14.10.1968 – Rehahn, R.: Abschied und Aufbruch. WP 1968/44 – Sobe, G.: -. BZ 12.10.1968 – Voigt, J.: Jeder Abschied ist auch eine Ankunft. SO 1968/40 – Beckelmann, J.: Uraufführung des DEFA-Films »Abschied« in Ost-Berlin. FRu 16.10.1968.

Im August 1914, im allgemeinen Freudentaumel über den bevorstehenden Krieg, trifft der 17jährige Münchner Bürgersohn Hans Gastl eine Entscheidung: Er wird diesen Krieg nicht mitmachen. Dieser Entschluß bedeutet eine Wende in seinem Leben, Abschied von seiner Klasse, seiner Familie. Seine Vorstellungen vom »Anderswerden« sind noch nebulös, doch sie verbinden sich mit einem sinnvollen Leben in einer gerechten Gesellschaft. Der Entschluß kommt nicht spontan: Schon als Kind rebellierte Gastl, der Sohn eines Oberstaatsanwalts, gegen die Saturiertheit und Scheinmoral im Elternhaus. In der Beziehung zu seinen Mitschülern Feck und Freyschlag war er ständig hin- und hergerissen zwischen Bewunderung für deren Mut und Abscheu vor den üblen Streichen. Er denkt an die Freundschaft mit dem Juden Löwenstein und dem Arbeiterjungen Hartinger und an die tragisch endende Liebe mit der Prostituierten Fanny.

DIE TOTEN BLEIBEN JUNG

RE: Joachim Kunert – SZ: Christa Wolf, Joachim Kunert, MI: Anna Seghers – LV: Geichnamiger Roman von Anna Seghers – DR: Walter Janka – KA: Günter Haubold – MU: Gerhard Wohlgemuth – SB: Gerhard Helwig – KO: Dorit Gründel – SC: Christa Helwig – PL: Bernhard Gelbe – GR: KAG »Berlin« – m: 3067 = 112 min. – s/w – Cine – PM: 14.11.1968 – PM-Ort: Berlin; »International« / »Kosmos« – DA: Barbara Dittus (Marie) – Günter Wolf (Geschke) – Klaus-Peter Pleßow (Hans) – Klaus Piontek (Martin) – Peter Borgelt (Triebel) – Dieter Wien (von Wenzlow) – Gunter Schoß (Erwin) – Alfred Struwe (von Klemm) – Kurt Kachlicki (von Lieven) – Isa Wolter (Emmi) u. a. – KR: Al-

brecht, H.: Die Adresse: Gegenwart. NZ 6.12.1968 – Billing, G.: -. WBÜ 1968/50 – Hofmann, H.: -. M 10.11.1968 – Holland-Moritz, R.: Kino-Eule. ESP 1968/51 – Jelenski, M.: Bemühen und Grenzen. FS 1968/24, S.8 – Knietzsch, H.: -. ND 18.11.1968 – Rehahn, R.: -. WP 1968/49 – Salow, F.: Ohne laute Töne. SO 1968/52.

Eine deutsche Chronik, die die Jahre zwischen 1918 und 1945 umfaßt und in zwei Linien die Entwicklung revolutionärer Arbeiter wie reaktionärer Adliger darstellt. 1918 wird der Spartakuskämpfer Erwin von Offizieren erschossen, seine Braut Marie, die ein Kind von ihm erwartet, zieht zu einem Sozialdemokraten, der jedoch zunehmend in politische Resignation verfällt. Der heranwachsende Sohn Hans wird Kommunist. Die Offiziere von Klemm, von Wenzlow und von Lieven, die Erwin 1918 ermordeten, treffen sich beim Kapp-Putsch wieder. Klemm wird von seinem desillusionierten Fahrer in den Tod kutschiert, die anderen beiden ziehen die Naziuniform an. Während des zweiten Weltkrieges wird Lieven, der seine in der Oktoberrevolution enteigneten baltischen Güter wieder in Besitz genommen hat, von den Partisanen erschossen. Wenzlow, an der Ostfront in einen Kessel geraten, läßt den zu seiner Truppe gehörenden Kommunisten Hans, der zur Roten Armee überlaufen wollte, erschießen. Dann erschießt er sich selbst. In Berlin erleben Marie und die junge Kommunistin Emmi, die von Hans ein Kind erwartet, das Ende des Krieges.

HAUPTMANN FLORIAN VON DER MÜHLE

RE: Werner W. Wallroth – SZ: Werner W. Wallroth, Joachim Kupsch – LV: Erzählung »Die Winternachtsabenteuer« von Joachim Kupsch – DR: Werner Beck – KA: Eberhard Borkmann, Hans-Jürgen Kruse – MU: Karl-Ernst Sasse – SB: Joachim Otto – KO: Barbara Müller – SC: Helga Emmrich – PL: Werner Liebscher – GR: KAG »Berlin« – m: 3812 = 140 min. – fa – Cine – 70 mm – PM: 21.11.1968 – PM-Ort: Berlin; »Kosmos« – DA: Manfred Krug (Hauptmann Florian) – Regina Beyer (Duchessa von Guastalla) – Rolf Herricht (Amadeus) – Gisela Bestehorn (Freifrau von Colloredo) – Jutta Klöppel (Fanny Schauendorf) – Hans Hardt-Hardtloff (Nepomuk) u. a. – KR: Holland-Moritz, R.: Kino-Eule. ESP 1968/51 – H.U.: Ein Held in allen Lebenslagen. NZT 22.11.1968 – Knietzsch, H.: Willkommen, neue Dimension. ND 10.12.1968 – L.B.: Heiterkeit farbig auf 70 mm. NZ 22.1.1968 – Salow, F.: Heiteres Spektakulum. FS 1969/1, S.8 – Rehahn, R.: Historie und Histörchen. WP 1968/50 – Sobe, G.: Hauptmann Florian im Glück. BZ 4.12.1968.

Sehr frei nach historischen Tatsachen ist die Geschichte des Müllers Florian gestaltet, der sein Geld für den Krieg gegen Napoleon gab. Nach dem Krieg wird ihm der Ersatz streitig gemacht, und für seine zerstörte Mühle soll er auch noch Steuern zahlen. Er wehrt sich gegen die Pfänder und macht sich auf nach Wien, um beim Kongreß sein Recht einzuklagen. Auf dem Weg rettet er die Duchessa von Guastalla bei

1969

einem Überfall. Sie will in Wien auch ihr Recht, denn seine Majestät Franz II. macht ihr zugunsten seiner Tochter das Erbe streitig. Mit List, Glück und Degen kämpft Florian sich durch den Wiener Adelssumpf und dessen Geheimpolizei, bekommt am Ende ein Vielfaches seines Anspruchs – und die Duchessa bekommt ihn.

12 UHR MITTAGS KOMMT DER BOSS
RE: Siegfried Hartmann – SZ: Wolfgang Held – DR: Walter Janka – KA: Siegfried Hönicke – MU: Karl Schinsky – SB: Christoph Schneider – KO: Werner Bergemann – SC: Hildegard Conrad-Nöller – PL: Erich Kühne – GR: KAG »Babelsberg« – m: 2118 = 78 min. – s/w – Cine – PM: 5.12.1968 – PM-Ort: Berlin; »International«, »Kosmos« – DA: Peter Borgelt (Hauptmann Lindner) – Karl Sturm (Oberleutnant Eckardt) – Angelika Waller (Leutnant Barbara Lenz) – Rolf Herricht (Leutnant Kunze) – Reiner Schöne (Barmixer Lundas) – Vera Oelschlegel (Bankangestellte Wege) – Peter Herden (Friseurmeister Stengler) u. a. – KR: Billing, G.: -. WBÜ 1969/4 – Heidicke, M.: -. BZ 10.12.1968 – Holland-Moritz, R.: Kino-Eule. ESP 1969/3 – ip: Krimi unter Brüdern. NZ 13.12.1968 – Meyer, K.: Zum Abschrecken? SO 1969/7 – Sobe, G.: Spannende Unterhaltung. FS 1969/1, S.9.

Auf der Autobahn Berlin-Leipzig wird in einem brennenden Unfallwagen ein Toter gefunden. Die Ermittlungen der Polizei ergeben: Mord. Fundstücke im Wagen deuten auf Goldschmuggel hin. Bei der Beerdigung des Ermordeten wird dessen Bekanntenkreis unter die Lupe genommen. Verdächtig sind alle. Die Spur führt den Kriminalisten Lindner in eine Bar. Die Fingerabdrücke des Barkeepers Lundas überführen ihn als Mörder. Lindner aber will an die Hintermänner. Unter Zuhilfenahme modernster Technik wird Lundas überwacht und eine Verbindung zu westdeutschen Mittelsmännern festgestellt. Um jedoch die Identität des Bosses zu ermitteln, stellen die Kriminalisten eine Falle, in die dieser auch tappt. Es ist ein Friseurmeister aus dem Freundeskreis des Ermordeten.

KÄUZCHENKUHLE
(KINDERFILM)
RE: Walter Beck – BU: Günter Kaltofen, Walter Beck – LV: Gleichnamiger Roman von Horst Beseler – DR: Margot Beichler, Gudrun Rammler – KA: Lothar Gerber – MU: Klaus Lenz – SB: Erich Krüllke, Werner Pieske – KO: Inge Kistner – SC: Brigitte Krex – PL: Siegfried Kabitzke – GR: KAG »Jugend- und Kinderfilm« – m: 2155 = 79 min. – s/w – PM: 9.2.1969 – PM-Ort: Berlin; »Kosmos« – DA: Martin Flörchinger (Großvater Kalmus) – Dieter Wien (Kohlweis) – Manfred Krug (Hauptmann) – Peter Pollatschek (Abschnittsbevollmächtigter) – Nico Turoff (Gotthold) u. a. – Kinder: Anette Böttche (Linde) – Rainer Haupt (Jampoll) – Jürgen Schoberth (Schraube) – Peter Brock (Kristian) u. a. – KR: e.o.: Das Geheimnis der Käuzchenkuhle. NZT 7.2.1969 – H.K.: Jampoll und Genossen. ND 9.2.1969 – Meyer, K.: Behutsame Weichen. SO 1969/11 – Salow, F.: Kindgemäß, genregerecht. FS 1969/3, S.8 – Tok, H.-D.: Kinderkrimi »Käuzchenkuhle«. WP 1969/8.

Als der kleine Jampoll wie jedes Jahr in den Ferien zum Großvater aufs Land kommt, findet er diesen verändert: Er ist schweigsam, schließt sich in seiner Kammer ein und schreibt etwas auf. Jampoll und seine Freunde wissen, daß dieses Verhalten mit Kohlweis, einem Fremden, der seit kurzem hier lebt, zu tun hat. Die Kinder beobachten Kohlweis und kommen langsam hinter dessen Geheimnis. Gegen Ende des Krieges hatte er als SS-Offizier einen Behälter im Mummelsee versenkt. Der Großvater aber lagerte dieses Behältnis, gemeinsam mit dem stummen Gotthold, in die Käuzchenkuhle um. Gotthold ertrank dabei, was das Gewissen des Großvaters seit damals stark belastet und der Grund für sein jetziges Schweigen ist. Die Kinder informieren den ABV. Sie stellen Kohlweis eine Falle. Als der mit einem Kumpan den Behälter heben will, in dem sich geraubte Kunstschätze befinden, ist die Polizei zu Stelle.

WIE HEIRATET MAN EINEN KÖNIG
(KINDERFILM)
RE: Rainer Simon – BU: Günter Kaltofen, Rainer Simon – LV: Märchen »Die kluge Bauerntochter« der Brüder Grimm – DR: Margot Beichler, Gudrun Rammler – KA: Claus Neumann – MU: Peter Rabenalt – SB: Hans Poppe, Jochen Keller – KO: Günther Schmidt – SC: Margrit Brusendorff – PL: Irene Ikker – GR: KAG »Jugend- und Kinderfilm« – m: 2176 = 80 min. – fa – PM: 23.2.1969 – PM-Ort: Wolterschart – DA: Cox Habbema (Bauerntochter) – Eberhard Esche (König) – Sigurd Schulz (Vater) – Hannes Fischer (Vogt) – Peter Dommisch (Kilian) – Jürgen Holtz (Veit) – Alfredo Lugo (Knut) u. a. – KR: -: Die Kluge und der König. M 23.2.1969 – e.o.: Mit Klugheit und Herzensgüte. NZT 26.3.1969 – I.P.: Zum Schluß wieder zurück zum Schloß? NZ 25.3.1969 – Jelenski, M.: -. BZ 11.3.1969 – Knietzsch, H.: Zähmung eines Königs. ND 13.3.1969 – Meyer, K.: Spielfilm. SO 1969/15 – Schubert, H.-G.: Cox fängt sich einen Gockel. JW 16.3.1969.

Auf einem Stück Land, das ein Bauer und seine Tochter vom König erbaten, finden die beiden eine wertvolle Schatulle – ohne Deckel. Gegen den Rat der Tochter bringt der Bauer sie zum König. Der bezichtigt ihn, den Deckel gestohlen zu haben und kerkert ihn ein. Mit dem Lösen dreier Rätsel kann die Tochter den Vater befreien – und gleichzeitig durch ihre Klugheit das Herz des Königs gewinnen. Als Königin macht sie ihrem Gemahl immer wieder klar, wie ungerecht er seine Untertanen behandelt, und er verweist sie aus dem Schloß. Weil er sie trotz allem liebt, darf sie sich mitnehmen, was ihr das Liebste ist. Und so kommt es, daß der König am nächsten Morgen in einer kleinen Bauernstube erwacht.

DAS SIEBENTE JAHR
RE: Frank Vogel – BU: Frank Vogel – DR: Anne Pfeuffer – KA: Roland Gräf – MU: Peter Rabenalt – SB: Dieter Adam – KO: Helga Scherff – SC: Helga Krause – PL: Erich Kühne – GR: KAG »Berlin« – m: 2263 = 83 min. – s/w – PM: 28.2.1969 – PM-Ort: Berlin; »International« – DA: Jessy Rameik (Dr. Barbara Heim) – Wolfgang Kieling (Günter Heim) – Bettina Mächler (Gabi Heim) – Ulrich Thein (Dr. Manfred Sommer) – Monika Gabriel (Margot Sommer) – Alfred Müller (Werner Wilfurth) u. a. – KR: Albrecht, H.: Der Lebensanspruch der Dr. Barbara Heim. NZ 28.2.1969 – Braunseis, H.: Es kriselt im siebenten Jahr. M 2.3.1969 – Holland-Moritz, R.: Kino-Eule. ESP 1969/15 – Knietzsch, H.: Leben mit Verstand und Herz. ND 2.3.1969 – Kusche, L.: Filmjournal. WBÜ 1969/10 – Salow, F.: Alltag einer Ehe. FS 1969/6, S.10 – Jürschik, R.: Barbaras Bewährung. FS 1969/8, S.8 – Maetzig, K.: Barbaras Bewährung. FS 1969/8, S.9 – Meyer, K.: Porträt einer Frau. SO 1969/13 – Rehahn, R.: -. WP 1969/12 – Sobe, G.: -. BZ 4.3.1969 – WoR: Laute und leise Konflikte. SüZ 27.11.1974.

Vor ihrem siebenten Hochzeitstag befindet sich die Ärztin Barbara Heim in einer Krise. Die Arbeit als Herzchirurgin gehört zu ihrem Lebensinhalt, aber sie fordert viel von ihr. Zu Hause wartet ihr Ehemann Günter – ein vielbeschäftigter Schauspieler, den sie oft nur kurz sieht, bevor er ins Theater muß. Und da ist die sechsjährige Tochter, die die Mutter braucht. Der Tod eines Kindes in der Klinik verstärkt ihren Konflikt. Sie sieht auch die bewundernden Blicke, die Günter für ihre Freundin Margot hat, deren Lebensinhalt darin besteht, sich und ihr Heim zu pflegen. Der Gedanke, die Arbeit für einige Zeit auszusetzen, kommt in ihr auf. Barbara überwindet die Krise. Die Eheleute wissen, daß ihre verantwortungsvolle Tätigkeit Bestandteil ihrer Persönlichkeit ist und eine Grundlage ihrer gleichberechtigten Partnerschaft.

JUNGFER, SIE GEFÄLLT MIR
RE: Günter Reisch – BU: Jurek Becker, Günter Reisch – LV: Frei nach Kleists »Der zerbrochene Krug« – DR: Gerd Gericke – KA: Otto Hanisch – MU: Wolfram Heicking – SB: Joachim Otto – KO: Annemarie Rost – SC: Hildegard Conrad-Nöller – PL: Horst Dau – GR: KAG

»Johannisthal« – m: 2855 = 105 min. – fa – Cine – PM: 20.3.1969 – PM-Ort: Berlin; »International« / »Kosmos« – DA: Wolfgang Kieling (Adam) – Monika Gabriel (Ev) – Jan Spitzer (Ruprecht) – Rolf Ludwig (Schreiber Licht) – Marianne Wünscher (Marthe) – Herbert Köfer (Hauptmann) – Horst Schulze (Justizrat Walter) u. a. – KR: Holland-Moritz, R.: Kino-Eule. ESP 1969/15 – H.U.: Turbulenter Spaß mit der Historie. NZT 23.3.1969 – Knietzsch, H.: Sächsisch-preußische Kabbeleien. ND 30.3.1969 – Kusche, L.: Filmjournal. WBÜ 1969/18 – Jelenski, M.: Bilderbogenspektakel. FS 1969/8, S.10 – Rehahn, R.: Der zerbrochene Krug - gekleistert. WP 1969/15 – Voigt, J.: Kleine Kritik. SO 1969/14.

1792 im Sächsischen. Dorfrichter Adam hat es auf Jungfer Ev abgesehen, und deshalb ist ihm der Schmied Ruprecht, der sie heiraten will, ein Dorn im Auge. Beim nächtlichen Fensterln wird er von Ruprecht überrascht, bekommt zwar von diesem einen Krug auf den Kopf, kann aber unerkannt entkommen. Evs Mutter verklagt Ruprecht wegen des zerbrochenen Krugs beim Richter Adam, der in arge Verlegenheit gerät. Trotz seiner Intrigen kommt die Wahrheit an den Tag. Justizrat Walter aus Dresden rettet das Ansehen der Obrigkeit und sperrt Ruprecht wegen Körperverletzung ein. Da er es aber auch auf Ev abgesehen hat, geht auf seinem Kopf ebenfalls ein Krug zu Bruch, während Adam von durchziehenden preußischen Soldaten als einstiger Dieb ihrer Regimentskasse wiedererkannt und festgesetzt wird.

MOHR UND DIE RABEN VON LONDON (KINDERFILM)

RE: Helmut Dziuba – SZ: Margot Beichler, Gudrun Rammler – LV: Gleichnamiger Roman von Ilse und Vilmos Korn – KA: Helmut Bergmann – MU: Peter Rabenalt – SB: Harry Leupold – KO: Katrin Johnsen – SC: Bärbel Weigel – PL: Manfred Renger – GR: KAG »Berlin« – m: 2604 = 95 min. – s/w – Cine – PM: 22.3.1969 – PM-Ort: Halle – DA: Alfred Müller (Karl Marx) – Barbara Adolph (Jenny Marx) – Marina Propp (Laura Marx) – Christina Daum (Jenny Marx) – Mathias Redweik (Edgar Marx) – Barbara Dittus (Lenchen Demut) – Helmut Straßburger (Friedrich Engels) – Thomas Karl (Joe) – Peter Reusse (Billy) u. a. – KR: Frölich, U.: -. WP 1969/12 – H.U.: Ein lebensvolles Porträt. NZT 30.3.1969 – Mollenschott, E.: Erster Marx-Film der DEFA. ND 31.3.1969 – Salow, F.: Faßbares Marx-Bild. FS 1969/9, S.8 – Schirrmeister, H.: Erstmals Marx im DEFA-Film. T 3.4.1969 – Meyer, K.: Kleine Kritik. SO 1969/17 – -: -. BLZ 18.4.1969.

London 1856. Karl Marx, von seinen Freunden »Mohr« genannt, lebt in der englischen Hauptstadt im Exil. Er lernt den 13jährigen Arbeiterjungen Joe kennen, der zwölf Stunden täglich in einer Spinnerei arbeitet – auch in Nachtschicht, obwohl das Gesetz Nachtarbeit für Kinder untersagt. Joes Bruder Billy versucht mit seiner »Rabenbande«, der Ausbeutung auf eigene Weise zu entgehen: durch Stehlen. Eines Nachts taucht Marx mit einem Inspektor in der Spinne-

rei auf, um das Recht der Kinder durchzusetzen. Er ermutigt die Jungen, über ihre Lage zu sprechen. Einen Diebstahl, den kurz darauf die »Rabenbande« begeht, schieben die Unternehmer den »Aufsässigen« in die Schuhe. Marx setzt sich für sie ein und nimmt sich auch der »Rabenbande« an. Er überzeugt sie von der Sinnlosigkeit ihres Handelns und zeigt ihnen den einzig richtigen Weg. Bei einem Streik der Arbeiter sind dann auch die Jungen dabei.

IM HIMMEL IST DOCH JAHRMARKT

RE: Rolf Losansky – BU: Günter Mehnert, Ulrich Speitel – DR: Gerd Gericke – KA: Helmut Grewald, Felix Pawlowitsch Neimark – MU: Gerd Natschinski – SB: Hans-Jorg Mirr – KO: Barbara Müller – SC: Erika Lehmphul – PL: Fried Eichel, Anni von Zieten – GR: KAG »Johannisthal« – m: 2196 = 81 min. – fa – Cine – PM: 17.4.1969 – PM-Ort: Berlin; »Kosmos« – DA: Regina Beyer (Gitta) – Christel Bodenstein (Isot) – Angelika Waller (Eva) – Heidrun Schwarz-Pollack (Barbara) – Gesine Rosenberg (Maria) – Ingolf Gorges (Thomas) u. a. – KR: Holland-Moritz, R.: Kino-Eule. ESP 1969/21 – ip: Ein Lustspiel fiel nicht vom Himmel. NZ 29.4.1969 – Kusche, L.: Filmjournal. WBÜ 1969/18 – Meyer, K.: Film. SO 1969/21 – Salow, F.: Bemüht um Heiterkeit. FS 1969/11, S.8 – Schroeder, W.: -. WP 1969/16 – Sobe, G.: Himmelhoch jauchzend... BZ 26.4.1969.

Amor spielt eine gewichtige Rolle in dieser Geschichte um fünf junge, hübsche Sportlerinnen, die vom Himmel fallen – sozusagen direkt in die Arme netter junger Männer. Dem Trainer der Fallschirmspringerinnen ist das gar nicht recht, da ein bevorstehender internationaler Leistungsvergleich die ganze Kraft seiner Schützlinge fordert. Er verlangt Enthaltsamkeit in der Liebe. Dannoch gelingt es den Männern nach allerlei Abenteuern, die Mädchen zu erobern. Am Ende ist auch der Trainer zufrieden, denn seine Mädchen erreichen im Sport ihr Ziel.

MIT MIR NICHT, MADAM!

RE: Roland Oehme, Lothar Warneke – BU: Wolfgang Ebeling, Rolf Römer – DR: Günter Karl – KA: Peter Krause, Hans-Joachim Reinicke – MU: Klaus Lenz – SB: Alfred Hirschmeier – KO: Inge Kistner, Heinz Bormann – SC: Ursula Zweig – PL: Martin Sonnabend – GR: KAG »Roter Kreis« – m: 2576 = 94 min. – fa – Cine – PM: 16.5.1969 – PM-Ort: Karl-Marx-Stadt – DA: Rolf Römer (Thomas und Padre) – Annekathrin Bürger (Engländerin Mabel Patrick) – Krystyna Mikolajewska (Eva) – Rolf Herricht (Haselhuhn) – Milivoj Popovic-Mavid (Menzano) – Etta Cameron (Carol X) u. a. – KR: Holland-Moritz, R.: Kino-Eule. ESP 1969/24 – H.U.: Gangsterspektakel am blauen Meer. NZT 20.5.1969 – Linda: Film - gemixt aus vielen Genres. NZ 29.5.1969 – Rehahn, R.: Mit mir nicht, Monsieur! WP 1969/24 – Salow, F.: Mit leichter Hand. FS 1969/13, S.8.

Der Journalist Thomas Ahrens reist mit einer DDR-Delegation zu einem internationalen Modefestival. Doch statt seiner Arbeit nachgehen

zu können, muß er sich im wahrsten Sinne des Wortes seiner Haut erwehren. Er wird mit einem französischen Couturier verwechselt, den die Konkurrenz aus London und Rom auszuschalten versucht. Clever entzieht er sich den Angriffen, gibt auch dem mit raffinierten Mitteln vorgehenden weiblichen Boß der englischen »Gentlemen«, Miß Mabel, das Nachsehen. Und er verliebt sich auch noch in die von ihrem Onkel scharf bewachte hübsche Eva, die er am Ende sogar bekommt. Den echten Franzosen, der inzwischen enttarnt wurde, rettet er zu guter Letzt vor seinen finsteren Konkurrenten.

NEBELNACHT

RE: Helmut Nitzschke – BU: Heiner Rank, Helmut Nitzschke – LV: Roman »Nebelnacht« von Heiner Rank – DR: Gerhard Hartwig – KA: Wolfgang Pietsch – MU: Hans-Dieter Hosalla – SB: Harry Leupold – KO: Günther Schmidt – SC: Brigitte Krex – PL: Bernd Gerwien – GR: KAG »Roter Kreis« – m: 2316 = 85 min. – s/w – Cine – PM: 12.6.1969 – PM-Ort: Karl-Marx-Stadt – DA: Peter Borgelt (Oberleutnant Kreutzer) – Gunter Schoß (Unterleutnant Arnold) – Hannjo Hasse (Dr. Egbert Nikolai) – Hans-Peter Minetti (Karl Svenson) – Gisela Büttner (Katja Alverdes) – Inge Keller (Mathilde Nikolai) u. a. – KR: Holland-Moritz, R.: Kino-Eule. ESP 1969/28 – H.U.: Abenteuer mit Helden und Schurken. NZT 27.6.1969 – N.K./L.B./H.A.: Mixture aus Abenteuern, Heiterkeit und Erotik. NZ 27.6.1969 – Salow, F.: Goldgräber und Trickbetrüger. FS 1969/15, S.8 – Sobe, G.: -. BZ 2.7.1969.

Oberleutnant Kreutzer untersucht mit seinem jüngeren Kollegen Arnold einen Verkehrsunfall, bei dem ein Motorradfahrer ums Leben kam. Die Spuren deuten auf vorsätzliche Tötung. Verdächtig ist der Chefarzt Dr. Nikolai, dessen Wartburg am Unfall beteiligt war. Trotz eines Alibis verhält er sich merkwürdig, unter den Kollegen seiner Klinik gibt es Spannungen, auch sein Sohn zeigt auffälliges Benehmen. Kreutzer geht in präziser Kleinarbeit allen Spuren, jedem Verdacht nach, gerät dabei manches Mal in Widerspruch zu seinem jungen Assistenten, der zu vorschnellen Schlußfolgerungen neigt. Am Ende hat sich seine Methode ausgezahlt. Er kann den Täter, der Dr. Nikolais Wagen für krumme Geschäfte benutzte, stellen.

WEISSE WÖLFE (CO-PRODUKTION DDR / JUGOSLAWIEN)

RE: Konrad Petzold, CO-RE: Boško Bošković – BU: Günter Karl – DR: Hans-Joachim Wallstein, Josip Lešić – KA: Eberhard Borkmann – MU: Karl-Ernst Sasse – SB: Heinz Röske – KO: Günther Schmidt – SC: Thea Richter – PL: Dorothea Hildebrandt, Iso Tauber – GR: KAG »Roter Kreis« – m: 2786 = 102 min. – fa – Cine – PM: 27.6.1969 – PM-Ort: Freilichtbühne Berlin-Grünau – CO: Bosna-Film, Sarajewo/Jugoslawien – Jugosl. Titel: Bijeli Vukovi – DA: Gojko Mitic (Weitspähender Falke) – Horst Schulze (Collins P. Harrington) – Barbara Brylska (Catherine) – Holger Mahlich (Pat Patterson) – Slobodan Dimitrijević (Listiger Fuchs) –

Slobodan Volimirović (Starke Linkshand) – Lali Meszchi (Blauhaar) – Rolf Hoppe (Bashan) u. a. – KR: Haedler, M.: Falke, Florian und Nebelnacht. M 29.6.1969 – H.U.: Abenteuer mit Helden und Schurken. NZT 27.6.1969 – Meyer, K.: Film. SO 1969/29 – Mollenschott, E.: Wilder Westen und historische Wahrheit. ND 2.7.1969 – Salow, F.: Goldgräber und Trickbetrüger. FS 1969/15, S. 8 – Tok, H.-D.: Weiße Wölfe in Tanglewood. WP 1969/28.

Dakotahäuptling Weitspähender Falke sucht mit seiner Frau Blauhaar und zwei Kriegern, den einzigen Überlebenden seines Stammes, eine Zuflucht in den Black Hills. Auf dem Weg wird Blauhaar von einem weißen Banditen hinterrücks erschossen. Falke schwört Rache und begibt sich nach Tanglewood, wo er den Mörder, den zum Gefolge des Bergwerksaktionärs Harrington gehörenden Bashan, weiß. Im Sheriff findet er einen aufrechten Mann, der ihm helfen will. Aber auch er ist ein einsamer Kämpfer. Als Bashan mit seinen Banditen die Stadt im Auftrag Harringtons erobert, kriechen die Bürger zu Kreuze, beugen sich der Macht der Bergwerksgesellschaft. Falke kann Bashan zwar töten, fällt dem Machtkampf der Weißen aber selbst zum Opfer.

SEINE HOHEIT – GENOSSE PRINZ
RE: Werner W. Wallroth – SZ: Rudi Strahl – DR: Anne Pfeuffer – KA: Hans-Jürgen Kruse – MU: Karl-Ernst Sasse – SB: Alfred Tolle – KO: Barbara Müller – SC: Helga Emmrich – PL: Manfred Renger – GR: KAG »Berlin« – m: 2419 = 89 min. – fa – brw – PM: 16.9.1969 – PM-Ort: Berlin, »Kosmos« – DA: Rolf Ludwig (Kaspar Mai alias Eitel Friedrich Prinz von Hohenlohe-Liebenstein) – Regina Beyer (Angelika Engel) – Jutta Wachowiak (Prinzessin Diana) – Ilse Voigt (Spreewald-Emma) – Mathilde Danegger (Fürstin) – Klaus Piontek (Hennes) u. a. – KR: Albrecht, H.: Feudalerbe zwischen Spaß und Ernst. NZ 25.9.1969 – Funke, C.: Zeit für große Fragen. M 26.9.1969 – Holland-Moritz, R.: Kino-Eule. ESP 1969/42 – H.U.: Das Dilemma der blaublütigen Herkunft. NZT 18.9.1969 – Knietzsch, H.: -. ND 19.10.1969 – Jelenski, M.: Gags á la Hausmannskost. FSP 1969/22, S.8 – Meyer, K.: Film. SO 1969/39 – R.Rh.: »Seine Hoheit - Genosse Prinz« lassen bitten. WP 1969/42.

Der Außenhandelskaufmann Kaspar Mai, ein Genosse mit »sauberer« Kaderakte, wird plötzlich mit dem Umstand konfrontiert, daß er ein Prinz von Hohenlohe-Liebenstein ist. Doch damit nicht genug. Seine fürstliche Großmutter setzt ihn als Erben ihres großen Anwesens ein. Bei einem privaten Abstecher zu ihr während einer Dienstreise nach Westdeutschland erfährt er die Ursache. Sie will nicht, daß auf ihrem Grund ein NATO-Flugplatz gebaut wird. In diesem Punkt treffen sich die Interessen der Oma und der DDR, und ein cleverer Anwalt aus dem Osten setzt den Erbanspruch gegen die anderen Familienmitglieder durch, die ihre Schulden mit dem Verkauf des Landes begleichen wollten. Nachdem der Prinz das verhindert hat, möchte er seinen Namen wieder los werden.

Es findet sich eine einfache Lösung. Er heiratet seine Angebetete, Angelika Engel, und nimmt deren Namen an.

ZEIT ZU LEBEN
RE: Horst Seemann – SZ: Wolfgang Held – DR: Walter Janka – KA: Helmut Bergmann – MU: Klaus Hugo – SB: Dieter Adam – KO: Elisabeth Selle, Wolfgang Friedrichs – SC: Bärbel Weigel – PL: Alexander Lösche – GR: KAG »Babelsberg« – m: 2842 = 104 min. – fa – Cine – PM: 25.9.1969 – PM-Ort: Berlin; »International« – DA: Leon Niemczyk (Lorenz Reger) – Jutta Hoffmann (Katja Sommer) – Jürgen Hentsch (Fred Sommer) – Traudl Kulikowsky (Monika May) – Frank Schenk (Klaus Reger) – Fred Delmare (Alfred Kalabis) u. a. – KR: Albrecht, H.: Solche Helden sind unverlierbare Werte. NZ 1.10.1969 – Funke, C.: Zeit für große Fragen. M 26.9.1969 – Geisler, U.: Ein Spielfilm stellt Lebensfragen. SO 1969/44 – H.U.: Poetische Landschaft Gegenwart. NZT 28.9.1969 – Knietzsch, H.: Vom Glück, in dieser Zeit zu leben. ND 26.9.1969 – Jelenski, M.: Vom Sinn des Lebens. FS 1969/21, S.8 – Rehahn, R.: Gedanken über Lorenz Reger. WP 1969/42.

Lorenz Reger, Widerstandskämpfer und Kommunist, hat nach dem Krieg seine ganze Kraft für den Aufbau eines sozialistischen deutschen Staates eingesetzt. Als er erfährt, daß er unheilbar krank ist, rät ihm der Arzt, endlich zur Ruhe zu kommen. Reger aber entscheidet sich, noch einmal eine große Aufgabe zu übernehmen: einen heruntergewirtschafteten Großbetrieb auf Weltniveau zu bringen. Für ihn hat das Leben keinen Sinn ohne schöpferische Arbeit. Es gelingt ihm in kurzer Zeit, zwischen den Mitarbeitern und der neuen Leitung ein Vertrauensverhältnis herzustellen. Unter den veränderten Bedingungen gewinnt der Arbeiter Kalabis seinen alten Elan zurück. Dem Ehepaar Katja und Fred Sommer verhilft Reger zu neuen Perspektiven, indem er Freds seit Jahren ignorierte Entwicklung als elektronischer Rechner fördert und dessen Frau durch Beschaffung eines Krippenplatzes die Wiederaufnahme ihrer Arbeit ermöglicht. Sein beispielhafter Einsatz überzeugt schließlich auch den Sohn Klaus, der sich oft vernachlässigt fühlte. Reger hat es geschafft, den Betrieb zu einer positiven Bilanz zu führen, indem er die Menschen motivierte. Sein Vorbild wirkt über seinen Tod hinaus.

VERDACHT AUF EINEN TOTEN
RE: Rainer Bär – BU: Günter Kaltofen, Rainer Bär – DR: Margot Beichler – KA: Helmut Grewald – MU: Karl-Ernst Sasse – SB: Hans-Jörg Mirr – KO: Katrin Johnsen – SC: Helga Gentz – PL: Walter Ehle – GR: KAG »Johannisthal« – m: 2002 = 73 min. – s/w – Cine – PM: 6.11.1969 – PM-Ort: Berlin; »Colosseum« – DA: Alfred Rücker (Thomas) – Uta Schorn (Renate) – Leon Niemczyk (Dr. Roth) – Günther Simon (Major Klausnitzer) – Dieter Wien (Oberleutnant Dolling) – Kaspar Eichel (Leutnant Matz) – Brigitte Krause (Margot Dege) u. a. – KR: Geisler, U.: Widerspruch zwischen Absicht und Wirkung. FS 1969/25, S.10 –

Holland-Moritz, R.: Kino-Eule. ESP 1969/51 – H.U.: Der Verkehrsunfall war ein Mord. NZT 11.11.1969 – Jelenski, M.: Kriminalfall im Gestüt. BZ 13.11.1969 – Schroeder W.: -. WP 1969/46 – Meyer, K.: Kleine Kritik. Film. SO 1969/46 – Kersten, H.: Stasi und Antonioni. FRu 30.12.1969.

Der angesehene Tierarzt und Leiter eines volkseigenen Gestüts, Dr. Roth, hatte als 16jähriger gegen Ende des Krieges von einem Mann Papiere zur Aufbewahrung entgegengenommen. Jahre später werden sie abgeholt. Der Vorgang jedoch wird ihm zum Verhängnis. Bevor er andere um Hilfe bitten kann, findet man ihn tot in seinem Wagen. Da in unmittelbarer Nähe des Autos Spionagematerial gefunden wird, übergibt die VP den Fall an den Staatssicherheitsdienst, der feststellt, daß Dr. Roth ermordet wurde. Der junge Thomas, dessen Freund und Vormund Dr. Roth war, ermittelt auf eigene Faust, um den Mann, der sein ganzes Vertrauen hatte, zu entlasten. Er gerät dabei selbst in Lebensgefahr. Durch einen Hinweis der Gestütsangestellten Renate können die Sicherheitsbeamten den Mörder entlarven, dessen Verbindung zum westdeutschen Geheimdienst aufdecken und Dr. Roth entlasten.

DER WEIHNACHTSMANN HEISST WILLI (KINDERFILM)
RE: Ingrid Reschke – SZ: Ota Hofman – DR: Inge Wüste – KA: Jürgen Brauer – MU: Rudi Werion – SB: Georg Wratsch – KO: Dorit Gründel – SC: Erika Lehmphul – PL: Siegfried Kabitzke – GR: KAG »Jugend- und Kinderfilm« – m: 1788 = 66 min. – s/w – PM: 30.11.1969 – PM-Ort: Berlin; »Kosmos« – DA: Karsten Lekve (Peter) – Ronald Jacob (Hans) – Steffi Sluka (Tina) – Rolf Herricht (Weihnachtsmann Willi) – Jiří Vrštala (Clown Ferdinand) – Dieter Wien (Teo Lehmann) u. a. – KR: G.A.: ...und das am Heiligabend. NW 14.11.1969 – G.S.: Aufregungen am Heiligabend. NZT 2.12.1969 – Holland-Moritz, R.: Kino-Eule. ESP 1969/51 – L.B.: Weihnachtsmann auf Abwegen. NZ 2.12.1969 – Meyer, K.: Kinderfilm. SO 1969/51 – Anders, K.: Unsentimentale Festgabe. FS 1970/1, S.8.

Der fünfjährige Peter und sein älterer Bruder Hans haben das Weihnachtsgeschenk für ihre Eltern beim Überqueren der Straße fallenlassen, und es wurde von einem Auto breitgefahren. Traurig kommen sie auf einen Weihnachtsmarkt, kaufen für das letzte Geld ein Los und gewinnen eine Waschmaschine. Sie sind überglücklich. Als Peter einen Moment auf die Waschmaschine aufpassen soll, kommt ein Weihnachtsmann und verspricht, sie nach Hause zu bringen. Doch er verschwindet mit ihr, und Hans ist ob des vermuteten Diebstahls entsetzt. Mit anderen Kindern, Erwachsenen und sogar Clown Ferdinand nimmt er die Suche auf. Für Peter jedoch verkörpert der Weihnachtsmann das Gute. Er kann nicht glauben, daß er ein Dieb ist. Und er ist fest davon überzeugt, die Waschmaschine zu Hause vorzufinden. Daß es auch so kommt, ist das Verdienst der anderen, die den verfolgten, in die Enge gedrängten und schließlich bekehrten

Weihnachtsmann überzeugen, die Waschmaschine abzuliefern – damit Peter seinen Glauben an das Gute nicht verliert.

WEITE STRASSEN – STILLE LIEBE

RE: Herrmann Zschoche – BU: Ulrich Plenzdorf – LV: Erzählung »Endlose Straßen« von Hans-Georg Lietz – DR: Anne Pfeuffer – KA: Roland Gräf – MU: Peter Rabenalt – SB: Alfred Thomalla – KO: Ruth Kiecker – SC: Rita Hiller – PL: Erich Kühne – GR: KAG »Berlin« – m: 2065 = 76 min. – s/w – Cine – PM: 4.12.1969 – PM-Ort: Berlin; »International« – DA: Manfred Krug (Hannes) – Jaecki Schwarz (Herb) – Jutta Hoffmann (Johanna) – Ulrike Plenzdorf (Rieke) – Heidemarie Schmidt (Rosi) – Ilse Voigt (Frau Beutel) u. a. – KR: Albrecht, H.: Entdeckungsfahrt nach dem Sinn des Lebens. NZ 11.12.1969 – Holland-Moritz, R.: Kino-Eule. ESP 1970/4 – H.U.: Zwei Fernfahrer um Johanna. NZT 9.12. 1969 – Salow, F.: Mit leisen Tönen. FS 1970/1, S.8 – Tok, H.-D.: -. WP 1969/52.

Der gestandene Fernfahrer Hannes nimmt eines Tages einen Anhalter mit. Der junge Herb hat sein Studium abgebrochen, sich deshalb mit den Eltern entzweit und jobt nun durchs Land. Hannes imponiert ihm, und nach einigen mehr oder weniger erfreulichen Zwischenfällen wird er dessen Beifahrer. Gemeinsam nehmen sie Johanna und ihr Kind, die den Bus verpaßt haben, im Auto mit nach Berlin. Johanna hat ihren Mann verlassen, um ihm Gelegenheit zu geben, über ihre gestörte Beziehung nachzudenken. Sie wohnt bei Hannes, der schon bald von einer gemeinsamen Zukunft träumt. Auch Herb gefällt die sympathische Frau. Doch als die beiden Männer eines Tages von ihrer Fahrt zurückkommen, ist die Wohnung wieder leer.

1970

AUS UNSERER ZEIT
(EPISODENFILM)

m: 3514 = 129 min. – s/w – brw – PM: 15.1.1970 – PM-Ort: Berlin; »International«

I. DIE ZWEI SÖHNE
RE: Helmut Nitzschke – BU: Helmut Nitzschke – LV: Kalendergeschichte von Bertolt Brecht – DR: Gerhard Hartwig – KA: Claus Neumann – SB: Joachim Otto – KO: Sybille Gerstner, Helga Hartmann – SC: Margrit Brusendorff – PL: Walther Kronenthal – GR: KAG »Roter Kreis« – DA: Felicitas Ritsch (Die Bäuerin) – Ekkehard Schall (Der Sohn und der junge Russe) – Hans Hardt-Hardtloff (Der Invalide)

II. DAS DUELL
RE: Joachim Kunert – BU: Manfred Freitag, Joachim Nestler, Joachim Kunert – LV: Erzählung von Anna Seghers – DR: Thea Richter – KA: Helmut Bergmann – SB: Gerhard Helwig – KO: Irene Pape – SC: Christa Helwig – PL: Oscar Ludmann – GR: KAG »Roter Kreis« – DA: Wolfgang Kieling (Bötcher) – Otto Mellies (Prof. Winkelfried) – Günter Junghans (Schüler Helwig) – Helga Göring (Frau Nohl) – Carlo Schmidt (Schüler Rotschopf) – Günter Drescher (Schüler Müller) u. a.

III. GEWÖHNLICHE LEUTE
RE: Rainer Simon – BU: Manfred Freitag, Joachim Nestler, Rainer Simon – LV: Gleichnamige Erzählung von Werner Bräunig – DR: Christel Gräf – KA: Claus Neumann – MU: Peter Rabenalt – SB: Joachim Otto – KO: Lydia Fiege – SC: Margrit Brusendorff – PL: Dieter Dormeier – GR: KAG »Roter Kreis« – DA: Manfred Karge (Hannes) – Heidemarie Wenzel (Adele) – Peter Dommisch (Willi) – Helga Göring (Mutter Stütz) – Sigurd Schulz (Vater Stütz) – Justus Fritzsche (Seefahrer) u. a.

IV. DER COMPUTER SAGT: NEIN
RE: Kurt Maetzig – BU: Irene Maetzig, Kurt Maetzig, Ralph Knebel – DR: Hans-Joachim Wallstein – KA: Rolf Sohre – MU: Thomas Doberkau, Bernd Fülle – SB: Heike Bauersfeld – KO: Rita Bieler – SC: Erika Lehmphul – PL: Heinz Herrmann – GR: KAG »Roter Kreis« – DA: Alfred Müller (Dieter Ulrich) – Jessy Rameik (Karin Ulrich) – Leon Niemczyk (Sascha Pronin) – Marianne Wünscher (Mutter) – Heinz Behrens (Minister) – Hans Hardt-Hardtloff (Paul) u. a.

KR: Born, L.: Unser aller Werden im Spiegel von Filmepisoden. NZ 17.1.1970 – Holland-Moritz, R.: Kino-Eule. ESP 1970/8 – Knietzsch, H.: Blick auf Vergangenheit und Zukunft. ND 16.1.1970 – Kusche, L.: Filmjournal. WBÜ 1970/3 – Salow, F.: Historie und Computer. FS 1970/3, S.19 – Meyer, K.: 4 Episoden - 4 Handschriften. SO 1970/8 – Rehahn, R.: Geschichten und Geschichte. WP 1970/6 – Richter, E.: Zu Gestaltungsproblemen des Episodenfilms. FWB 1970, S.271-92 – Sobe, G.: Vom schweren Anfang bis zum Computer. BZ 20.1.1970.

Vier Kurzfilme fügen sich zu einem Zeitdokument von 1945 bis Ende der 60er Jahre: »Die zwei Söhne« – Eine märkische Bäuerin hat gegen Ende des Krieges merkwürdige Träume, in denen ein sowjetischer Kriegsgefangener das Gesicht ihres Sohnes annimmt. Als plötzlich ihr Sohn auftaucht, verhindert sie ein von ihm mitgeplantes Verbrechen an den sowjetischen Gefangenen, fesselt ihn und übergibt ihn in die Gefangenschaft der anrückenden Roten Armee, damit er den Krieg überlebe.

»Das Duell« – Der Kommunist Bötcher, Beauftragter für die Durchsetzung der Schulreform, kommt zu einem Vorbereitungslehrgang künftiger Studenten und trifft auf einen Professor alter Schule, der angesichts der Arbeiter- und Bauernmacht einen Niedergang der Kultur befürchtet. Er widerlegt den Professor und gibt dem Schüler Helwig, einem Arbeiter, Selbstvertrauen.

»Gewöhnliche Leute« – Adele und Hannes, die beide beim Bau arbeiten, verbringen ihre Hochzeitsreise in Hannes' Heimatstadt Kossin. Es wird für sie eine Zeit der Erholung und vor allem der Erinnerung an die vergangenen Jahre: Alltagsepisoden, die ihre Liebe zur Arbeit, ihr Engagement, ihre Auseinandersetzungen und die Freude über Erfolge zeigen.

»Der Computer sagt: nein« – Sascha, ein Experte aus Moskau, und Dieter, ein ebensolcher aus Berlin, finden gemeinsam Mittel und Wege, einen von Radio Havanna benötigten Verstärker in kürzester Frist zu liefern, obwohl die Computerberechnungen ergaben, daß es nicht zu schaffen ist.

HE, DU!

RE: Rolf Römer – BU: Rolf Römer – DR: Wolfgang Ebeling – KA: Peter Krause – MU: Klaus Lenz, MB: Karl-Ernst Sasse – SB: Heike Bauersfeld – KO: Günther Schmidt – SC: Brigitte Krex – PL: Bernd Gerwien – GR: KAG »Roter Kreis« – m: 2645 = 97 min. – s/w – Cine – PM: 29.1.1970 – PM-Ort: Berlin; »International« – DA: Annekathrin Bürger (Ellen Volkmann) – Frank Obermann (Frank Rothe) – Petra Hinze (Ulli) – Heinz-Dieter Knaup (Horst Bach) – Rolf Specht (Maxe Krahl) – Wolfgang Greese (Psychologe) u. a. – KR: Beckmann, M.: Junge Frau von 1970. FS 1970/4, S.9 – Eichler, W.: Schönheit unseres Lebens - und die Problemlösungen? NZ 4.2.1970 – Funke, C.: Pädagogik im Stadtzentrum. M 6.2.1970 – Holland-Moritz, R.: Kino-Eule. ESP 1970/8 – H.U.: Zwei junge Menschen aus unseren Tagen. NZT 3.2.1970 – Knietzsch, H.: Eine Frau und zwei Männer. ND 30.1.1970 – Meyer, K.: -. SO 1970/6 – Rehahn, R.: He, du junge Frau 1970. WP 1970/8.

Die 28jährige Ellen Volkmann ist eine emanzipierte Frau und Lehrerin aus Passion. In der Schule tritt sie entschieden gegen Selbstgefälligkeit und Routine auf. Beim Besuch der Mutter eines ihrer Sorgenkinder in der Klasse lernt sie den Baubrigadier Frank kennen. Als Onkel ist er in die Erziehung des Jungen einbezogen. Und obwohl seine drastischen Methoden nicht Ellens Zustimmung finden, ist sie von ihm angetan. Er steht mit beiden Beinen im Leben, ist kompromißlos und voller Elan – ganz anders als ihr

Kollege Bach, mit dem sie seit längerem befreundet ist. Als Bach ihr einen Heiratsantrag macht, weil er glaubt, dazu verpflichtet zu sein, löst sie die Verbindung. In Frank findet sie einen Menschen, der sie glücklich macht und ihr ein ebenbürtiger Partner ist.

IM SPANNUNGSFELD
RE: Siegfried Kühn – SZ: Helfried Schreiter – DR: Dieter Scharfenberg – KA: Günter Haubold – MU: Motive nach Joseph Haydn – SB: Georg Wratsch – KO: Katrin Johnsen – SC: Helga Krause – PL: Horst Dau – GR: KAG »Johannisthal« – m: 2176 = 80 min. – s/w – brw – PM: 12.2.1970 – PM-Ort: Berlin; »International« – DA: Ekkehard Schall (Dr. Jochen Bernhardt) – Manfred Zetzsche (Karl Hoppe) – Sabine Lorenz (Jutta) – Karla Runkehl (Parteisekretärin) – Johannes Wieke (Paul Keßler) – Volkmar Kleinert (Willy Wendrin) u. a. – KR: Holland-Moritz, R.: Kino-Eule. ESP 1970/11 – H.U.: Ein erregendes Stück Zukunft. NZT 13.2.1970 – Knietzsch, H.: Aufsichtsrat ist die Arbeiterklasse. ND 16.2.1970 – Liebmann, R.: Gleichnis und Charakter. SO 1970/11 – Rehahn, R.: Von Daten und Menschen.WP 1970/10 – Jelenski, M.: Zahlen - auch Menschen? BZ 18.2.1970 - Salow, F.: Robotron und Pergamon. FS 1970/5, S.8 – Gundlach, J.: Helden der Computerlandschaft. W 7.3.1970 – Kersten, H.: Aus der Welt der DDR-Technokraten. FRu 5.3.1970 – WoR: Schematische Lösung. SüZ 18.12.1974.

Die Elektronische Datenverarbeitung (EDV) ist für eine optimale Arbeit im Zeitalter der wissenschaftlich-technischen Revolution unerläßlich. Das weiß auch Karl Hoppe, der Leiter eines großen Werkes. Mit dem Mathematiker Dr. Jochen Bernhardt holt er sich einen Experten, den er mit der Einführung der EDV in seinem Werk beauftragt. Bereits die ersten Berechnungen mit der neuen Elektronik ergeben, daß eine neue Halle, deren Bau gerade begonnen hat, uneffektiv ist. Zwischen den Mitarbeitern kommt es zu großen Spannungen und heftigen Auseinandersetzungen darüber, wie zu verfahren sei. Der kühle Rechner Dr. Bernhardt streitet rigoros für die Effektivität, verliert dabei die Menschen aus den Augen. Sogar seine Freundin verläßt ihn. Im Werk kündigen in kürzester Zeit fünf Mitarbeiter. Die Arbeiter, allen voran Meister Keßler, fürchten um ihre Stellung. Zahlreiche Diskussionen fördern den Prozeß des Umdenkens. Die einen begreifen, daß man an der neuen Methode nicht vorbeikommt, und Dr. Bernhardt erkennt, daß die Menschen nicht zum Anhängsel der Rechner werden dürfen.

UNTERWEGS ZU LENIN
(CO-PRODUKTION DDR / UDSSR)
RE: Günter Reisch – BU: Helmut Baierl, Jewgeni Gabrilowitsch, MI: Günter Reisch, Herbert Fischer – LV: Motive des Erinnerungsbuches von Alfred Kurella – DR: Herbert Fischer, Boris Kremnjow – KA: Jürgen Brauer, Waleri Wladimirow – MB: Karl-Ernst Sasse – SB: Alfred Thomalla, Jewgeni Serganow – KO: Edith Probst-Mai, Irina Belakowa – SC: Monika Schindler – PL: Manfred Renger, Alexander

Aschkinasi – GR: KAG »Babelsberg« – m: 2931 = 107 min. – s/w – Cine – PM: 16.4.1970 – PM-Ort: Berlin; »Kosmos«, »International« – CO: Mosfilm/Moskau, Gruppe »Lutsch« – Russ. Titel: Na puti Leninu – DA: Gottfried Richter (Viktor Kleist) – Michail Uljanow (Lenin) – Helmut Habel (Martin) – Lew Krugli (Georg) – Heidemarie Wenzel (Lore) – Inge Keller (Frau von Roettger) – Shanna Bolotowa (Lena) u. a. – KR: Albrecht, H.: Ein Film vielfältiger schöpferischer Impulse. FWB 1970, S.36-49 – Funke, C.: Die Abenteuer des Viktor Kleist. M 19.4.1970 – Holland-Moritz, R.: Kino-Eule. ESP 1970/19 – H.U.: Das Abenteuer einer Wandlung. NZT 17.4.1970 – Mollenschott, E.: Vom Abenteuer einer neuen Welt. ND 17.4.1970 – Jelenski, M.: -. BZ 19.4.1970 – Salow, F.: Auch geistiges Abenteuer. FS 1970/ 10, S.8 – Tok, H.-D.: Abenteuerliche Reise. WP 1970/18 – Michaelis, R.: Wann wird Kommunismus sein? FAZ 28.4.1970.

Wann die geistige Reise Viktor Kleists, Sohn einer bürgerlichen Familie und Kommunist, zu Lenin begann, ist nicht genau zu datieren. 1919 aber macht er sich persönlich auf den Weg nach Moskau, als Kurier der KPD mit zwei Briefen für Lenin in der Tasche. Es wird eine abenteuerliche, gefährliche Fahrt, und die erste Begegnung mit der Roten Armee erlebt Viktor mit gehobenen Armen. Als seine Identität geklärt ist, hilft man ihm schnell weiter. In Moskau angekommen, sieht Viktor den nüchternen Alltag der Revolution, den als harter Arbeit besteht. In Lenins Auftrag arbeitet er mit der Revolutionärin Lena an einem Aufruf zur Kommunistischen Jugendinternationale. Dann kommt die erschütternde Nachricht von der Niederschlagung der Bayrischen Räterepublik. Und schließlich die Begegnung mit Lenin selbst, der Viktors revolutionäre Romantik auf den Boden der Tatsachen stellt und ihm ein Programm für den Kampf in Westeuropa mitgibt. Viktor macht sich auf den Weg zurück. Im Zug sitzt er neben einem aus der Gefangenschaft heimkehrenden Soldaten, dessen gerade gewonnene revolutionäre Einsicht unter dem Eindruck des nahenden Deutschlands schwindet – ein Erlebnis, das Viktor die Herausforderung der Zeit verdeutlicht.

Filmtext: Unterwegs zu Lenin. Dokumentation einschließlich Szenarium. Herausgegeben von der Deutschen Akademie der Künste (Arbeitsheft 5). Redaktion: Erika Pick. Berlin 1970

MEINE STUNDE NULL
RE: Joachim Hasler – BU: Joachim Hasler, Jurek Becker, MI: Karl Krug – DR: Gerd Gericke – KA: Joachim Hasler, Rolf Schrade – MU: Roman Ledenjow – SB: Paul Lehmann – KO: Marlene Froese – SC: Barbara Simon – PL: Walter Ehle – GR: KAG »Johannisthal« – m: 2699 = 99 min. – fa – Cine – PM: 28.4.1970 – PM-Ort: Berlin; »Kosmos« / »International« – DA: Manfred Krug (Hartung) – Anatoli Kusnezow (Gornin) – Kurt Jung-Alsen (Steckbeck) – Gleb Strychenow (Netrebin) – Alfred Müller (Blumhagen) – Lew Prygunow (Mitja) u. a. – KR: Holland-Moritz, R.: Kino-Eule. ESP 1970/

23 – Knietzsch, H.: Die Stunde Null des Gefreiten Hartung. ND 3.5.1970 – Meyer, K.: Film. SO 1970/22 – Salow, F. : Kein Held wider Willen. FS 1970/11, S.8 – Tok, H.-D.: Mehr als eine bloße Schwejkiade. WP 1970/22 – Jelenski, M.: -. BZ 6.5.1970 – Funke, C.: Der gestohlene Major. M 15.5.1970 – Albrecht, H.: -. NZ 5.5.1970 – H.U.: Mit den Waffen des Humors. NZ 1.5. 1970 – Kersten, H.: -. FRu 21.5.1970 – Kersten, H.: Auch eine Stunde Null. DAS 18.5.1975.

1943 an der Ostfront. Der Berliner Arbeiter Kurt Hartung, jetzt Gefreiter, überlebt einen Bombenangriff, obwohl ihn sein Vorgesetzter Steckbeck mit dem Auftrag, einen Blindgänger zu entschärfen, beinahe ins Jenseits befördert hätte. Kurz darauf wird er, als Späher unterwegs, von einer russischen Patrouille gefangengenommen. In der Gefangenschaft gewinnt Hartung, ohnehin kein Nazisympathisant, neue Einsichten, vor allem die, daß man etwas tun muß, um den Krieg so schnell wie möglich zu beenden. Er übernimmt den Auftrag, zusammen mit zwei Russen einen deutschen Offizier zu entführen, um aus diesem militärische Informationen zu pressen. Das Unternehmen gestaltet sich zu einem halsbrecherischen, aber erfolgreichen Abenteuer, in dessen Verlauf die drei zu guten Freunden werden.

HART AM WIND
RE: Heinz Thiel – SZ: Margot Beichler – DR: Willi Brückner – KA: Erwin Anders, Günter Heimann – MU: Gerd Natschinski – SB: Hans Poppe – KO: Dorit Gründel – SC: Bärbel Weigel – PL: Siegfried Nürnberger – GR: KAG »Johannisthal« – m: 2235 = 99 min. – fa – Cine – PM: 26.6.1970 – PM-Ort: Dresden; Freilichtbühne »Junge Garde« – DA: Frank Obermann (Peter Drews) – Regina Beyer (Brigitte Jansen) – Klaus-Peter Thiele (Leutnant Werner Asmus) – Dieter Jäger (Atze Boll) – Lutz Dechant (Karl Karsten) – Ulrich Brehm (Hans Berger) – Hans-Peter Minetti (Kapitän Baumert) u. a. – KR: Holland-Moritz, R.: Kino-Eule. ESP 1970/26 – Jelenski, M.: -. BZ 28.6.1970 – Knietzsch, H.: Festival unterm Sternenhimmel. ND 5.7.1970 – L.B.: Von der Ostsee bis zu den Indianern. NZ 27.6.1970 – Rehahn, R.: ...schnürt den Seemannssack. WP 1970/26 – Meyer, K.: DEFA-Film. SO 1970/23 – Tico, M.: Eine Handvoll Alltag. FS 1970/14, S.8.

Peter Drews ist Brigadier auf einer Volkswerft an der Ostsee. Seine Elektrikerbrigade gehört zu den tüchtigsten. Er liebt Brigitte, die einzige weibliche Mitarbeiterin, und sie mag ihn auch. Die Beziehung wird lediglich durch seine Selbstherrlichkeit getrübt. Peter denkt nicht daran, seine Leute in Entscheidungsfindungen einzubeziehen. Als er den Einberufungsbefehl zur Marine bekommt, verkündet er seinen Beschluß, daß sich die Brigade geschlossen meldet. Brigitte ist empört. Vier Mann rücken mit Peter ein. Brigitte leitet nun den Rest der Brigade, die am gleichen Schiff arbeitet wie die frischgebackenen Marinesoldaten. Dabei lernt sie den jungen Leutnant Werner Asmus kennen, fühlt sich zu ihm hingezogen. Aber sie kann trotz allem Peter nicht vergessen. Der erfährt inzwischen, daß er mit seinen Methoden bei der Marine nicht durchkommt, gerät auch mit den Freunden in Konflikt. Der erfahrene Kapitän Baumert nimmt sich seiner und Brigittes an und ist am Happy-End nicht ganz unbeteiligt.

TÖDLICHER IRRTUM

RE: Konrad Petzold – BU: Günter Karl, Rolf Römer – DR: Hans-Joachim Wallstein – KA: Eberhard Borkmann – MU: Wilhelm Neef – SB: Heinz Röske – KO: Günther Schmidt – SC: Thea Richter – PL: Bernd Gerwien – m: 2823 = 104 min. – fa – Cine – PM: 27.6.1970 – PM-Ort: Erfurt; »Thüringenhalle« – DA: Gojko Mitic (Shave Head) – Armin Mueller-Stahl (Chris Howard) – Annekathrin Bürger (Caroline) – Krystyna Mikolajewska (Jessebee) – Kati Bus (White Leaf) – Rolf Hoppe (Allison) u.a. – KR: Heidecke, M.: Indianer in Grünau. BZ 3.7.1970 – Holland-Moritz, R.: Kino-Eule. ESP 1970/26 – Knietzsch, H.: Festival unterm Sternenhimmel. ND 5.7.1970 – Meyer, K.: Film. SO 1970/27 – Seydel, R.: Spannend und aktuell. FS 1970/15, S.8 – Rehahn, R.: Sattelt die Pferde... WP 1970/26.

Ende des 19. Jahrhunderts bohrt die Wyoming Oil Company in einem Indianerreservat illegal nach Öl und wird fündig. Die Indianer hoffen, beteiligt zu werden. Das ist ein Irrtum. Fünf Häuptlinge werden ermordet. Der junge Häuptling Shave Head ruft seinen Bruder Chris, ein Halbblut, zu Hilfe. Chris nimmt den Posten eines Hilfssheriffs an und versucht, die Mörder und die Machenschaften der Company zu entlarven. Außerdem ist eine Untersuchungskommission auf dem Weg ins Reservat, von einem Ingenieur herbeigerufen, der seine eigenen Geschäfte machen will. Company-Chef Allison wehrt sich mit allen Mitteln, inszeniert Intrigen und läßt schließlich das Öl-Camp in Brand stecken. Den Brand schiebt er den Indianern in die Schuhe, um die Kommission davon zu überzeugen, daß die Beschwerde der »Rothäute« ein reiner Racheakt ist. Die Indianer können ihr Recht nicht durchsetzen, und Chris bezahlt seinen Einsatz wie viele andere mit dem Leben.

NETZWERK

RE: Ralf Kirsten – SZ: Ralf Kirsten, Eberhard Panitz – DR: Anne Pfeuffer – KA: Claus Neumann – MU: André Asriel – SB: Hans Poppe, Jochen Keller – KO: Werner Bergemann – SC: Evelyn Carow – PL: Erich Albrecht – GR: KAG »Berlin« – m: 2178 = 80 min. – s/w – brw – PM: 3.9.1970 – PM-Ort: Berlin; »International« – DA: Alfred Müller (Kahler) – Jutta Wachowiak (Ruth Kahler) – Manfred Krug (Schaffrath) – Rolf Ludwig (Melzer) – Fred Düren (Ragosch) – Katja Paryla (Katja Ragosch) – Wolfgang Greese (Heinicke) – Günter Junghans (Püschel) u. a. – KR: Berger, P.: Findet Ragosch Anschluß? ND 6.9.1970 – Born, L.: Ein Stück von uns allen liegt darin. NZ 8.9.1970 – Funke, C.: Denkstoff in großer Fülle. M 30.8.1970 – Lohmann, H.: Versuch einer Reportage. SO 1970/40 – Rehahn, R.: Auskunft über uns. WP 1970/39 – Salow, F.: Zweimal um die Gegenwart. FS 1970/19, S.8 – Kersten, H.: Probleme

der DDR-Industriegesellschaft. DAS 11.10.1970 – WoR: Alltägliche Konflikte. SüZ 11.12.1974.

In einem neuen Betriebsteil eines Erdölverarbeitungswerkes bricht der etwa 40jährige Meister Peter Ragosch plötzlich zusammen und wird ins Krankenhaus gebracht. Die Reaktionen der teils bewährten, teils neuen Mitarbeiter sind unterschiedlich. Betriebsleiter Heinicke glaubt sich nur für die Effektivität der Arbeit zuständig. Der junge Hochschulabsolvent Püschel, vorwiegend nach eigenen Entwicklungschancen schielend, ist rigoros für die Ablösung jener, die ihren Aufgaben nicht gewachsen scheinen. Parteisekretär Kahler dagegen fühlt sich für die Menschen verantwortlich, versucht den Mitarbeitern klarzumachen, daß die Beziehungen zueinander genauso wichtig sind wie die Arbeit. Er geht den Ursachen für Ragoschs Zusammenbruch nach. Dieser hat sich seit Kriegsende mit aller Kraft für den Neuaufbau eingesetzt, darüber seine eigene Qualifizierung wie auch seine Ehe vernachlässigt. Nun hat er Angst, den Anforderungen nicht mehr gewachsen zu sein. Seine Frau, die seinetwegen ihre Arbeit aufgab, will ihn verlassen, weil sie ihn nicht zu brauchen scheint. Kahler bringt beide zu der Einsicht, daß jeder für sich einen neuen Anfang wagen muß, damit sie vielleicht eine gemeinsame Zukunft haben. Und er bewirkt, daß einige Kollegen ihr vorschnelles Urteil revidieren.

WEIL ICH DICH LIEBE ...

RE: Helmut Brandis, Hans Kratzert – BU: Helmut Brandis – DR: Gerhard Hartwig – KA: Wolfgang Braumann – MU: Wilhelm Neef – SB: Harry Leupold – KO: Isolde Warscycek – SC: Ursula Zweig – PL: Martin Sonnabend – m: 2663 = 98 min. – fa – brw – PM: 9.9.1970 – PM-Ort: Neubrandenburg – DA: Roman Wilhelmi (Dr. Gerd Thiessen) – Ursula Werner (Eva Thiessen) – Marita Böhme (Dr. Ladenbach) – Günter Grabbert (Dr. Wolfgang Felling) – Günther Simon (Paul Wienecke) – Marianne Wünscher (Marta Wienecke) u. a. – KR: Funke, C.: Beschreibung statt Erlebnis. M 11.9.1970 – Holland-Moritz, R.: Kino-Eule. ESP 1970/43 – H.U.: Liebe, Leid und Landschaft. NZT 15.9.1970 – Jelenski, M.: Mangel an Vertiefung. BZ 22.9.1970 – Knietzsch, H.: Wege zum Zeitgenossen. ND 2.10.1970 – Kusche, L.: Arztfilme. WBÜ 1970/39 – Meyer, K.: Film. SO 1970/38 – Rehahn, R.: Ländlicher Seitensprung. WP 1970/41 – Salow, F.: Zweimal um die Gegenwart. FS 1970/19, S.8.

Ein Forschungsauftrag führt den Veterinärmediziner Dr. Gerd Thiessen in ein Volkseigenes Gut. Seine Frau Eva hat ihre Arbeit aufgegeben, um ihn begleiten zu können. Thiessens Neuerungsvorhaben stoßen bei einigen auf Widerstand, aber in der attraktiven und erfolgreichen Tierärztin des Nachbarorts, Sabine Ladenbach, findet er eine Verbündete. Ihre souveräne Position imponiert ihm, und über die gemeinsamen Interessen entwickelt sich ein intimes Verhältnis. Frau Eva beginnt auf ihre Weise, um den Mann zu kämpfen. Sie integriert sich in die neue Umgebung, sucht sich Aufgaben, um ihrem Mann und seiner Tätigkeit nahe zu sein. Thies-

sen erkennt in ihr den wahren Lebenspartner und auch, daß er nicht im Alleingang, sondern nur mit Unterstützung des Kollektivs nützliche Arbeit vollbringen kann.

DR. MED. SOMMER II

RE: Lothar Warneke – SZ: Hannes Hüttner – DR: Christel Gräf – KA: Roland Gräf – MU: Gerhard Rosenfeld – SB: Klaus Winter – KO: Ruth Kiecker – SC: Erika Lehmphul – PL: Siegfried Kabitzke – m: 2460 = 90 min. – s/w – brw – PM: 1.10.1970 – PM-Ort: Berlin; »International« – DA: Werner Tietze (Dr. med. Sommer) – Juliane Koren (Emmylie) – Martin Flörchinger (Professor Hagedorn) – Wolfgang Greese (Dr. med. Sommer I) – Margret Allner (Schwester Helga) – Karin Gregorek (Schwester Gerda) u. a. – KR: Funke, C.: Stille Heiterkeit und Charme. M 15.10.1970 – Knietzsch, H.: Wege zum Zeitgenossen. ND 2.10.1970 – Kusche, L.: Arztfilme. WBÜ 1970/39 – -ml: Chirurg ohne Glorienschein. NZT 3.1.1971 – Lohmann, H.: Kein Arztfilm. SO 1970/43 – Rehahn, R.: Operation gelungen. WP 1970/42 – Salow, F.: Sympathisch berührend. FS 1970/21, S.8 – -en: Konfrontation mit dem Klinik-Alltag. TSP 18.2.1973.

Ein kleines Krankenhaus irgendwo in der DDR. Hierher kommt Dr. med. Sommer (Nr. II, da der Oberarzt ebenfalls Sommer heißt), um seine Facharztausbildung als Chirurg zu absolvieren. Er kommt mit Idealen, vor allem möchte er ein Vertrauensverhältnis zu den Patienten und Kollegen herstellen. Gewissenhaft, freundlich und aufmerksam versucht er, im Klinikalltag seinem Ideal gerecht zu werden. Wenn ihm etwas kritikwürdig erscheint, greift er selbstverständlich ein: streitet mit einem jungen Kollegen über dessen zynische Haltung, sorgt dafür, daß die Schwesternschülerin Emmylie nicht als Putzfrau ausgenutzt wird. Er beherzigt die Ratschläge des routinierten Oberarztes und des weitsichtigen Professors, hat Erfolge, muß aber auch mit Rückschlägen fertig werden, z. B. dem Selbstmord eines krebskranken Patienten, dem er die Wahrheit über seinen Zustand offenbarte.

DER ROTE REITER
(KINDERFILM)

RE: Walter Beck – SZ: Joachim Plötner – DR: Anne Pfeuffer – KA: Günter Heimann – MU: Klaus Lenz – SB: Heike Bauersfeld – KO: Katrin Johnsen – SC: Rita Hiller – PL: Siegfried Kabitzke – GR: KAG »Kinder- und Jugendfilm« – m: 2076 = 76 min. – s/w – PM: 8.11.1970 – PM-Ort: Berlin; »Kosmos« – DA: Burkhard Mann (Michael) – Gerhard Lau (Gustel) – Klaus Pönitz (Felix) – Regina Popig-Heeger (Fanny) – Rüdiger Giese (Zicke) – Ralph Borgwardt (Lotse Kramer) – Marianne Wünscher (Zirkusdirektorin) u. a. – KR: -ch: Gefahrvoller Weg zu Budjonny. NZT 10.11.1970 – Meyer, K.: Film. SO 1970/47 – M.H.: -. M 27.11.1970 – Novotny, E. : Nicht nur Geschichtslexikon. FS 1970/25, S.22 – Schmidt, E.: Ein Junge als Budjonny-Reiter. BZ 11.11.1970 – Pollatschek, C.: Abenteuerlicher »Reiter«. WP 1970/48.

1920 macht sich der 16jährige Arbeiterjunge Michael aus dem Erzgebirge auf den Weg nach Rußland. Er möchte ein roter Reiter bei Budjonny werden, um im Land der sozialistischen Revolution für die Interessen der Arbeiterklasse zu kämpfen. Es wird eine abenteuerliche Reise, reich an Gefahren und Versuchungen. Unmittelbar nach dem Aufbruch muß er vor Reichswehrposten fliehen. Er kommt zum Wanderzirkus »Peroni«, wo ihm der Feuerspeier Gustel weiterhelfen soll. Beinahe wäre er dort der Kunstreiterin Fanny und der verlockenden Aussicht erlegen, Kaskadeur zu werden. Nach einem Aufenthalt bei einer jugendlichen Diebesbande gelangt Michael auf ein Schiff, das nach Osten fährt. Er entdeckt, daß das Schiff Waffen für die Weißgardisten schmuggelt und sorgt dafür, daß die Gewehre in die Hände der Sowjets geraten. Er schafft es, nach Petrograd zu kommen und wird in Budjonnys Reiterarmee aufgenommen.

WIR KAUFEN EINE FEUERWEHR
(KINDERFILM)
RE: Hans Kratzert – SZ: Gudrun Deubener – LV: Nach einer Filmerzählung von Gisela Richter-Rostalski – DR: Inge Wüste – KA: Wolfgang Braumann – MU: Karl-Ernst Sasse – SB: Harry Leupold – KO: Dorit Gründel – SC: Margrit Brusendorff – PL: Bernd Gerwien – GR: KAG »Kinder- und Jugendfilm« – m: 1697 = 62 min. – fa – PM: 13.12.1970 – PM-Ort: Berlin; »Kosmos« – DA: Erwin Geschonneck (Herr Clasen) – Lars Peldschus (Matti) – Friedel Nowack (Oma Sperling) – Petra Kelling (Mattis Mutter) – Jaecki Schwarz (Frank) – Madeleine Lierck (Annegret) u. a. KR: Heidicke, M.: -. BZ 24.12.1970 – J.K.: Freund halbtags gesucht. NZT 19.12.1970 – M.P.: Freunde für Matti und ein Auto dazu. NZ 25.12.1970 – Novotny, E.: Oldtimer und junge Bastler. FS 1971/2, S.8 – Holland-Moritz, R.: Kino-Eule. ESP 1971/2.

Matti ist traurig, weil er niemanden zum Spielen hat. In den Kindergarten darf er nicht, weil seine Mutter wegen der knapp einjährigen Zwillinge nicht arbeiten kann. Doch plötzlich wird alles anders – durch die Begegnung mit Herrn Clasen. Er nimmt Matti mit in seine Werkstatt, die dem Jungen mit ihren vielen Werkzeugen und Autoteilen wie ein Paradies erscheint, und auf einen Lagerplatz für Autowracks. Matti entdeckt dort eine alte Feuerwehr, und Clasen, der im Lotto gewonnen hat, kauft sie. Gemeinsam mit den Kindern der Nachbarschaft und den Schülern Clasens, der Lehrausbilder ist, wird die Feuerwehr wieder hergerichtet. Die erste Fahrt ist für alle ein großes Ereignis, und die Feuerwehr mit ihrer ungewöhnlichen Besatzung kommt sogar richtig zum Einsatz.

SIGNALE –
EIN WELTRAUMABENTEUER
(CO-PRODUKTION DDR / POLEN)
RE: Gottfried Kolditz – BU: Claus-Ulrich Wiesner, Gottfried Kolditz – LV: Roman »Asteroidenjäger« von Carlos Rasch – DR: Thea Richter – KA: Otto Hanisch – MU: Karl-Ernst Sasse – SB: Erich Krüllke, Werner Pieske, Jochen Keller, Roman Wolyniec – KO: Günther

Schmidt, Marianne Schmidt – SC: Helga Gentz – PL: Dorothea Hildebrandt, Marceli Nowak – GR: KAG »Roter Kreis« – m: 3333 = 122 min. – fa – 70 mm; m: 2490 = 91 min. – fa – Cine – PM: 17.12.1970 – PM-Ort: Berlin; »Kosmos« – CO: PRF »Zespoly Filmowe« Warszawa – Poln. Titel: Sygnaly MMXX – DA: Piotr Pawlowski (Veikko) – Jewgeni Scharikow (Pawel) – Alfred Müller (Konrad) – Gojko Mitic (Terry) – Iurie Darie (Kommandant) – Karin Ugowski (Krystina) – Friedrich Richter (Leiter der Raumsicherheitszentrale) – Marianne Christina Schilling (Chefkoordinator) u. a. – KR: Funke, C.: Menschen in der Welt von morgen. M 22.12.1970 – Holland-Moritz, R.: Kino-Eule. ESP 1971/5 – H.U.: Raumflug zur Jupiterbahn. NZT 3.1.1971 – Knietzsch, H.: Reise zu den Sternen. ND 24.12.1970 – Salow, F.: Mit brillanter Technik. FS 1971/1, S.19 – Meyer, K.: Signale, Signale, Signale. SO 1971/2 – Sobe, G.: Ungedeutete Signale? BZ 23.12.1970 – Kersten, H.: Astronauten am östlichen Himmel. FRu 28.12.1970 – Kersten, H.: Ausflug in den Kosmos. TSP 10.1.1971.

Mitte des 21. Jahrhunderts. Raumschiffkommandant Veikko von der »Laika« stellt für einen Routinekontrollflug eine besondere Mannschaft zusammen, denn er hat die Absicht, diesen Flug zur Suche nach dem verschollenen Forschungsschiff »Ikaros« zu nutzen. Als sich die »Laika« auf dem Planetengürtel zwischen Mars und Jupiter befinden, fängt der Funker Konrad fremde Funksignale auf. Kurz darauf haben sie das Wrack der »Ikaros« auf ihrem Radarschirm, doch von der Besatzung keine Spur. Die Deutung der Funkzeichen als Signale einer fremden Zivilisation läßt unter der Mannschaft Angst vor einer Bedrohung aufkommen. Kommandant Veikko jedoch ist davon überzeugt, daß Wesen, die sich auf einem so hochentwickelten technischen Niveau befinden, die Periode der Feindschaft und Aggression längst überwunden haben. Und so kann die Besatzung der »Ikaros« gerettet werden.

KENNEN SIE URBAN?
RE: Ingrid Reschke – SZ: Ulrich Plenzdorf – LV: Nach Berichten in »BZ am Abend« von Gisela Karau – DR: Anne Pfeuffer – KA: Claus Neumann – MU: Rudi Werion – SB: Heike Bauersfeld – KO: Katrin Johnsen – SC: Barbara Simon – PL: Helmut Klein – m: 2608 = 96 min. – s/w – Cine – PM: 14.1.1971 – PM-Ort: Berlin; »International« – DA: Berndt Renne (Hoffi) – Jenny Gröllmann (Gila) – Harald Wandel (Keule) – Irma Münch (Frau Hoffmann) – Manfred Karge (Urban) – Katja Paryla (Katja) u. a. – KR: Holland-Moritz, R.: Kino-Eule. ESP 1971/5 – H.U.: Dem Vorbild auf der Spur. NZT 17.1.1971 – Knietzsch, H.: Ins Kino gehen, es lohnt sich! ND 20.1.1971 – Meyer, K.: Film. SO 1971/5 – Rehahn, R.: -. WP 1971/7 – Salow, F.: Mit unserem Lebensgefühl. FS 1971/3, S.8.

Hoffi, der wegen Körperverletzung im Gefängnis war, und sein Bruder Keule wandern von einer Großbaustelle zur anderen. Hoffi ist auf der Suche nach Urban. Der Vermessungsingenieur und Genosse ist ihm während eines gemeinsamen Krankenhausaufenthalts zum Vorbild geworden. Während ihrer Suche bleiben sie auf einer Großbaustelle hängen. Hoffi ist der Praktikantin Gila begegnet, und auch in der Brigade, die sich sehr für ihn einsetzt, fühlt er sich wohl. Aber Gilas Eltern lehnen ihn wegen seiner Vergangenheit ab. Mit ihnen kommt es zum Zerwürfnis, als Gila ein Kind erwartet. Sie zieht aus. Hoffi gerät in neue Konflikte, kann sich zu einer Heirat nicht entschließen. Gila ist schwer enttäuscht. Doch Hoffi erkennt sein falsches Verhalten, wobei ihm viele »Urbans« in seinem neuen Umfeld geholfen haben. Und so gibt es für die beiden eine neue Chance.

VERSPIELTE HEIMAT
RE: Claus Dobberke – BU: Gert Billing, Wolfgang Ebeling – LV: Gleichnamiger Roman von Franz Popp – DR: Thea Richter – KA: Hans-Jürgen Sasse – MU: Günter Hauk – SB: Georg Wratsch – KO: Marlene Froese – SC: Brigitte Krex – PL: Hans Mahlich – GR: KAG »Roter Kreis« – m: 2308 = 85 min. – s/w – brw – PM: 18.2.1971 – PM-Ort: Berlin; »International« – DA: Piotr Pawlowski (Karl Waldner) – Wanda Koczeska (Erika Waldner) – Peter Borgelt (Herbert Bendlin) – Martin Trettau (Lukas) – Hans Teuscher (Hauser) – Horst Preusker (Meißner) u. a. – KR: Holland-Moritz, R.: Kino-Eule. ESP 1971/14 – H.U.: Der ungesühnte Mord. NZT 21.2.1971 – Knietzsch, H.: Zerstörte Illusionen. ND 19.2.1971 – Paradies, M.: Korrektur einer Illusion. NZ 20.2.1971 – Rehahn, R.: -. WP 1971/11 – Schubert, H.-G.: Der Konflikt des Karl Waldner. JW 23.2.1971 – Sylvester, R.: Film. SO 1971/9 – Salow, F.: Ein Mann in Gewissensnot. FS 1971/5, S.8 – Schumann, P. B.: Wer ist der Adressat? SüZ 5.3.1971.

Der stellvertretende Chefredakteur einer SPD-Zeitung in Westdeutschland, Karl Waldner, erkennt bei einem Landsmannschaftstreffen Sudetendeutscher den ehemaligen Henlein-Führer Meißner wieder, der an der Ermordung

seines Vaters schuldig ist. Er will den Fall auf-
rollen und Meißner den Gerichten übergeben.
Aber er stößt auf Widerstand, selbst in der SPD,
deren rechte Führer keinen Konflikt mit der
CDU wollen, in der Meißner eine einflußreiche
Stellung hat. Waldner, seit dreißig Jahren in der
Partei, muß seine eigene Position überdenken.
Dabei helfen ihm die Gespräche mit dem Jugendfreund Sepp Lukas und die Erinnerungen
an die gemeinsamen Versuche, Jungkommuni-
sten und Jungsozialisten gegen die Henlein-
jugend zu vereinen. Ihm wird bewußt, wohin
das Versagen der Sozialdemokratie schon damals geführt hat.

MEIN LIEBER ROBINSON

RE: Roland Gräf – SZ: Klaus Poche – DR:
Christel Gräf – KA: Roland Gräf, 2. KA: Jürgen
Lenz – MU: Gerhard Rosenfeld – SB: Peter
Wilde – KO: Katrin Johnsen – SC: Monika
Schindler – PL: Erich Albrecht – GR: KAG
»Roter Kreis« – m: 2140 = 78 min. – s/w – fa –
PM: 2.3.1971 – PM-Ort: Berlin; »International«
– DA: Jan Bereska (Peter Gruner) – Gabriele Si-
mon (Karin) – Alfred Müller (Vater Gruner) –
Dieter Franke (Adam Kowalski) – Karin Grego-
rek (Barbara) – Käthe Reichel (Karins Wirtin)
u. a. – KR: Funke, C.: Vom kindlichen Erwach-
sensein. M 11.3.1971 – Holland-Moritz, R.: Kino-Eule. ESP 1971/14 – H.U.: Doch das Leben
ist kein Spiel. NZT 7.3.1971 – Knietzsch, H.:
Wie werde ich erwachsen? ND 22.3.1971 –
Schubert, H.-G.: Verläßt Robinson seine Liebes-
insel? JW 11.3.1971 – Tico, M.: Junge Liebe bei
uns. FS 1971/6, S.8 – Tok, H.-D.: Liebesgeschichten junger Leute. WP 1971/14.

Robinson ist ein phantasievoller Junge von
neunzehn Jahren, der als Krankenfahrer zusammen mit seinem bulligen Partner Kowalski ein
gutes Team abgibt und sich außerdem auf sein
Studium vorbereitet. Privat ist er ein Träumer
und lebt in phantastischen Geschichten. Als
solche erscheint ihm auch die Begegnung mit
der Studentin Karin, die er eines Tages auf der
Krankentrage hat. Die beiden verlieben sich,
Karin wird schwanger, Robinson richtet ihr ein
Heim ein. Doch er kann sich nicht entschließen,
Abschied von zu Hause, von der Kindheit zu
nehmen. So pendelt er zwischen dem Elternhaus
und seiner eigenen »Familie«, das Kind ist
inzwischen da, hin und her – bis Karin ihn aus
seinen Träumen reißt. Sie fordert sein Bleiben
und das endgültige Bekenntnis zu ihr durch die
Ehe.

DU UND ICH UND KLEIN-PARIS

RE: Werner W. Wallroth – BU: Rudi Strahl,
Werner W. Wallroth – DR: Anne Pfeuffer – KA:
Hans-Jürgen Kruse – MU: Karl-Ernst Sasse –
SB: Joachim Otto – KO: Isolde Warscycek –
SC: Helga Emmrich – PL: Walther Kronenthal
– m: 2869 = 105 min. – fa – Cine – PM: 13.3.
1971 – PM-Ort: Leipzig; »Capitol« – DA: Eve-
lyn Opoczynski (Angelika) – Jaecki Schwarz
(Thomas) – Jürgen Frohriep (Herr Schmitt) –
Christa Lehmann (Frau Häublein) – Werner
Toelcke (Angelikas Vater) – Jessy Rameik (An-
gelikas Mutter) – Gerd Grasse (Marineleutnant)

– Klaus-Dieter Henkler (Harrer) – Michael
Kann (Schüler) u. a. – KR: Funke, C.: Angelika
und der Philosoph. M 19.3.1971 – Heidicke, M.:
-. BZ 26.3.1971 – Holland-Moritz, R.: Kino-Eule. ESP 1971/18 – Knietzsch, H.: Zeitgenossen,
Träume und Verantwortung. ND 5.7.1971 – Salow, F.: Mit leichter Hand. FS 1971/7, S.8.

Die 17jährige Angelika zieht nach Leipzig und
wohnt ein paar Monate zur Untermiete, bis die
Eltern nachkommen. Untermieter Thomas,
Philosophiestudent und Radsportler, tauscht
ihretwegen murrend sein großes Zimmer gegen
eine Kammer. Und auch sonst gefällt ihm einiges nicht an der neuen, hübschen Nachbarin,
zum Beispiel ihre Männerbekanntschaften. Ein
flotter Marineoffizier, ein Fotoreporter und ein
Mitschüler machen ihr abwechselnd den Hof.
Daß Thomas in Wirklichkeit die Eifersucht
plagt, kommt ihm gar nicht in den Sinn. Und als
Angelikas Vater ihn bei einem Besuch bittet, ein
bißchen auf das Mädchen aufzupassen, nimmt
er die Aufgabe sehr ernst. Bis zum Happy-End
aber müssen noch die Verehrer ausgeschaltet
und ein über Angelikas Lebenswandel aufge-
brachtes Klassenkollektiv beruhigt werden.

KLK AN PTX – DIE ROTE KAPELLE

RE: Horst E. Brandt – SZ: Wera und Claus
Küchenmeister – DR: Anne Pfeuffer – KA:
Günter Haubold, Werner Heydn – MU: Helmut
Nier – SB: Dieter Adam – KO: Lydia Fiege –
SC: Erika Lehmphul – PL: Heinz Herrmann,
Wolfgang Rennebarth – GR: KAG »Berlin« –
m: 4850 = 178 min. – fa – 70 mm ; m: 4888 =
179 min. – fa -Cine – PM: 25.3.1971 – PM-Ort:
Berlin; »Kosmos« – DA: Horst Drinda (Arvid
Harnack) – Horst Schulze (Adam Kuckhoff) –
Barbara Adolph (Greta Kuckhoff) – Klaus
Piontek (Harro Schulze-Boysen) – Jutta Wacho-
wiak (Libertas Schulze-Boysen) – Harry
Pietzsch (Walter Küchenmeister) – Irma Münch
(Mildred Harnack) – Katharina Lind (Oda
Schottmüller) – Manfred Karge (Hans Coppi) –
Ursula Karusseit (Hilde Coppi) – Siegfried
Weiß (Canaris) – Joe Schorn (Udet) – Günther
Simon (John Sieg) – Johannes Wieke (Papa
Schulze) u. a. – KR: fö: Ein großes Thema wür-
dig gestaltet. NZ 6.4.1971 – H.U.: Weil sie das
Leben liebten... NZT 1.4.1971 – Knietzsch, H.:
Ein Zeugnis großer Menschlichkeit. ND
27.3.1971 – Kügelgen, B. von: Schauwert ohne
»Schauwert«. SO 1971/17 – Salow, F.: Von stil-
ler Größe. FS 1971/8, S.8 – Jelenski, M.: Bei-
spiel eines mutigen Bündnisses. BZ 30.3.1971 –
Pollatschek, C.: Gegen das Unmenschliche. WP
1971/14.

Im Dezember 1932 hält der Jurist und Wirt-
schaftsexperte Arvid Harnack in Berlin einen
Vortrag über seine bei einer Studienreise in der
Sowjetunion gesammelten Erfahrungen – mit
Hinblick auf eine Erneuerung Deutschlands. Die
Machtergreifung Hitlers fordert seinen Widerstand heraus. Eine Gruppe von Patrioten unterschiedlicher sozialer Schichten und Weltanschauungen sammelt sich und wird zu einer der
bedeutendsten Widerstandsorganisationen
Deutschlands. Zu ihr gehören neben Harnack
unter anderem auch Harro Schulze-Boysen,

hoher Offizier im Luftfahrtministerium, der
Dichter Adam Kuckhoff, der kommunistische
Redakteur John Sieg und der Arbeiter Papa
Schulze, der den jungen Dreher Hans Coppi im
Funken ausbildet. Sie arbeiten auf der Grundlage der Beschlüsse der KPD, leiten wichtige
Informationen ins Ausland. Nach dem Überfall
auf die Sowjetunion wird ihr Kampf noch intensiver und damit gefährlicher. Die Gestapo
kommt der Gruppe auf die Spur. Schulze-Boysen wird als erster verhaftet, viele der anderen
folgen.

DORNRÖSCHEN
(KINDERFILM)

RE: Walter Beck – BU: Margot Beichler, Gudrun Deubener-Rammler, Walter Beck – LV:
Gleichnamiges Märchen der Brüder Grimm –
KA: Lothar Gerber – MU: Klaus Lenz, Her-
mann Anders – SB: Heike Bauersfeld – KO: Ur-
sula Strumpf – SC: Rita Hiller – PL: Siegfried
Kabitzke – GR: KAG »Kinder- und Jugend-
film« – m: 1925 = 71 min. – fa – PM: 28.3.1971
– PM-Ort: Berlin; »Kosmos« – DA: Juliane Ko-
ren (Dornröschen) – Burkhard Mann (Prinz) –
Helmut Schreiber (König) – Evamaria Heyse
(Königin) – Vera Oelschlegel (13. Fee) – Tho-
mas Langhoff (Hauptmann) u. a. – KR: H.H.:
Ein Märchen in realer Welt. BNN 14.4.1971 –
H.P.: Wie es nicht im Buche steht. BZA
31.3.1971 – Holland-Moritz, R.: Kino-Eule.
ESP 1971/18 – J.N.: -. BE 28.4.1971 – K.M.:
Film. SO 1971/14 – Novotny, E.: Dornröschen
in mattem Glanz. FS 1971/9, S.11.

Anläßlich der Geburt ihrer Tochter geben König
und Königin ein großes Fest. Geladen sind auch
zwölf Feen, die dem Kind alle guten Eigenschaften in die Wiege legen. Da der König den
Fleiß verachtet, hat er die dreizehnte Fee, die
des Fleißes, nicht geladen. Ein Hauptmann läßt
sie dennoch ins Schloß, und sie wünscht Dornröschen den Tod. Die zwölfte Fee wandelt den
Spruch um. In einen 100jährigen Schlaf soll
Dornröschen fallen, wenn sie sich an ihrem
fünfzehnten Geburtstag an einer Spindel sticht.
Der König verbannt alle Spindeln aus dem
Land, womit er die arbeitenden Menschen in
große Not stürzt. Eine aber ist vergessen worden, und so erfüllt sich der Fluch. Das ganze
Schloß fällt in Schlaf. Als ein junger Prinz
kommt, um Dornröschen zu wecken, stellt die
dreizehnte Fee ihn auf die Probe. Da er sich als
klug und gerecht erweist, erwachen mit Dornröschen auch alle anderen.

KARRIERE

RE: Heiner Carow – BU: Heiner Carow, Her-
mann Herlinghaus, Claus Küchenmeister – LV:
Motive der Erzählung »Die Anzeige« aus dem
Band »Ferien am Feuer« von Egon Richter –
DR: Willi Pech – KA: Jürgen Brauer – MU: Pe-
ter Gotthardt – SB: Alfred Thomalla – KO:
Werner Bergemann, Ursula Strumpf – SC: Eve-
lyn Carow – PL: Dieter Dormeier, Siegfried Ka-
bitzke – m: 2505 = 92 min. – s/w – Cine – PM:
15.4.1971 – PM-Ort: Berlin; »International« –
DA: Horst Hiemer (Günter Walcher – 40 Jahre)
– Katja Paryla (Margot Walcher) – Gerd Krause

(Günter Walcher – 16 Jahre) – Rüdiger Joswig (Harald Walcher) – Wsewolod Safonow (Golubkow) – Wiktor Perewalow (russischer Junge Igor) – Friedrich Hitzer (Zacharias) u. a. – KR: Antosch, G. : Karriere - um welchen Preis? NW 18.4.1971 – Funke, C.: Qualvolle Entscheidung. M 30.4.1971 – H.U.: Moritat vom unanständigen Aufstieg. NZT 20.4.1971 – Knietzsch, H.: Entscheidung gegen das Gewissen. ND 30.4. 1971 – Salow, F.: Verlorenes Gewissen. FS 1971/10, S.8 – Sobe, G.: Eines Mannes »Karriere«. BZ 27.4.1971 – Lohmann, H.: Film. SO 1971/21.

Der 40jährige Günter Walcher, Angestellter eines westdeutschen Konzerns, ist ein arbeitsamer, unpolitischer Bürger, der im Grunde nur friedlich leben möchte. Er gerät in Gewissenskonflikte, als man ihm eine Beförderung zum Abteilungsleiter anbietet – mit der Auflage, einen Grund für die Entlassung des kommunistischen Betriebsratsvorsitzenden Zacharias zu finden. Walcher schätzt Zacharias, obwohl er dessen politische Ansichten nicht teilt. Er erinnert sich an die Nazizeit, da war er schon einmal verführt worden und als Hitlerjunge mitschuldig am Tod eines Menschen geworden. Konsequenzen zieht er nicht, läßt sich erneut korrumpieren. Sein Sohn Harald verläßt ihn enttäuscht. – Der Film entstand zu weiten Teilen aus dem Material der 1968 verbotenen Arbeit *Die Russen kommen* (RE: Heiner Carow, PM: 1987).

DER VERLORENE ENGEL
(PJ: 1966)
RE: Ralf Kirsten – BU: Ralf Kirsten, MI: Joachim Nestler, Manfred Freitag – LV: Novelle »Das schlimme Jahr« von Franz Fühmann – DR: Klaus Wischnewski – KA: Claus Neumann – MU: André Asriel – SB: Hans Poppe – KO: Elli-Charlotte Löffler – SC: Evelyn Carow, Ursula Zweig – PL: Werner Liebscher – m: 1624 = 60 min. – s/w – PM: 22.4.1971 – PM-Ort: Berlin; »Colosseum« – DA: Fred Düren (Barlach) – Erika Pelikowsky (Frau Barlach) – Erik S. Klein (Kutscher) – Walter Lendrich (Taxifahrer) – Agnes Kraus (Alte Frau) u. a. – KR: fö.: Der Tag nach dem Raub des Güstrower Domengels. NZ 28.4.1971 – Haedler, M.: Monolog eines Einsamen. M 2.5.1971 – H.U.: Ein Tag im Leben Barlachs. NZT 30.4.1971 – Tico, M. : -. FS 1971/5, S.4 – Tok, H.-D.: Filmpremieren der Woche. WP 1971/20 – Meyer, K.: Film. SO 1971/20 – Sobe, G.: Der stumme Schrei des Engels. BZ 7.5.1971.

Ernst Barlach, einer der bedeutendsten Bildhauer dieses Jahrhunderts, lebt gesellschaftlich fast völlig isoliert in seinem Haus bei Güstrow. Der Film gestaltet einen Tag in seinem Leben, den 24. August 1937. Ein Tag der Selbstverständigung und kritischen Selbstanalyse. Anlaß ist der Diebstahl seines »Schwebenden Engels« aus dem Dom zu Güstrow in der Nacht zuvor. Barlachs Reflexionen umfassen das zurückliegende Jahr. Sein Werk wurde als »entartete Kunst« deklariert, größtenteils beschlagnahmt und vernichtet, auch seine Ehrenmale für die Opfer des Weltkrieges. Ihn selbst zwang man, »freiwillig« aus der Akademie der Künste auszutre-

ten. »Wissen meine Figuren mehr als ich?«, fragte sich Barlach. Er erkennt, daß es nicht ausreichte, sich nicht mit den Nazis zu arrangieren, daß er etwas gegen sie hätte tun müssen. Für ihn ist es zu spät. Die Schmähungen haben seine Gesundheit untergraben, seine Kraft erschöpft. – Der Film wurde bereits 1966 gedreht und in der Folge des 11. Plenums verboten.

MÄNNER OHNE BART
RE: Rainer Simon – BU: Inge Wüste, Rainer Simon – LV: Roman »Das Klassenfest« von Uwe Kant – DR: Gudrun Deubener – KA: Claus Neumann – MU: Peter Rabenalt – SB: Georg Wratsch – KO: Werner Bergemann – SC: Helga Gentz – PL: Alexander Lösche – m: 2224 = 82 min. – s/w – PM: 20.5.1971 – PM-Ort: Berlin; »Colosseum« – DA: Hermann Beyer (Lehrer Nickel) – Manfred Böhm (Otto Hintz) – Käthe Reichel (Frau Hintz) – Dieter Franke (Direktor Menschke) – Gerd Grasse (Blaustock) – Barbara Döbel (Hannchen) u. a. – KR: Braunseis, H.: Mit Phantasie und ohne Bart. M 3.6.1971 – Hanisch, M.: Der Schüler Otto und die Phantasie. JW 25.5.1971 – Holland-Moritz, R.: Kino-Eule. ESP 1971/26 – Knietzsch, H.: Zeitgenossen, Träume und Verantwortung. ND 5.7.1971 – Rehahn, R.: -. WP 1971/28 – H.U.: Ausreißer in das Reich der Phantasie. NZT 25.5.1971 – Meyer, K.: Film. SO 1971/23 – Rother, H.-J.: Zwischen Traumreich und Realität. FO 1971/13 – Sobe, G.: Die Otto-Hintz-Welt. BZ 25.5.1971 – Salow, F.: »Helden«-Träume in der Schule. FS 1971/12, S.8.

Der 15jährige Otto Hintz, Schüler einer 9. Klasse, hat eine blühende Phantasie, sieht sich gefährliche Situationen bestehen und außergewöhnliche Leistungen vollbringen. In Wirklichkeit ist er mit seinen schlechten Schulnoten versetzungsgefährdet. Nicht nur Lehrer Nickel weiß, daß dies nichts mit mangelhafter Intelligenz zu tun hat. Vielmehr fällt es dem vielseitig interessierten Otto schwer, seine Phantasie mit den Forderungen des Alltags in Übereinstimmung zu bringen. Schulleiter Menschke führt das Problem auf den Punkt: Wie bringen wir den Schüler Hintz dazu, seine Aufmerksamkeit gerecht und nutzbringend zu verteilen, zwischen Schule und Vögelfangen? Otto weicht der Frage aus, aber er hat einiges begriffen. Und Nickel, der die Lage des Jungen gut nachvollziehen kann, wird sein Bestes tun, ihm zu helfen.

LIEBESERKLÄRUNG AN G. T.
RE: Horst Seemann – BU: Helfried Schreiter, Horst Seemann – DR: Dieter Scharfenberg – KA: Helmut Bergmann – MU: Klaus Hugo – SB: Hans Poppe – KO: Barbara Müller – SC: Bärbel Weigel – PL: Bernd Gerwien – GR: KAG »Johannisthal« – m: 2445 = 90 min. – fa – Cine – PM: 3.6.1971 – PM-Ort: Leipzig; »Capitol« – DA: Ewa Krzyzewska (Gisa Tonius) – Jürgen Frohriep (Werner Tonius) – Herwart Grosse (Prof. Ebert) – Traudl Kulikowsky (Annette Haferkorn) – Holger Mahlich (Bernd Stübener) – Erika Pelikowsky (Prof. Bergholz) u. a. – KR: Ahrens, P.: Ehe, Kind und leitende Funktion. WBÜ 1971/25 – Born, L.: Gisa Tonius An-

spruch an das Leben. NZ 23.6.1971 – Holland-Moritz, R.: Kino-Eule. ESP 1971/30 – Knietzsch, H.: Zeitgenossen, Träume und Verantwortung. ND 5.7.1971 – Rehahn, R.: -. WP 1971/28 – Richter, R.: -. SO 1971/27 – Sobe, G.: Entscheidung unterwegs? BZ 23.6.1971 – Tico, M.: Entscheidung für Gisa. FS 1971/13, S.8.

Der Physikerin Dr. Gisa Tonius soll die Leitung eines großen Forschungsprojektes, an dem rund 500 Mitarbeiter verschiedener Wissenschaftsdisziplinen beteiligt sind, übernehmen. Gisa zögert. Sie ist Mitte Dreißig, verheiratet, hat eine 17jährige Stieftochter und möchte noch ein eigenes Kind. Sie zweifelt, persönliches Glück und berufliche Erfüllung in Einklang bringen zu können, sucht Antworten bei Menschen ihrer Umgebung. Ehemann Werner fürchtet, daß das Privatleben noch mehr leidet als bisher. Professor Ebert, der sie für die Fortsetzung seines Werkes vorschlug, meint, ihre Begabung sei Verpflichtung. Der Vater rät ihr zu, er weiß aus eigener Erfahrung, daß die Reue für Versäumtes eines Tages kommt. Professorin Bergholz hat im Dienste der Wissenschaft auf vieles verzichtet und ist eine einsame Frau geworden – sie will Gisa mit allen Kräften unterstützen. Auf einer Studienreise lernt Gisa eine sowjetische Wissenschaftlerin kennen, die ihren Mann, der Geologe ist, einmal im Jahr sieht und ihre Liebe dennoch nicht aufgibt. Gisa entscheidet sich für beides: ein Kind und das Forschungsprojekt.

ANFLUG ALPHA 1
RE: János Veiczi – BU: Wolfgang Held, János Veiczi – DR: Walter Janka – KA: Eberhard Borkmann, MI: Peter Süring, Günter Heimann – MU: Günter Hauk – SB: Alfred Thomalla – KO: Dorit Gründel, Wolfgang Berndt – SC: Brigitte Krex – PL: Siegfried Nürnberger, Heinz Herrmann – GR: KAG »Babelsberg« – m: 2566 = 94 min. – fa – Cine – PM: 25.6.1971 – PM-Ort: Frankfurt/Oder; »Erich-Weinert-Freilichtbühne« – DA: Alfred Müller (Major Milan) – Stefan Lisewski (Hauptmann Wendland) – Klaus-Peter Thiele (Leutnant Lenz) – Ingolf Gorges (Unterleutnant Kullas) – Peter Aust (Oberleutnant Herzog) – Monika Gabriel (Sigrid) – Regina Beyer (Anka) u. a. – KR: Born, L.: Blick in das Leben von Flugzeugführern. NZ 26.6.1971 – Görtz, G.: Silberpfeile und die Männer um Major Milan. JW 6.7.1971 – Knietzsch, H.: Sommerliches aus Babelsberg. ND 12.7.1971 – Peters, E.: Illusionen im Schleudersitz. FS 1971/14, S.8 – Tok, H.-D.: Piloten, Husaren und Indianer. LVZ 3.7.1971 – H.U.: Geschichten mutiger Männer. NZT 27.6.1971.

Fünf Männer einer Fliegerstaffel der NVA stehen mit ihren Konflikten im Mittelpunkt: Kommandeur Milan hat die Altersgrenze für Piloten erreicht und muß sich damit abfinden, auf die Fliegerei zu verzichten. Leutnant Lenz hat bei einem Flug die Gewalt über die Maschine verloren und sich bei der Rettung mit dem Fallschirm schwer verletzt, bleibt vielleicht gelähmt. Er möchte seine Freundin Anka nicht an sich binden, doch sie hält zu ihm. Der junge Kullas

1

2

3

1 Annekathrin Bürger (rechts) und Petra Hinze in
  »He, du!«
  (1970/RE: Rolf Römer)

2 Regina Beyer und Klaus-Peter Thiele in
  »Hart am Wind«
  (1970/RE: Heinz Thiel)

3 Heidemarie Wenzel und Winfried Glatzeder in
  »Zeit der Störche«
  (1971/RE: Siegfried Kühn)

447

kommt für Lenz in die Staffel. Der Unfall seines Vorgängers läßt Angst in ihm aufkommen, und er versucht herauszufinden, was Mut ist. Oberleutnant Herzog liebt die Lehrerin Sigrid. Sie liebt ihn auch, aber es fällt ihr schwer, sich noch einmal für einen »Helden« zu entscheiden. Zwei Jahre zuvor ist ihr Mann beim Entschärfen einer Bombe umgekommen. Herzog aber will seinen Beruf nicht aufgeben. Der fünfte, Hauptmann Wendland, ist Parteisekretär. Er nimmt seinen Verteidigungsauftrag ebenso ernst wie die Sorge um seine Kameraden.

HUSAREN IN BERLIN

RE: Erwin Stranka – BU: Erwin Stranka – DR: Christel Gräf – KA: Otto Hanisch – MU: Wilhelm Neef – SB: Jochen Keller – KO: Günther Schmidt – SC: Ilse Peters – PL: Hans Mahlich – GR: KAG »Roter Kreis« – m: 2530 = 93 min. – fa – Cine – PM: 26.6.1971 – PM-Ort: Berlin; Freilichtbühne Grünau – DA: Manfred Krug (Hadik) – Evelyn Opoczynski (Andrea) – Rolf Herricht (Augustin) – István Iglodi (Pali) – Gábor Agárdi (Baboczay) – Antol Farkas (Tschurtschenthaler) u. a. – KR: Born, L.: Mit Phantasie und einer leichten Hand. NZ 26.6.1971 – Hanisch, M.: Hauptattraktion auch diesmal der Indianerfilm. JW 15.7.1971 – Hartmann, H.: Eine kuriose Geschichte. FS 1971/15, S.8 – Holland-Moritz, R.: Kino-Eule. ESP 1971/30 – Knietzsch, H.: Sommerliches aus Babelsberg. ND 12.7.1971 – Meyer, K.: Feuertaufe und Zerreißprobe. SO 1971/29.

Gastwirt Augustin aus dem Märkischen hat für seine Tochter Andrea eine »gute Partie« ausgewählt: einen Berliner Kaufmann. Auf dem Weg zu ihm werden sie von ungarischen Husaren unter Marschall Hadik gefangengenommen. Man schreibt das Jahr 1757, es wütet der 7jährige Krieg. Andrea, die den Kaufmann ohnehin nicht wollte, verliebt sich in den schneidigen Trompeter Pali. Als die Husaren ziehen nach Berlin, besetzen die nur von einer schwachen Truppe gesicherte Stadt. Als der Kommandant zur Verteidigung der preußischen Metropole schreiten will, kommt es jedoch nicht zum Kampf, sondern zu einer Verbrüderung zwischen Husaren und Bevölkerung, die von Pali und Andrea angeführt wird. Einen Tag lang dauert die Besatzung, dann müssen die Husaren vor dem nahenden preußischen Herr fliehen.

OSCEOLA

RE: Konrad Petzold – BU: Günter Karl, Walter Püschel – DR: Hans-Joachim Wallstein – KA: Hans Heinrich – MU: Wilhelm Neef – SB: Heinz Röske – KO: Günther Schmidt, Marianne Schmidt – SC: Thea Richter – PL: Dorothea Hildebrandt – GR: KAG »Roter Kreis« – m: 2976 = 109 min. – fa – Cine – PM: 26.6.1971 – PM-Ort: Rostock; Freilichtbühne – DA: Gojko Mitic (Osceola) – Horst Schulze (Raynes) – Iurie Darie (Moore) – Karin Ugowski (Gladis) – Kati Bus (Zilla) – Pepa Nikolova (Rhea) u. a. – KR: Hanisch, M.: Hauptattraktion auch diesmal der Indianerfilm. JW 15.7.1971 – Holland-Moritz, R.: Kino-Eule. ESP 1971/30 – H.U.: Geschichten mutiger Männer. NZT 27.6.1971 –

Meyer, K.: Feuertaufe und Zerreißprobe. SO 1971/29 – Salow, F.: Ein historischer Abenteuerfilm. FS 1971/16, S.8 – E. Sch.: DEFA-Rothäute. SüZ 28.7.1976.

Die Indianer des Stammes der Seminolen haben sich als einzige der Deportation in Reservate widersetzt, sich nach Florida zurückgezogen und treiben nun Ackerbau und Viehzucht. Doch sie sind den weißen Pflanzern im Weg. Diese wollen erstens das Land, zweitens sehen sie ihre Existenz dadurch gefährdet, daß immer mehr schwarze Sklaven zu den Seminolen flüchten. Der aus den Nordstaaten stammende Sägewerksbesitzer Moore, mit einer Seminolin verheiratet, ist für friedliche Einigung und gegen die Sklaverei – weil er glaubt, mit freien Lohnarbeitern besseren Profit machen zu können. Plantagenbesitzer Raynes jedoch ist für einen militärischen Vernichtungsschlag. Häuptling Osceola erkennt die Gefahr und versucht, den Provokationen der Weißen auszuweichen. Doch er kann den Ausbruch des Krieges (1835) nicht verhindern.

ZEIT DER STÖRCHE

RE: Siegfried Kühn – SZ: Regine Kühn – LV: Gleichnamige Erzählung von Herbert Otto – DR: Gerhard Hartwig – KA: Erich Gusko – MU: Hans J.Wenzel – SB: Georg Kranz – KO: Rita Bieler – SC: Helga Krause – PL: Horst Dau – GR: KAG »Roter Kreis« – m: 2454 = 90 min. – fa – PM: 3.9.1971 – PM-Ort: Leipzig; »Capitol« – DA: Heidemarie Wenzel (Susanne Krug) – Winfried Glatzeder (Christian Smolny) – Jürgen Hentsch (Wolfgang Fischer) – Hilmar Baumann (Bohrmeister Max Schlosser) – Petra Hinze (Gisela Erdmann) – Volkmar Kleinert (»Einstein«) u. a. – KR: Antosch, G.: Storchenzeit - Liebeslenz. NW 2.9.1971 – Haedler, M.: Drei Kapitel junge Liebe. M 12.9.1971 – Hanisch, M.: Kühns Liebesfilm ist sehenswert. JW 9.9.1971 – Heidicke, M.: -. BZ 15.9.1971 – Rehahn, R.: Wie schön, ein Liebesfilm. WP 1971/38 – Holland-Moritz, R.: Kino-Eule. ESP 1971/42 – Meyer, K.: Film. SO 1971/40 – Mollenschott, E.: Christian und Susanne oder der Mut zur Liebe. ND 14.9.1971 – Tico, M.: Erzählung über eine Liebe. FS 1971/19, S.8 – H.K.: Dokumentare Realisten bei der DEFA. NZZ 23.10.1971.

Die prinzipienfeste Lehrerin Susanne Krug, Kandidatin der SED, lebt mit dem Wissenschaftler Wolfgang zusammen. Zwei Jahre, die nicht aufregend, aber harmonisch waren. Vor der bereits angesetzten Hochzeit will Susanne noch einen Besuch bei ihrer Freundin in einem kleinen Dorf machen. Auf der Reise lernt sie Christian kennen. Er arbeitet auf einem Erdgasbohrturm, führt ein unkonventionelles, lockeres Leben, nimmt es auch mit der Liebe nicht so ernst. Bei Susanne empfindet er erstmals mehr, verliebt sich wirklich. Auch sie verliebt sich, kann sich aber mit seiner Lebenseinstellung nicht anfreunden. Es kommt zum Streit. Zurück bei Wolfgang wird ihr jedoch klar, daß sie zu Christian gehört. Sie arrangiert ein Wiedersehen mit ihm, der inzwischen auch bereit ist, sich zu ändern.

GOYA
(CO-PRODUKTION DDR / UDSSR)

RE: Konrad Wolf – SZ: Angel Wagenstein – LV: Roman »Goya oder Der arge Weg der Erkenntnis« von Lion Feuchtwanger – DR: Walter Janka, Alexander Dymschitz – KA: Werner Bergmann, Konstantin Ryshow – MU: Kara und Faradsch Karajew – SB: Alfred Hirschmeier, Waleri Jurkewitsch – KO: Ludmila Schildknecht, Joachim Dittrich – SC: Alexandra Borowskaja – PL: Herbert Ehler, Genrich Chochlow – GR: KAG »Babelsberg« – m: 3662 = 134 min. – fa – Cine / m: 4848 = 161 min. – fa – 70 mm – PM: 16.9.1971 (70 mm) – PM-Ort: Berlin; »Kosmos« – CO: Lenfilm, Leningrad – Russ. Titel: Goja – DA: Donatas Banionis (Goya) – Olivera Katarina = Olivera Vugo (Herzogin Alba) – Fred Düren (Esteve) – Tatjana Lolowa (Königin Maria Luisa) – Rolf Hoppe (Karl IV.) – Ernst Busch (Jovellanos) – Carmela (Maria Rosario) u. a. – KR: Gehler, F.: Vom Weg eines Malers. FS 1971/20, S.8 – Holland-Moritz, R.: Kino-Eule. ESP 1971/ 42 – Knietzsch, H.: Der arge Weg der Erkenntnis. ND 18.9.1971 – Ahrens, P.: Der Goya-Film. WBÜ 1971/39 – Hanisch, M.: Wandlung des Hofmalers Goya. JW 21.9.1971 – Rehahn, R.: -. WP 1971/41 – Richter, R.: Goya - der Weg zur Erkenntnis. SO 1971/40 – Rother, H.-J.: Aus dem üblichen Rahmen. FO 1971/23 – Sobe, G.: Das Bild des Künstlers. BZ 22.9.1971 – Herlinghaus, R.: Goya. Vom Roman zum Film. Arbeitsheft 1971/7 der Deutschen Akademie der Künste zu Berlin – Kersten, H.: Der arge Weg der Erkenntnis. TSP 26.9.1971 – Pörzgen, H.: Goyas Leben als Volksepos. FAZ 30.7.1971 – thü: Konrad Wolfs »Goya«. NZZ 19.2.1972 – Baer, V.: Nur vordergründig ein Kostümfilm. TSP 28.9.1973 – Längsfeld, W.: Zu komplex für ein Ideal. SüZ 28.2.1981 – A.B.: Lion Feuchtwanger lieferte Libretto. BMP 17.8.1984 – Krautz, A.: Die Charakterisierung des Helden durch seine Lebensräume. BFF 1990/39, S. 146-154.

Als Hofmaler Karls IV. von Spanien ist Don Francisco de Goya Lucientes zu Ansehen und Wohlstand gekommen. Seine Gemälde zieren die Galerien der Schlösser. In leidenschaftlicher Liebe fühlt er sich zu der Herzogin Alba hingezogen, und gleichzeitig haßt er die hochnäsige Aristokratin in ihr. Er glaubt an den König und die Kirche, genießt seine Stellung bei Hofe. Doch er ist durch und durch Spanier und liebt das Volk. Dieser Widerspruch bringt ihn auf den »argen Weg der Erkenntnis«. Sein Mitarbeiter und Freund Esteve führt ihn zu den wahren Patrioten des Landes. In einer Madrider Taverne begegnet er der Sängerin Maria Rosario, später muß er miterleben, wie sie von der Inquisition verurteilt wird. Von dem Lied, das Maria als Beweis ihrer Schuld vortragen muß, ist er tief erschüttert. Je weiter er in das Leben des Volkes eindringt, daraus Motive für seine Kunst schöpft, desto größer wird seine innere Pein angesichts der Zustände im Land. Seine Kunst wird zum adäquaten Ausdruck der revolutionären Bewegung des Volkes. So gerät er selbst in die Fänge der Inquisition. Aber er schwört der Wahrheit seiner Bilder nicht ab und wählt das Exil.

HUT AB, WENN DU KÜSST!

RE: Rolf Losansky – SZ: Maurycy Janowski – DR: Dieter Scharfenberg – KA: Wolfgang Braumann – MU: Klaus Hugo – SB: Hans-Jorg Mirr – KO: Barbara Müller – SC: Christa Helwig – PL: Willi Teichmann – GR: KAG »Johannisthal« – m: 2373 = 87 min. – fa – PM: 30.9.1971 – PM-Ort: Berlin; »Colosseum« – DA: Angelika Waller (Petra) – Alexander Lang (Fred) – Rolf Römer (Juan) – Günter Junghans (Horst) – Günter Grabbert (Onkel Valeraz) – Peter Borgelt (Oskar) u. a. – KR: Knietzsch, H.: Lustspiel mit sexischem Akzent. ND 2.10.1971 – Meyer, K.: Film. SO 1971/42 – Peter, A. : Wie Petra ihren Freund zur Einsicht bringt. JW 3.10.1971 – Seydel, R.: Petra bleibt Messe-Puzzle. FS 1971/22, S.8 – Tok, H.-D.: Da geht der Hut hoch... WP 1971/43 – Sobe, G.: Keine heitere Täuschung für ahnungslose Besucher. BZ 8.10.1971.

Der Ingenieur und Testfahrer Fred kann sich mit dem Beruf seiner Freundin Petra nicht abfinden. Sie ist Automechanikerin und er der Meinung, dies schade ihrer Weiblichkeit. Da Petra ihre Arbeit liebt und nicht bereit ist, sie gegen eine »weibliche« einzutauschen, kommt es ständig zu Streit – bis der Trubel der Leipziger Messe, auf die Petra unversehens gerät, der anachronistischen Einstellung Freds ein Ende bereitet. Und zwar durch Eifersucht. Er muß erleben, daß der zauberhaft aussehenden Freundin die Männer scharenweise den Hof machen. Und wäre Petras Liebe zu ihm nicht so groß, dann hätte seine späte Einsicht auch nichts genützt.

1972

TROTZ ALLEDEM!

RE: Günter Reisch, RE II. Stab: Hans Kratzert – SZ: Michael Tschesno-Hell – DR: Günter Karl – KA: Jürgen Brauer, KA II. Stab: Günter Heimann – MU: Ernst Hermann Meyer – SB: Dieter Adam, Georg Kranz – KO: Joachim Dittrich, Wolfgang Güldemeister, MI: Elli-Charlotte Löffler – SC: Monika Schindler – PL: Manfred Renger, MI: Oscar Ludmann – m: 3419 = 125 min. – fa – Cine – PM: 13.1.1972 – PM-Ort: Berlin; »International« – DA: Horst Schulze (Karl Liebknecht) – Ludmila Kasjanowa (Sophie Liebknecht) – Ute Illmann (Vera Liebknecht) – Lutz Fremde (Sohn Liebknecht) – Albert Hetterle (Paul Schreiner) – Erika Dunkelmann (Milda Schreiner) – Jutta Hoffmann (Käthe Schreiner) – Burkhardt Mann (Kulle Schreiner) – Zofia Mrosowska (Rosa Luxemburg) – Michail Uljanow (Lenin) u. a. – KR: Eichler, W.: Vom Zukunftsanspruch der Arbeiterklasse. NZ 15.1.1972 – H.U.: Zeit der Novemberrevolution. NZT 16.1.1972 – Knietzsch, H.: ...leben wird unser Programm! ND 15.1. 1972 – Kügelgen, B. von: Dicht und tempoerfüllt. SO 1972/5 – Peter, A.: Unser Kampflied auf den Lippen. JW 16.1.1972 – Salow, F.: Vom Sieg seiner Sache beseelt. FS 1972/3, S.8 – -: Zwiegespräch mit Karl. Spiegel 7.2.1972.

An den Film *Solange Leben in mir ist* anknüpfend, wird der Kampf Karl Liebknechts von seiner Entlassung aus dem Gefängnis am 23. Oktober 1918 bis zu seiner Ermordung am 15. Januar 1919 geschildert. Während das Proletariat dem in Berlin eintreffenden Liebknecht einen triumphalen Empfang bereitet, mobilisiert das Kaiserreich seine letzten Kriegsreserven. Ebert will die Abdankung des Kaisers, um die Revolution zu verhindern, Liebknecht führt die Arbeiterklasse zur Revolution. Am 9. November ruft er vom Schloß die Sozialistische Republik Deutschland aus. Doch die Konterrevolution formiert sich, des Kaisers Generäle in Einheit mit der rechten Sozialdemokratie. Erste Angriffe auf die junge Republik werden zurückgeschlagen. Dem rechten Sozialdemokraten Noske wird nun der Oberbefehl übertragen, und im Januar fallen Freicorpstruppen in Berlin ein. Eine blutige Jagd auf die Kommunisten beginnt. Diese sind dem schwerbewaffneten Gegner nicht gewachsen. Auch sozialdemokratische Arbeiter haben sich der rechten Führung angeschlossen. Der Riß, der durch viele Familien geht, wird an der fiktiven Arbeiterfamilie Schreiner demonstriert. Während der Vater auf Seiten der Noske-Truppen kämpft, sind seine Kinder Käthe und Kulle auf der Seite der Revolutionäre.

Filmtext: Trotz alledem! Filmerzählung von Michael Tschesno-Hell. Berlin: Henschelverlag 1971

DER MANN, DER NACH DER OMA KAM

RE: Roland Oehme – SZ: Maurycy Janowski, Lothar Kusche – LV: Erzählung »Graffunda räumt auf« von Renate Holland-Moritz – DR: WIlli Brückner – KA: Wolfgang Braumann –

MU: Gerd Natschinski – SB: Hans Poppe – KO: Maria Welzig – SC: Hildegard Conrad-Nöller – PL: Siegfried Kabitzke – GR: KAG »Johannisthal« – m: 2530 = 93 min. – fa – brw – PM: 10.2.1972 – PM-Ort: Berlin; »International« – DA: Winfried Glatzeder (Erwin Graffunda) – Rolf Herricht (Günter Piesold) – Marita Böhme (Gudrun Piesold) – Katrin Martin (Gaby Piesold) – Rolf Kuhlbach (Danny Piesold) – Herbert Köfer (Herr Kotschmann) – Ilse Voigt (Oma Piesold) u. a. – KR: Ahrens, P.: Omas Kino? WBÜ 1972/9 – H.U.: Die Hausfrau ist ein Mann. NZT 13.2.1972 – Knietzsch, H.: Wundersame Geschichte vom hilfreichen Mann. ND 13.2.1972 – Kultzscher, K.: Kino-Eule. ESP 1972/12 – Peter, A.: Fast fetzig, dieses Filmvergnügen. JW 29.2.1972 – Meyer, K.: -. SO 1972/10 – Rehahn, R.: Selten so gelacht. WP 1972/9 – Sobe, G.: Großer Mann, was nun? BZ 17.2.1972 – Seydel, R.: Mit viel Witz. FS 1972/ 4, S.8.

Günter und Gudrun Piesold sind ein vielbeschäftigtes Ehepaar. Er ist Fernsehkomiker, sie Schauspielerin. Für Haushalt und Kinder ist die Oma zuständig. Doch die lebenslustige ältere Dame tritt wieder in den Stand der Ehe, und am Polterabend stehen die Piesolds nicht nur vor einem großen Scherbenhaufen, sondern auch vor der Frage: Wie soll es mit dem Haushalt weitergehen? Nachdem das häusliche Chaos ein kaum zu übertreffendes Maß angenommen hat, wird per Annonce eine Hilfe gesucht. Die Überraschung ist groß, als sich ein junger Mann meldet: Graffunda – gutaussehend, charmant, intelligent. Er bringt den Haushalt auf Vordermann und die Nachbarn zum Tratschen. Keiner glaubt, daß da nicht irgendetwas dahintersteckt. Auch Günter kommt ins Grübeln, ob Graffunda vielleicht der Liebhaber seiner Frau ist. Des ungewöhnlichen Rätsels Lösung: Graffunda sammelt praktische Erfahrungen für seine Dissertation über die Emanzipation der Frau. Ein Thema, das ihn ganz persönlich weiterbeschäftigen wird – als inzwischen verheirateter und bald Vater werdender Mann.

DER DRITTE

RE: Egon Günther – SZ: Günther Rücker – LV: Erzählung »Unter den Bäumen regnet es zweimal« von Eberhard Panitz – DR: Werner Beck – KA: Erich Gusko – MB: Karl-Ernst Sasse – SB: Harald Horn – KO: Christiane Dorst – SC: Rita Hiller – PL: Heinz Mentel – GR: KAG »Berlin« – m: 3036 = 111 min. – fa – PM: 16.3.1972 – PM-Ort: Berlin; »International« – DA: Jutta Hoffmann (Margit) – Barbara Dittus (Lucie) – Rolf Ludwig (Hrdlitschka) – Armin Mueller-Stahl (Blinder) – Peter Köhnke (Bachmann) – Erika Pelikowsky (Oberin) – Christine Schorn (Junge Frau) u. a. – KR: Eichler, W.: Anspruch einer Frau auf Glück. NZ 18.3.1972 – Holland-Moritz, R.: Kino-Eule. ESP 1972/17 – Kügelgen, B. von: -. SO 1972/14 – H.U.: Bilder aus dem Leben einer Frau. NZT 17.3.1972 – Knietzsch, H.: Die Kunst zu lieben und zu leben. ND 18.3.1972 – Rother, H.-J.: Das Faszinierende und das Gewöhnliche. FO 1972/12 – Ahrens, P.: -. WBÜ 1972/11 – Rehahn, R.: Suche nach dem Glück. WP 1972/14 – Sobe, G.:

Von der sachgemäßen Überprüfung des Dritten. BZ 18.3.1972 – Voss, M.: Von großer Dimension. FS 1972/6, S.8 – Kersten, H.: Drei Männer und eine Frau. TSP 26.3.1972 – Jeremias, B.: Emanzipation, auch privat. FAZ 18.4.1972 – Schumann, P. B.: Sozialistische Lebensfragen. SüZ 25.5.1972 – Baer, V.: Junge Frau von 1972. TSP 10.12.1972 – Schobert, W: Schwierigkeiten mit der Emanzipation. FRu 3.3.1973 – Ruf, W.: Versuch, die Konvention zu brechen. SüZ 15.6.1973.

Die Mathematikerin Margit Fließer, Mitte Dreißig, alleinstehend, zwei Kinder von zwei verschiedenen Männern, ist eine emanzipierte Frau. Glücklich ist sie nicht, ihr fehlt der Partner, Liebe, Zärtlichkeit und ein Vater für die Kinder. In der Wahl des Mannes wird sie durch die gesellschaftliche Norm noch immer zur Passivität verurteilt. Margit ist entschlossen, die Konvention zu durchbrechen. Die Erinnerung an ihr bisheriges Leben bestärkt sie darin. Nach dem Tod der Mutter wurde sie Diakonissenschülerin, merkte jedoch, daß dies nicht ihren Vorstellungen entspricht. Sie ging zur ABF, erlag dem Werben des Dozenten Bachmann, erlebte die erste große Liebe und Enttäuschung. Von ihm ist das erste Kind. Danach gab sie ihre ganze Zuneigung einem Blinden, heiratete ihn, bekam das zweite Kind. doch auch diese Beziehung scheiterte. Nun ist sie entschlossen, den Dritten selbst auszusuchen. Kollege Hrdlitschka ist der Auserwählte, und sie überzeugt ihn von seinem eigenen Glück, wobei ihr die jüngere Freundin Lucie, die selbst gerade eine herbe Enttäuschung erlitt, eine verständnisvolle Hilfe ist.

Filmtext: Der Dritte. In: Günther Rücker: Die Verlobte. Texte zu sieben Spielfilmen. Berlin: Henschelverlag 1988

LEICHENSACHE ZERNIK
RE: Helmut Nitzschke – SZ: Gerhard Klein, Joachim Plötner, Wolfgang Kohlhaase, Helmut Nitzschke – DR: Anne Pfeuffer – KA: Claus Neumann – MU: Hans-Dieter Hosalla – SB: Georg Kranz – KO: Eva Sickert – SC: Evelyn Carow – PL: Horst Dau – GR: KAG »Berlin« – m: 2720 = 100 min. – s/w – PM: 30.3.1972 – PM-Ort: Berlin; »Kosmos« – DA: Alexander Lang (Kriminalanwärter Horst Kramm) – Gert Gütschow (Erwin Retzmann) – Norbert Christian (Oberrat Kleinert, Leiter der Direktion K) – Kurt Böwe (Kriminalrat Stübner, Leiter der Mordkommission) – Hans Hardt-Hardtloff (Josef Probst, Kommissariatsleiter) – Annemone Haase (Katharina Zernik) u. a. – KR: Funke, C.: Unser Leben auf der Leinwand. M 7.4.1972 – Holland-Moritz, R.: Kino-Eule. ESP 1972/22 – Knietzsch, H.: Zeitbild in harter Kriminalgeschichte. ND 18.4.1972 – Salow, F.: Dem Würger auf der Spur. FS 1972/9, S.8 – W. E.: Kriminalanwärter Kramm muß Lehrgeld zahlen. NZ 8.4.1972 – Meyer, K.: -. SO 1972/18 – Peter, A.: -. JW 4.4.1972 – Rehahn, R.: -. WP 1972/18 – Sobe, G.: Mörderjagd im Nachkriegs-Berlin. BZ 19.4.1972.

Berlin 1948. Der Maschinenwärter Horst Kramm ist soeben in den Dienst der Kriminalpolizei eingetreten. Sein erster Fall, er soll eine diebische Nutte verhaften, entbehrt nicht einer gewissen Komik. Der nächste jedoch ist bitterernst. Ein Frauenmörder treibt sein Unwesen in der Vier-Sektoren-Stadt, die geteilten Kompetenzen raffiniert ausnutzend. Zwei Leichen, bis zur Unkenntlichkeit durch Säure verätzt, wurden bereits in Berlin-Buch gefunden. Die Kriminalisten des demokratischen Sektors haben inzwischen das Tatmotiv ermittelt, doch ihre weitere Arbeit wird durch die Bildung eines eigenen Polizeipräsidiums für die drei Westsektoren unterbrochen. So können sie zwei weitere Morde nicht verhindern. In einer angesichts der politischen Situation grotesken Lage gelingt es ihnen unter großen Anstrengungen dennoch, den Täter zu fassen. – Siehe auch Anhang »Abgebrochene Filme«.

SCHWARZER ZWIEBACK
(CO-PRODUKTION DDR / UDSSR)
RE: Herbert M. Rappaport – SZ: Michail J. Blejman, Edith Gorrish – LV: Gleichnamiger Erlebnisbericht von Jelisaweta Drabkina – DR: Alexander S. Shurawin, Dieter Wolf – KA: Eduard A. Rosowski, Rolf Schrade – MU: Alexander D. Mnatzakanjan – SB: Wsewolod S. Ulitko, Richard Schmidt – KO: Katrin Johnsen, Ninelle G. Lew – SC: Isolde L. Golowko – PL: Erich Albrecht, Juri A. Dshogorow – GR: KAG »Babelsberg« – m: 2304 = 84 min. – fa – Cine – PM: 15.3.1972 (UdSSR), 13.4.1972 (DDR) – PM-Ort: Moskau; »Mir« / Berlin; »Colosseum« – CO: Lenfilm, Leningrad – Russ. Titel: Tschornyje suchari – DA: Natalja Warjel (Tanja) – Rüdiger Joswig (Kurt) – Nikolai Merslikin (Woronin) – Wiktor Uralski (Kajumow) – Jessy Rameik (Betsy) – Harald Hauser (Kirchner) u. a. – KR: Holland-Moritz, R.: Kino-Eule. ESP 1972/22 – H.U.: Brot der Revolution. NZT 18.4.1972 – M.H.: Brot der Brüder. M 23.4. 1972 – Müller, W.: Das Brot des Roten Oktober. ND 15.4.1972 – Richter, R.: -. SO 1972/19 – Peter, A.: Von den Wurzeln unserer Freundschaft. JW 20.4.1972 – Voss, M.: Geteiltes Brot. FS 1972/10, S.8.

In Moskau verbindet sich die Feier zum ersten Jahrestag der Oktoberrevolution mit der Freude über die Nachricht von der Novemberrevolution in Deutschland. Der ehemalige Kriegsgefangene Kurt ist unter jenen, die auf der deutschen Botschaft die rote Fahne hissen. Die Moskauer haben beschlossen, trotz der eigenen Not den hungernden Klassenbrüdern Brot zu schicken. Die Komsomolzin Tanja begleitet die Solidaritätsspende, und im Zug sieht sie den heimkehrenden Kurt, der ihr schon zweimal begegnet ist, wieder. Zwischen ihnen entsteht eine starke Zuneigung. An der Grenze wird der Zug von konterrevolutionären deutschen Truppen überfallen. Es kommt zum Kampf, das wertvolle Brot wird vernichtet, Tanja schwer verwundet. Sie muß nach Moskau zurückgebracht werden. Kurt geht nach Berlin, um an der Seite der Revolutionäre zu kämpfen.

EUCH WERD ICH'S ZEIGEN
(KINDERFILM)
RE: Rolf Losansky – SZ: Günter Mehnert – DR: Gudrun Deubener – KA: Rolf Sohre, Peter Süring – MU: Karl-Ernst Sasse – SB: Klaus Winter – KO: Helga Scherff – SC: Barbara Simon – PL: Oscar Ludmann – GR: KAG »Berlin« – m: 2406 = 88 min. – s/w – PM: 30.6.1972 – PM-Ort: Karl-Marx-Stadt; »Luxor« – DA: Kinder: Friedhelm Barck (Bernd) – Frank Wuttig (Schreier) – Carmen Pioch (Doris) – Holger Teupel (Rolli) u. a. – Erwachsene: Manfred Karge (Trainer Kien) – Heinz Behrens (Herr Gaedke, Bernds Vater) – Helga Labudda (Frau Gaedke, Bernds Mutter) u. a. – KR: Haedler, M.: Bernd ist auf der Matte. M 9.7.1972 – Hofmann, H.: Neue DEFA-Filme für das Familiengespräch. NZ 26.7.1972 – Knietzsch, H.: Konflikte aus der Schule »Argumente« für Angeber. ND 16.7.1972 – Rehahn, R.: Kinder und Leute im Kino. WP 1972/47 – Seydel, R.: Judo mit Problemen. FS 1972/15, S.11.

Der 13jährige Bernd Gaedke zieht mit seinen Eltern von Rostock in das kleine Städtchen Fichtenhainigen. In seiner neuen Klasse läuft nicht alles nach seinen Vorstellungen, es kommt zu Auseinandersetzungen, bei denen sich die Gruppenratsvorsitzende Doris auf seine Seite stellt. Die Rivalitäten fordern zu Mutproben heraus, und der »Neue« blamiert sich – beim Sprung vom 10-Meter-Turm. Judotrainer Kien nimmt ihn in seine Gruppe auf, und Bernd hofft, es den anderen bald »zeigen zu können«. Seine Eltern jedoch verbieten ihm das Training, zu oft hat er schon etwas begonnen und nicht zu Ende geführt. Er geht heimlich, verstrickt sich in Lügen. Das Vertrauen des Trainers und der Kameraden bringt ihn in Gewissenskonflikte, und so beschließt er, Mut zu zeigen und seine Fehler einzugestehen.

DIE GESTOHLENE SCHLACHT
(CO-PRODUKTION DDR / ČSSR)
RE: Erwin Stranka, MI-RE: Miroslav Kubista – BU: Erwin Stranka – DR: Christel Gräf, Jiří Brdečka – KA: Otto Hanisch – MU: Zdeněk Liška – SB: Jochen Keller, Jaroslav Krška – KO: Günther Schmidt – SC: Jaromír Janácek – PL: Hans Mahlich, Jaroslav Reřicha – GR: KAG »Roter Kreis« – m: 2613 = 96 min. – fa – Cine – PM: 1.7.1972 – PM-Ort: Zittau; Freilichtbühne – CO: Barrandov-Studio, Prag, Gruppe »Dr. M. Brož« – Tschech. Titel: Ukradena bitva – DA: Manfred Krug (Käsebier) – Herwart Grosse (Friedrich II., König von Preußen) – Marie Málková (Katka) – Jaroslav Satoransky (Vaclav) – Josef Kemr (Karl von Lothringen) – Helena Ružičková (Frau von Lothringen) u. a. – KR: Hanisch, M.: Spaß an Käsebiers gekonnten Späßen. JW 6.8.1972 – Heidicke, M.: Dieb und König. FS 1972/18, S.9 – Holland-Moritz, R.: Kino-Eule. ESP 1972/32 – H.U.: Käsebier auf Kundschaft für den König. NZT 2.7.1972 – Knietzsch, H.: Potztausend, dieser Gauner Käsebier! ND 6.8.1972.

Während des Siebenjährigen Krieges belagert Friedrich II. die Stadt Prag, ohne sie nehmen zu können. Da ersinnt er einen Plan. Er läßt den berühmt-berüchtigten Meisterdieb Käsebier, der seit Jahren in der Festung Stettin seine Sünden büßt, kommen. Dieser soll sich in die Stadt stehlen, um sie dem Preußenkönig in die Hände zu spielen. Käsebier verliebt sich in das tschechische Mädchen Katka, erfährt zudem, daß der König ihn hintergehen will, und stellt sich auf die Seite der Prager. Einen Sturmangriff kann er zwar vereiteln, wird aber bei der Entführung des Königs gefangengenommen. Vorm Galgen rettet ihn die unverhoffte Explosion eines Munitionslagers, und er kann entkommen.

TECUMSEH

RE: Hans Kratzert – SZ: Rolf Römer, Wolfgang Ebeling – DR: Hans-Joachim Wallstein – KA: Wolfgang Braumann – MU: Günther Fischer – SB: Heinz Röske – KO: Joachim Dittrich – SC: Monika Schindler – PL: Heinz Herrmann – GR: KAG »Roter Kreis« – m: 2966 = 109 min. – fa – Cine – PM: 1.7.1972 – PM-Ort: Berlin-Grünau; Freilichtbühne Regattastrecke – DA: Gojko Mitic (Tecumseh) – Annekathrin Bürger (Eileen) – Rolf Römer (Simon) – Leon Niemczyk (McKew) – Mieczyslaw Kalenik (Brook) – Milan Beli (Raffael) – Wolfgang Greese (Harrison) u. a. – KR: Hanisch, M.: Fast wie ein Denkmal für Gojko. JW 20.7.1972 – Hofmann, H.: Die Lebensspur der DEFA-Indianer. NZ 5.7.1972 – Holland-Moritz, R.: Kino-Eule. ESP 1972/32 – Meyer, K: Geschichtsbild mit Aktualität. M 25.6.1972 – Richter, R.: Wandlungen des Abenteuerfilms. ND 10.7.1972 – Sobe, G.: Wieder auf dem Kriegspfad. BZ 15.7.1972 – Salow, F.: Der Übermacht unterlegen. FS 1972/17, S.18.

Anfang des 19. Jahrhunderts in Nordamerika. Der gewaltsamen Vertreibung der Indianer haben die Weißen ein neues Mittel hinzugefügt. Sie handeln ihnen ihr Land mit Kaufverträgen ab und drängen sie dadurch immer mehr in die unfruchtbaren Westgebiete. Gouverneur Harrison von Indiana ist der gierigste. Um ihm das Handwerk zu legen, versucht der Shawnee-Häuptling Tecumseh, die Indianer zu vereinen. Es gelingt ihm, einen Stammesbund zu gründen, der das Indianerland zu unverkäuflichem Gemeineigentum erklärt. Häuptlinge, die dennoch verkaufen, werden getötet. Harrison überfällt 1811 den Hauptsitz der Anhänger Tecumsehs. Die Überlebenden fliehen nach Kanada und schließen sich den Engländern an, die mit Amerika im Krieg liegen, dem sogenannten zweiten Unabhängigkeitskrieg. Die Indianer, Tecumseh in der Uniform eines Brigadegenerals, werden aber von den unterlegenen Engländern im Stich gelassen und in einer Schlacht von den Amerikanern geschlagen. Auch Tecumseh fällt.

SECHSE KOMMEN DURCH DIE WELT
(KINDERFILM)

RE: Rainer Simon – SZ: Manfred Freitag, Joachim Nestler, MI: Rainer Simon – LV: Gleichnamiges Märchen der Brüder Grimm – DR: Inge Wüste – KA: Roland Gräf – MU: Peter Rabenalt – SB: Georg Wratsch – KO: Werner Bergemann – SC: Helga Krause – PL: Herbert Ehler – GR: KAG »Babelsberg« – m: 1873 = 69

min. – fa – brw – PM: 18.8.1972 – PM-Ort: Berlin; »Babylon« – DA: Jiři Menzel (Soldat) – Günter Schubert (Starker) – Friedo Solter (Läufer) – Olga Strub (Schiefhütchen) – Christian Grashof (Fiedler) – Jürgen Gosch (Jäger) – Margit Bendokat (Prinzessin) – Jürgen Holtz (König) u. a. – KR: Novotny, E.: Der siegreichste König aller Zeiten wird besiegt. BZ 24.8.1972 – Peter, A.: Wenn sechse gegen den König ziehen. JW 30.8.1972 – Rehahn, R.: Kinder und Leute im Kino. WP 1972/47 – Voss, M.: Poesie mit Problemen. FS 1972/19, S.8 – Wendlandt, K.J.: Eine eigenwillige, phantasievolle Märchengroteske. ND 20.8.1972 – Jürschik, R.: -. SO 1972/37 – Faber, J.: Vom Sturz eines lächerlichen Märchen-Herrschers. BMP 27.12.1991.

Im Lande Malabunt entläßt der König nach einem Krieg seine geschlagenen Soldaten mit einem kärglichen Wegegeld. Einer der Betrogenen protestiert und prophezeit dem König, er werde eines Tages noch alle Schätze des Landes herausgeben müssen. In den Kerker gesteckt, trifft der Soldat den ersten Partner für seine Vergeltung: den Starken. Mit einem kräftigen Niesen sprengt dieser die Kerkertüren, und auf der gemeinsamen Wanderschaft treffen sie den schnellsten Läufer, den Musiker, dessen Fiedel jeden tanzen läßt, den Jäger mit treffsicherem Schuß und das Mädchen Schiefhütchen, das Frost machen kann. Gemeinsam ziehen sie zum Hof, wo sie sich dem Wettkampf stellen, ihren verdienten Lohn gegen alle Tücken des Königs verteidigen und am Ende mit all seinen Schätzen abziehen, um sie an das Volk zu verteilen.

JANUSKOPF

RE: Kurt Maetzig – BU: Helfried Schreiter – SZ: Hans-Albert Pederzani – DR: Willi Brückner – KA: Werner Bergmann, Jürgen Brauer – MU: Karl-Ernst Sasse – SB: Heike Bauersfeld – KO: Christiane Dorst – SC: Brigitte Krex – PL: Helmut Klein – GR: KAG »Johannisthal« – m: 2535 = 93 min. – fa – brw – PM: 31.8.1972 – PM-Ort: Berlin; »International« – DA: Armin Mueller-Stahl (Dr. Brock) – Katja Paryla (Vera, seine Frau) – Wiktor Awdjuschko (Slatkow) – Galina Polskich (Walja, Slatkows Frau) – Norbert Christian (Professor Hülsenbeck) – Mathilde Danegger (Clara, seine Frau) – KR: Ahrens, P.: Drei neue DEFA-Filme. WBÜ 1972/41 – Heidicke, M.: Wissenschaft im Widerstreit. FS 1972/20, S.8 – Holland- Moritz, R.: Kino-Eule. ESP 1972/40 – Peter, A.: Problemfilm der DEFA um Genetik. JW 6.9.1972 – Richter, R.: Die hohe Verantwortung des Wissenschaftlers. ND 14.9.1972 – H.U.: Zum Segen oder zum Fluch. NZT 1.9.1972 – Hofmann, H.: Ein Problem nicht nur für zwei Minister. NZ 16.9.1972.

Der 63jährige Biologe und Biochemiker Professor Hülsenbeck verweigert seine wissenschaftliche Mitarbeit an einem humangenetischen Forschungsprojekt der sozialistischen Staaten, für das ihn die DDR-Regierung vorgesehen hat. Er hatte geschworen, sich nie wieder an Forschungen zu beteiligen, die zum Schaden der Menschheit mißbraucht werden können, und er möchte seinen gleichgesinnten Kollegen im Westen nicht in den Rücken fallen. Aus Gewissensgrün-

den hatte er 1935 Nazi-Deutschland verlassen, nach 20jähriger Arbeit in den USA wurde ihm bewußt, daß seine Forschung auch hier inhumanen Zwecken dient. Nach einem kurzen Aufenthalt in Stuttgart kam er mit seiner Frau in die DDR, in dem Glauben, hier mit ruhigem Gewissen arbeiten zu können. Und nun dieser Auftrag. In konfliktreichen Auseinandersetzungen, vor allem mit dem DDR-Staatssekretär Brock und dem sowjetischen Minister Slatkow, erkennt Hülsenbeck das grundsätzlich andere Verhältnis der sozialistischen Gesellschaft zur Wissenschaft. Der Besuch bei einem westdeutschen Kollegen und Freund gibt den letzten Anstoß, seine Entscheidung zu korrigieren.

LÜTZOWER

RE: Werner W. Wallroth – SZ: Werner W. Wallroth, Hedda Zinner – LV: Gleichnamiges Schauspiel von Hedda Zinner – DR: Walter Janka – KA: Hans-Jürgen Kruse – MU: Jürgen Lenz – Karl-Ernst Sasse – SB: Alfred Thomalla – KO: Werner Bergemann – SC: Helga Emmrich – PL: Walther Kronenthal – GR: KAG »Babelsberg« – m: 2530 = 93 min. – 70 mm; m: 2530 = 93 min. – Cine – fa – PM: 1.9.1972 – PM-Ort: Leipzig; »Capitol« – DA: Jürgen Reuter (Hauptmann Friesen) – Herta Knoll (Marie) – Lew Prygunow (Sergeant Fleuron) – Jaecki Schwarz (Schreiber Püttchen) – Karlheinz Liefers (Major Lützow) – Wolfgang Dehler (Ratsherr Kerstinn) u. a. – KR: Hofmann, H.: Das Abenteuer einer heroischen Episode. NZ 24.10.1972 – H.U.: Historie auf der Leinwand. NZT 24.10.1972 – Richter, R.: Eine Episode der Befreiungskriege. ND 2.11.1972 – Schirrmeister, H.: Theatralische Wortgefechte. T 27.10.1972 – Voss, M.: Verwegene Jagd? FS 1972/23, S.8 – Sobe, G.: Das war Lützows wilde, verwegene Jagd? BZ 29.10.1972.

Im Sommer 1813 raubt eine Schar Lützower unter Hauptman Friesen aus dem Haus des Kollaborateurs Kerstinn in einer von napoleonischen Truppen besetzten Stadt die französische Kriegskasse. Friesen wird dabei gefangen und zum Tode verurteilt. Doch der napoleonische Sergeant Fleuron rettet ihn. Sie fliehen gemeinsam zu den Lützowern. Die Tochter Kerstinns, Marie, ist vom Verrat ihres Vaters angewidert, außerdem liebt sie Friesen. Als sie erfährt, daß auf Befehl des Königs Friedrich Wilhelm III. Lützows Freischar nicht über den mit Napoleon geschlossenen Waffenstillstand informiert werden soll, um sie in eine Falle zu locken, geht sie mit dem Schreiber Püttchen ins Lager, um die Freischärler zu informieren. Lützow glaubt nicht an einen Verrat des Königs, und so gerät ein Teil seiner Truppe in einen Hinterhalt. Daß der im Freicorps herrschende fortschrittliche Geist für den König eine Gefahr bedeutet, und sie deshalb unschädlich gemacht werden sollen, begreift er zu spät.

SONNENSUCHER (PJ: 1958)

RE: Konrad Wolf – BU: Karl Georg Egel, Paul Wiens – DR: Willi Brückner – KA: Werner Bergmann – MU: Joachim Werzlau – SB: Karl Schneider – KO: Elli-Charlotte Löffler – SC:

Christa Wernicke – PL: Hans-Joachim Schoeppe – m: 3156 = 116 min. – s/w – AD: 1.9.1972 – Voraufführung zum 25. Jahrestag der SDAG »Wismut« am 20.7.1971 in Ronneburg. Erstsendung im DDR-Fernsehen: 27.3.1972 – DA: Ulrike Germer (Lutz) – Günther Simon (Franz Beier) – Erwin Geschonneck (Jupp König) – Wiktor Awdjuschko (Sergej Melnikow) – Wladimir Jemeljanow (Oberst Fedossjew) – Willi Schrade (Günter Holleck) – Manja Behrens (Emmi Jahnke) – Norbert Christian (Josef Stein) – Erich Franz (Weihrauch) – Horst Kube (Wenzel) – Brigitte Krause (Berta Mattusche) u. a. – KR: Focke, G.: Sie suchten die Sonne. FR 7.9.1972 – Funke, C.: Unser Leben auf der Leinwand. M 7.4.1972 – Tok, H.-D.: Humangenetik und Wismuterz. WP 1972/39 – Wagner, R.: Notizen zur Werkgeschichte. BFF 1990/39, S. 34 – Schenk, R.: Das Veto kam aus der sowjetischen Botschaft. ND 28.9.1993

Wismut 1950. Der Uranbergbau führt Menschen unterschiedlicher Art zusammen. Solche, die einen neuen Lebenssinn suchen, aber auch Abenteurer und Gestrandete. Zwei Frauen, bei einer Razzia in Berlin aufgegriffen, kommen zwangsweise. Das Mädchen Lutz, das schon früh als Waise das Leben von der härtesten Seite kennengelernt hat, und Emmi, die sich nach dem Krieg prostituierte, um zu überleben. Lutz verliebt sich in den Kumpel Günter, lebt einige Zeit mit ihm und verläßt ihn nach großer Enttäuschung. Zwei andere bemühen sich um sie: der Obersteiger Franz Beier und der sowjetische Ingenieur Sergej. Sie sind nicht nur im Ringen um das Mädchen Rivalen. Sergej, dessen Frau im Krieg von Deutschen ermordet wurde, mißtraut Beier, der zwar mit seiner faschistischen Vergangenheit gebrochen hat, aber sich nicht zu diesem Teil seiner Vergangenheit bekennt. Lutz heiratet Beier, bei dem sie erstmals im Leben als Frau Achtung erfährt, aber sie entdeckt, daß sie in Wahrheit Sergej liebt.

Filmtext: Sonnensucher. Filmerzählung von Karl Georg Egel und Paul Wiens. Berlin: Henschelverlag 1974

AMBOSS ODER HAMMER SEIN
(CO-PRODUKTION DDR / BULGARIEN / UDSSR)

RE: Christo Christow – RE-Mitwirkung: Bodo Schmidt, Iwan Kyrilow – BU: Ljuben Stanew, Iwan Radoew, MI: Wolfgang Ebeling – DR: Pawel Weschinow, Willi Brückner – KA: Atanas Tassew, Konstantin Tschernew – MU: Simeon Pironkow – SB: Christo Stefanow – KO: Maria Sotirowa – SC: Elena Dimitrowa – PL: Kiril Kirow, Bernd Gerwien – m: 4282 = 157 min. – fa – PM: 9.9.1972 – PM-Ort: Berlin; »Kosmos« CO: Spielfilmstudio Sofia; Mosfilm Moskau – Bulg. Titel: Nakowalnija ili czuk – Russ. Titel: Nakowalnija ili molot – DA: Stefan Gezow (Dimitroff) – Viliam Polonyi (Göring) – Frank Obermann (Diels) – Hannjo Hasse (Nebe) – Micaela Kreißler (Erika) – Martin Flörchinger (Dr. Bünger) – Hans Hardt-Hardtloff (Kluge) u. a. – KR: Knietzsch, K.: Die Sonne läßt sich nicht verlöschen... FS 1972/12 – Müller, W.: Soldat der proletarischen Revolution. ND 13.9.1972 –

Sch.: Ein aktivierendes Zeugnis. MNN 24.9.1972 – Schirrmeister, H.: Unvergessener Georgi Dimitroff. T 13.9.1972.

Ein zweiteiliger Film über Georgi Dimitroff nach authentischem Material.
Im Mittelpunkt des ersten Teils steht der Reichstagsbrandprozeß in Leipzig von September bis Dezember 1933. Die Gerichtsverhandlung zeigt den unerschrockenen Dimitroff, der Göring und Goebbels der Lüge überführt und vor der Weltöffentlichkeit der Brandstiftung bezichtigt. Dimitroffs Überzeugungskraft wird auch in Gesprächen mit dem Pfarrer und dem Arzt im Gefängnis deutlich. Und es gelingt ihm, die Korrespondentin Erika vom »Völkischen Beobachter« zum Umdenken zu bewegen.
Der zweite Teil zeigt die Bemühungen der Nazis, Dimitroff nach dem Freispruch in Leipzig, zu dem sich der Gerichtspräsident Bünger gezwungen sah, zu beseitigen. Ein Mordkomplott wird geschmiedet.
Aber durch die Aufmerksamkeit ausländischer Journalisten und der Weltöffentlichkeit kann der Anschlag verhindert werden. Dimitroff wird aus Deutschland ausgewiesen und geht nach Moskau.

EOLOMEA

RE: Herrmann Zschoche – SZ: Angel Wagenstein – DR: Willi Brückner – KA: Günter Jaeuthe – MU: Günther Fischer – SB: Erich Krüllke, Werner Pieske – KO: Barbara Müller – SC: Helga Gentz – PL: Dorothea Hildebrandt – GR: KAG »Berlin« – m: 2280 = 82 min. – Cine und 70 mm – fa – PM: 21.9.1972 – PM-Ort: Berlin; »International« – DA: Cox Habbema (Prof. Maria Scholl) – Iwan Andonow (Daniel Lagny) – Wsewolod Sanajew (Kun, der Lotse) – Rolf Hoppe (Olo Tal) – Wolfgang Greese (Ratsvorsitzender) u. a. – KR: Hanisch, M.: Rätselhafte Strahlen aus dem All. NZT 24.9.1972 – Holland-Moritz, R.: Kino-Eule. ESP 1972/42 – Reger, S.: Prof. Tal täuscht den Wissenschaftlichen Rat. JW 21.9.1972 – Richter, R.: Bilder der Zukunft auf der Leinwand. ND 30.9.1972 – Salow, F.: Wirklichkeit - heute und morgen? FS 1972/21, S.7 – Sobe, G.: Der Trick des Prof. Tal. BZ 29.9.1972.

In ferner Zukunft. Acht Raumschiffe sind spurlos verschwunden, zur Orbitalstation »Margot« ist die Verbindung abgebrochen. Maria Scholl, Leiterin der Station »Erde-Zentrum« beruft eine Konferenz ein, auf der sie mit Professor Olo Tal aneinandergerät und den Verdacht schöpft, daß er Näheres weiß. Seine Tochter befindet sich in einem der Raumschiffe. Angesichts der Ereignisse wird ein absolutes Flugverbot verhängt. Auf einem Asteroiden versehen der Lotse Kun und der Kosmonaut Dan ihren Dienst. Kuns Sohn ist ebenfalls in einem der Raumschiffe. Und Dan möchte zur Erde zurück. Er liebt Maria und sie ihn. Als sich trotz Flugverbots ein Raumschiff auf den Weg zur Station »Margot« macht, bekommt Dan den Befehl, ihm den Weg zu versperren, und Maria setzt in einem anderen Raumschiff nach. Auf »Margot« treffen sich Maria und Dan endlich wieder, und das Geheimnis wird gelüftet. Die verschwundenen

Raumschiffe sind einem seit langem bekannten, aber unerforschten Lichtsignal von einer zwölf Lichtjahre entfernten Sonne auf der Spur.

ES IST EINE ALTE GESCHICHTE...

RE: Lothar Warneke – SZ: Hannes Hüttner – DR: Christel Gräf – KA: Claus Neumann – MU: Uve Schikora – SB: Marlene Willmann – KO: Maria Welzig – SC: Erika Lehmphul – PL: Siegfried Kabitzke – GR: KAG »Roter Kreis« – m: 2439 = 89 min. – s/w – brw – PM: 22.9.1972 – PM-Ort: Berlin; »Babylon« – DA: Katharina Thalbach (Tini) – Cox Habbema (Britta) – Benjamin Besson (Udo) – Christian Steyer (Tommy) – Peter Aust (Dr. Lindenhagen) – Uta Schorn (Dörte) u. a. – KR: Ahrens, P.: Drei neue DEFA-Filme. WBÜ 1972/41 – Hofmann, H.: Begegnung mit Alltagsheiterkeit. NZ 30.9.1972 – Peter, A.: Begegnung im Vorübergehen mit Studenten der Medizin. JW 3.10.1972 – Rehahn, R.: -. WP 1972/41 – Salow, F.: Wirklichkeit - heute und morgen? FS 1972/21, S.7 – Holland-Moritz, R.: Kino-Eule. ESP 1972/42 – Richter, R.: Charakteristisches aus unserem Alltag. ND 3.10.1972 – Rother, H.-J.: Woher das Mittelmaß kommt. FO 1972/22 – Sobe, G.: Aus dem Vorleben des Dr. med. Sommer. BZ 27.9.1972 – Voigt, J.: -. SO 1972/42.

Der Alltag einer Gruppe von Medizinstudenten der Leipziger Karl-Marx-Universität. Vorlesungen, Prüfungen, persönliche Probleme. Die anderen helfen. Britta, die ihren Schauspielerberuf aufgegeben hat, um noch einmal von vorn anzufangen, fragt sich, ob diese Entscheidung richtig war. Udo liebt Tini, mit der sich sein Freund Tommy verloben will. Und Tini fragt sich, ob Tommy der Richtige ist, oder vielleicht doch Udo. Der läuft vor seinen Problemen davon, trampt an die Ostsee, kommt mit der Einsicht zurück, daß Flucht keine Lösung ist. Er wirbt um Tini, die sich wohl für keinen von beiden entscheiden wird.

REIFE KIRSCHEN

RE: Horst Seemann – SZ: Manfred Richter, Horst Seemann – DR: Walter Janka – KA: Helmut Bergmann – MU: Klaus Hugo – SB: Hans Poppe – KO: Barbara Müller – SC: Anneliese Hinze-Sokoloff – PL: Heinz Mentel – GR: KAG »Babelsberg« – m: 2699 = 99 min. – fa – Cine – PM: 28.9.1972 – PM-Ort: Berlin; »Kosmos« – DA: Günther Simon (Helmut Kamp) – Traudl Kulikowsky (Ingrid Kamp) – Helga Raumer (Elfriede Kamp, seine Frau) – Martin Trettau (Tiller) – Arno Wyzniewski (Dr. Beiert) – Eberhard Esche (Dr. Ika) – Margarita Wolodina (Swetlana Saizowa) u. a. – KR: Ahrens, P.: Drei neue DEFA-Filme. WBÜ 1972/41 – Haedler, M.: Die Konflikte des Helmut Kamp. M 15.10.1972 – Holland-Moritz, R.: Kino-Eule. ESP 1972/46 – Rehahn, R.: -. WP 1972/43 – Richter, R.: Geschichten aus unserem Leben. ND 12.10.1972 – Middell, E.: -. SO 1972/43 – Salow, F.: Menschen in Bewährung. FS 1972/22, S.8 – Tok, H.-D.: Baubrigadier Kamp vor fordernder Entscheidung. LVZ 6.10.1972 – Sobe, G.: Die Mittel und der Zweck. BZ 8.10.1972.

Brigadier Helmut Kamp, Mitte Vierzig, ist ein erfahrener und geschätzter Fundamentbauer. Er hat ein Haus in Thüringen, zwei erwachsene Töchter. Da eröffnet ihm seine Frau Elfriede, auch über die Vierzig, daß sie ein Kind erwartet. Zur gleichen Zeit erhält Kamp den Auftrag, am Fundamentbau eines Kernkraftwerks an der Ostsee mitzuarbeiten. Kurz nach der Geburt ihres Kindes stirbt Elfriede bei einem Verkehrsunfall. Tochter Ingrid, die selbst ein kleines Kind hat, trennt sich von ihrem egoistischen Freund und geht mit den beiden Kindern zum Vater in den Norden, während die jüngere Tochter in Thüringen bleibt, um das Abitur zu machen. Ingrid lernt auf der Baustelle einen sympathischen Mann kennen und Kamp eine sowjetische Ingenieurin. Nach der Überwindung seiner Depressionen übernimmt Kamp eine neue verantwortungsvolle Tätigkeit. Er wird Parteisekretär.

LAUT UND LEISE IST DIE LIEBE

RE: Helmut Dziuba – SZ: Wolfgang Ebeling, Helmut Dziuba, Heinz Kahlau – DR: Thea Richter – KA: Hans-Jürgen Sasse – MU: Karl-Ernst Sasse – SB: Harald Horn – KO: Katrin Johnsen – SC: Bärbel Weigel – PL: Erich Albrecht – GR: KAG »Roter Kreis« – m: 1829 = 67 min. – fa – brw – PM: 1.12.1972 – PM-Ort: Berlin; »Colosseum« – DA: Margot Busse (Helga Baumann) – Werner Tietze (Baumann) – Alfred Müller (Fritz Hempel) – Irma Münch (Tante Magda) – Dieter Franke (Parteisekretär Wolter) – Wolfgang Sasse (Werkleiter Schmidt) u. a. – KR: Hofmann, H.: Das ist die wahre Liebe nicht! NZ 2.12.1972 – Holland-Moritz, R.: Kino-Eule. ESP 1973/3 – Richter, R.: Der Vorfilm war das Eigentliche. ND 12.12.1972 – Schirrmeister, H.: Im Widerstreit von Gefühl und Erkenntnis. T 4.12.1972 – Seydel, R.: Laut, nicht leise ist der Ärger. FS 1972/25, S.9 – Tok, H.-D.: Filmpremieren der Woche. WP 1973/2.

Helga Baumann, 28 Jahre, geschieden, zwei Kinder, kommt von einem Meisterlehrgang zurück und trifft ihren geschiedenen Mann Fred. Ihre Schwester hat diese Begegnung arrangiert. Scheidungsgrund war seine kleinbürgerliche Haltung: Fred hatte sie nur als Ehefrau und Mutter seiner Kinder akzeptiert, nicht aber als eigene Persönlichkeit. Sie geht zu dem Treffen in der Hoffnung, daß er sich geändert hat. Es scheint auch so, sie erliegt erneut seinem Charme. Sie arbeitet sogar im Betrieb recht gut mit ihm zusammen. Ein Mißerfolg auf der Messe in Taschkent läßt jedoch deutlich werden, daß Fred sich im Grunde nicht geändert hat. Er erklärt angesichts ihrer Niedergeschlagenheit, daß sie es nicht nötig hätte zu arbeiten. Bei der Prämienverteilung im Betrieb nimmt Fred seine Prämie trotz ungenügender Leistung an. Helga verzichtet und trennt sich endgültig von ihm.

1973

COPERNICUS
(CO-PRODUKTION DDR / POLEN)

RE: Ewa Petelski, Czeslaw Petelski – SZ: Jerzy Broszkiewicz, Zdzislaw Skowronski – KA: Stefan Matyjaszkiewicz – MU: Jerzy Maksymiuk – SB: Jerzy Skrzepinski, Heike Bauersfeld – KO: Marian Kolodziej, Lech Zahorski – SC: Felicja Rogowska – PL: Hans Mahlich, Wieslaw Grzelczak – GR: KAG »Roter Kreis« – m: 3769 = 138 min. – fa – brw – PM: 15.2.1973 – PM-Ort: Berlin; »Kosmos« – CO: Filmgruppe »Iluzjon«, Warschau – Poln. Titel: Kopernik – DA: Andrzej Kopiczynski (Copernicus) – Barbara Wrzesinska (Anna) – Czeslaw Wollejko (Watzenrode) – Klaus-Peter Thiele (Rhetyk) – Andrzej Antkowiak (Andrzej) – Joachim Tomaschewsky (Petreius) u. a. – KR: H.U.: Lebensbild im Film. NZT 21.2.1973 – Knietzsch, H.: Zerstörung eines alten Weltbildes. ND 17.2.1973 – Lachmann, M.: Wortgefechte im Bischofsgarten. JW 20.2.1973 – Rehahn, R.: Der die Sonne anhielt. WP 1973/10 – Sobe, G.: Eine Biografie in Bildern. BZ 20.2.1973 – Salow, F.: Ein großes Zeitgemälde. FS 1973/5, S.8.

Im Mittelpunkt des biographischen Films über den Astronomen Nicolaus Copernicus (1473-1543) steht die Zeit der zwanziger Jahre des 16. Jahrhunderts, als er Domherr in Frombork ist und zusammen mit dem Goldschmiedstochter Anna Schilling eine Periode relativen Glücks erlebt. In Rückblenden werden entscheidende Etappen seiner Entwicklung beleuchtet – unter anderem das Studium an der Jagiellonischen Universität in Kraków, der einzigen in Mitteleuropa, die einen Lehrstuhl für Astronomie hat, und sein Aufenthalt in Italien, wo er in Ferrara den Titel eines Doktors des kanonischen Rechts erwirbt. Einzelne Episoden geben Aufschluß über die Zeit: die ständigen Angriffe des Kreuzritterordens (Copernicus selbst leitet die Verteidigung der Festung Olsztyn) und das Wirken der Inquisition.

DER KLEINE KOMMANDEUR
(KINDERFILM)

RE: Siegfried Hartmann – SZ: Margot Beichler, Anne Geelhaar – LV: Gleichnamiges Kinderbuch von Anne Geelhaar – DR: Willi Brückner – KA: Siegfried Mogel – MU: Peter Gotthardt – SB: Joachim Otto, Marlene Willmann – KO: Dorit Gründel – SC: Hildegard Conrad – PL: Fritz Brix – GR: KAG »Johannisthal« – m: 1889 = 69 min. – fa – PM: 18.2.1973 – PM-Ort: Erfurt; »Panorama-Palasttheater« – DA: Alfred Müller (Major Krause) – Marita Böhme (Frau Krause) – Micaela Kreißler (Frau Laube) – Jürgen Huth (Soldat Winfried) – Erika Pelikowsky (Frau Honigmann) u. a. – Kinder: Sven Kaden (Florian) – May Schubert (Fanni) – André Hanisch (Frank) – Michaela Gabriel (Marina) u. a. – KR: Hofmann, H.: Gleicher Lebensanspruch für Kinder und Erwachsene. NZ 28.2. 1973 – Novotny, E.: Des kleinen Kommandeurs großer Entschluß. BZ 9.3.1973 – Richter, R.: Abenteuer eines Steppkes. ND 26.2.1973 – Zauleck, I.: »Flo« will unter die Soldaten. FS 1973/6, S.10.

Der sechsjährige Florian, genannt Flo, lebt zur Zeit allein mit seinem Vater, einem NVA-Offizier, in Burgstadt. Die Mutter ist zum Studium in Berlin. Mit seiner Kindergartengruppe will er sich an der Maidemonstration beteiligen, und er ist der verantwortliche »Kommandeur« für die Vorbereitung. Plötzlich wird der Vater nach Berlin abkommandiert, um dort an der Maiparade mitzuwirken. Flo fühlt sich alleingelassen, ist traurig, richtet Schaden im Kindergarten an und schämt sich dafür, besonders vor seiner Freundin Fanni. Er will zum Vater, rückt aus und schleicht sich als blinder Passagier auf einen Elbkahn. Dort wird er entdeckt und erfährt, daß der Kahn gar nicht nach Berlin fährt. Dafür bringt ihn die Polizei nach Berlin. Dort nehmen ihn die Eltern in Empfang, und seine Freunde sind auch da.

ELIXIERE DES TEUFELS
(CO-PRODUKTION DDR / ČSSR)

RE: Ralf Kirsten – SZ: Brigitte Kirsten – LV: Gleichnamiger Roman von E.T.A. Hoffmann – DR: Gudrun Deubener – KA: Claus Neumann – MU: André Asriel – SB: Dieter Adam – KO: Inge Kistner – SC: Bärbel Bauersfeld – PL: Manfred Renger, Jaroslav Řeřicha – GR: KAG »Berlin« – m: 2899 = 106 min. – fa – brw – PM: 9.3.1973 – PM-Ort: Leipzig; »Capitol« – CO: Filmstudio Barrandov, Prag – Tschech. Titel: Elixiry dabla – DA: Benjamin Besson (Franziskus) – Jaroslava Schallerová (Aurelie) – Andrzej Kopiczynski (Victorin) – Milena Dvorska (Euphemie) – Maja Komorowska (Äbtissin/Fürstin) – Fred Düren (Belcampo) – Krzstof Chamiec (Bischof) u. a. – KR: A.K.: -. SO 1973/19 – Haedler, M.: Rationalisierte Kino-Romantik. M 15.4.1973 – Holland-Moritz, R.: Kino-Eule. ESP 1973/19 – H.U.: Liebe wider das Gelübde. NZT 18.4.1973 – Melchert, R. : Warum gibt es hier so wenig Zutrauen zur Phantastik? JW 17.4.1973 – Heukenkamp, U.: Was ist uns die Romantik? SO 1973/43 – Richter, R.: In den Fesseln der Vergangenheit. ND 19.4.1973 – Salow, F.: Sehr frei nach Hoffmann. FS 1973/9, S.8 – Sobe, G.: Eine satanische Verwirrung. BZ 17.4.1973.

Der Jüngling Franziskus ist Mönch geworden, weil er glaubt, in einem Kloster als Gleicher unter Gleichen leben zu können. Er wird jedoch enttäuscht und will zum Bischof, um Gerechtigkeit zu fordern. Auf dem Weg wird er das Opfer einer raffinierten Intrige. Die Baroness Euphemie, die ihn auf ihrem Gut empfängt, beschuldigt ihn, ihren Mann und dessen Sohn ermordet zu haben. Franziskus, der auf dem Gut seine erste Liebe Aurelie wiedergetroffen hat und davon träumt, sich von seinem Gelübde entbinden zu lassen, muß plötzlich fliehen. Doch man faßt ihn. Von Kirchenvertretern, die den Namen der Institution rein halten wollen, wird er zum Bischof gebracht. Der glaubt, in Franziskus nun einen ergebenen Diener zu haben, doch dieser begehrt auf, als er sieht, daß Aurelie ebenfalls das Gelübde ablegen soll. Er wird ermordet, Aurelie kann entkommen.

DIE LEGENDE VON PAUL UND PAULA

RE: Heiner Carow – SZ: Ulrich Plenzdorf – DR: Anne Pfeuffer – KA: Jürgen Brauer – MU: Peter Gotthardt – SB: Harry Leupold – KO: Barbara Braumann – SC: Evelyn Carow – PL: Erich Albrecht – GR: KAG »Berlin« – m: 2881 = 106 min. – fa – brw – PM: 29.4.1973 – PM-Ort: Berlin; »Kosmos« – DA: Angelica Domröse (Paula) – Winfried Glatzeder (Paul) – Heidemarie Wenzel (die Schöne) – Fred Delmare (Reifen-Saft) – Rolf Ludwig (Professor) – Hans Hardt-Hardtloff (der Schießbudenbesitzer) – Käthe Reichel (seine Frau) u. a. – KR: Ahrens, P.: Paulas Film. WBÜ 1973/15 – Gehler, F.: -. SO 1973/16 – Holland-Moritz, R.: Kino-Eule. ESP 1973/16 – Knietzsch, H.: -. ND 31.3.1973 – Schmidt, K.-H.: Paula ringt um ihre große Liebe. JW 3.4.1973 – Rother, H.-J.: Konstruktion eines Irrtums. FO 1973/7 – Schreiter, H.: Was dieser Liebe fehlt. FO 1973/7 – Sobe, G.: Paula oder die Legende von der Liebe. BZ 11.4.1973 – Voss, M.: Ungewöhnlich und phantasievoll. FS 1973/8, S.10 – Kersten, H.: Nacktes Fleisch und große Gefühle. TSP 8.5.1973 – mw.: Für Liebe, stark wie der Tod. NZZ 7.3.1975 – Schr.: Kampf um privates Glück. BMP 18.4.1974 – gt.: Die unmögliche Heirat. W 26.3.1974 – Baer, V.: Die neuen Leiden des jungen P. TSP 18.4.1974 – Kersten, K.: Protest mit Liebe. TSP 30.5.1993 – Heyne, U.: 20 Jahre und kein bißchen älter. ND 3.6.1993 – Klinger, N.: Es dauern lassen, solange es dauert. JW 5.6.1993 – Mund, M.: Wiederkehr einer Legende. WBÜ 1993/25.

Paul und Paula kennen sich schon lange – vom Sehen. Sie sind im selben Viertel aufgewachsen. Paul hat beruflich Karriere gemacht, aber führt eine unglückliche, zur Routine erstarrte Ehe. Paula lebt allein mit ihren beiden Kindern. Bei ihrer ersten wirklichen Begegnung werden beide von einer leidenschaftlichen Liebe erfaßt. Für Paula, die schon mit dem Gedanken gespielt hat, eine »Sicherheits-Ehe« mit Reifen-Saft einzugehen, ein Glücksgefühl, dem sie sich kompromißlos hingibt. Paul dagegen ist verwirrt und nicht bereit, seine gesellschaftliche Position als Mitarbeiter im Ministerium für Außenhandel aufs Spiel zu setzen. Er genießt den kurzen Augenblick des Glücks und wahrt ansonsten den Schein – in der Ehe und vor seinen Kollegen. Für Paula wird der Unfalltod ihres Kindes zum auslösenden Moment, sich von Paul, der sich nicht zu ihr bekennt, zu trennen. Erst angesichts des Verlusts erkennt er die Tiefe seiner Liebe, und auch daß Paula ihn braucht. Aber nun verweigert sie sich. Paul wirft alle Scheu und die Angst vor den zu erwartenden Konsequenzen von sich, belagert tagelang Paulas Wohnungstür, die er schließlich unter dem Beifall der Hausbewohner mit einer Axt einschlägt – und erobert Paula zurück. Doch das gemeinsame Kind, Paulas drittes, bringt ihr den Tod...

Filmtext: Die Legende von Paul & Paula. Filmerzählung von Ulrich Plenzdorf. Berlin: Henchelverlag 1974 / Frankfurt am Main: Suhrkamp Verlag 1974 / Rostock: Hinstorff Verlag 1988

AUS DEM LEBEN EINES TAUGENICHTS

RE: Celino Bleiweiß – SZ: Wera und Claus Küchenmeister – LV: Gleichnamige Novelle von Joseph Freiherr von Eichendorff – DR: Anne Pfeuffer – KA: Günter Jaeuthe – MU: Reiner Hornig – SB: Heike Bauersfeld – KO: Lydia Fiege – SC: Monika Schindler – PL: Martin Sonnabend – GR: KAG »Berlin« – m: 2617 = 96 min. – fa (Eastman-Color) – brw – PM: 10.5.1973 – PM-Ort: Berlin; »Kosmos« – DA: Dean Reed (Taugenichts) – Anna Dziadyk (Die Schöne) – Hannelore Elsner (Gräfin) – Monika Woytowicz (Kammerjungfer) – Gerry Wolff (Rinaldo Rinaldini) – Arno Wyzniewski (Maler) u. a. – KR: Hofmann, H.: Filmische Reise in die Beschaulichkeit. NZ 16.5.1973 – Holland-Moritz, R.: Kino-Eule. ESP 1973/25 – Kirfel, B.: Romantisches ohne Höhepunkte. FS 1973/12, S.10 – Knietzsch, H.: Blumen der Romantik. ND 18.5.1973 – Melchert, R.: Eine Lanze für die Romantik? JW 15.5.1973 – Sobe, G.: Mit Dean Reed nach Italien und retour. BZ 22.5.1973 – Tok, H.-D.: DEFA-Taugenichts. WP 1973/23 – Heukenkamp, U.: Was ist uns die Romantik? SO 1973/43.

Auf der Suche nach dem Glück durchstreift ein junger Mann die Lande – kein Geld in den Taschen, aber die Violine im Arm und den Kopf voller Lieder. Zwei schöne Frauen nehmen ihn mit aufs Schloß, wo er sich als Gärtner verdingt. Doch die Schloßgesellschaft behagt ihm nicht, und er zieht weiter. Die Tätigkeit als Zolleinnehmer, die er anschließend ausübt, läßt ihn trübsinnig werden. Von einer schönen Frau aus der Lethargie geweckt, zieht er abermals weiter. In Italien schließt er sich der Bande von Rinaldo Rinaldini an und will fortan nur noch für sie seine Lieder spielen. Da begegnet ihm wieder eine Schöne, und diesmal ist es die große Liebe – mit ihr will er das Land seiner Wünsche suchen.

DAS ZWEITE LEBEN DES FRIEDRICH WILHELM GEORG PLATOW

RE: Siegfried Kühn – SZ: Helmut Baierl – DR: Herbert Fischer – KA: Roland Dressel – MB: Hans-Jürgen Wenzel – SB: Georg Wratsch – KO: Eva Sickert – SC: Brigitte Krex – PL: Herbert Ehler – GR: KAG »Babelsberg« – m: 2452 = 90 min. – fa – brw – AD: 1.6.1973 – DA: Fritz Marquardt (Platow) – Gisela Hess (Malvine) – Jürgen Holtz (Dieter Schildt) – Volkmar Kleinert (Ditfurt) – Barbara Adolph (Sekretärin von Rennmark) – Margit Bendokat (Mädchen mit Tasse) – Lothar Warneke (Platows Sohn) u. a. – KR: Kersten, H.: Zweite DDR-Jugend. DAS 5.8.1973 – Kersten, H.: Wie Platow leben lernt. TSP 5.8.1973.

Die Elektrifizierung der Bahn und die Einführung der Elektronik machen den 57jährigen Schrankenwärter Platow »überflüssig«. Er soll in ein Bahnwärterhäuschen an einem Nebengleis abgeschoben werden. In Platow regt sich Widerspruch, er will sich nicht zur Ruhe setzen. Da kommt ihm der Zufall zu Hilfe. Für ihn völlig unverständlich, weigert sich sein Sohn, ebenfalls bei der Bahn, einen Qualifizierungslehrgang zu besuchen. Der Alte sieht seine

Chance und tritt beim Lehrgang unter dem Namen seines Sohnes an. Damit begibt er sich in eine Lage, die Folgen hat über die Qualifizierung hinaus. Er muß als vermeintlich zwanzig Jahre Jüngerer eine andere Lebenshaltung finden – was ihm mit Entschlossenheit und Schlauheit auch gelingt. Und am Ende demonstriert er seinen Kollegen mit einer kühnen Draisinenfahrt durch das verzweigte Schienennetz, daß er das Prinzip der neuen, elektronischen Schaltung durchaus begriffen hat.

NICHT SCHUMMELN, LIEBLING!

RE: Joachim Hasler – BU: Joachim Hasler, Heinz Kahlow – DR: Maurycy Janowski – KA: Joachim Hasler, Peter Süring – MU: Gerhard Siebholz, Frank Schöbel – ML: Gerhard Siebholz – SB: Alfred Thomalla – KO: Helga Scherff – SC: Barbara Weigel – PL: Helmut Klein – GR: KAG »Johannisthal« – m: 2516 = 92 min. – fa – PM: 28.6.1973 – PM-Ort: Erfurt; iga-Freilichtbühne – DA: Chris Doerk (Brigitte) – Frank Schöbel (Bernd) – Dorit Gäbler (Dr. Barbara Schwalbe) – Christel Bodenstein (Lise Bredemeier, Stadtrat für Handel) – Karel Fiala (Bürgermeister) – Rolf Herricht (Eduard Groß, Kulturrat) u. a. – KR: Beckmann, M.: Vorbeigeschummelt! FS 1973/16, S.8 – B.M.: Rasensport heute - Indianerliebe damals. NW 5.7.1973 – Görtz, G.: Chef auf dem Pferderücken. JW 5.7.1973 – Haedler, M.: Mit Musik und schnellen Pferden. M 1.7.1973 – Holland, Moritz, R.: Kino-Eule. ESP 1973/29.

Im kleinen Städtchen Sonnethal dreht sich alles um Fußball – nach dem Willen des Bürgermeisters. Er will die Mannschaft in die Bezirksliga bringen und sich damit ins Licht der Öffentlichkeit. Dazu sind ihm alle Mittel recht. Um dem einseitigen Treiben Einhalt zu gebieten und den Bau eines Jugendklubs durchzusetzen, beschließt die neue Fachschuldirektorin Barbara Schwalbe, ihn mit den eigenen Mitteln zu schlagen. Sie gründet eine Mädchen-Mannschaft, die den Jungen den Schneid abkauft. Der Bürgermeister ist wütend auf Barbara, und auch zwischen den beiden Mannschaftskapitänen Brigitte und Bernd gibt es Reibereien. Doch mit weiblicher List setzen die Mädchen den Bau des Jugendklubs durch, die Jungen beteiligen sich am freiwilligen Arbeitseinsatz, und zwei glückliche Paare finden sich: Brigitte und Bernd, Barbara und der Bürgermeister.

APACHEN

RE: Gottfried Kolditz – SZ: Gojko Mitic, Gottfried Kolditz – DR: Hans-Joachim Wallstein – KA: Helmut Bergmann – MU: Hans-Dieter Hosalla – SB: Heinz Röske – KO: Günther Schmidt – SC: Christa Helwig – PL: Dorothea Hildebrandt – GR: KAG »Roter Kreis« – m: 2560 = 94 min. – fa – Cine – PM: 29.6.1973 – PM-Ort: Gotha; Freilichtbühne – DA: Gojko Mitic (Ulzana) – Milan Beli (Johnson) – Colea Rautu (Nana) – Leon Niemczyk (Ramon) – Gerry Wolff (Lagerverwalter) – Rolf Hoppe (Captain Burton) u. a. – KR: Görtz, G.: Chef auf dem Pferderücken. JW 5.7.1973 – Haedler, M.: Mit Musik und schnellen Pferden. M 1.7.1973 –

1

2

3

1 Werner Stötzer, Kurt Böwe und Dieter Franke (v. l. n. r.) in
»Der nackte Mann auf dem Sportplatz«
(1974/RE: Konrad Wolf)

2 Hans-Peter Reinecke und Jürgen Heinrich in
»Zum Beispiel Josef« (1974/RE: Erwin Stranka)

3 Hans-Gerd Sonnenburg und Marina Krogull in
»Looping« (1975),
die einzige Spielfilmregie
des Dokumentaristen Kurt Tetzlaff

Heidicke, M.: -. BZ 7.7.1973 – Holland-Moritz, R.: Kino-Eule. ESP 1973/29 – Salow, F.: Ulzanas blutige Rache. FS 1973/15, S.8 – Hofmann, H.: Ein neuer Held auf DEFA-Indianerpfad. NZ 3.7.1973 – H.U.: Indianerkampf und Fußball mit Musik. NZT 1.7.1973.

In den vierziger Jahren des vorigen Jahrhunderts schließen die Mimbreno-Apachen in »Neu-Spanien« mit einer mexikanischen Minengesellschaft einen Vertrag, der den Mexikanern die Schürfrechte auf Indianergebiet gewährt. Die Lagerstätten von Edelmetallen aber haben auch den amerikanischen Geologen Johnson auf den Plan gerufen. Er will das Land, richtet in der Siedlung Santa Rita mit einer Armee-Kanone ein Massaker unter den Indianern an. Für die Skalpe kassiert er außerdem eine riesige Prämie. Nur wenige Indianer haben überlebt und fliehen, unter ihnen Häuptling Ulzana. Gemäß der Stammesgesetzte verfolgen sie den Mörder, um Rache zu üben.

DIE SQUAW TSCHAPAJEWS
(KINDERFILM)

RE: Günter Meyer – SZ: Günter Meyer, Irmgard Speitel, Ulrich Speitel – DR: Gudrun Deubener – KA: Wolfgang Braumann – MU: Wolfgang Schoor – SB: Werner Pieske – KO: Helga Alschner – SC: Helga Emmrich – PL: Oscar Ludmann – GR: KAG »Berlin« – m: 2146 = 79 min. – fa – brw – PM: 29.6.1973 – PM-Ort: Erfurt; »Panorama-Palasttheater« – DA: Anke Schwenn (Manni) – Lars Klemm (Tschapajew) – Uwe Schumann (Peter) – Franc Pfennig (Stups) – Ralf Hobusch (Theo) – Erik S. Klein (Kilian) – Hannelore Seezen (Mannis Mutter) u. a. – KR: Anders, K. : Zwischen Phantasie und Realität. FS 1973/19, S.8 – Holland-Moritz, R.: Kinderkino-Eule. ESP 1973/36 – H.U.: Heiterkeit voller Charme. NZT 6.7.1973 – Knietzsch, H.: Spannende Szenen für junge Zuschaueraugen. ND 7.7.1973 – Tok, H.-D.: Stupsnasen-Frage: Wie schlafen Giraffen? LVZ 8.7.1973.

Zwei Schulklassen stehen miteinander im Wettbewerb. Dem Sieger winkt als Preis eine Ostseereise. Beim Geländespiel sind die Schüler um Lars, Peter und Gruppenratsvorsitzende Manni siegessicher, schließlich haben sie als »Tschapajews Reiterarmee« im Spiel Erfahrungen gesammelt. Der erste Punkt geht an sie. Bei der Mathe-Olympiade aber versagen sie, ein Indianerfilm war ihnen wichtiger als das Lernen. Und vor dem Fußballmatch spalten sie sich in zwei Gruppen. Lars führt einen kläglichen Rest Tschapajew-Reiter, während Peter mit den anderen Indianer spielt. Beim Fußball stellen sie sich gegenseitig Beine, und die andere Klasse erringt auch diesen Punkt. Nach der Niederlage kommt die Einsicht: Vielleicht sollte man, wieder vereint, Kosmonaut trainieren – bis zum Wettbewerb im nächsten Jahr.

SUSANNE UND DER ZAUBERRING
(KINDERFILM)

RE: Erwin Stranka – SZ: Rosel Klein – DR: Margot Beichler, Willi Brückner – KA: Lothar Gerber – MU: Uve Schikora – SB: Jochen Kel-ler – KO: Dorit Gründel – SC: Helga Gentz – PL: Adolf Fischer – GR: KAG »Kinder- und Jugendfilm« – m: 1902 = 70 min. – fa – PM: 16.8. 1973 – PM-Ort: Leipzig; »Kino der Jugend« – DA: Monika Wolf (Susanne) – Rolf Hoppe (Schleusenwärter) – Klaus-Peter Thiele (Lehrer) – Stefan Lisewski (Vater) – Gudrun Wendler (Mutter) – Ronald Geißler (Andreas) – Thomas Kerrat (Rolli) – Olaf Piesker (Jens) u. a. – KR: Anders, K.: Poesie und Wirklichkeit. FS 1973/22, S.8 – Berger, P.: Poetisches Gleichnis für Kinder und Erwachsene. ND 25.8.1973 – Holland-Moritz, R.: Kinderkino-Eule. ESP 1973/47 – Richter de Vroe, K.: Kino für 25 Pfennig. SO 1974/2 – Novotny, E.: Wunder dauern etwas länger. BZ 7.10.1973.

Die zwölfjährige Susanne ist ein bißchen verträumt und fühlt sich von ihren Mitschülern unverstanden. Sie schüttet dem alten Schleusenwärter, der viel Verständnis hat, ihr Herz aus. Er schenkt ihr einen Ring, der die Fähigkeit haben soll, seinem Besitzer zu helfen. Allerdings muß man ihn zu seinem Vertrauten machen. Susanne glaubt fest an seine Zauberkraft, und einige Wünsche erfüllen sich sogar. Sie bekommt eine Eins in Mathe, und ein richtiges Kamel taucht vor ihr auf. Manchmal versagt die Zauberkraft, aber Susanne hat längst begriffen, worin sie besteht. Man muß nur fest an sich glauben. Als eine Elster den Ring stiebitzt, hat sie bereits soviel Selbstvertrauen, daß sie ihn nicht mehr braucht.

DIE HOSEN DES RITTERS
VON BREDOW

RE: Konrad Petzold – SZ: Günter Kaltofen – LV: Roman »Die Hosen der Herrn von Bredow« von Willibald Alexis – DR: Margot Beichler – KA: Hans Heinrich – MU: Günter Hauk – SB: Georg Wratsch – KO: Christiane Dorst – SC: Ilse Peters – PL: Hans Mahlich – GR: KAG »Johannisthal« – m: 2961 = 109 min. – fa – brw – PM: 31.8.1973 – PM-Ort: Leipzig; »Capitol« – DA: Rolf Hoppe (Ritter Götz von Bredow) – Lissy Tempelhof (Brigitte von Bredow) – Kati Bus (Eva) – Petr Skarke (Hans-Jürgen) – Gerry Wolff (Kaspar) – Armin Mueller-Stahl (Dechant) – Hannjo Hasse (Lindenberg) – Arno Wyzniewski (Kurfürst Joachim I.) u. a. – KR: F.G.: -. SO 1973/39 – Haedler, M.: Brandenburgische Ritterraufereien. M 9.9.1973 – Holland-Moritz, R.: Kino-Eule. ESP 1973/43 – Rehahn, R.: So warn's die alten Rittersleut. WP 1973/40 – Richter, R.: Mehr bieder-harmloser Spaß als eine Satire. ND 12.9.1973 – Salow, F.: Derber Spaß ohne Tiefgang. FS 1973/20, S.8 – Sobe, G.: Herrn von Bredows märkische Rüpeleien. BZ 14.9.1973 – Baer, V.: In bürgerlicher Fasson. TSP 10.10.1974.

Mit der elchledernen Hose des Götz von Bredow hat es eine eigene Bewandtnis: Wer sie trägt, kann nicht zu Schaden kommen. Nur gewaschen werden darf sie nicht. Die penible Frau Brigitte säubert sie dennoch – wobei sie abhanden kommt, weil der sie bewachende Junker Hans-Jürgen sich in einem Waschfaß treibenden Eva von Bredow das Leben retten muß. Derweil ist bei den Bredows der Geheime

Rat Lindenberg eingetroffen und verliert im Spiel eine große Summe, die ihm nicht gehört. Mit einem Raubüberfall will er den Verlust wettmachen. Der Verdacht fällt erst auf Bredow, weil seine Hose beteiligt war, aber Lindenberg wird doch überführt und zum Tode verurteilt. Das bringt die Ritterschaft in Aufruhr, da Überfälle eine wichtige Einnahmequelle für sie bilden. Zu viert ziehen sie gegen den Kurfürsten, der sich auf der Jagd in der Köpenicker Heide befindet. Doch Bredow, der seine schützende Hose wieder hat, kommt ihm zu Hilfe.

DER WÜSTENKÖNIG
VON BRANDENBURG
(KINDERFILM)

RE: Hans Kratzert – SZ: Dieter Schubert, Inge Wüste – LV: Gleichnamige Erzählung von Dieter Schubert – DR: Dieter Wolf – KA: Wolfgang Braumann – MU: Günther Fischer – SB: Klaus Winter – KO: Barbara Braumann – SC: Rita Hiller – PL: Wolfgang Rennebarth – GR: KAG »Babelsberg« – m: 2246 = 82 min. – fa – brw – PM: 5.10.1973 – PM-Ort: Berlin; »Babylon« – DA: Jörg Hochschild (Julius) – Hilmar Baumann (Kaiser) – Waleri Issajew (Boris) – Günter Schubert (Stahlfeder) – Günter Junghans (Bürgermeister) – Lotte Loebinger (Großmutter) – Andrea Gutsche (Ulrike) u. a. – KR: Anders, K.: Poesie und Wirkichkeit. FS 1973/22, S.8 – e.o.: Erlebnisse mit dem Pferd Olaf. NZT 3.11. 1973 – Giera, J.: Julius, Kaiser und das Pferd Olaf. BE 6.12.1973 – Holland-Moritz, R.: Kinderkino-Eule. ESP 1973/47 – Richter de Vroe, K.: Kino für 25 Pfennig. SO 1974/2.

In den ersten Nachkriegstagen streift der elfjährige elternlose Julius, der aus dem zerbombten Berlin geflohen ist, durch den Wald. Gleichzeitig mit dem aus der Haft befreiten Kommunisten Kaiser findet er ein Pferd. Im nächsten Ort melden sie sich beim sowjetischen Kommandanten. Der macht Kaiser zum Direktor eines am Ortsrand lagernden Wanderzirkus, dessen große Attraktion ein Löwe ist. Der hat, wie die Menschen, Hunger. Kaiser will das Pferd opfern, doch Julius flieht mit ihm. Er erlebt einige Abenteuer, lernt das Mädchen Ulrike kennen, verteidigt mit ihr das Pferd gegen einen Schieber. Inzwischen ist der Löwe ausgebrochen, und auf dem Marktplatz bedroht er Ulrike. Um sie zu retten, schiebt Julius dem Löwen das Pferd hin. Doch der frißt keine Pferde, weil er sie vom Zirkus kennt. So werden die beiden, Löwe und Pferd, eine Zirkusnummer, während Julius und Kaiser zusammen nach Berlin gehen.

UNTERM BIRNBAUM

RE: Ralf Kirsten – SZ: Ralf Kirsten, Brigitte Kirsten – LV: Gleichnamige Kriminalnovelle von Theodor Fontane – DR: Werner Beck – KA: Wolfgang Braumann – MU: André Asriel – SB: Jochen Keller, Georg Kranz – KO: Inge Kistner – SC: Ursula Zweig – PL: Wolfgang Rennebarth – GR: KAG »Berlin« – m: 2454 = 90 min. – fa – brw – PM: 16.11.1973 – PM-Ort: Berlin; »International« – DA: Angelica Domröse (Ursula Hradschek) – Erik S. Klein (Abel Hradschek)

– Agnes Kraus (Mutter Jeschken) – Norbert Christian (Pfarrer Eccelius) – Manfred Karge (Bauer Kunicke) – Günter Junghans (Bauer Mietzel) – Leon Niemczyk (Szulski) u. a. – KR: H.U.: Analyse eines Verbrechens. NZT 23.11. 1973 – Richter, R.: Angelehnt an einen Stoff von Fontane. ND 22.11.1973 – Schirrmeister, H.: Kriminalfall nach Fontane. T 21.11.1973 – Schroeder, W.: -. WP 1973/48 – Seydel, R.: Es ist nichts so fein gesponnen. FS 1974/1, S.8 – Sobe, G.: -. BZ 21.11.1973 – Schütt, H.-D.: Durchs Kino schleicht der Grusel. JW 11.12. 1973 – Kersten, H.: Ein klassischer Kriminalfall. TSP 23.12.1973.

Der Oderbruch-Gastwirt Hradschek steht vor dem finanziellen Ruin, da kündigt sein Krakauer Weinlieferant auch noch einen Beauftragten an, der die Schulden eintreiben soll. Hradschek ersinnt mit seiner Frau Ursula einen Plan. Sichtbar für Bedienstete und Nachbarn zieht der Geldeintreiber Szulski am nächsten Morgen wieder ab. Doch kurz darauf wird seine Kutsche in der Oder gefunden, von ihm keine Spur. Die Hradscheks geraten in Verdacht, ihn ermordet und seine Abreise vorgetäuscht zu haben. Ein Hinweis aus der Nachbarschaft führt die Gendarmen zum Birnbaum, wo Hradschek des Nachts gegraben hat, doch es findet sich nur ein altes Skelett. Scheinbar in Sicherheit, beginnt nun Ursulas Gewissen zu schlagen. Sie geht an den Qualen zugrunde. Auch Hradschek findet keine Ruhe. Er will den im Keller verscharrten Toten aus dem Haus bringen, stürzt sich dabei auf der Kellertreppe selbst zu Tode und wird neben seinem Opfer gefunden.

1974

WOLZ – LEBEN UND VERKLÄRUNG EINES DEUTSCHEN ANARCHISTEN

RE: Günter Reisch – SZ: Günther Rücker – DR: Werner Beck – KA: Jürgen Brauer – MU: Karl-Ernst Sasse – SB: Dieter Adam – KO: Ewald Forchner – SC: Bärbel Weigel – PL: Manfred Renger – GR: KAG »Berlin« – m: 3003 = 110 min. – fa – brw – PM: 31.1.1974 – PM-Ort: Berlin; »Kosmos« – DA: Regimantas Adomaitis (Wolz) – Heidemarie Wenzel (Agnes) – Stanislaw Lubschin (Ludwig) – Jörg Panknin (Morgner, Begleiter von Wolz) – Peter Hölzel (Kassierer) – Rainer Kleinstück (Rudi) u. a. – KR: Ahrens, P.: DEFA - mehr als ein Versprechen. WBÜ 1974/3 – Ahrens, P.: »Wolz« und »Sieben Takte Tango«.WBÜ 1974/6 – Herlinghaus, H.: Nur Glanz und Elend eines Anarchisten? F&F 1974/3, S.16-18 – Holland-Moritz, R.: Kino-Eule. ESP 1974/10 – Knietzsch, H.: Die Tragik eines ungestümen Einzelgängers. ND 1.2.1974 – Rehahn, R.: Ein Mann wie ein Vulkan. WP 1974/9 – Lippert, K.: Mit weher Bitternis. FS 1974/4, S.8 – Rother, H.-J.: Revolutionäre und Träumer. FO 1974/4 – Schenk, R.: Revolution oder Revolte? FW 8.2. 1974 – Voigt, J.: -. SO 1974/7 – Voss, M.: Das ABC eines einfachen Räubers. F&F 1974/3, S.19-26 – Kersten, H.: Zwischen Robin Hood und Che Guevara. TSP 24.2.1974.

Der mit einem unbändigen Haß auf die kapitalistische Ausbeuterordnung aus dem ersten Weltkrieg heimgekehrte Ignaz Wolz führt seinen eigenen Krieg gegen die Reichen. Er beraubt sie, um den Armen zu geben. Er wird bewundert und gefürchtet. Um sich Waffen zu besorgen, überfällt er ein Polizeigefängnis, läßt die Gefangenen frei und trifft dabei seinen Kriegskameraden Ludwig wieder. Der bemüht sich, den Tatendrang des Anarchisten in revolutionäre Bahnen zu lenken, gibt auch nicht auf, als Wolz festgenommen und zu lebenslanger Haft verurteilt wird. Die ihrer bürgerlichen Klasse abtrünnig gewordene Agnes heiratet Wolz im Zuchthaus, um den Kontakt aufrecht erhalten zu können, obwohl sie Ludwig liebt. Die Genossen kämpfen unermüdlich für seine Freilassung. Nach sieben Jahren wird Wolz entlassen, aber seine anarchistische Position aufzugeben ist er nicht bereit. Er verläßt Deutschland, um einen Platz zu suchen, wo solche wie er gebraucht werden.

Filmtext: Wolz - Leben und Verklärung eines deutschen Anarchisten. In: Günther Rücker: Die Verlobte. Texte zu sieben Spielfilmen. Berlin: Henschelverlag 1988

ORPHEUS IN DER UNTERWELT

RE: Horst Bonnet – BU: Horst Bonnet – LV: Gleichnamige Operette von Hector Cremieux und Jacques Offenbach – DR: Maurycy Janowski – KA: Otto Hanisch – MU: Jacques Offenbach, MU-Einrichtung: Robert Hanell – SB: Alfred Hirschmeier – KO: Christiane Dorst, Werner Schulz – SC: Thea Richter – PL: Helmut Klein – GR: KAG »Johannisthal« – m: 2403 = 88 min. – fa – Cine und 70 mm – PM: 7.2.1974

(70 mm) – PM-Ort: Berlin; »Kosmos« – DA: Wolfgang Greese – GE: Horst Hiestermann (Orpheus) – Dorit Gäbler – GE: Ingrid Czerny (Eurydike) – Rolf Hoppe – GE: Siegfried Vogel (Jupiter) – Lisa Macheiner – GE: Gertraude Prenzlow (Juno) – Achim Wichert (Pluto) – Fred Düren (Styx) u. a. – KR: Hofmann, H.: Wer möchte da nicht Jupi sein. NZ 12.2.1974 – Holland-Moritz, R.: Kino-Eule. ESP 1974/13 – H.U.: Frivoles Spiel des Olymp. NZT 12.2.1974 – Lange, W.: Bunt bewegt, doch nicht bewegend. FS 1974/5, S.8 – Schaefer, H.-J.: Amouröse Geschichten des Monsieur Jacques. ND 15.2. 1974 – Sobe, G.: Einmal vom Olymp zum Hades und zurück. BZ 17.2.1974 – Huwe, G.: Göttliche Seitenhiebe auf Polit-Bonzen. BMP 6.2.1992 – AS: -. TIP 1992/3 – Gympel, J.: -. Zitty 1992/4.

Orpheus, Musikprofessor zu Theben, ist glücklich, als seine untreue Frau Eurydike von Pluto in die Unterwelt entführt wird. Kann er sich doch nun in aller Ruhe seinen eigenen Schäferstündchen hingeben. Doch Jacques Offenbach persönlich zwingt ihn, Eurydike von den Göttern zurückzufordern, da er sonst auf seine Liebesgespielinnen verzichten muß. Gemeinsam begeben sie sich zum Olymp, wo sie eine desolate Göttergesellschaft vorfinden. Pluto, der zufällig erscheint, leugnet die Entführung und lädt alle in die Unterwelt ein. Die versteckte und von Höllenhund Styx, einst Prinz von Arkadien, bewachte Eurydike langweilt sich. In Gestalt einer Fliege dringt Göttervater Jupiter zu ihr vor und befreit sie. Orpheus hat sie wieder, was ihm gar nicht recht ist. Zu seinem Glück Pluto auch nicht. Der kann Eurydikes Rückkehr im letzten Moment noch verhindern.

DIE SCHLÜSSEL

RE: Egon Günther – SZ: Helga Schütz, Egon Günther – DR: Werner Beck – KA: Erich Gusko – MU: Czeslaw Niemen, MB: Karl-Ernst Sasse – SB: Harald Horn – KO: Christiane Dorst – SC: Rita Hiller – PL: Hans Mahlich – GR: KAG »Berlin« – m: 2658 = 97 min. – fa – PM: 21.2.1974 – PM-Ort: Berlin; »International« – DA: Jutta Hoffmann (Ric) – Jaecki Schwarz (Klaus) – Magda Zawadzka (Helena) – Jerzy Jogalla (Frantisek) – Jadwiga Chojnacka (Großmutter) – Leon Niemczyk (Pawlik) – Anna Dziadyk (Hanka) – Wolfgang Greese (DDR-Vertreter) – KR: Ahrens, P.: -. WBÜ 1974/12 – Biehl, R.: Viele Schlüssel - wenig Aufschluß. FS 1974/6, S.8 – Hofmann, H.: Stationen einer Reise in die Selbstbegegnung. NZ 2.3.1974 – Holland-Moritz, R.: Kino-Eule. ESP 1974/13 – Knietzsch, H.: Die Beschreibung einer jungen Liebe. ND 23.2.1974 – Rülicke-Weiler, K.: Stationen einer Reise. F&F 1974/3, S. 12-16 – Rehahn, R.: -. WP 1974/11 – Rother, H.-J.: Polemik für menschliches Verhalten. FO 1974/6 – Sobe, G.: Entdeckung einer Liebe? BZ 26.2. 1974 – Kersten, H.: Die Reise nach Krakau. TSP 10.3.1974 – Kersten, H.: -. DAS 17.3.1974 – Richter,E.: -. F&F 1991/5, S. 33.

Ric und Klaus, sie ist Arbeiterin, er Student, reisen im Urlaub nach Kraków. Auf dem Flugplatz gibt ihnen ein freundlicher Pole den

Schlüssel zu seiner Wohnung. Beide sind erwartungsvoll, erleben unbeschwerte Tage. Ric gibt sich in ihrer unkomplizierten Weise den Entdeckungen hin, dem Leben im Nachbarland, den Begegnungen. Geschichte wird für sie fühlbar. In dieser fremden Umgebung sieht sie plötzlich ihre Beziehung zu Klaus in einem neuen Licht, sie spürt, wie anders er auf alles reagiert, fühlt sich verletzt durch seine Maßregelungen, seine überlegene Art. Die Kompliziertheit ihrer Beziehung wird ihr deutlich. Intellektuell wird sie ihm nie gewachsen sein. Er wird seinen Weg machen, während sie immer Arbeiterin bleiben wird, wozu sie sich bekennt. Dieses Bekenntnis aber läßt sie um den Bestand ihrer Liebe fürchten. Sie gerät in Panik, als sie Klaus nicht findet, stürzt blindlings auf die Straße, um ihn zu suchen, und dabei in eine Straßenbahn. Ihr Tod ist für Klaus ein Schock. Die Größe des Verlusts empfindet er langsam – während der Begegnung mit Anteil nehmenden Menschen und bei der Abwicklung der Überführungsformalitäten.

LEBEN MIT UWE

RE: Lothar Warneke – SZ: Siegfried Pitschmann, Lothar Warneke – DR: Christel Gräf, Christa Müller – KA: Claus Neumann – MU: Gerhard Rosenfeld – SB: Marlene Willmann – KO: Dorit Gründel – SC: Erika Lehmphul – PL: Siegfried Kabitzke – GR: KAG »Roter Kreis« – m: 2802 = 103 min. – fa – brw – PM: 8.3.1974 – PM-Ort: Leipzig; »Capitol« – DA: Eberhard Esche (Uwe Polzin) – Cox Habbema (Alla Polzin) – Karin Gregorek (Ruth Polzin) – Dieter Mann (Dr. Hunger) – Friedo Solter (Prof. Holzmann) – Carl Heinz Choynski (Jonas) u. a. – KR: Ahrens, P.: DEFA - mehr als ein Versprechen. WBÜ 1974/3 – Ahrens, P.: Ehe ist schwer. WBÜ 1974/14 – Holland-Moritz, R.: Kino-Eule. ESP 1974/18 – Rehahn,R.: -. WP 1974/14 – Richter, E.: Nachdenken über ein sinnerfülltes Leben. ND 16.3.1974 – Rother, H.-J.: Beruf kontra Ehe? FO 1974/7 – Sobe, G.: Verheiratet - verheiratet mit wem? BZ 19.3.1974 – Tok, H.-D.: Auf der Suche nach Harmonie. F&F 1974/3, S.7-11 – Zimmerling, I.: Harmonie im Alleingang. FS 1974/7, S. 8 – Kersten, H.: Unschuldig schuldig. TSP 21.4.1974.

Der Biologe Uwe Polzin steht vor der Verteidigung seiner Dissertation. Es ist ein Tag, der ihn nachdenken läßt über sein bisheriges Leben. Seine Frau Alla trägt sich mit Scheidungsgedanken. Beide haben immer alles gewollt, Erfüllung in der Arbeit und in der Liebe. Sie waren sich einig, auch darüber, daß dies nicht einfach sein wird. Uwes wissenschaftliche Arbeit fordert den größten Teil seiner Zeit und Energie, für Alla und die beiden Kinder ist oft nicht viel geblieben. Alla, die ihre Arbeit als Dolmetscherin ebenso liebt, mußte oft zurückstecken, der Familie wegen. Sie fühlt sich ausgenutzt. Uwe vergleicht sein Leben mit dem seiner Schwester Ruth, die Ärztin ist. Sie hat, um sich ihrem Beruf ganz widmen zu können, auf eine Familie verzichtet. Für Uwe scheint dies keine Alternative. Auch Alla hat an diesem Tag über vieles nachgedacht, und als Uwe zur Verteidigung seiner Dissertation im Hörsaal erscheint, sitzt Alla unter den Zuhörern.

DREI HASELNÜSSE FÜR ASCHENBRÖDEL (CO-PRODUKTION DDR / ČSSR) (KINDERFILM)

RE: Václav Vorlíček – SZ: Bohumila Zelenková – LV: Gleichnamiges Märchen von Božena Němcová – DR: Marcela Pittermann – KA: Josef Illík – MU: Karel Svoboda – SB: Alfred Thomalla, Olin Bosák – KO: Günther Schmidt, Theodor Pištěk – SC: Barbara Leuschner, Miroslav Hájek – PL: Heinz Herrmann, Jiří Krejči – GR: KAG »Berlin« – m: 2354 = 86 min. – fa – brw – PM: 10.3.1974 – PM-Ort: Berlin; »Babylon« – CO: Filmstudio Barrandov, Prag – Tschech. Titel: Tři oříšky pro Popelku – DA: Libuše Šafránková (Aschenbrödel) – Pavel Trávníček (Prinz) – Carola Braunbock (Stiefmutter) – Rolf Hoppe (König) – Karin Lesch (Königin) – Daniela Hlaváčová (Dora) u. a. – KR: e.o.: Märchen von Grimm im Film neu entdeckt. NZT 30.3.1974 – Richter, R.: Dieses Aschenbrödel weiß sich zu helfen. ND 24.3. 1974 – Schenk, R.: Warum nicht einmal »Aschenbrödel«? FW 5.4.1974 – Voss, M.: Ein Märchen als poetische Liebesgeschichte. FS 1974/10, S.8.

Von ihrer bösen Stiefmutter und der Stiefschwester um Stand und Besitz gebracht, muß Aschenbrödel die schmutzigste Arbeit auf dem Gutshof verrichten. Doch sie ist immer freundlich, und alle Angestellten sind ihr zugetan. Auch die Tiere sind ihre Freunde. Eines Tages begegnet sie im Wald einem übermütigen Prinzen und verliebt sich in ihn. Damit sie ihn wiedersehen kann, schenkt ihr der Kutscher ihres Hofes drei Zaubernüsse, die ihr drei prächtige Gewänder bescheren, in denen sie dem Prinzen gegenübertritt. Der Prinz, als ein Leichtfuß verschrien, läßt sich aber von den Kleidern nicht beeindrucken. Er erkennt das geschickte, kluge und liebenswerte Mädchen in ihnen, und das wählt er zu seiner Frau.

DER NACKTE MANN AUF DEM SPORTPLATZ

RE: Konrad Wolf – SZ: Wolfgang Kohlhaase – DR: Gerhard Wolf – KA: Werner Bergmann – MB: Karl-Ernst Sasse – SB: Alfred Hirschmeier – KO: Rita Bieler – SC: Evelyn Carow – PL: Herbert Ehler – GR: KAG »Babelsberg« – m: 2766 = 101 min. – fa (Eastman-Color) – brw – PM: 4.4.1974 – PM-Ort: Berlin; »International« – DA: Kurt Böwe (Kemmel) – Ursula Karusseit (Gisi Kemmel) – Martin Trettau (Hannes) – Elsa Grube-Deister (LPG-Vorsitzende) – Marga Legal (Referentin) – Ute Lubosch (Regine) u. a. – KR: Ahrens, P.: DEFA - mehr als ein Versprechen. WBÜ 1974/3 – Ahrens, P.: Bild eines Vierzigers. WBÜ 1974/16 – Beckmann, M.: Kunst mit und ohne Feigenblatt. FS 1974/9, S.8 – Gehler, F.: -. SO 1974/16 – Knietzsch, H.: Hinweise auf den Umgang mit Kunst. ND 6.4. 1974 – Wischnewski, K.: In der Mitte des Lebens. F&F 1974/3, S.2-6 – Dieckmann, F.: Anmerkungen zum neuen Film. S&F 1974/5, S.1082-87 – Holland-Moritz, R.: Kino-Eule. ESP 1974/19 – Rehahn, R.: -. WP 1974/17 – Schenk, R.: Erkenntnisse für die Kunst. FW 13.4.1974 – Sobe, G.: Ein Feigenblatt für einen

nackten Mann? BZ 10.4.1974 – Kersten, H.: Aus dem Alltag eines Künstlers. TSP 26.5.1974 – Baer, V.: Der Künstler und die Gesellschaft. TSP 21.6.1984 – Fischer, C.: -. BFF 1990/39, S. 155-167.

Kemmel ist Bildhauer, ein Künstler, der es sich und anderen nicht leicht macht. Auf die Vierzig zugehend, fragt er sich, was er bisher bedeutendes geschaffen hat. Einige Arbeiten werden von den Leuten nicht angenommen. Sein Relief zum Beispiel, das er für ein Dorf angefertigt hat, verschwindet in einem Abstellraum. Der Arbeiter Hannes, den er als Modell für eine Porträtplastik haben will, zeigt kein Interesse. Dann läßt er sich doch darauf ein. Kemmels Arbeit mißlingt, aber die stundenlangen Sitzungen sind für beide ein Gewinn, jeder dringt ein wenig in die Welt des jeweils anderen ein. Kemmel fährt in sein Heimatdorf und bekommt den Auftrag, eine Skulptur für den Sportplatz zu schaffen. Einen Fußballer stellt man sich vor. Was Kemmel schließlich bringt, ist ein Läufer – ein nackter dazu. Die Leute sind peinlich berührt, ablehnend. Doch die Konfrontation mit dem Werk, der vorsichtig einsetzende Umgang mit ihm, führt sie schließlich dazu, es anzunehmen.

FÜR DIE LIEBE NOCH ZU MAGER?

RE: Bernhard Stephan – SZ: Joachim Nestler, Manfred Freitag – DR: Anne Pfeuffer – KA: Hans-Jürgen Kruse – MB: Gerhard Rosenfeld – SB: Heike Bauersfeld, Hans-Jürgen Deponte – KO: Barbara Braumann – SC: Brigitte Krex – PL: Heinz Herrmann – GR: KAG »Berlin« – m: 2356 = 86 min. – fa – brw – PM: 25.4.1974 – PM-Ort: Berlin; »Kosmos« – DA: Simone von Zglinicki (Susanne) – Christian Steyer (Lutz) – Norbert Christian (Susannes Vater) – Ursula Staack (Daisy) – Karl Thiele (Martin) – Carl-Hermann Risse (Alfons) u. a. – KR: Ahrens, P.: Befund: nicht zu mager. WBÜ 1974/20 – Holland-Moritz, R.: Kino-Eule. ESP 1974/25 – Richter, R.: Poesie des Alltags in einem heiteren Film. ND 27.4.1974 – Rücker, G.: Drei garantierte Entdeckungen. F&F 1974/4, S. 4-6 – Seydel, R.: Wenn du liebst, lieb nicht für die Katz... FS 1974/11, S.8 – Rehahn, R.: -. WP 1974/20 – Voigt, J.: -. SO 1974/19 – Petz, T.: Fürs Kino noch zu mager. SüZ 1.12.1975 – V.B.: Eine ganz alltägliche Geschichte. TSP 19.9.1975 – Kersten, H.: Susanne im Gewächshaus. TSP 4.8. 1974 – Kersten, H.: -. DAS 26.5.1974.

Susanne ist 18 Jahre alt und Facharbeiterin in einem Textilbetrieb. Sie ist fleißig und immer da, wenn es Arbeit gibt oder jemand Hilfe braucht, zu Hause und im Betrieb. Am Ende der Maidemonstration werden ihr alle Fahnen in die Hand gedrückt, bei der GST-Übung ist sie die aktivste, aber beim Tanz wird sie als letzte aufgefordert. Daß auch sie Wünsche hat, bemerkt keiner – auch der etwas versponnene Lutz nicht, in den sie verliebt ist. Die beiden sind zusammen aufgewachsen, doch daß sie inzwischen erwachsen ist, sieht er nicht. Das egoistische Verhalten ihrer Freundin Daisy löst eine Wandlung in Susanne aus. Sie entwickelt Selbstbewußtsein, Rückschläge inbegriffen, und erobert sich Lutz. Die beiden verbringen eine kurze, glückliche Zeit. Als Lutz eines Tages von dannen zieht, er will die Welt erobern, verabschiedet Susanne ihn mit einem weinenden und einem lachenden Auge.

ULZANA

RE: Gottfried Kolditz – SZ: Gojko Mitic, Gottfried Kolditz – DR: Hans-Joachim Wallstein – KA: Helmut Bergmann – MU: Karl-Ernst Sasse – SB: Heinz Röske – KO: Günther Schmidt – SC: Christa Helwig – PL: Dorothea Hildebrandt – GR: KAG »Roter Kreis« – m: 2589 = 95 min. – fa – Cine – PM: 16.5.1974 – PM-Ort: Berlin; »International« – DA: Gojko Mitic (Ulzana) – Renate Blume (Leona) – Rolf Hoppe (Captain Burton) – Colea Rautu (Nana) – Amza Pelea (General Crook) – Fred Delmare (Bob Tribolett, Kellner im Saloon) u. a. – KR: Holland-Moritz, R.: Kino-Eule. ESP 1974/25 – H.U.: Abenteuer der Wirklichkeit. NZT 23.5.1974 – Richter, R.: Hoffnungen und bittere Erfahrung. ND 27.5. 1974 – Salow, F.: Abenteuer und Historie. FS 1974/13, S.17 – Schütt, H.-D.: Ulzana rächt Leona. JW 21.5.1974 – Sobe, G.: ... nun reitet er wieder. BZ 21.5.1974 – Tok, H.-D.: Ulzana oder Burton? WP 1974/23.

Arizona, Ende der vierziger Jahre des vorigen Jahrhunderts. Die Mimbreno-Indianer haben sich auf Ackerbau umgestellt, eine Bewässerungsanlage gebaut und feiern nun ihr erstes Erntefest. Es ist eine ertragreiche Ernte, und sie könnten mit den Überschüssen Handel treiben. Die Geschäftsleute der Stadt Tucson und die Siedler bangen um ihre Profite, vor allem die Männer vom »Tucson-Ring«, die die von der Regierung für die Versorgung der Indianer gespendeten Gelder einstreichen und ihnen verdorbene Lebensmittel liefern. Sie gehen zum Angriff über und sprengen die Bewässerungsanlage. Häuptling Ulzana wird verwundet, die Weißen halten ihn für tot und wollen die Mimbrenos in ein unfruchtbares Reservat treiben. Die Indianer fliehen in die mexikanische Sierra Madre, doch Ulzanas Frau Leona wird von den Soldaten gefangen. Als Ulzana sie befreien will, wird sie erschossen.

WIE FÜTTERT MAN EINEN ESEL

RE: Roland Oehme – SZ: Maurycy Janowski, Dieter Scharfenberg – DR: Willi Brückner – KA: Emil Sirotek – MU: Günther Fischer, Manfred Krug – SB: Georg Wratsch – KO: Ruth Kiecker – SC: Helga Emmrich – PL: Hans Mahlich – GR: KAG »Johannisthal« – m: 2595 = 95 min. – fa – brw – PM: 27.6.1974 – PM-Ort: Schwerin; Freilichtbühne – DA: Manfred Krug (Fred) – Karla Chadimová (Jana) – Jana Gyrová (Eva) – Hana Talpová (Vera) – Kati Bus (Erzsi) – Maria Stefanová (Angela) – Fred Delmare (Orje) u. a. – KR: Anders, K.: Zweimal »Liebe«. FS 1974/17, S.9 – Gehler, F.: -. SO 1974/30 – Haedler, M.: Minnetour zum Balkan. M 7.7. 1974 – Holland-Moritz, R.: Sommerkino-Eule. ESP 1974/32 – Richter, R.: Besinnliches, heiteres Kino. ND 29.6.1974.

Fernfahrer Fred hat entlang der weiten Straßen zahlreiche Liebesverhältnisse, die er immer wieder gerne auffrischt. Bei einer Tour nach Bulgarien wird er in Prag in einen Unfall verwickelt, und sein Beifahrer Orje, der dabei seine Mundharmonika verschluckt, fällt aus. Die Tschechin Jana setzt durch, daß Fred sie an Orjes Stelle mitnimmt. Ihr gefällt der Mann, und sie plagt sich redlich mit dem Schwerlaster und damit, Freds Aufmerksamkeit zu gewinnen. Doch Fred ist mehr daran interessiert, sein Adressenbüchlein Station für Station »abzuarbeiten«. Jana mangelt es nicht an Einfällen, ihn dabei zu stören. Langsam schwindet sein Ärger darüber, und auf der Rückfahrt, im Prunkbett eines ungarischen Schlosses, finden sie endlich zusammen.

LIEBE MIT 16

RE: Herrmann Zschoche – SZ: Gisela Steineckert, Rainer Simon, Ulrich Plenzdorf – DR: Anne Pfeuffer – KA: Günter Jaeuthe – MU: Ulrich Gumpert – SB: Dieter Adam – KO: Isolde Warscycek – SC: Christa Helwig – PL: Gerrit List – GR: AG »Berlin« – m: 2273 = 83 min. – fa – brw – PM: 29.6.1974 – PM-Ort: Neubrandenburg; Freilichtbühne – DA: Simone von Zglinicki (Ina) – Heinz-Peter Linse (Matti) – Katharina Lind (Inas Mutter) – Martin Trettau (Inas Vater) – Marylu Poolman (Mattis Mutter) – Christoph Engel (Mattis Vater) – Herbert Köfer (Tanzlehrer) u. a. – KR: Anders, K.: Zweimal »Liebe«. FS 1974/17, S.9 – Günther, U.: Ina und Matti kommen ohne Shakespeare aus. JW 5.7.1974 – Holland-Moritz, R.: Sommerkino-Eule. ESP 1974/33 – Richter, R.: Besinnliches, heiteres Kino. ND 29.6.1974 – Schroeder, W.: Der Filmsommer Nr. XIII. WP 1974/27 – Gehler, F.: -. SO 1974/31 – Sobe, G.: Beobachtungen im Alltag. BZ 7.7.1974 – Voss, M.: Von der ersten großen Liebe. F&F 1974/11, S.33-35 – Schaaf, U.: Teenager-Liebe. TSP 26.2.1976.

Der 18jährige Matti hat ein Auge auf die 16jährige Ina geworfen, die ihn anfangs aber kaum beachtet. In der Tanzstunde kommen sie sich näher. Die Eltern sind darüber nicht begeistert, es gibt Auseinandersetzungen. Ina und Matti lassen sich jedoch nicht auseinanderbringen, in einem Bootshaus schlafen sie zum ersten Mal miteinander. Das erste Liebeserlebnis hinterläßt zwiespältige Eindrücke bei Ina, die ganz große Erfüllung war es für sie nicht. Als sich die Eltern der beiden beim Tanzstundenball treffen, begraben sie ihre Vorbehalte und denken gleich an eine feste Bindung. Ina und Matti betrachten das mit Unverständnis. Sie wissen, daß ihre Beziehung vielleicht nichts Endgültiges ist.

HANS RÖCKLE UND DER TEUFEL
(KINDERFILM)

RE: Hans Kratzert – SZ: Gudrun Deubener – LV: Märchen »Meister Hans Röckle und Mister Flammfuß« von Ilse und Vilmos Korn – DR: Klaus Richter de Vroe – KA: Wolfgang Braumann – MU: Günther Fischer – SB: Klaus Winter – KO: Barbara Braumann – SC: Bärbel Weigel – PL: Wolfgang Rennebarth – GR: AG »Berlin« – m: 2130 = 78 min. – fa – brw – PM: 8.7.1974 – PM-Ort: Schwerin; Zentrales Pionierlager – DA: Rolf Hoppe (Meister Hans Röckle) – Peter Aust (Flammfuß) – Simone von Zglinicki (Luisa) – Matthias Günther (Jacob) – Christa Lehmann (Ellermutter) – Herbert Köfer (Reichenbach) u. a. – KR: Anders, K.: Anregungen zum Nachdenken. FS 1974/19, S.8 – e.o.: Spannung, Poesie und Tricks. NZT 13.7.1974 – Richter, R.: Anregungen zum Denken und Fabulieren. ND 17.1974 – Tok, H.-D.: -. WP 1974/30 – Schenk, R.: Aller guten Dinge sind drei. FW 17.7.1974 – Holland-Moritz, R.: Kinderkino-Eule. ESP 1974/35.

Dem Puppenspieler und erfindungsreichen Mechanikus Röckle erscheint eines Tages der Teufel Flammfuß und bietet ihm einen Pakt an. Röckle erhält Zauberkraft, verfällt aber dem Teufel, wenn er in sieben mal sieben Stunden nichts Neues schafft. Röckle nutzt den Zauber, um den Menschen zu helfen. Für die Näherin Luise schafft er eine Nadel, die selber näht, und für Jacob eine Flöte, mit der er den Bauern Regen bringen kann. Der Teufel holt sich die wunderbaren Dinge, muß sie aber zurückgeben, weil er sie nicht beherrscht. Zum Segen der Menschen jedoch können sie auch nicht verwendet werden, denn der Manufakturbesitzer setzt den Lohn für die Näherinnen herunter, und der Grundbesitzer verlangt die Flöte, um nur seine Felder zu beregnen. Da erfindet Röckle ein Fernrohr, mit dem man in die Zukunft sehen kann, und dorthin bringt er seine Wunderdinge.

DER UNTERGANG DER EMMA
(KINDERFILM)

RE: Helmut Dziuba – SZ: Manfred Richter – LV: Filmerzählung von Wolfgang Hübner und Hans Knorr – DR: Tamara Trampe – KA: Günter Heimann – MU: Christian Steyer – SB: Heinz Leuendorf – KO: Ursula Strumpf – SC: Barbara Simon – PL: Siegfried Kabitzke – GR: AG »Berlin« – m: 2032 = 75 min. – fa – PM: 2.8.1974 – PM-Ort: Berlin; »Babylon« – DA: Uwe Peter Trebs (Mischa) – Mathias Holzki (Hartmut) – Meike Ulrich (Flasche) – Lutz Augustin (Hirte) – Michael Jaroschinski (Müller) – Erwin Geschonneck (Fährmann Kluge) u. a. – KR: Anders, K.: Anregungen zum Nachdenken. FS 1974/19, S.8 – Hofmann, H.: Ein DEFA-Kinderfilm - auch für Erwachsene. NZ 20.8. 1974 – Holland-Moritz, R.: Kinderkino-Eule. ESP 1974/35 – Richter de Vroe, K.: Die ungeteilte Welt. Beziehungen zwischen Kindern und Erwachsenen in neuen DEFA-Kinderspielfilmen. F&F 1974/9, S.18-20 – Knietzsch, H.: Der Untergang des Fährschiffes Emma. ND 12.8. 1974.

Das alte Fährschiff »Emma« hat seit der Fertigstellung einer neuen Brücke ausgedient und mit ihm Opa Kluge, der die »Emma« fünfzig Jahre über den Fluß geschippert hat. Jetzt soll sie Pionierschiff werden. Die Kinder gehen mit Feuereifer an die Überholung des Kahns. Hartmut und Mischa aber sind die einzigen, die auch an Opa Kluge denken, der »eingeht«, wenn er nicht mehr gebraucht wird. Sie setzen den Dieselmotor instand, damit das Pionierschiff auch richtig fahren kann, und Opa Kluge soll ihr Kapitän werden. Nach getaner Arbeit machen sie heimlich eine Probefahrt. Dabei sinkt die

»Emma« nach einer Karambolage mit dem Brückenpfeiler auf den Grund der Elbe – und mit ihr der gutgemeinte Plan.

WAHLVERWANDTSCHAFTEN

RE: Siegfried Kühn – SZ: Regine Kühn – LV: Gleichnamiger Roman von Johann Wolfgang von Goethe – DR: Christel Gräf – KA: Claus Neumann – MU: Karl-Ernst Sasse – SB: Reinhart Zimmermann, Richard Schmidt – KO: Eva Sickert – SC: Renate Bade, Helga Krause – PL: Bernd Gerwien – GR: AG »Roter Kreis« – m: 2800 = 103 min. – fa – brw – PM: 27.8.1974 – PM-Ort: Weimar; »Filmtheater des Friedens« – DA: Beata Tyszkiewicz (Charlotte) – Hilmar Thate (Eduard) – Magda Vasary (Ottilie) – Gerry Wolff (Hauptmann) – Horst Schulze (Mittler) – Christine Schorn (Baronesse) u. a. – KR: Hanisch, M.: Glücklichsein braucht Mut. NZT 28.8.1974 – Kaufmann, H.: Klassischer Liebesroman. ND 18.8.1974 – Rehahn, R.: -. WP 1974/37 – Richter, R.: Liebesgeschichten. F&F 1974/9, S.32-35 – Schütt, H.-D.: Leben auf der Insel? JW 3.9.1974 – Gehler, F.: -. SO 1974/38 – Knietzsch, H.: Bemühung um einen klassischen Roman. ND 1.9.1974 – Rother, H.-J.: Endspiel in einer schönen Landschaft. FO 1974/18 – Schiller, D.: Bemerkungen zum Verhältnis von Film und Buch. F&F 1974/12, S.40-45 – Voss, M.: Kühn gewagt - nur halb gewonnen. FS 1974/20, S.20 – Kersten, H.: Goethe als Scheidungsanwalt. FR 8.10.1974 – Kersten, H.: Goethe als Scheidungsanwalt. TSP 20.10.1974.

Während der napoleonischen Kriege zieht sich das adlige Ehepaar Eduard und Charlotte auf ein altes Schloß zurück, um dort isoliert von der Außenwelt ganz ihrer Liebe zu leben. Eduard aber erträgt schon nach kurzer Zeit das unproduktive Dasein nicht mehr. Er lädt seinen Freund ein, einen Hauptmann. Charlotte holt ihre Pflegetochter Ottilie aus dem Pensionat. Eduard verliebt sich in Ottilie und entwickelt neue Aktivitäten, seine Frau fühlt sich zum Hauptmann hingezogen. Ottilie und Eduard bekennen sich zueinander, während Charlotte aus moralischen Gründen an ihrer Ehe festhalten will. Der enttäuschte Eduard zieht in den Krieg. Charlotte bringt eine Kind zur Welt, woraufhin Ottilie bereit ist, auf Eduard zu verzichten. Als er zurückkommt, sind die Vorsätze vergessen. Durch beider Schuld verunglückt das Kind tödlich. Nun willigt Charlotte in die Scheidung ein, aber Ottilie verläßt das Schloß und bleibt unauffindbar.

...VERDAMMT, ICH BIN ERWACHSEN
(KINDERFILM)

RE: Rolf Losansky – SZ: Günter Mehnert – LV: Roman »Der Riese im Paradies« von Joachim Novotny – DR: Gudrun Deubener – KA: Peter Süring – MU: Peter Gotthardt – SB: Klaus Winter – KO: Maria Welzig – SC: Ursula Zweig – PL: Irene Ikker – GR: AG »Berlin« – m: 2582 = 95 min. – fa – PM: 19.9.1974 – PM-Ort: Berlin; »International« – DA: Ralf Schlösser (Kurbel) – Angelika Herrmann (Daniela) – Frank Wuttig (Piepe Jatzmauk) – Lilo Josefowitz (Gudrun) – Detlef Höpfner (Der lange Barthel) – Dieter

Franke (Lehrer Konzak) – Jürgen Reuter (Jule Bucht) – Karla Runkehl (Kurbels Mutter) – Gerhard Lau (Kurbels Vater) u. a. – KR: Holland-Moritz, R.: Kino-Eule. ESP 1974/42 – Richter, R.: Über das schöne und schwierige Leben. ND 22.9.1974 – Schroeder, W.: Der Film zu Gast beim Publikum. WP 1974/40 – Seydel, R.: Von der Schwierigkeit, erwachsen zu werden. FS 1974/23 – Tok, H.-D.: Vom Anderswerden in unserer Gesellschaft. F&F 1974/10, S. 5-9.

Klaus Kambor, genannt Kurbel, lebt in einem Dorf in der Lausitz. Er ist fünfzehn, geht in die 9. Klasse und hält sich manchmal schon für richtig erwachsen. Groß und kräftig ist er, und Daniela hat er auch schon geküßt. Doch daß zum Erwachsensein noch ein bißchen mehr gehört, wird ihm immer wieder bewußt. Zum Beispiel, als er mit seiner genialen neuen Rasenmäh-Methode einen Waldbrand verursacht und dazu stehen muß. Auch die Sache mit dem Tagebau, dem einige von ihm geliebte Plätze der Umgebung weichen müssen, ist nicht einfach zu begreifen. In Lehrer Konzak und dem Baggerführer Jule Bucht findet er Freunde, die für seine Probleme Verständnis haben. Seine ersten Erfahrungen mit dem Erwachsenwerden zeigen ihm aber auch – er muß unter anderem wegen Jules Ehebruch aussagen –, daß neue Probleme auf ihn zukommen werden.

ZUM BEISPIEL JOSEF

RE: Erwin Stranka – SZ: Günter Karl, Erwin Stranka – LV: Gleichnamiger Roman von Herbert Otto – DR: Gerhard Hartwig, Christa Müller – KA: Peter Brand – MU: Uve Schikora – SB: Georg Wratsch – KO: Barbara Braumann – SC: Margrit Brusendorff – PL: Helmut Klein – GR: AG »Roter Kreis« – m: 2533 = 93 min. – fa – brw – PM: 20.9.1974 – PM-Ort: Cottbus; »Kammerlichtspiele« – DA: Jürgen Heinrich (Josef) – Hans-Peter Reinecke (Bruno) – Petra Hinze (Julia) – Monika Woytowicz (Ute) – Eva-Maria Hagen (Erna) – Fred Delmare (Alois) u. a. – KR: Beckmann, M.: Sprung in eine neue Welt. FS 1974/22, S.8 – Haedler, M.: Springen und Stehen. M 22.9.1974 – Holland-Moritz, R.: Kino-Eule. ESP 1974/42 – Richter, R.: Dramatisches Geschehen um einen jungen Helden. ND 15.10.1974 – Schroeder, W.: Der Film zu Gast beim Publikum. WP 1974/40 – Sobe, G.: Das Duell der Gleichen? BZ 11.10.1974 – Tok, H.-D.: Vom Anderswerden in unserer Gesellschaft. F&F 1974/10, S. 5-9 – Voigt, J.: -. SO 1974/43.

Josef Neumann ist dreißig und erst seit kurzem in der DDR, arbeitet auf der Warnowwerft und ist eigentlich schon wieder im Begriff zu gehen. Er ist ein Außenseiter mit abenteuerlichem Leben: von Nonnen großgezogen, Fremdenlegionär, Seefahrer, Werftarbeiter. Springen ist sein Lebensinhalt. Brigadier Bruno, der Arbeiter sucht, nimmt ihn in seine Brigade auf. Er hat viel Verständnis für den »Exoten«, doch der zeigt wenig Neigung, sich einzufügen. Ein Sprung durch die Tür der geschlossenen Pinguinbar – gelernt im Algerienkrieg, wo seine Sprünge lebensrettend waren – bringt ihn vor die Konfliktkommission. Die Brigade bürgt für

ihn, doch beim nächsten Sprung wirft auch Bruno das Handtuch. Die einzige, die Josef noch halten könnte, ist Julia. In sie ist er wirklich verliebt, aber sie kann sich von ihrem geschiedenen Mann nicht lösen. Josef packt schon die Koffer, als Julia doch noch kommt...

SCHÜSSE IN MARIENBAD
(CO-PRODUKTION DDR / ČSSR)

RE: Ivo Toman, Václav Gajer, CO-RE: Claus Dobberke – SZ: Jiři Cirkl, Ivo Toman, Karel Cop – LV: Reportage »Schüsse in der Villa Edelweiß« von Roman Cílek – DR: Werner Beck – KA: Jiří Tarantík, Jan Kvača – MU: Jiří Sust – SB: Artur Stenzel, Pavel Pitner, Joachim Otto, Přemek Longa – KO: Dagmar Krausová – SC: Miroslav Májek – PL: Uwe Klimek, Rudolf Wolf – GR: KAG »Berlin« – m: 2492 = 91 min. – fa – brw – PM: 23.9.1973 – AD: 7.6.1974 – PM-Ort: Magdeburg; »Theater des Friedens« – CO: Filmstudio Barrandov, Prag, Gruppe Karel Cop – Tschech. Titel: Výstřely v Mariánských Lázních – DA: Vaclav Neužil (Sedy) – Josef Abrhám (Hanoušek) – Karel Hlušička (Eckert) – Friederike Aust (Irma Stich) – Bohumil Smida (Pacak) – Zdeněk Dite (Fulin) u. a. – KR: H.U.: Der Hintergrund bleibt dunkel. NZT 20.6.1974 – Hofmann, H.: Als Kugeln und Galgen »Argumente« waren... NZ 15.6.1974 – M.H.: Vor historischem Hintergrund. M 16.6.1974 – Salow, F.: Rekonstruktion eines Mordes. FS 1974/14, S.8 – Schroeder, W.: Filmpremieren der Woche. WP 1974/24.

Im Mai 1945 meldet in Marienbad eine Frau einen Mord – begangen 1933 an dem deutschen Emigranten Professor Lessing. Sie nennt auch den Mörder. Gegen den Willen seines Vorgesetzten, der sich für diesen Fall nicht zuständig fühlt – es war ein faschistischer Fememord –, nimmt Inspektor Sedy die Spur auf, verhaftet den Mörder, den Deutschen Eckert. Beim Prozeß 1933 war Eckert flüchtig, jetzt ist das Beweismaterial nicht mehr vorhanden. Dennoch setzt Sedy alles daran, ihn zu überführen. Er findet Zeugen, die ihn unterstützen – Antifaschisten, aber auch ehemalige Kollaborateure, die sich reinwaschen wollen. Sedy kann bei einer Rekonstruktion des Falls am Tatort zumindest eine Beihilfe Eckerts beweisen. Er wird verurteilt. Nach der Haftentlassung geht Eckert in die Bundesrepublik, wo er von seinen damaligen Auftraggebern eine Entschädigung verlangt.

CHRISTINE
(PJ: 1963)

RE: Slatan Dudow – BU: Slatan Dudow – DR: Anne Pfeuffer – KA: Helmut Bergmann – MU: Wilhelm Neef – SB: Joachim Otto – KO: Elli-Charlotte Löffler – SC: Lena Neumann – PL: Gert Golde – GR: KAG »Berlin« – m: 2885 (Rohschnitt) = 106 min. – s/w – AD: 15.10.1974 – DA: Annette Woska (Christine Becker) – Günther Haack (Gorgi Belling) – Horst Schulze (Eugen Breuer) – Armin Mueller-Stahl (Willibald Güttler) – Friedo Solter (Hubi) – Günter Schubert (Nico) – Günter Ott (Heinz Rehfeld) u. a. – BE: Durch den tödlichen Unfall des Regisseurs Fragment gebliebener Film; Studio-

1	2

3

1 Norbert Christian (links) und Armin Mueller-Stahl in
»Januskopf«
(1972 / RE: Kurt Maetzig)

2 Michael Gwisdek (links) und Regimantas Adomaitis in
»Mann gegen Mann« (1976),
der letzte Film von Kurt Maetzig

3 Annette Woska in »Christine« (1963).
Regisseur Slatan Dudow kam bei einem Autounfall
während der Dreharbeiten ums Leben.
Das Fragment wurde 1974
vom Staatlichen Filmarchiv der DDR
erstmals öffentlich aufgeführt.

Erstaufführung anläßlich des 25. Jahrestages der DDR in teilweise vertonter Rohschnittfassung: 15. Oktober 1974; Filmtheater des Staatlichen Filmarchivs der DDR im Filmtheater STUDIO CAMERA, Berlin.

Nach Ende des zweiten Weltkrieges in einem Dorf. Die junge Landarbeiterin Christine lernt auf einem Rummelplatz den Kassierer einer Luftschaukel kennen. Sie ist nicht das einzige Mädchen, das ihm hinterherwinkt, als er weiterzieht. Christine bekommt ein Kind von ihm und kann deshalb einen Qualifizierungslehrgang nicht besuchen. Das Verhältnis mit einem Wirtschaftsfunktionär, von dessen Ehestand sie zu spät erfährt, bringt ihr das zweite Kind. Sie gibt die Kinder in ein Heim. Nun bemühen sich gleich zwei Männer um sie: Willibald, ein gläubiger Katholik, und der zwielichtige Hubi. Von Willibald bekommt sie ihr drittes Kind, doch der Vater verläßt sie. Auch Hubi verschwindet am Hochzeitstag mit ihrem Sparbuch nach Westberlin. Der Direktor des Volksgutes schickt Christine zur Fachschule. Dort lernt sie den Lehrer Heinz Rehfeld kennen. Er hilft ihr – privat und beim Studieren. Von ihm bekommt sie ihr viertes Kind.

JOHANNES KEPLER

RE: Frank Vogel – SZ: Manfred Freitag, Joachim Nestler – DR: Christel Gräf, Günter Karl – KA: Otto Hanisch – MU: Gerhard Rosenfeld – SB: Hans Poppe, Jochen Keller – KO: Christiane Dorst – SC: Evelyn Carow – PL: Erich Kühne – GR: AG »Roter Kreis« – m: 2578 = 95 min. – fa – brw – PM: 14.11.1974 – PM-Ort: Berlin; »International« – DA: Reimar Joh. Baur (Johannes Kepler) – Trude Bechmann (Keplers Mutter) – Kurt Böwe (Tycho Brahe) – Karin Gregorek (Keplers Schwester Margarete) – Dieter Franke (Pfarrer Binder) – Katharina Thalbach (Ursula Haller) u. a. – KR: Holland-Moritz, R.: Kino-Eule. ESP 1974/50 – Knietzsch, H.: Streiter gegen das Dunkelmännertum. ND 17.11.1974 – Salow, F.: Streben nach Wahrheit. FS 1974/26, S.8 – Schütt, H.-D.: Ein Genius rückt uns etwas näher. JW 19.11.1974 – Sobe, G.: Zwischen Macht und Moral? BZ 21.11.1974 – Tok, H.-D.: Johannes Kepler als Filmheld. WP 1974/49 – Kersten, H.: Mißglückter Griff nach den Sternen. TSP 19.1.1975.

Im Jahre 1620 reist der berühmte Astronom und Mathematiker Johannes Kepler, Hochschullehrer in Linz, nach Württemberg, um seine als Hexe angeklagte Mutter zu retten. Aufgrund einer Denunziation durch eine frühere Freundin, mit der sie sich zerstritten hat, wird ihr nun der Prozeß gemacht. Zur selben Zeit, es herrscht der Dreißigjährige Krieg, verlieren die Protestanten bei Prag eine entscheidende Schlacht, was der Ankläger nutzt, die Pogromstimmung anzuheizen. Kepler versucht, Unterstützung bei der protestantischen Obrigkeit zu erhalten, die ihm jedoch verweigert wird. Ein Jesuit, ehemaliger Studienfreund Keplers, macht nun seinen Einfluß bei der Inquisition geltend. Das aussichtslos Scheinende gelingt nach langem Streit: Keplers Mutter kommt frei. Episoden des Kampfes Keplers für die Durchsetzung seiner wissenschaftlichen Erkenntnisse und Begegnungen mit anderen berühmten Persönlichkeiten, wie mit seinem Förderer Tycho Brahe, sind als Erinnerungen in die Handlung eingeflochten.

KIT & CO

RE: Konrad Petzold – SZ: Günter Karl – LV: Erzählungen von Jack London – DR: Thea Richter – KA: Hans Heinrich – MU: Karl-Ernst Sasse – SB: Heinz Röske – KO: Günther Schmidt – SC: Barbara Leuschner – PL: Dorothea Hildebrandt – GR: AG »Roter Kreis« – m: 2888 = 106 min. – fa – brw – PM: 19.12.1974 – PM-Ort: Berlin; »International« – DA: Dean Reed (Kit Bellow) – Rolf Hoppe (Shorty) – Renate Blume (Joy Gastell) – Siegfried Kilian (Louis Gastell) – Manfred Krug (Wild Water Bill) – Monika Woytowicz (Lucille Arral) u. a. – KR: Gehler, F.: -. SO 1975/4 – Holland-Moritz, R.: Kino-Eule. ESP 1975/2 – H.: Wilde Jagd nach dem blanken Golde Alaskas. ND 21.12.1974 – Seydel, R.: Abenteuerliches nach Jack London. FS 1975/2, S.9 – Tok, H.-D.: Filmautor Jack London. WP 1975/2.

Vom Abenteuer und sensationellen Goldfunden angezogen, macht sich der Journalist Kit Bellow Ende des vergangenen Jahrhunderts auf den Weg nach Alaska. Gerade mit dem Schiff angekommen, wird er von der schönen und erfolgreichen Goldgräberin Joy als Greenhorn belächelt. Mit seinem neuen Freund Shorty, der den Erschöpften am Wegrand aus der Pfütze zog, kommt er doch in Dawson City an – zum Erstaunen von Joy. Er schlägt sich für sie, macht beim Roulette große Gewinne und wird von Wild Water Bill vor dem Strick gerettet. Mit Shorty wird er auf der Goldsuche von Joy und deren Vater überlistet, schließlich aber finden die beiden den sagenumwobenen Goldsee. Das Gold jedoch können sie ohne enorme finanzielle Mittel nicht heben, und einer Partnerschaft mit der schwerreichen Firma »Guggenheim & Söhne« lehnen sie ab. Dafür nimmt Kit an einem Hundeschlittenrennen um einen ertragreichen, freigewordenen Claim teil. Shorty besorgt die besten Hunde, Joy hilft mit ihrem Gespann, und Arm in Arm mit Wild Water Bill erreicht Kit das Ziel.

1975

LOOPING

RE: Kurt Tetzlaff – SZ: Manfred Freitag, Joachim Nestler – LV: Gleichnamige Erzählung von Joachim Plötner – DR: Anne Pfeuffer – KA: Detlef Tetzke – MU: Peter Rabenalt – SB: Hans-Jorg Mirr – KO: Regina Viertel – SC: Bärbel Weigel – PL: Manfred Renger – GR: AG »Berlin« – m: 2349 = 86 min. – fa – brw PM: 16.1.1975 – PM-Ort: Berlin; »International« – DA: Hans-Gerd Sonnenburg (Lothar Schwendt, genannt Biene) – Dieter Franke (Stefan Burger) – Marina Krogull (Katrin, genannt Lottchen) – Erwin Geschonneck (Bienes Vater) – Norbert Christian (Willi Schlaatz) – Doris Thalmer (Frau Schlaatz) u. a. – KR: Gehler, F.: -. SO 1975/5 – Hofmann, H.: Unserer Wirklichkeit dicht auf der Spur. NZ 14.1.1975 – Holland-Moritz, R.: Kino-Eule. ESP 1975/8 – Jahnke, E.: Verantwortung und Klamengs. FS 1975/4, S.8 – Rehahn, R.: -. WP 1975/5 – Richter, R.: Gedanken über die Verantwortung. ND 20.1. 1975 – Schwalbe, K.: Ende der Jugendweihe. F&F 1975/2, S.26-27 – Sobe, G.: Looping oder Salto Mortale? BZ 19.1.1975.

Der dreißigjährige Biene ist ein Draufgänger, alles scheint ihm zu glücken. Doch plötzlich reißt ihn ein tragisches Ereignis aus seiner Unbekümmertheit. Bei der Explosion eines Karbidofens im Betrieb wird ein Kollege getötet. Biene war Schichtleiter. Brigadier Stefan Burger, nach dessen neu entwickelter Methode die Öfen seit einiger Zeit arbeiten, führt die Havarie auf ein Versagen Bienes zurück, sagt dies auch bei der Gerichtsverhandlung. Biene erträgt die Situation im Betrieb nicht und geht. Bei seiner neuen Arbeit lernt er Katrin kennen. Die Beziehung zu ihr lenkt ihn kurze Zeit von seinen Problemen ab. Dann trifft er Stefan wieder, der ihn zurückholen und die Unfallursache genau untersuchen möchte. Katrin will Biene heiraten, auch wenn er verurteilt werden sollte. Biene begreift, daß er vor der Verantwortung nicht davonlaufen kann, er geht zurück. Ein Versuch unter den gleichen Bedingungen wie bei der Havarie zeigt, daß er schuldlos ist.

AUS MEINER KINDHEIT
(KINDERFILM)

RE: Bernhard Stephan – SZ: Wera und Claus Küchenmeister, Volker Koepp – DR: Anne Pfeuffer – KA: Otto Hanisch – MU: Gerhard Rosenfeld – SB: Peter Wilde – KO: Ursula Strumpf – SC: Brigitte Krex – PL: Gerrit List – GR: AG »Berlin« – m: 2227 = 82 min. – fa – brw – PM: 15.2.1975 – PM-Ort: Neubrandenburg; »Filmpalast« – DA: Michael Hundrieser (Ernst Thälmann) – Norbert Christian (Thälmanns Vater) – Barbara Adolph (Thälmanns Mutter) – Torsten Borawski (Karlchen) – Johannes Wieke (Behr) – Doris Thalmer (Mutter von Franz) u. a. – KR: Ahrens, P.: Winterliches DEFA-Angebot. WBÜ 1975/1 – Gehler, F.: -. SO 1975/10 – Holland-Moritz, R.: Kinderkino-Eule. ESP 1975/11 – H.U.: Eine prägnantes Zeitkolorit. NZT 17.2.1975 – Pick, E.: Versuche ein Klischee zu überwinden. F&F 1975/10, S.29-31 – Richter, R.: Ein Spielfilm über den jungen Thälmann. ND 18.2.1975 – Schroeder, W.: Ein Junge um 1900. WP 1975/9 – Zimmerling, Z.: Blick in die »Kinderstube«. FS 1975/8, S.8.

Episoden aus der Kindheit und Jugend Ernst Thälmanns nach dessen Tagebuchaufzeichnungen. Ernst ist ein Junge wie viele andere. Er streift mit seinem Freund Karlchen durch Hamburg, muß seinem Vater, der ein kleines Fuhrunternehmen hat, bei der Arbeit helfen. Nach Abschluß der Schule steigt er ganz ins Geschäft des Vaters ein. Es kommt zum Streit um seinen Lohn und um seine lockere Art, mit dem Geld umzugehen. Schließlich verläßt Ernst das Elternhaus. Er lernt das Elend kennen: Hunger, Obdachlosenasyl, Arbeitssuche. Er findet Freunde unter den Kollegen und bekommt erste Kontakte mit politischer Arbeit.

SUSE, LIEBE SUSE

RE: Horst Seemann – SZ: Horst Seemann, MI: Claus Küchenmeister – DR: Brigitte Gotthardt – KA: Jürgen Brauer – MU: Ullrich Swillms, Henning Protzmann, Gruppe Panta Rhei – SB: Hans Poppe – KO: Helga Scherff – SC: Erika Lehmphul – PL: Dieter Dormeier – GR: AG »Babelsberg« – m: 2349 = 86 min. – fa – brw – PM: 27.2.1975 – PM-Ort: Berlin; »Kosmos« – DA: Traudl Kulikowsky (Suse) – Jaecki Schwarz (Manne) – Boris Saidenberg (Boris) – Gerhard Bienert (Herms) – Dieter Montag (Soldat) – Leon Niemczyk (Parteisekretär) u. a. – KR: Hofmann, H.: Wie sie die drei Männer sieht. NZ 4.3.1975 – Holland-Moritz, R.: Kino-Eule. ESP 1975/15 – H.U.: Liebe in Variationen. NZT 6.3.1975 – Richter, R.: Eine Liebesgeschichte und ihre Probleme. ND 17.3.1975 – Schmidt, H.: Auf der Suche nach Glück. FS 1975/7, S.8 – Gehler, F.: -. SO 1975/13 – Tok, H.-D.: Die emanzipierte Frau. F&F 1975/5, S.38-40 – Sobe, G.: »Suse« oder Der Vierte...? BZ 6.3.1975.

Suse arbeitet auf einer Großbaustelle als Dumperfahrerin. Sie ist als Findelkind von Bauern aufgezogen worden, hat früh geheiratet, ein Kind bekommen und wurde von Manne, dem Vater ihres Kindes, im Stich gelassen. Er sitzt im Gefängnis wegen versuchter Republikflucht, während sie versucht, ihr eigenes Leben aufzubauen. Auf der Baustelle beobachtet sie den sowjetischen Ingenieur Boris, der ihr sehr gefällt, aber von ihr kaum Notiz nimmt. Auf einem Faschingsball kommt sie ihm endlich näher. Als Manne aus dem Gefängnis entlassen wird, will er sich wieder mit ihr versöhnen. Sie aber bricht endgültig mit ihm und geht zu einem Studienaufenthalt in die Sowjetunion. Ob sich ihre Liebe zu Boris erfüllen wird, ist ungewiß.

AM ENDE DER WELT

RE: Hans Kratzert – SZ: Günter Mehnert – DR: Gerd Gericke – KA: Wolfgang Braumann – MU: Karl-Ernst Sasse – SB: Klaus Winter – KO: Joachim Dittrich – SC: Hildegard Conrad-Nöller – PL: Wolfgang Rennebarth – GR: AG »Johannisthal« – m: 2720 = 100 min. – fa – brw – PM: 26.3.1975 – PM-Ort: Berlin; »Kosmos« – DA: Peter Friedrichson (Michael Duda) – Peter Aust (Arno Laube) – Elke Münch (Susanne) – Rosemarie Deibel (Dudas Mutter) – Ilona Brömmer (Marianne) – Bruno Carstens (Bruno) u. a. – KR: Heidicke, M.: Bewährung im Ungewohnten. BZ 1.4.1975 – Holland-Moritz, R.: Kino-Eule. ESP 1975/20 – M.H.: Verschenkte Chance. M 30.3.1975 – Schütt, H.-D.: Vom neuen Anfang am »Ende der Welt«. JW 3.4.1975 – Seydel, R.: Geschichte, die nicht überzeugt. FS 1975/10, S.10.

Die kleine Stadt Weißenthal ist in den Maitagen des Jahres 1945 Niemandsland, weder die Amerikaner noch die Sowjets haben sie besetzt. Der in diese, seine Heimatstadt zurückkehrende Soldat Michael Duda begegnet dem entflohenen KZ-Häftling Arno Laube. Nach ihrer Ankunft geht Laube mit einigen Nazigegnern sofort daran, eine demokratische Ordnung in Weißenthal aufzubauen, und macht den 19jährigen Michael zum Bürgermeister. Das Unerfahrenen keine leichte Aufgabe. Flüchtlinge sind einzuquartieren, es gibt keine Milch für die Kinder, die Energieversorgung ist zusammengebrochen. Auch versprengte Reste der faschistischen Wehrmacht sind noch in den Wäldern. Michael fällt ihnen in die Hände und soll gehängt werden, aber Laube befreit ihn. An Michaels Hochzeitstag wird Laube von Werwölfen ermordet. Michael ist entschlossen, den Kampf des Freundes fortzusetzen.

JAKOB DER LÜGNER
(CO-PRODUKTION MIT DEM FERNSEHEN DER DDR)

RE: Frank Beyer – SZ: Jurek Becker – DR: Gerd Gericke – KA: Günter Marczinkowsky – MU: Joachim Werzlau – SB: Alfred Hirschmeier – KO: Joachim Dittrich – SC: Rita Hiller – PL: Herbert Ehler – GR: AG »Johannisthal« – m: 2743 = 101 min. – fa – PM: 22.12.1974 (DDR-F)/17.4.1975 – PM-Ort: Berlin; »Kosmos« – DA: Vlastimil Brodsky (Jakob) – Erwin Geschonneck (Kowalski) – Henry Hübchen (Mischa) – Blanche Kommerell (Rosa) – Manuela Simon (Lina) – Margit Bara (Josefa Litwin) u. a. – KR: Anders, K.: Nicht nur Historie. FS 1975/11, S.8 – Haedler, M.: Stiller Film der Menschlichkeit. M 24.12.1974 – Rehahn, R.: -. WP 1975/17 – Schüler, K.: Unzerstörbar die Würde des Menschen. ND 25.12.1974 – Schütt, H.-D.: Eine Lüge aus Liebe zum Leben. JW 24.12.1974 – Ahrens, P.: Filmpremiere im Fernsehen. WBÜ 1974/51 – Böhme, I.: -. SO 1975/2 – Holland-Moritz, R.: Kino-Eule. ESP 1975/8 – Thurm, B.: Kraft und Versagen einer Illusion. F&F 1975/3, S.27-30 – Niehoff, K.: -. TSP 8.7.1975 – Strunz, D.: Tragikomödie im Ghetto. BMP 7.3.1976 – Reich-Ranicki, M.: Prinzip Hoffnung im Ghetto. FAZ 9.3.1976 – Kersten, H.: Zeitlose Parabel. FRu 6.3.1976.

Ein osteuropäisches jüdisches Ghetto im Jahre 1944. Jakob Heym wird wegen angeblicher Überschreitung der Ausgangssperre von einem Posten zum Gestapo-Revier geschickt. Durch Zufall kommt er mit dem Leben davon, und zufällig hat er dort im Radio eine Meldung über den Vormarsch der Roten Armee gehört. Er möchte die Nachricht an seine Leidensgefährten weitergeben, um ihnen Hoffnung zu machen, hat aber Angst, man würde ihn wegen seiner »Verbindung« zur Gestapo für einen Spitzel halten. So greift er zu einer Lüge, gibt vor, ein Radio versteckt zu haben. Die Menschen im Ghetto schöpfen neuen Lebensmut, es gibt keine Selbstmorde mehr, und man möchte von Jakob immer neue Informationen über den Vormarsch. Er muß weiterlügen, damit die Hoffnung bleibt. Sein Freund Kowalski hilft, die Nachrichten zu verbreiten, läßt sich sogar von einem Wachposten zusammenschlagen, um Jakob zu schützen, als der auf der Toilette aus Zeitungsfetzen der Nazis wahre Nachrichten zu finden sucht. Ein kleines Mädchen entdeckt kurz vor der Deportation, daß Jakob kein Radio hat, aber seine Lüge und mit ihr die Hoffnung erweisen sich stärker als die Realität.

ZWISCHEN NACHT UND TAG

RE: Horst E. Brandt – SZ: Wera und Claus Küchenmeister – LV: Tagebuchnotizen und Gedichte von Erich Weinert – DR: Anne Pfeuffer – KA: Günter Haubold – MU: Karl-Ernst Sasse – SB: Paul Lehmann – KO: Günther Schmidt – SC: Karin Kusche – PL: Horst Dau – GR: AG »Berlin« – m: 2185 = 80 min. – fa – PM: 8.5.1975 – PM-Ort: Berlin; »Kosmos« – AD: 19.9.1975 – DA: Kurt Böwe (Erich Weinert) – Katja Paryla (Li Weinert) – Hermann Beyer (Carl) – Michael Christian (Fred) – Gudrun Ritter (Frau von Carl) – Gisa Stoll (Elsa) u. a. – KR: Knietzsch, H.: Ein Leben an Fronten des Klassenkampfes. ND 5.10.1975 – Lippert, K.: Zeit des Wartens. FS 1975/23, S.8 – Richter, R.: Nachdenken über die eigenen Möglichkeiten. ND 13.5.1975 – Schütt, H.-D.: Nur »Blumen für den Mann im Mond«? (Festivalbericht Moskau). JW 17.7.1975 – Tok, H.-D.: -. LVZ 19.9.1975 – Herrmann, G.: Rufen ohne Echo. BZ 24.9.1975 – Holland-Moritz, R.: Kino-Eule. ESP 1975/43 – Pick, E.: Versuche, ein Klischee zu überwinden. F&F 1975/10, S.29-31.

Der deutsche Dichter Erich Weinert im Moskauer Exil. Es sind die letzten vier Wochen vor dem faschistischen Überfall am 22. Juni 1941. Weinert arbeitet am deutschsprachigen Moskauer Sender, in der Hoffnung, daß seine Worte die Landsleute erreichen. Seine Ehefrau Li ist ihm die treueste Kampfgefährtin. Die Situation ist gespannt, auch unter den deutschen Emigranten. Der Hitler-Stalin-Pakt hat Verwirrung gestiftet, ebenso wie die Verhaftungen in Moskau, von denen auch Emigranten betroffen sind. Alles drängt auf eine Entscheidung. Weinert fürchtet und erhofft sie. Episoden aus seinem Leben seit 1933 – der Kampf im Spanienkrieg, Aufenthalt in Paris und Moskau – dokumentieren seine Entwicklung und Lebenshaltung.

TILL EULENSPIEGEL

RE: Rainer Simon – BU: Rainer Simon, MI: Jürgen Klauß – LV: Deutsches Volksbuch und Filmerzählung von Christa und Gerhard Wolf – DR: Manfred Wolter – KA: Claus Neumann – MU: Friedrich Goldmann – SB: Gerhard Helwig – KO: Werner Bergemann – SC: Helga

Gentz – PL: Martin Sonnabend – GR: AG »Babelsberg« – m: 2847 = 104 min. – fa – brw – PM: 22.5.1975 – PM-Ort: Berlin; »Kosmos« – DA: Winfried Glatzeder (Till Eulenspiegel) – Cox Habbema (Rosine) – Franciszek Pieczka (Ritter Kunz) – Eberhard Esche (Fürst) – Jürgen Gosch (Kaiser) – Hans Teuscher (Hochstätter) u. a. – KR: Ahrens, P.: Till auf halber Strecke. WBÜ 1975/23 – Biehl, R.: Aufklärerische Streiche des Till Eulenspiegel. FS 1975/13, S.8 – Gehler, F.: -. SO 1975/23 – Jürschik, R.: Das zweite Licht. F&F 1975/6, S.17-20 – Knietzsch, H.: Deftiges Sittenbild des Mittelalters. ND 4.6. 1975 – Holland-Moritz, R.: Kino-Eule. ESP 1975/25 – Rother, H.-J.: Die Verzweiflung des Außenseiters. FO 1975/12 – Sobe, G.: Nur ein Narr kann sich retten... BZ 27.5.1975 – Tok, H.-D.: Till aus Babelsberg. WP 1975/23 – Kersten, H.: Till Eulenspiegel - Einzelgänger aus der DDR. DAS 13.7.1975.

Am Vorabend des Bauernkrieges zieht Till durch die Lande, ein Narr und Provokateur, der die gesellschaftlichen Mißstände bloßstellt. Die weltlichen wie geistlichen Mächtigen sucht er mit deren eigenen Mitteln zu schlagen, den einfachen Leuten versucht er die Augen zu öffnen. Er kommt auf die Burg des anachronistischen Ritters Kunz, spielt erst den Narren, um sich dann mit ebenso groben Mitteln, wie Kunz sie anwendet, aus der Affäre zu ziehen. Am Hof des Fürsten Heinrich übernimmt er die Ausmalung eines Festsaals. Er läßt sich monatelang gut beköstigen und präsentiert dann seine wüste Farbenorgie als Kunst, die nur der verstehen kann, der des rechten Glaubens sei. Er kommt davon, um am Kaiserhof in die nächste gefährliche Situation zu geraten. Durch einen scharfsinnigen Disput mit den dogmatischen Professoren erlangt er die Gnade des Kaisers, entgeht dem Galgen knapp und wird des Landes verwiesen.

Filmtext: Till Eulenspiegel. Erzählung für den Film von Christa und Gerhard Wolf. Berlin: Aufbau-Verlag 1973

LOTTE IN WEIMAR

RE: Egon Günther – SZ: Egon Günther – LV: Gleichnamiger Roman von Thomas Mann – DR: Walter Janka – KA: Erich Gusko – MU: 6. Sinfonie a-Moll von Gustav Mahler; MB: Karl-Ernst Sasse – SB: Harald Horn – KO: Christiane Dorst – SC: Rita Hiller – PL: Erich Albrecht – GR: AG »Babelsberg« – m: 3400 = 125 min. – fa – brw – PM: 6.6.1975 – PM-Ort: Berlin; »International« – DA: Lilli Palmer (Lotte) – Martin Hellberg (Goethe) – Rolf Ludwig (Kellner Mager) – Hilmar Baumann (Goethes Sohn August) – Jutta Hoffmann (Adele Schopenhauer) – Katharina Thalbach (Ottilie von Pogwisch) – Monika Lennartz (Lottes Tochter) – Dieter Mann (Diener Carl) u. a. – KR: Ahrens, P.: Lebendiger Thomas Mann. WBÜ 1975/24 – Gehler, F.: -. SO 1975/27 – Hanisch, M: Eine amüsierliche, werkgetreue Leinwand-Adaption. FS 1975/14, S.10 – Holland-Moritz, R.: Kino-Eule. ESP 1975/29 – Knietzsch, H.: Buchenswerter Besuch im Haus am Frauenplan. ND 9.6.1975 – Rehahn, R.: Lilli als Lotte. WP 1975/14 – Rücker, G.: Jupiter tritt auf. F&F 1975/6, S.8-13 – Schiller, D.: Charlotte kontra Goethekult. F&F 1975/6, S.2-8 – Sobe, G.: Lotte in Weimar oder über die heillose Vermischung von Dichtung und Wahrheit. BZ 8.6.1975 – Seidel, H.-D.: Kein Wunder. StZ 24.12.1975 – Petz, Th.: Lilli in Weimar. SüZ 17.11.1975 – Klu.: »Lotte in Weimar« als Film. DAS 16.11.1975 – Baer, V.: Thomas Mann verfilmt - verfehlt. TSP 15.11.1975 – -: DDR-Film. Personenkult mit Propaganda-Goethe. Spiegel 1975/45 – Donner, W.: Deutsch-deutscher Personenkult. Zeit 31.10. 1975.

Im September 1816 kommt die Hofrätin Charlotte Kestner, geborene Buff, nach Weimar, einen Vorwand nutzend, um nach 44 Jahren ihre Jugendliebe wiederzusehen – Goethe, der sie durch »Die Leiden des jungen Werthers« unsterblich gemacht hat. Die Nachricht ihrer Ankunft spricht sich in Weimar schnell herum, der sie bewundernde Kellner Mager sorgt dafür. Neugierige Besucher stellen sich ein, alles fiebert auf die Begegnung zwischen dem jetzt 67jährigen Dichterfürst und der frühen Liebe aus Wetzlar. Das gemeinsame Essen im größeren Kreis ist geprägt von Goethes Zurückhaltung und unverbindlicher Liebenswürdigkeit sowie dem Eifer der Gäste, sich geistreich zu präsentieren. Durch Begegnungen wie mit Adele Schopenhauer bekommt Charlotte auch Kritisches über den Staatsmann Goethe zu hören. Allein mit Goethe hat sie ein kurzes Gespräch in der Kutsche bei einem Theaterbesuch. Sie reist in der Gewißheit ab, daß dieses Kapitel ihres Lebens endgültig abgeschlossen ist.

BLUTSBRÜDER

RE: Werner W. Wallroth – SZ: Dean Reed, MI: Wolfgang Ebeling – DR: Hans-Joachim Wallstein – KA: Hans Heinrich – MU: Karl-Ernst Sasse – SB: Heinz Röske, Marlene Willmann – KO: Günther Pohl – SC: Helga Emmrich – PL: Gerrit List – GR: AG »Roter Kreis« – m: 2729 = 100 min. – fa – brw – PM: 26.6.1975 – PM-Ort: Brandenburg; Freilichtbühne – DA: Dean Reed (»Harmonika«) – Gojko Mitic (»Harter Felsen«) – Gisela Freudenberg (»Rehkitz«) – Jörg Panknin (Joe) – Cornel Ispas (Big Fred) – Toma Dimitru (»Grauer Elch«) u. a. – KR: Anders, K.: Der neue Bruder. FS 1975/17, S.8 – -ch: Indianer, Musketiere und Italiener in Rußland. NZT 25.6.1975 – Holland-Moritz, R.: Sommer-Kino-Eule (I). ESP 1975/33 – Knietzsch, H.: Ein schwerer Weg zu wahren Freunden. ND 30.6.1975 – Schroeder, W.: Ein Nachfahre des »großen Bärin«. WP 1975/27 – Sobe, G.: Ein Taugenichts im wilden Westen. BZ 2.7.1975 – Schütt, H.-D.: Harmonikas Reiterkünste auf weißem Mustang. JW 6.7.1975.

Bei einem Massaker in einem Dorf der Cheyenne am Sand Creek 1864 zerbricht der Soldat »Harmonika« angewidert die amerikanische Flagge. Nachdem er dem Indianermädchen »Rehkitz« das Leben gerettet hat, sucht er die Freundschaft der Indianer. Langsam überwindet »Harter Felsen« seine Vorurteile. »Harmonika« heiratet dessen Schwester »Rehkitz«. Eines Tages wird sie von Weißen ermordet. »Harmonika« sucht und findet den Täter, kann sich aber zur Rache nicht entschließen; resigniert ergibt er sich dem Alkohol. Doch dann sieht er den in Gefangenschaft geratenen Freund »Harter Felsen«, befreit ihn, und sie werden Blutsbrüder. Gemeinsam ziehen sie mit den Cheyenne in den Freiheitskampf.

ABENTEUER MIT BLASIUS
(CO-PRODUKTION DDR / ČSSR)
(KINDERFILM)

RE: Egon Schlegel – SZ: Milan Pavlík, Fred Rodrian, Gerhard Holtz-Baumert – LV: Erzählung »Messeabenteuer 1999« von Werner Bender – DR: Inge Wüste-Heym, Marcela Pittemanová – KA: Günter Jaeuthe – MU: Günter Hauk – SB: Bohumil Pokorny – KO: Stella Drozdová, Irene Pape – SC: Renate Bade – PL: Oscar Ludmann, Zdeněk Oveš – GR: AG »Babelsberg« – m: 2159 = 79 min. – fa – brw – PM: 11.7.1975 – PM-Ort: Prerow; Freilichtbühne – CO: Filmstudio Barrandov, Prag – DA: Leo Suchařipa (Blasius) – Wolfgang Greese (Prof. Brockmann) – Norbert Christian (Minister) – Mario Wojtyczka (Egon) – Petr Starý (Frantik) – Dieter Wien (Dr. Prantl) u. a. – KR: H.H.: Ich wünsch mir eine Freundin. NZ 16.7.1975 – Hofmann, H.: Turbulent und geheimnisvoll. NZ 10.7.1975 – Holland-Moritz, R.: Kinder-Kino-Eule. ESP 1975/37 – Novotny, E.: Spaß mit Blasius. BZ 21.8.1975.

Zwei Ingenieure sind mit ihrem Roboter Blasius auf dem Weg zur Leipziger Messe. Im Zug gerät der Junge Frantik aus Prag, der zu seinem Freund Egon nach Leipzig will, in deren Abteil. Auf dem Bahnhof angekommen, entführt Blasius die beiden Jungen. Als das merkwürdige Verhalten des wie ein Mensch aussehenden Roboters sie hinter dessen Geheimnis bringt, glauben sie, daß er von Verbrechern für kriminelle Handlungen vorgesehen ist und entführen ihn ihrerseits. Mit ihren Fehlprogrammierungen richten sie große Verwirrung an. Von den Erfindern verfolgt, landen sie auf dem Messegelände, wo ihnen vor großem Publikum eine sensationelle Vorführung von Blasius' Fähigkeiten gelingt, so daß dessen Väter doch noch zu ihrem Erfolg kommen.

IKARUS

RE: Heiner Carow – SZ: Klaus Schlesinger – DR: Inge Wüste-Heym – KA: Jürgen Brauer – MU: Peter Gotthardt – SB: Dieter Adam – KO: Ewald Forchner – SC: Evelyn Carow – PL: Hans-Erich Busch – GR: AG »Babelsberg« – m: 2491 = 91 min. – fa – brw – PM: 19. 9.1975 – PM-Ort: Karl-Marx-Stadt; »Europa 70« – DA: Peter Welz (Mathias) – Karin Gregorek (Mutter) – Peter Aust (Vater) – Hermann Beyer (Onkel Jochen) – Günter Junghans (Kriminalpolizist) – Rolf Hoppe (Brigadier) – Heidemarie Wenzel (Fräulein Sandke) u. a. – KR: Ahrens, P.: -. WBÜ 1975/39 – Gehler, F.: -. SO 1975/43 – Holland-Moritz, R.: Kino-Eule. ESP 1975/43 – H.U.: Die Enttäuschung des Jungen Mathias. NZT 18.9.1975 – Rehahn, R.: -. WP 1975/39 – Dieckmann, F.: Ikarus vielfach umgedeutet. F&F 1975/11, S.17-21 – Richter, R.: Traktat über Vertrauen und Verantwortung. ND 16.10.

1975 – Scheer, R.: Seht zu, daß er fliegt. FO 1975/20 – Seydel, R.: War voll von Liebe und war voll Vertraun... FS 1975/23, S.9 – Sobe, G.: Der Ikarus, der nicht geflogen ist. BZ 10.10. 1975 – H.R.: Doch in Wirklichkeit sind die Geschichten ganz anders. BMP 17.3.1979 – Rhode, C.: Kinderträume vom Fliegen. TSP 6.3. 1979.

Der achtjährige Mathias träumt davon, Pilot zu werden, und daß seine geschiedenen Eltern wieder zusammenkommen. Er wartet sehnsüchtig auf seinen neunten Geburtstag, denn der Vater hat ihm die Geschichte von Ikarus erzählt und versprochen, zum Geburtstag einen Rundflug mit ihm zu machen. Mathias ist tief getroffen, als der Vater nicht kommt. Er läuft durch die Stadt, spricht mit seinem Freund über die Beziehungen der Erwachsenen, sucht den Vater in dessen Zeitungsredaktion, gerät sogar mit der Polizei in Konflikt. Allein auf dem Dach eines Hauses kommt er zu dem Schluß, daß Ikarus nicht abgestürzt ist, weil er nicht auf seinen Vater hörte, sondern weil der ihn vergessen hat.

Filmtext: Ikarus. Filmszenarium von Klaus Schlesinger. Berlin: Henschelverlag 1975

BLUMEN FÜR DEN MANN IM MOND (KINDERFILM)

RE: Rolf Losansky – SZ: Irmgard Speitel, Ulrich Speitel – DR: Gudrun Deubener – KA: Helmut Grewald – MU: Peter Gotthardt – SB: Jochen Keller – KO: Barbara Braumann – SC: Ursula Zweig – PL: Erich Kühne – GR: AG »Berlin« – m: 2284 = 84 min. – fa – brw – PM: 12.10.1975 – PM-Ort: Berlin; »Kosmos« – DA: Jutta Wachowiak (Mutter Ledermann) – Stefan Lisewski (Vater Ledermann) – Dieter Franke (Kondensmaxe) – Annemone Haase (Professor Vitamin) – Gerhard Bienert (Opa Sielaff) – Sven Grothe (Adam) – Astrid Heinze (Evchen) – Dirk Förster (Manni) – Yvonne Dießner (Susi) – Ronald Schwarz (Egon) u.a. – KR: Anders, K.: Neues für Kinder und Jugendliche. FS 1975/25, S.8 – e.o.: Wie Träume wahr werden. NZT 11.11.1975 – Holland-Moritz, R.: Kinderkino-Eule. ESP 1975/48 – Novotny, E.: Reales und Phantastisches fließen zusammen. BZ 19.10.1975 – Richter de Vroe, K.: Der Mond blüht nicht nur für die Kinder. F&F 1975/12, S.30-32.

Der Pionier Adam Ledermann hat eine ausgefallene Idee, er will Blumen für den Mond züchten, damit die Menschen, die einmal dort arbeiten, auch ihre Freude haben. Von seinen Freunden wird er als Spinner bezeichnet, aber als er Partner findet für sein phantastisches Projekt, Landwirtschaftsflieger Kondensmaxe und Professor Vitamin, werden auch die anderen vom Forschungsdrang erfaßt. Komplizierte Experimente werden gemacht, auch Fehlschläge müssen verkraftet werden. Aber Begeisterung, Einfallsreichtum und Ausdauer führen zum Ziel: eine wunderbare Mondblume.

MEIN BLAUER VOGEL FLIEGT (KINDERFILM)

RE: Celino Bleiweiß – SZ: Gisela Karau, Celino Bleiweiß – LV: Kinderbuch »Der gute Stern des Janusz K.« von Gisela Karau – DR: Anne Pfeuffer – KA: Günter Jaeuthe – MU: Andrzej Korzynski – SB: Peter Wilde – KO: Regina Viertel – SC: Erika Lehmphul – PL: Dieter Dormeier – GR: AG »Berlin« – m: 2120 = 78 min. – fa – brw – PM: 23.10.1975 – PM-Ort: Berlin; »International« – DA: Martin Trettau (Robert) – Bogdan Izdebski (Janusz) – Arno Wyzniewski (Marcel) – Jindrich Janda (Honza) – Leon Niemczyk (Onkel Marian) – Frank Schenk (Schmidt) – Wolfgang Greese (Kommandant Dübel) u. a. – KR: Anders, K.: Neues für Kinder und Jugendliche. FS 1975/25, S.8 – Giera, J.: Eine wahre Geschichte. WP 1975/44 – Hofmann, H.: Rettung vieler Leben in der »Maurerschule«. NZ 29.10.1975 – Holland-Moritz, R.: Kinder-Kino-Eule. ESP 1975/48 – Richter, R.: Mühen der Geduld und des Vertrauens. ND 7.11.1975.

Eine frei nach authentischen Ereignissen gestaltete Geschichte über polnische Kinder, die mit einem Transport in einem Konzentrationslager eintreffen. Der deutsche Kapo Robert, ein Kommunist, der seine Position nutzt, um den Häftlingen zu helfen, sucht nach einer Möglichkeit, die Kinder vor der Vernichtung zu retten. Er setzt durch, daß er sie zu Maurern ausbilden und in seine Baukolonne nehmen darf. Das Vertrauen der Jungen zu gewinnen ist jedoch schwierig. Besonders Janusz, ein kluger, aber eigensinniger Junge, braucht lange, bis er die Solidarität erkennt und die Vorurteile gegen den Deutschen Robert überwindet. Als Robert in Einzelhaft gesperrt wird, sammelt Janusz bei den Kindern Brot für ihn.

BANKETT FÜR ACHILLES

RE: Roland Gräf – SZ: Martin Stephan – DR: Manfred Wolter – KA: Jürgen Lenz – MU: Gerhard Rosenfeld – SB: Georg Wratsch – KO: Inge Kistner – SC: Monika Schindler – PL: Uwe Klimek – GR: AG »Babelsberg« – m: 2416 = 89 min. – fa – brw – PM: 20.11.1975 – PM-Ort: Berlin; »International« – DA: Erwin Geschonneck (Achilles) – Elsa Grube-Deister (Marga) – Gert Gütschow (Walura) – Jutta Wachowiak (Ursel) – Fred Delmare (Kanarienvogel) – Ute Lubosch (Beate) – Carl Heinz Choynski (Bahre) u. a. – KR: Ahrens, P.: Achilles und Paul Satie. WBÜ 1975/51 – Gehler, F. : -. SO 1975/51 – Haedler, M.: Ein Mann am Wendepunkt. M 23.11.1975 – Holland-Moritz, R.: Kino-Eule. ESP 1976/2 – Schmidt, H.: Poesie im Alltag. FS 1975/26, S.8 – Sobe, G.: Ein Mann steigt aus. BZ 21.11.1975 – Wischnewski, K.: Gesicht eines Menschen - Gesicht einer Landschaft. F&F 1975/12, S.28-30 – Richter, R.: Ein schönes und schwieriges Leben. ND 23.11.1975 – Rehahn, R.: Bankett für Geschonneck. WP 1975/50.

Karl Achilles, 65 Jahre alt und dreißig Jahre im Chemie-Kombinat Bitterfeld tätig, geht in Rente. Bitterkeit befällt ihn an seinem letzten Arbeitstag. Er ist noch kräftig und aktiv, aber er weiß auch, daß er den Anforderungen, die an ihn als Meister gestellt werden, nicht mehr gewachsen ist. Deshalb geht er freiwillig. Ein Jüngerer, der Hochschulabsolvent Bahre, macht schon Probesitzen auf Achilles' Arbeitsplatz. Bereichsleiter Walura gibt ein Bankett zur ehrenvollen Verabschiedung – nebst Prämie und der üblichen Lobhudelei. Und zu Hause laufen die Vorbereitungen für die private Feier am Abend, von seiner neuen Lebensgefährtin organisiert. Auch die Kinder sind gekommen. Das alles macht Achilles den Abschied vom Betrieb, den er seit 1945 mit aufgebaut hat, nicht leichter. Auf seinem Weg durch die Stadt macht er Rast auf einer Parkbank, neben zwei Rentnern. Er zerstört sein Blumenbeet auf der Industriehalde, wo er besonders widerstandsfähige Blumen züchtete, um die verunstaltete Landschaft zu verschönern. Er flüchtet von der Familienfeier. Am nächsten Morgen geht er zu seinen Blumenbeeten und richtet sie wieder her.

EINE PYRAMIDE FÜR MICH

RE: Ralf Kirsten – SZ: Karl-Heinz Jakobs, Ralf Kirsten – LV: Gleichnamiger Roman von Karl-Heinz Jakobs – DR: Manfred Wolter, Dieter Wolf – KA: Hans-Jürgen Kruse – MB: André Asriel – SB: Dieter Adam – KO: Inge Kistner – SC: Ursula Zweig – PL: Hans-Erich Busch – GR: AG »Babelsberg« – m: 2783 = 102 min. – fa – brw – PM: 4.12.1975 – PM-Ort: Berlin; »Kosmos« – DA: Justus Fritzsche (Satie) – Monika Hildebrand (Hanka) – Günter Junghans (Trümpi) – Rolf Ludwig (Balaschin) – Karin Gregorek (Annie) – Renate Krößner (Margot) – Ulrich Anschütz (Petipa) u.a. – KR: Gehler, F.: -. SO 1976/4 – Holland-Moritz, R.: Kino-Eule. ESP 1976/2 – Jahnke, E.: Vergangenheit neu entdeckt. FS 1975/27, S.14 – Knietzsch, H.: Feuer und Rauch der frühen Jahre. ND 14.12. 1975 – Rehahn, R.: -. WP 1975/53 – Ahens, P.: Achilles und Paul Satie. WBÜ 1975/51 – Sobe, G.: Einer, der auszog, sein Ich zu finden. BZ 12.12.1975 – Wischnewski, K.: Nicht mit schönen Bildern leben. F&F 1976/1, S.28-32.

Professor Paul Satie ist auf dem Weg zu einer Konferenz. Noch einmal soll über den Bau eines neuen Staudamms beraten werden, den Satie ablehnt. In Wolfsgrün verläßt er spontan den Zug, hier hat er von 1948 bis 1950 als Jugendbrigadier am Bau des alten Dammes mitgewirkt, der jetzt zu klein ist. Ein Denkmal hatten sich die Erbauer damals selbst gesetzt – mit seinem Namen drauf. Die Frage, ob er deshalb gegen den neuen Damm ist, läßt die Erinnerung aufleben: an überschäumenden Tatendrang, auch an Fehler, und vor allem an die damaligen Freunde und Feinde. Da ist Trümpi, der Friseur und Betonierer, Hanka, die damalige Geliebte, die er verlassen hat, und Balaschin, dem sie den Hof zerstörten, weil er sich dem Fortschritt in den Weg stellte. Sie sind in Wolfsgrün geblieben, nun trifft er sie wieder. Balaschin ist noch immer verbittert, Trümpi setzt sich für eine Friseur-PGH ein, Hanka hat eine leitende Stellung im Kaliwerk. Er erfährt auch, daß Hanka einen Sohn von ihm bekam. Als Satie wieder abreist, weiß er, daß er für den neuen Damm stimmen wird.

1976

MANN GEGEN MANN

RE: Kurt Maetzig – SZ: Kurt Maetzig – LV: Roman »Das Duell« von Kurt Biesalski – DR: Anne Pfeuffer – KA: Erich Gusko – MU: Gerhard Wohlgemuth – SB: Jochen Keller – KO: Barbara Pitra – SC: Ursula Rudzki – PL: Volkmar Leweck – GR: AG »Berlin« – m: 2878 = 106 min. – fa – brw – PM: 22.1.1976 – PM-Ort: Berlin; »International« – DA: Regimantas Adomaitis (Robert Niemann) – Karin Schröder (Anna) – Klaus-Peter Thiele (Eduard Tornten) – Michael Gwisdek (Michael Mähr) – Karin Gregorek (Helga) – Werner Dissel (Angler) u. a. – KR: Ahrens, P.: Drei vor dem dreißigsten DEFA-Geburtstag. WBÜ 1976/19 – Gehler, F.: -. SO 1976/6 – Holland- Moritz, R.: Kino-Eule. ESP 1976/5 – Knietzsch, H.: Verwirrung und Wandel menschlicher Gefühle. ND 25.1.1976 – Rehahn, R.: -. WP 1976/4 – Lippert, K.: Ein künstlerisches Gleichnis. FS 1976/4, S.8 – Sobe, G.: Der 20. oder Mann gegen Mann. BZ 29.1.1976 – Voss, M.: »Mann gegen Mann« oder Der schwere Weg der Erkenntnis. F&F 1976/4, S. 32-33.

Zwei Männer kommen aus dem Krieg. Aus ihren Gesprächen erkennen sie plötzlich, daß sie beide mit derselben Frau verheiratet sind. Robert war schon lange für tot erklärt, als Michael sie heiratete. Sie lassen den Zufall entscheiden, wer zu ihr zurückkehrt – beim Lauf durch ein Minenfeld. Robert überlebt, aber die Frau will ihn nicht, sie hat auf Michael gewartet. Robert geht, lernt Anna kennen, die mit zwei Kindern allein lebt. Eine neue Liebe, aber Robert kann sich nicht endgültig für sie entscheiden, die Enttäuschung über seine erste Frau wirkt nach. Bei der Arbeit begegnet ihm Eduard, er entschärft Minen wie Robert. Auch er verliebt sich in Anna. Als sie von Eduard schwanger ist, fordert Robert erneut eine Entscheidung – diesmal überläßt er sie der Frau.

HOSTESS

RE: Rolf Römer – SZ: Rolf Römer, Wolfgang Ebeling, Gisela Steineckert – DR: Willi Brückner – KA: Siegfried Mogel – MU: Franz Bartsch, Rainer Böhm, Günther Fischer, Stern-Combo Meißen; ML: Rainer Böhm – SB: Christoph Schneider – KO: Helga Scherff – SC: Monika Schindler – PL: Siegfried Kabitzke – GR: AG »Johannisthal« – m: 2698 = 99 min. – brw – PM: 12.2.1976 – PM-Ort: Berlin; »Kosmos« – DA: Annekathrin Bürger (Jette) – Jürgen Heinrich (Johannes) – Roswitha Marks (Conny) – Bernd Stichler (Geerd) – Manfred Karge (Robert) – Angela Brunner (Christa) – Rolf Römer (Peter) u. a. – KR: Agde, G.: Unterhaltsam und anschaubar. FS 1976/6, S.8 – Haedler, M.: Bunte Berliner Bilder. M 15.2.1976 – Holland-Moritz, R.: Kino-Eule. ESP 1976/13 – Rehahn, R.: Das Kino voll, aber... WP 1976/10 – Tok, H.-D.: He, Hostess? F&F 1976/6, S.18-19 – Ahrens, P.: Drei vor dem dreißigsten DEFA-Geburtstag. WBÜ 1976/19 – H.U.: Musik, Sex und ein Hauch Illusion. NZT 19.2.1976 – Sobe, G.: Ein Mann und keine Frau...? BZ 20.2.1976.

Seit zwei Jahren leben Jette und Johannes zusammen, da schlägt Johannes ganz prosaisch vor, das Verhältnis auf dem Standesamt zu »legalisieren«. Jette liebt ihn, aber die Art des Heiratsantrags verletzt ihre Gefühle. Es kommt zu Spannungen, sie zieht aus. Das Nachdenken darüber, was sie von der Ehe erwartet, läßt sie die Beziehungen anderer mit schärferen Augen sehen – die Ehekrise ihres Bruders Robert, bei dem sie Zeuge einer schweren Auseinandersetzung wird, und auch die Probleme ihrer jüngeren Kollegin Conny, deren erste Liebe in die Brüche geht. Die Stärke ihrer eigenen Liebe überprüft sie bei einem Flirt mit dem früheren Freund Peter. Gegenseitige Annäherungsversuche von Jette und Johannes enden mit Mißverständnissen, die schließlich ausgeräumt werden, so daß einem neuen Anfang nichts mehr im Wege steht.

DIE MORAL DER BANDITEN

RE: Erwin Stranka – SZ: Horst Bastian, Erwin Stranka – LV: Gleichnamiger Roman von Horst Bastian – DR: Hans-Joachim Wallstein – KA: Peter Brand – MU: Uve Schikora – SB: Marlene Willmann – KO: Günther Pohl – SC: Helga Gentz – PL: Herbert Ehler – GR: AG »Roter Kreis« – m: 2505 = 92 min. – fa – brw – PM: 11.3.1976 – PM-Ort: Berlin; »International« – DA: Reiner Wilhelm (Albert Berg) – Jörg Braune (Druga) – Hans-Peter Reinecke (Bürgermeister Sandberg) – Henry Hübchen (Lehrer Lindner) – Harald Halgardt (Lehrer Grabo) – Günter Rüger (Kreisschulrat) – Fred Delmare (Bauer Berg) – Johannes Knittel (Bauer Lolies) u. a. – KR: Hofmann, H.: Konfliktreicher Kampf um jugendliches Vertrauen. NZ 16.3.1976 – Holland-Moritz, R.: Kino-Eule. ESP 1976/15 – Schütt, H.-D.: Geschichte, in der es nicht zimperlich zugeht. JW 14.3.1976 – Sobe, G.: Der Widerspenstigen Zähmung...? BZ 17.3.1976 – Ahrens, P.: Drei vor dem dreißigsten DEFA-Geburtstag. WBÜ 1976/19 – Jahnke, E.: Lehrer Lindner und die Rächer-Bande. FS 1976/7, S.8 – Richter, R.: Ein Lehrer ringt um die Herzen der Jugend. ND 17.3.1976 – Schroeder, W.: Ohne erhobenen Zeigefinger. WP 1976/14.

Im Jahre 1947 wird ein brandenburgisches Dorf von einer Bande Jugendlicher terrorisiert. Angeführt von dem gewalttätigen Albert, gehen sie gegen alle vor, die ihren Moralvorstellungen nicht entsprechen: Schieber, Väter, die ihre Kinder prügeln, und die Vertreter der neuen Ordnung, die sie schon wieder bevormunden wollen. Bürgermeister Sandberg und Neulehrer Lindner sind uneins im Vorgehen gegen die Bande. Sandberg will sie im Jugendwerkhof sehen, während Lindner an Umerziehung denkt. In Bandenmitglied Druga, einem sensiblen Jungen, der die Gewalt von Albert verabscheut, findet der Lehrer einen Partner. Das Verhältnis der Bande zu ihrem Anführer wird immer gespannter – bis ein Todesfall beim Spielen mit Munition die Wende bringt. Albert kommt in den Jugendwerkhof.

DAS BLAUE LICHT (KINDERFILM)

RE: Iris Gusner – SZ: Dieter Scharfenberg – LV: Gleichnamiges Märchen der Brüder Grimm – DR: Gerd Gericke – KA: Jürgen Lenz – MU: Gerhard Rosenfeld – SB: Heike Bauersfeld – KO: Regina Viertel – SC: Helga Krause – PL: Oscar Ludmann – GR: AG »Johannisthal« – m: 2224 = 82 min. – fa – PM: 14.3.1976 – PM-Ort: Berlin; »Colosseum« – DA: Viktor Semjonow (Hans) – Fred Delmare (Männlein) – Katharina Thalbach (Prinzessin) – Helmut Straßburger (König) – Blanche Kommerell (Anne) – Marylu Poolman (Hexe) u. a. – KR: e.o.: Die Kraft des Kristalls. NZT 25.3.1976 – Hofmann, H.: -. NZ 21.3.1976 – Lücke, H.: Die Prinzessin will er nicht. BZ 16.3.1976 – Schütt, H.-D.: Prinzessin wirft mit Zankäpfeln. JW 19.3.1976 – Zimmerling, I.: Von einem, der auszog, sein Recht zu finden. FS 1976/13, S.8.

Der Bauer Hans ist als Soldat in den Krieg gezogen. Zurückgekehrt und von seinem König um den Sold betrogen, macht er sich auf den Weg nach Hause. Da begegnet er einer Hexe, die ihn bittet, ihr ein Licht aus dem Brunnen zu holen. Er behält es, als die Hexe ihn hintergehen will, und entdeckt dessen Zauberkraft. Beim Entzünden erscheint ein Männlein, das dem Besitzer des Lichts dienen muß, aber es vermag nur so viel, wie dieser sich selbst traut. Mutig geworden, geht Hans noch einmal zum König, um seinen Sold zu verlangen. Er wird wiederum abgewiesen, und so entführt er dessen Tochter, die ihm nun den Haushalt führen muß. Die Häscher des Königs fangen ihn, der Galgen ist schon aufgestellt, da rettet der aus Versehen abgegebene Kanonenschuß eines Räubers sein Leben.

DAS LICHT AUF DEM GALGEN

RE: Helmut Nitzschke – SZ: Helmut Nitzschke, MI: Gert Billing – LV: Gleichnamige Erzählung von Anna Seghers – DR: Thea Richter – KA: Claus Neumann – MB: Karl-Ernst Sasse – SB: Heinz Röske – KO: Marianne Schmidt, Günther Schmidt – SC: Evelyn Carow – PL: Dorothea Hildebrandt – GR: GR »Roter Kreis« – m: 2812 = 103 min. – fa – brw – PM: 13.5.1976 – PM-Ort: Berlin; »Kosmos« – DA: Alexander Lang (Sasportas) – Amza Pelea (Debuisson) – Jürgen Holtz (Galloudec) – Erwin Geschonneck (Bering) – Szymon Szurmiej (Stefford) – Heidemarie Wenzel (Elisabeth) u. a. – KR: Ahrens, P.: Zwischen Abenteuer und Psychologie. WBÜ 1976/23 – Gehler, F.: SO 1976/25 – Haedler, M.: Der Geist wirkt weiter. M 16.5.1976 – Holland-Moritz, R.: Kino-Eule. ESP 1976/25 – Jahnke, E: Vom Sieg des toten Sasportas. FS 1976/12, S.10 – Knietzsch, H.: Revolutionäres Feuer geht nicht verloren. ND 16.5.1976 – Pick, E.: Eine unerhörte Begebenheit. F&F 1976/6, S.19-21 – Rehahn, R.: -. WP 1976/22 – Sobe, G.: Wo viel Licht ist, ist viel Schatten? BZ 14.5.1976.

Aus Frankreich, das sich seit Jahren mit England im Krieg befindet, werden 1793 drei Männer in die englische Kolonie Jamaika abgesandt, um einen Aufstand der Sklaven zu organisieren: Debuisson, er ist der Enkel eines jamaikani-

1

2

3

4

5

6

1 Martin Trettau in einer Szene aus
»Mein blauer Vogel fliegt«
(1975/RE: Celino Bleiweiß)

2 Gertrud Brendler, Herta Thiele
und Annekathrin Bürger in
»Hostess«
(1976/RE: Rolf Römer)

3 Alexander Lang und Gloria Herrera in
»Das Licht auf dem Galgen«
(1976/RE: Helmut Nitzschke)

4 Unser Sandmännchen und Armin Mueller-Stahl in
»Nelken in Aspik«
(1976/RE: Günter Reisch)

5 Gunter Friedrich (links) und Michael Kann,
die später bei der DEFA auch Regie führen, in
»Trini«
(1977/RE: Walter Beck)

6 Carl Heinz Choynski in
»Unterwegs nach Atlantis«
(1977/RE: Siegfried Kühn)

schen Rumfabrikanten und auf der Insel aufgewachsen, sein Freund Sasportas und der Matrose Galloudec. Mit Mühe knüpfen sie Verbindungen zu den zersplitterten Rebellen, gewinnen Unzufriedene für ihr Vorhaben. Da kommt die Nachricht, daß Napoleon Konsul geworden ist. Debuisson will den Aufstand verschieben, bis er Instruktionen der neuen Regierung in Frankreich erhält. Außerdem gefällt er sich inzwischen in der Rolle des reichen Erben. Die anderen sind nicht einverstanden. Als ein Schwarzer einen Aufseher erschlägt, überstürzen sich die Ereignisse. Galloudec kann fliehen, Debuisson verrät die revolutionäre Idee und rettet damit sein Leben, Sasportas bekennt sich zu ihr und wird gehängt.

KONZERT FÜR BRATPFANNE UND ORCHESTER
(KINDERFILM)
RE: Hannelore Unterberg – SZ: Hannelore Unterberg – DR: Gudrun Deubener – KA: Wolfgang Braumann – MU: Rainer Hornig, Karl-Ernst Sasse – SB: Hans Poppe – KO: Dorit Gründel – SC: Ursula Zweig – PL: Alexander Lösche – GR: AG »Berlin« – m: 2040 = 75 min. – fa – PM: 16.5.1976 – PM-Ort: Berlin; »Kosmos« – DA: Tobias Unterberg (Bum) – Jörg Lehmann (Paule) – Ronny Schreiber (Plautz) – Mirko Tuma (Knobel), Grit Mühlstein (Annett) – Sandra Lampe (Jaecki) – Jaecki Schwarz (Herr Kling) – Wolfgang Greese (Ottmar Dohlenei) – Marga Legal (Frau Bolz) – Ilse Voigt (Oma Taubert) u. a. – KR: Krenzlin, L.: Moderne Märchen. F&F 1976/6, S.15-16 – Novotny, E.: Fest der guten Einfälle. BZ 27.5.1976 – Wendtlandt, K.J.: Märchenhaftes Konzert und poetisches Spiel. ND 20.6.1976.

Bum und seine Freunde sind musikbegeisterte Kinder. Mit Pfanne, Kanne, Hupe und allerlei Gerümpel lassen sie ihrer Neigung freien Lauf, was bei den Erwachsenen auf großes Mißfallen stößt. Für das »Fest der guten Einfälle«, das im Wohnviertel stattfinden soll, hat Bum eine phantastische Idee: ein richtiges Konzert. Angesichts des ernsthaften Vorsatzes finden die Kinder Unterstützung. Gebrauchtwarenhändler Dohlenei spendet das Oberteil eines fürstlichen Bettes, dessen Gitterstäbe sich hervorragend zum Musizieren eignen, und sogar ein richtiger Musiker, Herr Kling vom Sinfonieorchester, hilft. Nun gehen sie daran, ihre Darbietungen in Einklang zu bringen, und beim Fest treten sie mit großem Erfolg mit einem richtigen Orchester auf.

IM STAUB DER STERNE
RE: Gottfried Kolditz – SZ: Gottfried Kolditz – DR: Joachim Hellwig – KA: Peter Süring – MU: Karl-Ernst Sasse – SB: Gerhard Helwig – KO: Katrin Johnsen – SC: Christa Helwig – PL: Helmut Klein – GR: GR »Futurum« – m: 2732 = 100 min. – fa – brw – PM: 1.7.1976 – PM-Ort: Eisenhüttenstadt; Freilichtbühne »Dielower Höhe« – DA: Jana Brejchová (Akala, Kommandant) – Alfred Struwe (Suko, Navigator) – Ekkehard Schall (Chef) – Milan Beli (Ronk, Leiter der Überwachungszentrale) – Sylvia Popovici (Illic, Bordärztin) – Violeta Andrei (Rall, Ener-

getikerin) u. a. – KR: Agde, G.: Leichte Kost - aus der Spraydose. FS 1976/17, S.8 – Ahrens, P.: Staub und Liebe. WBÜ 1976/32 – Hoff, P.: Utopia ohne Geschichte. F&F 1976/10, S.11-12 – Holland-Moritz, R.: Sommer-Kino-Eule. ESP 1976/31 – Knietzsch, H.: Kosmische und komische Abenteuer. ND 6.7.1976 – Sobe, G.: Was treibt euch durch die Galaxis? BZ 7.7.1976.

Auf der Erde wird ein Hilferuf vom Planeten TEM 4 empfangen. Die Kommandantin Akala landet mit ihrem Raumschiff Cynro auf TEM 4, aber von einer Notsituation keine Spur. Der Herrscher des Planeten gibt für seine Gäste ein rauschendes Fest, bei dem er ihr Bewußtsein manipuliert. Der an Bord gebliebene Navigator Suko bemerkt das und versucht nun, das Geheimnis des Planeten zu entschlüsseln. Er entdeckt ein Bergwerk, in dem die Turi, Ureinwohner des TEM 4, Sklavenarbeit verrichten müssen. Von ihnen stammte auch der Hilferuf. Die Kosmonauten stehen vor der Frage, wie sie den Turi helfen können, doch deren Unterdrücker wollen sie zum Abflug zwingen. Es kommt zum Kampf, Suko wird getötet. Die anderen starten mit ihrem Raumschiff, während die Turi zum Aufstand rüsten.

LIEBESFALLEN
RE: Werner W. Wallroth – BU: Werner W. Wallroth – LV: Episoden aus dem Buch »Liebesfallen« von Ludwig Turek – DR: Anne Pfeuffer – KA: Werner Bergmann – MU: Walter Kubiczek – SB: Erich Krüllke – KO: Barbara Braumann – SC: Lotti Mehnert – PL: Gerrit List – GR: GR »Berlin« – m: 2966 = 109 min. – fa – brw – PM: 2.7.1976 – PM-Ort: Fürstenwalde; Freilichtbühne – DA: Marianne Wünscher (Bettina Gürtelschmidt) – Fred Delmare (Udo Klüterjahn) – Eva-Maria Hagen (Frau Reitstock) – Heidemarie Wenzel (Renate Mauerbusch) – Dieter Wien (Dr. Biebermann) – Angela Brunner (Gabriele Metzke) – Thomas Lück (Herr Reitstock) – Herbert Köfer (Prof. Kallmann) – Nina Hagen (Liane) u. a. – KR: Hofmann, H.: Liebesspaß für alle. NZ 8.8.1976 – Holland- Moritz, R.: Sommer-Kino-Eule. ESP 1976/31 – Knietzsch, H.: Kosmische und komische Abenteuer. ND 6.7.1976 – Lebe, R.: Sommerfilmtage und Kinosommer. SO 1976/31 – Würtz, H.: Mit dem Liebesköder in Klüterjahns Kajüte. JW 2.7.1976 – Agde, G.: Leichte Kost - aus der Spraydose. FS 1976/17, S.8 – Ahrens, P.: Staub und Liebe. WBÜ 1976/ 32 – Sobe, G.: Lieben und lieben lassen... BZ 15.7.1976.

Der Liebesreigen beginnt beim Schiffskoch Udo Klüterjahn, der mit Segelboot und delikaten Gerichten Frauen angelt und letztlich selber ins Netz geht – in Bettinas. Deren frisches Eheglück macht Renate Mauerbusch, Abteilungsleiterin eines Textilbetriebes, neidisch. Sie hat es schon länger auf ihren Pensionsmitbewohner Dr. Biebermann abgesehen, doch leider ist es ihr Vermieter Reitstock, der sich ständig »ganz aus Versehen« in der Zimmertür irrt. Mit dessen Frau schmiedet sie ein Komplott, das die Herren an die Seite der richtigen Damen bringt. Damit fällt Dr. Biebermann als Hoffnung für seine Sekretärin Gabriele Metzke aus, die das

Eheglück nun mit einer Heiratsannonce sucht. Da ihr die Bewerber nicht zusagen, dreht sie den Spieß um, bewirbt sich selbst und findet Professor Kallmann »zwecks Heirat«. Der forscht gerade in einem Betrieb über die Selbstverwirklichung der Frau. Dort erregt die von Männern sehr begehrte junge Liane die Eifersucht der Kolleginnen, die ihr zwecks »Moralbelehrung« den neuen BGL-Vorsitzenden schicken. Und der, mit zwei Kindern und von der Frau verlassen, ist für Liane der Richtige.

PHILIPP DER KLEINE
(KINDERFILM)
RE: Herrmann Zschoche – SZ: Christa Kožik – DR: Gabriele Herzog, Katharina Zeiske – KA: Günter Jaeuthe – MU: Gunther Erdmann – SB: Joachim Otto – KO: Isolde Warscycek – SC: Rita Hiller – PL: Fritz Brix – GR: AG »Johannisthal« – m: 1680 = 62 min. – fa – PM: 8.7.1976 – PM-Ort: Bad Saarow; »Strandkino« – DA: Andij Greissel (Philipp) – Jan Spitzer (Philipps Vater) – Katrin Jakubeit (Trixi) – Volkmar Kleinert (Musiklehrer Breitkreuz) – Ilse Voigt (Oma Hundertgramm) – Szymon Szurmiej (Musikalienhändler) u. a. – KR: Frölich, U.: Einstand mit Philipp. WP 1976/28 – Hofmann, H.: Kleine Leute – große Leute. NZ 11.7.1976 – Holland-Moritz, R.: Kino-Eule. ESP 1976/37 – I.G.: Viel Filmfreude für die Kinder. M 8.7.1976 – Knietzsch, H.: Ein modernes Märchen phantasievoll erzählt. ND 29.7.1976 – Krenzlin, L.: Moderne Märchen. F&F 1976/6, S.15-16 – Zimmerling, I.: Glaube und Vertrauen. FS 1976/16, S.8 – Novotny, E.: Eine wunderbare Melodie. BZ 13.7.1976.

Philipp ist zu klein für sein Alter und erntet häufig den Spott seiner Kameraden, wenn er beispielsweise in der Schule kaum an die Tafel reicht. Er träumt davon, große Taten zu vollbringen, um die Achtung der anderen zu gewinnen. Als er seine Flöte verliert, bekommt er von einem Mann eine neue geschenkt – eine Wunderflöte. Mit einer Melodie kann er Gegenstände und Lebewesen größer oder kleiner werden lassen, nur sich selbst nicht. Im Städtchen stiftet er einige Verwirrung an, als er die Katze zum Raubtier macht und die Schulglocke ganz klein. Aber auch die gutgemeinten Taten bringen ihm keinen Erfolg. Den erntet er eines Tages mit seiner Musik. Das ausgiebige Spielen auf seiner Flöte hat ihn zu einem kleinen Meister gemacht. Verzaubert bleiben die Leute auf dem Marktplatz stehen und lauschen seiner Melodie.

SOVIEL LIEDER, SOVIEL WORTE
(CO-PRODUKTION DDR / UDSSR)
RE: Julius Kun, CO-RE: Michael Englberger – SZ: Wolfgang Ebeling, Waleri Karen, Julius Kun – DR: Willi Brückner, O. Kozlowa – KA: Anatoli Petrizki, B. Sutozki – MU: Uve Schikora, Gennadi Podelski – SB: Gerhard Helwig – KO: Ruth Kiecker, Hans Linke – SC: Thea Richter, Galina Spirina – PL: Helmut Klein, Witali Kriwonoschenko – GR: AG »Johannisthal« – m: 2185 = 80 min. – fa – PM: 29.7.1976 – PM-Ort: Schwerin; »Schauburg« – CO: Mosfilm-Studio, Erste Künstlerische AG, Moskau –

Russ. Titel: Ulybnis, rowesnik! – DA: Nina Maslowa (Mascha / Maria) – Klaus-Peter Pleßow (Hans) – Lew Prygunow (Alexej) – Regina Beyer (Renate) – Ludmila Garniza (Shura) – Katrin Martin (Gisela) – Marianne Wünscher (Frau Krüger) u. a. – KR: Heidicke, M.: -. FS 1976/13, S.16 – Holland-Moritz, R.: Kino-Eule. ESP 1976/37 – Sobe, G.: Zuviel Lieder, zuviel Worte. BZ 4.8.1976.

Alexej aus Moskau lernt kurz vor seiner Abreise zu den X. Weltfestspielen 1973 in Berlin Mascha kennen, die ihm sehr gefällt. In Berlin trifft er sie wieder. Mascha tritt dort mit ihrem Kulturensemble auf. Sie wohnt bei Frau Krüger, deren Sohn Hans sie ebenfalls gefällt. Bei einer Veranstaltung glaubt Hans, Mascha zu sehen. Die beiden gehen zum Tanz. Als er mit ihr nach Hause will, ist sie empört. Er bemerkt nicht, daß es gar nicht Mascha ist, sondern die ihr sehr ähnlich sehende Maria aus Kraków. Alexej passiert das gleiche. Er verwechselt Maria mit Mascha. Die jungen Männer sind verwirrt ob der merkwürdigen Reaktionen der Mädchen, doch die haben sich inzwischen getroffen und das Rätsel gelöst. Sie lassen Alexej und Hans vor dem Happy-End noch ein bißchen zappeln.

UNSER STILLER MANN

RE: Bernhard Stephan – SZ: Arne Leonhardt, MI: Manfred Freitag, Joachim Nestler, Bernhard Stephan – DR: Brigitte Gotthardt – KA: Hans-Jürgen Kruse – MU: Gerhard Rosenfeld, Reinhard Lakomy – SB: Peter Wilde – KO: Christiane Dorst – SC: Brigitte Krex – PL: Hans Mahlich – GR: AG »Babelsberg« – m: 2489 = 91 min. – fa – brw – PM: 12.8.1976 – PM-Ort: Berlin; »International« – DA: Thomas Wolff (Wenzel Heiseke) – Wolfgang Häntsch (Trumpolt) – Manfred Karge (»Seebär«) – Bodo Krämer (Naujock) – Heinz Hupfer (Helferich) – Johannes Wieke (»Opa«) – Katrin Martin (Martina) – Nina Hagen (Regina) u. a. – KR: Gehler, F.: -. SO 1976/36 – Giera, J.: Der Neue in der Brigade. M 14.8.1976 – Görtz, G.: Der stille Mann verschweigt uns zuviel. JW 18.8.1976 – Hanisch, M.: Schweigen als Herausforderung. NZT 25.8.1976 – Holland-Moritz, R.: Kino-Eule. ESP 1976/39 – Knietzsch, H.: Reden ist Silber - ist Schweigen immer Gold? ND 14.8.1976 – Rümmler, K.: -. F&F 1976/11, S.16-17 – Seydel, R.: Das Schweigen im Wald. FS 1976/20, S.8 – Sobe, G.: Stille Wasser sind tief? BZ 18.8.1976.

In die Straßenbaubrigade von Trumpolt kommt ein Neuer – Wenzel Heiseke, dem der Ruf vorausgeht, ein Großmaul zu sein. Aber eigentlich ist er wegen seiner kritischen Worte weggelobt worden. Trumpolt glaubt, ihn mit seiner bewährten Hauruck-Methode hinbiegen zu können, denn in seiner mit Auszeichnungen bedachten Brigade gibt es keine Probleme. Doch unerwartet für ihn und seine Kollegen stellt sich der Neue stur und schweigt, läßt sich durch nichts provozieren. Sein merkwürdiges Verhalten spaltet die Brigade. Bisher gewaltsam zugedeckte Konflikte bei der Zusammenarbeit kommen zum Ausbruch. Für die Brigade ist Wenzels Schweigen lehrsam, man will auf ihn, der inzwi-

schen doch wieder zu einigen wahren Worten gefunden hat, nicht mehr verzichten. Bei der hübschen Martina aus dem Baubüro hätte er jedoch beinahe Schiffbruch erlitten mit seinem Verhalten...

DIE LEIDEN DES JUNGEN WERTHERS
(CO-PRODUKTION MIT DEM FERNSEHEN DER DDR)

RE: Egon Günther – SZ: Helga Schütz – LV: Gleichnamiger Roman von Johann Wolfgang von Goethe – DR: Peter Jakubeit, Manfred Wolter – KA: Erich Gusko – MU: Siegfried Matthus; Violinkonzert G-Dur von Wolfgang Amadeus Mozart – SB: Harald Horn – KO: Christiane Dorst – SC: Rita Hiller – PL: Erich Kühne – GR: GR »Babelsberg« – m: 2889 = 106 min. – fa – brw – PM: 26.8.1976 – PM-Ort: Berlin; »International« – DA: Hans-Jürgen Wolf (Werther) – Katharina Thalbach (Lotte) – Hilmar Baumann (Albert) – Heinz Dieter Knaup (Amtmann) – Herwart Grosse (Gesandter) – Dieter Mann (v. Steinfeld) – Klaus Piontek (Wilhelm) – Stefan Lisewski (Herausgeber) u. a. – KR: Ahrens, P.: Probleme mit Werther. WBÜ 1976/37 – Dau, R.: Vom Scheitern eines großen Lebensanspruchs. ND 28.8.1976 – Gehler, F.: -. SO 1976/38 – Hanisch, M.: Menschen, keine hehren Gestalten. FS 1976/19, S.16 – Rehahn, R.: Warum dieser Selbstmord? WP 1976/37 – Holland-Moritz, R.: Kino-Eule. ESP 1976/39 – Radczun, E.: Der gekreuzigte Prometheus. FO 1976/20 – F&F 1976/8, S.12-14 – Wirsing, S.: Werthers Leiden an der Zeit. F&F 1976/8, S.12-14 – Wirsing, S.: Werthers Leiden in der DDR. FAZ 11.9.1976 – Roth, W.: Untersuchung einer Verwirrung. SüZ 8.9.1976.

Wilhelm übergibt einem Verleger in Leipzig die Briefe seines Freundes Werther. Gemeinsam lesen sie, das Schicksal des jungen Mannes lebt vor ihren Augen auf: Auf einem Ball lernt Werther die junge Lotte, Tochter eines Amtmanns, kennen. Er wird ständiger Gast in ihrem Haus und ein Freund der Familie. Seine Liebe zu Lotte ist hoffnungslos, denn sie ist mit Albert verlobt, einem Mann, der ihr eine gesicherte Zukunft garantiert. Werther dagegen ist ein Schwärmer, der gegen die gesellschaftlichen Verhältnisse aufbegehrt. Er trennt sich von Lotte, nimmt eine stupide Arbeit in der Kanzlei eines Gesandten auf. Die Unerträglichkeit der Arbeit und die Brüskierung durch dünkelhaften Adel lassen ihn fliehen und in die Umgebung von Lotte, die inzwischen mit Albert verheiratet ist, zurückkehren. Er bedrängt sie mit seiner leidenschaftlichen Liebe, doch sie weist ihn von sich. An seiner unglücklichen Liebe und dem Leben verzweifelt, wählt er den Freitod.

NELKEN IN ASPIK

RE: Günter Reisch – SZ: Kurt Belicke, Günter Reisch – DR: Gabriele Herzog – KA: Günter Haubold – MU: Reinhard Lakomy – SB: Harry Leupold – KO: Werner Bergemann – SC: Monika Schindler – PL: Martin Sonnabend – GR: GR »Johannisthal« – m: 2573 = 94 min. – fa – PM: 24.9.1976 – PM-Ort: Erfurt; »Panorama-Palast« – DA: Armin Mueller-Stahl (Wolfgang Schmidt,

der »große Schweiger«) – Helga Sasse (Cilly) – Erik S. Klein (Siegfried Huster, Leiter der »Zentralstelle für Leichte Druckerzeugnisse«) – Helga Göring (Kollegin Kühn, Direktorin des »Hauses der Werbung«) – Herbert Köfer (Dietmar Freiherr von Fredersdorff-Lützenheim, Kraftfahrer und BGL-Vorsitzender) – Eva-Maria Hagen (Helene) – Edwin Marian (Bernie) – Eberhard Cohrs (Eberhard Kurz, Puppenspieler) u. a. – KR: Gehler, F.: -. SO 1976/45 – Holland-Moritz, R.: Kino-Eule. ESP 1976/43 – Knietzsch, H.: Wo man lacht, da laßt euch ruhig nieder. ND 29.9.1976 – Rehahn, R.: Schwierigkeit mit der Heiterkeit. WP 1976/44 – Rümmler, K.: Spaß in Aspik. F&F 1976/9, S.31-32 – Sobe, G.: Unser nuschelnder Mann. BZ 29.9.1976 – Lippert, K.: Satire durch die Zahnlücke. FS 1976/22, S.8.

Werbezeichner Wolfgang Schmidt ist ein miserabler Zeichner, dafür aber ein gewandter Redner und hat zahlreiche gesellschaftliche Ämter im Haus der Werbung inne. Plötzlich erscheint Siegfried Huster von der übergeordneten Dienststelle, um einen neuen Mitarbeiter für die Hauptverwaltung auszuwählen. Schmidts Kaderakte macht Eindruck, und dessen als weise eingestuftes plötzliches schweigsames Verhalten auch – er hat gerade zwei Schneidezähne eingebüßt. So macht Schmidt schweigend Karriere und fühlt sich gar nicht wohl, weil er den Aufgaben nicht gewachsen ist. Alles was er unternimmt, um sich selbst zu Fall zu bringen, wird ein Erfolg. Nur bei seiner Kollegin Cilly kommt er mit seinem Schweigen nicht so recht voran. Als er es bis zum Generaldirektor gebracht hat, wird die Fehlbesetzung endlich erkannt. Es kommt zu seinem Fall – ins Glück. Er erobert Cilly und findet – wieder mit Zähnen – als Führer bei Stadtrundfahrten eine seinem Redetalent angemessene Beschäftigung.

BEETHOVEN –
TAGE AUS EINEM LEBEN

RE: Horst Seemann – SZ: Günter Kunert – DR: Franz Jahrow – KA: Otto Hanisch – MU: Zitate aus Werken Ludwig van Beethovens; MZ: Horst Seemann – SB: Hans Poppe – KO: Inge Kistner – SC: Bärbel Weigel – PL: Manfred Renger – GR: GR »Babelsberg« – m: 2949 = 108 min. – fa – brw – PM: 14.10.1976 – PM-Ort: Berlin; »International« – DA: Donatas Banionis (Ludwig van Beethoven) – Stefan Lisewski (Johann van Beethoven) – Hans Teuscher (Karl van Beethoven) – Renate Richter (Josephine Brunswiek) – Eberhard Esche (Sekretär Beethovens) – Fred Delmare (Mälzel) u. a. – KR: Ahrens, P.: Beethoven und eine glückliche Ehe. WBÜ 1976/44 – Haucke, S.: Gegen kultische Denkmalspflege. FS 1976/25, S.8 – Hofmann, H.: Beethoven - seine Klang- und Erlebniswelt. NZ 15.10.1976 – Knietzsch, H.: Von der Liebe zur Kunst und zum Leben. ND 17.10.1976 – Thurm, B.: Rätsel der Genialität. F&F 1976/9, S.20-21 – Schiller, D.: Etwas über Freiheit und Kunst. F&F 1976/10, S.12-14 – Gehler, F.: -. SO 1976/45 – Holland-Moritz, R.: Kino-Eule. ESP 1976/48 – P.M.: Hat Beethoven Filmmusik geschrieben? FO 1976/21 – Rehahn, R.: Nachdenken über Ludwig B. WP 1976/46 – Sobe, G.:

Aphoristisches über Genialisches. BZ 21.10. 1976 – Kersten, H.: Beethoven auf dem Alex. FRu 4.11.1976 – Kersten, H.: -. TSP 7.6.1989.

Die Episoden aus dem Leben und Schaffen des auf der Höhe seines Ruhmes stehenden Komponisten umfassen die Jahre 1813 bis 1819 in Wien. Beethovens sinfonisches Werk »Wellingtons Sieg oder Die Schlacht bei Vittoria« wird vom Publikum begeistert aufgenommen. Seine Lebensverhältnisse aber sind eher bescheiden und bedrückend. Ständiger Geldmangel, Streit mit der Haushälterin, Bevormundung durch die beiden Brüder Johann und Karl, Bespitzelung wegen seiner demokratischen Gesinnung, zunehmende Taubheit. Seine Vereinsamung wird immer größer, er erinnert sich seiner »unsterblichen Geliebten«. Dennoch ist seine Schaffenskraft nicht gebrochen. Er trägt sich mit dem Gedanken zu seiner »Neunten Sinfonie«, unter deren Klängen er im Schlußbild in die Gegenwart schreitet.

1977

DER KLEINE ZAUBERER UND DIE GROSSE FÜNF
(KINDERFILM)
RE: Erwin Stranka – SZ: Erwin Stranka – LV: Gleichnamige Erzählung von Uwe Kant – DR: Brigitte Gotthardt – KA: Peter Brand – MU: Uve Schikora – SB: Jochen Keller – KO: Barbara Braumann – SC: Barbara Simon – PL: Willi Teichmann – GR: GR »Babelsberg« – m: 1828 = 67 min. – fa – PM: 4.2.1977 – PM-Ort: Jena; »Palast-Theater« – DA: Jürgen Heinrich (Vater Schneidewind) – Karin Schröder (Mutter Schneidewind) – Fred Delmare (Lehrer Fiebig) – Heinz Behrens (Lehrer Bruckbach) – Jörn Gust (Oliver Schneidewind) – Ralph Schäfer (Merkel) – Bernd Meier (Stefan) – Holger Koch (Hans-Günter) u. a. – KR: Anders, K.: Zauber, Poesie und Kriegsgetümmel. FS 1977/12, S.10 – Knietzsch, H.: Wunderbares für junge Zuschauer. ND 10.2.1977.

Oliver geht in die 4. Klasse. Im Fach Zauberkunde hat er nicht gut aufgepaßt und erhält bei einer Kontrollarbeit eine große, dicke Fünf. Er muß die Arbeit von seinen Eltern unterschreiben lassen, doch er schämt sich und möchte auch den Eltern keinen Kummer bereiten. So versucht er, die Fünf mit Zaubern wegzubekommen oder wenigstens in eine Drei zu verwandeln. Dabei bringt er zwar sprechende Meerschweine und singende Gänse zustande, die Fünf aber bleibt. Die anderen Kinder sind schon böse auf ihn, weil er vor lauter Zauberübungen keine Zeit mehr zum Spielen hat. Und so entschließt er sich, den Eltern sein Malheur zu gestehen. Die Mutter zeigt ihm, wie er die Fünf in eine bessere Note verwandeln kann – und das hat mit Lernen zu tun.

MAMA, ICH LEBE
RE: Konrad Wolf – SZ: Wolfgang Kohlhaase – DR: Wolfgang Beck, Günter Klein, Klaus Wischnewski, Dieter Wolf – KA: Werner Bergmann – MU: Rainer Böhm – SB: Alfred Hirschmeier – KO: Werner Bergemann – SC: Evelyn Carow – PL: Herbert Ehler – GR: GR »Babelsberg« – m: 2820 = 103 min. – fa – brw – PM: 24.2.1977 – PM-Ort: Berlin; »International« – DA: Peter Prager (Becker) – Uwe Zerbe (Pankonin) – Eberhard Kirchberg (Koralewski) – Detlef Gieß (Kuschke) – Donatas Banionis (Mauris) – Margarita Terechowa (Swetlana) – Michail Wasskow (Kolja) u. a. – KR: Ahrens, P: -. WBÜ 1977/8 – Dieckmann, F.: Neue Filme von da und dort. Anmerkungen zu »Mama, ich lebe«. S&F 1977/6, S.1332-41 – Gehler, F.: -. SO 1977/9 – Holland-Moritz, R.: Kino-Eule. ESP 1977/11 – Knietzsch, H.: Ein langer Kampf, lang wie das Leben. ND 25.2.1977 – Beier, E.: Wege zum anderen Ufer. FO 1977/5 – Haucke, L.: Nicht nur Erinnerung. FS 1977/6, S.9 – Rehahn, R.: Die Geschichte von den vieren. WP 1977/11 – Schwalbe, K.: Woran prüft sich das Gute? F&F 1977/1, S.2-5 – Sobe, G.: Einsichten unterwegs. BZ 4.3.1977 – Kersten, H.: Begegnung im Krieg. TSP 3.4.1977 – Kersten, H.: Erinnerungsarbeit. FRu 10.4.1977 – Schwarze, M.: Geschichte eines Seitenwechsels.

SüZ 3.6.1977 – Hickethier, K.: -. BFF 1990/39, S. 168-182.

Ein Kriegsgefangenenlager in der Sowjetunion. Vier junge Deutsche tauschen ihre Uniform, um an der Seite des ehemaligen Feindes für eine schnellere Beendigung des Krieges zu kämpfen. In sowjetischer Uniform fahren sie mit ihrem Betreuer im Zug an die Front. Den Mitreisenden bleibt nicht lange verborgen, daß sie Deutsche sind. Für sie ist es nicht einfach, mit der neuen Identität fertigzuwerden. Im Lager wurden sie von einigen Kameraden als Verräter bezeichnet. Das Verhalten der sowjetischen Soldaten ihnen gegenüber ist unterschiedlich. Einige sind unsicher, andere betrachten sie als Gleiche. An der Front angekommen, müssen sie sich entscheiden, ob sie einen Auftrag hinter den deutschen Linien übernehmen. Einer bleibt zurück. Die drei anderen gehen in den Wald, um sich auf den Partisanenkampf einzustellen, und begegnen plötzlich abgeschossenen deutschen Fliegern. Sie sind nicht fähig, auf die Deutschen zu schießen; ihren Betreuer Kolja kostet dies das Leben. Sein Tod löst große Betroffenheit bei ihnen aus. In der Zwischenzeit haben sich der zurückgebliebene Deutsche und die sowjetische Funkerin Swetlana ineinander verliebt. Sie hält zu ihm, obwohl er von einigen Russen kritisiert wird. Schließlich entscheidet auch er sich für den Einsatz.

Filmtext: Mama, ich lebe. Ein Drehbuch von Wolfgang Kohlhaase. In: Film und Fernsehen 1977/5.

DIE UNVERBESSERLICHE BARBARA
RE: Lothar Warneke – SZ: Lothar Warneke – DR: Christel Gräf – KA: Jürgen Lenz – MU: Andrzej Korzynski – SB: Dieter Adam – KO: Regina Viertel, Brigitte Pleißner, Werner Pleißner – SC: Erika Lahmphul – PL: Werner Rennebarth – GR: GR »Babelsberg« – m: 2971 = 109 min. – fa – brw – PM: 11.3.1977 – PM-Ort: Leipzig; »Capitol« – DA: Cox Habbema (Barbara) – Peter Aust (Herbert) – Hertha Thiele (Schwiegermutter) – Werner Godemann (Ferdinand) – Eberhard Esche (Ekki) – Christa Lehmann (Brunhilde) u. a. – KR: Agde, G.: Plädoyer für die menschliche Wärme. FS 1977/8, S.9 – Ahrens, P: -. WBÜ 1977/14 – Gehler, F.: -. SO 1977/15 – Konrad, H.: -. ND 13.3.1977 – Schütt, H.-D.: Lebenshaltungen. JW 13.3.1977 – Bresch, U.: Wo sich die Wege trennen. FO 1977/6 – Holland-Moritz, R.: Kino-Eule. ESP 1977/16 – Rehahn, R.: -. WP 1977/13 – Sobe, G.: »Und Sie, haben Sie was draus gemacht?« BZ 16.3.1977 – Thurm, B.: -. F&F 1977/4, S.48, 64 – Kersten, H.: Die Titelheldin war Leistungssportlerin. FRu 14.6.1977 – Schwarze, M.: Eine Ehe in der DDR. FAZ 13.5.1977.

Die ehemalige Schwimmerin und Leistungssportlerin Barbara ist ihrem Mann Herbert, einem Mathematiker, in die kleine Stadt Ergsleben gefolgt. Im ansässigen Textilbetrieb hat sie sich schnell zur Facharbeiterin und Meisterin qualifiziert. Sie stellt an sich und andere hohe Anforderungen, Leistung ist auch hier ihre Devise. Sie kämpft um neue Arbeits- und Ausbildungsmethoden und hat sogar den Bau einer werkseigenen Schwimmhalle durchgesetzt. Ihre hohen Maßstäbe setzt sie auch an Herbert an, der ihnen aber nicht gewachsen ist. Er verheimlicht Barbara lange Zeit, daß sein Rechenzentrum wegrationalisiert wurde und er eine ihn nicht befriedigende Tätigkeit ausüben muß. Und er hat ein Verhältnis mit seiner Sekretärin, was Barbara erfährt, als diese im 7. Monat schwanger ist. Nach der Scheidung trägt Barbara sich mit dem Gedanken wegzugehen und ein Angebot als Schwimmtrainerin anzunehmen. Aber sie entscheidet sich dann doch, ihren Verpflichtungen im Betrieb und den Menschen gegenüber, die sie brauchen, nachzukommen.

GALA UNTER DEN LINDEN

RE: Georg F. Mielke – BU: Georg F. Mielke – KA: Peter Brand – MU: Original – SB: Wilfried Werz – SC: Thea Richter – PL: Dietmar Richter – m: 2681 = 98 min. – fa – PM: 14.4.1977 – PM-Ort: Berlin; »International« – DA: Solisten: Theo Adam, Eberhard Büchner, Celestina Casapietra, Renate Hoff, Fritz Hübner, Isabella Nawe, Harald Neukirch, Peter Schreier, Reiner Süß u. a. – KR: Lange, W.: O wie so trügerisch. FS 1977/10, S.14 – Me.: Kostümiertes Konzert. NZT 20.4.1977 – Tok, H.-D.: Berliner Opernfest, mährische Ferienromanze und Sheriff Kane. LVZ 29.4.1977 – Haedler, M.: Licht und Schatten. M 17.4.1977.

Vorgestellt wird die Deutsche Staatsoper Unter den Linden nebst einigen ihrer besten und populärsten Sänger und Sängerinnen. Ein Programm berühmter Opernarien und -szenen: unter anderem singt Theo Adam die Arie des Philipp aus Verdis »Don Carlos«, Peter Schreier die Cavatine des Almaviva aus Rossinis »Barbier von Sevilla«. Ute Trekel-Burkhardt und Isabella Nawe präsentieren eine Szene aus dem »Rosenkavalier« von Richard Strauss. Auch Chor und Ballett bekommen ihre Auftritte. Zwischen den Nummern geben die Künstler vor dem Hintergrund der Oper und ihrer prächtigen Innenräume Bekenntnisse zum Anliegen des Hauses ab.

TRINI
(KINDERFILM)

RE: Walter Beck – SZ: Margot Beichler – LV: Gleichnamiger Roman von Ludwig Renn – DR: Willi Brückner – KA: Horst Hardt – MU: Günther Fischer – SB: Erich Krüllke – KO: Günther Pohl – SC: Helga Emmrich – PL: Alexander Lösche – GR: GR »Johannisthal« – m: 2365 = 87 min. – fa – brw – PM: 17.4.1977 – PM-Ort: Berlin; »Kosmos« – DA: Gunnar Helm (Trini) – Giso Weißbach (Jeronimo) – Dmitrina Sawowa (Ambrosia) – Gunter Friedrich (Paco) – Iwan Tomow (Zapata) – Michael Kann (Mario Puente) u. a. – KR: Anders, K.: Zauber, Poesie und Kriegsgetümmel. FS 1977/12, S.10 – -ch: Der kleine Kundschafter. NZT 28.4.1977 – Haedler, M.: Abenteuer in Mexiko. M 24.4.1977 – Schütt, H.-D.: Erst nach einer Stunde wird der Held zum Helden. JW 29.4.1977 – Sobe, G.: ... wenn hinten, weit, in der Türkei. BZ 19.4.1977 – Tok, H.-D.: Leinwand-Trini. WP 1977/18.

Zur Zeit der mexikanischen Revolution (1910 bis 1920) in einem Dorf. Der Bauernjunge Trini muß mit ansehen, wie sein Onkel Jeronimo, einer der wenigen Indios, die sich gegen den Gutsbesitzer auflehnen, gefoltert und gedemütigt wird. Bei einem Protestmarsch zum Gutsbesitzer wird Jeronimos Braut von einem Aufseher erschossen. Die Bauern zerstören daraufhin das Haus des inzwischen geflohenen Gutsbesitzers. Im Nachbardorf sammelt sich eine Truppe zur Verteidigung der Reichen, bis das Militär eintrifft. Die Indios flüchten in die Berge und holen Zapata, den Führer der Revolution, zu Hilfe. Er rückt mit seinen Leuten an und zwingt den Gutsbesitzer, das Land an die Bauern zu verteilen. Trini und seine Familie ziehen mit ihm, und der Junge bekommt den Auftrag, einen Brief an Lenin weiterzuleiten. Unterwegs erfährt er von einem Komplott gegen Zapata, kommt aber mit seiner Warnung zu spät. Zapata ist ermordet worden.

DIE INSEL DER SILBERREIHER
(CO-PRODUKTION DDR /ČSSR)
(KINDERFILM)

RE: Jaromil Jireš – SZ: Vera Kalabová – LV: Gleichnamige Erzählung von Ladislav Dvorsky – DR: Christel Gräf, Ivan Urban – KA: Jan Čuřík, Oldřich Hubácek – MU: Luboš Fišer – SB: Marlene Willmann – KO: Svata Sophová, Uwe Bornemann – SC: Josef Valusiak – PL: Oscar Ludmann, Zdeněk Oves – GR: GR »Roter Kreis« – m: 2166 = 79 min. – fa – brw – PM: 22.5.1977 – PM-Ort: Berlin; »Kosmos« – CO: Filmstudio Barrandov, Prag, Kinderfilmgruppe Ota Hofman – Tschech. Titel: Ostrov stříbrných volavek – DA: Erwin Geschonneck (Oberst von Bülow) – Günter Naumann (Sepp) – Heidemarie Wenzel (Frau von Bülow, Heinrichs Mutter) – Vladimír Dlouhý (Toni) – Michal Vavrusa (Heinrich von Bülow) – Wolfgang Greese (Gendarmeriekommandant) – Petr Voříšek (Paul) – Tomáš Vacek (Willi) u. a. – KR: Hannuschka, K.: Eine Jungengeschichte auch für Erwachsene. MVS 15.6.1977 – H. U.: Erkenntnisse eines Adligen. NZT 2.6. 1977 – Zimmerling, I.: Konflikte eines Halbwüchsigen. FS 1977/17, S.14.

Das letzte Jahr des ersten Weltkrieges. Der 13jährige Heinrich von Bülow, Sohn eines gefallenen Offiziers, lebt im Haus des Großvaters. Der erwartet von ihm standesgemäßes Verhalten. Aber Heinrich fühlt sich zu den Arbeiterjungen Paul und Willi hingezogen. Gemeinsam durchstreifen sie die Wälder. Dabei entdecken sie zwei desertierte Soldaten. Heinrich gerät in eine Konfliktsituation, denn nach dem Verständnis seiner Erzieher handelt es sich um Verräter. In dem Jungen aber hat bereits eine Wandlung zu humanistischen Wertvorstellungen begonnen. Heinrich erfährt auch, daß sein Vater an der Front den Tod gesucht hat, nachdem er den Befehl zu einer Geiselerschießung verweigerte. Die Kinder retten die Deserteure.

DEFA DISKO 77

RE: Heinz Thiel, Werner W. Wallroth – SZ: Kurt Belicke, Hans-Joachim Preil – DB: Heinz Thiel, Werner W. Wallroth, Werner Bergmann – DR: Eva Seemann – KA: Siegfried Mogel, Werner Bergmann – MB: Karl-Ernst Sasse – SB: Heinz Röske – KO: Katrin Johnsen, Regina Viertel – SC: Thea Richter – PL: Dietram Richter – m: 2103 = 77 min. – fa – brw – PM: 26.5.1977 – PM-Ort: Berlin; »International« – DA: Rolf Herricht (Paul) – Hans-Joachim Preil (Maximilian) – Marianne Wünscher (Schwiegermama) – Ursula Staack (Monika) – Birgit Edenharter (Veronika) – Helmut Schreiber (Gast/ Mann im Laden/ Bauchredner/ Schurke/ Friseur/ Schauspieler) – Veronika Fischer – Gruppe Karat – Gruppe Kreis – Kurt Demmler – Angelika Mann – Chris Doerk – Reinhard Lakomy u. a. – KR: Heidicke, M.: DEFA-Leinwand-Disco wirklich diskutabel? BZ 3.6.1977 – Hofmann, H.: Optische Leckerbissen. NZ 5.6. 1977 – Lange, W.: Eigenwilliges Experiment. FS 1977/14, S.14 – Tok, H.-D.: DEFA-Schlagermix, Trubel um Zwillinge, Kobold Dunderklumpen. LVZ 10.6.1977.

Eine Filmestrade, die ein bunt gemixtes Nummernprogramm mit populären Künstlern der Musik-, Fernseh- und Filmszene der DDR präsentiert. Den größten Teil nehmen Musikdarbietungen ein, die eine optische Umsetzung erfahren. Kabarettistische Textbeiträge und ein Einakter runden das Programm ab. Vor ihrer Darbietung werden die Künstler jeweils in einer Alltagssituation gezeigt.

EIN KATZENSPRUNG

RE: Claus Dobberke – SZ: Walter Flegel, Wolfgang Ebeling – LV: Gleichnamiger Erzählband von Walter Flegel – DR: Hans-Joachim Wallstein – KA: Hans Heinrich – MU: Stern-Combo Meißen – MB: Karl-Ernst Sasse – SB: Werner Pieske – SC: Christa Helwig – PL: Gerrit List, Manfred Peetz – GR: GR »Roter Kreis« – m: 2214 = 81 min. – fa – brw – PM: 30.6.1977 – PM-Ort: Berlin; »Kosmos« – DA: Walter Plathe (Leutnant Riedel) – Ute Drewniok (Maria) – Willi Schrade (Oberleutnant Melchert) – Gisbert-Peter Terhorst (Feldwebel Kranz) – Ursula Staack (Kellnerin Margit) – Eberhard Prüter (Soldat Radewald) – Rudolf Ulrich (Oberst Strauch) – Holger Mahlich (Gefreiter Weißenbach) – Veit Stübner (Soldat Maier) – Jörg Panknin (Hauptmann Kaiser) u. a. – KR: Haedler, M.: Zeitgenossen im Sommerkino. M 3.7. 1977 – Hofmann, H.: Über Moral - aber nicht lehrhaft. NZ 1.7.1977 – Holland-Moritz, R.: Sommer-Kino-Eule (I). ESP 1977/32 – Lippert, K.: Streit um den Gefreiten Weißenbach. FS 1977/16, S.14 – Knietzsch, H.: Ein Soldatenkollektiv erprobt sich im Alltag. ND 3.7.1977 – Rehahn, R.: 18 Monate - ein Katzensprung? WP 1977/27 – Rümmler, K.: -. F&F 1977/4, S.45-46 – Sobe, G.: Hauptsache, die Karre rollt...? BZ 6.7.1977.

Der junge Leutnant Riedel kehrt nach einem Urlaub, in dem er geheiratet hat, zu seiner Truppe zurück. Inzwischen sind die neuen Wehrpflichtigen eingerückt, und alles läuft gut. Auf den Gefreiten Weißenbach, Stubenältester und hervorragender Schützenpanzerwagen-Fahrer, ist Verlaß. Doch Riedel erfährt, daß Weißenbach mit Tricks und drastischen Methoden für die guten Leistungen sorgt. Den Nichtschwimmer Maier beispielsweise meldet er krank, als das Durchschwimmen eines Flusses auf dem Plan steht, und anschließend zwingt er ihn im Geheimen, Schwimmen zu lernen, wobei Maier fast ertrinkt. Die Soldaten protestieren, und Riedel setzt Weißenbach von seiner Funktion ab. Der Neue allerdings versagt bei einem Manöver, woraufhin Riedel vom Kompaniechef Hauptmann Kaiser zur Rede gestellt wird. Kaiser setzt Weißenbach wieder ein, denn Gefechtsbereitschaft ist alles. Riedel sieht ein, daß er vorschnell gehandelt und vor allem den Menschen Weißenbach vergessen hat.

OTTOKAR DER WELTVERBESSERER
(KINDERFILM)

RE: Hans Kratzert – SZ: Gudrun Deubener – LV: Gleichnamiger Roman von Ottokar Domma – DR: Gerhard Hartwig – KA: Wolfgang Braumann – MU: Günther Fischer – SB: Joachim Otto – KO: Barbara Braumann – SC: Ruth Ebel – PL: Dieter Dormeier – GR: GR »Roter Kreis« – m: 2333 = 86 min. – fa – brw – PM: 7.7.1977 – PM-Ort: Kinderferienlager Dresener Mühle / Am Plauer See; Freilichtbühne – DA: Lars Herrmann (Ottokar) – Uwe Hoffmeister (Sigi Kugler) – Astrid Heinze (Juliane Bock) – Stefan Bannischka (Harald) – Stefan Endert (Heinz Pilgrim) – Kai-Torsten Jung (Udo) – Micaela Kreißler (Mutter Domma) – Günter Junghans (Vater Domma) – Kurt Böwe (Lehrer Burschelmann) – Dieter Wien (Lehrer Kurz) u. a. – KR: Frölich, U.: Natürlich, der Ottokar. WP 1977/30 – Holland-Moritz, R.: Sommer-Kino-Eule (I). ESP 1977/32 – H.U.: Spaß mit Tom und Ottokar. NZT 14.7.1977 – Knietzsch, H.: Wunderbares für junge Zuschauer. ND 10.2.1977 – Novotny, E.: Teufel, Ottokar und Schneemann auf Reisen. BZ 9.12.1977 – Zimmerling, I.: Ein unbequemer Held. FS 1977/17, S.14 – Tok, H.-D.: -. F&F 1977/9, S.40.

Ottokar geht in die 5. Klasse und hat eine auffallende Eigenart: Er mischt sich überall ein, wo er Ungerechtigkeiten zu entdecken glaubt, außerdem ist er sehr hilfsbereit und schreckt dabei auch vor kleinen Lügen nicht zurück. An Lehrer Kunz rächt er sich, weil der die Mädchen bevorzugt und schwache Schüler demütigt. Mit dem Heuchler Pillenheini, der bei der Gruppenratswahl gegen ihn stimmt, prügelt er sich. Zusammen mit Freund Sigi schleppt er einen betrunkenen Schüler aus der 10. Klasse nach Hause, was ihm Ärger mit dessen Mutter einbringt. Ruhm erntet er nicht mit seinen Taten, aber der neue Lehrer Burschelmann erkennt den guten Kern in ihm und bringt ihn in den Gruppenrat, um seine Aktivitäten in für alle nützliche Bahnen zu lenken. Für Ottokar allerdings ist der nächste Ärger schon programmiert, er mischt sich auch weiterhin überall ein.

TAMBARI
(KINDERFILM)

RE: Ulrich Weiß – SZ: Günter Kaltofen, Ulrich Weiß – LV: Gleichnamiges Kinderbuch von Benno Pludra – DR: Gudrun Deubener – KA: Otto Hanisch – MU: Peter Rabenalt – SB: Hans Poppe – KO: Werner Bergemann – SC: Renate Bade – PL: Martin Sonnabend – GR: GR »Berlin« – m: 2416 = 89 min. – s/w – brw – PM: 8.7.1977 – PM-Ort: Zentrales Pionierlager »Alexander Matrossow« bei Bad Saarow; Freilichtbühne – DA: Erwin Geschonneck (Luden Dassow) – Kurt Böwe (Fuhrmann Kaßbaum) – Hans-Peter Reinecke (Heinrich Töller, Jans Vater) – Barbara Dittus (Emma Töller, Jans Mutter) – Jürgen Gosch (Lehrer Steinkrug) – Frank Reichelt (Jan Töller) – Peter Steinig (Hendrik) – Katrin Doebner (Wiepke Schneider) – Silke Rosin (Brunni Töller) u. a. – KR: Anders, K.: Zauber, Poesie und Kriegsgetümmel. FS 1977/12, S.10 – Frölich, U.: Natürlich, der Ottokar. WP 1977/30 – H. U.: Spaß mit Tom und Ottokar. NZT 14.7.1977 – Novotny, E.: Streit um Tambari. BZ 14.7.1977 – Tok, H.-D.: Von Ottokar, dem »Einmischer« und von Jan, dem Fischerjungen. LVZ 15.7.1977.

Der alte Südseefahrer und Weltumsegler Luden Dassow kehrt in sein Heimatdorf Koselin zurück. Die Fischer der Genossenschaft mögen den Herumtreiber mit dem weißen Kutter »Tambari« nicht. Nur Jan, der Sohn des Vorsitzenden, freundet sich mit ihm an, fischt mit ihm, lauscht seinen aufregenden Geschichten. Als Dassow stirbt, vermacht er der Genossenschaft die »Tambari«. Man will sie nicht und läßt sie verrotten. Da nimmt Jan sich ihrer an. Mit einigen Kindern und der Hilfe des Fuhrmanns Kaßbaum setzt er sie instand. Als ein Sturm die Reusen der Fischer zerstört, und sie Geld brauchen, wollen sie die »Tambari« verkaufen, obwohl Dassows Testament das untersagt. Es kommt zum Streit. Da Jan seinem Vater helfen möchte, einigen sie sich.

UNTERWEGS NACH ATLANTIS

RE: Siegfried Kühn – SZ: Günter Kunert – DR: Inge Wüste-Heym – KA: Claus Neumann – MU: Hans Jürgen Wenzel – SB: Georg Wratsch – KO: Christiane Dorst – SC: Helga Krause – PL: Manfred Renger – GR: GR »Babelsberg« – m: 2146 = 79 min. – fa – brw – PM: 28.7.1977 – PM-Ort: Berlin; »International« – DA: Carl Heinz Choynski (Prof. Bohmann) – Věra Strebová (Elektra) – Rolf Hoppe (Alexander Grey) – Fritz Marquardt (Abu Markub) – Friedrich Richter (Platon) – Friedo Solter (Kommandant) u. a. – KR: Agde, G.: Ansatz gut - Ausführung mißlungen. FS 1977/18, S.10 – Holland-Moritz, R.: Kino-Eule. ESP 1977/39 – Knietzsch, H.: Bohmanns wunderliche Kintopp-Abenteuer. ND 3.8.1977 – Sobe, G.: Grau, Freund, ist alle Theorie...? BZ 3.8.1977 – Tok, H.-D.: In Atlantis gescheitert. WP 1977/32.

Der deutsche Archäologe Bohmann macht sich Ende des vorigen Jahrhunderts auf die Suche nach dem sagenumwobenen Atlantis, das der englische Wissenschaftler Alexander Grey angeblich entdeckt hat. Auf der Reise gerät er in abenteuerliche und gefährliche Situationen. Zum einen sind es Fallen, die Grey ihm unerkannt stellt, zum anderen kommt er zwischen die Fronten des türkisch-griechischen Krieges. Mehrmals knapp dem Tode entronnen, nähert er sich endlich in einem Fischerboot der Insel, die Atlantis sein soll. Im Fischer erkennt er Grey, der ihn seinen Schwindel entdeckt und um Verschwiegenheit bittet. Doch Bohmann flüchtet und läßt Grey auf der Insel zurück.

EIN IRRER DUFT VON FRISCHEM HEU

RE: Roland Oehme – SZ: Rudi Strahl, Roland Oehme – LV: Gleichnamiges Lustspiel von Rudi Strahl – DR: Anne Pfeuffer – KA: Jürgen Lenz – MU: Günther Fischer – SB: Dieter Adam – KO: Ursula Strumpf – SC: Helga Emmrich – PL: Volkmar Leweck – GR: GR »Berlin« – m: 2506 = 92 min. – fa – brw – PM: 23.9.1977 – PM-Ort: Halle; »Urania 70« – DA: Ursula Werner (Dr. Angelika Unglaube) – Peter Reusse (Mattes) – Martin Hellberg (Pastor Himmelsknecht) – Jan Tříska (Aventuro) – Ursula Staack (Lydia) – Roland Knappe (Paul) u. a. – KR: Gehler, F.: -. SO 1977/51 – Hofmann, H.: Ein ausgemachter Wundertäter? NZ 30.11.1977 – Holland-Moritz, R.: Kino-Eule. ESP 1977/48 – Knietzsch, H.: Heiteres Ringelspiel um alten Düwelskram. ND 12.11.1977 – Schütt, H.-D.: Die unglaublichen Erlebnisse des Fräulein Unglaube. JW 12.11.1977 – Agde, G.: Und Marx lächelt dazu. FS 1977/25, S.14 – H.U.: Gerücht um das zweite Gesicht. NZT 18.11.1977 – Rümmler, K.: -. F&F 1977/12, S.34 – Sobe, G.: Es ist nit alles Spuk, was in Eurer Tochter Kammer gehet. BZ 17.11.1977 – Tok, H.-D.: Das heitere Orakel von Trutzlaff. WP 1977/48.

Dem LPG-Bauern und Parteisekretär Mattes aus Trutzlaff sagt man das zweite Gesicht nach. Nicht nur seine Wettervorhersagen sind präzise, er weiß auch, wo verlorengegangene Ehemänner zu finden sind, und wundersame Dinge gelingen ihm. Das dringt bis in die Bezirksstadt und zum Vatikan, die jeweils einen Beauftragten senden, den Wundern auf den Grund zu gehen: Genossin Dr. Unglaube und Monsignore Romeo Aventuro. Die beiden erleben tatsächlich einige »Wunder«, und Dr. Unglaube geht mit Eifer daran, eine natürliche Erklärung zu finden. Mattes nimmt's gelassen, schließlich weiß er, daß die genaue Kenntnis der Leute und der Umstände eine wichtige Voraussetzung für seine Weissagungen sind. Pfarrer Himmelsknecht, der mit dem Parteisekretär ständig im Streit ist, glaubt auch nicht an dessen Wunderkräfte. Und Dr. Unglaube erliegt am Ende Mattes' Charme.

EIN SCHNEEMANN FÜR AFRIKA
(KINDERFILM)

RE: Rolf Losansky – SZ: Christa Kožik, Gudrun Deubener – DR: Klaus Richter de Vroe – KA: Helmut Grewald – MU: Gerhard Rosenfeld – SB: Jochen Keller – KO: Joachim Dittrich – SC: Ursula Zweig – PL: Willi Teichmann – m: 2295 = 84 min. – fa – brw – PM: 2.10.1977 – PM-Ort: Berlin; »Colosseum« – DA: Wolfgang Penz (Matrose Karli) – Wolfgang Winkler (Koch Bob) – Hadiatou Barry (Asina) – Jürgen Reuter

1

2

3

4

5

6

Kinderfilme der DEFA:

1 Monika Wolf und Ronald Geißler in
»Susanne und der Zauberring«
(1973/RE: Erwin Stranka)

2 Dirk Förster in
»Blumen für den Mann im Mond«
(1975/RE: Rolf Losansky)

3 Eine Szene aus
»Konzert für Bratpfanne und Orchester«
(1976/RE: Hannelore Unterberg)

4 Lars Herrmann in
»Ottokar der Weltverbesserer«
(1977/RE: Hans Kratzert)

5 Hadiatou Barry in
»Ein Schneemann für Afrika«
(1977/RE: Rolf Losansky)

6 Dieter Franke in
»Wer reißt denn gleich vor'm Teufel aus«
(1977/RE: Egon Schlegel)

(Chiefmate Sebastian) – Bruno Carstens (Kapitän) – Ingolf Gorges (Maschinist) – Dieter Jäger (Funker Bernd) u. a. – KR: Knietzsch, H.: Wundersame Reise von Rostock zum Äquator. ND 4.11.1977 – Novotny, E.: Teufel, Ottokar und Schneemann auf Reisen. BZ 9.12.1977 – Rehahn, R.: Spaß mit Kasimir. WP 1977/43 – Zimmerling, I.: Vom Spaß am Spaß FS 1977/21, S.12 – Rümmler, K.: -. F&F 1978/2, S.9-10.

Der Matrose Karli vom MS »Wismar« hat dem kleinen Mädchen Asina in Afrika ein Geschenk versprochen. Als er die Kinder im winterlichen Rostock spielen sieht, kommt ihm die Idee, Asina einen Schneemann mitzunehmen. Während der aufregenden Fahrt geht einmal der Schneemann über Bord, ein andermal die Kühlflüssigkeit aus. Aber schließlich kann Asina ihr ungewöhnliches Geschenk überglücklich entgegenehmen. Doch die Träume von gemeinsamen Abenteuern schmelzen in der afrikanischen Sonne schnell dahin. Mit einem weinenden und einem lachenden Auge gibt Asina ihr wertvolles Geschenk einem sowjetischen Frachter mit, der es ins Land der Eskimos bringen soll.

DIE FLUCHT
RE: Roland Gräf – SZ: Hannes Hüttner – DR: Christel Gräf – KA: Claus Neumann – MU: Günther Fischer, nach Motiven von Mussorgski – SB: Georg Wratsch – KO: Inge Kistner – SC: Monika Schindler – PL: Herbert Ehler – GR: GR »Roter Kreis« – m: 2571 = 94 min. – fa – brw – PM: 13.10.1977 – PM-Ort: Berlin; »International« – DA: Armin Mueller-Stahl (Schmith) – Jenny Gröllmann (Katharina) – Erika Pelikowsky (Mittenzwei) – Wilhelm Koch-Hooge (Meißner) – Karin Gregorek (Gudrun) – Simone von Zglinicki (Frau Seebohm) u. a. – KR: Agde, G.: Tragische Konsequenz eines problematischen Charakters. FS 1977/23, S.12 – Haedler, M.: Fehltritt eines Arztes. M 15.10.1977 – Holland-Moritz, R.: Kino-Eule. ESP 1977/48 – H.U.: Dr. Schmiths Weg ins Verhängnis. NZT 21.10.1977 – Knietzsch, H.: Die Geschichte endet als Kriminalfall. ND 21.10.1977 – Gehler, F.: -. SO 1977/46 – Rehahn, R.: Dilemma eines Unpolitischen. WP 1977/45 – Sobe, G.: Das Risiko des Dr. Schmith. BZ 20.10.1977 – Thurm, B.: -. F&F 1977/9, S.36-37 – Kersten, H.: -. FRu 25.11.1977 – Götz, H.H.: Ein düsteres Lehrstück für die DDR. FAZ 11.11.1977 – Schaaf, U.: Wer sich in Gefahr begibt. TSP 6.11.1977.

Oberarzt Dr. Schmith plant ein Forschungsprojekt zur Senkung der Frühgeburtensterblichkeit. Doch es wird von den übergeordneten Stellen abgelehnt. Daraufhin entschließt sich Schmith, die DDR zu verlassen. Er schließt einen Vertrag mit einer westlichen Fluchthelferorganisation. Kurz darauf wird sein Projekt doch realisiert – in einer internationalen Forschungsgruppe, deren DDR-Sektion er leiten soll. Außerdem findet er in der neuen Kollegin Katharina eine Lebensgefährtin. Schmith ignoriert die Abmachung mit den Fluchthelfern, doch er wird von ihnen erpreßt. Zum zweiten Fluchttermin nimmt er die ahnungslose Katharina mit. Als sie seine Absicht erfährt, flüchtet sie. Die Fluchthelfer

werfen Schmith aus dem Auto. Er stirbt auf der nächtlichen Landstraße.

WER REISST DENN GLEICH VOR'M TEUFEL AUS
(KINDERFILM)
RE: Egon Schlegel – SZ: Manfred Freitag, Joachim Nestler – LV: Märchen »Der Teufel mit den drei goldenen Haaren« der Brüder Grimm – DR: Inge Wüste-Heym – KA: Wolfgang Braumann – MU: Günter Hauk – SB: Georg Kranz – KO: Barbara Braumann – SC: Anneliese Hinze-Sokolowa – PL: Erich Albrecht – GR: GR »Babelsberg« – m: 2507 = 92 min. – fa – brw – PM: 4.12.1977 – PM-Ort: Berlin; »Colosseum« – DA: Hans-Joachim Frank (Jakob) – Dieter Franke (Teufel) – Rolf Ludwig (König) – Katrin Martin (Prinzessin) – Wolfgang Greese (Steuereintreiber) – Hannjo Hasse (Hofmarschall) u. a. – KR: Frölich, U.: Jakob in der Unterwelt. WP 1977/51 – Heidicke, M.: Teufel, Ottokar und Schneemann auf Reisen. BZ 9.12.1977 – Hofmann, H.: Spaß mit dem Teufel. NZ 31.12.1977 – Knietzsch, H.: Keine Angst mehr vor den großen Teufeln. ND 6.12.1977 – Holland-Moritz, R.: Kino-Eule. ESP 1978/2 – Lange, W.: -. FS 1977/26, S.15.

Der arme Bursche Jakob wird wegen seiner Furchtsamkeit von den Leuten oft verspottet, und vom Mißgeschick ist er außerdem verfolgt. Der König hat es ebenfalls auf sein Leben abgesehen. Mit einem Brief schickt er Jakob zum Schloß, und wäre er nicht Räubern in die Hände gefallen, dann hätte er den Tag nicht überlebt. So aber feiert er Hochzeit mit der Prinzessin. Der genarrte König entsendet ihn zum Teufel, drei goldene Haare zu holen – in der Hoffnung, Jakob nicht wiederzusehen. Der marschiert los und verspricht unterwegs den vom König ausgebeuteten Untertanen, den Teufel nach einem Ausweg aus ihrer Not zu fragen. In der Hölle kommt er mit einer List – er tarnt sich mit den Kleidern der abwesenden Teufelin – zu den drei goldenen Haaren und kehrt als Held zurück.

1978

EINE HANDVOLL HOFFNUNG
RE: Frank Vogel – SZ: Günter Karl – DR: Thea Richter – KA: Otto Hanisch – MU: Günther Fischer – SB: Hans Poppe – KO: Christiane Dorst – SC: Evelyn Carow – PL: Fritz Brix – GR: GR »Roter Kreis« – m: 2127 = 78 min. – fa – brw – PM: 12.1.1978 – PM-Ort: Berlin; »International« – DA: Simone von Zglinicki (Anneliese Weyher) – Katja Paryla (Martha Menzel) – Dieter Franke (Albert Neuenfeld) – Peter Reusse (Dieter Wollnick) – Detlef Gieß (Manfred Lebus) – Peter Prager (Kurt Danneberg) u. a. – KR: Agde, G.: Entwurf einer totalen Isolation. FS 1978/3, S.12 – Ahrens, P.: Rück-Fragen und Vor-Sorgen. WBÜ 1978/7 – Gehler, F.: -. SO 1978/6 – Holland-Moritz, R.: Kino- Eule. ESP 1978/7 – Pietzsch, I.: -. F&F 1977/12, S.33-34 – Knietzsch, H.: Rückblick auf die Zeit des schweren Anfangs. ND 16.1.1978 – Rehahn, R.: Eine Handvoll Enttäuschung. WP 1978/4 – Sobe, G.: Das große und das kleine Glück? BZ 14.1.1978.

Berlin 1948/49. Die Telefonistin Anneliese Weyher, Anfang zwanzig, hat im Krieg ihre Eltern verloren und lebt bei der Tante. Sie ist innerlich zerstört, geht mechanisch ihrer Arbeit nach, hat ein Verhältnis mit einem Schieber. Auch als sie Zeugin eines Verbrechens von Dieter Wollnick wird. Der ist Chef einer Bande Krimineller, die von Raubüberfällen lebt, und wird von Kommissar Neuenfeld gesucht, dem Freund ihrer Tante. Unverhofft trifft sie ihre erste Liebe wieder, den Uhrmacher Kurt Danneberg. Sie hofft, mit ihm ein bißchen Glück zu finden. Doch bei einem Überfall wird Kurt von Wollnick erschossen. Wollnick wird gestellt und Anneliese erkennt, daß sie durch ihr Schweigen mitschuldig wurde am Tod Kurts. Sie unternimmt einen Selbstmordversuch.

DAS RAUBTIER
(KINDERFILM)
RE: Walter Beck – SZ: Rosel Klein – DR: Margot Beichler – KA: Günter Heimann – MU: Günther Fischer – SB: Erich Krüllke – KO: Helga Scherff – SC: Erika Lehmphul – PL: Siegfried Kabitzke – GR: GR »Johannisthal« – m: 2113 = 77 min. – fa – brw – PM: 29.1.1978 – PM- Ort: Berlin; »Colosseum« – DA: Hanjo Mende (Roland) – Michael Gieseler (Hugo) – Holger Mahlich (Vater Krauß) – Dieter Wien (Eberhard) – Thomas Langhoff (Horst) – Gunter Friedrich (Klaus) – Madeleine Lierck (Hannchen) u. a. – KR: Giera, J.: Ein Held ohne Fehl und Tadel? FS 1978/5, S.13 – G.S.: Die Jagd nach dem Raubtier. NZT 11.2.1978 – Heidicke, M.: Eine Wolfsjagd mit dosierter Spannung. BZ 18.2.1978 – Knietzsch, H.: Mit List und Ausdauer einen Wolf gefangen. ND 2.2.1978.

Der zwölfjährige Roland und sein Freund Hugo verfolgen die Spur eines Wolfes, der in ihrem Dorf ein Schaf gerissen hat. Sie wollen eine Falle bauen. Roland erzählt seinem Vater davon, weil er dessen Rat braucht. Doch im Vater erwacht das Jagdfieber. Mit dem Jagdkollektiv will er den Wolf erlegen, doch Roland verhindert das. Vater und Sohn werden Rivalen. Der Vater nimmt Urlaub, um dem Wolf aufzulauern. Roland schwänzt die Schule, um die Falle zu bauen. Der Junge will den Wolf lebendig. Der Vater bekommt ihn dann doch vor seine Flinte, verletzt ihn aber nur leicht, und der Wolf geht in Rolands Falle. Das ganze Dorf ist froh darüber und schenkt ihn einem Zoo.

EINER MUSS DIE LEICHE SEIN
RE: Iris Gusner – SZ: Iris Gusner – LV: Gleichnamiger Roman von Gert Prokop – DR: Anne Pfeuffer – KA: Günter Jaeuthe – MU: Gerhard Rosenfeld – SB: Heike Bauersfeld – KO: Regina Viertel – SC: Helga Krause – PL: Rolf Martius – GR: GR »Berlin« – m: 2280 = 84 min. – fa – brw – PM: 2.2.1978 – PM-Ort: Berlin; »Kosmos« – DA: Helmut Straßburger (Franz Enderlein) – Marylu Poolman (Johanna Enderlein) – Herbert Köfer (Dieter Gotthardt) – Karin Schröder (Lisa Gotthardt) – Otto Mellies (Egon Kunack) – Karin Gregorek (Evelyn Kunack) u. a. – KR: Agde, G.: Wirkungsvoller Grundeinfall - einseitige Charakterbilder. FS 1978/6, S.12 – Ahrens, P.: Krimi mit Anspruch. WBÜ 1978/14 – Hofmann, H.: Zu viele Erklärungen, verspielte Chancen. NZ 10.2.1978 – Lange, W.: Kein Blick hinter die Fassade. F&F 1978/7, S. 16 – Rehahn, R.: Wer war der Täter? WP 1978/8 – Holland-Moritz, R.: Kino-Eule. ESP 1978/11 – Knietzsch, H.: Versuch filmischer Charakteranalysen. ND 8.2.1978 – Sobe, G.: Auf der Insel der Wahrheiten...? BZ 7.2.1978.

Eine Gruppe DDR-Touristen verbringt den Urlaub an der bulgarischen Schwarzmeerküste. Bei einem Ausflug auf eine einsame Insel zwingt ein Schaden am Boot sie dort zur Übernachtung. Der Kriminalexperte Dr. Enderlein schlägt vor, sich die Zeit mit dem Mörderspiel zu vertreiben. Eine junge Frau, die gerade die »Leiche« sein sollte, ist plötzlich wirklich tot, man findet sie an der Steilküste. Der Verdacht auf Mord wird laut. Die unheilvolle Situation offenbart die Charaktere der Reisegruppenmitglieder. Schließlich stellt sich heraus, daß einer der Touristen sich seiner heimlichen Geliebten entledigt hat, die im Begriff war, seine Karriere zu zerstören.

BRANDSTELLEN
RE: Horst E. Brandt – SZ: Gerhard Bengsch – LV: Gleichnamiger Roman von Franz Josef Degenhardt – DR: Werner Beck – KA: Rolf Sohre – MU: Peter Gotthardt – SB: Christoph Schneider – KO: Ewald Forchner – SC: Karin Kusche – PL: Werner Langer – GR: GR »Berlin« – m: 2597 = 95 min. – fa – brw – PM: 10.3.1978 – PM-Ort: Leipzig; »Capitol« – DA: Dieter Mann (Bruno Kappel) – Heidemarie Wenzel (Maria Ronsdorf) – Wolfgang Dehler (Herbert Ronsdorf) – Ezard Haußmann (Tom Strathmann) – Petra Hinze (Doris Strathmann) – Dietmar Richter-Reinick (Heinz Spormann) – Karin Gregorek (Karin Kunze) – Dieter Wien (Martin Baller) u. a. – KR: Agde, G.: Unterhaltsame Herausforderung. FS 1978/8, S.12 – Gehler, F.: -. SO 1978/17 – Haedler, M.: Die Wandlung des Bruno Kappel. M 18.3.1978 – Hofmann, H.: Eine

Chance an der Seite von Maria. NZ 10.3.1978 – Voss, M.: Politische Erfahrungen dramatisch gestaltet. ND 18.3.1978 – Holland-Moritz, R.: Kino-Eule. ESP 1978/16 – Pietzsch, I.: -. F&F 1978/4, S.22-23 – Sobe, G.: Wenn einer eine Reise tut, dann kann er was erzählen. BZ 18.3.1978 – Kersten, H.: Terrorszene (BRD) im Kino (DDR). FRu 26.4.1978 – Kersten, H.: Bericht aus dem Untergrund. TSP 2.4.1978.

Der Hamburger Rechtsanwalt Bruno Kappel hat sich in der Gesellschaft etabliert. Einst gehörte er einem anarchistischen Studentenkreis an. Seine damalige Freundin Karin Kunze ist der Anarchoszene treu geblieben. Im Innern noch links stehend, vertritt sie bis heute als Rechtsanwalt. Karin wird wegen einer Schießerei mit der Polizei gesucht. Auch Staatsanwalt Baller gehörte einst zu dem Kreis. Er fürchtet, daß seine Vergangenheit bekannt wird, wenn Karin gefaßt wird und er sie anklagen muß. Deshalb bittet er Kappel, sie zu suchen und ins Ausland zu schleusen. Während Kappel nach Karin forscht, begegnet er der Kommunistin Maria, der als Lehrerin ein Berufsverbots-Verfahren anhängt. Kappel verliebt sich in sie, erlebt ihren gemeinsamen Kampf mit einer Bürgerbewegung um die Rettung eines Naherholungsgebietes, das einem Truppenübungsplatz weichen soll. Angesichts dieser Erlebnisse überdenkt er seine politische Haltung.

ICH ZWING DICH ZU LEBEN
RE: Ralf Kirsten – SZ: Ralf Kirsten – LV: Erzählung »Gambit« von Karl Sewart – DR: Brigitte Gotthardt – KA: Jürgen Brauer – MU: Siegfried Matthus – SB: Dieter Adam – KO: Werner Bergemann, Andrea Noack – SC: Ursula Zweig – PL: Erich Albrecht – GR: GR »Babelsberg« – m: 2388 = 88 min. – fa – brw – PM: 20.4.1978 – PM-Ort: Berlin; »Kosmos« – DA: Rolf Ludwig (Lehrer Grübler) – Peter Welz (Sohn Wolfgang) – Anne-Else Paetzold (Helga Grübler) – Elsa Grube-Deister (Frau Kuhnert) – Robert Pfeiffer (Direktor Heschke) – Erich Mirek (Vater Kuhnert) u. a. – KR: Agde, G.: Stilwillen im Widerspruch. FS 1978/10, S.12 – Bender, A.: Doch der Junge wird überleben. T 28.4.1978 – Gehler, F.: -. SO 1978/19 – Holland-Moritz, R.: Kino-Eule. ESP 1978/22 – Knietsch, H.: Bekenntnis zu aktiver Humanität. ND 22.4.1978 – Lange, W.: -. F&F 1978/5, S.13-14 – Rehahn, R.: Er war fünfzehn. WP 1978/19 – Schütt, H.-D.: Das Kammerspiel in der Erdgrube. JW 22.4.1978 – Sobe, G.: Gambit oder Spieleröffnung bei Opferung einer Figur. BZ 25.4.1978 – Kersten, H.: Bild einer verführten Jugend. TSP 7.5.1978.

Ein kleines Dorf im Erzgebirge kurz vor Ende des zweiten Weltkriegs. Wolfgang, 15jähriger Sohn des Lehrers Werner Grübler, meldet sich freiwillig zur Waffen-SS. NSDAP-Mitglied Grübler hat seine Schüler entsprechend erzogen. Die Handlung seines eigenen Sohnes aber schockiert ihn. Wolfgang haßt den Vater, weil er ihn für feige hält. In der Nacht fesselt Grübler seinen Sohn und bringt ihn in den Wald, wo er eine Erdhöhle baut, um sich mit dem Jungen bis zum Kriegsende dort zu verstecken. Zwischen

beiden kommt es zu heftigen Auseinandersetzungen. Am Ende muß Grübler sich jungen fanatischen Durchhalte-Nazis opfern, damit Wolfgang überleben kann.

ICH WILL EUCH SEHEN
RE: János Veiczi – SZ: Igor Bolgarin, János Veiczi – DR: Dieter Wolf – KA: Helmut Bergmann – MU: Günter Hörig – SB: Jewgeni Gankin, Joachim Otto – KO: Ala Gribowa, Günther Pohl – SC: Lotti Mehnert, Thea Richter, MI: Eva-Maria Schumann – PL: Dorothea Hildebrandt – GR: GR »Babelsberg« – m: 2611 = 96 min. – fa – brw – PM: 4.5.1978 – PM-Ort: Berlin; »Kosmos« – DA: Walter Plathe (Fritz Schmenkel) – Jewgeni Sharikow (Miron) – Leon Niemczyk (Kommandeur) – Grigori Grigoriu (Kommissar Ardatow) – Swetlana Suchowej (Shura) – Iwan Gawriljuk (Konoplow) u. a. – KR: Holland-Moritz, R.: Kino-Eule. ESP 1978/22 – H.U.: Zwei Jahre an der Seite der Partisanen. NZT 10.5.1978 – Knietzsch, H.: Entscheidung eines wahren Menschen. ND 5.5.1978 – Kügelgen, B. von: -. SO 1978/25 – Schütt, H.-D.: Heldenbiographie - spannend erzählt. F&F 1978/7, S.15-16 – Agde, G.: Aktion kontra Gedenken. FS 1978/12, S.12 – Sobe, G.: Die Ballade vom Bewußtwerden? BZ 10.5.1978.

Der Landarbeiter und Soldat der faschistischen Wehrmacht Fritz Schmenkel desertiert 1941 in Belorußland. Er will überleben, schlägt sich zu russischen Bauern durch und bekommt Kontakt zu sowjetischen Partisanen, die ihn nach langen Verhören durch den Deutschlehrer und jetzigen Partisan Miron als einen der ihren aufnehmen. Schmenkel stellt in etlichen waghalsigen Aktionen seine Zuverlässigkeit unter Beweis und wird mit dem Rotbannerorden ausgezeichnet. Im Winter 1943/44 erhält er einen Aufklärungsauftrag und gerät in Minsk in die Hände der Faschisten. Nach tagelangen Verhören, denen er standhält, richten ihn die Nazis hin.

JÖRG RATGEB – MALER
RE: Bernhard Stephan – SZ: Manfred Freitag, Joachim Nestler – DR: Werner Beck – KA: Otto Hanisch – MU: Andrzej Korzynski – SB: Peter Wilde – KO: Dorit Gründel – SC: Brigitte Krex – PL: Helmut Klein, Rolf Martius – GR: GR »Berlin« – m: 2715 = 100 min. – fa – brw – PM: 25.5.1978 – PM-Ort: Berlin; »Kosmos« – DA: Alois Švehlík (Jörg Ratgeb) – Margrit Tenner (Barbara) – Olgierd Lukaszewicz (Bischof) – Günter Naumann (Joß Fritz) – Malgorzata Braunek (junge Bäuerin) – Henry Hübchen (Thomas Niedler) – Martin Trettau (Albrecht Dürer) – Rolf Hoppe (Gaukler) u. a. – KR: Agde, G.: Warum einer den Aufruhr malt. FS 1978/14, S.14 – Gehler, F.: -. SO 1978/26 – Holland-Moritz, R.: Kino-Eule. ESP 1978/25 – Knietzsch, H.: Er suchte die Wahrheit in seiner Zeit. ND 3.6.1978 – Rehahn, R.: Odysee - 1517. WP 1978/24 – Bresch, U.: Von einem der auszog. FO 1978/14 – Schütt, H.-D.: Auf der Suche nach dem Ideal. F&F 1978/9, S.11-13 – Sobe, G.: Oder der arge Weg der Erkenntnis? BZ 3.6.1978 – Niehoff, K.: -. TSP 28.2.1978.

Am Vorabend des Bauernkrieges ist der Maler Jörg Ratgeb auf der Suche nach einem Christus-Modell. Er findet niemanden, der seinen Vorstellungen entspricht. An sich selbst zweifelnd, verläßt der Mittdreißiger Frau und Kinder und macht sich auf den Weg zu seinem Vorbild Albrecht Dürer. Bisher hatte er sich aus den politischen Kämpfen herausgehalten, sich auch von den Bundschuhleuten, denen er eine Fahne malen sollte, nicht vereinnahmen lassen. Die Erlebnisse der Reise, auf der ihm überall Gewalt begegnet, ziehen ihn in den politischen Kampf hinein. Er sieht, wie die stumme Barbara, die ihm das Leben rettete, von einem Bischof in den Tod getrieben wird. Ein Bauernbursche, der ihm Christus-Modell sein soll, wird zum Henker und dann selbst gehängt. Ein Gaukler muß die Verkündung der Wahrheit mit dem Leben bezahlen. Ratgeb malt nun, wie er die Dinge sieht. Die Gewalt verabscheuend, wird er dennoch zu einem Führer der Aufständischen und 1526 hingerichtet.

HIEV UP
(CO-PRODUKTION MIT DEM FERNSEHEN DER DDR)

RE: Joachim Hasler – SZ: Joachim Hasler, MI: Hermann Rodigast – DR: Willi Brückner, Just Wagner – KA: Peter Krause – MU: Gerd Natschinski – SB: Georg Wratsch – KO: Joachim Dittrich – SC: Anneliese Hinze-Sokolowa – PL: Dieter Dormeier – GR: GR »Johannisthal« – m: 2430 = 89 min. – fa – PM: 29.6.1978 – PM-Ort: Demmin; Waldbühne – DA: Alfred Müller (Kapitän Odje) – Regina Beyer (Biggy) – Jürgen Heinrich (Smutje Eduard) – Solveig Müller (junge Lehrerin) – Dietmar Richter-Reinick (Steuermann Karstens) – Madeleine Lierck (Marianne) u. a. – KR: Hoff, P.: Schwank mit tieferer Bedeutung. F&F 1978/8, S.6-7 – Holland-Moritz, R.: Kino-Eule. ESP 1978/32 – H.U.: Mal heiter, mal abenteuerlich. NZT 5.7.1978 – Knietzsch, Horst: Heiterer Auftakt für das Filmfest im Grünen. ND 29.6.1978 – Schütt, H.-D.: Kultur hat keine Balken. JW 4.7.1978 – Agde, G.: Stellenweise Aufheiterung. FS 1978/16, S.12 – Heidicke, M.: Unterhaltung mit Humor gespickt. BZ 18.7.1978 – Tok, H.-D.: Käpt'n Odje und seine Männer. WP 1978/27.

Odje ist Kapitän auf einem Kutter des Fischereikombinats Saßnitz. Mit ihren hervorragenden Fangergebnissen ist seine Mannschaft daran gewöhnt, im Wettbewerb den ersten Platz zu belegen. Doch plötzlich sind sie nur dritter, und eine Prämie gibt's auch nicht. Was der Brigade fehlt, ist das »Brigadeleben«. Beim nächsten Landurlaub versucht Kapitän Odje mit drastischen Mitteln, den Minuspunkt wettzumachen. Er verordnet einen mehrtägigen Brigadeausflug mit Ehe- und anderen Partnerinnen, einer noch aufzutreibenden Patenklasse und natürlich mit Kultur. Zu seiner Überraschung gibt es einige Verwicklungen, in deren Verlauf eine Hochzeit stattfindet, eine Ehekrise ans Licht kommt und der Casanova der Brigade sich ausgerechnet in die Tochter seines Chefs verliebt.

SEVERINO

RE: Claus Dobberke – SZ: Inge Borde – LV: Roman »Severino von den Inseln« von Eduard Klein – DR: Thea Richter – KA: Hans Heinrich – MU: Günther Fischer – SB: Heinz Röske – KO: Inge Kistner – SC: Renate Bade, Monika Schindler – PL: Gerrit List – GR: AG »Roter Kreis« – m: 2235 = 82 min. – fa – brw – PM: 30.6.1978 – PM-Ort: Prenzlau; Freilichtbühne – DA: Gojko Mitic (Severino) – Violeta Andrei (Maruja) – Constantin Fugasin (Blas) – Mircea Anghelescu (Nicolas) – Emanoil Petrut (Domingo) – Leon Niemczyk (Sergeant) u. a. – KR: Agde, G.: Stellenweise Aufheiterung. FS 1978/16, S.12 – Giera, J.: Als Severino mal anders? WP 1978/29 – Pietzsch, I.: Zerstörte Legende vom Kondor-Paß. F&F 1978/9, S.13-14 – Schütt, H.-D.: Ende eines Traums JW 5.7.1978 – Heidicke, M.: Unterhaltung mit Humor gespickt. BZ 18.7.1978 – Hofmann, H.: »Severino« erfüllt lang gehegten Zuschauerwunsch. NZ 30.6.1978.

Nach zehn Jahren kommt der südamerikanische Manzanero-Indianer Severino in sein Heimatdorf zurück, um seinen jüngeren Bruder zu holen. Er hat bei den Weißen gearbeitet, sein Geld gespart und will sich nun ein Stück Land im Norden kaufen, um ein neues Leben aufzubauen. Die Situation im Dorf hat sich jedoch dramatisch zugespitzt. Überfälle auf Indianer wie weiße Siedler finden statt, Vieh wird gestohlen. Jemand versucht, Indianer und Siedler gegeneinander aufzuhetzen. Severino entschließt sich zu bleiben und für ein friedliches Nebeneinanderleben mit den Weißen einzutreten. Er gibt sein Geld für den Kauf des Indianerlandes und findet in dem Mädchen Maruja eine Lebenspartnerin, doch deren Großvater, Häuptling Nicolas, ist für Kampf. Severino gewinnt unter den Indianern Mitstreiter und entdeckt, daß eine Bande von Banditen, denen auch sein Vater zum Opfer gefallen ist, den Zwist zwischen Indianern und Weißen schürt.

ROTSCHLIPSE
(KINDERFILM)

RE: Helmut Dziuba – SZ: Hans-Albert Pederzani – DR: Anne Pfeuffer – KA: Lothar Gerber – MU: Christian Steyer – SB: Klaus Winter, Jochen Keller – KO: Helga Scherff – SC: Barbara Simon – PL: Uwe Klimek – GR: GR »Berlin« – m: 2230 = 82 min. – fa – brw – PM: 6.7.1978 – PM-Ort: Lauchhammer-Ost; Kulturhus »John Scheer« – DA: Andreas Reinschmidt (Hotte) – Babette Breitenborn (Sonni) – André Schneider (Mante) – Dirk Beckmann (Bürschte) – Kerstin Beyer (Traudchen) – Udo Schenk (Werner) – Michael Narloch (Adi Kalweit) – Hildegard Alex (Mutter von Sonni) – Käthe Reichel (Filitzen) u. a. – KR: Budkiewitz, H.: Der Kampf um das »Budjonny-Lager«. F&F 1978/10, S.9-10 – Giera, J.: Kathi, Hotte, Igor und eine Jungfrau. FS 1978/17, S.13 – Holland-Moritz, R.: Kino-Eule. ESP 1978/32 – Knietzsch, H.: Abenteuer von gestern für uns heute erzählt. ND 22.7.1978 – Novotny, E.: Begegnungen gestern und heute. BZ 10.8.1978.

1927 sammeln Rote Jungpioniere in einem Berliner Arbeiterviertel Geld für ein Ferienlager, das die KPD für die Kinder organisieren will. Hotte, Anführer einer Bande Rowdys, schlägt nach anfänglichen Störversuchen einen Sammelwettbewerb vor, weil er der hübschen Sonni aus der Pioniergruppe imponieren will. Bald darauf verläßt er die Bande und schließt sich den Pionieren an. Die Plätze im Lager sind knapp, und da es gegen seine Teilnahme Vorbehalte gibt, verzichtet er freiwillig. Doch er fährt den Pionieren heimlich nach, als er herausbekommt, daß einige Mitglieder seiner alten Bande zusammen mit SA-Leuten einen Sabotageakt auf das Lager vorbereiten. Zusammen mit dem Pionierleiter Werner und alarmierten Arbeitern aus einer nahegelegenen Ziegelei kann der Anschlag verhindert werden.

EIN SONNTAGSKIND, DAS MANCHMAL SPINNT
(KINDERFILM)

RE: Hans Kratzert – SZ: Gudrun Deubener – DR: Dieter Bölke – KA: Wolfgang Braumann – MU: Günther Fischer – SB: Georg Kranz – KO: Barbara Braumann – SC: Ruth Ebel – PL: Siegfried Kabitzke – GR: AG »Roter Kreis« – m: 2419 = 89 min. – fa – brw – PM: 7.7.1978 – PM-Ort: Arendsee; »Camping-Kino« – DA: Yvonne Dießner (Kathy Montag) – Robert Schusser (Niki Peskowsky) – Ev Leppin (Anke) – Hermann Beyer (Peter Montag) – Walfriede Schmitt (Carola Klaroschewsky) – Ute Lubosch (Pionierleiterin Franziska Peters) – Klaus Manchen (Rolf Peskowsky) – Rolf Hoppe (Lehrer Schütterow) u. a. – KR: Giera, J.: Kathi, Hotte, Igor und eine Jungfrau. FS 1978/17, S.13 – Haedler, M.: Babelsberger Sommergaben. M 1.7.1978 – Hoff, P.: Nicht genutzte Chancen. F&F 1978/8, S.7-8 – Holland-Moritz, R.: Kino-Eule. ESP 1978/32 – Novotny, E.: Begegnungen gestern und heute. BZ 10.8.1978.

Die zehnjährige Kathy Montag ist mit ihrem Vater – die Mutter ist vor einigen Jahren gestorben – von einem Dorf im Harz nach Brandenburg gezogen. Der Umzug soll gefeiert werden, und Kathy bekommt den Auftrag, dafür einzukaufen. Sie geht durch die Stadt und vergißt den Auftrag, als sie zwei gleichaltrige Kinder trifft. Schließlich landet sie mit ihnen bei einer Brigadefeier und kommt erst Stunden später nach Hause. Da Kathy an allem, was ihr begegnet, Anteil nimmt, gerät sie ständig in besondere Situationen. Einmal sogar in einen historischen Film. Ihre neuen Klassenkameraden halten sie deshalb für eine Spinnerin, und auch der Vater macht sich Sorgen.

DER ÜBERGANG

RE: Orlando Lübbert – SZ: Orlando Lübbert – DR: Tamara Trampe – KA: Jürgen Brauer – MU: Ivan Pequeno – SB: Maria Iwanowa – KO: Maria Ljugowa – SC: Christa Helwig – PL: Irene Ikker – GR: AG »Berlin« – m: 2137 = 78 min. – fa – PM: 10.9.1978 – PM-Ort: Berlin; »International« – DA: Adelaida Arias (Rosa) – Oscar Castro (Juan) – Hugo Medina (Carlos) – Anibal Reyna (Lorenzo) – Victor Carvajal (Chilenischer Polizist) – Enrique Herman Garate (Feldscher) u. a. – KR: Agde, G.: Ein Hohelied vom Kampf. FS 1978/20, S.12 – Gehler, F.: -. SO 1978/39 – Knietzsch, H.: Eine große Hoffnung auf die Zukunft. ND 12.9.1978 – Rülicke-Weiler, K.: Zeit der Prüfungen. F&F 1978/9, S.8-10 – Schütt, H.-D.: Gefährliche Flucht. JW 15.9.1978 – Sobe, G.: Die Flucht oder Dialog unterwegs. BZ 16.9.1978 – Tok, H.-D.: Flucht über die Anden. WP 1978/38.

Ende 1973, wenige Wochen nach dem Putsch der faschistischen Junta in Chile, sind drei Männer auf der Flucht. Der Arbeiter Carlos, der Student Juan und der Beamte Lorenzo wollen über die Anden nach Argentinien. Auf ihrem beschwerlichen Weg erleben sie, wie ein Viehzüchter von chilenischen Polizisten erschossen wird. Kurz darauf suchen sie Unterschlupf bei einer Bäuerin, die Juan Hilfe braucht. Seine Wunden, die ihm bei der Folter im Gefängnis beigebracht wurden, sind aufgebrochen. In der Bäuerin erkennen sie die Frau des ermordeten Viehzüchters. Sie ist hochschwanger, und die drei bleiben, um ihr bei der Entbindung zu helfen. Als sie endlich die Grenze passiert haben, wird ihr Asylantrag abgelehnt. Juan flieht, die beiden anderen werden gefesselt zurückgebracht. Ein Befreiungsversuch Juans mißlingt zwar, aber die Gefangenen können einen Posten töten und seine Maschinenpistole in ihren Besitz bringen. Sie sind entschlossen, sich zu verteidigen.

ANTON DER ZAUBERER

RE: Günter Reisch – SZ: Karl Georg Egel, MI: Fritz Joachim Burmeister – DR: Willi Brückner – KA: Günter Haubold – MU: Wolfram Heicking – SB: Hans-Jorg Mirr – KO: Christiane Dorst – SC: Bärbel Weigel – PL: Manfred Renger – GR: GR »Johannisthal« – m: 2896 = 106 min. – fa – Cine – PM: 19.9.1978 – PM-Ort: Rostock; »Capitol« – DA: Ulrich Thein (Anton) – Anna Dymna (Liesel) – Erwin Geschonneck (Vater Grubske) – Barbara Dittus (Sabine) – Marina Krogull (Ille) – Erik S. Klein (Schröder) – Marianne Wünscher (Rechtsanwältin) u. a. – KR: Agde, G.: Zaubern müßte man können. FS 1978/22, S.12 – Ahrens, P.: Filmkomödie mit Engagement. WBÜ 1978/40 – Holland-Moritz, R.: Kino-Eule. ESP 1978/38 – Rehahn, R.: Ein Mann wie Anton. WP 1978/42 – Gehler, F.: -. SO 1978/41 – Knietzsch, H.: Die Sache mit den goldenen Händen. ND 21.9.1978 – Sobe, G.: Anton der Autoschlosser oder Ein Schelm, der Arges dabei denkt. BZ 26.9.1978 – Tok, H.-D.: Der gezackte Lebensweg eines »komischen« Helden. F&F 1978/9, S.6-8 – oha: Anton zaubert Traktoren aus Kriegsschrott. BMP 25.10. 1984.

Der Automechaniker Anton Grubske ist ein pfiffiger Bursche. 1945 entgeht er der Kriegsgefangenschaft, entzieht sich den Fängen der Gastwirtswitwe Sabine und kehrt in sein Heimatdorf zurück. Dort heiratet er die Tochter seines Chefs, macht die Werkstatt zu einem florierenden Unternehmen, indem er mit aufgemöbelten Autowracks den ganzen Kreis motorisiert. Er schröpft die Großbauern weidlich und

deponiert das Geld bei seiner alten Freundin Sabine, die ihn auch noch in Schiebereien verwickelt, so daß Anton bald Milionär ist. Seine Umtriebe bringen ihm vier Jahre Gefängnis ein, wo er sich ebenfalls als Organisationstalent bewährt und als Aktivist entlassen wird. Seine Million ist allerdings dahin, Sabine hat sich mit dem Geld in die Schweiz abgesetzt. Aber Anton macht weiter Karriere, als Ersatzteilbeschaffer eines Traktorenwerkes. Sein Ruf hat inzwischen RGW-Dimensionen erlangt, als er von Sabine, die verunglückt ist, die hohe Lebensversicherung und einen Straßenkreuzer erbt. Das Geld schenkt er der Stadt, den Straßenkreuzer schickt er in die Schrottpresse, und ob dieser großartigen Tat betrinkt er sich so fürchterlich, daß sein Herz versagt.

SIEBEN SOMMERSPROSSEN

RE: Herrmann Zschoche – SZ: Christa Kožik – DR: Gabriele Herzog – KA: Günter Jaeuthe – MU: Gunther Erdmann, Peter Gotthardt – SB: Harry Leupold – KO: Isolde Warczycek – SC: Rita Hiller – PL: Fritz Brix – GR: AG »Johannisthal« – m: 2164 = 79 min. – fa – brw – PM: 5.10.1978 – PM-Ort: Berlin; »International« – DA: Kareen Schröder (Karoline) – Harald Rathmann (Robert) – Christa Löser (Frau Kränkel) – Evelyn Opoczynski (Bettina) – Jan Bereska (Benedikt) – Barbara Dittus (Karolines Mutter) u. a. – KR: Agde, G.: An der Schwelle zum Erwachsensein. FS 1978/23, S.12 – Ahrens, P.: DEFA-Filme zum Anstehen und Ansehen. WBÜ 1978/48 – Holland-Moritz, R.: Kino-Eule. ESP 1978/42 – Knietzsch, H.: Spiel um Glück und Liebe junger Menschen. ND 18.10. 1978 – Schütt, H.-D.: Romeo und Julia von heute. F&F 1978/10, S.10-11 – Rehahn, R.: Allererste Liebe. WP 1978/45 – Voigt, J.: -. SO 1978/44 – Kersten, H.: Erste Liebe in der DDR. FRu 17.7.1982.

Die 14jährige Karoline und der 15jährige Robbi, die früher mal im selben Haus gewohnt haben, treffen sich in einem Ferienlager wieder. Eine zarte Liebesbeziehung entwickelt sich zwischen beiden, doch der strenge Tagesablauf im Ferienlager setzt ihnen Grenzen. Sie suchen sich ihre Freiräume und stoßen damit auf Unverständnis wie Eifersucht. Der Gruppenleiter Benedikt, in seine Kollegin Bettina verliebt, hat Verständnis und schlägt den Jugendlichen vor, zur Abschlußfeier »Romeo und Julia« einzustudieren. Lagerleiterin Kränkel ist zwar strikt dagegen, kann sich aber nicht durchsetzen. Die Arbeit mit dem Stück führt bei Karoline und Robbi zum besseren Verständnis ihrer eigenen Situation und der Probleme, die sie in der Gemeinschaft haben. Ihre Liebe reift an dem klassischen Vorbild. Und bei der Aufführung ist sogar die Lagerleiterin zu Tränen gerührt.

DAS VERSTECK

RE: Frank Beyer – SZ: Jurek Becker – DR: Gerd Gericke – KA: Jürgen Brauer – MU: Günther Fischer – SB: Harry Leupold – KO: Dorit Gründel – SC: Rita Hiller – PL: Rolf Martius – GR: GR »Johannisthal« – m: 2849 = 104 min. – fa – PM: 6.11.1978 – PM-Ort: Ber-

lin; »Colosseum« – DA: Jutta Hoffmann (Wanda Brink) – Manfred Krug (Max Brink) – Marita Böhme (Gertrud) – Dieter Mann (Lutz Bibow) – Alfred Müller (Paul Ludorf) – Martin Trettau (VP-Leutnant) u. a. – KR: Agde, G.: Versteckspielen mit Augenzwinkern. FS 1978/ 26, S.13 – Gehler, F.: Sabine Wulff. Das Versteck. SO 1978/49 – Kersten, H.: Aus dem Versteck geholt. TSP 19.11.1978 – Kersten, H.: Aus dem Versteck geholt. FRu 1.12.1978 – Lubowski, B.: Komik und Tragik einer Ehe. BMP 24.8. 1979 – Hebecker, K.: Wenn Manfred Krug flieht. W 25.8.1979 – Michaelis, R.: Erst die Scheidung, dann die Liebe. Zeit 31.8.1979 – Knapp, G.: Szenen einer deutschen Ehe. SüZ 28.8.1979 – Witte, K.: Paul und Paula in den besten Jahren. FAZ 25.8.1979 – Baer, V.: Satyrspiel einer Ehe. TSP 24.8.1979.

Ein Jahr nach seiner Scheidung versucht Max, seine Frau zurückzugewinnen. Er gibt vor, von der Polizei gesucht zu werden und sich bei ihr verstecken zu wollen. Wanda geht darauf ein. Anfangs wehrt sie sich gegen Max' Versuche, ihre Beziehung wiederzubeleben, läßt sich dann doch beinahe verführen. Ihren neuen Liebhaber wirft sie hinaus, als dieser Max bei der Polizei anzeigt. Dabei kommt sie hinter den Schwindel, läßt sich jedoch nichts anmerken, um zu prüfen, ob es vielleicht doch einen Neuanfang geben kann. Wanda, seit der Trennung selbstsicherer und auch skeptischer geworden, erkennt, daß der zweite Versuch nur eine Neuauflage der unbefriedigenden Ehe werden würde. Max hat sich nicht geändert, ist auch nicht bereit, die Konflikte zwischen ihnen zu lösen, will sie lediglich beiseiteschieben. Wanda entscheidet sich für die endgültige Trennung.

SABINE WULFF

RE: Erwin Stranka – SZ: Erwin Stranka – LV: Roman »Gesucht wird die freundliche Welt« von Heinz Kruschel – DR: Anne Pfeuffer – KA: Peter Brand – MU: Karl-Ernst Sasse – SB: Marlene Willmann – KO: Werner Bergemann – SC: Evelyn Carow – PL: Erich Albrecht – GR: AG »Berlin« – m: 2502 = 92 min. – fa – brw – PM: 9.11.1978 – PM-Ort: Berlin; »Kosmos« – DA: Karin Düwel (Sabine Wulff) – Manfred Ernst (Jimmy) – Jürgen Heinrich (Atsche) – Hans-Joachim Frank (Hansel) – Lars Jung (Hotte) – Jutta Wachowiak (Heide Hobohm) u. a. – KR: Agde, G.: Kleine Geschichte einer Ankunft. FS 1978/25, S.14 – Bender, A.: Sabines langer Weg zum neuen Anfang. T 16.11.1978 – Gehler, F.: -. SO 1978/49 – Heidicke, M.: Vom neuen Anfang einer 18jährigen. BZ 11.11.1978 – Holland-Moritz, R.: Kino-Eule. ESP 1978/48 – Ahrens, P.: DEFA-Filme zum Anstehen und Ansehen. WBÜ 1978/48 – Knietzsch, H.: Nachdenken über den eigenen Weg ins Leben. ND 11.11. 1978 – Rümmler, K.: Ein Mädchen findet zu sich selbst. F&F 1979/2, S.14-16 – Tok, H.-D.: Suche nach der Freundlichkeit. WP 1978/47 – Schostach, R.: Schmollmund und Trotz im Blick. FAZ 31.8.1981.

Knapp 18jährig wird Sabine aus dem Jugendwerkhof entlassen. Hineingekommen ist sie, weil ihr Freund Jimmy sie zum Zigarettenklauen verleitete. Sie liebt ihn noch immer, ist aber fest entschlossen, ein anderes Leben zu beginnen. Zu den Eltern will sie nicht zurück, deshalb mietet sie ein Zimmer und sucht sich Arbeit in einer Schuhfabrik. Dort kommt man der Neuen, deren Vergangenheit bekannt ist, mit Mißtrauen und sogar Ablehnung entgegen. Aber es gibt auch Kolleginnen, die sich ihrer annehmen. Sabine ist unbequem, weil sie ehrlich ihre Meinung sagt, und das verbessert ihren Stand nicht gerade. Sie deckt einen Betrug auf und trägt durch ihr Engagement dazu bei, daß die Arbeitsbedingungen verbessert werden. Am Ende geht sie wieder zu Jimmy, der sein Leben zwar nicht verändert hat, dem sie aber nun als eine andere gegenübertritt.

ACHILLESFERSE

RE: Rolf Losansky – SZ: Günter Mehnert – DR: Gudrun Deubener – KA: Helmut Grewald – MU: Gruppe Express, MB: Gerhard Rosenfeld – SB: Dieter Adam – KO: Joachim Dittrich – SC: Ursula Zweig – PL: Werner Langer – GR: AG »Berlin« – m: 2487 = 91 min. – fa – brw – PM: 7.12.1978 – PM-Ort: Berlin; »International« – DA: Heidrun Welskop (Susanne) – Erwin Berner (Michael) – Dieter Franke (Trainer Rieger) – Jessy Rameik (Susannes Mutter) – Jürgen Reuter (Cheftrainer) – Manfred Karge (Susannes Vater) u. a. – KR: Agde, G.: Ein Sportlerfilm. FS 1979/1, S.12 – Goldberg, H.: Von Salti, Sprüngen und einigen Stürzen. ND 21.12.1978 – Holland-Moritz, R.: Kino-Eule. ESP 1979/3 – Schirrmeister, H.: Fleiß ist des Glückes Vater. 15.12.1978 – Schütt, H.-D.: Achillesferse eines neuen DEFA-Films. JW 12.12.1978 – Tok, H.-D.: Ein Mädchen sucht sein eigenes Gesicht. F&F 1979/1, S.13-14.

Die 17jährige Susanne ist Turnerin und hat die Chance, in die Nationalmannschaft aufgenommen zu werden. Aber ausgerechnet jetzt hat sie Probleme beim Training. Ihr gelingt der neue Abgang vom Stufenbarren nicht. Gleichzeitig gerät sie in andere Konfliktsituationen: In der Schule lassen ihre Leistungen nach. Ihre ehrgeizige Mutter, an die Erfolge der Tochter gewöhnt, bringt nicht das notwendige Verständnis auf. Der Vater, von Susannes Mutter geschieden und ständig auf Reisen, ist nur selten für sie da. Ihr Freund Michael, mit dem sie die erste Liebe erlebt, muß bald zur Armee und fühlt sich vernachlässigt, weil Susanne zu wenig Zeit für ihn hat. Ihr Trainer aber zeigt Verständnis, steht ihr in den Konfliktsituationen, die sie schließlich meistert, zur Seite – und so stellt sich auch der Erfolg im Sport wieder ein.

1979

ADDIO, PICCOLA MIA

RE: Lothar Warneke – SZ: Helga Schütz – DR: Christel Gräf – KA: Claus Neumann – MU: Bach, Mozart; Gerhard Rosenfeld – SB: Alfred Hirschmeier – KO: Christiane Dorst – SC: Erika Lehmphul – PL: Herbert Ehler – GR: AG »Roter Kreis« – m: 3361 = 123 min. – fa – brw – PM: 18.1.1979 – PM-Ort: Berlin; »International« – DA: Hilmar Eichhorn (Georg Büchner) – Wolfgang Arnst (Redner) – Trude Bechmann (Oma Zeuner) – Hans Bergermann (Bauer) – Lydia Billiet (Tante Jules) – Ralph Borgwardt (Vater N.) – Ute Lubosch (Louise) – Jörg Foth (Musiklehrer) – Michael Gwisdek (Ludwig Weidig) – Lars Jung (Minnigerode) u. a. – KR: Agde, G.: Historie - Assoziationen zum Heute bietend. FS 1979/4, S.14 – Ahrens, P.: Büchner in schönen Bildern. WBÜ 1979/9 – Gehler, F.: -. SO 1979/6 – Knietzsch, H.: Nachdenken über ein sinnvolles Leben. ND 20.1.1979 – Rehahn, R.: Er war dreiundzwanzig. WP 1979/6 – Schiller, D.: Lebenserinnerungen eines jungen Mannes. F&F 1979/1, S.10-13 – Sobe, G.: Der Büchner-Bilderbogen. BZ 19.1.1979 – Kersten, H.: Aus den Tagen des Vormärz. TSP 18.3.1979.

Der Medizinstudent und Dichter Georg Büchner verabschiedet sich 1833 in Straßburg von seiner Geliebten Louise und kehrt in seine hessische Heimat zurück. Er lernt dort den Pfarrer Weidig kennen, den Kopf einer revolutionären Verschwörung. Sie gründen die »Gesellschaft für Menschenrechte«, schreiben den »Hessischen Landboten«, eine Aufklärungsschrift für die Massen, die sie in ihre Aktivitäten einbeziehen wollen. Der Freund Minnigerode und Weidig werden verhaftet, der steckbrieflich gesuchte Büchner flieht nach Straßburg zu Louise, dort vollendet er »Dantons Tod«. Er fühlt sich in Straßburg nicht sicher und geht nach Zürich. Büchner schreibt den »Woyzeck« und arbeitet wissenschaftlich. Am 21. Februar 1837 stirbt er im Alter von 23 Jahren an Typhus.

DES HENKERS BRUDER
(KINDERFILM)

RE: Walter Beck – SZ: Brigitte Kirsten, Gudrun Deubener – LV: Gleichnamiger Roman von Hanna-Heide Kraze – DR: Gudrun Deubener – KA: Günter Heimann – MU: Günther Fischer – SB: Erich Krüllke – KO: Lydia Fiege – SC: Ilse Peters – PL: Siegfried Kabitzke – GR: AG »Berlin« – m: 2313 = 83 min. – fa – brw – PM: 2.2.1979 – PM-Ort: Gera; »Panorama-Palast« – DA: Frank Grunwald (Christoph) – Gunter Friedrich (Joß) – Thomas Wolff (Hieronymus) – Holger Mahlich (Henker Jakob) – Fred Delmare (Octavio) – Walter Lendrich (Herlinger) – Frank Ciazynski (Ritter Scharfenstein) u. a. – KR: Hahnemann, H.: Eine 2 für »Des Henkers Bruder«. BZA 8.2.1979 – Holland-Moritz, R.: Kino-Eule. ESP 1979/10 – Lange, W.: Das letzte Wort zur Historie? F&F 1979/2, S.16-17 – Skulski, G.: Geschichte für das Heute. NZT 26.4.1979.

Am Vorabend des Deutschen Bauernkrieges wird die Familie des Jungen Christoph Opfer eines Racheaktes des Ritters Scharfenstein. Der Bauernführer Joß nimmt Christoph zu sich. Er lernt lesen, schreiben und mit der Waffe umzugehen. Als Hieronymus unterwegs ist, um eine Fahne zu holen, die das Signal zum Aufstand geben soll, entdeckt Christoph Verrat. Um Hieronymus zu warnen, reitet er ihm nach. Doch er kann ihn vor der Verhaftung nicht mehr retten und holt selbst die Fahne. Auf dem Rückweg wird er mit ihr festgenommen. Im Kerker trifft er Hieronymus wieder – und seinen älteren Bruder Jakob, der Henker ist. Jakob will den Bruder laufen lassen, wenn dieser sich vom Bauernbund lossagt. Christoph weigert sich und kann mit der Fahne fliehen.

EIN MÄDCHEN AUS SCHNEE
(KINDERFILM)

RE: Hannelore Unterberg – BU: Hannelore Unterberg – LV: Erzählung »Leichte Schritte« von Wenjamin Kawerin – DR: Thea Richter – KA: Andreas Köfer – MU: Andrzej Korzynski – SB: Heike Bauersfeld – KO: Dorit Gründel – SC: Anneliese Hinze-Sokoloff – PL: Rolf Martius – GR: AG »Roter Kreis« – m: 1544 = 57 min. – fa – brw – PM: 6.2.1979 – PM-Ort: Gera; »Metropol« – DA: Sebastian Kozik (Peter) – Jana Franke (Una) – Günter Naumann (Vater) – Friederike Aust (Mutter) – Klaus Brasch (Professor Jakob) – Jaecki Schwarz (Zeichenlehrer) u. a. – KR: -ch: Geschichtslektion als Abenteuer. NZT 1.2.1979 – Holland-Moritz, R.: Kino-Eule. ESP 1979/10 – Lange, W.: Erste Liebe. F&F 1979/6, S.28.

Der zehnjährige Peter ist in seine Klassenkameradin Una verliebt. Daß sie mehr Interesse für einen anderen Jungen zeigt, schmerzt ihn, und er flüchtet in einen Traum. In ihm erschafft er sich seine eigene Freundin – aus Schnee. In seiner Phantasie erlebt er schöne Abenteuer mit ihr, doch der nahende Frühling droht seinen Traum zu zerschmelzen. Er bringt »Una« in ein Kühlhaus. Nun taut sie zwar nicht, aber Peter erkennt, daß man mit Gewalt keine Zuneigung aufrechterhalten kann.

ZÜND AN, ES KOMMT DIE FEUERWEHR

RE: Rainer Simon – SZ: Manfred Wolter – DR: Barbara Rogall – KA: Roland Dressel – MU: Reiner Bredemeyer – SB: Hans Poppe – KO: Werner Bergemann – SC: Helga Krause – PL: Hans-Erich Busch – GR: AG »Babelsberg« – m: 2583 = 95 min. – fa – brw – PM: 8.2.1979 – PM-Ort: Berlin; »International« – DA: Winfried Glatzeder (Franz Kaden) – Rolf Ludwig (Müller) – Kurt Böwe (Zetsche) – Günter Junghans (Nendel) – Jürgen Gosch (Struwe) – Renate Krößner (Lene) – Katrin Martin (Marie) – Klaus Brasch (Rudolf) – Hannes Fischer (Karl May) – Curt Sperling (Bismarck) u. a. – KR: Agde, G.: Spaß mit der Historie. FS 1979/5, S.12 – Ahrens, P.: Feuerwehr mit Zünd-Schwierigkeiten. WBÜ 1979/12 – Gehler, F.: -. SO 1979/8 – Holland-Moritz, R.: Kino-Eule. ESP 1979/10 – Knietzsch, H.: Gaunerstück um kleine und große Brandstifter. ND 10.2.1979 – Sobe, G.: Das Spiel mit dem Feuer. BZ 17.2.1979 – Spoden, M.: Jahrmarkt der Eitelkeiten in Krähwin-

1

2

3

1 Rolf Ludwig (links) und Peter Welz in
»Ich zwing dich zu leben«
(1978/RE: Ralf Kirsten)

2 Piotr Pawlowski in
»Verspielte Heimat« (1971),
dem Debütfilm von Claus Dobberke

3 Heidemarie Wenzel und Dieter Mann in
»Brandstellen«
(1978/RE: Horst E. Brandt)

kel. F&F 1979/7, S.36-37 – Tok, H.-D.: Die Moritat von Siebenthal. WP 1979/9.

Der Freiwilligen Feuerwehr von Siebenthal mangelt es an Bränden, um sich zu bewähren. Als einer der ihren, Gastwirt Zetsche, vor dem Ruin steht, da seine auf einem alten Silberbergwerk erbaute Wirtschaft einzustürzen droht, weiß man Abhilfe. Da Zetsche eine Brandversicherung hat, will man dem Einsturz mit einem Feuer zurvorkommen. Das Unternehmen mißlingt. Als Ablenkungsmanöver wird nun erst einmal das Gefängnis angezündet. Einen entgegen ihren Informationen einsitzenden Dieb kann Hauptmann Kaden in einer heldenhaften Aktion retten. Das bringt der Feuerwehr Ruhm ein, sogar beim Königshof. Als Kaden den nächsten Versuch in der Wirtschaft von Zetsche unternimmt, wird er unter dem einstürzenden Haus begraben, und man entdeckt auch die Brandstiftung. Von höchster Stelle wird die Angelegenheit vertuscht, und Kaden erhält ein Staatsbegräbnis. Das findet ohne Leiche statt, denn Kaden hat sich durch die alten Stollen gerettet und macht sich mit seiner Geliebten Lene aus dem Staub.

NACHTSPIELE

RE: Werner Bergmann – SZ: Werner Bergmann – DR.: Werner Beck – KA: Michael Göthe – MU: Kiril Cibulka – SB: Marlene Willmann – KO: Maria Welzig – SC: Lotti Mehnert – PL: Willi Teichmann – GR: AG »Berlin« – m: 2244 = 82 min. – fa – brw PM: 22.2.1979 – PM-Ort: Berlin; »Colosseum« – DA: Christine Schorn (Frau Sbrchylinska) – Horst Drinda (Herr Paul) – Doris Plenert (Mädchenfrau) – Thomas Neumann (Martin) – Elsa Grube-Deister (Zimmerfrau) – Christine Harbort (Mutter mit Kind) u. a. – KR: Agde, G.: Viele Gespräche, wenig Spiele. FS 1979/7, S.12 – Holland-Moritz, R.: Kino-Eule. ESP 1979/14 – Knietzsch, H.: Versuch einer Prüfung von Lebensgefühlen. ND 8.3.1979 – Schütt, H.-D.: Zwischen Improvisation und Gestaltung. F&F 1979/5, S.12-14 – Tok, H.-D.: Vier Menschen im Hotel. WP 1979/12 – Sobe, G.: Nachts sind alle Katzen grau...? BZ 28.2.1979.

Eine Nacht im Potsdamer Interhotel. Herr Paul, ein Dienstreisender, hat hier ein Zimmer. Er begegnet Frau S., die er von früher flüchtig kennt. Sie ist mit einer Autopanne liegengeblieben und sucht eine Unterkunft, aber es gibt keine. Die beiden kommen sich näher, gehen ins Restaurant und schließlich in die Bar. Sie geraten mit einem jungen Paar an einen Tisch, das bei den Eltern wohnt und im Hotel endlich einmal für sich allein sein will. Die jungen Leute sind gehemmt, wissen mit sich nichts anzufangen, Mißstimmung kommt auf. Frau S. und Herr Paul hingegen genießen es, sich ungezwungen zu unterhalten, ihr Inneres zu offenbaren. Am nächsten Morgen holt der Alltag sie wieder ein.

P. S.

RE: Roland Gräf – SZ: Helga Schütz – DR: Christel Gräf – KA: Claus Neumann – MU: Günther Fischer – SB: Peter Wilde – KO: Barbara Braumann – SC: Monika Schindler – PL: Manfred Renger – GR: AG »Roter Kreis« – m: 2643 = 97 min. – fa – brw – PM: 29.3.1979 – PM-Ort: Berlin; »Kosmos« – DA: Andrzej Pieczynski (Peter Seidel) – Jutta Wachowiak (Margot) – Sigrid Röhl-Reintsch (Sabine Vollbrecht) – Dieter Franke (Heimleiter Böttcher) – Franziska Troegner (Marlies) – Hans-Joachim Rodewald (Christoph) u. a. – KR: Agde, G.: Ein Film zum Mögen. FS 1979/9, S.22 – Ahrens, P.: P.S. zu »P.S.«. WBÜ 1979/19 – Holland-Moritz, R.: Kino-Eule. ESP 1979/20 – Knietzsch, H.: Stationen eines Jungen auf dem Weg ins Leben. ND 3.4.1979 – Krenzlin, L.: Schritte ins Leben. F&F 1979/3, S.11 – Thurm, B.: Peter Seidels Irrungen und Wirrungen. F&F 1979/3, S. 9-10 – Sobe, G.: Die Erkenntnisse des Peter S. BZ 31.3.1979 – Tok, H.-D.: Ein junger Mann mit Konflikten. WP 1979/16 – Voigt, J.: -. SO 1979/ 15.

Mit achtzehn Jahren verläßt Peter das Waisenhaus, in dem er aufgewachsen ist, und geht nach Berlin. Er arbeitet in einer Baubrigade und ist befreundet mit Marlies, die ebenfalls aus dem Heim kommt, Sabine, die ihn liebt, und Christoph, der Sabine liebt. Die Arbeit beim Bau gefällt ihm nicht, und er geht als Kraftfahrer zu Minol. Bei einem Ausflug mit den Freunden wird sein Betriebs-Wolga, den er unberechtigt fuhr, von Rowdys demoliert. Peter wird festgenommen und bekommt dann eine Bewährungshelferin, die Mittdreißigerin Margot. Er verliebt sich in sie, beide erleben eine kurze Zeit des Glücks. Sabine, die von Peter schwanger ist, zieht sich ohne etwas zu sagen zurück, als sie das bemerkt, und heiratet Christoph. Sie wird nicht glücklich und unternimmt einen Selbstmordversuch. Als Margot von Peters Kind und Sabines Liebe zu Peter erfährt, trennt sie sich von ihm. Peter ist tief getroffen, aber er entscheidet sich für sein Kind.

FÜR MORD KEIN BEWEIS

RE: Konrad Petzold – SZ: Konrad Petzold – LV: Roman »Der Mann, der über den Hügel steigt« von Rudolf Bartsch – DR: Manfred Hocke – KA: Siegfried Hönicke – MU: Karl-Ernst Sasse – SB: Joachim Otto – KO: Marianne Schmidt – SC: Thea Richter – PL: Dorothea Hildebrandt – GR: AG »Johannisthal« – m: 2629 = 96 min. – fa – brw – PM: 19.4.1979 – PM-Ort: Berlin; »Kosmos« – DA: Winfried Glatzeder (Hauptmann Lohm) – Horst Schulze (Zinn) – Peter Bause (Leutnant Gallig) – Wolfgang Penz (Unterleutnant Reiß) – Wolf Goette (Lorras) – Hans-Joachim Hanisch (Zumseil) u. a. – KR: Agde, G.: Unentschiedenheit und ein Irrtum. FS 1979/11, S.12 – Gehler, F.: -. SO 1979/17 – Holland-Moritz, R.: Kino-Eule. ESP 1979/20 – Rehahn, R.: -. WP 1979/20 – Schütt, H.-D.: -. JW 21.4.1979 – Sobe, G.: So werden Krimis gemacht? BZ 24.4.1979 – Tok, H.-D.: Vertane Chancen. F&F 1979/5, S.11-12.

Die Leiche der Steffi Zinn wird aus einem See gefischt. Ihr Mann hatte die gemeinsame Wohnung nach einem Streit verlassen, seine Frau am nächsten Morgen nicht mehr angetroffen und als vermißt gemeldet. Das war eine Woche zuvor. Hauptmann Lohm wird mit der Untersuchung beauftragt. Er kann keinen Beweis für Mord finden. Bei der Beerdigung taucht ein Fremder auf und verschwindet wieder. Nach einigen Tagen wird auch er tot aufgefunden. Es sieht nach Selbstmord aus, ein Abschiedsbrief, in dem er sich als Mörder von Steffi Zinn bezichtigt, ist auch da. Zinn gibt vor, diesen Mann nicht zu kennen, doch Lohm beweist ihm das Gegenteil. Er überführt ihn des Mordes an seiner Frau und diesem Mann und deckt das Motiv auf. Zinn lebt unter falschem Namen, er war KZ-Arzt in Dachau. Der Fremde, damals sein Gehilfe, hatte ihn erkannt und Steffi über seine Vergangenheit informiert.

BIS DASS DER TOD EUCH SCHEIDET

RE: Heiner Carow – SZ: Günther Rücker – DR: Barbara Rogall, Dieter Wolf – KA: Jürgen Brauer – MU: Peter Gotthardt, unter Verwendung eines Themas von Antonin Dvořák – SB: Harry Leupold – KO: Horst Rosette, Renate Herrmann – SC: Evelyn Carow – PL: Erich Albrecht – GR: AG »Babelsberg« – m: 2629 = 96 min. – fa – brw PM: 17.5.1979 – PM-Ort: Berlin; »International« – DA: Katrin Saß (Sonja) – Martin Seifert (Jens) – Angelica Domröse (Jens' Schwester) – Renate Krößner (Tilli) – Horst Schulze (Verkaufsstellenleiter) – Werner Godemann (Brigadier) u. a. – KR: Agde, G.: Ein Sonderfall von Liebe oder Der streitbarste DEFA-Film. FS 1979/12, S.12 – Ahrens, P.: -. WBÜ 1979/24 – Gehler, F.: -. SO 1979/22 – Holland-Moritz, R.: Kino-Eule. ESP 1979/24 – Knietzsch, H.: Aufgefordert, über den anderen nachzudenken. ND 29.5.1979 – Bresch, U.: -. FO 1979/11 – Rehahn, R.: Mit Gewalt - für Zärtlichkeit. WP 1979/23 – Schiller, D.: Leben nach dem Ehebuch? F&F 1979/5, S.10-11 – Thurm, B.: Plädoyer zugunsten der Männer? F&F 1979/5, S. 9-10 – Sobe, G.: Szenen einer jungen Ehe. BZ 18.5.1979 – Kersten, H.: Unbequeme Wahrheit. TSP 27.5.1979 – Grob, N.: Alltäglich. Zeit 5.12.1980.

Jens, Bauarbeiter, Mitte zwanzig, und Sonja, Verkäuferin, lieben sich, heiraten, haben eine eigene Wohnung. Als Sonja ein Kind bekommt, gibt sie ihre Arbeit auf. Nach einiger Zeit fühlt sie sich zu Hause unterfordert und isoliert. Sie will wieder arbeiten, aber Jens ist strikt dagegen, denn das entspräche nicht seiner Vorstellung von einem harmonischen Familienleben, auf das er als Kind verzichten mußte. Sonja fühlt sich bevormundet, das Verhältnis wird gespannt. Sie macht heimlich die Facharbeiterprüfung. Als Jens davon erfährt, ist er außer sich und schlägt zu. Die Kollegen wollen helfen, haben aber keinen Erfolg. Die Ereignisse eskalieren. Jens trinkt, verliert jegliche Beherrschung, als er von einer Abtreibung Sonjas hört. Ihre einstige Liebe hat sich in unbändigen Haß verwandelt. Sonja hindert ihn nicht, aus einer Seltersflasche zu trinken, in der sich ein Reinigungsmittel befindet. Als Jens daraufhin in

akuter Lebensgefahr schwebt, besinnen sich
beide auf ihre Liebe.

Filmtext: Bis daß der Tod euch scheidet. In:
Günther Rücker: Die Verlobte. Texte zu sieben
Spielfilmen. Berlin: Henschelverlag 1988

EIN APRIL HAT 30 TAGE

RE: Gunther Scholz – SZ: Carlos Cerda,
Gunther Scholz, MI: Eva Grünstein, Christiane
Barckhausen – DR: Thea Richter – KA: Günter
Haubold – MU: Udo Zimmermann, unter Ver-
wendung des Liedes »El manifiesto« von Victor
Jara – SB: Heinz Röske – KO: Regina Viertel –
SC: Erika Lehmphul – PL: Uwe Klimek – GR:
AG »Roter Kreis« – m: 2439 = 89 min. – fa –
brw – PM: 31.5.1979 – PM-Ort: Berlin; »Kos-
mos« – DA: Angelika Waller (Maria) – Jurie
Darie (Alvaro) – Peter Slabakow (Antonio) –
Roland Kubenz (Micha) – Sieglinde Aoulong
(Elke) – Carmen Araya (eine Genossin) u. a. –
KR: Agde, G.: Eine neue alte Geschichte. FS
1979/13, S.10 – Gehler, F.: -. SO 1979/24 –
Holland-Moritz, R.: Kino-Eule. ESP 1979/26 –
Knietzsch, H.: Abschied von einer großen, star-
ken Liebe. ND 8.6.1979 – Schütt, H.-D.: Zwei
stellen sich der Zeit. JW 1.6.1979 – Rother,
H.-J.: Verheißungsvolles Debüt. F&F 1979/6,
S.27 – Sobe, G.: Eine Romanze von heute in
Moll. BZ 6.6.1979 – Tok, H.-D.: Zwei Königs-
kinder von heute. WP 1979/25 – Kersten, H.:
Chilenisches Exil im europäischen Film. TSP
24.6.1979.

Maria, alleinstehend mit einem zehnjährigen
Sohn, bezieht am 1. April ihre neue Wohnung in
Berlin-Marzahn. Von ihrem Nachbarn Alvaro,
einem Ausländer, wird sie für den Abend eingeladen. Sie erfährt, daß er politischer Emigrant
aus Uruguay ist und weiter für die Kommunistische Partei seines Heimatlandes arbeitet. Die
beiden verlieben sich ineinander, Maria lernt
seine Tätigkeit und seine Freunde kennen, stellt
ihn auch ihren Eltern vor. Sohn Micha freundet
sich nach anfänglichem Zögern mit ihm an.
Doch Maria weiß, daß es eine Liebe auf Zeit ist,
denn Alvaro wird eines Tages von seinen Genossen einen neuen Auftrag erhalten und weg-
gehen. Der Tag kommt eher als geglaubt. Am
30. April begleitet sie ihn zum Flugplatz. Es ist
ein Abschied für immer.

FEUER UNTER DECK   (PJ: 1976)

RE: Herrmann Zschoche – SZ: Wolfgang Müller – LV: Erzählband »Flußgeschichten« von
Wolfgang Müller – DR: Manfred Wolter – KA:
Günter Jaeuthe – MU: Günther Fischer – SB:
Georg Kranz – KO: Katrin Johnsen – SC: Monika Schindler – PL: Helmut Klein – GR: GR
»Babelsberg« – m: 2524 = 93 min. – fa – brw –
PM: 6.6.1979 (Fernsehen der DDR) – DA:
Manfred Krug (Otto Scheidel) – Renate Krößh-
ner (Caramba) – Boleslaw Plotnicki (Jule) – Arnim Mühlstädt (Miltz) – Jürgen Heinrich (Langer) – Thomas Neumann (Heiner) u. a. – KR:
keine.

Kapitän Otto Scheidel führt seit über zwanzig
Jahren den Elbdampfer »Jenissei«. Es ist der
letzte Raddampfer, dessen Stündlein nun auch
geschlagen hat. Er soll fortan fest verankert als
Restaurantschiff dienen. Otto hat, weil er den
Dampfer nicht aufgeben wollte, schon vorher
seine langjährige Freundin Carola, genannt
Caramba, verloren. Jetzt will er kein anderes
Schiff und geht in eine Gleisbaubrigade. Als bei
Niedrigwasser der Elbe einige Kähne festsitzen,
kapert Otto das Restaurantschiff, dessen Leiterin
Caramba geworden ist, um die Kähne freizu-
schleppen. Mit dem Ruf »Feuer unter Deck«
werden die Gäste von Bord gejagt. Während des
waghalsigen Manövers geht die »Jenissei« zu
Bruch. Zwischen Caramba und Otto kommt es
zu handgreiflichen Auseinandersetzungen. Doch
beim gefährlichen Einsatz der Männer begreift
Caramba, was ihnen die Arbeit und die Schiffe
bedeuten. Auch wenn ihr Restaurant nur noch
Schrott ist, scheint ein Happy-End in greifbarer
Nähe.

EINFACH BLUMEN AUFS DACH

RE: Roland Oehme – SZ: Rudi Strahl, Roland
Oehme – DR: Anne Pfeuffer – KA: Jürgen Lenz
– MU: Hans JürgenWenzel, Schubert-Formation
– SB: Dieter Adam – KO: Inge Kistner – SC:
Helga Emmrich – PL: Werner Langer – GR: GR
»Berlin« – m: 2490 = 91 min. – fa – brw – PM:
28.6.1979 – PM-Ort: Erfurt, »iga«-Freilichtbüh-
ne – DA: Martin Trettau (Hannes Blaschke) –
Barbara Dittus (Maxi Blaschke) – Lars Jung
(Uwe Blaschke) – Carl Heinz Choynski (Jochen
Müller) – Werner Godemann (Kurt Klawohn) –
Jaecki Schwarz (Sohni Schilling) – Albert Het-
terle (Minister) u. a. – KR: Agde, G.: Einfach
Allüren attackiert. FS 1979/15, S.14 – Ahrens,
P.: Durch die Blume gesagt. WBÜ 1979/32 –
Goldberg, H.: Ein großes altes Auto und ein
neuer Effekt. ND 4.7.1979 – Schütt, H.-D.:
Hannes' Wagnis mit Wagen. JW 7.7.1979 –
Wischnewski, K.: Odyssee durch unseren All-
tag. F&F 1979/7, S.34-35 – Holland-Moritz, R.:
Sommerkino-Eule I. ESP 1979/32 – Sobe, G.:
Ein Mann und sein Wunderwagen. BZ 7.7.1979
– Tok, H.-D.: Autos machen Leute? WP
1979/30.

Der Hochspannungsmonteur Hannes Blaschke
und seine Frau Maxi, Busfahrerin, haben Familienzuwachs bekommen: Zwillinge. Das stellt
sie vor ein Problem. Ihr Trabant ist zu klein, um
die große Familie, zu der noch zwei Söhne und
ein Hund gehören, aufzunehmen. Mit Hilfe
seiner Brigade und eines Ministers gelingt es
Hannes, einen Tschaika zu bekommen – zum
Schrottpreis. Nach anfänglicher Ablehnung
sieht Maxi die Staatskarosse als Gebrauchs-
gegenstand, während Hannes sich in der Zuvorkommenheit, die ihm plötzlich überall entge-
gengebracht wird, sonnt. Seine Kollegen werden
über den einst so bescheidenen Hannes langsam
ärgerlich. Sie verpassen dem Repräsentations-
auto ein blumiges Outfit und Hannes damit
einen Denkzettel.

DAS PFERDEMÄDCHEN
(KINDERFILM)

RE: Egon Schlegel – SZ: Margot Beichler – LV:
Gleichnamige Erzählung von Alfred Wellm –
DR: Willi Brückner – KA: Wolfgang Braumann
– MU: Gunther Erdmann – SB: Georg Kranz –
KO: Barbara Braumann – SC: Anneliese Hinze-
Sokolowa – PL: Erich Kühne – GR: GR »Jo-
hannisthal« – m: 2331 = 85 min. – fa – brw –
PM: 5.7.1979 – PM-Ort: Erfurt; »Panorama-Pa-
last« – DA: Märtke Wellm (Irka) – Wolfgang
Winkler (Vater) – Annette Roth (Mutter) – Hans
Klering (Möller) – Ilse Voigt (Frau Zimmer-
mann) – Harry Merkel (Direktor) u. a. – KR:
e.o.: Wichtige Entscheidung für ein junges
Mädchen. NZT 6.7.1979 – Giera, J.: Keine
Angst vor Gefühlen. FS 1979/17, S.12 – Gold-
berg, H.: Ein sensibles Mädchen und ein böser
Geist. ND 17.7.1979 – Holland-Moritz, R.: Ki-
no-Eule. ESP 1979/37 – Lange, W.: Erste Liebe.
F&F 1979/6, S. 28 – Sobe, G.: Die erstaunliche
Begegnung mit dem Pferdemädchen. BZ 3.8.
1979.

Das Mädchen Irka und die blinde, alte Stute
Raya, einst ein stolzes Turnierpferd, sind Freunde. Sie reiten gemeinsam aus, das Tier hört auf
die kleinste Regung Irkas. Als Raya ein Fohlen
bekommt, wendet sich Irka jedoch mehr dem
Kleinen zu. Der Vater verspricht, sie könne das
Fohlen behalten. Eines Tages jedoch eröffnet er
ihr, daß sie sich von einem Pferd trennen müßte.
Irka soll selbst entscheiden, von welchem. Das
Mädchen ist sehr betroffen, doch es entscheidet
sich, die alte Stute Raya zu behalten, da diese
nur bei ihr eine Lebensmöglichkeit hat.

SCHNEEWEISSCHEN UND ROSENROT
(KINDERFILM)

RE: Siegfried Hartmann – SZ: Margot Beichler
– LV: Gleichnamiges Märchen der Brüder
Grimm – DR: Willi Brückner – KA: Siegfried
Mogel – MU: Peter Gotthardt – SB: Alfred Thomalla – KO: Dorit Gründel – SC: Renate Bade –
PL: Wolfgang Rennebarth – GR: AG »Johannisthal« – m: 1920 = 70 min. – fa – PM:
6.7.1979 – PM-Ort: Erfurt; »Panorama-Palast«
– DA: Julie Jurištová (Schneeweißchen) – Katrin Martin (Rosenrot) – Pavel Travniček (Michael) – Bodo Wolf (Andreas) – Hans-Peter Minetti (Berggeist) – Johannes Wieke (Matthias)
u. a. – KR: Butter, M. G.: Es war einmal... M
7.7.1979 – Giera, J.: Keine Angst vor Gefühlen.
FS 1979/17, S.12 – Goldberg, H.: Ein sensibles
Mädchen und ein böser Geist. ND 17.7.1979.

Schneeweißchen und Rosenrot wohnen am
Rande eines Waldes, in dessen Innern der Berggeist Schimmelbart sein Unwesen treibt, weil
der den Reichtum einer Edelsteinmine für sich
allein haben will. Die Mädchen berichten zwei
als Jäger verkleideten Prinzen davon. Doch als
die beiden jungen Männer das Geheimnis der
Mine ergründen wollen, werden sie von Schimmelbart in Tiere verwandelt. Während des harten Winters versorgen die ahnungslosen
Mädchen die Tiere mit Futter und ziehen sich
damit den Zorn Schimmelbarts zu. Schließlich
aber besiegen sie ihn, die Prinzen werden erlöst,
die vier feiern Hochzeit und die Bergleute be-

kommen ihre Mine zurück.

DAS DING IM SCHLOSS

RE: Gottfried Kolditz – SZ: Gottfried Kolditz – DR: Joachim Hellwig – KA: Peter Süring – MU: Karl-Ernst Sasse – SB: Werner Pieske – KO: Katrin Johnsen – SC: Christa Helwig – PL: Rolf Martius – GR: AG »futurum« – m: 2385 = 87 min. – fa – brw – PM: 19.7.1979 – PM-Ort: Dessau; »Fortschritt-Lichtspiele« – DA: Erwin Geschonneck (Prof. Bunzberger) – Vlastimil Brodsky (Prof. K.) – Jaecki Schwarz (Axel, Klubleiter) – Karin Ugowski (seine Frau Angelika) – Renate Blume (Susy, Sekretärin) – Milan Beli (Reporter) – Amza Pelea (Wenzel) – Fred Delmare (Theo) u. a. – KR: Agde, G.: Ein miserables Ding. FS 1979/17, S.12 – Helbig, J.: Nur mit einer Zeitmaschine zu überstehen. JW 20.7.1979 – Holland-Moritz, R.: Kino-Eule. ESP 1979/37 – Knietzsch, H.: Blasse Träumereien von der ewigen Jugend. ND 20.7.1979 – Tok, H.-D.: Ein fader Jungbrunnen. WP 1979/33 – Sobe, G.: Der Jungbrunnen des Dr. Kolditz. BZ 25.7.1979.

Der alte Professor Bunzberger sitzt auf einer Parkbank und läßt seine Phantasie schweifen. Er wird von zwei Rentnern in ein Veteranenheim entführt und veranlaßt, letzte Hand an eine von den Alten konstruierte Zeitmaschine zu legen. Erst sträubt er sich aus ethischen Gründen, an dem Experiment teilzunehmen. Er diskutiert mit einem ebenfalls gekidnappten Kollegen und Freund über den Sinn des Lebens und die Folgen, die das Aufhalten des Alterns haben kann. Schließlich gibt er nach und läßt sich mit der Maschine verjüngen. Mit dem Ergebnis aber ist er nicht zufrieden, weil die Verjüngung nur äußerlich stattgefunden hat. Auf seiner Parkbank erwachend, kehrt er in die Realität zurück.

SCHATZSUCHER

RE: Bernhard Stephan – SZ: Joachim Nestler, Manfred Freitag – DR: Werner Beck – KA: Hans-Jürgen Kruse – MU: Stefan Diestelmann – SB: Erich Krüllke – KO: Annett Liebig – SC: Barbara Simon – PL: Volkmar Leweck – GR: GR »Berlin« – m: 2630 = 96 min. – fa – brw – PM: 31.8.1979 – PM-Ort: Leipzig; »Capitol« – DA: Dirk Wäger (Schulle) – Alicja Jachiewicz-Szmidt (Helga) – Klaus Manchen (geschiedener Mann) – Jürgen Heinrich (Jonny) – Günter Naumann (Herr Schürbaum) – Simone von Zglinicki (Sibylle) – Werner Godemann (Edmund) – Rolf Hoppe (Blinder) u. a. – KR: Agde, G.: Liebenswerte Zeitgenossen in Umrissen. FS 1979/20, S.11 – Gehler, F.: -. SO 1979/38 – Holland-Moritz, R.: Kino-Eule. ESP 1979/41 – Knietzsch, H.: Entdeckungen eines Vorwärtsdrängenden. ND 7.9.1979 – Pietzsch, I.: Ideal und Wirklichkeit. F&F 1979/11, S.35-36.

Der Bauarbeiter Schultzendorf, genannt Schulle, bricht aus seinem Heimatort Ankershagen nach Berlin auf. Die Großbaustelle Marzahn hat es ihm angetan. Er träumt davon, dort archäologische Funde zu machen. Jede Baggerladung sucht er nach Schätzen ab, was ihm nicht nur den Spott, sondern auch den Ärger seiner Kollegen einbringt, weil die Arbeit verzögert. Sie

wollen ihn auf andere Gedanken bringen und ihm eine Frau besorgen. Das mißlingt zwar, aber Schulle findet selbst eine – die etwas ältere Helga, die seine Hilfe braucht, um sich von ihrem geschiedenen Mann zu lösen. Als ihr das gelungen ist, löst sie sich auch wieder von Schulle, dessen jugendliches Ungestüm sie verunsichert.

LACHTAUBEN WEINEN NICHT

RE: Ralf Kirsten – SZ: Helmut Baierl – LV: Bühnenstück »Die Lachtaube« von Helmut Baierl – DR: Herbert Fischer – KA: Jürgen Brauer – MU: Karl-Ernst Sasse – SB: Harry Leupold – KO: Christiane Dorst – SC: Ursula Zweig – PL: Manfred Renger – GR: GR »Johannisthal« – m: 2259 = 81 min. – fa – brw – PM: 19.9.1979 – PM-Ort: Berlin; »Kosmos« – DA: Uwe Kockisch (Rolf Ziener, »Lachtaube«) – Günter Naumann (Hubert Zementhin) – Eberhard Mellies (Heinz Flatow) – Günter Junghans (Dr.-Ing. Dörster) – Klaus Manchen (Enders) – Dieter Bellmann (Manfred Nasse) u. a. – KR: Agde, G.: Wie man etwas verändern kann. FS 1979/21, S.14 – Ahrens, P.: Entdeckungen und offene Fragen. WBÜ 1979/42 – Gehler, F.: -. SO 1979/41 – Knietzsch, H.: Leben, wie es ist und wie es verändert wird. ND 20.9.1979 – Rehahn, R.: Zementhin und die anderen. WP 1979/41 – Rümmler, K.: Ofenbühne - Original - Tag. F&F 1979/11, S.33-34 – Kersten, H.: Ein ganz gewöhnlicher Arbeitstag. TSP 2.12.1979.

Eine Schmelzerbrigade eines Martin-Stahlwerkes. Zu ihr gehören unter anderem der junge Rolf Ziener, genannt Lachtaube, der sich einmischt, wenn etwas nicht in Ordnung ist; Hubert Zementhin, der als Leiter eines Werkes abgesetzt wurde und nun wieder Schmelzer ist; Manfred Nasse, der seinen Fähigkeiten entsprechend Brigadier sein müßte, aber es als Nichtgenosse nicht sein darf. Letzterem fällt eher zufällig das Intensivierungsprogramm des Werkes in die Hände, aus dem hervorgeht, daß ihre überalteten Martinöfen stillgelegt werden und damit ihre Arbeitsplätze verloren gehen sollen. Die Brigademitglieder sind empört, daß der Beschluß gefaßt wurde, ohne mit ihnen zu sprechen. Sie verweigern die Arbeit und erzwingen eine Auseinandersetzung mit der Werkleitung, in der der Leitungsstil von Direktor Flatow scharf attackiert wird.

DER KATZENPRINZ
(CO-PRODUKTION DDR / ČSSR)
(KINDERFILM)

RE: Ota Koval – SZ: Ota Hofman, MI: Ota Koval – DR: Marcela Pittermannová, Christel Gräf – KA: Andrej Barla, Pavel Dosoudil – MU: Luboš Sluka – SB: Vladimir Labsky, Christoph Schneider – KO: Theodor Pištěk, Věnceslava Vrtišková – SC: Zdenek Stehlík – PL: Jan Vild, Heinz Herrmann – GR: GR »Roter Kreis« – m: 2235 = 82 min. – fa – brw – PM: 14.10.1979 (DDR) – PM-Ort: Berlin; Pionierpalast »Ernst Thälmann« / »Colosseum« – CO: Filmstudio Barrandov, Prag, Dramaturgengruppe Ota Hofman – Tschech. Titel: Kočičí princ – DA: Pavel Hachle (Radek) – Žaneta Janetová (Theresa) –

Winfried Glatzeder (Albert) – Jana Andrsová-Večtomová (Mutter) – Vlastimil Hašek (Vater) – Bohumil Vávra (Fischer/Großvater/Kutscher) u. a. – KR: Burkhardt, R.: -. SZ 25.10.1979 e.o.: Von Sehnsucht beflügelt. NZT 8.11.1979 – Jung, I.: Von Phantasie und Wirklichkeit. Norddt. Ztg. 15.10.1979.

Der Vater von Radek und Theresa wird zum Verwalter eines Schlosses ernannt, und die ganze Familie zieht um, einschließlich der Katze. In dem Schloß arbeitet der Restaurator Albert, der Kinder und Katzen nicht mag. Eines Tages finden die Kinder ihre Katze samt Jungen in einem Bach. Sie glauben, daß das Schloß verwunschen ist und machen sich auf ins Märchenland, um das »Wasser des Lebens« zu holen. Es muß aus dem Blut dreier Ungeheuer gebraut werden. Auf ihrem Weg begegnen sie zahlreichen Märchenfiguren und bekommen nach gefahrvollen Abenteuern das Blut für ihren Trank, mit dem sie das ganze Schloß entzaubern. Der finstere Albert verwandelt sich in einen freundlichen Mann.

CHIFFRIERT AN CHEF – AUSFALL NR. 5

RE: Helmut Dziuba – SZ: Gisela Karau, Günter Karau – DR: Anne Pfeuffer – KA: Helmut Bergmann – MU: Karl-Ernst Sasse – SB: Heinz Röske – KO: Ursula Strumpf – SC: Christa Helwig – PL: Erich Albrecht – GR: GR »Berlin« – m: 2609 = 96 min. – fa – brw – PM: 29.11.1979 – PM-Ort: Berlin; »Kosmos« – DA: Peter Zimmermann (Wolf Brandin) – Karin Düwel (Renate Brandin) – Dietrich Körner (Werner) – Piotr Garlicki (Dr. Baum) – Gudrun Ritter (Tante Caroline) – Alfred Müller (General) u. a. – KR: Agde, G.: Unchiffriert an den Zuschauer: kein Reinfall, aber auch keine Nummer 1. FS 1979/26, S.14 – Hoff, P.: Die Macht der geheimen Informationen. F&F 1979/12, S. 5-6 – Holland-Moritz, R.: Kino-Eule. ESP 1979/52 – Runge, K.: In einer Doppelrolle an der unsichtbaren Front. ND 1.12.1979 – Sobe, G.: Zwei Leben eines jungen Mannes. BZ 1.12.1979 – Tok, H.-D.: Nummer 5 - unser Mann beim CIA. WP 1979/51.

Ende der fünziger Jahre wird der Ostberliner Student Wolf Brandin in Westberlin von der CIA angeworben. Er meldet dies dem Staatssicherheitsdienst der DDR und geht in dessen Auftrag auf die Werbung ein. Das Doppelleben fordert physisch und psychisch seine ganze Kraft. Tagsüber führt er im Osten sein normales Leben mit Frau und Kind, nachts wird er im Westen zum Agenten ausgebildet. Es kommt zu einer Ehekrise, und sein neuer Freund Werner vom Staatssicherheitsdienst beschließt, Wolfs Frau ins Vertrauen zu ziehen. Im Sommer 1961 setzt die CIA ihn für operative Arbeiten ein. Wolf nutzt seine Position, um die Sicherung der Staatsgrenze am 13. August abzuschirmen.

BLAUVOGEL

RE: Ulrich Weiß – SZ: Ulrich Weiß – LV: Gleichnamige Erzählung von Anna Jürgen – DR: Gerd Gericke – KA: Otto Hanisch – MU: Peter Rabenalt – SB: Hans Poppe – KO:

Günther Pohl – SC: Helga Krause – PL: Hans-Erich Busch – GR: GR »Johannisthal« – m: 2635 = 97 min. – fa – brw – PM:13.12.1979 – PM-Ort: Berlin; »International« – DA: Robin Jaeger (George als Kind) – Gabriel Oseciuc (George als Erwachsener) – Jutta Hoffmann (Mildred Ruster) – Kurt Böwe (John Ruster) – Jan Spitzer (Andrew)- Ileana Mavrodineanu (Mittagssonne) u. a. – KR: Gehler, F.: -. SO 1980/2 – Holland-Moritz, R.: Kino-Eule. ESP 1980/3 – Knietzsch, H.: Für junge Zuschauer phantasievoll erzählt. ND 20.12.1979 – Lange, W.: Der kurze Aufenthalt des verlorenen Sohnes. F&F 1979/12, S.4 – Tok, H.-D.: Ein weißer Irokese. WP 1980/1 – Sobe, G.: Der indianische Kreidekreis? BZ 14.12.1979.

Mitte des 18. Jahrhunderts ist die Familie Ruster nach Amerika eingewandert. Der Vater, ein ehemaliger Knecht, führt mit seiner Familie ein hartes Siedlerleben. Eines Tages wird der neunjährige George, sein zweitjüngster Sohn, von Irokesen entführt. Er wird von einer Indianerfamilie anstelle ihres verstorbenen Sohnes angenommen und bekommt auch dessen Namen: Blauvogel. Der Junge hat Heimweh und Schwierigkeiten, sich den Sitten der Indianer anzupassen. Allmählich aber beginnt er sich wohlzufühlen, avanciert zum gleichberechtigten Mitglied dieser Gesellschaft. Als der Stamm von weißen Siedlern überfallen wird, empfindet er sich den Indianern zugehörig. Nach dem Sieg der Engländer gegen die Franzosen 1863 sollen alle Weißen gegen gefangene Indianer ausgetauscht werden, auch George/Blauvogel. Er entscheidet sich, bei den Indianern zu bleiben.

1980

SOLO SUNNY

RE: Konrad Wolf, CO-RE: Wolfgang Kohlhaase – SZ: Wolfgang Kohlhaase – DR: Dieter Wolf – KA: Eberhard Geick – MU: Günther Fischer – SB: Alfred Hirschmeier – KO: Rita Bieler – SC: Evelyn Carow – PL: Herbert Ehler – GR: GR »Babelsberg« – m: 2854 = 105 min. – fa – brw – PM: 17.1.1980 – PM-Ort: Berlin; »International« – DA: Renate Krößner (Sunny) – Alexander Lang (Ralph) – Heide Kipp (Christine) – Dieter Montag (Harry) – Klaus Brasch (Norbert) – Fred Düren (Arzt) – Harald Warmbrunn (Benno Bohne) u. a. – KR: »Solo Sunny« - ein Film von Wolf und Kohlhaase. (Äußerungen von Bisky, Dölling, Haucke, Meier, Münz-Koenen, Richter, Schlensdedt). Weimarer Beiträge 1980/6, S.90-110 – Agde, G.: Ein Loblied über eine von uns und eine Frage an uns. FS 1980/4, S.12 – Thurm, B.: Rückhaltlos und verletzbar. F&F 1980/2, S.6-7 – Wischnewski, K.: Ein merkwürdiger Film. F&F 1980/2, S.4-5 – Ahrens, P.: Zum Beispiel Sunny. WBÜ 1980/5 – Dieckmann, F.: -. S&F 1980/3, S.678-81 – Gehler, F.: -. SO 1980/6 – Holland-Moritz, R.: Kino-Eule. ESP 1980/6 – Knietzsch, H.: Dem Kino gegeben, was dem Kino gebührt. ND 18.1.1980 – Rehahn, R.: Eine wie Sunny. WP 1980/5 – Sobe, G.: Ein Plädoyer für die Persönlichkeit. BZ 19.1.1980 – Ullrich, H.: Unbedingtes Lebensgefühl. NZT 18.1.1980 – Stratmann, N.: Solo im Sozialismus. DVZ 24.4.1980 – Witte, K.: Es kömmt darauf an, sich zu verändern. Spiegel 26.1.1980 – Wirsing, S.: Sunnys Lebensfreude. FAZ 6.2.1980 – Wiegand, W.: Der sanfte Aufstand der Frauen. FAZ 26.2.1980 – Obst, A.: Hut ab vor Solo Sunny. FAZ 14.4.1980 – Fründt, B.: Unbequeme Betten. Stern 17.4.1980 – Kersten, H.: Gegenwart und Vergangenheit. FRu 12.2.1980 – Kersten, H.: Neues aus Babelsberg. TSP 20.1.1980 – Blumenberg, H.C.: Widerstand gegen den Alltag. Zeit 11.4.1980 – Hebecker, K.: Humor ist eine ernste Sache. W 9.4.1980 – ms.: -. NZZ 4.6.1980 – Pflaum, H.G.: Für Glück gibt's keinen Plan. SüZ 14.4.1980 – Strunz, D.: Ein Schlagermädchen eroberte die Leserjury im Handstreich. BMP 1.3.1980 – Blazejewski, C.: -. BFF 1990/39, S. 183-195 – Radevagen, T.T.: -. F&F 1991/5, S. 37.

Sunny ist eine Schlagersängerin vom Berliner Prenzlauer Berg, die mit einer Band durch Dörfer und Kleinstädte tingelt. Sie sehnt sich nach Glück und Anerkennung als Persönlichkeit. Der Taxifahrer Harry himmelt sie an, doch seine Lebensmaxime, die »schnelle Mark«, ist nicht die ihre. In den Philosophen Ralph verliebt sie sich, wird aber von ihm betrogen. Während der Tourneen muß sie sich ständig der Nachstellungen des Musikers Norbert erwehren. Nach einer handgreiflichen Auseinandersetzung mit ihm und einem Streit mit dem widerlich-dummen Conférencier Benno Bohne, der sie auf der Bühne beleidigt, fliegt sie aus der Band. Deprimiert durch den Rausschmiß und enttäuscht von Ralph betrinkt sie sich, nimmt Schlaftabletten und landet im Krankenhaus. Ihre Freundin Christine kümmert sich liebevoll um sie. Sie schöpft langsam neuen Lebensmut, und eines Tages bewirbt sie sich wieder – bei einer ganz jungen

Band, die in einem Hinterhaus am Prenzlauer Berg probt.

SEITENSPRUNG

RE: Evelyn Schmidt – SZ: Regina Weickert, MI: Evelyn Schmidt – DR: Erika Richter – KA: Hans-Jürgen Kruse – MU: Peter Rabenalt – SB: Georg Wratsch – KO: Regina Viertel – SC: Helga Emmrich – PL: Oscar Ludmann – GR: GR »Babelsberg« – m: 2324 = 85 min. – fa – brw – PM: 14.2.1980 – PM-Ort: Berlin; »Colosseum« – DA: Renate Geißler (Edith) – Uwe Zerbe (Wolfgang) – Renate Reinecke (Helene) – Annette Voss (Sandra) – Tobias Zander (Danilo) – Karin Beewen (Frau Müller) – Ursula Braun (Irene) – KR: Agde, G.: Die Summe macht's... FS 1980/6, S.12 – Ahrens, P.: Debütfilm mit Ansprüchen. WBÜ 1980/10 – Holland-Moritz, R.: Kino-Eule. ESP 1980/10 – Knietzsch, H.: Seitensprung - und was wird aus den Kindern? ND 16.2.1980 – Spoden, M.: Warum sind wir nur so schwach? F&F 1980/6, S.12-13 – Sobe, G.: Labile heile Welt oder: Gut Seitensprung will Weile? BZ 16.2.1980 – Tok, H.-D.: Vor den Scherben einer Ehe. WP 1980/9 – Voigt, J.: -. SO 1980/9.

Edith und Wolfgang führen seit vielen Jahren ein recht harmonisches Familienleben in relativem Wohlstand – mit Neubauwohnung und Trabant. Seit fünf Jahren haben sie einen Sohn. Den Seitensprung Wolfgangs vor zwölf Jahren, aus dem es eine Tochter gibt, hat Edith längst verwunden. Hin und wieder besucht er die 12jährige Sandra, lediglich seinen Vaterpflichten nachkommend. Doch plötzlich steht das Mädchen vor der Tür. Die Mutter ist tödlich verunglückt. Man nimmt Sandra in die Familie auf und Edith erfährt, daß Wolfgang in all den Jahren ein Doppelleben geführt hat, das Verhältnis zu Sandras Mutter nie beendet war. Edith stellt ihn vor die Entscheidung: sie oder Sandra. Er entscheidet sich für seine Frau, und das Mädchen kommt in ein Heim. Die häusliche Atmosphäre bleibt dennoch gespannt. Beide nehmen, unabhängig voneinander, wieder Kontakt zu Sandra auf. Sie beschließen, das Mädchen mit in den Urlaub zu nehmen. Sandra freut sich darauf, doch zu der Familiengemeinschaft findet sie keinen Zugang.

GLÜCK IM HINTERHAUS

RE: Herrmann Zschoche – SZ: Ulrich Plenzdorf – LV: »Buridans Esel« von Günter de Bruyn – DR: Werner Beck – KA: Günter Jaeuthe – MU: Günther Fischer – SB: Peter Wilde – KO: Christiane Dorst – SC: Monika Schindler – PL: Rolf Martius – GR: GR »Berlin« – m: 2684 = 97 min. – fa – PM: 5.3.1980 – PM-Ort: Berlin; »Kosmos« – DA: Dieter Mann (Karl Erp) – Ute Lubosch (Fräulein Broder) – Jutta Wachowiak (Elisabeth Erp) – Peter Bause (Haßler) – Gerry Wolff (Mantek) – Käthe Reichel (Frau Wolff) u. a. – KR: Agde, G.: Um im Gespräch zu bleiben... FS 1980/7, S.14 – Holland-Moritz, R.: Kino-Eule. ESP 1980/14 – Knietzsch, H.: Vom Esel, der zwischen Heuhaufen verhungert. ND 6.3.1980 – Schmidt, H.: Liebe nachempfindbar? SO 1980/16 – Wischnewski, K.: Gewinn und

Verlust einer Adaption. F&F 1980/6, S.13-15 –
Ahrens, P.: Späte Verfilmung. WBÜ 1980/16 –
Sobe, G.: Kammerspiel im Hinterhaus. BZ 8.3.
1980 – Voigt, J.: -. SO 1980/12 – Kersten, H.:
Ein fremder Mann im Haus. TSP 23.3.1980 –
Kersten, H.: Vordergründiges »Glück im Hinter-
haus«. FRu 28.4.1980.

Der gutsituierte Bibliothekar Karl Erp, Mitte
vierzig, zwei Kinder, führt seit Jahren eine langweilige Ehe. Die Liebe zu seiner jungen Praktikantin Fräulein Broder reißt ihn aus der Lethargie. Er sagt seiner Frau Elisabeth, daß zwischen
ihnen nie Liebe gewesen sei, er sie nur geheiratet habe, um ihr einen Gefallen zu tun, und zieht
zu Fräulein Broder. Von deren Mutter zur Rede
gestellt, verspricht er die Scheidung und spätere
Hochzeit mit ihrer Tochter. Doch der Auftrieb,
den Karls Elan durch die neue Beziehung bekommen hat, erlischt im bescheidenen Alltag.
Er bringt nicht die Kraft auf, ein neues Leben zu
beginnen, sehnt sich nach der alten Bequemlichkeit und geht schließlich zu Elisabeth, in eine
zerrüttete Ehe, zurück.

Filmtext: Glück im Hinterhaus. In: Ulrich
Plenzdorf: Filme 1. Rostock: Hinstorff Verlag
1986

NICKI
(KINDERFILM)
RE: Gunther Scholz – SZ: Jens Bahre – LV: Er-
zählung »Nicki oder die Liebe einer Königin«
von Jens Bahre – DR: Gabriele Herzog – KA:
Siegfried Mogel – MU: Karl-Ernst Sasse – SB:
Harry Leupold – KO: Ingrid Mogel – SC: Rita
Hiller – PL: Walther Kronenthal – GR: GR »Jo-
hannisthal« – m: 1952 = 72 min. – fa – PM:
23.3.1980 – PM-Ort: Berlin; »Colosseum« –
DA: Katrin Raukopf (Nicki) – Ralf Häger
(Jupp) – Andrea Brose (Cornelia) – Jörg Pank-
nin (Vater) – Margot Busse (Josephine, Lehre-
rin) – Klaus Manchen (Johann) – Hans-Otto
Reintsch (Ludwig) u. a. – KR: Holland-Moritz,
R.: Kino-Eule. ESP 1980/14 – Knietzsch, H.:
Alltag und Träume eines zwölfjährigen Mäd-
chens. ND 31.3.1980 – Rother, H.-J.: Irrtum
oder Konflikt? F&F 1980/4, S. 9-10 – H.U.:
Phantasievolle Flucht aus dem Mathe-Alltag.
NZT 1.4.1980 – Giera, J.: Bewegte und bewe-
gende Nicki. FSP 1980/9, S.14 – Novotny, E.:
Königin Nicki greift ein. BZ 1.4.1980.

Nicki ist zwölf Jahre alt und hat schon eine
Menge Pflichten. Seit die Mutter tot ist, führt sie
praktisch den Haushalt und kümmert sich um
die drei jüngeren Geschwister. Das bringt Probleme, auch in der Schule hat sie zur Zeit
Schwierigkeiten, besonders in Mathe. Und die
Mathelehrerin, Fräulein Lorenz, kann sie überhaupt nicht leiden. Manchmal flüchtet sich
Nicki in den Traum, eine Königin zu sein. Dann
holt sie sich vom Lordkanzler Ratschläge, wie
ihre Probleme zu lösen sind. Er empfielt ihr zu
lernen und Fräulein Lorenz durch gute Leistungen zu verblüffen. Was sie auch tut. Und als der
Vater ausgerechnet die Lehrerin heiraten will, da
sind die Fronten schon etwas gelockert.

KOMÖDIANTEN-EMIL
RE: Joachim Hasler – SZ: Joachim Hasler, Wera
und Claus Küchenmeister – DR: Anne Pfeuffer
– KA: Peter Krause – MU: Gerd Natschinski –
SB: Georg Kranz – KO: Joachim Dittrich, Eleo-
nore Kleiber – SC: Anneliese Hinze-Sokolowa
– PL: Dieter Dormeier – GR: GR »Berlin« – m:
2591 = 95 min. – fa – brw – PM: 3.4.1980 –
PM-Ort: Berlin; »Kosmos« – DA: Zsuzsa Palos
(Ida) – Gunter Sonneson (Emil Damaschke) –
Wolfgang Greese (Chef) – Dietmar Richter-Rei-
nick (Kassenscheich) – Karl-Ernst Horbol (Mas-
kenbildner) – Rolf Hoppe (Kommissar) u. a. –
KR: Agde, G.: Tingeltangel mit Klischees. FS
1980/9, S.14 – Gehler, F.: -. SO 1980/16 –
Holland-Moritz, R.: Kino-Eule. ESP 1980/18 –
Knietzsch, H.: Welt schönen Scheins mit glat-
tem Parkett. ND 7.4.1980 – Tok, H.-D.: Kleiner
Mann - was nun? F&F 1980/7, S.11-13 – Re-
hahn, R.: »Cabaret« und die DEFA-Folgen. WP
1980/18 – Sobe, G.: Tingeltangel - Totentanz?
BZ 5.4.1980.

Anfang der dreißiger Jahre in Berlin. Der Kaba-
rettist Emil Damaschke möchte mit seinem
Programm die Leute gut unterhalten – zusammen mit Ida, der Attraktion aus Ungarn. Weil er
eine zu große Lippe riskiert, fliegt er aber erst
einmal aus dem Kabarett »Rosenthaler«, landet
auf der kriminellen Bahn und kurzzeitig im
Gefängnis. Wieder draußen, pachtet er mit Kollegen das »Rosenthaler«, dessen jüdische Besitzer vor den Nazis ins Ausland geflohen sind. Sie
gründen eine Genossenschaft. An den Einnah-
men aber will eine Verbrecherbande beteiligt
werden, die sich zu den Nazis bekennt und
glaubt, damit einen Freifahrtschein zu besitzen.
Emil verschließt sich der Absicht Idas, die Arbeiter als neues Publikum zu gewinnen, er
macht Geld mit Werbung und verweigert sich
den Verbrechern. Die entführten Ida, ermorden
sie im Wald und sorgen dafür, daß Emil der
Mord angehängt wird. Emil landet im Zuchthaus und die Verbrecher übernehmen das Kabarett – in Naziuniform.

DIE SCHMUGGLER VON RAJGROD
RE: Konrad Petzold – BU: Konrad Petzold –
LV: Gleichnamige Erzählung von Günter Karl –
DR: Thea Richter – KA: Siegfried Hönicke –
MU: Gerhard Rosenfeld – SB: Marlene Will-
mann – KO: Dorit Gründel – SC: Thea Richter,
Ilse Peters, Monika Schindler – PL: Dorothea
Hildebrandt – GR: GR »Roter Kreis« – m: 1903
= 70 min. – fa – brw – AD: 18.4.1980 – DA:
Walter Plathe (Martin Anskath) – Leon Niem-
czyk (Waldemar Dreßler) – Lenka Pichliková
(Line Dreßler) – Katrin Saß (Anna) – Irena
Kownas (Mutter Anskath) – Petr Skarke (Jan
Anskath) u. a. – KR: Agde, G.: Ein Ärgernis. FS
1980/10, S.14 – Baschleben, K.: Vorbeigespielt.
NZ 19.4.1980 – Hoff, P.: Es muß nicht immer
Texas sein. F&S 1980/9, S.15-16 – Wendlandt,
K.-J.: Abenteuerliches vor historischem Hinter-
grund. ND 19.4.1980 – Friedrich, D.: Abenteu-
erstreifen ohne Abenteuer? BZ 19.4.1980.

1903 in Rajgrod an der russisch-preußischen
Grenze. Jan Anskath lebt auf der russischen
Seite und schmuggelt zuweilen illegale politi-

sche Schriften. Auf der anderen Seite wohnt
sein Halbbruder Martin, der für einen dubiosen
Herrn Flüchtlinge schmuggelt. Er weiß nicht,
daß der Mann den Flüchtlingen das letzte Geld
abnimmt und sie dann den zaristischen Behörden ausliefert, ihm geht es nur um seinen Verdienst. Als das Doppelspiel herauskommt, wandelt sich seine Einstellung. Zusammen mit dem
Bruder hilft er einem russischen Sozialdemokraten, der zum Parteitag will, über die Grenze.

Filmtext: Die Schmuggler von Rajgrod. Erzählung von Günter Karl. Berlin: Militärverlag der
Deutschen Demokratischen Republik 1979

ALLE MEINE MÄDCHEN
RE: Iris Gusner – SZ: Gabriele Kotte – DR: Ta-
mara Trampe – KA: Günter Haubold – MU:
Baldur Böhme; Gruppe »Orion« – SB: Dieter
Adam – KO: Inge Kistner – SC: Renate Bade –
PL: Uwe Klimek – GR: GR »Berlin« – m: 2355
= 86 min. – fa – brw – PM: 24.4.1980 – PM-
Ort: Karl-Marx-Stadt; »Stadthalle« – DA: Andr-
zej Pieczynski (Ralf Päschke) – Lissy Tempel-
hof (Meisterin) – Monica Bielenstein (Ella) –
Madeleine Lierck (Susi) – Barbara Schnitzler
(Anita) – Viola Schweizer (Kerstin) u. a. – KR:
Agde, G.: Vergnügliches Gruppenporträt. FS
1980/11, S.20 – Ahrens, P.: Frauen heute und
junge Leute. WBÜ 1980/36 – Holland-Moritz,
R.: Kino-Eule. ESP 1980/22 – Knietzsch, H.:
Spaß am Leben oder Der Student Päschke und
seine sechs Frauen. ND 30.4.1980 – Voss, M.:
Vertrauen - Prüfstein für alle. F&F 1980/7,
S. 8-9 – Gehler, F.: -. SO 1980/21 – Rehahn, R.:
Gruppenbild mit Meisterin. WP 1980/21 –
Rother, H.-J.: Fragmente der Kunst und des Lebens. F&F 1980/7, S.9-11 – Sobe, G.: Der Horizont so helle wie eine 60-Watt-Lampe? BZ
6.5.1980 – Kersten, H.: Für Individualität auch
im Kollektiv. TSP 1.6.1980 – Kersten, H.: Ein
nichtfeministischer Frauenfilm. FRu 9.6.1980.

Ralf Päschke, Regiestudent an der Filmhochschule, will einen Film über eine Frauenbrigade
im Berliner Glühlampenwerk NARVA drehen.
Die fünf Mädchen um die souveräne Meisterin
Boltzin, die er kennenlernt, sind ein ausgezeich-
netes Arbeitskollektiv, doch er merkt bald, daß
es unter der Oberfläche Probleme und Spannungen gibt. Besonders gegenüber Kerstin existieren Vorbehalte. Sie ist Abiturientin, wegen
Diebstahls vorbestraft und zur Bewährung in
der Brigade. Zu einer heftigen Auseinander-
zung mit der Meisterin kommt es, als die
Mädchen entdecken, daß sie über die Diszplin-
verstöße der einzelnen Buch führt. Die Meisterin wird mit einem Nervenzusammenbruch ins
Krankenhaus eingeliefert. Und Kerstin verläßt
die Brigade, als Geld verschwindet und man sie
der Tat verdächtigt. Auch von Ralf, der Kerstin
sehr mag und der Brigade inzwischen fest verbunden ist, wird sie enttäuscht.

DER BAULÖWE
RE: Georgi Kissimov – SZ: Kurt Belicke – DR:
Gabriele Herzog – KA: Wolfgang Braumann –
MU: Karl-Ernst Sasse – SB: Joachim Otto –
KO: Barbara Braumann – SC: Vera Nowark –

PL: Werner Langer – GR: GR »Johannisthal« – m: 2531 = 93 min. – fa – brw – PM 5.6.1980 – PM-Ort: Berlin; »Kosmos« – DA: Rolf Herricht (Ralf Keul) – Annekathrin Bürger (Frau Keul) – Agnes Kraus (Frau Weber) – Hans Klering (Herr Weber) – Franziska Troegner (Ingrid Keul) – Herbert Köfer (Regisseur) u. a. – KR: Agde, G.: Im wesentlichen Schadenfreude - grobgestrickt. FS 1980/14, S.14 – Goldberg, H.: Großer Aufwand für ein kleines Haus am Meer. ND 14.6.1980 – Holland-Moritz, R.: Kino-Eule. ESP 1980/26 – Schütt, H.-D.: »Baulöwe« ohne Biß. JW 11.6.1980 – Tok, H.-D.: Wahrhaftige Mär vom (allzu) biederen Bauherrn. F&F 1980/8, S. 4-5 – Sobe, G.: Was meine Oma mit dem Film zu tun hat. BZ 7.6.1980 – Kersten, H.: Schwierigkeiten beim Hausbau. TSP 17.8.1980.

Der erfolgreiche Unterhaltungskünstler Ralf Keul muß sein Grundstück an der Ostsee bebauen, sonst wird es anderweitig vergeben. Er stürzt sich – unerfahren, aber mutig – in das Abenteuer, das ihm nichts erspart. Ständig am Rande des Nervenzusammenbruchs kämpft er mit den Schwierigkeiten bei der Materialbeschaffung, dem Transport – von den Handwerkern ganz zu schweigen. Auf halber Strecke geht ihm das Geld aus, und er muß seine Münzsammlung verkaufen. Am Ende, nach Strapazen, beruflichem Ärger und überstandener Ehekrise, steht das Haus. Frau und Töchter sind begeistert, und Besucher stellen sich reichlich ein.

UND NÄCHSTES JAHR AM BALATON

RE: Herrmann Zschoche – SZ: Inge Wüste-Heym – LV: Filmerzählung »Ich bin nun mal kein Yogi« von Joachim Walther – DR: Manfred Wolter – KA: Günter Jaeuthe – MU: Günther Fischer – SB: Alfred Thomalla – KO: Günter Pohl – SC: Monika Schindler – PL: Rolf Martius – GR: GR »Babelsberg« – m: 2456 = 90 min. – fa – brw – PM: 26.6.1980 – PM-Ort: Weißwasser; Kunsteisstadion »Wilhelm Pieck« – DA: Gudrun Ritter (Irene Moldenschütt) – Peter Bause (Heinz Moldenschütt) – Fred Delmare (Otto Schmiedel) – Günter Schubert (Kalle) – René Rudolph (Jonas) – Kareen Schröter (Shireen) – Odette Bereska (Ines Moldenschütt) u. a. – KR: Agde, G.: Nettes von unterwegs. FS 1980/15, S.12 – Goldberg, H.: Sommerreise - fast ohne Hindernisse. ND 3.7.1980 – Holland-Moritz, R.: Sommerkino-Eule I. ESP 1980/29 – Schenk, R.: Leichte Kost für heiße Tage. F&F 1980/9, S. 12-13 – Tok, H.-D.: Trampen nach Süden. WP 1980/29 – Ahrens, P.: Frauen heute und junge Leute. WBÜ 1980/36 – Sobe, G.: Ins Land der Träume oder zu sich selbst. BZ 27.6.1980.

Jonas und Ines, er Arbeiter, sie Studentin, wollen zu zweit in Urlaub fahren, doch die Eltern drängen den beiden einen Familienurlaub mit ihnen in Nessebar auf. Bereits im Zug scheitert das Unternehmen, weil Jonas und Ines Verlobungsringe tragen sollen – der Leute wegen. Jonas steigt aus, Ines bleibt. So trampt der Junge nach Süden, trifft unterwegs alte Kollegen und nette Mädchen, trennt sich wieder von ihnen. Mit der Holländerin Shireen reist er dann eine Strecke gemeinsam – bis zur türkischen Grenze. Sie will nach Indien zu einer Sekte, er trampt zurück nach Nessebar. Hier trifft er Ines wieder, allein. Deren Eltern kommen jedoch auch noch an. Den Vater hielt ein unterwegs geklauter Koffer auf, die Mutter hat beim Zeitungskauf den Zug verpaßt und ist ebenfalls getrampt. Der gemeinsame Urlaub findet nun doch statt.

ERNSTE SPIELE
(CO-PRODUKTION DDR / UNGARN) (KINDERFILM)

RE: Tamás Fejer – SZ: n.n. – LV: Kinderbuch »Heinrich beginnt den Kampf« von Béla Balázs – DR: Tamara Trampe, György Pethö – KA: Péter Jankura – MU: Szabolcs Fényes – SB: Peter Wilde – KO: Lydia Fiege – SC: Mihály Morell – PL: Günter Schwaack, Sándor Tóth – GR: GR »Berlin« – m: 2497 = 92 min. – fa – brw – PM: 11.7.1980 (DDR) – PM-Ort: Meiningen; »Casino-Lichtspiele« – CO: Mafilm Studio, Budapest – Ung. Titel: Veszélyes játékok – DA: Dirk Schönberger (Peter Klamm) – Jenny Gröllmann (Mutter Liesel Klamm) – Gunter Sonneson (Vater Robert Klamm) – Ernst Meincke (Hauptmann Pannwitz) – Gerald Schaale (Anton) – Jörg Panknin (Franz Lampe) u. a. – KR: Giera, J.: Vielschichtiges Kinderfilm-Angebot. FS 1980/17, S.10 – Schenk, R.: Zu leicht gemacht mit schwerer Zeit. F&F 1980/8, S. 4-5 – Zimm, I.: Ernste Spiele im Hinterhof. BZA 15.7.1980.

Arbeiterviertel einer deutschen Stadt im Jahre 1934. Auf dem Hof spielen die Kinder, statt Räuber und Gendarm, Arbeitslose und Polizisten. Für den sechsjährigen Peter wird das Spiel bitterer Ernst. Sein Vater wird verhaftet, er selbst von den Hausbewohnern als Kommunistensohn gemieden. Er hofft, daß sein Vater fliehen kann und baut in der Wohnung ein Versteck für ihn. Das Versteck rettet eines Tages einem anderen Kommunisten, der verfolgt wird, das Leben. Bei der Aktion wird Peters treuer Hund Klecks von der Polizei erschossen. Der Junge und seine Mutter können nicht in die Wohnung zurück. Genossen des Vaters verstecken sie und verhelfen ihnen zur Flucht.

DON JUAN, KARL-LIEBKNECHT-STR. 78

RE: Siegfried Kühn – SZ: Siegfried Kühn – DR: Manfred Wolter – KA: Claus Neumann – MU: Karl-Ernst Sasse – SB: Alfred Hirschmeier – KO: Christiane Dorst – SC: Helga Krause – PL: Erich Kühne – GR: GR »Babelsberg« – m: 2706 = 99 min – fa – brw – PM: 7.8.1980 – PM-Ort: Berlin; »International« – DA: Hilmar Thate (Wischnewsky) – Ewa Szykulska (Vera) – Beata Tyszkiewicz – GE: Elisabeth Breul (Weber) – Helmut Straßburger – GE: Jürgen Freier (Eberhard) – Carin Abicht – GE: Heidrun Halx (Zerlina) – Hilmar Baumann (Kronenthal) – Trude Bechmann (Wirtin) u. a. – KR: Agde, G.: Mancherlei Zwiespältigkeiten. FS 1980/18, S.18 – Gehler, F.: -. SO 1980/33 – Goldberg, H.: Von der Höllenfahrt eines modernen Don Giovanni. ND 9.8.1980 – Holland-Moritz, R.: Kino-Eule. ESP 1980/38 – Rümmler, K.: Aber in Spanien... F&F 1980/9, S.14 – Sobe, G.: Don Juan oder die Liebe an sich? BZ 13.8.1980 – Tok, H.-D.: Der ewige Verführer? WP 1980/33 – Kersten, H.: Ein »Männerfilm« aus Babelsberg. TSP 7.9.1980.

Der Berliner Opernregisseur Andrej Wischnewsky inszeniert in der Provinz den »Don Giovanni«. In seinem Bestreben, eingefahrene Arbeitsweisen zu überwinden, stößt er auf Schwierigkeiten – vor allem bei dem Interpreten der Titelrolle. Das führt zu Streit, aber letztlich doch zu einer Einigung. Mit seinem Liebesleben kommt der Regisseur allerdings weniger gut zurecht. Vera, die Sängerin der Donna Anna, ist eine alte Liebe Andrejs, die sich neue Hoffnungen macht. Andrej stellt dagegen Beate nach, der Sängerin der Donna Elvira. Diese jedoch erklärt sich mit Vera solidarisch, so daß der moderne Don Juan es bei der Soubrette versucht – nebenher ist er auch noch verheirateter Familienvater. Die Inszenierung jedenfalls wird ein Erfolg.

DIE VERLOBTE
(CO-PRODUKTION MIT FERNSEHEN DER DDR)

RE: Günther Rücker, Günter Reisch – SZ: Günther Rücker – LV: Romantrilogie »Haus der schweren Tore« von Eva Lippold – DR: Hans Müncheberg – KA: Jürgen Brauer – MU: Karl-Ernst Sasse – SB: Dieter Adam – KO: Sybille Gerstner, Ruth Kiecker, Hans Linke – SC: Erika Lehmphul – PL: Hans-Erich Busch – m: 2290 = 84 min. – fa – PM: 2.9.1980 – PM-Ort: Berlin; »International« – DA: Jutta Wachowiak (Hella) – Regimantas Adomaitis (Reimers) – Slavka Budinová (Lola) – Christine Gloger (Frenzel) – Inge Keller (Irene) – Käthe Reichel (Olser) – Ewa Zietek (Hilde) – Rolf Ludwig (Gefängnisarzt) u. a. – KR: Agde, G.: Den Ton des Volkslieds angeschlagen oder Ihr verlangt viel... FS 1980/20, S.14 – Knietzsch, H.: Stark geblieben durch Liebe und unerschütterliches Vertrauen. ND 3.9.1980 – Rehahn, R.: Junge Frau 1935. WP 1980/41 – Schütt, H.-D.: Ein Volkslied in Bildern. JW 5.9.1980 – Wischnewski, K.: Antifaschistische Thematik - Widerstandsfilm - Liebesgeschichte? F&F 1980/10, S.15-18 – Ahrens, P.: Von Grund auf anders... WBÜ 1980/39 – Gehler, F.: -. SO 1980/37 – Holland-Moritz, R.: Kino-Eule. ESP 1980/38 – Sobe, G.: Sehnsucht, Menschsein und das Inferno. BZ 3.9.1980 – Schmitz, H.: Vita dolorosa. FRu 11.12.1981 – Reichart, M.: Reduziert. Zeit 24.7.1981 – A.B.: -. BMP 18.3.1981 – Baer, V.: Die Liebenden im Widerstand. TSP 17.7.1981.

Die Kommunistin Hella Lindau wird 1934 wegen antifaschistischer Tätigkeit zu zehn Jahren Zuchthaus verurteilt. Nach jahrelanger zermürbender Einzelhaft gerät sie in die Zuchthaus-Wäscherei. Das Waschhaus mit seinen bestialischen Arbeitsbedingungen und den Gefangenen gleicht einem Inferno. Genossen trifft Hella kaum, sie muß sich unter Kriminellen behaupten. Mörderinnen, Prostituierte, Kupplerinnen, Diebinnen, die sich nicht selten gegenseitig an die Kehle gehen. Was Hella die Kraft gibt, unter diesen Bedingungen nicht nur zu überleben, sondern auch die Würde zu bewahren, ist die Liebe zu Hermann Reimers. Und er hält zu ihr all die Jahre, obwohl die junge Hilde aus der Nachbarschaft ihn liebt und auf ihn wartet. Er stellt den Antrag, Hella im Zuchthaus zu heiraten. Der Antrag wird abgelehnt, aber als Verlobter bekommt er Besuchserlaubnis. Als Hella endlich entlassen wird, begegnet sie ihm nur kurz – als Verhaftetem, der an ihr vorbeigeführt wird.

Filmtext: Die Verlobte. Texte zu sieben Spielfilmen von Günther Rücker. Berlin: Henschelverlag 1988

DACH ÜBERM KOPF
RE: Ulrich Thein – SZ: Ulrich Thein – DR: Willi Brückner, Margit Schaumäker – KA: Hartwig Strobel – MU: Klaus-Dieter Henkler – SB: Harry Leupold – KO: Regina Viertel – SC: Brigitte Krex – PL: Horst Dau – GR: GR »Johannisthal« – m: 2912 = 107 min. – fa – PM: 25.9. 1980 – PM-Ort: Gera; »Panorama-Palast« – DA: Renate Geißler (Karoline Gluth) – Dieter Franke (Herbert Kotbuß) – Udo Schenk (Christian von der Weide) – Erika Dunkelmann (Else Gluth) – Helga Raumer (Hildegard Bange) – Bärbel Bolle (Kitti) u. a. – KR: Agde, G.: Komisch und liebenswert oder: Baulöwe weiblich. FS 1980/22, S.12 – Gehler, F.: Träume und Tränen. SO 1980/42 – Holland-Moritz, R.: Kino-Eule. ESP 1980/42 – Schütt, H.-D.: Ein Leben lang als Suppina im Sand? JW 30.9.1980 – Tok, H.-D.: Gradlinig und volkstümlich. F&F 1981/1, S.25-26 – Knietzsch, H.: Volkstümliche Liebesgeschichte, heiter und besinnlich mitgeteilt. ND 26.9.1980 – Sobe, G.: Die Baulöwin und der Brigadier. BZ 29.9.1980.

Karoline Gluth geht auf die Vierzig zu, hat einen 18jährigen Sohn, der studiert und somit unabhängig ist. Sie entschließt sich, ein neues Leben zu beginnen, nimmt Abschied von der Rügener Familiengastwirtschaft, wo sie als Köchin sehr gut verdient hat. Im Randgebiet von Berlin kauft sie sich ein Häuschen – nach einem Foto. Die Realität allerdings sieht weniger freundlich aus als das Bild. Das Haus ist dem Einsturz nahe und hat einen illegalen Bewohner, Christian. Sie setzt ihn zwar an die Luft, aber er hilft ihr durch den Dschungel der Handwerker- und Materialbeschaffung. Dabei lernt sie den Baubrigadier Herbert Kotbuß kennen, gerät mit ihm aneinander – und imponiert ihm. Karoline beißt sich durch, das Geld geht zur Neige, sie muß sogar ihr Auto verkaufen, und am Ende ist das Haus immer noch ziemliches Flickwerk. Aber sie hat ihren Anspruch an sich selbst verwirklicht – das neue, eigenständige Leben beginnt.

LEVINS MÜHLE
RE: Horst Seemann – SZ: Horst Seemann – LV: Gleichnamiger Roman von Johannes Bobrowski – DR: Werner Beck – KA: Hans-Jürgen Kruse – MU: Horst Seemann – SB: Georg Wratsch – KO: Inge Kistner – SC: Bärbel Bauersfeld – PL: Manfred Renger – GR: GR »Berlin« – m: 3213 = 118 min. – fa – brw – PM: 13.11.1980 – PM-Ort: Berlin; »International« – DA: Erwin Geschonneck (Johann, deutscher Mühlenbesitzer) – Katja Paryla (Christina, seine Frau) – Christian Grashof (Levin) – Ionka Iliewa (Marie) – Fred Düren (Prediger Feller) – Käthe Reichel (Josepha, seine Frau) – Eberhard Esche (Krolikowski) – Kurt Böwe (Philippi) – Rolf Ludwig (Scarletto) u. a. – KR: Agde, G.: Bilder von alter Schuld, für heute erzählt. FS 1980/25, S.14 – Gehler, F.: -. SO 1980/48 – Holland-Moritz, R.: Kino-Eule. ESP 1981/1 – Knietzsch, H.: Dieser Film nimmt eine große humanistische Botschaft auf. ND 14.11.1980 – Krenzlin, L.: Zwischen Sprache und Bild. F&F 1981/1, S.26-28 – Ahrens, P.: -. WBÜ 1980/51-52 – Bresch, U.: Wortkunst und Filmkunst. FO 1980/22 – Rehahn, R.: Aber na ja doch - aber na nein. WP 1980/48 – Sobe, G.: Mit Levins Mühle in die Direktheiten des Kinos. BZ 15.11.1980 – Kersten, H.: Bilder aus dem versunkenen Osten. TSP 14.12.1980.

In einem kleinen Dorf im Westpreußischen, nahe der unteren Weichsel, leben in den siebziger Jahren des vorigen Jahrhunderts Deutsche, Polen, Juden und Zigeuner nebeneinander. Der wohlhabende deutsche Mühlenbesitzer Johann leidet es nicht, daß der Jude Levin in seiner Bootsmühle auch Korn mahlt. Im Glauben, daß die Justiz auf Seiten der Deutschen sein wird, öffnet er nachts das Wehr und schwemmt Levins Mühle weg. Seine Rechnung aber geht nur zum Teil auf. Levin bekommt kein Recht und flieht resigniert mit seiner Freundin Marie, einer Zigeunerin. Johann aber wird seines Lebens auch nicht mehr froh. Die anständigen Menschen des Ortes solidarisieren sich – über Nationalitätenunterschiede hinweg – und verurteilen ihn moralisch. Auch er verläßt den Ort und geht als Rentier in die Kreisstadt.

MAX UND SIEBENEINHALB JUNGEN (KINDERFILM)
RE: Egon Schlegel – SZ: Manfred Freitag, Joachim Nestler – DR: Tamara Trampe – KA: Wolfgang Braumann – MU: Jürgen Ecke – SB: Georg Kranz – KO: Marianne Schmidt – SC: Ilona Thiel – PL: Werner Langer – GR: GR »Berlin« – m: 2415 = 89 min. – fa – brw – PM: 4.12.1980 – PM-Ort: Berlin; »International« – DA: Peter Sturm (Max) – Katrin Martin (Frl. Zahn, Lehrerin) – Wolfgang Winkler (Cornelias Vater) – Heide Kipp (Designerin) – Dirk Bohms (Böhnchen) – Matthias Grünes (King Ludwig) – Ingolf Wilpert (Marschner Bubi) – Heike Neumann (Biggi) – Roland Hammermann (Freddy) u. a. – KR: Gehler, F.: -. SO 1980/52 – Goldberg, H.: Selbsterlebtes zwischen Luckenwalde und Weimar. ND 8.12.1980 – Rother, H.-J.: Ausbrüche zu sich selbst. F&F 1981/2, S.38-39 – Tok, H.-D.: Trampen nach Weimar. WP 1981/1 – Giera, J.: Das moralische Potential des »gewöhnlichen Helden«. FS 1981/1, S.14 – Holland-Moritz, R.: Kino-Eule. ESP 1981/1 – Novotny, E.: Abenteuer-Reise mit Hindernissen. BZ 7.12.1980.

Der alte Antifaschist Max Stricker hält vor Jungen und Mädchen einer 8. Klasse einen Lichtbildervortrag zur Vorbereitung einer Buchenwald-Fahrt. Die Kinder bringen aus purer Lust am Stören den Vortrag zum Platzen. Gleiches haben sie auf der Fahrt vor. In Luckenwalde verläßt eine Gruppe den Zug. Max bemerkt das und steigt ebenfalls aus. Er schlägt den überraschten Kindern eine Wette vor: Sie sollen sich auf eigene Faust nach Weimar durchschlagen. Jeder bekommt nur fünf Mark, Treffpunkt ist der Abend des nächsten Tages. Die Kinder nehmen die Herausforderung an. Einige bleiben zusammen, andere versuchen es allein. Der Anführer und Angeber King erweist sich als unfähig, während der bescheidene Böhnchen in der außergewöhnlichen Situation durch Logik und Kollektivgeist überzeugt. Der alleinreisende Freddy fährt schwarz, klaut und landet bei der Polizei. Am Ende sind alle ein bißchen klüger und haben Achtung vor Max – wissend, welches Risiko er mit diesem Abenteuer eingegangen ist.

1

3

4

2

5

Kinderfilme der DEFA:

1 Frank Grunwald in
   »Des Henkers Bruder«
   (1979/RE: Walter Beck)

2 Hans-Peter Minetti in
   »Schneeweißchen und Rosenrot«
   (1979/RE: Siegfried Hartmann)

3 Dirk Bohms, Peter Sturm
   und Heike Neumann (v. l. n. r.) in
   »Max und siebeneinhalb Jungen«
   (1980/RE: Egon Schlegel)

4 Klaus Piontek in
   »Der Spiegel des großen Magus«
   (1981/RE: Dieter Scharfenberg)

5 Carmen-Maja Antoni in
   »Verflixtes Mißgeschick!«
   (1989/RE: Hannelore Unterberg)

1981

UNSER KURZES LEBEN

RE: Lothar Warneke – SZ: Regine Kühn – LV:
Roman »Franziska Linkerhand« von Brigitte
Reimann – DR: Christa Müller – KA: Claus
Neumann – MU: Gerhard Rosenfeld – SB: Alfred Hirschmeier – KO: Christiane Dorst, Ruth
Leitzmann, Herbert Henschel – SC: Erika
Lehmphul – PL: Horst Hartwig – GR: GR »Roter Kreis« – m: 3093 = 113 min. – fa – brw –
PM: 15.1.1981 – PM-Ort: Berlin; »International« – DA: Simone Frost (Franziska) – Hermann Beyer (Schafheutlin) – Gottfried Richter
(Trojanovicz) – Dietrich Körner (Prof. Reger) –
Christian Steyer (Jazwauk) – Christine Schorn
(Gertrud) u. a. – KR: Agde, G.: Porträt einer
Aufrichtigen. FS 1981/3, S.14 – Holland-Moritz, R.: Kino-Eule. ESP 1981/7 – Knietzsch, H.:
Anregendes Bild einer wachen und phantasievollen jungen Frau. ND 20.1.1981 – Rehahn,
R.: Liebeserklärung an Franziska. WP 1981/6 –
Schiller, D.: Traum von einer Stadt. F&F 1981/
3, S.40-41 – Ahrens, P.: -. WBÜ 1981/6 – Sobe,
G.: Unruhe um keine Friedfertige. BZ 17.1.1981
– Voigt, J.: -. SO 1981/4 – Kersten, H.: Franziska Linkerhand. FRu 11.3.1981.

Nach ihrer Scheidung entschließt sich die Architektin Franziska Linkerhand, für ein Jahr aus
Berlin in eine Provinzstadt zu gehen – auch um
sich von ihrem Professor, mit dem sie bisher
zusammenarbeitete, freizumachen. Franziska ist
eine Maximalistin, und rigoros vertritt sie ihren
Anspruch, Ideal und Wirklichkeit in Übereinstimmung zu bringen. In der Stadt N. kommt sie
in ein Kollektiv, dessen Chef Schafheutlin vor
den Zwängen der Praxis bereits kapituliert hat.
Auseinandersetzungen sind zwangsläufig. In
dem Kipperfahrer Trojanovicz lernt sie einen
neuen Mann kennen und lieben. Aber wie im
Beruf macht sie auch im Privatleben keine
Kompromisse. Und so scheitert diese Beziehung
an der bequemen, kompromißbereiten Lebenseinstellung von Trojanovicz. Die Zusammenarbeit mit Schafheutlin indes entwickelt sich positiv. Durch ihr Engagement löst er sich aus seiner
Erstarrung, während Franziska von seinem Realitätssinn profitiert. Sie entschließt sich, in N. zu
bleiben.

DER SPIEGEL DES GROSSEN MAGUS
(KINDERFILM)

RE: Dieter Scharfenberg – SZ: Dieter Scharfenberg – DR: Gerd Gericke – KA: Günter Jaeuthe
– MU: Gheorghe Zamfir, Christian Steyer – SB:
Paul Lehmann – KO: Günther Schmidt – SC:
Monika Schindler – PL: Dorothea Hildebrandt –
GR: GR »Johannisthal« – m: 2189 = 80 min. –
fa – brw – PM: 6.2.1981 – PM-Ort: Gera;
»Panorama-Palast« – DA: Eberhard Esche (Magus) – Juraj Durdiak (Elias) – Klaus Piontek
(Pravos) – Hanna Bieluszko-Vajda (Hanna) –
Günter Naumann (Harom) – Cox Habbema (Airin) u. a. – KR: Braunseis, H.: Ein herbes Märchenland. M 21.2.1981 – Giera, J.: Zauberei in
Grenzen. FS 1981/4, S.14.

Der böse und mächtige König Magus macht
sich auf brutale Weise die Menschen seines Rei

ches untertan. Wer sich nicht beugen will, wird
in ein Tier verwandelt und in einen Käfig gesperrt. Magus entführt das Mädchen Hanna, das
er heiraten will. Doch Hanna weigert sich, und
ihr Liebster, der Hirt Elias, geht zum Schloß, um
sie zu befreien. Von Magus' Knecht Pravos erfährt er, daß ein Spiegel dem König zu Zauberkraft und Unsterblichkeit verhilft und daß er nur
durch Wasser aus dem Mondsee zu besiegen ist.
Elias begibt sich auf den Weg zum Mondsee,
besteht alle Gefahren und erringt schließlich den
Sieg über Magus. Er befreit Hanna und das
ganze Land.

DIE STUNDE DER TÖCHTER

RE: Erwin Stranka – SZ: Erwin Stranka, Walter
Stranka – DR: Werner Beck – KA: Peter Brand
– MU: Karl-Ernst Sasse – SB: Christoph
Schneider – KO: Barbara Braumann – SC: Evelyn Carow – PL: Erich Albrecht – GR: GR
»Berlin« – m: 2634 = 97 min. – fa – brw – PM:
26.2.1981 – PM-Ort: Berlin; »Kosmos« – DA:
Dietrich Mechow (Richard Roth) – Ursula
Karusseit (Ruth) – Dorit Gäbler (Eva) – Karin
Düwel (Gerda) – Petra Blossey (Nanny) – Lothar Schellhorn (Peter Wille) u. a. – KR: Agde,
G.: Vielerlei Prüfungen. FS 1981/6, S.10 – Gehler, F.: -. SO 1981/14 – Knietzsch, H.: Bekenntnis zur Wirklichkeit und zu einem bewußt gelebten Leben. ND 3.3.1981 – Stolze, R.: Gesucht wird der eigene Weg im Leben. JW 27.2.
1981 – Voss, M.: Kleiner Radius für großes
Thema. F&F 1981/5, S.47-48 – Sobe, G.: Der
Staffellauf der Generationen. BZ 28.2.1981 –
Kersten, H.: Leben an einer Grenzscheide. TSP
31.5.1981.

Der Endfünfziger Richard Roth, Arbeiter und
zuletzt als Kaderleiter tätig, stellt sich
angesichts einer lebensbedrohlichen Herzattacke
die Frage, was aus seinen vier Töchtern geworden ist, was von ihm in ihnen weiterleben wird.
Nanny ist die jüngste und lebt als einzige noch
beim Vater. Sie ruft die anderen ans Krankenbett. Ruth ähnelt ihrem Vater vielleicht am meisten. Sie ist engagierte Parteifunktionärin auf
einer Werft, aber privat eine einsame Frau. Eva
hat ihren Beruf als Lehrerin aufgegeben, um nur
noch die attraktive Chirurgengattin zu spielen.
Sie verliert den Halt, als ihr Mann sie verläßt.
Gerda ist schwanger und lebt in Scheidung. Die
zwei Kinder, die sie schon hat, überläßt sie dem
Mann. Und Nanny hat noch alles vor sich.

PUGOWITZA

RE: Jürgen Brauer – SZ: Margot Beichler – LV:
Roman »Pugowitza oder Die silberne Schlüsseluhr« von Alfred Wellm – DR: Willi Brückner,
Gerd Gericke – Künstlerische Mitarbeit: Heiner
Carow – KA: Jürgen Brauer – MU: Günther Fischer – SB: Dieter Adam – KO: Ursula Strumpf
– SC: Evelyn Carow – PL: Oscar Ludmann –
GR: GR »Johannisthal« – m: 2764 = 101 min. –
fa – brw – PM: 26.3.1981 – PM-Ort: Berlin;
»International« – DA: Axel Griesau (Heinrich)
– Szymon Szurmiej (Komarek) – Käthe Reichel
(Mutter Kriepsch) – Karla Runkehl (Frau Sagoreit) – Viola Schweizer (Frau Kirsch) – Ursula
Staack (Frau Puwalewski) – Kurt Böwe (Berni

ko) u. a. – KR: Agde, G.: Poesie und Realismus.
FS 1981/8, S.12 – Ahrens, P.: Geschichte - poetisch und problematisch. WBÜ 1981/17 –
Holland-Moritz, R.: Kino-Eule. ESP 1981/17 –
Knietzsch, H.: Heinrich Habermanns Entdeckung einer neuen, menschlichen Welt. ND
1.4.1981 – Tok, H.-D.: (Rück-) Besinnung auf
das Bild. F & F 1981/6, S.14-15 – Gehler, F.: -.
SO 1981/16 – Sobe, G.: Pugowitza oder die
neue Ordnung. BZ 2.4.1981 – Kersten, H.: Das
Kriegsende als Idylle mißdeutet. TSP 9.7.1981.

Während der letzten Kriegswochen 1945
schließt sich der elternlose elfjährige Heinrich
einem Treck an, der von dem alten Fischer Komarek geführt wird. Der Alte duldet ihn lediglich, doch nachdem Heinrich unter dem Verdacht, einen Wehrpflichtigen verraten zu haben,
sehr leidet, nimmt er sich des Jungen an. Er
nimmt ihm die Illusion vom Endsieg und erzählt
ihm von der Verbrüderung russischer und deutscher Soldaten 1917. Heinrich verliert den Treck
und wartet in einem Dorf. Inzwischen marschieren die Russen ein. Heinrich freundet sich mit
ihnen an, und als sie einen Kommunisten für das
Bürgermeisteramt brauchen, sucht er Komarek.
Doch der unerfahrene Fischer scheitert an den
Schwierigkeiten. Der Junge begegnet einem
ehemaligen Spanienkämpfer und nimmt ihn mit,
kurz darauf schließt sich ihnen eine Frau an.
Zusammen wollen sie nach Berlin, doch Komarek verläßt sie – in dem Glauben, daß Heinrich
bei den Jüngeren gut aufgehoben ist.

ALS UNKU EDES FREUNDIN WAR...
(KINDERFILM)

RE: Helmut Dziuba – SZ: Hans-Albert Pederzani – LV: Kinderbuch »Ede und Unku« von Alex
Wedding – DR: Anne Pfeuffer – KA: Helmut
Bergmann – MU: Christian Steyer – SB: Harry
Leupold – KO: Joachim Dittrich – SC: Christa
Helwig – PL: Walther Kronenthal – GR: GR
»Berlin« – m: 1980 = 73 min. – fa – brw – PM:
3.4.1981 – PM-Ort: Berlin; »Kosmos« – DA:
Axel Linder (Ede) – Jacqueline Ody (Unku) –
Michael Falkenhagen (Max) – Nina Staritz (Lisa) – Tomas Jahn (Schaljapin) – Hardy Kordian
(Rollmopswilly) – Martin Trettau (Vater Sperling) – Lotte Loebinger (Zigeuneroma) u. a. –
KR: Frölich, U.: Ein Königreich für ein Fahrrad.
WP 1981/17 – Giera, J.: Gefühl vertieft Erkenntnis. FS 1981/9, S.14 – Holland-Moritz, R.:
Kino-Eule. ESP 1981/17 – Knietzsch, H.: Sinn
für Soziales und Erziehung der Gefühle. ND
7.4.1981 – Lange, W.: Lebendiger Spiegel vergangener Zeit. F&F 1981/5, S.46-47 – Novotny,
E.: Von Ede und Unku. BZ 7.4.1981.

Berlin Ende der zwanziger Jahre. Der
zwölfjährige Ede lebt mit der Schwester und
dem arbeitslosen Vater im Elend. In dem älteren
Max hat er einen Freund, der ihm erste
Einblicke in soziale und politische Zusammenhänge gibt. Ede will Geld verdienen und arbeitet
als Zeitungsjunge, aber ihm fehlt ein Fahrrad.
Eines Tages läßt sich eine Truppe Zigeuner im
Ort nieder. Ede freundet sich mit dem Mädchen
Unku an. Er begegnet überall Vorurteilen, auch
beim Vater. Die anderen Kinder meiden ihn. Als
Unku Geld stiehlt, um ihm zu einem Fahrrad zu

verhelfen, scheinen sich die Vorurteile zu bestätigen. Ede ist enttäuscht. Aber nach einer Verzweiflungstat des Vaters erkennt er, daß auch Unku ihm nur helfen wollte.

ZWEI ZEILEN, KLEINGEDRUCKT
(CO-PRODUKTION DDR / UDSSR)

RE: Witali Melnikow – 2. RE: Gunther Scholz, Viktor Sergejew – SZ: Michail Schatrow, Wladlen Loginow, Witali Melnikow – DR: Peter Wuss, Frishetta Gukasjan, Alexander Swobodin – KA: Konstantin Ryshow – MU: Nadeshda Simonjan – SB: Jochen Keller, Wladimir Swetosarow – KO: Günther Schmidt, Oxana Kokowkina – SC: Sinaida Scheinemann, Sabine Schmager – PL: Hans Mahlich, Igor Karakos – GR: GR »Babelsberg« – m: 2570 = 94 min. – fa – PM (DDR): 9.4.1981 – PM-Ort: Berlin, »International« – CO: Lenfilm, Leningrad, Erste künstlerische Vereinigung – Russ. Titel: Dwe strotschki melkim schriftom – DA: Sergej Schakurow (Fjodor Golubkow) – Jan Spitzer (Walter) – Nina Ruslanowa (Swetlana) – Lidija Konstantinowa (Alena) – Anatoli Romaschin (Grigori Grigorjewitsch) – Sophia Garrel (Jewgenija Iwanowna) – Horst Drinda (Tager) u. a. – KR: Agde, G.: Geschichte und Wahrheit. FS 1981/9, S.14 – Knietzsch, H.: Dramatische Ermittlung nach sechs Jahrzehnten. ND 10.4.1981 – Stolze, R.: Wahrheit für ein Menschengeschick. JW 16.4.1981 – Wischnewski, K.: Ein großes Thema - leider »in petit«. F&F 1981/6, S.15-16 – Ahrens, P.: Geschichte - poetisch und problematisch. WBÜ 1981/17 – Sobe, G.: Wert der Wahrheit. BZ 23.4.1981 – Tok, H.-D.: Die Spur aus dem Gestern. WP 1981/17 – Kersten, H.: Wahrheitssuche gegen Widerstände. FRu 21.4.1981.

1912 wurden ein russischer und ein deutscher Revolutionär von ihren Genossen der Zusammenarbeit mit der zaristischen Geheimpolizei bezichtigt. Als Verräter sind sie in die Geschichte eingegangen. Fast sieben Jahrzehnte später beschäftigt sich der Leningrader Historiker Fjodor Golubkow mit dem Fall. Die Indizien lassen vermuten, daß ein anderes Mitglied der Gruppe, ein Verwandter von Fjodors Frau, der Verräter war. Zusammen mit seinem Berliner Kollegen Walter gelingt es ihm schließlich, den Beweis zu erbringen: Die beiden Revolutionäre wurden Opfer einer Intrige von zaristischer und deutscher Geheimpolizei.

ASTA, MEIN ENGELCHEN

RE: Roland Oehme – SZ: Manfred Wolter – DR: Christel Gräf – KA: Jürgen Lenz – MU: Wolfram Heicking – SB: Georg Kranz – KO: Werner Bergemann – SC: Helga Emmrich – PL: Manfred Renger – GR: GR »Roter Kreis« – m: 2695 = 99 min. – fa – PM: 14.5.1981 – PM-Ort: Berlin; »Kosmos« – DA: Erwin Geschonneck (Otto Gratzick / Hermann Gschwindner) – Annemone Haase (Astrid) – Kurt Böwe (Schorsch) – Winfried Glatzeder (Frank Steiner) – Fred Delmare (Meyer-Tassow) – Thomas Neumann (Standesbeamter) u. a. – KR: Agde, G.: Spaßig, flott und flüssig. FS 1981/11, S.14 – Gehler, F.: -. SO 1981/22 – Goldberg, H.: Hauptrolle für einen bekannten Unbekannten. ND 16.5.1981 –

Holland-Moritz, R.: Kino-Eule. ESP 1981/22 – Voss, M.: Die Legende von Asta und Otto. F&F 1981/8, S.15 – Ahrens, P.: Doppelspaß mit Geschonneck. WBÜ 1981/23 – Sobe, G.: Die Sehnsüchte des Otto Gratzick. BZ 15.5.1981 – Kersten, H.: Mit Bubikopf á la Asta Nielsen. TSP 30.8.1981 – Kersten, H.: Blick zurück in die Heiterkeit. FRu 15.6.1981.

Der alte Otto Gratzick ist Pförtner bei der DEFA und ein großer Asta-Nielsen-Verehrer. Als der berühmte Schauspieler Hermann Gschwindner kurz vor Beendigung seines Films verunglückt, sucht der Regisseur ein Double für die letzten Szenen und endeckt im Kino Otto, der sich gerade wieder von Asta rühren läßt. Otto übernimmt die Aufgabe. Außerdem gibt er eine Heiratsannonce auf, mit der er eine Frau sucht, die Asta ähnelt. Das erste Rendezvous mit Astrid, die ihm tatsächlich wie Asta erscheint, wird ein Reinfall. Otto schläft ein. Er versucht es bei ihr noch einmal – als Hermann Gschwindner – und hat Erfolg. In der Bar eines Hotels wird er »erkannt« und gebeten, ein Lied vorzutragen. Alle, auch Astrid, sind hingerissen. Nach einigen Verwicklungen kommt es zur Offenbarung der wirklichen Identität – auch Astrid hatte ziemlich nachgeholfen, um Asta ähnlich zu sehen.

WIE WÄR'S MIT UNS BEIDEN

RE: Helge Trimpert – SZ: Jurij Koch – LV: Erzählungen aus dem Band »Der einsame Nepomuk« von Jurij Koch – DR: Manfred Hocke – KA: Hans-Jürgen Kruse – MU: Karl-Ernst Sasse – SB: Alfred Thomalla – KO: Isolde Warscycek – SC: Ilse Peters – PL: Martin Sonnabend – GR: GR »Johannisthal« – m: 2296 = 84 min. – fa – brw – PM: 28.5.1981 – PM-Ort: Berlin; »Colosseum« – DA: Marina Krogull (Margaretha) – Thomas Neumann (Wessely) – Jaecki Schwarz (Nepomuk) – Simone von Zglinicki (Karin) – Gudrun Ritter (Brunhilde) – Ute Lubosch (Helena) – Werner Tietze (Kurcharski) u. a. – KR: Agde, G.: Debüt-Film. FS 1981/12, S.14 – Knietzsch, H.: Rund um das Spiel von Glück und Zweisamkeit. ND 13.6.1981 – Hofmann, H.: Etüden und Impressionen von Menschen im Alltag. NZ 3.6.1981 – Stolze, R.: Kontaktsuche in drei Varianten. JW 24.6.1981 – Tok, H.-D.: Vom Zueinanderfinden. WP 1981/25 – Sobe, G.: Verständigungs-Schwierigkeiten. BZ 2.6.1981.

Drei Liebesgeschichten mit sechs Menschen, die schon einige Erfahrungen gemacht haben, meist keine guten. Der dreißigjährige Nepomuk hat sich von seiner untreuen Frau scheiden lassen, fühlt sich nun einsam. Er ruft zwei ihm fremde Frauen an, trifft sich mit ihnen. Die eine, Karin, könnte die richtige sein. – Auf nächtlicher Landstraße nimmt der sorbische Völkerkundler Kurcharski eine Tramperin mit. Sie irritiert ihn und zieht ihn an. Nach gemeinsam verbrachter Nacht eröffnet sie ihm, daß sie aus einer Jugendhaftanstalt entflohen ist. – Der Arbeiter Wessely hält sich für einen Pechvogel. Nach einem Arbeitsunfall wird er von einer Medizinstudentin versorgt, die ihr Praktikum macht. Eine Liebesbeziehung beginnt, die fast an seinem Pessimismus scheitert.

SING, COWBOY, SING

RE: Dean Reed – SZ: Dean Reed – DR: Gerd Gericke – KA: Hans Heinrich – MU: Karel Svoboda – SB: Heinz Röske, Marga Moldovan – KO: Günther Schmidt – SC: Ruth Ebel – PL: Gerrit List, Georgeta Vilcu Savescu – GR: GR »Johannisthal« – m: 2451 = 90 min. – fa – brw – PM: 12.6.1981 – PM-Ort: Gera; Freilichtbühne auf dem Platz der Thälmannpioniere – DA: Dean Reed (Joe) – Vaclav Neckař (Beny) – Kerstin Beyer (Susann) – Violeta Andrei (Maria) – Juri Darie (Dave Arnold) – Stefan Diestelmann (Barkeeper) u. a. – KR: Agde, G.: Sie reiten für die Zuschauer. FS 1981/13, S.14 – Hofmann, H.: Western-Vergnügen für lachbereite Leute. NZ 3.7.1981 – Holland-Moritz, R.: Sommerkino-Eule I. ESP 1981/26 – Rehahn, R.: Mildwest in Babelsberg. WP 1981/26 – Schütt, H.-D.: Sing lieber, Cowboy... F&F 1981/8, S.15-16 – Sobe, G.: Nummern im Western-Look. BZ 24.6.1981.

Die beiden Cowboys Joe und Beny ziehen als Gesangsduo durch den Wilden Westen – meist mit leeren Taschen. Joe ist ein guter Rodeoreiter und fasziniert die kleine Susann, die ihn gern zum Vater hätte. Maria, ihre Mutter, will aber den finsteren, reichen Farmer Dave heiraten. Susann möchte das verhindern und schleicht sich in den Wagen von Joe und Beny, um sie zum Eingreifen zu bewegen. Dave zeigt die beiden als Kidnapper an und flüchten zu einer von diesem tyrannisierten Farmerfamilie. Gemeinsam schlagen sie Dave in die Flucht, und auch Maria hat inzwischen eingesehen, daß er der falsche Partner ist.

PLATZ ODER SIEG?

RE: Claus Dobberke – SZ: Gudrun Deubener – LV: Erzählung »Sattel im Gepäck« von Sieglinde Dick – MI/DR: Brigitte Bernert – KA: Wolfgang Pietsch, 2.KA: Hans-Jürgen Hoeftmann, Andreas Köfer – MU: Stefan Diestelmann – SB: Lothar Kuhn – KO: Günther Pohl – SC: Ilona Thiel – PL: Rolf Martius – GR: GR »Babelsberg« – m: 2064 = 76 min. – fa – brw – PM: 13.6.1981 – PM-Ort: Crispendorf b. Schleiz; Freilichtbühne – DA: Ulrike Kunze (Silvia) – Detlef Gieß (Lutz) – Rainer Kleinstück (Kassenbrink) – Holger Mahlich (Matthes) – Franziska Troegner (Frau Bertram) – Petra Dobbertin (Nanni) u. a. – KR: Agde, G.: Sie reiten für die Zuschauer. FS 1981/13, S.14 – Hofmann, H.: Allzu dünner Fabel-Faden. NZ 4.7.1981 – Holland-Moritz, R.: Sommerkino-Eule I. ESP 1981/26 – Pietzsch, J.: Lektion für Unbelehrbare. F&F 1981/10, S.37 – Rehahn, R.: Mildwest in Babelsberg. WP 1981/26 – Sobe, G.: Wenn er fällt, dann... BZ 1.7.1981.

Die zwanzigjährige Silvia ist Jockei wie ihr Freund Lutz. Die Liebe zum Beruf verbindet sie, aber Lutz will mehr. Er möchte Silvia heiraten, eine Familie gründen. Silvia ist als Jockei erfolgreich und will sich noch nicht binden. Sie sucht neue Aufgaben, wendet sich dem Hindernisreiten zu. Dabei lernt sie den Tierarzt Clemens kennen, der ihr sehr gefällt. Doch der Erfolg ist ihr alles. Ihrem Ehrgeiz fällt ihr Lieblingspferd bei einem von ihr verschuldeten Unfall zum Opfer. Es kommt zu Auseinandersetzungen mit Trainer und Kollegen. Silvia zieht sich zurück, doch Clemens bringt sie dazu, sich der Kritik zu stellen und die Verantwortung für ihr Handeln zu übernehmen.

MEIN VATER ALFONS
(KINDERFILM)
RE: Hans Kratzert – SZ: Günter Ebert, Hans Kratzert – LV: Gleichnamige Erzählung von Günter Ebert – DR: Barbara Rogall – KA: Günter Heimann – MU: Karl-Ernst Sasse – SB: Marlene Willmann – KO: Ewald Forchner – SC: Rita Hiller – PL: Siegfried Kabitzke – GR: GR »Babelsberg« – m: 1997 = 73 min. – fa – PM: 14.7.1981 – PM-Ort: Neubrandenburg; »Filmpalast« – DA: Jürgen Huth (Alfons Markgraf) – Jan King Lauschus (Ernst Markgraf) – Petra Hinze (Margot Markgraf) – Fred Delmare (Dixi-Mensch) – Wolfgang Greese (Erfinder Kieselmeier) – Günter Schubert (Wirt Zastrow) u. a. – KR: Giera, J.: Wetten, daß...? FS 1981/15, S.14 – Holland-Moritz, R.: Kino-Eule. ESP 1981/33 – Novotny, E.: Wenn der Vater mit dem Sohne... BZ 13.8.1981 – Zimm, I.: Die tolle Tour. BZA 15.7.1981.

Der zehnjährige Ernst will mit seinem Vater Alfons eine Fahrradtour machen, doch die Mutter bestimmt, daß sie alle gemeinsam zur Goldenen Hochzeit nach Seifertsgrün fahren. Schließlich läßt sie sich erweichen, daß die beiden mit dem Fahrrad fahren dürfen, wenn sie versprechen, pünktlich anzukommen. Ernst und Alfons machen sich auf den Weg – von Mecklenburg ins Erzgebirge. Es wird eine Reise mit vielen Hindernissen und abenteuerlichen Erlebnissen, denn Alfons greift überall ein, wo Hilfe gebraucht wird. Unter anderem rettet er eine Fallschirmspringerbraut, die in ihrem Hochzeitskleid in einem Baum gelandet ist. So rückt der vereinbarte Zeitpunkt immer näher, und Vater und Sohn sind auf Seifertsgrün noch weit entfernt. Aber auch sie bekommen Hilfe und landen mit einem Flugzeug an der Festtafel.

DIE KOLONIE
RE: Horst E. Brandt – SZ: Eva und Wolfgang Stein – DR: Werner Beck – KA: Hans-Jürgen Kruse – MU: Marcelo Fortin – SB: Erich Krüllke – KO: Christiane Dorst – SC: Karin Kusche – PL: Hans-Erich Busch – GR: GR »Berlin« – m: 2335 = 86 min. – fa – brw – PM: 1.9.1981 – PM-Ort: Berlin; »International« – DA: Winfried Glatzeder (Oswaldo Barray) – Alicja Jachiewicz (Dr. Maria Arnswaldt) – Juosas Budurajtis (Kommissar Lopez) – Klaus-Peter Thiele (Claudio Delgado) – Emanuil Witorgan (Don Emilio) – Achim Petry (Innenminister) u. a. – KR: Agde, G.: Redlicher Versuch, Authentisches spannend zu erzählen. FS 1981/19, S.14 – Gehler, F.: -. SO 1981/39 – Goldberg, H.: Zwischen Reportage und Abenteuerfilm. ND 16.9.1981 – Holland-Moritz, R.: Kino-Eule. ESP 1981/41 – Rümmler, K.: Suche voller Hindernisse. F&F 1981/10, S.35-36 – Sobe, G.: Vom Mysterium im Niemandsland. BZ 8.9.1981 – Tok, H.-D.: Auf »heißer Spur«. WP 1981/39.

Ein südamerikanisches Land Anfang der achtziger Jahre. Auf der Flucht wird ein junger Mann von seinen Verfolgern erschossen. Eine Zeugin, Maria, erzählt ihrem Freund, dem Journalisten Oswaldo, davon, und er verfolgt den Fall. Die Polizei gelangt auf der Spur der Täter zu einer deutschen Farm, doch dort hat sie keinen Zutritt. Die Farm gilt als exterritoriales Gebiet. Oswaldo ermittelt weiter, obwohl Maria gefoltert wird und er Morddrohungen bekommt. Er findet heraus, daß die Farm eine faschistische Kolonie ist, in der alte Nazis junge Deutsche in ihrem Geist erziehen. Oswaldo bezahlt seine Entdeckung mit dem Leben.

BÜRGSCHAFT FÜR EIN JAHR
RE: Herrmann Zschoche – SZ: Gabriele Kotte – LV: Gleichnamiger Roman von Tine Schulze-Gerlach – DR: Tamara Trampe – KA: Günter Jaeuthe – MU: Günther Fischer – SB: Dieter Adam – KO: Anne Hoffmann – SC: Monika Schindler – PL: Dorothea Hildebrandt – GR: GR »Berlin« – m: 2545 = 93 min. – fa – PM: 17.9.1981 – PM-Ort: Suhl; »Kulturhaus« – DA: Katrin Saß (Nina) – Monika Lennartz (Irmgard Behrend) – Jaecki Schwarz (Peter Müller) – Jan Spitzer (Werner Horn) – Christian Steyer (Heiner Menk) – Heide Kipp (Frau Braun) u. a. – KR: Agde, G.: Eine Attacke. FS 1981/20, S.22 – Gehler, F.: -. SO 1981/41 – Goldberg, H.: Die Verantwortung des Einzelnen für sein Leben. ND 20.9.1981 – Holland-Moritz, R.: Kino-Eule. ESP 1981/41 – Rehahn, R.: Ich schaff's nicht! WP 1981/42 – Schütt, H.-D.: Mut zur Freundlichkeit? F&F 1981/11, S.7 – Ahrens, P.: -. WBÜ 1981/46 – Sobe, G.: Die Probe auf das zweite Leben. BZ 29.9.1981 – Stolze, R.: Ein Plädoyer für Nina K. JW 20.9.1981 – Kersten, H.: Alltag in Berlin-Mitte. TSP 25.10.1981 – Kersten, H.: Nina-Solo. FRu 25.7.1981 – Frederiksen, A.: Beachtlich. Zeit 26.11.1982 – Pflaum, H.G.: Sympathische Glaubwürdigkeit. SüZ 12.11.1982 – Diehl, S.: Leben muß man selbst. FAZ 9.11.1982.

Nina Kern ist eine Frau Ende zwanzig, geschieden, der das Sorgerecht für ihre drei Kinder, die sich bereits im Heim befinden, wegen jahrelanger Vernachlässigung aberkannt werden soll. Obwohl sie das Versprechen, ihren Lebenswandel zu ändern, mehrmals gebrochen hat, gibt man ihr eine letzte Bewährungschance. Ein Bauingenieur und eine Lehrerin übernehmen die Bürgschaft. Sie helfen Nina, wenigstens die jüngste Tochter, die fünfjährige Mireille, aus dem Heim zu bekommen. Nina besinnt sich, der Arbeit in einer Putzbrigade der U-Bahn gewissenhaft nachzugehen und der Tochter eine gute Mutter zu sein. Sie hat Erfolge, muß aber auch Rückschläge verkraften. Obwohl ihre Bewährung am Ende positiv ausfällt, glaubt sie, der ganzen Schwere der Belastung nicht gewachsen zu sein. Schweren Herzens verzichtet sie auf die Tochter Jacqueline, mit der sie nicht zurechtkommt.

DARF ICH PETRUSCHKA ZU DIR SAGEN?
RE: Karl-Heinz Heymann – SZ: Karl-Heinz Heymann, Frank Bey – DR: Thea Richter – KA: Werner Bergmann – MU: Gerhard Rosenfeld – SB: Peter Wilde – KO: Eleonore Kleiber – SC: Anneliese Hinze-Sokolowa – PL: Helmut Klein, Herbert Ehler – GR: GR »Roter Kreis« – m: 2424 = 89 min. – fa – brw – PM: 8.10.1981 – PM-Ort: Berlin; »International« – DA/TA: Hannelore Bey – SP: Ursula Werner (Lotte) – Frank Bey – SP: Thomas Wolff (Peter) – Roland Gawlik (Tänzer) sowie Mitglieder des Tanztheaters der Komischen Oper Berlin und des Fernsehballettes der DDR – Christine Harbort (Melkerin) – Peter Jahoda (Tänzer) – Roman Kaminski (junger Mann) u. a. – KR: Agde, G.: Ballett mit Einlage. FS 1981/21, S.10 – Gehler, F.: -. SO 1981/48 – Holland-Moritz, R.: Kino-Eule. ESP 1981/46 – Stolze, R.: Diese Szenen einer Tänzer-Ehe vermögen nicht zu fesseln. JW 14.10.1981 – Tok, H.-D.: Verliebt in den Tanz. WP 1981/44 – Knietzsch, H.: Um Aufmerksamkeit für ein Debüt wird gebeten. ND 10.10.1981 – Sobe, G.: Etüden eines Tänzerlebens. BZ 10.10.1981.

Zum letzten Mal steht der Ballettsolist Peter auf der Bühne. Er ist 35 Jahre alt und beendet seine aktive Laufbahn als Tänzer. Anlaß für ihn zurückzuschauen: Er erinnert sich an das gemeinsame Leben mit Lotte, die ebenfalls Tänzerin ist. Am selben Opernhaus engagiert, haben sie sich kennengelernt, geheiratet. Ein Kind wurde geboren. Gemeinsam bangten sie nach Lottes schwerer Krankheit, ob sie wieder tanzen wird. Mit großem Talent und harter, bis an die psychische Leistungsgrenze gehender Arbeit brachten sie es zu internationalem Erfolg. Etwa ein Drittel des Films ist berühmten Ballettszenen vorbehalten, in denen die beiden Solisten ihr Können zeigen.

PETERS JUGEND
(CO-PRODUKTION DDR / UDSSR)
RE: Sergej Gerassimow – SZ: Sergej Gerassimow, Juri Kawtaradse – LV: Roman »Peter der Erste« von Alexej Tolstoi – DR: T. Protopopowa – KA: Sergej Filippow, Horst Hardt – MU: Wladimir Martynow – SB: Boris Dulenkow, Jochen Keller, A. Popow – KO: Ella Maklakowa, Günther Schmidt – SC: Ida Dorofejewa – PL: Arkadi Kuschljanski, Hans Mahlich – m: 6030 = 221 min. – fa – PM(DDR): 29.10.1981 – PM-Ort: Berlin; »Kosmos« – CO: Gorkistudio, Moskau – Russ. Titel: Junost Pjotra – DA: Dmitri Solotuchin (Peter) – Tamara Makarowa (Natalja Kirillowna) – Natalja Bondartschuk (Zarin Sofija) – Nikolai Jeremenko (Menschikow) – Oleg Strishenow (Wassili Golizyn) – Wadim Spiridonow (Schaklowity) – Ulrike Kunze (Anna Mons) u. a. – KR: Agde, G.: Gemessener Gang durch die Geschichte. FS 1981/24, S.14 – Hahnemann, H.: Die Bilder strömen. BZA 3.11.1981 – Sobe, G.: »... ein Zar muß tanzen können...« BZ 3.11.1981 – Tok, H.-D.: Ein kühner Herrscher. LVZ 31.10.1981 – Wolf, K.-P.: Die neuesten Filme dreier sowjetischer Altmeister. T 4.11.1981.

Als der russische Zar Alexej 1676 stirbt, ist sein Sohn Peter noch ein Kind. Die Mutter flieht mit ihm vor den Machtkämpfen bei Hofe nach Preobrashenskoje, während seine ältere Halbschwester Sofija, sich der Unterstützung der Strelitzen versichernd, die Regentschaft übernimmt – zusammen mit ihrem Liebhaber, dem Fürsten Golizyn. In einer nahe Preobrashenskoje gelegenen deutschen Siedlung verliebt sich der heranwachsende Peter in Anna, die Tochter eines Weinhändlers, lernt die handwerkliche Fertigkeit der Deutschen kennen. Als Sofija nach militärischen Niederlagen ins Kloster flieht, kehrt Peter mit der Mutter an den Zarenhof zurück und übernimmt nach deren Tod die Regierung. Er geht auf Reisen ins Ausland, fördert Wissenschaft, Handwerk, Handel und Künste, baut eine starke Flotte auf. So schafft er die Voraussetzungen für Rußlands Aufstieg zur Großmacht.

WÄRE DIE ERDE NICHT RUND...
RE: Iris Gusner – SZ: Iris Gusner, Günter Haubold – DR: Tamara Trampe – KA: Günter Haubold – MU: Baldur Böhme – SB: Heike Bauersfeld – KO: Dorit Gründel – SC: Renate Bade – PL: Werner Langer – GR: GR »Berlin« – m: 2470 = 91 min. – fa – brw PM: 3.12.1981 – PM-Ort: Berlin; »International« – DA: Bozenna Stryjek (Christiane) – Rasim Balajew (Hatem) – Lissy Tempelhof (Valeska) – Franciszek Pieczka (Großvater Johannes) – Galina Komarowa (Galja) – Reso Tschikwischwili (Gia) u. a. – KR: Agde, G.: Eine Liebe, aber keine Geschichte. FS 1981/26, S.12 – Epperlein, R.: Irrwege einer guten Absicht. F&F 1982/1, S.10 – Gehler, F.: -. SO 1981/51 – Holland-Moritz, R.: Kino-Eule. ESP 1982/4 – Tok, H.-D.: Christiane und Hatem. WP 1982/1 – H.U.: Wichtige Konflikte fragwürdig gestaltet. NZT 4.12.1981 – Kleint, S.: Unrund. FO 1981/24.

Christiane aus der DDR und Hatem aus Syrien lernen sich beim Studium in Moskau kennen. Sie lieben sich, haben ein Kind zusammen. Während des Studiums meistern sie viele Schwierigkeiten gemeinsam, doch nun steht die Frage, was danach aus ihnen wird. Hatem erklärt Christiane, daß sie in seiner Heimat als Frau keine Arbeitsmöglichkeit in ihrem Beruf habe. Sie schlägt Hatem vor, mit in die DDR zu gehen. Doch das lehnt er ab – mit der Begründung, er könne sein Land nicht verraten. Die beiden trennen sich.

DER DICKE UND ICH
(KINDERFILM)
RE: Karl Heinz Lotz – SZ: Jens Bahre, Karl Heinz Lotz – LV: Gleichnamiges Buch von Jens Bahre – DR: Gabriele Kotte – KA: Claus Neumann – MU: Marcelo Fortin – SB: Georg Kranz – KO: Barbara Braumann – SC: Barbara Simon – PL: Wolfgang Rennebarth – GR: GR »Roter Kreis« – m: 2184 = 80 min. – fa – brw – PM: 13.12.1981 – PM-Ort: Berlin; Colosseum« – DA: Gregor Lotz (Kind Flori) – Carmen-Maja Antoni (Mutter) – Wolfgang Winkler (der Dicke) – Petr Skarke (Vater) – Maria Romakina (Frau mit Dackel) – Torsten Naleppa (Ofen) –

Ingo Hamann (Jörg) – Carolin Naujocks (Sandra) u. a. – KR: Braunseis, H.: -. M 2.1.1982 – Holland-Moritz, R.: Kino-Eule. ESP 1982/7 – Knietzsch, H.: Kinder und die Kunst des Lebens in der Familie. ND 14.12.1981 – Giera, J.: -. FS 1981/24, S.9.

Während eines Ostseeurlaubs erfährt der neunjährige Florian, daß seine Eltern sich scheiden lassen. Er ist unglücklich und dem neuen Freund der Mutter gegenüber abweisend. Florian hat Angst, daß dieser Neue, der Dicke, ihm die Liebe der Mutter stiehlt, und hofft immer noch auf eine Versöhnung mit dem Vater. Die Beziehung der beiden gestaltet sich zu einem Kampf, bei dem sich Florian und der Dicke sehr erfindungsreich zeigen. Im Stillen imponiert es dem Jungen, daß der Dicke sich als fair erweist. Als die Mutter die Situation nicht mehr ertragen kann, zeigt sie sich bereit, auf den Dicken zu verzichten. Florian spürt ihre Traurigkeit. Schließlich raufen sie sich doch zusammen und ziehen gemeinsam in eine neue Wohnung.

1982

ROMANZE MIT AMÉLIE
RE: Ulrich Thein – SZ: Benito Wogatzki – LV: Gleichnamiger Roman von Benito Wogatzki – DR: Peter Wuss – KA: Hartwig Strobel – MU: Günther Fischer – SB: Harry Leupold – KO: Werner Bergemann – SC: Ilse Peters – PL: Herbert Ehler – GR: GR »Babelsberg« – m: 2773 = 102 min. – fa – brw – PM: 21.1.1982 – PM-Ort: Berlin; »International« – DA: Thomas Stecher (Jürgen Siebusch) – Brit Gülland (Amélie) – Gudrun Ritter (Mutter Siebusch) – Fritz Marquardt (Schwoffke) – Wilfried Ortmann (Donath) – Brigitte Lindenberg (Unsefrau) u. a. – KR: Agde, G.: Zuneigung und Reibung. FS 1982/4, S.10 – Gehler, F.: -. SO 1982/8 – Knietzsch, H.: Bilder einer ersten Liebe an der Schwelle einer neuen Zeit. ND 23.1.1982 – Rehahn, R.: Frühlingserwachen, anno 1945. WP 1982/7 – Schieber, E.: Liebe im »Niemandsland«. F&F 1982/5, S.16-17 – Sobe, G.: Roman-Romanze und Realität. BZ 22.1.1982.

Im Winter 1944/45 kommt der halbwüchsige Jürgen mit seiner Mutter von Berlin nach Hohengörse, wo er sich als Hirte verdingt. Er lernt die Grafentochter Amélie kennen. Die beiden verlieben sich ineinander. Jürgen wird zum Volkssturm eingezogen, dann flieht er mit Amélie vor der Roten Armee. Zurückgekehrt in die besetzte Zone, erleben sie, wie das Gut enteignet wird. Jürgen möchte mit Amélie als Neubauer eine Existenz aufbauen. Doch sie lehnt ab und veranlaßt ihn, Wertsachen für sie aus dem Gutshaus zu stehlen. Die beiden werden gestellt, Amélie erzwingt mit einem Gewehr im Anschlag ihre Flucht. Die Kugel eines Polizisten trifft sie tödlich.

DIE BEUNRUHIGUNG
RE: Lothar Warneke – SZ: Helga Schubert – DR: Erika Richter – KA: Thomas Plenert – MU: César Franck – SB: Georg Kranz – KO: Christiane Dorst, Ruth Leitzmann, Herbert Henschel – SC: Erika Lehmphul – PL: Horst Hartwig – GR: GR »Babelsberg« – m: 2717 = 100 min. – s/w – PM: 18.2.1982 – PM-Ort: Berlin; »International« – DA: Christine Schorn (Inge Herold) – Hermann Beyer (Dieter Schramm) – Lydia Billiet (Mitfahrerin in Straßenbahn) – Christoph Engel / Sina Fiedler (Ehepaar in der Beratungsstelle) – Cox Habbema (Brigitte) – Jörg Herrmann (Fürsorger) – Wilfried Pucher (Joachim) – Mike Lepke (Lutz) u. a. – KR: Agde, G.: Willkommene Herausforderung. FS 1982/5, S.14 – Ahrens, P.: -. WBÜ 1982/10 – Holland-Moritz, R.: Kino-Eule. ESP 1982/12 – Schiller, D.: Selbstbefragung auch für den Zuschauer. F&S 1982/3, S.25-26 – Voigt, J.: -. SO 1982/10 – Gehler, F.: Vorschnelle Beruhigung. SO 1982/10 – Knietzsch, H.: Versuch einer tieferen Einsicht in den Sinn des eigenen Lebens. ND 25.2.1982 – Sobe, G.: Die neuen Dinge des alten Lebens. BZ 23.2.1982 – Kersten, H.: Ein gewöhnlicher Tag. TSP 4.4.1982 – Kersten, H.: Ein Tag mit Krebs-Verdacht. FRu 30.4.1982.

Die Psychologin Inge Herold ist Mitte Dreißig, geschieden, hat einen 15jährigen Sohn und ein

Verhältnis mit einem verheirateten Mann. Plötzlich erfährt sie, daß sie eine bösartige Geschwulst haben könnte und am nächsten Tag zur Operation muß. Diese Mitteilung veranlaßt sie, über ihr bisheriges Leben nachzudenken. Zur Angst vor der Diagnose kommt die Angst, ihr Leben vielleicht vertan zu haben. 24 Stunden unter enormer psychischer Anspannung lassen sie die Dinge deutlicher sehen, auch sich selbst. Sie trennt sich von dem verheirateten Joachim und ihrer Ausrede, unabhängig sein zu wollen. In ihrem Sohn Lutz findet sie einen mitfühlenden Partner, der ihr Mut macht. Und sie bringt die Kraft zu einem Neubeginn auf – trotz ständiger Beunruhigung durch die Krankheit.

Filmtext: Die Beunruhigung. Filmszenarium von Helga Schubert. Berlin: Henschelverlag 1982

DIE GERECHTEN VON KUMMEROW

RE: Wolfgang Luderer – SZ: Konrad Reich – LV: Gleichnamiger Roman von Ehm Welk – DR: Gerd Gericke – KA: Hans-Jürgen Sasse – MU: Helmut Nier – SB: Joachim Otto – KO: Günther Pohl, Frank Rettig – SC: Thea Richter – PL: Dieter Dormeier – GR: GR »Johannisthal« – m: 2491 = 91 min. – fa – brw – PM: 18.3.1982 – PM-Ort: Berlin; »Colosseum« – DA: Jan Rohde (Martin) – Mario Herrmann (Johannes) – Martin Trettau (Grambauer) – Erik S. Klein (Pastor Breithaupt) – Walter Jupé (Kantor Kannegießer) – Rolf Hoppe (Superintendent) – Fred Delmare (Krischan) – Wolfgang Dehler (Düker) u. a. – KR: Agde, G.: Es geht nichts über die Gemütlichkeit... FS 1982/7, S.10 – Holland-Moritz, R.: Kino-Eule. ESP 1982/18 – Knietzsch, H.: Aus einem guten Buch immer auch einen guten Film? ND 27.3.1982 – H.U.: Dörfliches Milieu bieder ausgemalt. NZT 25.3. 1982 – Sobe, G.: Das Gericht über die Gerechten. BZ 19.3.1982.

In einem abgelegenen preußischen Dorf ist der Hirte Krischan mit seinen phantastischen Geschichten der Anziehungspunkt für die Kinder. Eines Tages erleben sie zusammen, wie der Müller Düker sein Pferd zu Tode prügelt, und greifen ein. Düker verklagt sie wegen Körperverletzung beim Amtsgericht, und weil der Hauptbeschuldigte, Krischan, ohne Papiere illegal im Dorf lebt, beschließt die Dorfgemeinde, ihn vor der Verhandlung abzuschieben. Krischan verschwindet. Die Kinder empfinden den Verlust schmerzlich, sind empört über die Erwachsenen. Die Jungen Martin und Johannes suchen auf einer abenteuerlichen Fahrt nach Krischan und werden von der Polizei gestellt. Krischan bleibt verschwunden.

DIE DICKE TILLA
(KINDERFILM)

RE: Werner Bergmann – SZ: Rosel Klein – LV: Gleichnamiges Kinderbuch von Rosel Klein – DR: Andreas Scheinert – KA: Werner Bergmann, Ingo Baar – MU: Kiril Cibulka – SB: Hans-Jorg Mirr – KO: Dorit Gründel – SC: Karin Kusche – PL: Dorothea Hildebrandt – GR: GR »Johannisthal« – m: 2104 = 77 min. – fa –

brw – PM: 15.4.1982 – PM-Ort: Halle; »Goethe-Lichtspiele« – DA: Carmen Sarge (Tilla) – Jana Mattukat (Anne) – Matthias Manz (Knutschi) – Maurice Woynowski (Felix) – Rebecca Michaelis (Gabi) – Carmen-Maja Antoni (Annes Mutter) – Günter Junghans (Annes Vater) – Carl Heinz Choynski (Tillas Vater) u. a. – KR: Giera, J.: Plädoyer für Toleranz. FS 1982/11, S.14 – Goldberg, H. : Eine Geschichte über Kinder und für sie. ND 21.4.1982 – Lange, W.: Ein Mustang mit Rückspiegeln. F&F 1982/8, S.15-16 – Novotny, E.: Von Spiel und Ernst. BZ 27.4.1982 – Tok, H.-D.: Wie Hund und Katze. WP 1982/17.

Die etwa zehnjährige Tilla gibt in ihrer Klasse den Ton an. Alle machen, was sie will. Als eine Neue kommt, Anne, bricht Feindschaft auf den ersten Blick aus. Anne mal gern, trägt eine Brille und hat lauter Einsen. Tilla hetzt auch die anderen gegen Anne auf, die sie nicht mag, weil sie so anders ist. Der Zwist wird handgreiflich. Tilla demoliert Annes Fahrrad, und die anfangs schüchterne Anne revanchiert sich mit einem Bild, das Tilla als Karikatur darstellt. In einer Notsituation kommen sie sich plötzlich näher, erzählen von sich. Und das gegenseitige Kennenlernen offenbart, daß sie beide die Neigung zu einer neuen Freundschaft empfinden.

MÄRKISCHE FORSCHUNGEN

RE: Roland Gräf – SZ: Roland Gräf – LV: Gleichnamige Erzählung von Günter de Bruyn – DR: Christel Gräf – KA: Peter Brand – MU: Günther Fischer – SB: Dieter Adam – KO: Barbara Braumann – SC: Monika Schindler – PL: Volkmar Leweck – GR: GR »Roter Kreis« – m: 2625 = 96 min. – fa – brw – PM: 21.4.1982 – PM-Ort: Karl-Marx-Stadt; »Stadthalle« – DA: Hermann Beyer (Pötsch) – Kurt Böwe (Prof. Menzel) – Jutta Wachowiak (Frau Pötsch) – Dieter Franke (Fritz) – Trude Bechmann (Oma Alwine) – Eberhard Esche (Bradtke) u. a. – KR: Agde, G.: Tragikomisches Gleichnis. FS 1982/10, S. 20 – Gersch, W.: -. Pod. + Werkst. H.12, S.131-141 – Holland-Moritz, R.: Kino-Eule. ESP 1982/22 – Wischnewski, K.: Abschweifungen zum Thema. F&F 1982/5, S.17-18 – Ahrens, P.: Film-Komödie zum Nachdenken. WBÜ 1982/19 – Gehler, F.: -. SO 1982/21 – Knietzsch, H.: Ein Film mit großartigen Darstellern. ND 12.5.1982 – Rehahn, R.: Bilanziert und balanciert. WP 1982/21 – Sobe, G.: Die Komödie mit der Tragödie. BZ 4.5.1982 – Kersten, H.: Ironische Parabel über historische Wahrheit. TSP 30.5.1982.

Der angesehene Berliner Professor Winfried Menzel hat einen vergessenen märkischen Dichter, Max von Schwedenow, wiederentdeckt. Bei einer Reise trifft er den Landlehrer Pötsch und muß überrascht feststellen, daß der ebenfalls auf Schwedenows Spuren forscht und beinahe mehr weiß als er selbst. Er bietet Pötsch eine Zusammenarbeit nebst Assistentenstelle in Berlin an. Pötsch ist begeistert. Bei seiner Forschung stößt er auf Ergebnisse, die das revolutionäre Bild, das Menzel von Schwedenow gezeichnet hat, in Frage stellen. Er hat entdeckt, daß der in seiner Jugend progressive Schwedenow später als re-

aktionärer Zensor der preußischen Regierung gearbeitet hat – unter anderem Namen. Menzel will, daß Pötsch das ignoriert, um sein eigenes Werk nicht zu gefährden. Als Pötsch darauf beharrt, nutzt Menzel seine Position, um ihn zu Fall zu bringen. Pötsch sucht weiter wie ein Besessener nach dem letzten Beweis.

DEIN UNBEKANNTER BRUDER

RE: Ulrich Weiß – SZ: Wolfgang Trampe – LV: Gleichnamiger Roman von Willi Bredel – DR: Gabriele Kotte – KA: Claus Neumann – MU: Peter Rabenalt – SB: Paul Lehmann – KO: Lydia Fiege – SC: Ursula Rudzki – PL: Rolf Martius – GR: GR »Roter Kreis« – m: 2946 = 108 min. – fa – brw – PM: 13.5.1982 – PM-Ort: Berlin; »Colosseum« – DA: Uwe Kockisch (Arnold) – Michael Gwisdek (Walter / Conferencier) – Jenny Gröllmann (Renate) – Bohumil Vavra (Deisen) – Michael Gerber (Stefan) – Arno Wyzniewski (Geheimdienstmann) u. a. – KR: Agde, G.: Ungewöhnliche Sicht. FS 1982/12, S.14 – Gehler, F.: Was kann ein Mensch ertragen? F&F 1982/8, S.14-15 – Prochnow, C.: -. Pod. + Werkst., H.12, S. 26-57 – Stolze, R.: Fragen zu einem neuen DEFA-Film. JW 14.5.1982 – Tok, H.-D.: Tat, Zweifel, Ängste. WP 1982/23 – Ahrens, P.: Leben in einer dunklen Welt. WBÜ 1982/27 – Holland-Moritz, R.: Kino-Eule. ESP 1982/22 – Sobe, G.: Draufsicht: Zeit und Zeichen. BZ 18.5.1982 – Ullrich, H.: -. BFF 1982/3, S.117-128 – Voigt, J.: -. SO 1982/22.

Hamburg 1935. Der Antifaschist Arnold Clasen kommt aus der KZ-Haft zurück und schließt sich erneut einer Widerstandsgruppe. Da er überwacht wird, lebt er unauffällig, meidet den Kontakt mit den Genossen. Nachmittags und abends geht er seiner Arbeit als Filmvorführer in den Orion-Lichtspielen nach. Manchmal trifft er sich mit Renate, die er liebt. Sie stammt aus einer gutbürgerlichen Familie, aber teilt seine politische Haltung. Die Isolation macht ihm zu schaffen, er sucht die Freundschaft zu seinem Kontaktmann Walter. Er möchte jemandem vertrauen, doch das Mißtrauen ist groß. Zu der Gefahr von außen kommt der Verrat in den eigenen Reihen. Es gibt Verhaftungen in der Gruppe, Arnold schöpft Verdacht, daß Walter der Verräter ist – und auch er fällt ihm zum Opfer.

FAMILIENBANDE

RE: Horst E. Brandt – SZ: Manfred Richter – DR: Anne Pfeuffer – KA: Hans-Jürgen Kruse – MU: Walter Kubiczek – SB: Dieter Adam – KO: Elke Hersmann – SC: Karin Kusche – PL: Erich Kühne – GR: GR »Berlin« – m: 2729 = 100 min. – fa – brw – PM: 11.6.1982 – PM-Ort: Rostock; Sport- und Kongreßhalle – DA: Peter Reusse (Markus Raban) – Hanns-Jörn Weber (Olaf Raban) – Roman Kaminski (Frank Raban) – Franziska Troegner (Elke Raban) – Antje Kupgisch (Iris Raban) – Elsa Grube-Deister (Gerda Raban) u. a. – Agde, G.: Fast eine Irreführung. FS 1982/14, S.14 – Gehler, F.: -. SO 1982/27 – Holland-Moritz, R.: Sommerkino-Eule I. ESP 1982/27 – Rümmler, K.: Eine Familiengeschichte? F&F 1982/11, S.45-46 – Voss,

M.: Ein zweiter Anlauf. F&F 1982/8, S.13-14 – Friedrich, D.: Strickkäppi-Ganoven. BZ 30.6. 1982 – Meves, U.: Angebot für das Kino im Freien: heiter, spannend und unterhaltsam. ND 12.6.1982 – Tok, H.-D.: Unternehmen Kunstraub. WP 1982/26.

Der Arbeiter Frank Raban lebt mit seiner Frau und der kleinen Tochter in einem Zimmer in der Wohnung der Mutter. Er baut ein Eigenheim, beschafft auch mal auf illegale Weise Material. Als ein Feierabendmaurer in Forumschecks bezahlt werden will, schlägt Frank empört zu und landet vor dem Staatsanwalt. Seine Brigade bürgt. Mit Geld greifen ihm seine beiden Westberliner Brüder Markus und Olaf unter die Arme, doch ihr Preis ist hoch. Markus betreibt einen Antiquitätenhandel – mit geklauten Kunstschätzen aus der DDR. Er benutzt die Familienbande in den Osten für seine Einbrüche. Als dabei von Markus und Olaf ein Museumswächter ermordet wird, erzählt Frank alles seiner Frau. Sie versucht ihn zu überzeugen, sich der Polizei zu stellen.

DER LANGE RITT ZUR SCHULE (KINDERFILM)

RE: Rolf Losansky – SZ: Gisela und Günter Karau – LV: Gleichnamige Erzählung von Gerhard Holtz-Baumert – DR: Anne Pfeuffer – KA: Helmut Grewald, Michael Göthe – MU: Karl-Ernst Sasse – SB: Jochen Keller – KO: Joachim Dittrich – SC: Ursula Zweig – PL: Wolfgang Rennebarth – GR: GR »Berlin« – m: 2291 = 84 min. – fa – brw – PM: 13.7.1982 – PM-Ort: Wittenberg; »Zentraltheater« – DA: Frank Träger (Alex) – Iris Riffert (Maren) – Klaus Piontek (Direktor) – Barbara Schnitzler (Lehrerin) – Dieter Franke (Hausmeister) – Fritz Marquardt (Pferdekrüger) – Gojko Mitic (Sportlehrer Geisel / Roter Milan) u. a. – KR: Giera, J.: Lache mit, wer kann. FS 1982/15, S.14 – Goldberg, H.: Wenn das Fahrrad zum Mustang wird. ND 19.7.1982 – Lange, W.: Ein Mustang mit Rückspiegeln. F&F 1982/8, S.15-16 – Novotny, E.: Phantasie und Träume. BZ 6.8.1982.

Der zehnjährige Alex sieht heimlich einen Western im Fernsehen, und ehe er sich's versieht, stehen die Westernhelden in seinem Wohnzimmer. Sie drohen, das Spartakiade-Gold, das er noch zu gewinnen denkt, zu stehlen. Am Morgen verwandelt sich sein Fahrrad in einen Mustang und der Weg zur Schule in ein Westernabenteuer, bei dem sich die Lehrer in Indianer oder Cowboys und die Klassenleiterin in eine Saloon-Dame verwandeln. Gemeinsam mit seinem Helden, dem Roten Milan, erobert er das Spartakiade-Gold, das er an die bösen Gegner eingebüßt hat, zurück. Das alles dauert ziemlich lange, und so kommt Alex wieder einmal zu spät zur Schule. Eifrig erklärt er dem Direktor die Ursachen – und der sieht plötzlich auch einen Mustang im Flur stehen.

DAS FAHRRAD

RE: Evelyn Schmidt – SZ: Ernst Wenig – DR: Erika Richter – KA: Roland Dressel – MU: Peter Rabenalt – SB: Marlene Willmann – KO: Ursula Strumpf – SC: Sabine Schmager – PL: Günter Schwaack – GR: GR »Babelsberg« – m: 2447 = 90 min. – fa – brw – PM: 22.7.1982 – PM-Ort: Berlin; »Colosseum« – DA: Heidemarie Schneider (Susanne) – Roman Kaminski (Thomas) – Anke Friedrich (Kind von Susanne) – Heidrun Bartholomäus (Marry) – Hilmar Baumann (Riemer) – Gisela Bestehorn (Reisebüro-Chefin) u. a. – KR: Agde, G.: Beobachtungen und Fragen. FS 1982/16, S.14 – Holland-Moritz, R.: Kino-Eule. ESP 1982/35 – Knietzsch, H.: Mißlungen. ND 29.7.1982 – Tok, H.-D.: Verlangen nach Liebe. WP 1982/39 – Voss, M.: Ein zweiter Anlauf. F&F 1982/8, S.13-14 – Sobe, G.: Fahrrad-Diebe? BZ 24.7.1982 – Budde, H.: Die Leiden einer Frau. FAZ 11.10.1982 – Kersten, H.: Eigene Sicht vom Fahrrad. FRu 16.11.1982 – Kersten, H.: Zerstörte Illusionen. 19.9.1982.

Susanne, ungelernte Arbeiterin, allein mit einem Kind, schlägt sich mehr schlecht als recht durchs Leben. Ihre Unzufriedenheit nimmt zu, als sie den erfolgreichen Ingenieur Thomas kennenlernt. Sie gibt ihre Arbeit auf, gerät in finanzielle Schwierigkeiten und meldet ihr Fahrrad als gestohlen, um die Versicherungssumme zu kassieren. Der Betrug fliegt auf, und sie landet vor dem Staatsanwalt. Sie ist deprimiert, und Thomas, der von dem Betrug nichts weiß, kümmert sich um sie. Als sie ihm die Sache und das bevorstehende Verfahren gesteht, stößt sie auf Unverständnis, und ihre Beziehung erhält einen Knacks. Thomas steht ihr zwar bei, aber seine Reaktion macht sie betroffen. Sie trennt sich von ihm, ist aber entschlossen, ihr Leben zu verändern.

SABINE KLEIST, 7 JAHRE ... (KINDERFILM)

RE: Helmut Dziuba – SZ: Helmut Dziuba – DR: Anne Pfeuffer – KA: Helmut Bergmann – MU: Christian Steyer – SB: Heinz Röske – KO: Marianne Schmidt, Evelin Benke – SC: Barbara Simon – PL: Günter Schwaack – GR: GR »Berlin« – m: 1978 = 73 min. – fa – brw – PM: 2.9.1982 – PM-Ort: Berlin; »International« – DA: Petra Lämmel (Sabine Kleist) – Simone von Zglinicki (Edith) – Martin Trettau (Karl Schindler) – Petra Barthel (junge schwangere Frau) – Johanna Clas (Kaufhallenchefin) – Carl Heinz Choynski (Streifenführer) u. a. – KR: Agde, G.: Den anderen achten. FS 1982/19, S.14 – Budkiewitz, H.: Licht- und Schattenseiten. F&F 1982/11, S.45 – Holland-Moritz, R.: Kino-Eule. ESP 1982/41 – Knietzsch, H.: Einfache Fragen eines Kindes an die Welt der Erwachsenen. ND 7.9.1982 – Stolze, R.: (K)eine Chance im Kino für die Sabine? JW 11.9.1982 – Senefeld, S.: -. SO 1982/42 – Sobe, G.: Kleine Odyssee der großen Gefühle. BZ 8.9.1982 – Tok, H.-D.: Verlangen nach Liebe. WP 1982/39.

Seit dem Unfalltod ihrer Eltern lebt Sabine im Heim. Als die Erzieherin Edith, die ihr zur zweiten Mutter geworden ist, wegen der Geburt ihres eigenen Kindes ihre Arbeit aufgibt, läuft Sabine aus dem Heim weg. Zwei Tage und zwei Nächte ist sie in Berlin unterwegs, sucht Kontakte zu anderen Menschen. Sie gerät in einen Zirkus, an einen pensionierten Arbeiterveteranen, auf eine Dampferfahrt und in eine Kirche. Sie sucht Anschluß, hilft auch anderen – zum Beispiel einem kleinen polnischen Jungen, der seine Eltern aus den Augen verloren hat. Und sie begreift, daß die Beziehungen, die sie knüpft, nicht von Dauer sein können. Sie geht zurück ins Heim, das sie als ihr Zuhause erkennt.

SONJAS RAPPORT

RE: Bernhard Stephan – SZ: Manfred Freitag, Joachim Nestler – LV: Gleichnamiges Buch von Ruth Werner – DR: Anne Pfeuffer – KA: Otto Hanisch – MU: Gerhard Rosenfeld – SB: Peter Wilde – KO: Ursula Strumpf – SC: Brigitte Krex – PL: Erich Albrecht – GR: GR »Berlin« – m: 3222 = 118 min. – fa/sw – brw – PM: 26.9.1982 – PM-Ort: Potsdam; »Thalia« – DA: Györgi Kinga Tarjan (Sonja) – Olgierd Lukaszewicz (Rolf) – Hartmut Puls (Ernst) – Karla Runkehl (Ollo) – Erwin Berner (Len) – Rolf Hoppe (von Schlewitz) – Swetlana Schönfeld (Lisa) u. a. – KR: Agde, G.: Enttäuschende Literaturverfilmung. FS 1982/21, S.22 – Gehler, F.: -. SO 1982/42 – Holland-Moritz, R.: Kino-Eule. ESP 1982/45 – Rehahn, R.: Zuviel erwartet? WP 1982/43 – Schütt, H.-D.: Chancen für ein Heldenbild. F&F 1983/1, S.52-53 – Ahrens, P.: Schade um Sonjas Rapport. WBÜ 1982/42 – Knietzsch, H.: All den Menschen gewidmet, die mit Freude leben und kämpfen. ND 27.9.1982 – Sobe, G.: Fragmente eines Lebens - Positionen. BZ 16.10.1982.

Eine junge Frau, aus fortschrittlichem bürgerlichen Hause stammend, geht Mitte der dreißiger Jahre mit ihrem Mann Rolf nach Shanghai. Obwohl sie ein Kind hat, ist sie nicht bereit, sich ins Privatleben zurückzuziehen. Sie lernt Dr. Richard Sorge kennen und beschließt, ebenfalls Kundschafter zu werden. Nach einer Ausbildung in der Nähe von Moskau – sie bekommt den Tarnnamen Sonja -, wird sie mit dem Genossen Ernst in die Mandschurei zu ihrem ersten Auftrag geschickt. Sie hat ein Verhältnis mit Ernst, bekommt ein Kind von ihm. Durch einen neuen Auftrag, der sie nach Polen führt, wird sie von Ernst getrennt. Für ihre Arbeit erhält sie in Moskau den Rotbannerorden. Danach geht sie in die Schweiz, funkt Informationen über den bevorstehenden Krieg in die Sowjetunion. Sie begegnet Rolf und Ernst, die ein Auftrag in den fernen Osten führt. Sonja heiratet einen Engländer, um nicht an Deutschland ausgeliefert zu werden.

DIE MAHNUNG (CO-PRODUKTION DDR / BULGARIEN / UDSSR)

RE: Juan Antonio Bardem – SZ: Ljuben Stanew, Juan Antonio Bardem – DR: Assen Todorow – KA: Plamen Wagenstein – MU: Kiril Cibulka - SB: Konstantin Russakow, Lothar Kuhn, Grigori Pawlenko – KO: Marija Sotirowa, Werner Bergemann, Nadeshda Kowalenko – SC: Iliana Michowa – PL: Sdrawko Watew, Werner Langer, Tamara Schilenko – m: 4293 = 157 min. – fa – PM (DDR): 22.10.1982 – PM-Ort: Leipzig;

»Capitol« – CO: Kinostudio »Bojana«, Sofia; Kinostudio »Alexander Dowshenko«, Kiew – Russ. Titel: Predupreshdenije – DA: Petyr Gjurow (Georgi Dimitroff) – Assen Dimitrow (Marinus van der Lubbe) – Boris Lukanow (Wassil Kolarow) – Lutz Riemann (Thälmann) – Willi Schrade (Torgler) – Christoph Kamcke (Holzhäuser) – Uwe Schweikowski (Göring) u. a. – KR: Agde, G.: Ein filmisches Denkmal. FS 1982/24, S.22 – Braunseis, H.: Starke Persönlichkeit im Kampf. M 20.11.1982 – Helbig, J.: -. FO 1982/22 – Knietzsch, H.: Ein bewegendes und wahrhaftiges Bild historischer Ereignisse. ND 15.11.1982 – Stolze, R.: Lebendiges Bild des Revolutionärs. JW 23.10.1982.

1935 in Moskau hält Georgi Dimitroff auf einer Tagung der Kommunistischen Internationale seine Rede mit dem Aufruf zur Einheitsfront aller fortschrittlichen Kräfte. In Rückblenden werden Stationen seines Lebens dargestellt, ergänzt durch Zeitdokumente. Der Abschied von seiner Lebensgefährtin, als er nach der Niederlage des bulgarischen Aufstands 1923 ins Exil gehen muß. Leben in der Illegalität, Begegnungen mit Thälmann und anderen Genossen in vielen Ländern, wo er den Kampf gegen den Faschismus unterstützt. Vorbereitung einer Friedenskonferenz in Amsterdam und schließlich der Reichstagsbrandprozeß, in dem er einen Sieg gegen die faschistischen Machthaber Deutschlands erringt und sie vor der Weltöffentlichkeit bloßstellt.

ALEXANDER DER KLEINE
(CO-PRODUKTION DDR / UDSSR)
(KINDERFILM)
RE: Wladimir Fokin – BU: Ingeburg Kretzschmar, Walentin Eshow, Wladimir Eshow, Wladimir Fokin – DR: Gudrun Deubener, A. Iwanow – KA: Sergej Filippow – MU: Eduard Artemjew – SB: Erich Krüllke – KO: Günther Schmidt – SC: T. Beljajewa – PL: Arkadi Kuschljanski, Dietmar Richter – GR: GR »Berlin« – m: 2682 = 98 min. – fa – PM (DDR): 29.10.1982 – PM-Ort: Berlin; »Kosmos« – CO: Gorkistudio, Moskau – Russ. Titel: Aleksandr Malenkij – DA: Boris Tokarjew (Hauptmann Zwetow) – Juri Nasarow (Starschina Christschanowitsch) – Michail Kokschenow (Soldat Kurykin) – Olaf Schneider (Pinsel) – Ute Lubosch (Tessa) – Gerry Wolff (Hübner) u. a. – KR: Agde, G.: Uneinheitlich. FS 1982/23, S.14 – Bulgakowa, O. / Hochmuth, D.: Vergessen, was Leben ist. SO 1982/47 – Holland-Moritz, R.: Kino-Eule. ESP 1982/50 – Knietzsch, H.: Zeitgenossen im Spannungsfeld zwischen Altem und Neuem. ND 29.10.1982 – Stolze, R.: Legende aus dem Leben des Volkes. JW 2.11.1982 – Sobe, G.: Der Weg ins Leben oder: Vom schweren Anfang. BZ 2.11.1982.

1945. Die faschistische Wehrmacht ist geschlagen, der Krieg zu Ende. Auf Hauptmann Zwetow, im zivilen Leben Dozent für deutsche Sprache in Leningrad, warten neue Aufgaben. Er wird zur Zeitung »Tägliche Rundschau« abkommandiert. Auf dem Weg dorthin macht er Station in einem kleinen Ort, dessen provisorisches Kinderheim Hilfe braucht. Es ist überfüllt, und es fehlt an allem. Die sowjetischen Soldaten helfen, so gut sie können, besorgen Medikamente, Decken, Schuhe. Unter den Kindern befinden sich einige Aufwiegler, die faschistischem Gedankengut anhängen. Erst nach Überfällen marodierender Banden, denen sowjetische Soldaten und auch Kinder zum Opfer fallen, beginnen sie, ihre Haltung zu überdenken.

DER PRINZ HINTER DEN
SIEBEN MEEREN
(KINDERFILM)
RE: Walter Beck – SZ: Gudrun Deubener – LV: Märchen »Das singende, springende Löweneckerchen« und andere Märchenmotive der Brüder Grimm – DR: Manfred Hocke – KA: Wolfgang Braumann – MU: Günther Fischer – SB: Erich Krüllke – KO: Dorit Gründel, Uwe Bornemann, Elvira Fricke – SC: Ilse Peters – PL: Horst Hartwig – GR: GR »Johannisthal« – m: 2386 = 87 min. – fa – PM: 28.11.1982 – PM-Ort: Berlin; »Colosseum« – DA: Marina Krogull (Constance) – Bodo Wolf (Leonhard) – Renate Blume (Annunziata) – Manfred Heine (Florian) – Leon Niemczyk (Kaufmann) – Franziska Troegner (Candida) u. a. – KR: Giera, J.: Optisch attraktiv. FS 1982/25, S.12 – Hofmann, H.: Treue, die härtesten Prüfungen standhält. NZ 23.11.1982 – Mihan, A.: Der Liebe Lohn. F&F 1983/4, S.53 – Novotny, E.: Prinz mit Löwenmähne. BZ 11.12.1982 – Wiggenhauser, H.: Das Wasser war zu flach, der Löwe zu echt. ND 23.12.1982.

Die Kaufmannstochter Constance hat sich ein Löweneckerchen gewünscht, und der Vater hat es von einem Löwen bekommen – unter der Bedingung, daß ihm der erste Mensch auszuliefern sei, dem der Vater zu Hause begegnet. Es ist Constance. Gegen den Willen des Vaters geht sie zu dem Löwen, entdeckt, daß dieser ein verwunschener Prinz ist, den nur die Liebe einer Frau erlösen kann. Sie bleibt bei ihm, hat ein Kind mit ihm. Als sie ihn kurz verläßt, um zur Hochzeit ihrer Schwester zu fahren, wird der Löwe in eine Taube verwandelt und fliegt davon. Constance folgt ihm – sieben Jahre über sieben Meere, bis sie ihn endlich befreien kann.

1983

DER AUFENTHALT
RE: Frank Beyer – SZ: Wolfgang Kohlhaase – LV: Gleichnamiger Roman von Hermann Kant – DR: Dieter Wolf – KA: Eberhard Geick – MU: Günther Fischer – SB: Alfred Hirschmeier – KO: Joachim Dittrich – SC: Rita Hiller – PL: Herbert Ehler – GR: GR »Babelsberg« – m: 2786 = 102 min. – fa – PM: 20.1.1983 – PM-Ort: Berlin; »International« – DA: Sylvester Groth (Mark Niebuhr) – Fred Düren (General Eisensteck) – Matthias Günther (Hauptsturmführer) – Klaus Piontek (Major Lundenbroich) – Hans-Uwe Bauer (Obergefreiter Fenske) – Alexander von Heteren (Jan Beveren) – Horst Hiemer (Gasmann) – Andrzej Pieczyński (Leutnant) u. a. – KR: Agde, G.: Eine »unerhörte Begebenheit«. FS 1983/3, S.10 – Funke, C.: Vom tiefen Fall des Menschen. F&F 1983/2, S.4-5 – Gehler, F.: -. SO 1983/6 – Holland-Moritz, R.: Kino-Eule. ESP 1983/3 – Knietzsch, H: Aufregend erzählte Geschichte um Schuld und Erkenntnis. ND 21.1.1983 – Radmann, H.: Stehender Beifall für »Aufenthalt« am Lido. Große Resonanz für DDR-Beitrag bei der 40. Filmbiennale. JW 6.9.1983 – Ahrens, P.: -. WBÜ 1983/4 – Krenzlin, L. / Schiller, D.: Zwischen Preisgabe und Selbstbehauptung. F&F 1983/2, S.5-6 – Rehahn, R.: Er war achtzehneinhalb. WP 1983/5 – Sobe, G.: Mitgegangen, mitgefangen, mit... BZ 21.1.1983 – Wirsing, S.: Deutscher Stellvertreter. FAZ 27.1.1983 – Kersten, H.: Auch ein Opfer des Krieges. TSP 30.1.1983 – Kersten, H.: Auch er war neunzehn. FRu 9.2.1983 – Strunz, D.: Todeskandidat im Frieden. BMP 20.5.1984 – Pflaum, H. G.: Lernprozesse mit versöhnlichem Ausgang. SüZ 5.5.1984 – Raddatz, F. J.: Ehrbar. Zeit 6.4.1984 – Rhode, C.: -. TSP 17.5.1984 – Sel.: Mißverständnis zur Verständigung. FAZ 16.5.1984.

Der junge deutsche Kriegsgefangene Mark Niebuhr, ehemaliger Grenadier eines Infanteriebataillons, kommt mit einem Transport im Oktober 1945 auf dem Warschauer Güterbahnhof an. Eine Polin glaubt, in ihm einen SS-Mann wiederzuerkennen, der ihre Tochter ermordet hat. Er wird von der Gruppe isoliert, nicht wissend warum, kommt in Einzelhaft, ist allein mit seiner Angst. Die Untersuchung führt ein ebenso junger polnischer Leutnant. Nach vier Monaten kommt Mark in eine Zelle mit polnischen Gefangenen, die ihm haßerfüllt gegenübertreten. Beim Arbeitseinsatz in der Warschauer Trümmerlandschaft muß er die höchsten gefährlichen Mauern abtragen. Er rettet ein Kind, bricht sich dabei den Arm, kommt ins Krankenhaus und erfährt dort, daß die Untersuchung gegen ihn wegen Mordes läuft. Nach dem Krankenhausaufenthalt gerät er in eine Zelle mit deutschen Gefangenen. Hier herrschen die alte Hierarchie und der alte faschistische Geist, mit General Eisensteck und Major Lundenbroich an der Spitze. Der sich unschuldig fühlende Niebuhr wird von den wirklichen Verbrechern als einer der ihren aufgenommen. Er durchschaut sie langsam, isoliert sich, wehrt sich, begreift aber auch etwas von der Schuld, in die er mitverstrickt ist. Nach 8 Monaten ist seine Unschuld an dem Mord erwiesen. Er wird entlassen.

DIE SCHÜSSE DER ARCHE NOAH
(KINDERFILM)
RE: Egon Schlegel – SZ: Günter Mehnert – LV: Gleichnamiger Roman von Peter Abraham – DR: Erika Richter – KA: Peter Brand – MU: Gunther Erdmann – SB: Georg Kranz – KO: Regina Viertel – SC: Ilona Thiel – PL: Dieter Dormeier, Volkmar Leweck – GR: GR »Babelsberg« – m: 2419 = 89 min. – fa – brw – PM: 4.2.1983 – PM-Ort: Gera; »Haus der Kultur« – DA: Oliver Ohrt (Klaus) – Simone Graja (Lottchen) – Alexander Gorgs (Erich) – Alexander Herrmann (Bernd) – Tilo Braune (Kossak) – Christine Schorn (Mutter von Klaus) – Wolfgang Winkler (Vater von Klaus) – Wolfgang Greese (Herr Rosenkranz) – Marie-Anne Fliegel (Frau Rosenkranz) – Zofia Slaboszowska (Mutter Oberin) u. a. – KR: Giera, J.: Starkes Filmerlebnis. FS 1983/4, S.10 – Goldberg, H.: Bemühungen um Einsichten in historische Vorgänge. ND 7.2.1983 – Holland-Moritz, R.: Kino-Eule. ESP 1983/11 – Lange, W.: Bevor ein Mensch erwachsen ist. F&F 1983/4, S.49-50 – Stolze, R.: Von der Arche zur Aurora. JW 9.2.1983.

Das letzte Jahr des zweiten Weltkriegs. Die Familie des zehnjährigen Klaus Wensloff lebt gefährlich. Der Vater hilft Verfolgten, versteckt eine jüdische Familie in der Wohnung, fälscht Pässe. In der Schule ist Klaus der Nazipropaganda ausgeliefert, die Mutter versucht, ihm mit religiösen Geschichten Hoffnung auf eine bessere Zeit zu machen. Klaus findet sich zwischen den verschiedenen Ideologien nicht zurecht. Als die Familie wegen der versteckten Juden angezeigt wird und fliehen muß, kommt Klaus nach Ostpreußen in eine Pflegestelle. Die Leute lassen ihn dort mit einem Säugling zurück, als die Rote Armee anrückt. Er macht sich auf den Weg nach Westen, wird völlig erschöpft von Sowjetsoldaten aufgegriffen und in ein Kloster gebracht. Er gerät in Konfrontation mit einem ebenfalls aufgegriffenen Hitlerjungen. Am Ende kommen die Soldaten wieder, um ihn mit nach Berlin zu nehmen. Die Oberin will ihn behalten, doch er entscheidet sich, mit den Soldaten zu gehen.

SCHWIERIG SICH ZU VERLOBEN
RE: Karl-Heinz Heymann – SZ: Karl-Heinz Heymann – DR: Gabriele Kotte – KA: Günter Haubold – MU: Reinhard Lakomy – SB: Jochen Keller – KO: Günther Pohl – SC: Helga Krause – PL: Wolfgang Rennebarth – GR: GR »Roter Kreis« – m: 2340 = 86 min. – fa – brw – PM: 24.2.1983 – PM-Ort: Berlin; »Kosmos« – DA: Ulrike Krumbiegel (Brigitta) – Werner Tritzschler (Wolfgang) – Marie Gruber (Dora) – Thomas Wolff (Martin) – Claudia Wenzel (Bärbel) – Hermann Beyer (Rudi) u. a. – KR: Agde, G.: Glück auf den Weg. FS 1983/5, S.10 – Gehler, F.: -. SO 1983/12 – Holland-Moritz, R.: Kino-Eule. ESP 1983/17 – Knietzsch, H.: Glückliches Leben zu zweit oder der Weg zum richtigen Partner? ND 9.3.1983 – Voss, M.: Kein Grund zu weinen. F&F 1983/4, S.50-52 – Ahrens, P.: -. WBÜ 1983/11 – Sobe, G.: Liebeseinerlei - Lebensallerlei. BZ 26.2.1983 – Kersten, H.: Junge Leute in der DDR-Provinz. TSP 3.4.1983.

Sie leben in einer Kleinstadt, die 18jährige Biggi und der zwei Jahre ältere Wolle. Er ist Schlosser, sie Lehrling in einer Verkaufsstelle. Ihre Begegnung findet in einem Gewächshaus statt, sie fühlen sich sofort zueinander hingezogen, bleiben zusammen. Sie leben wie die meisten jungen Leute, sind viel in der Disco, fahren Motorrad, meiden das Fernseheinerlei im Elternhaus. Wolle träumt von Abenteuern, und als Biggi ihm ihre Schwangerschaft gesteht, ist er nicht gerade begeistert. Er macht sich rar, arbeitet in einer Montagebrigade auswärts, beginnt ein Verhältnis mit einem anderen Mädchen. Biggi läßt die Schwangerschaft unterbrechen, beginnt ein Fachschulstudium, lernt einen anderen Mann kennen. Glücklich werden sie beide nicht, und so finden sich Biggi und Wolle eines Tages wieder zusammen, reifer geworden. Sie wagen einen Neuanfang.

DAS LUFTSCHIFF
RE: Rainer Simon – BU: Fritz Rudolf Fries, Rainer Simon – LV: Gleichnamiger Roman von Fritz Rudolf Fries – DR: Manfred Hocke – KA: Roland Dressel – MU: Friedrich Goldmann, Karl-Ernst Sasse – SB: Hans Poppe – KO: Werner Bergemann – SC: Helga Gentz – PL: Dorothea Hildebrandt – GR: GR »Johannisthal« – m: 3178 = 117 min. – fa – brw – PM: 17.3.1983 – PM-Ort: Berlin; »International« – DA: Jörg Gudzuhn (Stannebein) – Elisa Montes (Dona Matilde) – Victor Carvajal (Sorigueta) – Daniel Roth (Chico) – Katrin Knappe (Flora) – Gudrun Ritter (Polonia als Frau Jonas) u. a. – KR: Agde, G.: Erfinder im Abseits. FS 1983/8, S.12 – Gehler, F.: Das ausgeschüttete Füllhorn. F&F 1983/5, S. 5 – Knietzsch, H.: Von der Ohnmacht eines skurrilen Einzelgängers. ND 19.3.1983 – Rother, H.-J.: Die Blumen der Phantasie. F&F 1983/5, S.3-5 – Sobe, G.: Der fliegende Windmüller? BZ 22.3.1983 – Kersten, H.: Lust am optischen Puzzle. TSP 10.4.1983 – Kersten, H.: Filmischer Flugversuch. FRu 10.6.1983.

Franz Xaver Stannebein schließt sich 1895 als 15jähriger einem Luftfahrt-Verein in Leipzig an. Er wird zu einem besessenen Erfinder, dessen Traum ein Windmühlenluftschiff ist, an dem er arbeitet – auf dem Papier. Er wandert nach Spanien aus, gründet dort eine Familie, macht als Handelsvertreter Karriere. Seinen Träumen nachjagend, verläßt er die Familie, trifft in Berlin mit Großindustriellen zusammen, die angeblich sein Luftschiff-Projekt fördern wollen. Er baut in ihrem Auftrag in Spanien eine Landebahn, erkennt, daß er betrogen wurde und die Landebahn den deutschen Truppen im spanischen Bürgerkrieg dienen soll. Auf seinem wechselvollen Lebensweg befreit er gefangene Republikaner und kehrt dann nach Berlin zurück. Er will sich über den Betrug mit der Landebahn beschweren und wird in eine Irrenanstalt gesperrt. 1945 sucht ihn dort seine Familie. Sie stellt fest, daß er der Euthanasie zum Opfer gefallen ist.

Filmtext: Das Luftschiff. Treatment, Drehbuch von Fritz Rudolf Fries und Rainer Simon. In: Das Filmbuch zum Luft-Schiff. Rostock: Hinstorff Verlag 1983

VERZEIHUNG, SEHEN SIE FUSSBALL?
RE: Gunther Scholz – BU: Gunther Scholz, Günter Haubold – LV: »Transmission in directa« von Carlos Cerda; »Irma und Herta« von Edgar Külow; »Überprüfung des Kandidaten« von Helga Schubert; »Toleranzschwelle « von Renate Holland-Moritz; »Heimspiel« von Katrin Lange – DR: Dieter Wolf – KA: Günter Haubold – MU: Helmut Frommhold, Rainer Neumann – SB: Harry Leupold – KO: Elke Hersmann – SC: Bärbel Bauersfeld – PL: Volkmar Leweck – GR: GR »Babelsberg« – m: 2346 = 86 min. – fa – brw – PM: 7.4.1983 – PM-Ort: Berlin; »Kosmos« – DA: Hermann Beyer (Kneutzsch) – Christine Schorn (Frau) – Alfred Struwe (Dr. Kobermann) – Marianne Wünscher (Irma) – Agnes Kraus (Herta) – Corinna Harfouch (Michaela) – Jörg Fabian (Thomas) – Leticia Garrido (Carmen) – Oscar Castro (Andrés) – Jutta Wachowiak (Frau Dr. Kobermann) – Reimar Joh. Baur (Flötist) u. a. – KR: Agde, G.: Zu wenig Treffer. FS 1983/9, S.12 – Gehler, F.: -. SO 1983/18 – Klötzer, C.: Kino-Eule. ESP 1983/21 – Rehahn, R.: Drei Fünftel Heiterkeit. WP 1983/17 – Tok, H.-D.: Fünf Mini-Geschichten. F&F 1983/10, S.15-16 – Sobe, G.: Schiedsrichter, ans Telefon! BZ 9.4.1983 – Knietzsch, H.: An einem heißen Tag im Juli des Jahres 1982 ... ND 8.4.1983.

Ein Hochaus im Zentrum Berlins am 11. Juli 1982. Das Endspiel der Fußballweltmeisterschaft wird im Fernsehen übertragen. Um dieses Ereignis ranken sich fünf Episoden: Fußballfanatiker Kneutzsch wird durch den unverhofften Besuch einer Dame, der er auf eine Heiratsannonce geschrieben hat, hin- und hergerissen zwischen dem spannenden Match und der ziemlich irritierten Frau ... Frau Dr. Kobermann hat – unter Schmerztabletten stehend – die Badezimmer- mit der Korridortür verwechselt und sich ausgesperrt. Ihr Mann sitzt unter Kopfhörern vorm Fernseher und hört ihr Klingeln nicht, so daß sie im Nachthemd Zuflucht bei einem Nachbarn, einem Flötisten, sucht ... Nachdem ihn seine Exgeliebte Carmen verlassen hat, die in die Heimat zurückkehren will, verfolgt der Exilchilene Andrés das Spiel – in dem Wissen, daß auch sein Tausende Kilometer entfernter Vater zusieht ... Ein in zwei Zimmern getrennt lebendes, geschiedenes Paar kommt sich wieder näher, als der Mann Thomas die Frau Michaela bittet, in ihrem Zimmer das Spiel ansehen zu dürfen ... Im Gedenken an ihren verstorbenen Fußballer-Ehemann sitzt die Witwe Irma mit ihrer alten Freundin Herta vor dem neuen Farbfernseher, wobei die Erinnerungen Herzlichkeit und auch Streitsucht heraufbeschwören.

INSEL DER SCHWÄNE
RE: Herrmann Zschoche – SZ: Ulrich Plenzdorf – LV: Gleichnamiger Roman von Benno Pludra – DR: Gabriele Herzog – KA: Günter Jaeuthe – MU: Peter Gotthardt – SB: Harry Leupold – KO: Joachim Dittrich, Renee Hendrix – SC: Erika Lehmphul – PL: Hans-Erich Busch – GR: GR »Johannisthal« – m: 2417 = 89 min. – fa – brw – PM: 28.4.1983 – PM-Ort: Berlin; »International« – DA: Axel Bunke (Stefan) – Mathias Müller (Hubert) – Sven Martinek (Windjacke) –

Britt Baumann (Rita) – Kerstin Reiseck (Anja) – Ursula Werner (Stefans Mutter) – Christian Grashof (Stefans Vater) – Dietrich Körner (Hausmeister Bremer) u.a. – KR: -: Das ist wieder kein DEFA-Film über uns! Jugendliche Zuschauer nach der Premiere des Films »Insel der Schwäne« in Berlin. JW 3.5.1983 – Ahrens, P.: Anläßlich »Insel der Schwäne« WBÜ 1983/21 – Eggert, H.: Ein DEFA-Film auf der Schattenseite. JW 13.5.1983 – H.D.: Insel im Häusermeer? F&F 1983/5, S.5-6 – Knietzsch, H.: Verstellte Sicht auf unsere Wirklichkeit. ND 4.5.1983 – Gehler, F.: -. SO 1983/20 – Holland-Moritz, R.: Kino-Eule. ESP 1983/26 – Tok, H.-D.: Stefan gegen Windjacke. WP 1983/22 – Knöfler, F.: Abschied und Ankunft zugleich. T 3.5.1983 – Ullrich, H.: Beton und wenig Grün. NZT 29.4. 1983 – Hofmann, H.: Über Stefans Weg in ein neues Zuhause. NZ 29.4.1983 – Kersten, H.: DDR-Jugend zwischen Beton. TSP 8.5.1983 – Roth, W.: In den Wohnsilos von Marzahn. SüZ 20.5.1983 – Büscher, W.: Märkischer Western in Beton. DAS 22.5.1983.

Der vierzehnjährige Stefan Kolbe zieht mit Mutter und Schwester aus einem idyllischen Dorf in das Neubaugebiet Berlin-Marzahn, wo sein Vater Bauarbeiter ist. Er muß sich in einer völlig neuen Umgebung und unter fremden Menschen zurechtfinden. Stefan lernt zwei Mädchen kennen, die ihn zu führen suchen, gerät mit dem Hausmeister in Konflikt, der sich vor sozial Höherstehenden beugt und nach unten tritt. Mit dem ängstlichen Hubert schließt er Freundschaft, verteidigt ihn gegen die ständigen Demütigungen des älteren Schülers Windjacke und ermutigt ihn, sich selbst gegen dessen Terror zur Wehr zu setzen. Zwischen Stefan und Windjacke kommt es schließlich zu einem erbittertem Kampf, der tragisch endet: an einem Fahrstuhlschacht ...

Filmtext: Insel der Schwäne. In: Ulrich Plenzdorf: Filme 1. Rostock: Hinstorff Verlag 1986

DER SCOUT
(CO-PRODUKTION DDR / MONGOLISCHE VOLKSREPUBLIK)
RE: Konrad Petzold, CO-RE: Dshamjangijn Buntar – SZ: Gottfried Kolditz – DR: Gerd Gericke – KA: Otto Hanisch, 2. KA: Geserdshawijn Masch – MU: Karl-Ernst Sasse – SB: Heinz Röske – KO: Inge Kistner – SC: Brigitte Krex – PL: Rolf Martius, Bajarsajchangijn Mendbajar – GR: GR »Johannisthal« – m: 2726 = 100 min. – fa – brw – PM (DDR): 27.5.1983 – PM-Ort: Dresden; »Filmtheater Prager Straße« – CO: Kino-Studio Mongolkino, Ulan Bator – DA: Gojko Mitic (Weiße Feder) – Nazagdordshijn Batzezeg (Cayuse-Mädchen) – Klaus Manchen (Sergeant Anderson) – Milan Beli (Major Bannigan) – Giso Weißbach (Leutnant Brooks) – Jürgen Heinrich (Soldat Hicks) u. a. – KR: Agde, G.: -. FS 1983/13, S.15 – Holland-Moritz, R.: Kino-Eule. ESP 1983/26 – Lange, W.: Die Herde geht. F&F 1983/7, S.40-41 – Knietzsch, H.: Die Fortsetzung einer beliebten Serie. ND 28.5.1983 – Tok, H.-D.: Tausend Pferde und ein Häuptling. WP 1983/26 – Sobe,

G.: Die Sehnsucht und die weite Welt der Indianerromantik. BZ 27.5.1983.

1877. Die Weißen ziehen immer weiter nach Westen über die Rocky Mountains. Der Stamm der Nez-Percés-Indianer wird von einer Kavallerietruppe in die Reservation getrieben. Um Flucht und Widerstand der Indianer unmöglich zu machen, werden ihre Pferde requiriert. Unterhäuptling Weiße Feder beschließt, die Pferde zurückzuholen. Er tarnt sich als harmloser Fischer und läßt sich von der Armee verhaften. Den Weißen ist er als Scout sehr willkommen und man steckt ihn zu der Pferdeherde, die nach Fort Lapwei getrieben werden soll – von nur sieben Soldaten. Doch unter ihnen befindet sich ein cleverer Sergeant, der zum starken Widersacher wird. Mit List gelingt es Weiße Feder, der durch andere Kämpfe geschwächten Armee die Pferde zu entreißen.

AUTOMÄRCHEN
RE: Erwin Stranka – SZ: Erwin Stranka – LV: Erzählungen »Automärchen« von Jiři Marek – DR: Werner Beck – KA: Helmut Bergmann – MU: Karl-Ernst Sasse – SB: Paul Lehmann – KO: Christiane Dorst – SC: Barbara Simon – PL: Manfred Renger – GR: GR »Berlin« – m: 2676 = 98 min. – fa – brw – PM: 16.6.1983 – PM-Ort: Berlin; »International« – DA: Kurt Böwe (Kalle Sengebusch) – Roman Kaminski (Ali Kuslowski) – Ramona Hennecke (Ina Sengebusch) – Marylu Poolman (Frau Sengebusch) – Deszö Garas (Piel) – Michele Marian (Heidelinde) – Horst Weinheimer (Ulrich Neumann) u. a. – KR: Agde, G.: Märchen dürfen alles. FS 1983/14 – Gehler, F.: Filme im Sommer (2). SO 1983/33 – Hoff, P.: Komödie - schaumgebremst. F&F 1983/10, S.16 – Holland-Moritz, R.: Kino-Eule. ESP 1983/30 – Knietzsch, H.: Phantastisches Spiel um ein irdisches Vergnügen. ND 18.6.1983 – Sobe, G.: Automärchen oder Autopanne? BZ 18.6.1983 – Tok, H.-D.: -. WP 1983/27.

Merkwürdige Dinge rund ums Auto spielen sich ab. Der biedere Buchhalter Piel wird von einer Fee verführt, mit seinem Trabant in irrsinniger Geschwindigkeit über die Landstraße zu rasen. Der leitende Angestellte Neumann gibt einer schwarzen Katze seine Seele für einen repräsentativen Straßenkreuzer und verkauft sogar sein Haus, um ihn unterhalten zu können. Der Autoschlosser Ali ist davon überzeugt, daß Geister ihre Hand im Spiel haben. Sein Chef Sengebusch hält ihn für einen Spinner. Doch plötzlich gerät er selbst in das mysteriöse Spiel. Das personifizierte Automobilunglück bietet ihm eine Vergünstigung an. Sengebusch bekommt im voraus Informationen über Unfälle, damit er zwecks Ersatzteilgewinnung als erster am Unfallort sein kann. Das ist geschäftlich verlockend, aber Sengebusch läßt sich nicht korrumpieren. Er versucht, die Unfälle zu verhindern und trickst das Automobilunglück schließlich aus.

TAUBENJULE
(KINDERFILM)
RE: Hans Kratzert – SZ: Margot Beichler – LV: Erzählung »Das Mädchen im roten Pullover« von Edith Bergner – DR: Gudrun Deubener – KA: Helmut Grewald – MU: Christian Steyer – SB: Klaus Winter – KO: Elke Hersmann – SC: Erika Lehmphul – PL: Uwe Klimek – GR: GR »Berlin« – m: 1849 = 68 min. – fa – brw – PM: 7.7.1983 – PM-Ort: Berlin; »Colosseum« – DA: Jördis Hollnagel (Jella) – Ruth Reinecke / Eckhard Becker (ihre Eltern) – Mario Krüger (Freitag) – Jörg Warner (Bodo) – Ralf Schuldt (Felix) – Dörte Jacobs (Tilly) – Steffen Wussow (Kai-Uwe) – Christa Löser (Betty Kojanke) – Hans-Peter Reinecke (Klaus Kürbs) – Johannes Wieke (Vater Jennert) u. a. – KR: Giera, J.: Abenteuer Alltag. FS 1983/16, S.14 – Hofmann, H.: Abschied und Ankunft. NZ 8.7.1983 – Holland-Moritz, R.: Kino-Eule. ESP 1983/34 – Knietzsch, H.: Poesie von Dorf und Stadt entdeckt. ND 5.8.1983 – Tok, H.-D.: Jella kommt an. WP 1983/32.

Die elfjährige Jella zieht mit ihrer Mutter vom Dorf in ein Neubaugebiet in die Stadt, wo ihr Vater arbeitet. Sie freut sich auf das Neue. Ihr Freund Freitag schenkt ihr zum Abschied ein Pärchen Brieftauben. Das neue Leben jedoch ist für Jella enttäuschend. Der Vater hat wenig Zeit für sie, die anderen Kinder hänseln sie wegen der Tauben, ein Nachbarjunge läßt sie sogar fliegen. Freitag bringt sie zurück. Eines Tages entschließt sich Jella, wieder ins Dorf zu fahren. Doch dort hat sich inzwischen auch einiges verändert, sie fühlt sich fremd. Die Tauben stellt sie bei Freitag ab, der inzwischen andere Freunde gefunden hat. Als sie in die Stadt zurückkommt, sind die beiden Tauben bereits da. Sie wissen, wo ihr Zuhause ist.

MEIN VATER IST EIN DIEB
(KINDERFILM)
RE: Dietmar Hochmuth – SZ: Dietmar Hochmuth, Jörg-Michael Koerbl – LV: Kinderbuch »Til und der Körnerdieb« von Barbara Kühl – DR: Manfred Fließ – KA: Jürgen Lenz – MU: Rainer Böhm – SB: Dieter Adam – KO: Dorit Gründel – SC: Karin Kusche – PL: Günter Schwaack – GR: GR »Berlin« – m: 2069 = 76 min. – fa – PM: 5.8.1983 – PM-Ort: Berlin; »Colosseum« – DA: Andreas Krug (Til) – Ute Noack (Wiesel) – Lars Bohnet (Locke) – Matthias Merz (Bruno) – Eberhard Kirchberg (Hannes Burmeister) – Rolf Hoppe (Tümmler) u. a. – KR: Böttger, U.-E.: Vom Vertrauen zwischen Vater und Sohn. NZT 11.8.1983 – Giera, J.: Interessantes Filmdebüt. FS 1983/18, S.14 – Knietzsch, H.: Poesie von Dorf und Stadt entdeckt. ND 5.8.1983 – Schenk, R.: Das introvertierte Kind. F&F 1983/10, S.17 – Zimm, I.: Gestohlenes Vertrauen. BZA 8.8.1983 – Novotny, E.: Anspruch und Lösung. BZ 17.8.1983 – Wenner, D.: Schöpferische Feindschaft. TAZ 26.7.1991.

Während eines Regengusses stellen sich der zehnjährige Til und seine beiden Freunde in einer Scheune unter, und sie beobachten, wie ein Mann, den sie nicht erkennen, Getreide stiehlt.

Sie beschließen, Detektiv zu spielen. Für Til ist der Fall bald klar. Er weiß, daß es der eigene Vater war, und ist ob dieser Entdeckung tief betroffen. Vor den anderen verheimlicht er sein Wissen, lenkt sie von der Spur ab. Er würde sich gern mit dem Vater aussprechen, aber er traut sich nicht, und außerdem ist der Vater durch die Probleme bei der Ernte schwer beschäftigt. Til vertraut sich schließlich dem Gespannführer Paul an, doch seine Freunde haben den Dieb schon identifiziert. Der Fall wird öffentlich.

FARIAHO

RE: Roland Gräf – SZ: Martin Stephan, Roland Gräf – DR: Erika Richter – KA: Jürgen Brauer – MU: Hortus Musicus, Hanns Eisler, Günther Fischer – SB: Georg Wratsch – KO: Lieselotte Sbrzesny – SC: Monika Schindler – PL: Erich Kühne – GR: GR »Babelsberg« – m: 2700 = 99 min. – fa – brw – PM: 1.9.1983 –PM-Ort: Berlin; »International« – DA: Franciszek Pieczka (Sebastian Fußberg) – André Hiller (Achim Lobau) – Arianne Borbach (Marianne) – Heide Kipp (Mutter Lobau) – Marylu Poolman (Frau Sammet) – Karlheinz Welzel (Bruno) u. a. – KR: Agde, G.: Lustig ist das Zigeunerleben - und das Leben sonst? FS 1983/19, S.22 – Holland-Moritz, R.: Kino-Eule. ESP 1983/42 – Stolze, R.: Szenen aus dem Leben eines Puppenspielers. JW 3.9.1983 – Tok, H.-D.: Der Puppenspieler Fußberg. WP 1983/38 – Wischnewski, K.: Vergangenheit vergeht nicht. F&F 1983/12, S.10 – Gehler, F.: -. SO 1983/41 – Knietzsch, H.: Drei Schicksale abseits von den großen Straßen. ND 6.9.1983 – Sobe, G.: Die Kunst und die Besessenheit. BZ 8.9.1983 – Kersten, H.: Kunst auf Nebenwegen. TSP 27.11. 1983 – Kersten, H.: Kunst auf Nebenwegen. FRu 26.11. 1983.

Ende der fünfziger Jahre zieht der Puppenspieler Sebastian Fußberg durchs Land, Stücke spielend, die schon Generationen vor ihm spielten – »Ritter, Tod und Teufel« und »Stülpner Karl« zum Beispiel. Er nimmt einen jungen Mann, Achim, bei sich auf, den Enkel seines alten Freundes, der im Konzentrationslager ermordet wurde. Diese Erinnerung belastet ihn wie eine Schuld, weil er selbst 1943 entlassen wurde. In Achim sieht er seinen möglichen Nachfolger als Puppenspieler. Fußberg nimmt wenig später noch das Mädchen Marianne auf, das er von einem zweifelhaften Leben auf einer Baustelle wegholt. Die Beziehung zwischen Fußberg und den jungen Leuten ist jedoch nicht von Dauer. Die Jungen verstehen seine psychische Zerrissenheit und seine Schuldkomplex nicht und verlassen ihn. Er selbst befreit sich endgültig von der Vergangenheit, indem er im Keller versteckt gehaltene Puppen, Abbilder der früheren Feinde, verbrennt.

EINER VOM RUMMEL

RE: Lothar Großmann – SZ: Lothar Großmann – LV: Gleichnamige Erzählung von Harry Falkenhayn – DR: Tamara Trampe – KA: Andreas Köfer – MU: Jürgen Ecke – SB: Harry Leupold – KO: Regina Viertel – SC: Sabine Schmager – PL: Werner Langer – GR: GR »Berlin« – m: 2524 = 93 min. – fa – brw – PM: 20.9.1983 – PM-Ort: Schwerin; »Capitol« – DA: Dirk Nawrocki (Ben) – Renate Krößner (Hanna) – Daniela Hoffmann (Ilona) – Jens-Uwe Pröse (Kalle) – Angela Brunner (Tante Lucie) – Helmut Straßburger (Onkel Max) u. a. – KR: Agde, G.: Aufbruch mit ungewisser Ankunft. FS 1983/21, S.10 – Gehler, F.: -. SO 1983/44 – Holland-Moritz, R.: Kino-Eule. ESP 1983/47 – Kaiser, S.: Ein »Mehr« unter der Oberfläche. F&F 1984/5, S.12 – Tok, H.-D.: Von einem, der auszog. WP 1983/39.

Benjamin Mykita ist neunzehn, er kassiert das Fahrgeld in einer Berg- und Talbahn auf dem Rummelplatz. Dem selbstbewußten Mann laufen die Mädchen nach, aber mit dem Onkel gibt es Krach, als der ihn mit der 16jährigen Wohnwagennachbarin ertappt. Benjamin verläßt den Rummel, um die Welt zu entdecken – und sich selbst. In der Mitropa am Berliner Ostbahnhof lernt er die wesentlich ältere Küchenfrau Hanna kennen. Sie nimmt den Heimatlosen mit nach Hause. Er findet Arbeit als Schweißer in einer Fabrik, rauft sich mit den neuen Kollegen, die ihm erst skeptisch gegenübertreten, zusammen. Als er festen Boden unter den Füßen hat, läßt Hanna ihn gehen. Und eines Nachts kehrt er auf den Rummelplatz zurück, um einiges reifer.

ZILLE UND ICK

RE: Werner W. Wallroth – SZ: Dieter Wardetzky – LV: Musical »Der Maler von Berlin« von Dieter Wardetzky und Peter Rabenalt – DR: Gerd Gericke – KA: Wolfgang Braumann – MU: Peter Rabenalt – SB: Erich Krüllke – KO: Barbara Braumann – SC: Thea Richter – PL: Hans-Erich Busch – GR: GR »Johannisthal« – m: 3248 = 119 min. – fa – brw – PM: 27.9.1983 – PM-Ort: Berlin; »Kosmos« – DA: Kurt Nolze (Heinrich Zille) – Daniela Hoffmann – GE: Christine Wieland (Jette Kramer) – Thomas Zieler – GE: Carsten Mewes (Ede Schmidt) – Doris Abeßer (Luise Kramer) – Helmut Schreiber (Diestelmeyer) – Hans-Otto Reintsch (Hugo Diestelmeyer) u. a. – KR: Agde, G.: Flott und locker. FS 1983/22, S.14 – Holland-Moritz, R.: Kino-Eule. ESP 1983/47 – Knietzsch, H.: Berliner »Milljöh« - wo man weint und lacht, spottet und singt. ND 29.9.1983 – Lange, W.: Mutterwitz und Galgenhumor. F&F 1983/12, S.11 – Stolze, R.: Zille singt oder: Leberwurst in Büchsen. JW 1.10.1983 – Friedrich, D.: Vergnügen um den Maler von Berlin. BZ 6.10.1983 – Tok, H.-D.: Ein Maler im Musical. WP 1983/43.

Zu Beginn unseres Jahrhunderts in Berlin, Heinrich Zille ist um die vierzig. Die Anstellung bei der Photographischen Gesellschaft, für die er seit dreißig Jahren arbeitet, ist ihm hinderlich. Er möchte lieber Tag und Nacht malen. Als er jedoch entlassen wird, ist das ein harter Schlag für ihn, er steht mittellos da. Er will sich mit den Armen seines Viertels solidarisieren, doch sie mögen den komischen Kauz nicht, der ständig mit Skizzenblock und Bleistift hinter ihnen her ist. Es dauert einige Zeit, bis sie merken, daß er es ehrlich meint. Eine besonders freundschaftliche Beziehung verbindet ihn mit der Hinterhofsängerin Jette, die aus dem Milieu heraus will, beim Tingeltangel unterkommt, von einem Fabrikantensohn verführt und sitzengelassen wird. Schließlich erkennt sie, daß der Schlafbursche Ede in der elterlichen Wohnung, der sie schon lange liebt, doch der Richtige ist.

OLLE HENRY

RE: Ulrich Weiß – SZ: Dieter Schubert – DR: Gabriele Herzog – KA: Roland Dressel – MU: Peter Rabenalt – SB: Hans Poppe – KO: Ewald Forchner, Katrine Cremer – SC: Evelyn Carow – PL: Wolfgang Rennebarth – GR: GR »Johannisthal« – m: 2741 = 101 min. – fa – PM: 24.11.1983 – PM-Ort: Berlin; »International« – DA: Michael Gwisdek (Henry Wolters) – Aniko Safar (Xenia) – Siegfried Höchst (Bruno) – Hermann Beyer (Hannes) – Ursula Karusseit (rothaarige Dame Lola) – Christian Grashof (Karl-Heinz) u. a. – KR: Agde, G.: Trümmerbilder. FS 1983/25, S.14 – Gehler, F.: Draußen vor der Tür. F&F 1984/2, S.11 – Holland-Moritz, R.: Kino-Eule. ESP 1983/50 – Knietzsch, H.: Ein Mädchen, ein Boxer und viel Niemandsland. ND 30.11.1983 – Rehahn, R.: Auf dem Abstellgleis. WP 1983/50 – J.V.: -. SO 1983/52 – Sobe, G.: Der Boxer und die Hure? BZ 29.11.1983 – Kersten, H.: Im Niemandsland auf dem Abstellgleis. FRu 30.12.1983 – Kersten, H.: Deutschland - ein Wartesaal. TSP 15.1.1984 – Kaps, A.: Der Boxer und das Mädchen. TSP 24.3.1985.

Kurz nach dem Ende des zweiten Weltkriegs begegnen sich in Berlin Henry und Xenia. Er, ein ehemaliger Profiboxer, durch den Krieg entwurzelt und ohne Hoffnung, fällt bei einer Hamsterfahrt aus dem überfüllten Zug. Er landet in der Nähe von Xenias Behausung, einem ausrangierten Waggon auf einem Abstellgleis. Xenia, die sich in einer noblen Nachtbar als Animiermädchen verdingt, nimmt ihn auf, pflegt ihn, treibt ihn dazu, wieder zu boxen. In Henry keimt neue Hoffnung, er will sich auch nicht von der Frau aushalten lassen, die sich in ihn verliebt hat. Zuerst tritt er in einer Rummelplatzbude auf. Xenia bringt den sie verehrenden Bruno dazu, seine Beziehungen einzusetzen, damit Henry erneut ins Profigeschäft einsteigen kann. Endlich wieder in einem richtigen Ring, muß Henry eine Niederlage einstecken. Er bricht zusammen, doch Xenia hält zu ihm.

MORITZ IN DER LITFASSÄULE (KINDERFILM)

RE: Rolf Losansky – SZ: Christa Kožik – Gleichnamiges Kinderbuch von Christa Kožik – DR: Gabriele Herzog – KA: Helmut Grewald – MU: Karl-Ernst Sasse – SB: Jochen Keller – KO: Joachim Dittrich – SC: Ilse Peters – PL: Manfred Renger – GR: GR »Johannisthal« – m: 2346 = 86 min. – fa – brw – PM: 27.11.1983 – PM-Ort: Berlin; »Colosseum« – DA: Dirk Müller (Moritz) – Dieter Mann (Vater Zack) – Walfriede Schmitt (Mutter Zack) – Rolf Ludwig (Straßenfeger) – Dorit Gäbler (Tante Pia) – Dietmar Richter-Reinick (Polizist Zampe) u. a. – KR: Giera, J.: Ein Junge - anders als die anderen. FS 1983/26, S.14 – Knietzsch, H.: Frage: Was macht dieser Moritz in der Litfaßsäule? ND 22.12.1983 – Schenk, R.: Rückzug nach innen.

F&F 1984/2, S.12 – Tok, H.-D.: Moritz reißt aus. WP 1983/53 – Zimm, I.: Klein Zack und keine Zeit. BZA 30.11.1983.

Moritz ist ein neunjähriger Junge, der seine Umwelt mit seiner Langsamkeit in Verzweiflung bringt: den Vater, der ein kühler Rechner ist, die Mutter, zwischen Arbeit, Haushalt und Fernstudium immer in Eile, den Mathelehrer, weil er wegen Moritz nie den Plan schafft. Seine drei Schwestern nennen ihn einfach Trödelhannes. Dabei ist Moritz nur ein Junge, der über alles gründlich nachdenkt und den selbst die alltäglichsten Gegenstände zu Phantasie-Exkursen anregen. Sich von allen mißverstanden fühlend, flieht er eines Tages und versteckt sich in der Litfaßsäule am Marktplatz. Dort kampiert er ein paar Tage, lernt eine sprechende Katze kennen, die ihn über das Leben aufklärt, ein Mädchen vom Zirkus und den Straßenfeger, der sein Freund wird. Er macht dem Jungen begreiflich, daß Weglaufen nicht zur Lösung seiner Probleme führt. Während Moritz von allen gesucht wird, entschließt er sich freiwillig, zurückzugehen und sich durchzuboxen.

1984

ÄRZTINNEN

RE: Horst Seemann – SZ: Horst Seemann – LV: Gleichnamiges Schauspiel von Rolf Hochhuth – DR: Peter Wuss – KA: Otto Hanisch – MU: Horst Seemann – SB: Georg Wratsch – KO: Inge Kistner – SC: Bärbel Bauersfeld – PL: Dorothea Hildebrandt – GR: GR »Babelsberg« – m: 2800 = 103 min. – fa – brw – PM: 19.1.1984 – PM-Ort: Berlin; »Kosmos« – DA: Judy Winter (Dr. Katia Michelsberg) – Inge Keller (Dr. Lydia Kowalenko) – Walther Reyer (Dr. Riemenschild) – Rolf Hoppe (Dr. Böblinger) – Daniel Jacob (Thomas Michelsberg) – Michael Gwisdek (Dr. Michelsberg) – Käthe Reichel (Dr. Plauner) – Ellen Schwiers (Ärztin) u. a. – KR: Agde, G.: Bunt gerahmte Attacke. FS 1984/3, S.14 – Gehler, F.: Zelebrierte Dramaturgie eines Problems. F&F 1984/6, S.15-17 – Schütt, H.-D.: Demontage einer Moral. F&F 1984/6, S. 17-18 – Funke, C: Verantwortung - unbedingt. F&F 1984/7 S.26-28 – Ullrich, H.: Ein heißes Eisen. F&F 1984/7, S.28 – Holland-Moritz, R.: Kino-Eule. ESP 1984/7 – Neumann, P.: Verfall des Menschlichen in blendender Hülle. JW 20.1.1984 – Rehahn, R.: Nebenwirkung: Tod. WP 1984/5 – Knietzsch, H.: Ärztliches Ethos im Konflikt mit der kapitalistischen Gesellschaft. ND 20.1.1984 – Sobe, G.: Spiel mir das Lied vom Leben. BZ 21.1.1984 – Menge, M.: Spaß am Wilden Westen. Zeit 27.1.1984 – Lölhöffel, H.: Es wird dick aufgetragen. SüZ 16.2.1984 – V.B.: -. TSP 24.5.1984.

Die Ärztin Lydia Kowalenko verliert ihre Arbeit in einem pharmazeutischen Betrieb, weil sie sich weigert, Mängel von firmeneigenen Präparaten, die Todesfälle gekostet haben, zu vertuschen. Sie findet durch Beziehungen bald eine neue Stelle. Doch ihren alten Chef hat sie kurz darauf aufgrund einer Firmenzusammenlegung wieder. Sie beginnt, sich anzupassen. Ihre Tochter Katia, ebenfalls Ärztin, ist von vornherein skrupellos auf ihre Karriere bedacht. Ihrer Forschungsarbeit wegen nimmt sie in der Klinik einen nicht notwendigen operativen Eingriff vor, an dem die Patientin stirbt. Katias Sohn Thomas, der auch Arzt werden will, arbeitet als Hilfskraft in der Pathologie. Er erlebt, wie der Fall verschleiert und ein Prozeß durch den Klinikdirektor verhindert wird. Als Thomas einen Unfall hat, stirbt er in einem Krankenhaus vor den Augen seiner Angehörigen, die nicht wissen, ob er seinen Verletzungen erlag oder Opfer der Transfusion künstlichen Blutes geworden ist.

KASKADE RÜCKWÄRTS

RE: Iris Gusner – SZ: Iris Gusner, Roland Kästner – DR: Dieter Wolf – KA: Roland Dressel – MU: Gerhard Rosenfeld – SB: Peter Wilde – KO: Elke Hersmann – SC: Karin Kusche – PL: Erich Kühne, Manfred Renger – GR: GR »Babelsberg« – m: 2560 = 94 min. – fa – brw – PM: 9.2.1984 – PM-Ort: Berlin; »International« – DA: Marion Wiegmann (Maja Wegner) – Johanna Schall (Carola Brehme) – Siegfried Höchst (Gerd »K«) – Jaecki Schwarz (Toni) – Gertraud Kreißig (Margot Eberle) – Swetlana Schönfeld

(Sylvi) – Achim Wolf (Ali) u. a. – KR: Agde, G.: Gutgemeint. FS 1984/4, S.14 – Gehler, F.: -. SO 1984/13 – Holland-Moritz, R.: Kino-Eule. ESP 1984/11 – Knietzsch, H.: Besinnliche Variationen über ein ewiges Thema. ND 11.2.1984 Voss, M.: Bißchen was riskieren. F&F 1984/3, S.12 – Schieber, E.: Bißchen was riskieren. F&F 1984/3, S.12-13 – Sobe, G.: Fahrplanmäßige Abfahrt: Später. BZ 16.2.1984 – Tok, H.-D.: Kaskade richtungslos. WP 1984/8 – Mahrenholz, S.: -. TSP 20.1.1988 – KBM: Problemfeld: Heiratsmarkt. TAZ 21.1.1988.

Maja Wegner, eine Frau Ende Dreißig mit halbwüchsiger Tochter, will die eingefahrenen Gleise verlassen und ein neues Leben beginnen. Sie gibt ihre Stellung als Dispatcherin beim Kraftverkehr auf, verkauft ihr Landhäuschen, zieht in die Großstadt und sucht sich Arbeit bei der Reichsbahn – als Zugschaffnerin. Um einen Mann zu finden, gibt sie eine Annonce auf. Zusammen mit ihrer Freundin Carola befindet sie den Bewerber für ungeeignet. In dem großen Mietshaus schließt sie schnell Freundschaften. Mit dem Schlagerkomponisten, der über ihr wohnt, hat sie eine engere Beziehung, wird jedoch von ihm enttäuscht. Am Ende erweist sich ihr Kollege Gerd, der sie schon länger heimlich verehrt, als möglicher Lebenspartner.

BOCKSHORN

RE: Frank Beyer – SZ: Ulrich Plenzdorf – LV: Gleichnamiger Roman von Christoph Meckel – DR: Dieter Wolf – KA: Claus Neumann – MU: Günther Fischer – SB: Alfred Hirschmeier – KO: Christiane Dorst – SC: Rita Hiller – PL: Herbert Ehler – GR: GR »Babelsberg« – m: 2806 = 103 min. – fa – PM: 29.3.1984 – PM-Ort: Berlin; »International« – DA: Jeff Dominiak (Sauly) – Bert Löper (Mick) – Djoko Rosic (Landolfi) – Anton Karastojanow (Krogh) – Dieter Montag (Viktor) – Gunter Schoß (Bauer) u. a. – KR: Agde, G.: Eigenwillig fabuliert. FS 1984/8, S.14 – Gehler, F.: Die Legende vom verlorenen Schutzengel. F&F 1984/5, S.10 – Holland- Moritz, R.: Kino-Eule. ESP 1984/19 – Knietzsch, H.: -. ND 16.4.1984 – Tok, H.-D.: Verlorenheit in Varianten. WP 1984/16 – Ullrich, H.: Bild von einer synthetischen Welt. F&F 1984/5, S.10-11 – Kersten, H.: Verlorener Schutzengel. FRu 9.7.1984 – Kersten, H.: Suche nach dem gestohlenen Engel. TSP 20.7.1984.

Die beiden Halbwüchsigen Sauly und Mick lernen sich beim Trampen kennen und bleiben zusammen. Sie wollen ans Meer, etwa tausend Kilometer entfernt. Ein altes Auto nimmt sie mit, doch die Fahrt endet schon kurz darauf in einem schäbigen Motel. In der Bar macht sich ein Mann an sie heran, Landolfi. Er erklärt Sauly, daß er dessen Schutzengel an einen Mann namens Miller in Prince verkauft habe. Obwohl die Jungen eigentlich nicht an Schutzengel glauben, befällt Sauly langsam die Angst. Er möchte seinen Schutzengel wiederhaben. Auf ihrer Reise wird Sauly krank. Mick arbeitet auf einem Bauernhof, um die Arztkosten bezahlen zu können. Als Sauly gesund ist, reisen sie weiter – über Prince. In der mysteriösen Stadt heißen alle Leute Miller, und als Sauly und Mick endlich am Meer sind, treffen sie Landolfi wieder. Sauly fordert seinen Schutzengel zurück, findet aber bei der Auseinandersetzung mit Landolfi den Tod.

Filmtext: Bockshorn. In: Ulrich Plenzdorf: Filme 1. Rostock: Hinstorff Verlag 1986

DAS EISMEER RUFT
(KINDERFILM)
RE: Jörg Foth – SZ: Petra Lataster-Czisch – LV: Gleichnamiges Buch von Alex Wedding – DR: Peter Wuss – KA: Wolfgang Braumann – MU: Uwe Hilprecht – SB: Marlene Willmann – KO: Anne Hoffmann – SC: Erika Lehmphul – PL: Hans-Erich Busch – GR: GR »Babelsberg« – m: 2227 = 82 min. – fa – PM: 30.3.1984 – PM-Ort: Dresden; »Filmtheater Prager Straße« – DA: Oliver Karsitz (Anton) – Alexander Rohde (Alex) – Vivian Schmidt (Rosi) – Thomas Gutzeit (Ferdi) – Oliver Peuser (Rudi) – Ilja Kriwoluzky (Peppi) – Heide Kipp (Tante) – Ute Lubosch (Mutter) u. a. – KR: Giera, J.: Auf ins Kino! FS 1984/9, S.15 – Kaiser, S.: Ein »Mehr« unter der Oberfläche. F&F 1984/5, S.12-13 – Knietzsch, H.: Erkundungen der Wirklichkeit für Kinder und für Erwachsene. ND 28.4.1984 – Stolze, R.: Ein Debüt wird zur Entdeckung. JW 6.4.1984 – Tok, H.-D.: -. WP 1984/23.

Im Frühjahr 1934 geht eine Katastrophenmeldung durch die Welt. Das sowjetische Forschungsschiff »Tscheljuskin« ist im Eismeer verunglückt. Erste Versuche, die Schiffbrüchigen von ihrer Eisscholle zu retten, waren vergeblich. Auf einem Prager Hinterhof entschließen sich fünf Kinder, den Verunglückten zu Hilfe zu kommen. Auf der Karte legen sie ihre Reiseroute fest und machen sich auf den Weg. Zuerst per Zug, aus dem sie aber bald hinausgeworfen werden, dann zu Fuß. Die Strapazen sind groß, die Probleme häufen sich. Als einer von ihnen erkrankt, machen sie bei Verwandten Rast. Inzwischen ist ihnen die Polizei auf den Fersen, doch sie ziehen weiter. Verzweifelt, weil ihnen der Grenzübertritt nicht gelingt, und am Ende ihrer Kraft kehren sie nach Hause zurück, wo sie die Nachricht von der Rettung der Schiffbrüchigen erwartet.

DER MANN MIT DEM RING IM OHR
RE: Joachim Hasler – SZ: Wolfgang Ebeling – LV: Roman »Der Harmonikaspieler« von Bernhard Seeger – DR: Andreas Scheinert – KA: Hans Heinrich – MU: Karl-Ernst Sasse – SB: Heinz Röske – KO: Ursula Wolf – SC: Ilona Thiel – PL: Uwe Klimek – GR: GR »Johannisthal« – m: 2362 = 87 min. – fa – brw – PM: 6.4.1984 – PM-Ort: Heldburg/ Krs. Hildburghausen; »Volkshaus« – DA: Vladimir Gaitan (Tillmann Rutenschneider) – Oana Pelea (Wanda) – Dominica Pelea (Wandas Mutter) – Heidrun Perdelwitz (Liane Gäbe) – Jörg Panknin (Jürgen Lukas) – Lotte Loebinger (Marta Leisering) – Karin Düwel (Ella Lukas) u. a. – KR: Böttger, U.-E.: Wie ein Held im Western. F&F 1985/5, S.14 – Holland-Moritz, R.: Kino-Eule. ESP 1984/19 – Knietzsch, H.: Erkundungen der Wirklichkeit für Kinder und für Erwachsene.

ND 28./29.4.1984 – Rehahn, R.: Der Mann aus Holz. WP 1984/18 – Senefeld, S.: -. SO 1984/20 – Sobe, G.: Mann mit Pauken und Trompeten. BZ 4.5.1984 – Kersten, H.: Märkischer Heimat-Western. TSP 8.7.1984.

Jahrelang ist der Zimmermann Tillmann Rutenschneider umhergezogen. Dreißigjährig kommt er 1932 zurück in sein märkisches Dorf, mit einer fremdländischen Frau. Er baut ein Haus, gründet eine Familie. Es dauert nicht lange, da wird er Opfer der neuen Rassengesetze. Man zündet ihm das Haus an, seine Frau und sein Kind verbrennen in den Flammen. Er selbst muß ins KZ. Nach der Befreiung geht er wieder in sein Heimatdorf, gründet eine neue Familie, baut ein neues Haus. Er schließt sich mit Umsiedlern zu einer Genossenschaft zusammen, dabei die Bodenreform auf sehr eigene Weise durchsetzend. Tillmann verschuldet sich, gerät in Schwierigkeiten und landet im Gefängnis. Sein Haus muß er verkaufen, um die Schulden zu bezahlen. Aus dem Gefängnis entlassen, macht sich Tillmann Rutenschneider erneut auf den Weg in sein Dorf.

ROMEO UND JULIA AUF DEM DORFE
RE: Siegfried Kühn – SZ: Siegfried Kühn – LV: Gleichnamige Novelle von Gottfried Keller – DR: Barbara Rogall – KA: Erich Gusko – MU: Hans Jürgen Wenzel, Joseph Haydn – SB: Richard Schmidt – KO: Lilo Sbrzesny – SC: Brigitte Krex – PL: Volkmar Leweck – GR: GR »Babelsberg« – m: 2517 = 92 min. – fa – brw – PM: 10.5.1984 – PM-Ort: Berlin, »International« – DA: Grit Stephan (Veronika) – Thomas Wetzel (Fabian) – Hilmar Baumann (Grimm) – Horst Rehberg (Melcher) – Heide Kipp (Frau Grimm) – Barbara Teuber (Frau Melcher) u. a. – KR: Baschleben, K.: Eine unglaubwürdige Tragödie. F&F 1984/8, S.29 – Holland-Moritz, R.: Kino-Eule. ESP 1984/25 – Gehler, F.: -. SO 1984/24 – Knietzsch, Horst: Beklagenswerter Verlust an realistischer Substanz. ND 16.5.84 – Stolze, R.: Ach, wenn es doch einmal knistern würde. JW 11.5.1984 – Tok, H.-D.: Ferne Liebe. WP 1984/21 – Sobe, G.: Die gottverlassene Hochzeit im Heu. BZ 12.5.1984 – Kersten, H.: Rückzug ins vorige Jahrhundert. TSP 16.9.1984.

Veronika und Fabian mögen sich schon als Kinder gern. Ihre Freundschaft geht jedoch durch eine Fehde ihrer Väter Melcher und Grimm um ein kleines Stück Acker entzwei. Die beiden Bauern ruinieren sich finanziell durch einen jahrelangen Gerichtsprozeß. Bei einer zufälligen Begegnung prügeln sie aufeinander los, während Veronika und Fabian ihre Zuneigung erneut entdecken. Als Veronikas Vater die beiden zusammen sieht, greift er seine Tochter wütend an, so daß Fabian ihn niederschlägt. Die beiden wissen, daß es keine gemeinsame Zukunft für sie gibt. Sie verlassen das Dorf, erleben auf einem Kirchweihfest im Nachbarort einen glücklichen Tag. Die Nacht verbringen sie auf einen Heuschiff, und in der Morgendämmerung lassen sie sich in die Fluten gleiten.

DIE VERTAUSCHTE KÖNIGIN
(KINDERFILM)
RE: Dieter Scharfenberg – SZ: Dieter Scharfenberg – DR: Gerd Gericke – KA: Hans-Jürgen Kruse – MU: Christian Steyer – SB: Paul Lehmann – KO: Günther Schmidt – SC: Christa Helwig – PL: Erich Albrecht – GR: GR »Johannisthal« – m: 2018 = 74 min. – fa – brw – PM: 13.5.1984 – PM-Ort: Berlin; »Colosseum« – DA: Ursula Karusseit (Königin / Schmiedin) – Kurt Böwe (Schmied) – Klaus Piontek (Hofmarschall) – Christian Steyer (Bartholomäus) – Michele Marian (Marie) – Andreas Pannach (Soldat Jörg) u. a. – KR: F.K.: Der große Coup des Hofnarren. T 7.6.1984 – Hofmann, H.: Drastische Lektion für eine Garstige. NZ 7.5.1984 – Lange, W.: Schatten der Dramaturgie. F&F 1985/3, S.10-11 – Novotny, E.: Der Narr als Held. BZ 9.6.1984 – Tok, H.-D.: Mit Witz und Phantasie. WP 1984/23 – Wendlandt, K.J.: Heiter-phantasievolles Verwechslungsspiel. ND 15.5.1984.

Auf einem Schloß lebt eine herrschsüchtige, launische Königin, die ihre Untertanen jeden Morgen mit einem Kanonenschuß wecken läßt. Die Kugel fällt regelmäßig in den Brunnen einer Schmiede, zum Ärger des Schmieds. Als der Kanonier den Unmut seiner Königin erweckt und sie ihn zum täglichen Auspeitschen verurteilt, wendet er sich hilfesuchend an den Hofnarren. Der hat einen klugen wie gefährlichen Plan, der Königin eine Lehre zu erteilen. Er vertauscht sie eines Nachts mit der Gemahlin des Schmieds, die nicht nur eine gute Hausfrau, sondern auch klug und gerecht ist und der Königin zum Verwechseln ähnlich sieht. Während der Schmied an seiner vermeintlichen Frau fast verzweifelt und sie ihre Unfähigkeit einsehen muß, nutzt die Schmiedin ihre Position als Königin, um Gutes zu tun, begnadigt auch den Kanonier. Nach 24 Stunden wird der Tausch, der wie ein Traum wirken sollte, rückgängig gemacht. Und die Königin läßt sich, um einige Erfahrungen reicher, nichts anmerken.

ERSCHEINEN PFLICHT
RE: Helmut Dziuba – SZ: Helmut Dziuba – LV: Gleichnamiges Buch von Gerhard Holtz-Baumert – DR: Anne Pfeuffer – KA: Helmut Bergmann – MU: Christian Steyer – SB: Heinz Röske – KO: Elke Hersmann – SC: Barbara Simon – PL: Erich Albrecht – GR: GR »Berlin« – m: 2055 = 75 min. – fa – PM: 16.5.1984 – PM-Ort: Karl-Marx-Stadt; »Stadthalle« – DA: Vivian Hanjohr (Elisabeth Haug) – Frank Nowak (Stefan Hanisch) – Lissy Tempelhof (Elvira Haug) – Peter Sodann (Boltenhagen) – Alfred Müller (Kratt) – Simone von Zglinicki (Barbara) u. a. – KR: Hofmann, H.: Zu viele Bilder und nur wenig Klarheit. NZ 18.7.1984 – Knietzsch, H.: Ein Weg ins Leben - zu klein aufgefaßt. ND 10.7.1984 – Rehahn, R.: Ende der Kindheit. WP 1984/30 – Zimm, I: Das Erbe des Vaters. BZA 31.7.1984.

Die 16jährige Oberschülerin Elisabeth ist als wohlbehütete Tochter eines etablierten Genossen und Kreisratsvorsitzenden aufgewachsen. Durch den plötzlichen Tod des Vaters wird sie aus ihrem gleichmäßigen Lebensrhythmus gerissen und sieht sich Wahrheiten ausgesetzt, die sie das Bild vom Vater, der für sie Vorbild ist, differenzierter betrachten lassen. Elisabeth findet heraus, daß nicht alle ihn so positiv beurteilten wie sie. Zum Beispiel Freund Stefan, der mit der Behandlung einer Eingabe nicht einverstanden war, oder der kompromißlose Lehrer Boltenhagen, der seine Schwierigkeiten mit ihm hatte. Elisabeth geht den Widersprüchen nach und findet dabei zu einem neuen Selbstverständnis.

ISABEL AUF DER TREPPE
(KINDERFILM)
RE: Hannelore Unterberg – SZ: Waldtraud Lewin – LV: Gleichnamiges Hörspiel von Waldtraud Lewin – DR: Anne Pfeuffer – KA: Eberhard Geick – MU: Karl-Ernst Sasse, Julio Alegria – SB: Werner Pieske – KO: Isolde Warscycek – SC: Helga Krause – PL: Martin Sonnabend – GR: GR »Berlin« – m: 1876 = 69 min. – fa – brw – PM: 8.9.1984 – PM-Ort: Berlin; »Colosseum« – DA: Irina Gallardo (Isabel) – Mario Krüger (Philipp) – Teresa Polle (Rosita Perez) – Jenny Gröllmann (Margot Kunze) – Jaecki Schwarz (Dieter Kunze) – Horst Hiemer (Opa Kunze) – Ruth Kommerell (Frau Flickenschild) u. a. – KR: Giera, J.: Realistisch und poetisch zugleich. FS 1984/20, S.18 – Goldberg, H.: Berstendes Glas, brennende Briefe. JW 11.9. 1984 – Lange, W.: Schatten der Dramaturgie. F&F 1985/3, S.10-11 – Ullrich, H.: Auf der Suche nach Geborgenheit. NZT 11.9.1984 – Wendlandt, K.J.: Großes Thema Solidarität. ND 20.9.1984 – Novotny, E.: Gut und wichtig. BZ 15.9.1984.

Rosita Perez und ihre zwölfjährige Tochter Isabel leben seit sechs Jahren in der DDR. Sie sind Emigranten aus Chile. Als sie kamen, hatten die Nachbarn Margot und Dieter Kunze die Patenschaft übernommen, doch die ist im Alltag längst eingeschlafen. Rosita hat Arbeit, auch Kontakt zu anderen Emigranten, aber sie fühlt sich einsam, ist bedrückt. Isabel sitzt oft auf der Treppe, aus Angst, der Briefträger könnte eine Todesnachricht vom Vater aus Chile bringen. Diese würde sie der Mutter nicht geben, um deren Kummer nicht noch zu vergrößern. Philipp, Sohn der Kunzes und mit Isabel befreundet, merkt, daß die beiden Probleme haben und Zuwendung brauchen. Als die Nachricht vom Tod des Vaters tatsächlich eintrifft und Rosita zusammenbricht, findet Isabel bei Philipp und seinen Eltern liebevolle Aufnahme.

WEIBERWIRTSCHAFT
(CO-PRODUKTION MIT DEM FERNSEHEN DER DDR)
RE: Peter Kahane – SZ: Wolfgang Ebeling – LV: Gleichnamige Erzählung von Joachim Nowotny – DR: Christel Gräf – KA: Andreas Köfer – MU: Günther Fischer – SB: Lothar Kuhn – KO: Dorit Gründel – SC: Sabine Schmager – PL: Manfred Renger – m: 1224 = 45 min. – fa – AD: 14.9.1984 – SD: 5.2.1984 – DA: Mirko Haninger (Achim) – Martina Eitner (Heidi) – Käthe Reichel (Hanna) – Christine Schorn (Ger-

trud) – Martin Trettau (Alter) – Günter Ringe (Polier) u. a. – KR: Agde, G.: Talentproben. FS 1984/21, S.14 – H.U.: Landleben zwischen Legende und Wirklichkeit. NZT 25.9.1984 – P.H.: Ein Regiedebüt, das noch vieles erwarten läßt. ND 11.2.1984 – Wisotzki, J.: Begegnungen. F&F 1985/2, S.23-25 – Wisotzki, J.: -. SO 1984/12.

Kurz nach 1945. Achim, ein junger Zimmermann, wird nach dreijähriger Lehrzeit auf ein abgelegenes Bauerngehöft geschickt, um es instand zu setzen. Drei Frauen verschiedener Generationen bewirtschaften den Hof allein. Die Großmutter Hanna hat ihren Mann im ersten Weltkrieg verloren, die Mutter Getrud den ihren im zweiten. Die Tochter Heidi ist noch jung, aber schon heiratsfähig. Der fleißige, schüchterne Junge kommt den Frauen äußerst gelegen, sie verwöhnen ihn, machen ihm auf eindeutige Weise klar, daß er ihnen nicht nur als Handwerker genehm ist. Die Mutter verführt ihn, die Großmutter deckt mit ihm das Dach und versucht, ihn mit der Enkeltochter zu verkuppeln. Doch als er die Arbeit beendet hat, ergreift der junge Mann die Flucht.

EINE SONDERBARE LIEBE
RE: Lothar Warneke – SZ: Wolfram Witt – DR: Erika Richter – KA: Thomas Plenert – MU: Jürgen Ecke – SB: Georg Wratsch – KO: Christiane Dorst – SC: Erika Lehmphul – PL: Manfred Renger – GR: GR »Babelsberg« – m: 2871 = 105 min. – fa – brw – PM: 18.9.1984 – PM-Ort: Leipzig; »Capitol« – DA: Christine Schorn (Sibylle Seewald) – Jörg Gudzuhn (Harald Reich) – Christa Lehmann (Sibylles Mutter) – Annemone Haase (Hannelore) – Mike Gregor (Holger Reich) – Franz Viehmann (Hartloff) u. a. – KR: Agde, G.: Sonderbar ja, aber Liebe? FS 1984/20, S.18 – Ahrens, P.: Geschichte, Genre, Kino. WBÜ 1984/43 – Goldberg, H. : Liebe mit Arithmetik. JW 23.9.1984 – Holland-Moritz, R.: Kino-Eule. ESP 1984/44 – Kaiser, S.: Alltag und Modell einer Partnerschaft. F&F 1984/12, S.15 – Meves, U.: Erzählt wird von einer Zweisamkeit auf Probe. ND 23.9.1984 – Sobe, G.: -. BZ 1.10.1984 – Kersten, H.: Leben zu zweit. TSP 11.11.1984 – Kersten, H.: -. TSP 20.3.1986 – Baer, V.: Mehr als nur ein ungleiches Paar. TSP 16.4.1988.

Nach einer feucht-fröhlichen Betriebsfeier verbringen sie die Nacht zusammen, Sibylle und Harald, beide Ende Dreißig. Als sie sich nach einiger Zeit wiederbegegnen, beschließen sie, eine Vernunfts-Partnerschaft einzugehen. Er ist Witwer, hat zwei Söhne, der jüngere kam gerade erst zur Schule. Sie ist alleinstehend und hat das Verhältnis mit ihrem verheirateten Kollegen ziemlich satt. Sibylle gibt ihre Arbeit in der Betriebskantine auf und stürzt sich mit Feuereifer in die neue Aufgabe, bringt Schwung ins Familienleben, beginnt Haralds Haus, Garten und einiges andere umzukrempeln. Der stille Harald, um Ruhe und Gewohnheiten gebracht, ergreift eines Tages die Flucht. Ohne Liebe geht es wahrscheinlich doch nicht, denken sie. Doch es dauert nicht lange, da bemerken sie, daß sie einander fehlen.

WO ANDERE SCHWEIGEN
RE: Ralf Kirsten – SZ: Michael Schatrow – DR: Peter Wuss – KA: Günter Haubold – MU: Peter Gotthardt – SB: Hans Poppe – KO: Werner Bergemann – SC: Evelyn Carow – PL: Horst Hartwig – GR: GR »Babelsberg« – m: 2880 = 106 min. – fa – brw – PM: 4.10.1984 – PM-Ort: Berlin; »Kosmos« – DA: Gudrun Okras (Clara Zetkin) – Rolf Ludwig (Gustav) – Elke Reuter (Christa) – Klaus Manchen (John Schehr) – Klaus Piontek (Maxim) – Günter Junghans (Jürgen) u. a. – KR: Agde, G.: Denkmal für heute. FS 1984/22, S.14 – Gehler, F.: Kostbare Tradition. SO 1984/46 – Goldberg, H.: Bilder aus dem Leben einer deutschen Kommunistin. JW 5.10.1984 – Meves, U.: Überzeugende Gestaltung einer revolutionären Persönlichkeit. ND 5.10.1984 – Wimmer, W.: Umgang mit Historie. F&F 1984/10, S.1 – Ahrens, P.: August 1932 im Film. WBÜ 1984/44 – Sobe, G.: Eine Episode Geschichte. BZ 5.10.1984 – Kersten, H.: Besuch der alten Dame im Reichstag. FRu 3.12. 1984 – Kersten, H.: Nicht mehr als eine politische Lektion. TSP 25.11.1984.

Zehn Tage aus dem Leben Clara Zetkins. Im August 1932, sie lebt in Archangelskoje bei Moskau, kommt ihr als der ältesten Abgeordneten die Aufgabe zu, die neue Legislaturperiode des Deutschen Reichstags zu eröffnen. Clara Zetkin ist 75 Jahre alt, krank und fast erblindet. Dennoch nimmt sie die Chance wahr, in dem zunehmend von Nazis beherrschten Deutschland ihre Stimme zu erheben. Sie macht sich auf den Weg nach Berlin, was trotz Geheimhaltungsbemühungen durchsickert. Unterkunft findet sie in der Laube ihres alten sozialdemokratischen Freundes Gustav Schröder. Sie läßt sich von den in faschistischen Zeitungen offen ausgestoßenen Morddrohungen nicht einschüchtern. Als sie sich in den Reichstag begibt, säumen Tausende die Straßen.

BIBERSPUR
(KINDERFILM)
RE: Walter Beck – SZ: Gudrun Deubener – LV: Gleichnamiges Kinderbuch von Bernd Wolff – DR: Andreas Scheinert – KA: Wolfgang Braumann – MU: Günther Fischer – SB: Erich Krüllke – KO: Dorit Gründel – SC: Ilse Peters – PL: Hans-Erich Busch – GR: GR »Johannisthal« – m: 2228 = 82 min. – fa – PM: 18.11.1984 – PM-Ort: Berlin; »Colosseum« – DA: Erik Schmidt (Joochen) – Jana Mattukat (Corina) – Manfred Heine (Dr. Randolf) – Jörg Kleinau (Wolfram Euler) – Tilo Braune (Knut) – Sven Peters (Timm) – Kai Kickinger (Lorenz) – Axel Bernburg (Egbert) – Heidrun Otto (Monika) u. a. – KR: Giera, J.: Vertrauen nur von einer Seite. FS 1984/25, S.14 – Hofmann, H.: Eine Geschichte von vitaler Glaubwürdigkeit. NZ 21.11.1984 – H.U.: Spannung im Psychischen. NZT 22.11. 1984 – Novotny, E.: Erörterte Einsicht. BZ 7.12.1984 – Tok, H.-D.: Den Bibern und sich auf der Spur. WP 1984/48 – Wendlandt, K.J.: Mit einem jungen Helden die Heimat lieben lernen. ND 20.11.1984.

In einem Dorf an der Elbe lebt der zwölfjährige Joochen. Er findet einen erschossenen Biber und

1

4

2

5

3

6

Menschen und Waffen:

1 Peter Friedrichson (links) und Peter Aust in
»Am Ende der Welt«
(1975 / RE: Hans Kratzert)

2 Peter Reusse in
»Eine Handvoll Hoffnung«
(1978 / RE: Frank Vogel)

3 Brit Gülland und Thomas Stecher in
»Romanze mit Amélie«
(1982 / RE: Ulrich Thein)

4 Wolfgang Dehler in
»Die Gerechten von Kummerow«
(1982 / RE: Wolfgang Luderer)

5 Manfred Gorr (links) und Peer-Uwe Teska in
»Der Lude«
(1984 / RE: Horst E. Brandt)

6 Arno Wyzniewski in
»Die Gänse von Bützow«
(1985 / RE: Frank Vogel)

nimmt ihn mit in die Schule. Die Tiere stehen unter Naturschutz, und er will, daß man den Täter ausfindig macht. Außerdem möchte er den anderen ein bißchen imponieren, vor allem dem Mädchen Corina. Doch er stößt mit seinem Fund auf Desinteresse und geht allein auf die Suche nach dem Übeltäter. Dabei schließt er Freundschaft mit dem Jäger »Eule«, seinem zukünftigen Schwager. Joochen findet heraus, daß »Eule« den Biber erschossen hat, wendet sich empört von ihm ab und zeigt ihn an. Sein stures Verhalten findet bei den anderen keine Zustimmung, denn »Eule« hat den Biber nicht absichtlich getötet. Trotz seiner Abneigung schlägt Joochen »Eule« als Betreuer für die Klassenfahrt vor, will aber selbst nicht mit. In letzter Minute entscheidet er sich dann doch mitzufahren und sich mit »Eule« zu versöhnen.

AUF DEM SPRUNG

RE: Evelyn Schmidt – SZ: Rainer Koch, Evelyn Schmidt – LV: Filmerzählung von Rainer Koch – DR: Erika Richter – KA: Peter Brand – MU: Wolfram Bodag – SB: Marlene Willmann – KO: Lilo Sbrzesny – SC: Sabine Schmager – PL: Hans-Uwe Wardeck – GR: GR »Babelsberg« – m: 2523 = 93 min. – fa – brw – PM: 22.11.1984 – PM-Ort: Berlin; »Colosseum« – DA: Till Kretzschmar (Gottfried Mopel) – Arianne Borbach (Karin) – Jörg Kleinau (Markus) – Roland Hemmo (Heimleiter Bockolt) – Heidemarie Schneider (Katharina) – Gisela Rubbel (Frau Gerber) – Monika Hildebrand (Frau Schulz) u. a. – KR: Agde, G.: Sprung ins Aus. FS 1984/25, S 14 – F.G.: -. SO 1985/2 – Holland-Moritz, R.: Kino-Eule. ESP 1984/50 – Meves, U.: Ein großer Anlauf, doch beim Springen gestolpert. ND 30.11.1984 – Pietzsch, I.: Verschenkte Möglichkeiten. F&F 1985/6, S 13 – Rehahn, R.: Zu kurz gesprungen. WP 1984/49.

Gottfried und Markus sind Freunde, die bisher alles gemeinsam gemacht haben: Schule, Berufsausbildung mit Abitur, Armeezeit. Markus' Freundin Karin wird auch von Gottfried verehrt. Nun stehen sie vor der Abfahrt nach Dresden zum Physikstudium. Im letzten Moment entscheidet sich Gottfried anders. Er bleibt, will Heimerzieher werden, nachdem er einen ausgerissenen Jungen aufgegriffen und zurückgebracht hat. Markus kündigt ihm die Freundschaft, Eltern und Kollegen sind fassungslos. Doch Gottfried setzt seine Absicht mit Enthusiasmus in die Tat um. Karin wendet sich ihm immer mehr zu, und als ihm bei einem Ausflug einige Kinder verlorengehen, hilft Markus.

DER LUDE

RE: Horst E. Brandt – SZ: Wera und Claus Küchenmeister – DR: Anne Pfeuffer – KA: Hans-Jürgen Kruse, KF: Ingo Raatzke – MU: Walter Kubiczek – SB: Erich Krüllke – KO: Günther Schmidt – SC: Karin Kusche – PL: Uwe Klimek – GR: GR »Berlin« – m: 2524 = 93 min. – fa – brw – PM: 6.12.1984 – PM-Ort: Berlin; »International« – DA: Peer-Uwe Teska (Wilhelm Knaupe, genannt Bello) – Michele Marian (Frieda) – Franziska Troegner (Klara) – Michael Pan (Sally Epstein) – Dieter Montag

(Eberhard Tann) – Manfred Gorr (Ali Höhler) – Martin Trettau (Kommissar) – Erwin Berner (Horst Wessel) – Walter Jäckel (Goebbels) u. a. – KR: Agde, G.: Versuch, eine Legende zu entschleiern. FS 1985/1, S.14 – Holland-Moritz, R.: Kino-Eule. ESP 1985/3 – Rehahn, R.: Berliner Hinterhof 1930. WP 1984/51 – Senefeld, S.: -. SO 1985/2 – Meves, U.: Milieu gut getroffen, doch die Figuren bleiben blaß. ND 14.12.1984 – Sobe, G.: Von jungen Leuten und jungen Luden. BZ 15.12.1984.

Berlin Anfang der dreißiger Jahre. Bello ist ein arbeitsloser junger Mann, der die minderjährige Frieda liebt. Um den Lebensunterhalt für beide zu verdienen, geht Frieda auf den Strich. Das nutzt ein Kommissar der politischen Abteilung, um Bello zu Spitzeldiensten zu erpressen. Doch damit nicht genug. Einen Eifersuchtsmord unter Zuhältern, dessen Opfer ein hoher Nazi ist, will man den Kommunisten in die Schuhe schieben, und Bello soll Kronzeuge sein. Er weigert sich. Als die Nazis an die Macht kommen, nehmen sie den Fall wieder auf, um den Ermordeten zum Märtyrer zu machen. Bello weigert sich noch immer. Er glaubt sich jetzt sicher, weil Frieda inzwischen volljährig ist. Doch er bezahlt seine Weigerung mit dem Leben.

1985

DIE FRAU UND DER FREMDE

RE: Rainer Simon – SZ: Rainer Simon – LV: Erzählung »Karl und Anna« von Leonhard Frank – DR: Andreas Scheinert – KA: Roland Dressel – MU: Reiner Bredemeyer, Leopold Mozart, Johann Strauß – SB: Hans Poppe – KO: Werner Bergemann – SC: Helga Gentz – PL: Manfred Renger – GR: GR »Johannisthal« – m: 2669 = 98 min. – fa – PM: 31.1.1985 – PM-Ort: Berlin; »International« – DA: Kathrin Waligura (Anna) – Joachim Lätsch (Karl) – Peter Zimmermann (Richard) – Katrin Knappe (Marie) – Christine Schorn (Trude) – Siegfried Höchst (Horst) u. a. – KR: Agde, G.: Eine Liebesgeschichte als unerhörte Begebenheit. FS 1985/4, S.14 – Gehler, F.: Die Legende von einer verlorenen und gewonnenen Identität. F&F 1985/3, S.8-9 – Rother, H.-J.: Eine Liebesgeschichte in gedämpften Farben. F&F 1985/3, S. 9-10 – Goldberg, H.: Wenn die Sehnsucht sie peitschend befällt ... JW 5.2.1985 – Holland-Moritz, R.: Kino-Eule. ESP 1985/13 – Meves, U.: Ungewöhnliche Liebe in einer schlimmen Zeit. ND 2./3.2.1985 – Rehahn, R.: Kann Liebe Lüge sein? WP 1985/8 – Ahrens, P.: »Karl und Anna« als Film. WBÜ 1985/12 – Sobe, G.: Liebe zwischen Schein und Sein. BZ 1.2.1985 – Voigt, J.: -. SO 1985/8 – Frank, A.: Karl und Anna. TAZ 26.2.1985 – Baer, V.: -. TSP 26.2.1985.

Zwei Deutsche in russischer Gefangenschaft während des ersten Weltkriegs. Sie bilden zu zweit ein Arbeitskommando, das einen Graben in der Steppe aushebt. Der verheiratete Richard erzählt Karl von seiner Frau Anna. Er erzählt ihm alles, und Anna wird in Karls Gedanken zu seiner Geliebten. Als er fliehen kann, während Richard mit anderen Gefangenen abtransportiert wird, schlägt er sich nach Deutschland durch – zu Anna. Karl gibt sich als Richard aus. Anna weiß, daß er nicht Richard ist, aber es irritiert sie, daß er alles von ihr weiß. Ihr anfänglicher Widerstand legt sich, sie beginnt Karl zu lieben. Eine Liebe, die mit der Lüge lebt. Er gibt sich als Richard, sie nennt ihn Richard. Als der wirkliche Richard aus der Gefangenschaft heimkehrt, entscheidet sie sich für Karl und geht mit ihm davon.

UNTERNEHMEN GEIGENKASTEN
(KINDERFILM)

RE: Gunter Friedrich – SZ: Anne Goßens – DR: Gerd Gericke – KA: Günter Heimann – MU: Bernd Wefelmeyer – SB: Marlene Willmann – KO: Barbara Braumann – SC: Vera Nowark – PL: Siegfried Kabitzke – GR: GR »Johannisthal« – m: 2416 = 89 min. – fa – brw – PM: 12.2.1985 – PM-Ort: Gera; »Panorama-Palast« – DA: Alexander Heidenreich (Ole) – Dirk Bartsch (Andreas) – Peggy Steiner (Marie) – Matthias Krose (Jens) – Andreas Schumann (Herr Neumann) – Gert-Hartmut Schreier (Herr Franke) – Peter Bause (Oberleutnant Vogel) u. a. – KR: Giera, J.: ... mal 'n bißchen Detektiv spielen. FS 1985/5, S.14-15 – Knöfler, F.: -. T 15.2.1985 – Lange, W.: Weit mehr als ein Kinderkrimi. F&F 1985/9, S.20-21 – Tok, H.-D.: Sherlock Holmes junior. WP 1985/7.

Ole ist ein pfiffiger, einfallsreicher zehnjähriger Junge. Als er – mit einem Gipsbein im Krankenhaus liegend – im Fernsehen einen Sherlock-Holmes-Film sieht, steht sein nächstes Abenteuer fest: Er spielt Detektiv. Mit Freund Andreas als Dr. Watson zieht er beobachtend durch die Straßen. Die beiden Jungen entdecken einen Mann mit angeklebtem Bart – das kann nur ein Verbrecher sein. Sie observieren ihn, beziehen ihre Klassenkameraden mit ein. Tatsächlich fahndet auch die Polizei nach dem Unbekannten, hat aber einen Unschuldigen verhaftet. Als Ole dem Verbrecher Auge in Auge gegenübersteht, wird es brenzlig, doch Andreas ruft die Polizei, Ole kommt davon und der Verbrecher wird dingfest gemacht. Als der Kriminalist Vogel in die Schule kommt, schlägt Oles Gewissen. Er ist sich der Leichtfertigkeit seines Unternehmens durchaus bewußt, aber Vogel zeichnet ihn und Andreas für ihre Tat aus.

MEINE FRAU INGE UND MEINE FRAU SCHMIDT

RE: Roland Oehme – SZ: Joachim Brehmer, Roland Oehme – LV: Gleichnamiges Hörspiel von Joachim Brehmer – DR: Dieter Wolf – KA: Werner Bergmann – MU: Günther Fischer – SB: Georg Kranz – KO: Inge Kistner – SC: Helga Emmrich – PL: Dorothea Hildebrandt – GR: GR »Babelsberg« – m: 2343 = 86 min. – fa – brw – PM: 21.2.1985 – PM-Ort: Berlin; »Kosmos« – DA: Walter Plathe (Karl Lehmann) – Katrin Saß (Frau Brigitte Schmidt) – Viola Schweizer (Frau Inge Lehmann) – Carl-Hermann Risse (Chef Walburg) – Ursula Werner (Maria) – Lutz Stückrath (Kollege Hans Beyer) u. a. – KR: Agde, G.: Prognose: Liebe zu dritt? FS 1985/6, S.14-15 – Ahrens, P.: Darf gelacht werden? WBÜ 1985/13 – Gehler, F.: -. SO 1985/12 – Holland-Moritz, R.: Kino-Eule. ESP 1985/15 – Voss, M.: Die Liebe keine Himmelsmacht? F&F 1985/3, S.11-12 – Knietzsch, H.: Unglaubliches über zwei Frauen und einen Mann. ND 22.2.1985 – Sobe, G.: Vom guten Hahn Karl Lehmann. BZ 26.2.1985 – Tok, H.-D.: Liebe zu dritt. WP 1985/9 – Kersten, H.: Der Konflikt findet nicht statt. TSP 28.4.1985.

Der glücklich verheiratete Karl Lehmann wird eines Tages von seiner alleinstehenden Kollegin, Frau Schmidt, um einen ungewöhnlichen Dienst gebeten: Sie möchte ein Kind. Lehmann ist hilfsbereit. Seine Ehefrau Inge und Frau Schmidt bekommen zur selben Zeit ein Kind, und da die Frauen sich sympathisch sind, treffen sie ein Abkommen. Sie teilen sich Karl Lehmann. Eine Woche bekommt ihn Inge, eine Woche Frau Schmidt – immer im Wechsel. Das könnte schön sein, wenn die prüden, schockierten oder auch neidischen Mitmenschen nicht wären. Manche allerdings sehen es auch ganz positiv. Ein Herr Schmidt interessiert sich für die freie Woche bei Inge und ein Kollege Lehmann für die der Frau Schmidt. Und es dauert nicht lange, da ist Herr Karl Lehmann ausgebootet und sucht Zuflucht bei einer Serviererin.

GRITTA VON RATTENZUHAUSBEIUNS (KINDERFILM)

RE: Jürgen Brauer – SZ: Christa Kožik – LV: Märchenroman »Das Leben der Hochgräfin Gritta von Rattenzuhausbeiuns« von Bettina und Gisela von Arnim – DR: Gabriele Herzog – KA: Jürgen Brauer, 2. KA: Peter Ziesche – MU: Stefan Carow – SB: Alfred Hirschmeier – KO: Christiane Dorst – SC: Evelyn Carow – PL: Hans-Erich Busch – GR: GR »Johannisthal« – m: 2262 = 83 min. – fa – brw – PM: 7.3.1985 – PM-Ort: Berlin; »International« – Westdt. Titel: Gritta vom Rattenschloß – DA: Nadja Klier (Gritta) – Hermann Beyer (Julius Ortel von Rattenzuhausbeiuns) – Suheer Saleh (Anna Bollena Maria Nesselkrautia) – Fred Delmare (Kuno Gebhardt Müffert) – Mark Lubosch (Peter) – Wolf-Dieter Lingk (Pekavus) – Peter Sodann (König) – Heide Kipp (Äbtissin) – Ilja Kriwoluzky (Prinz Bonus) u. a. – KR: Agde, G.: Rundum vergnüglich. FS 1985/8, S.14 – Goldberg, H.: Bilder, die schön und selten sind. JW 29.3.1985 – Holland-Moritz, R.: Kino-Eule. ESP 1985/15 – Knietzsch, H.: Realistische Sicht in einem phantstischen Gewand. ND 19.3.1985 – Wisotzki, J.: Märchen ohne Feenzauber. F&F 1985/6, S.14 – Senefeld, S.: -. SO 1985/14 – Sobe, G.: Der richtige Schwebezustand und die hochgräflichen Emanzipationen. BZ 9./10.3.1985.

In einem alten, verwitterten Schloß lebt die dreizehnjährige Hochgräfin Gritta mit ihrem verarmten Vater, dem Hochgrafen Julius Ortel von Rattenzuhausbeiuns. Der Hirte Peter ist Grittas Partner bei übermütigen Spielen und Abenteuern in der freien Natur, während der Vater, ein Erfinder, an einer Thronrettungsmaschine für den König arbeitet. Er hofft, damit wieder zu Geld und Ehre zu gelangen. Als er die vornehme Gräfin Nesselkrautia heiratet, ist es mit Grittas wildem Leben vorbei, sie wird auf Wunsch der Stiefmutter in ein Kloster gesteckt. Empört über den dortigen Zwang und die betrügerischen Machenschaften der Äbtissin, die mit dem Statthalter des Königs unter einer Decke steckt, flieht sie mit ihren Freundinnen in den Wald. Dort begegnen sie dem Prinzen und freunden sich mit ihm an. Aber der Statthalter ist ihnen auf der Spur. Mit Hilfe des Prinzen gelangen sie ins Schloß, und die Thronrettungsmaschine des Vaters – nichts anderes als ein Schleudersitz – befördert den finsteren Statthalter außer Landes.

AB HEUTE ERWACHSEN

RE: Gunther Scholz – SZ: Helga Schubert, Gunther Scholz – DR: Anne Pfeuffer – KA: Michael Göthe – MU: Gerhard Laartz, MB: Jürgen Balitzki – SB: Harry Leupold – KO: Ingrid Mogel – SC: Helga Krause – PL: Horst Hartwig – GR: GR »Berlin« – m: 2372 = 87 min. – fa – brw – PM: 14.3.1985 – PM-Ort: Berlin; »International« – DA: Jutta Wachowiak (Johanna) – Kurt Böwe (Graubaum) – David C. Bunners (Stefan) – Sabine Steglich (Christel) – Marita Böhme (Toilettenfrau) – Katrin Saß (Arbeitskollegin der Mutter) – Beatrice Phohleli (Cecilia) u. a. – KR: Agde, G.: Abbruch und Aufbruch. FS 1985/8, S.14 – Gehler, F.: -. SO 1985/14 – Holland-Moritz, R.: Kino-Eule. ESP 1985/15 – Knietzsch, H.: Wirklichkeitswahre Kunst braucht einen großen Atem. ND 15.3.1985 – Voss, M.: Kleiner Mann, was nun? F&F 1985/9, S.19-20 – Sobe, G.: Wenn die Vögel flügge werden. BZ 15.3.1985 – Kersten, H.: Alltagsbeobachtungen ohne Schärfe. TSP 19.5.1985 – Metzner, J.: Freiheit von der Mutter. TSP 9.8.1986 – Riedle, G.: Im Kino mit dem Neuen Deutschland. TAZ 13.8.1986.

Stefans 18. Geburtstag. Seine Mutter Johanna, die ihn allein großgezogen hat, will mit ihm feiern. Doch Stefan eröffnet ihr, daß er auszieht. Unbegreiflich für Johanna, die ganz für den Sohn gelebt hat. Es kommt zu einem heftigen Streit, Stefan geht. Er ist Maurerlehrling, ein sehr guter, und nun möchte er auf eigenen Füßen stehen. Bei Herrn Graubaum, dem Empfangschef einer Bar, hat er ein möbliertes Zimmer. Doch der allzu clevere Typ, der auch ihn ausbeuten will, behagt ihm nicht. Auf seinem Weg begegnet er einigen Mädchen. Da ist die hübsche Mulattin Cecilia, die ihn zwar abweist, aber ihm in ihrer Frauengemeinschaft Unterkunft für eine Nacht gewährt. Da ist die Briefträgerin Christel, mit der ihn erste Liebesgefühle verbinden. Aber ihr Lebensanspruch, der sich auf ein kleines Familienglück beschränkt, ist ihm zu eng. Stefan ist noch auf der Suche nach sich selbst. Er findet eine eigene Wohnung und einen Weg zu einer neuen Partnerschaft mit der Mutter.

HÄLFTE DES LEBENS

RE: Herrmann Zschoche – SZ: Christa Kožik – DR: Gabriele Herzog – KA: Günter Jaeuthe – MU: Georg Katzer – SB: Dieter Adam – KO: Anne Hoffmann – SC: Monika Schindler – PL: Herbert Ehler – GR: GR »Johannisthal« – m: 2671 = 98 min. – fa – PM: 18.4.1985 – PM-Ort: Berlin; »International« – DA: Ulrich Mühe (Friedrich Hölderlin) – Jenny Gröllmann (Susette Gontard) – Swetlana Schönfeld (Marie Rätzer) – Michael Gwisdek (Jakob Gontard) – Peter-Mario Grau (Isaac von Sinclair) – Christine Gloger (Hölderlins Mutter) u. a. – KR: Agde, G.: Eine Liebesgeschichte von Format. FS 1985/10, S.10 – Gehler, F.: -. SO 1985/19 – Holland-Moritz, R.: Kino-Eule. ESP 1985/22 – Rehahn, R.: Hölderlins große Liebe. WP 1985/19 – Reschke, R.: Die unterschiedlichen Gesichter des Friedrich Hölderlin. F&F 1985/6, S.10-12 – Knietzsch, H.: Versuch über einen bedeutenden Dichter. ND 19.4.1985 – Sobe, G.: Tragödie eines Genies oder Die schwere Kunst der Liebe. BZ 26.4.1985 – Ullrich, J.: Eine romantische Liebe. F&F 1985/6, S.12-13 – Kersten, H.: Halber Hölderlin. FRu 6.8.1985 – Kersten, H.: Zehn entscheidende Jahre. TSP 18.8.1985 – voe: Film-Epos über verhängnisvolle Dichter-Liebe. BMP 25.6.1987 – Dotzauer, G.: Dichter in dürftiger Zeit. FAZ 31.7.1987 – Buchka, P.: Braver Hölderlin. SüZ 10.9.1987.

Zehn Jahre aus dem Leben Friedrich Hölderlins, von 1796 bis 1806. Der junge, geniale Dichter tritt in das Haus des Frankfurter Bankiers Gontard ein, um als Hauslehrer seinen Lebensunterhalt zu verdienen. Er unterrichtet dessen vier Kinder und verliebt sich leidenschaftlich in

Gontards Frau Susette, die seine Zuneigung erwidert. Doch es ist eine hoffnungslose Liebe, die nur eine kurze Zeit Erfüllung findet. Gontard weist Hölderlin aus dem Haus. Nach der Trennung sind beide gebrochene Menschen. Susette verweigert sich dem Leben, kränkelt und stirbt 1802, dreiunddreißigjährig. Ihr Tod stürzt Hölderlin in tiefe Depressionen, von denen er sich nie wieder erholt. 1806 wird er in eine Tübinger Nervenklinik eingewiesen.

DER SIEG
(CO-PRODUKTION DDR / UDSSR)

RE: Jewgeni Matwejew – SZ: Wadim Trunin, Jewgeni Matwejew – LV: Gleichnamiger Roman von Alexander Tschakowski – DR: Nona Bystrowa, Thea Richter, Hasso Hartmann – KA: Leonid Kalaschnikow, 2. KA: B. Nowosselow – MU: Jewgeni Ptitschkin – SB: Semjon Waljuschok, Lothar Kuhn – KO: G. Ganewskaja, G. Kusnezowa, Joachim Dittrich – SC: M. Karewa – PL: Wladimir Repnikow, Kurt Lichterfeldt – GR: GR »Roter Kreis« – m: 4222 = 155 min. – fa – PM(DDR): 3.5.1985 – PM-Ort: Berlin; »Kosmos« – CO: Mosfilm, Moskau, Vierte Künstlerische Vereinigung – Russ. Titel: Pobjeda – DA: Alexander Michailow (Woronow) – Andrej Mironow (Bright) – Klaus-Peter Thiele (Werner Klaus) – Ramas Tschchikwadse (Stalin) – Georg Menglet (Churchill) – Algimantas Masjulis (Truman) – Michail Uljanow (Shukow) – Günter Grabbert (Wilhelm Pieck) u. a. – KR: Goldberg, H.: Vom Kampf um den Frieden. JW 5.5.1985 – Knietzsch, H.: Zeugnis einer kontinuierlichen Politik für dauerhaften Frieden. ND 5.5.1985 – Lange, H.: Eine Schlüsselszene der Geschichte. Gedanke zu einem Bild. FS 1985/9, S.4-5 – Ullrich, H.: Erinnerung an den Krieg für den Frieden der Welt. NZT 4.5.1985 – Wende, D.: Damals in Cecilienhof. WP 1985/18 – Sobe, G.: Von Potsdam bis Helsinki. BZ 7.5.1985.

Der Film gliedert sich in zwei Teile: »Die Zeit der Hoffnungen« und »Die Zeit der Unruhe«. – Auf der KSZE-Konferenz 1975 in Helsinki treffen sich der sowjetische Journalist Michail Woronow und der amerikanische Fotoreporter Charles Bright wieder. Anlaß für Woronow, dreißig Jahre Geschichte des Ringens der Sowjetunion um einen dauerhaften Frieden zu rekapitulieren (von Dokumentaraufnahmen historischer Ereignisse begleitet). Als junger Offizier hatte Woronow Bright 1945 während der Potsdamer Konferenz kennengelernt. Die beiden freundeten sich an. In Helsinki muß Woronow feststellen, daß Bright ihre Beziehung längst verraten und sich ganz in den Dienst der amerikanischen Konfrontationspolitik gestellt hat. Mit dem deutschen Antifaschisten Werner Klaus hingegen, ebenfalls Korrespondent in Helsinki, den er zur selben Zeit wie Bright in Potsdam kennengelernt hatte, verbindet ihn noch immer eine enge Freundschaft.

ETE UND ALI

RE: Peter Kahane – SZ: Waltraud Meienreis, Henry Schneider – DR: Andreas Scheinert – KA: Andreas Köfer – MU: Rainer Böhm – SB: Paul Lehmann – KO: Ursula Strumpf – SC: Sabine Schmager – PL: Wolfgang Rennebarth – GR: GR »Johannisthal« – m: 2530 = 93 min. – fa – brw – PM: 31.5.1985 – PM-Ort: Erfurt; »Panorama-Palast-Theater« – DA: Jörg Schüttauf (Ete) – Thomas Putensen (Ali) – Daniela Hoffmann (Marita) – Hilmar Eichhorn (Manni) – Karin Gregorek (Frau vom Wohnungsamt) – Otto Heidemann (Budak) – Heinz Hupfer (Erwin) u. a. – KR: Agde, G.: Zuviel Halbherzigkeiten. FS 1985/13, S.14 – Holland-Moritz, R.: Kino-Eule. ESP 1985/26 – Knietzsch, H.: Vergnügen und Kurzweil mit Alltagsgeschichten. ND 2.6.1985 – Kohrt, P.: Haus, Frau, Firma und doch kein Glückspilz? JW 4.6.1985 – Wisotzki, J.: Wie gewinnt man die Gunst einer Frau zurück? F&F 1985/7, S 18 – Rehahn, R.: Dünn und Dick durch dick und dünn. WP 1985/24 – Sobe, G.: Und Vorsicht bei Abfahrt des Zuges. BZ 13.6.1986 – Voigt, J.: -. SO 1985/26 – Kersten, H.: Entlaufene Frau gesucht. TSP 28.7.1985.

Ete und Ali haben ihren Wehrdienst beendet, aber nach Hause wollen sie beide nicht. Ali graut es vor seinem langweiligen Dorf, und Ete weiß, daß seine Frau Marita einen anderen hat. Der kräftige, tatendurstige Ali überredet Ete, mit ihm zusammen dessen Frau zurückzuerobern. Da Ete zu schüchtern ist, nimmt Ali die Sache in die Hand. Mit Gewalt kommt er bei Marita nicht an, also versucht er, den älteren Liebhaber Manni, Besitzer von Neubauwohnung und Auto, auszustechen. Ehe Ete es sich versieht, hat er einen alten Tatra, ein noch älteres Haus, den Fuhrbetrieb seines Schwiegervaters und eine Menge Schulden am Hals. Marita wird in einer halsbrecherischen Aktion entführt. Sie findet schließlich Gefallen an Ali, und Ete verläßt enttäuscht und der Bevormundung durch den Freund überdrüssig das Dorf. In einem Fernfahrer-Wohnheim treffen sich die beiden Männer eines Tages wieder.

WEISSE WOLKE CAROLIN
(KINDERFILM)

RE: Rolf Losansky – SZ: Klaus Meyer – LV: Gleichnamiges Kinderbuch von Klaus Meyer – DR: Erika Richter – KA: Helmut Grewald, MI: Hans-Jürgen Reinecke, Siegfried Bergmann – MU: Karl-Ernst Sasse – SB: Jochen Keller – KO: Dorit Gründel – SC: Ilse Peters – PL: Gerrit List – GR: GR »Babelsberg« – m: 2332 = 86 min. – fa – brw – PM: 12.7.1985 – PM-Ort: Berlin; »Colosseum« – DA: Andreas Roll (Hannes) – Constanze Berndt (Carolin) – Kirsten Rolletschek (Kerstin) – Steffen Raschke (Benno) – Jana Ziegler (Anne) – Petra Kelling / Carl-Hermann Risse (Eltern) u. a. – KR: Giera, J.: Ein Traum von einem Mädchen. FS 1985/15, S.14 – Hofmann, H.: Aller Liebe Anfang. NZ 23.7.1985 – Knöfler, F.: Bauchschmerzen und Eifersucht. T 16.7.1985 – Kotsch, R.: Geschichte einer ersten Liebe einfühlsam erzählt. ND 17.7.1985 – Lange, W.: Hannes Wittspecks erste Liebe. F&F 1985/12, S.16 – Rehahn, R.: Erst zwölf und schon verliebt. WP 1985/31 – Sobe, G.: Ahnung und Liebe? BZ 20.7.1985.

Der zwölfjährige Hannes lebt am Greifswalder Bodden. Er ist in seine Mitschülerin Carolin verliebt, und die Beziehung der beiden bleibt der Umwelt nicht lange verborgen – einige registrieren das mit Unverständnis, andere mit Schmunzeln. Doch plötzlich trübt sich Hannes' Stimmung, denn Carolin ist auffällig viel mit Benno zusammen. Carolin und Benno erforschen die Dorfgeschichte, wofür Benno prädestiniert ist, denn sein Großvater hat während der Nazizeit antifaschistische Flugblätter verteilt und beim Verhör die Tat dem Klabautermann zugeschrieben. Hannes ist eifersüchtig, während Kerstin froh über die Wendung ist, denn sie mag Hannes. Der möchte nun mit einer tollen Tat glänzen, um sich bei Carolin Ansehen zu verschaffen. Bei seiner kühnen Bootsfahrt mit anderen Kindern auf dem Bodden kommt ein Unwetter auf und bringt alle in Gefahr.

DER DOPPELGÄNGER

RE: Werner W. Wallroth – SZ: Martin Karau – DR: Anne Pfeuffer – KA: Wolfgang Braumann – MU: Wolfgang Wallroth – SB: Alfred Thomalla – KO: Barbara Braumann – SC: Lotti Mehnert – PL: Giselher Venzke – GR: GR »Berlin« – m: 2496 = 92 min. – fa – brw – PM: 1.8.1985 – PM-Ort: Berlin; »International« – DA: Klaus-Dieter Klebsch (Jörg / Engel) – Astrid Höschel (Brigitte) – Peter Sodann (Benno) – Ulrike Kunze (Sabine) – Karin Ugowski (Nora) u.a. – KR: Agde, G.: Hoffentlich nicht nur ein Einzelgänger. FS 1985/18, S.14 – Claus, P.: Ein Engel lügt im Ehebett. JW 9.8.1985 – Holland-Moritz, R.: Kino-Eule. ESP 1985/35 – Lange, W.: Kein Vergnügen mit Herrn Engel. F&F 1985/10, S.9 – Sobe, G.: Man müßte Klavier spielen können. BZ 6.8.1985 – Knietzsch, H.: Musikalisches Kuckucksei in einem fremden Bett. ND 3./4.8.1985.

Brigitte Kaufmann will sich scheiden lassen. Ihr Mann Jörg, Ingenieur und leitender Angestellter eines Elektrobetriebes, ist ein unausstehlicher Pedant. Brigittes früherer Freund, der Fotograf Benno, kommt durch Zufall auf die Idee, die Ehe mit einem kuriosen Mittel zu retten. In einer Bar sieht er einen Pianisten, der Jörg zum Verwechseln ähnlich sieht. Er soll, während dieser auf einer Messe ist, den Ehemann spielen und Brigitte mit seinem Charme umstimmen. Pianist Engel läßt sich auf das Spiel ein – bei Brigitte und in Jörgs Betrieb. Brigitte verzichtet auf ihre Scheidungsabsicht, und auch die Kollegen sind von dem veränderten Jörg sehr angetan. Als der echte zurückkehrt, ist seine Verwirrung groß, aber er kommt hinter die Geschichte, sucht seinen Doppelgänger und versöhnt sich mit seiner Frau.

ATKINS

RE: Helge Trimpert – SZ: Stefan Kolditz – DR: Andreas Scheinert – KA: Peter Brand – MU: Jürgen Kehrt – SB: Erich Krüllke – KO: Werner Bergemann, Fides Joppien – SC: Thea Richter – PL: Siegfried Kabitzke – GR: GR »Johannisthal« – m: 2581 = 95 min. – fa – brw – PM: 29.8.1985 – PM-Ort: Berlin; »Colosseum« – DA: Oleg Borissow (Atkins) – Peter Zimmermann (Morris) – Colea Rautu (Der Alte) – Barbara Dittus (Rose) – Margit Bendokat (Emilie)

u. a. – KR: Agde, G.: Glatt ins Aus. FS 1985/20, S.14 – Claus, P.: Abenteuer in einem sehr tiefen Tal ... JW 3.9.1985 – Holland-Moritz, R.: Kino-Eule. ESP 1985/38 – Knietzsch, H.: Tragischer Untergang eines Einsiedlers. ND 4.9.1985 – Lange, W.: Preis der Freiheit. F&F 1985/11, S.19 – Schenk, R.: Der triste Trapper im Tal. BZ 4.9.1985 – Senefeld, S.: -. SO 1985/38 – Tok, H.-D.: Ein müder Fallensteller. WP 1985/37.

Die USA zur Zeit der Jahrhundertwende. Der Mittfünfziger Atkins zieht sich aus dem lauten Stadtleben in die Einsamkeit zurück. Er sucht Zuflucht in jenem abgeschiedenen Tal, in dem er früher einmal lebte. Indianer, die sich dorthin aus dem Reservat geflüchtet haben, mißtrauen ihm, lassen ihn nicht mehr aus den Augen, weil sie glauben, er könne sie verraten. Langsam aber wächst Vertrauen zwischen ihnen. Die Indianer beauftragen Atkins, Waffen für sie zu kaufen. Auf dem Rückweg ins Tal folgt ihm ein Mann namens Morris, schleicht sich in sein Vertrauen, lebt bei ihm. Doch seine wahre Absicht ist die Aufspürung von Bodenschätzen, er hatte bei Atkins einen Stein gesehen, der auf Kupfervorkommen schließen ließ. Schließlich findet er Kupfer, ermordet einen ihn beobachtenden Indianer und flieht. Doch er kommt wieder – mit Soldaten. Atkins erschießt Morris. Die Eindringlinge aber kann er nicht aufhalten, er fällt selbst einer Kugel zum Opfer.

DER HAIFISCHFÜTTERER

RE: Erwin Stranka – SZ: Erwin Stranka – DR: Andreas Scheinert – KA: Otto Hanisch – MU: Karl-Ernst Sasse – SB: Heinz Röske – KO: Elke Hersmann – SC: Christa Helwig – PL: Volkmar Leweck – GR: GR »Johannisthal« – m: 2475 = 91 min. – fa – brw – PM: 17.9.1985 – PM-Ort: Frankfurt/Oder; »Filmtheater der Jugend« – DA: Andreas Herrmann (Stefan) – Udo Kroschwald (Danny) – Gabriele Naumann (Maria) – Kathrin Funke (Doreen) – Ulrike Kunze (Julia) – Sabine Unger (Ulrike) – Bettina Sonntag (Blondi) u. a. – KR: Agde, G.: Mit leichter Hand. FS 1985/22, S.14 – Goldberg, H.: Von einem, der die freundliche Welt schon fand. JW 1.10.1985 – Knietzsch, H.: Zeitgenossen im Widerstreit von alten und neuen Lebensweisen. ND 18.9.1985 – Rehahn, R.: Steffi und Danny. WP 1985/41 – Voss, M.: Nichts hat die Welt erschüttert. F&F 1985/12, S.13-14 – Holland-Moritz, R.: Kino-Eule. ESP 1985/43 – Sobe, G.: Zehn Tage Alltag und Alltägliches. BZ 17.9.1985.

Zehn Tage bleiben dem Möbelfahrer Stefan noch, bis er zur Armee einrücken muß, und er will sie nutzen, um einen Schatten zu werfen, der »breiter ist als er selbst«. Stefan gibt nicht nur groß in der Disco an, er greift auch überall ein, wo ihm Unredlichkeit oder Ungerechtigkeit begegnen. Außerdem nimmt er die Mädchen genau unter die Lupe, will sich vor der Abfahrt noch für eins entscheiden. Seine bisherige Freundin Julia, die sich schrecklich ziert, wird es nicht, auch Doreen nicht, deren unsaubere Geschäfte ihm mißfallen. Die schöne Blondi ist ihm zu dumm, Ulrike lehnt jede dauerhafte Bindung ab. Da lernt Stefan die gehörlose Maria kennen, setzt sich für sie ein und empfindet

starke Zuneigung. Als Stefan in den Zug steigt, steht Maria auf dem Bahnhof, zeigt sich ihm aber nicht. Über ihre Lippen kommt sein Name.

BESUCH BEI VAN GOGH

RE: Horst Seemann – SZ: Horst Seemann, Heinz Kahlau – LV: Erzählung »Vincent van Gogh« von Sewer Gansowski – DR: Christel Gräf – KA: Claus Neumann – MU: Horst Seemann – SB: Georg Wratsch – KO: Inge Kistner – SC: Bärbel Bauersfeld – PL: Dorothea Hildebrandt – GR: GR »Roter Kreis« – m: 2865 = 105 min. – fa – brw – PM: 10.10.1985 – PM-Ort: Berlin; »International« – DA: Grazyna Szapolowska (Marie Grafenstein) – Christian Grashof (Vincent van Gogh) – Rolf Hoppe (Amadeus Bergk) – Dagmar Patrasová (Kati) – Hanns-Jörn Weber (Chefkoordinator) – Barbara Dittus (Blonde) u. a. – KR: Agde, G.: Irrführung. FS 1985/23, S.14 – Baschleben, K.: Spiel mit schönen Bildern. F&F 1986/5, S.8-10 – Claus, P.: Das müde Mädchen Marie aus einer utopischen Welt. JW 16.10.1985 – Holland-Moritz, R.: Kino-Eule. ESP 1985/47 – Meves, U.: Wenig verlockende Zukunftsvision. ND 19./20.10.1985 – Senefeld, S.: -. SO 1985/43 – Sobe, G.: Erinnerungen aus der Zukunft. BZ 18.10.1985 – Tok, H.-D.: Flucht vor der Zukunft. WP 1985/45.

Antiquitäten sind im 22. Jahrhundert die wertvollsten Zahlungsmittel, und weil die Ärztin Marie Grafenstein für ihre Forschungen kaum bezahlbare Energiemengen benötigt, kommt ihr Chef auf eine Idee. Marie wird mit ihrer Assistentin Kati per Zeitmaschine ins 19. Jahrhundert versetzt, wo sie für wenig Geld Bilder von Vincent van Gogh kaufen soll. Es gibt zwar einige Komplikationen, aber schließlich besitzen sie die Gemälde und müssen zurück. Marie geht ungern, sie hat sich in den Künstler verliebt – und in die noch unzerstörte Natur. Zurückgekehrt erweist sich das Unternehmen als Fehlschlag, denn die noch frischen Bilder werden als Fälschungen angesehen. Marie kehrt zu van Gogh zurück, um seinen Selbstmord zu verhindern. Das gelingt zwar nicht, aber sie entschließt sich, im 19. Jahrhundert zu bleiben.

JUNGE LEUTE IN DER STADT

RE: Karl Heinz Lotz – SZ: Karl Heinz Lotz, MI: Manfred Wolter – LV: Gleichnamiger Roman von Rudolf Braune – DR: Tamara Trampe – KA: Günter Haubold – MU: Andreas Aigmüller – SB: Hans-Jorg Mirr – KO: Regina Viertel – SC: Helga Gentz – PL: Wolfgang Rennebarth – GR: GR »Berlin« – m: 2332 = 86 min. – fa – brw – PM: 21.11.1985 – PM-Ort: Berlin; »International« – DA: Mirko Haninger (Emanuel) – Maria Probosz (Susi) – Beata Maj-Dabal (Gerda) – Jochen Noch (Langlotz) – Ulrike Krumbiegel (Frieda) – Sylvester Groth (Reinhardt) – Andreas Schumann (Fritz) u. a. – KR: Ahrens, P.: Ausklang und Auftakt: DEFA. WBÜ 1986/3 – Claus, P.: Sehnsuchtsvolle Bilder des Traums vom Leben. JW 27.11.1985 – Gehler, F.: -. SO 1985/51 – Holland-Moritz, R.: Kino-Eule. ESP 1985/50 – Schieber, E.: Fragen moralischer Integrität. F&F 1985/12, S.14-15 – Knietzsch, H.: Geschichten über die »goldenen« Zwanziger.

ND 5.12.1985 – Sobe, G.: Glücksanspruch, Kunstansprüche? BZ 22.11.1985 – Kersten, H.: EIn Tag aus dem alten Berlin. TSP 11.1.1986.

Ein Tag in Berlin während der Weltwirtschaftskrise Ende der zwanziger Jahre. Die Wege unterschiedlicher junger Leute kreuzen sich. Der arbeitslose Taxifahrer Emanuel ist im Begriff, die Stadt zu verlassen. Aber noch einmal will er sie im Auto durchqueren. Sein Freund Fritz leiht ihm sein Taxi. Fritz hat auch Probleme, er leidet darunter, daß seine Freundin Frieda von ihrem Chef sexuell erpreßt wird. Emanuel lernt während der Fahrt zwei Tanzgirls kennen und verliebt sich in das eine – Susi, die von dem schüchternen jungen Mann auch angetan ist. Ihre Freundin Gerda entscheidet sich für einen Polizeibeamten, den sie nicht liebt, der ihr aber eine gewisse soziale Sicherheit bietet. Emanuel gerät auf eine Arbeitslosendemonstration, wo in seiner Nähe ein Polizist niedergestochen wird. Man verdächtigt ihn, und als er abends zu Susi in die Revue geht, wird er verhaftet.

DIE GÄNSE VON BÜTZOW

RE: Frank Vogel – SZ: Frank Vogel – LV: Gleichnamige Erzählung von Wilhelm Raabe – DR: Gerd Gericke – KA: Werner Bergmann, Peter Badel – MU: Peter Rabenalt – SB: Marlene Willmann – KO: Lilo Sbrzesny – SC: Ilona Thiel – PL: Hans-Uwe Wardeck – GR: GR »Johannisthal« – m: 2591 = 95 min. – fa – brw – PM: 12.12.1985 – PM-Ort: Berlin; »International« – DA: Rolf Hoppe (Dr. Hane) – Arno Wyzniewski (Albus) – Ursula Karusseit (Witwe Hornborstel) – Franziska Troegner (Regina) – Carl Heinz Choynski (Gräwedünkel) – Kaspar Eichel (Jacobs) – Reiner Heise (Herzog) u. a. – KR: Agde, G.: Teilweise lustig. FS 1986/2, S.14 – Gehler, F.: -. SO 1985/52 – Holland-Moritz, R.: Kino-Eule. ESP 1986/4 – Knietzsch, H.: In den Fallstricken von Raabes Prosa verfangen. ND 13.12.1985 – Reschke, R.: Gescheitert an literarischer Satire. F&F 1986/5, S.7-8 – Rehahn, R.: Komödie im Watschelgang. WP 1986/1 – Sobe, G.: Historischer Ausschneidebogen. BZ 18.12.1985 – Kersten, H.: Thema nur für einen Satiriker. TSP 12.1.1986.

Das kleine Städtchen Bützow im Herzogtum Mecklenburg-Schwerin 1794. Die wohlhabende Witwe Hornborstel ist die beste Gänsezüchterin der Gegend. Seit sieben Jahren beköstigt sie den Bürgermeister Dr. Hane in der Hoffnung, ihn vor den Traualtar zu bekommen. Nun reicht es ihr und sie drängt ihn unzweideutig in ihr Schlafzimmer. Hane entflieht durchs Fenster. Um die Hornborstel zu verärgern und sie sich damit vom Leibe zu halten, erläßt der despotische Bürgermeister ein »Gänseedikt«, das den Tieren das freie Herumlaufen verbietet. Zuwiderhandelndes Federvieh wird eingesperrt. Die couragierte Frau aber bringt den sie verehrenden und von der französischen Revolution beeinflußten Magister Albus dazu, die Bürger gegen Hane aufzuwiegeln. Sie revoltieren für die Freiheit der Gänse, der Herzog setzt das Edikt wieder ab und einen neuen Bürgermeister ein. Albus flieht bei Nacht und Nebel über die Grenze, und Bützow hat endlich seine alte Ruhe wieder.

1986

DAS HAUS AM FLUSS

RE: Roland Gräf – SZ: Roland Gräf – LV: Erzählung »Der Russenpelz« von Friedrich Wolf – DR: Christel Gräf – KA: Roland Dressel – MU: Günther Fischer – SB: Alfred Hirschmeier – KO: Christiane Dorst – SC: Monika Schindler – PL: Herbert Ehler – GR: GR »Roter Kreis« – m: 2439 = 89 min. – fa – brw – PM: 16.1.1986 – PM-Ort: Berlin; »International« – DA: Katrin Saß (Agnes Eckert) – Sylvester Groth (Heinz Hüsgen) – Manfred Gorr (Jupp Eckert) – Jutta Wachowiak (Mutter Voß) – Rolf Hoppe (Direktor Hüsgen) – Corinna Harfouch (Emmi Voß) – Johanna Schall (Lena Brinken) – Arianne Borbach (Lisbeth Voß) u. a. – KR: Claus, P.: Von der Kraft Erniedrigter. JW 18./19.1.1986 – Holland-Moritz, R.: Kino-Eule. ESP 1986/8 – Knietzsch, H.: Menschen in Augenblicken der Entscheidung. ND 23.1.1986 – Rehahn, R.: Ein Haus - damals in D. WP 1986/5 – Rümmler, K.: -. F&F 1986/2, S.17-18 – Sobe, G.: Die Betroffenheit der Betroffenen. BZ 21.1.1986 – Voigt, J.: -. SO 1986/6 – Niehoff, K.: -. TSP 23.2.1986 – Kersten, H.: Deutsches Familienprogramm. FRu 3.2.1986.

Geschichte einer deutsche Familie während des zweiten Weltkrieges. Im Mittelpunkt stehen vier Frauen, die im Haus am Fluß leben. Mutter Voß, ihre beiden Töchter Agnes und Lisbeth und die Schwiegertochter Emmi. Den Krieg nehmen sie als unvermeidlich hin und wollen für sich das Beste daraus machen. Eine ukrainische Bauernbluse hat Emmi von ihrem Mann Paul bekommen. Agnes wünscht sich von ihrem Mann Jupp, der ebenfalls an die Ostfront muß, einen Pelz. Während die Männer im Krieg sind, erliegt Agnes in einer schwachen Stunde der Verführung ihres Chefs, des Transportunternehmers Hüsgen. Emmi nimmt sich das Leben, als sie die Nachricht vom Tod Pauls erhält. Agnes hat schließlich ihren Russenpelz, doch der Preis ist hoch: Jupp kommt als Krüppel nach Hause. Als Agnes den zudringlichen Hüsgen in ihrer Not erschlägt, ergreift Mutter Voß, die bis dahin alles ertragen hat, die Initiative. Mit ihrer jüngsten Tochter Lisbeth beseitigt sie die Leiche und den Russenpelz gleich mit.

DER BÄRENHÄUTER
(KINDERFILM)

RE: Walter Beck – SZ: Eva Görsch – LV: Gleichnamiges Märchen der Brüder Grimm – DR: Thea Richter – KA: Günter Heimann – MU: Günther Fischer – SB: Paul Lehmann – KO: Dorit Gründel – SC: Ilse Peters – PL: Siegfried Kabitzke – GR: GR »Roter Kreis« – m: 2214 = 82min. – fa – PM: 19.1.1986 – PM-Ort: Berlin; »Colosseum« – DA: Jens-Uwe Bogadtke (Christoffel) – Janina Hartwig (Katarina) – Manfred Heine (der Grüne) – Hans Teuscher (Graf) – Heidemarie Wenzel (Baronin) – Dieter Wien (Osmund) u. a. – KR: Fahr, M.: Ein merkwürdiger Teufelspakt. F&F 1986/11, S.22-23 – Holland-Moritz, R.: Kino-Eule. ESP 1986/8 – Schönhardt, G.: Phantasievoller Märchenfilm. FS 1986/3, S.14 – Tok, H.-D.: Ein Teufelspakt.

WP 1986/6 – Wendtlandt, K.J.: Grimmsches Märchen um einen Teufelspakt. ND 26.1.1986.

Nach dem Krieg aus dem Dienst entlassen, weiß der arme Soldat Christoffel nicht wohin. Da begegnet ihm der Teufel und bietet ihm einen Pakt an: Geld in unbegrenzter Menge, wenn er sich sieben Jahre lang nicht wäscht, Haare und Nägel nicht schneidet und in keinem Bett schläft. Christoffel ist einverstanden. Doch bald merkt er, daß das Geld ihm nichts nützt, denn die Menschen meiden den schmutzigen, stinkenden Gesellen. Er sucht sich ein Quartier im Gefängnis, löst einen verschuldeten Goldschmied aus und gewinnt dadurch das Herz von dessen Tochter Katarina. Doch Christoffel verläßt sie. Erst nach Ablauf der Frist läßt er sich vom Teufel persönlich reinwaschen und kehrt als adretter Mann zu ihr zurück.

STARTFIEBER

RE: Konrad Petzold – SZ: Peter Löpelt – DR: Andreas Scheinert – KA: Rolf Sohre – MU: Zdeněk John – SB: Heinz Leuendorf – KO: Barbara Braumann – SC: Sabine Schmager – PL: Rolf Martius – GR: GR »Johannisthal« – m: 2601 = 95 min. – fa – brw – PM: 6.2.1986 – PM-Ort: Karl-Marx-Stadt; »Europa 70« – DA: Klaus Manchen (Kurzer, Juniorentrainer) – Peter Hölzel (Vater Bergler) – Rudolf Ulrich (Opa Feurich) – Gina Presgott (Oma Feurich) – Monika Hildebrand (Ursula Feurich) – Hans-Jürgen Wildgrube (Bernhard Feurich) – Jens König / René Gebhardt (12jähriger/17jähriger Holger) – Remo Georgi / Nils Ballerstedt (12jähriger/ 17jähriger Jens) – Frank Wiegand / Jörg Brändl (12jähriger/17jähriger Ralf) u. a. – KR: Claus, P.: Keine Chance für profilierte Charaktere auf der Leinwand. JW 11.2.1986 – F. G.: Kino kurz. SO 1986/11 – Holland-Moritz, R.: Kino-Eule. ESP 1986/10 – Knietzsch, H.: Sportler zwischen Niederlage und Sieg. ND 11.2.1986 – Tok, H.-D.: Siege und Niederlagen. WP 1986/9 – Sobe, G.: Von Fieber keine Spur. BZ 21.2.1986 – Kersten, H.: Rivalität nicht nur auf der Piste. TSP 13.4.1986.

Die drei Jungen Jens, Ralf und Holger werden zur Kinder- und Jugendsportschule (KJS) delegiert und teilen im Wohnheim ein Zimmer. Sie sind Nordisch-Kombinierte und kämpfen um einen Platz in der Junioren-Nationalmannschaft. Holger ist ein phantastischer Springer, aber kein guter Läufer. Bei Jens ist es umgekehrt. Sie brauchen sich gegenseitig, aber der Ehrgeiz macht sie zu Rivalen, außerdem sind sie in dasselbe Mädchen verliebt. Ralf kann seine Angst beim Springen nicht überwinden und steigt nach einem Sturz aus. Bei einem Wettkampf handelt Jens gegen den Mannschaftsgeist, der verlangt, daß er den nach dem Springen vorn liegenden Holger beim Lauf unterstützt. Holger verliert und fährt enttäuscht nach Hause. Jens holt ihn zurück, und der erwachte Teamgeist führt dazu, daß bei der Juniorenweltmeisterschaft beide auf dem Siegerpodest stehen.

DROST

RE: Claus Dobberke – SZ: Diethardt Schneider – DR: Andreas Scheinert – KA: Horst Hardt – MU: Gerhard Rosenfeld – SB: Hans Poppe – KO: Inge Kistner, Christine Pfeiffer, Charlotte Busse, Peter Wolf – SC: Thea Richter, Helga Wardeck – PL: Horst Hartwig – GR: GR »Johannisthal« – m: 2365 = 87 min. – fa – PM: 27.2.1986 – PM-Ort: Berlin; »Kosmos« – DA: Klaus Schleiff (Jürgen Drost) – Annelise Matschulat (Mutter Drost) – Elsa Grube-Deister (Anna Göhler) – Siegfried Höchst (Mellenthin) – Michael Kockro (Thomas Mellenthin) – Dieter Mann (Direktor) u. a. – KR: Bretschneider, J.: Ein starker Mensch wie Sie. F&F 1986/5, S.3-4 – Claus, P.: Von aufrechten Menschen an unserer Seite. JW 4.3.1986 – Holland-Moritz, R.: Kino-Eule. ESP 1986/10 – Knietzsch, H.: Nachdenken über aktive Lebenshaltung. ND 5.3.1986 – Paul, G.: -. SO 1986/12 – Sobe, G.: Befragung eines Schicksals. BZ 7.3.1986 – Tok, H.-D.: Zweiter Aufbruch. WP 1986/11 – Kersten, H.: Aus nichts läßt sich nichts machen. TSP 23.3.1986.

Nach 35jährigem Dienst bei den bewaffneten Organen der DDR wird der Offizier Jürgen Drost ehrenvoll aus der NVA verabschiedet. Er übernimmt den Bürgermeisterposten eines Dorfes, in das er mit seiner Mutter nach dem Krieg kam. Der Schritt ins Zivilleben konfrontiert ihn mit ungewohnten Lebensweisen und läßt Erinnerungen an sein bisheriges Leben aufsteigen. In den Tagen bis zu seinem Amtsantritt holt er seine Mutter aus dem Pflegeheim, erneuert seine Freundschaft mit Mellenthin, gerät in Konfrontation zu dessen 15jährigem Sohn Thomas, der Wehrkundeunterricht und Offizierslaufbahn ablehnt. Seit seiner Scheidung hat Drost seinen eigenen Sohn aus den Augen verloren, bei Thomas fühlt er sich als Ersatzvater. Vor allem in der Auseinandersetzung mit dem Jungen, die die beiden schließlich Freunde werden läßt, gewinnt Drost die Überzeugung, richtig gelebt zu haben.

DER HUT DES BRIGADIERS

RE: Horst E. Brandt – SZ: Manfred Richter – DR: Anne Pfeuffer, Werner Beck – KA: Hans-Jürgen Kruse – MU: Walter Kubiczek – SB: Erich Krüllke – KO: Ewald Forchner, Andrea Bösl – SC: Karin Kusche – PL: Uwe Klimek – GR: GR »Berlin« – m: 2518 = 92 min. – fa – brw – PM: 20.3.1986 – PM-Ort: Berlin; »Kosmos« – DA: Roman Kaminski (Ralf Reider) – Peter Sodann (Fritz Siegert) – Reiner Heise (Manne Herford, genannt Maus) – Manuel Soubeyrand (Pickel, Müller 2) – Joachim Unger (Frosch) – André Hiller (Seife) – Peter Trillhose (Paulchen Vogt) – Albert Hetterle (Ronnseil) u. a. – KR: Holland-Moritz, R.: Kino-Eule. ESP 1986/16 – Meves, U.: Sympathischer Held mit Ecken und Kanten. ND 22./23.3.1986 – Tok, H.-D.: Unruhestifter Reider. WP 1986/14 – Ullrich, H.: Reider, Maus und die anderen. F&F 1986/11, S.18-19 – Sobe, G.: Gruppenporträt: Bilder vom Bau. BZ 21.3.1986 – Kersten, H.: Ein positiver Held aus der Retorte. TSP 27.4.1986.

Dem Ruf der »Berlin-Initiative« folgt auch der junge Bauarbeiter Ralf Reider aus dem Rhöndorf Katzsprung. Ein Jahr will er in Berlin gutes Geld verdienen für Frau und Kind und den Eigenheimbau. Er ist ein unbequemer Typ, und als er Betonlieferungen nach seinem Gerechtigkeitssinn verteilt, eckt er bei Bauleiter Ronnseil an. Reider wird in die Brigade von Fritz Siegert versetzt. Aber dort eckt er ebenfalls an, wenn er bei Regen arbeitet, gegen Alkohol während der Arbeit protestiert – und zwar sehr handgreiflich. Andererseits lehnt er eine Sonderschicht ab, weil er am Wochenende nach Hause will. Er ändert seinen Entschluß im letzten Moment und kommt dann doch noch – mit dem Taxi. Als Brigadier Siegert tödlich verunglückt, traut sich keiner zu, die Brigade zu leiten. Reider übernimmt den Posten – gegen den Willen der meisten Brigademitglieder. Er ist entschlossen, die Konflikte auszutragen. Seine Frau muß sich mit seiner Entscheidung, länger in Berlin zu bleiben, abfinden.

JAN AUF DER ZILLE
(KINDERFILM)

RE: Helmut Dziuba – BU: Helmut Dziuba, Hans-Albert Pederzani – LV: Gleichnamige Erzählung von Auguste Lazar – DR: Anne Pfeuffer – KA: Helmut Bergmann – MU: Christian Steyer – SB: Heinz Röske – KO: Elke Hersmann – SC: Barbara Simon – PL: Erich Albrecht, Rolf Martius – GR: GR »Berlin« – m: 2333 = 86 min. – fa – brw PM: 26.3.1986 – PM-Ort: Berlin; »Colosseum« – DA: Peter Scholz (Jan) – Helene Anders (Erika) – Hartmut Pohl (Max) – Peter Sodann (Martin) – Hermann Beyer (»Professor«) – Siegfried Voß (Wiese) – Volkmar Kleinert (Hinkender) – Heide Kipp (Tante) u. a. – KR: Claus, P.: Hoffnung auf ein Morgen, das unser Heute ist. JW 5./6.4.1986 – Gehler, Fred: -. SO 1986/ 15 – Holland-Moritz, R.: Kino-Eule. ESP 1986/ 16 – Ullrich, H.: Ein Junge sucht seinen Vater. F&F 1986/5, S.5-6 – Knietzsch, H.: Abenteuerliches - leise und poetisch erzählt. ND 14.4.1986 – Sobe, G.: Sensible Reise in die Erkenntnis. BZ 1.4.1986 – Schenk, R.: Notizen über einen Filmregisseur. WBÜ 1986/16 – Tok, H.-D.: Auf der Suche nach dem Vater. WP 1986/16.

1934. Der dreizehnjährige Jan wartet auf dem Bahnhof von Bitterholm auf seinen Vater, doch der kommt nicht. Die Polizei teilt ihm mit, daß der Vater einen Mann ermordet habe und auf der Flucht umgekommen sei. Die Zeitungen nennen ihn einen Kommunisten. Jan, dessen Mutter schon länger tot ist, muß zur Tante. Dort wird der »Kommunisten-Sohn« von den Leuten gemieden. Nur in dem älteren Jungen Max findet er einen Freund. Mit dem Kontakt zum Widerstand und will Jan, der an der Aussage der Polizei zweifelt, helfen, den Vater zu finden. Ein Treffen mit Antifaschisten fliegt auf. Max wird erschossen, Jan kann fliehen. Er hat aber erfahren, daß ein »Mann auf der Zille« Bescheid weiß. In einem Boot fährt er auf die Elbe, um zu einer Zille zu gelangen. Er kentert und wird von Schiffern gerettet. Der Bootsbesitzer, seine Tochter Erika und der Bootsmann verstecken ihn vor der Polizei. Jan vertraut sich Erikas Leh-

rer an. Als er in ihm einen Verräter erkennt, stößt er ihn ins Wasser. Doch er hat einen wichtigen Hinweis bekommen, der ihn zu dem »Mann auf der Zille« führt.

BLONDER TANGO

RE: Lothar Warneke – SZ: Lothar Warneke, Omar Saavedra Santis – LV: Gleichnamiger Roman von Omar Saavedra Santis – DR: Erika Richter – KA: Thomas Plenert – MU: Gerhard Rosenfeld, Roberto Rivera – SB: Georg Wratsch – KO: Lilo Sbrzesny – SC: Erika Lehmphul – PL: Volkmar Leweck – GR: GR »Babelsberg« – m: 3279 = 120 min. – fa – PM: 10.4.1986 – PM-Ort: Berlin; »International« – DA: Alejandro Quintana Contreras (Rogelio) – Gerhard Meyer (Hiller) – Karin Düwel (Cornelia) – Johanna Schall (Luise) – Steffie Spira (Rogelios Mutter) – Trude Brentina (Frau Hube) u. a. – KR: Ahrens, P.: »Blonder Tango« - der weitere Blick. WBÜ 1986/18 – Claus, P.: Solidarität und Zärtlichkeit. JW 11.4.1986 – Holland-Moritz, R.: Kino-Eule. ESP 1986/19 – Knietzsch, H.: Hinreißende, anspruchsvolle Filmkunst. ND 12./13.4.1986 – Voss, M.: Von der Kraft zum Überleben. F&F 1986/5, S.2-3 – Rehahn, R.: In einem anderen Land. WP 1986/18 – Sobe, G.: Der Traum vom erfundenen Leben. BZ 16.4.1986 – Kersten, H.: Es ist kalt im deutschen Land. TSP 18.5.1986 – Kersten, H.: Deutschland, kaltes Exil. FRu 24.6.1986.

Seit etwa fünf Jahren lebt der Exil-Chilene Rogelio in der DDR. Er arbeitet als Beleuchter an einem Theater, fühlt sich aber trotz der Anteilnahme seiner Kollegen einsam. Er wird von der Inspizientin Luise geliebt, kann diese Liebe aber nicht erwidern. Sein Traum ist die Soubrette Cornelia, und diesen Traum läßt er in den Briefen an seine Mutter Realität werden. Er berichtet von seinem Glück, schreibt, daß Cornelia schwanger sei und er sie heiraten werde. Er schickt sogar ein – mit Luise gestelltes – Hochzeitsfoto. Rogelio verstrickt sich immer mehr in diese Lebenslage – bis er sie nach der Nachricht von einer Krankheit seiner Mutter nicht mehr ertragen kann. Nun vertraut er sich dem lebenserfahrenen Stephan Hiller, der vor vierzig Jahren im mexikanischen Exil lebte, an. Und als er nach Hause kommt, findet er eine Nachricht aus Chile vor, mit der ihm sein Onkel mitteilt, daß die Mutter schon seit anderthalb Jahren tot ist und man ihre Briefe fingiert hat, um ihm den Schmerz zu ersparen.

RABENVATER

RE: Karl-Heinz Heymann – SZ: Thomas Knauf – DR: Barbara Rogall, Dieter Wolf – KA: Andreas Köfer – MU: Rolf Fischer – SB: Peter Wilde – KO: Katrin Johnsen – SC: Vera Nowark – PL: Irene Ikker – GR: GR »Babelsberg« – m: 2419 = 89 min. – fa – brw PM: 30.4.1986 – PM-Ort: Berlin; »International« – DA: Roland Gawlik (Jonathan) – Alexander Korth (David) – Gabriela Zion (Ruth) – Uwe Kockisch (Franz) – Herbert Köfer (Radetzki) – Thomas Putensen (Werner) u. a. – KR: Claus, P.: Der Charme scheppert in Dosen. JW 6.5.1986 – Holland-Moritz, R.: Kino-Eule. ESP 1986/23 –

Knietzsch, H.: Zu viel Episodisches in kühlem Gleichmaß geboten. ND 8.5.1986 – Lange, W.: Dubiose Vater-Emotionen. F&F 1986/11, S.21-22 – Rehahn, R.: Manche mögen's lau. WP 1986/19 – Sobe, G.: Rabenväterliches Intermezzo. BZ 3./4.5.1986.

An Davids neuntem Geburtstag taucht unerwartet sein Vater Jonathan auf. Bei der Scheidung von Davids Mutter Ruth vor zwei Jahren war er einverstanden, auf den Jungen zu verzichten. Ruth lebt inzwischen mit Franz zusammen, den David sehr mag und als Vater akzeptiert. Ruth und Franz verhalten sich tolerant gegenüber Jonathan, und der Junge nimmt sein Erscheinen problemlos auf. Jonathan möchte den Kontakt festigen, und David nutzt den Umstand aus, zwei Väter zu haben. Die Konkurrenz der Väter wird nach einem Unfall Davids beendet. Man vereinbart, daß der Junge, wann immer er am Wochenende will, zu Jonathan darf. Am Ende »entführt« Jonathan seinen Sohn bei einer Fahrt ins Ferienlager, verbringt ein paar abenteuerliche Trampertage mit ihm und liefert ihn dann im Lager ab.

HILDE, DAS DIENSTMÄDCHEN

RE: Günther Rücker, Jürgen Brauer – SZ: Günther Rücker – LV: Gleichnamige Erzählung von Günther Rücker – DR: Werner Beck – KA: Jürgen Brauer – MB: Karl-Ernst Sasse – SB: Harry Leupold, Georg Wratsch – KO: Christiane Dorst – SC: Helga Gentz – PL: Hans-Erich Busch – GR: GR »Berlin« – m: 2653 = 97 min. – fa – brw PM: 27.5.1986 – PM-Ort: Karl-Marx-Stadt; Stadthalle – DA: Jana Krausová-Pehrová (Hilde) – Peter Kunev (Knabe) – Achim Wolff (Vater) – Heide Kipp (Mutter) – Eberhard Kirchberg (Erich) – Wilfried Scheutz (Netschasek) – Ute Schmidt (Janka) u. a. – KR: Claus, P.: Reise in die Erinnerung. JW 5.9.1986 – Funke, C.: Träume, Fragen, Zweifel. F&F 1986/12, S.17-18 – Holland-Moritz, R.: Kino-Eule. ESP 1986/39 – Knietzsch, H.: Menschliches in seinen Schattierungen. ND 4.9.1986 – Rehahn, R.: Bilder einer Jugend - 1938. WP 1986/37 – Sobe, G.: Begegnungen mit der eigenen Welt. BZ 3.9.1986 – Kersten, H.: Erinnerungen an eine Kindheit. TSP 14.9.1986.

1938 begibt sich eine junge Frau von Deutschland nach Reichenberg in Böhmen, um Erich, ihren Liebsten, zu suchen. Erich kämpft in der Illegalität gegen die Faschisten, und Hilde geht als Dienstmädchen in den Haushalt eines deutschen Tischlers. Dessen Sohn beobachtet die leidenschaftlichen Liebesszenen zwischen Erich und Hilde. Die Frau wird für ihn zum Inbegriff begehrenswerter Weiblichkeit. Als Hilde die Nachricht vom Tode Erichs erhält, stürzt sie sich in ein zügelloses Leben, um zu vergessen. Der Junge registriert ihre Veränderung mit Entsetzen und Enttäuschung. Hilde spürt, daß ihr Verhalten auf den pubertären Jungen eine fatale Wirkung hat. Sie nimmt sich seiner an und führt ihn in die Geheimnisse der Liebe ein.

Filmtext: Hilde, das Dienstmädchen. In: Günther Rücker: Die Verlobte. Texte zu sieben Spielfilmen. Berlin: Henschelverlag 1988

JE T'AIME, CHERIE

RE: Roland Oehme – SZ: Rudi Strahl – DR: Anne Pfeuffer – KA: Peter Brand – MU: Thomas Natschinski – SB: Georg Kranz – KO: Ursula Strumpf – SC: Helga Emmrich – PL: Horst Dau – GR: GR »Berlin« – m: 2307 = 85 min. – fa – brw – PM: 6.6.1986 – PM-Ort: Rostock; »Metropol« – DA: Marie Gruber (Martina) – Peter Kube (Thomas) – Swetosar Nedeltschew (Sportfunktionär) – Kiril Janew (Minister) – Anna Petrowa (Untersuchungsrichterin) – Gerd Staiger (Botschaftsangestellter) u. a. – KR: Bretschneider, J.: Aus dem Gleichgewicht. F&F 1987/3, S.29-30 – Claus, P.: Keine Spuren im Sand. JW 24.6.1986 – Holland-Moritz, R.: Kino-Eule. ESP 1986/27 – H.U.: Mehr Müdigkeit als Spaß. NZT 10.6.1986 – Tok, H.-D.: Laue Lust und Liebe. WP 1986/26 – Sobe, G.: Bums, Vallera! BZ 13.6.1986.

Martina, eine junge Arbeiterin aus Berlin, reist nach Bulgarien, um den Vater ihres halbjährigen Sohnes zu suchen. Sie hat im Urlaub mit ihm nur eine kurze Nacht am Strand verbracht, weiß nicht einmal den Namen, sondern nur, daß er ein bulgarischer Volleyballspieler war – sie hat sein Jersey als Andenken. Für ihre Suche bekommt sie von der DDR-Botschaft einen Begleiter, der diplomatische Komplikationen verhindern soll: den peniblen, schüchternen Thomas. Auf ihrer Reise durchs Land, bei der sich die beiden ungleichen Typen hin und wieder etwas näherkommen, begutachten sie einige Spieler – der richtige ist nicht dabei. Schließlich landen sie bei der Hochzeit eines Nationalspielers, und Martina meint, daß er der Vater sei – zum Beweis hat sie das Jersey. Doch sie muß erfahren, daß nach dem Spiel die Jerseys mit dem Gegner ausgetauscht worden waren und der Gesuchte somit nur ein DDR-Spieler sein kann. Er hatte in der fraglichen Nacht nur drei Worte zu ihr gesagt: Je t'aime, chérie.

DER JUNGE MIT DEM GROSSEN SCHWARZEN HUND
(KINDERFILM)

RE: Hannelore Unterberg – SZ: Margot Beichler – LV: Gleichnamiges Kinderbuch von Hildegard und Siegfried Schumacher – DR: Gerd Gericke – KA: Michael Göthe – MU: Dieter Beckert, Gerhard Schöne, Wolfgang Heisig – SB: Jochen Keller – KO: Isolde Warscycek – SC: Helga Krause – PL: Ralph Retzlaff – GR: GR »Johannisthal« – m: 2161 = 79 min. – fa – brw – PM: 15.6.1986 – PM-Ort: Berlin; »Colosseum« – DA: Niels Anschütz (Ulf) – Miriam Knabe (Sabine) – Kurt Böwe (Oscar) – Dagmar Manzel / Horst Hiemer (Ulfs Eltern) – Andrea Meissner / Andreas Schmidt-Schaller (Sabines Eltern) – Rita Feldmeier (Frau Schmiedel) u. a. – KR: Holland-Moritz, R.: Kino-Eule. ESP 1986/27 – Lange, W.: Ein Typ wie Oscar. F&F 1987/2, S.21-22 – Schönhardt, G.: Wenig aufregend. FS 1986/15, S.14 – Tok, H.-D.: Vierbeiner Nepomuk. WP 1986/28 – Voss, M.: Kinostar: ein Vierbeiner mit langem, schwarzem Fell. ND 17.6.1986.

Dem zehnjährigen Ulf läuft eines Tages ein riesiger herrenloser Neufundländer zu. Ulf ist glücklich, nimmt ihn mit nach Hause und nennt ihn Nepomuk. Bei seinen Eltern stößt der Familienzuwachs nicht auf Begeisterung und bei den Nachbarn im Neubaublock ebensowenig. Die Eltern geben Nepomuk in ein Tierheim, doch Ulf holt ihn in einem kühnen Handstreich wieder heraus. Bei dem etwas merkwürdigen Kleingärtner Oscar findet er für Nepomuk eine neue Unterkunft, und bei der Versorgung des Hundes hilft ihm seine Klassenkameradin Sabine. Sie freunden sich mit Oscar an – und am Ende geben sie mit ihm, dem ehemaligen Rummelplatz-Artisten, und Nepomuk eine Vorstellung im Wohnviertel, die für alle ein Vergnügen ist.

EINE ZAUBERHAFTE ERBSCHAFT
(CO-PRODUKTION DDR / ČSSR)
(KINDERFILM)

RE: Zdeněk Zelenka, CO-RE: Michael Kann – BU: Josef Hanzlik, Zdeněk Zelenka – LV: Gleichnamige Novelle von Vaclav Rezač – DR: Jiří Svejda, Carmen Blazejewski – KA: Viktor Ružička – MU: Jiří Svoboda – SB: Christoph Schneider, Jiří Hlupy – KO: Marta Kaplerová – SC: Petr Sitár – PL: Vladimir Vojta, Dietmar Richter – GR: GR »Roter Kreis« – m: 2213 = 82 min. – fa – PM (DDR): 13.7.1986 – PM-Ort: Berlin; »Colosseum« – CO: Filmstudio Barrandov, Prag/ 6. Dramaturgen- u. Produktionsgruppe – Tschech. Titel: Čarovné dědictví – DA: Martin Pert (Vitek) – Rudolf Stedry (Hynek) – Tereza Chudobová (Majda) – Miloš Kopecky (Trödler) – Ljuba Skorepová (Agatha) – Jiří Kodet (Fürst) u. a. – KR: Schönhardt, G.: Spitzel, Spuk und Spaß. FS 1986/18, S.14 – Fahr, M.: Gags am laufenden Band. F&F 1987/2, S.22.

Ein größenwahnsinniger Barockfürst bereitet einen Krieg vor, um seine Macht zu vergrößern. Dabei soll ihm eine Zaubermütze dienlich sein, die ihm ein Trödler und die alte Haushälterin Agatha beschaffen wollen. Sie vermuten sie bei einem Mützenmacher, den der Fürst verhaften läßt. Des Mützenmachers Sohn Vitek und dessen Freunde kommen den Gaunern jedoch zuvor. Sie finden die Mütze auf dem Dachboden, begreifen schnell, wie man mit ihr umgeht, und benutzen die Zauberkraft gegen den Fürsten. Die Kinder befreien die Gefangenen, das ganze Volk zieht auf die Burg und jagt den Fürsten davon.

SO VIELE TRÄUME

RE: Heiner Carow – SZ: Wolfram Witt – LV: Tatsachenbericht »Die Hebamme« von Imma Lüning – DR: Erika Richter – KA: Peter Ziesche – MU: Stefan Carow – SB: Christoph Schneider – KO: Regina Viertel – SC: Evelyn Carow – PL: Ralph Retzlaff – GR: GR »Babelsberg« – m: 2342 = 86 min. – fa – brw – PM: 16.9.1986 – PM-Ort: Berlin; »International« – DA: Jutta Wachowiak (Christine) – Dagmar Manzel (Claudia) – Peter René Lüdicke (Ludwig) – Heiko Hehlmann (Gunnar) – Gudrun Okras (Christines Mutter) – Heinz Hupfer (Christines Vater) u. a. – KR: Claus, P.: Gesichter wie wandelbare Spiegel. JW 17.9.1986 – Gehler, F.: -. SO 1986/41 – Holland-Moritz, R.: Kino-Eule. ESP 1986/41 – Rehahn, R.: So viele Fragen. WP 1986/41 – Voss, M.: »... Und immer so weiter«. F&F 1986/11, S.17-18 – Sobe, G.: Hinfahren, wo man nicht ankommt ...? BZ 20./ 21.9.1986 – Knietzsch, H.: Nachdenken über Glück und Liebe in unserer Zeit. ND 18.9.1986 – Kersten, H.: Mutter, Tochter und ein Mann. TSP 23.11.1986.

Vierundzwanzig Stunden im Leben der knapp fünfzigjährigen Chefhebamme Christine. In Berlin hat sie einen hohen Orden bekommen, nun sitzt sie im Zug nach Hause. Episoden aus ihrem Leben erscheinen in alptraumhaften Erinnerungen: elterlicher Zwang, eine unglückliche Ehe, ein zu früh geborenes Kind. Im Speisewagen lernt sie die junge attraktive Claudia kennen, die ihr sympathisch ist. Sie lädt sie ein, mit ihr zu kommen. Die Fremde nimmt an. Zu Hause hat man für die Ausgezeichnete eine Feier vorbereitet. Christine erzählt in ihrer Dankrede über ihr Leben und das Glück, das sie spät fand. Claudia erkennt in Christine ihre Mutter, die sie vor dreißig Jahren beim ungeliebten Mann zurückließ, um ihren eigenen Weg zu gehen. Diese Eröffnung und die Beziehung, die sich zwischen ihrem jüngeren Partner Ludwig und Claudia anbahnt, sind ein Schock für Christine. Mit ihrem 18jährigen taubstummen Sohn verläßt sie die Stadt.

FAHRSCHULE

RE: Bernhard Stephan – SZ: Bernd Schirmer – LV: Gleichnamiges Hörspiel von Bernd Schirmer – DR: Peter Jakubeit – KA: Peter Badel – MU: Christian Steyer – SB: Marlene Willmann – KO: Ursula Strumpf – SC: Margrit Brusendorff – PL: Dietmar Richter – GR: GR »Berlin« – m: 2309 = 85 min. – fa – brw – PM: 20.11. 1986 – PM-Ort: Berlin; »International« – DA: Jörg Gudzuhn (Steinköhler) – Otto Mellies (Hempel) – Kata Kanya (Gisela) – Detlef Heintze (Reschke) – Daniela Hoffmann (Elvira) – Simone von Zglinicki (Maria) – Bodo Krämer (Triefäugiger) – Steffie Spira (resolute alte Dame) u. a. – KR: Claus, P.: Die verträumten Verkehrssünder. JW 21.11.1986 – Holland-Moritz, R.: Kino-Eule. ESP 1987/3 – Knietzsch, H.: Heiter-Nachdenkliches über die Liebe zum Auto. ND 21.11.1986 – Tok, H.-D.: Fahrschulstraße mit Schlaglöchern. WP 1986/48 – Ullrich, H.: Dezente Komik. F&F 1987/3, S.28-29 – Sobe, G.: Sinditio oder Conditio, das ist hier die Frage. BZ 22.11.1986 – Kersten, H.: Autosorgen in der DDR heiter betrachtet. TSP 14.12. 1986.

Herr Steinköhler ist Fußgänger aus Passion, doch plötzlich befindet sich seine Familie im Besitz von zwei Wartburgs. Einen hat Steinköhler aus Mitleid einem Freund abgekauft, der seine geschiedene Frau auszahlen muß, und das zweite hatte seine Frau Gisela vor Jahren heimlich bestellt und nun bekommen. Beide melden sich zur Fahrschule an. Für Steinköhler ist der Unterricht, genauer gesagt der Fahrlehrer Hempel, ein Alptraum. Hempel spielt ihm gegenüber so richtig seine Macht aus. Außerdem ist Steinköhler eifersüchtig, weil seine Frau Gisela mit ihrem Fahrlehrer offensichtlich zu gut auskommt. Der Zufall will, daß eine flotte, jun-

1

2

3

4

Filme von Bernhard Stephan:

1 »Für die Liebe noch zu mager« (1974)
   mit Simone von Zglinicki und Christian Steyer

2 Der Regisseur bei den Dreharbeiten
   zu seinem Debütfilm
   »Für die Liebe noch zu mager«

3 Györgyi Kinga Tarjan in
   »Sonjas Rapport« (1982)
   nach dem gleichnamigen
   autobiographischen Buch von Ruth Werner

4 Dirk Waeger und Alicia Jachiewicz in
   »Schatzsucher« (1979)

5 Jörg Gudzuhn (links) und Jaecki Schwarz
   in der Komödie
   »Fahrschule« (1986)

ge Fahrschülerin ihn für den Fahrlehrer hält. Ihre Hingabe erhebt und verwirrt ihn gleichermaßen, doch er ist entschlossen, die unverhoffte Chance zu einem Abenteuer zu nutzen.

DER TRAUM VOM ELCH

RE: Siegfried Kühn – SZ: Christa Müller – LV: Gleichnamiger Roman von Herbert Otto – DR: Hasso Hartmann – KA: Peter Brand – MU: Hans Jürgen Wenzel – SB: Paul Lehmann – KO: Ilona Zaulek – SC: Brigitte Krex – PL: Volkmar Leweck – GR: GR »Roter Kreis« – m: 2426 = 89 min. – fa – brw – PM: 4.12.1986 – PM-Ort: Berlin; »International« – DA: Katrin Saß (Anna) – Marie Gruber (Anette) – Christian Steyer (Ludwig) – Detlef Heintze (Stefan) – Klaus Piontek (Dr. Kurt) – Eckhard Becker (Bernd) u. a. – KR: Claus, P.: Seltsam im Nebel zu wandern. F&F 1987/3, S.27-28 – F.G.: -. SO 1987/6 – Holland-Moritz, R.: Kino-Eule. ESP 1986/3 – Meves, U.: Wie der Traum vom Elch im Kino ausgeträumt wird. ND 5.12.1986 – Tok, H.-D.: Doppelt peinigender Liebeskummer. WP 1986/51 – Sobe, G.: Warten auf einen Traum. BZ 5.12.1986 – Kersten, H.: Immer nur ein klein bißchen Halt. TSP 18.1.1987.

Die Krankenschwestern Anna und Anette sind Freundinnen. Beide haben Probleme mit der Liebe. Anna hat in der Klinik Markus, den sie »Elch« nennt, kennengelernt. Zweimal im Jahr hat er Zeit für sie, dazwischen träumt sie von ihm, wartet auf das nächste Treffen. Anette liebt den Maler Ludwig, klammert sich an ihn. Doch er kann die Enge nicht ertragen, stößt sie weg. Durch Anette und Ludwig lernt Anna einen anderen Mann kennen, den verheirateten Stefan. Anette verkraftet das Scheitern ihrer Liebe zu Ludwig nicht und begeht Selbstmord. Der Tod der Freundin und ihre eigene unbefriedigende Situation stürzen Anna in eine tiefe Krise. Sie entschließt sich, den Traum vom »Elch« aufzugeben.

1987

WIE DIE ALTEN SUNGEN ...

RE: Günter Reisch – SZ: Günter Reisch, Hans Weber unter Verwendung von Szenen und Gestalten des Films *Ach, du fröhliche...* (DEFA 1962, RE: Günter Reisch, SZ: Hermann Kant) – DR: Gerd Gericke – KA: Andreas Köfer – MU: Wolfram Heicking – SB: Klaus Winter – KO: Inge Konicek – SC: Monika Schindler – PL: Gerrit List – GR: GR »Johannisthal« – m: 2557 = 94 min. – fa – PM: 22.1.1987 – PM-Ort: Berlin; »Colosseum« – DA: Erwin Geschonneck (Lörke) – Andrea Lüdke (Twini) – Karin Schröder (Anne Ostermann) – Arno Wyzniewski (Thomas Ostermann) – Mathilde Danegger (Urgroßmutter) – Karsten Speck (King) – Dirk Wäger (Klucke) – Marianne Wünscher (Frau Klinkenhöfer) u. a. – KR: Ahrens, P.: Schärfen und Unschärfen. WBÜ 1987/47 – Claus, P.: Verwirrungen der Liebe. F&F 1987/8, S.6-7 – Gehler, F.: -. SO 1987/6 – Holland-Moritz, R.: Kino-Eule. ESP 1987/6 – Knietzsch, H.: DEFA-Spaß mit Fortsetzung nach mehr als zwei Jahrzehnten. ND 23.1.1987 – Schenk, R.: Familie Lörke, Dresden, DDR. FS 1987/7, S.14 – Sobe, G.: Von menschlicher Komödie heute. BZ 24.1.1987.

Fünfundzwanzig Jahre nach *Ach, du fröhliche ...* steht Opa Lörke wieder ein turbulenter Heiligabend ins Haus. Seine Enkeltochter Twini, siebzehn Jahre jung, eröffnet ihm, daß er Urgroßvater wird. In Twinis Gefolge befinden sich King, der Twini heiraten möchte, und Klucke, der sie nicht heiraten will, obwohl Twini ihn liebt und er der Vater in spe ist. Nach vielen verwirrenden Diskussionen, an denen alle Familienmitglieder, einschließlich die auf Opa Lörke spekulierende Witwe Klinkenhöfer, regen Anteil haben, endet der Abend in Harmonie, obwohl längst nicht alle Probleme gelöst sind.

DAS SCHULGESPENST
(KINDERFILM)

RE: Rolf Losansky – SZ: Peter Abraham – LV: Gleichnamiges Kinderbuch von Peter Abraham – DR: Carmen Blazejewski – KA: Helmut Grewald – MU: Reinhard Lakomy – SB: Jochen Keller – KO: Elke Hersmann – SC: Ilse Peters – PL: Gerrit List – GR: GR »Roter Kreis« – m: 2303 = 84min. – fa – brw – PM: 7.2.1987 – PM-Ort: Gera; »Palast-Theater« – DA: Nicole Lichtenheldt (Carola Huflattich) – Ricardo Roth (Willi Neuenhagen) – Karin Düwel (Prohaska, Lehrerin) – Barbara Dittus (Mutter Huflattich) – Dietmar Richter-Reinick (Vater Huflattich) – Rolf Ludwig (Hausmeister Potter) u. a. – KR: Herrmann, P.: Gespensterspaß. FS 1987/17, S.14 – Novotny, E.: Über die Erfindung eines Gespenstes für den Alltag. BZ 4.7.1987 – Rehahn, R.: Carola Huflattich als Filmheldin. WP 1987, S.7 – Schenk, R.: Ein Schulgespenst in Gera. WBÜ 1987/8.

Carola geht in die 4. Klasse. Was ihr an der Schule gefällt, sind aber lediglich der Sportunterricht und der Unfug, den man in den Pausen anstellen kann. Glücklicherweise hat sie in Willi einen guten Freund, der ihr mit Vorsagen zur Seite steht. Sie erfindet aus Spaß einen Weltge-

spenstertag und ein Gespenst, mit dem sie die Rolle tauscht. Während das Gespenst in Carolas Gestalt durch Fleiß, Ordnungssinn und gute Leistungen alle in Verwunderung versetzt, stiftet Carola als Gespenst einige Verwirrung. Doch der ungezügelte Spaß wird ihr bald über, und sie möchte in ihre richtige Gestalt zurück. Das Gespenst weigert sich. Carola gibt sich Willi zu erkennen und bittet ihn um Hilfe. Er muß einen Spiegel besorgen, durch den die Verwandlung möglich wurde. Der befindet sich in den Händen der Lehrerin, aber Willi weiß wie immer Rat.

DER SCHWUR VON RABENHORST
(KINDERFILM)

RE: Hans Kratzert – SZ: Gudrun Deubener – DR: Thea Richter – KA: Wolfgang Braumann – MU: Gunther Erdmann – SB: Erich Krüllke – KO: Barbara Braumann – SC: Helga Krause, Carola Schäfer – PL: Uwe Kraft – GR: GR »Roter Kreis« – m: 2245 = 82 min. – fa – PM: 8.2.1987 – PM-Ort: Jena; »Capitol« – DA: Sven Haverland (Thomas) – Nadine Franke (Renate) – Thomas Schimanke (Ernst) – Axel Rölleke (Willi) – Barbara Schnitzler (Thomas' Mutter) – Marc Hetterle (Lehrer Mathies) – Manfred Gorr (Ernsts Vater) – Ruth Kommerell (Thomas' Großmutter) – Jürgen Zartmann (Walter Mehrin) u. a. – KR: Herrmann, P.: Funke springt nicht über. FS 1987/9, S.14 – H.U.: Geheimer Bund der Gerechtigkeit. NZT 10.2.1987 – Lange, W.: Wie einst Störtebecker. F&F 1987/10, S.13-14 – Schenk, R.: Ein Schulgespenst in Gera. WBÜ 1987/8.

1949 gründen die Umsiedlerkinder Thomas und Renate mit dem Sohn des neuen Sägewerks-Direktors Ernst in einem Dorf in der Altmark den »Bund der Gerechten«. Störtebeker ist ihr Vorbild, sie wollen den Reichen nehmen und den Armen geben. Das Umsiedlerkind Marlies bekommt zwei Kaninchen, der Neulehrer eine geklaute Wolldecke. Bei den Erwachsenen stoßen ihre gutgemeinten Aktionen jedoch nicht auf Gegenliebe, und als der Lehrer Mathies eine Pioniergruppe ins Leben ruft, wechseln Thomas und Renate über. Ernst ist enttäuscht, handelt auf eigene Faust weiter. Aus der Dorfchronik erfahren die Pioniere, daß die Bruchwiesen, die sich der reiche Bauer Mehrin unter den Nagel gerissen hat, Gemeineigentum sind. Sie bauen dort einen Spielplatz. Eines Nachts geht der Spielplatz in Flammen auf. Ernst schließt sich den Pionieren bei der Tätersuche an.

STIELKE, HEINZ, FÜNFZEHN...

RE: Michael Kann – SZ: Michael Kann, Manfred Schmidt – LV: Roman »Abenteuer wider Willen« von Wolfgang Kellner – DR: Andreas Scheinert – KA: Günter Haubold – MU: Wolfgang Schoor – SB: Dieter Adam – KO: Ruth Kiecker, Hans Linke – SC: Sabine Schmager – PL: Martin Sonnabend – GR: GR »Johannisthal« – m: 2703 = 99 min. – fa – brw – PM: 12.2.1987 – PM-Ort: Berlin; »Colosseum« – DA: Marc Lubosch (Heinz) – Jens Müller (Timme) – Gert Gütschow (Oberstudienrat Franzke)

– Berthold Schulze (Direktor) – Heide Kipp (Mutter Stielke) – Rolf Ludwig (Schleiter) – Thomas Neumann (Kommissar / Pfarrer) – Jana Mattukat (Gabi) – Werner Godemann (Großvater) u. a. – KR: Gehler, F.: Bewegung zum Publikum. SO 1987/18, S.5 – Holland-Moritz, R.: Kino-Eule. ESP 1987/13, S.6 – Knietzsch, H.: Odyssee in finsterer Zeit. ND 27.2.1987 – Rehahn, R.: -. WP 1987/8, S.7 – Schieber, E.: Einer warf den ersten Stein. F&F 1987/5, S.8-9 – Sobe, G.: Von des Rätsels Lösung keine Spur. BZ 16.2.1987.

Der Berliner Heinz Stielke ist ein fanatischer Hitlerjunge und gerade erst Rottenführer geworden, da stellt sich heraus, daß sein im Krieg als Held gefallener Vater Jude war. Als Halbjude wird Heinz vom Gymnasium geworfen, seine ehemaligen Freunde meiden ihn. Bei einem Bombenangriff kommt seine Mutter ums Leben, und Heinz versteckt sich danach in einer Laubenkolonie. Er wird von der Polizei aufgegriffen. Der Kommissar hat Mitleid mit dem ehemaligen Rottenführer und schickt ihn in ein katholisches Waisenhaus in Thüringen. Auf der Fahrt wird er von einem SS-Mann gestellt und zur Ausbildung in ein SS-Lager abkommandiert. Er flieht, kommt im Waisenhaus an, doch der SS-Mann holt ihn zurück und steckt ihn in ein Arbeitslager. Heinz flieht wieder, lernt das Mädchen Gabi und dessen Großvater kennen, möchte bei ihnen bleiben. Doch er wird zum letzten Kriegsaufgebot gezogen. Nach einer mehr zufälligen Rettung kapitulationswilliger Bauern, die erschossen werden sollten, und einer kurzen Gefangenschaft bei den Engländern geht er zu Gabi zurück.

JOHANN STRAUSS –
DER UNGEKRÖNTE KÖNIG
(CO-PRODUKTION DDR / ÖSTERREICH)

RE: Franz Antel – BU: Frederic Morton, MI: Tom W. Priman, Georg Kövary, Klaus Eidam, Franz Antel, Carl Szokoll – KA: Hanns Matula – MU: Johann Strauß; MB / ML: Erwin Halletz – SB: Harald Horn, Ferry Windberger – KO: Günther Heidemann, Gerdago – SC: Harry M. Scholz, Michel Lewin – PL: Werner Langer, Kurt Kodal – m: 3260 = 120 min – fa – brw – Dolby Stereo – Festl. Aufführung (DDR): 21.3.1987 – PM-Ort: Berlin, »Kosmos« – CO: Johann-Strauß-Film GmbH & Co. KG, Wien – DA: Oliver Tobias (Johann Strauß) – Mary Crosby (Adele Strauß) – Audrey Landers (Lili) – Karin Dor (Jette) – Hugh Futscher (Steidl) – Mathieu Carriere (Eduard Strauß) – Rolf Hoppe (Herzog Ernst) – Zsa Zsa Gabor (Baronin) – Dagmar Koller (Geistinger) u. a. – KR: Holland-Moritz, R.: Kino-Eule. ESP 1987/17 – H.U.: Triumphe und Konflikte um Liebe und Erfolg. NZT 24.3.1987 – Knietzsch, H.: Unsterbliche Musik und ein Hauch von weißem duftigem Tüll. ND 24.3.1987 – Knöfler, F.: Biographie im Walzertakt. T 24.3.1987 – Mund, M.: Mit Weaner Bluat? WBÜ 1987/13 – Kretzschmar, I.: Wiener Charme und Schlagobers. BZ 24.3.1987.

Von einem Opernball im Jahre 1986 wird beim Donauwalzer zurückgeblendet ins Wien der Jahrhundertwende – zu Stationen aus dem Leben des Walzerkönigs Johann Strauß. Triumphe und Mißerfolge, Glanz und private Nöte. Auftritte führen ihn unter anderem nach Warschau, Paris und Berlin. Drei Ehefrauen und zahlreiche Affären sorgen für Aufsehen und Schwierigkeiten. Die erste Ehefrau, Jette, umsorgt ihn rührend. Die zweite, die Soubrette Lili, traktiert ihn mit ihrem Ehrgeiz. Er verliebt sich in die schöne Witwe Adele. Da die Scheidung seiner katholischen Ehe mit Lili nicht anerkannt wird, bricht er mit Wien und dem Kaiser. Er geht zu Adele, die zu ihrer Tante nach Sachsen geflohen ist, wird sächsischer Bürger, konvertiert zum Protestantismus und heiratet Adele. Der Kaiser ruft ihn jedoch nach Wien zurück, und mit der Aufführung der »Fledermaus« in der Hofoper erfüllt sich sein Lebenstraum.

VERNEHMUNG DER ZEUGEN

RE: Gunther Scholz – SZ: Manfred Richter, Gunther Scholz – LV: Gleichnamige Erzählung von Inge Meyer – DR: Thea Richter – KA: Claus Neumann – MU: Friedbert Wissmann, MB: Helmut Frommhold – SB: Harry Leupold – KO: Elke Hersmann – SC: Christine Schöne – PL: Uwe Kraft – GR: GR »Roter Kreis« – m: 2076 = 76 min. – fa – PM: 26.3.1987 – PM-Ort: Berlin; »International« – DA: René Steinke (Maximilian) – Mario Gericke (Rainer) – Anna Kasprzik (Viola) – Christine Schorn (Beate Klapproth) – Franz Viehmann (Gunnar Strach) – Gudrun Okras (Oma Lotte) u. a. – KR: Bretschneider, J.: Seelische Notwehr? F&F 1987/10, S.12-13 – Gehler, F.: Bewegung zum Publikum. SO 1987/18 – Holland-Moritz, R.: Kino-Eule. ESP 1987/17 – Knietzsch, H. Nachdenken über die eigene Verantwortung. ND 28.3.1987 – Tok, H.-D.: Vorgeschichte eines Totschlags. WP 1987/15 – Kersten, H.: Tragödie auf dem Dorf. TSP 3.5.1987.

Auf einem Dorfplatz wird der Schüler Rainer Gebhardt erstochen aufgefunden. Die hinzugerufene Ärztin kennt die Tatwaffe. Das Messer gehört ihrem Sohn Maximilian. Der Fall ist klar, die Vernehmung der Zeugen kann nur noch Hinweise geben, wie es so weit kommen konnte: Wegen des Studiums und der beruflichen Karriere der Mutter wächst Max bei der Großmutter auf. Als 17jähriger muß er die Großmutter und Berlin gegen seinen Willen verlassen, weil die Mutter in einem Dorf eine Arztstelle bekommen hat, und mit ihrem neuen Mann, der in der Nähe arbeitet, ein Familienleben führen will. In der neuen Schule wird der Berliner Max nicht freundlich aufgenommen. Es kommt zu Rivalitäten mit Rainer, der die führende Position in der Klasse innehat. Sie verstärken sich noch, weil beide in die Mitschülerin Viola verliebt sind. Rainer nimmt sich Viola mit Gewalt, und als Max eines Tages den Hund, den er Viola schenkte, tot vor seiner Tür findet, geht er mit dem Messer auf Rainer los.

KÄTHE KOLLWITZ –
BILDER EINES LEBENS

RE: Ralf Kirsten – SZ: Ralf Kirsten – DR: Dieter Wolf – KA: Otto Hanisch – MU: Peter Gott-hardt – SB: Hans Poppe – KO: Ewald Forchner – SC: Evelyn Carow – PL: Horst Hartwig – GR: GR »Babelsberg« – m: 2630 = 96 min. – fa – PM: 23.4.1987 – PM-Ort: Berlin; »International« – DA: Jutta Wachowiak (Käthe Kollwitz) – Fred Düren (Karl Kollwitz) – Carmen-Maja Antoni (Lina) – Gerd Baltus (Sander) – Gabriele Barth (Malermodell) – Eckhard Becker (Kritiker) – Matthias Freihof (Peter Kollwitz) u. a. – KR: Claus, P.: Gesichter einer Frau und großen Künstlerin. JW 28.4.1987 – Gehler, F.: -. SO 1987/21 – Geiß, A.: Annäherung und Chronologie. F&F 1987/10, S.10-11 – Holland-Moritz, R.: Kino-Eule. ESP 1987/22 – Rehahn, R.: Versuchte Annäherung. WP 1987/18 – Friedrich, D.: Das Film-Heil aus Essayistischem? BZ 25.4.1987 – Knietzsch, H.: Subtiler Versuch der Annäherung an ein Leben und eine Epoche. ND 25.4.1987 – Kersten, H.: Im Material ertrunken. TSP 10.5.1987.

Stationen aus dem Leben der großen Künstlerin, verbunden mit wichtigen Zeitereignissen – von 1914 bis kurz vor ihrem Tod im Jahre 1945. Käthe Kollwitz ist 47 Jahre zu Beginn des ersten Weltkrieges, bekannt, geschätzt und Inhaberin mehrerer Preise. Ihr jüngster Sohn Peter meldet sich zu ihrem Entsetzen freiwillig als Soldat und fällt bereits zwei Wochen später. Dieses schmerzliche Ereignis wird sie nie wieder loslassen und findet Niederschlag in ihrer Kunst. Ebenso wie das Schicksal der Armen, denen sie täglich begegnet. Sie lebt mit ihrem Mann, dem Armenarzt Karl Kollwitz, im Berliner Arbeiterviertel Prenzlauer Berg. Das blutige Ende der Novemberrevolution zerstört ihre Hoffnung auf eine baldige Verbesserung der Lebensverhältnisse, doch mit ihrer Kunst tritt sie auch weiter dafür ein. Bei den Nazis steht sie bald auf dem Index und wird gezwungen, »freiwillig« aus der Akademie auszutreten. Während des zweiten Weltkriegs wird sie aus Berlin verwiesen. Die letzte Zeit vor ihrem Tod verbringt sie einsam und krank in Dresden.

WENGLER & SÖHNE – EINE LEGENDE

RE: Rainer Simon – SZ: Helmut Bez – DR: Andreas Scheinert – KA: Roland Dressel – MB: Rainer Bredemeyer – SB: Alfred Hirschmeier – KO: Werner Bergemann – SC: Helga Gentz – PL: Herbert Ehler – GR: GR »Johannisthal« – m: 3789 = 139 min. – fa – brw – PM: 14.5.1987 – PM-Ort: Berlin; »International« – DA: Christoph Engel / Carl Martin Spengler (Gustav Wengler) – Kathrin Waligura (Bertha Wengler) – Fritz Marquardt (Friedrich Sedan Wengler) – Gudrun Ritter / Franziska Ritter (Luise Wengler) – Wolfgang Hosfeld (Wilhelm Wengler) – Peter Prager (Paul Wengler) – Cornelia Hudl (Käthe Wengler) – Istvan Avar (Dr. Conrad Abel) – Ernst Kahler (Johann Leberecht Bärwolf) u. a. – KR: Ahrens, P.: Wiederaufnahme. WBÜ 1987/25 – Claus, P.: Die Gefühle zerspringen wie Glas. JW 16.5.1987 – Hanisch, M.: Ein Film, den man mit Gewinn betrachtet. FS 1987/12, S.14 – Holland-Moritz, R.: Kino-Eule. ESP 1987/26 – Voss, M.: Deutsche Tugenden. F&F 1987/5, S.6-7 – Knietzsch, H.: Bilder eines Lebens zwischen Illusion und später Einsicht. ND 17.5.1987 – Rother, H.-J.: Sinn für

Geschichte. F&F 1987/7, S.5-6 – Kersten, H.: Ein deutscher Untertan. TSP 21.6.1987.

Eine deutsche Familienchronik – von 1871 bis 1945. Aus dem deutsch-französischen Krieg 1871 heimgekehrt, verläßt der junge Gustav Wengler sein thüringisches Dorf, um in der nahegelegenen Stadt bei der Feinmechanisch-optischen Werkstatt »Bärwolf & Abel« Arbeit zu nehmen. Der fleißige, gewissenhafte Bauernsohn wird ein guter Facharbeiter und später Meister. Er ist der Firma in Treue ergeben, und das sollen auch seine Söhne und Enkel sein – verspricht er Direktor Abel an dessen Sterbebett. Doch Sohn Friedrich Sedan lehnt sich auf und fliegt aus dem Haus. Enkel Fritz fällt im ersten Weltkrieg. Gustav Wenglers Versprechen erfüllt Enkel Paul, ein hochbegabter Junge, der es zum tüchtigen Wissenschaftler und sogar zum Posten eines Direktors bringt. Die Firma ist inzwischen zu einem Unternehmen von Weltgeltung aufgestiegen. Obwohl Paul den Nazis skeptisch gegenübertritt, stellt er seine Fähigkeiten und die Firma in den Dienst des Dritten Reiches. Der alte Gustav Wengler beginnt die Problematik der Partnerschaft mit den Unternehmern und die Mitschuld an der gesellschaftlichen Entwicklung zu ahnen, als er nach den Bombenangriffen im zweiten Weltkrieg auf die in Schutt und Asche gefallene Firma blickt.

Filmtext: Wengler & Söhne – Eine Legende. Filmdrehbuch nach einem Szenarium von Helmut Bez und Rainer Simon. Berlin: Henschelverlag 1988.

DIE ALLEINSEGLERIN

RE: Herrmann Zschoche – SZ: Regine Sylvester – LV: Gleichnamiger Roman von Christine Wolter – DR: Christel Gräf – KA: Günter Jaeuthe – MU: Günther Fischer – SB: Paul Lehmann – KO: Helmut Pock – SC: Monika Schindler – PL: Gerrit List – GR: GR »Roter Kreis« – m: 2464 = 90 min. – fa – brw – PM: 2.7.1987 – PM-Ort: Berlin; »International« – DA: Christina Powileit (Christine) – Johanna Schall (Veronika) – Manfred Gorr (Werner) – Götz Schubert (Georg) – Monika Lennartz (Frau des Vaters) – Gunter Schoß (Professor) – Achim Wolff (Klaus Lohmann) – Mathis Schrader (Kutte) u. a. – KR: Claus, P.: Ein Schlag ins Wasser? JW 4.7.1987 – Gehler, F.: -. SO 1987/30 – Goldberg, H.: Ein Symbol gerät ins Schwimmen. FS 1987/17, S.14 – Rehahn, R.: Vorbeigesegelt. WP 1987/28 – Voss, M.: Such, fang an! F&F 1987/9, S.2-3 – Holland-Moritz, R.: Kino-Eule. ESP 1987/30 – Meves, U.: Guten Rat in den Wind geschlagen. ND 3.7.1987 – Sobe, G.: Die aussichtslose Position - Flaute? BZ 3.7.1987 – Kersten, H.: Frau mit Kind und Boot. TSP 12.6.1987 – Ahrens, P.: Schärfen und Unschärfen. WBÜ 1987/47.

Eine junge Frau, Christine, erbt von ihrem Vater, zu dem sie kaum Kontakt hatte, ein Segelboot. Christine ist geschieden, hat einen Sohn, wenig Geld und ist mit ihrem Forschungsauftrag im Institut voll ausgelastet. Segeln kann sie kaum. Sie will das Boot verkaufen, doch nicht unter Wert, und so bleibt sie darauf sitzen. Nun muß sie es über den Winter behalten, will es auf Hochglanz bringen, um im Frühjahr einen neuen Verkaufsversuch zu starten. Der Arbeitsaufwand, den das Boot verlangt, ist riesig. Jedes Wochenende werkelt sie zäh und verbissen, vernachlässigt ihren Sohn, verliert den Freund, verpatzt ihre Forschungsarbeit. Verständnis für ihr Tun findet sie nicht, einzig Kumpel Kutte hilft zuweilen. Schließlich ist das Boot in Bestzustand, sie könnte es gut verkaufen. Doch nun will sie es behalten. Und sie segelt allein.

... UND ICH DACHTE, DU MAGST MICH (KINDERFILM)

RE: Hannelore Unterberg – SZ: n.n. – DR: Andreas Scheinert – KA: Michael Göthe – MU: Thomas Heyn – SB: Georg Kranz – KO: Katrin Johnsen – SC: Renate Bade – PL: Ralph Retzlaff – GR: GR »Johannisthal« – m: 1844 = 68 min. – fa – brw – PM: 31.7.1987 – PM-Ort: Berlin; »Colosseum« – DA: Ulrike Dräger (Lena) – Cindy Scholp (Antonia) – Sören Lißner (Wolfgang) – Sebastian Hattop (Oliver) – Ulrike Knabe (Petra) – Martina Jonas (Gabi) – Constanze Kusch (Uschi) – Madlen Balk (Monika) – Susanne Lüning (Susanne) – Günter Naumann (Heimleiter Eichler) – Barbara Dittus (Frau Busse) u. a. – KR: Herrmann, P.: Ein paar Träume... FS 1987/18, S.14 – Knietzsch, H.: Kritik und Gegenkritik. ND 1.8.1987 – Köhler, K.: Szenen einer ersten Liebe. NZT 6.8.1987 – Rehahn, R.: Lena liebt Wolfgang. WP 1987/33 – Zimm, I.: Amor mit im Ferienlager. BZA 6.8.1987.

Schon im Bus auf der Fahrt ins Ferienlager gefällt der elfjährigen Lena der ein Jahr ältere Wolfgang. Auch die eitle Antonia hat ein Auge auf ihn geworfen, doch Wolfgang erwidert Lenas Lächeln. Eine Freundschaft bahnt sich an. Im Gegensatz zu der jungen Betreuerin Susanne haben Heimleiter Eichler und Lehrerin Busse wenig Verständnis für die Gefühlsregungen der Kinder. Als Lena und Wolfgang sich von den anderen absondern, werden sie in verschiedene Gruppen gesteckt. Lena protestiert beim Heimleiter. Der Konflikt spitzt sich während einer Disco-Veranstaltung zu, und Lena läuft weg. Die Suchaktion bleibt erfolglos. Nur Wolfgang ahnt, wo sie ist. Er bringt sie zurück.

KINDHEIT

RE: Siegfried Kühn – SZ: Siegfried Kühn – DR: Dieter Wolf – KA: Peter Ziesche – MU: Hans Jürgen Wenzel – SB: Georg Wratsch – KO: Katrine Cremer – SC: Brigitte Krex – PL: Volkmar Leweck – GR: GR »Babelsberg« – m: 2408 = 88 min. – fa – brw – PM: 25.8.1987 – PM-Ort: Berlin; »International« / »Babylon« – DA: Carmen-Maja Antoni (Großmutter) – Marc Poser (Alfons, neun Jahre) – Fritz Marquardt (Nardini) – Helmut Müller-Lankow (Großvater) – Angelika Böttiger (Tante Hede) – Martina Eitner (Tante Mieke) u. a. – KR: Gehler, F.: Kino kurz. SO 1987/43 – Goldberg, H.: Das unsichtbare Eisen stöhnt... FS 1987/21, S.14 – Holland-Moritz, R.: Kino-Eule. ESP 1987/41 – Knietzsch, H.: Phantasievolles Erinnern an eine Lebenswende. ND 27.8.1987 – Rehahn, R.: Die fabelhafte Großmutter. WP 1987/36 – Rother, H.-J.: Eine unvollständige Entdeckung. F&F 1988/2, S.14-15 – Kersten, H.: Siegfried Kühns neuer DEFA-Film »Kindheit«. TSP 27.9.1987.

In einem schlesischen Dorf 1944. Der neunjährige Alfons lebt bei seinen Großeltern auf dem Bauernhof. Nach einem Unfall stirbt der Großvater. Alfons liebt und vergöttert die Großmutter, sie hat nicht nur die Wirtschaft fest im Griff, sie gibt ihm Zärtlichkeit und führt ihn oft mit kuriosen Geschichten ins Reich der Phantasie. Eines Tages kommt der Schausteller Nardini mit Pferd, Wagen und einem Wunderschwein ins Dorf. Die Leute betrachten den »Zigeuner« mit Mißtrauen und Feindseligkeit. Der Ortsbauernführer will sogar sein Schwein requirieren. Die Großmutter bewahrt Nardini vor Prügel. Zwischen den beiden blitzt Liebe auf, leidenschaftlich und zart. Alfons beobachtet es mit Eifersucht. Für die Großmutter aber ist dies ein Ausbruch aus ihrem bisherigen Leben, ein Aufbruch zu ihrem wahren Ich. Als der »Zigeuner«, ein Italiener, fort muß, folgt sie ihm mit Alfons.

LIANE

RE: Erwin Stranka – SZ: Erwin Stranka – LV: Hörspiel »Warum ausgerechnet ich?« von Daniela Dahn – DR: Dieter Wolf – KA: Helmut Bergmann – MU: Reinhard Lakomy – SB: Christoph Schneider – KO: Günther Pohl – SC: Helga Krause – PL: Volkmar Leweck – GR: GR »Babelsberg« – m: 2628 = 96 min. – fa – brw – PM: 22.9.1987 – PM-Ort: Halle-Neustadt; »Prisma« – DA: Arianne Borbach (Liane) – Torsten Bauer (Kalle) – Thomas Putensen (Jürgen) – Kathrin Funke (Marion) – Ingo Zahlmann (Freddy) – Christine Schorn (Lianes Mutter) – Peter Sodann (Lianes Vater) u. a. – KR: Claus, P.: Eine junge Frau mit Format. JW 22.9.1987 – Knietzsch, H.: Eine Geschichte, die Alltägliches mit kräftigen Farben zeichnet. ND 23.9.1987 – Rehahn, R.: Viel für den Kopf - genug fürs Herz? WP 1987/40 – Sobe, G.: Flut guter Worte ward nicht gedämpft. BZ 2.10.1987 – Ahrens, P.: Schärfen und Unschärfen. WBÜ 1987/47.

Liane ist zwanzig Jahre alt, Elektronikfacharbeiterin und hat eine Menge Probleme. Doch sie stellt Ansprüche an sich und das Leben. Sie sucht eine Bleibe, um dem zerrütteten Elternhaus zu entkommen. Im Betrieb meldet sie Widerspruch an, als man sie in eine andere Abteilung zu einer weniger anspruchsvollen Arbeit versetzen will – allerdings vergebens. Sie verliebt sich in den Forschungsstudenten Jürgen. Und obwohl sie mit ihren eigenen Angelegenheiten völlig ausgelastet wäre, mischt sie sich überall ein, wo sie Ungerechtigkeit sieht. Zum Beispiel, als ihr Kollege Kalle von den anderen angegriffen wird, weil er im Gegensatz zu ihnen fast keinen Ausschuß produziert. Sie werfen ihm Betrug oder Verheimlichung einer besseren Arbeitsmethode vor. Der stille Kalle resigniert bald, was Liane ihm zum Vorwurf macht. Kalle liebt Liane, doch sie hängt an Jürgen, und sie ist schwanger. Als Jürgen sie betrügt und sie erkennt, daß seine Gefühle so tief nicht sind, bricht sie zusammen. Vielleicht gelingt ihr mit Kalle ein neuer Anfang.

VORSPIEL

RE: Peter Kahane – SZ: Thomas Knauf, Peter Kahane – DR: Christel Gräf – KA: Andreas Köfer – MU: Tamas Kahane – SB: Dieter Adam – KO: Christiane Dorst – SC: Ilse Peters – PL: Uwe Kraft – GR: GR »Roter Kreis« – m: 2521 = 92 min. – fa – brw – PM: 5.11.1987 – PM-Ort: Berlin; »Kosmos« – DA: Hendrik Duryn (Tom) – Susanne Hoß (Corinna) – Antje Straßburger (Floh) – Ahmad Mesgarha (Major) – Thomas Laudzim (Golem) – Karin Schröder (Stadträtin) – Hermann Beyer (Dr. Lange, Corinnas Vater) u. a. – KR: Claus, P.: Die Liebe ist ein seltsames Spiel... JW 6.11.1987 – Goldberg, H.: Sympathisch, sehr sympathisch. FS 1987/25, S.14 – Holland-Moritz, R.: Kino-Eule. ESP 1987/48 – Langner, B.: Kleists Käthchen und der Urknall. F&F 1987/11, S.16-17 – Schenk, R.: Die alte Geschichte, die ewig neu bleibt? BZ 11.10.1987 – Knietzsch, H.: Himmelhochjauchzend - zu Tode betrübt. ND 18.11.1987 – Rehahn, R.: Liebe mit siebzehn. WP 1987/48 – Voigt, J.: Liebe in Schönebeck. SO 1987/47 – Kersten, H.: Junge Leute in der Kleinstadt. TSP 13.12.1987.

Der siebzehnjährige Dekorationslehrling Tom gehört zu einer Clique Jugendlicher in einer kleinen Stadt. Während der Anführer Major mit seiner AWO versucht, den Mädchen zu imponieren, träumt Tom von der großen Liebe. Die begegnet ihm plötzlich in Gestalt von Corinna, die mit ihrem Vater, einem Museumsdirektor, aus Berlin hergezogen ist. Tom läßt sich kuriose Dinge einfallen, um sich bei Corinnas Vater ins rechte Licht zu setzen. Und als er von Floh, der Freundin seit Kindertagen, hört, daß Corinna Schauspielerin werden will, ist dies plötzlich auch sein Lebenswunsch. Gemeinsam bereiten sie sich auf die Aufnahmeprüfung vor. Und in einer schwachen Stunde läßt sich Corinna sogar verführen. Aber dann muß Tom die schmerzliche Erfahrung machen, daß sie Major liebt. Tom fällt bei der Aufnahmeprüfung an der Schauspielschule durch. Floh tröstet ihn.

DIE RUSSEN KOMMEN *(PJ: 1968)*

RE: Heiner Carow – BU: Claus Küchenmeister, Heiner Carow – LV: Motive der Erzählung »Die Anzeige« aus dem Band »Ferien am Feuer« von Egon Richter – KA: Jürgen Brauer – MU: Peter Gotthardt – SB: Alfred Thomalla – KO: Werner Bergemann, Ursula Strumpf – SC: Evelyn Carow – PL: Dieter Dormeier – GR: GR »Babelsberg« – m: 2612 = 96 min. – s/w – Cine – PM: 3.12.1987 – PM-Ort: Berlin; »International« – DA: Gert Krause-Melzer (Günter Walcher) – Viktor Perewalow (Russischer Junge) – Dorothea Meissner (Christine) – Norbert Christian (Vater Bergschicker) – Karla Runkehl (Mutter Bergschicker) – Wsewolod Safanow (Golubkow) – Hans Hardt-Hartloff (Polizist) – Rolf Ludwig (Vater Walcher) – Lissy Tempelhof (Mutter Walcher) u.a. – KR: Ahrens, P.: Alter neuer Carow-Film. WBÜ 1988/1 – Gehler, F.:

Labyrinth der Erinnerungen. F&F 1987/11, S.19-20 – Wehrstedt, N.: Die Last des Gedächtnisses. F&F 1987/11, S. 21-23 – Goldberg, H.: Kino und Geschichte. FS 1988/1, S.14 – Schenk, R.: Neben dem Wahnsinn am Ende Hoffnung. BZ 4.12.1987 – Knietzsch, H.: Von Tragik und Hoffnung irregeleiteter Menschen. ND 5.12. 1987 – Rehahn, R.: Zerstörte Kindheit. WP 1987/51.

Frühjahr 1945. Günter, ein fünfzehnjähriger Junge in einem kleinen Ostseebad, glaubt noch immer an den Endsieg. Bei der Jagd auf einen entflohenen Fremdarbeiter ist er der Schnellste. Er stellt ihn, der dann vom Dorfpolzisten erschossen wird. Stolz nimmt Günter das EK II entgegen und meldet sich freiwillig zum Fronteinsatz, obwohl sein Vater bereits gefallen ist. Weder die Mutter noch der Lehrer können ihn davon abhalten. Bei seinem ersten Einsatz wird er von sowjetischen Soldaten angegriffen, kann aber nach Hause fliehen. Kurz nachdem die Sowjetarmee den Ort besetzt hat, wird Günter wegen Mordes an dem Fremdarbeiter verhaftet. Er verrät den wirklichen Mörder nicht, doch der Fall wird aufgeklärt. Und als der Polizist Günters Schweigen erzwingen will, weigert er sich, den Mörder zu decken. All diese Ereignisse bringen ihn dem Wahnsinn nahe.

HASENHERZ
(KINDERFILM)

RE: Gunter Friedrich – SZ: Anne Goßens – DR: Gerd Gericke – KA: Hans Heinrich – MU: Bernd Wefelmeyer – SB: Marlene Willmann – KO: Lilo Sbrzesny – SC: Ilona Thiel – PL: Hans-Uwe Wardeck – GR: GR »Johannisthal« – m: 2135 = 78 min. – fa – brw – PM: 13.12.1987 – PM: Berlin; »Colosseum« – DA: Bettina Hohensee (Janni) – Susanne Kusche (Birgit) – Frank Ruttloff (Michael) – Charlotte Bastian (Sabine) – Clemens Ziesenitz (Sebastian) – Juliane Koren (Jannis Mutter) – Gisela Morgen (Jannis Oma) – Marylu Poolman (Lehrerin) – Volkmar Kleinert (Regisseur) u. a. – KR: Galle, B.: Wie ein Hasenherz zum mutigen Mädchen wurde. ND 21.12.1987 – Herrmann, P.: Eine unglaubliche Verabredung. FS 1988/3, S.14 – Holland-Moritz, R.: Kino-Eule. ESP 1988/3 – Novotny, E. : Träume und Alltag im Spiel vom Spiel. BZ 18.12.1987 – Tok, H.-D.: Hauptdarsteller Mauerblümchen. WP 1987/52.

Die dreizehnjährige Janni ist bedrückt, weil sie in ihrer körperlichen Entwicklung, die »weiblichen Attribute« betreffend, noch etwas zurück ist. Dieser Umstand führt bei ihren Klassenkameraden zu diskriminierenden Bemerkungen. Und der umschwärmte Michael interessiert sich überhaupt nicht für sie. Eines Tages kommt ein Filmteam in die Klasse, um eine Besetzung für die Rolle eines Prinzen zu suchen. Sie wählen Janni, die sie für einen Jungen halten. Nach anfänglicher Weigerung nimmt sie die Rolle an. In der Schule erzählt sie, daß sie eine Prinzessin spielt. Während der Dreharbeiten findet sie Anerkennung. Und als die Stunde der Wahrheit näherrückt, nämlich die Aufführung des Films, hat sie so viel Selbstbewußtsein gewonnen, daß sie die Klasse zur Premiere einlädt.

1988

EINER TRAGE DES ANDEREN LAST ...

RE: Lothar Warneke – SZ: Wolfgang Held – DR: Dieter Wolf – KA: Peter Ziesche – MU: Günther Fischer – SB: Alfred Hirschmeier – KO: Christiane Dorst – SC: Erika Lehmphul – PL: Horst Hartwig – GR: GR »Babelsberg« – m: 3217 = 118 min. – fa – PM: 28.1.1988 – PM-Ort: ·Berlin; »International« – DA: Jörg Pose (Josef Heiliger) – Manfred Möck (Hubertus Koschenz) – Karin Gregorek (Oberschwester Walburga) – Heinz Dieter Knaup (Dr. Stülpmann) – Susanne Lüning (Sonja Kubanek) – Johanna Clas (Frau Grottenbast) u. a. – KR: Ahrens, P.: Ein guter Anfang... WBÜ 1988/7 – Gehler, F.: -. SO 1988/8 – Goldberg, H.: Leben in einem Haus. FS 1988/5, S.14 – Wischnewski, K.: Wie es wirklich war. F&F 1988/5, S.2-4 – Holland-Moritz, R.: Kino-Eule. ESP 1988/7 – Knietzsch, H.: DEFA-Auftakt '88 mit dem Film »Einer trage des anderen Last«. ND 29.1.1988 – Rehahn, R.: Leben mit Lenin und Luther. WP 1988/6 – Sobe, G.: Auf dem kleinen Zauberberg. BZ 29.1.1988 – Sei: -. FAZ 21.10.1988 – WoS: -. FRu 20.10.1988 – K.W.: -. Zeit 4.11.1988 – Franke, C.: Ein bißchen zu viel Frömmigkeit. TAZ 17.10.1988 – Zehm, G.: Häwelmann fährt durch die Nacht. W 22.10.1988 – Baer, V.: Zwei sture Böcke mit Einsicht. TSP 21.10.1988 – Pflaum, H.G.: Abbau der Ideologien. SüZ 21.10.1988 – Strunz, D.: DEFA-Paradepferd ohne ideologische Scheuklappen. BMP 20.10. 1988.

Ein privates Lungensanatorium Anfang der fünfziger Jahre in der DDR. Zwei an Tuberkulose erkrankte junge Männer müssen ein Zimmer teilen: Josef Heiliger, Offizier der Volkspolizei, und Hubertus Koschenz, evangelischer Vikar. Dem Marxisten und dem Christen fällt es nicht leicht, miteinander auszukommen. Der eine hat über seinem Bett das Stalinbild, der andere den dornengekrönten Christus. Der eine liest Marx und Lenin, der andere die Bibel. Der eine singt die Internationale beim Rasieren, der andere setzt »Ein feste Burg ist unser Gott« dagegen. Heiliger verlangt vom Chefarzt, in ein anderes Zimmer verlegt zu werden. Doch der lehnt ab – mit der Begründung, sie müßten lernen, miteinander auszukommen. Auch die resolute Oberschwester Walburga weist die beiden Kampfhähne immer wieder zurecht. Die ständigen Auseinandersetzungen zwischen Heiliger und Koschenz fördern viele Gemeinsamkeiten in ihren humanistischen Ansichten zu Tage. Nach einem großen Zerwürfnis arbeiten sie zusammen an Koschenz' Neujahrspredigt. Koschenz verzichtet zugunsten Heiligers auf ein für ihn von der Kirche aus dem Westen besorgtes Medikament. Heiliger, der davon nichts wußte, kann nach einigen Monaten aus dem Sanatorium entlassen werden.

SCHWEIN GEHABT

RE: Karl-Heinz Heymann – BU: Roland Kästner, Karl-Heinz Heymann – LV: Erzählung »Das Schulschwein« von Walter Püschel – DR: Manfred Fließ – KA: Otto Hanisch – MU: Karl-Ernst Sasse – SB: Heike Bauersfeld – KO: Werner Bergemann – SC: Renate Bade – PL: Martin Sonnabend – GR: GR »Berlin« – m: 2223 = 82 min. – fa – PM: 11.2.1988 – PM-Ort: Berlin; »Colosseum« – DA: Manuel Soubeyrand (Hadubrant) – Uwe Kokkisch (Pfarrer) – Dieter Montag (Stuten-Kalle) – Christian Grashof (Gummi-Latsch) – Margit Bendokat (Gertrud) – Birgit Schneider (Anne-Grete) – Ellen Thormann (Olly) u.a. – KR: Galle, B.: Ein Witz - falsch erzählt. ND 13.2.1988 – Goldberg, H.: Im Gegenteil. FS 1988/7, S.15 – Holland-Moritz, R.: Kino-Eule. ESP 1988/10 – Ullrich, H.: 1945 in heiterer Sicht? NZT 11.2.1988 – Voss, M.: Verwurstelt kam das Schwein heraus. BZ 13.2.1988.

Winter 1945/46. Neulehrer Hadubrant wird von Olly, der vierzehnjährigen Tochter seiner Wirtin, zum Diebstahl eines Wildschweins verleitet. Es ist in Ollys Falle gegangen, da Wild aber Eigentum der Sowjetarmee ist, will Hadubrant es einem guten Zweck zuführen: der Schulspeisung. Im Dorf aber sind noch andere an dem Schwein interessiert. Der Bürgermeister will es, um seinen Fleischplan zu erfüllen, der Pfarrer will es gegen Kohlen tauschen, um seine Kirche zu heizen, und der Polizist möchte es dem rechtmäßigen Besitzer abliefern, und einige wollen es ganz einfach essen. Das Schwein verschwindet immer wieder auf mysteriöse Weise. Hadubrants Einsatz für seine gemeinnützige Sache bringt ihm schließlich eine Delegierung in die Kreisstadt zu »höheren Aufgaben« ein.

MIT LEIB UND SEELE

RE: Bernhard Stephan – SZ: Sylvia Kabus – DR: Brigitte Bernert – KA: Peter Badel – MU: Peter Kuno-Kühnel – SB: Heike Bauersfeld – KO: Ines Fritzsche – SC: Brigitte Krex, Margrit Brusendorff – PL: Volkmar Leweck – GR: GR »Babelsberg« – m: 2476 = 91 min. – fa – brw – PM: 17.3.1988 – PM-Ort: Berlin; »International« – DA: Mathias Noack (Jonas) – Andrea Lüdke (Melanie) – Ulrich Thein (Hannes Ritter) – Regine Heintze (Melanies Mutter) – Dieter Montag (Pache) – Wolfgang Winkler (Weber) u.a. – KR: Bretschneider, J.: Ein Schiff im Nebel. F&F 1988/6, S.10-11 – Goldberg, H.: Für das Kino noch zu mager. FS 1988/9, S.14 – Knietzsch, H.: Junge Leute auf dem Weg ins eigene Leben. ND 19.3.1988 – Richter, R.: Kino-Eule. ESP 1988/15 – Tok, H.-D.: Alleinsegler Jonas. WP 1988/13 – Friedrich, D.: Der Garnichtsegler als ein Prophet? BZ 18.3.1988.

Der siebzehnjährige Lehrling Jonas, der seit dem Tod der Mutter allein mit seinem Vater Hannes lebt, liebt die gleichaltrige Oberschülerin Melanie. Das Mädchen zieht zu ihm, als er Probleme mit dem Vater hat. Der ist schwer herzkrank und kann sich nach einem arbeitsreichen Leben nicht mit Untätigkeit und Hilfsbedürftigkeit abfinden. Jonas stürzt sich in eine andere Aufgabe. Auf einem mecklenburgischen See liegt ein verrottetes Schiff, das einst Ferienobjekt der Lehrlinge war. Er will es mit einigen anderen Lehrlingen wieder instandsetzen. Darüber vernachlässigt er alles andere. Melanie verläßt ihn enttäuscht. Für die Arbeit am Boot findet er im Betrieb wenig Unterstützung, sodaß er resigniert. Durch seine Unachtsamkeit brennt das Boot ab. Bei der Lehrabschlußfeier, an der auch der Vater – nach überstandenem Herzinfarkt – teilnimmt, kommt es zwischen beiden zur Versöhnung.

DAS HERZ DES PIRATEN
(KINDERFILM)

RE: Jürgen Brauer – SZ: Gabriele Herzog – LV: Gleichnamiges Buch von Benno Pludra – DR: Gerd Gericke – KA: Jürgen Brauer, 2. KA: Dieter Chill – MU: Ralf Hoyer – SB: Heinz Röske – KO: Günther Heidemann – SC: Evelyn Carow – PL: Gerrit List – GR: GR »Johannisthal« – m: 2271 = 83 min. – fa – brw – PM: 25.3.1988 – PM-Ort: Magdeburg; »Theater des Friedens« – DA: Franziska Alberg (Jessi) – Johanna Schall (Jessis Mutter) – Gojko Mitic (Vater Jakko / Älterer William) – Hermann Beyer (Albert Wagenführ) – Wenke Kleine-Benne (Tine) – Karsten Janson (Hannes) – Robert Haase (Ingo) u.a. – KR: Galle, B.: Poetische Geschichte vom Stein, der reich macht. ND 30.3.1988 – Herrmann, P.: Ernüchternde Literaturverfilmung. FS 1988/12, S.14 – Lange, W.: »Die hat was am Kopp«. F&F 1988/12, S.5-6 – Novotny, E.: -. BZ 19.4.1988 – Tok, H.-D.: Augenweide, Herzerquicken. WP 1988/19.

Die zehnjährige Jessi lebt mit ihrer Mutter in einem Dorf an der Ostsee. Den Vater, einen Zirkusreiter, kennt sie nicht. Eines Tages findet sie am Strand einen ungewöhnlichen Stein. Er leuchtet, fühlt sich warm an und spricht mit Jessi. Der Stein erklärt ihr, daß er das versteinerte Herz des Piraten William Reds sei, und erzählt ihm dessen Geschichte. Vor Jessis geistigem Auge nimmt Reds die Gestalt ihres Vaters an, von dem sie nur eine vage Vorstellung hat. Die anderen halten Jessi für eine Spinnerin, für sie ist der Stein ganz gewöhnlich. Doch plötzlich steht ein weißes Pferd vor dem Haus des Mädchens, der Vater ist gekommen. Sein Zirkus gastiert in der naheliegenden Stadt. Jessi feiert einen großen Triumph, als er mit ihr durchs Dorf reitet, und sie hofft auf ein Familienleben mit ihm. Doch für die Mutter ist der Mann längst passé, und auch Jessi wird von ihm enttäuscht, als er eine Verabredung nicht einhält. Sie wirft den Stein zurück ins Meer.

DSCHUNGELZEIT
(CO-PRODUKTION DDR / SR VIETNAM)

RE: Jörg Foth, Tran Vu – BU: Jörg Foth, Tran Vu, Banh Bao – DR: Brigitte Bernert – KA: Günter Jaeuthe, Pham Thien Thuyet – MU: Christoph Theusner – SB: Peter Wilde, Nguyen Nhu Giao – KO: Werner Bergemann, Nguyen Nhu Giao, Marcel Manoury, Nguyen Thi Lan – SC: Lotti Mehnert, Nguyen Thi Yen – PL: Hans-Erich Busch, Tran Quang Chinh – GR: GR »Babelsberg« – m: 2604 = 95 min. – fa – brw – PM (DDR): 14.4.1988 – PM-Ort: Berlin; »International« – CO: Spielfilmstudio Vietnam, Filmarbeitsgruppe 3 – Vietnames. Titel: Ngon tháp hà noi – DA: Hans-Uwe Bauer (Armin) – Bui Bai Binh (Hai) – Khanh Huyen (Van) – Doan Dung (Son) – Sewan Latchinian (Eddy) – Phuong Thanh (Lien) u.a. – DA: Claus, P.: Nachricht von einem fernen nahen Bruder. JW 16.4.1988 – Goldberg, H.: Ein Stück Solidarität. FS 1988/10, S.14 – Holland-Moritz, R.: Kino-Eule. ESP 1988/19 – Knietzsch, H.: Ende der »Dschungelzeit« für deutsche Legionäre. ND 15.4.1988 – Wolf, D.: Das andere Gesicht des Krieges. F&F 1988/4, S.44-49 – Friedrich, D.: EIn junger Deutscher an Vietnams Seite. BZ 19.4.1988.

Ende der vierziger Jahre in Vietnam. Der junge Deutsche Armin, von Beruf Drucker, arbeitet im Untergrund für die Befreiungsbewegung. Als Wehrmachtssoldat war er in Afrika zu den Franzosen übergelaufen und in die Fremdenlegion gegangen. So geriet er nach Vietnam. Dort lief er ebenfalls über und unterstützt nun die vietnamesischen Genossen bei der Herstellung von Flugblättern und Agitationsschriften. Als andere deutsche Fremdenlegionäre kommen, wird Armin zum Leiter der Gruppe ernannt, die sich in einem Dorf niederläßt. Doch schon bald müssen sie eine Entscheidung treffen über ihren weiteren Weg. Einige schließen sich der Befreiungsarmee an. Armin, der von der DDR-Gründung gehört hat, entschließt sich, dorthin zu gehen.

FALLADA – LETZTES KAPITEL

RE: Roland Gräf – SZ: Helga Schütz, Roland Gräf – DR: Christel Gräf – KA: Roland Dressel – MU: »Valse Triste« v. Jean Sibelius, »Frag nicht, warum« v. Robert Stolz – SB: Georg Wratsch – KO: Christiane Dorst – SC: Monika Schindler – PL: Herbert Ehler – GR: GR »Roter Kreis« – m: 2766 = 101 min. – PM: 11.5.1988 – PM-Ort: Karl-Marx-Stadt; »Luxor-Palast« – DA: Jörg Gudzuhn (Hans Fallada) – Jutta Wachowiak (Anna, seine Frau) – Katrin Saß (Ursula Losch) – Corinna Harfouch (Elsa-Marie Bujonke) – Ulrike Krumbiegel (Anneliese) – Marga Legal (Falladas Mutter) u.a. – KR: Gehler, F.: Sich selbst kannte er nicht. SO 1988/21 – Holland-Moritz, R.: Kino-Eule. ESP 1988/27 – Rehahn, R.: O du Fallada, da du gangest... WP 1988/22 – Wischnewski, K.: Anpassung oder Widerstand. F&F 1988/9, S.5-7 – Ahrens, P.: Film-Fallada. WBÜ 1988/24 – Goldberg, H.: Leben ist nicht zum Besserwissen. FS 1988/13, S.14 – Knietzsch, H.: Schriftstellertragödie und Drama eines außergewöhnlichen Lebens. ND 21.5.1988 – Baer, V.: Ende eines Literaten. TSP 16.11.1989 – Strunz, D.: Auf den Spuren von Hans Fallada. BMP 16.11.1989 – Fründt, B.: Ein Zerrissener. SüZ 16.10.1990 – Ahrends, M.: Wie das Schilf. Zeit 1991/3.

Die letzten zehn Jahre (1937-47) aus dem Leben des Dichters Hans Fallada. Er wohnt mit seiner Familie in Carwitz. Sein Sehnen nach Harmonie kollidiert mit den Zeitumständen und seiner eigenen inneren Zerrissenheit. Er schreibt kaum noch Belangvolles, trinkt, nimmt Tabletten. Seine Frau Anna betreut ihn in den Zeiten tiefster Depressionen, erträgt seine Aggressionen und seine Liaison mit dem Hausmädchen Anneliese. Als er mit der Fabrikantenwitwe Ursula Losch ein Verhältnis beginnt, läßt sie sich scheiden. Die Liebe zu der schönen, jungen Ursula gibt ihm neuen Lebensmut, doch nicht auf Dauer. Sie ist Morphinistin und zieht ihn noch weiter in den Abgrund. Den kurzen Hoch-Zeiten folgen immer größere Tiefs. Nach Ende des Krieges setzt ihn die Rote Armee als Bürgermeister ein, doch Fallada scheitert an der ungewohnten Aufgabe – betäubt sich mit Alkohol und Morphium. Er geht nach Berlin, schreibt in kurzer Zeit unter dem Einfluß von Freunden »Jeder stirbt für sich allein«. Doch körperlich ist er am Ende, wird ins Krankenhaus eingeliefert, wo er im Februar 1947 stirbt.

JADUP UND BOEL
(PJ: 1980/81)
RE: Rainer Simon – SZ: Paul Kanut Schäfer – LV: Roman »Jadup« von Paul Kanut Schäfer – DR: Erika Richter – KA: Roland Dressel – MU: Reiner Bredemeyer – SB: Hans Poppe – KO: Werner Bergemann – SC: Helga Gentz – PL: Herbert Ehler – GR: GR »Babelsberg« – m: 2824 = 104 min. – fa – brw – PM: 12.5.1988 – PM-Ort: Karl-Marx-Stadt; Stadthalle (Kleiner Saal) – DA: Kurt Böwe (Jadup) – Katrin Knappe (Boel) – Gudrun Ritter (Barbara) – Timo Jacob (Max) – Käthe Reichel (Frau Martin) – Franciszek Pieczka (Unger) – Michael Gwisdek (Gwissen) u. a. – KR: Ahrens, P.: Zum Beispiel: Jadup. WBÜ 1988/50-51 – Braunseins, H.: Was bedrückt den Bürgermeister? M 21.5.1988 – Gehler, F.: -. SO 1988/26 – Goldberg, H.: Nichts Verdrängtes ist bewältigt. FS 1988/13, S.14 – Rother, H.-J.: Die Erneuerung eines Menschen. F&F 1988/11, S.10-11 – Knietzsch, H.: Geschichten um Moral und eigene Haltungen. ND 9.6.1988 – Voss, M.: Laß uns auf den Turm steigen. WP 1988/26 – Schmidt, E.: -. F&F 1991/5, S. 38.

Jadup ist der angesehene Bürgermeister der altmärkischen Kleinstadt Wickenhausen. Ein Ereignis versetzt den selbstbewußten, routinierten Politiker in Unruhe. Beim Einsturz eines alten Hauses ist ein Buch zum Vorschein gekommen, das Jadup als junger Bursche kurz nach dem Krieg dem Mädchen Boel geschenkt hatte. Durch das Buch werden alte Gerüchte wieder lebendig. Jadup war Umsiedlerkind. Zwischen beiden entwickelte sich eine enge Freundschaft. Jadup hatte ihr Lesen und Schreiben beigebracht, seine Begeisterung für die neue Zeit auf sie zu übertragen versucht. Boel liebte ihn, und seinetwegen wollte sie ihre Warzen auf den Händen loswerden. Sie ließ sie von jemandem besprechen und wurde dabei vergewaltigt. Der Vorfall wirbelte viel Staub auf. Einige wollten den Russen die Vergewaltigung in die Schuhe schieben. Man bedrängte Boel, doch sie offenbarte den Täter nicht. Jadup stand ihr in der schweren Situation nicht bei. Boel verließ die Stadt und blieb verschwunden. Die Auseinandersetzung mit der Vergangenheit läßt Jadup seine gegenwärtige Haltung kritisch sehen – und verändern. Er korrigiert auch sein Verhältnis zum Sohn, der sich in einer vergleichbar

schwierigen Situation befindet. Sein Credo heißt nun, für die Wahrheit zu leben.

DIE ENTFERNUNG ZWISCHEN DIR UND MIR UND IHR
RE: Michael Kann – SZ: Stefan Kolditz – DR: Andreas Scheinert – KA: Hans Heinrich – MU: Günther Fischer – SB: Dieter Adam – KO: Günther Pohl – SC: Rosemarie Drinkorn – PL: Hans-Uwe Wardeck – GR: GR »Johannisthal« – m: 2552 = 94 min. – fa – brw – PM: 27.5.1988 – PM-Ort: Suhl; »Kulturhaus 7. Oktober« – DA: Silvia Rieger (Anne) – Jörg Simonides (Robert) – Kirsten Block (Marga) – K. Dieter Klebsch (Michael) – Jürgen Watzke (Bernie) – Achim Wolff (Zadeck) u. a. – KR: Claus, P.: Liebesträume eines wirren Lotterbuben. JW 27.5.1988 – Goldberg, H.: Leben in der Mitte. FS 1988/14, S.22 – Holland-Moritz, R.: Kino-Eule. ESP 1988/27 – Knietzsch, H.: Drei Dreißiger mit kleinen Leidenschaften. ND 28.5.1988 – Schieber, E.: Kinder ihrer Zeit. F&F 1988/11, S.12-13 – Friedrich, D.: Sprüche wie auf der Schönhauser. BZ 31.5.1988 – Gehler, F.: Wo ist das T-Shirt? SO 1988/27 – Nolden, R.: Beziehungsknatsch am Prenzlauer Berg. W 4.4.1990 – Lubo: Prenzlauer Berg: Kleine Fluchten aus dem Alltag. BMP 6.4.1990 – Carbon, S.: -. TSP 7.4.1990.

Die clevere, attraktive Journalistin Marga wird von ihrem Chef beauftragt, für einen verhinderten Kollegen einzuspringen und eine Rocksängerin zu interviewen. Mit Vorurteilen den »trällernden Halbidioten« gegenüber, geht sie widerwillig zu Anne, stellt ein paar Routinefragen, ist überrascht von den gar nicht idiotischen Antworten. Als Annes Freund Robert dazukommt, hofft sie, über ihn noch mehr von Anne zu erfahren. Robert fühlt sich von Anne überflügelt, die ihre Arbeit als Zerspanerin aufgegeben und Karriere gemacht hat. Er dichtet – für die Schublade –, ansonsten arbeitet er in einem Antiquariat. Marga verliebt sich fast in ihn, läßt ihre distanzierte Haltung fallen und schließlich auch die Vorurteile der Rocksängerin gegenüber.

ICH LIEBE DICH – APRIL! APRIL!
RE: Iris Gusner – SZ: Jochen Kramer, Iris Gusner – LV: Gleichnamiges Theaterstück von Jochen Kramer – DR: Erika Richter – KA: Peter Brand – MU: Siegfried Schäfer – SB: Hans Poppe – KO: Elke Hersmann – SC: Karin Kusche – PL: Ralph Retzlaff – GR: GR »Babelsberg« – m: 2348 = 86 min. – fa – brw – PM: 2.6.1988 – PM-Ort: Berlin; »Colosseum« – DA: Cornelia Schmaus (Hella) – Jan Nowicki (Prof. Bertram Schneider) – Amina Gusner (Caroline) – Slawomir Jozwik (Tom) – Jaecki Schwarz (Toni) – Siegrid Reintsch (Karla) u. a. – KR: Galle, B.: Komödischen Einfall verschenkt. ND 7.6.1988 – Goldberg, H.: Ein todsicheres Rezept. FS 1988/15, S.14 – H.U.: Verkrampfte Komödie. NZT 7.6.1988 – Friedrich, D.: Der Hahn im Korb. BZ 7.6.1988 – Gehler, F.: Wo ist das T-Shirt? SO 1988/27 – Tok, H.-D.: Kinokummer. WP 1988/27 – Wehrstedt, N.: Heiterkeit gerät hier zur platten Anstrengung. NZ 17.6.1988.

Die Jurastudentin Caroline ist mit Tom, dem Assistenten ihres Professors, heimlich verheiratet. Sie hat Angst, ihrer Mutter Hella die Ehe einzugestehen, da diese seit zwanzig Jahren geschieden und Männern gegenüber skeptisch ist. Tom hat Angst vor Professor Schneider, der als Familienrechtler nichts von der Ehe hält. Hella weigerte sich stets, der Tochter den Namen des Vaters zu nennen. Durch Zufall erfährt Caroline, daß es Professor Schneider ist, und sie versucht, die Eltern wieder zusammenzubringen. Darüber vernachlässigt sie sowohl ihr Studium als auch ihren Mann Tom – während die Eltern ihre Einmischung gar nicht brauchen.

FROSCHKÖNIG
(KINDERFILM)
RE: Walter Beck – SZ: Brigitte Bernert – LV: Gleichnamiges Märchen der Brüder Grimm – DR: Gerd Gericke – KA: Wolfgang Braumann – MU: Günther Fischer – SB: Christoph Schneider – KO: Dorit Gründel – SC: Rita Hiller – PL: Siegfried Kabitzke – GR: GR »Johannisthal« – m: 1829 = 67 min. – fa – PM: 26.6.1988 – PM-Ort: Berlin; »Colosseum« – DA: Jana Mattukat (Henriette) – Jens-Uwe Bogadtke (Froschkönig) – Peter Sodann (König) – Franziska Glöss-Ebermann (Florentine) – Susanne Lüning (Geraldine) – Thomas Wolff (Askold) u. a. – KR: Galle, B.: »Froschkönig« : ein altes Märchen anders erzählt. ND 30.6.1988 – Herrmann, P.: Der wunde Punkt. FS 1988/16, S.14 – Novotny, E.: Eiserne Ringe. BZ 2.7.1988 – Tok, H.-D.: Mit Froschkönig in die Ferien. WP 1988/32.

Eine Prinzessin läßt beim Spiel eine goldene Kugel in den Brunnen fallen, und ein Frosch gibt sie ihr wieder – unter der Bedingung, daß sie fortan mit ihm Speise, Trank und Bett teilt. Das Versprechen ist schnell gegeben, doch als der Frosch in ihr Bett will, wirft sie ihn empört an die Wand. Er verwandelt sich in einen schönen Prinzen, muß sie aber verlassen, weil sie ihr Versprechen gebrochen hat. Die Prinzessin macht sich auf die Suche nach ihm, übersteht vielfältige Gefahren und gerät zum Schloß des Froschkönigs. Als Junge verkleidet, gelingt es ihr hineinzukommen. Als Gehilfe bei Küfer, Koch und Kammerherrn kann sie ihr Versprechen doch noch erfüllen und den Prinzen erlösen.

FELIX UND DER WOLF
(KINDERFILM)
RE: Evelyn Schmidt – SZ: Sylvia Kabus – DR: Brigitte Bernert – KA: Claus Neumann – MU: Reinhard Lakomy – SB: Joachim Otto – KO: Ulrike Stelzig – SC: Sabine Schmager – PL: Wolfgang Rennebarth – GR: GR »Babelsberg« – m: 1956 = 72 min. – fa – PM: 31.7.1988 – PM-Ort: Berlin; »Colosseum« – DA: Hermann Beyer (Wolf) – Ulrike Krumbiegel (Mutter Grosser) – Joachim Lätsch (Vater Grosser) – Nico Wohllebe (Felix) – Doris Thalmer (Frau Goldberg) – Ute Lubosch (Sinas Mutter) – Henrik Pötzsch (Thomas) – Dunja Diedrich (Sina) – Nico Thorenz (Karsten) u. a. – KR: H.U.: Der Schatz auf dem Dachboden. NZT 2.8.1988 – Herrmann, P.: Felix weiß sich zu helfen. FS

1988/18, S. 14 – Hoyer, G.: Hoffnungsträger. SO 1988/35 – Knietzsch, H.: Premiere für Kinder. ND 1.8.1988 – Schieber, E: Zeit fürs liebe Glück. F&F 1988/12, S.6-7 – Novotny, E.: -. BZ 20.8.1988 – Tok, H.-D.: Mit Froschkönig in die Ferien. WP 1988/32.

Ein altes Mietshaus wird rekonstruiert, mit viel Aufregung und Arbeit für die Bewohner. Die alte Frau Goldberg möchte das nicht auf sich nehmen und zieht um. Der siebenjährige Felix hilft ihr beim Räumen und bekommt eine Kiste mit altem Spielzeug geschenkt, die auf dem Boden steht. Seine Eltern sind gestreßt, er will sie nicht bitten, die Kiste herunterzuholen. Nur ein Zauberpferdchen nimmt er mit in die Wohnung. Herr Wolf, der Klempner, interessiert sich ebenfalls für das Spielzeug. Er bietet Felix zwanzig Mark dafür an, doch der Junge lehnt ab. Herr Wolf will das Spielzeug an sich bringen, um es im Antiquitätengeschäft zu verkaufen, Felix aber ist schneller. Er weiht seine Freunde ein, und sie verteilen das Spielzeug unter den Kindern.

MENSCH, MEIN PAPA...!

RE: Ulrich Thein – SZ: Ulrich Thein – DR: Andreas Scheinert – KA: Günter Haubold – MU: Thomas Natschinski, Ulrich Thein (»Rosenlied«) – SB: Hans-Jörg Mirr – KO: Joachim Dittrich – SC: Ilse Peters – PL: Horst Hartwig – GR: GR »Johannisthal« – m: 2825 = 104 min. – fa – brw – PM: 20.9.1988 – PM-Ort: Dresden; Filmtheater Prager Straße – DA: Erwin Geschonneck (Erich Zarling) – Franziska Troegner (Ulrike Zarling) – Wolfgang Winkler (Amadeus Bomberczitschewski) – Ulrich Thein (Hundesportler Michael) – Jürgen Walter (Balter) – Alfred Struwe (der Besorgte) u. a. – KR: Ahrens, P.: Umgang mit einem Film. WBÜ 1988/47 – Goldberg, H.: -. FS 1988/21, S.14 – Holland-Moritz, R.: Kino-Eule. ESP 1988/43 – Knietzsch, H.: Farbiges Panorama der Gefühle, Bekenntnisse und Leidenschaften. ND 21.9. 1988 – Wischnewski, K.: Menschen, Typen, Schauspieler: Nicht bloß lustig... F&F 1989/3, S.6-7 – Sobe, G.: Kintopp: Die Sorgen und wer lacht...? BZ 23.9.1988 – Kersten, H.: Kaum Horvath, viel Courths-Mahler. TSP 2.10.1988.

Der Rentner Erich Zarling liebt zwei Dinge, seine Tochter Ulrike und seinen Hundesportverein, bei dem er Vorsitzender ist. Dieser Posten aber ist in Gefahr, und deshalb will er sich mit einer tollkühnen Aktion unentbehrlich machen: Er möchte ein Sportlerheim bauen. Für den Finanzierungsanschub hat er sich etwas Kurioses ausgedacht: den Verkauf von dreißig volkseigenen Bäumen der Berliner Puschkinallee. Seine Tochter Ulrike, die gerne singt und tanzt, ist Zimmermädchen im Hotel »Stadt Berlin«. Und sie träumt gegen den Willen des Vaters von den Brettern, die die Welt bedeuten. Ein Gast, der Schlagersänger Balter, engagiert sie als Ersatz für seine ausgefallene Partnerin bei der »Nacht der Prominenten«. Er verspricht ihr mehr, enttäuscht sie aber. Vater Zarling tröstet sie, und in seinem mit vielen Tricks gebauten Sportlerheim singen sie gemeinsam das »Rosenlied«.

DER EISENHANS
(KINDERFILM)

RE: Karl Heinz Lotz – SZ: Katrin Lange – LV: Gleichnamiges Märchen der Brüder Grimm – DR: Anne Pfeuffer, Werner Beck – KA: Michael Göthe – MU: Andreas Aigmüller – SB: Paul Lehmann – KO: Regina Viertel – SC: Helga Gentz – PL: Martin Sonnabend – GR: GR »Berlin« – m: 2313 = 85 min. – fa – brw – PM: 25.9.1988 – PM-Ort: Berlin; »Colosseum« – DA: Dirk Schoedon (Eisenhans / Jacob) – Gundula Köster (Prinzessin) – Asad Schwarz (Prinz) – Johannes Knittel (Wilder König) – Werner Godemann (Milder König) – Peter Prager (Schwarzer Jäger) u. a. – KR: E.O.: Es war einmal... NZT 21.10.1988 – Eiben, G.: Grüner Anfang - graues Ende. FS 1988/22, S.14 – Langer, B.: Zucker und Schwert - ein Märchen zum Wecken. F&F 1988/11, S.13-14 – Novotny, E.: Ein Märchenpuzzle mit viel Action. BZ 29.1. 1988 – Tok, H.-D.: Der Prinz in den rauschenden Wäldern. WP 1988/39.

Eisenhans ist der Hüter des Waldes und der Tiere und deshalb dem jagdgierigen König im Wege. Der beauftragt einen schwarzen Jäger, den Eisenhans zu fangen. Doch des Königs Sohn, Prinz Joachim, befreit ihn. Er flieht mit Eisenhans in den Wald, bewährt sich dort jedoch nicht und muß ihn wieder verlassen. Um sich seinen Lebensunterhalt zu verdienen, geht er ins Schloß des Nachbarreiches und arbeitet dort. Er verliebt sich in die Prinzessin, doch durch den schwarzen Jäger droht erneut Gefahr. Dieser will das Königreich für Joachims Vater erobern. Mit Hilfe von Eisenhans gelingt es Joachim aber, den Jäger zu besiegen. Und das ganze Volk feiert seine Hochzeit mit der Prinzessin.

DIE SCHAUSPIELERIN

RE: Siegfried Kühn – SZ: Regine Kühn – LV: Roman »Arrangement mit dem Tod« von Hedda Zinner – DR: Erika Richter – KA: Peter Ziesche – MU: Stefan Carow – SB: Hans Poppe – KO: Katrine Cremer – SC: Brigitte Krex – PL: Volkmar Leweck – GR: GR »Babelsberg« – m: 2371 = 87 min. – fa – brw – PM: 13.10.1988 – PM-Ort: Berlin; »International« – DA: Corinna Harfouch (Maria Rheine) – André Hennicke (Mark Löwenthal) – Michael Gwisdek (Mario Montegasso) – Blanche Kommerell (Judith Baumann) – Jürgen Watzke (Stengele) – Martin Brandt (Jaldas Großvater) u. a. – KR: Baschleben, K.: Anfängliches Rollenspiel wird zum Existenzkampf. NZ 25.10.1988 – Funke, C.: Wenn ihr mich brennen seht. F&F 1988/12, S.2-3 – Goldberg, H.: Das Spiel, das Leben heißt. FS 1988/24, S.14 – Holland-Moritz, R.: Kino-Eule. ESP 1988/47 – Rother, H.-J.: Lichtschimmer in einem langen Tunnel. F&F 1988/12, S.3-5 – Knietzsch, H.: Tragischer Weg zu menschlicher Größe. ND 21.10.1988 – Voss, M.: Wandlung und Verwandlung. BZ 20.10.1988 – Zimmermann, M.: »Die Schauspielerin« und die Politik in der DDR. FAZ 20.10.1988 – Kersten, H.: »Ich will wagen bis in den Tod«. TSP 20.11. 1988.

In den dreißiger Jahren lernen sich die Schauspieler Maria Rheine und Mark Löwenthal an einem kleinen Theater kennen. Sie verlieben sich ineinander. Dem Juden Mark wird gekündigt, Maria macht Karriere. Auf einer großen Münchner Bühne wird sie als »Jungfrau von Orleans« gefeiert. Am Premierenabend findet sie von Mark, der ans Jüdische Theater nach Berlin gegangen ist, einen Blumenstrauß in ihrer Garderobe. Nach dem Erlaß der »Nürnberger Gesetze« kann er ihr persönlich nicht mehr begegnen, ohne sie zu gefährden. Doch Maria entscheidet sich für ihre Liebe. Sie täuscht einen Selbstmord vor und fährt mit dunkel gefärbten Haaren und einem gefälschten Paß auf den Namen Manja Löwenthal nach Berlin zu Mark. Sie hat eine Rolle angenommen, von der sie weiß, daß sie den Tod bringen kann. Ein Zurück gibt es für sie nicht. Sie läßt sich ebenfalls am Jüdischen Theater engagieren.

IN EINEM ATEM

RE: Dietmar Hochmuth – SZ: Oksana Bulgakowa, Dietmar Hochmuth – LV: Erzählung »Na perwom dychanii« von Wladimir Makanin – DR: Peter Jakubeit – KA: Jürgen Lenz, Erich Gusko – MU: Bizet; Stschedrin; Verdi – SB: Marlene Willmann – KO: Helmut Pock – SC: Christine Schöne – PL: Uwe Kraft – GR: KAG »Babelsberg« – m: 2545 = 93 min. – fa – brw – PM: 3.11.1988 – PM-Ort: Berlin; »International« – DA: Steffen Mensching (Andreas) – Simone Thomalla (Sabine) – Cornelia Kaupert (Heidi) – Michael Walke (Robert) – Ralf Lindermann (Wasserballer / Bräutigam) – Jürgen Reuter (Kowalski) u. a. – KR: Gehler, F.: -. SO 1988/50 – Goldberg, H.: Langeweile, ziemlich heftig. FS 1988/24, S.14 – Holland-Moritz, R.: Kino-Eule. ESP 1988/51 – Schieber, E.: Don Quichotte gibt auf. F&F 1988/11, S.14-15 – Tok, H.-D.: Etwas außer Atem. WP 1988/46 – Friedrich, D.: Das Würstchen und die Faust. BZ 11.11.1988 – Knietzsch, H.: Rein, raus - raus, rein. ND 6.11.1988 – Kersten, H.: Flucht aus der Wirklichkeit? TSP 8.1.1989 – Wenner, D.: Schöpferische Feinschaft. TAZ 26.7.1991.

Eine Tunnelbaustelle in den fernen Rhodopen und ein junger DDR-Bauarbeiter, Andreas, der erfährt, daß sein Mädchen zu Hause in Berlin heiraten will. Einen anderen. Er rastet aus, legt sich mit seinem Chef an und macht sich auf den Weg nach Berlin, die Heirat zu verhindern. Die Angebetete, Sabine, weigert sich, ihn zu sehen. Er verschafft sich gewaltsam Zutritt zur Wohnung, wird vom Bräutigam, einem kräftigen Wasserballer, ebenso gewaltsam wieder vor die Tür gesetzt. Andreas gibt jedoch nicht auf, bestürmt sie weiter, dringt auf abenteuerliche Weise ins Krankenhaus ein, in dem Sabine durch seine Mitschuld gelandet ist. Sabine nimmt am Ende weder Andreas noch den Wasserballer – sondern den Arzt.

1989

DER BRUCH

RE: Frank Beyer – BU: Wolfgang Kohlhaase –
DR: Dieter Wolf – KA: Peter Ziesche – MU:
Günther Fischer – SB: Dieter Adam – KO:
Christiane Dorst – SC: Rita Hiller – PL: Gerrit
List – GR: GR »Babelsberg« – m: 3050 = 111
min. – fa u. s/w – PM: 19.1.1989 – PM-Ort:
Berlin; »Kosmos« – DA: Götz George (Graf) –
Rolf Hoppe (Markward) – Otto Sander (Lubo-
witz) – Ulrike Krumbiegel (Tina) – Volker Ra-
nisch (Julian) – Thomas Rudnick (Bubi) – Her-
mann Beyer (Kollmorgen) – Gerhard Hähndel
(Lotz) u. a. – KR: Ahrens, P.: Bruch in Berlin.
WBÜ 1989/5 – Galle, B.: Eine Gaunergeschich-
te mit Tiefgang. ND 25.1.1989 – Goldberg, H.:
Der Wald und die Bäume. FS 1989/4, S.14 –
Holland-Moritz, R.: Kino-Eule. ESP 1989/6 –
Rehahn, R.: Zwischen Zaster und Zukunft. WP
1989/5 – Sobe, G.: Bruch-Weisheiten, Spruch-
weisheiten. BZ 21.1.1989 – Wischnewski, K.:
Zeit, so hell wie dunkel. F&F 1989/4, S.2-3 –
Dotzauer, G.: Der Bruch der drei. FAZ 28.2.
1989 – Fründt, B.: Sehnsucht nach der Stunde
Null. SüZ 19.2.1989 – Hamacher, R.-R.: -. fd
1989/4 – Kersten, H.: Junge Leute und altes
Gaunertrio. TSP 22.1.1989 – Nolden, R.: Der
sympathischste Einbrecher, den man seit langem
im Kino sehen konnte. W 17.2.1989 – Schmitz,
H.: Neues Leben aus Ruinen. FRu 18.2.1989 –
Segler, D.: -. epd film 1989/4 – chp: Gesamtdeutsche Schwerfälligkeit. TAZ 2.3.1989 – Fre-
deriksen, A.: -. Zeit 24.2.1989 – Zimmermann,
M.: Tango tanzen in Ruinen. FAZ 23.1.1989.

Winter 1946 in Berlin. Drei Männer planen den
Coup ihres Lebens. Der Kriminelle Erwin Lubo-
witz will die Lohngelder aus dem Reichsbahn-
tresor holen. Mit von der Partie ist der zwielichtige Kellner Walter Graf. Um den Tresor zu
knacken, braucht es einen Fachmann. Und der
heißt Bruno Markward, ein Profi, der sich bereits zur Ruhe gesetzt hatte. Die Maurerlehrlin-
ge Julian und Bubi, die eigentlich nur die flotte
Friseöse Tina im Kopf haben, geraten unversehens in die Affäre. Der ahnungslose Bubi wird
von den Ganoven angeheuert, eine Mauer auf-
zustemmen, die zum Tresorraum führt. Nachdem das Unternehmen trotz einiger
Zwischenfälle geglückt ist, nimmt die Polizei
die Verfolgung auf. Kollmorgen, ein erfahrener
Kriminalist, seit der Weimarer Republik im
Dienst und während der Nazizeit als Sozialde-
mokrat aus dem Amt gejagt, und der unerfahrene Kommunist Lotz, der während der Nazizeit
mit Bruno im Zuchthaus war. Lotz wirbt Julian für die Kripo. Und das ungleiche Team
macht die Einbrecher nacheinander dingfest.

DIE GESCHICHTE VON DER GÄNSEPRINZESSIN UND IHREM TREUEN PFERD FALADA
(KINDERFILM)

RE: Konrad Petzold – SZ: Angelika Mihan –
LV: Märchen der Brüder Grimm »Die Gänse-
magd« – DR: Marion Wallroth – KA: Hans
Heinrich – MU: Zdének John – SB: Heinz Rös-
ke – KO: Ursula Strumpf – SC: Erika Lehmphul
– PL: Martin Sonnabend – GR: GR »Johannis-

thal« – m: 2266 = 83 min. – PM: 29.1.1989 –
PM-Ort: Berlin; »Colosseum« – DA: Dana Mo-
ravková (Aurinia) – Michaela Kuklová (Liesa) –
Eberhard Mellies (König Ewald) – Regina Bey-
er (junge Königin) – Peter Zimmermann (junger
König) – Gerry Wolff (Soldat Siegbert) –
Alexander Höchst (Prinz Ivo) – Karsten Janzon
(Kürdchen) u. a. – KR: Galle, B.: Aus wunder-
samer Mär ward artiges Geschehen. ND 9.3.
1989 – Lange, W.: Gänsestall unterm Thronsaal.
F&F 1989/3, S.7-8 – Novotny, E.: Die Ge-
schichte von der Gänseprinzessin. BZ 4.2.1989.

Prinzessin Aurinia ist mit ihrer Magd Liesa und
ihrem Pferd Falada auf dem Weg zum Schloß
des Königs Ewald, dessen Sohn Ivo sie zur Frau
versprochen wurde. Unterwegs zwingt Liesa die
Prinzessin zum Rollentausch, sie selbst will
Königin werden. Im Schloß angekommen, versucht Falada die falsche Braut zu entlarven.
Liesa läßt Falada köpfen, den Kopf über dem
finsteren Tor aufhängen, und Aurinia muß als
Gänsemagd dienen. König und Prinz werden
mißtrauisch angesichts der Grausamkeit der
vermeintlichen Prinzessin, und Ivo verliebt sich
in die freundliche Magd Aurinia. Mit Hilfe des
Hirtenjungen Kürdchen gelingt es König und
Prinz, den Betrug aufzudecken. Liesa bekommt
ihre gerechte Strafe, und die echte Prinzessin
feiert mit Ivo Hochzeit.

ZUM TEUFEL MIT HARBOLLA

RE: Bodo Fürneisen – SZ: Walter Flegel, Manfred Freitag, Joachim Nestler – DR: Thea Richter – KA: Erich Gusko – MU: Karl-Ernst Sasse
– SB: Peter Wilde – KO: Elke Hersmann – SC:
Ilona Thiel – PL: Rolf Martius – GR: GR »Roter Kreis« – m: 2769 = 102 min. – PM: 24.2.
1989 – PM-Ort: Berlin; »International« – DA:
Tom Pauls (Engelhardt) – Michael Lucke (Harbolla) – Annett Kruschke (Anita) – Andrea Solter (Heidelore) – Gert Gütschow (Uhrmacher) –
Mario Gericke (Feldwebel) u. a. – KR: Ahrens,
P.: »Mensch ist ein Dienstgrad...« – WBÜ
1989/13 – Goldberg, H.: Es ist die Hölle - weiß
Gott Genossen! FS 1989/6, S.14 – Holland-Moritz, R.: Kino-Eule. ESP 1989/16 – Knietzsch,
H.: Oranienburger Odyssee anno 56 aus den Babelsberger Studios. ND 27.2.1989 – Maihorn,
K.: Verrückt nach Rock und Röcken. WP 1989/
10 – Sobe, G.: Im Kino: Die kleine Harbolla-
Odyssee. BZ 25.2.1989 – Wehrstedt, N.: Nachts
in Oranienburg anno 56. F&F 1989/7, S.10-11.

1956. Unteroffizier Harbolla, ehemaliger
Schmied und entsprechend gebaut, kehrt der
NVA den Rücken, als er seinen Zugführerposten
an den gerade von der Offiziersschule gekommenen Leutnant Engelhardt abgeben soll. In
einer Kneipe, wo er in Uniformhose und Unter-
hemd Rock'n'Roll tanzt, wird er – ohne
Urlaubsschein – von einer Streife aufgegriffen
und in Arrest genommen. Der ernsthafte,
schmächtige Engelhardt soll ihn von Oranienburg in die heimatliche Kaserne zurückholen.
Harbolla weigert sich, den kürzesten Weg zu
nehmen. Er will erst zu seinem »Bratkartoffel-
Verhältnis« Heidelore, die in der Küche eines
Restaurants arbeitet. Damit beginnt eine turbulente Odyssee, in deren Verlauf das ungleiche

Paar unter anderem einem Alt-Nazi handgreiflich die Meinung sagt, sich ins Schiebermilieu
verstrickt, als angebliche NVA-Delegierte auf
einer FDJ-Veranstaltung begeistert gefeiert
wird. Am Ende sind die beiden zu Freunden
geworden.

PESTALOZZIS BERG
(CO-PRODUKTION DDR / SCHWEIZ)

RE: Peter von Gunten – BU: Peter von Gunten,
Peter Schneider, Lukas Hartmann – LV: Gleich-
namiger Roman von Lukas Hartmann – DR:
Dieter Wolf – KA: Jürgen Lenz – MU: Heinz
Reber – SB: Harry Leupold – KO: Werner Ber-
gemann, Greti Kläy – SC: Lotti Mehnert, Anna
Klimczsch – PL: Werner Langer, Peter Spoerri –
GR: GR »Babelsberg« – m: 3250 = 119 min. –
fa – brw – PM (DDR): 16.3.1989 – PM-Ort
(DDR): Berlin; »International« – CO: Präsens-
Film AG, Stella Film GmbH, Ellepi Film S.R.L.
– DA: Gian Maria Volonté (Pestalozzi) – Rolf
Hoppe (Zehender) – Heidi Züger (Mädi) – Christian Grashof (Zschokke) – Michael Gwisdek
(Perrault) – Corinna Harfouch (Juliette Benoit)
– Angelica Ippolito (Anna) u. a. – KR: Friedrich, D.: Beim Aufstieg wird die Luft dünn. BZ
21.3.1989 – Galle, B.: »Wunderlicher« Weltverbesserer, der zu den Lebensgipfeln strebte. ND
17.3.1989 – Gehler, F.: -. SO 1989/15 – Goldberg, H.: Die Luft ist ziemlich dünn. FSP 1989/
8, S.14 – Maihorn, K.: Alpen-Puzzle. WP 1989/
13 – Wehrstedt, N.: Weg nach Golgatha. F&F
1989/8, S.7-8 – che: Ein ungelenker, zerquälter
»Kinderfreund«. NZZ 2.3.1989 – Stadler, P.: Ein
historisch vertretbarer Pestalozzi. NZZ 2.3.1989
– Jeremias, B.: DDR-Filme. epd film 1989/4.

1799 sucht der weltbekannte Aufklärer, Huma-
nist und Pädagoge Johann Heinrich Pestalozzi
Zuflucht in einem Sanatorium in Bad Gurnigel.
Sein Experiment, im Kloster von St. Clara vierzig verwaisten und verwahrlosten Kindern ein
menschenwürdiges Zuhause und Bildung zu
geben, ist am Unverständnis der Behörden gescheitert. Der Mittfünfziger befindet sich in
einer tiefen Krise. Finanziell am Ende und an
der Trennung von seiner Frau Anna leidend,
sucht er sich selbst wiederzufinden in der Einsamkeit der Berge, von Bildern unbewältigter
Vergangenheit bedrängt. Er meidet die Menschen und brüskiert die wohlsituierten anderen
Kurgäste, was selbst seinen ihm freundlich ge-
sonnenen Wirt Zehender aufbringt. Durch den
Kontakt zu einem Mädchen aus dem Volke beginnt er neuen Lebensmut zu schöpfen.

TREFFEN IN TRAVERS

RE: Michael Gwisdek – SZ: Thomas Knauf –
LV: Gleichnamige Erzählung von Fritz Hof-
mann – DR: Christoph Prochnow – KA: Claus
Neumann – MU: Reiner Bredemeyer – SB:
Hans Poppe – KO: Katrine Cremer – SC: Eve-
lyn Carow – PL: Herbert Ehler – GR: GR »Ba-
belsberg« – m: 2750 = 101 min. – fa – brw –
PM: 27.4.1989 – PM-Ort: Berlin; »Internatio-
nal« – DA: Hermann Beyer (Georg Forster) –
Corinna Harfouch (Therese Forster) – Uwe
Kockisch (Ferdinand Huber) – Peter Dommisch
(Leonidas, Wirt) – Heide Kipp (Marthe, Wirtin)

1

4

2

5

3

6

1 Jörg Gudzuhn und Christine Schorn in
»Eine sonderbare Liebe«
(1984/RE: Lothar Warneke)

2 DEFA-Szenarist Thomas Knauf
und Alexander Korth in
»Rabenvater«
(1986/RE: Karl-Heinz Heymann)

3 Jana Krausová-Pehrová und Peter Kunev in
»Hilde, das Dienstmädchen«
(1986/RE: Günther Rücker, Jürgen Brauer)

4 Andrea Lüdke und Erwin Geschonneck in
»Wie die Alten sungen...«
(1987/RE: Günter Reisch)

5 Hans-Uwe Bauer in
»Dschungelzeit«
(1988/RE: Jörg Foth, Tran Vu),
eine Co-Produktion mit Vietnam

6 Tom Pauls (links) und Michael Lucke in
»Zum Teufel mit Harbolla«
(1989/RE: Bodo Fürneisen)

– Wolf-Dietrich Köllner (Rougemont, Staatsrat) u. a. – KR: Ahrens, P.: Gwisdeks überraschendes Debüt. WBÜ 1989/18 – Gehler, F.: -. SO 1989/21 – Goldberg, H.: Sie lächeln und sie sind vernünftig. FS 1989/11, S.14 – Holland-Moritz, R.: Kino-Eule. ESP 1989/22 – Meves, U.: Dreieckskonflikt im Wechselspiel mit historischen Ereignissen. ND 29.4.1989 – Rehahn, R.: Was geschah damals in T.? WP 1989/21 – Sobe, G.: Alle Liebe, die dauert, wird Haß? BZ 30.4.1989 – Wischnewski, K.: Lohn des Risikos. F&F 1989/6, S.44 – Kersten, H.: Für viele Assoziationen offen. TSP 30.4.1989 – MZ: DDR-Film in Cannes. FAZ 23.5.1989 – Kersten, H.: Unflotter Dreier. FRu 19.6.1989.

Im Herbst 1793 trifft sich der in Paris lebende Georg Forster in einem einsamen Gasthof in der Schweiz mit seiner Frau Therese, um die Scheidung zu besprechen. Therese ist mit den beiden gemeinsamen Kindern und ihrem neuen Lebensgefährten Ferdinand Huber gekommen. Der physisch und psychisch von den revolutionären Kämpfen in Frankreich geschwächte Forster versucht, Therese zu überreden, mit ihm nach Paris zu fahren. Er ist bereit, Huber als Dritten im Bunde zu akzeptieren. Therese, die wegen der politischen Tätigkeit ihres Mannes im Schweizer Exil lebt, möchte die Scheidung, um nach Deutschland zurück zu können. Sie versucht, auch Forster zur Rückkehr zu bewegen, damit er endlich zur Ruhe kommt. Er lehnt es ab, mit ihm nach Paris zu gehen, obwohl sie ihn noch immer liebt. Therese weiß, daß er sein Privatleben stets der Arbeit für die Revolution opfern würde. Und sie weiß, daß Huber sie braucht.

WIR BLEIBEN TREU
(CO-PRODUKTION DDR / UDSSR / BULGARIEN / ČSSR / POLEN / UNGARN)
RE: Andrej Maljukow, CO-RE: Dietmar Hochmuth – BU: Walentin Tschernych, Andrej Maljukow; MI: Ljuben Stanev (Bulgarien), J. Bejte (Ungarn), Manfred Freitag (DDR), Jerzy Grzemkowski (Polen), Dragoslav Makoviček (ČSSR) – DR: K. Samoschkin (UdSSR), M. Wydra (Bulgarien), W. Akjov (ČSSR), E. Jobst (DDR), J. Sentermay (Ungarn) – KA: Juri Klimenko, Walentin Piganow – MU: Jiři Sust – SB: Wiktor Petrow, Werner Pieske – KO: T.A. Tschapajewa – PL: W. Boguslawski (UdSSR), Oscar Ludmann (DDR), W. Jordanov (Bulgarien), Miroslav Doušek (ČSSR), Josef Jaros (Polen), Denes Szekeres (Ungarn) – m: Teil I 2851, II 2397 = (insgesamt)189 min. – fa – PM (UdSSR): Mai 1989 – AD (DDR): Der Film gelangte nicht zum Einsatz. – CO: Mosfilm, Moskau / Studio für Spielfilme »Bojana«, Sofia / Armeefilmstudio Bulgarien / Filmstudio Barrandov, Prag / Zespoly Polskich Producentow Filmowych, Warschau / Mafilm, Budapest – Russ. Titel: Wernymi ostanjomsa – Tschech. Titel: Věrni zůstaneme – DA: Igor Wolkow (Petr Laptew) – Jelena Jakowlewa (Vera) – Wanja Zwetkowa (Liljana Toschewa) – Zoltan Bezeredi (Sandor Simon) – Juri Beljajew (Tschumakow) – Vladimir Dlouhý (Miroslav Bouček) – Peter Zimmermann (Martin Schneider) – Erwin Berner (Kurt Schneider) – Ingrid Rentsch (Mutter Schneider) – Rudolf Ulrich (Vater) – Hans-Joachim Hanisch (Blume) u. a. – KR: keine.

Sechs Interbrigadisten, aus der Sowjetunion, der Tschechoslowakei, Polen, Deutschland, Ungarn und Bulgarien, stehen im Mittelpunkt des Films. 1936, während des spanischen Bürgerkrieges, lernen sie sich beim gemeinsamen Kampf gegen die Faschisten kennen. Über zwanzig Jahre wird ihr Weg verfolgt. Persönliches verbindet sich mit Historischem, Alltägliches mit Außergewöhnlichem. Beispielsweise werden die Repressalien gezeigt, denen der sowjetische Spanienkämpfer nach der Rückkehr in die Heimat ausgesetzt ist. Eine Episode beleuchtet die Begegnung des deutschen Antifaschisten nach dem zweiten Weltkrieg mit seinem Bruder, der faschistischer Offizier war, ebenso wie die Vereinigung von KPD und SPD 1946 in Deutschland.

GRÜNE HOCHZEIT
RE: Herrmann Zschoche – SZ: Christa Kožik – DR: Gabriele Herzog – KA: Günter Jaeuthe – MU: Günther Fischer – SB: Paul Lehmann – KO: Rene le Doil – SC: Monika Schindler – PL: Hans-Erich Busch – GR: GR »Johannisthal« – m: 2770 = 101 min. – fa – brw – PM: 26.5.1989 – PM-Ort: Halle-Neustadt; »Prisma« – DA: Anja Kling (Susanne) – Marc Lubosch (Robert) – Heike Krone (Jeanine) – Horst-Alexander Hardt (Paul) – Ursula Werner (Susannes Mutter) – Ute Lubosch (Roberts Mutter) u. a. – KR: Galle, B.: Über den Alltag einer großen Liebe. ND 27.5. 1989 – Gehler, F.: -. SO 1989/25 – Goldberg, H.: Ein Lehrstück von der Liebe. FS 1989/13, S.14 – Holland-Moritz, R.: Kino-Eule. ESP 1989/27 – Kersten, H.: Zwischen Realismus und Kintopp. TSP 25.6.1989 – Pietzsch, I.: Szenchen einer Ehe, F&F 1989/8, S.8-9 – Rehahn, R.: Vom Pärchen zum Paar. WP 1989/23 – Sobe, G.: Von quer lieben und quer leben. BZ 27.5. 1989.

Sieben Sommersprossen einige Jahre später. Robert (18) und Susanne (17) lieben sich und heiraten, weil Susanne schwanger ist. Sie bekommen eine Ausbauwohnung – und Zwillinge, die sie Romeo und Julia nennen. Das Hochgefühl der jungen Liebenden hält den Schwierigkeiten des Alltags nicht lange stand. Robert arbeitet als Bauarbeiter bei Tag, nachts fährt er schwarz Taxi, um mehr Geld zu verdienen. Susanne hat den Haushalt und die Zwillinge. Wenn Robert müde nach Hause kommt, schreien die Kinder, Susanne läuft in Kittelschürze und Lockenwicklern herum, sitzt vor dem Fernseher. Sie ist wütend, daß er sich zu Hause um nichts kümmert, für die Liebe auch meist zu müde ist. Das Geld reicht nie, die Stimmung sinkt auf den Nullpunkt. Robert zieht aus, geht zu dem attraktiven Mannequin Jeanine. Susanne läßt den hilfreichen Kumpel Paul bei sich wohnen. Doch mit den neuen Partnern geht es auch nicht gut. Susanne unternimmt einen Selbstmordversuch, wird gerettet. Zwischen beiden ist immer noch Liebe – und somit Hoffnung auf einen neuen Anfang.

DIE BETEILIGTEN
RE: Horst E. Brandt – SZ: Gerhard Bengsch – DR: Werner Beck – KA: Peter Badel – MU: Rainer Böhm – SB: Georg Wratsch – KO: Ines Raatzke – SC: Rosemarie Drinkorn – PL: Katrin Wiedemann – GR: GR »Berlin« – m: 2850 = 104 min. – fa – brw – PM: 15.6.1989 – PM-Ort: Berlin; »International« – DA: Manfred Gorr (Hans Gregor) – Gunter Schoß (Erwin Müller) – Jürgen Zartmann (Willi Stegmeier) – Karin Ugowski (Eva Sorge) – Christoph Engel (Ewald Sorge) – Karin Gregorek (Anna Sell) – Katrin Knappe (Helga Jordan) u. a. – KR: Galle, B.: Kriminalgeschichte mit soziologischen Ambitionen. ND 17.6.1989 – Goldberg, H.: Das Thema ist schon gut ... FS 1989/15, S.14 – Holland-Moritz, R.: Kino-Eule. ESP 1989/30 – Kersten, H.: Alter Stoff mit neuen Tönen. TSP 2.7.1989 – Rehahn, R.: Wie konnte das geschehen? WP 1989/26 – Sobe, G.: Kein Motiv und keine Widersprüche. BZ 17.6.1989 – Voss, M.: Über jeden Verdacht erhaben. F&F 1989/7, S.12-13.

Eine Kleinstadt an der Elbe im Frühjahr 1964. Aus dem Wasser wird die Leiche der jungen Christa Gellert gefischt. Alles deutet auf einen Unfall hin – während einer Dienstfahrt mit Stadtrat Stegmeier und dessen Mitarbeiterin Anna Sell ist Christa beim Weidenkätzchenpflücken ertrunken. So sagen die Beteiligten aus. Doch dann kommen Gerüchte auf. Kriminalist Hans Gregor ermittelt. Sein Chef Erwin Müller, der den Stadtrat seit vielen Jahren kennt, ist nicht erbaut davon. Bei der Befragung der Zeugen stößt Gregor nur auf Andeutungen. Eine Exhumierung der Toten wird vorgenommen. Man stellt fest, daß Christa schwanger war. Ihre Kollegin Helga, geexte Studentin zur Bewährung, weiß vom Verhältnis des Stadtrats mit Christa. Doch sie hat Angst auszusagen. Gregor muß sich durch ein Geflecht von Abhängigkeit, Karrieredenken und Mißtrauen kämpfen, bis er den Fall gelöst hat. – Die Verfilmung eines Stoffes aus den Jahren 1964/65, der im Zusammenhang mit dem 11. Plenum des ZK der SED nicht realisiert werden durfte.

VERFLIXTES MISSGESCHICK!
(KINDERFILM)
RE: Hannelore Unterberg – SZ: Wolf Müller – LV: Märchen »Wer das Unglück meistert, findet das Glück« von Samuil Marschak – DR: Anne Pfeuffer, Joachim Giera – KA: Michael Göthe – MU: Karl-Ernst Sasse – SB: Georg Kranz – KO: Joachim Dittrich – SC: Thea Richter – PL: Volkmar Leweck – GR: GR »Berlin« – m: 1973 = 72 min. – fa – PM: 2.7.1989 – PM-Ort: Berlin; »Colosseum« – DA: Carmen-Maja Antoni (Mißgeschick) – Heike Meyer (Kathrin) – Stefan Saborowski (Michael) – Horst Rehberg (Holzfäller) – Kurt Böwe (Habermoos) – Ulrich Anschütz (Torwächter Ludwig) – Roman Kaminski (König) u. a. – KR: Felsmann, K.-D.: Ungeschickte Adaption. FS 1989/17, S.14 – Galle, B.: Zaubertricks mit viel Musik. ND 11.7. 1989 – Lange, W.: Liebe, List, Gelassenheit. F&F 1990/2, S.11.

Ein armer Holzfäller ist vom Mißgeschick verfolgt. Als er völlig verzweifelt ist, steht es plötzlich in Gestalt eines garstigen Wesens vor ihm. Da es sich beim Holzfäller langweilt, verrät es diesem, wie er es loswerden kann. Der Holzfäller gibt es an den reichen Kaufmann Habermoos weiter. Der wird von Räubern überfallen und ausgeraubt, aber es gelingt ihm, das Mißgeschick an den König zu verschachern. Der ist bald ruiniert, und die Nachbarstaaten rüsten zum Krieg gegen ihn. Da der Krieg auch dem Mißgeschick Gefahr bringt, manövriert es sich mit List in den Besitz des Bauernjungen Michael, der beim König Dienst tun muß. Michaels Braut Kathrin soll mit dem Geizhals Habermoos verheiratet werden, doch Michael besiegt das Mißgeschick und kommt gerade noch zurecht, um Kathrin davor zu bewahren.

DIE BESTEIGUNG DES CHIMBORAZO
(CO-PRODUKTION DDR / BRD)
RE: Rainer Simon – SZ: Paul Kanut Schäfer, Rainer Simon – DR: Erika Richter, Redaktion: Wolfgang Hammerschmidt – KA: Roland Dressel – MU: Robert Linke – SB: Alfred Hirschmeier – KO: Günther Heidemann – SC: Helga Gentz – PL: Dorothea Hildebrandt – GR: GR »Babelsberg« – m: 3000 = 110 min. – fa – brw – PM: 7.9.1989 – PM-Ort: Berlin; »International« – CO: TORO-Film GmbH, Berlin (West); ZDF, Mainz – DA: Jan-Josef Liefers (Alexander v. Humboldt) – Luis Miguel Campos (Carlos Montúfar) – Olivier Pascalin (Aimé Bonpland) – Pedro Sisa (Pacho) – Monika Lennartz (Frau v. Humboldt) – Götz Schubert (Wilhelm v. Humboldt) – Hans-Uwe Bauer (Georg Forster) u. a. – KR: Ahrens, P.: Von Preußen in die Welt. WBÜ 1989/40 – Friedrich, D.: Eine Expedition ins Bergreich. BZ 10.9.1989 – Gehler, F.: -. SO 1989/40 – Holland.Moritz, R.: Kino-Eule. ESP 1989/42 – Kersten, H.: Gemeinsame Begegnung mit Humboldt. TSP 8.10.1989 – Knietzsch, H.: Ein Forscher voller Idealen und voller Tatendrang. ND 8.9.1989 – Rehahn, R.: Wie jung dieser Humboldt war... WP 1989/38 – Rother, H.-J.: Szenerie eines Aufbruchs. F&F 1989/12, S.2-4.

Im Jahre 1802 brechen von der nahe Quito (Ecuador) gelegenen Hazienda des Marqués de Selva Alegre drei Männer auf, den damals als höchsten Berg der Welt geltenden Chimborazo zu ersteigen: der Naturforscher Alexander von Humboldt, der Franzose Aimé Bonpland und der einheimische Aristokrat Carlos Montúfar. Trotz größter Strapazen und Gefahren untersucht, mißt und registriert Humboldt alles, was er wahrnimmt: Pflanzen, Tiere, Erde, Gestein, Wasser und Luft. Die Expedition führt sie durch die am Fuße des Berges gelegenen Indiodörfer, in denen sie übernachten. Humboldt begegnet der fremden Kultur mit Interesse und vorurteilsfreier Aufgeschlossenheit. Auf dem Weg erinnert er sich der Schwierigkeiten bei der Vorbereitung der Expedition, an die Kleingeistigkeit in Deutschland. Die Männer kämpfen verbissen gegen Schnee, Kälte, Orientierungsschwierigkeiten und dünne Höhenluft und gelangen schließlich in Regionen, die noch nie ein Mensch betreten hat. Den Gipfel erreichen sie nicht, aber eine Höhe von 5540 Metern, mehr als Humboldt gehofft hatte.

Filmtext: Die Besteigung des Chimborazo. Literarische Filmerzählung von Paul Kanut Schäfer und Rainer Simon. Köln: vgs Verlagsgesellschaft 1990

ZWEI SCHRÄGE VÖGEL
RE: Erwin Stranka – SZ: Diethardt Schneider – DR: Andreas Scheinert – KA: Helmut Bergmann – MU: Tamas Kahane, Karl-Ernst Sasse, Gruppe »Petty Coats« – SB: Heinz Röske – KO: Werner Bergemann – SC: Eva-Maria Schumann – PL: Uwe Kraft – GR: GR »Johannisthal« – m: 2870 = 104 min. – fa – brw – PM: 12.9.1989 – PM-Ort: Cottbus; »Kammerlichtspiele« – DA: Götz Schubert (Frank) Matthias Wien (Kamminke) – Simone Thomalla (Petra Anschütz) – Gerit Kling (Gina) – Dieter Mann (Dr. Bauer) – Jaecki Schwarz (Kremmel) u. a. – KR: Gehler, F.: -. SO 1989/42 – Goldberg, H.: ... aber erfolgreich. FS 1989/21, S.14 – Holland-Moritz, R.: Kino-Eule. ESP 1989/42 – Sobe, G.: Kam ein schräger Vogel geflogen... BZ 27.9.1989 – Voss, M.: Hoppla, jetzt komm' ich! F&F 1989/12, S.4-5.

Die Informatikstudenten Frank und Kamminke haben gemeinsam ein Computerprogramm entwickelt. Damit kann ein Computer Fehler in seiner Software selbst finden und korrigieren. Nach Abschluß des Studiums will man die beiden trennen, aber nach einigen Verwicklungen, unter anderem fahren sie an der Uni ein Computerprogramm zu Schrott, werden sie gemeinsam in einen thüringischen Betrieb versetzt – zur Bewährung. Dort geht alles einen ziemlich uneffektiven Gang, was nicht sein müßte, würde die Computeranlage genutzt. Doch dafür fehlt die richtige Software. Frank und Kamminke dürfen die Anlage nicht betreten. Mit Hilfe der Sachbearbeiterin Petra, in die sich beide verlieben, gelangen sie dennoch hinein und bringen die Anlage mit ihrem Programm zum Laufen. Allerdings werden sie dabei gestellt und erhalten vom Generaldirektor eine Strafpredigt. Ihr Erfolg jedoch läßt ihn schnell umdenken, und er macht aus ihnen ein Jugendforscherkollektiv.

EIN BRAUCHBARER MANN
RE: Hans-Werner Honert – SZ: Hans-Werner Honert – DR: Christoph Prochnow – KA: Helmut Grewald – MU: Jürgen Wilbrandt – SB: Marlene Willmann – KO: Günther Pohl – SC: Brigitte Koppe – PL: Giselher Venzke – GR: GR »Babelsberg« – m: 2695 = 99 min. – fa – PM: 19.10.1989 – PM-Ort: Berlin; »Colosseum« – DA: Tobias Langhoff (Uli Merkel) – Rolf Hoppe (Heiner Rudolf) – Otto Mellies (Gerhard Zeim) – Kirsten Block (Ilona Merkel) – Anne Kasprzik (Kerstin Rudolf) – Lore Tappe (Kaderleiterin) u. a. – KR: Fiedler, K.M.: Brauchbar waren sie alle... F&F 1990/3, S.11-12 – Goldberg, H.: Wir Brauchbaren. FS 1989/24, S.14 – Knietzsch, H.: Brauchbare Männer in einem brauchbaren Film. ND 20.10.1989 – Sobe, G.: Fahndung oder: Philoktet auf Rügen. BZ 21.10.1989 – Tok, H.-D.: Ein heutiger Gebrauchsfilm. WP 1989/44.

Der junge Uli Merkel ist Ingenieur und Erfinder. Er hat Frau und Kind und ist vor allem an seiner Karriere interessiert. Eines Tages bekommt er von Generaldirektor Zeim einen merkwürdigen Auftrag. Er soll den ehemaligen Chefkonstrukteur Heiner Rudolf ausfindig machen, um ihm seine Erfindungen aus der Tasche zu ziehen. Rudolf, ob seiner weit in die Zukunft weisenden Arbeiten seinerzeit verlacht, hatte bei seinem Weggang alle Unterlagen mitgenommen. Nun braucht man sie, um einen wichtigen Exportauftrag erfüllen zu können. Auf seiner Suche nach Rudolf beginnt Uli zu begreifen, daß man ihn, den Jungen, benutzt. Er findet Rudolf schließlich als Totengräber auf Rügen. Bei der Begegnung verstärken sich Ulis Zweifel an der moralischen Integrität seiner Mission. Er steigt aus und bleibt dort, während Rudolf ein Angebot des Generaldirektors annimmt.

COMING OUT
RE: Heiner Carow – SZ: Wolfram Witt – DR: Erika Richter – KA: Martin Schlesinger – MU: Stefan Carow – SB: Georg Wratsch – KO: Regina Viertel – SC: Evelyn Carow – PL: Horst Hartwig – GR: GR »Babelsberg« – m: 3073 = 113 min. – fa – brw – PM: 9.11.1989 – PM-Ort: Berlin; »International« – DA: Mathias Freihof (Philipp) – Dagmar Manzel (Tanja) – Dirk Kummer (Matthias) – Michael Gwisdek (Achim) – Werner Dissel (älterer Herr) – Gudrun Ritter (Frau Möllemann) – Walfriede Schmitt (Philipps Mutter) u. a. – KR: Ahrens, P.: Ein Film vom letzten Herbst. WBÜ 1990/2 – Berger, P.: Realismus eines Kolbenschadens. ND 15.11.1989 – Gehler, F.: Angst vor der Liebe. SO 1989/48 – Gehler, F.: Geschichte von Liebe und Verrat. F&F 1990/3, S.10-11 – Goldberg, H.: Der Makel. FS 1989/25, S.14-15 – Holland-Moritz, R.: Kino-Eule. ESP 1989/49 – Kersten, H.: Ein Modellfall für anderes. TSP 26.11.1989 – Kersten, H.: Toleranzplädoyer ohne Tabus. FRu 1.12.1989 – Lubowski, B.: DEFA-Film von Heiner Carow über Homosexualität. BMP 17.11.1989 – Peuckert, T.: Recherchen aus der Dokumentarmappe. StZ 14.12. 1989 – Rehahn, R.: Vom Anderssein des andern. WP 1989/47 – Sobe, G.: Ein Film als Toleranz-Edikt. BZ 10.11.1989 – Zimmermann, M.: Wo Schranken fallen. FAZ 1.12.1989.

In der Silvesternacht jagt ein Rettungswagen durch Berlin. Ein junger Mann, Matthias, hat Schlaftabletten genommen, ringt mit dem Tod. Rückblende: Ein anderer junger Mann, Philipp, ist ambitionierter Lehrer. Die Schüler mögen ihn, auch die Lehrerin Tanja. Sie verliebt sich in Philipp, die beiden werden ein Paar. Da begegnet Philipp einem alten Freund wieder, der ihn an die frühere homosexuelle Beziehung erinnert. Philipp hat die Neigung verdrängt, doch auf Dauer läßt sie sich nicht unterdrücken. Er lernt Matthias kennen, verliebt sich in ihn. Die leidenschaftliche Beziehung zu dem Jungen bringt ihn in schwere Konflikte. Tanja ist schwanger, er mag sie und will sie nicht enttäuschen. Für Philipp beginnt ein schmerzhafter Prozeß des Sich-Erkennens. Er weiß nicht, wohin mit sich und seinen Problemen, stößt die anderen vor den Kopf. Tanja wendet sich gekränkt von ihm ab. Matthias, für den Philipp die große Liebe ist, unternimmt einen Selbstmordversuch. Philipp überwindet schließlich die Angst vor der öffentlichen Meinung, bekennt sich zu seiner Homosexualität.

DER MAGDALENENBAUM

RE: Rainer Behrend – SZ: Friedhold Bauer – LV: Gleichnamiges Buch von Armin Müller – DR: Manfred Hocke – KA: Günter Haubold, Dieter Chill – MU: Reiner Bredemeyer – SB: Hans-Jorg Mirr – KO: Ursula Strumpf – SC: Renate Schäfer – PL: Rolf Martius – GR: GR »Johannisthal« – m: 2300 = 84 min. – fa – PM: 7.12.1989 – PM-Ort: Berlin; »Colosseum« – DA: Christine Schorn (Magda) – Christian Steyer (Ramboll) – Thomas Redlich / Thomas Stecher (Felix) – Dagmar Manzel (Rosie) – Hermann Stövesand (Gustav Striebel) – Doris Thalmer (Berta Striebel) – Klaus Piontek (Pfützner) u. a. – KR: Goldberg, H.: So verheizt man junge Leute. FS 1990/1, S.14 – Langner, B.: Schöne Bilder aus zweiter Hand. F&F 1990/2, S.10-11 – Sobe, G.: Verschlossene Gesellschaft. BZ 8.12. 1989 – Ullrich, H.: Zuviel Idylle rankt um ein Schicksal. NZT 13.12.1989 – H. K.: Schwere Zeit für Debütanten. TSP 24.12.1989.

Der Matrose Felix Striebel fährt im Urlaub in ein Dorf und besucht das frische Grab von »Mutter Magda«. Erinnerungen an seine Kindheit kommen auf: Nach der Gemeindeschwester Magda ist eine Eiche benannt worden, der Magdalenenbaum, Symbol für Geborgenheit und Beständigkeit. Sie hatte ihn gerettet, als Bulldozer ihm zu Leibe rücken wollten. Sie war überhaupt die Seele des Ortes, nahm sich der anderen an und kam dabei selbst zu kurz. Kurze Zeit lebte Felix bei ihr, als seine Mutter Rosie, eine Alkoholikerin, ins Krankenhaus mußte. Zu der Zeit war auch der Maler Ramboll im Dorf, der der Großstadt in einer depressiven Phase den Rücken gekehrt hat. Zwischen Magda und ihm entwickelte sich eine Liebesbeziehung, und als Felix bei Magda wohnte, erlebte die Gemeindeschwester fast so etwas wie Familienglück. Doch als Rosie aus dem Krankenhaus kam, nahm sie Felix wieder zurück. Und mit Ramboll, der sie mit in die Stadt nehmen wollte, ging Magda auch nicht. Sie ahnte, daß er sie nur brauchte, um wieder zu sich selbst zu finden. – Geblieben ist nur der Baum, der immer an Magda erinnern wird.

1990

RÜCKWÄRTSLAUFEN KANN ICH AUCH

RE: Karl Heinz Lotz – SZ: Manfred Wolter – DR: Erika Richter – KA: Michael Göthe – MU: Andreas Aigmüller – SB: Richard Schmidt – KO: Ulrike Stelzig – SC: Ilse Peters – PL: Martin Sonnabend – GR: GR »Babelsberg« – m: 2400 = 87 min. – fa – PM: 25.1.1990 – Berlin; »International« – DA: Peggy Langner (Kati) – Roland Kuchenbuch (Vater) – Vera Irrgang (Mutter) – Claudia Geisler (Gerda) – Heiko Krüger (Frank) – Peter Dommisch (Schimaniak) u. a. – KR: Claus, P.: Anders als die anderen - und darum weniger wert? JW 24.1.1990 – Galle, B.: Die eigentlich Behinderten. ND 29.1.1990 – Goldberg, H.: Schade, sehr schade. FS 1990/4, S.14 – H. K.: Ein guter Auftakt für die DEFA 1990. TSP 28.1.1990 – Holland-Moritz, R.: Kino-Eule. ESP 1990/10 – Knöfler, F.: Schunkeln gilt nicht? T 25.1.1990 – Köhler, M.: Nicht wegsehen - miteinander leben lernen. FR 3.2.1990 – Sobe, G.: Leben und leben lernen. BZ 27./28.1.1990 – Strunz, D.: Behindertes Mädchen im Spiegel der Ignoranz. BMP 8.3. 1990 – Thiemann, M.: Für und Wider. NZ 26.1.1990 – Tok, H.-D.: »Humpelstilzchen« Kati. LVZ 3./4.2.1990 – Tok, H.-D.: Große Kraft der kleinen Kati. WP 1990/7 – Ullrich, H.: Ein Kind hinkt durch sein Leben. NZT 26.1.1990 – Voigt, J.: Irgendwie Niemandsland. SO 1990/5 (Nachdruck: epd Film 1990/3, S.14).

Für die siebenjährige Kati ist die Einschulung ein ganz besonderer Tag. Sie ist behindert, Spastikerin, und die Eltern haben es durchgesetzt, daß sie eine »normale« Schule besuchen kann, ein Jahr zur Probe. Sie kämpft um ihren Platz. Sie erlebt Spott und Überheblichkeit, wenn sie körperlich mit den anderen nicht Schritt halten kann, und mitunter auch die Ungeduld der Lehrer. Aber sie findet auch Solidarität und Hilfe. Kati findet Freunde unter den »normalen« Kindern und unter ebenfalls behinderten. Die dreizehnjährige Ulrike zum Beispiel hat es geschafft, als Behinderte ihren Platz in der Normalschule zu behalten. Kati gelingt dies nicht, sie scheitert intellektuell, besonders in Mathematik hat sie große Schwierigkeiten. In dem siebzehnjährigen Frank, der auch die Sonderschule besucht hat, findet sie einen verständnisvollen Freund, der sie tröstet.

LASST MICH DOCH EINE TAUBE SEIN (CO-PRODUKTION DDR / JUGOSLAWIEN)

RE: Miomir Stamenković – SZ: Wolfgang Held – DR: Dieter Wolf – KA: Danijal Šukalo – MU: Peter Rabenalt – SB: Paul Lehmann – KO: Danka Petrovska – SC: Jelena Djokić – PL: Horst Hartwig, Zikrija-Zijo Pašik – GR: GR »Babelsberg« – m: 2779 = 102 min. – fa – brw – PM: 22.2.1990 – PM-Ort: Berlin; »International« – CO: Sutjeska-Film, Sarajevo – Serbokroat. Titel: Volio bih da sam golub – DA: Vanja Drach (Hans Sulka) – Manfred Möck (Josef Sulka) – Marina Marković (Anna Sulka) – Lutz Leyh (Milan Folk) – Slobodan Negić (Boris) – Peter Mohrdieck (Schnitzinger) u.a. – KR: Burkhardt, R.: -. SZ 23.2.1990 – Goldberg, H.: Warum über

diesen Film schreiben? FS 1990/6, S.14 – Tok, H.-D.: Partisanenepos alten Stils. LVZ 3.3.1990.

1943 wird in Slowenien die Partisaneneinheit »Ernst Thälmann« gebildet. Sie setzt sich aus Angehörigen der deutschen Minderheit und Überläufern der Wehrmacht zusammen. Auch die junge Anna Sulka gehört dazu. Ihr Bruder Josef dagegen ist bei der Waffen-SS. Der Vater, Hans Sulka, möchte sich aus den Kämpfen heraushalten. Er betreibt einen Handel und ist – wegen der Passierscheine – auf die Hilfe des SS-Kommandeurs Schnitzinger angewiesen. Der versucht, über Sulka an die Partisanen heranzukommen. Nach der gewaltsamen Befreiung von Geiseln durch Partisanen erpreßt er den jungen Josef Sulka. Die Partisanen werden von der SS aufgerieben, der den Betrug erkennende Vater erschießt seinen Sohn.

DAS KANINCHEN BIN ICH *(PJ: 1965)*

RE: Kurt Maetzig – BU: Manfred Bieler – LV: Nach dem Roman »Maria Morzeck oder Das Kaninchen bin ich« von Manfred Bieler – DR: Christel Gräf – KA: Erich Gusko – MU: Gerhard Rosenfeld, Reiner Bredemeyer – SB: Alfred Thomalla – KO: Rita Bieler – SC: Helga Krause – PL: Martin Sonnabend – GR: KAG »Roter Kreis« – m: 3237 – 118 min. – s/w – PM: 8.3.1990 – PM-Ort: Berlin; »International« – DA: Angelika Waller (Maria Morzeck) – Alfred Müller (Paul Deister) – Ilse Voigt (Tante Hete) – Wolfgang Winkler (Dieter) – Helmut Schellhardt (Bürgermeister) u. a. – KR: Ahrends, M.: Blinde Flecken. Zeit 12.10.1990 – Claus, P.: Kein Anfang, sondern »das Ende der Kunst«. JW 9.3.1990 – Dehnel, G.: Ein Film traf den Nerv des totalitären Systems. NZ 6.3. 1990 – Freund, R.: Verboten und wiederentdeckt. epd film 1990/5, S.18 – Galle, B.: Die späte Ankunft eines unerwünschten Films im Kino. ND 9.3.1990 – Hanisch, M.: -. NZT 4.9. 1990 – Holland-Moritz, R.: Kino-Eule. ESP 1990/16 – Kersten, H.: Kaninchen und Wendehälse. TSP 17.12.1989 – Knietzsch, H.: Besichtigung eines 25jährigen »Kaninchens«. ND 19.3.1990 – Rehahn, R.: Das Mädchen und der Staatsanwalt. WP 1989/53 – Roth, W.: 25 Jahre zu spät. epd film 1990/5, S.20 – Sanders-Brahms, H.: -. F&F 1991/5, S.30 – Ullrich, H.: Damals verboten: Porträt eines Richters. NZT 9.3.1990 – Tok, H.-D.: Verliebt in einen Richter. LVZ 10.3.1990 – Wolf, C.: Spaßige Flirts mit der Filmgeschichte. BMP 15.2.1990.

Maria Morzeck ist 19 Jahre alt und arbeitet als Kellnerin. Eigentlich wollte sie Slawistik studieren und Dolmetscherin werden. Doch weil ihr Bruder Dieter wegen »staatsgefährdender Hetze« zu drei Jahren Zuchthaus verurteilt wurde, ließ der Staat sie nicht zum Studium zu. Maria verliebt sich in den wesentlich älteren Paul Deister, erfährt, daß er der Richter war, der Dieter zu der hohen Strafe in dem dubiosen Prozeß – unter Ausschluß der Öffentlichkeit – verurteilt hat. Sie verwirft die anfängliche Absicht, die Beziehung zu Dieters Gunsten zu nutzen, will die Liebe und den Fall auseinanderhalten. Doch sie möchte von Paul die ganze Wahrheit wissen. Sein Verhalten macht deutlich, daß er Gesetze wie Menschen nur für seine Karriere benutzt. Maria verläßt ihn enttäuscht. Als der vorzeitig entlassene Bruder von dem Verhältnis erfährt, schlägt er seine Schwester zusammen. Sie zieht aus der gemeinsamen Wohnung aus, entschlossen, um ihren Studienplatz zu kämpfen.

Filmtext: Das Kaninchen bin ich. In: Prädikat: Besonders schädlich. Filmtexte. Herausgegeben von Christiane Mückenberger. Berlin: Henschelverlag 1990

RÜCKKEHR AUS DER WÜSTE
(CO-PRODUKTION DDR / ALGERIEN)
RE: Bernhard Stephan – SZ: Bernd Schirmer – LV: Gleichnamiger Roman von Konrad Potthoff – DR: Peter Jakubeit – KA: Otto Hanisch – MU: Peter Kuno Kühnel – SB: Peter Wilde – KO: Dagmar Graf – SC: Margrit Brusendorff – PL: Dorothea Hildebrandt – GR: GR »Berlin« – m: 2433 = 89 min. – fa – brw – PM: 22.3.1990 – PM-Ort: Berlin; »International« – CO: ENPA Algerie, Algier – DA: André Hennicke (Thomas Tänzer) – Barbara Schnitzler (Doris) – Deborah Kaufmann (Angela) – Azzedine Medjoubi (Mohamed) – Bernd-Uwe Reppenhgen (Napoleon) u. a. – KR: Galle, B.: Gegenwartsfilm aus der Vergangenheit. ND 23.3.1990 – Goldberg, H.: Als End-Zeit Jetzt-Zeit war. FS 1990/8, S.14 – Holland-Moritz, R.: Kino-Eule. ESP 1990/20 – Kersten, H.: Ein Blick zurück auf die DDR. TSP 1.4.1990 – Maihorn, K.: Die Tänzer-Akte. WP 1990/15 – Rother, H.-J.: Der arge Weg der Erkenntnis. F&F 1990/10, S.25-26 – Simonoviescz, A.: Suizid im Wartburg. TIP 1990/8 – Strunz, D.: Thomas Tänzer kehrt aus der Wüste zurück. BMP 24.3.1990 – Tok, H.-D.: Bindungslos, in sich gekehrt. LVZ 31.3.1990 – Ullrich, H.: Ärger für einen jungen Mann. NZT 29.3. 1990 – Voigt, J.: Irgendwie Niemandsland. SO 1990/5 (Nachdruck: epd film 1990/3, S.14).

Thomas Tänzer ist der provinziellen Enge des DDR-Alltags glücklich entrückt – in die Wüste, zum Arbeitseinsatz in Algerien. Hinter ihm liegen eine gescheiterte Ehe und ein abgebrochenes Studium. Aber auch in Algerien kommt er nicht klar. Die Vorschriften sind mitgereist – in Gestalt seiner Vorgesetzten. Nicht angeordnete Solidarität, das Verhältnis mit einer verheirateten Frau und ähnliches bringen ihn Schwierigkeiten. Sein Vater erkrankt schwer, und er bricht den Auslandsaufenthalt vorzeitig ab. Zu Hause stellt er fest, daß Frau und Kind ihm völlig fremd geworden sind. Doris, sein »Algerien-Verhältnis«, hat inzwischen ein Kind von ihm, fertigt ihn aber kühl ab. Er unternimmt mit dem Auto einen halbherzigen Selbstmordversuch, den er überlebt. Als er von einer Katastrophe in Algerien hört, meldet er sich zum freiwilligen Einsatz, wird aber seiner schlechten Kaderakte wegen nicht genommen.

ABSCHIEDSDISCO
RE: Rolf Losansky – SZ: Joachim Nowotny – LV: Gleichnamige Erzählung von Joachim Nowotny – DR: Werner Beck – KA: Helmut Grewald – MU: Reinhard Lakomy – SB: Jochen Keller – KO: Barbara Braumann – SC: Ilona

Thiel – PL: Harald Fischer – GR: GR: »Berlin« – m: 2475 = 91 min. – PM: 5.4.1990 – PM-Ort: Berlin; »International« – DA: Holger Kubisch (Henning) – Dana Bauer (Silke) – Susanne Saewert (Dixie) – Horst Schulze (Hennings Großvater) – Jaecki Schwarz (Hennings Vater) – Ellen Hellwig (Hennings Mutter) u. a. – KR: Bulgakowa, O.: Öko-Drama. TIP 1990/8 – Bulgakowa, O.: Letztes Jahr in Babelsberg. Zeit 1990/25 – Claus, P.: Zuviel des Guten. JW 15.4.1990 – Goldberg, H.: Einer und ein anderer. FS 1990/9, S.14 – Gympel, J.: Verbalisiert. Zitty 1990/9 – Holland-Moritz, R.: Kino-Eule. ESP 1990/20 – Kotsch, R.: Spärlich Applaus zur Premiere. ND 12.4.1990 – Ullrich, H.: In einem verlassenen Dorf. NZT 11.4.1990 – Rehahn, R.: Sündenfälle - ab 14 zugelassen. WP 1990/17 – Rother, H.-J.: Der arge Weg der Erkenntnis. F&F 1990/10, S.25 – Tok, H.-D.: Ein zweifaches Sterben. LVZ 8.4.1990 – Voigt, J.: Irgendwie Niemandsland. SO 1990/5 (Nachdruck: epd film 1990/3, S. 14).

Der fünfzehnjährige Henning ist vom Tod seiner Freundin Silke, seiner ersten Liebe, schwer erschüttert. Tröstungen sind ihm lästig. Er entschließt sich, zum Großvater zu fahren, der in einem Dorf im Braunkohlengebiet lebt. Das Dorf muß der Kohle weichen, doch der Alte weigert sich, ins Altersheim zu gehen. Henning erfährt dort ein anderes Sterben. Bagger fressen sich durch die Landschaft, alles Leben vernichtend. In der fast verlassenen Gegend begegnet er verschiedenen Menschen . Einem Plünderer und dem alten Dorfkauz, der Tiere einsammelt, um sie zu retten. Eine Frau in der Disco, die geschlossen wird, macht ihm unzweideutige Angebote. Er beobachtet ein junges Paar, das sich in der gespenstischen Umgebung liebt. Dem Jungen stellen sich Fragen nach der Verantwortung des Menschen beim Umgang mit der Erde. Am Ende pflanzt er mit der Schulfreundin Dixie Bäumchen in einer fast toten Landschaft.

DER DRACHE DANIEL
(KINDERFILM)
RE: Hans Kratzert – SZ: Katrin Lange – DR: Renate Epperlein – KA: Eberhard Borkmann – MU: Reinhard Lakomy – SB: Georg Kranz – KO: Inge Koniček – SC: Brigitte Krex – PL: Wolfgang Rennebarth – GR: GR »Berlin« – m: 2168 = 76 min. – fa – PM: 8.4.1990 – PM-Ort: Berlin; »Rio« – DA: Jens Sander (Daniel) – Joachim Zschocke (Mandelkow) – Gunnar Helm (Daniel als Drache) – Kathrin Waligura (Karoline Sommerfeld) – Jörg Schüttauf (Norbert Lenz) – Gert-Hartmut Schreier (Daniels Vater) u. a. – KR: Faber, J.: Daniel wird ein Drache aus Liebeskummer. BMP 15.11.1990 – Hamacher, R.-R.: -. fd 1991/8, S. 21 (Nr. 28857) – Köhler, R.: Realität und Traum. NZT 3.5.1990 – Maihorn, K.: Schulpflicht für Drachen. WP 1990/16 – Novotny, E.: Liebes Monster. BZ 24.4.1990 – Rönneburg, C.: Monster und Marmelade. TIP 1990/23.

Der achtjährige Daniel lebt allein mit seinem Vater. Sie verstehen sich gut, doch Daniel vermißt die Mutter und sieht in der Lehrerin Som-

merfeld einen Ersatz. Nach einem Schulausflug zur Drachenhöhle erfährt er, daß die Lehrerin heiraten und den Ort verlassen will. In der Werkstatt des alten Meisters Mandelkow stiehlt er eine Zauberpfeife, die Wünsche erfüllt. Daniel verwandelt sich in einen Drachen und entführt Fräulein Sommerfeld in die Höhle. Dort verbrennt die Pfeife. So fliegen die beiden zu Meister Mandelkow, der Daniel zurückverwandeln soll. Doch das ist nicht so einfach. Der Bräutigam der Lehrerin taucht auf und fordert den Drachen zum Kampf. Daniel muß einige Proben bestehen, bis er wieder Mensch wird. Und Fräulein Sommerfeld muß er am Ende doch ziehen lassen.

VERBOTENE LIEBE
RE: Helmut Dziuba – BU: Helmut Dziuba – LV: Erzählung »Der Sündenfall« von Helmut H. Schulz – DR: Peter Jakubeit – KA: Helmut Bergmann – MU: Christian Steyer – SB: Heinz Röske – KO: Elke Hersmann – SC: Monika Schindler – PL: Uwe Kraft – GR: GR »Berlin« – m: 2473 = 91 min. – fa – brw – PM: 19.4.1990 – PM-Ort: Berlin; »International« – DA: Julia Brendler (Barbara) – Hans-Peter Dahm (Georg Kalisch) – Gudrun Ritter (Lehrerin Laube) – Karin Gregorek (Mutter Kalisch) – Rolf Dietrich (Vater Kalisch) – Heide Kipp (Barbaras Mutter) – Peter Sodann (Barbaras Vater) – Dietrich Körner (Direktor) – Gert Gütschow (Staatsanwalt) – KR: Ahrens, P.: Diese Liebe bleibt verboten. WBÜ 1990/25 – Bulgakowa, O.: Teeniesex und Tiefflug. TIP 1990/9 – chp: Was verboten ist... TAZ 26.4.1990 – Claus, P.: Gefühl contra Gesetz. JW 19.4.1990 – Galle, B.: Unschuldige Liebe wird zum Sündenfall. ND 23.4. 1990 – Goldberg, H.: Das muß doch einen Grund haben. FS 1990/11, S.10 – Hobsch, M.: Erwachend. Zitty 1990/9 – Holland-Moritz, R.: Kino-Eule. ESP 1990/24 – Kersten, H.: Auch ein »Vor-Wende«-Film. TSP 6.5.1990 – Rehahn, R.: Sündenfälle - ab 14 zugelassen. WP 1990/17 – Sobe, G.: Eine Gesellschaft vor Gericht. BZ 20.4.1990 – Strunz, D.: Klein-Eva verführt zum Sündenfall. BMP 3.5.1990 – Tok, H.-D.: Junge Liebende in Nöten. LVZ 29.4.1990 – Ullrich, H.: Jugend im Widerspruch von Gefühl und Gesetz. NZT 24.4.1990 – Voigt, J.: Irgendwie Niemandsland. SO 1990/5.

Der achtzehnjährige Oberschüler Georg steht vor Gericht - wegen sexuellen Mißbrauchs einer Dreizehnjährigen. Das Mädchen Barbara und er kennen sich von Kindheit an. Sie sind als Nachbarn zusammen aufgewachsen. Die Elternhäuser sind miteinander verfeindet, die Kinder lieben sich. Für Barbaras Vater ist das Verhältnis der beiden ein willkommener Anlaß, gegen den Nachbarn vorzugehen, Strafanzeige zu erstatten. Versuche, die Familien auszusöhnen, mißlingen. Der Prozeß ist nicht zu verhindern, der Paragraph 148 ist eindeutig, Gefühle berücksichtigt er nicht. Überall, vor allem in der Schule, kommt es zu heftigen Auseinandersetzungen. Georg und Barbara bekennen sich zu ihrer Liebe, und die Schüler solidarisieren sich mit Georg. Die Lehrerin Laube stellt sich – im Gegensatz zum dogmatischen Direktor – auf die Seite der jungen Leute.

DENK BLOSS NICHT, ICH HEULE
(PJ: 1964/1965)

RE: Frank Vogel – BU: Manfred Freitag, Joachim Nestler – DR: Dieter Scharfenberg – KA: Günter Ost – MU: Hans-Dieter Hosalla – SB: Harald Horn – KO: Dorit Gründel – SC: Helga Krause – PL: Herbert Ehler – GR: KAG »Heinrich Greif« – m: 2476 = 91 min. – s/w – PM: 26.4.1990 – PM-Ort: Berlin; »International« – DA: Peter Reusse (Peter Naumann) – Anne-Kathrein Kretzschmar (Anne) – Helga Göring (Frau Naumann) – Jutta Hoffmann (Uschi) – Herbert Köfer (Röhle) – Hans Hardt-Hardtloff (Samthandschuh, Annes Vater) – Harry Hindemith (Herr Naumann) – Fred Delmare (Brigadier) – Arno Wyzniewski (Physiker) u. a. – KR: Agde, G.: Es ist zum Weinen. FS 1990/3, S.27 – chp: James Dean auf preußisch. TAZ 13.2.1990 – Claus, P.: Entblätterung von fatalen Mechanismen. JW 8.5.1990 – Freund, R.: Verboten und wiederentdeckt. epd film 1990/5, S.18 – Galle, B.: Von den Idealen der Alten und dem »Undank« der Jungen. ND 17.5.1990 – Kersten, H.: Nach einem Vierteljahrhundert unverändert aktuell. TSP 21.1.1990 – Roth, W.: 25 Jahre zu spät. epd film 1990/5, S.20 – Tok, H.-D.: »Prädikat: besonders schädlich«. LVZ 12./13.5.1990 – Wolf, C.: Spaßige Flirts mit der Filmgeschichte. BMP 15.2.1990.

Der Oberschüler Peter Naumann gilt als schwarzes Schaf der Schule. Seine provokatorischen Scherze und vor allem ein Aufsatz, in dem er offen verkündet, daß er »die Republik nicht braucht«, führen zur Relegation. Verständnis für seine Ehrlichkeit, seine Auflehnung gegen Heuchelei findet er nirgends. Einzig Freundin Anne hält zu ihm. Er zieht zu ihr aufs Land, will sich dort extern auf das Abitur vorbereiten. Aber auch hier gibt es Konflikte. Annes Vater, LPG-Vorsitzender, ist gegen die Verbindung seiner Tochter mit dem Jungen. Peter will sich am Schuldirektor rächen. Doch als seine Kumpel diesem auflauern und ihn verprügeln, greift Peter ein – und bekommt selbst Prügel.

Filmtext: Denk bloß nicht, ich heule. In: Prädikat: Besonders schädlich. Filmtexte. Herausgegeben von Christiane Mückenberger. Berlin: Henschelverlag 1990

ÜBER DIE GRENZEN

RE: Rainer Ackermann – SZ: Rainer Ackermann – DR: Tamara Trampe – KA: Thomas Plenert – MU: Wolfram Bodag – SB: Harry Leupold – KO: Joachim Dittrich – SC: Ursula Henning – PL: Hans-Erich Busch – GR: GR »Berlin« – m: 2895 = 106 min. – fa – brw – PM-Ort: Berlin; »Rio« – DA: Joachim Lätsch (Krewer) – Jörg Simonides (Gorski) – Carl Heinz Choynski (Micki Miller) – John Bond (Steve Baxter) – Asad Schwarz (Schultz) – Gabriela Oswaldová (Dana) – René Bischoff (Emile Louvel) – Ralf Lindermann (Ritter) – Peter Wohlfeil (Falck) – Jolanta Gruznic (Malgorzata) u. a. – KR: Bulgakowa, O.: Überlebenstraining. TIP 1990/10 – Claus, P.: Ohne Umweg langweilig. JW 16.5.1990 – Galle, B.: Ausflug mit dem Hometrainer. ND 31.5.1990 – Goldberg, H.: Um eine Filmlänge verloren. FS

1990/12, S.10 – Kersten, H.: Mißlungener Zwitter. TSP 20.5.1990 – Sobe, G.: Ja, mir san mit'n Radl da. BZ 8.5.1990 – Switalla, G.: Fehlstart. TAZ (DDR) 11.5.1990.

Der Dokumentarfilmer Paul Krewer will einen Film über seinen Freund, den Radrennfahrer Thomas Ritter machen, der aller Voraussicht nach die Friedensfahrt gewinnen könnte. Doch schon zu Beginn der Fahrt fällt er durch einen Sturz hoffnungslos zurück. Was tun? Eine Niederlage zu dokumentieren, war nicht die Absicht Krewers. Er ändert seinen Plan, filmt neben Ritter auch den besser plazierten Falck, der nach Ritters Rückfall gute Chancen hat. Und er lernt den englischen Fahrer Steve Baxter kennen, der am Ende des Feldes verbissen kämpft. Mit seiner Kamera bleibt Krewer auch bei ihm. Er ergänzt sein Material mit Aufnahmen von Ereignissen am Straßenrand, trifft auf die tschechische Fotografin Dana, seine polnische Freundin Malgorzata und den französischen Sportjournalisten Emile, einen »Klassiker« der Friedensfahrt.

BERLIN UM DIE ECKE   (PJ: 1965)

RE: Gerhard Klein – BU: Wolfgang Kohlhaase – DR: Klaus Wischnewski – KA: Peter Krause – MU: Georg Katzer – SB: Alfred Drosdek – KO: Barbara Braumann – SC: Evelyn Carow – PL: Manfred Renger – GR: KAG »Berlin« – m: 2360 = 85 min. – s/w – PM: 10.5.1990 – PM-Ort: Berlin; »International« – BE: Eine Rohschnittfassung des Films lief im Dezember 1987 im Programm des Archivkinos »Studio CAMERA«, Filmtheater »Babylon« Berlin – DA: Dieter Mann (Olaf) – Monika Gabriel (Karin) – Kaspar Eichel (Horst) – Erwin Geschonneck (Paul Krautmann) – Hans Hardt-Hardtloff (Hütte) – Harald Warmbrunn (Meister) u. a. – KR: F. K.: Voller Liebe zu den kleinen Leuten. T 11.5.1990 – Freund, R.: Verboten und wiederentdeckt. epd film 1990/5, S.18 – Galle, B.: Von den Idealen der Alten und dem »Undank« der Jungen. ND 17.5.1990 – Hennigsmeyer, A.: Opfer der Film-Zensur. BMP 17.11.1990 – m.h.: -. NZT 17.11.1990 – Mückenberger, Ch.: Zum Film: »Berlin um die Ecke«. M 24.6.1990 – Roth, W.: 25 Jahre zu spät. epd film 1990/5, S.20 – Schenk, R.: Unbekanntes von Gerhard Klein. WBÜ 1988/1 – Simoniescz, A.: Aktion saubere Leinwand. TIP 1990/9 – Sladeck, E.: -. Norddt. Neueste Nachrichten 12.8.1987 – Schmidt, H.: Kollision mit der Umwelt. medium 1988/2, S.69 – Switalla, G.: -. TAZ (DDR) 16.5.1990 – Tok, H.-D.: »Prädikat: besonders schädlich«. LVZ 12./13.5.1990 – Ullrich, H.: Recht ferngerückt schon. NZT 18.5.1990.

Berlin, Mitte der sechziger Jahre. Die Freunde Olaf und Horst sind Mitglieder einer Jugendbrigade eines großen Metallbetriebes. Im Streben nach Produktionsverbesserungen kommt es zu Auseinandersetzungen. Die Maschinen sind veraltet, und es fehlt selbst an Kleinigkeiten. Für die Forderungen der Jungen haben die Alten kein Verständnis. Nur der stille Arbeiter Paul Krautmann, der sich im Kampf um Ersatzteile und die Sorge um die Maschinen aufgerieben hat, bringt den Jungen Vertrauen entgegen. Sein

plötzlicher Tod geht ihnen sehr nahe. Als die beiden in der Betriebszeitung kritisiert werden, greift Olaf den Redakteur, den alten Antifaschisten Hütte, tätlich an. Neben den betrieblichen Problemen hat Olaf auch private. Er verliebt sich in Karin, Sängerin in einem Tanzcafé. Karin, die abends das Glamourgirl spielt und am Tag in einer Großküche arbeitet, wehrt ihn anfangs ab. Als er nicht nachgibt und sie merkt, daß er es ernst meint, kommt es doch noch zum Happy-End. Freund Horst geht nach der Auflösung der Jugendbrigade im Betrieb auf eine Großbaustelle.

DIE ARCHITEKTEN

RE: Peter Kahane – SZ: Thomas Knauf, MI: Peter Kahane – DR: Christoph Prochnow – KA: Andreas Köfer – MU: Tamás Kahane – SB: Dieter Döhl – KO: Christiane Dorst – SC: Ilse Peters – PL: Herbert Ehler – GR: GR »Babelsberg« – m: 2919 = 97 min. – fa – brw – PM: 27.5.1990 – PM-Ort: Berlin; »International« – DA: Kurt Naumann (Daniel Brenner) – Rita Feldmeier (Wanda Brenner) – Uta Eisold (Renate Reese) – Jürgen Watzke (Martin Bulla) – Ute Lubosch (Franziska Scharf) – Catherine Stoyan (Elke Krug) – Christoph Engel (Ökonom Endler) – KR: Ahrens, P.: Anläßlich eines traurigen Films. WBÜ 1990/31 – Bulgakowa, O.: Poetisierte Resignation. TAZ 28.6.1990 – Bulgakowa, O.: Letztes Jahr in Babelsberg. Zeit 1990/25 – Claus, P.: Wunden eines »Versagers«. JW 21.6.1990 – Düwel, H.: -. TAZ (DDR) 29.6.1990 – Galle, B.: Hier zartes Klopfen, dort hartes Hämmern - aber wer wird es hören. ND 23.6.1990 – Gehler, F.: Das Kino als Friedhof. SO 1990/29 – Goldberg, H.: Ruinierte Träume. FS 1990/16, S.11 – Holland-Moritz, R.: Kino-Eule. ESP 1990/32 – Maihorn, K.: Mutiges Menetekel - zu spät. WP 1990/27 – Rother, H.-J.: Der arge Weg der Erkenntnis. F&F 1990/10, S. 26 – Sobe, G.: Hans im Glück oder Verlorene Illusion. BZ 22.6.1990.

Der Architekt Daniel ist Ende Dreißig und projektiert Wartehäuschen für Busstationen und ähnliches. Ansonsten beteiligt er sich an Wettbewerben. Plötzlich bekommt er den Auftrag, für eine Trabantenstadt Berlins ein kulturelles Zentrum zu projektieren. Als Mitarbeiter will er ehemalige Kommilitonen gewinnen. Einige jedoch sind aus dem Beruf ausgestiegen, er bekommt noch fünf zusammen, dazu zwei junge Absolventen. Die sieben verwirklichen in diesem Projekt ihre Ideale von einem schönen Zentrum, in dem das Leben pulsieren kann: gastronomische Einrichtungen, Geschäfte, Kulturstätten, Spielplätze und Grünanlagen. Daniel arbeitet engagiert, doch er sieht vor sich zahllose unüberwindbare Hürden. Das Kollektiv zerbricht aufgrund der Eingriffe übergeordneter Stellen. Daniels Frau verläßt mit dem Kind die DDR. Als der Bau beginnt, ist von dem ursprünglichen Entwurf nicht mehr viel übrig.

SEHNSUCHT

RE: Jürgen Brauer – SZ: Jurij Koch – LV: Novelle »Der Kirschbaum von Jurij Koch – DR: Andreas Scheinert, Manfred Hocke – KA: Jürgen Brauer – MU: Ralf Hoyer – SB: Georg Wratsch – KO: Christiane Dorst – SC: Erika Lehmphul – PL: Gerrit List – GR: GR »Johannisthal« – m: 2578 = 94 min. – fa – brw – PM: 30.5.1990 – PM-Ort: Berlin; »International« – DA: Ulrike Krumbiegel (Ena) – Ulrich Mühe (Sieghart) – Thomas Büchel (Mathias) – Martin Trettau (Großvater) – Katharina Lind (Enas Großmutter) – Benno Mieth (Braschka) u. a. – KR: Claus, P.: Blitzschläge zwischen Wachen und Wahnsinn. JW 7.6.1990 – Dehnel, G.: Reales und Traumhaftes gehen nicht ineinander. B Allg. 21.6.1990 – Goldberg, H.: Nichts bleibt, wie es war. FS 1990/13, S.10 – Hannuschka, K.: Starke Kontraste und Behutsamkeit. MVS 13.6.1990 – Maihorn, K.: Zwischen Wurzeln und Trieben. WP 1990/23 – Sobe, G.: Zapfenstreich mit zwei Uraufführungen. BZ 1.6.1990 – Voigt, J.: Irgendwie Niemandsland. SO 1990/5 (Nachdruck: epd film 1990/3, S. 14).

Ena, eine junge Frau, lebt auf einem abgelegenen Gehöft in der Lausitz. Sie ist mit dem Bauern Mathias verlobt. In einer Gewitternacht erscheint der mit seinem Auto steckengebliebene Wasserbauingenieur Sieghart bei ihr. Die beiden verlieben sich, doch Ena entscheidet sich für die Ehe mit Mathias. Dieser, dem ihre Gefühle für Sieghart nicht verborgen bleiben, zwingt die beiden zu einer mörderischen Kutschfahrt, die im See endet. Mathias bleibt verschollen. Ena heiratet Sieghart und geht mit ihm nach Paris, als er an ein Internationales Wasserbau-Institut berufen wird. Aber die Erinnerung an Mathias holt sie ein, sie findet keine Ruhe. Schließlich flieht sie zurück zu jenem See – in der Hoffnung, von Mathias loszukommen.

MOTIVSUCHE

RE: Dietmar Hochmuth – SZ: Henry Schneider – DR: Andreas Scheinert – KA: Dieter Chill – MU: Georg Friedrich Händel, Johann Sebastian Bach – SB: Solvejg Paschkowski – KO: Inken Gusner, Heike Krause – SC: Sabine Schmager – PL: Andrea Hoffmann – GR: GR »Johannisthal« – m: 3047 = 112 min. – fa – PM: 7.6.1990 – PM-Ort: Berlin; »International« – DA: Peter Zimmermann (Rüdiger) – Arianne Borbach (Christa) – Dorothea Rohde (Manuela) – Mario Klaszynski (Klaus) – Florian Martens (Andy) – Lothar Bisky (Gerd) – Beate Hanspach (Frau Kiefert) – Dorothea Moritz (Hebamme) – Andreas Scheinert (Oberarzt) u. a. – KR: Chervel, T.: Heillos in die Wirklichkeit. TAZ 20.2.1990 – Claus, P.: Bitte, entkrampfen Sie sich! JW 13.6.1990 – Gehler, F.: Ironischer Abschied. SO 1990/26 – Goldberg, H.: Der Wirklichkeitskoller. FS 1990/14, S.11 – Holland-Moritz, R.: Kino-Eule. ESP 1990/29 – Sobe, G.: Zapfenstreich mit zwei Uraufführungen. BZ 1.6.1990 – Rother, H.-J.: Der arge Weg der Erkenntnis. F&F 1990/10, S.26 – Rother, H.-J.: Augen auf. SO 1990/35 – Voigt, J.: Irgendwie Niemandsland. SO 1990/5 (Nachdruck: epd film 1990/3, S.14) – Wenner, D.: Schöpferische Feindschaft. TAZ 26.7.1991.

Dokumentarfilmer Rüdiger Stein, ein Enddreißiger, hat sich vor allem mit Filmen über »Renaissanceriesen« beschäftigt. Doch er möchte endlich das wirkliche Leben vor die Kamera bekommen. Da läuft ihm ein minderjähriges Pärchen über den Weg, Klaus und Manuela. Sie ist schwanger, und die beiden wollen zusammen leben. Ein Stoff für Stein. Er setzt sein Projekt im Studio durch, scheitert aber an den Protagonisten, die nicht so wollen wie er. Sie zerstreiten sich. Als der Vater von Klaus stirbt, soll Stein Vormund werden. Er nimmt an, versucht die jungen Leute zu versöhnen. Es mißlingt. Auch seine eigene Beziehung scheitert. Stein sucht Unterschlupf bei seinem Mündel Klaus, während Manuela mit ihrem Kind bei einem anderen Mann lebt.

KARLA
(PJ: 1965/66)

RE: Herrmann Zschoche – BU: Ulrich Plenzdorf, Herrmann Zschoche – DR: Manfred Fritzsche, Manfred Kieseler – KA: Günter Ost – MU: Karl-Ernst Sasse – SB: Dieter Adam – KO: Luise Schmidt – SC: Brigitte Krex – PL: Gert Golde – GR: KAG »Berlin« – m: 3350 = 123 min. – s/w – Tovi – PM: 14.6.1990 – PM-Ort: Berlin; »International« – DA: Jutta Hoffmann (Karla) – Jürgen Hentsch (Kaspar) – Hans Hardt-Hardtloff (Direktor) – Inge Keller (Frau Janson) – Rolf Hoppe (Eifler) – Jörg Knochee (Rudi) u. a. – KR: Baer, V.: -. TSP 18.2.1990 – Dehnel, G.: Einsame Kämpfer gegen die Mißstände ihrer Umgebung. B Allg. 18.6.1990 – Eichler, W.: Mit moralischem Anspruch. B Allg. 8.2. 1990 – Freund, R.: Verboten und wiederentdeckt. epd film 1990/5, S.18 – Fuchs, T.: Regisseur im Konflikt mit der Partei. BMP 13.6.1990 – Galle, B.: Hier zartes Klopfen, dort hartes Hämmern - aber wer wird es hören. ND 23.6.1990 – -ler: Karla bleibt sich treu trotz bitterer Erlebnisse. NZT 19.6.1990 – Roth, W.: 25 Jahre zu spät. epd film 1990/5, S.20 – Schenk, R.: -. Kinder-Jugend-Film-Korrespondenz 1991/1 (Nr. 45) – Sobe, G.: Meinen Sie, man hätte Heuchelei verlangt? BZ 15.6.1990 – Wolf, C.: Große Rolle für Jutta Hoffmann. BMP 18.2.1990.

Karla tritt nach Abschluß der Universität mit großen Ambitionen eine Lehrerstelle in einer Kleinstadt im Norden der DDR an. Sie möchte den Kindern nicht nur Fakten vermitteln, sondern sie vor allem zu selbständigem Denken anregen. Mit Direktor Hirte versteht sie sich anfangs recht gut. Doch ihre Ideale stoßen auf Unverständnis – auch bei den Schülern, die längst wissen, was zu sagen ist und was man besser verschweigt. Ihr unkonventionelles Verhalten, sie hat auch noch eine Beziehung zu dem »Aussteiger« Kaspar, fällt unangenehm auf. Nach einer Niederlage paßt sich Karla an. Kurz vor dem Abitur begehrt sie jedoch auf, sagt ihren Schülern die Meinung. Am Ende des Schuljahres wird sie in eine andere Schule versetzt, Kaspar begleitet sie.

Filmtext: Karla. Der alte Mann, das Pferd, die Straße. Texte zu Filmen von Ulrich Plenzdorf. Berlin: Henschelverlag 1978. Auch in: Ulrich Plenzdorf: Filme 2. Rostock: Hinstorff Verlag 1988

DER STREIT UM DES ESELS SCHATTEN
(KINDERFILM)

RE: Walter Beck – BU: Walter Beck – SZ: Friedhold Bauer – LV: Frei nach Christoph Martin Wieland – DR: Andreas Scheinert, Manfred Hocke – KA: Wolfgang Braumann – MU: Günther Fischer – SB: Dieter Adam – KO: Inge Kistner – SC: Vera Nowark – PL: Volkmar Leweck – GR: GR »Johannisthal« m: 2075 = 76 min. – fa – PM: 22.7.1990 – PM-Ort: Berlin; »Rio« – DA: Fritz Decho (Struthion) – Jürgen Watzke (Anthrax) – Jens-Uwe Bogadtke (Leander) – Manfred Heine (Demokrit) – Karin Gregorek (Krobyle) – Gerit Kling (Gorgo) u. a. – KR: Goldberg, H.: Die Schattenseite. FS 1990/18, S.10 – Novotny, E.: Streit um des Esels Schatten. BZ 16.9.1990.

In der antiken Narrenstadt Abdera kommt es zwischen einem Eselstreiber und einem Zahnarzt zum Streit. Der Zahnarzt, auf dem Weg zu dem Gelehrten Demokrit, hat sich unterwegs im Schatten eines Esels ausgeruht. Der Eselstreiber verlangt dafür Geld. In den Streit, ob der Schatten zum Esel gehört und die Forderung berechtigt ist, mischt sich das ganze Volk ein. Es kommt zu einem regelrechten Bürgerkrieg. Leander wettet mit seinem Lehrmeister Demokrit, daß er die Leute zur Vernunft bringen kann, doch bei seinem Einsatz erhält er Schläge. Er schaltet schließlich eine Theatertruppe ein, die mit ihrem beziehungsvollen Spiel die Wogen glättet.

BIOLOGIE!

RE: Jörg Foth – SZ: Gabriele Kotte, Wolfgang Müller – LV: Roman »Wasseramsel« von Wolf Spillner – DR: Erika Richter – KA: Michael Göthe – MU: Christoph Theusner – SB: Hans Poppe – KO: Marion Mentel – SC: Haike Brauer – PL: Alexander Gehrke – GR: GR »Babelsberg« – m: 2457 = 91 min. – fa – brw – PM: 20.9.1990 – PM-Ort: Schwerin; Kammerkino – DA: Stefanie Stappenbeck (Ulla) – Cornelius Schulz (Winfried) – Carl Heinz Choynski (Hansen) – Katrin Klein (Ullas Mutter) – Peter Prager (Erich) – Heide Kipp (Frau Tübner) – Peter Dommisch (Abel) – Axel Werner (Bürgermeister) – KR: Bulgakowa, O.: Letztes Jahr in Babelsberg. Zeit 1990/25 – Korsowsky, J.-U.: Aufgerissene Landschaften. JW 23.12.1990 – Kruppa, R.: Zum Abschied noch eine Premiere. SVZ 22.9.1990 – Rust, R.: -. fd 1991/1, S.25 (Nr. 28712).

Eine Kleinstadt im Norden. Die fünfzehnjährige Oberschülerin Ulla und Winfried lieben sich. An einem Waldbach außerhalb der Stadt verbringen sie ihre erste gemeinsame Nacht. Kurz darauf wird der Bach zum Streitobjekt – nicht nur zwischen ihnen. Bei einer Klassenexkursion zu dem Gewässer, an dem Pflanzen und Tiere bisher ungestört existieren konnten, entdecken die Schüler, daß hier jemand Datschen baut und den Bach für eine Forellenzucht anstaut. Ulla lehnt sich gegen diesen Eingriff im Naturschutzgebiet auf. Doch der da baut, ist Winfrieds Vater, Generaldirektor und einflußreich. Alle beugen sich der Macht, nur Ulla nicht. Am Ende steht sie vor einem Schultribunal und wird relegiert.

1

2

3

DEFA-Kinderfilme von Gunter Friedrich:

1 »Unternehmen Geigenkasten« (1985)
   mit Alexander Heidenreich und Dirk Bartsch

2 »Hasenherz« (1987)
   mit Bettina Hohensee

3 »Die Sprungdeckeluhr« (1991)
   mit René Tony Spengler und Antje Salz

ERSTER VERLUST

RE: Maxim Dessau – SZ: Maxim Dessau – LV: Frei nach Motiven der Erzählung »Die Frau am Pranger« von Brigitte Reimann – DR: Andreas Scheinert, Timothy Grossman – KA: Peter Badel – MB: Karl-Ernst Sasse – SB: Richard Schmidt, Maxim Dessau, Peter Badel – KO: Barbara Noack – SC: Dorothea Brühl – PL: Harald Andreas – GR: GR »Johannisthal« – m: 2801 = 102 min. – s/w – brw – PM: 6.10.1990 – PM-Ort: Berlin; Filmtheater »Felix« – DA: Pawel Sanajew (Alexej) – Julia Jäger (Kathrin Marten) – Uta Koschel (Frieda Marten) – Jaecki Schwarz (Soldat) – Martin Seifert (Otto Lange) u. a. – KR: Bulgakowa, O.: Eine Liebe in Deutschland. TIP 1990/23 – Goldberg, H.: Ende einer Ästhetik. FS 1990/24, S.16 – Knietzsch, H.: Debüt eines Sechsunddreißigjährigen. ND 11.10.1990 – Knöfler, F.: Viel Glück für »Felix«. T 10.10.1990 – Müllheimer, M.: Differenzierte Figurenzeichnung. M 10.10.1990 – Rehahn, R.: Dorf hinter den sieben Bergen. WP 1990/42 – Rust, R.: -. fd 1990/24, S.31 (Nr. 28641) – Sobe, G.: Die DEFA startet in die Neuzeit. BZ 8.10.1990 – V.B.: Ein Debüt mit Verspätung. TSP 9.10.1990.

Ein deutsches Dorf 1942. Der Bauer Heinrich Marten wird eingezogen, zurück bleiben seine Frau Kathrin und seine Schwester Frieda. Da die beiden jungen Frauen allein mit dem Hof nicht zurechtkommen, wird ihnen von staatlicher Seite Hilfe zugeteilt: ein Kriegsgefangener. Der Russe Alexej ist ausgemergelt und muß von den Frauen erst aufgepäppelt werden. Bei der Zusammenarbeit auf Feld und Hof kommen Kathrin und Frieda dem Russen zwangsläufig näher. Zwischen Kathrin und Alexej bahnt sich eine Liebesbeziehung an. In einem Schuppen kommt es zur Berührung. Doch das Paar wird von einem Soldaten entdeckt, und Alexej flieht. Er wird von jungen Nazis gestellt und abgeführt.

LETZTES AUS DER DADAER

RE: Jörg Foth – BU: Steffen Mensching, Hans-Eckardt Wenzel – DR: Angelika Nguyen – KA: Thomas Plenert – MU: Dietmar Staskowiak – SB: Mathias Belkner – KO: Charlotte Busse – SC: Renate Schäfer – PL: Manfred Renger – GR: Künstlerische Gruppe »DaDaeR« – m: 2363 = 86 min. – fa – brw – PM: 8.10.1990 – PM-Ort: Berlin; »Babylon« – DA: Steffen Mensching (Clown Meh) – Hans-Eckardt Wenzel (Clown Weh) – Irm Hermann (Margot) – Peter Dommisch (Moderator) – Christoph Hein (Müllmann) – Gustav-Adolf Schur (Postbote) – André Hennicke (Menschenaffe) – Gerd Wolf (Fährmann) u. a. – KR: Galle, B.: Odyssee durch real-absurdes Theater. ND 11.10.1990 – Geiß, A.: Das Duo aus der DDR. TIP 1990/21 – Goldberg, H.: Der letzte grimme Jux. FS 1990/23, S.11 – Hübner, M.: Halb und halb. F&F 1990/10, S.28 – Junghänel, F.: Clownspiel und Abgesang. BZ 10.10.1990 – Köster, M.: Da Da eR konserviert. WBÜ 1990/46 – Kuffner, H.: Abschied vom Gefängnis. SüZ 16.10.1990 – Matthies, F.-W.: Der Film zur Wirklichkeit. Ein Gelächter. FRu 27.10.1990 – Meier, A.: Das neue Deutschland will andere Clowns. TAZ

11.11.1990 – Nguyen, A.: Die Kaputten sind die Nutten von den Ganzen. Anzeiger 1990/5 – Rhode, C.: -. TSP 14.10.1990 – Schenk, R.: Clownsmasken für Philosophen. WP 1990/44 – Worschech, R.: -. epd film 1990/11, S.41.

Zwei Clowns, Meh und Weh, sitzen in einer düsteren Gefängniszelle. Eine Dame mit Revolver serviert ihnen das Frühstück. Als sie es verspeist haben, brechen sie auf zu einer kabarettistischen Odyssee durch die DaDaeR. Stationen sind unter anderem das Rüdersdorfer Zementwerk, in dem Gefangene den Zement für den Mauerbau produzierten, Industrieruinen, Mülldeponien, eine Veranstaltung im Kulturhaus, eine Ordensverleihung im Staatsratsgebäude und die Walpurgisnacht, wo sie sich in die Wiedervereinigungsfeier mischen und belächelt, beschimpft und schließlich verjagt werden.

DIE TAUBE AUF DEM DACH
(PJ: 1973)

RE: Iris Gusner – SZ: Iris Gusner, MI: Regine Kühn – DR: Dieter Wolf – KA: Roland Gräf, KF: Jürgen Lenz – MU: Gerhard Rosenfeld – SB: Marlene Willmann – KO: Günther Pohl – SC: Helga Krause – PL: Fritz Brix – GR: GR »Babelsberg« – m: 2464 = 90 min. – PM: 7.10.1990 – PM-Ort: Berlin; »Babylon« – BE: ohne Verleih – DA: Heidemarie Wenzel (Linda Hinrichs) – Günter Naumann (Böwe) – Andreas Gripp (Daniel) – Christian Steyer (Trompeter) – Monika Lennartz (Schallplattenverkäuferin) – Lotte Loebinger (Lindas Mutter) – Heinz Scholz (Lindas Vater) – Herbert Köfer (Glaskugelfabrikant) – Hilmar Baumann (Plattenwerker) – Wolfgang Greese (Forstwirtschaftsleiter) u.a. – KR: keine.

Auf einer Baustelle im Süden der DDR, wo Tausende von Wohnungen in moderner Plattenbauweise entstehen, lernt die aus Mecklenburg stammende, junge und unverheiratete Bauleiterin Linda Hinrichs zwei Männer näher kennen: Zum einen den Studenten Daniel, dessen Spontaneität ihr gefällt; während eines Tanzabends bittet er zum Beispiel um Spenden für Vietnam und schlägt auch schon mal zu, wenn ihm unterstellt wird, er stecke sich das Geld in die eigene Tasche. Zum anderen trifft Linda auf den Baubrigadier Hans Böwe, einen Zugvogel, der schon an vielen Stellen der DDR Neues mit aus dem Boden gestampft, aber nie ein richtiges Zuhause gefunden hat. Böwe macht ihr einen Heiratsantrag – und betrinkt sich, als Linda ihm nicht sofort zustimmt. Wird sie selbst einmal so unseßhaft werden wie er? Und was bedeuten eigentlich so große Worte wie Glück und Geborgenheit in einer durchaus nicht romantischen Realität?

JAHRGANG 45
(PJ: 1966)

RE: Jürgen Böttcher – BU: Klaus Poche, Jürgen Böttcher – DR: Christel Gräf – KA: Roland Gräf – MU: Henry Purcell – SB: Harry Leupold – KO: Günther Schmidt – SC: Helga Gentz – PL: Dorothea Hildebrandt – GR: KAG »Roter Kreis« – m: 2557 = 94 min. – s/w – PM:

11.10.1990 – PM-Ort: Berlin; »Babylon« – DA: Monika Hildebrand (Li) – Rolf Römer (Al) – Paul Eichbaum (Mogul) – Holger Mahlich (Hans) – Gesine Rosenberg (Rita) – Walter Stolp (Kaderleiter) – Werner Kanitz (Napoleon) – A.R. Penck (Freund) u. a. – KR: Braunseis, H.: Soviel Hoffnung: »Jahrgang 45«. M 12.10.1990 – Freund, R.: Verboten und wiederentdeckt. epd film 1990/5, S.18 – Kersten, H.: -. TSP 18.2.1990 – Mund, M.: Junge Leute in Berlin. WBÜ 1990/45 – Peitz, C.: Es war einfach zu leicht. TAZ 17.2.1990 – Richter, R.: Scharfsichtige Wachträume. FS 1991/1, S.30 – Roth, W.: 25 Jahre zu spät. epd film 1990/5, S.20.

Alfred und Lisa, genannt Al und Li, ein junges Ehepaar vom Prenzlauer Berg, haben beschlossen, sich zu trennen. Die Decke des kleinen Altbau-Zimmers, in dem sie leben, scheint ihnen auf den Kopf zu fallen – und vor allem Al, der leidenschaftliche Automechaniker und Motorradliebhaber, leidet unter der Empfindung, sich nicht entfalten und ausprobieren zu können. Er nimmt ein paar Tage Urlaub, bummelt durch Berlin, trifft Freunde und Fremde, läßt sich treiben. Der Kaderleiter seines Betriebes stellt ihn zur Rede. Li, die als Säuglingsschwester arbeitet, leidet unter der bevorstehenden Trennung, macht kein Hehl aus ihren verletzten Gefühlen und wartet darauf, daß Al sich mit ihr ausspricht. Vielleicht kommen sie doch wieder zusammen ...

WENN DU GROSS BIST, LIEBER ADAM
(PJ: 1965)

RE: Egon Günther – BU: Helga Schütz, Egon Günther – DR: Traudl Kühn – KA: Helmut Grewald – MU: Wilhelm Neef – SB: Alfred Hirschmeier – KO: Rita Bieler – SC: Monika Schindler – PL: Martin Sonnabend – GR: KAG »Roter Kreis« – m: 1950 = 70 min. – fa – Tovi – PM: 18.10.1990 – PM-Ort: Berlin; »Babylon« – DA: Stephan Jahnke (Adam) – Gerry Wolff (Sepp Tember) – Manfred Krug (Konstantin) – Daisy Granados (Caroline) – Rolf Römer (Erasmus) – Hanns Anselm Perten (Eisenreich) – Wolfgang Greese (Direktor) – Günther Simon (Minister) – Fred Delmare (Regisseur) u.a. – KR: Braunseis, H.: Lichtstrahl gegen Lüge. M 24.10.1990 – Bretschneider, J.: Eine Taschenlampe als Lügendetektor. TAZ 20.2.1990 – Freund, R.: Verboten und wiederentdeckt. epd film 1990/5, S.18 – Goldberg, H.: Der Charme der frühen Jahre. FS 1990/25, S.13 – Hanisch, M.: Eine gefährliche Krankheit. NZT 24.10.1990 – Handloik, V.: -. TAZ (DDR) 26.10.1990 – Kersten, H.: -. TSP 18.2.1990 – Rehahn, R.: Nach 25 Jahren endlich im Kino. WP 1990/46 – Richter, R.: Scharfsichtige Wachträume. FS 1991/1, S.30 – Roth, W.: 25 Jahre zu spät. epd film 1990/5, S. 18 – Treskow, T.: Alter DEFA-Film erblickt jetzt das Licht der Kinos. BMP 10.2. 1990 – Voss, M.: Ungeliebte Wunderlampe. BZ 25.10.1990.

Der kleine Adam lebt mit seinem Vater Sepp Tember allein, während die Mutter auswärts studiert. Adam ist gewitzt und schlau. Daran sind die Bücher nicht unwesentlich beteiligt, die ihm sein Onkel Konstantin, ein Pfarrer, zu lesen gibt. Eines Tages bezahlt er in der Straßenbahn für einen schwarz fahrenden weißen Schwan das Fahrgeld. Der schenkt ihm dafür eine Taschenlampe, die eine besondere Fähigkeit hat: Ihr Schein läßt jeden, der lügt, in die Luft schweben. Zusammen mit dem Vater probiert Adam die Lampe aus, und sie funktioniert. Die beiden wollen sie in Serie produzieren lassen, doch es stellt sich heraus, daß niemand die Lampe haben will. Ein Minister wirft sie in die Elbe, und sie fällt einem Schwan auf den Kopf. Da taucht plötzlich Adams Mutter auf.

1991

DAS MÄDCHEN AUS DEM FAHRSTUHL

RE: Herrmann Zschoche – BU: Gabriele Herzog – LV: Gleichnamige Erzählung von Gabriele Herzog – DR: Hasso Hartmann – KA: Dieter Chill – MU: Johannes Schlecht – SB: Marlene Willmann – KO: Inken Gusner – SC: Monika Schindler – PL: Ralph Retzlaff – GR: GR »Roter Kreis« – m: 2617 = 96 min. – fa – PM: 10.1.1991 – PM-Ort: Berlin; »Felix« – DA: Rolf Lukoschek (Frank) – Barbara Sommer (Regine) – Karin Gregorek (Direktorin) – Monika Lennartz (Klassenlehrerin) – Rita Feldmeier, Hanns Jörn Weber (Franks Eltern) – Christian Anders, Michelle Herrmann, Philipp Tietz (Die Kinder) – KR: Bulgakowa, O.: Letztes Jahr in Babelsberg. Zeit 1990/25 – Galle, B.: Junge Leute - verbogen für alle Zeit? ND 25.1. 1991 – Holland-Moritz, R.: Schulbeispiel á la Margot Honecker. ESP 1991/5 – Kersten, H.: -. TSP 10.1.1991 – Kersten, H.: -. Kinder-Jugend-Film-Korrespondenz 1991/2 (Nr. 46) – Rehahn, R.: Fünf Minuten vor der Wende. WP 1991/6 – Rust, R.: -. fd 1991/2, S.24 (Nr.28725) – Schenk, R.: -. FS 1991/4, S.12 – Sobe, G.: Das alte Lied zu neuen Noten. BZ 16.1.1991.

Frank ist Schüler der 10. Klasse und hat die besten Zukunftschancen. Er ist mathematisch hochbegabt, FDJ-Sekretär und hat einen Vater, der Betriebsdirektor ist. Ein neues Mädchen kommt in die Klasse, Regine. Sie wohnt in seinem Haus auf der Berliner Fischerinsel, er ist ihr schon im Fahrstuhl begegnet. Frank mag sie, und als sie unentschuldigt in der Schule fehlt, kümmert er sich um sie. Er entdeckt, daß Regine in komplizierten Verhältnissen lebt. Die Mutter ist im Krankenhaus, und sie versorgt die drei kleinen Geschwister. Die vier verschiedenen Väter kümmern sich nicht, Geld ist auch wenig da. Frank hilft ihr – bei den persönlichen Dingen wie bei den Schularbeiten. Doch ihre Leistungen sind schlecht, für eine Ausbildung zur Kindergärtnerin kommt sie nicht in Frage, obwohl es ihr sehnlichster Wunsch ist und sie dafür auch Eignung besitzt. Frank opponiert in der Schule mit Nachdruck gegen diese Entscheidung. Vergebens, er wird wegen seiner Haltung aus der FDJ ausgeschlossen. Damit wäre seine Entwicklung gefährdet – wenn der Vater nicht gute Beziehungen hätte. Er besorgt ihm einen Platz an einer Spezialklasse der TU Dresden. Frank geht, Regine bleibt zurück.

HEUTE STERBEN IMMER NUR DIE ANDERN

RE: Siegfried Kühn – SZ: Brigitte Bernert – LV: Gleichnamige Erzählung von Charlotte Worgitzky – DR: Erika Richter – KA: Andreas Köfer – MU: Simone Danaylowa – SB: Georg Wratsch – KO: Inge Kistner – SC: Eva-Maria Schumann – PL: Volkmar Leweck – GR: GR »Johannisthal« – m: 2126 = 77 min. – fa – brw – PM: 24.1.1991 – PM-Ort: Berlin; »International« – DA: Katrin Saß (Hanna) – Gudrun Ritter (Maria) – Volker Ranisch (Tobias) – Friedhelm Eberle (Gustav) – Ulrike Krumbiegel (Lisa) – Wolf-Dieter Rammler (Ortwig) – KR: Galle, B.: Wenn lauthals gestorben wird. ND 31.1.1991 –

Ginzberg, W.: Kühns Totenfeier. F&F 1991/3, S.23 – Holland-Moritz, R.: Das Hohelied der Unbarmherzigkeit. ESP 1991/7 – Kersten, H.: Heute sterben immer die anderen. TSP 25.1. 1991 – P. C.: -. M 24.1.1991 – Rust, R.: -. fd 1991/3 (Nr.28752) – Schenk, R.: -. FS 1991/5, S.12 – Strunz, D.: Handwerkliche Präzision bei Siegfried Kühns Film. BMP 25.1.1991 – Voss, M.: Tiefschürfende Kunst oder schillernde Künstlichkeit - das ist hier die Frage. BZ 24.1. 1991.

Die drei Schauspielerinnen Hanna, Maria und Lisa haben in ihrer Anfängerzeit Tschechows »Drei Schwestern« gespielt. Nach Jahren treffen sie sich wieder. Maria hat Krebs und nicht mehr lange zu leben. Hanna, die es als erste erfährt, klärt die Kranke über ihren Zustand auf und bietet ihr ein Mittel an, ihrem Leben ein Ende zu setzen, wenn die Qualen unerträglich werden. Maria ist schockiert, wendet sich von ihr ab. Lisa zieht sich von selbst zurück, sie kann den Kontakt mit der Todgeweihten nicht ertragen. Maria und Hanna versöhnen sich und verbringen die letzte Zeit gemeinsam. Und schließlich gibt Hanna der Freundin die erlösende Spritze.

VERSTECKTE FALLEN

RE: Rainer Behrend – SZ: Maja Wiens, Andreas Klich – DR: Gabriele Herzog – KA: Eliane Rehor, Jürgen Kruse – MU: Peter Rabenalt – SB: Hans-Jorg Mirr – KO: Günther Heidemann – SC: Renate Schäfer – PL: Rolf Martius – GR: GR »Johannisthal« – m: 2359 = 85 min. – fa – PM: 6.2.1991 – PM-Ort: Berlin; »Rio« – DA: Arianne Borbach (Claudia Rattey) – Hans-Uwe Bauer (Georg Rattey) Nico Wohllebe (Frank Dobalt) – Davia Dannenberg (Simone Dobalt) – Handrik Woithe (Oliver Rattey) – Michael Kind (Robert) – Christine Schorn (Heimleiterin Lesser) – Doris Thalmer (Frau Sabrowski) u. a. – KR: Goldberg, H.: -. FS 1991/5, S.17 – Kersten, H.: -. TSP 7.2.1991 – Rust, R.: -. fd 1991/3, S.21 (Nr. 28747) – Sobe, G.: Der Weg in die Falle. BZ 7.2.1991.

In ihrem zum Wochenendsitz ausgebauten Bauernhaus findet das Ehepaar Claudia und Georg Rattey einen zehnjährigen Einbrecher: Frank, der aus einem Kinderheim geflohen ist. Die beiden nehmen den Jungen – sie haben selbst einen Sohn in diesem Alter – und dessen kleine Schwester Simone für die Ferientage zu sich. Doch die Ferien werden zu einer Katastrophe. In der Konfrontation mit den Kindern brechen Eheprobleme hervor, und die Kinder selbst benehmen sich aggressiv. Die Ratteys erfahren, daß ihr Haus einst den Eltern von Frank und Simone gehörte, die im Dorf wegen ihrer asozialen Lebensweise ungeliebt waren. Die beiden Kinder wollen sich mit Gewalt die neuen »Eltern« erobern und damit auch »ihr Haus«. Die Situation spitzt sich immer mehr zu. Als Frank schließlich das Haus in Brand setzt, sind alle Pläne gescheitert.

DAS KLEID
(PJ: 1961)

RE: Konrad Petzold, RE-MI: Egon Günther – BU: Egon Günther – LV: Märchen »Des Kaisers neue Kleider« von Hans Christian Andersen – DR: Manfred Fritzsche, Dieter Scharfenberg – KA: Hans Hauptmann – MU: Günter Hauk – SB: Oskar Pietzsch – KO: Gerhard Kaddatz – SC: Ilse Peters (1961), Thea Richter (1991) – PL: Anni von Zieten – GR: KAG »konkret« – m: 2413 = 88 min. – fa – PM: 9.2.1991 – PM-Ort: Berlin; »Babylon« – DA: Wolf Kaiser (Kaiser) – Horst Drinda (Hans) – Eva-Maria Hagen (Kattrin) – Gerd E. Schäfer (Außenminister) – Werner Lierck (Kumpan) – Günther Simon (Fleischer) – Kurt Rackelmann (Innenminister) – Erik S. Klein (Küchenminister) – Lore Frisch (Bekleidungsminister) – Hannes Fischer (Der Dicke) – Harry Riebauer (Der Dünne) u.a. – KR: Hendrik, J.: Warten auf Sonnenschein. BZ 13.8.1961 (Drehreport) – Kiessling, E.: -. LVZ 1.10.1961 (Drehreport) – Kersten, H.: Märchen von der ummauerten Stadt. TSP 19.5.1991 – Schenk, R.: Verbotener DEFA-Film von 1961 aufgeführt. epd film 1991/11, S. 47 – Schenk, R.: Noch einmal: Verbotene Filme. WP 1991/22 – ul-o: Dem kleinen Spaß folgt großes Nachdenken. BNN 3.10.1961 (Drehreport).

Die beiden Tuchwebergesellen Hans und Kumpan kommen an eine von einer hohen Mauer umgebene Stadt, in der angeblich nur zufriedene Leute wohnen. Die Wache will sie nicht einlassen, aber mit einem Trick kommen sie doch hinein. Von den Haustüren, an denen sie um Essen und Quartier bitten, werden sie verjagt. Am nächsten Morgen gelingt es ihnen mit Hilfe der hübschen Magd Kattrin, ins Schloß zu gelangen. Der tyrannische Kaiser verlangt von ihnen, daß sie ihm ein Kleid machen, bei dessen Anblick jede Kreatur in die Knie geht. Die beiden lassen sich einen Sack Gold und eine Feile bringen und dem Kaiser ausrichten, daß das Kleid nur von denen gesehen werden kann, die nicht dumm sind und für ihr Amt taugen. Die Diener gewinnen sie als Verbündete und geben ihnen vom Gold ab. Die Regierung ist entschlossen, das Kleid zu sehen. Der Kaiser kann nicht zugeben, daß er nichts sieht und präsentiert sich auf einer großen Parade dem Volk – nackt, nur mit den Macht-Insignien angetan. Die Diener treten ebenfalls nackt vor ihn und lösen damit großes Gelächter beim Volk aus. Der Kaiser ist blamiert, seine Regierung tanzt ihm auf der Nase herum, Hans und Kumpan verlassen froh die Stadt.

DER STRASS

RE: Andreas Höntsch – BU: Carmen Blazejewski, Andreas Höntsch – DR: Tamara Trampe – KA: Michael Göthe – MU: Lutz Glandien – SB: Hans-Jürgen Deponte – KO: Inken Gusner – SC: Evelyn Carow – PL: Andrea Hoffmann – GR: GR »Berlin« – m: 2447 = 90 min. – fa – brw – PM: 9.2.1991 – PM-Ort: Berlin; »Babylon« – DA: Thomas Pötzsch (Georg Bastian) – Sylvia Franke (Miß Albena I) – Claudia Maria Meyer (Miß Albena II) – Eberhard Mellies (Chef) – Catharina Krautz (Frl. Schneider) – Erik Roßbander (Roland Lange) u. a. – KR:

Acklin, C.: -. epd film 1991/3, S.33 – Bulgakowa, O.: Die Kamera als Phallus. TAZ 7.2.1991 – Galle, B.: Ein Touch von Widerstand. ND 14.2.1991 – Jung, G.: -. Zitty 1991/4 – Rust, R.: -. fd 1991/5, S.31 (Nr. 28802) – Sobe, G.: Glück und Strass - wie leicht bricht das. BZ 8.2.1991 – Sobe, G.: -. FS 1991/5, S.16 – Strunz, D.: »Der Straß« funkelt nicht nur. BMP 8.2.1991 – Tok, H.-D.: Freiheit, Fernweh, Fessel. LVZ 17.5.1991 – V.B.: -. TSP 9.2.1991.

Der Berliner Fotoreporter Georg Bastian sieht nach der Feier seines 30. Geburtstages in einer Gaststätte eine Frau, Miß Albena, nur mit etwas Strass bekleidet eine Kautschuknummer vorführen. Er ist von ihr fasziniert und überzeugt seinen Chef von der Notwendigkeit einer Reportage über sie. Er macht Fotos, privat blitzt er jedoch ab. Sein Chef verweigert ihm, sie zu einem Gastspiel nach Amsterdam zu begleiten. Er ist ärgerlich, weil er nicht reisen darf. In seiner Phantasie erlebt er Abenteuer mit ihr, doch sie verhält sich reserviert – in der Wirklichkeit. Georg verfolgt seine Traumfrau weiter, trifft sie beim Zirkus und sieht, daß sie einen anderen Mann hat. Dann begegnet er ihr auf dem Weg ins Krankenhaus – zur Entbindung. Er will sie fotografieren, kommt aber zu spät und schießt von anderen Fotos. Kurz darauf, es ist November 1989, steht er an der geöffneten Grenze und verteilt an die hinüberströmenden Leute sein ganzes Fotoarchiv, sein Lebenswerk.

OLLE HEXE
(KINDERFILM)

RE: Günter Meyer – SZ: Anne Goßens – DR: Gerd Gericke – KA: Helmut Bergmann, Eliane Rehor – MU: Johannes Schlecht – SB: Heinz Röske – KO: Barbara Braumann – SC: Helga Wardeck – PL: Oscar Ludmann – GR: GR »Johannisthal« – m: 2165 = 79 min. – fa – brw – PM: 11.2.1991 – PM-Ort: Gera; »Palast-Theater« – DA: Anne Szarvasy (Anna) – Tobias Gottschlich (Paul) – Anne-Else Paetzold (Hexe) – Hajo Müller (Ritter) – Joachim Schönitz (Hausmeister) – Ulrike Hanke-Häntsch (Frau Wolle) u. a. – KR: Faber, J.: Kinderfilm mit starker Symbolik. BMP 7.2.1991 – Hamacher, R.-R.: -. fd 1991/7, S.31 (Nr.28846) – John, H.: Eine Einladung von der »Ollen Hexe« aus der DEFA. MAZ 12.2.1991 – Kleber, R.: -. Kinder-Jugend-Film-Korrespondenz 1991/2 (Nr. 46).

Paul und Anna streiten sich im Fahrstuhl, und plötzlich fährt dieser mit ihnen tiefer, immer tiefer – bis sie in einem wüsten Märchenland ankommen. Das blinde Pferd Andante erklärt ihnen, daß sie im Land einer bösen alten Hexe sind, die es auf ihre Jugend abgesehen hat. Zu dritt machen sie sich auf den Weg zum Hexenschloß, um die Alte zu besiegen. Unterwegs nehmen sie noch einen Wecker mit, dem die Hexe die Zeiger gestohlen hat, und einen Ritter, der sich von ihr seinen Mut abnehmen ließ. Die Hexe versucht, sie in Annas Gestalt auszutricksen. Andante entlarvt jedoch den Schwindel. Paul erweckt die eingeschläferte Anna mit einem Kuß und besiegt die Hexe. Alle fünf kehren nun erlöst auf die Erde zurück, Paul und Anna sind Freunde geworden.

DER TANGOSPIELER
(CO-PRODUKTION)

RE: Roland Gräf – BU: Roland Gräf – LV: Gleichnamige Erzählung von Christoph Hein – Redaktion: Wolf-Dietrich Brücker (WDR) – DR: Gabriele Herzog – KA: Peter Ziesche – MU: Günther Fischer – SB: Alfred Hirschmeier – KO: Christiane Dorst – SC: Monika Schindler – PL: Herbert Ehler – GR: GR »Johannisthal« – m: 2631 = 96 min. – fa – brw PM: 18.2.1991 – PM-Ort: Berlin; »Zoopalast« – DA: Michael Gwisdek (Hans-Peter Dallow) – Corinna Harfouch (Elke) – Hermann Beyer (Dr. Berger) – Peter Prager (Roessler) – Peter Sodann (Schulze) – Jaecki Schwarz (Harry) u. a. – KR: Baer, V.: -. TSP 19.2.1991 – Brockmann, H.: Mit Sinn für Surrealität unterhaltsam DDR-Alltag aufgearbeitet. SpVB 19.2.1991 – Claus, P.: Warten auf die große Überraschung. M 21.2.1991 – Galle, B.: Nur ein vages Entsetzen. ND 4.3.1991 – Gehler, F.: ... nur ein Tangospieler. F&F 1991/2, S.6-7 – Lehmann, A.: Dein Cabaret ist tot, Monsieur. Freitag 1991/10 – Lux, S.: -. fd 1991/5, (Nr. 28799) – Rehahn, R.: Nur der Ersatzmann. WP 1991/11 – Roth, W.: -. epd film 1991/4, S.42 – Sobe, G.: Eine karge Filmsprache aus der DEFA-Schule. BZ 20.2. 1991 – Strunz, D.: -. BMP 19.2.1991 – Voss, M.: -. FS 1991/5, S.10 – Wengierek, R.: Unnachgiebig pochen die Russen ans Herz. NZT 21.2.1991 – Wischnewski, K.: Bestürzend fern und nah. WBÜ 1991/13 – -: Letzter Tango. Spiegel 1991/9.

Nach einundzwanzigmonatiger Haft wird der Historiker und Gelegenheits-Pianist Dr. Hans-Peter Dallow entlassen. Verurteilt wurde er, weil er ein Kabarettprogramm mit »staatsverleumderischen« Texten am Klavier begleitet hatte. An die Leipziger Universität, wo er Oberassistent war, will er nicht zurück, doch Arbeit findet er keine. Zwei Herren tauchen bei ihm auf und wollen ihn an die Universität zurückbringen – als Gegenleistung verlangen sie Spitzeldienste. Dallow lehnt ab. Er lebt – weitgehend isoliert – von seinen Ersparnissen. Die anderen wollen von seinen Problemen nichts wissen. Er gerät in eine Identitätskrise. Seine Freundin Elke möchte, daß er zu einem normalen Leben zurückkehrt. Als das Kabarettprogramm, das ihn ins Gefängnis brachte, freigegeben wird und selbst sein damaliger Richter sich amüsiert, geht Dallow ihm an den Kragen. Danach nimmt er eine Stelle als Kellner auf Hiddensee an. Es ist Sommer 1968, die Truppen des Warschauer Pakts marschieren in die ČSSR ein. Auf Hiddensee taucht eine Abgesandte der Universität auf und bietet Dallow eine Dozentur an. Dallow arrangiert sich, er geht zurück und unterschreibt den Vertrag.

DAS LICHT DER LIEBE
(KINDERFILM)

RE: Gunther Scholz – SZ: Wolf Müller – LV: Nach Motiven des Versepos »König Renés Tochter« von Henrik Hertz – DR: Werner Beck – KA: Claus Neumann – MU: Friedbert Wissmann – SB: Alfred Hirschmeier – KO: Ulrike Stelzig – SC: Karin Kusche – PL: Oscar Ludmann, Wolfgang Rennebarth – GR: GR »Berlin« – m: 2264 = 83 min. – fa – PM: 28.2.1991 – PM-Ort: Berlin; »International« – DA: Sven Jansen (Bengel) – Eva Vejmělková (Reglindis) – Rolf Hoppe (Markgraf) – Dietrich Mechow (Arzt) – Linde Sommer (Äbtissin) – Petr Slabakov (Schwarzer Reiter) u. a. – KR: Faber, J.: Filme, die von den großen Träumen und Nöten kleiner Menschen erzählen. BMP 16.2.1991 – John, H.: Eine Lovestory nicht nur für Kinder. MAZ 14.2.1991 – Rust, R.: -. fd 1991/6, S.29 (Nr. 28819) – Wahl, D.: Ist Bengel denn Bogumil? BZ 13.3. 1991.

Anno 804 in Thüringen. Ein Waisenjunge, Bengel genannt, lebt im Kloster und wird wegen seiner Häßlichkeit von den Nonnen gehänselt. Er pflegt einen von allen gemiedenen Schwarzen Reiter, der die Pest haben soll, gesund. Der Reiter erzählt ihm vom verschwundenen Bogumil, Sohn des Slawenkönigs Slawomir, der auf Anordnung Karls des Großen die Tochter des Markgrafen von Thüringen, Reglindis, heiraten sollte. Und er fragt Bengel nach seiner Herkunft. Bengel glaubt nun, Bogumil zu sein. Er geht zum Schloß und begegnet dort einem wunderschönen Mädchen, das auch ihn für schön hält. Es ist Reglindis, sie ist blind. Das Mädchen spürt die innere Schönheit des Jungen und ist ihm sehr zugetan. Ihr Vater jedoch will ihn beseitigen. Bengel entgeht zweimal knapp dem Tode, der Schwarze Reiter beweist auf eindrucksvolle Weise seine Identität mit Bogumil und schließlich kommt es doch zum Happy-End.

DER FALL Ö.
(CO-PRODUKTION)
RE: Rainer Simon – SZ: Ulrich Plenzdorf – LV: Erzählung »König Ödipus« von Franz Fühmann – Redaktion: Dr. Wolfgang Patschke – DR: Peter Jakubeit – KA: Roland Dressel – MU: Friedrich Schenker – SB: Hans Poppe – KO: Günther Heidemann, Susanne Carow – SC: Helga Gentz, Margrit Brusendorff – PL: Dorothea Hildebrandt, Wolfgang Bajorat – GR: GR »Berlin« – m: 2605 = 96 min. – fa – brw – PM: 4.4.1991 – PM-Ort: Berlin; »International« – CO: TORO-Film GmbH, Berlin; ZDF, Mainz – DA: Matthias Habich (Hauptmann) – Sebastian Hartmann (Ödipus) – Tatjana Lygari (Königin Iokaste) – Jan Josef Liefers (Kameramann) – Klaus Pönitz (Hauptfeldwebel) – Herbert Sand (Maskenbildner) – Christos Tsangas (Kreon) u. a. – KR: Bulgakowa, O.: Ödipus für die Volkshochschule. TAZ 15.4.1991 – Elterlein, E. v.: Viel Verstand und wenig Herz. BMP 5.4. 1991 – Goldberg, H.: Höhe eines Zeitvergleichs wurde nicht erreicht. ND 8.4.1991 – Kersten, H.: -. TSP 4.4.1991 – Ribnitzer, E. L.: Torso halbherziger Selbstbefragung. BZ 10.4.1991 – Schenk, R.: -. FS 1991/7, S.14.

Sommer 1944. Im von deutschen Truppen besetzten Griechenland dreht ein Hauptmann der Wehrmacht mit Soldaten und einigen Einheimischen einen Amateurfilm nach Sophokles' »König Ödipus«. Im zivilen Leben ist der Hauptmann Professor für Altgriechisch. Der den Ödipus spielende naive Gefreite, der den Stoff nicht kennt, sieht sich plötzlich mit Fragen von Schuld und Sühne konfrontiert. Er und auch sein Vorgesetzter verlieben sich in die griechische Darstellerin der Iokaste. Doch die Kriegsrealität beendet ihr Spiel. Nach einem Partisanenüberfall werden die griechischen Schauspieler als Geiseln genommen. Als sie fliehen, läßt der Hauptmann das Feuer auf sie eröffnen. Der Gefreite »Ödipus« erschießt »Iokaste«, der Hauptmann sich selbst.

Filmtext: Der Fall Ö. In: Ulrich Plenzdorf: Filme 2. Rostock: Hinstorff Verlag 1988

DIE SPRUNGDECKELUHR
(KINDERFILM)
RE: Gunter Friedrich – SZ: Manfred Freitag, Joachim Nestler – DR: Renate Epperlein – KA: Wolfgang Braumann – MU: Bernd Wefelmeyer – SB: Dieter Adam – KO: Elke Hersmann – SC: Vera Nowark – PL: Hans-Uwe Wardeck – GR: GR »Berlin« – m: 2409 = 88 min. – fa – PM: 24.4.1991 – PM-Ort: Berlin; »Rio« – DA: René Tony Spengler (Hansi) – Antje Salz (Rosi) – Günter Schubert (Pfundiger) – Jörg Kleinau (Hundinger) – Jürgen Mai (Vater) – Petra Hinze (Mutter) – Lissy Tempelhof (Schwester Anna) – Susanne Lüning (Schwester Magdalena) u. a. – KR: Faber, J.: Vergangenheitsbewältigung als Slapstick-Abenteuer. BMP 26.4.1991 – Kersten, H.: -. TSP 3.5.1991 – Rust, R.: -. fd 1991/8, S.26 (Nr. 28862) – Strobel, H.: -. Kinder-Jugend-Film-Korrespondenz 1991/3 (Nr. 47) – Wahl, D.: Voller Spannung und Witz. BZ 8.5. 1991.

1933. Ein Antifaschist muß mit seiner Frau vor der Gestapo fliehen und die beiden Kinder Hansi (12) und Rosi (14) allein zurücklassen. Sie sollen von Freunden später in Sicherheit gebracht werden, doch zuerst taucht die Gestapo auf, durchsucht die Wohnung. Hansi nimmt die Taschenuhr des Vaters an sich, von der er glaubt, daß dieser sie vergessen hat. Darin soll eine geheime Nachricht verborgen sein. Ein Genosse kann die Kinder nicht abholen, weil zwei Gestapo-Männer das Haus überwachen. Als Hansi hört, daß der Vater im KZ ist, schickt er ihm mit einigen Sachen auch die Uhr. Beim Versuch, die Kinder fortzubringen, wird die Mutter verhaftet. Der Vater flieht aus dem KZ. Hansi holt die Uhr zurück. Nach einer abenteuerlichen Flucht der Kinder gelingt es den Freunden der Eltern endlich, sie über die Grenze zu bringen. Dort treffen sie den Vater wieder. Hansi übergibt ihm stolz die Uhr und erfährt, daß gar keine Nachricht mehr darin war.

TANZ AUF DER KIPPE
RE: Jürgen Brauer – SZ: Jurij Koch – LV: Roman »Augenoperation« von Jurij Koch – DR: Andreas Scheinert – KA: Jürgen Brauer – MU: Ralph Hoyer – SB: Harry Leupold – KO: Inge Koniček – SC: Erika Lehmphul – PL: Horst Hartwig – GR: GR »Johannisthal« – m: 2649 = 97 min. – fa – brw – PM: 25.4.1991 – PM-Ort: Berlin; »Felix« – DA: Dagmar Manzel (Claudia) – Frank Stieren (Gerat) – Winfried Glatzeder (Vater) – Eberhard Kirchberg (Johanz) – Christa Pasemann (Frau Kleebusch) – Peter Pra-

ger (Kaderleiter) u. a. – KR: Baer, V.: -. TSP 19.2.1991 – Goldberg, H.: Pädagogik-Syndrom der DDR-Kunst. ND 6.5.1991 – Müller, P. E.: Die neuen Leiden des jungen Gerat zum Auftakt. BMP 20.2.1991 – Pehnert, L.: Aufstand im Abseits. JW 2.5.1991 – Rust, R.: -. fd 1991/6, S.31 (Nr. 28822) – Simonoviescz, A.: -. F&F 1991/5, S.48.

Ein siebzehnjähriger Junge, Gerat Lauter, wird auf einer Müllkippe zusammengeschlagen, in Kalklauge gestoßen. Im Hintergrund, auf einem Fernsehbildschirm, Aufnahmen von den Feierlichkeiten zum 40. Geburtstag der DDR, dem letzten des Landes. Gerat wird mit verätzten Augen, fast blind, zum Arzt gebracht, eine Operation ist notwendig. Er erinnert sich der Ereignisse: Gerat bewirbt sich um eine Lehrstelle als Montageschlosser. Seine ungewöhnliche, weil wahrheitsgetreue Begründung stößt auf Unverständnis. Sie bringt ihn mit seinem Vater auseinander und mit seiner jungen Lehrerin Claudia zusammen. Diese besorgt ihm ein möbliertes Zimmer; die Lehrstelle bekommt er nicht. Er bewirbt sich bei der Stadtwirtschaft, arbeitet auf einer Müllkippe. Er liebt Claudia und er gefällt ihr, doch auf ein Verhältnis mit dem Jungen läßt sich die verheiratete Frau nicht ein. Ihr Mann sagt Gerat unmißverständlich die Meinung. Der schiebt auf der Kippe Müll zusammen, verweigert sich den Privatgeschäften seiner Kollegen. Plötzlich kommt Claudia doch zu ihm. Sie erleben einen kurzen Augenblick des Glücks, dann erfährt Gerat, daß ein altes Gasometer, dessen Stahlkonstruktion ihn schon immer faszinierte, von seinen Kollegen und Claudias Mann verladen wird. Der Staat hat es in den Westen verkauft. Er will den Abtransport stoppen, Claudia läßt ihn im Stich. Mit einem Bagger blockiert er die Gleise. Seine Kollegen, Claudias Mann und ein Polizist schlagen ihn zusammen.

DER HUT
RE: Evelyn Schmidt – SZ: Gabriele Kotte – DR: Carmen Blazejewski – KA: Claus Neumann – MU: Karl-Ernst Sasse – PL: Peter Wilde – KO: Ulrike Stelzig – SC: Sabine Schmager – PL: Alexander Gehrke – GR: GR »Roter Kreis« – m: 2566 = 94 min. – PM: 27.6.1991 – PM-Ort: Berlin; »Felix« – DA: Rita Feldmeier (Marie-Luise) – Peter Prager (Hans) – Heidemarie Schneider (Karin) – Angelika Ritter (Frau Heltmann) – Dietrich Mechow (Prof. Heltmann) – Bodo Krämer (Herr Werner) u. a. – KR: Arnold, F.: -. epd film 1991/10, S.44 – Donner, W.: Coming out. TIP 1991/13 – Elterlein, E. v.: Verwirrung um einen bunten Hut. BMP 29.6.1991 – Galle, B.: Modell-Fall garniert mit Modell-Hut. ND 28.6.1991 – Holland-Moritz, R.: Babelsberger Grabgesang. ESP 1991/29 – Kersten, H.: Nicht nach feministischen Regeln. TSP 27.6.1991 – Mund, M.: Die Dame mit dem Hut. WBÜ 1991/36 – Rust, R.: -. fd 1991/8 (Nr.28864) – Schieber, E.: -. F&F 1991/5, S.46.

Die Putzfrau Marie-Luise, alleinstehende Mutter dreier Kinder und schon über die Dreißig, entschließt sich, ihr Graues-Maus-Dasein zu beenden. Sie kauft sich einen großen, mondänen

Hut. Mit Hut, den Kindern und klapprigem Wartburg macht sie sich auf die Reise ins FDGB-Ferienheim, bekommt dort – aufgrund eines Irrtums – ein Luxusappartement. Ihrem erwachten Selbstwertgefühl kann auch der Spott der Kinder nichts anhaben. Im überfüllten Fahrstuhl des Ferienheims wird sie mit ihrem Hut zum Ärgernis für den Fahrstuhlführer Hans. Er beschimpft sie. Und ausgerechnet in diesen eingebildeten Typ verliebt sie sich. Aber auch ein Liebesabenteuer auf dem Dachboden des Ferienheims setzt ihrem Zwist um Marie-Luises Hut und ihrem Lebensanspruch kein Ende.

STEIN

RE: Egon Günther – BU: Helga Schütz, Egon Günther – DR: Christel Gräf – KA: Erich Gusko – MU: Johannes Brahms, Henry Purcell, Karl-Ernst Sasse – SB: Harald Horn – KO: Christiane Dorst – SC: Monika Schindler – PL: Herbert Ehler – GR: GR«Roter Kreis« – m: 2978 = 109 min. – fa – brw – PM: 19.9.1991 – PM-Ort: Berlin; »Filmbühne am Steinplatz« – DA: Rolf Ludwig (Stein) – Franziska Herold (Sara) – Evelyne Dahm (Laura) – Johanna Möhring (Josi) – Änne Ferse (Mephisto) u. a. – KR: Baer, V.: In einem fernen Land. TSP 19.9.1991 – Bulgakowa, O.: Die unvollendete Geschichte. Zeit 18.10.1991 – Bunge, B.: Mantel eines Narren. JW 19.9.1991 – Goldberg, H.: Als Narr überlebend zwischen Traum und Wirklichkeit. ND 19.9.1991 – Habel, F.-B.: Ein Film für Ludwig. MAZ 4.10.1991 – Hanck, F.: Der Narr und die Geknüppelten. W 16.10.1991 – Hanisch, M.: Ein Leben in unserer bleiernen Zeit. NZT 20.9.1991 – Hickethier, K.: -. epd film 1991/11, S. 39 – Holighaus, A.: Tyrann im Narrenhaus. TIP 1991/19 – Kersten, H.: Ein Post-DDR-Film. Freitag 27.9.1991 – Kunze, B.: Ein Schauspieler verweigert sich der Wirklichkeit. BMP 19.9.1991 – Pflaum, H.G.: Tragödie eines lächerlichen Mannes. SüZ 7.10.1991 – Rust, R.: Alle Sorgen dieser Welt. TAZ 26.9.1991 – Rust, R.: -. fd 1991/19 (Nr. 29138) – Schenk, R.: Abschied von der verlorenen Heimat. F&F 1991/8-9, S.15 – Schenk, R.: Requiem auf eine Hoffnung. WP 1991/41 – Sobe, G.: Psychogramm eines Zerstörten. BZ 20.9.1991.

Der einst berühmte Schauspieler Ernst Stein ist 1968 aus Protest gegen den Einmarsch in die ČSSR während einer Aufführung des »König Lear« von der Bühne abgegangen – für immer. Gut zwanzig Jahre hat er in selbstgewählter Isolation in seinem Haus am Stadtrand von Berlin gelebt. Man sagt, er ist ein bißchen irre, und er spielt den Narren, der er zuweilen auch ist. Beschützt und umsorgt wird er hauptsächlich von Kindern und Jugendlichen aus der Nachbarschaft. Der alte Mann liebt Sara, eine Zwanzigjährige. Die gesellschaftliche Unruhe des Jahres 1989 bricht in seine abgeschlossene Welt ein. Tramper, Rebellen, Punker, Aussteiger nisten sich bei ihm ein, nehmen, was sie brauchen, verschwinden wieder. Eines Tages verschwindet auch Sara. Auf der Suche nach ihr gerät er in ein Polizeiobjekt, in dem junge Demonstranten schikaniert werden. Nach dem Fall der Mauer ist er allein zurückgeblieben. Seine Todesvisionen zeigen ihn in Rom, die Katakomben hinab-

steigen – konfrontiert mit seinem schlechten Gewissen: zwei desertierten Russen, denen er einst die Tür gewiesen hatte.

FARSSMANN ODER ZU FUSS IN DIE SACKGASSE

RE: Roland Oehme – SZ: Rudi Strahl – LV: Frei nach Erzählungen von Hermann Kant – DR: Dieter Wolf – KA: Jürgen Lenz – MU: Günther Fischer – SB: Dieter Döhl – KO: Werner Bergemann – SC: Renate Schäfer – PL: Manfred Renger – GR: GR »Babelsberg« – m: 2648 = 97 min. – fa – brw – PM: 5.9.1991 – PM-Ort: Berlin; »Haus am Köllnischen Park« – DA: Michael Gwisdek (Farßmann) – Angelika Waller (Lena Simoneit) – Peter Sodann (Direktor Scharrbowski) – Käthe Reichel (Frau Lörke) – Horst Schulze (Dr. Falke) – Chris Howland (Mr. Osbar) u. a. – KR: Baer, V.: Putzmunteres Männchen in Schieflage. TSP 5.9.1991 – Habel, F.-B.: -. F&F 1992/1, S.33 – Holland-Moritz, R.: Ob Ost ob West - German flops are the best. ESP 1991/31 – Renke, K.: Mauerblümchen - welk, aber zäh. ND 6.9.1991 – Rust, R.: -. fd 1991/18 (Nr. 29108) – Sobe, G.: Zu Fuß in die Sackgasse? BZ 9.9.1991 – Strunz, D.: »Farß-mann« geriet unter die Räder der Umwälzung. BMP 29.8.1991.

Farßmann ist ein kleiner Buchhalter in einem Betrieb, der Orden und Ehrenzeichen herstellt. Das möchte er auch bleiben, doch er ist ungewollt auf dem Wege, Karriere zu machen. Attraktive Frauen umgarnen ihn, beim Bäcker wird er bevorzugt mit frischen Brötchen bedient, und im Betrieb stößt er auf die Spur eines verschollenen Denkmals, das ihn beinahe zu Entdeckerehren gebracht hätte. Von allerhöchster Stelle bekommt er den Auftrag, die Millionenschenkung eines Amerikaners für die Mormonen in der DDR zu verwalten. Wollte er schon nicht Hauptbuchhalter werden, so verunsichert ihn dieses Valutaprojekt ganz gewaltig. Doch wie immer gelingt es ihm schließlich auch hier, sich herauszuhalten.

DER VERDACHT

RE: Frank Beyer – BU: Ulrich Plenzdorf – LV: Erzählung »Unvollendete Geschichte« von Volker Braun – DR: Peter Jakubeit – KA: Peter Ziesche – MU: Günther Fischer – SB: Alfred Hirschmeier – KO: Christiane Dorst – SC: Lotti Mehnert – PL: Volkmar Leweck – GR: GR »Berlin« – m: 2662 = 98 min. – fa – brw – PM: 10.10.1991 – PM-Ort: Berlin; »International« – DA: Michael Gwisdek (Karins Vater) – Christine Schorn (Karins Mutter) – Christiane Heinrich (Karin) – Nikolaus Gröbe (Frank) – Marie-Anne Fliegel (Franks Mutter) – Ulrike Krumbiegel (Irina) u. a. – KR: Bulgakowa, O.: Die unvollendete Geschichte. Zeit 18.10.1991 – chp: Es liegt was vor. TAZ 10.10.1991 – Gehler, F.: -. F&F 1992/1, S.30-31 – Gympel, J.: -. Zitty 1991/21 – Hanisch, M.: Wir alle wie in einem Spiegel betrachtet. NZT 11.10.1991 – Messias, H.: -. fd 1991/20 (Nr.29155) – Peters, M. / Römer, R.: Beyers Abschied von den Ballas. JW 10.10.1991 – Rehahn, R.: Liebe im verflossnen Jahr '75. WP 1991/43 – Rust, R.: Ohne Aus-

weg. FAZ 27.1.1992 – Schmitz, H.: Verlaß muß sein. FRu 4.12.1991 – Simonoviescz, A.: Spur der Stasi. TIP 1991/21 – Strunz, D.: Verbotene Liebe in bedrängter Zeit. BMP 3.10.1991 – Thüna, U. v.: -. epd film 1991/11 – Voss, M.: Eine noch immer unvollendete Geschichte. BZ 10.10.1991.

Die neunzehnjährige Karin wird von ihrem Vater gedrängt, ihre Beziehung zu dem Freund Frank aufzugeben, weil gegen diesen »etwas vorliegt«. Der Vater ist Ratsvorsitzender in einem Grenzbezirk der DDR. Mit seinem Einfluß hat er der Tochter eine begehrte Volontariatsstelle bei der SED-Bezirkszeitung besorgt. Ihr Verhältnis zu Frank, der wegen Rowdytums vorbestraft ist und dessen Vater wegen Devisenschmuggels sitzt, könnte ihre Karriere gefährden. Karin liebt Frank, und sie weiß, daß er sie braucht. Vorerst hält sie zu ihm. Doch der Druck von allen Seiten wird unerträglich. Genossen in der Redaktion und Staatssicherheitsbeamte machen ihr klar, daß sie mit ihm keine Zukunft hat. Schließlich fügt sie sich, trennt sich von Frank. Nach seinem Selbstmordversuch bekennt sie sich jedoch zu ihm und nimmt alle Konsequenzen in Kauf. Sie bekommt nicht einmal mehr eine Stelle als Hilfsarbeiterin.

TRILLERTRINE
(CO-PRODUKTION)
(KINDERFILM)

RE: Karl Heinz Lotz – SZ: Wolf Müller – DR: Andreas Scheinert – KA: Claus Neumann – MU: Andreas Aigmüller, Wolfgang Amadeus Mozart – SB: Hans-Jürgen Deponte – KO: Regina Viertel – SC: Ilse Peters – PL: Lutz Wittcke – GR: GR »Johannisthal« – m: 2447 = 90 min. – fa – PM: 13.11.1991 – PM-Ort: Berlin; Filmtheater Friedrichstraße – CO: Regina-Ziegler-Filmproduktion, Berlin – DA: Maria Ferrens (Trine) – Klaus Pönitz (Kurfürst) – Werner Godemann (Kapellmeister Naumann) – Peter Dommisch (Kopist Schmidt) – Rolf Schill (Pfarrer) – Wilfried Loll (Mozart) – Peter Raasch (Fridolin) – Theo Adam (Sartori) u. a. – KR: Carbon, S.: Mozart und der Narr. TSP 14.11.1991 – Faber, J.: Defa-Film »Trillertrine« hat heute festliche Premiere. BMP 13.11.1991 – FS: -. TIP 1991/23 – Linhart, P.: -. fd 1991/23 (Nr. 29228) – maho: -. Zitty 14.11.1991 – Miersch, M.: -. JW 21.11. 1991 – Rust, R.: Mozart-Kugeln für Kids. TAZ 18.11.1991.

Kinder eines kleinen sächsischen Waisenhauses wetten mit ihrem Kurfürsten um einen Kartoffelacker, daß sie genauso gut musizieren können wie die Hofkapelle. Beweisen sollen sie es mit der Aufführung von Mozarts Rondo zum Geburtstag der Prinzessin. Der Meister selbst hat den Hof des Kurfürsten fluchtartig verlassen und die Noten seines Stücks nur unvollständig zurückgelassen. Trine, die begabteste der musikalischen Waisenkinder, macht sich auf den Weg, Mozart zu finden, um die Noten zu bekommen. Sie hat nur vier Wochen Zeit. Nach einer abenteuerlichen Reise von Sachsen nach Preußen und zurück, bei der sie Mozart immer wieder knapp verfehlt, gelingt es ihr doch noch, den Komponisten zu treffen. In allerletzter Minute, bei Hofe sind bereits alle versammelt, kommt Trine mit den Noten. Die Kinder spielen das Rondo, und sogar die Hofmusiker sind begeistert. Der Kurfürst schenkt ihnen den Kartoffelacker, den sie für ihren Lebensunterhalt so dringend brauchen.

ZWISCHEN PANKOW UND ZEHLENDORF
(CO-PRODUKTION)

RE: Horst Seemann – SZ: Rita Kuczynski – LV: frei nach Motiven des Romans »Wenn ich kein Vogel wär« von Rita Kuczynski – DR: Angelika Mieth – KA: Otto Hanisch – MU: Horst Seemann – SB: Dieter Adam – KO: Günther Heidemann – SC: Bärbel Bauersfeld – PL: Dorothea Hildebrandt – GR: GR »Johannisthal« – m: 2560 = 94 min. – fa – brw – PM: 4.12.1991 – PM-Ort: Berlin; »Tivoli« – CO: Allianz-Filmproduktion GmbH im Auftrag des WDR, Köln / SFB, Berlin – DA: Corinna Harfouch (Isolde) – André Hennicke (Emil) – Kathrin Ackermann (Nora) – Susanne Bormann (Susanne) – Ulrike Dräger (Gies) – Winfried Glatzeder (Musiklehrer) – Monika Lennartz (Direktorin) u. a. – KR: Arnold, F.: -. epd film 1992/1, S.38 – AS: -. TIP 1991/25 – Baer, V.: Bieder statt bitter. TSP 3.12.1991 – Claus, P.: Defa '91 liefert Klischees vom kalten Krieg '53. SpVB 5.12.1991 – Gym: -. Zitty 1991/25 – Holland-Moritz, R.: Von deutschem Schrott und Korn. ESP 1992/2 – Hanisch, M.: Illustriertenkolportage auf der Leinwand. NZT 7.12.1991 – Mund, M.: Das Allerletzte. WBÜ 1992/3 – Rehahn, R.: Filmflop zwischen Pankow und Zehlendorf. WP 1991/52 – Römer, R.: Zwischen Sorge und Elend. JW 5.12.1991 – Sobe, G.: Die Irrungen und Wirrungen der Wanderer zwischen den Welten. BZ 8.12.1991 – Strunz, D.: Eine von hinten bis vorn verkorkste Geschichte. BMP 6.12.1991.

Im geteilten Berlin 1953. Die elfjährige Susanne lebt mit der älteren Schwester und der Mutter Isolde im Ostbezirk Pankow. Die Mutter arbeitet schwer für den Wiederaufbau, hat wenig Zeit für die Kinder. Die begabte Susanne geht bei der Großmutter Nora im vornehmen westlichen Zehlendorf zur Musikschule. Sie pendelt unbeschwert zwischen den beiden Welten. Da kehrt der Vater Emil aus der Kriegsgefangenschaft zurück. Der mit einem Kriegstrauma beladene Mann kommt mit dem Leben nicht zurecht, verwickelt seine Kinder in Kriegsspiele, läßt den alten Konflikt zwischen der Familie und der Großmutter wieder aufbrechen. Susanne darf nicht mehr in den Westen. Sie unternimmt einen Diebstahl, um den Verhältnissen zu entfliehen. Lieber will sie ins Gefängnis, als auf Zehlendorf zu verzichten. Der Vater verwickelt sich in Schiebergeschäfte und verläßt die Familie.

1992

BANALE TAGE

RE: Peter Welz – SZ: Michael Sollorz – DR: Timothy Grossmann – KA: Michael Schaufert – MU: Bernd Wrede – SB: Esther Ritterbusch – KO: Ulrike Stelzig – SC: Rita Hiller – PL: Ralph Retzlaff – GR: Künstlerische Gruppe »DaDaeR« – m: 2523 = 95 min. – fa – brw – PM: 24.1.1992 – PM-Ort: Berlin; »Babylon« – DA: Florian Lukas (Michael) – Christian Kuchenbuch (Thomas) – Kurt Naumann (Wagner) – Jörg Panknin (Lehrmeister) – Ronald M. Schernikau (Schauspieler) – Bärbel Bolle (Frau Torf) – Ernst-Georg Schwill (Herr Torf) u. a. – KR: Andersen, C.: Rührlöffel, Strapse, Symbolismus. ND 24.1.1992 – AS: -. TIP 1992/2 – Bunge, B.: -. JW 23.1.1992 – Kersten, H.: Der Frust ist allgegenwärtig. TSP 30.1.1992 – Stargard, J.: -. F&F 1992/3, S. 75 – Strunz, D.: Banale Tage gar nicht banal auf die Leinwand gebracht. BMP 30.1.1992 – Theuerkauff, U.: Beischlaf als Verrat an der Konterrevolution. NZT 25.1.1992.

Ost-Berlin, Ende der siebziger Jahre. Der sechzehnjährige Schüler Michael und der Werkzeugmacherlehrling Thomas sind Freunde. Als ziemlich unterschiedliche Typen haben sie doch eins gemeinsam: Sie wollen dem Mief in Elternhaus, Schule und Betrieb entfliehen. Ihr Aufbegehren ist ein grotesker Trip durch den banalen Alltag. Thomas bricht eine leerstehende Wohnung auf, quartiert sich ein. Er verteilt Flugblätter, die niemanden interessieren, außer den Staatssicherheitsdienst, der ihn mitnimmt. Michael sucht seinen Freund, als er von einem Besuch seines – schöne Sprüche klopfenden – Dramaturgen-Vaters von der Ostsee zurückkommt.

ELEFANT IM KRANKENHAUS
(KINDERFILM)
(CO-PRODUKTION MIT DEM DEUTSCHEN FERNSEHFUNK)

RE: Karola Hattop – BU: Gabriele Herzog – LV: Gleichnamiges Hörspiel von Gabriele Herzog – DR: Gerd Gericke – KA: Günter Jaeuthe – MU: Stefan Kling – SB: Georg Kranz – KO: Regina Viertel – SC: Barbara Simon – PL: Hans-Erich Busch – m: 2531 = 93 min. – fa – PM: 18. 2.1992 – PM-Ort: Berlin; Filmfestspiele, Kinderfilmfest – DA: Andrej Jautze (Robert) – Anna Marr (Tilly) – Andrea Solter (Josefine) – Werner Tietze (Prof. Bode, Chefarzt) – Hermann Beyer (Tierparkdirektor) – Günter Schubert (Kuchenkarl) – Carl Heinz Choynski (Stiesel) – Udo Kroschwald (Dünnbier) – Gudrun Ritter (Oberschwester) u. a. – KR: Bode, K.N.: -. Kinder-Jugend-Film-Korrespondenz 1992/2 (Nr. 50) – Hamacher, R.-R.: -. fd 1993/23, S. 27 (Nr. 30530) – Heyne, U.: Regie: Dickhaut. ND 23.9. 1993 – Schenk, R.: Von Schafen und Menschen. TSP 10.11.1993.

Die achtjährige Tilly beteiligt sich an einem Preisausschreiben. Gesucht wird ein Name für ein Elefantenbaby, das im Tierpark geboren wurde. Tilly wählt einfach ihren eigenen, gewinnt und soll den kleinen Elefanten auch selbst taufen. Doch daraus scheint nichts zu werden,

denn Tilly verunglückt bei einem Salto vom Sprungbrett im Schwimmbad und muß ins Krankenhaus. Der Gedanke, bei der Taufe nicht dabeisein zu können, betrübt sie. Ihr Gesundheitszustand wird davon nicht besser. Bis ihr elfjähriger Bruder Robert auf den rettenden Gedanken kommt: Wenn Tilly nicht in den Tierpark kann, muß der Elefant eben ins Krankenhaus gebracht werden. Robert schwänzt die Schule, beschwindelt die völlig überlastete Mutter und überzeugt einige Erwachsene, deren Hilfe unbedingt nötig ist, um den Plan zu verwirklichen: den Tierparkdirektor, den Chefarzt, den Straßenbahnfahrer Kuchenkarl. Als der Elefant tatsächlich ins Krankenzimmer geschoben wird, bricht die übernervöse Oberschwester zwar endgültig zusammen, aber Tilly jubelt.

VERFEHLUNG
(CO-PRODUKTION)

RE: Heiner Carow – SZ: Wolfram Witt, Heiner Carow – LV: Gleichnamige Erzählung von Werner Heiduczek – DR: Erika Richter – KA: Martin Schlesinger – MU: Stefan Carow – SB: Lothar Holler – KO: Karin Pas – SC: Evelyn Carow – PL: Horst Hartwig – GR: GR »Babelsberg« – m: 2847 = 104 min. – PM: 18.3.1992 – PM-Ort: Berlin; »International« – CO: Von Vietinghoff Filmproduktion, Berlin – DA: Angelica Domröse (Elisabeth Bosch) – Gottfried John (Jacob Alain) – Jörg Gudzuhn (Reimelt) – Dagmar Manzel (Regina Bosch) – Katja Paryla (Lilo Utikal) – Dirk Kummer (Holger Bosch) u. a. – KR: Baer, V.: Bilder aus einem zerstörten Land. TSP 21.3.1992 – Bussian, G.: -. fd 1992/6 (Nr. 29462) – Bulgakowa, O.: Alles umsonst. TAZ 19.3.1992 – Hanisch, M.: Die Putzfrau und der Westfreund. NZT 19.3.1992 – Hochmuth, D.: Heiner Carows spätes Coming out. Freitag 1992/15 – Holland-Moritz, R.: Vom falschen Adolf und wahren Jakob. ESP 1992/5 – Kühn, H.: Im Übergang. FRu 8.5. 1992 – Pehnert, L.: Eine Farce aus besserem Wissen. JW 18.3.1992 – Ribnitzer, E. L.: Am Lehrstück leidet die Liebe. BZ 20.3.1992 – Rother, H.-J.: -. F&F 1992/3, S.74 – Schenk, R.: Zorn im Herzen. WP 1992/18 – Schenk, R.: -. epd film 1992/3, S. 38 – Seidel, H.-D.: Revolte statt Resignation. FAZ 9.5.1992 – Simonoviescz, A.: Ringelpitz mit Anfassen. TIP 1992/6 – Strunz, D.: Deutscher Spiegelblick, der manchen erschrecken mag. BMP 12.3.1992.

Elisabeth, eine Frau um die Fünfzig, badet mit ihren Enkeln übermütig im Waschzuber. Ein Fremder, der ins Dorf gekommen ist, beobachtet sie vom Zaun aus. Ihm, dem Hamburger Hafenarbeiter Jacob, gefällt diese Frau. Gegen ihren anfänglichen Widerstand wird aus ihnen ein Paar. Sie begegnen sich in Abständen. Als sie sich Weihnachten 1988 heimlich in der Wohnung einer Ostberliner Freundin treffen wollen, greift die Staatssicherheit ein. Elisabeth bekennt sich öffentlich zu ihrer Liebe. Ihren jüngeren Sohn Holger finden die beiden bei einer Protestveranstaltung in der Kirche. Später wird der Junge in eine Nervenklinik verschleppt. Auf der Silvesterfeier im Dorf gibt Elisabeth ihre Verlobung mit Jacob bekannt. Dieser wird festgenommen und abgeschoben. Elisabeths älterer Sohn verlangt, daß Elisabeth sich von Jacob lossagt, damit seine Karriere und sein bevorstehender Auslandsaufenthalt nicht gefährdet werden. In der Nacht der 750-Jahr-Feier ihres Dorfes rächt Elisabeth die erlittenen Schikanen an dem sie seit langem liebenden und bedrängenden Bürgermeister Reimelt. Sie erschießt ihn. Nach der Öffnung der Grenze steht Jacob vor Elisabeths verfallendem Haus, während sie im Gefängnishof im Kreis läuft.

DAS LAND HINTER DEM REGENBOGEN

RE: Herwig Kipping – SZ: Herwig Kipping – DR: Erika Richter – KA: Roland Dressel – MU: Gustav Mahler – SB: Peter Wilde – KO: Inken Gusner – SC: Barbara Simon – PL: Wolfgang Rennebarth – GR: GR »DaDaeR« – m: 2450 = 89 min. – fa – brw – PM: 19.3.1992 – PM-Ort: Dresden – DA: Franziszek Pieczka (Großvater) – Winfried Glatzeder (Vater) – Axel Werner (Heinrich) – Stefanie Janke (Marie) – Thomas Ewert (Hans) – Sebastian Reznicek (Regenbogenmacher) – Fred Delmare (Kreissekretär) u. a. – KR: Banholzer, K.: Düsterer Kino-Rückblick auf eine Kindheit in der DDR. BMP 4.9.1992 – Donner, W.: Jüngstes Gericht. TIP 1992/18 – Kersten, H.: Barocke Visionen. Freitag 1991/30 – Martenstein, H.: Verlorene Liebe. TSP 3.9. 1992 – Schenk, R.: -. F&F 1991/8-9, S.17 – Schenk, R.: Der gekreuzigte Großvater. WP 1991/27 – Thüna, U. v.: -. epd film 1992/6, S. 42 – Vollmer, A.: Endlich: ein neuer deutscher Film. TAZ 3.9.1992.

Kindheit Anfang der fünziger Jahre in Stalina, einem Dorf in der DDR. Der Großvater des Regenbogenmachers will in der LPG das Paradies errichten. Der Junge liebt die schöne Marie, in deren Augen der Traum vom Regenbogenland leuchtet. Das Paradies des Großvaters hingegen entpuppt sich als Vorhof zur Hölle, in dem die Vertreter des Sozialismus über Leichen gehen und in grotesken Ritualen den Götzen Stalin anbeten. Nach Stalins Tod geht der zerstörerische Alltag weiter. Die Aufruhr der Dorfbewohner wird von sowjetischen Soldaten niedergeschlagen. Doch der Untergang nimmt in einer Gewaltorgie seinen Lauf. Den Kindern bleibt der Traum vom Regenbogenland. Marie und der Regenbogenmacher ziehen unter ihm hindurch in die Wüste, in der die Karl-Marx-Büste abgestellt wurde, einem neuen Land der Utopie entgegen.

JANA UND JAN
(CO-PRODUKTION)

RE: Helmut Dziuba – SZ: Helmut Dziuba – DR: Peter Jakubeit – Redaktion: Christoph Holch – KA: Helmut Bergmann – MU: Christian Steyer – SB: Heinz Röske – KO: Elke Hersmann – SC: Rita Reinhardt – PL: Uwe Kraft – m: 2382 = 87 min. – fa – brw – PM: 26.5.1992 – PM-Ort: Berlin; »Rio« – CO: Zweites Deutsches Fernsehen, Mainz – DA: Karin Gregorek (Natter) – Harald Warmbrunn (Bulling) – Peter Sodann (Chef) – Bärbel Röhl (Patientin) – Kristin Scheffer (Jana) – René Guß (Jan) – Julia Brendler (Julia) – Dirk Müller (Sir) u. a. – KR: Brenner, W.: Menschenleeres Niemandsland. TSP

29.5.1992 – EMH: -. TIP 1992/11 – Hamacher, R.-R.: -. fd 1992/15, S.21 (Nr. 29702) – Hobsch, M.: -. Zitty 1992/12 – Kuhn, O.: -. StN 2.7.1992 – Peitz, C.: Die Legende von Benny und Claudia. Zeit 24.7.1992 – Renke, K.: Verloren zwischen allen Fronten. ND 5.6.1992 – Schenk, R.: -. F&F 1992/2, S.78 – Schenk, R.: Zwischen den Welten. WBÜ 1992/25 – Schenk, R.: -. Kinder-Jugend-Film-Korrespondenz 1992/2 (Nr. 50) – Strunz, D.: Zwei Menschen gehen über alle Berge und Grenzen. BMP 22.5.1992.

Ein Jugendwerkhof 1989 in der DDR. Ein Neuer wird eingeliefert, der fünfzehnjährige elternlose Jan. Die zwei Jahre ältere Jana wettet, daß sie Jan zum Mann machen wird. Aus der Verführung wird eine gegenseitige tiefe Zuneigung. Die anderen sind wütend, daß Jana ihnen den Spaß verdorben hat, sie terrorisieren die beiden, die sich auf dem Dachboden ein Versteck für zärtliche Stunden schaffen. Jana wird schwanger, will das Kind trotz der dunklen Zukunftsaussichten behalten. Jan wird zeitweise in eine andere Anstalt verlegt. Die beiden kommen jedoch wieder zusammen und ihre Liebe erweist sich als stärker, als alle glaubten. Nach der Öffnung der Mauer im Herbst 1989 fliehen sie aus dem Werkhof. An der ehemals so stark bewachten Grenze angekommen, setzen bei Jana die Wehen ein.

DIE LÜGNERIN

RE: Siegfried Kühn – BU: Regine Kühn – DR: Erika Richter – KA: Peter Ziesche – MU: Simone Danaylowa, Thomas Klemm – SB: Harry Leupold – KO: Regina Viertel – SC: Margrit Brusendorff – PL: Dorothea Hildebrandt – m: 2353 = 86 min. – fa – PM: 2.9.1992 – PM-Ort: Montreal, Filmfestival – BE: ohne Verleih – DA: Katharina Thalbach (Titta) – Vadim Glowna (Fred) – Reiner Heise (Thomas) – Peter Prager (Ludwig) – Lotti Huber (Frau Kapahnke) – Klaus Pönitz (Wirt Leo) u. a. – KR: Hacker, D.: Drehort Berlin. TIP 1992/2 (Drehreportage) – Leinkauf, S.: Mit der Kraft einer streunenden Katze. TSP 22.12.1991.

Titta, Mitte dreißig und Dolmetscherin, scheint mit Mann und Kindern ein ganz normales Familienleben zu führen. Doch der Alltagsstreß belastet ihre Seele. Eines Tages begegnet sie einem fremden Mann und erzählt diesem, daß sie nach Neuseeland gehen will. Sie ändert ihr Leben radikal, macht eine Fotografenausbildung, besetzt eine Wohnung, provoziert ihren Mann mit erfundenen Geschichten von Seitensprüngen. Sie lernt Ludwig kennen und hofft, mit ihm den Traum von Neuseeland verwirklichen zu können. Doch auch er enttäuscht sie. Titta gerät in eine Krise, gibt jedoch nicht auf. Schwanger und mit Alltagssorgen belastet, verfolgt sie weiter ihren Traum.

DIE SPUR DES BERNSTEINZIMMERS
(CO-PRODUKTION)

RE: Roland Gräf – BU: Thomas Knauf, Roland Gräf – DR: Christel Gräf – KA: Roland Dressel – MU: Richard Wagner – SB: Alfred Hirschmeier, Dieter Döhl – KO: Christiane Dorst –

SC: Monika Schindler – PL: Horst Hartwig – m: 2889 = 106 min. – fa – brw – PM: 30.9.1992 – PM-Ort: Berlin; Filmtheater Friedrichstraße – CO: WDR, Köln – DA: Corinna Harfouch (Lisa Mohrbrink) – Kurt Böwe (Buttstädt) – Uwe Kockisch (Ludwig Kollenbey) – Ulrich Tukur (Siegfried Emmler) – Michael Gwisdek (Costello) – Horst Schulze (Kobler) u. a. – KR: BO: Wagner läßt grüßen. TIP 1992/20 – Gym: -. Zitty 1992/21 – Koll, H. P.: -. fd 1992/20, S.21 (Nr. 29821) – Knietzsch, H.: Ernst, Ironie und ein Weltwunder. ND 1.10.1992 – Kuhlbrodt, D.: -. epd film 1992/10, S.31 – Martenstein, H.: Der Altnazi. TSP 2.10.1992 – nn: Ab heute neu in unseren Kinos. W 1.10.1992 – Römer, R.: Die Steine leuchten. JW 1.10.1992 – Rother, H.-J.: Showdown in Mitteldeutschland. NZT 1.10. 1992 – Schallert, K.: Sensationslustige Hobbyarchäologen. MAZ 1.10.1992 – Ska: Von der Schatz- zur Mördersuche. StZ 1.10.1992 – Sobe, G.: Wieder findet man Peters gute Stube nicht. BZ 2.10.1992 – Tok, H.-D.: Mit Liebe, Wehmut und Zorn. LVZ 16.10.1992 – Voss, M.: -. F&F 1992/5, S.67-68 – Warnhold, B.: Skurrile Suche nach dem Bernsteinzimmer. BMP 1.10. 1992 – -: Die Defa und die Detektive. Spiegel 1992/40.

Lisa, eine junge Frau, sucht den Mörder ihres Vaters und gerät dabei auf die Spur des legendären Bernsteinzimmers, das im Spätsommer 1944 von den Nazis aus Königsberg abtransportiert wurde und seitdem verschollen ist. Sie kreuzt den Weg anderer, die ebenfalls nach dem Schatz suchen: unter ihnen Siegfried Emmler, dessen Vater am Abtransport beteiligt war und nach dem Krieg unter rätselhaften Umständen ums Leben kam. Er hat eine Botschaft des Vaters, die Lisas Mann entschlüsselt. Sie erweist sich als Täuschungsmanöver. Außerdem ist Kriminalkommissar a.D. Buttstädt auf der Spur des Bernsteinzimmers. Ihm geht es allerdings mehr darum, den am Raub beteiligten ehemaligen SS-Offizier Kobler zu ködern, der für den Tod von KZ-Häftlingen verantwortlich ist. Ein gedungener Killer namens Costello macht das Unternehmen für alle zu einem gefährlichen, für einige zu einem tödlichen Abenteuer. Das Bernsteinzimmer aber bleibt verschollen.

DIE TIGERIN
(CO-PRODUKTION)

RE: Karin Howard – BU: Karin Howard – LV: Nach Motiven des Romans von Walter Serner – KA: Lothar Elias Stickelbrucks – MU: Loek Dikker, Michael Basden, Karl-Ernst Sasse – SB: Dieter Adam – KO: Ingrid Zoré – SC: Norbert Herzner – PL: Volkmar Leweck – m: 2722 = 100 min. – fa – PM: 15.10.1992 – PM-Ort: Berlin; »Filmpalast« – CO: Cine Vox Filmproduktion GmbH, München; Dieter Geissler Filmproduktion GmbH, München – DA: Valentina Vargas (Pauline) – James Remar (Andrei) – Hannes Jaenicke (Harry) – Belinda Mayne (Elsy) – Ferdinand Mayne (Österreichischer Graf) – George Peppard (Sid Slaughter) – Arne Nannestaad (Pat Cooper) – Lutz Stückrath (Taxifahrer) u. a. – KR: Bertz, D.: Tierisch dilettantisch. ND 15.10. 1992 – Brenner, W.: Joan Collins trifft Pippi Langstrumpf. TIP 1992/21 – Chp: Zwanziger

1

4

2

3

Die letzten DEFA-Paare:

1 Anthony Hopkins und Isabella Rossellini in
»... und der Himmel steht still«
(RE: John Schlesinger),
eine Co-Produktion

2 Tilo Prückner und Christiane Paul in
»Deutschfieber«
(1992/RE: Niklaus Schilling),
ebenfalls eine Co-Produktion

5

3 André Hennicke und Corinna Harfouch in
»Zwischen Pankow und Zehlendorf«
(1991/RE: Horst Seemann)

4 Dorothea Rohde und Mario Klaszynski in
»Motivsuche«
(1990/RE: Dietmar Hochmuth)

5 Dana Vavrová und Werner Stocker
in der Co-Produktion »Rosen-Emil«
(1993/RE: Radu Gabrea)

Jahre wie aus dem Bilderbuch. TAZ 15.10.1992 – Elterlein, E. v.: Verwirrender Beziehungs-Tango im Berlin der zwanziger Jahre. BMP 15.10.1992 – F.H.: -. W 15.10.1992 – Hickethier, K.: -. epd film 1992/11, S.39 – Holland-Moritz, R.: Ohne Müller kein Knüller. ESP 1992/12 – Jansen, P. W.: Nur ein Kuscheltier. TSP 15.10.1992 – Schifferle, H.: Der Reiz der Täuschung. SüZ 19.10.1992.

Im Berlin der wilden zwanziger Jahre ist die hübsche Pauline der Star im Nachtclub »Exil«. Sie ist darauf bedacht, ihre Unabhängigkeit zu wahren und blamiert den Unterwelt-Boß Harry, der sie besitzen will, vor aller Augen. Sie zieht mit einem Fremden ab: Andrei, ein Amerikaner russischer Abstammung. Ein Hochstapler, der anderen das Geld aus der Tasche holt. Pauline verliebt sich in ihn und verrät Harry an die Polizei, um ihn loszuwerden. Mit Andrei flüchtet sie vor Harrys Rache nach Karlsbad, wo sich die beiden als adliges russisches Ehepaar ausgeben. In der luxuriösen Gesellschaft plant Andrei einen Coup. Pauline soll sich vom amerikanischen Öl-Baron Sid Slaughter verführen lassen, Andrei will ihn dann zum Duell auffordern und sich statt dessen gut bezahlen lassen. Pauline, die an der Liebe Andreis zweifelt, flieht mit einem Rennfahrer. Auch Andrei muß fliehen, wegen der unbezahlten Hotelrechnung. Noch einmal läßt das Schicksal ihre Wege kreuzen, und Harry gibt seiner Rache freien Lauf.

DEUTSCHFIEBER
(CO-PRODUKTION)
RE: Niklaus Schilling – BU: Niklaus Schilling, Oskar Roehler – KA: Frank Grunert – MU: Christian Graupner, Johann Sebastian Bach – SB: Klaus Winter – KO: Ulrike Stelzig – SC: Niklaus Schilling – PL: Madeleine Remy – m: 3458 = 126 min. – fa – PM: 29.10.1992 – PM-Ort: Hof; Filmfestspiele – CO: Visual Filmproduktion Elke Haltaufderheide, Berlin; Peter-Goedel-Filmproduktion, München, in Zusammenarbeit mit dem ZDF, Mainz – DA: Tilo Prückner (Willi Busch) – Christiane Paul (SaScha) – Heike Schroetter (Carla) – Dorothea Moritz (Adelheid Busch) – Matthias Wiebalck (West-Bürgermeister) – Rüdiger Evers (Ost-Bürgermeister) – Frieder Venus (»Luther«) u. a. – KR: Schenk, R.: Schattenboxer und Kinderspiele. F&F 1993/2, S.23-27 – Terhechte, Ch.: 4:2 für den deutschen Film. TIP 1992/24.

Friedheim, ein kleines Städtchen im Werratal, im November 1989. Die Öffnung der deutsch-deutschen Grenze schreckt Willi Busch aus seinem beschaulichen Lebensabend auf. Zehn Jahre zuvor hatte er mit seinen Grenz-Geschichten (*Der Willi-Busch-Report*/ 1979/ RE: Niklaus Schilling) versucht, seine Zeitung zu retten. Nun beschert ihm die Grenzöffnung eine leibhaftige Tochter aus der DDR, die bei ihm einzieht. Seine Schwester, damalige Herausgeberin der »Werra-Post«, taucht auch wieder auf, und Willis ehemalige Geliebte ebenso. Die Frauen lassen die Zeitung erneut aufleben. Und diesmal werden die Geschichten tatsächlich von den Zeitereignissen geschrieben. Diese sind allerdings kurios. Zum Beispiel erscheint das künst-

liche Wesen »Goliath«, das in einem geheimen DDR-Labor entwickelt wurde. Willi Busch wird wieder aktiv, und am Ende erscheint sein Bild auf dem Plakat – als Präsidentschaftskandidat für eine »Freie Werra-Republik«.

MIRACULI
(CO-PRODUKTION)
RE: Ulrich Weiß – BU: Ulrich Weiß – DA: Tamara Trampe – KA: Eberhard Geick, Johann Feindt – MU: Peter Rabenalt – SB: Solvejg Paschkowski – KO: Werner Bergemann – SC: Evelyn Carow – PL: Andrea Hoffmann – GR: GR »Berlin« – m: 2850 = 105 min. – fa – brw – PM: 17.11.1992 – PM-Ort: Berlin; »Babylon« – CO: ZDF, Mainz – DA: Volker Ranisch (Sebastian Müller) – Thomas Lawinky (1. Freund) – Eduard Burza (2. Freund) – Sebastian Hartmann (3. Freund) – Uwe Kockisch (4. Freund) – Katrin Vogt (Fine) – Hans-Peter Minetti (Oberkontrolleur) – Klaus Manchen (Vater) – Kathrin Waligura (Mutter) – Käthe Reichel (Großmutter) – Karin Gregorek (Psychologin) – Johanna Schall (Vermessungsingenieurin) – Ulrike Krumbiegel (Maria Magdalena, die fremde Schöne) u. a. – KR: Chp: Der Osten lebt. TAZ 19.2.1992 – Bunge, B.: Ein Jesus der Schwarzfahrer. JW 18.2.1992 – Freier, F.: Vorschlag. TAZ 28.1.1993 – Kersten, H.: Bilderrätsel eines Außenseiters. TSP 19.2.1992 – Lambert, L.: Tief gegründet. TSP 26.10.1992 – Musik, A.: -. TIP 1992/23 – Schenk, R.: Christus in der Beziehungsfalle. JW 17.11.1992 – Schenk, R.: -. F&F 1992/5, S.66-67 – Strunz, D.: Trister Trip mit einer Tram namens Sehnsucht. BMP 19.2. 1992 – Strunz, D.: Ein Wunder, das eher wunderlich als wunderbar ist. BMP 19.11.1992 – Stumpfe, M.: Wege der Helden. ND 28.1.1993 – Wengierek, R.: Junger Rubbelspieler - alter Porzellanfreak. NZT 20.2.1992.

Ein Gewitterregen. Nach ihm kommen die Fliegen. Eine dringt durch ein offenes Fenster in einen Raum, in dem fünf junge Männer Billard spielen. Einer schlägt nach ihr, stößt den Queue des Spielers an. Die Kugel trifft eine auf dem Rand stehende Schachtel »Juwel«, die Zigaretten fallen in ein Bierglas. Das Los entscheidet, daß Sebastian Müller in einen Kiosk einbrechen muß, um neue Zigaretten zu holen. Mit der geklauten Schachtel in der Hand sieht er sich auf sich zukommen – im Spiegel. Er stellt sich seinem Selbst. Wartet auf die Polizei. Sein Diebstahl erfordert Strafe. Er zahlt ein Bußgeld und sinnt weiter auf Wiedergutmachung, wird ehrenamtlicher Kontrolleur bei der Straßenbahn. Der Oberkontrolleur testet ihn. Sebastian darf alle Fahrgäste kontrollieren. Sein Vater beschimpft ihn als Verräter. Sebastian kassiert schließlich kein Bußgeld mehr, sondern versucht, in Christuskutte und mit entsprechend wallendem Bart, die Leute zu bessern. Auf einer Party in seinem Haus am See will ein reicher Fahrgast ihn korrumpieren. Eine Schöne, die nie bezahlte und von Sebastian nie kontrolliert wurde, soll ihn verführen. Doch die beiden verschwinden auf rätselhafte Weise – und am Morgen ist auch der See verschwunden.

HERZSPRUNG
(CO-PRODUKTION)
RE: Helke Misselwitz – BU: Helke Misselwitz – Redaktion: Christoph Holch – KA: Thomas Plenert – MU: Poems for Laila, Georges Bizet, Giuseppe Verdi u.a. – SB: Lothar Holler – KO: Ursula Wolf – SC: Gudrun Steinbrück – PL: Andrea Hoffmann – CO: Thomas Wilkening Filmgesellschaft, Potsdam-Babelsberg; ZDF, Mainz – m: 2389 = 87 min. – fa – PM: 19.11. 1992 – PM-Ort: Berlin – DA: Claudia Geisler (Johanna) – Günther Lamprecht (Ihr Vater) – Eva-Maria Hagen (Elsa) – Nino Sandow (Fremder) – Ben Becker (Jan / Soljanka) – Tatjana Besson (Lisa) u. a. – KR: Boy, Ch.: »Ich hab' die Nacht geträumt«. TAZ 19.11.1992 – Feldvoß, M.: -. epd film 1992/12, S. 29 – Körte, P.: DDR adé. FRu 20.11.1992 – Lenz, E.-M.: Skinheads, Schneeflocken, Sterntaler. FAZ 20.11. 1992 – Leweke, A.: Johanna aus den neuen Bundesländern. TIP 1992/24 – Rhode, C.: Schwarz, weiß, rot. TSP 27.11.1992 – Schönemann, H.: -. F&F 1992/6-1993/1, S.135-36.

Ein kleiner Ort im Nordosten Deutschlands, Herzsprung, nach der Wiedervereinigung. Alles ist in Auflösung. Die russischen Soldaten ziehen ab, die Betriebe schließen, die Leute verlieren ihre Arbeit. Auch die junge Johanna, die in einer Betriebsküche gearbeitet hat. Sie begegnet einem fremden, dunkelhäutigen Mann. Ihr eigener Mann ist durch die Arbeitslosigkeit aus der Bahn geworfen worden, läuft Amok und kommt ums Leben. Ihr Vater verbindet sich mit ihrer älteren Kollegin Elsa, die nicht allein sein möchte. Ihre Freundin Lisa erfüllt sich ihren langgehegten Traum. Sie übergibt Johanna ihren Frisiersalon und macht sich auf den Weg in den Süden. Johanna verliebt sich in den Fremden, der in einem Imbißwagen an der Autobahn arbeitet. Ein junger Arbeitsloser, Soljanka, der sich mit seinen Freunden zu einer Bande zusammengeschlossen hat, ist empört darüber. Schon lange begehrt er Johanna und zündet nun den Wagen des Fremden an, will ihn erstechen und tötet dabei das Mädchen, das sich schützend vor den Geliebten stellt.

1993

KRÜCKE
(CO-PRODUKTION)

RE: Jörg Grünler – BU: Jörg Grünler – LV: Nach dem Roman von Peter Härtling – Redaktion: Karla Krause, Heribert Beigel – KA: Gernot Roll – MU: Mick Baumeister – SB: Heike Bauersfeld – KO: Inge Koniček – SC: Jörg Baumeister – PL: Wolfgang Rennebarth – m: 2669 = 98 min. – fa – PM: 22.1.1993 – PM-Ort: Saarbrücken; Max-Ophüls-Festival – CO: Eikon-Film, München; ZDF, Mainz – DA: Heinz Hoenig (Krücke) – Götz Behrendt (Tom) – Martina Gedeck (Bronka) – Peter Simonischek (Ferdi) – Petra Hinze (Frau im Zug) u. a. – KR: Strobel, Ch.: -. Kinder-Jugend-Film-Korrespondenz 1993/2 (Nr. 54).

Februar 1945. In den Kriegswirren, auf der Flucht, verliert der dreizehnjährige Tom auf dem Bahnhof einer kleinen Stadt in Schlesien seine Mutter. Er kommt allein nach Wien und lernt dort »Krücke« kennen, einen Krüppel, der im Krieg ein Bein eingebüßt hat. »Krücke« ist zugleich ein gewitzter Schieber und ein hinreißender Freund. Der Junge hängt sich an ihn, trifft auf Nazis und Juden, auf Krankheit, Irrsinn und Tod. Als der Schwarzmarkt geschlossen wird, machen sich Tom und »Krücke« auf die Reise zurück nach Deutschland. Nach einer langen, abenteuerlichen Zugfahrt, nach schier unendlichem Warten irgendwo auf den Gleisen in der Provinz, als die Kohlen zur Neige gegangen sind, und einem Malariaanfall »Krückes« kommen sie nach Passau. Dort wartet Toms Mutter auf ihren Sohn, der mit dem Abschied von »Krücke« zugleich seinen besten Freund verliert.

ZIRRI – DAS WOLKENSCHAF
(KINDERFILM)

RE: Rolf Losansky – BU: Rolf Losansky – LV: Frei nach einem Kinderbuch von Fred Rodrian – DR: Thea Richter – KA: Peter Badel – MU: Reinhard Lakomy – SB: Hans-Jürgen Deponte – KO: Barbara Braumann – SC: Ursula Henning – PL: Ralph Retzlaff – m: 1687 = 62 min. – fa – PM: 12.2.1993 – PM-Ort: Berlin; Filmfestspiele, Kinderfilmfest – DA: Babett Ikker (Schiene) – Martin Müller-Kürsten (Atif) – Sebastian Senft (Bobby) – Walfriede Schmitt (Oma) – Günter Grabbert (Opa) – Dietmar Richter-Reinick (Viehdoktor) – Karin Düwel (Schornsteinfeger) – Inka Groetschel (Himmel-Helga) – Günther Junghans (Feuerwehrhauptmann) – Fred Delmare (Schnapsfabrikant) – Gojko Mitic (Kutscher) u. a. – KR: Bode, K.N.: -. Kinder-Jugend-Film-Korrespondenz 1993/2 (Nr.54) – bo.e.: Heute neu im Kino. W 11.11.1993 – Friedrich, G.: Immer weniger Kinderfilme? F&F 1993/2, S. 34-37 – Hartmann, G.: Alles andere als eine heile Welt. TAZ 11.2.1993 – Hanspach, B.: Kinderfilm: Niedergang oder Hoffnung? ND 12.2.1993 – J.F.: Das Schäfchen Zirri fällt aus allen Wolken. BMP 11.11.1993 – Roth, W.: -. epd film 1993/12, S. 42 – Schenk, R.: Von Schafen und Menschen. TSP 10.11.1993.

Christine, genannt Schiene, wohnt in Potsdam in der Baumstraße, in der es keine Bäume gibt, dafür aber viele Autos. Sie will zu den Großeltern aufs Land, und der Viehdoktor nimmt sie in seinem Bus mit, der sich in die Lüfte erhebt und den Stau überfliegt. Beim Schäferkarren des Opas wird ein großes Festessen für sie veranstaltet. Schiene findet ein weißes Wolkenschaf, das von schwarzen Wolken vom Himmel gestoßen wurde. Es bittet Schiene, ihm wieder hinaufzuhelfen. In die Aktion werden Schienes Oma, die Artisten aus dem Zirkus und die Männer von der Feuerwehr einbezogen. Diese bringen das Schaf mit der großen Leiter an den Himmel zurück. Dabei müssen auch die gefährlichen schwarzen Wolken des Schnapsfabrikanten besiegt werden. Schienes Freunde blasen sie mit der Windmühle weg, und nun schwebt das weiße Wolkenschaf davon.

ANNA ANNA
(CO-PRODUKTION)
(KINDERFILM)

RE: Greti Kläy, Jürgen Brauer – BU: Greti Kläy, Jürgen Brauer, Lukas Hartmann – LV: Nach dem Roman von Lukas Hartmann – KA: Jürgen Brauer – MU: Niki Reiser, Oliver Truan, David Klein – SB: Regina Fritzsche – KO: Lisa Meier – SC: Rainer Trinkler – PL: Lutz Wittcke, Vreni Traber – m: 2076 = 76 min. – fa – PM: 13.5.1993 – PM-Ort: Berlin; »Colosseum« – CO: Fama Film AG, Bern; Rewes Film GmbH, Köln; Samsa Film, Luxemburg – DA: Lea Hürlimann (Anna) – Wanda Hürlimann (annA) – Ilona Schulze (Mutter) – Steve Karier (Lehrer) – Eva Ebner (Frau Bernasconi) – Günter Rüger (Herr Fricker) – Ernst-Georg Schwill (Hausmeister) – KR: EMH: -. TIP 1993/10 – Faber, J.: Fröhliches Kinomärchen mit ernstem Hintergrund. BMP 13.5.1993 – Gym: Kino für Knirpse. Zitty 1993/10 – Kleber, R.: -. Kinder-Jugend-Film-Korrespondenz 1993/2 (Nr. 54) – Knietzsch, H.: Überraschungseier. ND 13.5.1993 – Schenk, R.: Der Kinderkopierer. TSP 16.5.1993.

Die neunjährige Anna ist ein phantasievolles Mädchen. Als sie unerlaubt in der Schule das Kopiergerät benutzt und vom Hausmeister entdeckt zu werden droht, kriecht sie hinein, um sich zu verstecken. Heraus kommen zwei Annas, sie hat sich kopiert. Heimlich nimmt sie ihre neue Schwester mit nach Hause und verbirgt sie auf dem Dachboden. Sie beschließen, sich im Versteck abzuwechseln, und da die beiden sehr unterschiedliche Charaktere besitzen, gibt es eine Menge Verwirrung. Die »neue« Anna hilft der Mutter im Haushalt, ist nett zu deren Freund, fleißig in der Schule – anders als die »alte«. So kommt es zwischen den Mädchen zu Eifersucht, Streit und Versöhnung. Eines Morgens findet die Mutter zwei Annas im Bett. Sie nimmt den Zuwachs verständnisvoll hin.

ROSEN-EMIL
(CO-PRODUKTION)

RE: Radu Gabrea – BU: Radu Gabrea, Meir Dohnal – LV: nach dem gleichnamigen Roman von Georg Herrmann – Redaktion: Willi Segler – KA: Dinu Tanase – MU: Charles Kalman, Stefan Zorzor – SB: Florin Gabrea – KO: Uta Freiwald, Lucian Dante Gologan, Henry Lange – SC: Sophie Cousson, Emanuel DeWit – PL: Rolf Martius – m: 2612 = 96 min. – fa – PM: 19.8.1993 – CO: Galla-Filmproduktion, München; Molecule, Paris; Artimage, Genf; ZDF, Mainz – DA: Werner Stocker (Rosen-Emil) – Dana Vavrová (Lissy) – Erich Bar (Palisadenkarl) – Dominique Sanda (Bertha) – Serge Reggiani (Dr. Levy) – Jürgen Michael Watzke (Baumüller) – Franziska Troegner (Frau Rutsch) – Jaecki Schwarz (Kletterwillem) – Carmen-Maja Antoni (Wanda) – Werner Dissel (Wunderlich) u. a. – KR: EMH: -. TIP 1993/17 – Hickethier: K.: -. epd film 1993/9, S. 33 – Lux, S.: -. fd 1993/17, S. 29 (Nr. 30 407).

Berlin 1903. Der charmante, aber erfolglose Hausierer Emil trifft Lissy, die ungekrönte Königin der Vorstadtnutten. Sie nennt ihn »Rosen-Emil«, weil er Rosen liebt, und macht ihn zum König der Vorstadtganoven. Seine im gutbürgerlichen Turnverein erworbenen Kletterkünste setzt er jetzt gewinnbringend bei Einbrüchen in Textil-, Pelz- und Schmuckgeschäften ein. Er hat alles, um glücklich zu sein: Liebe, Geld und »berufliche« Anerkennung. Dennoch unterliegt er dem Raffinement der hartgesottenen Brillanten-Bertha, einer alternden Oberschichtnutte. Doch das luxuriöse Liebesnest, das sie ihm bietet, läßt ihn Lissy nicht vergessen, und als diese erkrankt, kehrt er zu ihr zurück. Aus Rache bringt ihn Brillanten-Bertha wegen Zuhälterei ins Gefängnis. Während Lissy mit dem Tode kämpft, findet Emils Prozeß statt. In einer großzügigen Geste zieht Bertha die Anzeige zurück. Doch er kommt zu spät. Lissy stirbt und Emil bleibt allein zurück.

... UND DER HIMMEL STEHT STILL
(CO-PRODUKTION)

RE: John Schlesinger – BU: Ian McEwan – LV: nach dem Roman »The Innocent« von Ian McEwan – KA: Dietrich Lohmann – MU: Gerald Gouriet – SB: Luciana Arrighi – KO: Ingrid Zoré – SC: Richard Marden – PL: Ingrid Windisch – 116 min. – PM: 16.9.1993 – PM-Ort: Düsseldorf – CO: Lakehand-Film, London; Chris Sievernich Filmproduktion, Berlin – Engl. Titel: The Innocent – DA: Isabella Rossellini (Maria) – Anthony Hopkins (Bob Glass) – Campbell Scott (Leonard Marnham) – Ronald Nitschke (Otto) – Hart Bochner (Russell) – James Grant (MacNamee) u.a. – KR: Beier, L.-O.: Casablanca in Tempelhof. TIP 1993/19 – Koll, H.-P.: -. fd 1993/18, S. 22-23 (Nr. 30 423) – Thüna, U.v.: -. epd film 1993/9, S. 33.

1989, in den Tages des Mauerfalls, erinnert sich der britische Techniker Leonard Marnham an seinen Berliner Aufenthalt von 1955, mitten im kalten Krieg. Damals war er hierher versetzt worden, um an der Operation »Gold« mitzuarbeiten, einem Tunnelbau von West- nach Ostberlin, der dazu diente, sämtliche Telefonate der sowjetischen Besatzungsbehörden abzuhören. Leonard lernt in einer Tanzbar die Berlinerin Maria kennen, in die er sich verliebt. Obwohl sein »Betreuer«, der US-Offizier Bob Glass, Einwände gegen diese Beziehung hat, bleibt

Leonard bei Maria. Die aber ist verheiratet: mit dem brutalen Otto, der die Scheidungspapiere nur unterzeichnen will, wenn Maria ihm Geheimnisse über ihren Geliebten preisgibt. Maria erschlägt in einem Moment höchster Verzweiflung ihren Mann, und Leonard bringt die zerstückelte Leiche in zwei Koffern in den unterirdischen Geheimgang. Kurz darauf entdecken die Russen den Tunnel. Maria, von Leonard gebeten, mit ihm nach London zu fliegen, bleibt in letzter Minute zurück. Erst 1989 erfährt Leonard, daß sie Glass, der von dem Mord wußte, nicht allein in Berlin zurücklassen wollte. Sie heiratete ihn – aus Reue und Dank dafür, daß er die Morduntersuchung unterdrücken half und somit auch Leonard rettete ...

NOVALIS – DIE BLAUE BLUME
(CO-PRODUKTION)

RE: Herwig Kipping – BU: Herwig Kipping – KA: Matthias Tschiedel – MU: Johann Sebastian Bach, Ludwig van Beethoven, Wolf Biermann, Wolfgang Amadeus Mozart, Claude Debussy, Pestilence, Johann Strauß, Bolt Thrower, Antonio Vivaldi – SB: Günther Petzold – KO: Karin Pas – SC: Bettina Böhler – PL: Barbara Christian-Kropp – m: 2665 = 97 min. – fa – CO: Thomas Wilkening Filmgesellschaft mbH – PM: 13.10.1993 – PM-Ort: Cottbus, Filmfestival (Vorauführung) – DA: Agathe de la Fontaine (Sophie) – Christoph Schiller (Friedrich / Novalis) – Hansjürgen Hürrig (Vater Hardenberg) – Eva-Maria Hagen (Mutter Hardenberg) – Marijam Agischewa (Mutter Sophie) – Gottfried John (Rockenthien) – Eberhard Esche (Großkreuz) – Arno Wyzniewski (Just) – Volker Ranisch (Erasmus) – Reiner Heise (Tod) – André Hennicke (Leutnant Selmnitz) u.a. – KR: Habel, F.-B.: Keine Chance für die Liebe. JW 15.10. 1993

In einer Art Sterbetraum läuft die Vision seines Lebens vor Friedrich von Hardenberg (genannt Novalis) ab. Sein strenger Vater zwingt ihn ins Joch, erinnert ihn an die Mannespflicht zur Erhaltung des Geschlechtes. Als ein Lernender des Rechts sucht sich Friedrich verzweifelt in die weltlichen Dinge einzumischen und nimmt ein Amt an. Sein Onkel, das Großkreuz, versucht, ihm seine Philosophie einer neuen Poesie des Krieges einzugeben. Doch Friedrich verweigert sich beiden. – Die Begegnung mit der zwölfjährigen Sophie von Kühn erlöst ihn von der Erdenschwere und befreit den Dichter in ihm. Er sucht Sophies Nähe, ihre Inspiration, das Beglückende ihres Wesens, das sein Medium ist. Bis sie stirbt... – Nur in seinem Traum vermählt er sich mit ihr. In der blauen Blume, dem Sinnbild ihrer ewigen Liebe, ist die Vereinigung mit dem Ideal möglich. – Die Form des Films folgt seinen geistigen Intentionen. Die Realität findet sich aufgelöst im Mystischen, Irrealen, Metaphysischen. Biographische Landschaften des romantischen Dichters gehen auf in offenen Dekorationen (Ruinen, Schlösser, Vorsatzmodelle, Glasmalereien) und werden verwoben mit Malerei.

GROSSVATERS REISE
(CO-PRODUKTION)

RE: Staffan Lamm – BU: Staffan Lamm, Lars Forssell – KA: Esa Vuorinen – MU: Wlodek Gulgowski – SB: Marlene Willmann – KO: Inken Gusner – SC: Darek Hodor – PL: Thomas Lydholm, Michael Beier, Harald Fischer – m: 2229 = 82 min. – fa – CO: Victoria-Film, Stockholm; Svenska Filminstitutet, Stockholm; Nordic Film & TV-Fund; Sveriges Television SVT 1 Drama; Danish Film Institute, Kopenhagen; Ottokar-Runze-Filmproduktion, Hamburg / Berlin – Schwed. Titel: Morfars Resa – DA: Max von Sydow (Simon Fromm, Großvater) – Carl Svensson (Göran) – Mai Zetterling (Elin, Großmutter) – Ina-Miriam Rosenbaum (Vera) – Marika Lagercrantz (Karin) – Sharon Brauner (Sara) u. a. – KR: keine.

Herbst 1945 in Stockholm. Die Eltern des achtjährigen Göran sind geschieden und zeigen kaum Interesse für ihren Sohn. Seit der Scheidung lebt der Junge bei seinem Großvater Simon, einem jüdischen Literaturprofessor. Der Alte wird seine wichtigste Bezugsperson, und beide bauen um sich eine eigene, abgeschlossene Welt auf, in der selbst der Alltag phantastische Züge annimmt. Eines Abends begeben sich Göran und sein Großvater auf eine Suche nach zwei Briefen, die versehentlich in die falschen Umschläge gesteckt worden waren. Die merkwürdige Reise dauert bis zum Morgengrauen, und während der »Expedition« verkehren sich die Rollen der beiden Beteiligten: Göran hilft schließlich seinem hilflos gewordenen Großvater nach Hause zurück.

Abgebrochene und nicht aufgeführte Filme

ALLEZ HOPP
(1946)
RE: Hans Fritz Köllner – BU: Hans Fritz Köllner – KA: Heinz von Jaworsky – MU: Hans Georg Schütz – BA: Franz F. Fürst, Gerhard Ladner – KO: Vera Mügge – SC: Fritz Stapenhorst – PL: Eduard Kubat – DA: Ernst Stahl-Nachbaur (Urmann) – Babsi Schultz-Reckewell (Claudia) – Alfred Cogho (Freddy) – Hilde Körber (Paula Urmann) – Paul Henckels (Schallinger) – Herbert Wilk (Dr. Raimund) – Hans Klering (Fred Matsu) – Aribert Grimmer (Direktor Holl) – Sonja Ziemann (Patsy) – Lilli Schönborn (Scheuerfrau) u.a.

Ein Zirkus- und Varietéfilm: Um den Namen seiner Familie wieder auf die Liste der Zirkus-Weltattraktionen zu bringen, trainiert der alte Karl Urmann mit seinen Kindern eine Pferdenummer mit Reitersprung und Salto von Pferd zu Pferd. Bei einem Trapezakt hatte sich Karl selbst einst einen Muskelriß und Rippenbrüche zugezogen, während sein Bruder tödlich verunglückt war. Und noch immer ist ihm das Glück nicht wieder hold: er wird von einem Pferd getreten und stirbt. Verbittert beschwört er seine Tochter Claudia, den Zirkus zu verlassen und zu der Witwe seines Bruders, Paula, zu ziehen. Ein kauziger Nachbar der Tante, der kunstsammelnde Rat Schallinger, holt das Mädchen als Haushälterin und Sekretärin zu sich und erlaubt ihr, Kunststücke einzustudieren. Claudia erwirbt so viele Erfahrungen, daß sie nach ein paar Jahren fähig ist, eine eigene Revue in der »Scala« zu starten. Als Partner hofft sie auf ihren Bruder Freddy, der die Zwischenzeit mit einem zwielichtigen Artisten namens Matsu in den USA verbracht hat. Matsu powerte den Jungen aus und sorgte für einen handfesten Skandal, als er sogar eine Vorstellung schmiß. Mit Hilfe einer Vertrauten, Patsy, versucht Matsu, Freddy zu einem neuen Vertrag mit ihm zu bewegen. Doch der Bruder, der sich in den USA sehr zum Negativen – zum kleinen Gernegroß – verändert hat, entdeckt, wohin er wirklich gehört. Die letzte (347.) Einstellung des Drehbuchs: »Die Revue ohne Pause... Filmisch übersteigert muß erreicht werden, was man auf der Bühne, in der Realität, niemals erzielen kann... Die Nummern trennen und vereinen Klapp-, Schiebe-, Fallblenden. Am Schluß führen Claudia und Freddy, von verschiedenen Seiten kommend, den Vorhang zusammen..., die Masken ihres Tanzes noch in der Hand, die sie vor das Gesicht heben. Darauf fährt die Kamera zu. Abblenden.« – Die Probeaufnahmen zur Verfilmung des Originalstoffs beginnen am 22. 7. 1946, der erste Drehtag ist der 29. 8. 1946. Gedreht wird in der Manege des Zirkus Barlay und im Wohnwagen seines Direktors – neun Tage lang. Am Nachmittag des 23.9. findet eine Besprechung über die Fortführung des Projekts statt, an der unter anderem Hans Klering, Eduard Kubat, Hans Fritz Köllner und Alfred Lindemann teilnehmen. Geladen ist auch Hans Deppe, vermutlich um zu prüfen, ob er die Regie übernehmen kann. Am 25. 9. wird die Produktion auf Be-schluß der DEFA-Direktion eingestellt; Albert Wilkening gibt später als Grund an, der Regisseur sei der Aufgabe nicht gewachsen gewesen. Für Hans Fritz Köllner wäre *Allez hopp* der erste lange Spielfilm gewesen; er hatte zuvor die Kurzfilme *Wie ein Wunder kam die Liebe über Nacht* (1936) und *Der Mann mit dem Plan* (1939) sowie den Dokumentarfilm mit Spielhandlung *Die See ruft* (1942) realisiert. Letzterer, produziert vom Propagandaamt der Deutschen Arbeitsfront im Auftrag der Auslandsorganisation der NSDAP, zeigte die Entwicklung der deutschen Handelsschiffahrt von der Hanse bis ins Dritte Reich, wurde verboten und gilt als verschollen. – Das Material von *Allez hopp* ist vernichtet, vermutlich existieren auch keine Fotos mehr.

KEIN HÜSUNG
(1952)
RE: Hans-Georg Rudolph – BU: Ehm Welk, Hans-Georg Rudolph – DR: Marieluise Steinhauer – KA: Willi Kuhle – SB: Wilhelm Vorweg – PL: Adolf Hannemann – DA: Robert Zimmerling (Johann) – Liane Croon (Mariken) – Lothar Firmans (Baron von Wedderkopp) – Ruth Hausmeister (seine Frau) – Werner Peters (Pastor Drogmöller) – Theo Shall (Inspektor Susemihl) – Alfred Maack (Oll Daniel, Kutscher) – Erna Sellmer (Frau Toppel) – Werner Toelcke (Fritz Toppel) – Wolf Beneckendorff (alte Exzellenz) u.a.

Frei nach der gleichnamigen Verserzählung von Fritz Reuter. Mecklenburg, 19. Jahrhundert. Seit Generationen bearbeitet die Bauernfamilie Brand ein Stück Land – als Pächter des Barons, dem fast der ganze Boden des Dorfes gehört. Der Baron entstammt selbst einer Bauernfamilie, die durch Korruption reich geworden war und geadelt wurde. Er ist der unumschränkte Potentat, keiner wagt ihm zu widersprechen, er nimmt sich, was er will, macht mit seinen Maßlosigkeiten vor niemandem halt. Zugleich ist er Mittelpunkt des kleinbürgerlichen, bigotten »gesellschaftlichen Lebens«. Johann, der Pferdeknecht, möchte Mariken Brand heiraten und erbittet vom Baron ein Stück Land, um sich eine eigene Existenz aufbauen zu können. Der Herr aber ist hart, er verweigert ihm nicht nur den Boden, sondern erhöht gleichzeitig die Pacht. Johann lehnt sich auf, versucht die Bauern des Dorfes aus ihrer devoten Lethargie zu reißen – vergebens. Erst als Mariken stirbt, schlägt das Stimmung um. Es kommt zum Bauernaufstand, und Johann tötet den Baron. – DEFA-Direktion und -Kommission hatten dem Schauspieler Hans-Georg Rudolph die Regie anvertraut, der zuvor Co-Regisseur bei Georg C. Klaren (*Karriere in Paris*) gewesen war. Mit den ersten abgedrehten Szenen unzufrieden – der Film sei viel zu breit und episch, ohne die fürs Kino notwendige Dramatik erzählt, die Kamera- sei ebenso wie die Schauspielerführung dilettantisch –, brach die Leitung das Projekt im Dezember 1952 ab. Artur Pohl griff den Stoff 1953 erneut auf und inszenierte »Kein Hüsung« mit vorwiegend neuem Stab und anderer Besetzung. Zugleich hielt er sich auch enger an die literarische Vorlage, tilgte das Übermaß an revolutionärem Pathos. Das Material der 1. Fassung gilt als vernichtet.

MUTTER COURAGE UND IHRE KINDER
(1955)
(CO-PRODUKTION)
RE: Wolfgang Staudte – BU: Wolfgang Staudte, Emil Burri, Bertolt Brecht – LV: Gleichnamiges Stück von Bertolt Brecht – KA: Robert Baberske – MU: Paul Dessau – SB: Max Douy, Oskar Pietsch – KO: Walter Schulze-Mittendorf – PL: Willi Teichmann – fa – Cine – CO: Pandora-Film, Stockholm – DA: Helene Weigel (Mutter Courage) – Simone Signoret (Lagerhure Yvette) – Bernard Blier (Feldkoch) – Erwin Geschonneck (Feldprediger) – Ekkehard Schall (Eilif) – Joachim Teege (Schweizerkas) – Hans-Peter Minetti (Müller) – Sigrid Roth (Kattrin) u.a.

Nach dem gleichnamigen Bühnenstück von Bertolt Brecht. Tiefgreifende künstlerische Differenzen zwischen dem Autor und dem Regisseur Wolfgang Staudte zwangen nach rund zwei Wochen Drehzeit (Ende August 1955 – Mitte September 1955) zum Abbruch der Arbeiten. Das Material wurde – bis auf einige Szenenfotos – in den achtziger Jahren vernichtet. Pläne zur Wiederaufnahme des Projekts im Jahre 1956, nunmehr unter der Regie von Erich Engel, der schon zu Beginn der fünfziger Jahre als Regisseur im Gespräch gewesen war, wurden mit Brechts Tod am 14.8.1956 ad acta gelegt. 1960/61 drehten Peter Palitzsch und Manfred Wekwerth eine dokumentarische schwarzweiße Verfilmung der »Courage«-Inszenierung des Berliner Ensembles. – Zur Werkgeschichte siehe auch Kapitel 2.

LIED ÜBER DEM TAL
(1955/56)
RE: Gustav von Wangenheim – BU: Helmut Brandis – LV: Gleichnamiger Roman von August Hild – DR: Ilse Langosch – KA: Eugen Klagemann – PL: Werner Dau – DA: Rosaura Revueltas (Thekla Wiesner) – Günther Simon (Erich Kattner) – Rudolf Ulrich (Uli) – Johannes Maus (Bürgermeister) – Angelica Hurwicz (Neubäuerin Schlomach) – Erika Fürstenau (Lehrerin Sabine Gärtner) – Ilse Bastubbe (Ingeborg) – Paul Pfingst (Büttner) – Jochen Brockmann (Döring) – Hans Klering – Hermann Götze u.a.

Erich Kattner, ein verwitweter Neubauer, verliebt sich in die ebenfalls neu ins Dorf gekommene Lehrerin Sabine und erkennt erst viel später, daß die Landarbeiterin Thekla viel besser zu ihm paßt. – Als Regisseur des nach dem gleichnamigen Roman von August Hild entworfenen Stoffes wird zunächst der Drehbuchautor Helmut Brandis vorgesehen. Brandis beginnt am 13. Oktober 1955 mit den Probeaufnahmen, versucht die beiden Hauptrollen unter anderen mit Helga Göring (Thekla) und Wilhelm Koch-Hooge (Ernst) zu besetzen. Am 5.12. 1955 finden unter seiner Leitung die letzten Proben statt, schon vier Tage später hat Gustav von Wangenheim die Regie übernommen. Er engagiert zwei Darsteller, die vorher noch gar nicht ins Spiel

gekommen waren: Günther Simon und die me-
xikanisch-amerikanische Schauspielerin Rosaura Revueltas, die in dem berühmten US-Film
Salz der Erde (*Salt of the Earth*/ 1953/ RE: Herbert Biberman) aufgetreten und von Brecht in
die DDR geholt worden war. Erster Drehtag ist
der 10. Januar 1956; doch bis in den Februar
hinein ist das Drehbuch noch immer nicht komplett. Nach 19 Drehtagen im Atelier und 148
Einstellungen, etwa einem Drittel des Films,
wird *Lied über dem Tal* Anfang Februar abgebrochen, wegen grundsätzlicher Unterschiede in
den Konzeptionen von Brandis und Wangenheim. Das Material gilt als vernichtet. – Der
Stoff wird 1957 noch einmal, in veränderter
Form, aufgenommen. Diesmal heißt der Film
Reifender Sommer; Horst Reinecke fungiert als
Regisseur.

DIE SCHÖNSTE
(1957)
(CO-PRODUKTION)
RE: Ernesto Remani – BU: A. Arthur Kuhnert,
Ernesto Remani, Ilse Langer – DR: Marieluise
Steinhauer – KA: Robert Baberske – SB: Artur
Günther – PL: Willi Teichmann – fa – CO: Pan-
dora Film, Stockholm – DA: Willy A. Kleinau
(Berndorf) – Ursula Burg (Frau Berndorf) – Jür-
gen Büttner (Thomas Berndorf) – Gerhard Bie-
nert (Wille) – Gisela May (Frau Wille) – Jochen
Hesse (Hannes Wille) – Hildegard Schreiber
(Susanne, Berndorfs Geliebte) – Siegfried Schü-
renberg (Wiedemann) – Charlott Daudert (Frau
Berndorfs Freundin) – Waltraud Kogel (Frau
Berndorfs Freundin) u.a. – KR: Otten, Ch.:
Letzte Klappe gefallen. FS 1957/8, S. 6-7
(Drehreportage).

Mitte der fünfziger Jahre in Westberlin. Die Familie des Geschäftsmannes Alexander Berndorf
ist reich, die des Werkmeisters Hannes Wille
rechtschaffend. Dessen Sohn Hannes verdient
sich sein Taschengeld, indem er den Mercedes
300 von Berndorf gelegentlich auf Hochglanz
poliert. Thomas, Berndorfs dreizehnjähriger
Sprößling, freundet sich mit Hannes an. Beide
kommen auf die Idee, ihren Müttern Schmuck
zu entwenden: Frau Berndorf das teure Kollier,
Mutter Wille die mühsam zusammengesparte
Goldbrosche. Für Hannes ist es nur ein Streich –
nachdem er sieht, daß die Mutter den Verlust
mit Gelassenheit trägt, legt er die Brosche wieder zurück. Thomas aber möchte sehen, ob seine
Mutter auch ohne Kollier die Schönste ist. Das
Verschwinden des Schmucks löst im Hause
Berndorf eine Krise aus. Ein für die Scheinfi-
nanzierung der neugegründeten Firma des Vaters wichtiger Geldgeber erfährt von einem Ju-
welier, daß das Kollier nicht bezahlt war und
verweigert sich. Auch die »Vernunftehe« der
Berndorfs droht zu zerbrechen. Hannes und
Thomas sind derweil nach Hamburg getrampt
und treffen auf einen Landstreicher, der sie –
nebst Kollier – wieder zurück nach Berlin
bringt. Die Geschäfte sind gerettet, die Berndorfs dem Ruin entgangen. Nun stellen sie sich
die Frage nach dem Sinn des Lebens neu und
beschließen, künftig mehr füreinander da zu
sein, besonders für Thomas. Den Wettbewerb,
wer die Schönste ist, hat jedoch Hannes' Mutter

gewonnen. – Der Anfang 1957 begonnene Film
wurde, nach zahlreichen Beratungen und Änderungen, am 17.3.1959 endgültig verboten.
Grundtenor des Verbots: primitiv gemachte Gesellschaftskritik, Produkt der Traumfabrik, ideologisch fragwürdig. – Zur Werkgeschichte siehe
auch Kapitel 2. Das Schnittmaterial lagert im
Bundesarchiv-Filmarchiv.

HAUS IM FEUER
(1959/60)
RE: Carl Balhaus – BU: Carl Balhaus, Harry
Thürk, Herbert Ballmann – LV: Roman »Die
Stunde der toten Augen« von Harry Thürk –
DR: Marieluise Steinhauer, Helmut Lütge – KA:
Walter Fehdmer – SB: Oskar Pietsch – PL:
Adolf Fischer – DA: Inge Keller (Anna) – Ul-
rich Thein (Obergefreiter Thomas Bindig) – Ek-
kehard Schall (Obergefreiter Zada) – Hans-Peter
Minetti – Heinz Voss – Albert Hetterle u.a.

Winter 1944 im ostpreußischen Haselgarten.
Die Frontlinie verläuft unmittelbar hinter dem
Dorf. Anna, eine junge Frau, ist als einziger
Zivilist geblieben. Sie versteckt in ihrem Haus
den aus der Gefangenschaft geflohenen russischen Offizier Machinow. Der deutsche Fall-
schirmjäger Thomas Bindig, der Anna den Hof
macht, weiß von ihm, verrät ihn aber nicht.
Nach einer russischen Offensive liegt Haselgarten auf der anderen Seite der Front. Anna ist in
ihrem Haus geblieben. Machinow und sein Vorgesetzter versorgen sie mit Lebensmitteln.
Plötzlich taucht Bindig wieder auf. Schwer verletzt hat er sich von seiner Truppe abgesetzt.
Anna informiert Machinow. Der weigert sich,
ihn gefangenzunehmen, möchte vielmehr, daß
Thomas sich freiwillig in Gefangenschaft begibt. In den letzten Kämpfen kommen die
Hauptfiguren ums Leben ... – Drehbeginn war
im November 1959, am 6.1.1960 wurde der
Beschluß zur Produktionsaussetzung getroffen,
am 16.2.1960 der endgültige Abbruch der Dreharbeiten bekanntgegeben. Der Film war zu rund
fünfzig Prozent abgedreht. Einwände betrafen
die Härte des Geschehens, die zu positive Darstellung der Figur des deutschen Fallschirmjä-
gers (ein Angehöriger der Division »Brandenburg«) und die nicht dem Kanon entsprechende
Zeichnung des sowjetischen Offiziers. Das Material gilt als vernichtet. Zur Werkgeschichte
siehe Kapitel 2.

SOMMERWEGE
(1960)
RE: Hans Lucke – BU: Bernhard Seeger – DR:
Dieter Scharfenberg – KA: Karl Plintzner –
MU: Joachim Werzlau – SB: Harald Horn –
KO: Hans Kieselbach – PL: Paul Ramacher –
s/w – DA: Johannes Arpe (Fritz Grimmberger)
– Therese Wider (Helga Grimmberger) – Elfrie-
de Florin (Emma Grimmberger) – Rudolf Ulrich
(Schindel) – Brigitte Lindenberg (Frau Schin-
del) – Bruno Carstens (Wollni) – Dieter Perlwitz
– Helga Göring – Marga Legal u.a.

Spätsommer 1958. Ernst Wollni, Parteisekretär
eines Berliner Stahlwerks, wird in das Dorf
Schwarzwalde geschickt, um den Aufbau der

LPG zu unterstützen. Hier trifft er Fritz Grimmberger wieder. Die beiden sind zusammen aufgewachsen, Freunde gewesen und als Soldaten
gemeinsam zur Roten Armee übergelaufen. Ihre
alte Freundschaft wird nun auf eine harte Probe
gestellt. Grimmberger widersetzt sich der Kollektivierung. Er will sein eigenes Land bebauen,
dafür hat er gekämpft. Einige im Dorf sagen, er
hätte sich bei der Bodenreform besonders gut
bedient. Wollni ist enttäuscht, er hatte bei seiner
Mission auf die Unterstützung des Freundes
gesetzt. Dennoch gelingt es ihm, die anderen zu
motivieren, die heruntergekommene LPG in
Schwung zu bringen, Geflügel- und Rindermast
aufzubauen und sogar eine Forellenzucht.
Grimmberger hingegen ruiniert sich. Seine für
viel Geld gekauften klapprigen Pferde krepie-
ren. Als auch seine Tochter Helga ihn verlassen
will, um in der Stadt zu studieren, sieht er die
Aussichtslosigkeit seines Alleingangs ein. Auf
dem Dorffest versöhnt er sich mit Wollni. – Die
Aufführung des komplett abgedrehten Films
wurde am 2.9.1960 endgültig untersagt. Dem
Film wurden gravierende künstlerische
Schwächen bescheinigt, die sein »gesellschaftliches Anliegen (...), die Rolle der Partei bei der
sozialistischen Umgestaltung der Landwirtschaft, die Hilfe der Arbeiterklasse für die werktätigen Bauern« zu zeigen, beschädigten. Der
Film gäbe »keine Antwort auf die heutigen Fragen«. Das Schnittmaterial lagert im Bundesarchiv-Filmarchiv.

ALTWEIBERSOMMER
(1961/62)
RE: Hans Knötzsch – BU: Gerhard Rentzsch,
Gerhard Klingenberg – LV: Nach einem Hörspiel von Gerhard Rentzsch – DR: Gudrun
Rammler – KA: Otto Hanisch – SB: Ernst-Ru-
dolf Pech – KO: Marlene Froese – SC: Thea
Richter – PL: Heinz Kuschke – GR: KAG »Ar-
beitsgruppe 60« – s/w – DA: Albert Garbe (Wil-
helm) – Erika Dunkelmann (Sophie) – Paul
Streckfuß (Heizer Anton) – Erik S. Klein (Her-
bert Kraft) – Otto Mellies (Peter Schmidt) – Jo-
hannes Maus (Siegfried Watt) – Christoph Engel
(Armin Durier) – Doris Weikow (Karin Koch) –
Sabine Thalbach (Fräulein Bemme) – Jutta Wachowiak – Wolfgang Thal – Hannelore Tellocke
– Ingrid Ohlenschläger – Horst Lommatzsch –
Sigrid Göhler u.a.

Sophie und Wilhelm, ein älteres, schon berente-
tes Bauernehepaar, sind das erste Mal auf Reisen. Den Ferienscheck nahmen sie nicht ganz
freiwillig an; harte Landarbeit gewöhnt, haben
sie Urlaub nie gekannt – schon gar nicht drei
Wochen lang. Im FDGB-Ferienheim »Florian
Geyer« Siebenbrunn ist alles zeitlich genau festgelegt, für individuelle Urlaubsgestaltung bleibt
nur wenig Platz. Sophie paßt sich der Situation
an, ohne dabei glücklich zu sein. Zumal die
anderen Feriengäste wenig kommunikativ sind,
außer einem Ehepaar mit Kind. Doch deren
Gesprächsthemen drehen sich hauptsächlich um
die Karriere im Kombinat und die letzte Fahrt
nach Bulgarien. Nur mit Sabine, dem Mädchen,
kann Sophie sich unterhalten – das Kind fühlt
sich ähnlich einsam, seine Eltern haben keine
Zeit oder Lust, etwas mit ihm gemeinsam zu

1

2

3

Abgebrochen und vernichtet:
»Wind von vorn« (1962)

1 Marianne Wünscher und Erwin Geschonneck

2 Ursula Werner

3 Regisseur Helmut Nitzschke (links) und
Kameramann Roland Gräf
während der Dreharbeiten

unternehmen. Wilhelm jedoch bricht aus, schleicht sich aus dem Haus, will in den Wald und zur Wetterwarte. Selbst sein alter Freund Anton, der im »Florian Geyer« als Mädchen für alles arbeitet, kann ihn davon nicht abhalten. Als nach ein paar Tagen im Ferienheim ein Fest gefeiert wird, kehrt auch Wilhelm zurück. Alle beschließen, nun den »eigenen« Urlaub zu machen. – Ursprünglich war Gerhard Klingenberg als Regisseur vorgesehen. Die Dreharbeiten sollen Anfang September 1961 beginnen; der Regisseur, österreichischer Staatsbürger, reist, um seinen Sohn zur Schule zu bringen, kurz vorher nach Wien. Von dort erhält die DEFA-Direktion am 29.8. ein Telegramm und einen Brief, in dem Klingenberg sich als schwer erkrankt meldet (»Symptome deuten auf Typhus«) und als Ersatz-Regisseur Hans Knötzsch vorschlägt, der bereits das Rundfunkhörspiel, das dem Film zugrunde lag, inszeniert hatte. Klingenberg, der nach Altweibersommer noch ein weiteres Projekt mit der DEFA verabredet hatte (»Der rote Kantor«), kehrt nicht mehr in die soeben eingemauerte DDR zurück. – Hans Knötzsch übernimmt den Film am 11.9. 1961; er besetzt teilweise neu. Aufnahmen im »realen« Altweibersommer sind durch die Turbulenzen unmöglich geworden; die DEFA-Leitung beschließt, vorerst alle Atelierszenen drehen zu lassen und die Außenaufnahmen im April / Mai 1962 nachzuholen. Gedreht wird vom 28.11.1961 bis 15.1.1962. – Der Abbruch des Films erfolgt kurz vor der zweiten Drehphase im April. Als Gründe werden künstlerische Mängel angegeben: die Erzählweise sei zu wenig zupackend, zu leise, ja langweilig. Möglich ist, daß sich hinter den künstlerischen Einwänden auch die Furcht vor einer eher melancholischen Gegenwartsdarstellung verbarg. Das Material gilt als vernichtet.

WIND VON VORN
(1962)
RE: Helmut Nitzschke – BU: Helmut Nitzschke – DR: Christel Gräf – KA: Roland Gräf – SB: Alfred Schulz – PL: Martin Sonnabend – GR: KAG »Roter Kreis« – s/w – DA: Erwin Geschonneck (Schorsch) – Marianne Wünscher (Marianne) – Ursula Werner (Uschi) – Peter Rose (Hans) – Gerhard Lau (Parteisekretär) – O.E. Edenharter (Arbeitsdirektor) – Otmar Richter – Jutta Wachowiak – Holger Mahlich – Hans Hardt-Hardtloff – Lutz Riemann – Wolfgang Thal – Maria Besendahl – A.P. Hoffmann u.a.

Schorsch und Hannes sind LKW-Fahrer eines Reglerwerkes. Sie beliefern die auf Außenmontage befindlichen Brigaden mit den nötigen Teilen und fungieren gleichzeitig als Verbindungsmänner zwischen den Kollegen und deren Familien. Schorsch, seit sechzehn Jahren im Betrieb, hat sich noch immer den Traum von Selbständigkeit bewahrt: Einst wollte er ein eigenes kleines Fuhrgeschäft aufmachen, doch dann kam der Krieg... Seine Frau, schwer wirbelsäulenkrank, starb 1956. Schorsch, ziemlich einsam, schimpft schon mal drauflos, wenn ihm etwas nicht paßt. Sein Freund Hannes ist dagegen ein Bilderbuchsozialist: er war im antifaschistischen Widerstandskampf, seine Familie kam im Krieg

um, er nahm eine Pflegetochter, Uschi, bei sich auf. Plötzlich verunglückt er mit seinem LKW tödlich. – An seine Stelle tritt eine Frau: Marianne, Mitte Dreißig, geschieden von einem Mann, der »in den Westen machte«. Sie verschafft sich binnen kürzester Zeit den Respekt der vorwiegend männlichen Belegschaft. Schorsch verliebt sich in sie und möchte sie als Beifahrerin auf seinem Wagen haben, weiß aber nicht recht, wie er sie davon überzeugen soll. Also sabotiert er ihre eigenständige Arbeit. Marianne scheint dem Druck zunächst nicht gewachsen, verläßt den Betrieb; auch ihr Mann kommt aus dem Westen zurück. Jetzt aber begreift sie, daß sie Schorsch liebt. Es kommt zur Hochzeit, beide werden ihren eigenen LKW fahren und sich auf den großen Autobahnkreuzungen des Landes treffen... – Der Regiedebütant Helmut Nitzschke dreht vom 20.7. bis 26. 10. 1962, unter anderem auf dem Waldfriedhof Caputh und im Kombinat Schwarze Pumpe. Am 27.10. findet eine Produktionsversammlung statt, auf der der Belegschaft des Films das bisher realisierte Material (441 von 576 Einstellungen) vorgeführt wird. Danach entscheidet die DEFA-Direktion »über Nacht« (Nitzschke) den Abbruch der Arbeiten. Exakte Gründe waren nicht zu eruieren; der Regisseur vermutet, daß die ungewöhnlich herbe, dokumentare Erzählweise den Ausschlag gegeben haben könnte. Dies bestätigt auch der damalige Chefdramaturg Klaus Wischnewski: Der Film sei nicht aus politischen Gründen (etwa wegen der genauen, ungeschönten Darstellung des Brigadelebens mit Saufgelagen, Prügeleien und Planfälschungen), sondern an den vorherrschenden ästhetischen Normen jener Zeit gescheitert; vor allem Albert Wilkening als Produktionsdirektor habe neuen, »unbekannten Leuten« keinen Kredit einräumen wollen. Kameramann Roland Gräf: »Zu jener Zeit waren gebaute, streng kalkulierte Bilder in Mode, wie etwa in *Königskinder*. Und wir kamen mit einem dokumentarischen Versuch daher, mit vorwiegend halbnahen, ganz lakonischen Einstellungen. Das paßte überhaupt nicht in die Zeit. Wäre *Wind von vorn* herausgekommen, wäre der Film vielleicht ein früher Vorläufer des dokumentaren Kinos vom Beginn der siebziger Jahre gewesen.«– Das Material gilt als vernichtet.

RITTER DES REGENS
(1965)
(CO-PRODUKTION MIT DER HOCHSCHULE FÜR FILM UND FERNSEHEN)
RE und BU: Egon Schlegel und Dieter Roth – DR: Hans-Joachim Wallstein, Konrad Schwalbe – KA: Peter Milinski – MU: Gerhard Rosenfeld – PL: Horst Hartwig – GR: KAG »Roter Kreis« – CO: Hochschule für Film und Fernsehen, Potsdam-Babelsberg – s/w – DA: Wolfgang Pampel – Wolfgang Winkler – Annette Woska – Herta Knoll – Studenten der Leipziger Hochschule für Schauspielkunst u.a.

Der Film schildert einen Generationskonflikt. Der Sohn eines Genossen und Professors für Gesellschaftswissenschaften lehnt es ab, den Wünschen seines Vaters folgend ein Studium

aufzunehmen. Stattdessen will er »das Leben« kennenlernen, fährt mit seiner 350er Java durchs Land, palavert mit Freunden und verliebt sich in eine Hallenser Arbeiterin. Egon Schlegel: »Aus der Sicht des DDR-Establishments galt der Junge als Verlierer, wir sahen in ihm jedoch einen Gewinner«... – Der Diplomfilm von Egon Schlegel und Dieter Roth, inspiriert von der Nouvelle Vague und ausschließlich an Originalschauplätzen vornehmlich ohne »richtige« Schauspieler gedreht, überstieg das Budget, das die Hochschule für Film und Fernsehen zur Verfügung stellen konnte. So wurde die DEFA-Gruppe »Roter Kreis« als Co-Produktions-Partner und Finanzier von »mindestens der Hälfte der Kosten« (Schlegel) gewonnen. Zum Zeitpunkt des 11. Plenums lagen rund 1700 abgedrehte und geschnittene Meter von geplanten 2400 Filmmetern vor. Unmittelbar nach dem 11. Plenum wurden die Arbeiten gestoppt; in einer Sitzung geißelte ein Vertreter des SED-Parteiapparats die Studenten als »Arbeiterklassen-Verräter«. Die Drehbücher mußten abgeliefert werden, das vorhandene Material wurde vernichtet. Dem Hinauswurf aus der Hochschule knapp entgangen, war Egon Schlegel nach Ende des Studiums ein Jahr arbeitslos. Sein Produktionsleiter Horst Hartwig holte ihn 1966 als Regieassistent zur Gruppe Thorndike. Zehn Jahre später inszenierte er als Gast beim DEFA-Spielfilmstudio seinen ersten Spielfilm *Abenteuer mit Blasius* und wurde hier erst 1980 mit einem Festvertrag als Regisseur angestellt. Dieter Roth: »Unser Held, eine Art Edgar Wibeau, fand auch zum Schluß nicht in die Gesellschaft zurück, sondern blieb in seiner Traumwelt, in der er sich vorstellte, wie man leben und lieben müßte – wir arbeiteten mit surrealistischen Traumsequenzen, deren Drehen uns sehr viel Spaß machte. Nach dem Verbot des Films stieg ich aus dem Metier aus und arbeitete am Theater – in Quedlinburg, Potsdam, Eisenach, Meiningen, Weimar, Cottbus. Als Hans Dieter Mäde Mitte der siebziger Jahre Generaldirektor der DEFA wurde, versuchte ich noch einmal, meinen großen alten Traum zu erfüllen und Filme zu drehen, aber ich hätte im Studio als Assistent ganz von vorn anfangen müssen. So blieb ich beim Theater.« Dieter Roth ist heute Intendant in Plauen.

FRÄULEIN SCHMETTERLING
(1965/66)
RE: Kurt Barthel – BU: Christa und Gerhard Wolf, Kurt Barthel – DR: Klaus Wischnewski – KA: Hans-Jürgen Sasse – MU: Peter Rabenalt – SB: Gerhard Helwig – KO: Helga Scherff – SC: Rita Hiller – PL: Heinz Herrmann – GR: KAG »Heinrich Greif« – s/w – DA: Melania Jakubisková (Helene Raupe) – Christina Heiser (Asta) – Lissy Tempelhof (Frau Fertig, Jugendfürsorgerin) – Carola Braunbock (Tante) – Irene Korb (Exquisit-Verkaufsstellenleiterin) – Herwart Grosse (Kubinke, Straßenbahnschaffner) – Hans Hardt-Hardtloff (betrunkener Fahrgast) – Carmen-Maja Antoni (Exquisit-Verkäuferin) – Manfred Krug (Erzähler) – Rolf Hoppe (Himmelblau, Stadtbezirksmitarbeiter) – Peter Rabenalt (Saxophonist) u.a.

Christa Wolf: »Was wir mit diesem Film wollten, hatte ich damals in einem Satz zusammengefaßt. Man soll nicht vorzeitig seine Sehnsucht aufgeben und sich an eine platte Alltagsvernunft anpassen.« – Helene und Asta Raupe sind nach dem Tod ihres Vaters Vollwaisen. Der Zigarettenladen des Vaters wird geschlossen, die kleine Asta der Vormundschaft ihrer Tante unterstellt. Diese läßt das Mädchen jedoch bei der älteren Schwester, weil ihre Wohnung zu klein ist. Die siebenjährige Helene träumt davon, Stewardeß oder Mannequin zu werden. Zunächst muß sie in einem Fischladen arbeiten. Sie verliert den Job, weil sie »zu fein« für Fisch sei. Nächste Station ist ein Exquisitgeschäft, doch auch dort wird sie entlassen – wegen Ungeschicklichkeit. Die Jugendfürsorgerin kontrolliert die Mädchen und beanstandet, daß Asta nicht bei der Tante lebt. Helene arbeitet nun als Straßenbahnschaffnerin. Asta wird von der Tante abgeholt, Helene bekommt eine Neubauwohnung. Aber ohne Asta ist sie nicht glücklich. Die kleine Schwester reißt von der Tante aus und kommt zurück. Gemeinsam träumen sie von einem schönen Leben. – Der Film, ein ironisch-spielerisches, märchenhaftes Plädoyer für Individualität, wird vom 30.7. bis 8.12.1965 gedreht. Die Rohschnittabnahme, von der Hauptverwaltung Film mehrfach hinausgeschoben, findet im März 1966 statt. Die Kritik ist verheerend: *Fräulein Schmetterling* entspräche der DDR-Wirklichkeit nicht und gestalte nicht das sozialistische Menschenbild. Alle vom 11. Plenum des ZK der SED kritisierten falschen und schädlichen ideologischen Auffassungen seien vertreten. Der Film sei eine grobe Verfälschung des Lebens in der DDR. – Die Weiterarbeit an *Fräulein Schmetterling* wird gestoppt. Das Material, von dem die Autoren und der Regisseur meinen, es widerspiegele die damaligen Intentionen nur unvollständig, kommt auch 1989/90 nicht zur öffentlichen Vorführung und lagert im Bundesarchiv-Filmarchiv.

HÄNDE HOCH – ODER ICH SCHIESSE!
(1966)
RE: Hans-Joachim Kasprzik – BU: Rudi Strahl, Hans-Joachim Kasprzik – DR: Anne Pfeuffer – KA: Lothar Gerber – MU: Günter Hauk – SB: Joachim Otto – KO: Luise Schmidt – SC: Ursula Rudzki – PL: Erich Albrecht – GR: KAG »Berlin« – s/w – DA: Rolf Herricht (Holms, Kriminalist) – Zdeněk Štěpánek (Pinkas) – Herbert Köfer (Heuschnupf) – Adolf Peter Hoffmann (Schimmy) – Gerd Ehlers (Brechstange) – Walter Lendrich (sanfter Waldi) – Axel Triebel (Hinker) – Evelyn Cron (Lucie) – Gerd E. Schäfer (Psychiater) – Bruno Carstens (Major) – Eberhard Cohrs (Bäckermeister) – Manfred Uhlig (Bürgermeister) – Agnes Kraus (Frau Schulze) – Hans Klering (Mann aus Puseratz) – Hans-Joachim Preil (Elster-Paule) – Otto Stark (Kriminalist) – Fred Delmare, Edwin Marian, Werner Lierck (Gauner) u.a.

Der Meißner Kriminalist Holms langweilt sich, weil nichts passiert. Er träumt von einem großen Fall, zum Beispiel, einen Einbruch in die Bank von England aufzuklären. Doch stattdessen erhält er von seinem Major den Auftrag, einen Kaninchendiebstahl zu ermitteln. Zwischen Traum und Wirklichkeit die Orientierung verlierend, glaubt er an Halluzinationen, als sein Fahrrad gestohlen, wiedergebracht und wieder gestohlen wird. Er geht zum Psychiater. Der rät ihm, ruhig zu bleiben und alles zu ignorieren. Sein Nachbar und Freund, der Ex-Ganove Pinkas, will ihm helfen und bereitet »ein großes Ding« vor. Mit seiner Bande klaut er nachts vom Marktplatz das Denkmal des Herzogs Nepomuk. Eine wilde Verfolgungsjagd bis Leipzig und zurück beginnt. Zum Schluß wird die Sache als grober Unfug abgetan, und alle sind froh – nur Holms nicht, der wieder zum Psychiater geht. – Der Film, gedreht vom 11.9.1965 bis 7.1.1966 unter anderem in Altenburg, Naumburg und Leipzig, wird in der Folge des 11. Plenums des ZK der SED zurückgehalten. Das endgültige Verbot erfolgt mit Sätzen wie diesen: »Der Film ist in seiner Aussage optimistisch und sehr heiter gestaltet. (...) Die HV Film hat diesen Film staatlich nicht abgenommen, weil bei einer Konsultation das Ministerium des Innern Einspruch gegen diesen Film erhoben hat. Der Grund ist, daß bei der gegenwärtigen Situation auf dem Gebiet der Kriminalität dieser Film nicht zu einer erhöhten Wachsamkeit der Bevölkerung aufrufen würde, sondern den Eindruck erweckt, als sei alles in Ordnung.« (DEFA-Betriebsarchiv) Ein Volkspolizist, der in Melancholie verfällt und sogar den Psychiater aufsucht, weil er außer Kaninchendiebstählen nichts zu tun hat – das schien eine allzu absurde Konstellation ... – Das Material lagert im Bundesarchiv-Filmarchiv.

LEICHENSACHE ZERNIK
(1970)
RE: Gerhard Klein – BU: Gerhard Klein, Wolfgang Kohlhaase, Joachim Plötner – DR: Anne Pfeuffer – KA: Peter Krause – MU: Wilhelm Neef – SB: Georg Kranz – KO: Barbara Müller-Braumann – PL: Horst Dau – GR: KAG »Berlin« – s/w – DA: Wolfgang Kieling (Ritzmann) – Norbert Christian (Kleinert) – Kurt Böwe (Stübner) – Günter Naumann (Probst) – Wolfgang Winkler (Kramm) – Justus Fritzsche (Neltner) – Uwe Kockisch (Hilgert) – Annekathrin Bürger (Frau Zernik) – Helga Göring (Frau Dahlmann) – Brigitte Krause (Frau Walter) – Herbert Köfer (Berchthold) – Erik S. Klein (Bergmann) u.a.

Ein Film über die politischen Vorgänge im Berlin des Jahres 1948 und zugleich ein Kriminalfilm. Der mehrfache Frauenmörder Ritzmann kann deshalb sein Unwesen treiben, weil er durch die auf Anordnung der Westmächte vollzogene Spaltung der Berliner Polizei in den Westsektoren untertaucht – während er seine Morde vorwiegend im sowjetischen Sektor begeht. Ein politisches Panorama, dessen Buchfassung eine Filmlänge von rund 5000 Metern (rund drei Stunden) zur Folge gehabt hätte. Nach zehn Drehtagen erkrankt Gerhard Klein schwer, die Dreharbeiten werden nach dem Tod des Regisseurs am 21.5.1970 als abgeschlossen betrachtet, das Material von rund zwanzig Minuten Länge kommt ins Archiv. In Helmut Nitzschkes Film *Leichensache Zernik* (1972) findet es keine Verwendung; Nitzschke, Kleins einstiger Regieassistent, kürzt und verändert das Drehbuch drastisch, inszeniert mit weitgehend neuem Stab und neuer Besetzung – unter anderem auch deshalb, weil Hauptdarsteller Wolfgang Kieling nach seiner Übersiedlung in die BRD nicht mehr zur Verfügung steht.

SCHNAUZER
(1984)
RE: Maxim Dessau – SZ: Manfred Pieske – LV: Nach dem gleichnamigen Roman von Manfred Pieske – DR: Andreas Scheinert – KA: Peter Badel – SB: Heinz Röske – KO: Anne Hoffmann – PL: Gerrit List – GR: KAG »Johannisthal – fa – brw – DA: Gerd Preusche (Siegfried Hirzek) – Angelika Ritter (Rieke) – Elvira Grecki (Hilde Ramin) – Lutz Riemann (Pottl, Generaldirektor) – Rainer Böhm (Wolfgang) – Dietmar Terne (Assistent) u.a.

Siegfried Hirzek, verheiratet, zwei Kinder, ist Leitungsmitglied des Karl-Marx-Städter Kombinats »1. Mai«. Sein Ressort ist die marode Materialwirtschaft, über deren Zustand er gerade eine umfangreiche Analyse anfertigt. Seine Frau Rieke fühlt sich vernachlässigt, betrügt ihn mit einem alten Freund, dem sie zufällig wiederbegegnet. Ein Betrieb des Kombinats hat Probleme, einen Exportauftrag zu erfüllen, weil ein dafür notwendiges Teil, ein Thyristor, nicht zu haben ist. Hirzek macht sich mit Hilde Ramin, der zuständigen Materialwirtschaftlerin, auf den Weg zum Zulieferbetrieb »Rotation«, sieht dort einen Thyristor durch die Produktionshalle schweben und nimmt ihn vom Seil ab. Es gibt einen Eklat, er hat die Feier für den 1000. Thyristor gestört. Der gestreßte Hirzek landet vor der Parteileitung, bekommt einen Herzinfarkt. Seine Kollegin Ramin gibt auf und läßt sich aus der Materialwirtschaft versetzen. – Zur Produktions- und Verbotsgeschichte siehe Kapitel 5. Das Filmmaterial gilt als vernichtet, eine Videofassung des Fragments ist im Besitz des Regisseurs.

D A N K

Die Liste derer, die dieses Buch ermöglicht haben und denen wir zu Dank verpflichtet sind, ist lang.

Herzlicher Dank gebührt zunächst allen Mitarbeitern der DEFA, die uns Einblick nehmen ließen in ihre Bio- und Filmographien: Regisseure, Autoren, Dramaturgen, Kameraleute, Komponisten, Szenen- und Kostümbildner, Schnittmeisterinnen, Produktionsleiter, Schauspieler, daneben auch Filmwissenschaftler und Kritiker. Die Tonband-Mitschnitte der Interviews befinden sich im Archiv des Filmmuseums Potsdam.

Dank den Mitarbeiterinnen des DEFA-Betriebsarchivs, Frau Blumentritt und Frau Hildebrandt, sowie ihrer ehemaligen Chefin, Frau Seidler, die uns Akten zur Verfügung stellten, in denen zum Teil seit Jahrzehnten niemand mehr geblättert hatte. Eine ebenso anregende wie – gelegentlich – erschreckende Lektüre. Ebenso danken wir Herrn Kundt vom DEFA-Fotoarchiv und seinen Mitarbeitern sowie Frau Müller und Frau Fritzsche von der DEFA-Pressestelle.

Dank den Mitarbeitern und Mitarbeiterinnen im Bundesarchiv-Filmarchiv, vor allem Herrn Dr. Schulz, auf dessen jahrzehntelanger Arbeit die Filmographien im zweiten Teil des Buches fußen, Herrn Morsbach und Herrn Freund, Frau Martin und Frau Albert – sowie Frau Teschner und Herrn Berger, die uns an den Schneidetischen ihres Hauses noch einmal zahlreiche DEFA-Filme vorführten. Dank an Frau Kleinert und Frau Kretschmann vom Progress-Filmverleih, Frau Mehnert, Herrn Dr. Neufeldt und Frau Wilkerling vom Ministerium für Wissenschaft, Forschung und Kultur des Landes Brandenburg sowie Herrn Dr. Wolfgang Gersch vom Bundesministerium des Inneren. Dank an Frau Susanne Fuhrmann, Gesellschaft für Filmstudien Hannover, für den Einblick in die Akten der Filmaufbau GmbH, sowie an Frau Renate Pohl, die uns den Nachlaß ihres Mannes Artur Pohl zur Einsicht zur Verfügung stellte.

Dank allen, die sich mit Recherchen an unserem Buch beteiligten: Heidrun Wilkening, Gabriele Zellmann, Ellen Pollaczek, Klaus Baschleben, Marianne Mielke. Dank an Klaus Schmutzer, Geschäftsführer des Berliner Film- und Fernsehverbandes, der dem Filmmuseum Potsdam die Akten des Film- und Fernsehverbandes der DDR zur Verfügung stellte. Recht herzlichen Dank jenen, die wir während des Schreibens und des Korrekturlesens angerufen haben, um das eine oder andere fehlende Detail zu erfragen, und die uns bereitwillig Auskunft gaben. Dank für freundliche Unterstützung an Manfred Gebhardt und Dr. Heidemarie Hecht, Hans Lücke, Rosemarie Rehahn und Margit Voss.

Herzlichen Dank nicht zuletzt an Dorothea Jaap und Siglinde Rosemann, die die Manuskripte schnell und sorgsam abgeschrieben haben – und an meine Frau Anne, der das Buch so manche Planung durcheinanderbrachte...

Ralf Schenk

AUTOREN

Renate Biehl,
geboren 1945 in Freiburg/ Schlesien. 1968 bis 1972 Studium der Theaterwissenschaft an der Humboldt-Universität zu Berlin. Danach Arbeit als Theaterdramaturgin. Von 1973 bis 1991 Redakteurin bei der Zeitschrift »Filmspiegel«. Regelmäßige Mitarbeit an der Filmseite der »Berliner Zeitung«. Lebt als freiberufliche Journalistin in Berlin.

Susanne Brömsel,
geboren 1935 in Dresden. 1950 bis 1953 Lehre als Industriekauffrau im DEFA-Studio für populärwissenschaftliche Filme in Dresden, danach Regieassistentin im selben Studio. Von 1955 bis 1970 Sekretärin in der Dramaturgie, DEFA-Studio für Spielfilme. Anschließend Studium an der Hochschule für Film und Fernsehen Potsdam-Babelsberg, Abschluß als Filmwirtschaftler. 1976 bis 1980 Wissenschaftliche Assistentin an der HFF, Fachrichtung Filmwissenschaft, 1981 bis 1990 Redakteurin der Reihe »Aus Theorie und Praxis des Films« im DEFA-Spielfilmstudio. Ab 1991 Archivarin im Filmmuseum Potsdam. Lebt in Potsdam.

Dr. Bärbel Dalichow,
geboren 1953 in Potsdam. Nach dem Abitur 1971 Volontärin in der Kulturredaktion der »Berliner Zeitung«, Besucherführerin im Schloß Sanssouci. 1972 bis 1976 Studium der Kulturwissenschaften, Ästhetik und Kunstwissenschaft an der Humboldt-Universität zu Berlin. Diplom 1976. Danach Mitarbeiterin für Öffentlichkeitsarbeit in der Bezirksfilmdirektion Potsdam. 1976 bis 1979 externes Zusatzstudium Filmwissenschaften und Filmgeschichte an der Hochschule für Film und Fernsehen Potsdam-Babelsberg. 1977 bis 1985 Filmwissenschaftlerin im Filmmuseum Potsdam, Abteilungsleiterin Filmkunst. 1986 bis 1988 Verkäuferin Uhren und Schmuck, Lehre und Facharbeiterabschluß extern 1988. Nebenberufliche Arbeit als Autorin und Puppenspielregisseurin. 1988 bis 1990 Stipendiatin des Kulturfonds, 1990 Promotion zum Dr. phil. Seit 1990 Direktorin des Filmmuseums Potsdam. Lebt in Potsdam.

Dr. Christiane Mückenberger,
geboren in Gleiwitz/Oberschlesien. Slavistik-Studium, 1957 Promotion an der Humboldt-Universität zu Berlin (Lew Tolstoi in der deutschen Literaturkritik). Bis 1962 am Institut für Slavistik der Akademie der Wissenschaften. Danach Lehrtätigkeit an der Hochschule für Film und Fernsehen Potsdam-Babelsberg. 1965 fristlose Entlassung und zehn Jahre Berufsverbot im Zusammenhang mit dem Verbot von DEFA-Filmen nach dem 11. Plenum des ZK der SED. Übersetzungen aus dem Russischen (unter anderem Eisenstein) und Polnischen (unter anderem Toeplitz, Geschichte des Films). 1975 Wiederaufnahme der Lehre an der Filmhochschule. Ab 1982 freiberuflich. Co-Autorin mehrerer Dokumentarfilme. Publikationen zum in- und ausländischen Filmschaffen. Seit 1990 Intendantin des Internationalen Leipziger Festivals für Dokumentar- und Animationsfilm. Lebt in Potsdam.

Dr. Erika Richter,
geboren 1938 in Aachen, aufgewachsen in Chemnitz. Nach dem Abitur 1956 bis 1960 Dramaturgie-Studium an der Deutschen Hochschule für Filmkunst Potsdam-Babelsberg, danach Redaktionsassistentin der Zeitschrift »Deutsche Filmkunst«. 1960 Geburt eines Sohnes und Eheschließung mit Rolf Richter. September 1961 bis Dezember 1962 Zusatzstudium am Moskauer Allunionsfilminstitut WGIK, anschließend Redakteurin der Zeitschrift »Filmwissenschaftliche Beiträge«. 1967 bis 1969 als Deutschlehrerin am Kulturzentrum der DDR in Kairo. Beschäftigung mit dem ägyptischen Film (Buch: »Realistischer Film in Ägypten«, Henschelverlag 1974) und mit den Kinematographien der arabischen, afrikanischen und lateinamerikanischen Länder. 1971 bis 1975 Aspirantur, Dissertation über DEFA-Gegenwartsfilme der frühen siebziger Jahre. 1975 bis 1991 Dramaturgin im DEFA-Studio für Spielfilme, Mitarbeit an mehr als zwanzig Spielfilmen. Seit 1991 Arbeiten zur DEFA-Geschichte. Ab Januar 1992, zunächst gemeinsam mit Rolf Richter, seit seinem Tod im August 1992 alleinverantwortlich (ehrenamtlich) für die Herausgabe der Zeitschrift »Film und Fernsehen«, die zweimonatlich erscheint und sich wesentlich mit ostdeutschen und osteuropäischen Film- und Medienproblemen auseinandersetzt. Lebt in Berlin.

Ralf Schenk,
geboren 1956 in Arnstadt/Thüringen. Nach dem Abitur 1975 bis 1979 Studium der Journalistik an der Karl-Marx-Universität Leipzig. Seit der Schulzeit aktive Mitarbeit in Filmclubs. Danach bis 1985 Redakteur der Monatszeitschrift »Film und Fernsehen«. 1985 bis 1990 Kulturredakteur und Filmkritiker des Wochenblatts »Die Weltbühne«, anschließend bis 1991 Redakteur der »Wochenpost«. Seit 1992 Mitarbeiter im Filmmuseum Potsdam. Beschäftigung mit der DEFA-Geschichte seit den späten sechziger Jahren. Seit 1974 Kritiken und filmhistorische Beiträge in Filmfachzeitschriften und Tageszeitungen. Buchpublikationen: »Faszination Film« (1987), »Mitten ins Herz. 66 Liebesfilme« (1991). Lebt in Berlin.

Elke Schieber,
geboren 1947 in Quedlinburg. Abitur mit Facharbeiterausbildung, danach landwirtschaftliches Fachschulstudium und abgebrochenes Hochschulstudium als Diplom-Gärtner. Regieassistentin im DEFA-Dokumentarfilmstudio. 1976 bis 1980 Studium der Film- und Fernsehwissenschaft an der Hochschule für Film und Fernsehen Potsdam-Babelsberg. Danach bis 1985 Redakteurin der Monatszeitschrift »Film und Fernsehen«. Von 1985 bis 1990 festangestellte Dramaturgin im DEFA-Dokumentarfilmstudio, dabei auch tätig als Autorin und Regisseurin. Veröffentlichungen in Filmfachzeitschriften. Seit 1990 Mitarbeiterin im Filmmuseum Potsdam. Lebt in Kleinmachnow.

Klaus Wischnewski,
geboren 1928 in Kolberg/ Pommern. 1949 Abitur in Schwerin, danach Studium in Leipzig und Weimar, Diplom-Theaterwissenschaftler 1953. Anschließend bis 1958 Dramaturg am Maxim Gorki Theater Berlin. 1958 bis 1966 Dramaturg und Chefdramaturg im DEFA-Studio für Spielfilme. Entlassen wegen verantwortlicher Beteiligung an mehreren verbotenen Filmen. 1967 bis 1984 Dramaturg und Chefdramaturg am Deutschen Theater Berlin. 1984 bis 1991 Autor und Dramaturg im DEFA-Dokumentarfilmstudio, Mitarbeit an Filmen unter anderem von Karl Gass (»Das Jahr 45«, »Eine deutsche Karriere«, »Nationalität: deutsch«) und Karlheinz Mund (»Aufgeben oder neu beginnen – Walter Janka«). Ab 1991 Programmdirektor des Internationalen Leipziger Festivals für Dokumentar- und Animationsfilm. Seit 1956 freier Kritiker und Autor zu Theater und Film, unter anderem für »Tägliche Rundschau«, »Deutsche Filmkunst«, »Film und Fernsehen«, »Die Weltbühne«, »Theater der Zeit«. Lebt in Berlin.

Abbildungsnachweis:

Die Abbildungen entstammen sämtlich dem Archiv des Filmmuseums Potsdam. Mehrere Generationen von DEFA-Standfotografen sind daran beteiligt. Nicht immer waren deren Namen auf der Rückseite der Bilder verzeichnet.

Die technische Qualität der Fotos entspricht nicht immer dem heutigen Maßstab. Um den dokumentarischen Charakter zu erhalten, wurden die Bilder jedoch nicht bearbeitet.

Zu den Fotoautoren gehören:

DEFA-Bangemann (S. 455)
DEFA-Baxmann (S. 144, 147, 150, 193, 413)
DEFA-W. Bergmann (S. 177, 233, 238, 422)
DEFA-Bergmann (S. 343)
DEFA-Blasig (S. 111, 112, 190, 193, 197, 201, 392, 407, 413, 428)
DEFA-Blümel (S. 168, 174, 183, 184, 215, 234, 241, 243, 413, 428)
DEFA-Borst (S. 111, 135, 143, 169, 193, 215, 385, 397)
DEFA-Bredow (S. 242)
DEFA-Brix (S. 16, 21, 23, 27, 28, 30, 45)
DEFA-Czerwonski (S. 17, 21, 57, 62, 88, 89)
DEFA-Damm (S. 224, 257, 276)
DEFA-Daßdorf (S. 132, 133, 135, 144, 150, 153, 162, 164, 178, 183, 192, 202, 237, 238, 397, 428, 436, 501)
DEFA-Dietrich (S. 169, 222, 236, 237, 239, 256, 367, 447)
DEFA-Dommel (S. 320)
DEFA-Drum (S. 47)
DEFA-Ebert (S. 228, 230, 231, 234, 246, 253, 262, 264, 266, 267, 277, 279, 284, 285, 288, 300, 301, 307, 308, 317, 332, 349, 501)
DEFA-Erkens (S. 195, 199, 200, 201, 206, 241, 251, 280, 313, 317, 331, 436, 487, 518)
DEFA-Fleischer (S. 277, 509)
DEFA-Fritsche (S. 315)
DEFA-Gehlen (S. 67, 88)
DEFA-Goldmann (S. 226, 229, 242, 243, 250, 259, 268, 271, 279, 290, 292, 294, 296, 307, 317, 337, 355, 467, 518)
DEFA-Göthe (S. 238, 461)
DEFA-Groch (S. 247, 473)
DEFA-Hartkopf (S. 158, 206, 447)
DEFA-Haubold (S. 245, 256)
DEFA-Hoeftmann (S. 260, 303, 313, 320, 350, 473)
DEFA-Holstein (S. 112, 120, 129, 375)
DEFA-Ikker (S. 165, 166)
DEFA-Jaeger (S. 215, 218, 242, 253, 277, 293, 294, 295, 296, 319, 320, 337, 350, 352, 436, 467, 487, 501, 525)
DEFA-Jüttersonke (S. 283, 306, 518, 525)
DEFA-Kilian (S. 39, 43, 54, 56, 60, 68, 69, 75, 88, 140)
DEFA-Klawikowski (S. 85, 132)
DEFA-Kleist (S. 269, 288, 301, 313, 501, 509, 518, 533)
DEFA-Knospe (S. 330)
DEFA-Köfer (S. 226, 266, 268, 272, 273, 276, 277, 283, 289, 305, 327, 333, 473, 525)
DEFA-Kolbe (S. 340)
DEFA-Kowalewsky (S. 23, 58, 59, 62, 63, 64, 65, 66, 77, 88, 119, 367)
DEFA-Kroiss (S. 52, 58, 72, 79, 88, 91, 97, 99, 116, 145, 148, 149, 160, 169, 183, 185, 189, 192, 193, 207, 211, 215, 218, 223, 225, 249, 253, 255, 259, 277, 278, 290, 336, 375, 392, 461, 467, 479, 487, 501)
DEFA-Kühn (S. 224, 461)
DEFA-Kuhröber (S. 237, 256, 261, 273, 275, 293, 302, 303, 307, 314, 318, 487, 533)
DEFA-Küster (S. 392)
DEFA-Lück (Titel, S. 249, 251, 252, 259, 274, 290, 298, 299, 313, 467, 501, 518)
DEFA-Marks (S. 217)
DEFA-Meister (S. 89, 96, 116, 117, 152, 236, 241, 247, 253, 254, 392, 467)
DEFA-Mühlstein (S. 241, 254)

DEFA-Neufeld (S. 18, 47, 55, 73, 88, 91, 98, 110, 124, 141, 146, 151, 160, 186, 193, 375, 392)
DEFA-Pathenheimer (S. 89, 92, 96, 112, 125, 126, 128, 133, 137, 141, 152, 179, 180, 181, 186, 191, 208, 209, 215, 216, 221, 228, 235, 236, 237, 239, 241, 249, 257, 258, 263, 272, 275, 276, 282, 283, 303, 306, 308, 309, 316, 319, 320, 339, 340, 392, 422, 479, 518)
DEFA-Pelikan (S. 328, 344)
DEFA-Pufahl (S. 224, 260, 271, 319, 334, 335, 343)
DEFA-Reinke (S. 229, 245)
DEFA-Reiter (S. 295)
DEFA-Ruge (S. 161)
DEFA-Ruh (S. 124)
DEFA/Lenfilm-A. Sager (S. 232)
DEFA-Schittko (S. 187, 191, 215, 428)
DEFA-Schneider (S. 111, 135, 385, 407)
DEFA-Schütt (S. 121, 134, 163, 183, 196, 204, 375, 407)
DEFA-Schwarz (S. 205, 224)
DEFA-Skoluda (S. 273, 277, 280, 286, 293, 320, 340, 342)
DEFA-Skrzipcyk (S. 306, 322)
DEFA-Süring (S. 186, 192)
DEFA-Teubner (S. 256)
DEFA-Teschner (S. 112, 122, 143, 146, 170, 172, 173, 184, 297, 397)
DEFA-Wenzel (S. 99, 105, 106, 111, 119, 137, 144, 176, 182, 188, 200, 203, 218, 220, 248, 252, 257, 407, 473)
DEFA-Wunsch (S. 19, 31, 36, 37)
DEFA-Zähler (S. 178, 246, 247, 253, 270, 273, 279, 280, 291, 292, 307, 349, 350, 436, 447, 455, 509)
DEFA-Zillmer (S. 260, 279, 303, 307, 350, 397, 436, 455)

Weitere Fotos:
Senator-Film (S. 533)
Verleih J (S. 533)
Visual-Filmproduktion (S. 533)

Titelregister

In das Filmtitelregister wurden alle im Textteil (Kapitel 1–6), in der Filmographie und in den Bildunterschriften genannten Filme und Filmvorhaben aufgenommen.